安徽财政年鉴

（2015）

安徽省财政厅 编

全国百佳图书出版单位

APGTIME 时代出版

时代出版传媒股份有限公司
安徽人民出版社

图书在版编目(CIP)数据

安徽财政年鉴.2015 /安徽省财政厅编.—合肥:安徽人民出版社,2015.9

ISBN 978-7-212-08297-0

Ⅰ.①安… Ⅱ.①安… Ⅲ.①地方财政-安徽省-2015-年鉴

Ⅳ.①F812.754-54

中国版本图书馆CIP数据核字(2015)第211940号

安徽财政年鉴(2015)

安徽省财政厅 编

出 版 人:胡正义

责任编辑:汪双琴 责任印制:董 亮

封面设计:万 勇 李晓婷

出版发行:时代出版传媒股份有限公司 http://www.press-mart.com

安徽人民出版社 http://www.ahpeople.com

合肥市政务文化新区翡翠路1118号出版传媒广场八楼

邮 编:230071

营销部电话:0551-63533258 0551-63533292(传真)

制 版:安徽省财政厅印刷厂

印 制:安徽省财政厅印刷厂

(如发现印装质量问题,影响阅读,请与印刷厂商联系调换)

开 本:889×1194 1/16 内文印张:44 彩插印张:4 字数:1270千

版 次:2015年9月第1版 2015年9月第1次印刷

标准书号:ISBN 978-7-212-08297-0 定价:260.00元

编辑说明

一、《安徽财政年鉴》是由安徽省财政厅主办，旨在及时记载全省财政发展轨迹，系统反映财政改革情况，全面展示财政精神风貌，大力弘扬财政文化的综合性文献资料年刊。

二、《安徽财政年鉴(2015)》详实记载了2014年全省各级财政部门深入贯彻落实省委省政府以及财政部的工作要求，坚持稳中求进、改革创新，统筹稳增长、促改革、调结构、惠民生、防风险，全力保持财政运行良好态势的工作概况。

三、本卷采取分类编辑法，全书主体内容按篇目、栏目、条目三个层次编排。篇目排在内扉页；栏目名称通栏排；条目标题加【】，为黑体字。部分内容为文章体或资料体，未按三个层次编排。

四、本卷根据2014年全省财政工作情况，共分财经文献、全省财政工作、市县(区)财政工作、财政大事、财经规章、财经调研、财经统计、财政机构人员等8个篇目。

五、本卷主体资料时限为2014年1月1日至12月31日，部分篇目资料时间适当上溯或下延。

六、本卷力求图文并茂，用文字和图片客观记载全省财政事业改革发展情况。全书共127万字，选登320多幅图片。

七、本卷在编纂过程中，受到了省财政厅党组的高度重视和精心指导，得到了财政厅各处室单位、各市县(区)财政部门的大力支持和广大联络员的热忱帮助，在此一并表示感谢。

八、由于时间紧迫、编纂水平有限，疏漏和不妥之处在所难免，敬请广大读者批评指正。

《安徽财政年鉴》编辑部

二〇一五年九月

《安徽财政年鉴》编辑委员会

吴利林（合肥市财政局）
姜　颖（淮北市财政局）
蔡怀乾（亳州市财政局）
韩维礼（宿州市财政局）
叶　斌（蚌埠市财政局）
虞建斌（阜阳市财政局）
陈永多（淮南市财政局）
杨文萍（滁州市财政局）
孙学龙（六安市财政局）
张亚莉（马鞍山市财政局）
蒋庆贵（芜湖市财政局）
王　华（宣城市财政局）
黄宝林（铜陵市财政局）
李建华（池州市财政局）
何家虎（安庆市财政局）
汪德宝（黄山市财政局）
吴宗萍（广德县财政局）
李金星（宿松县财政局）

《安徽财政年鉴》编辑部

主　　编　朱长才
副 主 编　叶翠青　鲍文前　朱克俊
编辑校对　万　勇　程丹润　汪文志　张深友　余卫民　刘曙红
排版设计　李　虹　李晓婷　林丽君

《安徽财政年鉴》联络员

代云霄（厅办公室）
刘　海（厅综合处）
杨玉林（厅税政条法处）
周剑峰（厅预算处）
马　锐（厅国库处）
韩晓峰（厅政府债务管理办公室）
刘　恒（厅行政处）
陈　晋（厅政法处）
侯正华（厅教科文处）
贾振东（厅经济建设处）
刘建军（厅农业处）
陈中楼（厅社会保障处）
张　铭（厅企业处）
李红波（厅金融处）
余　禹（厅国际债务处）
周　健（厅农村财政管理局）
童　兵（厅会计处）
王合武（厅行政事业国有资产管理处）
谢　勇（厅国有资本经营预算处）
周　游（厅监督检查局）
侯洪玮（厅政府采购处）
杨作华（厅农村综合改革处）
谢　峰（厅民生工程办公室）
李　杰（厅人事教育处）
花传泉（厅机关党委）
胡江华（厅纪检监察室）
王亚栋（厅离退休工作处）
李志红（省信用担保集团）
陈　杰（省农业综合开发局）
张小龙（省非税收入征收管理局）
翟利超（厅国库支付中心）
田　飞（省财政信息中心）
李昌鹏（省财政投资评审中心）
李道兵（省政府采购监督管理办公室）
万　勇（省财政科学研究所）
王克法（省注册会计师管理处）
叶伐朋（省财政干部教育中心）
张家夺（省行政事业单位资产管理中心）
陈利丽（合肥市财政局）
郝朝华（淮北市财政局）
邓　昊（亳州市财政局）
年福翔（宿州市财政局）
张永颜（蚌埠市财政局）
孙立宏（阜阳市财政局）
吴　波（淮南市财政局）
魏震生（滁州市财政局）
王　勇（六安市财政局）
严　峰（马鞍山市财政局）
尹　翔（芜湖市财政局）
程佳晨（宣城市财政局）
方　园（铜陵市财政局）
张　明（池州市财政局）
叶武乐（安庆市财政局）
陶　岚（黄山市财政局）
赵吉安（广德县财政局）
王烨红（宿松县财政局）

省部领导充分肯定财政工作（一）

2014 年，在省委、省政府的坚强领导下，全省各级财政部门认真贯彻落实省委、省政府以及财政部的工作要求，坚持稳中求进、改革创新，统筹稳增长、促改革、调结构、惠民生、防风险，圆满完成各项工作任务，省领导、财政部领导先后批示肯定财政工作 33 次。

2014 年省“两会”期间，省委书记张宝顺、省人大常委会副主任臧世凯在省人大会议中心听取省财政厅厅长罗建国关于 2014 年省级部门预算草案编制情况汇报

省长王学军莅临省财政厅听取财政涉企系统建设相关情况汇报

省部领导充分肯定财政工作（二）

财政部部长楼继伟在皖调研基层财政工作

省委副书记李锦斌在天长市调研指导农村综合改革及美好乡村建设

全省财政收支平稳运行

2014年，面对错综复杂的经济形势，全省各级财政部门求真务实，开拓进取，主动作为，继续保持了财政运行的平稳态势，有力地促进了经济社会持续健康发展。全省财政总收入完成3663亿元，增长8.9%，其中地方财政收入完成2218亿元，增长6.9%，全省财政支出完成4664亿元，增长7.2%。

省财政厅厅长罗建国向省人大汇报预算执行情况

召开全省财政工作视频会

开展财政改革和重点工作调研，指导推动各地做好财政工作

部署全省财政支出预算执行管理工作

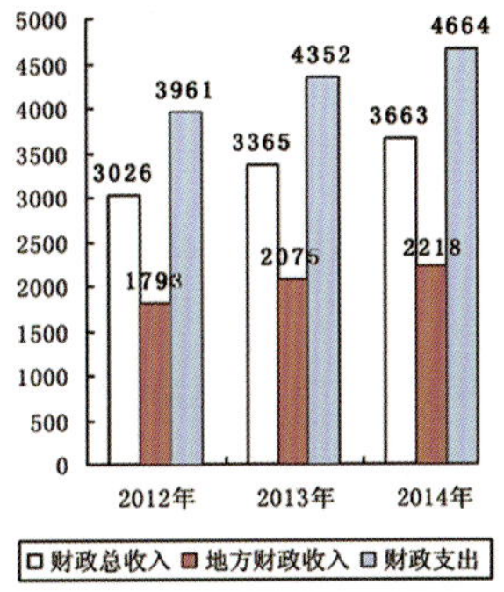

▲收入质量。地方财政收入中税收占比为76.3%，高于上年同期3个百分点。
▲支出进度。全省财政结转结余比上年下降9.1%。
▲预算统筹。省级国有资本经营预算超收收入2.6亿元调入一般公共预算。
▲转移支付。省对市县转移支付1864亿元，其中：一般性转移支付1046亿元，占比56.1%。

全省财政收支图

全面深化财税体制改革

省财政厅召开改革领导小组会议部署推进改革任务

积极谋划营改增试点扩围工作

推动地方政府性债务管理改革

全面实施预算信息公开改革

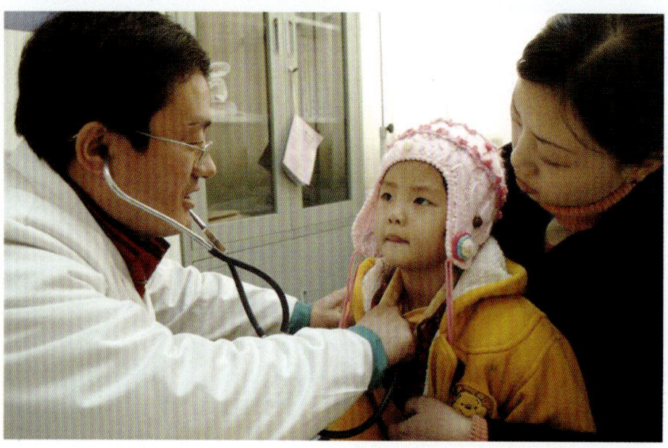

积极推进政府向社会组织购买服务改革

预算改革	税制改革	债务改革
◆预决算公开实现省市县全覆盖。 ◆2015年省级专项转移支付项目和资金较上年双双压缩1/3以上。 ◆盘活财政存量资金，开展国库现金运作，推进社保基金和专户资金竞争性存储。 ◆深化"开门办预算"，25个部门32个项目由人大代表、政协委员公开评审。	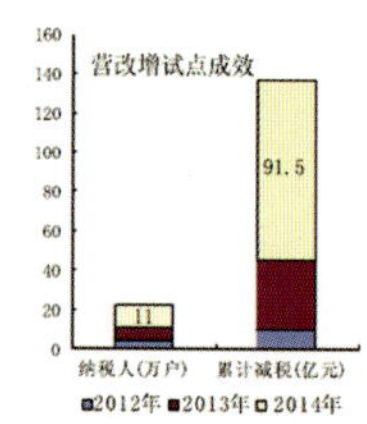 启动实施煤炭资源税从价计征改革，确定税率为2%，为全国最低省份之一。	◆债券额度。争取地方政府债券额度173亿元，增长13.8%。 ◆完善制度。建立完善"1+6"政府性债务管理制度体系。 ◆PPP模式。全省城市基础设施PPP项目42个，总投资709.5亿元。

2014年全省财税体制改革进展情况

促进全省经济健康平稳发展

积极推动财政、银行、担保三方合作试点，破解小微企业融资难题

省财政厅厅长罗建国深入企业调研

召开省棚户区改造融资管理理事会（筹）第一次全体会议

支持首批城市基础设施领域42个PPP项目建设

推动战略性新兴产业集聚发展试点

启动大别山区水环境生态补偿试点

全力保障和改善民生

召开全省民生工程推进会

加快保障性安居工程建设

加大农村居民最低生活保障力度

实施农村公路危桥加固改造项目

支持开展就业技能培训

大力支持“三农”发展

省财政厅定点帮扶颍东区正午镇吴寨村开展扶贫开发工作

加大支持现代农业发展，图为省财政厅厅长罗建国在阜南县苗集镇前进村开展财政支持发展现代农业调研

支持美好乡村建设

大力推进农业综合开发

推动开展政策性农业保险

组织开展农村集体“三资”清理工作

部署2015年省级部门预算编制工作

全面提升财政管理水平

召开省直单位严肃财经纪律和"小金库"专项治理工作动员部署会

开展预算项目评审

金财一期工程竣工并通过验收

扎实开展财政内部监督检查

扎实推进财政作风建设

召开党的群众路线教育实践活动总结大会

省财政厅领导与合肥市人大代表座谈会商

省财政厅厅长罗建国围绕落实党风廉政建设主题接受电视专访

组织全体干部职工参观安徽好人馆，大力弘扬正能量

省财政厅代表队在全省依法行政知识电视大赛中荣获佳绩

积极组织参加省直机关第七届运动会，展示财政干部职工良好风貌

合肥市财政：
推动全市经济社会持续健康发展

省委常委、市委书记吴存荣等出席棚户区改造工程一期项目金融合作签约仪式

合肥市产业发展"1+3+5"政策解读会

市财政局召开党组中心组(扩大)学习会

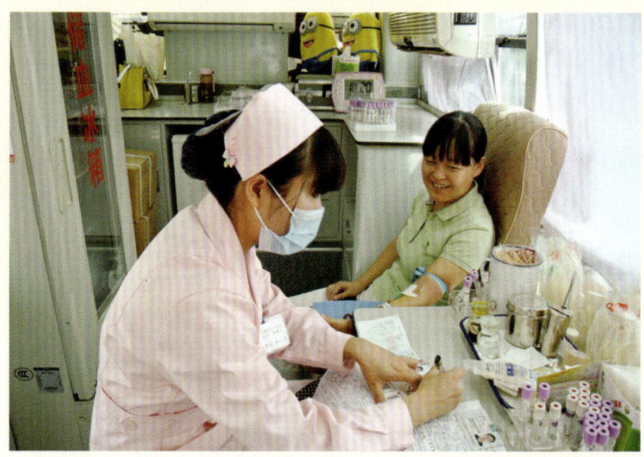

义务献血彰显爱心

关爱留守儿童展示财政形象

民生工程文化墙助力民生宣传

蜀山区财政迈步向前

布置全区2015年部门预算编制工作

组织全区国资信息系统业务培训

与结对共建单位共同举办知识竞赛

开展警示教育活动

南七街道社区卫生服务中心投入使用

文博苑社区设立的“医保流动服务点”

庐阳区财政工作剪影

省政协副主席李修松一行视察庐阳区民生工程文化墙

开展民生工程政策宣讲活动

为困难家庭大学生发放财政补助

合肥高新区财政：
创新支持经济发展方式

全省首支青年创业引导资金落户高新区

2014年，高新区财政局紧紧围绕“工业发展主引擎、创新发展新高地”的发展定位和“中科智城、江淮硅谷”奋斗目标，主动适应经济发展新常态，解放思想、深化改革、抢抓机遇，发挥财政资金杠杆作用，创新产业扶持政策，全区地方财政总量和增速在全市四个开发区中均位列第一，创历史新高，提前一年超额实现高新区“十二五”财政收入目标。

高新区工委书记、管委会主任李兵深入企业走访调研

发布扶持产业发展“2+2”政策

召开科技金融政策征求意见座谈会

组织参观合芜蚌试验区科技创新成果展示中心

合肥新站区财政事业阔步发展

强化廉政警示教育，图为全体人员参观廉政教育基地

加强政府采购标后监管，图为财政局人员赴中小学开展采购项目验收

开展打击非法集资宣传活动

组织“金秋新站美、健身徒步行”活动

向群众发放民生政策宣传册

肥东县财政：

实施民生工程显成效

农村五保供养及敬老院建设，让老人老有所养、老有所乐

实施农村清洁工程，营造和谐人居环境

农村安全饮水工程建设，让群众喝上放心水

光伏发电项目，让群众真正得到实惠

一事一议项目建设，让村道四通八达

肥西县财政工作扎实推进

市、县财政局领导进企业调研

召开2014年度全县财政系统春训大会

预算项目公开评审会现场

举办会计人员培训班

财政扶持一产和三产相融合的农家乐基地，图为建设中的上派镇三岗村儒阳山庄

长丰县财政

走群众路线　办惠民实事

深入开展党的群众路线教育实践活动

县财政支持实施残疾儿童康复治疗项目，图为正在进行脑循环治疗的儿童

大力支持开展农村文化活动演出

支持开展广播电视村村通安装培训

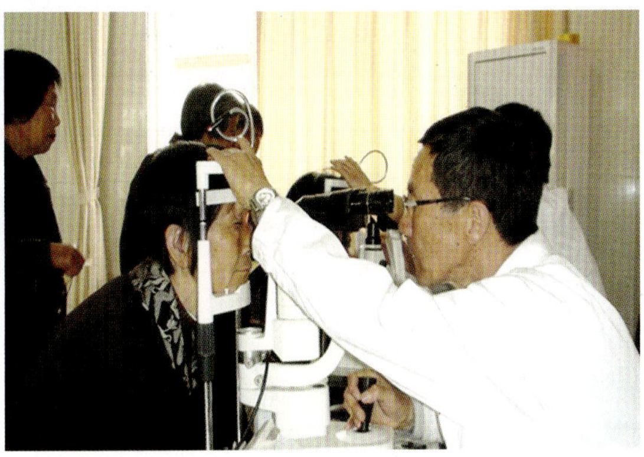

组织贫困白内障患者接受术前检查

组织干部职工开展义务植树活动

庐江县全力打造民生财政

2014年，庐江县在实施省市40项民生工程的基础上，自主实施鸡蛋助学育才、特殊大病医疗救助、水源点保护、妇女“两癌”筛查、农村电网改造升级等5项民生工程，共实施45项民生工程。全年共投入资金12.4亿元，其中县财政配套资金2.4亿元。

开展20个中心村美好乡村公共服务体系建设，图为新建的庐城镇罗埠中心村外景

全县0~12周岁贫困残疾儿童抢救性康复实现全覆盖，图为残疾儿童在新建成的残疾人康复中心开展康复活动

大力实施义务教育经费保障机制民生工程，图为庐城镇岗湾小学

积极推进农村饮水安全工程建设，图为已建成的柯坦镇虎洞水厂

农村公路危桥实施加固改造，图为正在建设中的汤池镇漆洼桥

实施农村文化建设，图为“送戏进万村”演出现场

巢湖市全力推进民生工程建设

保障性住房实物配租公开选房仪式现场

民生工程宣传墙

民生宣传送戏进万村

推进美好乡村建设

支持群众体育设施工程建设，图为新建成的笼式多功能健身场

支持实施惠民菜篮子工程

淮北市财政：

转作风、促发展、惠民生（一）

市财政局召开专题组织生活会

2014年，淮北市财政局以深入开展党的群众路线教育实践活动为契机，以依法行政为抓手，以深化改革为动力，着力转作风、调结构、促发展、惠民生，大力建设产业精良、文化精深、城市精美、作风精细的新淮北。

召开教育实践活动总结大会

落实“两集中、两到位”，局领导坐班办业务

干部帮联企业，服务经济发展

转变机关工作作风，打造优质服务窗口

淮北市财政：

转作风、促发展、惠民生（二）

健全城乡养老服务体系，推行“医养结合”新模式，图为淮北市烈山区民办养老院静安养亲苑项目

开展民生工程宣传，政策温暖民心

危桥加固改造，惠及百万群众

推行政府购买服务，方便群众出行

推进美好乡村公共服务体系奖补，图为蒋疃村文化广场

蒙城县财政工作再上新水平

召开党的群众路线教育实践活动总结大会，全面总结活动成果

县财政局局长王旭东看望慰问小涧镇窑山村结对帮扶困难群众

组织“民生工程大讲堂”文艺宣传队，宣传民生工程政策

开展全县农村财会人员财政支农政策培训

蒙城县一事一议财政奖补走进《安徽新闻联播》

参加“体彩杯”拔河比赛，展现财政干部风采

阔步发展中的宿州财政

全市召开财税、金融审计和民生工程会议

召开第二批党的群众路线教育动员会

市财政局局长韩维礼到埇桥区朱仙庄镇调研财政工作

在市直机关工委指导下进行机关党委换届选举

以竞争性谈判方式确保财政资金保值增值

采取公开竞争答辩方式确定财政支持农民专业合作社创新试点

举办基层财政干部岗位培训班

组织党员干部赴雪枫公园进行革命传统教育

埇桥区财政工作稳步前进

省农委、省财政厅等检查调研符离镇农村集体“三资”及财务管理工作

省财政厅来埇桥区朱仙庄镇考评验收惠农补贴资金和乡镇财政资金监管工作

积极开展群众路线教育实践活动，图为动员大会召开现场

凤阳县小岗村来埇桥区参观学习农业生产全程社会化服务先进经验

通过考试竞争选拔财政所副所长

砀山县财政工作谱新篇

召开财政局领导班子民主生活会

局领导走访农户，访贫问苦

开展帮扶结对活动，为基层群众上党课

积极推进美好乡村建设

举办群众路线教育演讲比赛

荣获全县综合考核工作一等奖

财政支持的标准化水果示范园

萧县财政工作风采

组织干部职工聆听学习环境治理经验

加快美好乡村示范村建设，图为面貌一新的萧县费村

支持教育事业发展,图为萧县师范学校学生领取资助卡

加快推进廉租房建设

财政支持现代农业发展，图为财政扶持的萧县费村蔬菜大棚项目

积极组织开展“庆七一”文化活动

灵璧县民生工程扎实推进

加快推进美好乡村建设，图为正在建设的渔沟卓庄中心社区

建设中的凤凰山大桥

2014年，灵璧县实施32项民生工程，投入财政资金近13亿元。通过实施民生工程，基本实现学有所教、病有所医、住有所居、老有所养的美好目标。

积极推进保障房建设

实施农村饮水安全项目，图为灵璧县张集水厂技术员在检查设备

面貌一新的灵璧县人民幼儿园

建成的朱集社区服务中心

泗县财政：做民生实事 增民生福祉

开展学习沈浩精神，践行“三严三实”主题实践活动

开展民生工程政策宣传暨农村文艺演出活动

群众在农家书屋内开心阅读

走上街头开展民生政策宣传

新建成的乡镇中心幼儿园

建设美好乡村，图为新修的农民文化广场

蚌埠市财政认真践行党的群众路线

市领导到财政局调研指导工作

召开党的群众路线教育实践活动总结大会

市财政局局长王莉敏参与蚌埠新闻访谈节目并宣传教育实践活动开展情况

积极组织参加市直机关运动会并取得好成绩

赴双拥共建单位开展慰问活动

颍上县财政攀高争优

省财政厅行政处来颍上县践行群众路线主题活动

2014年，颍上县以构建公共财政体系为核心，紧紧围绕增收和节支两大主题，大力组织收入，严格控制支出，调节支出结构，落实各项惠民政策，加强财源建设，强化财政监督，提高资金使用效益，财政运行总体平稳，各项工作稳步推进。

组织全体干部职工参加测试，提升理财水平

开展“依法治国，依法理财”主题宣传活动

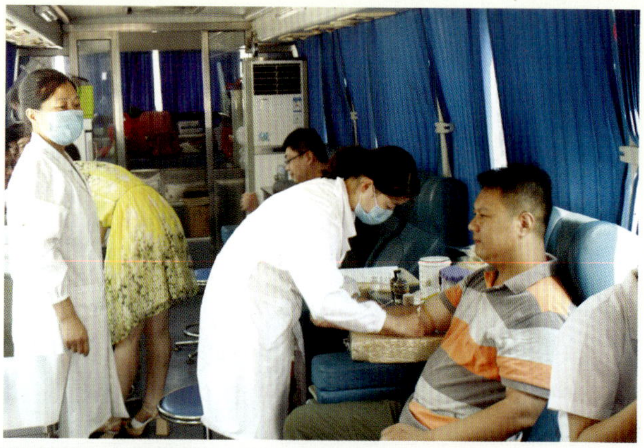

献爱心义务献血

阜南县财政工作展新貌

阜南县委常委、常务副县长王标现场指导开展民生工程宣传活动

召开反腐倡廉建设工作会议

召开国库集中收付制度改革工作推进会

为农民群众查询“一卡通”补贴发放信息

省级规范化财政所——阜南县王家坝镇财政所

淮南市财政积极打造

阳光财政　民生财政　法治财政

走进政风行风热线栏目解读新《预算法》和民生工程

督查 2014 年度一事一议财政奖补项目

开展资产核查工作

开展农业项目绩效评审工作

强化财政巡查和帮联工作

主动上门会商

淮南市财政机关建设迈上新台阶

召开党的教育实践活动总结大会

赴企业走访征求意见

慰问困难群众

入户了解民情、倾听民愿

举办“友善互助 共建和谐”主题道德讲堂

志愿者街头宣传惠民政策

潘集区财政：

加强机关建设　提升服务水平

积极开展走访调研活动

开展道德讲堂活动

积极开展帮扶调研活动

开展法制宣传活动

观看警示教育片

参观安徽好人馆

凤台县财政局

积极打造阳光和民生财政

召开民生监督员座谈会

走上街头宣传财经法规

大力宣传民生政策

深入农户家中征求意见和建议

举办知识讲座

观看廉政教育片

明光市财政：真情实意暖民心

推进美好乡村建设，图为苏巷镇大罗郢中心村示范点一景

实施民生工程农村危桥改造项目，图为改造后的石坝镇浮太三桥

一事一议财政奖补项目——桥头镇机电站施工图

眼科专家为白内障患者复明手术筛选

加快明光市桂花园廉租房小区建设，共建成 16 栋 1016 套廉租房

新建成的革命老区项目——嘉山抗日纪念馆

定远县财政工作风采

开展困难群众慰问活动

开展民生工程“送戏进村”活动

组织党员到凤阳小岗村大包干纪念馆参观学习

组织开展义务植树活动

静谧的早晨——定远县美好乡村岱山新村露新颜

创新财政理念　服务改革发展

——六安财政工作剪影

每月召开局务扩大会研究部署工作

市政协副主席、财政局局长孙学龙在舒城县调研美好乡村建设

召开民生工程新闻发布会

举办民生工程集中宣传月专场演出

组织开展档案业务培训会

职工自编自演《十项机制促发展　文明创建筑辉煌》快板书

霍邱县财政工作新风采

召开财政系统总结表彰暨业务培训会议

全市乡镇财政监督现场会在霍邱召开

局党委书记、局长李春在企业调研

举办财政讲坛

开展环境整治"三清"活动

青年志愿者服务队赴凤阳县小岗村开展志愿服务

马鞍山市财政：
积极推动经济社会新发展

支持保障房建设，图为竣工后的向山镇棚户区改造项目

成功推动马钢股份公司实施营改增主辅分离，促进企业转型发展

工业倍增奖补政策支持三联泵业登陆安徽省区域性股权交易市场

市中小微企业还贷应急周转金帮助中杭集团渡难关

支持农业发展，图为当涂县花津湖养殖公司项目区

实施为民办实事项目，公共自行车亮相街头

开展财政项目支出绩效评价

参观西梁山革命烈士纪念馆

当涂县财政深入推进作风建设

部署作风效能集中整治活动

进村入户走访调研

慰问离退休老干部

财政干部走访清潭村农户

含山县全面规范财政管理

省财政厅副厅长吴天宏考察含山县镇级财政资金监管工作

县委副书记任蕊玲检查财政局群众路线教育实践活动开展情况

全面推进“开门办预算”

在全市率先开展镇包村干部监管涉农资金工作

开展“律师进机关”活动

和县财政：凝心聚力 和谐共进

召开党的群众路线教育实践活动动员会

市财政局检查行风巡查工作

开展党总支换届选举

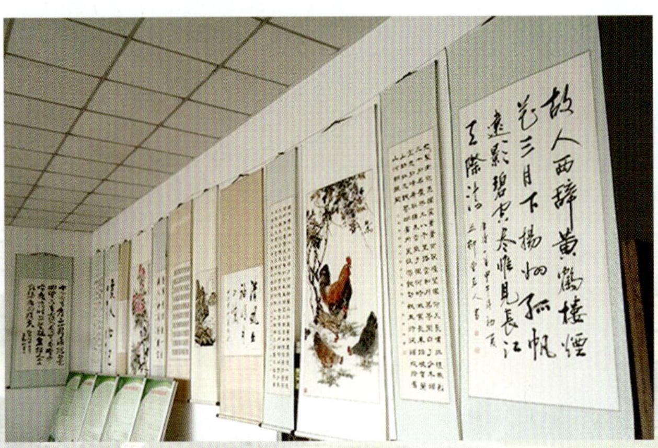

成功举办财政系统第三届书画摄影展

财政职工参加义务植树活动

芜湖市财政 立足新起点 谋求新跨越

局党组书记、局长刘杨给全局干部职工上党课

召开民生工程情况通报会

举行决算新闻发布会，打造阳光财政

开展民生工程宣传活动

全体党员参观王稼祥纪念馆

芜湖县财政：情系三农 倾注民生

加强民生工程宣传。图为群众阅读致全县广大人民群众一封信

开展民生工程巡回演出

六郎镇倪家美好乡村风貌

六桥村撇洪沟建设

陶辛镇为65岁以上老人免费体检

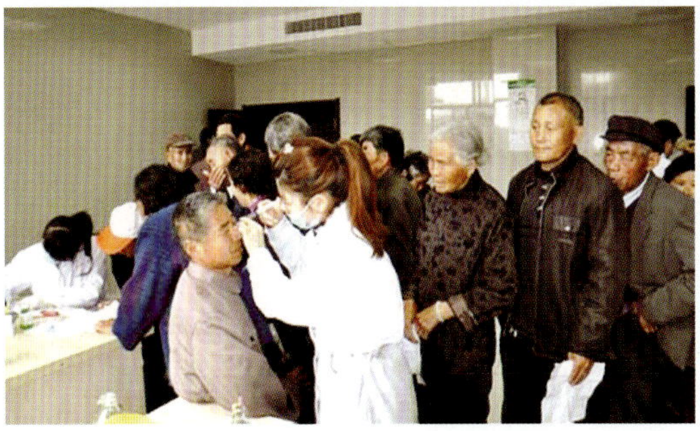

实施贫困残疾人康复工程(白内障检查)

支持小型农田水利设施改造提升工程

新建的三元村园林式村民休闲广场

繁昌县谱写民生工作新篇章

向县民生工程特邀监督员报送民生工程资料

举办民生工程业务宣传员培训班

财政支持五华水库除险加固

实施广播电视村村通工程

开展廉租房实物配租抽签活动

民生工程助力贫困白内障患者

新建的
廉租房小区

新修的
新港新东村
江屋水泥路

宣州区财政

抓收支、保民生、重改革、强管理

召开全区财政暨民生工程工作会议

局党组召开专题民主生活会

赴洪林镇调研乡镇财政状况

对2013年度先进基层财政所进行表彰

举办乡镇国库集中支付业务培训

开展财政业务互查暨民生工程检查

召开财政工作服务对象征求意见座谈会

宁国市

践行群众路线 推进财政工作

慰问困难群众

开展党的群众路线教育实践学习

认真做好民生工程宣传工作

积极开展财政涉农资金检查工作

入户核实惠农补贴发放情况

组织干部职工接受红色教育

举办全局职工运动会

郎溪县

强化财政队伍建设 提升财政发展活力

召开党委中心组(扩大)集中学习交流会

召开全县财政系统工作暨春训会议

领导干部述职述廉现场

组织干部职工参加机关运动会

组织退休老干部参观新农村建设

铜陵市财政

坚定不移抓改革 全力以赴谋发展

省财政厅厅长罗建国来铜调研财政工作，市委书记宋国权、常务副市长江娅陪同调研

召开党的群众路线教育实践活动动员会

召开“1+4”财政专项资金政策新闻发布会

举办全市财税改革专题报告讲座

市财政局党组书记、局长黄宝林与科室签订目标责任书

召开财政工作务虚会，认真谋划财政工作

把民生工程建在群众心坎上

——铜陵市民生工程掠影

市委常委、常务副市长江娅视察民生工程项目

开展民生工程项目实施建议征集活动

狮子山区西湖镇农林村组织送文艺演出进农村

加快乡镇幼儿园建设，图为铜陵县顺安镇新建的湖城幼儿园

适应经济新常态 把握财政新要求

——池州市财政工作剪影

做客市政府网站与网民在线交流

学习党的十八届四中全会精神

开展警示教育，筑牢思想防线

开展“走基层、访园区、促三区发展”活动

财政支持企业转型升级

财政支持美好乡村建设

安庆市财政全力开创工作新局面

市长魏晓明到市财政局调研

市财政局局长何家虎走村进户开展精准扶贫调研

实行“开门办预算”

举办“财政干部上讲台”活动

财政支持建成的安庆市全民健身中心

财政支持修缮后的安庆二中文物楼

桐城市财政工作迈步向前

召开党的群众路线教育实践活动动员会

调研企业项目实施情况

财政支持农业发展，图为青草镇梅城片小农水团结渠衬砌施工场景

开展会计业务技能培训

组织干部职工参加第十一届“财税杯”乒乓球友谊赛

推进美好乡村建设，图为新渡镇永久村美好乡村建设点

太湖县 统筹城乡发展 建设和谐财政

开展帮扶联系工作

办理国库集中支付中心业务

财政积极扶持县工业园区发展

推进农业综合开发产业化经营，图为引进的以色列水肥一体化滴灌大棚

建设中的北中镇望天村茶叶基地

实施一事一议财政奖补项目，图为北中镇玉珠村文化广场场景

财政支持美好乡村建设。图为小池镇新华中心村

屯溪区 阳光财政惠民生

实施农村公路危桥改造项目，图为改建后的傍霞桥

财政支持建设的农家书屋

实验茶场棚户区改造

开展民生工程宣传巡演

开展“道德讲堂”诵经典活动

财政干部在“六一”儿童节期间慰问福利院儿童

组织干部职工开展廉政警示教育

财政系统青年志愿者开展保护母亲河活动

黟县财政风采

慰问源川村困难老党员

开展财政业务培训

召开“80后”青年干部座谈会

举办“民生杯”亲子操比赛

支持农业综合开发，图为碧阳镇丰梧村中低产田改造项目

财政干部职工与留守儿童结对子

宿松县 加大财政保障 提升民生福祉

支持保障性
安居工程建设

支持小型农田水利设施改造提升工程

支持农村道路建设

目 录

财经文献篇

全省财政工作篇

处室单位工作概述

市县(区)财政工作篇

合肥市财政工作概况

淮北市财政工作概况

亳州市财政工作概况

宿州市财政工作概况

蚌埠市财政工作概况

阜阳市财政工作概况

淮南市财政工作概况

滁州市财政工作概况

六安市财政工作概况

马鞍山市财政工作概况

芜湖市财政工作概况

宣城市财政工作概况

铜陵市财政工作概况

池州市财政工作概况

安庆市财政工作概况

财经规章篇

规范性文件

财经调研篇

财经论文及调研报告

财经统计篇

全省财经统计资料

各市县(区)财经统计资料

财政机构人员篇

省财政厅机构人员

各市财政系统机构人员

全省财政系统职工统计

财经文献篇

省委省政府重要财经文献

中共安徽省委 安徽省人民政府关于全面深化农村改革加快推进农业现代化的实施意见

（2014年3月4日 皖发〔2014〕1号）

为贯彻落实《中共中央、国务院关于全面深化农村改革加快推进农业现代化的若干意见》（中发〔2014〕1号）精神，结合我省实际，提出如下实施意见。

一、明确全面深化农村改革总体思路，把握农业农村发展正确方向

1.全面深化农村改革的基本原则。坚持社会主义市场经济改革方向，处理好政府和市场的关系，激发农村经济社会活力；坚持以人为本、因地制宜，尊重农民意愿，保障农民权益；鼓励探索创新，在依法依规、坚守底线的前提下，支持先行先试，稳妥有序推进；坚持城乡统筹联动，赋予农民更多财产权利，推进城乡要素平等交换和公共资源均衡配置。

2.农业现代化发展的目标方向。顺应现代农业发展要求，加快构建新型农业经营体系，深入推进农业发展方式转变，大力发展优质安全农产品，努力走出一条生产技术先进、经营规模适度、市场竞争力强、生态环境可持续的新型农业现代化道路。

3.2014年及今后一个时期农业农村工作的总体要求。以邓小平理论、“三个代表”重要思想、科学发展观为指导，深入贯彻党的十八届三中全会和中央农村工作会议精神，按照稳定政策、改革创新、持续发展的要求，着力深化农村改革，着力推进现代农业发展，着力加强美好乡村建设，促进粮食生产稳定发展和农民持续增收，推进城乡一体化发展，为打造三个强省、建设美好安徽提供有力支撑。今年，力争粮食总产660亿斤以上，农产品加工业产值和农民人均纯收入比上年增长10%以上。

二、稳定粮食等重要农产品供给，保障农产品质量安全

4.稳定发展粮食生产。认真实施国家粮食安全战略，落实粮食生产各级行政首长负责制。落实最严格的耕地保护制度，划定永久基本农田红线。省级财政设立粮食生产专项资金。继续实施新增粮食生产能力规划，持续推进小麦高产攻关活动、水稻产业提升行动和玉米振兴计划，开展粮油农机农艺技术集成模式试点，重点扶持一批粮食高产高效示范区。

5.推进新一轮“菜篮子”工程。健全“菜篮子”市长负责制考核激励机制。稳定生猪、禽业生产，加快发展肉牛肉羊、奶牛和现代渔业，继续实施蔬菜产业提升行动。积极发展茶叶、水果、蚕桑、中药材、油茶等区域特色农产品。

6.加强农产品市场体系建设。认真执行稻谷、小麦最低收购价政策和油菜籽等临时收储政策，鼓励符合条件的多元市场主体参与大宗农产品政策性收储。探索粮食规模生产经营主体营销贷款试点。实施粮食收储、供应安全保障工程，支持粮

食应急网络建设。支持产地小型农产品收集市场、集配中心建设。启动农村流通设施和农产品批发市场信息化提升工程，加强农产品和农资电子商务平台建设。加快邮政系统服务“三农”综合平台建设。鼓励农产品终端销售补贴试点。办好合肥、上海农交会。完善支持农业“走出去”配套政策。

7.强化农产品质量和食品安全监管。建立最严格的覆盖全程的食品安全监管制度，落实属地管理和生产经营主体责任，将农产品质量安全纳入县乡级政府绩效考核范围，创建食品安全示范市县和农产品质量安全监管示范县。加快推进县乡食品、农产品质量安全检测体系和监管能力建设。支持标准化生产、重点产品风险监测预警、食品追溯体系建设，加大批发市场质量安全检验检测费用补助力度。支持发展无公害、绿色、有机和地理标志农产品，培育一批名特优新品牌。严格农业投入品管理，强化重大动物疫病防控和畜禽屠宰环节监管。

三、进一步加大“三农”投入，强化农业支持保护制度

8.健全“三农”投入稳定增长机制。公共财政要坚持把“三农”支出作为重点，优先保证“三农”投入稳定增长。拓宽“三农”投入资金渠道，充分发挥财政资金引导作用，通过贴息、担保贴费、购买服务、奖励、风险补偿等措施，带动金融和社会资金更多投入农业农村。盘活农业结余资金和超规定期限的结转资金，由同级预算统筹限时用于农田水利等建设。

9.完善农业补贴政策。开展改进农业补贴办法的试点试验，新增补贴向粮食等重要农产品、新型农业经营主体、粮食主产县倾斜。探索按实际粮食播种面积或产量对生产者补贴的试点。加大农机购置补贴力度，完善补贴办法。强化农业防灾减灾稳产增产关键技术补助。试点粮食关键技术物化补贴。省市县要加大实施农作物秸秆还田和综合利用补贴力度，推进秸秆禁烧。

10.整合和统筹使用涉农资金。稳步推进从财政预算编制环节清理和归并整合涉农资金。改革涉农资金项目审批和绩效考核制度，进一步下放财政支农项目审批权限。坚持以县为主，整合财政支农资金和项目。加强专项扶贫资金监管，强化省、市两级政府监督责任，县级政府切实管好用好扶贫资金。

11.加快建立利益补偿机制。加大对粮食主产县的财政转移支付力度，增加对粮油猪生产大县的奖励补助。支持粮食主产县发展粮食加工业。降低或取消产粮大县直接用于粮食生产等建设项目资金配套。完善森林、湿地、水土保持等生态补偿制度，继续执行公益林补偿政策。支持开展耕地保护补偿。

12.完善农田水利建设管护机制。深化小型水利工程管理体制改革，开展小型水利工程产权确权登记颁证工作，推进260个管护组织创新试点，落实管护主体、责任和管护经费。加快落实排灌工程运行维护经费财政补助政策，深入推进农业水价改革，严格落实土地出让收益计提农田水利资金政策，提高水资源费征收标准、加大征收力度。认真实施小型水利工程改造提升行动计划，完成年度投资100亿元以上，新增有效灌溉面积120万亩以上。统筹推进国土资源土地整理、农业综合开发土地治理、小农水等项目建设，新增高标准基本农田748万亩。完善大中型水利工程建设征地补偿政策。加快新一轮治淮、长江干支流和中小河流治理，推进引江济淮工程前期工作，全面开工实施淮水北调工程，力争完成重点水利项目建设投资130亿元。启动全省抗旱规划实施方案，健全防汛抗旱信息化系统。

13.推进农业科技创新。明晰和保护财政资助科研成果产权，创新成果转化机制，发展农业科技成果托管中心和交易市场。加大农业引智力度，引导和支持科研机构与企业联合研发。建设以农业物联网和精准装备为重点的农业全程信息化和机械化技术体系，加快建设国家农村信息化示范省和农业物联网试验区。推进以生物育种、设施农业和农产品精深加工为重点的新型产业技术研发。支持现代农业产业技术体系建设，推行科技特派员制度，探索新型农技推广模式，推进皖江国家农业科技创新综合示范区建设，新建20个省级现代农业示范区。将农业作为财政科技投入优先领域，引导金融信贷、风险投资等进入农业科技创新领域。

14.加快发展现代种业和农业机械化。支持发起设立种业基金，建立以企业为主体的育种创新体系，做大做强育繁推一体化种子企业。加强动植物种质资源保护。强化种子全程可追溯管理。加快推进粮食生产全程机械化，主攻机插秧、玉米机收、秸秆还田等薄弱环节，发展山区特色农业机械，主要农作物耕种收综合机械化水平达69%以上。

四、积极发展多种形式规模经营，构建新型农业经营体系

15.规范农村土地承包经营权流转。鼓励农户采取托管、出租、入股等方式流转耕地、林地、水面经营权，发展多种形式适度规模经营。有条件的地方可对流转耕地种粮加大奖补。土地流转和适度规模经营要尊重农民意愿，不能强制推动。加快健全土地经营权流转市场，完善县乡村三级服务和管理网络，规范流转合同签订、鉴证、登记备案等制度。建立土地流转准入、退出和风险防范机制，探索建立工商企业流转农业用地风险保障金制度，严禁农用地非农化。

16.扶持发展新型农业经营主体。推进财政支持农民合作社创新试点，新增100家省级示范社。实施财政项目资金直接投向符合条件的合作社。出台农民专业合作社联合社登记管理办法和扶持现代农业产业联合体试行办法，探索开展农村土地股份合作社试点。积极发展家庭农场，培育200个省级示范家庭农场。鼓励发展混合所有制农业产业化龙头企业，培育百家骨干龙头企业，力争形成年加工产值超5亿元的农业产业化集群130个以上。加大省市县对国有融资性担保公司资本金注入，支持新型农业经营主体贷款担保。鼓励骨干龙头企业吸纳关联的经营主体发起设立专项担保基金，与国有融资性担保公司形成联动效应。在年度建设用地指标中单列一定比例专门用于新型农业经营主体建设配套辅助设施。启动新型职业农民培育计划和农民工职业技能培训提升计划，重视和加强对普通农户的扶持和服务。

17.健全农业社会化服务体系。稳定基层农业公共服务机构，健全经费保障和激励机制。扩大农业生产全程社会化服务试点范围，力争试点面积达100万亩。建立农技人员联系服务新型农业经营主体制度。扶持发展农民用水合作组织、小型水利工程新型管护组织、防汛抗旱专业队、专业技术协会等。完善农村基层气象防灾减灾组织体系，开展面向新型农业经营主体的直通式气象服务。开展供销合作社综合改革试点，支持供销合作社加强新农村现代流通网络和农产品批发市场建设。

五、稳定完善农村土地承包关系，深化农村土地制度改革

18.完善农村土地承包政策。深入推进农村综合改革。稳定农村土地承包关系并保持长久不变。坚持农村土地集体所有权，稳定农户承包权，放活土地经营权，赋予农民对承包地占有、使用、收益、流转及承包经营权抵押、担保权能。完善集体林权制度配套改革，开展国有林场改革试点。健全农村经营管理体系。

19. 开展农村土地承包经营权确权登记颁证试点工作。出台开展农村土地承包经营权确权登记颁证试点工作的意见。确权登记颁证工作经费纳入各级财政预算。充分依靠农民群众自主协商解决工作中遇到的矛盾和问题，可以确权确地，也可以确权确股不确地。力争完成20个农村综合改革示范县(区)确权登记颁证试点任务。

20.探索农村集体建设用地制度改革。完善农村宅基地管理制度，慎重稳妥推进农民住房财产权抵押、担保、转让。完善城乡建设用地增减挂钩试点工作，切实保证耕地数量不减少、质量有提高、农民利益有保障。加强农村地籍调查，推进土地、房屋、林地等不动产统一登记工作。推进征地制度改革，完善对被征地农民合理、规范、多元保障机制，确保被征地农民长期受益。提高森林植被恢复费征收标准。

六、建设生态友好型农业，推进农业可持续发展

21.促进生态友好型农业发展。落实节约集约用地制度、水资源管理制度、环境保护制度，强化监督考核和激励约束。继续实施灌区续建配套和节水改造、规模化节水灌溉和大型灌排泵站更新改造建设。推进机械化深松整地和秸秆还田等综合利用，加快实施土壤有机质提升补贴项目，支持开展病虫害绿色防控和病死畜禽无害化处理。加大农业面源和畜禽养殖污染防治力度，鼓励发展循环农业。

22.加大生态保护建设力度。抓紧划定生态保护红线。重点建设大别山区、皖南山区、江淮丘陵区生态屏障及环巢湖生态文明示范区，加强森林、湿地、野生动植物资源保护。继续实施千万亩森林增长工程,完成新造林214万亩。大力开展“见缝插绿”,力争创建国家森林城市2个和省级森林城市5个、森林城镇60个、森林村庄700个左右,新建森林长廊1000公里以上。加强松材线虫、美国白蛾等林业有害生物防治。推进巩固退耕还林成果专项规划实施,继续在陡坡耕地、重要水源地实施退耕还林还草,推进林区森林防火设施建设和矿区植被恢复。争取开展重金属污染耕地修复和湿地生态效益补偿试点。实施江河湖泊综合整治、水土保持重点建设工程,治理水土流失面积350平方公里。实施新一轮江淮分水岭地区综合治理规划。加强山洪、地质灾害综合治理。

七、加快农村金融创新,拓宽农村融资渠道

23.强化金融机构服务“三农”职责。稳定银行业金融机构县域网点,拓展乡镇服务网络。推动银行业金融机构在县域设立小微企业专营机构,扩大县域分支机构业务授权,不断提高存贷比和涉农贷款比例,积极、合理定价涉农业务。将涉农信贷投放情况纳入信贷政策导向效果评估和综合考评体系,发挥财政手段对金融机构的引导作用,保障金融机构农村存款主要用于农业农村。全面深化农村合作金融机构改革,完成83家农村合作金融机构改制为农村商业银行,实现村镇银行县域全覆盖。总结推广金寨、凤台等地经验,扩大农村金融综合改革试点范围,推动县域征信体系建设,加快实现对新型农业经营主体全覆盖。鼓励市县对为农户和新型农业经营主体生产性贷款提供担保的担保机构按年度保额的一定比例给予风险补偿。探索开展农村土地承包经营权等抵押、担保贷款试点。扩大林权抵押贷款。扩大家庭农场直管直贷试点。支持农业企业通过主板、中小板、创业板、“新三板”和区域性股权交易市场挂牌上市和发行债务融资工具。鼓励农业企业开展并购重组,实现优势互补、做大做强。

24. 发展新型农村合作金融组织。在管理民主、运行规范、带动力强的农民合作社和供销合作社基础上,培育发展新型农村合作金融组织。引导农民合作社规范开展信用合作试点。坚持社员制、封闭性原则,在不对外吸储放贷、不支付固定回报的前提下,推动社区性农村资金互助组织发展。落实对农村新型合作金融监管职责,鼓励有条件的市县建立风险补偿基金,有效防范金融风险。

25.加大农业保险支持力度。提高财政对主要粮食作物保险的保费补贴比例,有条件的地方向粮食生产规模经营新型主体倾斜,逐步减少或取消产粮大县县级保费补贴,不断提高稻谷、小麦、玉米保险的覆盖面和风险保障水平。鼓励有条件的市适当增加对所辖产粮大县的保费补贴。鼓励保险机构开展特色优势农产品保险,有条件的地方提供保费补贴。扩大畜产品及森林保险范围和覆盖区域。鼓励开展多种形式的互助合作保险。优化保险机构保险理赔程序。规范农业保险大灾风险准备金管理,加快建立财政支持的农业保险大灾风险分散机制。积极开办涉农金融领域的贷款保证保险和信用保险等业务。

八、加快美好乡村建设,健全城乡发展一体化体制机制

26.改善农村人居环境。启动第二批710个中心村建设。完善村庄布点规划和中心村建设规划。重点推进垃圾污水处理、村庄绿化、村内道路硬化、农村危房改造、饮水安全和农户科学储粮示范等工程建设,加强水源地水质监测与保护,大力改善村庄人居环境。全面开展以“三线三边”为突破口的城乡综合环境治理。完成县乡公路升级改造2000公里、农村公路危桥加固改造1000座。深化农村公路管养体制改革,加快城乡道路客运一体化。积极实施农村电网升级改造工程。推进农村互联网和自然村广播电视“村村通”建设,启动信息服务进村入户工程。落实并逐步增加美好乡村建设财政专项资金,鼓励多元投入,形成农村公共服务设施投资、建设和管护长效机制。

27.推进城乡基本公共服务均等化。推进县域内义务教育均衡发展,完成2291所义务教育学校标准化建设任务,适当提高农村义务教育生均公用经费标准。启动实施第二期学前教育三年行动计划,新建和改扩建公办幼儿园400所。推动县乡公共文化体育设施和服务标准化建设,建设100个农民文化乐园。深化农村基层医药卫生体制综合改革,新农合补助标准每人提高40元,扩大重大疾病按病种付费范围,实现大病保险全覆盖。稳妥推进“单独两孩”政策,稳定适度低生育水平,人口自然增长率控制在8.5‰以内,稳定并加强基层计划生育网络和队伍,争取开展城乡计生公共服务均等化试点。落实国家城镇职工与城乡居民养老保险制度衔接办法，逐步建立基础养老金标准正常调整机制。加快构建农村社会养老服务体系。加强农村最低生活保障的规范管理。创新扶贫开发工作机制，改进重点县考核办法，提高扶贫精准度，今年力争减少扶贫对象80万人，重点县农民人均纯收入增幅高于全省平均水平。

28.加快推动农业转移人口市民化。积极推进户籍制度改革，促进有能力在城镇合法稳定就业和生活的常住人口有序实现市民化。全面推行流动人口居住证制度，逐步推进居住证持有人享有与居住地居民相同的基本公共服务，保障农民工同工同酬。

九、加强农村社会管理创新，改善乡村治理机制

29.加强农村基层党的建设。深入开展党的群众路线教育实践活动，推动农村基层服务型党组织建设。抓好村党组织和第九届村委会换届工作，加强农村基层党组织带头人队伍和党员队伍建设。进一步加强农民合作社、专业技术协会等党建工作。启动扶持大学生村官创办和服务农民合作社行动计划。建立稳定的村级组织运转经费保障制度和离任村干部生活补助制度。加强农村党风廉政建设，继续推进阳光村务工程，坚决查处和纠正涉农领域侵害群众利益的腐败问题和加重农民负担行为。

30.健全基层民主制度。强化党组织的领导核心作用，完善和创新村民自治机制，充分发挥其他社会组织的积极功能。深化乡镇行政体制改革，完善农村为民服务全程代理机制，继续推进农村社区建设试点。探索村民自治的有效实现形式。

31.创新基层服务管理。推动农村集体产权股份合作制改革，保障农民集体经济组织成员权利，赋予农民对落实到户的集体资产股份占有、收益、有偿退出及抵押、担保、继承权。加强农村资金、资产、资源管理，出台发展壮大村级集体经济的意见，严禁新增村级债务。开展农村综合产权交易市场建设试点。加强对农村留守儿童、留守妇女、留守老年人的关爱和服务。发展农村残疾人事业。加强农村信访工作。健全农村治安防控体系，充分发挥人民调解、行政调解、司法调解的作用，维护农村社会和谐稳定。

十、坚持统筹协调，加强对"三农"工作的领导

32.统筹协调推进农村改革。各级党委、政府要解放思想，锐意进取，把握农村改革的方向和节奏，统一安排的不抢跑，尽早推进的不拖延，试点的不仓促面上推开。围绕解决农民生产生活中的实际问题，加强对农村改革试验示范工作的指导，加大对农村改革试验区支持力度，及时总结推广成功经验，让改革发展成果更多更公平惠及广大农民群众。

33.切实加强对"三农"工作的领导。各级党委、政府要高度重视"三农"工作，在政策制定、工作部署、财力安排、专业人才培养和干部配备等方面切实体现全党工作重中之重的战略思想。成立省委农村工作领导小组，与省美好乡村建设工作领导小组合署，统筹协调农村改革发展重大事项。加强党委农村工作综合部门建设，强化日常运转、决策服务、综合协调等职能。市县级党政领导更要把主要精力放在"三农"上，对明确的各项"三农"任务，尽快制定工作方案，细化措施要求，加强指导，严格督查。研究建立农业现代化评价指标体系。进一步细化、实化各项农业农村工作责任制，建立考核奖惩机制，确保责任制落到实处。

安徽省人民政府关于2014年实施33项民生工程的通知

(2014年1月26日 皖政〔2014〕1号)

各市、县人民政府，省政府各部门、各直属机构：

为深入贯彻落实党的十八届三中全会精神，保障和改善民生，省政府决定，2014年实施33项民生工程。现就有关事项通知如下：

一、新增4项民生工程

(一)就业促进工程。通过提供公益性岗位、高校毕业生基层特定岗位、就业见习补贴等形式，帮助困难群体就业。2014年投入资金6.2亿元。

(二)山区库区农村住房保险试点。为完善救灾保障机制，通过市场化方式提高广大农村群众综合抗灾能力，在5个市、27个山区库区县开展农村住房保险试点。2014年投入资金0.6亿元。

城乡居民大病保险。利用新农合和城镇居民医保平台开展大病医疗保险，减轻人民群众大病医疗费用负担。所需资金从城乡居民医保基金结余中提取。

小型农田水利设施改造提升工程。通过实施塘坝清淤扩挖、小型泵站更新改造、小型水闸除险加固等8类小型水利工程,提升排涝抗旱能力,改进农业生产条件。2014年投入资金18亿元。

二、提高7项民生工程标准

(一)提高农村五保供养及敬老院建设补助标准。2014年,将农村五保供养补助标准提高10%。省级对皖北地区和大别山区提高集中供养标准给予奖补。农村敬老院建设补助标准由每床8400元增加到11000元。

(二)提高贫困残疾人生活救助标准。2014年,贫困残疾人生活救助标准提高10%,其中:一级、二级重度残疾人救助标准由每人每年726元增加到800元,三级救助标准由每人每年360元增加到400元。贫困精神残疾人药费补助标准由每人每年500元增加到1000元。

(三)提高农村居民最低生活保障补助标准。2014年,将农村居民最低生活保障人均补差水平提高10%。

(四)提高新型农村合作医疗参合补助标准。2014年,根据国家统一部署,将新农合财政补助标准由每人每年280元提高到320元。

(五)提高城镇居民医疗保险参保补助标准。2014年,根据国家统一部署,将城镇居民医保财政补助标准由每人每年280元提高到320元。

(六)提高计划生育家庭特别扶助标准。2014年,独生子女伤残、死亡家庭特别扶助金标准分别提高到城镇每人每月270元、340元,农村每人每月190元、210元。

(七)提高农村文化建设专项补助标准。2014年,将农村文化建设专项补助标准由每村每年10000元提高到12000元,其中农村文化活动补助标准提高到每年4400元。

三、调整8项民生工程内容

(一)就业技能培训项目不再单列。2014年,将原有就业技能培训整合纳入就业促进工程实施。

(二)突出养老服务体系建设内容。2014年,将原有城乡养老服务体系建设分为农村五保供养及敬老院建设、社会养老服务体系建设2个项目,加大支持社会养老服务机构建设力度。

(三)整合实施保障性安居工程。2014年,将廉租住房并轨纳入公共租赁住房,增加棚户区改造内容,原有廉租住房和公共租赁住房保障调整为保障性安居工程。

(四)整合实施贫困残疾人救助与康复项目。2014年,将原有贫困残疾人生活救助、贫困残疾人康复工程整合为贫困残疾人救助与康复项目。

(五)病险水库除险加固项目不再单列。2014年,将原有病险水库除险加固整合纳入小型农田水利设施改造提升工程实施。

(六)调整重大传染病医疗救治内容。从2014年起,血吸虫病传染源控制和血防机构能力建设退出民生工程,转入部门正常工作,保留艾滋病等重大传染病病人救治内容。

(七)调整提高妇女儿童健康水平政策。2014年,将原有提高妇女儿童健康水平项目更名为妇女儿童健康水平提升工程。

(八)调整乡镇公办幼儿园政策。2014年,在原有改建基础上,增加新建内容。

四、退出2项民生工程

新型农民培训、农村沼气建设工程2个项目已步入常态化管理,经费有保障,转入部门正常工作,2014年起退出民生工程。

五、继续实施17项民生工程

继续实施农村危房改造、政策性农业保险、农村饮水安全工程、农村公路危桥加固改造、一事一议财政奖补、生活无着人员社会救助、城乡医疗救助、基本公共卫生服务、县级公立医院药品零差率补助、义务教育经费保障、高校中职学校和普通高中困难学生资助、公共文化场馆开放、城乡居民社会养老保险、美好乡村公共服务体系奖补、农村清洁工程、广播电视村村通、公共文化服务信息化建设等17项民生工程,按《安徽省人民政府关于2013年实施33项民生工程的通知》(皖政〔2013〕1号)规定执行。

六、工作要求

各地、各有关部门要把实施民生工程摆在突出位置,坚持保基本、兜底线、促公平、可持续的基本准则,尽力而为、量力而行,强化责任落实,精心组织实施,切实解决好人民群众最关心最直接最现实的利益问题。

(一)突出保障基本民生。既要积极进取,尽最大努力抓紧解决最迫切的突出问题，又要从实际出发，树立“底线思维”，充分考虑各方面条件和承受能力，集中力量保障好基本民生，循序渐进，逐步提高民生保障水平。

(二)推行项目分类管理。改进民生工程管理方式，将新近纳入、实施难度较大、需要重点推进的项目作为考核类项目，纳入省政府目标管理绩效考核体系。将机制健全、运行常态化、任务即将完成的项目作为督导类项目，由主管部门负责指导、督促、检查、评价，民生办定期汇总通报，条件成熟后逐步退出。

(三)明晰民生事权责任。合理划分省、市、县的基本民生事权和支出责任，项目建设以省级投入为主；建后管养的事权和支出责任在地方，省级重点通过一般性转移支付予以支持。逐步赋予市县项目安排自主权，更好地发挥资金、资源和资产的集聚效应。

(四)强化民生资金保障。牢固树立过紧日子思想，科学统筹年度财力安排，厉行节约、精打细算，把有限的财政资金投入到民生保障中去。各地、各部门要严格资金管理，及时足额拨付，确保民生工程实施需要。

(五)推行政府购买服务。进一步厘清政府与社会、政府与市场的边界，对适合采取市场化方式提供、社会力量能够承担的民生服务，采取政府购买服务方式，交由社会力量承接，简化管理流程，降低行政成本，构建以政府为主导、各种社会主体共同参与的民生服务供给保障体系。

(六)健全绩效评价体系。加强特邀监督员、监察审计、第三方评估等绩效监督，充分发挥绩效评价在项目选择、政策完善、资金安排等方面的导向作用。统筹运用网络新媒体等资源，扩大人民群众在民生工程决策、建设、管理和评价等环节参与度，推动民生工程不断取得新成效。

安徽省人民政府关于进一步深化行政审批制度改革的意见

(2014 年 5 月 3 日 皖政〔2014〕37 号)

各市、县人民政府，省政府各部门、各直属机构：

为贯彻落实党的十八届三中全会精神，加快政府职能转变，建设法治政府和服务型政府，现就进一步深化行政审批制度改革提出如下意见：

一、精简行政审批事项

1. 做好国务院取消下放审批事项承接落实工作。国务院决定取消的审批事项，我省对应的审批事项一律取消；下放的审批事项，除涉及跨设区市、需要全省统筹安排或需要总量控制、可能危及生态环境、生产安全等公共安全的特殊情况外，可下放给市县政府的要彻底下放。加强部门联动配合，接住并管好国务院及有关部门下放的审批事项，防止监管脱节。

2. 进一步减少行政审批事项。按照依法合理、应放尽放的原则，最大限度减少政府对微观事务的管理，更好发挥市场和社会力量的作用。凡市场机制能有效调节、行业组织能自律管理、政府部门采用事中事后监管能解决的，一律取消审批。全面清理减少投资项目审批、生产经营活动审批、资质资格许可和认定、评比达标表彰、评估等事项。取消和下放的审批事项涉及修改法律法规的，按法定程序办理。对不符合法律法规、利用“红头文件”设定的非行政许可审批事项，要全面清理取消。

3. 向市县政府放权。直接面向基层和群众、量大面广、由地方管理更方便有效的经济社会事项，一律下放市县政府管理。需要省政府部门进一步取消和下放审批事项的，市县政府可向省政府提出调整建议。建立事权和支出责任相适应的制度，增强基层政府提供公共服务的能力。

4. 清理行政事业性收费事项。清理规范各类行政事业性收费，取消不合法、不合理的收费项目，进一步降低收费标准，规范收费行为，切实减轻企业负担。保留的行政事业性收费项目，按照高效便民的原则规范办理。

二、健全行政审批管理制度

5.建立行政审批事项目录清单公开制度。按照依法设定、科学分类、统一规范、动态管理和信息公开的要求，建立完善行政审批事项目录清单公开制度,在清单之外,一律不得设置行政审批事项。调整变动行政审批事项,要同步调整行政审批事项目录清单。

6.严控新增行政审批事项。建立最严格的行政审批事项准入制度，切实防止行政审批事项边减边增、明减暗增。今后,省政府原则上不再新设行政审批事项。确需新设的,必须严格遵循行政许可法和《国务院关于严格控制新设行政许可的通知》(国发〔2013〕39号)等有关规定,从严把握设定标准,加强合法性、必要性和合理性审查论证,由实施部门按程序报经本级政府批准后，列入行政审批事项目录。

7.推行行政权力清单制度。深化行政体制改革,转变政府职能,进一步厘清政府与市场、政府与社会以及政府层级、部门之间的关系。坚持职权法定、简政放权、公开透明的原则,清理规范行政权力,推行各级政府及其工作部门权力清单制度,实行"行政权力进清单、清单之外无权力",完善决策科学、执行坚决、流程优化、监督有力的行政权力运行机制,构建权界清晰、分工合理、权责一致、运转高效、法治保障的政府职能体系。

三、规范前置审批行为

8.减少前置审批条件。全面清理前置审批条件,取消没有法定依据、自行设定的前置审批条件和重复性的前置预审，最大限度减少预审和前置审批环节。可以采用事后监管或间接管理方式的行政审批事项原则上不设前置审批条件。县级以上政府应编制前置审批条件目录并向社会公布，需要中介机构出具检测、鉴定、认证、评估报告或意见书作为前置审批条件的,必须列入目录。

9.加强中介机构管理。制定中介机构行为规范和准则,理顺监管体制,切断权力依附,实现中介活动与行政职能彻底分离。严禁将审批事项转为有偿中介服务。健全中介机构自律保障机制、失信惩戒机制,完善中介机构诚信体系。适合中介机构承担的事务性工作和管理服务事项，通过依法委托、招标、合同外包等方式交给中介机构承担。各级政府部门所属事业单位不得承担或变相承担与主管部门职能相关的中介服务，仍在承担中介服务职能的事业单位要按照事业单位分类改革要求，逐步实行职能剥离、管理脱钩或改为中介机构。

10.培育和规范中介服务市场。加快引入竞争机制,打破行业垄断,推动中介机构规范、公开、高效服务。放开竞争充分的中介服务收费,涉及收费的中介服务事宜,审批机关不得指定承担机构。各行业主管部门不得设置或借备案管理等变相设置区域性、行业性的中介服务执业限制,不得委托中介服务机构变相实施行政审批和行政收费。建立统一的信用信息平台，公开中介服务机构基本信息、服务承诺、收费标准和依据。严禁挂靠、租赁、出借中介机构资质、从业人员执业资格等行为。

四、优化行政审批运行机制

11.全面推行行政审批相对集中改革。加大部门内部行政审批职责整合力度，优化行政审批权配置,实现分工明确、沟通顺畅、管理规范、监督有效。建立以窗口为主导的审批运行模式,强化首席代表现场审批、组织协调和监督检查职责。

12.简化审批工作流程。推进行政审批标准化建设,对保留的行政审批事项进行流程再造,完善"一站式"审批,推广大企业直通车服务、绿色通道、先办后审、全程代办等审批方式。建立并联审批和多证联办的服务模式,规范审批全过程、各环节的标准、条件、权责、时限等,切实提高审批效率。

13.建立审批联动机制。建立前置审批联动机制,简化前置审批要件,实行主办部门前置为主、信息共享、部门联动。建立证件联办机制,实行信息共享、同步审批、统一发证。建立施工图联审机制,落实主办部门责任,变部门串联审查为同步并联审查。建立联合验收机制,行业主管部门或项目审批部门牵头组织实地踏勘、联合验收。

五、加强事中事后监管

14.规范保留行政审批事项管理。保留的行政审批事项,一律进入政务服务中心办理,实行一门受理、集中分办、限时办结、超时警告、统一送达、全程监督,加强网络全程监控、办理时限预警、日常考核,及时纠正违法违规行为。

15.明确取消行政审批事项管理措施。对取消的审批事项,要落实监管措施,改进工作方式,更多运用经济和法律手段履行监管职能，加大事中检查、事后稽查力度，有效履行职责，避免管理缺位。

16.做好调整行政审批事项衔接落实。对下放管理层级、依法需要委托实施的审批事项，要及时办理委托手续，承接审批的部门要明确审批机构、审批对象、内容和条件，及时向社会公布。对转变管理方式的，要研究制定具体办法，从行政审批向主动服务转变。对交由行业协会自律管理的，要规范行为，搞好服务，不得变相审批。对已经冻结而又确需重新实施的，由实施单位报同级政府批准后方可启动。

六、进一步向市场放权

17.深化投资审批改革。确立企业投资主体地位。企业投资项目，除关系国家安全和生态安全，涉及重大生产力布局、战略性资源开发和重大公共利益等外，一律由企业依法依规自主决策，政府不再审批。认真执行《安徽省地方政府核准的投资项目目录(2014年本)》，完善企业投资项目核准和备案管理办法，对市场竞争充分、企业能自我调节、可以用经济和法律手段有效调控的项目，由核准改为备案。改进和规范核准行为，简化手续、在线运行、限时办结。探索对外商投资实行准入前国民待遇加负面清单的管理模式。加强政府投资项目评审。强化节能节地节水、环境、技术、安全等市场准入标准，建立健全防范和化解产能过剩长效机制。

18.推进工商登记制度改革。加快推进工商注册制度便利化，削减资质认定项目，由先证后照改为先照后证，把注册资本实缴登记制逐步改为认缴登记制，将企业年检制改为企业年度报告制。放宽市场主体住所(经营场所)登记条件，减少营业执照种类，推进工商注册全程电子化和电子营业执照。推进企业诚信制度建设，强化市场主体责任，加强对市场主体监督管理。

19.开展开发园区审批制度改革试点。选择若干开发园区开展行政审批制度改革试点，加快试点园区行政体制创新，扩大试点园区行政审批权限，努力做到园区内重点事项园区内办结。

七、进一步向社会放权

20.改革社会组织登记管理制度。加快推进行业协会商会与行政机关脱钩，强化行业自律。推进一业多会，引入竞争机制，防止垄断。重点培育和加快发展行业协会商会类、科技类、公益慈善类、城乡社区服务类社会组织，成立时直接依法向民政部门申请登记。健全社会组织监管制度，形成公开、公平、公正的竞争激励机制。

21.加快向社会转移职能。除涉及重大公共安全、公共利益、经济宏观调控的事项外，依法取消对公民、法人和其他社会组织相关从业、执业资格、资质类审批，逐步交由行业组织自律管理。可由社会组织承担的事务性管理工作、适合由社会组织提供的公共服务、社会组织通过自律能够解决的事项，转移给社会组织承担。

22.推行政府购买服务。建立健全政府向社会力量购买服务机制，凡适合社会力量承担的，都可以通过政府采购、委托等方式交给社会力量承担。制定政府向社会力量购买服务指导性目录，明确政府购买服务的种类、性质和内容。严格政府购买服务资金管理，加强政府购买服务绩效管理。

八、加快政务服务体系建设

23.加强政务服务平台建设。整合政务服务资源，将政务服务体系建设纳入基本公共服务体系建设的范畴，打造更为综合、更为高效的政务服务平台。健全政务服务中心运行机制，改进服务方式，提高服务水平，为市场主体和人民群众提供高质量的政务服务。

24.全面推行网上审批。加强行政审批服务信息化建设，加快实行网上审批、缴费、咨询、办证、监督以及联网核查，推动不同层级、不同部门之间网络互联互通、信息共享、业务协同。

25. 推进行政审批信息公开。除涉及国家秘密、商业秘密或个人隐私外，所有审批事项都要公开办理主体、办理依据、办理条件、申报材料、办理程序、办理时限、收费依据、收费标准、监督渠道等信息，实时公开办理过程和结果。

26.健全行政审批考评机制。对行政审批工作实行依法科学的定期评价，以社会满意度为重要评判标准，引导公众、专家、媒体对行政审批开展多方位评价，公开发布绩效评价信息，接受社会公众监督。将行政审批绩效评价结果纳入机关效能建设考核的重要内容，通过考核评价发现薄弱环节，解决突出问题，真正形成重实干、重落实的工作导向。

九、强化改革保障

27.加强组织协调。省编办要切实发挥行政审批制度改革牵头作用,制定工作计划,分解落实任务,加强协调指导督办。省监察厅要充分发挥对行政审批工作的监督监察职能,强化行政问责。省法制办要依法做好行政审批项目调整涉及地方性法规规章修订完善相关工作,加强行政审批执法监督检查。各有关部门要通力合作、协调联动,加强宣传引导,回应群众关切,凝聚各方共识。要拓宽公众参与渠道,切实保障公众的知情权、参与权和监督权。

28.严肃改革纪律。各地、各部门要按照全省统一部署,落实改革任务,严禁有令不行、有禁不止。对减小不减大、减虚不减实、减弊不减利、明放暗不放,擅自设立行政审批及收费事项、增加审批环节以及变相审批,对市场主体和人民群众合法权益造成严重损害的,要依法追究主管领导和直接责任人员的责任。

安徽省人民政府关于金融服务“三农”和实体经济发展的意见

(2014年6月18日 皖政〔2014〕50号)

各市、县人民政府,省有关单位:

为贯彻落实党的十八大、十八届三中全会和《国务院关于进一步促进资本市场健康发展的若干意见》(国发〔2014〕17号)、《国务院办公厅关于金融服务“三农”发展的若干意见》(国办发〔2014〕17号)精神,提升金融服务“三农”和实体经济发展水平,促进经济持续健康较快发展,现提出以下意见:

一、深化金融体制机制改革

1.分类推进金融机构改革。深化农村合作金融机构改革,2014年底前全省农村合作金融机构全部改制为农村商业银行,鼓励民间资本参与农村合作金融机构股份制改革或参与农村商业银行增资扩股。加快省农村信用社联合社行业管理去行政化,增强服务功能,实现以城补农。支持徽商银行加快提升服务“三农”和小微企业能力,积极培育发展村镇银行,力争2014年实现徽商银行和村镇银行县域全覆盖并增加乡镇网点。争取在农业人口较多的市辖区设立村镇银行,推动符合条件的小额贷款公司改制为村镇银行。推动民间资本发起设立自担风险的民营银行。支持政策性银行、国有商业银行、股份制银行、邮储银行改革创新。各涉农金融机构要进一步下沉服务重心,切实做到不脱农、多惠农。(安徽银监局、人行合肥中心支行、省政府金融办等按职责分工分别负责)

2.扩大农村金融综合改革试点。总结推广金寨、凤台县农村金融综合改革试点经验,2014年各市至少选择1个县(市)启动试点,2015年扩大到全省1/3的县(市)。(省政府金融办、人行合肥中心支行、安徽银监局等按职责分工分别负责)

3.丰富金融服务主体。鼓励建立农业产业投资基金、农业私募股权投资基金、农业科技创业投资基金和主要服务“三农”的金融租赁公司。支持创设产业基金、创业投资基金及基金管理机构等。鼓励设立金融(融资)租赁公司、商业保理公司、典当行等。引导互联网金融健康发展。(省财政厅、省发展改革委、安徽银监局等按职责分工分别负责)

4.规范发展农村合作金融。坚持社员制、封闭性、民主管理原则,在不对外吸储放贷、不支付固定回报的前提下,发展农村合作金融。支持农民合作社开展信用合作,积极稳妥组织试点,在符合条件的农民合作社和供销合作社基础上培育发展农村合作金融组织,探索建立合作性的村级融资担保基金。积极争取国家农村合作金融试点。(省政府金融办、省农委、安徽银监局、省林业厅、省供销合作社等按职责分工分别负责)

5.加强融资担保体系建设。省、市、县(含市、区,下同)财政持续充实县担保机构国有资本金,政府出资的县担保机构年新发生的“三农”、小微企业融资担保额占全部新发生的融资担保业务比重不低于70%,2017年底前放大倍数达到5倍以上。积极推动银担合作,探索建立风险分担机制,推进农村合作金融机构、徽商银行等地方金融机构与融资担保机构开展风险分担试点。(省政府金融办、省财政厅、省经济和信息化委等按职责分工分别负责)

二、大力发展普惠金融

6.优化县域金融机构网点布局。推动大中型银行在皖北、大别山区各市、县增设分支机构,在有条件的乡镇增设具有信贷功能的营业机构。充分利用国家调整农业发展银行分支机构布局的机遇,争取在我省布局更多分支机构。鼓励农村中小金融机构在商业可持续前提下,继续增设标准化服务网点。(安徽银监局、人行合肥中心支行等按职责分工分别负责)

7. 推动农村基础金融服务全覆盖。着力推进基础金融服务向村级延伸,实施金融服务“村村通”工程,设立金融服务室或其他简易、流动服务网点;在不具备设立网点条件的行政村,布设金融电子机具和自助服务终端。推广自助金融服务,开办远程服务功能。(省政府金融办、人行合肥中心支行等按职责分工分别负责)

8. 加大金融扶贫力度。发挥政策性金融、商业性金融和合作性金融的互补优势,切实改进对农民工、农村妇女、少数民族、贫困家庭等金融服务。完善扶贫贴息贷款政策。对我省大别山片区及国家级扶贫开发重点县符合条件的金融机构,其新增支农再贷款利率在现行优惠基础上再降1个百分点。(人行合肥中心支行、省财政厅等按职责分工分别负责)

三、引导加大“三农”和小微企业资金投放

9. 拓展资金来源。落实支农、支小再贷款投放机制,主要用于支持“三农”和小微企业发展。认真落实国家“定向降准”政策措施,县域农村商业银行存款准备金率降低2个百分点,县域农村合作银行降低0.5个百分点,对发放“三农”、小微企业等符合结构调整需要、能够满足市场需求的实体经济贷款达到一定比例的银行业金融机构存款准备金率降低0.5个百分点。开展农业银行县级“三农金融事业部”考核,对达标机构降低2个百分点存款准备金率;开展县域新增存款主要用于当地考核,对达标机构降低1个百分点的存款准备金率。推动地方法人金融机构发行“三农”和小微企业专项金融债券。积极运用呆账核销、资产证券化、贷款重组、信贷资产转让等方式盘活信贷存量,保持货币信贷和社会融资规模合理增长,力争新增贷款规模不低于上一年,各项贷款增速不低于全国平均水平。各金融机构要积极争取国家涉农资产证券化试点。(人行合肥中心支行、安徽银监局、安徽证监局等按职责分工分别负责)

10. 强化政策引导。跟进建立商业银行新设县域分支机构信贷投放承诺制度。对涉农贷款占比高的县域银行业法人机构实行弹性存贷比,鼓励商业银行单列涉农信贷计划。下放县域分支机构的贷款管理权限,推行尽职免责制度,调动其对“三农”、小微企业信贷投放的积极性,确保涉农信贷投放总量持续增长,小微企业贷款增速不低于各项贷款平均增速、增量不低于上年同期水平。(人行合肥中心支行、安徽银监局等按职责分工分别负责)

四、创新金融产品和服务方式

11. 创新金融产品。推行“一次核定、随用随贷、余额控制、周转使用、动态调整”的农户信贷模式,合理确定贷款额度、放款进度和回收期限。加快在农村地区推广应用微贷技术。推广产业链金融模式。大力发展农村电话银行、网上银行业务。创新和推广专营机构、信贷工厂等服务模式。开发适合生产性服务业特点的金融产品和服务,积极发展商圈融资、供应链融资等融资方式。鼓励开展农业机械等方面的融资租赁业务。(安徽银监局、人行合肥中心支行、省粮食局、省农委等按职责分工分别负责)

12. 创新融资担保方式。积极推进农村集体经营性建设用地使用权抵押融资。推广以农业机械设备、运输工具、水域滩涂养殖权、林权、承包土地收益权等为标的的新型抵押担保方式。加强涉农信贷与涉农保险合作,积极利用涉农保险为农业融资主体增信,探索拓宽涉农保险保单质押范围。对资信情况良好、资金周转量大的涉农主体,积极发放信用贷款。大力发展信用保证保险,积极推广保单质押贷款、“信贷+抵押(质押)+担保+保险”等信贷保险合作模式。探索仓单质押等多种质押融资方式。探索开展农村土地承包经营权抵押贷款试点,争取国家农民住房财产权抵押贷款试点。(人行合肥中心支行、安徽保监局、省国土资源厅、省农委等按职责分工分别负责)

13. 改进服务方式。进一步简化金融服务手续,推行通俗易懂的合同文本,提高贷款审批效率,规范服务收费,严禁在提供金融服务时附加不合理条件和额外费用,切实维护农民和小微企业利益。(省政府金融办负责)

五、加大对重点领域的金融支持

14. 支持农业发展方式转变。推进家庭农场直管直贷试点工作,对试点家庭农场提供“一对一服务”。积极推动金融产品、利率、期限、额度、流程、风险控制等创新,满足家庭农场、专业大户、农民合作社和农业产业化龙头企业等新型农业经营主体的金融需求。对农民扩大再生产、消费升级和自主创业,对耕地整理、土壤改良、农田水利、粮棉油糖高产创建、畜禽水产品标准化养殖、种养业良种生产、林产品基地建设等经营项目,对农业科技进步、现代种业、农机装备制造、设施农业、农产品精深加工、秸秆环保综合利用等现代农业项目和高科技农业项目,对农产品产地批发市场、零售市场、仓储物流设施、连锁零售等服务设施建设,加大信贷支持力度。争取国家金融支持农业规模化生产和集约化经营试点。(安徽银监局、人行合肥中心支行、省农委、省林业厅、省财政厅等按职责分工分别负责)

15.支持产业转型升级。坚持有扶有控,优先向电子信息、汽车和装备制造、现代服务业等主导产业提供信贷支持,省战略性新兴产业、企业发展专项资金等对符合条件的主导产业项目予以支持。发展科技金融专营机构,为科技企业提供专业性金融服务。加大对企业改造支持力度。加大金融支持消费升级力度,切实满足居民家庭首套自住购房、大宗耐用消费品、新型消费品以及教育、旅游等服务消费领域的合理信贷需求。(省发展改革委、省科技厅、安徽银监局等按职责分工分别负责)

16.持续改进小微企业金融服务。积极支持符合条件的银行业金融机构发行小微企业专项金融债,资金全部用于小微企业贷款。推动银行业金融机构在基层网点广泛配备小微企业专业团队和资源,支持增设小微专业支行(网点)。创新小微企业各类风险投资基金,积极为创业初期高成长高科技型中小企业提供融资服务。鼓励商业银行再造小微业务流程,实施批量化、标准化、集约化服务。进一步提高各银行业金融机构的小微企业贷款覆盖率、综合金融服务覆盖率和申贷获得率,在市场准入、不良贷款监管容忍度、风险资产权重及监管评级等方面坚持正向激励导向,确保小微企业贷款增速不低于各项贷款平均增速、增量不低于上年同期水平。(安徽银监局、人行合肥中心支行、省经济和信息化委等按职责分工分别负责)

17.探索支持新型城镇化发展的有效方式。创新适应新型城镇化发展的金融服务机制,重点发挥政策性金融作用,稳步拓宽城镇建设融资渠道,着力做好农业转移人口的综合性金融服务。总结推广产城一体化试点开发区融资模式,完善棚户区改造与开行合作融资机制,充分发挥省级融资平台作用,争取更多低成本、长周期的资金用于城镇化建设。加大金融对农村土地综合整治、农村建设用地减少和城镇建设用地增加挂钩有关项目的支持力度。(省发展改革委、省财政厅、开发银行安徽省分行、省住房城乡建设厅等按职责分工分别负责)

六、拓展保险的广度和深度

18.扩大农业保险覆盖面。继续开展大宗农作物和重要畜禽产品保险,鼓励保险公司通过开展政策性农业保险附加商业保险的模式,提高水稻、小麦和玉米等大宗农作物保险保障水平。进一步优化扶贫及涉农资金结构,鼓励有条件的市、县因地制宜开展地方特色优势农产品保险试点,扩大茶叶、果树、蚕桑、毛竹、油茶等特色农业保险品种和范围。逐步拓宽农房保险统保范围。(安徽保监局、省财政厅、省农委、省林业厅等按职责分工分别负责)

19.创新保险产品。引导商业性保险机构为新型农业经营主体开展保险服务。推广研发天气指数、农村小额信贷保证保险等新型险种。探索开展农产品价格指数、补充收益等保险业务。推动农机具保险,发展设施农业、渔业、制种保险等业务。加强对重点行业和重点领域出口的支持力度,加强海外投资保险的支持力度。(安徽保监局、省财政厅、省商务厅等按职责分工分别负责)

20.扩大保险资金投入。鼓励保险业以股权、债权、物权等形式参与基础设施、能源资源、医疗健康、养老服务业等项目建设。引导保险公司在皖设立后援中心、灾备和数据处理中心、培训基地。(安徽保监局、省发展改革委等按职责分工分别负责)

21.完善保费补贴政策。提高财政对主要粮食作物保险的保费补贴比例,逐步减少或取消产粮大县的县级保费补贴。规范农业保险大灾风险准备金管理,加快建立财政支持的农业保险大灾风险分散机制。(省财政厅、安徽保监局等按职责分工分别负责)

22.加强农业保险基层服务体系建设。加强农业保险经办机构与乡镇政府代办机构合作，强化农业保险经办机构基层服务人员、协保员等专业技能培训，完善基层服务网络体系。（安徽保监局、省农委等按职责分工分别负责）

七、积极培育发展资本市场

23.加快多层次资本市场建设。积极跟进股票发行注册制改革，加大企业上市力度，力争到2017年全省上市企业数位次中部领先、全国靠前。支持上市公司再融资及并购重组。大力推动竞争性领域的国有企业整体上市。支持科技创新型企业完善上市公司股权激励制度，实施管理层股权激励和员工持股。认真落实与全国股转系统签署的战略合作备忘录，推动中小企业特别是创新型、创业型、涉农企业到"新三板"挂牌，力争到2017年挂牌企业达到100家。推进省股权托管交易中心建设发展，力争到2017年挂牌企业300家以上、托管企业1000家以上。充分利用集中统一的登记结算制度，有效把握进退有序、市场转板顺畅的良性循环机制，加速形成企业梯次上市的融资格局。（省政府金融办、安徽证监局等按职责分工分别负责）

24.加强上市资源培育。加快推进拟上市企业股份制改造，稳妥解决历史沿革、产权确认、权证办理等问题。建立条块结合的直接融资后备资源库，力争动态储备规模超过5000个。充分发挥国元、华安等证券公司人才优势，建立证券投行业务保荐代表人"一对一"对口联系服务市、县机制，确保所有市、县都有一位证券保荐人对口联系服务。（省政府金融办负责）

25.扩大债券和私募市场融资。积极争取扩大地方政府债发行规模。支持符合条件的企业发行企业债、公司债和中小企业私募债。逐步扩大企业发行中小企业集合票据、短期融资券等非金融企业债务融资工具的规模。扩大私募市场融资规模。支持符合条件的农村金融机构发行优先股和二级资本工具。（安徽证监局、人行合肥中心支行、省发展改革委、省财政厅、省政府金融办、安徽银监局等按职责分工分别负责）

26. 发挥农产品期货市场的价格发现和风险规避功能。加强信息服务，推动农民合作社、家庭农场等农村经济组织参与期货交易，鼓励农产品生产经营企业进入期货市场开展套期保值业务。（安徽证监局、省农委、省政府金融办等按职责分工分别负责）

27.发展股权投资机构。构建以财政资金为引导、社会资本为主体的多元股权投资体系。整合省级财政性投资基金，建立50亿元以上的混合所有制高新技术产业投资母基金。大力推进公私合营（PPP）模式融资，吸引社会资本投入准公益性项目建设。（省发展改革委、省财政厅、省科技厅、省投资集团等按职责分工分别负责）

八、完善农村金融基础设施

28.推进农村信用体系建设。加快推进省公共信用信息共享服务平台建设，推动与人民银行征信系统的信用信息互补共享，扩大信息归集整合和使用范围，2017年基本建成覆盖全省的征信体系。深入开展信用农户、信用乡镇、信用村创建活动，完善涉农信用信息采集、更新和成果运用工作机制，推动农户信用评价结果与农户贷款授信审批相结合。（省发展改革委、人行合肥中心支行、省政府金融办、省公安厅等按职责分工分别负责）

29.发展农村交易市场和中介组织。探索推进农村产权交易市场建设，积极培育土地评估、资产评估、森林资源价值评估等中介组织，加快建设农产品交易中心。（省政府金融办、安徽证监局、省农委等按职责分工分别负责）

30.改善农村支付服务环境。积极推广电子支付方式，引导银行业金融机构研发推广使用新型电子支付工具，拓宽农村地区支付结算渠道。稳步推广农村移动便捷支付。（人行合肥中心支行负责）

31.切实保护农村金融消费者权益。建立全省12363金融消费者投诉咨询热线电话，完善投诉受理处理机制。继续开展送金融知识下乡、入社区、进校园活动，增强广大农民风险识别、自我保护的意识和能力。（省政府金融办、人行合肥中心支行、省公安厅等按职责分工分别负责）

九、加强风险防控

32.严格债务风险管控。建立政府性债务风险预警监测机制，依靠财政性资金偿债的项目，融资利率一般不得超过同期银行贷款基准利率的1.3倍。逾期债务率超过30%，或债务率超过100%且下一年度偿债率超过20%的地区，原则上不得新增债务余

额。除法律法规另有规定外,严禁违规使用BT、BOT方式举借政府性债务。(省财政厅、省审计厅等按职责分工分别负责)

33.拓宽偿债资金来源。加快建立政府资产负债表。建立健全政府偿债准备金制度,通过财政预算、土地出让金等多渠道筹措资金,建立偿债资金池。规范融资平台管理,做实做优融资平台。(省财政厅、省审计厅等按职责分工分别负责)

34.降低社会融资成本。规范同业、信托、理财、委托贷款等业务,清理不必要的资金“通道”、“过桥”环节,缩短融资链条。坚决取消只收费不服务的项目。(安徽银监局负责)

35.防范金融风险。金融管理部门要按照职责分工,加强金融监管、信息共享和监管配合,做好风险识别、监测、评估、预警和控制工作。各金融机构要健全制度,完善风险管理。市、县人民政府要切实担负起对小额贷款公司、担保公司、典当行、农村资金互助合作组织等的监管责任,制定完善风险应对预案,守住底线。建立贷款人和小额贷款公司、融资担保公司等金融机构信用评级、分类监管制度,并将相关信用信息接入省公共信用信息共享服务平台。严防影子银行、民间融资和非法集资等外部风险向银行体系传染渗透,防止外部骗贷和违法违规发放贷款案件发生。(人行合肥中心支行、安徽银监局、安徽证监局、安徽保监局、省政府金融办、省商务厅等按职责分工分别负责)

十、加强对金融工作领导和政策支持

36.加强金融工作领导。各地、各有关部门要高度重视金融在服务“三农”和实体经济发展的重要作用,建立强有力的工作推进机制,及时解决新情况、新问题。要落实工作责任,做到领导力度、目标任务、责任部门、评价机制“四落实”。(省金融工作领导小组负责)

37.加强金融人才队伍建设。从省金融机构推荐优秀金融人才到县挂职或帮助工作,鼓励各级政府与金融机构开展双向任(挂)职交流,提升县域金融工作领导水平。定期开展各种形式的金融知识培训活动,增强市、县领导干部金融工作能力。建立完善有效的激励机制,培养和引进各类金融人才。(省委组织部、省人力资源社会保障厅、安徽银监局等按职责分工分别负责)

38.加大政策支持力度。按照“政府引导、市场运作”原则,综合运用奖励、补贴等政策工具,重点支持金融机构开展农户小额贷款、新型农业经营主体贷款、农业种植业养殖业贷款、新型农业经营主体保险、大宗农产品保险,以及银行卡助农取款、汇款、转账等支农惠农政策性支付业务。按照“鼓励增量,兼顾存量”原则,完善涉农贷款财政奖励制度。落实农村金融税收、农户小额贷款税收优惠政策。落实对新型农村金融机构定向费用补贴政策,加大现有政策资源整合力度,鼓励市、县建立“三农”和小微企业担保风险补偿金,对担保代偿损失给予一定比例风险补偿;鼓励市、县对在全国中小企业股份转让系统和省区域性股权交易市场挂牌的企业给予适当奖励。(省财政厅、人行合肥中心支行、安徽银监局、安徽保监局等按职责分工分别负责)

39.开展政策导向效果评估。完善涉农贷款统计制度。将小微企业和“三农”金融服务情况列为对银行业金融机构评估的重要方面,合理运用评估结果,鼓励各地将财政奖补等政策与涉农评估结果挂钩,更好地引导带动金融机构支持小微企业、“三农”发展。(省政府金融办、人行合肥中心支行、省财政厅等按职责分工分别负责)

40.强化督促检查。各地、各有关部门要抓紧研究制定配套扶持政策。市、县人民政府要按年度对本地区金融支持“三农”和实体经济发展工作进行全面总结,于次年初报省政府。由省政府督查室牵头,省政府金融办具体组织督促检查工作,确保各项政策措施落实到位。(省政府督查室、省政府金融办等按职责分工分别负责)

安徽省人民政府关于深入推进高成长性产业加快发展的意见

(2014年7月17日 皖政〔2014〕58号)

各市、县人民政府,省政府各部门、各直属机构:

近年来,我省智能装备、新型显示、智能终端、智能语音、云计算和软件、新能源汽车、节能环保设备、新材料、生物医药、绿色有机食品加工等产业呈现高成长、高技术、高融合等特征,成为推动主导产业做大做强、战略性新兴产业加快发展、工业经济转型升级的重要力量。为深入推进高成长性产业加快发展，现提出如下意见：

一、指导思想

以科学发展观为指导，深入贯彻落实党的十八大和十八届三中全会精神，坚持以企业为主体，以市场为导向，以产品高端化、制造智能化、发展集约化、产业绿色化为主攻方向，着力突破核心关键技术，完善产业链关键节点，推进重大项目建设，加快研发一批具有自主知识产权和自主品牌的产品，培育一批具有全国影响力的创新型龙头企业，打造一批特色鲜明、竞争力强的产业基地，进一步推动智能装备等高成长性产业又好又快发展，充分发挥其对全省工业经济结构调整、转型升级的引领作用。

二、总体目标

力争到2017年，智能装备等10个高成长性产业实现销售收入9000亿元左右，占全省规模以上工业销售收入的15%左右；建设500个以上省级企业研发中心，开发1000个以上重点新产品；大中型企业"两化"融合处于集成提升阶段以上的达到80%，中小企业在研发、生产、管理等方面应用信息技术的比例达到55%。

三、主要任务

(一)智能装备产业

发展目标：到2017年，力争实现销售收入1200亿元。

发展重点：高档数控机床、工业机器人、自动化成套生产线、精密仪器仪表、智能传感器、精密传动装置、大型控制系统、智能测控装置、数字化车间设备、汽车自动化焊接线、柔性自动化装配生产线、轨道交通、智能农机、安全试验系统、3D打印机等。

发展路径：组织实施智能装备示范工程，加快智能装备工业机器人应用开发、注塑机器人开发及应用、五轴联动加工中心等重点项目建设。加强产学研联合，推动科研成果产业化。培育数字化车间、智能工厂，推广智能制造生产模式，培育壮大合肥工程机械及工业机器人基地、芜湖智能装备产业园、马鞍山智能装备产业园等。

(二)新型显示产业

发展目标：到2017年，力争实现销售收入800亿元。

发展重点：液晶显示器、薄膜场效应晶体管液晶显示器(TFT—LCD)、微型显示器、等离子显示器(PDP)、有机发光二极管显示器(OLED)、3D显示、激光显示、投影显示产品等。

发展路径：加快实施8.5代TFT—LCD、高世代TFT-LCD玻璃基板、光学硬化膜等重点项目。集中优势资源推进产业发展，推进合肥国家级新型平板显示和芜湖平板显示产业基地建设。

(三)智能终端产业

发展目标：到2017年，力争实现销售收入500亿元。

发展重点：笔记本电脑、平板电脑、智能手机、智能电视等智能家电、数字家庭终端、可穿戴设备、北斗导航应用产品等。

发展路径：加强关键技术攻关和产品自主研发，强化笔记本电脑产业化、平板电脑产业化、集成电路等重点项目服务机制，推进智能终端产业发展。发挥出口加工区、产业转移示范区等区域政策优势，培育壮大合肥智能终端产业基地、淮南卫星综合应用产业平台、马鞍山数字硅谷产业园、滁州家电信息产业基地等。

(四)智能语音产业

发展目标：到2017年，力争实现销售收入500亿元。

发展重点：语音教学产品、语音电视等语音家电、语音玩具、语音手机、语音车载产品、语音搜索、语音翻译、语音游戏、语音信息安全产品等。

发展路径：发挥省与工业和信息化部合作推进机制的作用，加快推进语音产业发展，推广语音技术及产品在教育、广播电视、家电、汽车电子等领域的应用。加快推进中国(合肥)国际智能语音产业园建设，大力开展语音产业招商，引进与语音产业链关联度高的企业总部和芯片制造、技术研发机构，建立产业发展联盟，打造完整产业链，形成全球语音产业高地。

(五)云计算和软件产业

发展目标：到2017年，力争实现销售收入600亿元。

发展重点：云计算基础设施、云计算软件产品、云计算运用服务、互联网金融服务等；行业应用软件，嵌入式软件，电子政务、电子商务、农村和城市信息化、企业信息化等应用软件。

发展路径：加强信息化基础设施建设，支持企业在云计算、行业应用软件和嵌入式软件等关键技术方面的研发投入以及数据中心、云计算中心等项目建设。培育壮大合肥云计算产业基地、淮南江淮云产业基地、宿州云计算产业园、马鞍山软件园等。

(六)新能源汽车产业

发展目标:到2017年,力争实现销售收入250亿元。

发展重点:纯电动轿车、纯电动客车、插电式混合动力汽车等新能源汽车整车;动力电池、电机系统、电控系统等新能源汽车关键零部件。

发展路径:根据国家发展新能源汽车相关政策,研究制定我省发展新能源汽车的配套政策措施,加快新能源汽车试点示范和推广应用,积极探索城际间客运专线新能源汽车运营模式。加快实施纯电动轿车平台技术开发、插电式混合动力汽车技术开发等重点项目。加快建设新能源汽车研发体系,建立技术创新联盟。统筹推进充电基础设施建设,逐步形成完整的新能源汽车配套体系,培育壮大合肥、芜湖新能源汽车产业基地等。

(七)节能环保设备产业

发展目标:到2017年,力争实现销售收入1000亿元。

发展重点:余热余压利用设备,高效锅炉,高效电机,水处理设备,固废处理设备,汽车尾气后处理产品,半导体照明产品,大气、水及土壤污染监测设备等。

发展路径:充分利用节能产品惠民政策,强化示范引导作用,严格执行节能环保标准,提高节能环保技术创新能力,突破一批关键共性技术,推广先进成熟技术产业化,加快节能环保产业发展。实施余热余压利用装备、燃煤气化系统智能装备、新型高效节能动力机等重点项目。培育壮大合肥环保装备基地、芜湖节能环保和绿色照明产业基地、蚌埠环保设备制造基地等。

(八)新材料产业

发展目标:到2017年,力争实现销售收入3000亿元。

发展重点:高精度电子铜带、电子铜箔、低松比铜粉、集成电路引线框架;高速低噪音车轮钢、高端装备用钢、铁基复合材料;高精铝板带、复合铝基材料;功能膜、热塑弹性体、化学建材、高分子材料、化学合成材料;显示玻璃、光伏玻璃、建筑节能玻璃等硅基新材料。

发展路径:着力打造新材料技术创新战略联盟,充分利用国家铜铅锌检测中心、铜冶炼及加工工程研究中心等服务平台,推进沿江铜基新材料产业基地、无为特种电缆基地发展,加快建成国内领先的马鞍山铁基新材料产业基地。完善铝产业链和配套服务,打造淮北铝基新材料产业基地。围绕新领域、新需求,积极探索产学研用多种对接形式,加快芜湖化工新材料基地、蚌埠和滁州硅基新材料产业基地建设。

(九)生物医药产业

发展目标:到2017年,力争实现销售收入600亿元。

发展重点:基因药物、蛋白药物、治疗性疫苗、小分子化学药、现代中药,高端医疗器械和医疗设备、老年健康服务产品等。

发展路径:实施人源化抗体、α干扰素、超微粉体小剂量自动化等重点项目。搭建药品质量安全信息可追溯公共服务平台。充分运用现代生物技术,利用国家GMP改造、中药材生产基地、医疗设备专项等方面政策,支持合肥、芜湖、淮南和太和生物医药基地做强做大,推进亳州千亿元现代中药产业基地建设,扶持宣城、天长等健康产业园发展。

(十)绿色有机食品加工业

发展目标:到2017年,力争实现销售收入900亿元。

发展重点:围绕粮油食品、肉制品、水产品、乳制品、果蔬制品、茶叶等,重点开发安全优质的功能食品、休闲食品、养生食品、老年及妇幼保健食品等绿色有机食品。

发展路径:全面实施绿色有机食品生产标准,推进全程质量控制措施,提高食品综合加工能力,逐步实现由初级加工向高附加值精加工和深加工转变,建立食品质量安全信息可追溯公共服务平台,强化企业质量安全主体责任。实施杂粮奶超高温生产线、肉食品精深加工、山核桃精加工等重点项目。充分利用生物工程食品、生物产品分离与精制、工业酶分子改造、食品现代物流等先进技术,加快建设淮北凤凰山食品经济开发区、肥东食品工业园、宁国南山食品产业园等一批国家级食品产业基地。

四、保障措施

（一）强化项目支撑

围绕促进“两化”融合、增强研发能力、推进节能减排、促进专精特新、推广重大装备应用等方面，实施一批技术水平高、市场前景好的项目。整合各类财政专项资金，优化资金使用方式，由分散投入为主转向集中投入为主，由无偿投入为主转向有偿投入为主，由直接投入为主转向间接投入为主，通过财政引导，撬动更多社会资本和金融资本，筹集设立相关产业发展母基金，采取市场化运作模式，支持高成长性产业发展。

（二）保障要素供给

探索推行工业用地先租后让和租让结合用地制度，优先保障高成长性产业项目用地。合理配置能源、水资源和环境容量，保障重要生产要素供给。鼓励企业采取上市募集和发行企业债、公司债、中期票据、短期融资券、中小企业私募债券等方式筹集资金，积极运用全国中小企业股份转让系统和区域性股权交易市场进行融资，发挥多层次资本市场对高成长性产业的支持作用。

（三）加快创新驱动

大力推进创新型省份建设，建立健全技术创新市场导向机制，强化企业技术创新主体地位，鼓励创办新型研究院，促进企业技术中心和研发平台建设。积极支持中国科学技术大学先进技术研究院、合肥工业大学智能制造技术研究院等研发机构发展。推进产学研用合作，加快科技成果转化，大力实施品牌战略。强化企业知识产权和标准化工作，推进技术专利化、专利标准化、标准产业化、产业市场化。

（四）创新招商引资

研究借鉴上海自贸区经验，推行“负面清单”等有效管理模式，积极承接和吸引境内外投资。通过精准招商、产业链招商、园区共建招商、以商招商等多种方式，引进实施一批投资规模大、产业链条长、集聚效应强、外向度高的招商引资项目。强化重大项目履约工作，提高招商引资项目服务质量和水平。

（五）推进改革重组

通过兼并重组、交叉持股等多种方式积极引入各类社会资本，加快大企业大集团产权多元化改革，支持民营企业参与国有企业战略性重组，支持国有资本进入优势及高科技民营企业，促进混合所有制经济发展，创新体制机制，激发市场主体的活力。

（六）推动“两化”融合

按照“点上抓企业、线上抓产业、面上抓基地”的思路，推进信息化和工业化深度融合。制定和推广企业“两化”融合管理体系，实施“两化”融合示范行动，降低中小微企业信息化应用门槛。加快重点领域生产装备、生产过程、物流管理智能化，推动实施网络制造新模式。增强信息技术支撑能力，提升信息化水平，强化网络信息安全保障能力。

（七）强化人才保障

充分利用国家“千人计划”和“万人计划”等引才引智计划，实施省“百人计划”和“外专百人计划”，积极引进高层次创新创业人才及团队，带动创新项目。组织实施重点引智项目，实现引进创新。引导相关企业加强与高等院校、科研院所的合作，加大人才培养力度。大力发展职业教育，实施技能人才振兴计划，加快生产、服务一线技能型人才培养，为高成长性产业发展提供人才支持。

安徽省人民政府关于加快发展现代职业教育的实施意见

（2014年11月14日 皖政〔2014〕81号）

各市、县人民政府，省政府各部门、各直属机构：

为贯彻落实《国务院关于加快发展现代职业教育的决定》（国发〔2014〕19号），加快发展我省现代职业教育，现提出以下实施意见：

一、加快发展现代职业教育总体要求

（一）指导思想。以邓小平理论、“三个代表”重要思想、科学发展观为指导，坚持以立德树人为根本，以服务发展为宗旨，以促进就业为导向，坚持以法治的方式和改革的办法发展职业教育，优化结构、健全体系，创新模式、完善机制，改善条件、提高质量，推动职业教育集约发展、内涵发展、融合发展和特色发展，为我省深入实施创新驱动发展战略，加快转方式、调结构、促升级、惠民生提供高素质劳动者和技术技能人才支撑。

（二）基本原则。坚持政府推动、市场引导，既要发挥政府保基本、促公平作用，又要充分发挥市场机制作用；坚持加强统筹、分类指导，统筹发展各级各类职业教育，实行学校教育和职业培训并举，加强行业部门对职业教育的指导；坚持服务需求、就业导向，服务经济社会发展和人的全面发展，推动职业教育与社会需求紧密对接，重点提高学习者就业创业能力；坚持产教融合、特色办学，强化校企协同育人，突出职业教育办学特色；坚持系统培养、多样成才，推进中等和高等职业教育紧密衔接，加强职业教育与普通教育沟通，为学生多样化选择、多路径成才搭建"立交桥"。

（三）目标任务。到2020年，形成与现代产业体系及社会服务体系相匹配、与社会充分就业相适应，办学类型和学习形式多样、中职高职有机衔接、职业教育与普通教育互通，学校企业社会相互融合，体现终身教育理念，更加灵活、开放、多元，更具安徽特色、全国一流的现代职业教育体系。

规模更加合理。总体保持中等职业学校和普通高中招生规模大体相当，高等职业教育规模占高等教育的一半以上。中等职业教育在校生达到100万人，专科层次职业教育在校生达到47万人，应用技术型本科占本科教育的40%以上，专业学位研究生教育达到一定规模。从业人员继续教育达到1500万人次，各类职业培训700万人次。

结构更加优化。适应经济社会发展需求，调整优化职业教育结构，使职业院校区域布局更加合理，专业结构更加科学。统筹办好各类中等职业学校和高等职业院校，建立健全专业随产业发展动态调整机制，重点提升面向现代农业、先进制造业、现代服务业、战略性新兴产业和社会建设管理、生态文明建设、文化旅游等领域的人才培养能力。

水平普遍提高。各类院校基础设施建设全面加强，师资和实训设备等办学条件明显改善，基本达到国家规定的办学标准。各类专业人才培养水平大幅提升，人才培养与经济社会发展的契合度显著提高。建成80所省级示范(特色)中等职业学校、10所省级示范技师学院、20所示范（骨干）高职专科院校、10所应用技术型示范本科高校，力争有一批职业院校跻身国内同类院校一流行列。

能力明显提升。服务我省产业升级和企业转型发展需要，重点建设500个职业教育省级示范"专业+实训基地"、20个省级示范职教集团、30个省级高技能人才培训基地和100个省级产学研合作联盟。服务扶贫富民和文化强省需要，重点建设100个职业教育扶贫致富培训基地和30个文化传承创新基地。围绕服务开放发展需要，建设一批中外合作培养技术技能人才的基地。

环境更加优良。现代职业教育制度基本建立，政策法规更加健全，相关标准更加科学规范，监管机制更加完善，发展保障更加有力。全社会人才观念显著改善，支持和参与职业教育的氛围更加浓厚，劳动光荣、技能宝贵、创造伟大的时代风尚蔚然成风。

二、加快构建现代职业教育体系

（四）巩固提高中等职业教育。中等职业教育是公共服务体系的重要组成部分，各地要以中等职业教育为重点加快普及高中阶段教育，扩大中等职业学校招生规模，切实落实好职普招生大体相当的要求。出台全省中等职业教育结构调整的指导意见，指导各地加快整合区域职业教育资源，进一步优化学校布局、专业布点和功能分工。规范各类中等职业学校类别名称，2017年底前统一为普通中等专业学校或技工学校，并在学费标准、编制标准和职称评聘等方面统一政策。建立安徽省各类中职学校网上统一招生录取平台，规范招生行为，禁止封闭生源、有偿招生，中职和五年制高职2015年起实行网上招生。整合市、县(市、区)内学历教育和各类技能培训等要素资源，增强中等职业学校办学功能和服务能力。以培养有文化的劳动者为目标，在保障学生技术技能培养质量基础上，加强文化基础教育，实现就业有能力、升学有基础。有条件的普通高中要适当增加职业技术教育内容。

（五）创新发展专科层次职业教育。转变专科职业教育发展方式，总体稳定学校数量，适度扩大校均规模，重在深化改革、以提高质量为核心实现内涵发展和特色发展。专科高等职业院校要对接区域经济社会发展需求，进一步调整、优化专业结构和布局，密切产学研合作，培养服务区域发展的技术技能人才，重点服务企业特别是中小微企业的技术研发和产品升级。根据高等学校设置制度规定,将符合条件的技师学院纳入高等学校序列。

(六)加快发展应用技术型本科和专业学位研究生教育。采取招生计划、经费投入、设置专业硕士学位授权点等倾斜性政策措施,引导部分本科院校向应用技术型高等学校转型,进行试点推动、示范引领。争取5—8所学校列入首批国家本科高校转型发展试点。独立学院转设为独立设置高等学校时,原则上定位为应用技术型高等学校。加快发展专业学位研究生教育,新增研究生招生计划主要用于扩大专业学位研究生培养规模。建立以提升职业能力为导向的专业学位研究生培养模式。

(七)大力构建职业教育人才多样化成长的立交桥。按照"分类考试、综合评价、多元录取"的原则,深化职业教育招生考试制度改革,健全完善"知识+技能"、自主招生和技能拔尖人才免试入学等招生考试办法。加快构建从中职、专科、本科到专业学位研究生的系统培养体系,完善以初中为起点的五年制高职培养制度,开展中职学校与本科高校合作举办"3+4"本科层次职业教育试点,扩大本科高校对口招收中职学生和专科学校与本科高校合作举办本科层次职业教育的办学规模,逐步提高专科高职院校招收中职学校毕业生的比例、本科高校招收职业院校毕业生的比例和高等职业院校招收有实践经历人员的比例。完善职业人才衔接培养体系,着力推进中职与高职培养目标、专业设置、课程体系、教学过程等方面的衔接。建立学籍转换与学习成果互认制度,促进职业教育与普通教育相互沟通。

(八)积极发展多种形式的职业培训和继续教育。坚持学校教育与职业培训并举、全日制与非全日制并重。整合职业培训资源,依托职业院校和职业培训机构,面向广大职工、新型职业农民、未升学初高中毕业生、残疾人、退役军人等群体,广泛开展职业教育和培训,努力构建劳动者终身职业教育培训体系。建立有利于全体劳动者接受职业教育和培训的灵活学习制度,大力发展工学交替、双元制、学徒制、半工半读、远程教育等各种灵活学习方式的职业教育,服务全民学习、终身学习,推进学习型社会建设。鼓励支持各类主体参与职业培训,创新培训补贴机制,提高资金使用效益。推进农民继续教育工程,推动一批县(市、区)在农村职业教育和成人教育改革发展方面发挥示范作用。推动职业院校面向社区办学,举办多种形式的短期职业教育、继续教育和文化生活类课程,向社会有序免费开放服务设施和数字化教育资源。广泛利用高等学校资源,大力开展继续教育和职业培训。以安徽广播电视大学为基础创建安徽开放大学,充分发挥其在继续教育中的重要作用。

三、创新完善现代职业教育发展机制

(九)创新社会力量兴办职业教育机制。创新民办职业教育办学模式,积极支持各类办学主体通过独资、合资、合作等多种形式举办民办职业教育。鼓励发展股份制、混合所有制职业院校,允许以资本、知识、技术、设备、管理等要素参与办学,并享有相应权利。开展社会力量参与公办职业院校改革建立混合所有制职业院校试点。探索公办和社会力量举办的职业院校相互委托管理和购买服务的机制。

(十)建立企业参与办学机制。研究制定职业教育校企合作促进办法和激励政策,鼓励支持行业和企业举办或参与举办职业教育,发挥企业重要办学主体作用。规模以上企业要有机构和人员组织实施职工教育培训、对接职业院校,并按照不低于企业职工岗位5%比例设立学生实习和教师实践岗位。鼓励支持企业派遣技术骨干和能工巧匠到学校担任兼职教师,建立校企互派工作人员机制。企业因接受学生实习实训、教师实践所实际发生的与取得应税收入有关的、合理的支出,按现行税收法律规定在计算应纳税所得额时扣除。对举办职业院校的企业,其办学符合职业教育发展规划要求的,各地可通过政府购买服务等方式给予支持。对职业院校自办的、以服务学生实习实训为主要目的的企业或经营活动,按照国家有关规定享受税收等优惠政策。推动职业院校把实习实训基地建在企业、企业把人才培养和培训基地建在学校,探索引校进厂、引厂进校、前店后校等校企一体化的合作形式。企业开展职业教育的情况纳入企业社会责任报告。

(十一)建立行业指导服务机制。落实国家行业指导政策,建立健全职业教育省级行业指导委员会及其运行机制。把适宜行业组织承担的职责,通过授权委托、购买服务等方式交给行业组织,给予政策支持并强化服务监管。行业组织要切实履行好发布行业人才需求、推进校企合作、参与指导教育教学、开展质量评价等职责。建立行业人力资源需求预测和就业状况定期发布制度。

(十二)建立职业教育集团化发展机制。制定促进职业院校、行业组织、企业、科研机构、社会组织等共同组建职业教育集团的支持政策及管理办法，发挥职业教育集团在促进教育链和产业链有机融合中的重要作用。鼓励发展区域性职业教育集团或联盟。支持行业龙头企业、骨干示范职业院校牵头，组建专业化或覆盖全产业链的职业教育集团。全省重点扶持建设一批具有示范引领作用的骨干职业教育集团。开展多元投资主体依法共建职业教育集团的改革试点。

(十三)建立职业院校现代治理机制。转变政府管理方式,推进职业教育管办评分离改革。实行"负面清单"制度,扩大职业院校在专业设置、人事管理、教师评聘、收入分配等方面的办学自主权。职业院校要依法制定体现职业教育特色的章程和制度,建立学校、行业组织、企业、社区等共同参与的学校理事会或董事会,其中50%以上的成员要来自企业、行业组织和社区。积极推行校(院)长聘任制改革和公开选拔试点,鼓励企业家、创业家担任校(院)长。完善体现职业院校办学和管理特点的绩效考核内部分配机制。

(十四)完善促进就业保障机制。落实就业准入制度。用人单位招收、录用从事涉及公共安全、人身健康、生命财产安全等特殊工种的劳动者,必须从取得相应学历证书或职业培训合格证书并获得相应职业资格证书的人员中录用。实行职业资格证书与学历证书的"双证书"制度,将职业资格标准和行业技术规范纳入课程体系。完善职业院校毕业生职业资格认证办法，支持符合条件的职业院校建立技能鉴定所(站)。创造职业院校毕业生平等就业环境，消除一切影响平等就业制度障碍和就业歧视。鼓励支持职业院校毕业生留在本地就业。提高技能型人才待遇,鼓励企业建立高技能人才技能职务津贴和特殊岗位津贴制度。

四、实施加快现代职业教育发展重点工程

(十五)职业教育质量提升工程。与国家现代职业教育质量提升计划相衔接，实施安徽省现代职业教育质量提升工程，重点建设一批具有引领作用省级示范特色职业院校、示范特色专业、课程体系、开放共享型实训基地和"双师型"骨干教师，支持中职学校布局结构调整和一批本科高校转型发展。各市、县(市、区)政府和大型企业要切实加强所办职业院校基础能力建设，支持和激励学校深化改革、特色发展、争创一流。坚持立德树人,把提高职业技能和培养职业精神高度融合。创新人才培养模式,坚持产教融合、校企合作、工学结合、知行合一,推动"五个对接"。深化教育教学改革,推行项目教学、案例教学、工作过程导向教学等教学模式,突出实战和应用。完善技能大赛制度。创新顶岗实习形式,规范顶岗实习管理。建立专业设置省级信息发布平台和动态调整预警机制。加强"双师型"教师队伍建设,依托高等学校和大中型企业,共建一批省级"双师型"教师培养培训基地。完善教师资格标准、专业技术职务评聘办法,在中职学校开展设置正高级教师职务(职称)试点。原则上比照普通高中和高等学校，根据职业教育特点核定公办职业院校教职工编制,进一步落实《安徽省中等职业学校机构编制管理暂行办法》和《安徽省高等职业学校机构编制管理暂行办法》,落实职业院校编内聘用兼职教师财政支持政策。建立一批职业教育教师企业实践基地，实行新任教师先实践、后上岗和教师定期实践制度。加快推进符合职业教育特点的信息化建设，开展职业院校数字化校园建设，推进职业教育优质数字资源共建共享,提高职业教育实践教学信息化水平。加强各级职业教育科研教研机构和队伍建设，提高科研能力和教学研究水平。

(十六)职业教育服务企业转型升级工程。适应我省现代农业、先进制造业、现代服务业和战略性新兴产业等领域发展需要，培育发展一批急需专业和新兴专业，加快培养与企业转型升级需求相适应的技术技能人才。面向企业职工广泛开展各种形式的培训，基本消除企业职工无技能从业现象,提升职工适应企业转型升级的技术技能。改革培养培训的模式和方法，企业参与职业学校招生计划的研究制定,大力推行订单式培养培训,开展以"招工即招生、入厂即入校、校企双师联合培养"为主要内容的现代新型学徒制试点。以国家级、省级示范职业院校为主体,与大中型企业和产业园区合作开展研究，共建一批省级创新创业基地和产学研合作联盟；推动职业院校与中小企业

合作共建技术工艺研发平台、科技成果转化中心和技能大师工作室等,促进新技术、新工艺、新材料、新装备的应用,加快先进技术转化和产业转型升级。有关部门每年选派一批职业院校专业教师到中小企业和民营企业挂职,提供人才、科技服务。完善校企合作的运行机制,建立校企合作公共服务平台,促进校企深度合作和企业转型发展。

(十七)职业教育扶贫富民工程。实施技能扶贫和精准扶贫。面向贫困地区农村未升学初高中毕业生和农村转移劳动力开展就业技能培训,提高他们就业创业和脱贫致富能力,促进人口迁移,推进城镇化建设。按规定落实培训补贴政策,符合就业援助对象条件的,可参加公共职业训练基地组织的免费技能培训,培训期间给予适当的生活补助。大力开展公益性新型职业农民培训,以农村专业大户、家庭农场主、农民合作社领办人等为重点,培养造就一批农村致富带头人。加强农民工及子女、残疾人及子女和城市转岗就业人员的职业教育和培训。采取多种有效方式,让学习者自主选择培训学校、培训项目和培训方式,增强培训效果。统筹面向农业、农村、农民的培训资源,以农业职业院校为主体,教育、农业、扶贫等部门联合建立一批职业教育扶贫致富培训基地。适应现代农业发展和新型城镇化建设需要,同步规划职业院校布局。围绕农业产业结构调整、城乡发展、社会管理、社区服务和基层文化建设,加快培养农业生产经营、基层管理和公共服务人才。统筹农村基础教育、职业教育和成人继续教育,促进农科教结合。

(十八)职业教育徽文化传承创新工程。将徽文化和民族文化教育纳入现代职业教育体系,融入学校教育全过程。加强徽文化及非物质文化遗产等特色专业建设,着力推动传统手工技艺的教育传承,创建全国职业院校民族文化传承与创新示范专业点。对应文房四宝、徽雕、古建、铁画、铜艺、彩陶、剪纸等安徽特色传统手工技艺和戏曲、舞蹈、杂技马戏、传统医药等特色非物质文化遗产,建立30个集民族工艺传承创新、文化遗产保护、高技能人才培养、产业孵化于一体的职业教育基地。鼓励民间艺人、工艺美术大师和非物质文化遗产传承人参与职业教育办学。适应文化产业发展需要,加强文化创意、产品设计、影视制作、出版发行等重点文化产业技术人才的培养。

(十九)职业教育区域合作工程。完善区域合作政策和机制,支持职业教育开展跨区域、跨行业、多层次、多类型合作交流。吸引国内外职业教育机构到我省设立分支机构或联合办学。支持职业院校引进国(境)外高水平专家、教师和优质教育资源,实施教师互派、学生互换、学生海外实习实训项目,支持教师、学生参加国际国内职业技能竞赛。加强与长三角地区职业教育合作,共享区域职业教育资源,共建一批高端合作项目,服务长江经济带发展。结合皖南国际文化旅游示范区建设,支持在示范区内重点建设一批文化旅游骨干示范职业院校和专业,引导文化旅游企业与职业院校深度合作,扩大文化旅游类人才培养数量,提高培养质量。实施对口帮扶计划,建立和完善省级示范职业院校定点帮扶皖北地区和大别山集中连片特困地区等贫困地区县级中等职业学校制度,支持皖北地区加快职教园区建设,促进贫困地区加快职业教育发展。建立长效机制,办好内地新疆职业教育班。

五、落实发展现代职业教育保障措施

(二十)落实政府统筹发展职业教育的责任。进一步完善分级管理、地方为主、政府统筹、社会参与的管理体制。各级政府要把加快发展现代职业教育摆在更加突出的位置,通过着力营造制度环境、制定发展规划、改善基本办学条件、加强规范管理和监督指导等,切实发挥好保基本、促公平作用,更好地支持和帮助职业教育发展。强化省、市政府对职业教育的统筹,充分发挥市级政府的重要主体作用,扩大市级政府统筹权,各市政府负责统筹区域内职业教育的发展规划、资源配置、条件保障和政策措施。建立健全省、市、县三级职业教育工作部门联席会议制度,形成工作合力,协调解决职业教育发展中的重大问题。进一步发挥各级教育部门对职业教育的统筹规划和综合协调职能,建立教育、人力资源社会保障和其他有关部门分工合理、协调配合,行业组织和企业共同参与的管理新机制。

(二十一)完善职业教育投入长效机制。各级政府要建立与办学规模和培养要求相适应的财政投入制度,调整优化财政教育支出结构,加大对职业教育的投入,落实地方教育附加费用于职业教育的比例不低于30%政策,将公办中等职业教育纳入公共财政保障范围。省加大对职业教育专项经费的投入,重点支持职业教育发展重点工程。尽快出台中等和高等职业院校生均拨款标准，并逐步提高生均拨款水平。综合考虑经济社会发展和职业教育改革要求,调整职业院校收费标准。加大经费统筹力度，发挥好企业职工教育培训经费以及就业经费、扶贫和移民安置资金等在职业培训中的作用,提高资金使用效益。建立健全职业教育经费绩效评价制度、审计监督公告制度、预决算公开制度。

(二十二)健全社会力量办学激励政策。研究制定鼓励和引导社会力量兴办教育的意见，促进民办职业教育发展。落实国家支持社会力量兴办职业教育的财税、土地、金融等各项政策措施,创新以土地、工商、税收及人才引进等方式支持民办职业教育发展。制定政府补贴、政府购买服务、助学贷款、基金奖励、捐资激励等具体政策,鼓励社会力量兴办教育。建立和完善财政贴息贷款等政策,健全民办职业院校融资机制。落实国家关于企业开展职业培训等方面投入相关规定，对不按规定提取和使用教育培训经费并拒不改正的企业，由县级以上人民政府依法收取企业应当承担的职业教育经费,统筹用于本地区的职业教育。

(二十三)强化职业教育督导评估。制定《安徽省职业教育督导评估办法》,加强对各级政府及有关部门履行发展职业教育职责的督导。组织开展对各市、省直管县职业教育定期专项督导,重点督导职业教育体制机制创新、经费投入及管理、职普比例、结构调整、发展水平与办学特色等情况。强化督导结果的运用，把职业教育发展情况纳入市县领导教育工作考核和政府绩效考核体系，作为省政府考评市和省直管县发展教育的重要依据。完善职业教育质量评价制度，定期开展职业院校办学水平和专业教学情况评估，实施职业教育质量年度报告制度。注重发挥行业、用人单位作用，积极支持第三方机构开展评估。

(二十四)营造发展职业教育的良好环境。适时修订《安徽省职业教育条例》。开展“职业教育强县”和“校企合作示范典型”创建活动。按照国家部署，组织实施好职业教育先进单位和先进个人表彰奖励活动。落实好职业教育科研和教学成果奖励制度,用优秀成果引领职业教育改革创新。办好职业教育活动周。运用各种媒体和网络平台,大力宣传高素质劳动者和技术技能人才的先进事迹和重要贡献,加强社会舆论引导,促进形成“崇尚一技之长、不唯学历凭能力”的社会氛围,提高职业教育社会影响力和吸引力。

安徽省人民政府关于进一步完善城乡居民基本养老保险制度的实施意见

(2014年11月28日　皖政〔2014〕84号)

各市、县人民政府,省政府各部门、各直属机构:

为贯彻落实《国务院关于建立统一的城乡居民基本养老保险制度的意见》(国发〔2014〕8号)精神，现就进一步完善我省城乡居民基本养老保险(以下简称城乡居民养老保险)制度,提出如下实施意见:

一、指导思想

高举中国特色社会主义伟大旗帜，以邓小平理论、“三个代表”重要思想、科学发展观为指导,深入贯彻落实党的十八大和十八届三中、四中全会精神,按照全覆盖、保基本、有弹性、可持续的方针,以增强公平性、适应流动性、保证可持续性为重点，全面推进和不断完善覆盖全体城乡居民的基本养老保险制度，充分发挥社会保险对保障人民基本生活、调节社会收入分配、促进城乡经济社会协调发展的重要作用。

二、任务目标

坚持和完善社会统筹与个人账户相结合的制度模式,巩固和拓宽个人缴费、集体补助、政府补贴相结合的资金筹集渠道，完善基础养老金和个人账户养老金相结合的待遇支付政策，强化长缴多得、多缴多得的激励机制,建立基础养老金正常调整机制，实现城乡居民养老保险与城镇职工基本养老保险制度有效衔接,健全服务网络,提高管理水平,为参保居民提供方便快捷的服务。2020年前,全面建成公平、统一、规范的城乡居民养老保险制度,与社会救助、社会福利等其他社会保障政策相配套，充分发挥家庭养老等传统保障方式的积极作用，更好地保障参保城乡居民的老年基本生活。

三、参保范围

年满16周岁(不含在校学生),非国家机关和事业单位工作人员及不属于职工基本养老保险制度覆盖范围的城乡居民,可以在户籍地参加城乡居民养老保险。

四、基金筹集

城乡居民养老保险基金由个人缴费、集体补助、政府补贴构成。

(一)个人缴费。参加城乡居民养老保险的人员应当按规定缴纳养老保险费。缴费标准设为每年100元、200元、300元、400元、500元、600元、700元、800元、900元、1000元、1500元、2000元、3000元13个档次。参保人员自主选择缴费档次,多缴多得。省人力资源社会保障厅会同省财政厅根据城乡居民收入增长等情况,适时调整缴费档次和标准。

(二)集体补助。有条件的村集体经济组织应当对参保人缴费给予补助,补助标准由村民委员会召开村民会议民主确定。鼓励有条件的社区将集体补助纳入社区公益事业资金筹集范围。鼓励其他社会经济组织、公益慈善组织、个人为参保人缴费提供资助。补助、资助金额不超过目前设定的最高缴费档次标准。

(三)政府补贴。政府补贴分为基础养老金补贴和缴费补贴两部分。

1.基础养老金补贴。政府对符合领取城乡居民养老保险待遇条件的参保人全额支付基础养老金。中央财政按照中央确定的基础养老金标准给予全额补贴;鼓励有条件的市、县(含市、区,下同)政府提高基础养老金标准,所需资金由市、县负担;省政府适时提高基础养老金补贴标准,具体补贴办法另行制订。

2.缴费补贴。省、市、县人民政府应当对参保人缴费给予补贴。每人每年最低缴费补贴标准为:缴100元补30元、缴200元补35元、缴300元补40元、缴400元补50元、缴500元及以上的补60元。对参保人员的缴费补贴,省级财政目前承担20元,其余部分由市、县财政承担,市、县承担比例由各市确定。有条件的市、县可在省里规定统一补贴标准的基础上,适当增加补贴,具体标准和办法由市、县人民政府确定,所需资金由市、县负担。

对重度(二级以上)残疾人、独生子女死亡或伤残(三级以上)后未再生育夫妻(女方年满49周岁)、节育手术并发症人员(三级以上)等缴费困难群体,县人民政府应结合本地实际,在缴费档次范围内确定标准为其代缴养老保险费,并按代缴养老保险费档次给予补贴。领取独生子女父母光荣证的独生子女父母和落实绝育措施的农村双女父母参保缴费,各地可适当提高补贴标准。

五、建立个人账户

国家为每个参保人员建立终身记录的养老保险个人账户。个人缴费、地方人民政府对参保人的缴费补贴和对缴费困难群体代缴及补贴、集体补助及其他社会经济组织、公益慈善组织、个人对参保人的缴费资助,全部记入个人账户。个人账户储存额按国家规定计息。

六、养老保险待遇及调整

城乡居民养老保险待遇由基础养老金和个人账户养老金构成,支付终身。

(一)基础养老金。目前中央确定的基础养老金标准为每人每月55元。国家调整基础养老金最低标准时,省政府将结合我省实际,适时调整全省基础养老金最低标准。市、县人民政府根据实际情况可以适当提高本地区基础养老金标准。鼓励长缴多得,对长期缴费的,可适当加发基础养老金。市、县提高和加发部分的资金由市、县负担。

(二)个人账户养老金。个人账户养老金的月计发标准,目前为个人账户全部储存额除以139(与现行职工基本养老保险个人账户养老金计发系数相同)。参保人死亡,个人账户资金余额可以依法继承。

七、养老保险待遇领取条件

参加城乡居民养老保险的个人,年满60周岁、累计缴费满15年,且未领取国家规定的基本养老保障待遇的,可以按月领取城乡居民养老保险待遇。

新型农村养老保险或城镇居民养老保险制度启动实施时,已年满60周岁,目前仍未领取国家规定的基本养老保障待遇的,不用缴费,自国发〔2014〕8号文件印发之月起,可以按月领取城乡居民养老保险基础养老金;距规定领取年龄不足15年的,应逐年缴费,也允许补缴,累计缴费不超过15年;距规定领取年龄超过15年的,应按年缴费,累计缴费不少于15年。

城乡居民养老保险待遇领取人员死亡的,从次月起停止支付其养老金。各地要建立丧葬补助金制度,参保人死亡的,一次性支付丧葬补助金,补助金最低标准为中央确定的基础养老金8个月的金额,所需资金由市、县负担,具体承担比例由市、县确定。社会保险经办机构应每年对城乡居民养老保险待遇领取人员进行核对;村(居)民委员会要协助社会保险经办机构开展工作,在行政村(社区)范围内对参保人待遇领取资格进行公示,并与职工基本养老保险待遇等领取记录进行比对,确保不重、不漏、不错。

八、转移接续与制度衔接

参加城乡居民养老保险的人员,在缴费期间户籍迁移、需要跨地区转移关系的,可在迁入地申请转移养老保险关系,一次性转移个人账户全部储存额,并按迁入地规定继续参保缴费,缴费年限累计计算。已经按规定领取城乡居民养老保险待遇的,无论户籍是否迁移,其养老保险关系不转移。

城乡居民养老保险制度与职工基本养老保险、优抚安置、城乡居民最低生活保障、农村五保供养等社会保障制度的衔接,按有关规定执行。

九、基金管理和运营

各地要完善城乡居民养老保险基金财务会计制度和各项业务管理规章制度。城乡居民养老保险基金纳入社会保障基金财政专户,实行收支两条线管理,单独记账、独立核算,任何地区、部门、单位和个人均不得挤占挪用、虚报冒领。基础养老金和个人账户基金分账管理,个人账户基金不得用于发放基础养老金。

城乡居民养老保险基金按照国家统一规定投资运营,实现保值增值。逐步推进城乡居民养老保险基金省级管理。社会保险经办机构应定期向社会公布城乡居民参保情况以及基金的收入、支出、结余和收益情况。

十、基金监督

各级人力资源社会保障部门要会同有关部门认真履行监管职责,建立健全内控制度和基金稽核监督制度,对基金的筹集、上解、划拨、发放、存储、管理等进行监控和检查,并按规定披露信息,接受社会监督。财政、审计部门按照各自职责,对基金的收支、管理和投资运营情况实施监督。对虚报冒领、挤占挪用、贪污浪费等违纪违法行为,有关部门要按国家有关法律法规严肃处理。完善城乡居民养老保险基金预算管理制度,科学编制基金预算,强化支出预算的执行力,提高基金运行和基金管理效率。积极探索有村(居)民代表参加的社会监督的有效方式,做到基金公开透明、阳光操作。

十一、经办管理服务与信息化建设

各地要切实加强城乡居民养老保险经办能力建设,科学整合现有公共服务资源和社会保险经办管理资源,充实加强基层经办力量,实行精细管理、便捷服务。要注重运用现代管理方式和政府购买服务方式,降低行政成本,提高工作效率。要加强城乡居民养老保险工作人员专业培训,不断提高公共服务水平。社会保险经办机构要认真记录参保人缴费和领取待遇情况,建立参保档案,按规定妥善保存。

市、县人民政府要为经办机构提供必要的工作场地、设施设备、经费保障。县人民政府要在乡镇(街道)设立固定的城乡居民养老保险业务办公场所,配备必要的设施和人员,根据服务人群和业务量合理安排工作经费,并可通过购买服务的方式解决基层经办人员不足的问题。城乡居民养老保险工作经费纳入同级财政预算,不得从城乡居民养老保险基金中开支。县财政确有困难的,省、市财政给予适当补助。

按照统一规划、统一开发和全省数据大集中的原则,建立健全全省统一的城乡居民养老保险信息管理系统,并纳入"金保工程"建设,与其他公民信息管理系统实现信息资源共享;将信息网络向基层延伸,实现省、市、县、乡镇(街道)、社区实时联网,有条件的地区可延伸到行政村;大力推行全国统一的社会保障卡,方便参保人持卡缴费、领取待遇和查询本人参保信息。

十二、金融服务

城乡居民养老保险金融服务合作机构由各县负责按照就地、就近、方便参保人缴费和领取养老金的原则,采取招投标或竞争性谈判方式选择确定,一个县一般选择一家金融服务合作机构。各县应根据金融服务基本标准以及服务协议中金融机构作出的服务承诺,建立对合作金融机构服务城乡居民养老保险工作的考核评价制度及退出机制,定期对合作金融机构的服务进行评估,及时反馈参保群众对金融服务的意见。

十三、相关要求

各地要充分认识进一步完善城乡居民养老保险制度的重要性，将其列入当地经济社会发展规划和年度目标管理考核体系，切实加强组织领导。要优化财政支出结构，加大财政投入，为城乡居民养老保险制度建设提供必要的财力保障。各级人力资源社会保障部门要切实履行主管部门职责，会同有关部门做好城乡居民养老保险工作的统筹规划、政策制定、统一管理、综合协调、监督检查等工作。

各地、各有关部门要认真做好城乡居民养老保险政策宣传工作，全面准确地宣传解读政策，正确把握舆论导向，注重运用通俗易懂的语言和群众易于接受的方式，深入基层开展宣传活动，引导城乡居民踊跃参保、持续缴费、增加积累，保障参保人的合法权益。

各市、县人民政府要根据本意见，结合本地实际，制定具体实施办法，并报省人力资源社会保障厅备案。

本意见自印发之日起实施，已有规定与本意见不一致的，按本意见执行。

安徽省人民政府办公厅关于支持外贸稳增长调结构的实施意见

（2014年7月25日　皖政办〔2014〕23号）

各市、县人民政府，省政府各部门、各直属机构：

为积极应对当前外贸复杂严峻形势，支持外贸稳增长、调结构，根据《国务院办公厅关于支持外贸稳定增长的若干意见》（国办发〔2014〕19号）精神，结合我省实际，经省政府同意，提出如下实施意见：

一、优化对外贸易结构

1.积极扩大进口。制定省级重点鼓励的先进技术、设备和产品目录，扩大进口贴息范围和覆盖面。扩大省内紧缺的资源和原材料产品进口，支持境外投资企业将我省急需的重要资源回运，积极争取国家赋予我省符合条件的企业原油、燃料油进口和使用资质。鼓励外贸企业和商贸流通企业合理增加与群众生活密切相关、必要的一般消费品进口。增强海关特殊监管区域（场所）和重点口岸的进口功能，推动建设进口商品展示、交易、分拨和物流中心，加快形成若干进口商品集散地。鼓励符合条件的地区创建国家级进口贸易促进创新示范区，支持有条件的口岸申建进境专项商品指定口岸。（省商务厅、省发展改革委、省经济和信息化委、省农委、省财政厅、省国税局、安徽出入境检验检疫局、合肥海关负责）

2.支持企业开拓市场。调整完善全省贸易促进计划，支持企业巩固传统市场、开拓新兴市场。全面梳理并公布省有关部门及各市今年内拟在境内外组织开展、参加的各类重点展销会，对参加重点展销会的企业，加大财政扶持力度，鼓励其利用展会抢抓出口订单。支持企业开展国际产品认证和境外商标注册、申请境外专利，在海外建立交易展示中心、商品市场、专卖店、“海外仓”等各类国际营销网络。完善外贸企业包保联系制度，做好面向小微企业的国际商事法律援助，加强重点企业帮扶，争取一批产业带动性强、产品附加值高的企业将其更多的项目、资金和订单投放我省。（省商务厅、省财政厅、省贸促会负责）

3.扩大重点产品出口。加强安徽自主出口品牌、出口基地建设，推动家电、汽车及零部件、机械制造、平板显示、食品农产品、中药材、工业制成品等优势地产品出口提质增效，支持亳州、砀山、休宁、和县等出口质量安全示范区做大做强，加快天长玩具、霍山食品农产品、金寨茶叶等出口质量安全示范区建设。（省商务厅、省财政厅、安徽出入境检验检疫局、省农委、省经济和信息化委负责，相关市政府配合）

4.促进加工贸易发展。加强加工贸易企业技术创新能力和自主品牌建设，积极承接境外及沿海地区加工贸易转移。推广深加工结转业务，简化深加工结转手续，提高深加工结转审批效率，为跨关区深加工结转提供便利服务。依托电子口岸平台，建立加工贸易信息管理平台，实现商务、海关、国税等部门和企业“多方联网”，推进保税加工手册从设立到核销全过程的智能化审核和无纸化作业。（省商务厅、合肥海关、省财政厅、省国税局、安徽出入境检验检疫局、省外汇局负责）

5.加快发展服务贸易。充分利用现有专项资金,加大对服务贸易类企业和项目扶持力度。用足用好国家对服务出口实行零税率或免税的政策,鼓励政策性金融机构创新业务,支持我省文化、旅游、技术、运输等服务业扩大出口。大力发展服务外包,强化公共服务平台建设,鼓励企业集聚发展。探索建立与服务贸易特点相适应的口岸通关管理模式。(省商务厅、省财政厅、省科技厅、省文化厅、省新闻出版广电局、省国税局、合肥海关、省文化发展改革办公室负责)

6.发挥"走出去"贸易促进作用。贯彻落实国家"一路一带"和中俄两江地区合作发展等开放战略部署,鼓励企业积极参与重大项目国际合作和工程承包,开展境外矿业和农业等合作开发,并购境外品牌、技术和营销网络等创新资源,带动我省装备、材料、产品、标准和服务"走出去"。加快我省家电、汽车、装备制造、食品医药、轻纺等优势产业向海外转移,培育一批加工制造、资源利用、农业产业和商贸物流等类型的省级境外经贸合作区,支持符合条件的园区申报国家经贸合作区。(省商务厅、省发展改革委、省财政厅、省农委、省国土资源厅、省国资委、省外办负责)

二、培育外贸新型业态

7.推进跨境电子商务发展。推动企业运用跨境电子商务开拓国际市场,支持企业借助第三方跨境电子商务交易平台开展跨境贸易。加快招引国内一流的跨境电子商务平台与我省企业合作,建设跨境电子商务基地和集聚区。鼓励合肥、芜湖等有条件的市建立跨境电子商务示范园区,争取我省列入国家跨境电子商务进口业务扩大试点范围。探索建立跨境电子商务"公共服务平台+集中监管区"监管新模式,推行监管前置、清单核放、集中报关等便利化通关。支持符合条件的第三方支付机构开展跨境电子商务结算。对电子商务集货、备货进口的商品,实施"分类管理、便利进出"、"一次申报、分批核销"的监管措施。积极争取在我省设立国际邮件互换局,支持合肥新桥国际机场设立国际快件中心。(省商务厅、省财政厅、省政府金融办、省国税局、安徽出入境检验检疫局、合肥海关、省外汇局、省邮政管理局、安徽民航机场集团公司负责,相关市政府配合)

8.培育外贸综合服务企业。加快全流程型、特色型、区域型外贸综合服务企业的培育,为中小生产企业自产货物出口提供专业化服务。推动进出口环节相关部门创新业务监管方式,将外贸综合服务企业纳入分类管理,完善相应评级管理措施,落实外贸综合服务企业出口货物退(免)税政策。(省商务厅、省国税局、安徽出入境检验检疫局、合肥海关负责)

9.发展内外贸结合商品市场。加快推进内外贸结合市场建设,增强大宗商品集散地或特色专业市场进出口功能,鼓励较为成熟的专业商品市场开展"市场采购"出口试点,支持符合条件的市场申报国家内外贸结合商品市场试点。(省商务厅、省国税局、安徽出入境检验检疫局、合肥海关、省外汇局负责)

三、优化外贸发展环境

10.深化外贸体制改革。进一步简政放权,将技术进出口合同登记、出境植物及其产品注册登记、进口废物原料国内收货人注册登记考核和出口商品质量许可等权限下放到市;将加工贸易审批权限下放到县,外贸经营者备案登记权限下放到有条件的县。积极争取商务部支持,将商品自动进口许可证签发和发放权限下放到有条件的市。支持有条件、有需求的市设立电子口岸。(省商务厅、省工商局、省质监局、省外汇局、省国税局、合肥海关、安徽出入境检验检疫局负责)

11.加强通关便利服务。加快海关查验进度,出口查验率再降低1个百分点。推进无纸化通关,通关信息资料与港口等基层口岸共享,年内全省关区通关作业无纸化率达80%以上,争取全国最好水平。支持企业自主选择自理报关或委托代理报关,扩大"属地申报、属地放行"企业适用范围。加快推进铜陵、马鞍山口岸关检合作"一次申报、一次查验、一次放行"试点和"三个一"信息系统开发,年内在全省口岸通关现场推广实施。参与推动长三角区域通关一体化改革,加强区域通关、转关运输等业务协作。推进安徽电子口岸建设,提升服务能力,探索国际贸易"单一窗口"模式。增强口岸开放能力,积极推进合肥港、马鞍山郑蒲港、九华山机场对外开放,支持芜湖、蚌埠、阜阳、合肥等口岸与上海、宁波、连云港等港口开展合作。(省商务厅、合肥海关、安徽出入境检验检疫局、省财政厅负责,相关市政府配合)

12. 优化检验检疫流程。推进检验检疫报检放行监管模式改革，加快我省出口货物在长三角区域直通放行进程。对出境动植物及其产品，实施基于风险分析的差别化监管措施，减少出口抽批比例。实行省内异地报检放行便利措施，实现省内一地出证全境放行。对质量诚信好的企业，实施直报通放等便利化通关模式。在有条件的市探索建立进口货物检验检疫集中监管区。（安徽出入境检验检疫局负责，相关市政府配合）

13. 加快海关特殊监管区域（场所）建设。充分发挥特殊监管区要素集聚和政策等优势，加快推进合肥综合保税区建设，吸引高端外贸企业入区发展，争取开展保税展示交易业务试点。支持有需求、有条件的地方创建海关特殊监管区域、保税监管场所。按照“分类管理、方便进出”的原则，积极在我省海关特殊监管区域（场所）推行上海自贸区经验，实施“先进区、后报关”、“区内企业自主运输”、“开展境内外维修”、“智能化卡口验放”、“保税展示交易”等便利措施。（合肥海关、省商务厅、安徽出入境检验检疫局、省外汇局负责）

14. 妥善应对国际贸易摩擦。鼓励企业积极应对反倾销、反补贴调查，对企业参加案件应诉给予支持。加强部门协作，鼓励企业主动提起复审，增强应诉能力，力保市场份额。加强进出口预警监测和防控，加快完善贸易摩擦预警监测和信息服务平台。建立健全主要进出口商品公平贸易预警点，做好贸易摩擦的事前防控。（省商务厅、合肥海关、安徽出入境检验检疫局、省贸促会负责）

15. 规范进出口经营秩序。整顿进出口环节经营性服务和收费，加强代理、报关等行业监管，规范第三方检验鉴定机构市场行为，引导服务企业加强行业自律。外贸领域涉企收费严格按照我省涉企收费清单执行，严禁清单外的涉企收费。组织开展专项整治活动，严肃查处违反价格政策的乱收费行为。促进外贸企业诚信体系建设，完善进出口风险防控体系。（省物价局、省财政厅、省商务厅、省贸促会、省交通运输厅、安徽出入境检验检疫局、合肥海关、省外汇局负责）

四、强化政策保障

16. 加大进出口融资支持。搭建和强化政银担企合作平台，鼓励金融机构开展金融产品和服务创新，开发推广和充分运用适应市场需求、提高企业资金周转率、规避汇率和结算风险的金融产品，加大对有订单、有效益外贸企业金融支持。支持进出口银行等金融机构扩大对我省中小外贸企业统借统还贷款和专项贷款规模，缓解融资难、融资贵问题。推动符合条件的外贸企业通过多层次资本市场上市（挂牌）、发行债券等渠道融资，支持省内融资租赁企业与外贸企业开展合作。鼓励外贸企业使用人民币进行计价结算，支持符合条件的跨国公司参加外汇资本集中运营管理。组织开展外贸企业增强主动规避汇兑风险意识和提升汇率避险工具运用能力等培训。（省政府金融办、安徽银监局、省商务厅、人民银行合肥中心支行、省外汇局、国家开发银行安徽省分行、中国进出口银行安徽省分行、中国出口信用保险公司安徽分公司负责）

17. 加大出口信用保险支持。扩大出口信用保险规模和覆盖面，对重点行业和企业适当下调承保费率，提高限额满足率，增强企业抢接订单和防范风险能力。对小微企业出口信用保险保费实行差额收取，保费支持部分继续直拨到承保机构。优化出口信用保险保费扶持政策，重点加大对“走出去”、大型成套设备、自主品牌产品、服务贸易、新兴市场开拓等支持力度。鼓励政策性和商业性保险公司扩大短期出口信用保险业务，积极开展出口信用保险保单融资业务，丰富信用保险保单项下跨境贸易融资产品。加快出险案件理赔进度。（中国出口信用保险公司安徽分公司、省财政厅、省商务厅负责）

18. 加快出口退税进度。对退税单据、信息齐全真实，按规定审核未发现骗税疑点的出口业务，20个工作日内完成退（免）税审批手续，及时足额退税。扩大出口退税分类管理试点，对符合条件的重点出口企业凭电子信息退税，先退税后复核。全面推行出口退税远程网络预审，积极研究推行出口退税“财税库银”联网，缩短退库办理时限。落实外贸综合服务企业出口货物、跨境电子商务出口等退（免）税政策。积极争取在芜湖试行启运港退税政策，争取将符合条件的企业融资租赁货物纳入国家出口退税试点范围。加大打击骗取出口退税力度，防范出口退税风险。（省国税局、合肥海关、省财政厅、省商务厅、人民银行合肥中心支行负责，相关市政府配合）

各地、各有关部门要充分认识外贸稳增长、调结构对促进经济社会发展的重要意义，加强组织领导，完善协调机制，狠抓责任落实。要结合本地和本部门实际，全面贯彻落实国家及相关部委和省促进外贸发展政策措施，抓紧研究出台配套政策措施。省开放型经济工作领导小组办公室(省商务厅)要会同有关成员单位，加大工作指导和政策宣传力度，对各地、各有关部门贯彻落实情况进行督查，确保各项外贸促进政策措施落实到位。

安徽省人民政府办公厅关于印发安徽省财政一般性转移支付资金管理办法和安徽省省级财政专项资金管理办法的通知

(2014年9月13日　皖政办〔2014〕29号)

各市、县人民政府，省政府各部门、各直属机构：

《安徽省财政一般性转移支付资金管理办法》、《安徽省省级财政专项资金管理办法》已经省政府同意，现印发给你们，请认真贯彻执行。

安徽省财政一般性转移支付资金管理办法

第一章　总　则

第一条　为规范一般性转移支付资金管理，根据《中华人民共和国预算法》、《中华人民共和国预算法实施条例》和《安徽省预算审查监督条例》，结合我省实际，制定本办法。

第二条　本办法所称一般性转移支付资金，指中央下达我省及省级财力安排的，为均衡地区间基本财力、推进基本公共服务均等化、促进全省经济社会协调发展，经省下达市、县，由市、县政府按规定统筹安排使用的转移支付资金。

第三条　一般性转移支付资金管理应当遵循体系健全、制度完善，公平公正、分配合理，责权明晰、管理规范，强化绩效、公开透明的原则。

第四条　省财政部门应逐步健全一般性转移支付体系，完善一般性转移支付增长机制，加大一般性转移支付力度，重点增加对革命老区、困难地区的转移支付。均衡性转移支付只增不减。逐步将属市、县事务的专项转移支付划入一般性转移支付。

第二章　设立和调整

第五条　一般性转移支付依据法律法规以及国务院、财政部和省委、省政府有关规定等设立、调整和撤销。新设立一般性转移支付、整合及中止一般性转移支付、专项转移支付改列一般性转移支付时，由省财政厅提出意见，报省政府审定。

第三章　分配和使用

第六条　对一般性转移支付，应分别制定具体的资金管理办法，明确资金使用方向、分配办法、绩效目标和管理要求等。

第七条　一般性转移支付的分配不得规定具体使用项目，原则上只规定到《政府收支分类科目》中的“类”或“款”级科目，完成特定政策目标后，可在“类”级科目内统筹使用。

第八条　一般性转移支付资金分配应以国家和省相关政策为依据，优化选择客观因素，科学设置分配模型，原则上采用因素法、公式化进行分配，有效约束自由裁量权。

第九条　省财政一般性转移支付资金按使用方向分为以下五类：

(一)基本财力类。包括提高公共服务均等化水平的转移支付，应统筹安排使用，优先用于保工资、保运转、保民生等基本公共服务领域。

(二)民生保障类。包括教育、社会保障和就业、医疗卫生、公共安全、农林水、交通运输、住房保障等民生和公共服务领域的一般性转移支付，应用于保障各项民生政策的落实，不得跨领域使用。

(三)区域发展类。包括促进区域协调发展的转移支付，主要用于落实省委、省政府各项区域发展政策。

(四)引导激励类。包括引导、支持重点领域发展的转移支付，应按规定方向使用。

(五)其他补助类。包括对财政运行中的特殊困难、特定事项给予的财力补助，应按规定用途使用。

第十条　坚持厉行节约，市、县不得将省财政一般性转移支付资金用于违规提高人员经费标准、违规增加“三公”经费支出、违规新建政府性楼堂馆所、超标准装修办公用房、“形象工程”和“政绩工程”建设、违规对企业和个人实行税费减免或返还等法律法规以及国家和省有关政策明确限制或禁止的支出。

第十一条 省财政建立一般性转移支付资金分配约束机制,对基本公共服务保障不到位、资金管理存在违法违规问题、转移支付综合绩效考评得分较低、财政供养人员控制不严甚至存在“吃空饷”现象的地区,适当扣减一般转移支付数额。

第四章 预算和决算

第十二条 省财政于每年10月底前,将下一年度金额相对固定的一般性转移支付资金下达市、县。省、市、县财政部门应将提前下达的一般性转移支付资金全部纳入本级年度预算,提高预算的完整性。

第十三条 省、市、县财政部门要按规定对上级下达的一般性转移支付资金完整编制决算。

第五章 绩效评价

第十四条 加强一般性转移支付资金绩效管理,建立规范化、标准化、可量化的绩效评价指标体系,健全“分级负责、权责一致”的绩效管理体制。

第十五条 省财政建立一般性转移支付资金绩效评价通报制度。市、县财政部门应根据绩效评价结果,完善管理制度,改进管理措施,提高一般性转移支付资金使用效益。

第六章 责任和监督

第十六条 省、市、县财政部门负责一般性转移支付制度建设、预算安排、资金分配和拨付,组织开展绩效评价和监督检查工作。

第十七条 省、市、县有关部门提出相关一般性转移支付资金分配意见和管理要求,具体负责资金监管和绩效评价。

第十八条 市、县政府承担一般性转移支付资金管理的主体责任,资金使用单位承担资金管理的直接责任。各责任主体单位应确保国家和省制定的各项政策落实到位。

第十九条 各级审计部门依照有关法律、法规及相关规定,对一般性转移支付资金的分配、拨付、使用和管理情况进行审计监督。

各级监察部门依法查处一般性转移支付管理和使用中的违规违纪行为。

第二十条 对一般性转移支付管理中的违法违规问题,按有关法律法规的规定处理,追究相关责任人责任。

第七章 信息公开

第二十一条 除涉密内容外,省、市、县财政部门应将一般性转移支付有关信息通过本部门网站向社会公开,省、市、县有关部门应将一般性转移支付资金管理等情况通过本部门网站向社会公开。

第八章 附则

第二十二条 本办法由省财政厅负责解释。

第二十三条 本办法自印发之日起实施。

安徽省省级财政专项资金管理办法

第一章 总则

第一条 为规范和加强省级财政专项资金管理,提高资金使用效益,根据《中华人民共和国预算法》、《安徽省省级预算管理办法》等有关规定,结合我省实际,制定本办法。

第二条 本办法所称省级财政专项资金(以下简称专项资金),是指中央财政补助及省级财政通过一般公共财政预算、政府性基金预算、国有资本经营预算安排的具有专门用途的资金。

专项资金包括省本级项目支出和省对下专项转移支付,省本级项目支出不包括单位正常运转及履行日常职能所需的业务经费。

第三条 专项资金管理遵循依规设立、规范管理、权责明晰、注重绩效、公开透明的原则。

第二章 设立管理

第四条 专项资金依据法律法规,国务院、财政部和省委、省政府有关规定等设立。除依据上述规定外,新设专项资金需提供设立背景、政策依据、绩效目标、执行期限和资金规模建议等相关资料,由省有关部门提出申请,省财政厅按照省级预算管理办法办理。其中新设省对下专项转移支付,由省财政厅提出意见,报省政府审定。

第五条 新设立的专项资金执行期限原则上不超过3年,最长不超过5年,与中期财政规划相衔接。现有专项资金应逐步明确执行期限,原则上不超过3年,最长不超过5年。专项资金执行期限满后自动撤销。

第六条 专项资金在执行期限内出现政策目标完成、设立依据变更、政策内容变化、支持方向重合、绩效评价不合格等情形时,由省财政厅提出撤销或调整意见,报省政府审定。

第三章 分配安排

第七条 专项资金实行"一个(类)专项,一个办法",由省财政厅会同省有关主管部门分项或分类制定。

涉企类专项资金,同步纳入安徽财政涉企项目资金管理信息系统统一管理。

第八条 按照简政放权要求,省对下专项转移支付本着下管一级原则,下放资金和项目审批权,采取因素法等方式切块下达市、县,由市、县统筹安排到具体项目并报省有关部门、省财政厅备案。

第九条 确需直接分配到具体项目的省对下专项转移支付,原则上采取竞争性分配方式,择优确定支持项目,由省有关部门会同省财政厅按规定程序办理。项目申报材料需经市、县或省有关部门审核的,由市、县政府负责人或省有关部门主要负责人签署意见后按规定报送。

第十条 省级财政安排的省对下专项转移支付按规定及时分配下达。中央财政补助的专项资金在收到预算指标后的30日内分解下达。

第十一条 专项资金应遵循专款专用,突出支持重点、注重市场机制、发挥杠杆效应,主要采取贴息、担保、后补助、购买服务、民办公助、公私合营、绿色租赁等方式使用。

支持企业发展,以及重大基础设施、重大项目建设资本金等专项资金,原则上由市、县采取股权投资方式安排。

第四章 责任划分

第十二条 按照职责明晰、权责匹配、全程监督、失责追究的原则,明确专项资金安排使用主体责任及监管责任。

第十三条 省财政厅对专项资金的设立审核、预算安排、审核拨付、绩效管理和监督检查负责。

第十四条 省有关部门对专项资金的设立申请、资金分配、绩效评价、项目监管和信息公开等负责。

第十五条 市、县政府对省下达的专项转移支付资金使用和管理负主体责任,市、县政府及其有关部门、单位对项目申报管理负责,并对下放审批权的专项转移支付资金分配过程和结果负责。

第十六条 项目实施单位对项目实施和资金使用负责。

第五章 绩效和监督

第十七条 加强专项资金绩效管理,建立规范化、标准化、可量化的绩效评价指标体系,健全分级负责、权责一致的绩效管理体制。绩效评价结果作为专项资金预算安排、资金分配等重要依据。

第十八条 各级财政部门按规定对专项资金管理实施监督,保障专项资金安全规范有效使用。

第十九条 各级有关部门按规定加强专项资金使用的监督检查,对发现的问题及时制定整改措施并督促落实。

第二十条 各级审计部门依照有关法律、法规及相关规定,对专项资金的分配、拨付、使用、管理和效益情况进行审计监督。

第二十一条 对违反法律、法规、规章等相关规定的单位或个人,依法依规追究责任。

第六章 信息公开

第二十二条 除涉及保密事项外,专项资金相关信息均应主动向社会公开。省有关部门按规定及时公开专项资金管理制度、使用方向、分配办法、分配结果、绩效评价报告等。省财政厅依据有关规定,做好专项资金预算、决算等信息公开相关工作。省审计厅依据有关规定,做好涉及专项资金有关审计结果和审计整改情况的公开工作。

第七章 附则

第二十三条 各市、县根据本办法,制定具体实施细则。

第二十四条 中央财政专项补助资金有明确管理规定的,按国家有关规定执行。

第二十五条 本办法由省财政厅、省审计厅负责解释。

第二十六条 本办法自印发之日起实施。

省人大重要财经文献

在安徽省十二届人大四次会议闭幕会上的讲话

安徽省委书记、省人大常委会主任　张宝顺

2015 年 1 月 31 日

各位代表、同志们：

省十二届人大四次会议，经过全体代表和与会同志的共同努力，圆满完成各项议程，即将胜利闭幕。这是一次团结民主、风清气正的大会，是一次致力改革、厉行法治的大会，是一次求真务实、催人奋进的大会。

会议期间，代表们以饱满的政治热情和严谨的工作态度，认真履行职责，积极建言献策，共商发展大计，体现了心系安徽、忠于人民的责任担当，展示了奋发向上、开拓进取的精神风貌。会议审议通过的政府工作报告和其他各项报告，凝聚着全体代表的集体智慧，代表了全省人民的共同意愿，是做好今年和今后一个时期工作的重要指导性文件。会议选举了 5 名省人大常委会委员，为常委会注入了新鲜血液。会议通过的大气污染防治条例，是本届省人大制定的第一部法规，是科学立法、民主立法的重大成果。大会的圆满成功，必将激励全省人民，以更加坚定的信心、昂扬的斗志，积极投身我省改革开放和现代化建设的伟大实践。

各位代表、同志们!

回首过去一年，我们走过了很不平凡的历程。面对错综复杂的宏观环境，全省上下坚持稳中求进工作总基调，一心一意谋发展，聚精会神抓党建，实现了经济发展提质增效、深改元年首战告捷、社会大局和谐稳定、党风政风焕然一新，在全面建成小康社会征程上迈出了坚实步伐。

展望未来发展，新常态蕴含新机遇，新起点当有新作为。我们要深入学习贯彻党的十八大、十八届三中、四中全会和习近平总书记系列重要讲话精神，以“三严三实”的作风，奋力推动会议确定的目标任务落地生根，不断开创美好安徽建设新局面。

我们要立足全面建成小康社会，努力实现更有质量、更有效益的可持续发展。发展是我们党执政兴国的第一要务，是全面建成小康社会的根本途径。要坚定不移转方式调结构，以融合、智能、绿色为发展方向，以推进自主创新和发展民营经济为战略支撑，推动产业向中高端迈进，努力做到调速不减势、量增质更优。要深入实施主体功能区规划，全面启动国家新型城镇化综合试点省建设，持续推进美好乡村建设和“三线三边”整治，促进城乡区域良性互动、协调发展。要加强生态文明建设，强化节能减排和环境保护，让江淮大地天更蓝、水更清、山更绿。要切实保障和改善民生，深入实施民生工程，大力推进精准扶贫，加强社会治理创新，让全省人民生活得更加幸福安康。

我们要立足全面深化改革，努力构建充满活力、更加开放的体制机制。开弓没有回头箭，改革关头勇者胜。要继续弘扬敢为人先的“大包干”精神，以坚如磐石的信念深化改革，以“钉钉子”的韧劲推进改革，以“壮士断腕”的勇气致力改革，干一件成一件,积小胜为大胜。要突出问题导向,善谋善为,稳扎稳打,力争在国资国企、科技体制、行政管理体制、党的建设等牵动性改革上实现新突破,最大限度释放改革红利。要坚持以开放促改革,抓住国家建设长江经济带的重大机遇,主动融入"一带一路"战略布局,深度参与长三角一体化发展,着力打造内陆开放新高地。

我们要立足全面依法治省,努力建设生机勃勃、井然有序的法治安徽。法治兴则国家兴。

要矢志不渝信仰法治,不断提高法治素养,坚决维护法律权威,虔诚而执着,至信而深厚,争当法治安徽建设的忠实崇尚者、自觉践行者、坚定捍卫者。要坚定不移厉行法治,切实把依法办事贯穿于履职尽责全过程,坚持以法治思维和法治方式作决策、谋发展、抓改革、促稳定。要持之以恒弘扬法治,加强法治宣传教育,自觉践行社会主义核心价值观,以道德教化滋养法治精神,培育法治文化,让尊法、信法、守法、用法、护法在全省上下蔚然成风。

我们要立足全面从严治党,努力营造遵规守纪、风清气正的从政环境。作风建设没有休止符,党风廉政建设永远在路上。要坚定理想信念,强化政治定力,坚持守纪律、讲规矩,自觉在大局下想问题、做工作,始终与党中央保持高度一致,始终做到心中有党、心中有民、心中有责、心中有戒。要牢固树立正确的政绩观、群众观,深入贯彻中央八项规定,巩固扩大教育实践活动成果,横下一条心纠正"四风",以改进作风的实际成效取信于民。要以党和人民事业为重,勇于担当、敢于负责,夙夜在公、扎实工作,始终保持良好精神状态。要坚定不移推进党风廉政建设,旗帜鲜明反对腐败,扎紧制度笼子,强力打虎拍蝇,进一步形成风清气正、奋发有为的政治生态。

各位代表、同志们!

人民代表大会制度是支撑国家治理体系和治理能力的根本政治制度。要深入学习贯彻总书记在庆祝全国人民代表大会成立60周年大会上的重要讲话精神,毫不动摇坚持、与时俱进完善人民代表大会制度,大力发展更加广泛、更加充分、更加健全的人民民主,不断提高人大工作科学化水平。

人大代表来自人民、植根人民、服务人民。要珍惜党和人民的信任,强化代表意识,履行法定职责,切实为人民传好声、掌好权、谋好利。各位代表即将返回工作岗位,希望大家带头学习宣传会议精神,带头执行大会通过的决议和法规,带头落实会议确定的各项任务,使之转化为全省人民的自觉行动,凝聚起奋发进取、干事创业的磅礴力量。

各位代表、同志们!

"潮平两岸阔,风正一帆悬。"让我们紧密团结在以习近平同志为总书记的党中央周围,高举中国特色社会主义伟大旗帜,万众一心,锐意开拓,奋力夺取打造三个强省、建设美好安徽、全面建成小康社会的新胜利!

2015年安徽省人民政府工作报告

——在安徽省第十二届人民代表大会第四次会议上

省人民政府省长 王学军

2015年1月26日

各位代表:

现在,我代表省人民政府,向大会报告政府工作,请予审议,并请省政协委员和其他列席人员提出意见。

一、2014年工作回顾

过去的一年,全省人民在党中央、国务院和中共安徽省委的坚强领导下,认真贯彻落实党的十八大和十八届三中、四中全会和习近平总书记系列重要讲话精神,坚持稳中求进工作总基调,积极应对严峻复杂的外部环境,凝心聚力,锐意进取,扎实做好稳增长、促改革、调结构、惠民生、防风险各项工作,较好完成了省十二届人大三次会议确定的目标任务,在全面深化改革、全面推进依法治省、全面建成小康社会征程中迈出了新的步伐。

经济持续健康发展。全省生产总值20848.8亿元,增长9.2%。财政收入3663亿元,增长8.9%。居民消费价格涨幅1.6%。城镇登记失业率3.2%,城镇新增就业67.1万人。

市场活力不断激发。省级政府权力事项精简68.3%,行政审批事项精简32.6%,涉企收费项目减少57.3%。全年新登记注册企业12.6万户,增长58.3%。民营经济占生产总值比重57.3%,提高0.3个百分点。

结构调整成效明显。粮食产量683.2亿斤,增加27.3亿斤,实现“十一连丰”。规模以上工业增加值增长11.2%,其中高新技术产业增加值增长13.6%。新增授权发明专利增长22.2%。服务业增加值占生产总值比重34.8%,提高0.6个百分点。城镇化率达49.2%,提高1.3个百分点。节能减排年度目标超额完成,PM10平均浓度下降4%。

民生保障水平稳步提升。全年民生支出3833亿元,增长7.9%。城镇、农村常住居民人均可支配收入分别为24839元和9916元,增长9%和12%。教育、卫生、文化、社会保障等基本公共服务均等化取得新进展。

一年来,主要做了以下工作:

*一是深入推进改革开放,改革红利进一步释放。*聚焦重点领域,奋力改革攻坚,在行政体制、国资国企、农村、财税、金融、医药卫生、教育等领域推出一系列改革举措。突出简政放权,建立并运行省级政府权力清单、责任清单和涉企收费清单;撤销省招标局,省本级公共资源交易由合肥市平台办理;省级卫生计生、新闻出版广播影视机构整合顺利完成,县级工商、质监、食品药品监管机构职责实现“三合一”。地质勘查等事业单位改革稳步推进。大力推进商事制度改革,“先照后证”、“三证合一”试点逐步推开。省属4户2对企业合并重组,江汽集团实现整体上市,市县国资国企改革扎实推进。首批20个试点县(区)农村土地确权登记颁证基本完成,农村集体产权和小型水利工程产权制度改革深入推进。县级以上政府及部门预决算和“三公”经费信息全部公开,政府购买服务项目试点顺利推进。83家农村合作金融机构全部改制为农村商业银行,村镇银行和政策性融资担保机构基本实现县域全覆盖,新增上市企业3家,“新三板”挂牌企业45家,省股权交易托管中心挂牌企业244家。

坚持高起点推进对内对外开放。进一步融入长三角,复制推广16项上海自贸区制度成果,合肥海关实现长江经济带区域通关一体化,合肥综合保税区获批设立,蚌埠(皖北)保税物流中心顺利运行,芜湖港进入国家启运港退税政策试点,合新欧国际货运班列开通,跨境贸易电子商务通关运行。加快外贸转型升级,进出口总额492.7亿美元,增长8.2%,机电、高新技术产品出口快速增长。持续推动招商引资提质提效,亿元以上省外投资项目实际到位资金7942.4亿元,增长16.9%,实际吸收外商直接投资123.4亿美元,增长15.5%。积极推进对外交流合作,外事侨务、对台、港澳工作取得新成绩。

*二是大力发展实体经济,稳定增长的基础进一步夯实。*在经济下行压力加大的情况下,认真贯彻中央定向调控政策,把发展实体经济摆上更加突出位置。坚持以项目建设为载体,持续扩大有效投入。完成固定资产投资21256.3亿元,增长16.5%,亿元以上项目新开工1863个、建成922个。基础设施建设力度加大,合肥铁路枢纽及南客站、宁绩高速、徐明高速安徽段建成运营,完成新改建国省干线公路1260公里,杭黄铁路、庐铜铁路、济祁高速、淮水北调、淮干蚌浮段、淮南—上海特高压输变电等项目加快推进。积极促进消费需求,社会消费品零售总额7320.8亿元,增长13%,大力培育旅游、信息、健康、养老、文体等新的消费增长点,实施宽带安徽和信息惠民工程,推进电子商务进农村和城市商贸服务示范区建设,旅游总收入3430亿元,增长14%,信息消费规模1498亿元,增长44%。

坚持多措并举促进实体经济稳步发展。扩大营改增试点,落实结构性减税政策,全年减少市场主体税费负担466亿元。出台金融服务“三农”和实体经济发展政策,全年本外币贷款余额22754.7亿元,增长15.6%,直接融资1738.3亿元,增长61.2%。新安排31亿元充实政策性担保机构国有资本金,引导金融机构扩大信贷投放,努力缓解中小微企业融资难、融资贵问题。建立省政府负责同志联系重点企业制度,具体帮助企业解决实际困难。

*三是深入实施创新驱动战略,转型升级步伐进一步加快。*出台进一步加快创新型省份建设意见,实施科技创新后补助政策和高层次科技人才团队扶持计划,建立高新技术产业投资基金,鼓励科技人员创新创业,推动科技成果转化。大力发展战略性新兴产业,电子信息、智能装备、新能源、新能源汽车、现代医药等产业加速成长,新型显示、机器人产业区域集聚发展试点顺利推进,战略性

新兴产业产值8378.9亿元,增长22.5%,新认定高新技术企业671家。大力促进服务业发展,加快现代服务业集聚区建设,现代金融、电子商务、物流快递等行业快速增长。

加快推进农业现代化。深入实施粮食生产“三大行动”,农业综合生产能力稳步提升。积极培育新型农业经营主体,新增农民合作社10089个、家庭农场11280个、省级以上现代农业示范区21个。新增耕地流转面积529.3万亩,流转率达41.1%。规模以上农产品加工企业产值8372.1亿元,增长12.7%。加强农田水利基本建设,除险加固病险水库400座,建成高标准基本农田733.8万亩。美好乡村建设取得新成效,“三线三边”环境综合整治深入推进,完成11.5万户农村危房改造和245个乡镇农村清洁工程,新改建农村公路4840公里,新解决500万农村居民饮水安全问题。稳步推进新型城镇化。有序推进农业转移人口市民化,加快实施居住证制度,进城落户农民逐步纳入城镇住房和社会保障体系。实施县城规划建设管理提升专项行动,全面展开34个省级开发区产城一体试点,城镇功能和面貌进一步改善。积极探索新型城镇化建设体制机制,我省成为国家新型城镇化试点省。

大力加强生态环境保护。实施大气污染防治行动计划,工业废气、城市扬尘、燃煤小锅炉、秸秆焚烧、机动车尾气等得到有效治理,新建29台火电机组和19套水泥脱硝设施,全省已建脱硝设施的火电机组和水泥生产线比例分别达92.3%、81.7%,淘汰燃煤小锅炉2797台、黄标车和老旧车29.7万辆,省级投入11.5亿元奖补资金用于秸秆禁烧和综合利用。推进新安江流域生态环境综合治理,加强重点流域、重污染河流综合整治,淮河、巢湖水质稳定向好。启动大别山区水环境生态补偿试点,确立水资源开发利用红线。深入推进千万亩森林增长工程,新造林226.3万亩。巢湖流域、黄山市列为国家第一批生态文明先行示范区。

四是全面发展社会事业,基本公共服务水平进一步提高。落实积极就业政策,发放各类就业补贴28.9亿元,10.5万就业困难人员重新走上就业岗位,高校毕业生初次就业率达89.6%。进一步提升社会保障水平,城乡统一的居民养老保险制度全面实施,企业退休人员养老金人均月增加168元。实施一揽子政策解决老民师、老村干、老农民技术员等“老字号”群体生活困难。各级财政投入10亿元,大力实施以船为家渔民上岸安居工程,1.8万户漂泊不定的渔民走进了新生活。全面推进精准扶贫,减少贫困人口80多万。新开工各类保障性住房和棚户区改造安置住房46.6万套,基本建成27.5万套。33项民生工程投入686.3亿元,增长10.6%。

教育公平和质量继续改善。均衡配置义务教育资源,义务教育学校标准化覆盖率提高到78.4%。发放家庭经济困难学生补助金21.8亿元。国家教育信息化试点省建设取得重要进展,“三通两平台”建设加快推进。实施高等教育质量提升工程,高校分类管理改革深入推进。职业教育资源整合和布局调整力度加大,办学水平进一步提升。

医药卫生改革发展扎实推进。基层医改和县级公立医院改革成果得到巩固,城市公立医院改革试点继续深化,公立医疗机构药品、耗材和器械统一招标采购全面实施,医疗机构和公共卫生服务水平进一步提升,城乡居民基本医保报销比例进一步提高,大病保险实现全覆盖。人口自然增长率6.97‰,“单独两孩”生育政策平稳实施。

文化事业和文化产业繁荣发展。深入推进文化惠民工程,启动建设公共文化省级示范区、乡镇综合文化服务中心和中心村农民文化乐园试点。大运河(安徽段)入选世界文化遗产。8部作品获“五个一工程”奖,居全国第3位。全民健身服务体系不断完善,省第十三届运动会成功举办,我省在第十七届亚运会上创境外参赛最好成绩。哲学社会科学、参事文史、档案、地方志工作得到加强。第三次全国经济普查圆满完成。民族宗教、妇女儿童、老龄、残疾人、红十字等事业进一步加强。气象、地震、防灾减灾工作取得新成效。援疆援藏取得新进展。

五是不断创新社会治理,和谐稳定大局进一步巩固。大力推进社区管理体制改革,加强社区扁平化、网格化、信息化管理和社会化服务。新增直接登记的社会组织1816个、社区枢纽型社会组织506个。全面加强农村基层组织建设,圆满完成村委会换届。建立涉法涉诉信访依法终结制度,推行网上受理信访制度,完善信访和调解联动工作体系,信访形势稳定向好。依法解决群众反映强烈的突出问题,办理行政复议案件8551件、法律援助案件6.6万件。严格落实安全生产责任制，持续开展重点领域事故隐患专项整治和“打非治违”专项行动，在全国率先出台和实施治理货物运输车辆超限超载条例，安全生产形势保持稳定。严厉打击侵犯知识产权行为，深入开展食品药品安全专项整治，依法查处了一批制假售假案件。加强应急保障能力建设，完善社会治安防控体系，依法打击各类违法犯罪活动，增强了人民群众的安全感。

推进军民融合深度发展，军事斗争国防动员、全民国防教育、人民防空和双拥优抚安置工作进一步加强，驻皖部队和民兵预备役人员为经济发展和社会和谐稳定作出了重要贡献。

*六是认真践行“三严三实”，政府自身建设进一步加强。*巩固拓展党的群众路线教育实践活动成果，深入推进依法行政，严格执行中央八项规定和国务院“约法三章”，整治“四风”积弊取得明显成效。建立健全重大决策合法性审查制度，对地方性法规和政府规章进行全面清理，提请省人大常委会废止和修订地方性法规14件，废止和修订政府规章34件。自觉接受人大监督，依法执行人大决议决定，办理人大代表建议772件。主动接受政协民主监督，办理政协提案918件。加强对权力运行的监督制约，出台进一步规范政府系统重大事项决策行为意见等制度，强化行政监察和审计监督，扩大政府信息公开，努力从源头上防治腐败。推进政府运转流程再造，健全抓落实工作机制，在8个重点领域集中开展政策落实专项督查行动，提高了工作效能，促进了政令畅通。

各位代表！

过去一年的成绩来之不易。这是党中央、国务院正确领导的结果，是全省各族人民凝心聚力、顽强拼搏的结果，是历届班子不懈努力、久久为功打下良好基础的结果。我代表省人民政府，向全省人民，向各民主党派、各人民团体和各界人士，表示诚挚感谢！向驻皖解放军指战员、武警官兵和政法公安干警，向关心和支持安徽现代化建设事业的中央各部门、兄弟省市区和海内外友好人士，表示诚挚感谢！

我们也清醒地认识到经济社会发展中还存在不少困难和问题。经济下行压力较大，投资增速持续回落，新的增长动力不足。结构不优的矛盾进一步凸显，部分传统产业产能利用率不高、竞争力不强，战略性新兴产业规模不大，服务业发展滞后。资源要素约束加剧，信贷资金向实体经济传导不畅，企业生产经营困难增多。财政收入增长放缓，部分市县政府债务风险开始显现。环境保护、征地拆迁、安全生产、食品药品安全等方面还存在不少群众反映强烈的突出问题。政府干预多、监管不到位的问题仍然存在，少数干部安于现状、为官不为，敢于担当的意识不强，“四风”问题仍不同程度存在，一些领域腐败问题易发多发。对这些问题，我们要直接面对，认真研究解决，不辜负全省人民的重托。

二、2015年的主要工作

2015年是全面深化改革的关键之年，是全面推进依法治省的开局之年，也是全面完成“十二五”规划的收官之年，做好今年各项工作意义重大。当前，世界经济仍处在深度调整期，我国经济发展进入了速度变化、结构优化、动力转换的新常态，安徽发展面临着新的挑战和机遇。我们要审时度势，抢抓机遇，主动作为，勇于担当，以更大的信心和决心推动新常态下的新发展，奋力开创经济社会发展新局面。

今年政府工作的总体要求是：全面贯彻党的十八大和十八届三中、四中全会和习近平总书记系列重要讲话精神，坚持稳中求进工作总基调，坚持以提高经济发展质量和效益为中心，把转方式调结构放到更加重要位置，持续推动改革开放，深入推进创新驱动，大力发展民营经济，积极防范化解风险，切实加强民生保障，全力促进经济持续健康发展和社会和谐稳定。

经济社会发展主要预期目标是：全省生产总值增长8.5%左右，财政收入增长8.5%左右，固定资产投资增长15%左右，社会消费品零售总额增长12%左右，进出口总额增长7%左右，城镇、农村常住居民人均可支配收入分别增长9%左右和9.5%左右，居民消费价格涨幅控制在3%左右，城镇新增就业63万人，城镇登记失业率控制在4.5%以内，全面完成“十二五”节能减排任务。这些目标兼顾了需要和可能，突出了速度和质量的统一，体现了稳中求进的要求。

重点做好十个方面工作：

（一）着力推动重要领域改革取得新突破

围绕解决发展中的突出问题，坚定不移加快

以经济体制为重点的改革，进一步激发市场活力和社会创造力。

深入推进行政体制改革。坚持简政放权、放管结合，进一步减少和下放省级行政审批事项，全面清理非行政许可审批，规范中介服务，在省、市、县政府全面建立运行权力清单、责任清单和涉企收费清单制度，加强事中事后监管。推行政府权力网上运行，简化程序，缩短流程，完善服务，让群众办事更方便、更省心。推进公共资源交易平台规范运行，建立更加完善的交易制度。积极稳妥推进事业单位分类改革。

稳步开展国资国企改革。以发展混合所有制经济为方向，促进各类资本交叉持股、相互融合，鼓励和规范投资项目引入非国有资本参股，推动具备条件的省属企业兼并重组、整体上市。着力完善国有企业监管制度，提高国有资本配置和运行效率，防止国有资产流失。完善现代企业制度和法人治理结构，健全国有企业负责人激励约束机制。不断深化农村改革。扩大农村土地承包经营权确权登记颁证试点范围，抓好新增48个县(市、区)试点工作。稳妥推进农村土地征收、集体经营性建设用地入市和宅基地制度改革试点。深化农村集体产权、小型水利工程产权、集体林权等制度改革，开展集体资产股份权能改革试点，探索发展农村产权流转交易市场。推进国有林场、供销社和农垦改革。认真办好国家农村改革试验区。

继续抓好财税金融改革。实行全面规范、公开透明的预算管理制度，推进省以下财政体制改革，健全县级基本财力保障机制。调整财政资金支持方式，探索推进涉农资金统筹整合管理，对高新技术产业通过设立投资基金等方式吸引社会资金投入。加强政府债务管理，切实防范和化解债务风险。继续扩大营改增实施范围，落实资源税从价计征改革。大力发展普惠金融，培育面向中小微企业、“三农”的地方法人中小金融机构，提高农村商业银行和村镇银行服务水平，支持新设民营银行。加快发展资本市场，扩大直接融资规模。加强政策性融资担保体系建设，继续充实融资性担保机构国有资本金，开展银政担风险分担机制试点，加大对实体经济的支持力度。加强金融监管，预防和化解金融风险。

启动实施全面深化综合医改试点。推进公立医院综合改革，所有公立医院实行药品零差率销售。探索医疗保险管理制度改革。开展分级诊疗试点。推进医疗联合体建设，启动县域医疗服务共同体试点。大力发展社会办医。

(二)大力促进经济持续稳定增长

坚持定向施策、精准发力，积极发现和培育新增长点，推动有质量有效益可持续发展。

继续增加有效投资。充分发挥投资的关键作用，加大基础设施、主导产业、高成长性产业、民生和社会事业投入，实施一批战略性、全局性、基础性项目，新开工亿元以上重点项目1600个以上，其中10亿元以上项目350个、50亿元以上项目40个、100亿元以上项目15个，建成600个以上。开工建设引江济淮、商合杭高铁、合安九高铁等重大工程，建成合福高铁、宁安城际铁路，新增铁路营运里程564公里、高速公路通车里程450公里、一级公路400公里。

大力促进居民消费。完善消费政策，改善消费环境，控制“三公”消费，促进大众消费，让消费积涓成流。实施养老健康家政、信息、旅游休闲、住房、绿色、教育文化体育消费工程，支持社会力量举办养老、健身、健康等服务机构，大力推进医养结合。加快宽带提速普及和“三网”融合，推动电商、网购、快递等融合发展。鼓励新能源汽车、节能产品等绿色消费。认真落实带薪休假制度，落实支持旅游发展政策措施。

加快外经贸转型升级。积极拓展加工贸易、服务贸易、保税贸易、跨境电子商务等多元贸易方式，落实出口退税和启运港退税政策，推进机电和高新技术产品出口基地建设，加强服务外包示范城市建设。扩大先进技术设备、关键零部件和战略性资源产品进口。积极实施走出去战略，促进优势企业开展跨境先进技术合作，推动家电、汽车、工程机械、钢铁、水泥等制造业走向世界。

加快发展民营经济。落实支持民营经济发展政策，实施扶助小微企业专项行动，强化金融、土地、人才等要素保障。推广政府与社会资本合作(PPP)模式，支持民间资本发起设立产业投资基金和股权投资基金。鼓励大众创业，深化商事制度改革，降低企业创办门槛，加快青年创业园和留学人员创业园建设，在江淮大地掀起新一轮创业热潮。着力强化区域发展多极支撑。统筹推进皖江城市带承接产业转移示范区、皖北"四化"协调发展先行区、皖南国际文化旅游示范区和大别山片区四大板块协同发展。推动合肥长三角副中心城市建设,促进皖江城市联动发展、跨江发展,打造长江经济带重要增长极。落实支持皖北发展各项政策,加大基础设施和基本公共服务支持力度，实施一批强基础补短板的重大项目，增强皖北发展内生动力。充分发挥皖南文化、旅游、生态优势,大力发展广包容、大融合的现代服务业,加快国际旅游城市、生态休闲城市建设。把大别山片区开发和精准扶贫结合起来,大力支持资源开发、基础设施建设和生态产业发展。加快资源型城市转型发展。加快发展县域经济,强化要素保障,支持特色产业培育和开发园区建设,巩固全省经济发展的半壁江山。

(三)努力打造新一轮对外开放新格局

抢抓"一带一路"和长江经济带建设战略机遇,扩大东西双向、对内对外开放,加快形成内陆开放新高地。

打造对外开放大通道。开展长江干流和淮河航道整治,推进铁路、公路、航空、油气管网和信息通道建设,加快形成网络化、标准化、智能化的综合立体交通走廊。加强岸线资源开发和港口建设,打造芜马组合港、合肥、蚌埠、安庆等航运枢纽,提升铜陵、池州、淮南等港口功能,完善集疏运体系,推动江海联运、多式联运,形成功能互补、联动发展的港口群。积极参与新亚欧大陆桥区域经济发展合作,开辟西向开放新通道。

构筑对外开放大平台。进一步融入长三角一体化发展,参与长三角城市群建设规划编制,推进市场深度融合和体制机制等高对接。加快综合保税区、出口加工区和保税物流园区建设,加强进境货物检验检疫指定口岸建设。复制推广上海自贸区成熟经验,落实口岸管理信息互换、监管互认、执法互助，在有条件的地方和开发区探索负面清单管理模式，提升通关一体化和投资贸易便利化水平。

推动承接产业转移大提升。加强战略性新兴产业和现代服务业招商引资，积极承接质量效益好的劳动密集型产业。推进全产业链招商和产业集聚发展,引进培育一批区域性总部、功能性机构和研发中心,鼓励跨区域设立产业合作园区,深化与央企、全国知名民企合作。发布投资环境白皮书,构建稳定公平透明可预期的营商环境。

(四)以创新推动产业结构优化升级

深入实施创新驱动战略，坚持调整存量与做优增量并举，推动传统优势产业与战略性新兴产业融合发展,加快构建现代产业体系。

加快提升主导产业核心竞争力。突出产业化的创新,实施高端装备、信息网络、集成电路、新能源汽车、新材料等重大创新工程,推进高世代显示器件、量子通信、语音技术、现代医药、民用航空等重大项目建设，加速把一批新兴产业培育成主导产业。充分运用工业化和信息化深度融合的核心技术，在汽车、家电等领域实施一批智能制造项目,促进钢铁、煤炭、有色等产业创新产品、管理和商业模式,推动同业间产能整合、优胜劣汰,提升传统优势产业竞争力。推进建筑产业现代化。加强质量和标准化建设,大力培育自主品牌。

大力发展现代服务业。深化流通体制改革,加快发展现代物流业,建设一批综合物流、专业物流园区,大力发展航空、航运服务业,推动临港、临空产业集聚特色化发展。加快旅游管理体制改革,支持旅游产品开发和营销体系建设，推进旅游与文化、生态、健康、养老等产业互动融合。培育壮大金融保险、文化创意、工业设计、科技服务、检验检测、会展等产业。推动移动互联网、云计算、大数据、物联网等与现代制造业融合,促进电子商务、工业互联网、互联网金融发展。

不断优化创新环境。发挥合芜蚌自主创新示范区引领作用,深化科技管理体制改革,推进科技成果使用、处置和收益管理改革试点,健全科研资金配置市场导向机制，激发创新型省份建设的体制活力。发挥企业主体作用,落实研发费用加计扣除等政策,有效运行高新技术产业投资基金,加快创新型园区和产学研用合作平台建设。发挥人才核心作用,深入实施企业股权和分红激励等政策,培养引进20个左右国内一流创新创业团队。发挥高校和科研院所重要作用,努力构建创新高地。

(五)加快转变农业发展方式

坚持稳粮增收调结构,大力推进农业现代化,持之以恒强农业富农村惠农民。

深入推进粮食生产能力建设和农业结构调整。继续开展高产创建和粮食生产功能区建设,深入实施小型水利工程改造提升行动计划，抓好大型泵站更新改造与大中型灌区续建配套，新增高标准基本农田 541 万亩、有效灌溉面积 120 万亩。推进粮食收储能力建设，实施粮食危仓老库维修改造和农户科学储粮工程。大力发展优质高效特色农产品，加大对设施蔬菜、规模化标准化养殖的政策支持。推进农业科技创新，健全基层农技推广机构和人员激励政策，完善基层社会化服务组织，加快建设国家农村信息化示范省、农业物联网试验区、现代农业示范区和农村电子商务试点省。推行农业标准化清洁生产，推进节水、节肥、节药，探索发展多功能大循环农业。

积极培育新型农业经营主体。深入实施新型职业农民培育计划。引导种养大户、家庭农场开展专业化、集约化生产，支持农民合作社发展土地合作、股份合作和信用合作，促进龙头企业做强做大。鼓励城市工商资本进入现代农业、整合产业链，支持农业产业化联合体实现产业、要素、利益联结。有序推进土地经营权流转，积极发展多种形式适度规模经营。新增省级示范家庭农场 200 个、农民合作社 100 个，形成年加工产值超 5 亿元的农业产业化集群 140 个。

持续实施美好乡村建设。全面完成第二批 710 个中心村建设，启动第三批 674 个中心村建设，提升规划建设和管理水平。加强农村道路、电网等基础设施建设，以“三线三边”为突破口，深入推进城乡环境综合整治。把村庄整治建设同发展乡村旅游、农村特色产业结合起来，培育壮大村级集体经济，引导农民在建设新家园中创造新家业。

(六)大力推进以人为核心的新型城镇化

坚持走高质量、可持续、广包容的新型城镇化道路，全面展开新型城镇化试点省建设。

坚持以人为本，推进农业转移人口市民化。深入推进户籍制度改革，放开建制镇和小城市落户限制，完善相关配套措施。对在城镇就业居住但未落户的外来人口，以居住证为载体，提供住房、子女教育、医疗卫生、养老等基本公共服务。

统筹城乡发展，提高城镇化质量和水平。推动城镇规划编制和依法实施，开展“多规合一”试点。开展县城关镇、重点镇扩权增能试点，扩大管辖范围，为农业转移人口就近城镇化创造条件。加强城乡基础设施对接，促进基本公共服务向农村延伸。深入开展县城规划建设管理提升行动，推进县城道路建设、污水和垃圾处理、园林绿化和水环境治理，不断改善人居环境。

推进产城融合发展，增强城镇综合承载能力。强化产业支撑，推进开发区产城一体试点，探索与之相适应的管理模式，加快开发区转型升级。科学规划建设新城区，严控城镇建设盲目扩张。优先发展城镇公共交通，开展城市地下综合管廊建设试点，加快棚户区、城中村、旧住宅小区和旧商业中心改造，促进宜居宜业、安居乐业。

强化要素保障，提高城镇化可持续发展能力。建立城镇化投融资新机制，探索设立住宅政策性金融机构，支持有条件的市发行基础设施建设、棚户区改造专项债券，引入社会资本参与城市基础设施建设和运营。构建土地资源配置新模式，推进农村土地综合整治和城乡建设用地增减挂钩。

(七)持续推进文化强省建设

坚持社会效益和经济效益相统一，持续推动文化繁荣发展，不断增强文化实力和竞争力。

培育和践行社会主义核心价值观。广泛开展社会主义核心价值观、中国梦的宣传教育，深入实施公民道德建设工程，凝聚全省人民团结奋进的强大力量。大力开展精神文明创建活动，推进文明城市、文明村镇、文明单位创建工作，弘扬志愿精神。加强社会信用体系建设，培育诚信文化。

提升公共文化服务的质量和效能。深入实施文化惠民工程，推进市县文化场所建设，建设 30 个乡镇综合文化服务中心，新建 200 个中心村农民文化乐园，完成 5640 个 20 户以下自然村广播电视村村通，广泛开展农村电影放映、送戏进万村、送文艺下基层等活动，加强群众文化辅导员队伍建设。推进公共文化服务体系示范区和标准化试点，推行公共图书馆县乡总分馆制运行。加强历史文化保护传承和合理利用。大力繁荣哲学社会科学、文学艺术和新闻出版广播影视，进一步做好参事文史、档案和地方志工作。

提高地方文化影响力和文化产业竞争力。推动文艺精品创作和文化品牌建设，丰富传统文化和区域特色文化表现形式，积极开展国际国内文化交流活动，弘扬徽文化，传播徽元素，彰显徽风皖韵的生机活力。加快文化产业优化升级，推动文化与科技深度融合，促进传统媒体与新兴媒体融合发展，提升出版、发行、广电、报业等产业规模和竞争力,积极培育文化电商、文化服务贸易等新兴业态,创建文化产业示范基地。深化文化企业改革,鼓励骨干文化企业跨地区跨行业兼并重组和跨国经营。

(八)切实加强生态强省建设

坚持源头严防、过程严管、后果严惩,持续加强生态环境保护,努力朝着蓝天净水的目标不断前进。

强化污染综合防治。持续打好大气污染防治攻坚战,严格省辖市目标责任考核,深入开展工业废气、城市扬尘、秸秆焚烧、机动车尾气等专项整治,火电机组、水泥熟料生产线脱硝比例达100%,淘汰黄标车和老旧车12万辆,PM10平均浓度继续下降,努力减少雾霾天气。启动实施水、土壤污染防治行动计划,加强饮用水源保护,加快土壤修复,推进重污染河流治理和农业面源污染整治,新增污水处理配套管网1500公里。严格环境执法,严厉打击环境违法行为。

提高资源利用效率。强化合同能源管理,实现能源消费强度和总量控制目标。发展风能、太阳能、地热能、生物质能等新能源和可再生能源,扩大天然气利用规模。推进秸秆综合利用。实行最严格的水资源管理和耕地保护制度,推进节约用水,依法处置闲置土地和低效用地。合理开发利用矿产资源。大力发展循环经济,提高资源配置效率和产出效率。

健全生态文明制度。完善资源环境承载能力监测预警机制,落实生态环境损害责任终身追究和赔偿制度。探索建立节能量、碳排放权、排污权、水权交易制度,推进环境污染第三方治理。推动新安江流域生态补偿机制常态化,完善大别山区水环境生态补偿机制。治理水土流失面积350平方公里。加强湿地保护和采煤塌陷区综合治理。加强巢湖流域、黄山市国家生态文明先行示范区建设。推进千万亩森林增长工程,新增造林153.2万亩。

(九)统筹做好保障和改善民生工作

以保障基本民生为重点,织牢织密民生安全网,实现民生改善与经济增长相协调、相促进。

落实教育优先发展战略。深化教育领域综合改革,促进城乡、区域及各级各类教育协调发展。全面实施第二期学前教育三年行动计划,完成829所义务教育学校标准化建设任务,改善贫困地区义务教育薄弱学校基本办学条件。推进普通高中内涵发展。强化职业教育资源市级统筹,加快构建以就业为导向的现代职业教育体系。继续实施高等教育质量提升工程,深化高校人才培养体制改革。加强民族教育、特殊教育。建立更加灵活高效的教师管理机制。加快教育信息化试点省建设。

完善就业服务和社会保障体系。落实和完善促进就业创业政策,推进高校毕业生就业促进计划和青年创业计划,实施农民工职业技能提升计划,落实好失业保险“援企稳岗”政策,多渠道促进就业困难人员就业。推进社会保险扩面征缴,启动实施工伤保险省级统筹,增加企业退休职工基本养老金。完善机关事业单位人员工资制度,提高基本工资标准并建立正常调整和增长机制,实行乡镇工作补贴,推进机关事业单位养老保险制度改革。提高重点优抚对象抚恤和生活补助、城乡社会救助对象补助水平,全面实施临时救助制度,完善重特大疾病医疗救助政策。新增各类保障性安居工程40万套,基本建成24万套,推进棚户区改造货币化安置,实施农村危房改造10万户。

统筹发展各项社会事业。完善基本公共卫生服务,启动县域医疗服务能力建设项目,强化重大疾病预防控制,加快卫生应急体系建设,大力发展中医药事业。落实好“单独两孩”政策,稳定适度低生育水平。全面加强竞技体育和群众体育,促进体育事业和体育产业协调发展。加快发展妇女儿童和老龄事业,健全农村留守儿童、妇女、老年人关爱帮扶体系,加强困境儿童分类保障,完善残疾人民生和权益保障制度。大力发展社会福利和公益慈善事业。进一步加强民族宗教、援疆援藏工作。

巩固提升民生工程。投入726.5亿元,继续实施33项民生工程。调整完善实施内容24项,提高补助标准9项,其中城乡居民基本医保财政补助标准由人均320元提高到380元,城乡居民基础养老金由每月55元提高到70元,农村五保供养补助标准由1870元提高到2050元。强化民生工程绩效管理,完善考核评价办法和建后管养机制,扩大惠泽民生的效益。

(十)着力促进社会和谐稳定

运用法治方式加强和创新社会治理,更好地保障人民安宁、社会安定。

扎实推进法治社会建设。增强全社会法治意

识,深入开展以宪法为核心的法制宣传教育,在中小学设立法治知识课程。深化基层组织和部门、行业依法治理,发挥社会组织对其成员的行为导引、规则约束、权益维护作用。深化社区管理体制改革,推进社区矫正工作。依法加强网络社会管理。完善公共法律服务体系,加强困难群众法律援助。完善人民调解、行政调解、行政复议等多元化纠纷解决机制。加强改进信访工作,及时就地解决群众合理诉求。完善立体化数字化社会治安防控体系,依法严厉打击各类违法犯罪活动。

加强安全生产和食品药品安全监管。进一步建立健全安全生产责任体系,深入开展经常性的重点领域事故隐患排查和专项整治,加大安全生产执法力度,继续治理货物运输超限超载,依法关闭非煤矿山200座。加强应急平台和应急专业队伍建设,提高气象、地质、地震灾害防御能力。健全食品药品安全监管体制,完善全程监管和问责机制,切实保障人民群众身体健康和生命安全。

支持驻皖人民解放军和武警部队现代化建设,推进军事斗争国防动员准备,深化后备力量调整改革,加强全民国防教育和人民防空工作,抓好双拥优抚安置,促进军民融合深度发展,巩固军政军民团结大好局面。

今年,我们还要做好"十三五"规划编制工作。充分发扬民主,凝聚各方智慧,以改革创新精神谋划好经济社会发展重大战略,使规划成为适应经济发展新常态、引领未来新发展的纲领性文件。

三、加快建设法治政府

面对新形势、新任务和人民的新期待,必须更好发挥政府作用,忠实履行宪法和法律赋予的神圣职责,加快建设职能科学、权责法定、执法严明、公开公正、廉洁高效、守法诚信的法治政府。

全面履行政府职能。正确处理政府与市场、与社会的关系,进一步厘清政府权力的范围和边界,逐步完善政府事权划分,推进政府机构、职能、权限、程序、责任法定化,真正实现"行政权力进清单、清单之外无权力",切实做到法定职责必须为、法无授权不可为。

切实加强政府立法。加强重点领域立法,坚持立改废释并重,及时修订和废止不合时宜、影响发展、有损公正的政府规章。提高立法质量,完善政府规章制定程序,健全公众参与政府立法机制,推动立法与改革发展决策相衔接,防止部门利益和地方保护主义法制化,提高立法科学化、民主化水平。

健全依法决策机制。按照依法依规、集体决策、公开透明、终身负责的原则,严格规范政府系统重大事项决策行为。把公众参与、专家论证、风险评估、合法性审查、集体讨论决定作为重大决策法定程序,全面推行政府法律顾问制度,完善政府重大决策合法性审查机制。健全重大决策终身责任追究制度及责任倒查机制,推进重大决策风险评估,切实提高决策质量。

深化执法体制改革。完善市县政府行政执法管理,进一步理顺和完善工商、质监、食品药品等领域的执法体制,积极探索公共卫生、安全生产、交通运输、城乡建设、劳动保障等领域综合执法,在公共资源交易等领域开展相对集中处罚权工作。严格执行执法人员持证上岗和资格管理制度,探索建立执法全过程记录制度,实行重大执法决定法制审核制度。建立健全行政裁量权基准制度。全面落实行政执法责任制,推行行政执法公示制度,确保严格规范公正文明执法。

强化权力监督制约。自觉接受人大及其常委会的监督,依法执行人大决议和决定,重大决策出台前及时向人大报告,认真办理人大代表议案和建议。主动接受政协民主监督,认真办理政协提案,广泛听取各民主党派、工商联和无党派人士意见,围绕科学民主依法决策加强协商。自觉接受司法监督,推行行政机关负责人出庭应诉制度。高度重视社会公众和新闻舆论监督,充分发挥工会、共青团、妇联等人民团体的重要作用。加强对政府内部权力的制约,强化行政监察,用好审计利器,对公共资金、国有资产、国有资源和领导干部履行经济责任情况实行审计全覆盖。全面推进政务公开,让人民群众更好地监督政府。

提高依法行政能力。牢固树立法治意识,时刻牢记法律红线不可逾越、法律底线不可触碰,坚持领导干部带头学法、模范守法,大力推动学法、尊法、用法、守法,善于运用法律手段管理经济和社会事务。加快建设高素质公务员队伍,深化政府效能建设。认真落实"三严三实",坚持不懈纠"四风"、转作风,严格落实中央八项规定、国务院"约法三章",严控"三公"经费支出,完成公务用车制度改革。严守政治纪律和政治规矩，强化党风廉政建设主体责任，始终保持反腐败高压态势，以零容忍态度严惩腐败，以锲而不舍、驰而不息的决心，不断提高拒腐防变和抵御风险能力。

做好今年工作，保持良好的精神状态尤为重要。我们要牢固树立奋发有为的进取意识、时不我待的机遇意识、敢于担当的责任意识，不畏艰难险阻，勇于开拓创新，切实履行好谋一方发展、富一方百姓、保一方平安的责任。我们要始终保持真抓实干的优良作风，在狠抓落实上下功夫，在服务基层上增本领，以踏石留印、抓铁有痕的劲头全力推进各项工作。我们要永远秉持为民尽责的公仆情怀，与人民心心相印、与人民同甘共苦、与人民团结奋斗，恪尽职守，夙夜在公，努力把人民的希望变成生活的现实!

各位代表!

实现新发展任务艰巨，创造新业绩使命光荣。让我们紧密团结在以习近平同志为总书记的党中央周围，在中共安徽省委的坚强领导下，奋发有为，真抓实干，圆满完成“十二五”目标任务，为打造三个强省、建设美好安徽、全面建成小康社会而努力奋斗!

关于安徽省2013年财政决算的报告

——在安徽省第十二届人民代表大会常务委员会第十二次会议上

省财政厅厅长　罗建国

2014年7月16日

主任、副主任、秘书长、各位委员：

省十二届人大三次会议审查批准了《关于安徽省2013年预算执行情况和2014年预算草案的报告》。现在，2013年安徽省财政决算已汇编完成。根据《预算法》等法律法规和省人大常委会安排，受省人民政府委托，我向省十二届人大常委会第十二次会议报告2013年全省财政决算情况，请予审查。

2013年，在省委、省政府的正确领导和省人大的依法监督下，全省各级财政部门，深入贯彻落实党的十八大和十八届三中全会精神，坚持稳中求进的工作总基调，认真落实积极的财政政策，统筹稳增长、调结构、促改革、惠民生，实现财政平稳健康运行，圆满完成省十二届人大一次会议批准的预算任务，全省财政决算情况较好。

一、2013年预算收支决算情况

(一)公共财政收支决算情况

2013年，全省公共财政收入完成3365.1亿元，为年初汇编预算数的98.7%，比上年(下同)增长11.2%。其中：地方公共财政收入完成2075.1亿元，为预算的107.9%，增长15.8%。争取中央补助收入2154.6亿元，争取地方政府债券收入152亿元，按规定调入政府性基金和财政专户资金等53.8亿元，调入预算稳定调节基金等20.7亿元，上年结余收入127.3亿元，预算总收入4583.5亿元。

2013年，全省公共财政支出完成4349.7亿元，为预算的114.6%，增长9.8%。上解中央支出23.9亿元，安排预算稳定调节基金等44.5亿元，地方政府债券还本62亿元，调出至政府性基金1亿元，支出合计4481.1亿元。收支相抵，年终结余102.4亿元，其中：结转下年91.8亿元，净结余10.6亿元。

2013年，省级地方公共财政收入完成214.8亿元，为预算的105.7%，增长15.3%。争取中央补助收入2154.6亿元，争取地方政府债券收入152亿元，市县上解省收入80.4亿元，按规定调入财政专户等资金1.9亿元，调入预算稳定调节基金等6.4亿元，上年结余收入59.5亿元，省级预算总收入2669.6亿元。

2013年，省级公共财政支出完成596.3亿元，为预算的93%，增长1.3%。上解中央支出24亿元，补助市县支出1842.9亿元，调出至政府性基金1亿元，转贷市县政府债券123亿元，安排预算稳定调节基金23亿元，地方政府债券还本13亿元，支出合计2623.2亿元。收支相抵，年终结余46.4亿元，其中：结转下年44.7亿元，净结余1.7亿元。

其中，2013年税收返还和转移支付决算情况具体如下：

2013年，中央对我省税收返还171.8亿元，增加0.2亿元；省级对下税收返还81.9亿元，增加0.2亿元。

2013年，中央对我省转移支付1982.8亿元，增加59.3亿元,增长3.1%。其中,一般性转移支付1222.1亿元,增加133.3亿元,增长12.2%;专项转移支付760.7亿元,减少74亿元,下降8.9%。

2013年,我省对市县转移支付1761亿元,增加40.6亿元,增长2.4%。其中,一般性转移支付956.6亿元,增加143.3亿元,增长17.6%;专项转移支付804.4亿元,减少102.7亿元,下降11.3%。

上述财政收支决算数,与今年2月份向省人代会报告的2013年预算执行数比较,全省公共财政收入没有变化,财政支出由4351.6亿元减少到4349.7亿元。因为决算整理期财政收支发生变化,以及同财政部办理结算,全省年终结余增加6.3亿元。

(二)政府性基金收支决算情况

2013年,省级政府性基金收入59.1亿元,增长1.5%。中央补助收入58.4亿元,市县上解收入1.4亿元,从公共财政调入资金1亿元,上年结余收入41.5亿元,省级政府性基金总收入161.4亿元。本年安排支出9.6亿元,补助市县支出102.4亿元,上解中央支出1亿元,结转下年48.4亿元。

(三)国有资本经营收支决算情况

2013年,省级国有资本经营预算收入5.2亿元,上年结余收入0.1亿元,预算总收入5.3亿元。本年安排支出4.8亿元,结转下年0.5亿元。

(四)社会保险基金收支决算情况

2013年,省级社会保险基金预算收入102.5亿元,上年结余收入76.6亿元,预算总收入179.1亿元。本年安排支出92.5亿元,结转下年86.6亿元。

二、2013年预算执行效果

总的来看,2013年预算执行效果较好,财政规模不断扩大,重点支出有效保障,行政成本继续下降,财政改革稳步推进,财政制度更加健全,有力地服务了改革发展稳定大局,保障了我省经济社会稳定健康较快发展。

(一)财政运行总体平稳。2013年,全省公共财政收入增长稳定,增速与经济发展基本同步。财政收入平稳增长且质量提升。地方公共财政收入突破2000亿元,其中税收占73.3%,比上年提高0.5个百分点,收入质量稳步提高。区域财政协调发展。13个市公共财政收入超100亿元,52个县(市、区)公共财政收入超10亿元,皖北三市七县公共财政收入增长15.9%,高于全省平均增幅4.7个百分点。财政支出结构优化。全省财政支出突破4000亿元,财政支出向教育、科技、社保等重点领域倾斜。新增省对下均衡性转移支付25亿元,全省财力继续向市县倾斜。

(二)促进经济稳定增长。积极发挥财政调控作用,持续加大实体经济支持力度,全力促进经济发展。聚焦资金支持实体。积极落实结构性减税政策,取消、调整行政事业性收费,全年累计减免缓抵税费达400亿元。安排31亿元支持民营经济,安排4.5亿元工业强省专项资金,促进全年规模以上工业增加值保持快速增长,民营经济占生产总值比重持续提高。安排12亿元,支持战略性新兴产业、省主导产业和各市首位产业集聚发展,推动合芜蚌试验区及国家技术创新工程试点省建设,促进全省战略性新兴产业加快发展。用活政策带动需求。争取地方政府债券152亿元,协议利用亚行、世行和外国政府贷款8.4亿美元,拨付公路、水运、水利等基础设施项目建设资金158.1亿元,引导国家开发银行发放新型城镇化贷款421亿元,带动全年固定资产投资快速增长。加大投入统筹发展。全省"三农"支出1711亿元,增长14.2%,有力地保障各项强农惠农富农政策落地,积极培育更多新型农业经营主体,保障粮食生产"十连丰"。深入推进美好乡村建设,成功争取列入全国首批美丽乡村建设试点省。加大资金投入力度,推动皖江城市带、皖北"四化"协调先行区、大别山革命老区等战略平台协同发展,推进南北合作共建。统筹安排67.9亿元实施千万亩森林增长工程、新安江生态补偿试点、水污染防治和湖泊综合治理,推进可持续发展。

(三)民生保障力度加大。2013年,继续加大民生投入,其中,投入605.6亿元,全面完成33项民生工程任务,惠及6000多万城乡居民。提升民生工程绩效。积极探索民生工程绩效和建后管养长效机制,邀请人大代表、政协委员为民生工程监督员,投入管养经费14.2亿元,带动社会资金2.3亿元。开展2014年民生工程项目公开征集工作,累计征集意见3500条,推动开门办民生。保障社会事业发展。积极调整支出结构,促进社会公平正义。投入1600多亿元,支持医药卫生体制改革继续深化、促进就业和社会保障体系更加完善、推动教育事业均衡发展,保障人民共享改革发展成果。提高人民生活水平。统筹安排116.2亿元推进保障性安居工程建设,投入26.8亿元支持农民工、高校毕业生、困难群体就业创业。发放惠农补贴223.5亿元,增长14.3%。出台安徽省居民收入倍增规划实施评价办法,有序推进居民收入倍增,推动全省城乡居民收入实现较快增长。

(四)财政管理持续加强。坚持勤俭办一切事业,贯彻落实"约法三章",强化预算执行管理,财政资金使用效益进一步提升。降低行政运行成本。统一按5%压减省直行政机关一般性支出,压减资金全部用于民生支出。加强"三公"经费管理,2013年,全省"三公"经费支出继续下降。规范预算执行管理。从严控制预算追加,2013年省级预算追加金额在上年下降60.5%的基础上,又下降63%,预算约束性和严肃性进一步增强,基本实现"预算一年,一年预算"的管理目标。清理整合专项资金。取消竞争性领域96个专项,整合50亿元用途相近、零星分散项目,集中财力办大事;下放市县项目近7.7亿元,克服财政资金长途跋涉和跑冒滴漏。盘活财政存量资金。全年累计收回结转结余近20亿元,减少财政资金沉淀。2013年底审计署专项审计报告显示,我省省级存量资金规模是全国较低的省份之一。推进预算公开评审。邀请省人大代表、政协委员和专家学者,对16个重点项目进行公开评审,涉及金额23.6亿元,提高预算编制决策的科学性,透明预算加快推进。

看到成绩的同时,我们也清醒地认识到,在预算执行和财政运行中还存在一些不容忽视的问题。如,省以下财税体制改革有待进一步深化,全口径政府预算体系不够完善,国有资本经营预算尚需进一步扩面提标,政府性基金预算执行率较低,部分地方政府债务增长过快,财政资金的绩效有待提高,等等。省本级2013年度预算执行和其他财政收支的审计报告表明,省级预算执行情况总体较好,但仍存在预算编制不完整、部分中央转移支付资金拨付不及时、结余结转管理不规范、专户资金未及时安排使用等问题,需要深入研究解决。对此,省政府高度重视,专题研究部署审计整改工作,要求省财政厅会同省级预算部门以深化预算改革为契机,逐条对照整改,逐项建章立制。为切实加强和改进预算管理,省财政厅报经省十二届人大常委会第七次会议批准通过了《安徽省财政监督条例》,以省政府名义出台了《关于进一步加强省级预算管理的意见》《关于进一步加强政府性债务管理的意见》《关于政府向社会力量购买服务的实施意见》等制度办法,还先后制定了《关于进一步加强转移支付资金分配管理办法的通知》《关于进一步加强地方财政结转结余资金管理的通知》《安徽省省级预算公开评审暂行办法》《关于加强预算执行管理激活财政存量资金的通知》等文件。同时,把预算执行和财政运行中的突出问题作为改革的突破口,明确了推进预算信息公开改革等2014年六项改革重点任务,制定完善了编制省级中期财政规划等24个改革施工方案,为进一步改进预算管理、提升财政运行质量、深化财税改革奠定了坚实基础。

主任、副主任、秘书长、各位委员:

今年是全面深化改革的第一年,财税改革作为经济体制改革的重头戏,需按照着眼当前、立足长远、统筹兼顾、积极稳妥的原则加以推进。下一步,我们将坚决按照省委、省政府的部署和省人大对预决算管理的要求,坚持以问题为导向,以规范为基础,不断提升预算管理水平。重点做好以下工作:

(一)提高预算编制质量。提前编制2015年部门预算,进一步提高预算编制的规范性和完整性。编全收入预算。加强全口径预算管理,将所有政府性收支全部纳入预算。进一步规范政府性基金预算编制,扩大国有资本经营预算覆盖范围和收益上缴比例,建立健全政府性基金和国有资本经营预算资金调入公共财政预算机制,推动四大预算间财力统筹考虑、项目统筹保障、管理统筹推进。编实支出预算。取消重点支出挂钩机制,合理安排项目预算。改进年度预算控制方式,逐步实现预算审核重点由收支平衡向支出预算和政策拓展。选择教育、社保、文化等重点支出领域,试编中期财政规划,确保财政政策的前瞻性和可持续性。深化开门办预算。继续在省级预算编制过程中引入专家评审机制,推进预算项目公开评审,扩大评审项目数量和资金额度,拓展项目覆盖范围和评审周期,不断提升项目预算编制质量。

(二)提高预算执行绩效。进一步硬化预算约束,规范预算执行,提高预算管理水平。牢固树立

“过紧日子”思想。严格落实“约法三章”,严控财政供养人员,确保不突破2012年在编人员数,确保“三公”经费只减不增。严格支出预算管理,从严控制预算追加。加快预算执行进度。提早批复预算和下达指标，及时分解细化预算。强化部门会商帮联，采取预拨和清算等方式提高项目支出执行效率。深化国库集中支付改革,优化用款计划和资金支付流程,提高资金运行效率。建立支出进度月度通报机制,压实财政支出预算执行责任。提高财政资金效益。建立健全结转结余资金定期清理机制,加大资金收回统筹力度。管好用好国库现金、社保基金和财政专户资金,发挥存量资金效益。清理规范专项资金,控制压减项目数量、控制压缩资金额度、控制压实主体责任,建立健全专项资金定期评估和退出机制,实现2015年省级专项转移支付项目和资金均压缩1/3。推进政府购买服务。进一步完善政府购买服务的政府采购、预算管理等办法,健全管理机制。促进政府购买服务与事业单位分类改革相衔接，研究制定培育和发展社会力量的政策措施,形成良好工作机制与舆论氛围。

(三)提高预算监督实效。贯彻落实《安徽省财政监督条例》,加快预算监督体系建设。加强预算绩效监督。积极开展事前、事中绩效监督,探索实施第三方评估,强化评价结果反馈和应用,不断提高财政资金绩效管理水平。加强预算公开监督。细化部门预决算公开内容,除涉密内容外,部门预决算全部公开到支出功能分类的项级科目，以公开推进监督。加大“三公”经费公开力度,以公开规范管理。加强决算结果监督。加强行政事业单位财政财务管理，提高决算编制质量。充分利用决算成果,不断改进预算编制,规范预算执行,进一步缩小预决算差异，逐步建立起预决算相互促进的管理机制。加强债务风险监督。将政府性债务管理纳入省政府对市政府目标管理绩效考核和县域分类考核,建立政府性债务风险预警监测机制,定期进行动态监测评估,严密防范政府债务风险。加强预算政策监督。围绕省委、省政府重点工作,强化对财税政策落实情况的检查监督；围绕规范财政财务管理,强化对行政事业单位预算管理、财务管理和资产管理的检查监督;围绕规范涉企资金管理,深化财政涉企项目资金管理信息系统建设；围绕清理规范财税优惠政策,进一步严肃财经纪律,维护财经秩序。

主任、副主任、秘书长、各位委员：

深化财税体制改革,加强和改进财政管理,对于促进经济社会发展意义重大。我们将坚决贯彻省委、省政府各项决策部署,坚决落实省人大对预决算管理的各项要求,依法加强预算管理,不断提高理财水平,持续深化财税改革,为我省经济社会发展作出更大贡献。

关于安徽省2014年上半年预算执行情况及下半年工作意见的报告

——在安徽省第十二届人民代表大会常务委员会第十二次会议上

省财政厅厅长　罗建国

2014年7月16日

主任、副主任、秘书长、各位委员：

受省人民政府委托，我向省十二届人大常委会第十二次会议报告2014年上半年预算执行情况和下半年工作意见,请予审议。

一、上半年财政预算执行情况

在省委、省政府的正确领导下,全省上下坚持稳中求进、改革创新,认真实施积极的财政政策,充分发挥财政职能作用，财政运行继续保持平稳态势，有力促进了全省经济社会持续健康较快发展。

(一)公共财政预算执行情况

1.收入情况。

上半年，全省公共财政总收入完成1959亿元,比上年(下同)增长11.2%,完成预算的53.2%。其中，地方公共财政收入完成1219亿元，增长10.1%,完成预算的56%。

分级次看，省级公共财政总收入完成136亿元，增长21.1%。16个市完成1823亿元，增长10.6%。其中,76个县（区）完成704亿元，增长9.1%。

分区域看,皖江城市带、合肥经济圈、合芜蚌试验区、皖北三市九县、大别山革命老区公共财政总收入分别实现1245亿元、744亿元、818亿元、

294 亿元和 54 亿元，分别增长 11.9%、15.3%、17.2%、11.5%和 15%。

分项目看，税收收入完成 1637 亿元，增长 14.5%。其中，增值税完成 355 亿元，增长 10.1%；营业税完成 295 亿元，增长 16.3%；消费税完成 133 亿元，增长 14.6%；企业所得税完成 339 亿元，增长 20.6%；个人所得税完成 69 亿元，增长 15.8%。非税收入完成 322 亿元，下降 2.6%。

2. 支出情况。

上半年，全省公共财政支出完成 2161 亿元，增长 11.3%，完成预算的 55.8%。

分级次看，省级公共财政支出完成 268 亿元，增长 1.4%。16 个市完成 1893 亿元，增长 12.9%。其中，76 个县(区)完成 1141 亿元，增长 10.5%。

分科目看，全省 22 个支出大类中，有 13 个支出大类超序时进度。其中，节能环保支出 42 亿元，增长 61.7%；交通运输支出 134 亿元，增长 45.1%；社会保障和就业支出 335 亿元，增长 12.4%；医疗卫生与计划生育支出 209 亿元，增长 17.5%；城乡社区支出 296 亿元，增长 19.4%。教育、科学技术、文化体育与传媒等部分大类支出慢于序时进度，主要原因是部分中央转移支付拨付进度同比放缓等。

(二)省级政府性基金预算执行情况

上半年，省级政府性基金收入 28.5 亿元，增长 18.7%，完成预算的 50.8%；支出 4.6 亿元，增长 76.1%，完成预算的 4.2%。

(三)省级国有资本经营预算执行情况

上半年，省级国有资本经营收入尚未发生；拨付铁路建设资本金等 2.1 亿元。

(四)省级社会保险基金预算执行情况

上半年，省级社会保险基金收入 62.6 亿元，增长 16%，完成预算的 49.3%；支出 48.9 亿元，增长 13.9%，完成预算的 47.2%。

二、上半年全省财政预算执行特点

今年以来，全省财政运行总体平稳，各项预算收支运行良好。公共财政预算执行呈现以下特点：

(一)财政收入平稳增长。按照省十二届人大三次会议批准的预期目标，依法规范收入征管，不断强化支出管理。上半年，财政收支双双实现时间过半、进度过半。高于上年超过序时。上半年，全省公共财政总收入增长 11.2%，高于上年同期 0.4 个百分点，超序时进度 3.2 个百分点。区域发展格局不变。上半年，皖江城市带、合肥经济圈、合芜蚌试验区、皖北三市九县、大别山革命老区增幅均高于全省平均水平，区域竞相发展态势明显。

(二)财政运行质量提升。上半年，全省财政运行既有量的增加，更有质的提升。从收入看，质量持续提升。上半年，地方公共财政收入中税收收入占比为 74.6%，比去年同期上升 4.3 个百分点，收入质量进一步提高；增值税、营业税等主体税种收入达 1258 亿元，增长 13.8%，高于公共财政总收入增幅 2.6 个百分点，主体税种支撑有力。从支出看，结构不断优化。上半年，全省民生支出完成 1780 亿元，占全省财政支出的 82.4%，财政保基本、兜底线、促公平的作用更加突显；全省“三公”经费支出同比下降 28.8%，行政运行成本继续下降。

(三)财政支出压力加大。当前，财政收入进入中低速增长新常态，面临财政收支矛盾突出和盘活存量难度大的双重压力。一方面，财政收支矛盾突出。在收入增速放缓的同时，财政支出压力不减，今年全省预算执行中已新增各类重点支出 50 亿元，下半年增支压力仍然较大。另一方面，盘活存量难度大。受制于专项资金的专款专用要求，部分专项转移支付和结转结余资金无法调整整合用于其他支出，加上专户管理和支出管理的加强，加快预算执行进度的难度加大。

总体看，上半年全省财政收支运行处于合理区间，公共财政收入增长与经济增长基本相适应，符合宏观调控和发展预期，但受经济下行压力和结构性减税等因素影响，预计完成全年公共财政收入压力较大。综合分析，经过努力，可以完成年度预算预期目标，全省公共财政总收入达到 3700 亿元，地方公共财政收入达到 2290 亿元。与此同时，预算执行管理中，还存在执行进度总体放缓、盘活财政存量难度加大、财政资金绩效有待提升、财政政策科学性需要增强、政府性债务风险不容忽视等问题。我们将高度重视，继续采取有效措施，努力加以解决。

三、上半年预算执行主要成效

(一)促进经济平稳较快增长。调控经济运行力度加大，手段更加丰富，持续夯实经济平稳增长基础。一是加大有效投入。争取财政部代理发行地方政府债券 173 亿元，协议利用亚行、世行和外国政府贷款3.9亿美元，拨付公路、水运、水利等基础设施项目建设资金124.4亿元，推进重大项目建设。加强与国开行合作，组建棚户区改造省级融资主体，使政策支持和市场机制有效结合，争取棚户区改造国开行首批贷款额度达780亿元，已发放贷款额度27亿元，有力地支持和推动了新型城镇化建设。二是扶持实体经济。拨付省级预算安排涉企资金58.2亿元，支持实体经济发展。提高出口信用险保费补贴比例至70%，支持小微企业出口。继续安排民营经济发展专项资金11亿元，壮大融资担保机构国有资本金规模；完成担保贷款1470亿元，同比增加373亿元，增长34%，着力解决中小企业融资难、融资贵问题。三是支持创新驱动。安排10亿元，落实“1+6”科技创新支持政策体系，推进创新型省份建设。统筹安排8亿元，推进战略性新兴产业发展和集聚试点，引导支持各地主导产业和首位产业加快发展。

(二)推动城乡区域统筹发展。加大对城乡区域发展投入力度，增强经济社会发展活力。一是支持区域协调发展。统筹中央和省级各类资金，分别拨付皖江示范区、皖北三市九县、大别山革命老区专项资金290亿元、193亿元和40亿元；向“3+5”南北合作共建园区注入资金8.3亿元，带动社会投入158亿元。二是支持美好乡村建设。安排专项资金10亿元，带动各市县财政配套30.5亿元，整合涉农资金75.6亿元，引导社会投入29.2亿元，全力推进美好乡村建设。投入23亿元，实施“一事一议”财政奖补项目1.2万个，村级公益事业蓬勃发展。三是支持农业转型升级。不断加大“三农”投入，有效整合各类政策和资金资源，全省农林水事务支出236亿元，增长9.8%。拨付3.6亿元，支持农民专业合作社、龙头企业、家庭农场等新型农业经营主体发展。拨付13.7亿元，推进农田水利设施建设。安排1.2亿元，启动农村承包土地确权登记颁证试点工作。四是支持生态环境保护。争取中央补助12.2亿元，省级安排12亿元，对全省秸秆禁烧与综合利用实行以奖代补，继续推进新安江流域生态补偿，探索大别山水环境生态补偿试点，实施太平湖综合治理等工程。拨付6.5亿元，继续推进节能减排综合试点市和新能源汽车试点市建设。

(三)增进广大人民群众福祉。调整优化财政支出结构，保障困难群体、弱势群体和特殊群体，持续加大民生投入。一是精心实施民生工程。巩固提升民生工程，加强绩效管理。拨付民生工程资金519.3亿元，占年初计划的75.7%；中央和省级资金已下达500.9亿元，占年度筹资额的84.3%，拨付进度进一步加快。33项民生工程全面实施，新增4项进展顺利，山区库区农房保险参保人数已达到277.4万户，城乡居民大病保险实现制度全覆盖，就业促进工程和小农水提升改造工程全面启动。二是大力发展社会事业。投入280亿元，推动各项教育事业均衡发展。投入335亿元，完善就业和社会保障体系，稳步提高保障标准。投入209亿元，支持医药卫生体制改革继续深化。拨付124.1亿元，加快保障性安居工程建设，推进公共租赁住房和廉租住房并轨运行。三是保障困难群体生活。筹措资金2.3亿元，补助市县加快渔民上岸安居工程建设。下拨2.3亿元，支持市县落实“老字号”群体生活补助政策。拨付17.3亿元，重点支持农民工、高校毕业生、困难群体就业创业。“一卡通”已发放惠农补贴138.6亿元，增长2.5%，人均受益375元。下拨6.4亿元，继续推进大别山区和皖北地区扶贫开发。

(四)加快财税重点改革步伐。坚持不等不靠、主动作为，精心谋划、科学施工，不断推进财税重点改革。一是推进预算管理改革。扩大预算信息公开范围，省直115家一级预算单位、16个市105个县(区)实现预算信息公开。盘活财政存量资金效益，创新国库现金、省级专户和社保资金运作管理，实现财政资金保值增值。政府购买服务取得实质进展，全省纳入政府购买服务试点项目689个，涉及预算资金88亿元。二是推进税收制度改革。在继续落实各项税收减免政策的同时，全力推进“营改增”试点，铁路运输、邮政、电信业“营改增”顺利上线，全省129户铁路运输和邮政业企业、390户电信业企业纳入“营改增”试点，试点纳税人已达8.6万户，累计为企业减税66.3亿元。三是推进财政体制改革。研究制定省级专项资金和一般性转移支付管理制度，建立健全专项转移支付定期评估和退出机制，增加一般性转移支付规模。完善县级基本财力保障机制，加大财力调节力度，提高县级政府提供基本公共服务能力。建立财政管理综合评价机制，引导市县政府改进预算管理。

四是推进债务管理改革。严格举债审批,开展风险提示。对土地储备融资实行规模控制,将 359 家政府融资平台公司纳入名录管理,规范其融资行为。试点编制全省 2014 年政府性债务收入计划。目前我省政府性债务规模处于全国中等水平，债务风险可控。

(五)提高财政资金使用效益。进一步严格预算执行,规范涉企资金,建立财政资金科学化、规范化和信息化的管理机制。一是硬化预算约束。严格执行省政府进一步加强省级预算管理意见,从严控制预算追加，上半年基本实现省级预算零追加。提前编制 2015 年省级部门预算,努力做到“预算一年、一年预算”。二是厉行勤俭节约。认真贯彻落实“约法三章”,严格控制财政供养人员,从严控制“三公”经费和一般性支出,全省“三公”经费较去年大幅下降,厉行节约各项规定有效落实。三是规范涉企资金。财政涉企项目资金管理信息系统正式上线运行，省级财政涉企项目网上申报工作顺利启动,加强涉企项目资金的信息归集、规则比对预警,有效避免少数企业虚假申报、多头申报、重复享受、无效支持等现象。四是夯实监管基础。专题研究审计整改和财政监督工作,从预算源头、执行过程、部门决算等环节,强化财政监督管理。省政府出台进一步规范省级行政事业单位国有资产使用管理的措施,强化资产出租审批、收益上缴管理。推进乡镇包村干部监管涉农资金试点,发挥乡镇财政一线监管、一线服务的作用。

四、下半年财政工作安排

当前,经济运行总体平稳、质量提升、结构趋优、活力增强,但经济下行压力依然存在,财政收支平衡压力较大，不确定因素和潜在风险需要高度关注。全省各级财政部门继续实施积极财政政策,加强财政收支管理,深化财税体制改革,全力以赴稳增长、促改革、调结构、惠民生、防风险。

一方面,依法加强收支管理。按照省委、省政府部署和本次会议决议要求,完善管理制度,提升管理绩效。一是加强收入征管。坚持实事求是、依法征收、不收“过头税”,防止虚增财政收入,提高收入质量。规范行政事业单位资产资源管理,强化国有资产收入监管。二是加快执行进度。健全预算执行分析机制和支出进度通报机制，建立预算执行考核评价体系，促进支出预算执行管理提速增效。三是保障重点支出。进一步优化财政支出结构,支持棚户区改造、重大水利工程等重点项目建设,保障教育、医疗、社会保障、生态环保等民生支出。同时,加大政策落实力度,确保金融支持实体经济、推进创新驱动发展政策举措落实到位。四是提高管理绩效。创新财政支持方式，更多运用贴息、担保、后补助等方式,支持经济社会发展。建立财政对企业、农业、社会事业等政策绩效评估机制。制定财政涉企专项资金管理暂行办法,推进涉企项目资金管理制度化。

另一方面，深化财税重点改革。坚持锐意改革、勇于创新,加快推进自身改革,释放财政改革红利。一是深化预算信息公开改革。进一步细化政府预决算和部门预决算公开内容，扩大预决算公开范围,继续加大“三公”经费公开力度,实现所有财政拨款安排的“三公”经费公开。二是深化专项转移支付改革。按照“控制压减项目数量、控制压缩资金规模和控制压实主体责任”要求,实现 2015 年省级专项转移支付项目和资金均压缩 1/3。三是深化盘活财政存量改革。加强政府采购预算执行管理,建立健全政府采购监督机制。加大结余结转资金定期清理力度，减少资金沉淀。创新国库现金、专户资金和社保资金运作方式,提高资金使用效益。四是深化“约法三章”改革。认真贯彻落实“约法三章”,严格控制财政供养人员,确保“三公”经费只减不增,严控行政成本。五是深化政府购买服务改革。完善政府购买服务机制,将政府购买服务与转变政府职能、事业单位分类改革、预算管理和政府采购相结合,创新财政供给模式。六是深化债务管理改革。紧紧围绕“防控风险、严格审批、规范管理、服务发展”目标,依法规范融资管理,加快建立以政府债券为主体的地方政府举债融资机制,实行地方政府性债务规模控制和预算管理,完善政府性债务风险预警监测机制。与此同时,积极推进养老、医药卫生、住房、城镇化等相关领域改革。

主任、副主任、秘书长、各位委员:

年内财政改革任务艰巨而繁重。我们将在省委、省政府的正确领导下，在省人大的依法监督下,认真落实本次会议有关决议要求,践行“三严三实”,扎实推进财政改革各项工作,努力完成全年预算目标任务,为打造“三个”强省、建设美好安徽贡献力量。

关于安徽省 2014 年预算执行情况和 2015 年预算草案的报告

——在安徽省第十二届人民代表大会第四次会议上

省财政厅厅长　罗建国

2015 年 1 月 26 日

各位代表:

受省人民政府委托，我向大会报告安徽省 2014 年预算执行情况和 2015 年预算草案,请予审议,并请省政协委员和其他列席人员提出意见。

一、落实省十二届人大三次会议预算报告审查决议情况

2014 年，全省各级财政部门认真落实省十二届人大三次会议有关决议精神，积极应对经济下行压力,深化财税改革,加强预算管理,自觉接受监督,不断提升依法理财水平。

(一)加快推进财税体制改革。认真贯彻落实十八届三中全会精神，根据省委全面深化改革部署,确定 6 项财税改革年度重点任务,制定 24 个具体施工方案,相继出台 209 项制度办法,推动现代财政制度加快建立。健全预算动态平衡机制。省级一般公共预算超收收入及清理收回的存量资金,全部转入预算稳定调节基金,纳入下年预算统筹安排。启动中期财政规划编制,选择教育、社保、体育、医疗卫生、环保等重点领域试编三年滚动预算,增强预算政策的前瞻性。完善转移支付管理。省政府出台一般性转移支付和专项资金管理办法,健全了管理制度。清理规范专项转移支付,省级专项转移支付压缩到 140 项、77.5 亿元,较上年分别减少 47.2%、33.8%，把更多的资金和项目下放市、县(市、区)管理。健全一般性转移支付稳定增长机制,提高市、县(市、区)基本公共服务保障能力。开展省以下政府事权与支出责任划分研究,为科学界定各级政府支出责任奠定基础。有序推进税制改革。营改增试点范围扩大到铁路运输、邮政、电信业,试点纳税人新增 4.1 万户，当年为企业减负 46.4 亿元。启动实施煤炭资源税从价计征改革,取消停征涉煤收费基金,我省煤炭资源税税率为 2%,为全国最低的省份之一。建立涉税信息交换与共享机制,进一步提高税收征管质量和效率。

(二)逐步完善全口径预算管理。将所有政府性收入和支出全部纳入预算管理，预算监督和管理更加统筹全面。完善政府预算体系。首次将省级四本预决算收支完整反映,报送省人大批准。出台安徽省省属企业国有资本收益收取管理办法,省级国有资本经营预算实现全覆盖，纳入预算的省属企业由 33 户扩大到 40 户，收益收取比例做到了规范统一。加大预算统筹力度。出台完善政府预算体系制度文件,将船舶港务费等 11 项政府性基金转列一般公共预算。省级国有资本经营预算超收收入 2.6 亿元全部调入一般公共预算，用于保障改善民生。强化社保基金监管。加强社会保险基金收支管理,2014 年全省社保基金预算总收入 1252.1 亿元,总支出 1017.6 亿元,社会保障水平进一步提升。健全社保基金预算管理制度,在保证基金安全的前提下，创新社保基金保值增值新途径,取得较高收益。

(三)切实增强财政政策的科学性。进一步完善各项财政政策,提高政策的针对性和有效性。完善稳增长财政政策。全面落实税费减免政策,全年减少市场主体税费负担 466 亿元，为实体经济发展减负。通过优化支出结构、压减一般性支出,安排 31 亿元加强政策性融资担保体系建设,放大担保倍数,降低担保费率,缓解了小微企业融资难融资贵问题。完善新一轮促进皖北地区发展的支持政策，现行加大省财政转移支付等财税政策延长至 2020 年底,进一步加大基本公共服务和重大基础设施建设支持力度。完善调结构财政政策。争取合芜蚌自主创新示范区 4 项先行先试税收优惠政策，支持成立高新技术产业投资公司和股权投资基金,促进高成长性、创新型企业发展。围绕主体功能区规划优化财政政策，推进新安江流域水环境生态补偿,启动大别山区水环境生态补偿试点。积极支持淮南、淮北、铜陵矿山环境修复和塌陷区治理,支持铜陵、淮北资源枯竭城市转型发展,推进节能减排财政政策综合示范市建设。完善惠民生财政政策。继续实施 33 项民生工程,出台巩固民生工程长效机制 6 大类 66 项制度,24 个工程类项目全部制定建后管养指导性意见。采取政府购买服务方式，财政投入管养经费 13.1 亿元，确保民生工程持续发挥效益。

（四）着力提高财政资金使用效益。进一步加快资金拨付，规范资金使用，把有限的财政资金用出效益。盘活财政存量资金。加快预算执行进度，建立结转结余定期清理机制，2014 年省级收回结转结余 5.7 亿元，清理收回专户结余 3.3 亿元。创新省级国库现金、专户资金和社保基金运作方式，新增利息 7.8 亿元，既实现财政资金保值增值，又通过竞争性存放与银行信贷挂钩，为经济社会发展投放更多的流动性。严格涉企资金监管。建成财政涉企项目资金管理信息系统，覆盖所有市、县（市、区）和涉企项目主管部门，纳入系统管理的项目达 1.1 万个，涉及资金 74.4 亿元，有效堵塞项目申报审核和资金分配中存在的漏洞，使资金投向更加精准有效。健全绩效管理机制。建立绩效评价指标体系，完善预算绩效管理制度。扩大绩效评价范围，省级部门自评项目 106 个，财政重点评价项目 16 个，涉及财政资金 67.7 亿元，评价结果作为安排 2015 年预算的重要依据。加快政府购买服务。创新公共服务供给机制，制定政府购买服务指导目录，建立政府购买服务规范化流程，全省完成试点项目 1041 个，涉及资金 94.6 亿元。

（五）有效防范地方政府性债务风险。按照“防控风险、严格审批、规范管理、服务发展”的原则，一手抓规范债务管理，一手抓扩大政府融资。严格政府债务管理。试点编制全省政府性债务收入计划，实施债务审批卡制度，将 380 家政府融资平台公司纳入名录管理，对部分市、县（市、区）债务风险进行预警提示。清理甄别政府存量债务，规范政府举债融资方式，努力降低债务融资成本。扩大权责发生制政府综合财务报告试编范围，覆盖全省所有市、县（市、区）。创新政府融资模式。建立省级棚户区改造融资平台，争取棚户区改造国开行贷款额度 949 亿元，占全国贷款总额的 19%，为 16 个市 43 个县（市、区）棚户区改造提供资金支持。出台政府与社会资本合作（PPP）模式指导意见，在城市基础设施领域推出 42 个示范项目，污水处理和轨道交通等 4 个项目获批财政部 PPP 首批示范，获批项目个数和金额均占全国总额的 13.3%，较好发挥政府债务融资对经济社会发展的积极作用。

（六）积极发挥预算监督的有效作用。自觉主动接受监督，发挥监督合力作用，提高财政管理法治化、透明化水平。依法接受人大监督。认真执行省人大及其常委会决议、决定，共办理代表建议 284 件，积极采纳关于建立生态补偿机制、加大农村公路养护投入等建议，进一步完善财政政策。建立联系人大代表制度，做到报告通报、问计问需、征询意见建议规范化、常态化、制度化，邀请人大代表参与民生工程等财政工作巡察督导。积极利用审计成果。在及时落实同级审计整改意见的基础上，全面梳理中央预算执行和其他专项审计发现的问题 104 项，主动对照、举一反三，不断健全管理制度，努力构建长效机制。切实加强财政监督。贯彻落实《安徽省财政监督条例》，对农村饮水安全工程等 34 个专项经费、80 户行政企事业单位及会计师事务所开展监督检查，规范财政财务管理。组织开展贯彻执行中央八项规定专项检查和“小金库”专项治理，严肃财经纪律。创新乡镇包村干部监管涉农资金机制，发挥乡镇财政一线监管、一线服务的作用。加强预算公开监督。推进预决算集中统一公开，以政府和部门门户网站为主要形式，设立预算公开专栏，方便社会公众查询监督。扩大预决算公开范围，除涉密信息外，16 个市、105 个县（市、区）和 115 家省级预算单位全部公开了政府、部门及“三公”经费预决算。细化公开内容，增加辅助说明材料，努力让群众看明白、能监督。深化“开门办预算”，邀请人大代表、政协委员、专家学者，对 25 个部门 32 个项目进行公开评审，提高预算安排的透明度和科学性。提前编制预算，细化预算内容，便于人大监督审查，促进预算更加规范透明。

二、2014 年预算执行情况

2014 年，全省上下深入贯彻落实党的十八大、十八届三中、四中全会和习近平总书记系列重要讲话精神，按照省委、省政府的决策部署，坚持稳中求进、改革创新，认真落实积极的财政政策，统筹稳增长、促改革、调结构、惠民生、防风险，促进了经济社会持续健康发展，较好完成省十二届人大三次会议确定的目标任务。

2014 年，全省一般公共预算总收入 3663 亿元，比上年（下同）增加 298 亿元，增长 8.9%。地方一般公共预算收入 2218 亿元，增加 143 亿元，增长6.9%。加:中央税收返还及转移支付2302亿元,上年结余收入102亿元,调入资金112亿元,调入预算稳定调节基金27亿元,地方政府债券收入173亿元,接受其他地区援助收入1亿元,预算总收入4935亿元。全省一般公共预算支出4664亿元,比上年增加314亿元,增长7.2%。加:上解中央支出26亿元,安排预算稳定调节基金105亿元,调出资金2亿元,地方政府债券还本45亿元,支出合计4842亿元。收支相抵,年终结余93亿元,其中:结转下年87亿元,净结余6亿元。

省级地方一般公共预算收入230亿元,增长7%。加:中央税收返还及转移支付2302亿元,上年结余收入46亿元,调入资金10亿元,市县上解省收入84亿元,调入预算稳定调节基金15亿元,地方政府债券收入173亿元,接受其他地区援助收入1亿元,预算总收入2861亿元。省级一般公共预算支出631亿元,增长5.9%。加:上解中央支出26亿元,安排预算稳定调节基金70亿元,调出资金1亿元,对市县税收返还及转移支付1947亿元,地方政府债券还本10亿元,债券转贷支出133亿元,支出合计2818亿元。收支相抵,年终结余43亿元,其中:结转下年42亿元,净结余1亿元。

省级政府性基金预算收入60亿元,加上年结余、中央补助收入等99亿元,预算总收入159亿元;预算支出19亿元,加补助市县支出102亿元,结转下年38亿元,预算总支出159亿元。

省级国有资本经营预算收入9.3亿元,加上年结余收入0.5亿元,预算总收入9.8亿元;预算总支出9.8亿元。

省级社会保险基金预算收入110亿元,加上年结余收入86亿元,预算总收入196亿元;预算支出104亿元,结转下年92亿元,预算总支出196亿元。

上述预算执行数字在决算编制汇总后,还会有变化。

(一)实现财政平稳运行。2014年,财政收支运行总体平稳、结构不断优化、质量持续提升。财政收入稳定增长。全省财政收入增速与经济增速基本同步,增幅保持在合理区间。全省税收收入增长11.1%,增幅高于上年0.3个百分点;地方财政收入中税收占比为76.3%,比上年提高3个百分点,财政收入质量进一步提升。重点支出保障有力。继续优化支出结构,教育、科技、社保、卫生、城乡社区、农林水、住房保障、交通等重点支出增加281亿元,占全省支出增量的89.4%。“三公”经费从严控制。完成国家厉行节约反对浪费6项制度建设任务,建立健全“三公”经费预算约束、支出控制、通报预警、信息公开、监督检查、责任追究等长效机制,有效防止铺张浪费,全省“三公”经费在上年大幅减少的基础上,又下降19.2%,行政成本进一步下降。区域财政整体提升。13个市财政收入超100亿元,58个县(市、区)财政收入超10亿元。皖江示范区财政收入增长10.5%,继续保持较快增长;大别山革命老区、皖北三市九县财政收入分别增长14.7%和12.7%,高于全省平均增幅5.8和3.8个百分点。

(二)推动经济稳定增长。持续加大实体经济支持力度,促进全省经济社会持续稳步发展。加大投入带动需求。争取地方政府债券173亿元,拨付铁路、公路、水运、水利等基础设施项目建设资金249.7亿元,争取世行、亚行及外国政府贷款资金4.3亿美元,较好发挥政府投资“四两拨千斤”的杠杆作用,带动全社会固定资产投资增长16.5%。统筹安排支持内外贸发展资金7.5亿元,芜湖港进入国家启运港退税政策试点,用足出口退税和各项促进消费增长政策,支持消费升级和外贸转型。扶持小微企业带动全民创业。支持建立省级涉企收费清单制度,每年减轻企业负担超过17亿元,为市场松绑、为企业添力,促进新登记注册企业快速增长。安排工业发展资金4.5亿元,推动中小企业创新转型。在安排资金充实政策性担保机构国有资本金基础上,拨付5亿元建立银政担融资担保风险分担和补偿机制,全省政策性担保机构在保余额1221亿元,放大担保倍数达3.9倍,小微企业融资环境进一步改善。鼓励创新助力转型。安排10亿元,完善创新型省份建设政策体系,将合芜蚌自主创新示范区的创新团队、研发平台等财政资金支持政策拓展到全省,实施科技创新后补助政策,引进10个高层次科技人才团队来皖创新创业,加快中科大先进技术研究院等创新平台建设。安排5亿元,支持战略性新兴产业发展和集聚试点,引导各市主导产业加快发展,实现战略性新兴产业产值8378.9亿元,增长22.5%。落实固定资产加速折旧和技术先进型服务企业发展等企业所得税政策，支持企业加快设备更新和科技研发创新。创新投资引导基金管理模式，引导设立创业投资基金总规模达54.7亿元，放大效应达6.8倍。统筹安排2.8亿元推动文化产业加快发展，争取中央补助3亿元支持市场化方式发展养老服务产业试点建设，争取中央补助1.4亿元支持创建电子商务进农村综合示范，引导服务业集聚发展。争取中央补助1.4亿元，支持企业淘汰落后产能，节能减排目标较好完成。

（三）促进城乡一体发展。不断加大城乡区域发展投入力度，增强经济社会发展后劲和活力。落实强农惠农政策。全省农林水事务支出502.6亿元，较上年增加24.4亿元。发放惠农补贴222.6亿元，人均受益603元，户均增收1536元，把党和政府的各项惠农政策落到实处。统筹安排9.6亿元支持培育新型农业经营主体和现代农业示范区建设。统筹安排36亿元支持粮食等大宗农产品增产和小麦、茶叶、生猪、油茶等优势主导产业发展。争取产粮油大县中央财政奖励资金27.3亿元，统筹安排71.7亿元支持农田水利和高标准基本农田建设。拨付保费补贴资金10.9亿元，为1808万次农户提供政策性农业保险，保额达472亿元。拨付24.3亿元，支持贫困地区扶贫开发。支持美好乡村建设。投入专项资金41.1亿元，整合涉农资金82亿元，引导社会资金118.3亿元，全力推进美好乡村建设，支持“三线三边”环境整治，农村人居环境进一步改善。争取中央补助1亿元，在全省27个县(市、区)开展国家美丽乡村建设试点，建成项目400多个，受益农业人口86万人。统筹安排3.5亿元，支持首批20个试点县(区)农村承包土地确权登记颁证。投入26.4亿元，实施“一事一议”财政奖补项目1.3万个，农村公益事业加快发展。促进区域协调发展。安排42亿元与国开行合作，深入推进34个省级开发区产城一体试点，促进产城融合发展。安排专项资金27.3亿元，支持皖北“四化”协调发展先行区、大别山革命老区、皖江示范区、皖南国际文化旅游示范区及南北合作共建、中新苏滁、郑蒲港等区域和园区发展。

（四）保障民生持续改善。突出保障基本，坚持雪中送炭，全省民生支出3833亿元，增长7.9%，占财政支出的82.2%，发展成果更多惠及广大群众。精心实施民生工程。33项民生工程投入资金686.3亿元，同口径增长10.6%。新增4项民生工程全面完成，山区库区农房保险参保人数达277万户，城乡居民大病保险实现制度全覆盖，就业促进工程、小农水提升改造工程全面推进。加快社会事业发展。投入740.7亿元，支持义务教育均衡发展，引导社会资本大力发展职业教育，实施高等教育质量提升工程，加快发展学前教育，促进教育事业加快发展。投入575.4亿元，完善社会保障体系，实现城乡居民养老保险制度并轨，采取运营补贴、购买服务等方式支持社会养老服务体系建设。投入424.1亿元，深化医药卫生体制改革，巩固扩大基层医改和县级公立医院综合改革成果，新农合和城镇居民医保财政补助标准由年人均280元提高到320元。统筹135.3亿元，推进公共租赁住房和廉租住房并轨运行，新开工各类保障性住房和棚户区改造安置住房46.6万套，基本建成27.5万套。支持完善全民健身服务体系，统筹安排4亿元实施文化惠民工程，促进基本公共文化服务均等化。保障困难群体生活。投入10亿元，精心实施以船为家渔民上岸安居工程，1.8万户渔民实现安居梦。拨付2.3亿元，支持县(市、区)解决“老字号”群体生活困难。拨付23.9亿元，重点支持农民工、就业困难群体、高校毕业生就业创业。完善家庭经济困难学生资助体系，为93.7万人次发放补助资金21.8亿元。支持生态环境保护。省级安排5亿元、争取中央补助1.6亿元，支持千万亩森林增长工程，新增造林226.3万亩。统筹安排28.8亿元，推进大气污染防治和水环境保护，对全省秸秆禁烧与综合利用实行以奖代补，实施太平湖等湖泊综合治理工程。

各位代表！我们也清醒地认识到，财政运行中还存在一些问题和困难。财政收入增速趋缓与支出刚性矛盾加剧，财政保障任务十分艰巨。财政政策和资金的撬动机制和杠杆作用发挥依然不够充分，“跑冒滴漏”和“撒胡椒面”现象在一定范围内仍然存在，财政绩效有待提高。事权与支出责任相适应的财政制度尚未建立，财力与事权不相匹配的现象仍然存在，部分县(市、区)财政公共服务保障压力较大。部分单位预算编制还不够完整细化，预算执行还不够严格。部分市、县(市、区)政府债务风险开始显现，等等。上述问题和困难，既有经济新常态下收入增速放缓的原因，又有预算法配套机制尚不健全的原因，还有预算绩效意识比较薄弱、预算编制水平有待进一步提高、事权与支出责任划分有待中央推进等原因。对此,我们将高度重视,在新的一年里通过深化改革、科学管理等措施认真加以解决。

三、2015 年省级预算安排

2015 年,全省财政经济发展面临新常态,财政收入由高速增长转为中低速增长，财政支出刚性增强,财政收支矛盾更加突出。从财政收入看,推进税制改革,落实结构性减税,继续清理行政事业性收费和政府性基金,都将减少财政收入。从财政支出看，支持全面深化改革和保障各项民生事业发展都需要加大投入。综合分析,全省各级都面临巨大的收支平衡压力。根据市县预算汇编及经济增长预期目标、财税政策变化情况,全省一般公共预算总收入预期增长 8.5%左右,达到 3975 亿元。

2015 年省级预算编制的指导思想：

认真落实党的十八大、十八届三中、四中全会,以及中央和省经济工作会议精神,按照省委、省政府决策部署,坚持稳中求进工作总基调,主动适应经济发展新常态,继续实施积极的财政政策,充分发挥财政职能作用,促进经济发展方式转变,提高经济发展质量和效益；全面深化财税体制改革,完善预算管理各项制度,切实推进预算公开透明;健全政府预算体系,加大预算统筹力度;优化财政支出结构,着力保障改善民生,从严控制一般性支出，严肃财经纪律；加强地方政府性债务管理,切实防范财政风险,为打造三个强省、建设美好安徽提供财力支撑。

2015 年省级预算安排的基本原则：

依法理财,规范预算行为。全面贯彻预算法等法律法规要求,认真落实人大有关决议精神,进一步规范理财行为、健全约束机制、压实管理责任、推进信息公开,推动财政工作规范化、制度化和法治化。

深化改革，完善预算制度。完善政府预算体系,加大一般公共预算与政府性基金预算、国有资本经营预算统筹力度;完善转移支付制度,清理整合规范专项转移支付,大力压减竞争性领域专项;完善预算决策机制,推进预算评审论证,改进预算绩效管理。

支持发展,强化预算保障。坚持厉行节约,严格控制一般性支出，合理保障部门依法履职所需经费。围绕省委、省政府决策部署,优化财政支出结构,突出创新驱动,强化风险防控,加强民生保障,促进经济持续健康发展和社会和谐稳定。

统筹兼顾,确保预算平衡。明晰政府与市场边界、省与市县支出责任,统筹配置各项财政资源。改进年度预算控制方式，建立跨年度预算平衡机制,统筹做好年度之间财力平衡,保持财政持续稳健运行。

2015 年省级预算按一般公共预算、政府性基金预算、国有资本经营预算、社会保险基金预算等四本预算编制。省级一般公共预算收入 232.6 亿元;加中央转移支付等,安排支出 504.4 亿元。政府性基金本年收入预算 40.1 亿元,本年安排支出 34.7 亿元。国有资本经营本年收入预算 12.4 亿元,本年安排支出 12.4 亿元。社会保险基金本年收入预算 131.5 亿元,本年安排支出 117.5 亿元。具体如下：

(一)一般公共预算

省级收入预算安排情况。省级预算收入 232.6 亿元,比上年执行数增长 1.2%,其中:增值税 5 亿元、营业税 16.5 亿元、企业所得税 104 亿元、个人所得税 21.5 亿元、耕地占用税 11 亿元、城市维护建设税等 2.1 亿元;国有资源(资产)有偿使用收入 8.3 亿元、行政事业性收费收入 10 亿元、罚没收入 0.5 亿元、专项收入 52.2 亿元、其他收入 1.5 亿元。

省级支出预算安排情况。根据现行财政体制,2015 年省级预算可用财力为 662.8 亿元。扣除一般性转移支付 158.4 亿元，省级支出相应安排 504.4 亿元,增长 4.1%;如剔除省以下工商质检系统体制下划因素,同比增长 8.2%。其中:基本支出预算 141.8 亿元，同比增长 7.2%；项目支出预算 362.6 亿元,同比增长 8.6%。

省级预算收入 232.6 亿元，加中央税收返还及转移支付 1826.8 亿元，市县上解省收入 83.1 亿元,调入预算稳定调节基金 53.3 亿元,调入资金 25.3 亿元,上年净结余收入 0.7 亿元,省级预算总收入 2221.8 亿元。省级预算支出 504.4 亿元，减省级预算提前下达市县转移支付 19.2 亿元,加中央提前下达转移支付列入省级预算 287.6 亿元,省级预算支出合计 772.8 亿元。加上解中央支出24.5亿元，对市县税收返还及转移支付1424.5亿元，省级预算总支出2221.8亿元。

(二)政府性基金预算

2015年，省级政府性基金收入预算安排40.1亿元，加上年结余收入38.7亿元，收入合计安排78.8亿元。支出安排78.8亿元，其中本年支出34.7亿元，调出资金25.3亿元，结转下年18.8亿元。

(三)国有资本经营预算

2015年，扩大国有资本经营预算实施范围，纳入企业比上年增加7户，合计40户。2015年，省级国有资本经营预算收入12.4亿元，与上年执行数相比，增加3.1亿元，增长33%。其中：利润收入8.3亿元，增加3.5亿元；股利、股息收入4.1亿元，增加0.6亿元；国有产(股)权转让收入减少1亿元，主要是2014年江汽和铜陵有色上缴一次性股权转让收入。

支出相应安排12.4亿元。其中：资本性支出10亿元，主要用于重大交通基础设施建设等公共民生项目；费用性等支出2.4亿元，主要用于企业改制费用补助、支付企业离退休人员费用以及解决国有企业历史遗留问题等社会保障支出。

(四)社会保险基金预算

2015年，省级社会保险基金本年收入预算安排131.5亿元，剔除2014年缓缴社保基金一次性带入因素，同口径增长4.3%。加上年结余收入92.2亿元，收入合计安排223.7亿元。支出安排223.7亿元，其中，本年支出117.5亿元，结转下年106.2亿元。

四、2015年财政主要工作

2015年是全面深化改革的关键之年，是全面推进依法治国的开局之年，也是全面完成“十二五”规划的收官之年，做好财政工作意义重大。我们将更加注重质量和效益、发挥财政调控作用，更加注重统筹和整合、集中财力保障重点，更加注重公开和监督、依法理财提升水平，重点做好以下几个方面工作。

(一)坚持稳中求进，支持经济稳定发展。继续实施积极的财政政策，充分发挥财政职能，促进经济稳定增长。一是积极扩大有效需求。创新投资融资机制，释放民间投资潜力，引导社会资本支持重大基础设施项目建设。实施鼓励新型消费的财税政策，多渠道促进城乡居民增收，推进消费扩大升级。充分运用出口退税和启运港退税政策，支持企业“走出去”，扩大市场需求。二是支持战略平台建设。紧紧抓住国家依托黄金水道推动长江经济带发展的历史机遇，支持重大项目前期工作，谋划一批事关长远和全局的储备项目。加大对皖北“四化”协调发展先行区、大别山革命老区、合芜蚌自主创新示范区、皖江示范区、皖南国际文化旅游示范区等重大战略平台的支持力度，推进城市组团的联动发展，形成多级支撑、多元发展的良好局面。三是推进新型城镇化试点。建立健全多元可持续的资金保障机制，积极支持新型城镇化试点省建设。继续安排专项资金，支持开发区产城一体加快发展。积极探索农业人口市民化成本分担机制，加快建立财政转移支付与农业人口市民化挂钩机制，推进城镇基本公共服务常住人口全覆盖。四是支持发展现代农业。持续加大“三农”投入，落实各项强农惠农政策。健全农业补贴政策体系，实行普惠制与精准补贴相结合。进一步支持农业基础设施建设，提升农业综合生产能力。深化农村综合改革，支持培育新型农业经营主体和新型职业农民，进一步推进政策性农业保险市场化，支持农村土地承包经营权确权登记颁证扩大试点，推动现代农业发展。发挥财政杠杆作用，引导社会力量参与扶贫。

(二)坚持激发活力，培育新的经济增长点。按照市场要活、创新要实、政策要宽的要求，完善支持大众创业、万众创新的财税政策，为经济发展注入新动力。一是激发市场活力。支持竞争性领域国有企业改革，鼓励发展混合所有制经济。支持建立并运行省市县三级涉企收费清单制度，常态化公开行政事业性收费目录清单。落实好减税和普遍性降费政策，切实减轻企业特别是小微企业负担。用好民营经济专项资金，发挥政策性融资担保体系功能，助推小微企业发展。加大力度支持民间资本发起设立产业投资基金和股权投资基金。二是推动创新驱动。用活高新产业股权投资基金，引进社会资本促进中小型科技企业发展。用足企业股权和分红激励政策，继续支持高层次科技人才团队扶持计划和创新创业人才培养计划，强化创新人才支撑。支持科技成果转化，实施合芜蚌自主创新示范区事业单位科技成果使用权、处置权和收益权改革试点。三是促进产业转型。创新财政投入方式,采取贴息、担保、后补助、股权投资等方式,加快推进战略性新兴产业、高成长产业和现代服务业发展,培育新产品、新业态、新商业模式竞争新优势。综合运用财税政策,加大传统产业优化升级,淘汰过剩落后产能,促进产业结构调整,推动传统产业向中高端迈进。

(三)坚持改善民生,增进人民群众福祉。按照保基本、补短板、兜底线、可持续的要求,完善财政投入机制,织牢织密民生安全网,有效保障和改善民生。一是促进民生工程提质增效。坚持突出重点、持续推进,继续实施33项民生工程。坚持尽力而为、量力而行,保障困难弱势群体,提高民生工程的针对性和有效性。坚持落实责任、提质增效,强化过程管控、结果考核和建后管养,提升民生工程绩效。二是推动社会事业发展。完善不同教育类型的财政支持政策,探索建立教育经费可携带支持机制,落实和健全国家资助政策体系,促进教育协调发展。完善鼓励创业带动就业的财政支持政策,加强政府公共就业服务能力建设。落实好继续增加企业退休职工和城乡居民基础养老金,提高重点优抚对象抚恤和生活补助、城乡社会救助对象补助水平,完善最低工资标准调整机制。支持机关事业单位养老保险制度改革,同步推进机关事业单位工资制度改革。支持深化医药卫生体制改革综合试点,全面推进城市公立医院改革。落实"老字号"困难群体生活补助政策。创新财政投入方式,支持建设以居家为基础、社区为依托、机构为支撑的社会养老服务体系。创新机制支持保障性安居工程建设,利用PPP模式或政府购买服务方式盘活存量房,引导社会资本参与保障性住房的建设和运营管理。三是支持生态文明建设。运用财政奖补、贴息等方式,支持建立排污权交易等制度,积极探索生态保护和环境治理市场化机制。完善新安江流域和大别山区水环境生态补偿机制,加大重点生态功能区、农产品主产区转移支付力度。整合资金支持大气污染防治和千万亩森林增长工程。四是推进美好乡村建设。加快构建以财政资金为引导的多元化、多层次、多渠道资金投入机制。突出农村人居环境改善,完善村级公益事业"一事一议"财政投入奖补机制,推进村庄环境整治。突出农民增收致富,盘活集体资产,促进村级集体经济发展。突出长效运行机制,健全公共财政、村集体、农民共同投入的管护经费保障制度。民生工程项目和资金安排

(四)坚持改革创新,完善财税体制机制。按照全面深化改革要求,聚焦难点、突出重点、持续推进,在积极支持其他领域改革的同时,确保财税改革取得决定性进展。一是深化预算公开改革。按照"公开为常态,不公开为例外"的原则,进一步扩大公开范围,细化公开内容,深化政府、部门及"三公"经费预决算公开,积极推进专项转移支付和财政政策公开。深化"开门办预算",完善预算公开评审,从重点项目评审向支出政策和部门整体预算评审拓展。二是推进盘活存量改革。清理一般公共预算、部门预算、专项转移支付结转资金,加强统筹使用。政府性基金项目结转资金规模较大的,调入一般公共预算统筹使用。全面清理财政专户,规范预算周转金和预算稳定调节基金管理,减少资金沉淀。继续实施省级国库现金、专户资金和社保基金运作。三是做实预算编制改革。加大预算统筹力度,建立将政府性基金预算中应统筹使用的资金列入一般公共预算机制,加大国有资本经营预算调入一般公共预算的力度。完善基本支出定额标准体系,加快推进项目支出定额标准体系建设。从2015年起,在编制财政"十三五"规划的基础上,全面启动三年财政规划和部门预算滚动规划编制,强化对年度预算的约束。开展部门预决算编制改革试点,提高决算编制的科学性。四是加快转移支付改革。完善一般性转移支付稳定增长机制,提高一般性转移支付占比,增加对革命老区、贫困地区的转移支付。健全专项转移支付设立、评估和退出机制,继续清理整合规范专项转移支付。调整财政支持方式,对战略性新兴产业等竞争性领域的产业,由直接支持具体项目改为设立投资基金,吸引社会资金投入。五是落实税收制度改革。将营改增范围扩大到建筑业、房地产业、金融业和生活服务业等领域,全面推进营改增扩围试点。积极做好资源税等其他税制改革,落实小微企业等税收优惠政策。清理规范税收等优惠政策,提高财政政策管理水平。六是深化政府债务管理改革。建立以政府债券为主体的举债融资机制,积极做好一般债务和专项债务发行工作。严格举债程序和资金用途,将举借债务分类纳入预算管理。落实"借用

还”相统一债务管理机制,妥善处理存量债务和在建项目后续融资。建立债务风险预警、应急处置和考核机制,推进政府债务公开。积极推广政府与社会资本合作(PPP)模式。

(五)坚持依法理财,提高财政管理水平。巩固和扩大群众路线教育实践活动成果,牢固树立法治意识,全面推进法治财政建设。一是贯彻落实预算法。逐条对照预算法各项规定,完善预算编制、执行、监督、绩效,以及转移支付等管理制度,确保财政改革和预算管理于法有据、有章可循。采取专题培训等多种形式,加强预算法宣传培训,营造自觉增强法治意识、依法预算管理的良好氛围。二是严格收支管理。坚持实事求是、依法征收,不收“过头税”。规范非税收入管理,加强行政事业单位资产资源管理,强化国有资产收入监管。加快预算执行,规范资金分配,提高资金使用效益。三是严肃财经纪律。严格遵守各项预算管理、税收管理等财税法律法规,依法行使行政决策权和财政管理权。自觉接受人大监督和社会各界监督,推进阳光财政建设。强化对财政收支活动全过程的监督检查,严格执行各项财经纪律,维护财政秩序。四是强化厉行节约。认真贯彻落实中央《党政机关厉行节约反对浪费条例》,继续严控“三公”经费等一般性支出,推进公务用车制度改革,降低行政运行成本。

2015 年,是全面推进依法治国、依法治省的重要一年。我们将按照党的十八大和十八届三中、四中全会决策部署,牢固树立法治观念,主动接受人大依法监督、政协民主监督,持续推进依法行政,全面提升依法理财能力和水平。

各位代表!我们将认真贯彻习近平总书记系列重要讲话精神,在省委、省政府的正确领导下,积极适应经济发展新常态,持续加强作风建设,切实增强人大意识,认真落实人大决议;切实增强代表意识,充分听取代表意见;切实增强群众意识,更好服务基层,努力为人民群众办实事办好事,为打造三个强省、建设美好安徽、全面建成小康社会贡献更大力量。

全省财政工作重要文献

在全省财政工作视频会议上的讲话

省财政厅党组书记、厅长　罗建国

(2015年2月3日,根据录音整理)

同志们:

这次会议的主要任务是:深入贯彻党的十八大和十八届三中、四中全会及中央经济工作会议精神,认真落实全省经济工作会议、省"两会"和全国财政工作会议要求,总结2014年财政工作,分析经济发展新常态下财政形势,部署2015年工作任务。省委、省政府高度重视财政工作。前不久,张宝顺书记在听取财政工作汇报时,充分肯定财政工作成绩,寄予殷切希望。这次会议前,王学军省长审阅了会议的报告,作出重要批示:2014年,全省财政系统围绕中心、服务大局,统筹稳增长、促改革、调结构、惠民生、防风险,各项工作取得优异成绩,为促进全省经济社会持续健康发展提供了有力支撑。谨向同志们致以诚挚的问候!2015年,财政收支压力很大,财政改革任务繁重。各级财政部门要主动适应经济发展新常态,坚持有为有位,积极发挥财政职能作用,认真落实积极财政政策,更好发挥财政的稳定器和逆周期调节器作用;坚持效率效益,深化财政改革,创新支持方式,加快预算执行,进一步提高财政资金使用绩效;坚持依法依规,依法强化征管,贯彻厉行节约,严肃财经纪律,确保各项工作在法治轨道上运行,为打造三个强省、建设美好安徽做出更大贡献。詹夏来常务副省长指示我们要把会议开好,并向财政财务战线上的同志们表示慰问!省领导的重要批示和指示精神,既是肯定和鼓舞,更是鞭策和标杆。各级财政部门和省直预算单位财务部门要认真学习、深刻领会、抓好落实,进一步坚定信心、发扬成绩、再接再厉。下面,我讲几点意见,供同志们参考。

一、在攻坚克难中积极履职尽责

2014年,面对复杂多变的宏观经济环境和艰巨繁重的改革发展任务,全省各级财政财务部门在省委、省政府的坚强领导下,认真贯彻落实党的十八大和十八届三中、四中全会精神以及习近平总书记系列重要讲话精神,坚持稳中求进、改革创新,统筹稳增长、促改革、调结构、惠民生、防风险,积极应对挑战,奋力攻坚克难,财政收支运行总体平稳、结构不断优化、质量持续提升。全省财政总收入3663亿元,增长8.9%,增速与经济增速基本同步,增幅保持在合理区间。地方财政收入2218亿元,增长6.9%,其中税收收入占比为76.3%,比上年提高3个百分点,居中部第1位;全省税收收入增长11.1%,高于上年0.3个百分点,占全省财政总收入的84.8%,高于上年1.7个百分点,财政收入质量进一步提高。全省财政支出4664亿元,增长7.2%,支出总量在全国位次前移、居全国第11位,支持改革发展和社会民生等重点支出得到了较好保障,有力促进了经济稳定健康发展和社会和谐稳定,财政工作取得了新的成绩。

一是财政改革成效明显。按照中央深化财税体制改革总体方案和省委省政府以及财政部全面深化改革的部署要求，确定6项财税重点改革工作任务，制定24个具体施工方案，出台209项制度办法，突出问题导向，精心谋划实施，狠抓任务落实。县级以上政府及部门预决算和"三公"经费预决算全部公开，提前一年完成财政部预算信息公开要求。省级专项转移支付项目和资金较上年分别减少47.2%、33.8%，把更多的资金和项目下放市、县(市区)管理。省级收回结转结余5.7亿元，清理收回专户结余3.3亿元，创新省级国库现金、社保基金和专户资金运作方式，新增利息7.8亿元。完成国家厉行节约反对浪费6项制度建设任务，全省"三公"经费下降19.2%。创新公共服务供给机制，全省完成政府购买服务试点项目1041个，涉及资金94.6亿元。试点编制全省政府性债务收入计划，将380家政府融资平台公司纳入名录管理，政府性债务规模基本适度、风险总体可控。

*二是服务发展措施有力。*在控制和防范债务风险的同时，积极创新融资机制，建立省级棚户区改造融资平台，争取棚户区改造国开行贷款额度949亿元、占全国贷款总额的19%，开展政府与社会资本合作(PPP模式)，推出42个城市基础设施领域示范项目，以政府性投入带动投资的快速增长。在财力非常紧张的情况下，省财政再次筹措安排31亿元充实政策性担保机构国有资本金，拨付5亿元建立银政担融资担保风险分担和补偿机制，既有效改善了小微企业融资环境，又带动了大众创业、万众创新。全年减免缓抵各项税费466亿元，通过扩大营改增试点范围，为企业减负46.4亿元，小微企业税收起征点的变化使得税收减少10.6亿元，用财政收入的"减法"换取了市场活力的"加法"。积极调整财政分配方式，集中财力支持皖江示范区、合芜蚌试验区、新型城镇化、皖北三市九县、大别山革命老区等重大战略平台建设，支持实施创新驱动和推进生态环境保护，促进了经济平稳运行和提质增效升级。

*三是民生保障不断强化。*在财政收支平衡难度加大的情况下，始终将保障改善民生放在财政支持的重点和首位，坚持雪中送炭，财政支出更多地向"三农"倾斜、向艰苦地区倾斜、向基层一线倾斜、向困难群体倾斜，促进了强农惠农富农政策的有效落实，推动了城乡基本公共服务均等化，有力加快了各项社会事业发展。全年民生支出3833亿元，增长7.9%，占全省财政支出的82.2%。全年拨付33项民生工程资金686.3亿元，同口径增长10.6%。在党委、人大、政府、政协的高度重视和全力支持下，在各级各部门的齐心协力、协调推进下，民生工程任务圆满完成，出台巩固民生工程成效机制6大类66项制度，24个工程类项目全部制定建后管养指导性意见，民生工程建后管养机制以及长效机制建设加快推进。在推进美好乡村建设、解决"老字号"群体生活困难、实施以船为家渔民上岸安居工程、推进大别山等特困地区扶贫开发等方面，办了一批涉及人民群众切身利益的急事难事实事，保障了基本，兜住了底线，促进了公平，增进了民生福祉。

*四是绩效管理显著提升。*完善全口径预算管理，省级国有资本经营预算实现全覆盖，收益收取比例做到了规范统一。深化"开门办预算"，公开评审范围扩大到25个部门32个项目。建立预算执行分析进度通报和考评机制，支出预算执行提速提效，严格预算追加，进一步推进"预算一年、一年预算"目标的实现。建立绩效评价指标体系，扩大绩效评价范围，省级部门自评项目106个，财政重点评价项目16个，涉及财政资金67.7亿元。加快财政监督工作转型，组织开展贯彻执行中央八项规定专项检查和"小金库"专项治理工作，严肃财经纪律。探索将财政工作纳入乡镇领导包村责任范围，更好地发挥乡镇财政一线监管、一线服务的作用。建立财政涉企项目资金管理信息系统，覆盖所有市、县(市区)和涉企项目主管部门，省直相关单位非常支持、步调一致，加强涉企项目资金的信息归集、规则比对、预警审核、数据分析、监督检查，纳入系统管理的项目达1.1万个，涉及资金74.4亿元，使扶持企业资金投向更加精准有效。

*五是作风建设持续推进。*巩固拓展党的群众路线教育实践活动成果，开展"弘扬焦裕禄和沈浩精神、践行三严三实要求"主题教育活动，紧扣财政改革开展8个专题学习研讨，深入查找和研究解决"病症在下面，病根在上头"的问题，上下衔接，联动整改。围绕推进财政重点改革、重点工作、作风建设等，18个处室单位与16个市、2个直管县财政部门进行帮联。结合财政政策管理、资金拨付使用和管理运行情况，对36个厅处室单位、11

个市县财政部门政风行风进行巡查,抓早抓小,防微杜渐,促进财政系统政风行风建设一体化。深入开展与基层党组织的结对共建,务实推进“结对到贫困村、帮扶到困难户、联系到财政所”,开展“单位包村、干部包户”定点帮扶,推动财政部门深入基层、服务群众常态化制度化。健全与省直预算单位会商机制,财政厅机关处室单位上门会商 2588 次。实践证明,通过会商交流,进一步形成了财政部门带动预算单位财务部门、财务部门带动预算单位业务部门的正向效应,有效防范了财政财务风险、加强了财务制度建设、提升了预算管理水平。

同志们,过去的一年,财政工作取得的成绩来之不易。这是省委、省政府高度重视、正确领导的结果,是财政部精心指导支持的结果,是广大财政财务干部团结拼搏、协力奋进的结果,得益于各级党委政府对财政工作的重视、领导和关心,得益于省直部门党组对财政财务工作的关心、理解和支持。在此,我代表财政厅党组向一年以来关心支持财政事业发展的各级人大、政协以及社会各界表示衷心地感谢!向奋战在财政财务战线上的同志们致以崇高地敬意!

在看到成绩的同时,我们也要清醒地认识到,财政事业发展仍然存在不少困难和问题,财政保障还不充分,财政改革还没有完全落地生根,财政资金分配还不够规范统一,财政撬动市场作用还需要进一步增强,财政制度缺失尚不完备,财政体制机制还不健全,财经纪律存在约束松懈,财政财务管理方式有待进一步改进,财政干部安全、业务安全、运行安全还存在风险隐患。对此,我们要高度重视、居安思危,认真研究、着力解决。

二、在主动适应新常态中不断拓宽理财思路和举措

适应经济发展新常态,是当前和今后一个时期做好财政工作的基本前提。省委、省政府根据中央部署要求,结合我省实际,对新常态下我省经济社会发展的各项工作作出了部署安排,是我们从容应对新阶段经济社会发展面临的风险挑战的重要遵循。各级财政部门要认识新常态、面对新常态、践行新常态,高站位、谋全局、观大势,坚持稳中求进工作总基调,坚持以质量和效益为中心,更好地发挥财政职能作用。

一是适应收入新常态,更加注重依法依规有序。要克服财政收入速度传统理念。克服过去的思维惯性和习惯做法,实事求是、更加理性地看待收入增速变化。今年全省财政收入预期增长 8.5%,这一方面与我省经济增长保持同步,另一方面有利于继续激发市场主体活力。各级财政部门要科学测算财政收入,防止过高地确定财政收入预算目标。要坚决反对竭泽而渔,绝不能在经济放缓、收入增速下降的时候,收“过头税”,切实做到有予有取、予取挂钩、予取有度,加强对经济的逆周期调节。要坚决防止和纠正财政“空转”行为。采取“空转”方式虚增财政收入,会扭曲经济运行情况、误导宏观调控政策,与新预算法的要求极不相符。这种现象的产生与考核机制有关。彻底解决这个问题,需要从体制机制上入手,淡化对财政收入增速的考核。新预算法已经明确规定“各级政府不得向预算收入征收部门和单位下达收入指标,对虚列政府收入和支出的责任人,根据情节给予降级、撤职或开除的处分”。我们要严格落实新预算法有关要求,多向党委政府汇报、说明情况,对财政收入增长不要再提出硬性目标要求。今年,省里将组织开展清理检查,严肃查处财政“空转”行为,维护财政经济运行良好秩序。要促进财政与经济良性互动。收入不再作为硬性任务要求,并不意味着对收入增速的趋势变化可以听之任之、无所作为。做大财政收入“蛋糕”,是财政工作的永恒主题。各级财政部门要始终把加强财源建设作为财政工作的重中之重,通过简政放权、减税降费,激发企业活力,大力支持创业创新,着力营造公平竞争的市场环境,提高资源配置效率,绝不能再弄“政策洼地”,千方百计培育财源、涵养财源、壮大财源。在推动经济发展提质增效升级的基础上,支持税务、海关等部门依法征收、应收尽收,并加强收入预期管理和预算执行分析,积极推动征管部门建立与相关经济指标变化情况相衔接的考核体系。

二是适应支出新常态,更加注重全局统筹持续。要界定财政作用边界。财政该管的要管住管好,不该管的坚决放手、放到位,交给市场去做、支持市场去做,避免大包大揽。要弱化财政资源对竞争性领域的直接配置,区分公共性的层次,调整结构、有保有压。我省是省级财力下沉的财政体制,为保障刚性支出需求,根据中央有关政策要求,要继续坚持分级负担的原则，强化保工资和保运转，多做雪中送炭，兜底线，保基本民生。要立足自身挖掘潜力。各级财政不仅要用好当年增量资金，更要采取有效措施盘活存量、调整存量。存量支出要注重梳理和优化并调整结构、提高绩效，增量支出要注重机制创新、激发市场活力、放大财政撬动效应。要在控制“三公”、压缩一般、严肃财经纪律等方面进一步“节流”，并通过创新投入机制、撬动社会资本等方式实现新的“开源”。要进一步突出重点、统筹兼顾、保证当年收支平稳运行，并加快推进中期财政规划管理、实现跨年度预算平衡。要科学调控保障基层。积极推进省以下财政体制改革，研究提出合理划分省与市县事权和支出责任的指导意见，健全县级基本财力保障机制，进一步优化转移支付结构，加大对县级财政的均衡性转移支付力度，不断提高县级财力统筹能力和支出保障水平。要科学编制财政规划。认真做好财政“十三五”规划编制工作，加强与经济社会发展客观实际的衔接，加强与编制中期财政规划的衔接，加强财政规划、总体规划、部门规划之间的衔接，增强规划之间的协调性、统一性、持续性，避免出现“两张皮”。规划要算政治民生账、经济社会账，注重科学配置和充分激活各类发展资源要素，从解决经济社会发展的突出矛盾和问题入手，充分考虑财力现状，兼顾当前与长远、需要与可能，切实把钱用在刀刃上。

*三是适应发展新常态，更加注重财政政策调控。*要发挥财政税费政策牵引作用。按照全面清查、不留死角，区分情况、分类处理，统一权限、规范管理，着眼长远、健全机制的原则，扎实做好清理规范税收等优惠政策工作，着力消除影响商品和要素自由流动的市场壁垒，公平市场竞争环境。积极落实结构性减税，建立完善涉企收费清单制度，继续清理行政事业性收费和政府性基金项目，调动企业等市场主体的积极性。主动跟进税制改革，积极实施营改增全面扩围，稳步推进煤炭资源税改革，积极构建更加科学合理的地方税体系，夯实政府履职尽责的财力基础。要发挥财政产业政策综合效应。通过进一步破除行政性垄断和管制壁垒，促进企业的自由进入和退出。推动完善社会保障、土地流转等政策，促进劳动力、资本等生产要素的合理流动，使企业能更有效率地利用各种要素。支持补足短板，加强基础设施建设，促进养老健康、信息消费等现代服务业加快发展。加大资金整合力度，优化资金投入方式，支持有效化解过剩产能和淘汰落后产能，推动战略性新兴产业和传统优势产业融合发展。要发挥财政金融政策叠加效益。发挥政府引导作用，完善各项财政金融政策，加快投融资体制改革，创新财政融资方式，拓宽财政融资渠道。发挥财政杠杆作用，注资政策性担保机构，支持担保体系建设，放大财政担保倍数。引导私营企业和个人投资基础设施、公共事业等领域。对供水供气、垃圾处理等可以吸引社会资本参与的公益性项目，大力推广政府和社会资本合作(PPP模式)。对难以吸引社会资本参与、确需政府举债的公益性项目，政府进行债券融资。对一些重大跨区域性的基础设施工程，比如铁路建设、公路建设、水利、新型城镇化建设，可以通过财政注入资本金的形式，带动平台的融资发展，推动和银行的合作融资。

*四是适应改革新常态，更加注重发挥支撑作用。*要认识新常态倒逼改革。财政制度安排与经济、政治、文化、社会、生态文明等方面紧密联系，在适应新常态的过程中，财政将更加深刻地介入各方面体制机制的构建，财政改革任务更加繁重。我们要始终坚持把改革作为财政工作的总要求、总引领、总抓手，切实将改革嵌入到财政业务工作、体制机制创新、干部作风队伍管理中，密切关注改革动态，进一步吃透精神、掌握要义，聚焦重点、突破难点，加快建立现代财政制度。要深入开展财政改革工作“回头看”。全面梳理盘点，做好销账销号，既要看到成绩，及时总结推广经过实践检验比较成熟的好经验、好做法，努力把基层实践成果、群众集体智慧转化为创新成果；也要发现问题，列出问题清单，坚持问题导向，抓住主要矛盾和矛盾主要方面、重要领域和关键环节，及时地分析问题、找准根源、完善政策、创新举措、建章立制、破解难题。要坚持统筹兼顾。正确处理好全局与局部、长远与当前、省与市县乡、机关与基层、财政与财务的关系，把深化财政改革与加强预算编制、预算执行、预算监督、预算绩效管理等紧密结合起来，充分发挥财政改革对整体改革的支撑作用，既吃透中央精神，也摸清基层情况，做好风险评估，使各项改革推进与财政、社会承受能力相一致，释放积极的改革红利。

*五是适应法治新常态，更加注重公开透明规范。*要以法治思维推进财政改革工作。自觉维护宪法和法律权威，强化规则意识，倡导契约精神，严格按照权力清单和法定界限用权，增强预算的法治性和约束力，落实好税收法定原则，推进各级政府事权规范化、法律化，加强各项财政改革具体方案与新预算法的衔接，将财政的政务和事务活动置于群众和社会的监督之下，不断提高依法行政依法理财水平。要认真贯彻实施新预算法。把新预算法的各项规定作为从事预算管理活动的行为准则，凡是与新预算法规定相违背的制度，一律停止执行，抓紧修改完善制定相关制度。保证预算编制的完整性，完善预算公开工作机制，深化“开门办预算”，加强预算执行管理，严格规范国库资金管理，加快建立健全预算绩效管理机制，努力提高预算管理的科学化、规范化水平。要进一步接受人大依法监督。强化人大意识和人大代表意识，自觉地不折不扣贯彻人大的决定决议，自觉地接受人大对财政工作的依法监督，自觉地加强与各级人大代表的沟通联系，建立常态化的联系人大代表机制，积极主动地向人大和人大代表通报财政工作的成绩、财政面临的困难、财政工作的举措、财政改革的推进等情况，更好地发挥人大代表的参政议政作用，更好地发挥人大对财政工作的监督、指导、促进和推动作用。当前，要按照省人大十二届四次会议关于《安徽省2014年预算执行情况和2015年预算草案的报告》的审议意见和决议，分解任务，细化措施，抓好落实。要进一步严肃财经纪律。从去年专项治理检查情况看，财政资金闲置浪费问题仍比较突出，各种违反财经纪律的行为仍然比较普遍。财政部门不仅要坚持打铁自身硬，带头贯彻执行财经纪律，还要强化监督职责，下决心、出重拳，坚决整顿财经秩序。要强化财政监督职能，创新财政监督方式，压实财政监督责任，整合财政监督力量，采取自查、互查、抽查等方式，降低人力成本、时间成本、财务成本，提高财政监督效率，充分发挥财政监督与人大监督、政协监督、专业监督、审计监督和社会监督的综合叠加效应，促进财经纪律贯彻执行。

三、在深化改革和法治财政建设中推进2015年财政工作

2015年是全面深化改革的关键之年，是全面推进依法治国、依法治省的开局之年。在宏观经济环境复杂多变的情况下，完成年度财政工作目标的任务十分繁重。各级财政部门要切实增强责任感和使命感，以深化改革为动力，以依法理财为准绳，以科学发展为要务，以保障民生为根本，认真实施积极财政政策，全力促进经济持续健康发展和社会和谐稳定。

*一是深化预算管理制度改革。*要建立透明预算。全面推进预决算公开，细化公开内容，扩大公开范围，除涉密信息外，所有涉及使用财政资金的部门单位均应公开预决算。大力推进专项转移支付、政府采购及财政政策公开，不仅财政要公开，财务也要公开；不仅行政事业单位的财务要公开，国有经济和集体经济的财政财务也要逐步公开，做到有计划、有步骤、分阶段地推进，切实通过财政财务决策、执行及结果的公开公示，强化跟踪问效和追溯问责，倒逼完善制度、强化管理、深化改革。坚持开门理财，完善预算公开评审，拓展评审范围、提前评审时间、延长评审周期，推进预算评审由项目评审向支出政策和部门整体预算评审拓展，提高预算编制的科学性和透明度。要完善政府预算体系。进一步明确公共财政预算、政府性基金预算、国有资本经营预算、社会保险基金预算的支出范围和重点，加强统筹协调，避免交叉重复。加大预算统筹力度，加快建立将政府性基金中应统筹使用的资金列入一般公共预算的机制，加大国有资本经营预算调入一般公共预算的力度。加强国有资本经营预算统一规范管理，以管资本为主开展国有资本运营公司和投资公司试点，盘活国有企业资产，实现国有资产保值增值。加强社会保险基金预算管理，做好基金结余的保值增值，在精算平衡的基础上实现社会保险制度的可持续运行。要优化转移支付结构。继续清理规范重点支出同财政收支增幅或生产总值挂钩事项，完善一般性转移支付增长机制，提高一般性转移支付规模和比例，加大对贫困地区的转移支付力度。健全专项转移支付设立、评估和退出机制，进一步清理、整合、规范专项转移支付，严格控制项目个数，对具有地域管理信息优势的项目，原则上应采取因素法切块分配。要加强政府采购预算管理。目前，省级政府采购具体业务已经平稳委托安徽合肥公共资源交易中心办理。财政厅政府采购处与省级

政府采购监督管理办公室的职责分工已经明确。今年，我们将对政府采购业务流程进行梳理和优化，进一步加快政府采购预算执行进度，更好地为各部门单位提供高效便捷的服务。一方面要加强预算部门单位的主体责任，各部门单位应担负起相应职责；另一方面要推动预算单位提高采购计划性和需求管理水平。今年预算下达后，各部门单位原则上要在3月底前统一申报采购计划，并提供详细明确的采购需求。2016年的政府采购预算要进一步编实编细，财政部门要从源头上加强对政府采购的预算管理。要盘活财政存量资金。将2012年及以前年度的一般公共预算、部门预算、专项转移支付结转资金，收回统筹使用。对政府性基金项目结转资金规模较大的，调入一般公共预算统筹使用。全面清理财政专户，一律不得新设专项支出财政专户，杜绝虚列支出或调节收入行为，加强收入缴库管理，确保非税收入及时足额上缴财政。严格控制预算周转金额度，不得超过预算法实施条例规定的比例。预算稳定调节基金调入年度预算编制后的规模，一般不得超过当年本级一般公共预算支出的5%。规范权责发生制核算，加快建立权责发生制政府综合财务报告制度，各级政府国库集中支付年终结余外，一律不得按权责发生制列支，对已经列支的要在2016年底前统筹使用完毕。推进中期财政规划管理，全面启动2015—2017年财政规划，在水利投资运营、义务教育、卫生、社保、环保等领域，深入开展三年滚动预算试点。积极稳妥地开展国库现金、专户资金和社会基金运作，完善政府资产资源配置机制，变闲置资产为流动资源，把资产资源变成现金和资本流，激活政府各类资源要素。

二是创新财政支持发展方式。要促进经济结构调整和发展方式转变。按照市场要活、创新要实、政策要宽的要求，完善支持大众创业、万众创新的财税政策。支持竞争性领域国有企业改革，鼓励发展混合所有制经济，更好地激发市场活力。用活高新产业股权投资基金，用足企业股权和分红激励政策，支持实施合芜蚌自主创新示范区事业单位科技成果使用权、处置权和收益权改革试点，推进创新驱动发展。运用财政奖补、贴息等方式，支持建立排污权交易等制度，积极探索生态保护和环境治理市场化机制，推进生态文明建设。要加快"涉企系统"建设。继续把"涉企系统"建设作为财政工作的"一号工程"来抓。注重发挥系统数据集聚优势，对涉企资金的设立、使用、整合和退出等进行分析研判和科学评估。按照"谁主管、谁负责"的原则，督促主管部门加大预警项目现场审核比例，重大异常项目必须经过现场核实后，方可审核批准。同时，主管部门须经主要负责人签字确认后，向同级财政部门出具书面核准意见。在此基础上，加快涉企资金的审核、批复和拨付。完善"黑名单"制度，将以往政府审计和财政监督检查中披露的失信失范、违规违纪企业，纳入"涉企系统""黑名单"管理。要探索财政资金运作方式。对公共基础设施、公共服务和扶贫开发等，可以通过PPP、投资基金、政府购买服务等方式引导社会资本投入。探索采取担保、贴息、后补助、参股、入股等方式，积极支持实体经济、民营经济及小微企业发展。强化财政政策和政策性金融、商业性金融、合作性金融的协同配合，扩大直接融资规模，不断增加金融资源供给，切实降低企业融资成本。加强担保体系建设，积极推动政银担合作试点，充实担保机构资本金，促进担保机构做大做优做活做强，不断提高担保放大倍数，切实发挥担保增信功能，对于企业的支持，千万不能扶优不扶劣、扶大不扶小、扶强不扶弱，要真正把财政担保资金优势变成小微企业发展优势。对于省里用于担保机构发展的专项资金，进一步完善配置方式，建立"扶优汰劣"的机制，让担保资金流动起来，使之更多地向放大倍数高的担保机构倾斜，真正收到财政资金"四两拨千斤"的效果。要强化财政资金绩效管理。牢固树立"花钱要有效、无效必问责"的绩效管理理念，对支持经济社会发展的财政政策、财政项目、财政资金，建立分级分层分类的绩效管理要求。坚持对社会事业的支持与效率优先和公共效益最大化挂钩，对企业的支持与增加就业、新增产值、税收贡献度、可用财力贡献度挂钩，积极拓展"涉企系统"功能，逐步覆盖财政所有资金，建立过程可倒查、效益可查询、责任可追究的追溯机制，提高财政资金使用的规范性、公平性、公正性和效益性。

三是扎实做好财政民生工作。要完善财政民生投入体制机制。坚持守住底线、突出重点、完善制度、引导舆论的基本思路，牢固树立过紧日子的思想，进一步优化财政支出结构，继续压缩"三公"

经费等一般性支出，腾出更多的财力保障民生投入，并积极创新投入方式，形成政府、市场、群众、社会共同参与的多元筹资机制。坚持尽力而为、量力而行，做到民生预期、财政预期、经济预期相一致，做到民生工程项目的有序进退、民生投入规模的适度增加，多做雪中送炭的工作。要支持社会体制机制创新。坚持“与其被动买单、不如主动请客”的工作方法，积极参与社会保障、医疗卫生、科技教育、农业发展、环境保护等领域的政策制定和执行，并在政策制定和执行中，坚持问题导向，不断完善创新，增强政策的公平性和可持续性，进一步优化教育科技投入机制，完善经济社会发展与就业创业联动机制，改进收入分配制度，完善多层次、全覆盖、相衔接的社会保障体系。坚持政府主导、分类指导、区别对待、因地制宜、分级负责、预算管理、人事分离、动态调整的原则，在公共服务领域，改革财政政策资金传统供给模式，推动财政政策向基本公共服务领域倾斜，促进财政资金向优质公共服务资源流动。要加快建立民生工程项目建后管养机制。对建成的工程类项目，加强项目设施的运行、维护和管理，强化市县党委政府的监管责任、村级的管护责任以及农民群众的主体责任，落实好相关优惠政策，坚持用改革的办法，引入市场化运营模式，加强社会管理的群防群治，对于污水处理厂、垃圾焚烧中心等村级公益项目的管理养护问题，探索建立村级资产运营公司，采取同股、同权、不同利的方式，建立财政补一点、集体经济拿一点、群众出一点、社会赞助一点的资金投入机制，引导村民积极参与村级公益项目运行维护，更好地发挥民生工程的资金效益、政策效益、项目效益和公共效益。要支持社会力量办事业机制。大力推进政府购买服务，制定规范的政府购买服务范围边界和购买目录，以及配套管理办法和制度。2015 年实行政府购买服务的比例，要达到公共服务项目资金的 30%左右，有条件的部门和地方可以进一步提高比例。积极培育和发展社会服务组织，在保基本的情况下，对社会事业的筹办克服单纯走“公办”的老路，积极探索建立公办民营、民办公助等模式，支持社会力量兴办教育、医疗、养老等事业，参与公共服务领域相关设施的投资、建设、运营、维护和管理，做到因地制宜、分类指导，满足不同层次、不同方面人群的需求。

四是创新财政“三农”工作。要支持转变农业发展方式。加大财政“三农”投入，支持提高农业综合生产能力，推进涉农资金整合统筹，健全农业补贴政策体系，积极培育新型生产经营主体。全面落实扶贫捐赠税前扣除等优惠政策，动员社会力量参与扶贫开发。进一步深化农村综合改革，完善村级公益事业“一事一议”财政投入奖补机制，扩大农村土地承包经营权确权登记颁证试点范围，加快推进美好乡村建设。要盘活使用村级集体“三资”。建立村级集体“三资”管理台账，把财政补助到农业合作社、集体经济组织的资金，包括形成的经营性资产和债权、产权，计为集体所有、村民共享。支持引导和鼓励村集体盘活农村集体“三资”，促进支持财政投入形成的农村资产产权改革，严格村级规范化管理，确保到村的财政资金和村级各项事业阳光透明、规范高效。集体“三资”盘活的成果要用于改善农业农村农民的生产生活环境，加强美好乡村建设，让更多群众分享村级发展的成果。要支持发展壮大村级集体经济。创新经营机制，探索开展财政扶贫资金参股保值和配股扶贫工作试点，促进合作社发展，帮助当地群众实现“造血式”扶贫。壮大新型经营实体，积极推进家庭经营、集体经营、合作经营、企业经营等多种经营方式，采取股份、联营、租赁等形式，鼓励承包经营权通过市场运作和公开公正向专业大户、家庭农场、农民合作社、农业企业流转，发展多种形式规模经营，支持鼓励因地制宜发展各类农村合作经济，财政项目资金直接投向符合条件的合作社，财政补助形成的资产转交合作社持有和管护，支持合作社开展信用合作，形成规模效益、品牌效应。坚持政策的原则、市场的导向、群众的期盼相结合，以村集体经济参股相关经济组织等方式，通过土地流转固定收入、年度净收益分享收入、农产品对接超市利润分享收入、土地等农业资源要素入股配股分红收入等形式，健全土地等资源增值收益在承包方、出租农民和所在村集体的分配共享机制，实现三方共赢。要强化“三资”监督管理。建立健全农村集体“三资”登记管理、财务收入预算、开支审批、现金管理、村级会计委托代理等制度，严格农村集体资产承包、租赁、处置和资源开发利用的民主管理程序，落实村务公开和财务公开制度。加强集体经营管理核算和财务监督，健全村民议事制度，强化村务监督委员会对集体“三资”经营管理情况的日常监督，建立村级财务互查互审制度，定期开展农村集体“三资”审计、集体经济组织主要负责人经济责任审计。对村级集体“三资”进行全面监管，依靠和发挥乡镇领导建立包村管理责任机制，让乡镇领导全程参与村集体设施建设、运行和维护，并定期不定期地召开村民理财小组会议，着力提高村级财务监管水平。

五是加强政府性债务管理。要坚持政府债务限额管理。财政部对地方政府负有偿还责任的债务将实行限额管理，对各地清理甄别上报的数据经审核确认后，地方政府负有偿还责任的债务余额超过限额的地区，原则上不得上新的项目，2015年不分配债券额度。同时，要通过控制项目规模、压缩公用经费、处置存量资产等方式积极偿还到期债务，切实把余额降到限额以内。因此，各级财政部门要结合省厅对各地测算的限额和本地的债务期限、结构、余额等实际情况，认真研究余额和限额的关系，找到两者的平衡点，既要保证甄别后的政府负有偿还责任的债务余额不突破“天花板”，又要保持适度的规模争取更多的置换债券额度，以优化债务结构，降低债务成本。要严格执行债务预算管理。今年的债务余额和限额下达后，各级财政部门要按照统一部署和要求，编制2015年预算调整方案，报同级人大常委会审批。将一般债务收支纳入一般公共预算管理，将专项债务收支纳入政府性基金预算管理，将政府与社会资本合作项目中的财政补贴等支出按照性质纳入相应政府预算管理。要积极化解存量债务。对清理甄别并经国务院批准后纳入预算管理的地方政府存量债务，各地要滚动编制政府存量债务处置计划，明确偿债资金来源，合理确定分年度的债务偿还化解目标。处置存量债务要遵循市场规则，减少行政干预。稳步推进政府融资平台公司转型，剥离政府融资平台公司承担的政府融资职能，厘清政府与市场边界，积极推广使用PPP模式，有效防范债务风险。要做好地方政府债券发行工作。从今年起，财政部代理发行地方政府债券工作全部改由省级政府自主发行，自主承担偿还责任。我省自主发行是第一次，需要省市县财政部门共同努力，做好政府债券信用评级、组建债券承销团、研究制定债券发行的相关配套办法、招标和承销规则、债券发行方式和定价机制等相关准备工作。同时，各地要结合专项债券发行，提前做好项目储备。确保我省的政府债券发得出、成本低、还得起，努力为全省经济社会发展筹集廉价的建设资金。要健全政府性债务管理制度机制。按照新预算法、国务院加强地方政府性债务管理意见的要求，以及财政部相关配套文件规定，修改完善和制定全省政府性债务管理规章制度，建立健全以政府债券为主体的地方政府举债融资机制和债务管理机制，建立健全地方政府债务风险预警机制。

六是加快财政内部控制建设。要深化认识。加强内部控制建设，通过流程再造和信息化手段的运用，实现管理控制的程序化和常态化，是贯彻落实党的十八届四中全会精神的重要举措，在增强推进改革的合力、提升单位运行效率等方面具有重要作用，有利于把权力关进制度的笼子、防范廉政风险、保障财政干部廉洁和财政资金安全。各级财政部门务必要高度重视，切实把思想和行动统一到财政部的决策部署上来。要把握关键。把握权责一致、有效制衡的核心原则，按照分事行权、分岗设权、分级授权的要求，找准业务和管理中存在的主要问题，抓住定岗定责、流程控制、细化风险、控制节点、加强监督、强化问责等6个关键，着重防控法律、政策制定、预算编制、预算执行、公共关系、机关运转、信息系统管理、岗位利益冲突等8类风险，尽快建立内部控制制度，并明确组织管理架构，建立起对各类风险进行事前防范、事中控制、事后监督和纠正的机制，堵塞制度漏洞、消除管理隐患，推动机关运转严谨有序和业务开展稳健高效。要加快推进。目前，财政厅建立了内控委，内控委下设办公室在监督检查局，具体负责内控委的日常工作，正在抓紧制定内部控制基本制度，近期将印发供市县(区)财政部门及省直预算单位学习参考。各级财政部门领导特别是一把手，要把内部控制建设作为推进财政制度建设的一件大事来抓，强化责任担当、发挥好带头作用，尽快研究建立和实施本单位内部控制制度。

七是持续深入推进作风建设。坚持打铁自身硬，率先垂范、以上率下，不断巩固扩大教育实践活动成果，认真践行好干部标准和“三严三实”要求，驰而不息地推进作风建设。要守纪律讲规矩。守纪律讲规矩既是党组织和单位的政治责任，又是对党员个人的政治要求；既是对领导干部的约束,又是对普通干部的要求;既是综合整体长期的部署,又是具体个性时点时刻的约束。既要体现树干基础,又要体现枝梢末节,要见事见物见人见思想。我们要自觉地遵守各项党规党纪,自觉地与以习近平为总书记的党中央保持高度一致，自觉地贯彻省委、省政府部署,自觉地执行厅党组的各项规定要求,切实做到心中有党、心中有民、心中有责、心中有戒。要强化队伍管理。做好财政财务工作,离不开财政财务的共同努力,离不开省与市县的有效配合。各级财政财务部门要一如既往地凝心聚力和同步一体,牢固树立“一盘棋”思想,推动财政系统一体化、财政财务一体化,形成财政财务的最大合力。财政财务是一家，财务是财政的基础,财政是财务的后盾,两者互为补充、互为里表,必须相互支持、协力共进。各级财政部门要认真落实好帮联制度,健全会商工作机制,充分依靠和服务财务、关心和支持财务、引导和带动财务。财务要用心用情用意地宣传财政、理解财政、维护财政,主动与财政保持一致,多做打基础、利长远、建机制、求实效的事情。要严格勤政廉政。要坚持原则,保持本色,主动作为,知难而进,务实苦干,重抓落实。要淡泊明志,树立“工作比上不足、职务比下有余、岗位来之不易”的理念,做到“理财不爱钱,服务不谋私”。要时刻敬畏组织、敬畏集体、敬畏人民,谦虚谨慎、戒骄戒躁、勤俭节约,始终绷紧党风廉政这根弦，落实好党风廉政建设的主体责任和监督责任,坚决反对“四风”,促进财政部门安全、财政工作安全、财政队伍安全、财政事业安全。一分部署,九分落实。2015 年,我们要进一步强化务实和落实、执行和责任,要落实好守纪律讲规矩的要求,按照习近平总书记的重要指示和中纪委、省纪委全会的要求，不折不扣地贯彻执行好守纪律讲规矩的各项要求,并内化于心、外化于行,打造过硬的财政财务干部队伍。要落实好民生保障的要求,对中央和省委、省政府研究的各项民生政策要兑现到位,对省委、省政府部署的民生工程任务要保障完成,对省委、省政府的民生决策要全力支持。要落实好改革发展的要求，坚持改革总要求,坚持问题导向,坚持市场决定作用下的财政改革,坚持市场无形、财政有形,市场无限、财政有限,市场有力、财政有为,市场有序、财政有效,做到向改革要动力、向市场要活力。要落实好质量效益的要求，把质量效益作为财政财务工作的生命线,做到财政收入有质量并持续提升、财政支出有效益并撬动和叠加放大，做到财政管理有质量效益、财政政务事务有质量效益、财政制度有质量效益、财政支持发展有质量效益、财政改革有质量效益。要落实好担当责任的要求，强化财政使命意识,勇于担当、善于担当、依法依规担当,对矛盾不回避,对问题不绕道,强化理想信念,锤炼作风,细化任务,制定措施,落实每个部门、每个时段、每个环节、每项工作、每个岗位的责任,抓早抓细抓常抓长,以钉钉子精神落实财政责任担当。

同志们,做好今年财政工作,任务艰巨,使命光荣。让我们认真贯彻落实习近平总书记系列重要讲话精神,在省委、省政府的坚强领导下,在省人大的依法监督下，凝聚全省财政系统和财务部门广大干部的智慧和力量,忠诚履职,依法理财,深化改革,服务发展,理财为民,不断地提升全省财政财务工作水平,为打造三个强省、建设美好安徽贡献力量!

春节将至,在此,我代表财政厅党组,向参加会议的全体同志,并通过你们,向战斗在各级财政财务战线上的同志们拜年，衷心祝愿大家在新的一年里阖家幸福、工作顺利、万事如意!

全省财政工作篇

全省财政工作综述

全省财政工作综述

【概况】2014 年，在省委、省政府的坚强领导下，全省各级财政部门认真贯彻落实省委常委会工作要点和政府工作报告确定的财政工作任务以及财政部的工作要求，坚持稳中求进、改革创新，统筹稳增长、促改革、调结构、惠民生、防风险，全力保持财政运行良好态势，全省财政总收入完成 3663 亿元，同比增长 8.9%，其中地方财政收入完成 2218 亿元，同比增长 6.9%，全省财政支出完成 4664 亿元，同比增长 7.2%，支持改革发展和社会民生等重点支出得到较好保障，有力促进经济社会持续健康发展。

【推动经济平稳增长】一是扩大有效投入。争取财政部代理发行本省 2014 年地方政府债券额度，利用亚行、世行和外国政府贷款，统筹安排财政资金，重点支持公路、水运、民航、水利等基础设施项目建设。在控制和防范债务风险的同时，积极创新融资机制，争取国开行贷款额度 949 亿元，以政府性投入带动投资的快速增长。二是助力实体经济。全面落实结构性减税政策，建立省级涉企收费清单制度，全年减少市场主体税费负担 466 亿元。省财政再次筹措安排 31 亿元民营经济发展专项扶持资金，充实县(市区)国有及国有控股融资性担保机构国有资本金，并安排 5 亿元建立银政担融资担保风险分担和补偿机制，促进完善全省政策性担保体系建设，加强对民营经济和中小微企业的融资服务。三是拉动消费需求。精心组织实施居民收入倍增规划，多渠道引导城乡居民增加收入。统筹安排内贸发展促进资金，开展以市场化方式支持养老服务业试点和电子商务进农村综合示范，支持商贸服务业的重点项目建设。统筹文化事业建设费，支持首届安徽文化惠民消费季活动。

【促进经济转型升级】一是支持科技创新。统筹安排 15 亿元，推进创新型省份建设、战略性新兴产业发展和集聚试点，引导支持各地主导产业和首位产业加快发展。创业投资引导基金扶持力度不断加大。二是协调区域发展。统筹中央和省级各类资金，分别拨付皖江示范区、皖北三市九县、大别山革命老区专项资金 479.1 亿元、254.7 亿元和 69.8 亿元；向“3+5”南北合作共建园区注入资金 8.3 亿元。三是稳步推进新型城镇化。积极开展棚户区改造融资试点，组建省级融资平台，建立理事会制度，出台省级融资管理办法，指导市县建立棚户区改造融资机制，深入推进 34 家开发区产城一体化试点，促进产城融合发展。四是推进生态建设。支持实施千万亩森林增长工程、全省大气污染防治和水环境保护。对全省秸秆禁烧与综合利用实行以奖代补，推进新安江流域生态补偿，启动大别山水环境生态补偿试点，实施太平湖等生态良好湖泊综合治理，推进节能减排财政政策综合试点市和新能源汽车试点市建设。

【着力保障改善民生】一是精心实施民生工程。全省民生支出 3833 亿元，同比增长 7.9%，占全省财政支出总量的 82.2%。认真履行牵头职责，加大组织协调力度，督促指导政策宣传，及早下达项目计划，加快资金拨付进度，投入民生工程资金 686.3 亿元，同口径增长 10.6%，33 项民生工程顺利完成。二是推进教育事业发展。推动义务教育均衡发展,支持做好高校、中职及普通高中学校家庭经济困难学生资助工作,调整本科高校生均拨款经费支出结构,实施本科高校能力提升计划和高等教育振兴计划,引导高校内涵式发展。三是支持就业和社保体系建设。积极完善就业扶持政策,搭建企业和学校合作对接平台,重点支持农民工、就业困难群体、高校毕业生就业创业。及时下拨各市企业职工养老金提标补助,出台城乡养老保险制度衔接办法,推进建立统一的城乡居民基本养老保险制度。支持新农合、城镇居民医保财政标准由年人均 280 元提高到 320 元,推动基本公共卫生服务均等化。支持基层医改补助及县级公立医院零差率补助,推进医药卫生体制综合改革。四是推动文化繁荣发展。支持实施文化强省战略、农村文化建设、公共文化场馆免费开放、广播电视村村通建设。规范文化企业资产相关审批流程,推动省级新闻媒体资源整合,鼓励省属文化企业引入金融资本,兼并重组。五是保障困难群体生活。保障城乡低保群体基本生活,推进公共租赁住房和廉租住房并轨运行。支持库区基础设施建设,开展避险解困试点。实施以船为家渔民上岸安居工程,支持市县落实"老字号"群体生活补助政策。六是支持社会管理创新。推进立体化、数字化社会治安防控体系建设,将国家司法救助资金列入政府财政预算,扩大政府购买法律援助服务承接主体范围,研究省以下法院、检察院人财物统一管理试点方案,全面完成市县工商系统经费划转工作。

【统筹城乡协调发展】一是支持美好乡村建设。在各级财政年度预算中足额安排美好乡村建设专项资金,印发《进一步完善美好乡村建设财政专项资金报账办法》,指导市县修改完善办法,加强规范管理,加快资金报账进度。全省各级财政安排专项资金 41.1 亿元,整合涉农资金 82 亿元,吸引社会资金 118.3 亿元。二是保障重要农产品供给。及时兑付种粮农民补贴资金,以及农作物良种补贴资金、农机购置补贴资金,调动农民发展生产的积极性。重点支持 58 个防汛应急度汛工程除险加固和 49 个山洪灾害防治项目建设,提高防汛减灾能力。三是加快现代农业发展。推进省级现代农业示范区建设。统筹支持粮食等大宗农产品增产和小麦、茶叶、生猪、油茶等优势主导产业发展。支持农业科技成果转化和示范推广。培育新型农业经营主体。四是促进农民持续增收。通过"一卡通"发放 27 大类 85 项惠农补贴资金 222.6 亿元,全省近 4000 万乡村居民人均受益 603 元、户均增收 1536 元。支持大别山区、皖北连片特困等地区扶贫开发。为 1808 万次农户提供 472 亿元的风险保障。五是支持农村综合改革。在全省 27 个县(区)开展国家美丽乡村建设试点。投入一事一议财政奖补资金 26.4 亿元,支持实施村级公益事业建设项目 1.3 万个,受益农业人口 3845 万。深入推进农村综合改革示范试点。完成 20 个试点县、87 个试点乡镇、2821 万亩农村承包土地确权登记颁证任务。对 20 个试点县(区)的农村集体"三资"进行全面清理核实,健全完善村级组织运转经费保障机制。协调推进农村金融综合改革试点、农村为民服务全程代理制等工作。

【全面深化财税改革】一是加快推进预决算信息公开改革。除涉密部门外的省直 115 家省级部门和所属行政事业单位,以及 16 个市 105 个县(区),全部公开 2014 年政府预算、部门预算和"三公经费"预算以及 2013 年政府决算、部门决算和"三公经费"决算,首次实现全覆盖,提前一年完成财政部提出的目标任务。二是清理专项转移支付改革。建立健全专项转移支付评估和退出机制,对 2014 年省级 265 项、117 亿元专项转移支付的项目和资金双双压缩 1/3 以上。三是加强存量资金资产管理改革。健全结余结转资金定期清理机制,2014 年省级收回结转结余 5.7 亿元,清理收回专户结余 3.3 亿元。启动国库现金运作,并开展专户资金和社保基金存放商业银行竞争性分配改革,新增利息 7.8 亿元。四是强化财政供养人员及"三公经费"管理改革。组织开展财政供养人员清理工作,对全省近 4 万个行政事业单位数据分级分类逐一比对,认真落实"只减不增"要求。严格执行中央八项规定,建立健全差旅费、培训费、接待费、出国经费等管理制度,成为提前完成财政部要求的厉行节约反对浪费制度建设任务的六个省份之一。全省"三公经费"同比下降 19.2%。五是推进政府购买服务改革。制定并公布全省政府向社会力量购买服务指导目录,建立政府购买服务规范化流程,出台购买服务与部门预算、政府采购的衔接办法。全省完成购买服务试点项目 1041 个、涉及资金94.6亿元。六是实施政府性债务管理改革。认真贯彻落实国务院《关于加强地方政府性债务管理的意见》、省政府《关于进一步加强政府性债务管理的意见》,试点编制全省政府性债务收入计划,实施政府性债务审批卡制度,将380家政府融资平台公司纳入名录管理,制定省对市县政府性债务管理考核暂行办法,及时开展债务风险预警提示,组织开展地方政府存量债务纳入预算管理清理甄别工作,有效防范财政金融风险。积极化解存量债务,大力推进政府和社会资本合作(PPP模式)改革,向社会公布42个城市基础设施领域PPP项目名单,争取污水处理和轨道交通等4个项目纳入财政部示范项目。七是平稳推进税制改革。“营改增”试点运行平稳,成功扩围到铁路运输业、邮政业和电信业,煤炭资源税从价计征改革顺利实施,全省“营改增”试点纳税人达到11万户,全年为企业减税46.4亿元。

【加强财政管理监督】一是加强预算编制管理。提前启动预算编制工作,深化“开门办预算”,扩大省级公开评审范围。试编中期财政规划,选择教育、社保、体育、医疗卫生、环保等重点项目,启动三年滚动预算编制试点。二是严格预算执行管理。以省政府办公厅名义印发《安徽省省级专项资金管理办法》、《安徽省财政一般性转移支付资金管理办法》,制定印发涉企专项资金管理暂行办法,提高财政资金使用效益。建立预算执行分析进度通报和考评机制,促进支出预算执行提速提效,出台《关于进一步加强预算支出指标管理的通知》,优化指标管理流程,严格控制预算追加,努力做到“预算一年、一年预算”。三是加强预算绩效管理。制定下发《安徽省省级财政预算绩效管理工作实施意见》,实行财政投资评审工作转型,全面推进预算绩效管理工作。建立健全绩效评价指标体系,修订《省财政厅预算绩效管理内部工作规程(暂行)》,扩大绩效评价范围。四是强化财政监督管理。宣传贯彻实施《安徽省财政监督条例》,加强会计信息质量和注册会计师行业执业质量检查,组织开展各类专项检查,深入开展贯彻执行中央八项规定、严肃财经纪律和“小金库”专项治理工作,强化内部监督管理。构建财政涉企项目资金管理信息系统,有效预警企业多头申报、重复享受、无效支持、虚假申报。五是推进财政国库管理。将权责发生制政府综合财务报告试编范围扩大到全省所有市县,加快推进国库集中支付电子化管理,完善国库集中支付动态监控体系,全面推进省级非税收入电子化缴库改革和财政专户管理的非税收入资金纳入国库集中支付制度改革。六是加强乡镇财政建设。启动创建服务型乡镇财政所(分局)活动,严格落实乡镇财政资金监管绩效评价办法,开展涉农资金专项检查,探索将财政工作纳入乡镇领导包村责任范围,更好地发挥乡镇财政一线监管、一线服务的作用。

【改进财政工作作风】一是加强财政机关党建。坚持党建工作和中心工作同谋划、同部署、同推进,将党组中心组理论学习扩大到全厅干部职工,做到减少层级、广泛覆盖、扁平管理。认真组织学习总书记系列重要讲话和十八届三中、四中全会精神,并结合财政工作,紧扣财政改革,开展“改革与财经纪律、改革与财政作风、改革与财政预算、改革与财政民生、改革与实体经济财源建设、改革与财政三农、改革与财政债务融资、改革与现代财政制度”8个专题学习研讨。二是深化部门会商。不断完善会商机制、丰富会商内容,厅及处室领导和干部带着政策、带着制度、带着问题,主动到预算单位会商,换位思考、强化服务,全年上门会商2588次,在会商中改进工作作风、解决实际问题、落实财政政策、规范财政管理、严格制度执行。三是密切联系群众。开展“单位包村、干部包户”定点帮扶,深化结对共建,处室单位继续选择44个国家和省扶贫工作重点县(市、区)所辖村,推进“结对到贫困村、帮扶到困难户、联系到财政所”,进村带乡挂县开展调研走访,全面开展在职党员进社区活动,推动财政部门深入基层、服务群众常态化制度化。四是强化系统建设。建立第二批教育实践活动省财政厅领导班子成员联系点制度,深入查找“病症在下面、病根在上面”的财政共性问题。出台《进一步规范财政重大事项决策行为的实施意见》,公开财政权力清单和责任清单,稳步推进行政事业单位内控规范实施工作,切实规范行政权力运行。实行省市县财政帮联制度,围绕推进财政重点改革、重点工作、作风建设等,18个处室单位与16个市、2个直管县财政部门进行帮联。严格落实主体责任和监督责任,建立健全惩治与预防腐败体系2013—2017年工作规划,完善财政反腐倡廉建设联络员机制和行风巡查工作机制，对36个处室单位、11个市县财政部门政风行风进行巡查,促进财政系统政风行风建设一体化。五是着力长效机制。深化整改落实,厅领导班子18项整改任务、52项重点整改措施均整改完毕,并根据省委第二批教育实践活动开展"五整五建"活动精神，认真抓好涉及财政部门的各项整改落实和建章立制任务。加强制度建设,先后出台《关于贯彻落实习近平总书记"三严三实"要求,进一步加强作风建设的实施方案》、《关于巩固和扩大党的群众路线教育实践活动成果，进一步推动财政工作作风转变的意见》、《安徽省财政厅联系群众工作制度》、《安徽省财政厅厅领导联系处室（单位）制度》、《安徽省财政厅联系人大代表制度》等,着力健全改进财政工作作风长效机制。省财政厅在省直机关效能建设考核中取得较好成绩，先后荣获省部级以上表彰61项,省领导、财政部领导先后批示肯定财政工作33次。

（厅办公室供稿）

财政专项工作概述

深化党的群众路线教育实践活动

【概况】2014年，根据省委统一部署，在省委教育实践活动领导小组办公室指导下，省财政厅深入开展教育实践活动，不断巩固提升活动成果，进一步推动全厅乃至全省财政系统干部作风转变，牢固树立财政为民务实清廉形象。

【学习教育】结合学习习近平总书记一系列重要讲话精神、贯彻落实十八届三中全会精神，与学习中央和省委关于开展教育实践活动要求，进一步强化学习教育，筑牢思想基础。组织开展"弘扬焦裕禄和沈浩精神、践行三严三实要求"主题教育活动，通过党组学习、党组中心组扩大会议集中学习、支部研讨学习、主题征文活动、厅党组书记推荐学习文章、个人自学等多种形式，在全厅范围内掀起学习贯彻落实习近平总书记"三严三实"及"五个坚持"要求热潮，进一步凝聚清风正气、提振精气神。厅党组书记、厅长罗建国带头开展个人自学，撰写的理论文章《坚持群众路线 践行为民理财》在全省教育实践活动理论征文评比中获得一等奖，并在全省教育实践活动理论研讨会上作交流发言；结合财政工作实际，认真撰写读后感，推荐全厅党员干部学习《将相和》《经常抓见常态》《埋头苦干先"埋头"》《实干永远最重要》《中年况味是奋斗》等22篇文章。组织开展省财政厅教育实践活动理论征文研讨系列活动，全面总结教育实践活动以来的认识成果、理论成果，加强成果转化，创新为民理财的思路和方法。深入开展研讨式专题学习，联系干部思想实际、工作实际，采取党组中心组理论学习扩大会议形式，组织开展"改革与财经纪律、改革与财政作风、改革与财政预算、改革与财政民生、改革与实体经济财源建设、改革与财政三农、改革与财政债务融资、改革与现代财政制度"等8个专题学习研讨，厅党组书记、厅长罗建国带头作主题交流发言，相关厅领导作中心发言，研讨范围覆盖全厅党员干部，结合财政党建工作、思想建设、作风建设和业务建设，推动全厅党员干部提高理论和业务工作水平。加强党风廉政教育，学习贯彻省委落实党风廉政建设和反腐败工作党委主体责任集体谈话会精神，强化厅党组党风廉政建设的主体责任，建立厅领导联系处室单位制度，落实处室单位主要负责同志"一岗双责"，形成一级带一级，层层抓落实的责任落实机制。推进省财政厅廉政风险防控工作，推行权力清单制度，探索建立省财政厅内部控制机制，加强内部处室审计、干部离岗审计、财经法纪检查，组织全厅干部赴蜀山监狱接受警示教育，开展"每月一课"廉政教育，邀请省检察院领导作预防职务犯罪报告，增强财政干部职工拒腐防变能力。深化精神文明创建，传达学习省文明委全委会精神，支持和服务全省精神文明建设重点实施的五大行动，参加省直机关第七届运动会，并取得较好成绩。全面开展省级文明单位、省直文明单位、省直文明处室"三位一体"创建活动，推动文明创建活动向处室、单位深度延伸。以争创第四批全国文明单位为目标，深入开展群众性文明创建、学雷锋志愿服务、社会治安综合治理等活动，推出更多干部职工喜闻乐见、吸引力强的载体形式。

【整改落实】在全面完成省财政厅领导班子18项整改任务、52项重点整改任务的基础上，根据省委活动新部署、新要求，深入开展相关任务整改落实，推动各项整改举措落地生根。认领省委“五整五建”涉及财政部门的整改落实和建章立制任务，制定《关于省委“五整五建”专项行动涉及财政工作任务分解表》，分解落实任务到相关处室单位。建立全口径“三公”经费和会议费支出统计报表制度，会同审计等部门建立“三公”经费支出预警机制，强化预算约束，严格预算执行，确保“三公”经费和会议费只减不增。推进“三公”经费预决算公开，除涉密部门外的省直115家一级预算单位和16个市105个县(区)全部公开2014年部门预算和“三公”经费预算以及2013年部门决算和“三公”经费决算，提前一年完成财政部预算信息公开要求。筹措资金2.3亿元支持渔民上岸安居工程，下拨2.3亿元支持市县落实“老字号”群体生活补助政策，补助资金全部提前下达。安排落实村级组织运转经费10.6亿元，下达离任村干部生活补助资金1.8亿元，进一步完善村级组织运转经费保障机制建设。落实结构性减税，全面清理规范行政事业性收费，进一步减少收费项目，减轻企业负担。进一步提早启动省级部门预算编制工作，将部门所有收入纳入预算管理，公开评审范围由上年15个部门16个项目扩大到25个部门32个项目，清理、整合、规范专项转移支付，加强预算执行管理，基本实现省级预算零追加。探索开展政府与社会资本合作(PPP模式)，做大做强做优省市县政府性融资平台，全省政府性债务余额增速放缓、管控成效明显。开展棚户区改造融资试点，组建省级融资平台，出台省级融资管理办法，指导市县建立棚户区改造融资机制，首批争取国开行贷款融资额度近949亿元，支持棚户区改造，推进新型城镇化建设。贯彻落实省政府开展政策落实八个专项集中推进行动的决策部署，细化分解任务，推动各项行动任务的落实。按照省长王学军要求，建立并运行财政涉企项目资金信息系统，避免重复申报、多头申报，提高财政资金使用效率。会同省金融办等部门，支持服务“三农”和实体经济发展。严格执行收费项目审批管理制度，推进政府性基金项目清理审核，配合省物价局清理审核涉企行政事业性收费项目，配合相关部门推进省级涉企收费清单制度建设工作。落实鼓励创业就业政策，实施社保费缓降及就业补助政策，实施就业促进工程，开展“工学一体”就业试点。开展规范全省公共资源交易集中推进行动，与合肥市有关部门进行对接衔接，省级政府采购业务移交工作顺利推进。对照省政府党组党的群众路线教育实践活动整改任务分解表，完成16项涉及省财政厅落实的整改任务。科学合理安排民生工程和民生投入，全省33项民生工程总体进展顺利。全面深化财税体制改革，按照“控制压减项目数量、控制压缩资金规模、控制压实主体责任”思路，省级专项转移支付项目和资金较上年分别减少47.2%、33.8%，把更多资金和项目下放市、县(市区)管理。围绕结转结余资金、国库衔接、专户资金和社保基金等四个领域，清理分散的存量资金、存量资产、集中运作，2014年初收回一年以上结余结转5.7亿元，运作国库资金100亿元、专户资金100亿元，支持实体经济发展，同时新增利息资金7.8亿元。强化财政供养人员管理，坚持“建一撤一、内部调剂、确有需要、购买服务”原则，严格控制财政供养人口，本省属于全国控制财政供养人员最好省份之一。严格控制“三公”经费支出，全省“三公”经费支出同比下降19.2%。

【建章立制】立足内部管理、作风建设和职能实际，坚持在“常”、“长”上下功夫，建立健全作风建设长效机制。创新内部管理制度，坚持好干部标准，结合财政厅干部队伍管理实际，制定《安徽省财政厅主任科员以下干部内部挂职锻炼暂行办法》《安徽省财政厅干部交流暂行办法》《安徽省财政厅副主任科员、主任科员职务晋升管理暂行办法》，更加注重培养勇于担当、清廉务实的干部。出台《安徽省财政厅关于印发进一步加强机关效能建设意见的通知》《安徽省财政厅关于印发进一步加强机关效能建设有关要求的通知》《安徽省财政厅工作人员违反效能建设制度处罚暂行规定》等效能建设制度规定，进一步巩固深化效能建设成果。完善作风建设制度，全面开展教育实践活动制度建设“回头看”，建立健全《安徽省财政厅学习型机关建设制度》《安徽省财政厅服务型机关建设制度》、《安徽省财政厅节约型机关建设》《安徽省财政厅联系和服务群众工作制度》《安徽省财政厅调查研究工作制度》，研究制定《省财政厅党组关于巩固和扩大党的群众路线教育实践活动成果进一步推动财政工作作风转变的意见》《省财政厅党组关于认真贯彻落实习近平总书记“三严三实”要求进一步加强作风建设的实施方案》《安徽省财政厅关于健全厅领导联系处室（单位）制度》等多项制度，建立起全方位、多角度的加强作风建设制度体系。健全勤俭节约制度，牢固树立过紧日子思想，贯彻落实《党政机关厉行节约反对浪费条例》，制定出台《安徽省省直机关差旅费管理办法》《安徽省省直机关培训经费管理办法》《安徽省省直党政机关因公临时出国经费管理办法》《安徽省省直党政机关因公短期出国培训费用管理办法》《安徽省省直机关外宾接待经费管理办法》，完成国家厉行节约反对浪费6项制度建设任务。完善财政风险防控制度，在全国率先以省政府名义印发《关于进一步加强政府性债务管理的意见》，研究制定6个配套办法，初步建立“1+6”的政府性债务管理制度体系。牵头起草并以皖政办名义印发《进一步加强省级预算管理的意见》，进一步推动预算资金管理科学化、精细化。通过省政府常务会议审议通过《安徽省财政一般性转移支付管理办法》《安徽省省级财政专项资金管理办法》，夯实资金管理六个关键环节，做到范围明确、设立规范、分配创新、绩效评价、过程公开和监督严格。狠抓财政监管重点领域，建立加强“小金库”防治长效机制和“三公”经费监管长效机制以及涉农资金监管长效机制，出台《省级财政性建设资金绩效管理暂行办法》。建立健全工作推进机制，建立专项重点工作推进机制，通过召开厅长办公会专题会议形式，先后围绕效能建设、财政民生、审计整改和财政监督、资产管理、财政绩效、政府采购、财政三农、结对共建、对口帮扶等近20个专题会，全面梳理、集思广益、查找问题、完善提升，推动财政工作转型、财政作风转变、提升工作成效。建立厅人教处、机关党委、监察室走访处室单位的三位一体督查机制，推动财政各项制度的执行和重点工作的落实。建立处室单位重点工作月报告、月计划和月调度工作机制，确保各项财政中心工作和财政重点改革工作顺利推进。扎实开展部门会商工作，完善会商机制、丰富会商内容，厅及处室领导和干部带政策、带制度、带问题，主动到预算单位会商，换位思考、强化服务，实现省直预算部门单位全覆盖，全年上门会商2588次，在会商中研究解决实际问题、落实财政政策、规范财政管理、严格制度执行。建立《省财政厅联系人大代表制度》，加强与人大沟通对接，争取人大的支持、帮助和监督，推动各项财政改革政策落实。

【系统指导】坚持“服务、指导、帮助、支持”原则，以建立厅领导班子成员教育实践活动联系点为重点，加强对市县财政部门第二批教育实践活动指导，突出解决“病症在下面、病根在上头”的财政共性问题，进一步推动全省财政系统作风整体转变。做好财政部楼继伟部长联系指导怀远县教育实践活动各项协调服务工作。召开全省财政工作视频会议，就做好第二批教育实践活动作出具体指导要求。制定加强全省财政系统教育实践活动指导工作方案，建立全省财政系统第二批教育实践活动省财政厅领导班子成员联系点制度，9位厅领导根据活动环节3次深入联系点指导活动开展，活动起始介绍交流经验、广泛听取干部群众意见，活动关键环节全程参与专题民主生活会，活动收尾阶段检查问题整改、建章立制情况，吸取基层活动经验，充分发挥行业系统指导作用，推动市县财政部门扎实开展第二批教育实践活动。建立健全市县财政帮联制度，开展市县帮联和巡查。全厅18个处室单位与16个市、2个直管县财政部门进行帮联，围绕乡镇财政资金监管工作、预决算信息公开、民生工程、渔民上岸安居工程、财政支出预算执行管理、财政涉企项目资金管理信息系统应用等财政中心工作、财政重点改革开展两次集中帮联，推动全省财政改革一体化。按照党风廉政建设的要求，结合财政政策管理、资金拨付使用和管理运行情况，建立财政反腐倡廉建设联络员机制和行风巡查工作机制，对处室单位、市县财政部门政风行风进行巡查，抓早抓小，防微杜渐，促进财政系统政风行风建设一体化。始终坚持问题导向，将发现问题、分析问题、解决问题作为开展活动指导的最终目的。厅领导在指导联系点时广泛听取基层声音，梳理列出问题清单。下发《安徽省财政厅关于开通专用电子邮箱收集有关情况、意见和建议的通知》，开通专用电子邮箱，广泛征求市县财政部门、处室单位意见建议，集中收集财政“四风”及财政业务工作相关问题及建议358个，梳理“病症在下面，病根在上头”问题216个，并按照分层研究解决问题的原则，将涉及中央财政的问题和建议及时上报财政部，对涉及省财政的主动认领并细化分解到各相关处室单位，对市县的问题帮助市县立行立改、就地解决，狠抓财政预算执行、财政涉企资金使用效率、财政资产管理、财政资金预算绩效等方面存在的问题，以活动开展解决工作难题。

(厅教育实践活动办公室供稿)

全面深化财政改革

【概况】2014 年，省委规定财政厅牵头的改革事项全面完成，各项财政改革工作进展顺利，开局良好。

【全面推进预决算信息公开】相继制定省级部门预决算及“三公”经费信息公开、进一步推进市县预决算公开等制度文件，优化制度体系，规范工作规程。加大对市县指导力度，统一公开范围、统一公开口径、统一公开形式，省级 115 家部门及所属行政事业单位、16 个市和 105 个县(区)，全面公开政府、部门和“三公”经费预决算，当年首次实现省市县预算信息公开全覆盖。细化公开内容，政府预决算公开细化到支出功能分类项级科目；部门预决算公开分基本支出和项目支出，细化到支出功能分类项级科目；“三公” 经费预决算分总额和分项数额，公开到支出经济分类款级科目。公开数据的同时，发布相关文字说明，方便公众理解和监督。

【清理规范专项转移支付】按照“控制压减项目数量、控制压缩资金规模、控制压实主体责任”的思路，对分配零星分散、资金效益低下、管理效率不高，以及不属于政府事权的专项转移支付原则上予以取消，交由市场主导。对使用方向类同、支持对象相近的，进行整合归并予以压减，对确需直接分配到具体项目的，原则上采取竞争性分配，提高资金使用绩效。充分考虑省市县(区)各级事权与支出责任的匹配原则，对明显不属于省级支出责任、不适合在省级管理的专项转移支付，改列为一般性转移支付。制定专项资金管理办法和一般性转移支付管理办法，对专项资金进行分类管理、分类要求，理顺管理渠道。明确一般性转移支付的分配不得规定到具体使用项目，完成特定政策目标后，可在“类”级科目内统筹使用。加强一般性转移支付资金绩效管理，健全“分级负责、权责一致” 的绩效管理体制。加大一般性转移支付力度，重点增加对革命老区、困难地区的转移支付。经清理，2015 年省级专项转移支付项目数量和资金规模较 2014 年分别下降 47.2%、33.8%，实现双双压缩三分之一以上目标。

【积极盘活财政存量资金】建立结余结转定期清理机制，本年初收回结余结转 5.7 亿元，清理收回专户结余 3.3 亿元。清理规范存量财政专户，加快消化专户结余资金，全省财政专户由上年的 2738 个减少到 2380 个，下降 13.1%。严格控制预算追加，完善预算执行制度，提高资金拨付效率。建立支出考核制度，构建以减少存量资金、提高资金使用效益为核心的考核评价体系。完善通报约谈制度，健全分配挂钩制度。锁定国库现金、专户资金和社保基金“三大领域”，加大盘活和市场运作力度，提高财政资金收益，全年启动 4 期共 100 亿元国库现金运作。开展 4 次累计 120 亿元省级社保基金竞争性存储，开展 81 亿元专户资金存储考评和竞争性定存改革，全年新增利息收入 7.8 亿元。

【严格落实“约法三章”】严格执行“建一撤一、内部调剂、确有需要、购买服务”要求，将省级财政供养人员管理与 2015 年省级预算编制相结合，鼓励和支持机构人员编制精简。印发加强财政供养人员基础信息管理通知，对全省财政供养人员统计数进行核查清理。规范资金来源，强化预算约束，严控政府性楼堂馆所建设，扎实推进清理整治奢华浪费建设，“约法三章”得到有效贯彻。加强厉行节约制度体系建设，制定完善省直机关公务接待费、因公出国(境)经费、外宾接待经费、差旅费、培训费、公务用车等公务支出管理制度，本省成为提前完成财政部要求的厉行节约反对浪费制度建设任务的六个省份之一。重点加强对学会协会“三公”经费管理，建立“三公”经费预算约束、支出控制、通报预警、信息公开、监督检查、责任追究等六项长效机制。严格“三公”经费支出管控，把“三公”经费支出作为公务支出监督的主要内容。本年全省“三公”经费支出比上年下降 19.2%。

【实施政府向社会力量购买服务】建立以实施意见为统领，指导目录、流程规范为基础，预算管理、政府采购衔接办法为配套，有关专项购买服务办法为支撑的政策体系。提出购买服务三步走的总体目标，公布5大类45项可以实施购买的服务具体内容，构建6个环节相互衔接、有机统一的规范化流程；印发安徽省省级2015—2016年集中采购目录及采购限额标准；同步编制、审核、批复政府购买服务资金预算；规范公共就业、卫生医疗服务、职业技能培训、困难人员公益性岗位等13个行业领域购买服务试点。明确全省、省本级、市县三个层次工作推进路径，重点从横向、纵向和内部三个方面建立政府购买服务推进工作的组织协调与保障机制。制定省直部门推进政府购买服务任务分解方案；明确5个环节17条具体工作措施；建立内部联络员制度和购买服务台账制度，强化有关工作沟通、协调、联系。全省完成政府购买服务试点项目1041个，涉及资金94.6亿元。省级安排预算资金41亿元，在养老、卫生、就业、残疾人服务等21个大类42个重点社会保障事业发展服务领域项目广泛运用政府购买服务。各市县也结合本地区社会发展和公共服务实际需求，选择合适的基本公共服务项目，研究制定实施办法和政策举措，有计划、有步骤地开展试点。

【加强地方政府性债务管理】做好财政部代理本省发行地方政府债券，当年争取地方政府债券173亿元，比上年增长13.8%，规模居全国第7位。推进地方政府存量债务纳入预算管理清理甄别工作。试点编制全省2014年政府性债务收入计划，以债务收入计划控制举债规模。规范土地储备融资管理，核发年度融资规模控制卡。加强政府融资平台公司管理，对380家政府融资平台公司实行名录管理。开展风险预警监测，及时对市县政府性债务风险进行提示，有效防范财政金融风险，全省政府性债务增速放缓、管控成效明显。完善监督考核机制，将政府性债务风险管理纳入省政府对市政府目标管理考核、省委对市县党政领导班子和领导干部政绩考核，纳入对市县政府和有关部门主要负责人经济责任审计范围。推进政府和社会资本合作(PPP)模式，出台指导意见和操作指南，积极化解存量债务，争取4个项目列入财政部首批示范项目，总投资达239.3亿元，项目个数和资金额均位列全国第二位。

【完善预算管理制度改革】健全四大预算有机衔接的政府预算体系，将所有政府性收支纳入全口径预算管理。省级2014年首次将四大预算和四大决算收支情况同时完整反映，并全部报送人大批准。加强预算统筹，将10项政府性基金转列一般公共预算。建立健全日常公用支出分类分档标准动态调整体系。编准编实收入预算，将收入预算从约束性转向预期性。深化“开门办预算”，选择教育、社保、体育、医疗卫生、环保等重点项目支出试点编制部门三年滚动预算。安排农科教等支出时，取消同经常性支出增幅和生产总值挂钩的机制，作为重点支出予以保障。统一取消税收征管费用挂钩机制，地税系统支出安排不再与税收征管规模挂钩。完善职工基本养老保险省级统筹责任分担与激励机制，巩固“市级统收统支，省级调剂”的管理模式，拟定进一步完善企业职工养老保险省级统筹政策。

【深化财税制度改革】邮政和铁路运输业、电信业“营改增”平稳运行，全年全省共营改增试点纳税人11万户，当年为企业减轻税负46.4亿元。推进煤炭资源税从价计征改革，本省煤炭资源税适用税率为2%，属全国最低。深化非税收入征管改革，推动《安徽省非税收入管理条例》省人大立法。清理规范财税优惠政策，取消以税收返还名义安排财政资金。

【推进财政管理制度改革】形成省本级2013年权责发生制政府综合财务报告，将全责发生制政府综合财务报告试编范围扩大到全省所有市县。成功开发财政涉企项目资金管理信息系统，覆盖所有市县和涉企项目主管部门，实现有效预警。联和合肥市政府率先完成省委省政府关于公共资源交易管理体制改革工作任务，省本级政府集中采购业务委托工作取得阶段性成效。

【促进金融保险体制改革】加强和规范政策性农业保险，支持贫困地区开展特色优势农产品保险，完善政策性农业保险资金管理和绩效评价，稳步提高政策性农业保险保障水平。全省担保再担保体系成员达110家，覆盖全省16个市和87%以上的县域，连续两年共安排62亿元支持担保体系建设。进一步做好保单质押融资试点，加强涉农信贷与涉农保险结合。推动成立国元寿险公司，探索设计安徽省巨灾保险制度。

【加强国有资产管理】以省政府名义印发《安徽省省属企业国有资本收益收取管理办法》。将国有资本经营预算实施范围扩大至省国资委监管以外的其他省属企业,实现全覆盖。统一省属企业国有资本收益上交标准,不断提高收益收取比例,确保2020年提至30%。全面强化省直单位国有资产管理,积极推进权证集中、统一招租、集中处置、收益统筹。开展省直单位资产管理专项清查整改,进一步规范省级行政事业单位国有资产使用管理。

【支持新型城镇化建设】组建棚户区改造省级融资主体,成立棚户区改造理事会,按照"三统一"原则开展棚户区改造融资工作。全省争取国开行贷款额度949亿元,约占全国国开行棚改融资总额19%。纳入省级融资平台管理的58个市、县共签订借款合同204.15亿元,发放贷款101.67亿元,全年共开工35.41万户,基本建成13.4万户。

【推进生态文明建设】建立大气污染防治财政政策体系,出台大气污染防治、黄标车淘汰、农作物秸秆发电和还田等5项制度办法。推进新安江生态补偿试点,设立大别山区水环境生态补偿资金。开展生态补偿规划编制、项目安排、资金使用情况督导,确保生态补偿工作有序推进。

(厅改革办供稿)

加强涉企项目资金管理信息系统建设

【概况】2014年,根据王学军省长指示精神,省财政厅开发建成财政涉企项目资金管理信息系统(以下简称"涉企系统")。涉企系统以信息化为平台,着力打造"阳光财政"的载体,构建公开、透明、规范的财政专项资金管理体制,切实解决少数企业钻政策空子,虚假、多头多地申报项目,重复套取政府扶持补助资金等问题。

【建设过程】2013年11月,王学军省长对"涉企系统"建设作出批示:"能否再加大些力度,争取明年全省同步使用"。经过近半年的开发建设,省级"涉企系统"于2014年4月1日正式上线试运行。5月26日,王学军省长专程到省财政厅调研指导,充分肯定"涉企系统"建设成效。

【主要做法】科学设计系统流程,围绕建设目标,深入涉企项目管理部门会商,多次召开专题会议进行研究,经反复讨论、协商后拟定"涉企系统"建设方案和实施方案。构建基础数据库,建设包括企业库、项目库、政策法规库、专项资金库和规则库等基础数据库的涉企项目资金监管平台,实现跨部门、跨地区、跨行业的涉企项目信息共享,有效支撑涉企项目数据采集、信息预警、资金审批、财政监督和统计分析等诸多功能。推进"涉企系统"与相关部门系统互联互通,与省经信委、省科技厅、省环保厅、省旅游局等单位项目申报管理信息系统接口对接,实现企业项目申报信息共享共用;与工商、地税、国税、质监、海关等部门信息对接,进行信息验证比对;与财政一体化系统对接,实现涉企项目资金信息交换。设定基本预警规则,主要包括虚假申报、多部门申报、重复享受、财政补助额大于企业纳税及社会保险总额、企业申请外贸资金无进出口贸易额等预警规则。针对"涉企系统 用户涵盖面广,涉及部门多的特点,在建设中采用全省数据大集中的方式,经多轮次申报核实,完成用户注册登记,共登记确认注册用户5062人,省级231人,市级1298人,县级3533人。强化培训指导,先后于3月25—26日、4月23日举办"涉企系统"省直部门和市级财政业务骨干培训班,于5月15日举办全省涉企系统视频培训会议。同时,分别在滁州市、马鞍山市、蚌埠市和肥西县举办了七场点对点现场培训,并于11月中旬集中对合肥、宿州、阜阳、亳州业务人员进行培训,还举办涉企系统与财政一体化管理信息系统数据对接业务培训,全年培训人员2000多名,有效解决业务人员利用涉企系统进行数据加载、信息归集、比对预警、审核审批、分析统计等存在的操作应用问题。

【功能发挥】"涉企系统"建成运行后,通过涉企资金项目信息归集、比对筛查、预警核准、资金报批、项目执行、监督检查和分析研判的"数字化"和"信息化",揭示少数企业虚假申报、多头申报、重复享受补贴补助、无效支持等问题,显著提高涉企资金分配和使用的科学性、合理性和效益性。一是实现有效预警。本年度纳入"涉企系统"管理的项目数11270个,申报金额74.4亿元,"涉企系统"预警项目数为8567个,预警比例为6%。二是把住申报关口。在项目申报录入初审阶段,各地各部门利用“涉企系统”的比对筛查功能,严格审核把关录入“涉企系统”的项目,及时拦截阻断部分异常项目。据统计,主管部门共删除6876条信息,利用系统资源审核不通过2014年度申报项目1432个,涉及金额9.5亿元,同时系统有效拦截虚假申报项目181个,涉及申报资金4865.66万元。三是规范审批核准。按照“分级负责、层层把关”的原则,依托“涉企系统”建立“审核留痕迹,责任可倒查”的审核审查责任机制。各地各部门在系统中核准预警项目,须出具书面意见书,并经主管部门或者市县政府主要领导签字确认,明确部门和市县在审核环节的主体责任,坚决杜绝“投石问路”式申报,规范审批核准程序。据统计,多部门安排项目企业数由系统建成之前的4877个,减少到目前的675个,减少幅度高达86%。四是提供决策支持。利用“涉企系统”的分析研判和数据聚集优势,通过对涉企资金计划、项目信息归集、比对筛查、预警核准、财政审批、项目执行、监督检查等环节多层次、多维度的统计分析,及时将分析发现的情况与预算编制、预算管理、预算改革紧密结合,为推进专项资金压缩、改进资金管理方式、透明预算等提供数据支撑和决策支持。

【加强监管】根据“涉企系统”运行发现的问题和数据统计分析情况,结合贯彻落实十八届三中全会精神和新《预算法》相关精神,省财政厅多次召开专题会议,研究各类专项资金管理办法的制定修改工作,推动建立系统的制度体系和严格的管理规则。当年,以省政府名义印发《安徽省财政一般性转移支付资金管理办法》和《安徽省省级财政专项资金管理办法》,先后出台《安徽省省级财政涉企专项资金管理暂行办法》(财预〔2014〕1398号)、《安徽省省级涉企专项资金绩效评价暂行办法》(财债〔2014〕1519号),并会同主管部门以联合发文形式制定文化类、科技类、农业产业化类、技能培训类、中小企业发展类、旅游类、贷款贴息类等16个制度办法,从涉企资金的申报、审批到监管,各环节严格控制涉企专项资金的项目、总额和主体。同时,建立黑名单管理制度,严格把关项目申报、审核和审批,对于存在虚假申报、骗取涉企财政资金的单位,一经查实,直接进入“涉企系统”黑名单。

(厅涉企办供稿　汪永飞、吴丽环)

支持美好乡村建设

【概况】2014年,省财政厅积极落实省委、省政府决策部署和省领导指示精神,主动谋划思路,细化工作举措,做好美好乡村建设资金保障工作。全省第一批586个重点示范村全面完成建设任务,顺利通过省级考核验收,2014年710个中心村规划建设顺利推进。

【落实专项资金】加大投入力度,充分发挥各级财政投入主导作用,积极调整和创新理财思路,足额安排省级美好乡村建设专项资金预算。按照省美好乡村建设工作领导小组部署,根据年度全省中心村建设任务,省级美好乡村建设专项资金分配兼顾各县(市、区)经济发展水平及财力差异,突出向皖北地区和国家扶贫开发重点县倾斜。指导帮助市县财政部门采取开源节流、优化支出结构、增加专项预算安排等方式,按照市级不少于5000万元、县级不少于1000万元,并持续增加的要求,在年度财政预算中足额安排美好乡村建设专项资金。2014年,全省各级财政预算共安排美好乡村建设专项资金41.1亿元,其中省级10.2亿元、市级11.6亿元、县级19.3亿元。

【整合涉农资金】主动向财政部和国务院农村综合改革办公室汇报工作,及时掌握农村综合改革试点政策动向,积极争取纳入国家首批美丽乡村建设试点。召开资金整合指导组专题会议,研究谋划资金整合工作思路,制定资金整合方案和推进措施,坚持以预算为源头、以规划为核心、以县级为主体,省市县三级联动推进涉农资金整合。主动会同省直相关部门,全面梳理排查现有涉农项目。研究制定3大类43项涉农资金整合指导目录,支持各地整合资金推进美好乡村建设。加快涉农项目资金拨付进度,提前下达涉农项目资金,促进市县推进涉农项目资金整合,统筹安排美好乡村建设资金。指导帮助各地围绕美好乡村建设规划,制定涉农资金整合总体计划,编制分村建设资金预算,实行项目统一申报、资金统筹安排,集中财力支持美好乡村建设。2014年,全省共整合涉农资金82亿元支持美好乡村建设。

【引导社会资金】制定印发《财政引导社会资金

参与美好乡村建设意见》,明确引导社会资金的原则、路径和方法,积极构建以财政资金为引导、以农民投资投劳为主体、社会资本广泛参与的多元化、多层次、多渠道的美好乡村建设投入机制。指导帮助各地围绕美好乡村建设目标任务,创新财政支农投入与管理方式,发挥农民主体作用、市场配置资源决定性作用、财政政策导向作用和财政资金“四两拨千斤”撬动作用,积极引导农民、金融、产业等社会资本参与美好乡村建设。2014 年,全省共引导社会资金 118.3 亿元投入美好乡村建设。

【管理财政资金】制定《整合涉农资金支持美好乡村建设意见》《美好乡村建设专项资金使用管理办法》《财政支持美好乡村建设工作评价办法》等 20 余项制度办法,构建“资金分配规范、适用范围明晰、管理监督严格、职责效能统一”的管理制度体系。建立美好乡村建设厅领导联系工作制度,深入开展党支部结对共建活动,指导帮助各地美好乡村建设财政服务保障工作。发挥乡镇财政所一线监管作用,加强培训和检查指导,强化乡镇财政所管理美好乡村建设财政资金的职能作用。组织开展财政支持美好乡村建设资金专项检查、工作评价,委托会计师事务所对美好乡村公共服务体系奖补绩效进行独立评价,客观反映资金使用管理实绩,全面梳理存在问题,督促整改完善。根据省美好乡村办考核验收部署,组织开展美好乡村建设资金统筹整合和使用管理工作考核验收,参与 2013 年度美好乡村建设省级考核验收工作。指导帮助各地加强资金管理,资金分配坚持“三结合、一公开”,即与美好乡村建设任务相结合、与中心村规划相结合、与绩效评价相结合,资金分配和项目安排实行公开公示;资金管理坚持“三专、两制”,即对美好乡村建设资金实行专人管理、专账核算、专款专用和财政报账制、国库集中支付制;资金使用实行绩效评价,建立激励约束机制,评价结果与下年度资金安排挂钩,确保资金分配科学、管理规范、使用高效、群众满意。

(省农发局供稿)

开展政府向社会力量购买服务

【精心部署】省财政厅将推进政府购买服务列入年度重点改革工作,履行牵头职能作用。初步建立横向、纵向、内部组织协调与保障机制。制定省直部门推进政府购买服务任务分解方案,对有关部门需承担的具体工作任务进行细化分解,明确到责任部门,规定完成时限;明确谋划部署、政策宣传、业务培训、调研学习、监督跟踪等 5 个环节 17 条具体工作措施,要求各级财政实行一把手负责制,分解落实工作任务,制定试点方案,明确完成时间表;对年度工作推进任务进行内部分解,明确责任处室、配合处室以及完成时限,建立内部联络员制度和购买服务台账制度,强化工作沟通与协调。

【规范制度】搭建以实施意见为统领,指导目录、流程规范为基础,预算管理、政府采购衔接办法为配套,专项购买服务办法为支撑的多层次政策体系。其中,“省政府办公厅向社会力量购买服务实施意见”明确目标任务、工作机制、各部门职责分工等内容;“全省政府向社会力量购买服务指导目录”公布 5 大类涵盖基本公共服务、社会管理服务、技术服务、政府履职辅助性事务等 45 项具体内容;“政府向社会力量购买服务流程暂行规范”构建项目编审、实施购买、签订合同、绩效评审、监督检查、信息公开等六个环节规范化流程;“政府购买服务中政府采购工作的通知”监督、指导购买主体依法开展购买服务政府采购工作;“政府购买服务中预算管理工作通知”完善购买服务预算编制体系,实现购买服务与政府采购、预算管理的有机衔接;“13 个行业领域购买服务办法和民生工程建后管养实施政府购买服务具体办法”,进一步规范和推进政府购买服务试点工作。制度的建立完善为初步解决“买什么”“谁来买”“向谁买”“怎么买”“买的值”等一系列问题,保障政府购买服务的行为主体和相关活动在一定规则下有序运作,营造公开、公平、公正的制度和政策环境,稳步推进试点工作起到积极的促进作用。

【明确路径】按照“先易后难、由点到面、突出重点”原则,认真开展政府购买服务试点。明确全省试点总体路径,在全省层面,重点在事业发展服务领域，对省直部门已列入预算、适合政府购买服务的所有项目进行梳理，明确若干项重点项目，突出养老、教育、就业、医疗卫生、残疾人服务、农业等民生领域；在省本级层面，重点在维持单位正常运转的技术服务型领域，对物业管理、法律服务、课题研究、招商会展、信息系统运行维护等项目，选择部分较成熟的项目出台规范办法；在市县层面，结合本地区社会发展和社会服务实际需要，遴选适合政府购买服务的项目，确定自身重点推进项目，有计划、有步骤地开展试点。梳理批复省级试点推进项目，结合 2014 年度省级部门预算，梳理试点推进项目 295 个，涵盖检测、检验、科研、规划、机关保障等维持单位正常运转的技术服务型服务领域购买项目 260 项，养老、教育、就业、医疗卫生、社区、残疾人服务、农业等重点事业发展服务领域项目 35 项，与部门预算同步批复到省直预算部门，实际执行中由有关部门拿出具体实施方案，报经财政部门审核后实施。各市积极研究制定具体政策措施和实施办法，确定试点推进项目 394 个，有计划、有步骤开展试点，如合肥市除预算内拿出 9500 万元外，市财政还单独安排 2 亿元专项用于政府购买服务。铜陵市梳理购买服务预算项目 32 个，购买金额 7355 万元。蚌埠市基本公共服务类试点项目 55 个，购买金额 1.5 亿元，占购买服务预算的 66%。六安市按照“先易后难、由点到面、突出重点、稳步推进”的原则，选择 10 个单位 14 个项目进行试点。宣城市选择职业技能培训、市容管理社会化等 11 个项目进行试点，购买金额 3160 万元。池州市通过竞争性承包和购买农村保洁岗位等购买服务方式，引导群众参与农村清洁工程建后管养。2014 年全省实际完成政府购买服务试点项目 1041 个，涉及资金 94.6 亿元。

【加强宣传】《中国财经报》、《安徽日报》、中安在线等媒体先后 10 余次宣传和报道本省推进购买服务具体政策和举措。通过开展全省政府购买服务政策业务培训，设立政府购买服务互联网宣传专栏，全方位对有关政策措施进行答疑释惑，社会各界支持和理解政府购买服务的氛围逐步形成。当年省级安排预算资金 41 亿元，在养老、卫生、就业、残疾人服务等 21 个大类 42 个重点社会保障事业发展服务领域项目广泛运用政府购买服务；合肥市政府购买居家养老服务，涉及金额 9000 万元，惠及 8000 多名老人；全椒县开展农村清洁购买服务，资金节约率达 20%；徽州区结合分类推进事业单位改革开展政府购买服务探索，由“花钱养人”变为“花钱办事”，仅城区环卫保洁一项节约财政支出 464 万元。

（厅综合处供稿）

推进预算信息公开

【概况】围绕财政部和省委、省政府的部署，按照公开要求制度化、公开管理规范化、公开工作一体化的思路，省财政厅稳步推进预算信息公开工作。2014 年，省级 115 家部门及所属行政事业单位、16 个市和 105 个县(区)，全面公开政府、部门和“三公”经费预决算。

【健全公开制度】省财政厅结合安徽实际，不断强化制度建设，优化制度体系，规范工作规程，从制度源头深入推进预算公开改革。当年，省财政厅相继制定《关于进一步做好省级部门预决算及“三公”经费信息公开工作的通知》《关于全面推进 2014 年预算信息公开工作的通知》《关于进一步推进市县预决算公开工作的通知》及《预算信息公开内部工作规程》等制度文件，初步建立起“3+1”的公开制度框架。

【规范公开管理】扩大公开范围，除法定涉密信息外，所有使用财政资金的部门全部公开部门预决算和“三公”经费预决算，公开范围实现全覆盖。扩展公开级次，部门级次涵盖机关本级和所属行政事业单位，管理层级拓展至省市县三级，做到纵向到底。细化公开内容，政府预决算公开细化到支出功能分类项级科目；部门预决算公开分基本支出和项目支出，细化到支出功能分类项级科目；“三公”经费预决算分总额和分项数额细化公开；公开收支数据的同时，发布相关文字说明材料，方便公众理解和监督。

【推进一体公开】按照“统一部署、分级负责、分级实施、整体联动”的原则，不断加大对市县预算公开指导力度，做到“公开范围、公开口径、公开形式”三统一，确保省市县预算公开有序进行。公开推进上，在上年选择合肥、铜陵、六安、滁州等市和所辖县(区)公开“三公”经费预算的基础上，本年首次实现省市县预算公开全覆盖，做到全省预算公开“一盘棋、齐步走”。工作督导上,发挥帮联会商机制作用,省财政厅18个处室对口16个市和2个直管县,从事前事中事后全方位指导市县,高效规范推进公开工作。

(厅预算处供稿 贾成亮)

推进专项转移支付改革

【概况】党的十八届三中全会决定明确要求清理整合规范专项转移支付。财政部提出按照“增一般、减专项、提绩效”的改革方向,完善转移支付制度。按照省委、省政府的改革部署,省财政将清理整合规范专项转移支付工作与2015年部门预算编制同推进,与绩效管理同推进,与预算评审论证、涉企信息系统建设等其他重点工作同推进。经清理,2015年省级专项转移支付项目数量和资金规模较2014年同口径分别下降47.2%、33.8%,实现双双压缩三分之一以上目标。

【厘清政府和市场】对分配零星分散、资金效益低下、管理效率不高的,以及不属于政府事权的专项转移支付原则上予以取消,交由市场主导。对使用方向类同、支持对象相近的,进行整合归并并予以压减,对确需直接分配到具体项目的,原则上采取竞争性分配,提高资金使用绩效。创新资金管理方式,积极推进财政涉企项目资金管理信息系统建设,规范财政资金分配。

【统筹省级和市县】清理规范专项转移支付充分考虑省市县(区)各级事权与支出责任的匹配原则。对明显不属于省级支出责任、不适合在省级管理的专项转移支付,改列为一般性转移支付。按照因素法、公式化分配到市县(区),增强市县(区)对转移支付资金的统筹力度,调动市县(区)积极性,促进基本公共服务均等化。

【理顺专项与一般】制定专项资金管理办法和一般性转移支付管理办法,对专项资金进行分类管理、分类要求,理顺管理渠道。明确一般性转移支付的分配不得规定到具体使用项目,完成特定政策目标后,可在“类”级科目内统筹使用。加强一般性转移支付资金绩效管理,健全“分级负责、权责一致”的绩效管理体制。加大一般性转移支付力度,重点增加对革命老区、困难地区的转移支付。

【兼顾当前与长远】既着眼于解决当前专项转移支付项目存在重复、职能存在交叉、绩效有待提升等问题,也注重构建管理的长效机制,研究制定涉企资金、绩效管理等相关制度办法,确保清理成效。同时,通过试行中期财政规划、拓展预算评审论证、推进涉企信息系统建设等配套工作的开展,进一步构建规范管理转移支付的长效机制。

(厅预算处供稿 陈小永)

加强存量资金管理

【概况】围绕唤醒沉睡资金、激活沉淀资金、提高资金效益,省财政厅疏堵结合,管控并行,积极推进盘活存量资金改革,取得较好效果。

【加大清理力度,消化资金存量】严格结转结余资金管理,对预算部门当年未使用的项目支出,收回统筹使用,2013年以来省级收回结余结转资金近20亿元。清理规范存量财政专户,加快消化专户结余资金,截至2014年底,全省财政专户由上年的2738个减少到2380个,下降13.1%,全省专项支出专户余额下降12.5%。连续第三年推进专项转移支付清理整合,控制压减项目数量,控制压缩资金规模,控制压实主体责任,2015年省级专项转移支付项目和资金双压缩1/3以上。

【加快预算执行,提高资金效益】完善预算限时下达机制,对本级代编的预算6月底前分配下达,超过9月30日未落实的,除据实结算项目外,全部收回预算;对上级转移支付30日内下达;采取“先预拨、后清算”方式,提高项目资金执行效率。健全预算执行分析制度,突出重点部门和重点项目分析,有针对地加大调度力度,提高预算执行均衡性和有效性。2014年,全省一般公共预算结余结转资金93.1亿元,占财政支出的2%,低于财政部考核目标7个百分点。

【完善管理机制,强化源头管控】出台2项办法、构建1个机制,强化源头管控,提高资金绩效。以省政府名义出台《安徽省省级财政专项资金管理办法》,进一步转变资金分配方式,变直接投入为间接投入,变无偿支持为有偿支持,变事前补助为事后补助,积极发挥专项资金使用效益。制定《预算支出进度考核办法》,健全以减少存量资金、提高资金使用效益为核心的考核体系，加大问责力度，对进度偏慢的部门和市县，通报和约谈相关负责人。建立结转结余定期清理机制，每年定期对结转结余资金进行全面清理，做到结转结余资金清理工作常态化。

（厅预算处供稿　贾成亮）

加强政府性债务管理

【概况】2014年，省委、省政府高度重视政府性债务管理工作，省财政厅紧紧围绕中央和省委省政府的总体部署要求，进一步狠抓制度执行，创新举措，提升效能，政府性债务管理工作有序推进，成效初现。在财政部地方政府性债务管理工作考核中荣获一等奖，并在全国财政厅局长座谈会上作债务风险防控经验交流。

【推进政府性债务管理改革】认真贯彻落实省政府《关于进一步加强政府性债务管理的意见》（皖政〔2013〕48号），初步构建政府性债务审批管理、土地储备融资管理、债务信息统计管理、融资平台名录管理等“1+6”政府性债务管理制度框架体系。国务院《关于加强地方政府性债务管理的意见》（国发〔2014〕43号）下发后，省财政厅积极研究跟进，抓好贯彻落实，为省政府代拟《关于加强地方政府性债务管理的实施意见》（皖政〔2015〕25号），从规范政府新增债务、甄别处置存量债务、强化债务风险管控等方面提出加强和规范政府债务管理的具体措施。

【开展存量债务清理甄别工作】转发财政部存量债务清理甄别文件，明确各级各部门工作职责，提出目标任务要求，绘制相关统计表格，确保按时完成任务。有针对性地对市县财政部门、省直有关部门单位和省级政府融资平台公司、厅内有关业务处室分类实施培训，把握重点，有的放矢。按照“实事求是、依规甄别”的原则，指导省本级和市县同步推进清理甄别工作，基本摸清全省政府债务的家底，为从2015年起纳入预算管理奠定基础。

【做好财政部代理我省发行地方政府债券工作】密切跟踪财政部债券分配工作进展，多次赴财政部汇报情况，积极争取财政部代理本省发行地方政府债券额度，2014年争取173亿元，比上年增长13.8%，规模居全国第7位，中部六省第3位。综合考虑省委、省政府确定的重点项目、新型城镇化试点以及国省干线公路建设资金需求，统筹兼顾省与市县分配关系及偿债压力，制定本省2014年地方政府债券资金分配方案，报省政府第27次常务会议审核批准后，及时下达债券资金，发挥债券资金使用效益。

【严格控制新增举债规模】2014年各级政府在风险可控的范围内，按照“统一政策，分级编制；审慎稳妥，规模控制；真实可靠，收支平衡；统筹借还，防范风险”的原则编制政府性债务年度收入计划。密切跟踪债务计划执行，指导督促各地进一步严格债务审批，统筹安排项目融资，优先保障在建、续建和重点项目融资，延迟、取消部分项目融资，确保将债务规模和债务率控制在合理水平。

【做好政府性债务审批管理】印发《关于进一步规范和加强全省政府性债务管理的通知》（财债〔2014〕642号），要求各地审慎选择融资方式，严格控制BT（BOT）项目适用范围，着力降低融资成本；同时，全面梳理统计皖政〔2013〕48号文件印发后全省新增的BT（BOT）项目，除国家法律规定外，严禁地方政府采取BT（BOT）或委托代建承诺以土地补偿等其他变相回购方式举借政府性债务，严禁县乡政府违规举借债务开展美好乡村建设。

【加强土地储备融资管理】按照财政部、国土部等部门管理要求，土地储备融资须由省级财政、国土、人行、银监等部门根据地方政府批准的年度土地储备计划核定融资规模，核发年度融资规模控制卡，土地储备机构在核定的融资规模内开展融资活动。2014年度共为符合条件的67个市、县（区）审核发放了土地储备融资规模卡，核定2014年度土地储备融资总规模610.1亿元。

【开展债务风险预警提示】综合考虑债务类别、债务期限等因素，运用债务率、偿债率、逾期债务率等指标，对市、县（区）政府性债务风险进行动态监测、评估和提示。对截至2013年底债务率超过100%的3个市本级和逾期债务率超过30%的19个县区进行了风险提示，要求上述地区严格控制新增债务规模，积极筹集资金偿还到期债务。转发财政部对本省部分地区地方政府性债务风险预警的通知，要求存在风险的地区认真分析风险情况，排查风险点，限期制定化解债务风险工作方案，经汇总分析形成总报告上报财政部。

【规范政府融资平台公司管理】对全省政府融资平台公司进行全面清理,实行政府融资平台公司名录管理,目前纳入名录管理的政府融资平台公司380家。未纳入名录管理的政府融资平台公司,一律不得开展政府融资业务。建立纳入名录管理的政府融资平台公司月报制度,及时掌握平台公司资产负债和政府性债务变动情况。

【推进政府性债务监督考核】主动接受人大监督,配合省人大财经委赴安庆、黄山、池州、马鞍山等市及所辖县区开展地方政府债务管理工作调研;省十二届人大常委会举行第三十八次主任会议听取和审议全省政府性债务管理情况汇报,对政府性债务管理取得的成效给予充分肯定。部分市县已经开始实行举借政府性债务报同级人大审查批准。完善监督考核机制,将政府性债务风险管理纳入省政府对市政府目标管理考核、省委对市县党政领导班子和领导干部政绩考核,纳入对市县政府和有关部门主要负责人经济责任审计范围。

【实施政府性债务管理信息化建设】进一步完善"地方政府性债务管理系统安徽专版"和"安徽省政府性债务决策分析系统",灵活运用图表等工具,直观反映本省地方政府性债务状况,加强债务数据分析,动态反映地方政府性债务变化情况,主动服务领导决策。严格按照政府性债务审计结果,补充、更正存量债务数据,夯实债务管理基础。建立债务统计月报制度,每个月定期开展卫生、教育等分地市、分部门结果分析,为相关业务处室决策提供数据支持。

(厅债务办供稿 韩晓峰)

严格控制"三公"经费管理

【概况】中央出台改进工作作风密切联系群众八项规定、《党政机关厉行节约反对浪费条例》以及省委、省政府下发《关于改进工作作风密切联系群众的规定》后,全省各级财政部门高度重视,牢固树立过紧日子思想,完善公务支出制度建设,强化"三公"经费管理,建立健全厉行节约反对浪费长效机制,严控"三公"经费等一般性公务支出,"三公"经费支出呈逐年下降态势。据统计,2014年,全省"三公"经费支出同比下降19.2%,其中:省级"三公"经费支出同比下降19.1%;省级因公出国(境)费、公务接待费、公务用车运行维护费、公务用车购置费同比分别下降9.9%、21.9%、11.6%、81.7%,"三公"经费管理成效显著。

【构建公务支出标准体系】围绕构建上下统一、规范严密的厉行节约反对浪费制度体系,省财政厅认真调查研究,广泛征求意见,加强面上指导、上下沟通,建立健全公务支出制度,不断完善公务支出标准体系。本省成为最先完成厉行节约反对浪费制度建设任务的六个省份之一,获得财政部通报表彰。完善国内差旅费管理制度。修订印发《安徽省省直机关差旅费管理办法》,提高差旅费报销标准,加强出差计划审批和经费报销管理,进一步规范省直机关出差行为。代省政府办公厅草拟《关于严格执行差旅费管理制度的通知》,印发《关于安徽省省直机关差旅费管理办法有关问题解答的通知》、《关于启用"安徽省行政事业单位伙食费、交通费专用票据"的通知》,进一步严肃公务人员出差行为和财经纪律,确保差旅费管理制度落实到位。会同省审计厅研究制定《安徽省省级审计外勤经费管理办法》,规范审计、评审、办案、巡视、监督检查等非临时性出差行为。建立培训费使用管理制度。出台《安徽省省直机关培训费管理办法》,要求省直部门建立年度培训计划编报备案机制,增强培训的针对性和实效性,严控培训的数量、时间和规模,保障培训质量。培训费实行综合定额管理,明确培训经费开支范围和标准,严格经费支出,规范培训经费使用管理。健全公务接待费管理机制。修订印发《安徽省省直机关公务接待费管理暂行办法》,建立公务接待经费审批制度,进一步规范公务接待标准、用餐陪餐人数等各项支出行为,严格经费预算,明确公务接待费在部门"三公"经费预、决算中向社会公开。修订《安徽省省直机关外宾接待经费管理办法》,规定外宾接待费开支范围、标准,以及陪同人员和经费管理要求。制定因公出国经费管理制度。修订印发《安徽省省直党政机关因公临时出国经费管理办法》、《安徽省省直党政机关因公短期出国培训费用管理办法》等一揽子出国、外事经费管理制度。因公临时出国经费、因公短期出国培训费全部纳入预算管理,实行经费先行审核,无经费预算或超经费预算的不得安排临时出国或短期培训。严格执行规定的因公出国经费开支标准,严禁接受或变相接受企事业单位资助,严禁向所属单位、企业等摊派或转嫁因公出国费用。

【严控“三公”经费支出】完善“三公”经费预算编制。严格控制“三公”经费列报渠道,规定“三公”经费只能在单位定额公用经费中列支,禁止在项目经费中列支。完善“三公”经费填报科目,严格按照经济分类科目编制全口径的“三公”经费预算,以利于公众更好地监督。加大“三公”经费信息公开力度。2014 年 4 月底,省级 115 家部门及所属行政事业单位、16 个市和 105 个县(区),全面公开 2014 年“三公”经费预算,首次实现省市县全覆盖。8 月底,省级 115 家省级预算单位公开 2013 年度部门决算及“三公”经费决算,9 月底,全面完成全省“两项决算”公开工作,提前一年完成财政部预决算公开的要求。制定“三公”经费只减不增施工方案。从总体要求、主要内容、保障措施、工作要求等方面对全省各级财政部门和预算单位提出明确要求,并规定预算执行中任何部门、单位不得调增“三公”经费支出规模,确保中央改进工作作风、密切联系群众八项规定和省委三十条落到实处。完善“三公”经费统计分析通报制度。根据《党政机关厉行节约反对浪费条例》规定和省政府关于加强“三公”经费管理、公开“三公”经费信息的要求,省财政厅建立了全口径“三公”经费支出统计分析通报制度,明确“三公”经费支出统计范围和内容,严格预算执行,加强过程管控,强化预警措施,确保公务接待、因公出国(境)、公务用车经费只减不增。加强“三公”经费支出督查工作。在全省范围内组织开展“三公”经费支出专项检查工作,通过县自查、市全面核查、省重点督查的方式,加强“三公”经费支出过程监管,针对“三公”经费支出中存在的问题和薄弱环节,督促部门完善“三公”经费内控制度,严格“三公”经费支出管理。

【完善“三公”经费监管长效机制】针对本省“三公”经费管理中存在的个别部门和单位对“三公”经费支出“只减不增”认识不到位、管理不规范等问题,进一步贯彻中央及省委省政府有关规定,加强过程管控,巩固工作成效,建立健全“三公”经费监管的长效机制,把“约法三章”要求落到实处。进一步完善公务支出制度体系建设。继续深入贯彻落实中央“八项规定”、国务院“约法三章”和《党政机关厉行节约反对浪费条例》精神,适时制定、完善公务支出管理各项制度,让制度覆盖公共支出各个方面,不留死角,让各项公务支出做到有章可循、有据可依,确保公务接待、因公出国(境)、公务用车经费只减不增。进一步健全公务支出监管长效机制。从预算约束、支出控制、通报预警、信息公开、监督检查制和责任追究等方面,健全厉行节约及公务支出监管长效机制,切实增强制度执行力。完善“三公”经费月度统计、季度通报、年度总结制度,及时总结分析“三公”经费支出管理成效和存在的问题,使“三公”经费监管制度常态化、长效化。三是进一步抓好各项制度执行落实。进一步强化责任意识,树立依法办事观念,明确制度执行的主体责任;进一步指导部门、单位建立健全“三公”经费等公务支出内控管理制度,加强监督检查,针对检查中发现的问题,督促部门单位及时整改,将公务支出各项管理制度落到实处。

(厅行政处供稿)

服务创新驱动发展

【概况】2014 年,省财政厅围绕省委、省政府创新驱动发展战略,充分发挥财政职能,积极主动筹集资金,优化支出结构,创新管理方式,完善财税优惠政策,全力推进创新型省份建设,有力支持全省科技实力和科技竞争力的提升。

【落实创新型省份建设资金】安徽省委、省政府出台《关于实施创新驱动发展战略进一步加快创新型省份建设的意见》,并围绕自主创新能力建设、国家重点新产品推广应用、鼓励科技人员创新创业、高层次科技人才团队扶持计划、大型科学仪器设备资源共享共用、创新能力评价等方面,配套制定六个实施细则,形成较为系统的“1+6”科技创新政策体系。省财政积极筹措资金,自 2014 年起,每年安排 10 亿元专项资金,各市县相应设立专项资金,合力推进创新型省份建设。

【完善创新型省份建设资金办法】报经省政府同意,省财政厅联合省科技厅印发《安徽省创新型省份建设专项资金管理办法》,加强创新型省份专项资金管理。该办法明确专项资金使用及管理应体现“四个突出”:一是突出改革精神,专项资金主要采取参股投资、以奖代补、创业投资、绩效挂钩等扶持方式,改变以往项目扶持为主的方式;二是突出绩效评价,强调企业、人才根据市场需求自由选择创新方向,先行投入,专项资金对于绩效优秀的企业、平台给予重点支持;三是突出杠杆作用,建立“企业愿意干、政府再支持”、“市县愿意干、省里再支持”的扶持机制;四是突出创新要素集聚,资金重点支持科研设备购置与共享、科技人才引进与培养、研发机构的建设与提升等重要创新要素发展。

【扩大创业投资引导基金融资效应】2008 年,省财政安排首期 5 亿元创业(风险)投资引导基金。截至 2014 年底,省创业(风险)投资引导基金共安排 8 亿元,引导设立 18 只创业投资基金,资金总规模达 54.7 亿元,省财政资金放大效应达到 6.8 倍;累计共投资 150 个项目,总投资额达 78 亿元。

【推进省高新投组建工作】2014 年,按照省政府的部署,省财政厅积极配合省科技厅等部门组建安徽省高新技术产业投资有限公司(以下简称“省高新投”)。支持省创业投资引导基金整合到省高新投,按照市场化和开放式原则运作,通过吸引相关市政府出资、募集社会资本,发起设立混合所有制的专项子基金,拓宽安徽省内科技型中小企业融资渠道。截至当年底,成立注册资本 50 亿元的高新技术产业投资公司,首期发起设立总规模 70 亿元的 3 支股权投资基金。

(厅教科文处供稿)

支持棚户区改造

【概况】2014 年,全省各级财政部门按照省委、省政府的部署要求,把改善群众居住环境作为实施棚户区改造的根本目标,探索建立“政府主导、市场运作”模式,发挥财政职能作用,强化财政资金保障,支持棚户区改造。全年新开工各类棚户区改造住房 35.41 万套,完成改造 25.6 万套,14 万户居民住房条件得到改善。

【支持规划编制】按照国家统一要求,结合本省实际,安排专项资金支持编制《安徽省 2013—2017 年棚户区改造规划》。按照“四化”同步、产城融合要求,将棚户区改造与城市新区、产业园区建设以及保障性住房等有机结合,推进以人为核心的新型城镇化建设。支持配套设施建设,综合考虑道路、公交、绿化等公共设施及市政公用配套设施的现状和需求,合理确定各类配套设施的种类、规模及空间布局,促进公共资源的共享性和均衡性。

【加大政策引导】省财政加大资金投入,2014—2017 年计划安排 24 亿元专项用于棚户区改造,对改造力度大、进展情况好的市县给予奖补,并对财政困难地区予以倾斜。除严格执行国家规定的税费优惠政策外,对涉及建设项目的经营性服务收费实行减半收取。政府通过提供资金、土地、税费优惠、市政设施配套等支持政策,促进企业自我组织改造。实施市场运作,支持市、县有关部门采取货币补偿和购买安置房等方式,加快棚户区改造进度、缓解商品房闲置压力。

【构建融资平台】省财政会同有关部门组建省建投公司作为棚户区改造省级融资平台,受市、县政府自愿委托与国家开发银行合作,保障棚户区改造及配套设施建设资金需要。2014 年,国家开发银行核定安徽省首批棚改贷款额度 949 亿元,实际发放贷款 101.67 亿元。支持市县构建棚改融资平台,由市县政府指定 1 家融平台,将各级财政安排的棚改资金作为项目资本金注入融资平台,打捆进行项目融资,并建立封闭式的资金管理模式,专户存储、专款专用。采取“统一融资规划、统一债贷授信、动态长效监控、全程风险管理”方式,把债与贷纳入整体风险控制,建立健全棚改融资项目收入监管机制,切实防范政府债务风险。

【加强监督管理】规范资金管理。省财政牵头制定棚户区改造专项资金管理办法,对资金使用范围、分配和申报程序、监管要求等作出明确规定,确保政府补助资金安全高效。强化融资监督。牵头制定棚户区改造融资管理办法,对棚改融资项目评审、融资程序、融资期限予以规范,对还款来源、保障机制和还款程序等进行明确。同时,引入审计、监察以及中介机构等外部监督机制,确保棚改融资规范使用。加强绩效考核。制定城市棚户区改造项目资金绩效评价办法,明确评价对象、界定评价内容、构建评价指标体系,规范绩效评价程序。突出绩效评价结果运用,与专项资金挂钩。

(厅经济建设处供稿)

支持渔民上岸安居工程

【概况】2014年,省财政厅认真贯彻落实省委、省政府关于解决渔民生产生活困难的重要决策部署,积极主动做好相关资金保障工作,大力支持渔民上岸安居顺利推进。截至当年底,全省22058户以船为家渔民上岸安居工程任务中,安置房开工率100%;安置到位17861户,安置率90.9%,实现2014年底基本完全省以船为家渔民上岸安居的工作目标。

【传达落实】4月21日下午,省财政厅党组书记、厅长罗建国主持召开做好渔民上岸安居工程资金保障工作专题会议,传达学习张宝顺书记在省委常委会上的讲话精神,对财政厅贯彻落实会议精神、加大资金保障力度、全力支持渔民上岸进行全面布置,明确工作方案,落实工作责任。

【拨付资金】根据皖政办〔2013〕12号文件和省政府第39号专题会议纪要精神,4月22日,省财政厅配合省住建厅发文要求各市政府对补助对象再次进行统计确认。4月24日,核定全省渔民上岸安居工程总户数为22058户。根据皖政办〔2013〕12号文件规定,省财政厅按每户综合补助1.05万元标准落实专项补助资金23161万元,并于25日发文下达。同时,要求各有关市、县(市、区)财政部门按照渔民上岸工程实际需要,及时足额落实本级配套资金;积极主动配合同级住房保障主管部门加快资金拨付进度,提高资金使用绩效;以市为单位按月上报渔民上岸安居工程经费安排和支出情况统计表,动态掌握各地配套资金落实、支出进度等情况。

【强化督导】将渔民上岸安居工程与财政改革工作调研、第二批教育实践活动厅领导联系点工作以及全省财政系统帮联工作紧密结合,加大推进力度。省财政厅将渔民上岸安居工程经费保障工作纳入财政改革工作调研的重要内容,明确要求各有关市、县(市、区)财政部门把思想和行动统一到省委、省政府部署精神上来,将实施渔民上岸安居工程作为第二批群众路线教育实践活动立行立改的突出问题,摆上重要议事日程,早日实现渔民上岸居有所住目标。以省财政对市、县财政部门帮联工作机制为载体,将推进渔民上岸安居工程纳入帮联工作的重要内容,各有关处室对各市、县(市、区)渔民上岸安居工程予以督导。同时,强化责任,明确一把手负责制,明确由厅长负总责,分管厅长具体负责,其他厅领导实行分片包干,各市、县(市、区)比照执行。

(厅经济建设处供稿)

推进社保基金保值增效

【概况】安徽财政坚持"建机制、强管理、提绩效"的工作思路,注重前瞻,坚持创新,全省社保基金保值增值工作顺利推进,基金收益提升明显。按照权责发生制计算,2014年,全省各项社保基金总体收益为57.2亿元,较上年净增20.2亿元,综合收益率达4.17%,高出全国居民消费价格指数2.17个百分点,连续三年跑赢CPI。2012—2014年间,全省社保基金综合收益率从3.13%提高至4.17%,三年收益率平均增幅达15.4%,三年间净增加利息收入32.9亿元。

【完善制度,规范全程管理】2012年后,安徽财政先后出台社保基金财政专户管理、保值增值管理、保值增效管理等系列办法,制度化、规范化始终贯穿于保值增值全过程。本省将城乡居民养老、医疗保险等9项社会保险基金全部纳入保值增值管理范围,并根据社保基金的特定属性,结合各项基金收支运行特点和支付需求,分基金分类别规定基金活期存款预留额度和保值增值额度的条件,确保基金保值增值效益最大化。多角度、多措施细化社保基金保值增效手段,最大限度避免各环节间跑冒滴漏的利息损失。一方面,加快基金调库进度,将社保基金征缴入库收入、财政补助收入划转调专库时间缩短至5个工作日,增加专户基金规模。另一方面,全面足额划转利息,规定社保基金滞留国库、收入户及支出户期间产生的利息均要及时清算并足额划入财政专户。建立财政部门保值增值工作半年考核、年度考核机制,其中年度考核通过聘请第三方机构对各地保值增效结果进行独立评审,结果接受审计、人大等部门共同监督。通过强化内控管理,加强监督检查,进一步保障保值增值工作规范化、制度化、科学化。设立定性、定量指标加强全省保值增值工作考评,考评结果直接报送省领导,并通报至各市人民政府。对保值增值管理成效显著、综合管理工作较好的市给予通报表扬和鼓励,对排名靠后市进行约谈指导,强化保值增值工作的责任感、紧迫感,提升保值绩效。

【分类实施,保障最大收益】按照地方社保基金保值增值渠道仅为购买定向债券和银行存款的现行制度规定,重点采取执行活期优惠利率、优化定期存款占比等途径提升基金综合收益。按险种逐条梳理现行国家规定的利率政策,如养老保险基金活期存款执行3个月整存整取利率,职工医疗保险按当年筹集、上年结转、历年沉淀分别执行活期存款、3个月整存整取、3年期零存整取利率。对国家没有明确规定执行优惠利率的险种,研究分析利率比照执行的可能性,并结合基金的使用率,进行利率收益测算。与相关财政专户存储机构会商,减轻社保基金活期存款执行优惠利率阻碍,通过正面激励,引导全省各地金融机构在充分执行国家规定优惠利率的基础上,进一步让利社保基金,并对所有社保基金财政专户活期、定期存款按最高浮动利率计息。本省各项基金活期存款均执行3个月整存整取并上浮到顶的优惠利率,收益较活期居民存款利息增加7倍,收益率达2.86%。其中,省本级、合肥市等地在此基础上,通过与金融机构二次协商,将活期存款利率提升至三年期零存整取利率,并按最高浮动利率计息,使活期存款利率突破3%,达到3.06%。对财政专户定存占比额度提出明确比例,制定社保基金保值增值短、中、长期规划,要求基金扣除按规定留用支付的额度外定存占比不低于80%、3年以上的中长期存款占比不低于定期存款的40%。2014年,本省社保基金定期存款已占全省社保基金年末存款的81%。

【创新改革,激发市场活力】在广泛调研的基础上,创新运用社保基金保值增值新模式,即在确保基金安全的前提下,通过竞争方式从与财政有存储业务往来的金融机构中选定社保基金定期存放银行,进一步提升定期存款收益率。采取主动登门、座谈交流、讨论协商等方法与审计、纪检监察、人民银行、银监局等相关部门和金融机构广泛沟通,明确社保基金开展竞争性存储是顺应利率市场化的要求,符合国家有关社保基金保值增值的要求,符合广大参保群众根本利益,争取各方对创新保值增值方式的理解和支持。在听取各商业银行意见的基础上,制定《安徽省省级社会保险基金竞争性存储操作规程》,设立安全性指标和收益性指标,明确以“一次竞争,二次竞价”的方式对定期存款存放进行竞争淘汰,在确保本金安全、收益有效的前提下,进一步提高定期存款收益。建立财政、审计、人社、纪检监察、人民银行等多部门参与的工作机制,坚持公开规范操作,保障改革平稳有序推进。2014年,省级社保基金成功开展4次存期13月的竞争性存储工作,累计金额120亿,平均成交利率为5.75%,较以往执行的一年期定期存款优惠利率(3.3%)相比,提高2.45个百分点,净增收益3.2亿元。省本级竞争存储工作顺利开展后,按照省领导指示,省财政厅及时推广实施,全省上下联动,取得良好成效。据统计,2014年当年,全省采取谈判、竞争等方式开展存储资金231.4亿元,占全省定期存款规模的19.4%,平均成交利率达4.82%。

(厅社会保障处供稿　陈中楼)

支持县级公立医院综合改革

【概况】安徽省县级公立医院综合改革于2012年9月启动,当年12月全面铺开。安徽省各级财政部门围绕中心、服务大局,主动参与改革设计、广泛深入调查研究、着力健全保障机制、全力加大投入力度,改革后财政对县级公立医院补助年均增长27.8%。

【主动研判形势】省财政厅始终坚持把医改摆在突出位置,先后就补偿内容及分担标准、医院债务、收支构成、社会办医、药品采购配送等问题开展一系列调研,形成专题调研报告,为省委、省政府决策提供重要参考。改革之初,针对县级公立医院的特殊性和复杂性,省财政厅筹集骨干力量、集中时间,对全省符合条件的县级公立医院收支构成、药品加成、财政投入等情况进行多方案模拟测算。在模拟测算和深入调研的基础上,省财政厅向省政府医改领导小组提出县级公立医院管理体制及运行补偿、绩效考核、内部分配、药品采购、人事管理等方面的改革思路和对策建议,推动全省县级公立医院综合改革形成总体制度设计构架。召开财政系统动员会和业务培训班，讲解相关政策，明确财政责任，要求在资金测算上要准、资金安排上要足、资金拨付上要快、资金管理上要严，切实保障改革顺利推进。2013—2015 年，省财政厅将县级公立医院零差率补助纳入省政府民生工程，叠加民生工程的强力推动机制，保障省委省政府的改革部署有效落实。

【明确改革方向】新医改启动后，省财政厅坚持理念创新，拓展公共产品，瞄准改革方向，按照“把基本医疗卫生制度作为公共产品向全民提供”的核心理念，在县、乡、村全面建立国家基本药物制度，实现国家基本药物制度在农村医疗服务体系网络中全覆盖。同时，全力支持基本和重大公共卫生服务项目实施，足额落实公共卫生补助资金，保障城乡公共卫生服务产品均等供给。医改中，省财政厅要求全省各级财政部门不能单纯地关注拿多少钱、花多少钱，而是坚持购买服务，在财政补助、医保谈判、大病保险、公共卫生等方面，通过政府购买服务的方式，明确任务数量、工作要求等，变“养人办事”为“办事不养人”，推动工作落实。围绕“日常运行靠服务、发展建设靠政府”的基本原则，省财政厅一方面着力“放权”经营，通过财政资金引导，提升医院自我管理、自主经营的法人能力，鼓励医院规范经营，提升服务，提高技术，以自己的经营能力争夺“医疗市场”；另一方面，鼓励民营资本办医，通过举办综合性医院、参与公立医院资产重组等方面，发挥市场机制作用，形成公平竞争的良好秩序。

【完善补偿机制】省财政厅出台《县级公立医院运行补偿管理暂行办法》，明确政府对医院实行“核定收支、定项补助、超支不补、结余按规定使用”的预算管理办法，并按照“以收定支、收支平衡、统筹兼顾、保证重点”原则编制预算。办法提出在收入方面，根据医院前三年医疗服务任务、医疗服务平均收入情况，并综合考虑医疗技术进步、医疗保障及需求提高和物价上涨等影响医疗收入的相关因素核定；在支出方面，分项核定医疗支出、财政项目补助支出、科教项目支出、管理费用和其他支出，保障政府对公立医院投入政策完善。本次改革的最大亮点在于全面取消县级公立医院药品加成，对医院因取消药品加成而减少的收入，一方面，采取政府间接买单，通过收取诊查费，由医保基金承担加成收入的近 75%部分。另一方面，采取政府直接买单，由省财政按诊疗人次承担加成收入的 25%部分，每年投入 2.5 亿元。省财政将结合全省县级公立医院诊疗人次（每个门急诊人次视为 1 个诊疗人次，每个出院人数折算 3 个诊疗人次，全省平均每诊疗人次补助 9.16 元）确定补助基数，并纳入一般性转移支付每年度给予补助。以后年度，诊疗人次的增加部分由县级财政统筹安排、按月核拨补助资金。同时，省财政厅出台《县级公立医院国有资产运行管理及绩效考核暂行办法》，在保证正常运转和事业发展的前提下严格控制医院对外投资。对经过可行性论证，且经过主管部门和财政部门审批的，可以按规定进行投资，但投资范围仅限于医疗服务相关领域和购买国家债券，不得从事非医疗服务相关领域和股票、期货、基金、企业债券等投资，不得使用财政拨款、财政拨款结余对外投资。将医院资产运营效果考核纳入医院总体绩效考核范围，并将考核结果与财政补助等挂钩，并强化对医院财务活动及相关经济活动的监督，包括预算管理、收支管理、资产管理和负债管理等全方位的监督，规范医院内部审计，提高国有资产和财政投入的效果。制定县级公立医院债务审计认定指导办法，将改革前的长期负债纳入同级政府性债务管理，解决县级公立医院发展建设的后顾之忧。此外，严格控制医院建设规模、标准和贷款行为，原则上禁止县级医院举债建设，严格禁止县级医院集资购买大型医用设备。

（厅社会保障处供稿　陈中楼）

推广运用政府和社会资本合作（PPP）模式

【概况】2014 年，省财政厅高度重视 PPP 推广运用工作，将推进 PPP 工作纳入全年财政工作重点，全省上下结合实际、积极探索、大胆尝试，取得初步进展。

【加强组织领导】省财政厅成立 PPP 工作领导小组，由厅长任组长，分管副厅长任副组长，相关处室单位负责人为成员。芜湖、安庆市政府已成立 PPP 领导小组，财政、发改、住建、国土、环保等部门参加,明确职责分工,理顺工作机制,为推广运用PPP模式提供有力的组织保障。芜湖市财政局经市政府同意,在预算科加挂PPP中心的牌子,牵头负责PPP工作。

【开展专题研究】结合本省实际,就PPP模式理论背景、PPP模式与传统政府投融资模式比较、PPP模式实践、当前推广PPP模式的瓶颈障碍及本省推广PPP模式的工作建议等内容开展专题研究,并形成《探索推进我省政府和社会资本合作模式研究》专题报告,进一步明确工作思路,为推进本省PPP试点工作打下基础。

【举办业务培训】举办全省政府和社会资本合作(PPP)专题业务培训班,邀请中国PPP专家、全国政府和社会资本合作培训班授课专家来皖,对中央在皖及省属金融机构负责人,省市部分平台公司负责人,各市财政局负责同志及业务经办人员进行专题授课,宣传PPP模式的理念和方法,分析相关案例。合肥、铜陵、黄山等市也分别组织开展培训。通过全方位、多层次的培训,各级财政干部的理论水平和实践能力得到提升。

【强化制度建设】根据财政部文件精神,结合本省实际,印发《安徽省财政厅关于推广运用政府和社会资本合作模式的意见》,从坚持稳步推进、科学选择项目、加强项目实施管理、建立保障机制等四个方面予以推进。下发操作指南、合同指南等一系列制度文件,PPP制度框架基本形成。

【推进项目试点】加强与行业主管部门的联系配合,积极筛选并向财政部申报示范项目。当年财政部将本省4个项目列入全国首批示范项目,总投资达239.33亿元,项目个数和投资金额均位居全国第二。12月29日,本省四个全国示范项目之一的池州市主城区污水处理及市政排水设施PPP项目正式签约,项目公司揭牌成立,并于次年1月1日正式运行。该项目采用"厂网一体"运营模式,将污水处理厂和排水管网项目整合,正式开启"厂网打包"PPP项目的"池州模式"。联合省住建厅,向社会公布城市基础设施领域73个PPP项目名单,项目总投资850.36亿元。项目涉及城镇生活污水处理、城镇生活垃圾处理、城镇供水设施、城市交通设施、生态环境等五个领域。

【加大扶持力度】为统筹安排相关专项资金支持城市基础设施建设,推进建立政府与市场合理分工的城市基础设施投融资体制,根据财政部有关文件精神,经与省住建厅等部门多次会商,本省当年从中央专项补助资金中安排8610万元,采取"以奖代补"方式对已经确定实施的PPP项目给予补助,其中新建城镇污水管网补助10万元/公里,养护管网补助3万元/公里,积极推动本省城市基础设施建设领域PPP项目试点。

【加强宣传和信息统计】在中国财经报、安徽日报、财政部网站等媒体上,广泛宣传本省PPP工作情况,营造良好舆论氛围,增强社会和公众对PPP的理解和共识。建立PPP项目信息统计制度,及时了解各地PPP工作进展,有针对性地开展工作指导,积极稳妥推广运用PPP模式。

(厅金融处供稿)

支持农村综合改革示范试点工作

【概况】2014年,根据《安徽省人民政府关于深化农村综合改革示范试点工作的指导意见》(皖政〔2013〕69号)要求,省财政厅从实际出发,围绕美好乡村建设和现代农业发展,按照统筹推进、重点突破,试点先行、分类指导,封闭运行、风险可控的原则,安排落实农村综合改革示范试点奖励资金3.48亿元(其中,中央财政预算安排2.28亿元,省级财政预算安排1.2亿元),继续支持20个试点县(区)开展农村综合改革示范试点工作。试点范围涉及306个乡镇、4014个行政村、392万农户、1502万农业人口和1703万亩耕地。根据国务院农村综合改革工作小组办公室安排部署,并结合本省实际,确立建立农村土地流转服务新机制、建立农村公共服务运行维护机制和建立新型农业社会化服务体系等为重点改革项目,并创新开展农村金融服务综合改革、农村承包土地确权登记颁证、全面清理核实农村集体"三资"等重点工作。

【建立农村土地流转服务新机制】加强政策引导,推进土地流转加快发展。本省出台《关于农村土地承包经营权流转若干问题的意见》,对农村土地流转的原则、支持重点、服务管理等提出具体明确要求。同时,全省16个市中有13个市和80%的县(市、区)出台具体政策措施,并安排财政引导资金,通过"真金白银"的政策支持,有力推动全省农村土地流转和规模经营的发展。加强主体培育，激发土地流转动力。各市、县(市、区)把培育土地流转主体作为重要抓手，实行奖励扶持政策，加大对种养大户、农民合作社、家庭农场等土地流转主体的培育力度，不断增强土地流转的内在动力和活力。同时，对流转期限长的规模经营主体，优先安排农田基本建设、土地整理、农业综合开发、水利、道路等建设项目，改善其生产条件，提高其抗风险能力。加强探索创新，丰富土地流转形式。全省形成以转包与租赁形式为主，托管、转让、互换、入股等其他形式为补充的土地流转格局。如亳州市推广“公司 + 基地”、“公司 + 合作社 + 基地”经营模式，仅谯城区十八里镇的现代农业示范区就有 9 家企业流转土地近 3 万亩，从事中药材规模化种植。黟县“十二都木竹林业专业合作社”转包农户荒山 830 亩，建设优质丰产油茶基地，立体种植良种香榧、山核桃，林农人均可增收 2000 元 / 年。潜山县源潭镇作为安庆市土地规模流转试点镇，通过规范试点，示范带动安庆市土地规模经营发展。强化管理服务，推进土地流转规范化。推进县(市、区) 农村土地纠纷仲裁机构和乡镇土地流转服务中心建设，指导土地流转双方签订规范的流转合同，及时调处土地流转纠纷，推动土地流转和规模经营健康发展。淮北市、合肥市普遍建立农村土地流转备案制度，各乡镇均配备土地流转联络员负责相关资料收集、整理、归档和管理工作。马鞍山市规范土地流转流程，从“申请受理—调查核实—信息发布—组织洽谈—签订合同—审查发证—资料归档—跟踪服务”八个环节上明确村、乡镇、县区各级服务机构的工作要求。黄山市制定《黄山市乡镇土地流转服务操作规范》、《黄山市农村土地流转服务中心建设操作规范》，初步形成以“一个办法、一套程序、四项制度”为核心的土地流转日常管理制度。截至当年底，全省 88%县(市、区)建立仲裁委员会、90%以上的乡镇土地流转服务中心挂牌，初步建立乡村调解、县(市、区)仲裁、司法保障的农村土地承包经营纠纷调解仲裁工作体系和管理服务体系。

【建立农村公共服务运行维护机制】依托民生工程项目管护，建立健全村级公益事业运行维护机制。针对工程类民生项目，省直各有关部门出台项目管护指导文件，要求项目所在地的市县和乡镇政府承担运行、管理和养护职责，健全完善项目后期运行维护制度，发挥农村公共基础设施长期效益。自 2011 年本省将一事一议财政奖补工作列入全省民生工程之一后，按照民生工程要求，省综改办制定下发《关于加强村级公益设施管护的意见》，要求各地在注重村级公益事业建设和发展的同时，更加注重村级公益设施管理和维护，实现建设与管护并重。同时，鼓励以“市场取向，社会化运作”的模式，实行“以钱养事”、购买服务等方式，探索村级公益设施管护新办法。如青阳县坚持建管并重，加大对一事一议财政奖补项目工程建后管护，2012 年按筹资人口每人 2 元的标准安排管护资金 45 万元，2013 年按农业人口每人 5 元的标准安排管护资金 112 万元，2014 年按农业人口每人 6 元的标准安排管护资金 135 万元。依托水库移民项目建设管护，开展农村公共建设管理体制改革试点。2012 年，省政府政府办公厅下发《关于开展农村公共建设管理体制改革试点有关问题的通知》，在全椒、金寨、南陵县开展农村公共建设管理体制改革试点，推行村民自选、自建、自管、自用和政府监管服务机制。村委会成为项目业主，对项目的决策、管理和监督负责，改政府代建制为村民自主建设。2014 年，本省共确定村民自建项目 710 个，总投资 14649 万元。依托农村环境整治，探索美好乡村建设基础设施管护机制。如青阳县出台《青阳县城乡人居环境综合治理工作考核办法（试行)》等文件，每年按农村环境综合整治区域每人 10 元标准纳入财政专项预算，以奖代补用于农村环境综合整治；乡镇按农村环境综合整治区域每人不少于 10 元标准，以奖代补用于农村清洁工程，2014 年县财政预算安排环境综合整治以奖代补资金 229.8 万元。潜山县将美好乡村建后管养融入农村环境卫生统一管理，明确农村环卫设施建设内容、配备标准和保洁措施，建立“户分类、村收集、乡镇转运、县处理”的垃圾处理模式。实行村民自筹和财政补助相结合的方式，县财政每年按村人口数人均 5 元标准对村级保洁人员工资进行补助，对每村垃圾收集和垃圾设备购置各补助 5000 元，对建成的美丽乡村建设点每个补助 3000 元，对乡镇垃圾中转站维护补助 3 万元，对乡镇中转站垃圾转运每年补助 200 万元，对垃圾处理厂运行补助 475 万元。依托小型水利工程改造提升，深化农村水利工程管理体制改革。省政府出台《关于深化改革推进小型水利工程改造提升的指导意见》,提出在全省实施“5588”行动计划,即:从2013年起,用5年的时间,采取5项改革措施(明确事权划分、理顺产权关系,坚持政府主导、鼓励多元投入,加强指导监管、支持自主建设,发挥工程效益、创新管护机制,配套扶持政策、培育市场主体),改造提升“8小水利工程”,到2017年全省有效灌溉面积达到80%以上。2014年,全省各级财政投入小型水利工程改造提升的资金为48.1亿元,其中省级资金13.9亿元,市级资金2.1亿元,县级资金32.1亿元。同时,出台《安徽省小型水利工程投资、建设和管护改革实施办法》,加强小型水利工程的建设和管护。

【建立新型农业社会化服务体系】本省将构造新型农业社会化服务体系、创建新型服务模式作为加快农业发展方式转变,推进现代农业发展的重要载体,制定下发《关于加快发展农业社会化服务的意见》,进一步明确发展农业社会化服务的思路和目标、工作重点、服务主体和政策扶持。以政府涉农部门和事业单位为主体,构建“一主多元”服务模式,即以政府涉农部门和事业单位提供的农业社会化服务为主体,企业、个人、专业合作组织提供的多元化农业服务为补充。“一主”即县、乡(镇)、村三级的农业社会化服务机构。“多元”主要有三种类型:市场提供的种子、化肥、农药和农机具等农业生产资料经营服务;农民专业合作组织为农民提供的多种合作服务;农业龙头企业提供的产业化生产经营服务。以培育主体为重点,用产业化经营推动社会化服务。如庐江县积极培育多元化农业服务主体,同步推进农业产业化经营和社会化服务,让公共服务机构、合作组织与龙头企业“三驾马车”共同发力,形成三位一体共赢的局面。该县以农业订单或契约为纽带,按照龙头企业+农户、龙头企业+合作社+农户、龙头企业+合作社+家庭农场、龙头企业+家庭农场等模式,组建农业产业联合体84个,有效提高农业社会化服务水平和抵御市场风险的能力。推行“四良”服务模式,提升农业社会化服务水平。如埇桥区探索建立和完善农业技术服务体系,大力推广“四良”服务模式,即良田、良种、良法、良制。在提供专业化服务的同时,加强服务规范化建设,实施统一供种、统一供肥、统一耕旋、统一机条播(机插秧)、统一开沟、统一管水、统一防治、统一收割、统一销售、统一秸秆综合利用的“十统一”服务规程。开展土地托管,依托专业合作社开展全程农事服务。如凤台县依托农民专业合作社,对农业生产的各类农事进行细化分解,开展“订单服务”和“土地托管”。该县杨村乡店集村,沿淝糯米专业合作社已托管农户承包耕地4753亩,托管的农户耕地每亩少投入近220元,粮食每亩却增产近260斤,实现效益近260万元。为保证服务质量,合作社与农户之间签订规范的土地托管合同,并对每户农民建立托管档案。实行“以钱养事”,在重大动物疫病防控中创新社会化服务。如庐江县对重大动物疫病防控实行“以钱养事”全县共设置130个防疫管理区,在防控管理区内对拥有资质的防疫人员实行公开竞争上岗,每个防疫管理区由1人承包或领包。同时,该县积极探索对完全由政府承担(纯公益性事业单位)的公益性服务,如农业技术推广等,建立职工薪酬与服务质量、服务效果和服务对象满意度直接挂钩的绩效评价体系。对主要由政府承担或委托(购买)的公益性服务,采取“定防区、定任务、定目标、定报酬、统一收费标准”的“四定一统一”的管理模式,推行“项目招标、市场运作、群众签章、政府买单、钱随事走、按绩取酬”的运作方法。开展农业生产全程社会化服务体系建设试点,探索建立农业生产全程社会化服务体系。本省2013年被列入全国农业生产全程社会化服务体系试点省范围,并选择在庐江、埇桥、凤台、霍邱、濉溪、龙亢等6个县(区、农场)进行试点。按照“政府购买服务、实行市场运作、服务差价收费、财政适当补助、农民直接受益”的总体思路,指导试点县(区、农场)着力培育经营性服务主体,加强公益性服务能力建设,创新社会化服务方式。截至2014年底,全省农机专业服务组织达7800个、病虫害统防统治组织9157个、工厂化育秧专业服务组织712个,分别较上年底增加151个、412个、200个。开展农业物联网试点,建立完善全省农村综合信息服务体系。2012年,本省启动农业物联网试点工作,以农业物联网为抓手,同步推进农业现代化。省政府成立农业物联网发展工作领导小组,出台一系列扶持政策,保障农业物联网试点工作的有序推进。省财政厅制定《安徽省农业物联网工程资金管理暂行办法》,

省财政安排专项资金2500万元，市、县财政也相应安排配套资金。同时，将实施农业物联网工程纳入农村信息化示范省建设范围，组织实施农业物联网重大技术专项，积极推进应用系统软件开发、传感器、数据采集终端、接口中间件、系统集成等关键技术研发。省级农业物联网综合服务平台于2014年基本建成，汇集省委组织部、省农委、省林业厅、省农科院等十多家单位的农业政策、农产品供求、农业科技、农村能源、农业气象等10类涉农信息资源。在此基础上，省级农村综合信息服务平台顺利建成，与1219个乡镇、13000多个村级信息服务站实现互通互联。开展高校农业科技推广综合服务试点，依托安徽农业大学建设新型农业推广模式信息化远程服务系统，包括建设新型农业推广模式远程培训系统，建设农业推广远程互动咨询服务系统，以及建设新型农业推广模式精准施肥服务平台等。

【促进农村金融综合改革】以改善农村金融服务为重点，坚持“商业可持续”原则，积极探索农村金融综合改革。如金寨县开展农村金融综合改革试点，制定《金寨县农村金融综合改革实施方案》，推进金融组织、体制机制、金融产品、服务方式“四项创新”，建立即征信、现代支付服务、农村保险服务、金融政策支持、财税政策支持、风险防控、考评奖励、金融知识教育培训等“八大体系”。2014年，在试点基础上，金寨县推动金融机构重心下移，网点下沉。徽银村镇行在南溪、古碑新设2家支行，江淮村镇行在白塔畈镇新设1家支行；县邮储行、农行、农商行在原有金融服务室基础上，新建金融服务室5个；在全县226个行政村建立起226个农村金融服务站，实现金融服务“村村通”。同时，围绕农业生产特色，创新推出“科技特派员联保贷款”(简称“科联贷”)、“金(金寨)生(生态养殖)通(信贷绿色通道)”、“种植宝”等贷款产品，2014年，发放“科联贷”贷款2700万元、发放“金生通”1250万元，发放“种植宝”100万元。凤台县探索设立“粮食银行”，成立凤台县凤禾农业发展投资有限公司，注册资金1000万元，拥有资产1亿元，为县粮食局下属国有独资公司，具体负责“粮食银行”运营工作。该公司坚持“政策性、惠民性、非盈利、可持续”的原则，将“粮食”视同“货币”，按照商业银行经营货币的思路，粮食银行吸收农户手中的余粮免费“储蓄”，视同现金存入银行获取利息；用粮企业到粮食银行贷粮视为贷款。同时，从制度上加强风险防控，设置四道安全阀，即第一道存粮储备，“粮食银行”至少保持30%的仓储保有量；第二道保险，当粮食上涨或下跌超过15%时，由国元保险公司对经营损失进行赔付；第三道期货，通过在期货和现货市场上进行“反向操作”，降低价格波动带来的风险；第四道县级储备粮，用来应对因粮价大幅上涨引起的挤兑风险。截至2014年底，该县粮食收存近3.5万吨、覆盖农户1336户；开展贷粮业务9笔、近5千吨，解决企业1200余万元的融资困难；提现228户、352万元；取粮257户、2721吨。“粮食银行”的运营，为农户解决粮食存储、保值增值和流通问题，农民不用费时费力晒粮、存粮，减少存粮损耗，并且实现粮食与货币的自由兑换；为粮食加工企业解决融资收购问题，有效缓解粮食企业周转资金不足的压力。埇桥区首创农村土地信托模式，与中信信托有限责任公司合作，首创农村土地信托模式，农户将承包土地作为信托财产，委托信托公司进行经营管理，定期获得信托收益。颍泉区积极探索以“三单一标一租赁”的方式推动农村金融改革，即：通过保单质押贷款、存单质押贷款、订单质押贷款、商标质押贷款和融资租赁方式，逐步解决发展现代农业融资难的问题。先后出台《颍泉区关于开展金融创新促进农业经营主体发展的实施方案》《农业保险扩大再保险方案》《颍泉区金保贷(保单质押贷款)实施细则》《颍泉区成果林林权抵押贷款实施实则》四个文件，探索开展金保贷保单质押贷款、金农保履约小额信用贷款、农业专业合作社联保金贷款、成果林林权抵押贷款、商标专用权质押贷款、家庭农场保证保险贷款等6个贷款产品，有效解决规模参保大户和特色农业保险大户的贷款难问题。

【支持农村承包土地确权登记颁证试点】2014年，本省被列入全国3个整体推进农村承包土地确权登记颁证工作试点省之一。省委办公厅、省政府办公厅转发《关于开展农村土地承包经营权确权登记颁证试点工作的意见》，明确用1年左右时间，全面完成20个试点县（区）土地确权登记颁证任务。本省成立领导小组，召开工作会议，开展业务培训，加强工作调度。20个试点县(区)积极推进，领导组织、工作机构、实施方案、业务培训、经费保障等工作普遍得到落实，二轮承包调查摸底全面展开，专业测绘机构招标工作有序开展。截至本年底，省、市、县财政投入资金3亿多元(省财政1.2亿元)，涉及20个试点县(区)的350个乡镇、4900个村、涉及耕地面积2347.8万亩；同时，在试点县(区)之外选择87个乡镇、869个村同步试点，涉及耕地面积520万亩。

【全面清理核实农村集体“三资”】在2010年农村集体“三资”清理核实的基础上，省财政厅、省农委联合下发《关于进一步清理核实农村集体资金资产资源有关工作的通知》，对农村集体“三资”进行清理核实，共涉及全省20个农村综合改革示范试点县（区）、344个乡镇，4258个行政村，清理核实面为100%。共清理出货币资金16.92亿元，村均39.73万元；各类资产(包括库存物资和集体投资)82.83亿元，村均194.54万元，其中，集体经营的土地、山场、水面等资源性资产427.72万亩，农户承包的耕地面积1562.01万亩，农户承包的山林面积1050.89万亩；债权10.81亿元，村均25.40万元；债务27.15亿元，村均63.78万元。

（厅综改处供稿）

推进33项民生工程建设

【概况】2014年，省财政厅认真履行牵头抓总职责，压实责任，加强调度，全省累计投入民生工程资金686.3亿元，33项民生工程目标任务全部完成，惠及全省6000多万人民群众。

【强化组织协调】召开专题会议和推进会议各一次，视频会议两次，专门部署调度民生工程。建立民生工程按月报告通报机制，一月一排名、一月一报告，对进度落后的市县进行通报。落实11月10日省政府民生工程专题会议要求，认真部署开展“回头看”，配合省政府督查室对六安等6市民生工程进行督查。强化制度建设，制定出台实施办法、资金管理、建后管养、绩效管理、购买服务、多元投入6大类60多项制度，推进民生工程制度化、规范化运行。

【推进购买服务】树立民生工程改革导向，出台《民生工程建后管养政府购买服务办法》，积极探索政府购买服务新模式，确保民生工程持续发挥效益。山区库区农房保险采取购买服务方式，在全省集中招标采购，户均保费由20元降到16元，节约财政资金1200万元。全椒县开展农村清洁工程购买服务，预算安排500万元，中标价格413万元，节省财政资金近20%。

【典型示范引导】对各市县111份实施民生工程的有益做法和管理经验，进行认真梳理、提炼，形成32篇典型案例，汇编成册印发部门、市县交流学习。如巢湖市中庙镇小陈村“十户轮值”清洁家园的做法，鼓励引导群众在民生工程建设、管理和维护中发挥主体作用。蚌埠、合肥、池州、宿州等市积极推进民生工程网上公示，主动接受社会监督。

【建立管养机制】研究出台《关于建立民生工程建后管养投入长效机制的指导意见》，探索建立财政投入一点、集体投入一点、群众投入一点、社会投入一点的多元投入机制，加强已建成50多万个项目的管理养护。协调省直部门制定24个工程类项目建后管养指导性意见，各级财政预算安排管养经费13.1亿元。

【开展三方评价】根据王学军省长在人大代表建议上“建议和情况应综合分析，切实加强有针对性地指导”和詹夏来常务副省长“请财政厅就这些年来实施的民生工程组织一次第三方评估”的批示精神，采取随机抽样、实地评价的方式，开展对农村文化建设专项补助、危房改造等8个项目的第三方评价。省人大、省政协领导对宿州等6市民生工程进行视察巡视。

【信息网上公示】制定出台《全省民生工程信息全程网上公示制度》，按照“依法公开、规范统一、责任明晰、积极稳妥”原则，全面推进民生工程信息网上公开公示，增强民生工程公信力和透明度。当年，合肥、蚌埠、六安、淮南等10个市制定出台民生工程信息公开公示办法，大部分市县启动民生工程信息网上公示工作。

（厅民生办供稿）

推进结对共建工作

【概况】2014年，为贯彻落实《省委办公厅转发〈省委组织部关于健全城乡基层党组织结对共建工作长效机制的意见〉的通知》(皖办发〔2014〕2号)要求，制定《关于进一步深化城乡基层党组织结对共建工作的实施意见》(财党组〔2014〕13 号),在保持上年 42 个共建村不变的基础上,增加国资预算处的东至县东流镇张岗村和担保集团第二支部的金寨县古碑镇余岭村 2 个共建村,继续采取"结对到中心村、帮扶到困难户、联系到财政所"的方式,从健全共建组织、丰富共建内容和完善共建机制三个方面全面推进结对共建工作。

【服务基层党组织建设】按照服务型基层党组织建设的要求,充分发挥结对共建在服务改革、服务发展、服务民生、服务群众和服务党员中的积极作用。注重加强党员教育管理,创新党员学习教育方式,落实党员干部直接联系群众制度,推动机关干部深入基层、服务基层,引导党员干部牢固树立宗旨意识,增强支部的战斗力和凝聚力。与村两委班子召开联席会议 154 多次,建立健全基层党组织各项制度,针对党建工作中重点难点问题进行探讨交流,加强支部战斗堡垒建设。

【服务财政作风建设】按照"三严三实"要求,弘扬焦裕禄和沈浩精神,深入基层,深入群众,结合领导干部帮扶困难户工作,组织慰问帮扶困难党员群众活动,开展志愿服务活动等。深入结对共建村,促进党员干部"结穷亲、接地气、转作风",进一步改进党员干部作风、增强群众观念、提高实践能力,巩固党的群众路线教育实践活动成果。与结对共建村党组织共同过组织生活 151 次,财政党员干部参加 333 人次,切实改进工作作风。各党支部深入结对共建村,走访慰问困难党员群众 412 户,党员干部自愿以特殊党费的形式捐赠慰问金(或物品)共计 22.63 万元。组织开展各种为民志愿服务活动 53 次,体现关爱他人、关爱社会的价值取向,推动志愿服务活动常态化。

【服务财政业务建设】坚持"走村、挂县、带乡",在结对共建中深入推进财政系统帮联工作,加强与基层财政部门沟通交流,指导财政预算部门会商、乡镇财政资金监管等工作,督促检查财政重点工作落实情况。结合民生工程建设,及时掌握财政强农惠农富农政策在共建村落实情况,充分征求村民的意见和建议,并将意见和建议作为制定和完善财政政策的参考和依据。全厅开展走访调研活动 193 次,征求意见和建议 323 条。积极宣讲财政惠民等政策 160 次,加强对各项惠民政策执行情况调研督查,确保相关政策落实到位,推动财政服务民生服务基层。

【服务美好乡村建设】通过帮助理清发展思路、落实发展项目、扶持群众创业、培育村集体经济等举措,推动农村产业结构调整,壮大特色产业,发展现代农业,促进农民增收致富和村级集体经济发展。以尊重村民意愿为原则,以普惠性为取向,以发展农村公共事业,美化村居环境为突破口,支持帮助共建村基础设施建设,支持发展教育、医疗、卫生、文化、体育等公共服务事业。帮助共建村建设生产生活设施 75 项,有效改善村民的生产和生活条件,赢得社会各界广泛赞誉。

(厅机关党委供稿)

开展"单位包村、干部包户"定点帮扶工作

【概况】2014 年,财政厅认真贯彻落实省委省政府关于"单位包村、干部包户"的决策部署,认真履行帮扶责任,扎实做好帮扶工作。

【建立工作组织运行机制】8 月 13 日,成立"单位包村、干部包户"定点帮扶工作领导小组,厅主要负责人任组长,分管厅领导任副组长,相关处室单位为成员,领导小组下设办公室,加强对定点帮扶工作的组织和领导。厅主要负责同志为第一责任人,分管厅领导为具体责任人,各处室单位主要负责人为直接责任人,层层压实责任,形成各司其职、各负其责的工作责任机制。厅党组谋划部署和通盘考虑全面工作,厅机关党委负责牵头衔接、统筹协调和联系对接,各处室单位协同配合,形成齐心协力、整体推进的工作运行机制。

【理清定点帮扶工作思路】召开 8 次定点帮扶工作会议,了解情况,摸清实情,谋划工作,部署任务。加强沟通联系,多次邀请颍东区区委政府负责人及区直有关部门负责同志参加财政厅定点帮扶工作会议,了解颍东区及吴寨村经济社会发展发状况,掌握扶贫开发有关资料,相互交换意见,共同商讨帮扶计划。厅班子成员 5 次赴吴寨村实地调研,详细了解村容村貌等有关情况,召开座谈会,听取群众意见和建议,进一步谋划"双包"帮扶工作思路、任务与举措。制定印发省财政厅《"单位包村、干部包户"定点帮扶工作实施方案》,明确帮扶

目标，细化帮扶任务，规范实施步骤，将初步确定的155个贫困户以自然村为单位分解到厅各处室单位，做到处室单位全覆盖，干部职工全参与。派出工作组入住吴寨村，开展为期1周的规划调研，走村入户听民意，田间地头察实情，准确分析致贫原因，从加快现代农业发展、培育特色产业、改善农村人居环境、建立精准扶贫机制等方面有针对性提出具体的帮扶措施，帮助吴寨村制定切实可行的发展规划。

【积极推进帮扶工作落实】准确把握精准扶贫要求，务实创新，因地制宜，不折不扣地落实各项帮扶任务。严格按照省选派驻村干部有关标准和条件，认真组织选派工作。9月25日，提前将厅驻村干部王锐同志送驻吴寨村。10月30日，率先成立正午镇吴寨村驻村扶贫工作队，5名成员全部到位，立即投入工作，并建立健全各项规章制度。向村民发放驻村工作队《连心服务卡》。按照省扶贫办部署要求，组织开展“扶贫日”捐款活动，共捐款90147元，并按要求第一时间交送款项。全部认领吴寨村3个扶贫项目，分解任务，明确相关处室单位协调落实。组织处室单位主要负责人或分管负责人及联络员，利用4天时间，分批分次对初步确定的155个贫困户全部走访对接，挨家挨户了解帮扶贫困户家庭人口、劳动力状况、家庭收入、经济来源等基本情况，进一步核实贫困户，分析致贫原因，因户施策帮助制定帮扶计划。通过合作社入股分红等方式，增加贫困户稳定收入。多渠道筹集扶贫救助基金，为特困户提供保障救助。帮助解决务工、就医和入学等实际问题。积极协助组建吴寨村集体合作社，培养并做大做强村级集体经济。帮助流转土地6200亩，发展规模农业。帮助引进西兰花、油牡丹等农业产业化龙头企业，扶持培育新型农村经营主体。协调有关部门，统筹整合有关资金，支持和帮助吴寨村加强基础设施建设和村级社会事业发展。

【推动帮扶工作常态长效】建立省财政厅帮扶处室单位、颍东区政府、吴寨村三级工作对接联络体系，并新建工作联络员QQ群。协调阜阳市财政局、颍东区财政局将吴寨村纳入结对帮扶点，强化系统联动，加强资源和力量的叠加。定期召开定点帮扶工作专题会，总结推广经验，研究部署工作任务。帮扶处室单位每季度报送定点帮扶工作动态，每半年梳理总结一次工作进展情况。统一制印《安徽省财政厅“双包”定点帮扶工作记录簿》，记录活动开展情况，收集整理工作资料，建立健全帮扶工作档案。厅领导结合分管工作，统筹安排时间深入吴寨村调研指导定点帮扶工作，对定点帮扶工作进行检查督促，参与分管处室单位的帮扶活动。定期督促检查各处室单位工作开展和任务落实情况，从落实责任、履行职责、组织实施及扶贫效果等方面组织开展包扶工作情况考核，将考核结果量化为一定分值纳入厅效能建设绩效考评。

（厅机关党委供稿）

开展财政会商帮联工作

【概况】会商工作开展以来，省财政厅不断健全会商制度、加大会商力度、提升会商水平，切实展现财政风貌、优化财政服务、提升财政效能。2014年全厅累计会商2588次，为预算部门和其他单位解决问题2826个。会商工作成为财政服务预算部门和单位、改进作风、提升效能、增进绩效的有力抓手，成为促进财政工作科学化精细化的有效方法。

【优化会商开展】一是会商工作成为重要议事日程。厅党组会和厅长办公会多次研究加强和推进会商工作，在原先出台会商工作暂行办法的基础上，先后两次补充下发关于加强会商工作的通知，要求各处室单位特别是财政支出处室通过走出去上门服务，把会商作为财政服务部门单位、加强沟通协调、发现问题、解决问题的一种重要手段和形式。二是领导带头进行会商。厅党组书记、厅长罗建国和其他厅领导带头主动与部门预算单位，就部门预决算编制、“三公”经费管理、专项资金管理、棚户区改造、高校财务管理、省级政府采购管理改革、财政工作宣传等重点难点工作进行深入友好会商，取得积极成果。据统计，全年厅领导带队会商124次。三是各处室单位多角度宽领域会商。各处室单位把会商列入月工作计划，集中力量、科学安排。根据工作需要，灵活采取上门会商、同步会商、联合会商、集体会商、重大事项专题会商等多种方式进行。进一步拓展会商覆盖面，将会商对象从部门财务处拓展到业务处室和二级机构，将会商内容从财政财务管理拓展到资产管理和债务管理等新领域。四是注重加强内部会商。在预决算编制、“三公”经费公开、省级国库集中支付、项目评审、涉企资金管理、政府购买服务、效能作风建设、财政巡查等工作中，厅内相关处室单位主动开展内部会商，有力有效保证财政各项工作顺利进行。

【扩大会商成果】一是沟通先行促共识。各处室单位在会商前做到议题准备先行，同预算部门单位商讨工作重点和难点，再结合财政总体安排和工作进度确定会商议题，做到预则立；政策准备先行，及时了解议题背景成因，梳理政策依据，做到未雨绸缪；通气准备先行，适时与预算部门沟通，确保会商取得积极成效。二是主动服务促转变。在与预算部门会商过程中时，深入部门、共同研究、共商对策，积极取得理解和支持；转变被动应对，主动当面交流、主动服务，使财政资金高效利用，使财政政策落地生根；转变简单粗放，在友好会商中传递制度依据、改革共识，使财政更好服务经济和社会发展。三是执行到位促落实。对会商成果注重抓好落实，切实渗透到具体财政工作中去。注重反馈到位，将会商成果“回头看”，及时将结果传达至预算部门单位，不断听取意见或建议，努力使财政工作提质增效。四是定期总结促提升。每月由驻厅纪检监察室汇总各处室单位会商工作情况并印发通报，总结会商内容和取得效果，宣传好的会商方法和经验，营造会商转作风、会商促改革、会商出绩效的良好氛围。

【深化会商成效】一是提高财政财务水平。进一步使预算编制、预算执行、财务管理、财政监督、专项资金分配、资产管理、债务管理等工作科学化精细化，着力公开、透明、规范，确保财政各项政策落地生根，更好地服务预算部门、服务经济社会建设、服务人民群众。进一步通过会商交流，从加强和改进预算执行、强化财务制度建设等方面，积极化解部门财务工作中的困难和问题，预算部门财务水平也得到有效提升。二是增强财政干部素质。干部素质体现在政治觉悟、知识储备、思想品德、工作能力等多方面。会商工作凝聚财政干部的辛勤努力，是知识水平、沟通交流、服务意识的集中体现，是践行岗位责任制、服务承诺制、办文办事限时制等效能建设规定的有力注脚，同时也有助于及时发现思想误区和知识盲区，不断锤炼作风、夯实里子。三是提升财政部门形象。在会商过程中，针对部门提出的一些亟待解决的问题，注重从财政形势、财政改革、财政政策等方面进行广泛宣传，让部门正确认识当前形势任务，明确深化财政体制改革的方向和要求，努力增进部门单位对财政的理解和支持，进一步树立财政主动服务、为民理财的良好风貌。四是推动相关工作同步落实。近年来，省财政厅通过开展会商，有力有效推进反腐倡廉、党的群众路线教育实践活动、机关党建、政风行风建设、财政体制改革、联系基层、“双包”帮扶和财政宣传等工作同步开展，做到财政各项工作的同部署、同落实。

【加强市县帮联】在做好省直预算部门单位会商工作的同时，省财政厅加强对各地市财政局和2个省直管县财政局的帮联工作。先后出台《关于进一步做好帮联工作的通知》、《关于开展财政帮联工作督查的通知》和《关于近期开展财政帮联工作的通知》等文件，进一步明确帮联工作的内容、责任和要求。在厅党组的重视领导和帮联处室单位的努力下，围绕财政重点工作，2014年先后集中组织1次专项帮联和4次全面帮联。

（厅监察室供稿　胡江华）

处室单位工作概述

财政政务工作概述

【概况】2014年，办公室紧紧围绕坚持忠诚正直、坚持勤学勤业、坚持服务协调、坚持守规自律的要求，积极参与政务，努力办好事务，认真理好财务，全力做好服务，较好地完成各项工作任务，全年获得各类荣誉表彰20余次。

【加强政务协调】一是抓好督查督办。细化分解省委常委会工作要点、省政府重点工作涉及财政厅工作任务，定期开展"回头看"，及时上报落实情况。牵头办理答复省委书记留言9条、省长留言及省长信箱5件，按时办理省委、省政府督办件、限时文和省领导批示事项近400件。牵头办理省人大建议、政协提案488件，办件量居省直部门第1位，办结率100%。认真做好厅党组决策部署的跟踪落实。二是抓好窗口建设。顺利完成财政窗口人员轮换和工作交接，先后出台窗口工作人员守则、办件档案管理等6项工作制度，深化窗口标准化建设，全年累计办理各类业务8000余件，窗口工作得到省政务服务中心肯定。三是抓好信访工作。完善《安徽省财政厅信访工作管理办法》，细化职责分工，规范工作程序，积极稳妥处理来信来访，全年接待来访群众37批86人次，妥善协调办理信访案件44件。

【完善信息宣传】一是及时报送信息。建立财政信息"包包制"，全室同志分工联系服务厅内处室单位。加强与省委办公厅、省政府办公厅及财政部办公厅的联系，及时整理报送厅党组贯彻落实省委省政府决策部署及财政部工作安排的情况，牵头报送财政中心工作进展情况，全年编发财政信息1029条，省委、省政府及财政部采用221条。二是扩大财政宣传。认真贯彻《安徽省财政厅关于进一步加强新闻宣传工作的意见》，年初制定新闻宣传工作要点，每月梳理宣传重点，加强与主流新闻媒体良性互动，把握节奏，规范流程，准确深入地开展财政新闻宣传，全年在中央和省主流新闻媒体上组织宣传报道600余篇(次)。三是推进政务公开。加强厅门户网站信息管理，完善信息公开平台，每日更新财政要闻、媒体聚焦、国内财经等栏目，全年厅门户网站发布信息6622条，答复公众咨询2961件，办理信息公开申请33件。

【注重基础工作】一是规范公文运转。印发《省财政厅关于进一步提高公文办理时效的通知》，进一步优化公文办理流程，健全公文登记制度，规范公文分办，加快公文承办，强化公文催办，严格管理考核，全年及时收办外单位来文6270份。二是强化财务管理。厉行勤俭节约、反对浪费，出台《省财政厅关于落实节约型机关建设的若干规定》，严格财务审批，严把资产购置关、使用关和报废关，在省直部门中率先公开预算，牵头开展厅属各单位2013年财务管理情况专项检查，完善车队绩效管理，严格"三公"经费管理，全年厅机关"三公"经费支出下降48.4%。三是规范档案保密。组织开展"保密委主任讲党课"活动，召开全厅保密工作座谈会，认真开展保密专项自查，进一步加强定密保密工作。加强档案标准化管理，开展电子档案系统升级，全年收集文书档案7116件，收集会计档案517卷，提供档案查询5500余件次。

【深化教育实践】一是完善制度办法。牵头起草《关于认真贯彻落实习近平总书记"三严三实"要求进一步加强作风建设的实施方案》、《关于巩固党的群众路线教育实践活动成果进一步加强作风建设的意见》、《省财政厅联系人大代表制度》等制度文件,巩固提升财政作风建设成果。二是做好联系服务。加强与省委活动办和省委督导组的对接联系汇报,牵头做好厅领导指导市县财政联系点开展第二批教育实践活动的服务协调工作,扎实做好厅教育实践活动文件起草、会议安排、会议记录、材料整理、汇报总结等工作,及时向市县推广交流我厅教育实践活动制度成果和实践成果。三是强化问题整改。深入践行办公室班子"五项公开承诺",逐条逐项深化班子和个人整改措施落实。深入学习贯彻"三严三实"要求,扎实开展"六项查摆",深入开展结对共建、部门会商等工作,广泛听取意见建议,认真查找并及时整改办公室作风及工作方面的问题和不足。

【强化队伍建设】一是抓学习交流。认真开展厅党组确定的八个专题学习研讨活动,通过内网办公平台"主任推荐"和"秘书交流"栏目学习推荐文章63篇,把学习与促进工作、学习与丰富生活、学习与陶冶情操紧密结合起来。完善"周五例会制",每位同志简要对一周所承担的重点工作进行"回头看",及时补缺补差。二是抓廉政建设。切实履行党风廉政建设责任制,积极组织全室党员干部参加警示教育,切实增强全员廉政意识。探索建立办公室17个岗位的内部控制制度,进一步梳理工作流程,排查权力事项和岗位风险点,强化流程完善和风险防控。三是抓文明创建。深入推进"四零"服务,加强效能建设,在抓常抓细抓小抓早上下工夫,推动全室同志时刻绷紧效能建设这根弦。全面加强办公室文化建设,积极参加"践行三严三实"专题研讨、青年工作座谈会、教育实践活动优秀文章评选、省直七运会等活动,充分展现全室干部职工的良好精神风貌。

(厅办公室供稿)

财政综合管理工作概述

【概况】2014年,综合处在厅党组的正确领导下、在兄弟处室的大力支持下,紧紧围绕全省财政改革中心工作,突出工作重点,注重工作创新,各项工作任务圆满完成。

【积极谋划推进财政改革】认真履行领导小组办公室职责,建立机关工作一体化、预算单位一体化、财政系统一体化的领导体制和工作机制。细化制定24个具体改革施工方案,明确改革的时间表和路线图。协调督促预决算公开、专项转移支付清理、各类存量资金管理、"三公"经费及财政供养人员管理、政府购买服务、政府性债务管理等6大财政重点改革任务的贯彻落实。提前谋划2015年财政深化改革的总体思路和重要改革事项,明确每项改革具体目标、完成时限和落实举措。开设"全面深化财政改革"内网专栏,定期公布和掌握各项改革任务落实情况。及时向省委改革办等相关部门报送改革进展情况。新华社等媒体多次报道本省财政改革做法和成效。省委规定财政厅年内完成、启动实施、试点探索的改革事项全部落实。

【进一步完善收入分配制度】经国务院、省政府批复,调整省直机关公务员津贴补贴水平,实现省直与合肥市津贴补贴"同城同待遇"。经省委常委会议、省政府常务会议审议同意,调整部分市县津贴补贴水平,统一各市(县)津贴补贴同一水平的分职级标准,进一步缩小区域间收入差距。积极配合财政部驻安徽专员办做好调节基金申报核查工作。会同省人社厅调整省直驻肥事业单位绩效工资,审核批复86家省直主管部门所属450家事业单位2013、2014年度绩效工资总量。

【稳步推进政府购买服务】制定全省政府向社会力量购买服务指导目录,印发政府向社会力量购买服务流程暂行规范。明确全省、省本级、市县三个层次推进全省购买服务工作路径,制定省直部门推进政府购买服务任务分解方案。从横向、纵向和内部三个方面搭建政府购买服务推进工作的组织协调与保障机制,强化工作沟通、协调、联系。2014年全省实际完成购买服务试点项目1041个,涉及资金94.6亿元。审核2015年省级财政政府购买服务预算，梳理40部门149个购买服务项目,预算2亿元。《中国财经报》等媒体先后10余次宣传报道本省推进购买服务具体政策和举措、成效。

【**规范行政事业性收费管理**】规范行政事业性收费目录管理,从12月1日起,在省财政厅官网上常态化公开全省行政事业性收费目录清单,目录清单之外的收费一律不得收取。推进涉企收费清单制度建立，不再办理涉企行政事业性收费立项审批。11月27日,省政府公布省级涉企收费清单。各地自行设立的价格调节基金一律取消,地方涉企收费清单收费项目不得超过省级、收费标准不得高于省级。继续免收出口商品检验检疫费、货物原产地证书费、煤炭原油天然气的矿产资源补偿费费,减免养老和医疗机构行政事业性收费。规范淮河河道采砂管理费和水土保持补偿费征收使用管理。配合物价部门核定研究生教育等4项收费标准，降低农机产品测试检验费等7项收费标准。

【**加强保障性住房资金管理**】对亳州、六安、芜湖、铜陵、滁州市及所属县(区)2013年公共租赁住房建设和专项资金拨付使用情况开展专项检查。按照财政部要求，全省公共租赁住房和廉租住房实现并轨运行。下达2014年中央和省级财政城镇保障性安居工程专项资金83.9亿元,统筹用于租赁补贴发放、公共租赁住房建设和城市棚户区改造。转发财政部《城镇保障性安居工程贷款贴息办法》,规范城镇保障性安居工程贷款贴息政策。

【**完善国有土地出让收支管理**】认真做好土地收支统计基础性工作，按季度上报国有土地出让收支情况。完善土地收支统计报表体系,建立土地收支月报和分析报告制度，定期分析全省土地出让供应和收支结构。配合财政部、国土部来皖开展土地增值收益调研。参与研究制定国家土地督察例行意见书省级集中自查整改工作方案。牵头协调、配合审计署开展土地出让收支专项审计工作,汇总审计意见及时报送省政府。牵头对宣城、黄山两市落实被征地农民养老保险费用及土地出让收入违规、变相返还等问题自查整改情况进行督查。代省政府草拟加强土地出让收支管理通知，提出严格土地出让收入征收管理等四个方面共计13条意见,报送省政府审议。认真做好从土地出让收益中计提农田水利建设资金清算工作，同步清算省及各市、县应补缴中央、省级统筹农田水利建设资金。

【**推进财政票据规范化管理**】印发加快推进财政票据电子化改革的指导意见，实施省级用票单位、县级财政部门财政票据电子化改革。对10家省直单位财政票据使用和非税收入收缴政策执行情况进行专项检查，进一步规范省直单位财政票据使用管理。做好新旧版医疗收费票据的衔接,完成省级医疗机构旧版医疗收费票据的核销。启用"安徽省行政事业单位伙食费、交通费专用票据",解决省内出差人员按规定交纳的伙食费、交通费票据使用问题。对2013年以来全省社团会费票据发放使用情况进行清理,启用会费电脑票,全面规范社团会费票据管理。从2015年1月1日起,取消财政"收费票据工本费"行政事业性收费项目,票据印制费实行财政分级保障。

【**加强彩票资金监督管理**】经省政府同意调整体育彩票公益金省与市县分配体制,由原来60:40调整为40：60，进一步扩大市县政府体彩公益金项目安排和资金使用自主权。委托会计师事务所对2013年全省彩票公益金筹集、分配及省本级彩票公益金使用情况进行审计。向省政府和财政部提交2013年度全省彩票公益金的筹集、分配和使用情况,并通过安徽日报等媒体向社会公告。规范预算编制管理,严格控制彩票机构人员规模,硬化预算约束。审核同意电话销售福利彩票方案和"勇攀高峰"等十款电话销售福利即开型彩票,严格审批彩票游戏派奖活动方案，审核彩票游戏玩法宣传营销方案,适度扩大彩票销售规模。参与中央彩票公益金支持示范性综合实践基地、乡村少年宫、农村幸福院、精神病人福利机构等项目审核申报工作。分配下达中央彩票公益金2.74亿元,支持144个未成年人校外活动场所、2个示范性综合实践基地、370个乡村少年宫、1526个农村幸福院、1个精神病人福利院建设,促进社会事业发展。

【**启动财政"十三五"规划编制**】组建厅规划编制领导小组和规划编制办公室。印发《关于编制安徽省财政发展"十三五"规划的通知》,明确规划编制的总体思路、主要内容和编制程序,严格规划编制工作责任,正式启动全省规划编制工作。

【**提高依法行政理念和水平**】先后出台政府购

买服务、收费基金管理、土地出让收支管理等18项制度办法。重大政策制定，按民主集中意见办。严格落实首问负责制、限时办结制、责任追究制，主动服务，加强与有关部门会商，做好财政帮联和结对共建工作，提高财政综合工作服务水平。全年会商次数达162次、结对共建6次、财政帮扶6次；共接待群众来访3次、办理网站咨询31条、答复各类意见函件150余件。强化内控管理，修改完善《行政事业性收费项目审批流程图》、《财政票据印制发放管理流程图》和《城镇保障性安居工程补助资金分配下达流程图》，对权力运行工作规则进行再优化，建立覆盖全处各工作岗位和关键环节的廉政风险防控管理体系，不断提高预防腐败工作科学化、制度化和规范化水平。

（厅综合处供稿）

财政税政条法工作概述

【推进营改增试点工作】截至当年底，全省共有营改增试点纳税人11万户，较上线之初的3.1万户增加254.8%。试点企业按期纳税，当年累计入库税款91.35亿元。试点减税效应明显，当年全省累计为企业减税46.4亿元。全省共计拨付3371户企业申请的财政扶持资金51.4亿元。扩围工作顺利推进，1月1日起营改增试点扩围到铁路运输业和邮政业，6月1日起营改增试点扩围到电信业，截至年底近千户企业完成申报纳税。加大营改增试点情况的跟踪问效，上半年对合肥、亳州、蚌埠、芜湖、马鞍山、池州六市进行营改增试点情况及电信业上线运行情况调研，梳理全省营改增试点过程中存在的问题并提出解决方案。全面梳理营业税数据，完成2011—2014年营业税基础数据的摸底统计工作，重点对员工制家政服务业政策执行情况进行了调研，提出对营改增后营业税各项优惠政策的处理意见，按期上报财政部，为下一步营改增扩围提出建议。

【顺利实施煤炭资源税改革】国务院决定自当年12月1日起，在全国范围内全面实施煤炭资源税从价计征改革，税率为2%～10%。省财政厅会同有关单位，10月底前全面完成清理涉煤收费基金清理，取消涉煤的价格调节基金，对矿产资源补偿费实行零费率，切实清费正税。请示省政府同意后上报本省适用税率拟定意见，经中央批准，本省煤炭资源税适用税率为2%。按照适度从宽的原则，确定洗选煤折算率。制定印发改革实施办法和相关配套文件，进行相关业务培训。加强改革政策宣传，组织召开全省煤炭资源税改革工作会议，传达中央关于资源税改革有关精神，部署改革任务、向省内主流媒体发出宣传通稿，激发改革的正能量。

【严格税收政策执行】按照现行税收法律、法规和政策规定，严把税收减免关。全年答复省财政厅内外征求税收优惠政策意见148件，杜绝区域性税收优惠政策的出台和越权减免税行为发生。全年单独或者会同其他部门制定和转发上级部门税政类文件62件，主办和协办人大、政协提案共5件。

【开展税式支出测算工作】召开全省2013年度税式支出测算工作布置会，对需要本省完成测算的190项税收优惠政策进行梳理，圆满完成财政部布置的税式支出数据收集测算任务。

【完成税源调查工作】8月份召开所得税调查数据的汇审工作会议，集中对本省所得税调查数据进行初审。本省最终上报1923户企业所得税税源调查数据，全部通过财政部审核。撰写《安徽省财政厅关于2014年安徽省企业所得税税源调查工作总结的报告》《安徽省财政厅关于2013年度企业所得税税源调查分析情况的报告》并按时上报财政部。选取当涂县作为税源调查工作直报点，马鞍山山鹰纸箱纸品有限公司等11家代表企业作为重点企业，每季度末将企业重要财务指标以网上直报形式报送财政部。本省2013年企业所得税税源调查工作获得财政部先进集体、先进个人以及优秀分析报告三项荣誉。

【扎实开展课题研究】省财政厅牵头完成关于开展合芜蚌自主试验区三项税收政策评估、企业固定资产税前折旧政策评估、小型微利企业所得税优惠政策实施情况评估的调研报告，并及时上报财政部。联合河北省财政厅、江苏省财政厅、广东省财政厅共同完成《研发机构设备增值税退免税政策执行情况调研报告》《残疾人就业增值税和营业税优惠政策执行情况调研报告》《关于农村集体建设用地流转过程中税制安排的调研报告》并汇总上报财政部。

【用好地方税政权限】经请示省政府同意,对重点群体和自主就业退役士兵从事个体经营,以及吸纳重点群体和自主就业退役士兵就业的企业,均按照国家规定上限执行税收扣减额度,推动创业、就业。

【认真组织三项认定工作】创新方式,完善公益性捐赠税前扣除资格认定工作,全年共认定安徽省出生缺陷救助基金会等10家基金会和社会团体为具有公益性捐赠税前扣除资格的公益性社会团体。省财政厅会同省国税局、省地税局发布《关于进一步做好非营利组织免税资格认定工作的公告》,通过省民政厅向符合条件的社会团体发放宣传材料,推进非营利组织免税资格认定工作,认定安徽省土地估价师协会等17家企业为具有免税资格的非营利性组织。参与高新技术企业认定工作,全年新认定企业1139家和236家复审通过企业,批准通过申请更名的高新技术企业66家。加强对认定工作中中介机构的规范管理,筛选公布符合高新技术企业认定中介机构条件的会计师事务所名单(共163家)。按照上年企业总收入,公布安徽省百强高新技术企业名单。截至当年底,全省共有高新技术企业2653家,全年减免企业所得税34亿元。

【积极申请政策支持】积极申请芜湖启运港政策,经多次汇报请示,财政部批准芜湖朱家桥港作为上海洋山港的启运港,试行启运港退税政策。围绕蚌埠、合肥两市分别设立皖北保税物流中心(B型)和空港保税物流中心(B型)的申报工作,省财政厅积极向财政部汇报,蚌埠皖北保税物流中心(B型)获国务院批准,并于当年底顺利通过验收,合肥空港保税物流中心(B型)报送至国务院待批。协助合肥设立综合保税区,积极做好审批服务工作,合肥市综合保税区于当年3月27日获国务院批准。年初,省政府专文向国务院申请设立芜湖、马鞍山综合保税区,省财政厅及时向财政部汇报,并专文就两市申报综合保税区情况向财政部提出申请。

【充分运用税收政策】会同国税、地税部门认真落实结构性减税政策。当年全省通过减、免、缓、抵等措施,各项税费优惠达452.63亿元(税收417.58亿元、收费35.05亿元)。深入贯彻落实国务院关于扶持小微企业发展的各项税收优惠政策,通过提高小微企业营业税、增值税起征点、执行企业所得税税率优惠和免除税务发票工本费等优惠政策落实,合计为全省小微企业减税11亿元,政策覆盖面超过99%。积极向财政部为本省中粮生物化学(安徽)股份有限公司销售以非粮作物为原料生产的燃料乙醇申请税收优惠政策并获批,为企业减免税收约5500万元。向财政部申请安徽国元农业保险股份有限公司9个保险产品保费收入免征营业税政策获批,每年为企业减少支出200万元。就合肥鑫晟光电科技有限公司提出的EL先导线项目享受新型显示器件产业发展的税收优惠政策,专文向关税司提出申请。按照省领导有关批示精神,12月2日,省财政厅分管厅领导带领税政条法处与马钢集团公司就马钢瓦顿公司涉税问题进行商谈。针对马钢集团提出其在向法国收购的马钢瓦顿公司出口的钢连铸坯料和半制成品,需征收进出口关税问题,省财政厅结合国家税收政策,提出两种解决问题途径。

【开展重点产品调查工作】9月15日,本省如期向财政部关税司上报699户重点产品调查数据、8项税目税率调整建议和一项基于本省白色家电产品调研的重点产品竞争力调研报告《我国家电产业国际竞争力分析及应对TBT策略——基于安徽省白色家电出口的SWOT分析》。

【推动地方财政立法】科学制定立法规划,积极承办和参与重要的财政立法工作。完成《安徽省财政监督条例》的立法工作,自当年3月1日起施行,成为本省财政第一部综合性地方法规。对《安徽省行政事业单位国有资产管理暂行办法》进行修订,按期上报省政府。《安徽省政府非税收入管理条例(送审稿)》上报省政府审议。《安徽省民生工程管理和保障条例》、《安徽省会计管理条例》被省人大常委会列为立法调研论证项目,并组织初稿撰写。全年累计办理财政部、省人大、省政府法制办等有关部门转来各类法律法规、部门规章及规范性文件征求意见稿139件,依法依规提出修改建议意见。完成《2013年度财税法规政策汇编》编印工作,发放全省财政系统使用参考。

【规范财政权力运行】在省直机关中率先制定出台《安徽省财政厅关于进一步规范财政重大事项决策行为的实施意见》,确定财政重大事项决策的范围、法定程序,严格责任追究等举措。落实依法行政依法理财责任制，继续实行厅领导与厅机关各处室单位主要负责人签订责任书，促进财政立法、决策、执法、政务公开、监督等工作事项责、权有机统一。梳理审核财政权力清单和责任清单，清理行政审批事项，确定取消、改变管理方式9项，保留5项，省财政厅成为行政审批项目最少的单位之一。同时对财政部取消和下放的行政审批事项，做好承接和衔接工作。

【办理行政复议案件】办理芜湖华夏光电有限公司诉宣城市财政局行政复议案件、公民吴丽蓉诉黄山市财政局行政复议案件等行政复议案5件，办理财政部和省政府复议财政厅行政复议案4件，合计9件，办理数量是前3年的两倍。妥善协调处理，使申请人和被申请人和解后撤销1件，按时、公平、公正地作出行政复议决定4件，提出行政复议答复书4件。得到财政部条法司和省政府法制办的一致好评。

【规范性文件制定管理】执行财政规范性文件制定、清理、修改、备案和审查工作制度，全年上报省政府规范性文件前置审查1件、备案8件，备案数比上年有所提高。制定、修订和完善各类制度209件。

【开展法治宣传教育】全年全厅共举办以会代训形式学法普法活动近20期，培训财政干部上千人次。组织全省财政系统干部职工参加全国宪法知识竞赛。在财政部举办的全国“依法理财思与行”征文活动中，全省财政系统通过广泛动员，共投稿314篇。经财政部评选，有6篇文章获奖，本省获奖稿件数与推荐征文数分别占全国12%，数量和质量均居全国第一位。组建省财政厅代表队参加全省依法行政知识电视大赛，从全省100多个单位海选中进入预赛，从23个单位预赛中进入决赛，从6个单位电视大赛决赛中获得三等奖。

【加强财政行政执法管理】按照行政执法资格证管理办法，向省政府法制办申报财政行政执法证审验注册，省财政厅机关255人财政行政执法证件参加年审，核减近3年来依法注销行政执法（监督）证件18人（其中，调离工作9人，退休9人）。积极协调省政府法制办，按期完成厅机关255人财政行政执法（监督）证件年审和新证换发工作。做好财政行政执法监督工作，凡省财政厅作出的行政处罚法律文书，均通过合法性审核会签，保证执法程序得当、公正公平。

（厅税政条法处　杨玉林）

预算管理工作概述

【概况】2014年，厅预算处坚持稳中求进、改革创新，突出完善制度、优化机制、健全体制，紧紧围绕“推进改革、强化管理、争取资金、调度收支、提升服务”，立足新常态，谋划新举措，预算工作取得新成效。

【改革任务落实完成】围绕财政厅改革要点和重点任务，制定“预算公开”、“专项清理”、“盘活存量”、“中期规划”、“优惠政策”、“支出挂钩”、“支出政策和供养人员”8个施工方案，覆盖全年所有预算改革任务，为改革顺利启动明确时间表、路线图。制定预算信息公开“3+1”制度文件，预算公开首次实现省市县三级全覆盖，提前一年完成财政部目标要求；出台一般性转移支付、省级财政专项资金及涉企专项资金管理办法，健全管理制度，专项转移支付项目和资金较上年分别压缩47.2%和33.8%；盘活存量累计收回结转结余资金近20亿元，年度执行中清理收回的存量资金全部转入预算稳定调节基金；启动中期财政规划编制，选择教育、社保、体育、医疗卫生、环保等重点领域试编三年滚动预算；提请省政府出台制度文件，清理规范财税优惠政策全面启动；预算审核由平衡状态向支出预算和政策拓展，财政供养人员“只减不增”要求全部落实。向省领导报送预算信息公开情况，王学军省长专门批示：“好！此项工作十分重要”。加大财政宣传力度，中国财经报、人民日报、财政部公众微信，分别对本省专项资金清理、转移支付制度等进行专题报道。12月15日，财政部情况反映第22期，在2014年地方深化财税体制改革情况综述中，对本省清理优惠政策、结转结余方面改革经验提及10次，位居全国第1位。

【资金争取取得突破】抓信息对接，密切工作联系，派员长期在预算司帮助工作，承担完成医疗卫生支出责任相关课题；强化政策衔接，派员参与预算司地方财政管理综合绩效评价工作，选派干部参与财政部均衡性转移支付测算。抓争取资金，当年中央下达资金510.11亿元,增加43.4亿元,总量占全国分配总额的6.15%,居全国第3位;下达基本财力保障机制奖补资金77.54亿元,增长12.4%;下达重点生态功能区、革命老区、资源枯竭城市等转移支付26.76亿元,增长9.4%;本省财政管理综合绩效评价得分居全国第6位,县级平均得分居全国第4位。

【收支调度实现预期】面对预算管理新常态,紧盯预期目标,压实市县责任。加强收入调度,强化数据分析,算清税收账和非税账,详细测算16个市收入预期,精细分析4个资源型城市收入情况,提高收入调度针对性和有效性,为省政府调度收支当好参谋助手。同时,全面加强收入调度,实行日报管理,调度到市、调度到人,确保全年财政收入的平稳增长。加快支出进度,制定预算支出进度考核办法,建立通报约谈工作机制,运用财政会商帮联载体,并强化激励约束,多措并举加快财政支出进度。本省支出进度多次获财政部通报表扬。

【预算编制提质增效】围绕拓展周期、公开评审和充分沟通,扎实做好预算编制工作。提前编制预算,2月份完部门预算批复,3月份下发通知,5月份召开布置会,6月指导市县全部启动预算编制,拓展预算编制周期性。推进预算公开评审,修改预算评审论证办法,延长评审周期,拓展评审范围、优化专家结构、做实评审内容。在上年15部门16个项目基础上,拓展到25个部门32个项目,提高预算安排的透明度和科学性。规范重点支出挂钩,对农业、科学、教育等支出取消同经常性支出增幅和生产总值挂钩,改变先确定支出总额再填项目的编制方式,并作为重点支出予以保障。注重协调扁平推进,重视部门会商和处室沟通,及时吸纳合理建议,充分尊重部门和处室意见,提高预算编制科学性;建立扁平化联系机制,做好全员参与、包片会商、分工衔接。

【管理服务能力提升】围绕一个提升、四项服务,改进处室作风,提升工作效能。建立六项制度(公文运转、风险防控、公章管理、职责分工、AB岗、网站宣传)、七本记录(支部学习、领导走访、处室会议、结对共建、会商帮联、带薪休假、公文办理)、八个台账(财政收支、支出进度、请示汇报、资产管理、改革进展、联系基层、月度计划、信息宣传)的内控体系,使处室管理程序化、痕迹化、效率化。坚持换位思考,围绕指标管理、数据提供、办文会签和审计协助,主动为兄弟处室做好后勤保障。同时,对处室一些急办会签文,按照特事特办、急事急办的原则,加班加点核实政策,又好又快办复办结。服务基层,坚持系统一体,加强市县预算指导,提前通气改革要求,及时沟通增支政策;坚持结对共建,加强服务和对接,使千坪村经济发展进入快车道。坚持主动联系人大,围绕预算法贯彻、人大决议落实、预算改革创新,8次专题汇报落实情况,得到省人大财经委、预算工委充分肯定。做好两会服务工作,创新报告形式,积极贯彻预算法,主动回应落实人大决议要求;在编印《财政预算参阅材料》的基础上,新增编印《安徽预算图文读本》,通俗解读财政预算和财政政策,得到代表、委员和媒体人士一致认可。制定联系人大代表工作方案,起草致省人大代表的一封信,主动征询代表意见建议。牵头组织参加各代表团对预算报告的审议,及时梳理意见105件,对于具体明确的意见于1月29日前全部正式函复代表。

(厅预算处供稿 周剑峰)

财政国库管理工作概述

【概况】2014年,财政国库工作以强化自身建设为基础,以推进各项管理改革为重点,以保障资金安全、提升资金绩效为目标,紧紧围绕主题主线,扎实推进各项工作,国库管理与改革取得积极成果。

【国库集中支付制度改革继续深化】按照“纵向到底、横向到边”的改革要求,省、市、县、乡四级财政全部实现国库集中支付制度改革。当年2月,省属院校专户管理的非税资金纳入国库集中支付范围。

【公务卡制度改革不断深化】积极推进公务卡管理制度改革,顺利实现省、市、县、乡四级政府全覆盖,进一步修改完善《安徽省省级预算单位公务卡管理办法》,督导省级预算单位严格执行公务卡强制结算目录。

【预算执行动态监控系统效果明显】下发《安徽省省级国库集中支付动态监控管理暂行办法》,规范监控内容、方式、预警核查、违规处理、监控职责等,并抄送各市县参照执行,监控的实时性和全面性有效提高。

【国库支付电子化管理加速推进】2014 年底,电子化管理实现省本级所有预算单位、代理银行和人民银行业务全覆盖,并向地市积极推广。

【完成财政决算汇编并充分利用决算数据】认真贯彻"真实、准确、全面、及时"的八字方针,严把政策审核和数据质量关,统筹协调,全面完成全省财政总决算和部门决算编审工作, 在财政部 2013 年决算评比中,本省部门决算和财政总决算分获一等奖和三等奖;决算数据利用得到充分发挥,全年为省级及各处室提供决算数据查询 50 余次, 决算对预算编制、执行和管理起到了重要的参考作用。

【按时偿还国债转贷本息切实维护政府信誉】积极做好公益性国债转贷项目转拨款的核对、计算、申请、落实工作,印发《关于 2014 年国债转贷还本付息的通知》,督促市县级有关单位按时偿还债务。

【成功发行地方政府债券】及时报送本省发行账户等相关信息,在省人大批复调整预算后,第一时间向财政部报送本省 2014 年度债券发行计划。本省地方政府债券 3 年期和 5 年期各 69 亿元,7 年期 35 亿元分别于 8 月 15 日和 9 月 24 日顺利发行。

【有效盘活财政存量资金】开展省级专户资金存储考评和竞争性定存改革, 全年办理定期存款 81 亿元,到期利息 2.1 亿元,新增利息 1.9 亿元。开展 4 期共 100 亿元国库现金运作,到期实现利息 3.19 亿元,新增利息 2.84 亿元。全面清理压缩财政暂付款暂存款,严格控制、坚决杜绝违规新增对外借款,保持暂存款只减不增。

【政府综合财务报告试编进展顺利】扩大试编范围,将权责发生制政府综合财务报告试编范围扩大到全省所有市县明确提出推进改革的工作目标及实施步骤。组织开展全省试编工作培训,制定重点改革任务施工方案,协助中国社科院编制本省政府资产负债表事宜召开相关部门座谈会议。截至当年 8 月底,全省所有市县均顺利完成试编工作并上报财政部国库司。

【深入推进政府决算信息公开】制定公开工作方案, 严格部门决算公开工作规程, 明确公开主体、时限、内容、方式。召开新闻媒体吹风会,介绍公开背景、工作进展以及公开解读等情况。8 月 29 日, 省级 115 家预算单位集中公开 2013 年度部门决算及"三公"经费决算。加强对市县公开工作指导,各市县 9 月底前公开工作全面完成。

【规范财政专户和预算单位账户管理】转发财政部《关于核准安徽省存量财政专户有关情况的通知》,统计汇总省、市、县三级财政专户存量,逐一进行核查,对保留核准、撤销以及待定财政专户一一进行甄别,将初审建议上报财政部。严格按照财政部《关于核准安徽省市县级存量财政专户有关情况的通知》进行撤销整改。联合人民银行合肥中心支行对省级预算单位银行账户进行统计,摸清省级各预算单位银行账户数量、类型以及存量资金情况。

【健全资金安全管理内控机制】规范资金收付流程,强化岗位分工与职责规定,加强印鉴和档案保存、使用管理,建立健全多层次对账制度,充分运用电子信息技术,实现资金收付各环节之间有效制衡,提高资金运行安全性和透明度。

(厅国库处供稿)

政府性债务管理工作概述

【概况】2014 年, 按照厅党组的统一部署和要求,债务办(绩效处)围绕"规范管理、提升绩效、夯实基础、服务发展"主题主线,进一步创新举措,提升效能,政府性债务管理和预算绩效管理工作有序推进、成效初现, 处室建设和党支部建设有声有色、氛围良好。在厅效能建设绩效考评中荣获厅机关非支出管理类效能建设先进单位称号。

【强化学习教育】积极拓展学习交流平台,坚持正面教育、自我教育为主,把学习教育贯穿政府性债务管理和预算绩效管理工作全过程。一是注重理论学习。坚持把学习教育放在支部日常建设的重要位置,高频率、集中式地召开支部学习会,特别是对于党的十八届四中全会、党的群众路线教育实践活动工作会议、中央改革领导小组会议、中央经济工作会议及省委省政府有关会议等一些重大学习任务,做到及时传达学习。全年召开支部学习会共计 32 次。二是丰富学习内容。学习厅党组理论学习会议和罗建国厅长推荐的系列文章,精心准备会议发言材料和学习心得体会。创新学习形式,丰富学习内容,组织开展学习讲坛,邀请专家学者座谈交流政府性债务管理实务、预算绩效管理工作等内容。丰富完善内网室主页“学习园地”栏目,每月每人推荐上传1篇以上学习文章,增强学习主动性,全年上传学习文章238篇;定期购买学习书籍,发放全室党员,着力营造书香处室的浓厚氛围。三是强化廉政教育。积极参加财政厅组织的观看廉政电教片和图片展,接受警示教育,集体观看拒腐防变教育片《卡住公款送礼》《作风建设永远在路上 落实中央八项规定精神政风肃纪纪实》组织阅读《来去无尘——一位财政部长的生前事》、《安徽省财政厅党的群众路线教育实践活动读本》等书册,提高全室党员干部的政治自觉、思想自觉和理论自觉,加强党务、业务知识储备,提升业务水平,凝聚智慧合力。

【夯实制度基础】坚持巩固制度建设成果,创新办法举措,推动各项工作落实到位。一是狠抓制度执行。按照省编办批复的工作职能和厅党组研究决定的工作职责,以及《厅政府债务管理办公室工作规则》,狠抓各项管理制度执行。结合年初制定的《2014年政府债务管理办公室工作要点》,合理制定月度工作计划,倒排工作进度,落实责任到人,月末认真分析梳理,不断总结完善提高。二是明确职责分工。进一步梳理行政权力清单和责任清单,明确处室每位同志的岗位工作内容、应负责任和AB岗关系,强化对权力运行的监督制约。当年加挂预算绩效管理处牌子后,为确保全员参与,及时分解细化任务,确保各项工作见事有人、落地有声。三是广泛征求意见。坚持面向基层、联系实际、加强调研,采取请进来、走出去的方式,在制定各项管理制度前广泛征求市县财政部门的意见建议,力求出台的政策办法集思广益、精益求精、符合实际,经得起历史和实践的检验。特别是在党的群众路线教育实践活动中,共征集到对加强政府债务管理工作的16条建议,均逐项研究整改措施进行制度完善和整改落实。

【深化改革创新】紧紧围绕“规范管理、提升绩效、夯实基础、服务发展”的主题主线,按照厅党组的统一部署和要求,进一步深化改革,创新举措,政府性债务管理和预算绩效管理工作有序推进,成效初现。一是推进政府债务管理“深改”。通过建立管理体制、健全管理制度、严格举债审批、开展风险预警、强化责任追究,既支持地方经济社会发展,又防控区域系统财政金融风险。国务院印发《关于加强地方政府性债务管理的意见》(国发〔2014〕43号)后,积极研究跟进,抓好贯彻落实,为省政府代拟并以省政府名义印发《关于加强地方政府性债务管理的实施意见》(皖政〔2015〕25号),从规范政府新增债务、甄别处置存量债务、强化债务风险管控等方面提出加强和规范政府债务管理的具体措施。认真组织开展存量债务清理甄别工作,为将政府债务从2015年起纳入预算管理奠定基础。二是加强预算绩效管理。按照厅党组的要求和预算绩效管理工作专题会议的部署,稳步实施,深入推进,进一步健全工作机制、夯实制度基础、促进上下联动,牢牢把握部门自评和财政重点评价两个抓手,不断扩大绩效管理改革覆盖范围;压实厅绩效处、监督局、评审中心等牵头处室单位的第一责任,厅相关业务处室单位的直接责任,以及省直预算部门的主体责任,各负其责,共同参与,发挥专长,凝聚合力,充分发挥绩效处在预算绩效管理工作中的“龙头”带动作用。

【狠抓作风建设】将作风建设贯穿于党建工作和业务工作之中,持之以恒,常抓不懈。一是丰富活动载体。进一步完善会商制度,坚持定期会商与不定期会商相结合,主动赴省发改委、人行、银监局、国土厅等和政府债务管理有业务关联的部门单位开展工作会商;加强对淮南市财政局的财政帮联,定期对黟县雉山村党支部开展结对共建活动,努力提高全室党员的政治自觉、思想自觉和理论自觉,增强队伍凝聚力和向心力。二是坚持依法行政。把“依法行政、依法理财”观念贯穿于加强政府债务管理和预算绩效管理工作全过程,力求出台的每一项政策都合理、合法、有效。派员参加全省依法行政知识电视大赛,进入决赛并获三等奖。三是深化群众路线教育实践活动成果。自觉贯彻落实中央、省委八项规定和厅党组30条要求,坚决执行中央厉行节约反对浪费等有关要求,不断强化为民服务、为民理财的宗旨意识,提升工作效能,锤炼党性修养,着力打造一支务实、高效、清廉的债务管理干部队伍。

(厅债务办供稿　韩晓峰)

行政财政财务管理工作概述

【概况】2014年,行政处以制度创新为主线,以提高制度执行力为抓手,着力健全公务支出财政财务管理制度和支出标准体系,推进厉行节约反对浪费长效机制建设,严控"三公"经费等一般性支出,努力做好新常态下财政行政财务管理工作。

【构建公务支出制度体系】围绕构建上下统一、规范严密的厉行节约反对浪费制度体系,认真调查研究,加强面上指导、上下沟通,修订完善国内差旅费、培训费使用、公务接待费、因公出国(境)经费等各类管理办法,不断健全公务支出制度。本省成为最先完成厉行节约反对浪费制度建设任务的六个省份之一,获得财政部通报表彰。

【加强"三公"经费管理】建立全口径"三公"经费支出统计报表制度,全年累计报送各类分析报告21篇。制定"三公"经费只减不增施工方案,对全省各级财政部门和预算单位提出明确要求,确保"三公"经费支出只减不增。建立"三公"经费支出专项督查制度,开展省直单位"三公"经费专项检查工作。督促指导对口联系部门和帮扶市县公开2013年度部门决算及"三公"经费决算,全面完成全省"两项决算"公开工作。本年,省级"三公"经费支出同比下降19.1%,三公"经费支出得到有效控制。

【做好联系服务部门工作】支持全省民族村、民族自然村及其他少数民族聚居区经济社会发展,行政处工作获得充分肯定,受到国务院通报表彰,被授予"全国民族团结进步模范集体"荣誉称号。制定《安徽省村级集体经济发展专项资金管理办法》,切实发挥选派工作资金使用效益。改革财政资金分配方式,采用竞争性分配方式分配旅游重点项目补助资金。加强涉企资金管理,将旅游涉企项目资金纳入财政涉企项目资金管理信息系统。参与起草《安徽省人民政府关于促进旅游业改革发展的实施意见》,推动皖南国际旅游文化示范区建设。制定信访专项资金管理办法和操作流程,提升信访工作效能。

【着力推进重点改革】按照厅党组统一部署和清理整合规范专项转移支付资金要求,主动上门会商省委组织部、省旅游局、省妇联、团省委、省民委等重点部门,宣传中央和省关于压缩专项转移支付资金的相关政策,圆满完成专项转移支付清理整合"双压缩"任务。牵头协调完成财政部门承担的公务用车改革任务,全程参与省公务用车改革领导小组办公室工作,参与制定公车改革方案。同时,指导市县做好本地区公车改革有关统计分析工作。实施省以下质监系统体制改革,及时下划人员基本支出,加大对市县质监监管投入,理清资产债权债务关系,保证省以下质监系统管理体制改革的稳定实施。改革创新财政资金管理方式,进一步加强和规范各类专项资金管理。规范行政单位资产管理,结合会商工作,督促部门自查自纠,推动对口省直部门国有资产使用管理得到进一步规范。

【加强处室全面建设】坚持学习为先,教育为主,切实提高支部党员干部政策理论水平和综合修养。积极开展支部结对共建,通过各种形式加强结对村的联系对接,服务结对村经济发展和美好乡村建设。主动开展"两纲"成员单位结对共建,确保财政厅圆满完成"两纲"帮扶共建工作任务。把部门会商作为优化服务、转变作风、提升管理的重要途径,对口联系部门会商范围实现100%全覆盖,全年累计会商611次,解决实际问题577个。落实省市县财政预算信息公开帮联制度,赴对口帮联市马鞍山市召开帮联工作座谈会3次。会同省质监局开展《质监检验检测机构分类改革及财政政策研究》课题研究,提出促进检验检测机构做大做强的财政政策建议。

(厅行政处供稿)

政法财政财务管理工作概述

【概况】2014年,在厅党组和分管厅长的领导下,财政政法工作扎实有序推进,被财政部评为优秀等次并给予专项资金奖励。省委常委、省委政法委书记徐立全批示:"我省法律援助工作在全国位居先进行列,这与财政的支持是分不开的。近年来,省财政不仅加大经费支持力度,而且创新经费管理方式,保证经费使用规范、安全、有效,基本满足了为困难群众提供法律援助服务的需要,为维护社会公平正义作出了重要贡献。谨向财政部门表示衷心的感谢”。副省长方春明批示:“感谢省财政厅的支持。法律援助越来越重要,希望省司法厅、财政厅紧密合作,拓宽法律援助范围,让更多群众从中受益”。

【推进“五项改革”】一是社会治理领域改革。认真做好牵头协调工作,推动社会治理领域改革任务全面落实,推进基层综治维稳信访工作中心(站)、社会服务管理信息化建设,支持全省立体化数字化社会治安体系建设,支持完善法律援助制度,建立“警民联调”工作机制和人民调解、人民陪审员、人民监督员等制度。2014年,全省社会大局持续向稳,群众对社会治安安全感和满意度不断提升,全省群众安全感达到93%。二是省以下法、检财物省级管理改革。认真组织开展省以下法院、检察院财物省级统一管理调研,全面梳理全省法院、检察院人员、经费及资产等基础信息,撰写专题调研报告报送财政部。配合省委政法委研究制定安徽省司法体制改革试点总体方案及相关配套方案,初步提出省以下法院、检察院经费、资产省级统一管理办法。三是户籍制度改革。加大经费投入,支持建立和完善全省人口信息管理系统,为户籍制度改革奠定基础。会同有关部门进一步推进户籍制度改革,逐步弱化落户限制,取消农业户口与非农业户口性质区分及衍生的相关户口类型,实行统一的居民户口制度,并建立居住证制度。四是工商登记便利化改革。加大省工商登记管理信息化建设投入,保证工商登记便利化改革需要。支持注册资本登记制度改革,变注册资本登记实缴制为认缴制,将年检制度改为年度报告公示制度,推进工商、税务、质监部门“三证合一”改革。工商登记便利化改革,有力地激发了市场主体活力。截至当年底,全省新登记内资企业12.5万户,同比增长58.8%;新登记外资企业598户,同比增长26.7%。五是国家司法救助制度改革。会同省委政法委等部门研究制定《关于建立完善国家司法救助制度的实施意见(试行)》,要求将国家司法救助资金列入同级政府财政预算,对遭受犯罪侵害或民事侵权,无法通过诉讼获得有效赔偿生活困难的当事人或其近亲属,给予适当经济资助。

【抓好“五项管理”】一是预算执行。实行预算执行责任落实机制,建立预算执行报告及通报制度,实行预算执行约谈制度。2014年政法处预算执行情况总体良好。二是制度建设。先后会同有关部门制定《公安机关财务管理办法》《关于政府购买法律援助服务的指导意见》《县级公安机关公用经费保障标准》,以及在押罪犯和强制隔离戒毒人员伙食按实物量标准供给政策等一系列制度,切实做到以制度管事、依制度办事。三是工商经费下划。根据省委办公厅、省政府办公厅要求,从当年1月1日起,省以下工商行政管理机构(含所属事业单位)的经费保障工作由同级人民政府负责。2014年,全面完成省以下工商系统经费管理体制下划工作,省财政共划转市县经费约9.66亿元。四是车辆改革。牵头组织执法执勤车辆改革,参与公务用车改革方案研究制定,拟定省级执法执勤用车改革意见。五是综治联系点工作。进一步做好社会管理综合治理联系点工作,赴省财政厅社会管理综合治理联系点——芜湖市鸠江区,督查指导社会管理综合治理工作,并深入鸠江区派出所、司法所等基层进行实地调研,帮助解决基层困难。

【提高支出绩效】一是积极推进绩效评价工作。指导联系部门制定绩效评价目标、指标体系和考核办法,推动省级政法部门开展资金绩效自评工作,按期完成2013年政法转移支付资金绩效评价工作。二是推进政府购买服务。认真开展政法机关政府购买服务研究,完成《关于政法机关购买服务问题研究》课题报告。会同省司法厅制定《关于政府购买法律援助服务的指导意见》,将本省承接政府购买法律援助服务的主体扩大为包括社会组织、公益类事业单位和其他机构。2014年,省级部门预算安排省公安厅购买辅警服务、省法院购买审判辅助服务、合肥海关购买协管员等经费252万元。三是开展项目投资评审。委托省财政投资评审中心对省检察院院史陈列室项目进行了投资评审,核减投资88.6万元,资金核减率达到27.8%。

(厅政法处供稿)

教科文财政财务管理工作概述

【概况】2014年,教科文处按照厅党组的各项部署,深入学习贯彻党的十八届三中全会精神,紧紧围绕财政中心工作和教科文事业改革发展的需要，坚持立足全局、改革创新，进一步强化预算财务管理，创新体制机制，突出工作重点，加强内部管理，着力转变作风，积极促进教科文领域基本公共服务均等化，推动教科文事业又好又快发展。

【加强预算与财务管理】一是完善省直教科文部门预算管理办法。本着“强化内控、硬化预算、优化配置、提质增效、推进改革”的目标，在总结近年来财政厅一系列预算管理改革和实践操作的基础上，制定出台《安徽省省直教科文部门预算执行实施办法(试行)》。二是强化预算支出指标管理。制定《2014 年省直教科文部门预算变动明细表》、《2014 年省直教科文部门预算执行分单位分科目明细表》《2014 年待细化资金下达情况明细汇总表》《2014 年教科文处预算支出指标单》等，实行实时登记制度，全面掌握每笔资金变动情况，提高预算执行管理水平。三是编制预算执行控制表。继续完善编制项目预算执行进度控制表和政府采购预算执行进度控制表，全面反映各部门全年项目预算的月度执行计划，提高预算执行的计划性和前瞻性。四是制定处室支出指标管理内部规定。根据《安徽省财政厅关于进一步加强预算支出指标管理的通知》精神，制定《教科文处预算支出指标管理内部规定》，进一步细化处内人员在指标管理环节的流程和责任，强化相互审核、监督，增强资金、干部的安全性和高效性。五是推进 2015 年预算编制工作。实现 2015 年省级专项转移支付项目数量和资金规模比上年双压缩三分之一以上。对 22 个归口联系部门预算安排的专项转移支付进行全面清理，省直教科文部门专项转移支付由 38 项 40638.1 万元，调整为 19 项 22000.1 万元，项目数压减 50%，资金压减 45.9%。以专项资金清理后的项目为基础，按照上下级政府合理分工、政府与市场各负其责等原则，进行严格审核把关，有序推进部门预算编制工作。六是注重审计监督结果运用。配合做好审计、监督检查发现问题的整改落实工作。针对审计部门、厅监督检查局反映省委党史办、省体育局、省社科院、省文联虚列财政支出等违反财经纪律的行为，督促部门整改，积极跟踪问效，立即收回相关专项资金。按照省领导在安徽广播电视台审计反映上的批示精神，多次上门会商，详细分析审计报告反映问题，从预算管理、内部控制等方面，提出针对性整改措施，形成《关于加强安徽广播电视台预算财务管理的若干意见》，加强对部门财务指导，防范财务风险。七是积极争取中央资金支持。主动与财政部沟通协调，着力争取中央财政资金支持，共获得中央追加补助资金 135.6 亿元，较 2013 年增加 12.7 亿元，增幅为 10.4%。其中，教育资金增加 11.2 亿元，较上年增长 10.1%；文体传媒资金增加 1.5 亿元，较上年增长 13.5%。

【支持教育重点领域综合改革】一是支持学前教育普及发展。支持创新办园模式，尝试公办民营、奖补资助、改扩建校办附属园等方式，初步形成政府主导、社会参与、公办民办并举的格局。投入 8 亿元，支持改扩建公办幼儿园，扩大学前教育资源；大力扶持民办幼儿园发展，改善民办幼儿园办园条件；鼓励城市多渠道多形式办园和妥善解决进城务工人员随迁子女入园。二是促进义务教育均衡发展。累计投入义务教育保障资金 62.4 亿元，惠及全省城乡义务教育阶段 610 万名在校学生。继续提高义务教育保障机制公用经费标准，农村义务教育公用经费，提高到年生均小学 625 元、初中 825 元；特殊教育公用经费提高到年生均 4000 元。投入资金 2.2 亿元，支持实施农村义务教育阶段学校教师特设岗位计划，在岗的特岗教师已经达到 17850 人，改善农村教师队伍结构。投入 2750 万元支持“三区”人才支持计划教师专项计划，向贫困边远地区选派支教教师 2750 人。三是完善各类教育资助政策。逐步完善“奖、贷、助、补、减”有机结合，覆盖全面的教育资助体系。投入各类学校学生资助体系资金 21.7 亿元，全面保障高等教育国家奖学金制度、国家励志奖学金制度；高等教育、中职、普通高中国家助学金制度和校内贫困学生资助制度；中职学校家庭经济困难学生和涉农专业学生免学费制度等各项政策落实到位，惠及学生 93.7 万人次。四是全面改善基本办学条件。投入资金 16 亿元，支持实施全面改善农村义务教育阶段薄弱学校基本办学条件，并会同相关部门制定实施方案(2014—2018 年)，扎实推进“全面改薄”计划实施。投入 2.42 亿元，支持集中连片特困地区，改善普通高中学校办学条件。实施农村义务教育学生营养改善计划，投入资金 6.1 亿元，保障全省 12 个试点县 4379 所学校的 98 万名学生享受到免费营养餐。安排 3842 万元，启动实施第一批乡村教学点在线课堂建设，缩小城乡之间教学差距,提高农村教育教学质量。投入 2213.2 万元,支持省基础教育两平台环境建设,加快推进全省基础教育信息化进程。五是支持职业教育做大做强。深入调查研究,结合本省实际,提出创新多元投入、加快体制机制改革、激发办学活力以及鼓励引导社会力量兴办职业教育的财政政策措施的建议,被省政府出台的"皖政〔2014〕81 号"文件吸收。会同有关部门印发《安徽现代职业教育体系建设规划(2014—2020 年)》,投入职业教育综合奖补资金 6.1 亿元,支持全省职业教育院校改善办学条件和人才培养,提升职业教育内涵建设。六是推进高校内涵式发展。调整本科高校生均拨款经费支出结构,安排专项经费 30 亿元,启动以"六项能力提升计划"为主要内容的"支持本科高校能力提升计划";安排专项经费 5 亿元,支持以"建设高水平高校建设"为主要内容的"高等教育振兴计划"。

【支持科技项目资金管理改革】一是积极落实创新型省份建设资金。根据委省政府出台的《关于实施创新驱动发展战略进一步加快创新型省份建设的意见》,自 2014 年起,省财政每年安排 10 亿元专项资金,并要求各市县设立专项资金配套,合力推进创新型省份建设。二是完善创新型省份建设资金办法。经报省政府同意,联合省科技厅印发《安徽省创新型省份建设专项资金管理办法》,明确专项资金使用及管理应体现"四个突出":一是突出改革精神;二是突出绩效评价;三是突出杠杆作用;四是突出创新要素集聚。三是扩大创业投资引导基金融资效应。2008 年,省财政安排首期 5 亿元创业(风险)投资引导基金。2014 年,省创业(风险)投资引导基金总规模达 8 亿元,引导设立 18 只创业投资基金,资金总规模达 54.7 亿元,省财政资金放大效应达到 6.8 倍;累计共投资 150 个项目,总投资额达 78 亿元。四是积极推进省高新投组建工作。按照省政府部署,积极配合省科技厅等部门组建安徽省高新技术产业投资有限公司(简称"省高新投"),支持省创业投资引导基金整合到省高新投,按照市场化和开放式原则运作,通过吸引相关市政府出资、募集社会资本,发起设立混合所有制的专项子基金。省高新投注册资本 50 亿元,首期发起设立总规模 70 亿元的 3 支股权投资基金,并顺利完成签约工作。五是着力聚焦各类科技专项扶持重点。省财政继续安排近 3 亿元科技攻关计划、科技成果转化与扩散等项目资金,紧紧围绕创新型省份政策,集中支持八大战略性新兴产业和各地首位产业、特色优势产业发展,着力提升科研项目层次和质量,推动科技与经济融合。六是贯彻落实国务院科技项目资金改革意见。积极会同省科技厅草拟全省贯彻落实《国务院关于改进加强中央财政科研项目和资金管理的若干意见》(国发〔2014〕11 号)的意见,对现行科研项目和资金的管理流程重新梳理、定位,以适应改革要求和市场需求,并积极按照科技部、财政部《关于深化中央财政科技计划(专项、基金等)管理改革的方案》精神,谋划本省财政科技计划管理改革工作。

【支持文化体制机制改革创新】一是支持公共文化服务信息化建设。统筹中央和省级专项资金 1287 万元,建设 261 个乡镇、51 个社区、27 个街道公共电子阅览室。以文化信息资源共享工程网络设施为基础,依托各级公共图书馆、乡镇、街道文化站、社区文化活动室,推动实施公共电子阅览室建设工程。二是支持农村文化建设。统筹中央和省级财政资金 1.4 亿元,整合农村文艺演出活动、农村电影放映、农家书屋运行等农村公共文化活动,支持实施农村文化建设专项补助。在国家对每村补助 1 万元的基础上,当年省级一次性提标 0.2 万元,覆盖全省 15539 个行政村。三是支持公共文化场馆免费开放。统筹中央和省级财政资金 1.5 亿元,推动全省 105 个图书馆、120 个文化馆、7 个美术馆、1283 个乡镇综合文化文化站、89 个博物馆全部免费开放。投入 2280 万元,支持全省 38 个体育场馆免费或低收费向社会公众开放。四是支持广播电视村村通建设。安排省级转移支付资金 5820 万元,支持保障广播电视"村村通"建设,扩大广播电视的有效覆盖,不断提高广播电视,尤其是农村广播电视的基本服务水平,进一步扩大政府公共文化服务覆盖面。五是支持文化强省战略实施。安排省级文化强省建设专项资金 1.5 亿元,其中,采取贷款贴息和资金补助方式支持文化产业发展项目 34 个,以资金补助为主支持文化精品创作生产项目 35 个,持续支持省属院团设施更新改造、重点舞台艺术剧目创排等,扶持省属演艺院团项目 16 个。进一步简政放权,切块安排市县资金 5180 万元。专项安排省级体育彩票公益金 4000 万元，支持保障全省第十三届运动会顺利举办。六是支持文化惠民消费季活动。统筹文化事业建设费1700万元，支持首届安徽文化惠民消费季活动。配合研究建立一整套风险防控工作机制，引入社会中介机构，确保财政资金支付安全准确、及时到位，切实提高财政资金使用效益。据不完全统计，整个文化惠民消费季期间，全省2304万人次参与文化消费，消费总额90.43亿元，较去年同期增长43%。七是加强国有文化资产管理。加强省属文化企业财务监督，梳理统计五大文化企业2011年、2012年财务数据，形成专题报告，翔实反映省属文化企业资产规模、结构、盈利能力等资产和财务状况，提交省领导参阅。同时，批复同意安徽出版集团发行中期票据、资产重组等，支持盘活国有文化资产，推动省内新闻媒体资源整合组建"安徽新媒体集团"，鼓励省属文化企业主动引入金融资本、社会资本，兼并重组，推进转企改制文化企业成为合格市场主体。

【支持推进其他重点工作】一是配合做好重点改革。教科文处联合或配合相关部门牵头落实的改革任务26项，参与落实的改革任务13项，涉及经济体制和行政体制、文化体制、社会治理体制、社会事业体制4个领域。针对重点改革任务，全处同志逐项梳理，探讨工作要点和实施方案，绘制时间表和路线图，围绕科技项目资金管理、提升公共文化服务水平等提出切实可行的意见和措施。二是推进政府购买服务。在9个部门安排35个政府购买服务项目，涉及资金94881万元。积极督促部门制定《安徽省人口计生委关于政府购买服务实施方案》，明确政府购买服务实施步骤和具体要求。会同部门出台《关于采取政府购买服务方式开展"送戏进万村"活动的通知》，统筹各级财政资金6837万元，采取政府购买服务方式，统一项目要求，统一采购条件，统一群众测评，推进全省开展"送戏进万村"活动，为每个行政村送一场正规演出。三是理顺部门预算管理。按照国家和省政府统一部署，积极推进部门撤并工作。协调相关处室，划转预算管理关系，将原省人口计生委2014年预算执行和2015年预算编制，交由厅社保处统一管理。会同预算处，推进省新闻出版局和省广电局预算整合，做好省委宣传部预算管理划入衔接工作。配合省科技厅等部门，完成30家科研事业单位经费预算管理关系划转工作，将科研事业单位财务统一交由原行政主管部门管理，实现科研事业单位人、财、物的统一管理。四是强化部门绩效自评。按照财政厅统一部署，教科文处归口联系的21个部门共安排28项绩效评价项目，涉及资金2亿元。加强与部门会商研究，提高绩效评价的质量和水平，督促部门按时完成相关任务。开展绩效运行监控工作，切实保证部门按时按质完成绩效评价工作。五是加强国有资产管理。召开联系单位财务负责人、资产负责人和经办人员会议，共同学习财资〔2014〕430号文件精神，讲解政策，对规范省级行政事业单位国有资产使用管理工作进行全面部署。要求各单位报送《资产管理责任工作分工表》，明确资产整改工作单位主要负责人、分管负责人、责任处室和具体经办责任人，压实各单位责任人员。就资产整改与省教育厅、省科技厅等部门前期资产检查的问题及时会商，督促各部门对所属单位进行布置。会同资产处、非税局相关负责同志赴省广播电视台就上划台站的资产管理工作进行调研会商，协调督促整改工作。

【加强处室党建综合工作】一是加强学习研讨。营造学习理念和氛围，倡导先进的学习理念，把学习引入工作，使工作、学习有机结合，相得益彰。营造良好的学习氛围，充分利用处室"微型图书角"、"报刊集中区"等，倡导学习活动。丰富学习内容和形式，在内容上，以党组中心组专题理论学习为重点，联系教科文本职工作，学习业务与技能。在形式上，从处室讨论学习、参加集中学习、总结梳理提炼入手，抓好全过程学习。构建学习机制和制度，健全责任机制，每个专题明确专人负责，将学习组织、综述材料落实到人，及时按照工作部署开展学习、报送材料等。健全激励机制，探索团队学习、互动式学习、共享式学习，通过全员参与学习讨论，引导每位同志反思发现自身不足，使全处同志动起来、比起来，激发潜能。二是规范文档管理。完善文件管理制度，明确专人负责接收、拆封、登记、编号来文，并根据领导批办意见负责文件催办，做到紧急公文跟踪催办，重要公文重点催办，一般公文定期催办。创新文档存储管理，利用厅局域网，建立"内部处室共享文件夹"，重要来文、正式发文及答复意见、通知便函等,正文及附件全部扫描,电子化登记、存储,全处人员直接共享共用文件夹中所有资源,方便快捷,提升效率。三是深化结对共建。年初赴霍邱县乌龙镇陡岗村,与村两委班子商讨结对共建方案。“七一”期间,支部积极慰问共建村困难群众和老党员。两支部积极开展党建工作经验交流,共享党建工作信息,拓宽党建工作视野。四是做实部门会商。积极推动会商工作,会商方法上突出“三坚持”:坚持常态化,每月月初即与省直教科文部门制定当月会商计划,科学把握会商节点;坚持全覆盖,坚持“走出去”主动上门与“请进来”邀请座谈相结合,与22个省直教科文预算部门开展会商;坚持重宣传,积极向部门领导宣传财政管理新精神、新要求,广泛深入宣传相关财经法规。会商内容上,突出“三结合”:结合厅中心工作,根据每月财政财务工作重点,把厅中心工作列入会商工作重点;结合预算执行调度,将预算执行调度作为每次会商的重点议题,加强跟踪指导调度;结合重大问题导向,遇临时突发临时性事项,立即主动上门会商。五是强化调查研究。深入基层、实际、群众,加强调查研究工作。先后开展高校内部控制制度、鼓励社会力量支持教科文事业发展机制、省属文化企业国有资产经营情况等多项调研,形成专题调研报告,总结实践,分析形势,剖析问题,提炼思路,切实提高决策科学化、管理精细化水平。

(厅教科文处供稿)

经济建设财政财务管理工作概述

【概况】2014年,经建处在厅党组的坚强领导下,主动适应经济社会发展新常态,努力做好“稳增长、促改革、调结构、惠民生”各项工作。

【加大基本建设投入力度】积极发挥投资拉动经济增长的关键作用,持续优化政府投资结构,争取中央预算内投资158.2亿元,同比增长21.2%。安排82.2亿元支持重点水利工程建设。统筹安排交通建设专项资金193亿元,重点支持全省高速公路、国省干线公路、水路交通和铁路建设,有效构建我省综合交通运输体系。筹集35亿元消化公路基础设施建设历史债务,有效化解债务风险。创新棚户区改造投融资机制,成立棚户区改造理事会,组建省级融资平台,争取国开行贷款额度949亿元,占全国19%。同时,加强项目管理和绩效评价,建立基建项目库和项目备案制度,提高资金拨付效率。

【构建粮食财政政策体系】做好对农民补贴发放,累计通过“一卡通”直接兑付种粮农民补贴资金72.4亿元。落实国家对内地棉花主产区补贴,争取1.6亿元支持47个种粮大户试点县建设。以第二名成绩进入危仓老库维修改造重点省建设范围,统筹资金9亿元,提升粮食仓储能力。落实粮食主产区转移支付政策,争取产油产量大县资金24.4亿元,商品粮大省、生猪调出大县奖励资金4亿元,支持农业生产。消化挂账3亿元完成粮食二轮挂账消化任务。加强省级储备粮油管理,上缴价差收入6000万元,拨付省级储备粮油承储企业保管费用、利息补贴近2亿元。

【大力支持经济转型升级】培育和发展战略性新兴产业,安排5亿元,通过贷款贴息、后补助等方式支持战略性新兴产业、省主导产业和各市首位产业发展。中央、省、市三级财政累计安排资金12.6亿元,加快推进国家战略性新兴产业集聚试点。构建财政支持区域经济均衡协调发展政策体系,安排10.3亿元支持皖江示范区内各类示范园区建设。投入8亿元支持皖北和大别山地区发展,积极参与省委、省政府关于加快皖北发展实施意见起草工作,及时分解落实各项任务。继续安排5000万元专项用于支持皖南文化旅游示范区建设。鼓励各地开展园区共建新模式,向皖北合作共建园区注入资金8亿元,支持共建园区建设。积极争取国家新型城镇化综合改革试点,安排地方债资金42亿元选定9市25县开展金融合作。支持节能减排和新能源开发利用,争取中央奖励资金8亿元,加快新能源汽车推广应用。争取中央资金2亿元,提前预拨2015年资金2亿元,加快推进铜陵市全国节能减排财政综合试点。争取中央资金3.6亿元,加快市县污水处理设施及配套管网建设。会同有关部门支持合肥环巢湖和黄山市列为国家生态文明先行示范区。

【构建资源节约环境友好型社会】建立大气污染防治财政政策体系,统筹安排16亿元,支持秸秆禁烧及综合利用、黄标车提前淘汰、工业企业脱硫脱硝等大气污染防治项目。安排5000万元支持全省环境能力建设。建立约束机制,按比例扣回市县奖补资金1.75亿元,从制度上引导地方政府推进大气污染防治工作。统筹安排补偿资金5.2亿元,争取国开行项目贷款56.5亿元,推进新安江生态补偿试点。启动实施大别山水环境生态补偿省财政安排1.2亿元,六安、合肥市分别安排0.4亿元,共同设立补偿资金。推进国土资源保护和整合,安排高标准基本农田建设省以奖代补资金31.75亿元,提高粮食生产能力;安排地质找矿资金6.8亿元,支持开展省内重点矿种勘查;安排2亿元,支持"三线三边"矿山地质环境治理、采煤塌陷区治理和地质灾害防治;安排1.1亿元,支持全国地理国情普查和基础测绘更新。

【提高民生保障水平】做好渔民上岸安居和"老字号"资金保障工作,及时下达渔民上岸资金2.3亿元,全省105个县(市、区)首批符合到龄发放条件的人员数据已全部提交经办机构,并已开始发放。强化安全生产改造,安排奖补资金2800万元关闭退出35户烟花爆竹生产企业。强化产品流通体系建设,安排6400万元支持新农村现代流通服务网络建设。支持工会事业发展,加强工会经费账户和资产管理。

【推进财政经建管理创新】深化部门预算管理,加大专项转移支付清理整理力度,整合资金14.2亿元。运用涉企信息管理系统,加强资金项目监管。盘活存量资金,主动收回部门资金近2亿元。加大矿产资源资金统筹力度,完善征地管理费、矿产资源补偿费征收缴库方式,拓宽全省重点工程建设资金筹措渠道。强化部门会商,实现科学调度,全年累计支出608.6亿元,支出进度达到99.21%。争取国家改革试点,全面推进对口管理的12项国家级试点示范。推进政府与社会资本合作,召开城市基础设施领域PPP新闻发布会,向社会发布PPP项目42项,总投资710亿元。统筹安排8610万元,采取"以奖代补"方式对城市污水管网PPP项目给予补助。

【进一步转变工作作风】深入推进处室帮联帮扶工作,推进阜阳市收支预算、预决算公开、重点工作完成等方面工作;赴石台县高路亭村和歙县承狮村开展结对帮扶;全面推进部门会商,妥善解决重大问题。加强政治业务学习,开展谈心活动,营造健康工作环境。加强宣传工作,提升财政经建形象。落实岗位廉政风险防控制度,实行风险等级管理。

(厅经济建设处供稿)

农业财政财务管理工作概述

【概况】2014年,农业财政工作围绕贯彻党的十八届三中、四中全会和中央、省委1号文件精神,进一步转职能,转方式,转作风,加快支农资金管理改革,创新支农资金使用机制,健全农业支持保护体系,不断提升资金绩效,为全省农业稳产增产、农民持续增收以及农村和谐稳定作出积极贡献。

【保障重大任务完成】围绕省委、省政府"三农"工作部署,优化支出结构,保障支农投入,健全农业支持保护体系。全年统筹投入农业财政资金144.2亿元,较上年增长14.9%。特别是通过积极争取,获得中央专项转移支付资金94.6亿元,增长14.1%,有效增强对农业发展的财力支撑和保障能力。一是支持土地确权登记颁证试点改革。筹措试点工作经费,积极争取中央财政支持,会同相关部门向农业部、财政部争取,使本省成为全国整省推进土地确权登记颁证3个试点省之一,获得中央财政资金2.35亿元。省财政多方筹措资金1.2亿元,累计按照15元/亩标准,对首批开展试点的20个国家农村综合改革试点示范县给予补助,大大缓解基层支出压力。二是支持小型水利改造提升工程。根据皖政〔2013〕66号文件精神,继续将支持实施"5588"工程作为支农重点工作来抓。一方面,出台《推进涉水项目资金整合支持小型水利工程改造提升实施办法》,规范资金使用管理。另一方面,以"四个同步"为突破,即:同步政府投入与社会投入、专项资金投入与整合部门投入、省以上投入与市县投入、工程建设投入与运行管护投入,有效破解农田水利投入相对不足难题。全省累计投入工程资金159.8亿元,其中,省市县财政投入68.1亿元,占42.6%;整合涉水资金投入54亿元,占33.8%;社会及群众自筹投入37.7亿元,占23.6%。三是支持千万亩森林增长工程。为保证省政府5年新增森林面积1000万亩的重大生态目标任务如期实现,省财政在前两年支持的基础上,

2014年继续安排转移支付资金5亿元,对单位、个人造林给予补贴。同时,探索将中央造林补贴资金、森林长廊建设和创建国家级、省级森林城市资金共计1.74亿元,与千万亩森林增长工程资金统筹安排使用,财政政策资金叠加效应有效发挥。全省全年完成新造林226.3万亩,超额完成省政府下达任务,合肥、安庆成功创建国家森林城市。四是支持实施综合扶贫和精准扶贫。推进实施省政府"十二五"扶贫开发规划,着力支持综合扶贫、精准扶贫,省财政累计安排扶贫资金24.3亿元,撬动银行贷款15亿元,集中支持大别山连片特困地区和皖北等地区实施整村推进。调整扶贫资金分配因素,资金投入向贫困人口集中地区倾斜,实施精准扶贫。安排资金1300万元,支持开展扶贫对象建档立卡,全省共识别3000个贫困村和180多万户贫困户、484万贫困人口。统筹安排资金1亿元,支持金寨县实施"5+1"项目,推进"抓金寨、促全省"扶贫开发工作。筹集扶贫资金1000万元,支持实施分布式光伏发电项目。做好定点帮扶工作,协调颍东区比照享受大别山片区县扶持政策。通过多方努力、多措并举,全省83万人减贫任务顺利完成。

【深化财政支农改革】一是全面完成财政牵头重点改革。按照厅党组统一部署,认真落实六项重点改革。全面推进预决算信息公开,指导省直农口部门平稳有序公开预决算及"三公"信息,公开内容细化至功能分类项级科目。清理规范专项转移支付,在与部门充分沟通会商基础上,将2015年农口部门预算专项转移支付资金和数量,分别压缩47.1%、39.6%。严格落实"约法三章",严格规范省直农口部门"三公"经费和一般性支出经费管理,确保"三公"预决算只减不增。大力推进政府购买服务,将农村土地确权登记颁证等107小项、2.7亿元支农资金,纳入政府购买服务范围。积极盘活存量资金,省、市、县三级联动,将截至2013年底结存的3.71亿元农业财政存量资金,全部收回同级预算,统筹用于农田水利等一批重点支农项目。积极参与政府债务管理,指导省直农口部门试编政府综合财务报表,强化债务风险管控。二是大力推进支农资金分配改革。进一步健全与事权相匹配支出责任体系,会同省直农口部门制定出台《安徽省农业财政资金管理工作规程》,对农业财政资金实行"规划引领、确定投向,因素测算、切块下达,自主选项、省级备案,绩效评价、奖优罚劣"操作模式,省级原则上只负责合规性审查,不再审批具体项目,进一步简化资金分配流程,增强基层统筹使用支农资金自主权。三是深入推进涉农资金项目整合。开展预算源头整合。优化支出结构,整合零星、分散的小专项共计23项,资金规模2.5亿元,集中支持粮食生产等一些重点项目。搭建重大平台整合。以畜牧发展资金为平台,统筹整合畜牧业发展相关资金5.2亿元,实行统一申报、统一评审、统一管理。以小型农田水利改造提升工程为平台,统筹整合农业综合开发、"一事一议"财政奖补、现代农业发展资金等涉水项目资金6.35亿元。引导县级自主整合。安排县级支农资金整合先进县奖励资金,引导各地围绕现代农业和美好乡村建设,集中支持核心区域、重大平台及重点产业发展。四是改进完善支农资金管理方式。针对基层出现套取骗取农机补贴苗头,在上年确定的"先购机、后补贴,资金直补到农户"模式基础上,本年下发《关于进一步加强农机购置补贴政策实施监管的通知》,明确要求各地财政、农机部门在执行购机补贴政策时,严把七个关口,确保资金安全发放到购机农户手中。这一做法,受到财政部、农业部充分肯定。《中国财经报》、《财政支农与新农村建设动态》等多次宣传报道。在加强预算执行方面,会同林业部门,积极探索将多项相关林业补贴资金通过一个文件整合打包下达,显著提高办文办事效率和支出执行进度。

【推进管理工作创新】一是巩固推进财政部两项试点。2013—2014年,本省连续两年被列入全国农业生产全程社会化服务试点和农民合作社创新试点。为扎实做好两项试点工作,会同农业部门,组织召开全省试点工作座谈会,总结经验,完善不足,探索创新。农业社会化服务试点在庐江、濉溪、埇桥、凤台、霍邱和龙亢农场开展,实施农业生产全程服务190万亩。农民合作社创新试点探索联合担保基金、互助资金、贷转补,撬动投入4.87亿元,支持195个合作社新增社员8816人(户)、资产规模2.6亿元,社员人均收入增加3922.3元。二是探索开展国家种业基金支持我省种业发展试点。为适应市场经济对现代财政的管理要求,探索运用基金投资方式,支持本省现代种业产业发展。在财政部、省政府领导关心支持下，积极谋划牵头组建安徽现代种业发展基金，加大与国家种业基金会商沟通，争取支持，于当年年底正式成立安徽现代种业创业投资有限公司，并由省担保集团与省农垦集团、中国现代种业基金签订合作框架协议，制定《安徽现代种业基金设立方案》，首期募集资金1.2亿元。本省运用市场化手段着力支持农业种业发展的此项创新举措，受到詹夏来常务副省长、梁卫国副省长充分肯定。三是积极推进小型水利工程管护试点。针对农田水利工程“重建轻管”问题，探索建立小型水利工程以用为目的、以管为核心、以建为基础的工程建管机制。2013年以来，会同省水利厅在全省选择试点组织260个，积极探索小型农田水利工程管护创新试点。本年省财政安排试点资金1.1亿元，对各地进行奖补。同时，要求市、县财政设立小型水利工程管护经费，从下达的农水项目和有关支农涉水项目工程经费中提取1%，用于小型水利工程管护。财政部、水利部调研组专程来本省调研试点情况后，对本省做法给予积极评价与充分肯定。四是探索开展农业可持续发展试点。认真贯彻全国农业财政工作会议精神，将支持开展农业可持续发展作为当前和今后一段时期重点支农工作，主动谋划，积极作为，从中央财政现代农业生产发展专项资金中安排4640万元资金，用于支持开展耕地深耕深松试点、水稻机械化生产试点、粪污资源化利用试点等，待积累经验后，逐步推开，加快推进本省农业可持续发展。试点工作稳步推进并取得初步成效。

【保障国家粮食安全】一是培育良种，支持现代种业发展。统筹安排农作物良种补贴资金13.3亿元，增加安排现代种业发展资金1200万元，大力支持农作物良种研发、引进与示范推广，提高良种化率。大力支持农垦种业发展，吸纳农垦集团作为省种业基金运作主体，支持省属种业企业做大做强。安排资金支持农垦实施以“种子烘干、加工、存储”为核心的现代农业发展项目，实现种子不落地，省农垦良种转化率超过90%。二是打造良田，夯实农田水利基础。省财政全年统筹安排农田水利建设资金24.9亿元，其中：小型农田水利重点县建设资金5.8亿元、小型水利改造提升工程资金13.1亿元、农田水利建设资金9.8亿元，大力支持农田水利基础设施建设，增加农田有效灌溉面积，提高粮食旱涝保收能力。统筹安排农业高产创建资金1.2亿元，支持在全省粮棉油主产区中，连片建设705个万亩高产示范片，提高粮食稳产高产水平。在财政部、水利部开展的全国小型农田水利建设项目资金绩效考评中，本省荣获优秀等次。三是推广良法，加快技术集成运用。省财政设立粮食生产专项资金8000万元，重点支持粮食生产“三大行动”、粮食生产关键技术环节物化补助和农机农艺融合示范推广。争取中央财政农业科技成果转化与技术推广资金、测土配方施肥资金、农业物联网资金等共计5.3亿元，支持推广农业适用技术，提高农业科技附加值。争取中央农机购置补贴资金13.3亿元，加大农机装备能力，支持提高农业机械化耕作水平。四是防灾救灾，支持粮食稳产增产。争取中央农业防灾减灾资金2.4亿元，支持小麦“一喷三防”和水稻病虫害统防统治。争取中央特大防汛抗旱资金8000万元，支持防汛抗旱工作。争取中央水利建设基金2800万元，重点支持58个防汛应急度汛工程除险加固，提高防汛抗灾能力。安排专项资金800万元，支持开展人工影响天气作业等。

【加速发展现代农业】一是支持打造现代农业先行区。安排专项资金7000万元，整合现代农业生产发展、农业综合开发、小农水重点县、小型水利工程改造提升等项目资金20余亿元，累计带动和撬动社会投入100亿元以上，支持示范区通过改革创新，率先走出一条现代农业发展路子，示范带动引领全省农业发展。统筹安排现代农业生产发展资金5.56亿元，支持本省小麦、生猪、茶叶、油茶等四大优势特色农业发展。二是培育新型农业经营主体。围绕省政府关于扶持农业产业化龙头企业、培育发展家庭农场、促进农民专业合作社持续健康发展等三个意见，省财政累计安排专项资金4.9亿元，支持龙头企业贷款贴息、农民合作社示范社、示范家庭农场建设等，逐渐形成以龙头企业为核心，以农民专业合作社为纽带，以家庭农场为基础的新型农业经营体系。三是完善生态保护支持体系。省财政统筹投入林业资金22.4亿元，落实退耕还林补助、森林生态效益补偿、造林补贴等政策，支持做好林业生态保护建设，构建了育林、造林、护林、兴林、活林等一整套林业支持保护政策。从下年起，将省级公益林补偿标准由现在每年每亩10元提高到15元，与国家级生态林实行同等补助标准。安排水土保持资金8698万元,加大水土流失治理。安排水资源费6635万元,支持水资源科学合理保护、开发和利用。四是支持保障农产品质量安全。认真落实动物强制免疫政策,安排专项资金6300万元,对养殖环节和屠宰环节的病害猪无害化处理给予补助,杜绝病害猪肉流入市场。安排农产品质量安全生产和检测资金1600万元,支持农产品规范化生产、用药,加大对农产品农残检测和农产品质量安全检查的支持力度。

【保障支农资金安全】一是健全完善管理制度。完善资金管理制度,根据支农资金管理需要,及时修订完善《农村土地承包经营权确权登记颁证试点奖补资金管理暂行办法》等9项资金管理制度办法,切实做到用制度管人、管钱、管事。运用涉企资金管理信息平台,将农业产业化、林业贷款贴息、扶贫贷款贴息等资金统一纳入管理。督促省级农口部门严格执行公务卡结算、控制提现、清理财政专户、规范学会协会资金管理、规范支出经济科目等一系列改革措施,有效堵塞管理漏洞,防范财政资金风险。二是开展支农资金检查。牵头做好财政支农重点专项检查,会同省林业部门开展为期3个月的千万亩森林增长工程建设和资金使用情况检查;会同省林业厅、银监局开展为期3个月的林业贷款贴息补贴使用管理情况检查;会同扶贫办开展为期2个月的财政扶贫资金专项检查。积极配合审计署做好农林水专项审计、政策跟踪落实审核、存量资金审计等检查工作,督促农口部门和市县整改落实。参与厅监督局、评审中心开展的“严肃财经纪律,加强小金库专项治理”专项检查和重点项目评审检查等。按照厅里统一布置,指导督促省直农口部门开展资产清查,规范农口部门资产管理。三是严格处理违规违纪资金。根据审计线索,及时派员赴霍邱县、寿县检查千万亩森林增长工程资金使用情况。根据检查结果,将两县千万亩森林增长工程闲置资金4838万元全部收回省级国库,并将检查情况报省领导小组。

(厅农业处供稿)

社会保障财政财务管理工作概述

【概况】2014年,社会保障处积极适应社保领域改革发展新常态,进一步提升质量、促进创新、转变作风。全年争取中央财政转移支付资金488.8亿元,较上年增加71.7亿元,增长17.2%,有力地推动全省财政社会保障工作迈上新台阶。

【认真实施更加积极的就业政策】面对经济下行压力,充分运用市场化理念和竞争性分配方式,安排就业资金23.9亿元,全力促进就业稳定增长。一是大力实施就业促进工程。二是创新支持青年创业带动就业。三是深入开展“工学一体”就业试点。通过政府引导、政策支持、财政补贴等方式,积极搭建企业和学校合作对接平台,破解就业结构性矛盾,全省100户企业、20家职业(技工)院校、5365名学员共享政策红利。四是发挥失业保险促就业功能。五是支持减负发展稳就业。全省缓缴养老等五项社会保险费25亿元,因降率和调整缴费基数减收社会保险费10.6亿元,发放企业稳岗补贴4.8亿元,切实减轻了企业负担,稳定全省近300万个就业岗位。2014年,全省城镇新增就业65.1万人,失业人员再就业24.3万人,就业困难人员再就业9.3万人,分别完成年度目标任务的103%、101%、186%;城镇登记失业率控制在3.26%。

【全面深化医药卫生体制综合改革】一是率先从省级层面推动全面建立村医医疗执业风险分担机制。按照每个村卫生室筹资不低于5000元标准(省财政每个村奖补1000元、市县财政配套1000元、村卫生室自筹不低于3000元)设立村医医疗执业风险统筹资金,为全省5万余名村医解除执业之忧。二是率先开展县级公立医院债务审计认定工作。全省核定县级公立医院截止2012年底账面长期负债52.7亿元,将全部纳入同级政府性债务统一管理、逐步化解,解决县级公立医院发展后顾之忧。三是全面建立疾病应急救助机制。省级累计筹集救助基金近5000万元。四是全力参与全省全面深化医改试点制度顶层设计。积极会同相关部门研究制定全面深化医改试点方案及多个配套文件,推动建立可持续的基本医疗卫生制度。

【着力保障和改善社保民生】一是精心实施17项社保民生工程。统筹安排资金367.3亿元,继续实施新型农村合作医疗等14项原有民生工程项目,认真组织实施就业促进工程、山区库区农村住房保险试点、城乡居民大病保险等3项新增民生工程。二是调整扩充4项民生工程项目内容。将城乡低保、农村五保、贫困重度残疾人生活救助标准提高10%；及时下达专项补助资金158亿元，将城市居民医保和新农合财政参保补助标准由每人每年280元提高至320元。三是深入开展民生工程绩效评价。将评价结果与预算安排、资金分配挂钩，不断促进各项民生政策落实。

【不断完善社会保险制度体系】一是健全城乡养老保险制度。二是积极改善社会保险待遇。及时下拨企业基础养老金提标补助资金17.1亿元，连续第10年调增企业职工养老金水平；积极争取中央城乡居民养老保险基础养老金缺口3.2亿元。三是深入推进社保基金保值增值。创新社保基金保值增值管理新途径，采取“一次竞争、二次竞价”方式，竞争性选择社保基金存储银行。全年开展4次存期13个月的竞争性存储，邀请14家银行机构参与社保基金竞争性存储谈判，累计竞存基金120亿元，平均成交利率5.75%，净增利息收入3.2亿元。

【推行政府购买社会力量服务】一是明确社保领域政府购买服务范围。结合财政社保工作实际，从促进发展、保障运转角度，将社会保障领域适合交由社会组织或相关机构承担的14个公共服务项目纳入政府购买服务范围。二是注重政府购买服务制度建设。会同有关部门制订公共就业、民政优抚、医疗卫生、残疾人服务等四大类16项政府购买服务实施办法。三是强化政府购买服务项目实施。在就业领域投入政府购买服务资金近9亿元，促进全省开展职业培训40万人，安置困难人员就业5.3万人，新增高校毕业生基层就业岗位4000个、就业见习岗位1.2万个；在民政社会养老服务领域投入资金3.7亿元，推进121个民办养老机构承接农村五保、城市“三无”等困难老人养老服务。在卫生领域安排70亿元，全面购买基本公共卫生服务、县级公立医院基本药物服务、新农合大病保险、村医基本医疗卫生服务、基层医疗卫生机构基本服务等。

【推进养老服务体系建设】一是推进保障性养老服务机构建设。累计投入建设资金1.1亿元，新建五保供养机构床位2万余张，全省农村五保集中供养能力达53%以上。二是支持社会办养老机构建设。省级财政按照每张床位不低于1000元标准对社会办养老机构给予一次性建设补助，并按不低于30%比例对其项目建设贷款予以贴息；市县财政按照不低于每人每月200元的标准给予运营补贴。三是推进社区养老服务发展。选择合肥市瑶海区等8个省级养老服务社会化示范城区，对按照服务种类和人次为提供居家养老服务的企业和社会组织，提供每年3万—12万元运营补贴。四是建立社会养老综合责任险制度。通过公开招标方式选择保险机构，按每床40元确定各养老机构综合责任险金额，积极构建养老服务行业风险合理分担机制。

【创新福彩公益金分配使用管理】按照公共财政管理的要求，进一步推进福彩公益金与公共预算资金的整合使用管理。一是突出资金有效配置。二是科学选取分配因素。三是强化使用绩效管理。2014年，省财政共统筹使用福彩公益金2.7亿元，为社会救助、社会福利事业的发展提供强有力的支撑。

【深入推进财政财务一体化】健全省直社保部门财政财务会商制度，扎实开展部门会商，深入推动社保政策横向联动、社保部门相互支持，充分发挥社保领域民生政策的综合叠加效应。全年累计会商167次，有效解决部门事业发展和财务管理具体问题341个。协调人社厅会同民政厅出台社工人才培训实施办法；民政厅、人社厅、财政厅联合出台就业资金支持养老服务业从业人员培训方案；协调卫计委整合中央补助资金2.49亿元用于县级公立医院综合改革。

（厅社会保障处供稿　陈中楼）

企业财政财务管理工作概述

【概况】2014年，企业处积极发挥职能作用，完善支持政策，创新支持方式，强化资金管理，统筹中央和省级资金68.1亿元（中央级43.8亿元，省级24.3亿元），大力发展民营经济，支持壮大实体经济，推动内外贸协调发展，改善库区移民生产生活条件，助力全省经济社会持续健康发展。

【助力实体经济发展】全面落实省委、省政府和厅党组的决策部署，完善资金管理办法，扶持实体经济发展。一是完善资金管理办法。会同有关主管部门，制定完善内外贸、工业等相关专项资金管理办法12项（个）。年初，会同省商务厅制定2014年财政支持商贸流通、外经贸发展促进政策，明确政策支持方向和重点,并及时下发项目申报通知。提高财政资金使用效益,会同省商务厅出台《安徽省外贸促进专项资金管理暂行办法》《安徽省对外投资合作专项资金管理暂行办法》,加强和规范外贸、外经促进专项资金管理。会同省经信委制定《安徽省两化融合专项资金管理暂行办法》《安徽省智能语音产业发展资金管理暂行办法》和《安徽省煤炭行业淘汰落后产能中央财政奖励资金实施办法》,并对节能及资源综合利用、中小企业、技术改造、技术创新、煤矿和非煤矿山安全技改等5类资金管理办法,以及产业集群专业镇中小企业和中小进出口企业及台商投资企业风险准备金2个实施细则进行修订完善,进一步规范有关专项资金管理。二是落实民营经济政策。继续安排11亿元,面向全省96个县(市、区),用于充实县域国有及国有控股融资性担保机构国有资本金。资金分配坚持规范和绩效原则,按照人均财力、资金使用绩效各占50%的权重测算分配,并于4月底全部拨付到位。据中期评估显示,在增大注册资本金,稀释放大倍数的情况下,获得扶持担保机构平均担保放大倍数仍达到3.45倍,高于同期2.87倍的社会平均水平。安排2000万元资金,对新进全国民营企业500强的3户企业和主导制定国家标准、行业标准的65户企业实施奖励。三是助力中小企业发展。统筹中央和省级资金7.42亿元,持续投入助力中小企业发展。安排专项资金5800万元,重点支持全省“专、精、特、新”企业、成长型中小企业和产业集群专业镇重点龙头企业发展;安排中小企业培训经费200万元,用于开展中小企业融资创新、管理人员能力提升、政策辅导等专题培训,提升中小企业发展软实力;安排科技型中小企业资金5000万元,与国家资金配套使用,共同推进科技型中小企业发展。争取国家中小企业发展专项资金5.99亿元,惠及374个项目,其中:综合性服务项目59个、涉及资金0.69亿元;改善融资环境项目45个、涉及资金3.7亿元;科技创新、科技服务和科技型中小企业创业投资引导基金项目264个,涉及资金1.55亿元。另外,争取国家清洁生产项目补助(奖励)资金3260万元,物联网发展补助资金1250万元,工业转型升级强基工程资金1892万元,及煤炭行业淘汰落后产能中央财政奖励资金1920万元。四是支持企业技改创新。继续安排奇瑞、江汽、星马三大汽车企业研发资金1.7亿元,持续支持本省汽车产业提升自主研发能力,提高适应市场需求能力。安排企业技术创新专项资金2500万元,大力扶持64个适销对路的新产品、新技术、新材料和新工艺研发和应用项目,实现企业技术升级和产品结构调整。安排企业技术改造专项资金1.3亿元,支持170个企业技术改造项目和设备更新。安排非煤矿山安全技改专项经费2000万元,支持28个重点非煤矿山,提升安全技术水平。安排军民结合高技术产业发展专项资金2000万元,支持公共安全、民爆物品等军民结合高技术产业项目发展。五是促进外经贸协调发展。省财政安排外贸专项资金1.78亿元,对外投资合作专项资金4100万元,积极争取国家外贸发展资金等4.55亿元,合计6.78亿元统筹使用,以补助和贴息方式,支持企业开拓国际市场、投保出口信用险、进口机电设备、应对贸易摩擦等,支持重点企业“走出去”承包工程、对外投资等,促进本省外贸、外经、外资稳步发展。同时,按照节俭、高效、保障原则,从严从紧控制会展经费,2014年经常性会展经费较上年明显下降。六是推动商贸流通业发展。省财政安排省级流通业发展专项资金7700万元,支持流通服务体系建设、民生商贸服务业、生产流通服务业、节能减排环保服务业等四大类项目,加快本省商品流通体系建设。改革财政资金分配方式,对农村商品流通服务体系、农产品流通服务体系等项目资金采取因素法直接切块各市和2个省直管县,调动各市发展商品流通产业的积极性。争取中央财政1.4亿元,通过竞争性方式,选择绩溪、霍山等7个县市,支持其创建本省电子商务进农村综合示范,促进全省农村流通网络体系建设,进一步提升城乡居民生活和消费水平。争取中央财政市场监管监测和商贸行业统计专项资金1249万元,支持城乡市场信息服务体系建设,加强市场运行分析和信息发布,提高市场预测预警水平。通过贴息等方式支持骨干企业开展生猪、食糖、食盐和药品储备,完善政府对大宗农产品和重要商品市场价格的调控机制。

【支持经济转型升级】积极发挥财政资金的引导作用,采取后补助、奖励等方式,支持企业转变发展方式,淘汰落后产能。一是推动企业资源综合利用。安排节能与资源综合利用专项资金6500万元,扶持项目122个,支持推进以节能降耗和提高资源综合利用等为主要目标的企业节能、节水、清洁生产、新能源以及可再生能源产品开发、资源综合利用等设备更新和技术改造项目建设。下达省级新型墙体材料专项基金扶持项目资金1900万元,扶持项目30个,支持节能和环境保护以及新型墙体材料企业技术改造和设备更新,研发推广新产品、新工艺、新技术。二是推动两化融合促进信息消费。安排两化融合专项资金8200万元,争取国家智能语音项目资金3900万元,扶持项目144个,用于支持工业化、信息化深度融合,扶持智能语音产业发展、省级电子信息产业基地及园区公共平台建设、"宽带中国"、信息消费、信息安全检查和培训等。三是加快推进淘汰落后产能工作。争取中央财政煤炭行业淘汰落后产能奖励资金0.19亿元,关闭小企业补助资金3.16亿元,专项用于支持本省淘汰落后产能,关闭五小企业369家。安排小煤矿关闭退出省级补助资金1.42亿元,按每万吨补助50万元,对年产30万吨及以下的38对小煤矿实施关闭。安排煤炭安全技改专项资金3134万元,扶持项目18个,促进煤矿技术装备升级,淘汰落后生产能力。

【创新资金管理方式】会同有关部门,创新相关资金管理方式,开展政策试点,提升财政资金使用质量和效益,发挥市场在资源配置中的决定性作用。一是改革资金管理方式。谋划推进中小进出口企业及台商投资企业、产业集群专业镇中小企业风险准备金管理方式改革,由原来的"相关部门和财政厅共同管理,与银行合作对企业专项贷款提供风险担保"的方式,改为采取"风险准备金委托省担保集团管理,由省担保集团向合作银行担保,合作银行审核放贷"方式,更方便快捷地服务中小企业发展。二是开展风险分担补偿试点。抢抓中央财政担保风险分担补偿试点机遇,进一步夯实全省担保再担保体系建设。经积极争取,本省成功争取纳入"中央财政担保风险分担补偿"试点,中央出资3亿元,省财政厅配套2亿元,采取封闭运行方式,建立中央地方联动的风险分担和损失补偿机制,带动和促进全省担保再担保体系的建设和完善。三是探索以市场化方式支持养老服务业发展。财政部将本省纳入以市场化方式发展养老服务产业试点范围,并下达引导资金3亿元。经竞争选择并报经省政府同意,本省以省投资集团为运作主体,募集社会资金不少于12亿元,设立养老服务产业发展基金。基金以股权投资为主,重点支持建设居家养老、社区养老服务体系,培育和发展品牌和中小养老服务企业,研发养老服务产品,推动养老服务与家政、医疗等生活性服务产业融合,营造有利养老服务业发展的良好环境。四是专项转移支付双压缩。指导、督促联系部门对2014年专项转移支付资金进行清理整合,在规定时间内,对专项资金项目数量、资金额度,双双压减三分之一,达到省政府确定的目标任务。经过清理压缩,省经信委、省商务厅、省国防工办分别压减专项资金1.4亿元、0.9亿元和670万元。五是继续推进企业股权和分红激励试点工作。积极指导、支持合芜蚌三市继续推进企业股权和分红激励试点工作。截至当年底,合肥、芜湖、蚌埠三市分别有45家、24家、24家企业实施企业股权和分红激励。

【服务群众改善生活】严格资金管理,积极兑现政策,做到合理安排,及时拨付,保障群众权益,着力改善生产生活条件。一是争取国家大中型水库移民避险解困工作试点。经积极争取,财政部等部委将本省金寨、舒城、霍山、岳西、太湖、歙县、黄山区、定远、明光等9县(市、区)纳入国家大中型水库移民避险解困试点范围,中央从大中型水库移民后期扶持结余资金中补助本省6.6亿元,用于大中型水库移民避险解困房屋及配套基础设施建设、产业扶持、就业培训等。二是及时拨付移民补助资金。全年拨付移民直补资金4.95亿元,下达项目资金6.55亿元,安排应急资金0.35亿元,改善库区和移民安置区广大移民的生产生活条件,提高广大移民生产生活水平,维护库区和移民安置区社会稳定。三是兑现国有企业职教幼教退休教师政策待遇。会同有关部门,制定具体的政策措施和工作方案,明确工作任务,落实工作责任,认真做好国有企业职教幼教等教育机构退休教师身份认定、生活补贴标准确定、人员统计、经费测算等工作,争取中央财政专项补助资金28244万元,并根据各市申报情况兑现发放,妥善解决遗留问题,保持社会和谐稳定。

【夯实事业发展基础】紧抓作风建设,绷紧效能建设之弦,促进财政企业工作再提高。一是调整完善处内分工。根据工作需要和处内实际情况,对处内人员分工进行合理调整,设立企业组、商贸组和综合组,科学调配人员,发挥人员潜力,促进工作开展。二是夯实党建基础工作。强化处室理论学习,积极贯彻党建规定,坚持民主集中制,严格执行组织民主生活会制度,坚持开展集中谈心、个别谈心活动,扎实开展党的群众路线教育实践、"四零服务"、"吃喝风、'红包'风专项整治"等活动,切实改进工作作风,深入开展党建工作,打造团结一致、清正廉洁、勇于担当的战斗堡垒。三是务实开展结对共建。采取"直接扶持阜南县、阜南县扶持黄岗村"的帮扶模式,通过整合资金、有序安排,帮助该村加大产业结构调整力度,变资源优势为产业优势,促进该村实体经济发展。同时,多渠道筹集整合帮扶资金214万元,大力实施十余项惠民工程,有效拉近干群距离,密切干群联系。四是扎实开展帮联。先后七次赴亳州市及有关县区开展财政会商帮联工作督查,指导开展预决算编制、"三公"经费公开、涉企系统应用、民生工程、渔民上岸工程等工作,推动了亳州市财政重点改革和工作落实。五是坚持会商制度。变被动为主动,改变服务方式,提高服务质量,全年与经信、商务、国资、国防工办等部门单位举行120多次不同形式的会商,涉及财政财务管理的方方面面,取得良好效果。六是强化信息统计分析。在前期企业快报扩面的基础上,进一步强调企业信息统计的全面性、准确性、及时性。多次向省政府、厅党组上报有关重点行业、重点企业运行分析,每月印发《企业快报手册》,报财政部、厅领导审阅。根据企业快报、决算形成《2013年度安徽省国有企业上交税费情况简析》等多篇专题分析报告。进一步采取措施切实扩大外商投资企业决算户数,强化对企业运行情况分析研判,提高数据质量和利用效果。七是做好资产评估管理相关工作。进一步加强资产评估机构管理,促进本省资产评估行业规范、健康发展。加强对事业单位转企改制的资产评估项目核准、备案,确保国有资产保值增值。按照财政厅统一部署,对涉及的中外合作经营企业外国投资者提前收回投资审批、资产评估机构设立审批、事业单位国有资产评估项目核准三项权力事项,制定权力运行图,明确责任事项和追责情形,对权力事项编制权力清单。

（厅企业处供稿　张铭）

地方财政金融监管及外国政府贷款管理工作概述

【概况】2014年,省财政厅金融处在厅党组的领导下,坚持以党的十八大及三中、四中全会精神为指导,围绕全省财政中心工作,积极发挥财政金融职能作用,开拓进取,务实创新,圆满完成全年各项工作任务。

【研究支持经济发展新举措】针对财政金融工作重点、关注点和创新点,深入、系统开展调查研究,形成《关于财政引导金融支持地方经济发展落实情况汇报》《全省促进经济发展政策落实情况督查报告》《关于金融服务"三农"和实体经济政策集中推进行动进展情况的报告》《关于全省政策性农业保险调研督查情况的报告》《关于完善农业保险制度支持新型农业经营主体发展问题的研究》《关于省财政支持融资性担保体系建设助推小微企业发展有关建议的汇报》《关于进一步完善风险补偿机制做实风险补偿基金的报告》《关于融资性担保及银担合作情况的调研报告》《关于我省融资性担保机构有关情况的报告》《关于滁州、蚌埠两市财政工作调研情况的报告》等多篇调研成果,为领导决策、制定完善政策提供重要参考依据。

【力促金融服务实体经济发展】一是引导金融支持"三农"发展。组织县(市)财政部门认真做好348家县域金融机构涉农贷款增量奖励的申报和审核工作,对135家县域金融机构奖励1.7亿元;对51家村镇银行等农村金融机构给予定向费用补贴1.5亿元,支持新型农村金融机构服务县域经济发展。二是支持中小企业融资发展。对符合条件的8家融资性担保机构给予奖励1560万元,进一步扩大小微企业担保贷款规模。实施中小企业上市和债务融资奖补政策,兑现资金4260万元,支持215户中小企业拓宽融资渠道。三是支持民贸民品企业融资。拨付16家民品生产企业贴息资金717.7万元,引导承贷银行提供流动资金贷款7.2亿元,有力支持和促进本省民品生产企业健康发展。四是支持皖北现代产业园区发展。通过省担保集团拨付皖北三市五县及金寨县现代产业园区省级配套资金 8.3 亿元，进一步提升园区融资发展能力。五是协助做好地方政府债务管理工作。组织外国政府贷款地方政府性债务管理系统数据录入，督促外国政府贷款项目单位清理甄别外贷债务,确保债务余额准确纳入系统。积极催收中央专项借款和皖西南国际农发基金贷款，全年累计偿还农基会清理整顿中央专项借款 3553 万元,争取财政部和中国人民银行减免利息 79.9 万元,收回皖西南国际农发基金贷款 2642 万元。六是履行储蓄国债发行监管职责。2014 年,全省共发行储蓄国债 14 期,累计发行金额 76.17 亿元(县乡级储蓄国债销售 18.37 亿元),为支持国家经济建设做出积极贡献。

【全力支持地方金融改革发展】一是支持地方金融体系建设。兑现奖励资金 2570 万元,支持县域新设分支行 45 个,新设村镇银行 11 家,引入外资设立 1 家汽车金融公司，有效增加农村金融供给,进一步丰富本省金融业态。二是推进融资担保改革。加强再担保体系建设,促进省担保集团调结构、建机制、促转型,强化再担保功能;安排 20 亿元专项资金，通过省担保集团注资参股 107 个县(区)政策性融资担保机构;省财政安排 2 亿元,争取中央财政 3 亿元，在全国率先开展银政担风险分担和代偿补偿试点。在当年召开的国务院推进融资性担保体系发展经验交流电视电话会上,本省作典型发言,并获国务院副总理马凯多次肯定。三是推进农村合作金融机构改革。积极兑现奖补政策,并指导各地通过现金注入、土地置换、捐赠优质资产等方式,支持全省 83 家合作金融机构全面完成改制任务。四是推进农村金融综合改革。拨付金寨县农村金融综合改革专项资金 1000 万元,连同市县配套资金 2000 万元,积极支持金寨县农村金融综合改革，并将试点范围扩大到 20 个县;配合完成中央评估组开展的金寨县农村金融综合改革中期评估工作,确保改革顺利实施。五是推进国元寿险公司设立。会同有关部门成立国元寿险公司筹建工作组，研究拟定《公司章程》《筹建方案》《可行性研究报告》和《三年发展规划》,加强对上沟通汇报,顺利完成材料报送工作,进入保监会的内部审核阶段。六是推进农业保险保单质押试点。推动试点地区成立试点工作领导小组,督促和指导试点地区制定试点操作办法,出台风险补偿、奖励、贴费、贴息等扶持政策,引导银行业金融机构和担保机构扩大农业保险保单质押业务。七是支持优化地方金融发展生态环境。配合开展各项整治非法集资及“反洗钱”、“反假币”等活动,支持信用安徽建设，积极参与金融生态环境建设政策制定,促进地方经济与金融的良性互动。

【大力支持民生金融发展】一是稳步推进政策性农业保险。省财政拨付保费补贴资金 10.9 亿元,支持全省承保农作物 8827 万亩、牲畜 142 万头、森林 3203 万亩,为 1517 万次农户提供 419 亿元的风险保障;赔付 6.9 亿元(已决赔付),447 万户(次)农户从中受益。二是稳步推进小额担保贷款。各级财政拨付贴息资金 3.4 亿元,引导金融机构新增小额担保贷款 26.2 亿元,直接扶持 3.6 万人创业就业；全省累计筹集担保基金 15.9 亿元,在保余额达 60.7 亿元,担保基金放大近 4 倍。三是积极推进道路交通事故社会救助基金。多次会商协调公安交警、安监和民政等有关职能部门,研究草拟《安徽省道路交通事故社会救助基金管理实施细则》。根据中央文件要求各保险公司切实做好救助基金计提预留工作,落实救助基金保障。

【切实加强地方金融财务资产监管】一是扎实做好财务资产监管基础工作。认真做好全省 430 余家金融机构财务决算和季度报表收集、审核、汇总分析及运用工作,2013 年度本省金融企业财务决算工作获财政部通报表彰。督促和指导市县财政部门做好本级国有金融企业财务登记工作,开展地方金融机构国有资产产权登记和保值增值工作,完成地方金融类企业产权登记 108 户。加强对国有金融资产产权交易所监管。制定《安徽省融资性担保公司财务管理暂行办法(修订版)》,会同有关部门开展融资性担保行业财务培训。二是积极开展绩效评价。组织和指导各地提前完成 2013 年度全省 220 户国有金融企业绩效评价工作，将评价结果与金融企业高管负责人薪酬核定相挂钩,切实提高绩效评价工作的公信力和影响力。三是认真组织薪酬核定。组织召开省属金融企业薪酬审核管理工作布置会,严格遵守薪酬审核程序,认真核对基础数据,确保核定结果有理有据,力争做到符合省情、行业可比。四是依法履行出资人职责。科学制定省担保集团 2014 年度主要目标任务，引导担保集团积极主动完成省政府交办的各项任务。严格省担保集团“三重一大”审批管理，依法妥善处置历史遗留问题。

【积极用好用足外国政府贷款】一是加大外国政府贷款争取力度。当年，在全国贷款国别和额度大幅度下降的背景下，本省获财政部批准项目8个，贷款金额1.3亿美元，占全国份额10%。二是积极规范外国政府贷款管理。制定《安徽省外国政府贷款管理工作规程》，对外贷业务进行流程再造，实现对项目全过程的规范操作。积极配合财政部驻安徽专员办、省审计厅对本省项目监督检查，组织开展全省在建项目监督检查。将全省所有外贷项目纳入外国政府贷款管理信息系统，进一步提高外贷管理的科学化、精细化水平。三是严格防范外债风险。积极协调解决项目还款问题，确保及时对外还款。全年累计偿还国外贷款本息5.12亿元，无一项目出现还款违约。将外国政府贷款纳入地方政府性债务统一管理，对2014年申报的外贷项目一律纳入政府债务收支计划，并建立债务风险预警机制。

【推广运用政府和社会资本合作模式】一是加强组织领导。成立PPP工作领导小组，由厅长任组长，分管副厅长任副组长，相关处室单位负责人为成员。同时要求各市、县尽快确定PPP协调管理机构，理顺机制，明确职责，为推广运用PPP模式提供组织保障。二是加强专题研究。结合本省实际，联合厅债务办开展专题研究，并形成《探索推进我省政府和社会资本合作模式研究》专题报告。三是注重能力建设。举办全省政府和社会资本合作(PPP)专题业务培训班，宣传PPP模式的理念和方法，分析相关案例，着力提升财政干部的理论水平和实践能力。四是强化制度建设。印发《安徽省财政厅关于推广运用政府和社会资本合作模式的意见》，从坚持稳步推进、科学选择项目、加强项目实施管理、建立保障机制等四个方面予以推进。五是推进项目试点。与省直有关部门、厅相关处室密切配合，积极向财政部申报示范项目。本省4个项目列入全国首批示范项目，总投资达239.33亿元，项目个数和投资金额均占全国总额的13.3%。

【着力做好部门预算管理】一是建立分析制度。建立预算执行月度分析制度，重点分析支出科目、重点项目和预算部门等方面，加强预算指标管理，加快财政资金拨付，提高预算执行效率。二是组织预算公开。规范公开数据口径，及时批复部门决算，积极参与模拟评估，密切关注舆情反映，提前做好应急准备，稳妥有序地完成2013年部门决算及三公经费决算公开工作。三是审核预算编制。按照部门预算编制工作总体要求，核实基础信息填报，逐项审核基本支出、项目支出、绩效目标、政府购买服务、新增资产购置及政府采购预算。严控新增调增项目，项目支出较上年累计压缩21.5万元。

【不断提升效能建设水平】一是强化学习教育。按期召开支部会、处务会，组织学习传达中央、省委省政府和厅内重要文件精神，及时组织开展“改革与财经纪律”“改革与财政作风”“改革与财政预算”等八个专题研讨，踊跃参加各类主题征文活动。在机关党委举办的党的群众路线教育实践活动优秀论文评选活动中，金融处党支部报送的《发挥财政职能 引导金融支持实体经济发展》《以焦裕禄沈浩精神为指导 做好新时期财政金融改革工作》分别获得处室类三等奖、处级干部征文二等奖。通过参加部门、行业举办的金融业务讲座、财政部举办的各类培训班等多种方式和渠道，强化财政金融系统干部队伍业务学习培训，不断增强干部业务素质和能力。二是改进工作作风。研究出台《关于印发安徽省政策性农业保险资金管理暂行办法的通知》《安徽省省级财政涉企贴息资金管理暂行办法》等制度，认真贯彻落实中央八项规定、省委和厅党组三十条规定以及效能建设要求，进一步修订完善《金融处内部制度》。三是扎实开展结对共建工作。结合金融处业务特点和□桥区二铺村实际，制定《财政厅金融处与□桥区二铺村城乡基层党组织结对共建工作方案》和具体工作计划，多次赴二铺村开展结对共建活动。

（厅金融处供稿　李红波）

国际金融组织及国家开发银行贷款管理工作概述

【概况】2014年，国际债务管理处按照中央、省委和厅党组的要求，深入开展群众路线教育实践活动，认真学习贯彻落实党的十八届三中全会、四中全会及中央经济工作会议精神，精心谋划全省国际债务管理工作，深化与国际金融组织的合作，积极争取国际金融组织和清洁发展机制基金贷款，不断创新工作方式，提高资金使用绩效，积极为全省的发展与改革引资、引智，取得新的成绩。

【积极争取国际金融组织贷款资金支持】积极组织申报国际金融组织贷款项目，大力推进项目前期准备工作，在引进世行、亚行贷款资金支持上取得新进展。本省申报的安徽公路养护创新示范项目、安徽省养老服务体系建设示范项目被列入国家利用世行贷款规划，分获世行贷款 1.5 亿美元和 1.4 亿美元。协助省卫计委向国家有关部门积极争取世行新的贷款产品，推进县域卫生服务能力提升建设，支持医药卫生事业发展和改革创新，本省被财政部列为意向性项目省。全年实际提取世行、亚行贷款资金 1.63 亿美元，是使用贷款资金最多的年份，有效支持交通、城建、水利、环保和农村发展等经济社会重点领域的发展。

【做好贷款项目前期准备工作】积极配合有关部门做好列入规划的新项目的前期论证和准备工作，积极创造条件，推动项目尽快启动实施。推动本省皖江示范区综合交通基础设施项目、淮南采煤塌陷区综合治理项目和黄山新农村建设示范项目前期准备工作开展，贷款规模达 4 亿美元，并协调做好世行、亚行考察团在皖期间开展的各项考察、调研和会商活动。3 月 24 日，财政部国际司与省财政厅签订关于实施全球环境基金赠款“加强安徽省湿地保护地体系管理有效性项目”的《转赠协议》，赠款总额 265 万美元。6 月 25 日，省政府与财政部签订“世行贷款黄山新农村建设示范项目”的《转贷协议》，协议利用世行贷款 1 亿美元。9 月 17 日，联合国粮农组织、省财政厅和黄山管委会共同签订全球环境基金赠款黄山地区生物多样性保护与可持续利用项目执行与实施协议，该项目由全球环境基金提供赠款 272 万美元，是我国以风景名胜区为实施主体的首例国际生物多样性保护合作项目。10 月 17 日，财政部与省政府签订亚行贷款安徽省综合交通基础设施项目的《转贷协议》，协议利用亚行贷款 2 亿美元。

【加强在建项目的督促检查】在项目日常管理过程中，坚持以资金、财务、债务管理为主线，积极参与项目全过程管理，推进管理的科学化、精细化。主动加强与项目主管部门和发展改革部门的协调合作，切实按照财政部 38 号令和《安徽省国际金融组织贷款投资项目管理规程》的要求，共同做好项目管理工作。针对少数项目实施进度缓慢、贷款支付率低问题，对相关项目的实施情况进行督查，分析原因，提出整改措施，明确目标任务。同时，根据省级财政监督检查计划安排，会同省交通运输厅和蚌埠市发改委，组织实施对世行贷款安徽航道整治项目及蚌埠市防洪生态环境治理项目的监督检查工作，并对发现的问题提出整改意见，采取相关措施，促进项目实施。

【按时偿还到期债务】本省处于国际金融组织贷款还贷高峰期，每年需偿还大量债务，催收大量逾期债务，针对收贷任务艰巨的现状，不断加大贷款回收力度，督促项目单位及时还本付息，主动争取项目单位的理解和合作。采取还款和新项目申报挂钩，还款和奖励挂钩等措施千方百计回收资金按时归还财政部，特别是在时间紧迫的情况下，利用间歇资金垫付部分到期欠款。全年归还财政部到期债务折合人民币 4.52 亿元，向项目市县和单位回收债务折合人民币 4.39 亿元，本省对财政部结清当年所有到期债务，有效避免财政部因拖欠债务而可能采取的预算扣款、加罚违约金等处罚措施，为本省不断争取新项目提供重要保障。

【创新项目配套资金使用方式】针对当年 6 月全面竣工的安徽省世行生态家园富民工程项目，为鼓励农户积极使用已建成的沼气设施，引导专业户用沼气服务机构以提供收费服务的方式实现沼气后续管护的良性循环，推动项目的可持续发展，极探索项目国内配套资金使用方式。在充分调查研究的基础上，与省农委联合制定《安徽省世行贷款生态家园富民工程项目沼气设施后续管护省级引导资金使用试行办法》，印发项目区执行。该办法将以往安排给项目市县的省级配套资金以引导金的方式，通过竞争性政府购买服务程序，用于引导户用沼气的市场化服务体系建设，并明确提出若干年后要实现政府性资金的完全退出，实现沼气服务体系的市场化运营。这一方式契合世行项目的设计理念，也符合国内财政性资金使用的改革方向，获得世行方面高度评价。

【精心组织世行在华项目案例编写征集工作】系统总结和梳理世行在华贷（赠）款和知识合作成果和经验，形成中国世行项目案例库，财政部与世行合作,以世行在华贷(赠)款项目为主要对象,组织编写100个高质量的中国实践案例。因本省实施的世行项目整体质量较好、影响较大,经财政部审核后,有4个项目被列入案例编写建议清单,由国际债务管理处负责组织编写。在编写过程中,提出高标准、高质量完成任务的要求,克服项目跨度时间长、原项目管理人员工作变动、资料收集困难等因素,反复研讨并修改完善,经财政部国际司筛选,本省上报的4个项目全部入选和发布,使得本省项目建设的实践和经验得以在世界范围内进行分享。

【积极开展清洁发展机制基金委托贷款业务工作】积极主动接受中国清洁发展机制基金管理中心对本省工作的帮助和指导，建立起与基金管理中心的工作联系。根据财政部印发的《地方财政开展清洁发展委托贷款管理暂行办法》的规定,结合本省实际,积极申报清洁基金支持的项目,共计向财政部申请清洁发展委托贷款项目8个，其中两个项目已通过评审，将获得清洁发展优惠贷款1.25亿元。

【深入开展主题教育活动】按照厅党组部署,深入学习贯彻习近平总书记"三严三实"要求和调研指导兰考县教育实践活动时的重要讲话精神,以学习焦裕禄精神和践行"三严三实"要求为主线,切实加强作风建设。组织全处干部开展"弘扬焦裕禄精神 践行三严三实要求"主题教育活动,积极参加"三严三实"学习活动,撰写学习心得体会,参加学习征文。认真学习焦裕禄和沈浩精神,把焦裕禄精神和沈浩精神当成一把尺子、一面镜子,做到深学、细照、笃行。

(厅国际债务处供稿)

农村财政管理工作概述

【概况】2014年，农村局认真学习贯彻党的十八大和十八届三中、四中全会精神及习近平总书记系列讲话精神,按照厅党组决策部署,以服务财政改革发展为中心,以支部党建工作为统领,坚持夯实基础、管理创新、提质增效,改进作风,履职尽责，年度确定的各项重点工作全面完成、取得成效。

【落实惠农补贴政策】一是"一卡通"存折清理到位。在六安市试点基础上,出台《关于加快惠农补贴"一卡通"存折发放清理工作的实施意见》,区分不同情况,妥善分类处置,累计清理发放2.1万本代管积卡,涉及到户资金915万元、上缴县级财政1465万元,全省实现"一卡通"存折"零保管"。二是信息化建设覆盖到位。从乡镇到省厅四级网络全线贯通、财政与代发银行信息传输互联对接,系统在"省市监控、县级管理、乡镇使用"中起到实时监控和预警作用,防止违规违纪,保障补贴资金精准落实到户。运用信息管理系统,掌握分析各地发放信息动态,为领导决策提供数据参考。三是惠农补贴资金发放到位。修订《安徽省惠农补贴资金管理和"一卡通"打卡发放操作规程(试行)》,进一步明确主体责任,完善发放流程,减少资金拨付环节,规范打卡发放行为,将补贴资金及时安全足额发放到农户,让农民享受政策红利。全年全省发放"一卡通"惠农补贴资金222.6亿元,覆盖27大类85小项,惠及3613万乡村居民,人均受益616元。

【提高涉农资金绩效】一是开展涉农资金专项检查。组织开展2013—2014年度粮食直接补贴、农资综合补贴、退耕还林补贴、农业排涝电费补助资金和县级公益性水利工程维修养护补助经费管理使用情况专项检查。全省各级检查县乡面均达100%,深入3993个行政村,走访24894户农户,查纠各种违规违纪事件107件，追缴资金163.1万元,通报结果,整改问题,维护基层群众利益,促进资金规范管理。二是开展乡镇财政资金监管绩效评价。严格执行乡镇财政资金监管和惠农补贴资金管理发放绩效评价办法，坚持定性和定量评价相结合,对照评分细则,对16个市和79个县(区)逐一打分、综合评定结果,下达以奖代补经费3385万元,促进各地改进薄弱环节、落实监管责任,保障涉农资金使用安全和效益。完成财政部部署开展的2013年乡镇财政资金监管工作检查任务,按时上报省级材料,指导延伸被抽查2个市、4个县、4个乡镇的材料上报工作,获得财政部考核奖励资金9200万元。三是开展乡镇财政干部监管能力提升培训。结合财政改革和农村财政重点工作任务,举办2014年度全省农村财政管理业务培训班,从乡镇财政资金监管等方面进行专题培训。配合省财政干教中心完成3期乡镇财政所长培训班，全年省级培训农村财政干部570余人，为提高乡镇财政资金监管绩效提供组织和能力保障。

【规范农村“三资”管理】一是完成村级“三资”清理核实任务。按照省政府《关于深化农村综合改革示范试点工作的指导意见》要求，省财政厅会同省农委完成对全省20个农村综合改革示范试点县区、344个乡镇、4258个行政村集体“三资”清理核实任务，清理货币资金16.92亿元、各类资产82.83亿元、各类资源面积3040.62万亩、债权10.81亿元、债务27.15亿元，摸清“三资”存量、结构、分布和使用等情况，为下一步盘活“三资”、壮大农村集体经济、构建新型经营实体奠定基础。二是开展专题调研。根据“三资”清理中反映的村级财务监管问题，通过检查调研，形成《关于20个农村综合改革示范试点县(区)农村集体“三资”清理核实情况的报告》，并报省政府领导。通过调研统计，形成《关于农村集体“三资“委托代理机构设置及工作开展情况的报告》。三是加强村级财务监管指导。突出重点、分类指导，要求乡镇财政所按照农村“三资”委托代理协议明确的职责，进一步完善制度、规范流程、落实责任。结合构建农村新型经营实体、村级财务互查互审、资金监管工作开展，强化“三资”管理职能。结合创建服务型乡镇财政所、建立包村干部监管“三资”机制，强化制度执行、政策落实、审核审批等环节监管。

【推进管理机制创新】一是抓监管机制创新。引导鼓励各地探索开展乡镇包村干部监管涉农资金机制创新，跟进金寨县、六安市、合肥市等地先行先试工作成效，加强成果总结和宣传引导，以典型带动方式，指导全省各地结合实际，积极创新，构建政府主导、财政牵头、部门配合、包村干部为补充的涉农资金监管联动机制。截至当年底，全省16个市的43个县(区)开展试点或整体推进，发挥包村干部“就近就地”监管作用，为涉农资金安全增添“防护网”。二是抓管理制度创新。出台《安徽省财政厅关于开展乡镇财政财务互审工作的指导意见》，要求各地围绕乡镇财政工作职责和主要业务，重点针对6个方面的内容，就制度建设及执行情况进行互审，形成互审工作制度化、常态化，发现和解决问题，维护财经纪律，增进业务交流，达到“相互学习、取长补短、共同提高、全面提升”的目的。三是抓为民服务创新。贯彻中央和省委关于加强基层服务型党组织建设的意见精神，出台《安徽省财政厅关于开展创建服务型乡镇财政所（分局)工作的指导意见》及其评价办法。通过强化乡镇财政服务能力建设、服务制度建设、服务体系建设、服务载体建设等措施，用3年左右时间，创建一批省级和市级服务型示范所(分局)，发挥示范带动效应，激发基层财政活力，推动乡镇财政在服务中转型升级，展示财政“前沿窗口”良好形象。

【强化党建工作统领】一是筑牢党员思想基础。通过“三会一课”、专题研讨、撰写心得等形式，提高党员干部思想政治素养。全年在省财政综合办公网发布学习、业务等各类信息48条，全局人员撰写学习综述、心得体会等20余篇，其中3篇入选厅优秀文章选编。二是开展共建帮联活动。先后3次实地走访凤阳县殷涧镇宋集村，落实结对共建任务，巩固群众路线教育实践活动成果。围绕财政帮联工作内容，认真履行帮联责任，指导督促滁州市工作落实。做好在职党员到社区报到为群众服务工作。三是严格廉政效能建设。严守廉洁自律和依法行政底线。制定《厅农村局工作规则》，建立内部效能巡查制度，树立“窗口”意识，杜绝“软、懒、散、奢”。四是妥善处理来信来访。按时办结涉及城市拆迁、惠农补贴、基层财政干部身份待遇等来信来访13件，细致了解情况，宣传相关政策，做好解释工作，协调各方，反馈结果，化解矛盾。五是加大工作宣传力度。通过《中国财经报》《安徽日报》《安徽信息》《政务要情》《安徽财政》等媒介，宣传农村财政管理工作做法、成效，传递财政正能量，营造工作好氛围。

（厅农村局供稿　周健）

会计管理工作概述

【概况】2014年，会计处深入贯彻落实党的十八大和十八届三中、四中全会精神，巩固扩大党的群众路线教育实践活动成果，牢固树立法治理念，深入推进依法行政和会计法制建设，坚持一手抓履职能力建设，一手抓服务水平提升，着力推动会计管理工作转型，服务政府职能转变、服务经济建设、服务基层管理、服务效能建设的能力和水平进一步提升。

【推进行政事业单位内部控制规范实施】财政部印发的《行政事业单位内部控制规范(试行)》于2014年1月1日正式实施，省财政厅及时制发实施工作意见(财会〔2014〕320号),要求各地各部门提高思想认识,把握实施重点,加强风险控制,注重工作实效,从机制体制、制度流程、监督管理等多方面抓好基础工作，确保内控规范各项要求的贯彻落实。一是加强部门、处室会商,协同推进。召开内控实施推进会，举办2期教科文系统内控培训。二是强化机制,规范实施,要求各单位建立工作机制，制定工作流程，形成《内部控制规范手册》。三是组织专家完成对我厅内控手册初稿的评价完善。四是积极指导省教育厅、省卫生厅、省体育局、淮河河道管理局等部门开展内控工作,努力促进相关部门之间的交流学习,统筹推进。

【推动会计准则制度贯彻执行】一是积极宣传贯彻新修订的《注册会计师法》,营造良好的舆论氛围。二是做好《高等学校会计制度》《中小学校会计制度》《科学事业单位会计制度》《彩票机构会计制度》等新行业事业单位会计制度培训;协助会计司做好《会计基础工作规范》《会计档案管理办法》《会计师事务所职业责任保险暂行办法》等制度修订征求意见工作。三是稳步推动企业会计准则通用分类标准(XBRL)实施应用。经与省国资委和有关企业多次会商,扩围两家交通运输企业,试点企业增至7家。

【规范会计中介机构行业管理】一是根据财政部要求,全面系统总结《国务院办公厅转发财政部关于加快发展我国注册会计师行业若干意见的通知》(国办发〔2009〕56号)下发以来各项政策措施在本省的实施效果，并就下一步全面深化注册会计师行业改革开展问卷调查。二是根据省政府统一部署，编制本省会计师事务所设立审批行政权力清单和责任清单，会同相关部门推进“先照后证”等工商登记制度改革,规范会计审计服务政府采购招标,激发市场主体活力。截至本年末全省共有会计师事务所257家。其中有限责任会计师事务所86家,合伙制会计师事务所147家,省内分所2家,外省分所22家。三是规范代理记账机构管理,引导代理记账行业规范发展。全省代理记账机构569家,比上年增加119家,年度业务收入为6026.8万元,增幅20%。四是按照国务院深化行政审批改革、继续简政放权的统一部署,做好财政部下放跨省临时执业审批、境外事务所临时执业审批和事务所设立审批有关政策落地衔接工作。

【完善会计人才培养、评价体系】一是完成会计从业资格考试常态化改革。本省依托网络信息化平台,改变原有一年一次从业资格考试方式,全省设立16个市级考点和一个县级考点,基本实现每月组织一次会计从业资格考试。全年报名缴费人数突破29.6万人次,超过去年近12.3万人次,在全国率先实现会计从业资格考试常态化。二是会计专业技术资格初、中、高级考试考务工作平稳顺利,2014年度全省会计技术资格考试报名考生共计101566人，其中初级73605人，中级26640人,高级1321人,考试人数再创新高。三是持续推动会计高端人才培养方式转型。积极推动会计专业技术资格评价制度改革,优化评审办法。2013年度全省252名副高级会计师通过评审，正高级会计师评审对象扩大为在全省范围内各行业（含中央驻皖机构)从事会计工作的专业技术人员。组织完成三批行政企事业总会计师素质提升工程培训,培训学员240人;完成全省第二、第三批会计领军人才以及行政事业类、企业类两个领军后备班培训;完成全国会计领军人才我省选拔工作。四是出台《安徽省会计人员继续教育实施办法》(财会〔2014〕318号),启动实施继续教育学分管理,拓宽继续教育形式，做好会计人员继续教育机构管理备案工作。

【加强对县（区)、农村基层会计管理工作指导】一是持续推动《安徽省财政厅关于加强和改进基层会计管理工作实施方案的通知》(财会〔2013〕1271号)贯彻实施,着力激发基层会计工作活力,推动基层会计管理机构从行政监管向市场监管转变,从管理角色向服务角色转变,促进基层会计管理水平全面提升。二是规范农村财务会计工作。指导市县加强农村会计工作，鼓励各地探索农村会计人员持证上岗制度和继续教育制度，推进村级委托代理记账,规范农村会计基础。三是针对目前部分事业单位货币资金管理存在的问题,印发《关于加强事业单位货币资金管理的通知》(财会〔2014〕2311号)，要求建立健全相关管理制度、加强内控规范、严格落实管理责任。

【建设服务型、学习型会计管理机关】一是增进主动服务意识,努力打造服务型“窗口”。依托厅门户网站管理平台,积极做好政策发布、典型宣传、答疑解惑等工作;梳理优化行政审批的流程,缩短审批时限,将变更、调转等三项便民项目放到财政窗口办理。全年共回复网上信箱咨询达3100多条,审核办理继续教育25万人,办理电话咨询,信息变更、调转等1100多人次。二是切实转变工作作风,制定《2014年会计处效能建设工作方案》,建立会计处内部内控手册和会计处工作规则,坚持高标准、严要求,细化措施,压实责任,不断提高处室工作质量和工作效率;全年度开展会商68次,联系基层6次。荣获财政部“2013年企业内部控制知识竞赛”优秀组织奖。三是宣传工作摆上突出位置。建立全省会计信息报送宣传工作机制,进一步增进社会各界对会计工作的理解、关心和重视。全年在安徽日报、中国会计报等各类媒体上宣传信息18条,在厅《会计管理动态》网页发布信息490条。四是如期完成省会计学会、珠算协会换届工作,发挥学会、协会研究平台作用,相继完成《论企业集团“大财务”体系的构建》等5项课题研究;组团参加“第四届全国珠心算比赛”,本省9名选手共取得团体一等奖1名,团体二等奖2名,个人二等奖8名的好成绩,总成绩位居全国前列。

(厅会计处供稿)

行政事业单位国有资产管理工作概述

【概况】2014年,行政事业资产处紧紧围绕财政中心工作,按照“强基础、促管理、抓规范、严执行”的工作思路,通过创新体制机制、完善制度措施、夯实管理基础、强化责任落实,进一步规范省级行政事业单位国有资产管理,取得显著成效。

【完善国有资产管理制度建设】贯彻党的十八大和十八届三中、四中全会关于全面深化改革和推进依法行政的要求,按照中央“八项规定”、《党政机关厉行节约反对浪费条例》、分类推进事业单位改革和推行政府购买服务改革等文件的规定,从本省资产管理实际出发,会同省政府法制办组织开展《安徽省行政事业单位国有资产管理暂行办法》(省政府令第214号)的全面修订工作。在广泛征求各地市法制和财政部门、省直有关部门单位及专家学者意见建议的基础上,重点对原办法中的重大国有资产处置审批权限和程序不明确、国有资产处置过程和结果不够公开透明以及审计监督和社会监督的效用没有得到充分发挥等进行重点修订完善。

【强化省直单位国有资产使用管理】充分发挥行政事业国有资产监管职能,坚持问题导向,突出抓好资产使用管理等重点环节的监管。经省政府同意,会同省监察厅、省审计厅联合印发《关于进一步规范省级行政事业单位国有资产使用管理的通知》(财资〔2014〕430号),在省直单位全面开展资产使用管理专项清查整改工作,115家一级预算部门对照要求全部开展自查整改并报送了整改工作报告。按照“全厅一盘棋”和“一个口子对外”的管理方式,建立“三位一体”的责任落实机制,强化省直单位的“主体责任”,严格执行各部门单位国有资产管理“一把手负责制”,执行资产管理台账和问题销号管理制度,主动会商督促推进整改落实。同时,将省直单位国有资产使用管理情况纳入党风廉政建设责任制考核、列入预算执行审计、经济责任审计以及各类专项审计的工作范围。通过加强外部监察和审计监督,强化财政厅内部国有资产管理的“第一责任”和“直接责任”,持续推进省直单位国有资产使用管理专项清查整改工作取得实效。全年省直单位新增移交房产、土地权证560本,新增备案出租出借合同1082份,新增纳入政府非税收入管理的单位61个,上缴资产出租收入2.67亿元,较去年同期增加4202万元,增长18.7%。专项核查工作成效明显,影响广泛。詹夏来常务副省长在财政厅呈报的《关于省直行政单位资产使用管理专项清查整改工作情况的汇报》上作重要批示:“这项工作关乎国有资产安全和使用绩效,也关乎廉政建设。财政厅会同监察厅、审计厅主动作为,抓得很好,成效明显。望继续努力,切实抓紧抓好。”11月27日,在财政部资产管理司召开的地方资产管理工作座谈会上,财政厅资产处作省直单位资产专项清查整改工作情况交流,受到资产司领导和各省市财政厅与会人员的充分肯定。12月23日,《中国财经报》在第二版头条发表

《安徽实打实整改省直行政单位国资管理》,2014年第12期《行政事业资产与财务》杂志刊发《安徽加强省直单位国有资产管理的实践与探索》,全面报道本省开展资产管理专项清查整改工作的成效和做法。

【抓好省直单位国有资产日常监管】一是严把新增资产配置审核关,对2015年部门新增资产配置预算的必要性、合规性进行全面审查,对资产配置需求是否合理、通用资产是否符合标准、专用资产配置是否可行等进行了重点审核。二是严把资产出租和处置事项审核关,2014年,共办理房产出租批复33份,出租房产面积6.54亿平方米;办理资产处置批复104份,处置资产账面原值2.61亿元。三是严格公开规范操作。按照市场化运作方式,通过省产权交易中心建立国有资产公开招租和集中处置平台,遵循公开、公平、公正的原则,充分发挥市场价格机制的调节作用,提高闲置资产的使用效益和处置资产的公开透明程度,2014年,省级完成资产出租收入2.67亿元、资产处置收入3.41亿元。

【扎实推进两大资产管理专项工作】一是开展事业单位及其所办企业国有资产产权登记。印发《关于开展事业单位及事业单位所办企业国有资产产权登记工作的通知》和《关于开展省级事业单位及事业单位所办企业国有资产产权登记工作的通知》,组织全省各级财政部门和布置省直事业单位及其所办企业开展产权登记工作,为做好产权登记及审核工作奠定基础。二是实施行政事业单位资产管理信息系统升级改造。根据财政部统一要求,印发《关于部署实施行政事业单位资产管理信息系统(二期)的通知》,组织全省资产管理信息系统的升级改造,增加产权登记管理模块,按照新的固定资产国标要求,将固定资产类型由原来的十一大类转换成六大类,并逐户进行审核确认。督促省直单位和市县财政部门做好资产统计报表的编报工作,按时高质地完成2013年全省行政事业单位资产统计报表的审核汇总及编报工作。

【不断提升服务能力】深入学习习近平总书记系列重要讲话精神,坚持业务工作和作风能力建设两手抓,深入学习党的十八大和十八届三中、四中全会精神,学习研讨厅党组确定的改革与公共财政等8个专题,并形成学习研讨综述。坚决贯彻落实中央八项规定、省委三十条、厅党组三十条及效能建设有关要求,组织开展廉政风险防控工作“回头看”,以查找岗位风险为突破口,重点围绕国有资产配置、处置、出租以及收益监管等环节,剖析存在问题的原因,分类制定防范措施,强化自我监督和防患于未然的意识,做到关口前移,规范权力运行。专门组织对合肥、芜湖等地资产资金集中管理工作调研。扎实开展城乡基层党组织结对共建和财政帮联工作,支持完善结对共建村怀远县鲍集镇王圩村卫生室软硬件设施,走访慰问12户困难群众和党员,看望鲍集镇财政所干部职工,调研座谈加强基层财政管理工作。督促帮联单位广德县财政局做好财政改革、预算信息公开、涉企系统建设等重点工作,确保全年各项重点工作任务全面完成。组织召开全省资产管理信息系统应用暨事业单位及其所办企业国有资产产权登记培训班,并套开市级财政部门资产管理科负责同志座谈会,以会代训,座谈交流加强国有资产管理工作的举措,全面提升资产管理队伍的业务水平。

(厅资产处供稿)

国有资本经营预算管理工作概述

【概况】2014年,在厅党组的坚强领导和兄弟处室的大力支持下,国有资本经营预算处认真落实省委、省政府全面深化改革的意见精神,立足实际,主动作为,坚持以推进国有资本经营预算扩面提标为重点,注重与部门沟通协调,积极完善国有资本收益收取管理制度,严格收支管理,支持企业改革与发展,各项工作均取得新的进展和成效。

【推进国资预算扩面提标】一是积极落实改革意见精神。认真学习落实省委、省政府关于全面深化改革的意见精神,按照厅改革办的统一部署,主动加强与财政部的对接,及时研究谋划完善国资预算制度的改革思路和措施,明确改革目标和任务。结合工作进展情况,细化工作措施,建立工作台账,及时跟踪总结,提出具体建议,确保改革顺利推进。二是开展省属国有企业摸底调查。通过摸底调查,全面掌握省属国有企业的股权结构、资产、利润等状况。针对省委宣传部、省交通厅等部门监管的企业尚未纳入收益收取范围的情况,主动上门沟通会商,形成“关于扩大国有资本经营预算实施范围的意见和建议”,积极推进国资预算实现全覆盖。三是修订收益收取管理办法。在广泛调研的基础上,及时对2008年制定的《省属企业国有资本收益收取管理暂行办法》进行修订完善,报经省政府常务会审议通过后，以省政府办公厅文件印发。新办法首次将省国资委监管以外的其他省属企业,包括省属文化企业,以及省交通厅、省水利厅等部门监管的企业全部纳入收益收取范围。同时,提高收益收取比例,将国有独资企业利润上交比例由10%提高到15%,统一省属企业国有资本收益上交标准。加强国有控股上市公司分红管理，对国有独资企业所属上市公司应付国有股股利、股息,按一定比例直接上交,切实保障国有资本收益权,进一步增强政府的宏观调控能力。

【确保完成年度预算任务】一是及时编报2014年省级国资预算。认真做好2014年省级国资预算草案的编报工作,严把预算收支审核关。按照省人大审议结果,及时将2014年国资预算批复相关单位和企业,明确年度预算收入和支出目标。二是积极组织收缴国有资本收益。依据收益收取管理办法,认真审核确定省属企业2013年度应交的国有资本收益,并及时下达收益上交通知,督促企业严格按规定及时上交收益。全年实现国资预算收入9.34亿元,较年初预算收入6.7亿元超收2.64亿元,较上年提前一个月完成收益入库任务。三是加快国资预算支出进度。结合国有资本收益入库情况，及时将2014年国资预算资金拨付相关企业。截至9月底累计拨付资金7.2亿元，较上年提前两个月完成预算支出任务，有力支持省属企业改革与发展。四是加大国资预算与公共预算的统筹。认真落实国务院关于深化预算管理制度改革的有关要求，加大国资预算资金调入一般公共预算的力度。报经省人大批准,将当年国资预算超收收入2.64亿元全部调入一般公共预算，占当年国资预算收入的28%,切实保障和改善民生。

【提高国资预算编报质量】一是建立支出项目公开评审制度。研究制定《省级国有资本经营预算支出项目评审管理暂行办法》,明确国资预算支出项目的申报范围、评审程序及工作要求,积极构建科学合理、公开透明的资金分配机制,提高预算支出管理水平。二是明确预算支持方向和重点。按照国资预算支出功能定位和用途，结合省属企业实际，明确省级国资预算资金重点用于省委省政府确定的重大基础设施建设，以及支持省属企业兼并重组、产业升级与发展,帮助企业妥善解决历史遗留问题等,充分发挥资金的使用效用。三是科学编制2015年省级国资预算。结合扩面提标工作，合理测算2015年国资预算收入规模,并及时组织企业申报2015年国资预算支出项目计划。会同省国资委等部门，建立省属企业国资预算支出项目库,加强项目的遴选和评审,为科学合理编制2015年省级国资预算草案奠定基础。经测算,2015年省级国资预算收入和支出均为12.4亿元,收入和支出预算分别较2014年实际执行数增长33%和69%。

【探索创新预算管理方式】一是积极推进市级国资预算工作。加强地市国资预算工作的指导,及时启动全省国资预、决算汇总编报以及季报统计工作。按照财政部统一部署，圆满完成全省2013年国资决算、2015年国资预算汇总编报工作。因组织得力、上报资料及时完整、数据质量较好,全省国资预算编报工作得到财政部通报表扬。在此基础上，及时对各市国资预决算编制工作进行总结通报，督促各地进一步规范国资预算的编制和执行。二是加强工作调研。主动赴省属企业调研走访,并就国资预算支持企业化解历史负担、推进企业改制重组形成专题调研报告，上报省领导后得到批示肯定。积极探索建立费用性支出项目财政补贴包干机制,强化绩效目标考核和预算监督,为推进国资预算改革建言献策。认真开展国资预算管理制度改革专项研究,并形成《完善国有资本经营预算制度研究》报告,积极探索国资预算改革的新举措、新思路。

【提升国资预算管理水平】一是探索开展支出项目绩效评价。参照财政部做法,积极构建省级国资预算绩效评价指标体系,重点围绕项目实施、资金管理、项目完成等情况进行评价。通过企业自评和重点抽查相结合的方式，对近两年省级国资预算资金安排的部分项目开展绩效评价，形成绩效评价报告，为改进和完善现行国资预算管理制度提供依据。二是积极落实预算审计建议。按照审计要求,及时整理、提供2013年省级国资预算编制及执行情况的相关文件、资料,积极做好与审计部门沟通。针对审计报告中提出的问题和意见建议，认真研究分析,督促相关单位和企业整改落实,并及时反馈整改结果,掌握主动,争取审计部门的理解和支持。

【不断加强处室内部建设】一是主动沟通会商。主动与财政部相关司局对接,及时了解国资预算改革动态和政策信息。加强与省委宣传部、省国资委等主管部门联系会商,注重相关政策宣传,对出台的重要政策,提前做好沟通配合。定期向政府、人大报告国资预算执行进度和改革进展情况,争取各方理解和支持。二是完善内部管理制度。按照厅机关工作规则和建立内控长效机制的要求,认真梳理业务工作流程,及时制定处内工作规则,细化岗位职责。结合国资预算工作实际,优化设计业务流程,明确内部控制目标,找准风险点,制定具体防控措施,强化对权力运行的监督制约,确保党风廉政建设责任落到实处。三是推进支部党建工作。以处室单设为契机,及时成立党支部,加强政治理论学习和廉政教育,定期组织专题学习研讨,落实群众路线教育实践活动的各项要求。深入开展结对共建,先后三次深入结对村开展走访调研、会商帮扶,通过开展慰问困难党员、共过党员组织生活、送书进学校等活动,增强党员干部服务群众的思想自觉和行动自觉,促进处室工作作风转变,密切与基层干部群众的联系。

(厅国有资本经营预算处供稿 谢勇)

财政监督检查工作概述

【概况】2014年,监督检查局认真贯彻落实党的十八届三中全会、四中全会精神,围绕财政中心工作,坚持财政大监督理念,宣传贯彻《安徽省财政监督条例》,完善监督机制,创新方式方法,科学筹划,精心组织,组织开展会计监督、专项监督、内部监督、严肃财经纪律和"小金库"专项治理等工作,为维护财经秩序,保障政府性资金的安全规范有效使用发挥积极作用。

【深入宣传贯彻《安徽省财政监督条例》】省财政第一部综合性法规——《安徽省财政监督条例》于本年3月1日起正式实施。宣传贯彻《条例》2014年度财政监督重点工作,举办全省财政监督综合业务培训班,编印《〈安徽省财政监督条例〉读本》发至全省各级财政部门、预算单位及会计师事务所,通过报纸、网络等媒体向社会公众广泛宣传,提高《条例》知晓度。严格按照《条例》规定,依照法定程序组织检查,严守工作纪律,规范行使自由裁量权,依法依规作出处理处罚,不断提高财政执法水平。

【认真组织开展专项检查】根据省委、省政府决策部署,围绕群众关心的焦点、社会关注的热点,开展以落实民生政策、转变发展方式和促进区域经济为重点的专项监督检查,确保国家财经政策和惠民举措落实到位。组织开展全省农村饮水安全工程专项资金市县互查,采取"以市为主、市县互动"的方式,重点对2013年全省16个市实施的938处农村饮水安全工程专项资金开展交叉互查,涉及项目资金19.01亿元,规模水厂(点)938处,检查发现违规金额2799.25万元,经督促整改,有力促进解决362万农村居民和30万学校师生饮水不安全问题。开展皖北地区村级组织活动场所建设补助经费和经济开发区(工业园区)党群活动服务中心建设补助经费专项检查,组织5个专项检查组,共20余人次,深入16个市、56个县(市、区)、127个乡镇(开发区、园区)、183个村,实施2个项目现场检查,涉及省级资金3530万元,得到省委组织部充分肯定。开展皖北三市四县现代产业园区资金项目跟踪检查,组织检查组深入三市四县7个现代产业园区,现场检查资金管理使用情况,促进省委省政府振兴皖北战略目标的落实。牵头协调省级部门预算监管,贯彻财政大监督理念,坚持监督关口前移,将厅23个业务处室对其归口部门或分管业务的30个项目纳入年度监督检查内容,推进管理与监督的有机融合。

【深入推进会计监督】以医药、城市交通企业为重点,采取全省财政监督机构统一部署、上下联动的方式开展会计信息质量检查,共检查行政企事业单位770户(省本级30户,市级271户,县级469户),纠正违规金额43,619.00万元。按照财政部5年轮查一次的要求,对50户非证券资格会计师事务所开展会计师事务所执业质量检查,共给予6户会计师事务所和8名注册会计师警告并没收违法所得16.3万元的行政处罚,对1户会计师事务所撤回设立许可,对5户会计师事务所下达监管关注函,对13户会计师事务所移送省注协进行行业惩戒处理。按照公开透明、公平竞争、客观公正的原则,通过政府采购方式“花钱买服务”,委托具备相应资质的注册会计师事务所,对省本级5户教育系统的事业单位开展委托鉴证,加强对行政事业单位的综合预算监督。

【积极开展财政部门内部监督】结合厅阳光理财小组的工作安排和离任审计工作,先后对厅办公室、农发局、注协等14个处室单位开展内部监督工作,重点检查各处室单位的内部控制、内部管理、预算与财务管理等方面情况,针对检查发现的问题提出意见和建议,有效发挥内部监督在健全管理制度、构建内控机制,堵塞管理漏洞、防范内部风险、保障财政安全等方面的积极作用。

【深入开展严肃财经纪律和“小金库”专项治理】根据财政部统一部署,组织省本级、各地23961家单位开展自查自纠工作,覆盖面达100%。自查发现各类违规违纪金额162775.17万元,“小金库”33个,涉及金额827.03万元。在自查自纠基础上,开展重点检查,各级共检查2200家单位,发现各类违规违纪金额16536.28万元,“小金库”2个,涉及金额24.88万元。针对自查和重点检查发现的问题,查找原因,提出建议,通报有关主管部门,督促整改落实,纠正和查处各种财经违法违纪行为,做到资金资产处理到位、违规违纪责任人员处理到位,确保中央“八项规定”落到实处。

【扎实推进党建工作】践行“三严三实”要求,强化群众观念、宗旨意识。深入开展局党支部与宿松县北浴乡迎宾村党支部、绩溪县临溪镇孔灵村党总支的结对共建工作,实现组织共建、党员共管、干部共育、资源共享。坚持推进帮联制度,推动宿州市财政政预算部门会商、乡镇财政资金监管、财政暂存暂付款清理工作,推进部门预决算信息公开、民生工程、渔民上岸安居工程,加强财政政风行风和效能建设。

(厅监督检查局供稿　周游)

政府采购管理工作概述

【概况】2014年,在财政厅党组的正确领导下,政府采购处深入贯彻落实党的十八大和十八届三中全会精神及省委省政府关于公共资源交易体制改革精神,紧紧围绕财政中心工作,积极进取,扎实工作,深化制度改革,加大监管力度,规范采购行为,推进电子化政府采购系统建设,积极开展加入GPA谈判研究工作,积极稳妥将省本级政府采购业务委托安徽合肥公共资源交易中心办理,各项工作稳步推进,全省政府采购改革与发展取得明显成效。

【积极推进公共资源交易管理体制改革】认真贯彻落实省委省政府关于公共资源交易管理体制改革的部署,全省公共资源交易集中推进行动方案下发后,9月18日,省财政厅党组召开扩大会议,专题研究并通过政府采购处牵头制定的省财政厅《贯彻落实规范全省公共资源交易集中推进行动实施工作方案》,明确各项工作任务的时间表和路线图,细化分解,压实责任,确保各项任务措施到位、行动到位、落实到位。一是积极与有关方面对与衔接。9月29日,与合肥市进行工作对接,正式启动省级政府采购业务移交工作,建立具体工作衔接机制,设立由省财政厅和合肥市相关人员组成的公共资源交易集中推进行动临时工作组。二是建立定期沟通联系制度。临时工作组每周三下午召开一次业务对接会,共同研究制定《业务委托工作实施方案》《委托交易中心实施省本级政府集中采购项目工作规程》等,安徽合肥交易中心成立省直政府采购科,专门负责省本级政府集中采购执行业务。三是印发文件召开会议进行专门布置。10月底,专门印发《关于委托公共资源交易中心办理省本级政府集中采购业务的通知》(财购〔2014〕1686号),明确业务委托实施范围、基本原则、时间要求、工作程序等。同时会同合肥市召开有省直部门单位分管财务领导和财务负责同志参加的布置培训会,指导省级预算部门、单位做好业务委托准备工作。四是实现省与安徽合肥交易中心信息化系统无缝对接。按照业务委托工作要求,双方开展信息化系统改造,实现政府采购专家库、供应商库、任务书下达、合同备案等系统融合。12月10日,政府采购处通过政府采购电子化系统正式向安徽合肥交易中心下达采购任务,提前实现省本级政府采购委托工作试运行,省本级政府集中采购业务委托工作取得阶段性成效。

【采购规模效益持续扩大】当年,全省政府采购合同金额达666.4亿元,其中,省本级实现政府采购合同金额 52.9 亿元。采购规模的持续扩大得益于五个方面:一是全省各地逐步将保障房建设、城市轨道交通等工程项目纳入政府采购统计范围,政府采购范围不断向新的领域拓展;二是货物服务类项目纳入政府采购的范围越来越广,逐步向专用货物、外包服务等领域扩展;三是进一步细化政府采购预算,推动部门预算逐步细化到货物、工程和服务分类,并落实到具体采购项目;四是加强监管,严把政府采购资金支付关,在资金支付过程中强化采购合同审核;五是政府采购服务效率和水平不断提高,采购人政府采购意识进一步增强。

【推进政府采购制度建设】出台《安徽省政府采购供应商注册管理暂行办法》,加强供应商管理,进一步规范供应商的政府采购行为,初步实现在本省任何一地注册入库的供应商,其供应商资格和注册登记信息在全省范围内有效,并实现共享。印发《关于规范省级分散采购管理工作的通知》,加强省级分散采购管理,规范集中采购目录以外、限额标准以上的货物、服务和工程的分散采购行为,对分散采购范围、组织实施、资金支付等作出细化规定。进一步发挥政府采购政策功能,支持中小企业发展,修订上年印发的《安徽省政府采购信用融资及融资担保试点工作方案》,并在全省范围内推广,缓解中小微企业融资难、融资贵问题。

【加强政府采购预算管理】进一步规范政府采购行为,加强政府采购预算管理,加快政府采购合同执行进度,全面清理政府采购专户存量资金。全面梳理 489 笔已到期未支付采购合同,涉及金额 5.08 亿元,要求采购单位说明未支付原因,并列出支付时间表,加快采购合同支付进度。清理政府采购专户资金,督促采购单位对正在执行的项目预计支付时间,对结存资金提出处理意见,截至当年底,结存金额由 4 月底的 1.15 亿元减少至 5339 万元。加快政府采购预算执行进度,省本级全年调整后的政府采购预算为 96.8 亿元,同比大幅增长 22%,委托采购的项目预算为 96.1 亿元,占采购预算 99.2%。制定收回政府采购结余资金文件,凡预算拨款安排的政府采购项目,政府采购合同签订后,预算拨款结余资金全部收回省级预算。

【批量集中采购工作取得突破】印发《安徽省财政厅关于开展省级预算单位部分设备批量集中采购试点工作的通知》,进一步深化政府采购制度改革,发挥批量集中采购的优势,提高政府采购市场的竞争度,提高财政资金使用效益。会同信息中心对财政平台一体化系统进行升级改造,使批量集中采购在技术层面上更具可操作性。会同省采中心制定《2014 年第一期批量集中采购台式计算机和激光打印机配置标准》,并于当年 5 月和 10 月两次采取公开招标的方式进行批量集中采购,台式计算机中标平均价较预算低 20%,比市场价(参考中电指数)平均低 30%;激光打印机中标平均价比预算低 40%,比市场价平均低 50%。

【推行向社会力量购买服务】根据《安徽省人民政府办公厅关于政府向社会力量购买服务的实施意见》要求和政府采购有关法律制度规定,印发《安徽省财政厅关于做好政府向社会力量购买服务中政府采购工作的通知》,完善政府购买服务中政府采购工作机制,明确购买服务政府采购当事人、采购范围、采购方式以及规范购买服务采购程序,并加强政府购买服务中政府采购监督管理。经省政府授权,印发《安徽省省级 2015—2016 年政府集中采购目录及限额标准》,扩大政府集中采购服务项目范围,将物业管理、法律服务、信息系统运行维护、互联网信息服务、合同能源管理等购买服务项目纳入政府集中采购目录,明确自下年起正式实施。

【加强政府采购工作监督管理】一是依法处理政府采购投诉案件。当年省本级共受理投诉案件 10 起,下达处理决定书 10 起,下达监督检查处理决定书 1 起,未发生行政复议和行政诉讼案件。同时,指导全省政府采购监管机构完善投诉受理程序,规范处理决定书格式,维护正常的政府采购竞争秩序,保护政府采购市场各当事人的利益。二是及时严查各类信访案件。全年收到省纪委、省信访局和厅办公室转来群众来信 9 件,根据来信内容,迅速开展调查,将调查结论及时反馈给各部门。三是加强政府采购信息公开。通过“安徽省政府采购网”及时发布有关政府采购各类信息,当年全省共发布政府采购各类信息公告 28000 多条。

【创新“政采贷”支持中小企业发展】充分发挥政府采购服务中小企业作用,增强中小企业参与政府采购能力。试点初期,耐心向采购人宣传政策,争取采购人支持,协调集中采购机构,为试点银行和担保机构提供宣传平台，不断调整工作措施和方法，保障试点各项工作顺利开展。截至当年底，省级政府采购信用融资及融资担保试点业务累计发放贷款 170 笔，放款金额 2.4 亿元，政策效果初步体现。《中国财经报》《中国政府采购报》《安徽日报》等媒体多次对本省的信用融资及融资担保工作进行报道。

【积极做好加入 GPA 谈判应对工作】组织召开安徽省加入 GPA 谈判工作联席会议，成立货物、工程、服务、企业、综合等 5 个研究工作小组，分别由省经信委、省发改委、省商务厅、省国资委、省财政厅牵头，重点开展货物例外项目、公用基础工程项目出价、服务类开发项目、国有企业出价及出价清单预案等 5 项课题研究，并全部顺利结题。制定《2014 年安徽省加入 GPA 谈判应对工作方案》，全面部署 2014 年本省 GPA 谈判应对工作。当年 4 月，向 GPA 中部地区联络组提交报经省政府同意的“2014 年安徽省加入 GPA 谈判出价清单”。在国家提交的第六份出价清单中，首次将本省列入出价范围，本省出价清单在已出价 19 个省份中开放实体数量最少、产业影响最小。

【深入开展结对共建定点帮扶活动】按照财政厅党组安排，进一步深化与含山县清溪镇横龙村党总支的“结对共建”活动。一是研究部署 2014 年帮扶计划。政府采购处党支部与含山县财政局及横龙村两委进行座谈，就横龙村发展和产业定位开展讨论研究，积极研究部署 2014 年帮扶计划。二是实地察看帮扶项目。帮扶的村污水管网项目顺利实施并按期完工。三是走访慰问困难党员群众。政府采购处党支部与横龙村党支部共同开展群众路线教育实践活动，座谈了解群众的意见和建议，走访 4 户困难党员群众。同时，按照厅“单位包村、干部包户”定点帮扶工作实施方案要求，走访颍东区吴寨村 8 户贫困户，制定帮扶工作计划，落实帮扶工作措施。

（厅政府采购处　侯洪玮）

农村综合改革工作概述

【概况】2014 年，在厅党组高度重视和正确领导下，在各处室单位大力支持帮助下，综改处认真贯彻落实省委、省政府和厅党组决策部署，深入推进农村综合改革，各项工取得明显成效。农村综合改革示范试点开局良好，20 个试点县（区）农村土地承包经营权确权登记工作基本完成，农村金融综合改革、农村集体“三资”清理等工作进展顺利。争取列入国家首批建制镇示范试点范围，进一步丰富改革新内容，拓展改革新领域。一事一议财政奖补政策和离任村干部生活补助政策得到较好落实，农村生产生活条件有所改善，村级组织运转经费保障水平逐步提高。

【扎实做好一事一议财政奖补工作】针对一事一议项目覆盖面广、资金投入多元的特点，坚持从农村实际出发，按照“以县为主，尊重民意，简便易行，规范操作”的原则，把工作重点放在县乡，注重依靠基层，加强督查指导，创新工作方法，完善政策措施，促进村级公益事业发展。当年全省共建成一事一议财政奖补项目 1.3 万个，涉及行政村 1.1 万个，受益人口 3910 万人。一是强化组织领导。省委、省政府继续将一事一议财政奖补工作列入当年全省民生工程，财政厅党组将一事一议财政奖补纳入财政重点工作，各级财政、农业及交通、水利等部门按照职责分工，相互配合，共同推进财政奖补工作。二是安排落实财政奖补资金。全省财政投入一事一议财政奖补资金 25.4 亿元（中央财政 12.4 亿元，省财政 8 亿元，省以下财政 5 亿元），带动农民筹资 5.5 亿元，村集体投入和社会捐赠 3.1 亿元，整合其他支农资金 2.4 亿元。三是加强项目管护。制定下发《安徽省村级公益设施管护的意见》，进一步明确一事一议财政奖补项目的管护主体、管护范围、管护责任、管护方式、管护资金来源等。四是强化制度建设。在完善一事一议财政奖补项目及资金管理办法和绩效评价办法的基础上，结合 2012 年出台的《安徽省一事一议财政奖补工作操作指南》，本省制定下发《安徽省村级公益事业建设一事一议财政奖补工作规程》，进一步明确各级各部门的职责和工作流程，完善民主议事、筹资筹劳、项目申报审批、资金分配监管等相关政策，促进一事一议财政奖补工作的规范化、制度化。同时，在总结和推广基层创新做法的基础上，全面推广项目实施前、中、后“三张照片”制度和项目公示牌制度。五是加强资金和项目监管。建立健全县级自查、市级抽查、省级重点督查的三级监督检查机制，加强一事一议财政奖补项目和资金日常检查。建立健全一事一议财政奖补信息监管系统，完善国家-省-

市、县(区)三级信息监管系统,对一事一议财政奖补项目和资金实施动态监管。

【大力推进农村综合改革示范试点】根据省政府关于深化农村综合改革示范试点工作的安排部署,围绕转变农业发展方式、增强“三农”发展活力的总体目标,加强组织协调,分解落实任务,加强工作督查,有序推进示范试点各项工作。一是推进农村土地承包经营权确权登记颁证试点。基本完成20个试点县(区)农村土地承包经营权确权登记颁证任务,完成确权面积2820.7万亩,财政投入3亿多元(其中,省财政1.5亿元)。同时,稳步推进农村土地承包经营权流转,全省土地流转面积达3161.8万亩,其中耕地2314.4万亩,约占全省耕地总面积的37.6%。建立健全土地流转服务网络,加强土地流转风险防控,90%的乡镇设立土地流转服务中心,流转土地50亩以上的书面合同签订率超过98%。二是总结推广农村金融综合改革经验。金寨县推动金融机构重心下移,新设3家乡镇营业网点,3家村镇行支行,226个村级金融服务站,实现金融服务“村村通”;并积极推行“科技特派员联保贷款”(简称“科联贷”)等贷款品种,累计发放贷款2.8亿元。凤台县设立“粮食银行”,当年收存粮食近3.5万吨、覆盖农户1336户。省政府在金寨县召开全省农村金融综合改革现场会,总结两县经验,研究部署逐步扩大改革试点范围。三是全面清理核实农村集体“三资”。与财政、农委、监察等部门共同配合,对20个试点县(区)的农村集体“三资”进行全面清理核实,共清理出各类资金16.9亿元,资产82.8亿元,集体经营的土地、山场、水面等资源性资产427.7万亩,债权10.8亿元,债务27.2亿元。清理情况向省政府专题报告,省政府领导作出重要批示。四是支持配合有关部门,培育发展新型农业经营主体,构建农业社会化服务体系,深化农村小型水利工程产权制度改革,推进集体林权制度配套改革和供销合作社综合改革试点等。

【组织实施国家美丽乡村建设试点】在上年本省被列入全国美丽乡村建设试点和美丽乡村标准化试点省份的基础上,本年继续在27个县(区)推进美丽乡村建设试点工作,共建成美丽乡村试点项目400多个,涉及295个乡镇,472个行政村,受益农业人口86万人。一是制定完善试点方案。根据国务院综改办要求,结合本省美好乡村建设实际,研究制定《安徽省发挥一事一议财政奖补作用,推动美好乡村建设试点方案》。指导27个试点县(区)制定具体实施方案。根据国家有关部门要求,配合省质监局制定《安徽省美丽乡村标准化试点工作方案》,选择铜陵县、潜山县、烈山区等3个试点县(区)进行试点。二是安排落实试点资金。27个国家美丽乡村试点县(区)全年共投入美好乡村建设资金6.4亿元,其中,中央财政安排1亿元,省财政投入2.4亿元,试点县(区)财政投入3亿元。三是加强对试点工作指导。建立美丽乡村试点项目备案制度,指导试点县从改革角度花钱买机制,将上级安排的试点资金落实到具体项目,并与美好乡村建设和相关涉农资金整合,用活用好试点资金,严格管理试点项目,及时总结经验,确保试点工作顺利实施。

【健全完善村级组织运转经费保障机制】完善村级组织运转经费保障机制,建立健全资金稳定、管理规范、保障有力的村级组织运转经费保障机制。一是制定措施办法。会同省委组织部、省民政厅、省人社厅制定《安徽省离任村干部生活补助发放工作实施细则》,明确部门职责、身份认定、资金管理等发放程序和环节。二是安排落实保障资金。安排落实离任村干部生活补助资金6.5亿元(其中,省财政安排1.8亿元,市、县(区)配套安排4.7亿元),共发放补助资金5.2亿元。截至2014年底,全省符合发放条件、录入人社部门代发系统的离任村干部29.2万人,已领取生活补助的老村干28.8万,发放率达98.6%。三是加强村级财务监督管理。针对村级财务管理中的薄弱环节和突出问题,按照厅领导指示要求,会同农村局研究起草《关于进一步加强村级财务监督管理工作的意见》,与省农委、省监察厅、省审计厅联合下发,进一步明确各级各部门的职责和任务,对村级财务会计监督和审计监督作出具体规定,提出明确要求。四是开展督促检查。将村级补助资金列入2014年度财政监督检查重点项目,组织开展监督检查。会同省委组织部对村级组织运转经费保障机制建设和离任村干部生活补助政策落实情况进行检查,督促各地制定实施方案,安排落实补助资金。

【全面推行农村为民服务全程代理制】为贯彻落实省委办公厅、省政府办公厅《关于进一步完善农村为民服务全程制的意见》,制定下发《关于进一步做好农村为民服务全程代理制工作的通知》,进一步明确各级综改办在推进为民服务全程代理制工作中的职责任务,并从统一思想认识、丰富服务内容、健全工作制度、提升服务水平等方面提出具体要求,促进农村为民服务全程制工作规范化、常态化。当年,全省乡镇为民服务全程代理中心和村级代办点全面建立,为农民提供全程代理服务项目达16000多项,其中,代理类项目近10000项,咨询类项目6000多项,涉及农民群众生产生活各个方面;全年受理群众委托事项131.5万件,办理130.6万件,办结率99.3%。

(厅综改处供稿)

民生工程实施工作概述

【概况】2014年,在厅党组的坚强领导下,民生办紧紧围绕省委、省政府决策部署,认真履行牵头职责,加强协调调度,狠抓政策落实,圆满完成2014年33项民生工程目标任务,居民收入增长工作有序推进,工作取得明显成效。

【强化组织协调】召开专题会议和推进会议各一次,视频会议两次,专门部署调度民生工程。建立民生工程按月报告通报机制,一月一排名、一月一报告,对进度落后的市县进行通报。落实11月10日省政府民生工程专题会议要求,认真部署开展“回头看”,配合省政府督查室对六安等6市民生工程进行督查。强化制度建设,制定出台实施办法、资金管理、建后管养、绩效管理、购买服务、多元投入6大类60多项制度。

【推进购买服务】出台《民生工程建后管养政府购买服务办法》,积极探索政府购买服务新模式,确保民生工程持续发挥效益。山区库区农房保险采取购买服务方式,在全省集中招标采购,户均保费由20元降到16元,节约财政资金1200万元。全椒县开展农村清洁工程购买服务,预算安排500万元,中标价格413万元,节省财政资金近20%。

【编印典型案例】对各市县111份实施民生工程的有益做法和管理经验,进行认真梳理、提炼,形成32篇典型案例,汇编成册印发部门、市县交流学习。如巢湖市中庙镇小陈村“十户轮值”清洁家园的做法,鼓励引导群众在民生工程建设、管理和维护中发挥主体作用。

【强化建后管养】研究出台《关于建立民生工程建后管养投入长效机制的指导意见》,探索建立财政投入一点、集体投入一点、群众投入一点、社会投入一点的多元投入机制。协调省直部门制定24个工程类项目建后管养指导性意见,各级财政预算安排管养经费13.1亿元。

【开展第三方评价】根据省长王学军在人大代表建议上“建议和情况应综合分析,切实加强有针对性地指导”和常务副省长詹夏来“请财政厅就这些年来实施的民生工程组织一次第三方评估”的批示精神,采取随机抽样、实地评价的方式,开展对危房改造等8个项目的第三方评价。省人大、省政协领导对宿州等6市民生工程进行视察巡视。

【推动信息网上公示】制定出台《全省民生工程信息全程网上公示制度》,按照“依法公开、规范统一、责任明晰、积极稳妥”原则,全面推进民生工程信息网上公开公示,增强民生工程公信力和透明度。合肥、蚌埠、六安、淮南等10个市制定出台民生工程信息公开公示办法,大部分市县启动民生工程信息网上公示工作。

【夯实居民增收基础】全省经济平稳较快增长,运行质量提高,效益水平较好,为居民收入继续增加奠定基础。当年,全省国内生产总值20848.8亿元,比上年增长9.2%,人均GDP达34427元;就业和物价保持稳定,全省城镇新增就业67.07万人,超额完成63万人的年度目标任务。

【促进就业创业】积极实施就业促进民生工程,全省累计开发公益性岗位5.4万个,安置2.7万名就业困难人员就业,发放岗位补贴和社会保险补贴2.89亿元;开发4000个高校毕业生基层特定岗位;组织1.36万名高校毕业生参加就业见习,拨付生活补助费4551万元。为9578名毕业生发放求职补贴766.24万元。实名制帮扶4.5万人就业。开展创业培训9.8万人,12225名学员培训后实现创业。发放小额担保贷款3.5万笔、41.8亿元。

【促进居民增收减支】当年全省财政收入3663亿元,增长8.9%,财政支出4664亿元,增长7.2%。全年财政民生支出3833亿元,增长7.9%,占财政支出比重达到82.2%。民生投入持续增加,民生事业不断发展,基本公共服务体系不断完善,为我省居民在养老、医疗、教育、住房等领域享受越来越多的福利,个人及家庭在公共服务方面的支出压力逐步减轻。

【完成目标任务】全省累计投入民生工程资金686.3亿元,完成当年初计划的100%,33项民生工程目标任务全部完成,惠及6000多万人民群众,人均受益 1000 多元,发放或补助到人项目资金按时足额发放,工程类项目建设任务全面完成。2014 年社情民意调查结果显示，全省群众对民生工程满意度达到 85.62%,比上年提高 0.12 个百分点。全省城镇常住居民人均可支配收入 24839 元、同比增长 9%,农村常住居民人均可支配收入 9916 元、同比增长 12%,城乡收入差距逐步缩小。

（厅民生办供稿）

财政人事教育管理工作概述

【概况】2014 年,在厅党组的坚强领导下,人事教育处坚持以习近平总书记系列重要讲话和党的十八大及十八届三中、四中全会精神为引领,认真学习贯彻《干部任用条例》,注重围绕中心服务大局,注重强化自身转变作风,精心选配干部,狠抓教育培训,优化服务保障,切实履行工作职责,圆满完成各项工作任务。

【全面完成教育培训工作任务】当年 4 月,财政厅被财政部评为“2013 年度全国财政系统教育培训先进单位”,本省乡镇财政干部培训、农村财政人员支农政策培训和预算管理绩效培训等 3 项培训工作被财政部通报表彰。根据中央和省委要求,按照省委组织部统一安排,以学习贯彻党的十八届三中全会精神和习近平总书记系列重要讲话为重点,以推进财政改革为主线,科学制订《2014 年省财政干部教育培训计划》,认真组织开展各层级、多类型的政策理论和业务知识培训,全年完成干部教育培训 28609 人次,其中厅机关 6186 人次,基层财政系统业务干部、农村财会人员和乡镇财政干部 22423 人次。一是全员参加学习贯彻习近平总书记系列讲话和党的十八届三中全会精神专题轮训和培训。制订厅级干部和处级干部轮训方案,并认真做好组织服务工作,全厅 13 名厅级干部和 123 名处级干部全部参加省委组织部和省直工委在省委党校、省直党校和省行政学院举办的集中轮训。制定厅科级干部培训方案,举办 3 期辅导讲座,开设网上学习论坛,举办学习征文活动并进行了评奖,全厅 300 名科级干部参加培训。二是会同有关处室单位举办各类财政业务培训。厅有关处室单位严格按照厅党组要求，突出财政改革和业务工作需要,合理安排业务培训计划,全年举办业务培训班 26 个,培训干部 3524 人次。三是会同干教中心开展乡镇财政所长岗位培训。厅长罗建国作第一期开班动员,有关厅领导进行授课,共举办培训班 3 期,培训乡镇财政所长 450 人次。四是开展教育培训考核评估，指导督促市县开展基层培训。组织开展 2013 年全省财政干部教育考核评估工作,9 个市级财政部门被评为全省财政系统基层培训先进单位。根据财政部“乡镇财政干部三年轮训一遍”和“农村财会人员每村培训 1 人”要求,制订培训计划,安排合肥、阜阳和黄山三个财政干部培训基地培训乡镇财政干部 5083 人次。指导督促各市县完成农村财会人员培训 12663 人次。五是网络培训取得显著成绩。全厅 255 名干部 10 月份全部完成在线学习任务，按规定全部完成学分申报，在线学习合格率和学分制考核优秀率分别达到 100%和 41%,创历年最佳成绩。

【进一步加强干部队伍建设】严格按照习近平总书记提出的“好干部”标准和省委“五个褒奖重用、五个警醒惩戒”用人要求,认真贯彻执行《干部任用条例》,不断加强制度建设,为树立良好用人导向,匡正选人用人风气,打造高素质的财政干部队伍积极发挥参谋助手作用,增添正能量。一是配强处级干部班子。根据处室单位职位空缺情况,根据厅党组部署,认真做好选拔任用工作,不断优化处室单位领导班子结构。全年办理 27 名处级干部提拔任用手续。二是大力推进干部交流轮岗。提请出台《安徽省财政厅干部交流轮岗暂行办法》,根据工作需要和厅党组安排,完成 28 名干部交流轮岗,其中处级干部 19 名。三是创新科级干部职务晋升管理办法。提请出台《科级干部职务晋升管理暂行办法》，制定印发科级干部任用操作细则,充分发挥处室单位培养管理干部的主体作用和办公室、机关党委、监察室等综合部门的监督作用,有效提高年轻干部的使用管理水平，全年提拔科级干部 46 名。四是认真开展厅公务员招录、转业军人安置和公共资源改革人员接收工作。根据省委、省政府和组织、人社、编办等部门的安排,精心谋划,讲究政策,规范化操作,人性化实施,圆满完成 8 名公务员招录、3 名军转干部安置和 5 名省机械设备成套局(省招标局)划转人员的接收。五是认真做好选派和挂职锻炼工作。在个人自愿报名、单位推荐的基础上，选派5名干部到新疆、西藏和市县挂职，调整省政务中心财政窗口工作人员5名。根据省委组织部统一安排，接收5名市财政局干部到厅金融处等5个处室挂职。积极会同有关处室单位认真做好选派干部服务和小岗村帮扶。省委常委、组织部长邓向阳对财政厅选派工作做出重要批示予以高度肯定，要求做好宣传和经验推广工作，《农民日报》以“十年帮扶路浓浓为民情—— 安徽省财政厅帮扶小岗村发展纪实”为题对此进行报道，财政厅选派干部张行宇作为省直单位唯一代表在全省选派工作总结会上进行交流发言。

【承担完成多项改革任务】按照厅党组统一部署，精心操作，顺利完成建立行政权力清单制度、干部人事制度、事业单位分类等多项改革任务。一是牵头推行行政权力清单制度。在各处室单位配合下，完成财政厅行政权力清单清理登记、审核上报、公示确认和上网公告等工作，制定行政权力责任清单、权力运行流程图。全厅共梳理出行政权力事项36项，经过“三上三下”，排查廉政风险点37个，保留行政权力事项14项，压缩比达到61%，并于当年10月底通过厅门户网站向社会公布。二是继续做好事业单位分类改革。按照中央和省直事业单位分类改革精神，认真推进厅属12家事业单位分类改革工作，积极争取部分厅属单位类别调整。三是平稳推进政府采购改革涉及的机构与职能调整和人员划转。申请成立省政府采购监督管理办公室(省直政府采购监管中心)，积极争取保留省采购中心编制，并完成新机构领导班子配备，妥善协调处理职能调整和划分，协助做好业务交接和人员安置与思想稳定工作。四是及时落实公务员津补贴和事业单位绩效工资改革政策。切实贯彻公务员津补贴调整相关规定，完成在职和离退休公务员津补贴调整，根据事业单位工作人员绩效工资政策，积极开展审核和申报工资标准，确保及时兑现。五是深入推进厅属事业单位人事制度改革。指导督促厅属非参公事业单位开展岗位设置后续工作，及时签订聘用合同，进一步规范事业单位人员岗位管理。按照事业单位绩效工资改革办法，分别核报事业单位绩效工资标准，建立完善事业单位人员工资库。

【加强干部监督和管理】根据省委组织部的要求，进一步加大干部监督管理力度，完善干部任前公示、任期考核和离任审计等环节，明确监督管理主体责任，不断提高干部监督管理水平。一是加强干部选拔任用监督。严格按照《干部任用工作条例》规定的程序开展干部选拔任用工作，将充分酝酿贯穿于干部选拔任用全过程，把动议列入厅党组会议题进行集体研究，合理确定民主推荐的形式和范围，邀请纪检监察部门全程参与，严格执行干部选拔任用纪实制和干部考察责任制，实行两次公示制度，广泛听取广大干部群众的意见和建议，认真接受来自机关内部、预算单位和广大群众的监督，确保干部选拔任用风清气正。二是认真开展领导干部个人有关事项报告核查工作。组织全厅148名处级干部完成2013年领导干部个人有关事项的申报，并对每人每个事项的填报进行认真审核，及时纠正错填漏报等问题。实行信息化管理，个人报告事项全部录入到管理软件。配合省委组织部随机抽取7名干部进行重点核查，完成相关整改工作。三是认真清理和规范领导干部在企业和社会组织兼职问题。对财政厅领导干部在企业和社会组织兼职问题进行清理，按规定督促7名领导干部及时辞去企业兼任职务，对27名处级干部在社会组织兼任的职务进行调整，取消兼职人员领取的一切报酬。四是做好年度考核和表彰奖励。完成443名在职人员年度考核工作，开展处级领导干部2013年度述职述德述廉工作，对考核优秀等次人员和处级干部述职述廉述德材料进行公示。完成73名优秀公务员的奖励，推荐参加评选先进集体2次、先进个人4次，激发全厅干部职工创先争优的热情。五是做好离任审计。会同监督局等相关处室对退休或轮岗的10名处级领导干部进行离任审计。六是严格出国(境)管理和机构编制核查。压缩出国团组和人员总数，加强出国人员行前教育。制定出国(境)证件管理领用办法，统一管理出国证件。认真完成“超职数超职级配备干部”专项检查，实现机构编制实名制管理。七是加强作风建设和效能考核。起草制订《安徽省财政厅进一步健全厅领导联系处室单位制度》，及时做好统计汇总，厅领导走访处室单位117次。提请出台《安徽省财政厅工作人员违反效能建设制度处罚暂行规定》，进一步促进了效能建设的开展。提请建立处室单位按月报送工作计划和工作完成情况制度，按月统计汇总并通过内部邮件发至各位厅领导。严格执行考勤和巡查制度，每月 3 次检查干部出勤情况，同时积极参加全厅明察暗访检查工作。

【做好服务保障工作】牢固树立优质服务理念，主动加强与各处室单位的团结协作，全力服务保障财政中心工作。一是申请编制职数，做好职能调整。申请增加调研员职数 3 个。对接财政部职能调整，完成教科文处、经建处相关职能划转工作。二是审核工资福利，完成职称申报。办理工资调整 1667 人次，申报技术职称、工人技术等级 8 人次。三是规范休假管理，做好备案工作。提请印发《安徽省财政厅关于进一步做好职工带薪年休假工作的通知》，安排带薪年休假计划，办理干部年休假备案 289 人 473 人次，全年休假率达到 61%。四是做好报表汇总，提高统计质量。完成人事、机构编制、劳动工资报表 7 套，被财政部人教司评为 2013 年人事教育统计工作先进单位。五是加强档案管理，启动专项审核。严格干部档案查阅和移交制度，办理干部档案查阅 12 次，转出接收干部档案 12 份。按照省委组织部要求，完成担保集团 5 份干部档案专项审核，完成全厅 477 份干部档案材料收集整理。

【优化人事干部形象】始终坚持狠抓自身建设，切实践行公开承诺，进一步树立“公道正派、亲和阳光”的人事干部形象。一是加强理论武装。认真学习贯彻习近平总书记系列重要讲话和党的十八届三中、四中全会精神，深入学习省委、省政府和厅党组决策部署要求，用心学习罗厅长推荐的各类文章，把握精神实质，夯实思想根基，提高处室党员干部的政治素质。全年召开各类学习讨论 29 次。二是开展支部活动。加强支部建设，过好组织生活，充分运用批评与自我批评的武器，敞开心扉开展交流谈心，切实提高支部每位党员干部党性修养，全年召开支部会 14 次，开展谈心 25 人次。三是开展帮扶、帮联和结对共建。制定并认真落实结对共建和帮扶贫困村方案，开展调研 4 次，召开联合支部会 3 次，慰问困难党员群众 12 户，向结对共建村赠送优秀图书 37 册，多方筹集 60 万元支持结对村发展集体经济，帮联宿松县平稳完成预算信息公开工作，全处党员在活动中接地气、转作风、坚定信念。四是加强分工协作。完善 AB 岗工作制，执行“一岗双责”，确定岗位责任，加强分工合作，凝聚形成推动处室工作合力。五是加强走访调研。建立人教部门走访处室单位制度，走访处室单位 19 次。完成《安徽省财政干部队伍现状研究》课题，了解掌握全省财政干部队伍结构和人员现状，为厅党组加强财政队伍建设、推动系统联动提供参考。

（厅人教处供稿）

财政机关党建工作概述

【概况】2014 年，在厅党组的领导下，机关党委坚持服务财政中心工作，依靠各处室单位党支部的支持帮助，推进机关党建各项工作。

【扎实开展学习教育】落实厅党组部署要求，聚焦全面深化改革，突出财政特色，围绕《改革与财经纪律》《改革与财政作风》《改革与财政预算》《改革与财政民生》《改革与财政实体经济财源建设》《改革与财政三农工作》《改革与财政债务融资》《改革与现代财政制度》8 个专题，精心制订中心组理论学习计划。严格落实中心组学习制度，及时做好中心组学习资料搜集、会务准备、成果整理、宣传报道等工作。全年共服务保障中心组理论学习 21 次。结合党组中心组理论学习，狠抓党支部“三会一课”落实，组织开展专题研讨、专家辅导、知识测试等活动。发挥《安徽财政》《安徽财政信息》等载体的学习教育功能，在办公内网专设《佳文共赏》《财苑笔谈》和《学习论坛》等栏目，促进党员干部学习交流。转发厅长罗建国推荐阅读的主流媒体经典文章和个人感言共 30 篇，供全厅党员干部借鉴学习。深入开展“三严三实”主题学习教育，学习弘扬焦裕禄精神和沈浩精神，组织召开青年干部座谈会，开展教育实践活动优秀文章评选活动。积极参加省直机关读书月系列活动，开展“我与一本书”读书征文和“推荐一本好书”活动，根据推荐书目及时更新厅阅览室藏书 200 多册。厅获评省直机关“十佳书香机关”，被省直工委推荐参评全省学习型党组织建设示范点。

【积极推进机关党组织建设】围绕厅机关学习型、服务型、创新型党组织建设，落实《党章》和《机关基层组织工作条例》，严格换届选举规定，组织对厅直37个满届的党支部进行集中换届选举，并根据人事变动情况，及时组织有关支部进行了增选补选。发挥党支部战斗堡垒和党员先锋模范作用，制订印发《共产党员先锋岗考核评选办法》，深入开展“四零”服务竞赛活动，评选表彰9个先进党支部和47名党员先锋岗。制订机关党委走访党支部制度，常态化走访党支部，总结交流各党支部经验做法，征求党建工作意见建议，促进机关党建工作与业务工作融合发展。组织召开厅机关党建工作专题会议，制订《关于进一步加强机关党建工作的意见》，从严落实党建责任，全面推进机关党建工作。在省直机关党建工作考评中，获评优秀等次。

【深入开展直接联系服务群众工作】制订印发《关于进一步深化城乡基层党组织结对共建工作的实施意见》，召开结对共建工作专题会议，厅机关各处室(局)、厅属各单位与44个村级党组织结对共建，共建双方召开联席会议154次，共同过组织生活151次，走访慰问困难党员群众412户，捐赠慰问金或物品共22多万元，帮助共建村建设公益基础设施75项。会同厅农业处等有关处室单位，积极履行省直单位帮扶颍东区牵头职责，牵线搭桥，做好服务保障工作。认真做好“单位包村、干部包户”定点帮扶吴寨村牵头工作，印发《“单位包村、干部包户”定点帮扶工作实施方案》，明确帮扶责任，细化帮扶任务和具体实施步骤。组织开展“扶贫日”捐款活动和认领吴寨村扶贫项目，组织处室单位开展走访对接活动，对初步确定的155个贫困户全部走访对接。参加全省扶贫工作会议，作为省直机关代表作交流发言。制订《在职党员到社区报到为群众服务工作实施方案》，在社区亮身份、树形象、作表率，树立财政部门良好形象。厅领导班子成员以普通党员身份积极参加所在支部赴社区报到志愿活动，全厅380余名在职党员完成报到工作。厅机关党委获评省直机关“服务基层年”活动先进单位。

【全面加强机关文明创建和群团组织建设】制订《培育和践行社会主义核心价值观实施意见》，分批组织全厅干部职工参观“安徽好人馆”。设立“身边好人榜”，在全厅广泛开展“身边好人”和道德模范推荐评选活动，组织开展争创“学雷锋活动示范点”和“学雷锋标兵”活动。围绕争创第十届安徽省文明单位和第四批全国文明单位，制订印发年度创建工作计划，深化群众性文明创建活动，推动创建工作向处室单位延伸。文明创建工作成果丰硕，3个处室获评省直机关文明处室，8个厅属单位获评省直文明单位，厅直机关获评“第十届安徽省文明单位”，厅担保集团、评审中心同时获此殊荣。顺利通过省直工委文明委组织的第三届全国文明单位复查。支持工会、团委、妇委会围绕财政中心工作，依照各自章程开展工作，鼓励引导创先争优。组织参加省直七运会以团体总分第10名，荣获团体三等奖、优秀组织奖、全民健身工作先进单位和支持单位等奖项。加强厅直机关团组织建设，完成厅直团委换届改选工作。注重维护女职工合法权益，引导女职工立足本职，巾帼建功，积极参加“省直机关十大女杰”评选活动，获评“省直机关计划生育工作先进单位”。

【努力强化机关党委自身建设】遵循“三严三实”要求，在工作中主动协调、在分工落实中互相配合，牢固树立“一盘棋”思想，自觉服从党组的中心工作。把工作部署与检查指导、跟踪落实、有效反馈、总结提高紧密结合起来，努力做到求真务实。坚持把抓学习作为加强机关党委建设的首要任务。认真系统学习党的创新理论和党的路线方针政策，学习机关党建工作的重要法规，坚持落实好集中学习、工作体会交流、述职讲评等制度，提升工作能力。结合机关效能建设，狠抓工作落实，强化主动作为的意识，注重培养干部雷厉风行的作风。结合党的群众路线教育实践活动、政风行风评议活动，从教育、管理、监督等方面入手，加强制度建设、风气导向，建立和完善作风建设的长效机制。

（厅机关党委供稿）

财政纪检监察工作概述

【概况】2014年，驻厅纪检监察室在省纪委监察厅和财政厅党组的领导下，全面贯彻落实党的十八大、中央纪委十八届三次、四次全会、省纪委九届四次全会和习近平总书记系列重要讲话精神，坚持标本兼治、综合治理、惩防并举、注重预防的方针，按照“转职能、转方式、转作风”要求，着力加大党风廉政建设和反腐败工作力度，加强监督、执纪、问责，加强廉政风险防控和机关作风建设，全面推进财政惩治和预防腐败体系建设，取得较好的工作成效。

【全面落实“两个责任”】按照中央和省委党的纪律检查体制改革部署要求，认真落实党风廉政建设“两个责任”。一是明确责任分工。财政厅党组出台《中共安徽省财政厅党组关于落实党委主体责任和纪委监督责任的实施意见》，进一步明确厅领导班子、厅主要负责同志、厅领导班子其他成员和驻厅纪检组的职责，压实责任、各负其责，全面推进财政厅党风廉政建设和反腐败工作。二是落实“三转”要求。按照“转职能、转方式、转作风”要求，驻厅纪检组长刘浩同志不再分管财政具体业务，专职专司财政纪检监察工作。驻厅纪检监察室加强传达学习，提高思想认识，主动担当、积极作为，并主动清理驻厅监察室参与的厅内议事协调机构。三是部署谋划推动。组织召开省财政厅落实主体责任和监督责任工作会议，厅领导班子全员参加全省财政纪检监察干部培训班开班仪式，对财政纪检监察工作高度重视，提出具体要求。年初，先后组织召开省财政厅廉政工作会议和全省财政系统反腐倡廉建设工作视频会议，研究部署反腐倡廉建设工作。厅领导班子成员履行“一岗双责”，与38个处室单位签订党风廉政建设责任书，并分解2014年反腐倡廉建设工作66项任务，真正把党风廉政建设放在心上、抓在手上、扛在肩上、落实在行动上。

【强化监督执纪问责】驻厅纪检监察室聚焦主业、履行主责，严格贯彻落实中央八项规定和省委三十条规定以及廉政建设有关规定，强化监督、执纪、问责。一是完善制度。出台《关于元旦春节期间严格遵守中央八项规定的通知》、《关于规范报送会商工作情况的通知》等制度文件，建立完善制度，推进作风建设常态化、长效化。二是开展巡查。进一步加强系统政风行风巡查，出台《关于进一步开展巡查工作的通知》。按照党组部署要求，对厅机关处室单位和市财政局全覆盖，共巡查38个厅处室单位、11个市县财政部门，及时发现问题，督促整改落实，并将收集征集的意见建议反馈厅党组，属于厅内管理方面的立行立改，属于财政业务方面的积极研究解决，属于财政系统方面的转交当地财政部门，较好地推动全省财政系统党风廉政建设和政风行风建设。当年，厅政风评议再获佳绩，位列省直单位前列。三是开展督查。深入到处室单位中，深入到日常管理中，深入到办公场所和宿舍区，加强对作风建设情况的专项督查。定期组织开展公车管理检查，全年组织7次检查，全厅公车管理情况良好。厅阳光理财小组定期对厅属单位“三公经费”支出情况开展检查。组织10次明查暗访，重点检查落实效能建设、作风建设有关要求的情况。全程参与并监督社保基金竞争性存储谈判工作。四是专项整治。参加省预防职务犯罪领导小组开展的涉农资金领域职务犯罪预防专项行动，着力加强涉农资金检查。在全厅开展为期2个月的吃喝风、红包风专项治理和进一步整治会所中歪风的专项行动，纠“四风”、转作风。深入开展党员领导干部违规建房、多占住房专项清理工作，对2名党员干部违规问题进行纠正，完成专项清理工作任务。五是会商帮联。从抓财政转变作风入手，牵头开展帮联工作，印发《安徽省财政厅关于进一步加强财政帮联工作的通知》，将财政十七项重点工作纳入帮联内容，突出问题导向，组织帮联处室开展帮联督查。扎实牵头组织开展部门会商工作，当年全厅共会商2588次，为预算部门和其他单位解决问题2826个。

【深入推进惩防体系建设】按照中央和省委部署要求，深入推进财政惩防体系建设。一是整体谋划。深入贯彻落实中央惩防体系建设2013-2017年工作规划和我省的实施意见，出台《中共安徽省财政厅党组关于贯彻落实中央〈建立健全惩治和预防腐败体系2013-2017年工作规划〉的实施意见》，明确未来5年主要工作，加强整体谋划，分解76项具体任务。印发《2014年财政厅纪检监察工作要点》。二是风险防控。出台《省财政厅关于进一步深化廉政风险防控工作的意见》，进一步推进廉政风险防控工作，组织开展廉政风险防控“回头看”，并参与监督预算执行动态监控系统建设管理工作，推动科技防控，确保财政项目、资金、政策、干部安全。协助省预防腐败局完成《中小学生廉政教育读本》编写出版任务。更新制作廉政风险防控岗位告知卡200余张，强化风险提醒和外部监督。三是强化自律。印发《中共安徽省财政厅党组关于学习贯彻中纪委省纪委全会精神，进一步强化廉洁自律的通知》、《安徽省财政厅工作人员廉洁从政若干规定》，转发《关于清廉过端午严禁公款购买赠送粽子等节礼的通知》等等，确保党员干部廉洁自律。

【加强反腐倡廉宣传教育】 扎实开展反腐倡廉宣传教育活动。一是传达学习。先后组织全厅学习传达十八届中央纪委三次全会、省纪委九届四次全会、省政府第二次廉政工作会议和全国财政反腐倡廉建设工作会议精神以及习近平总书记系列重要讲话精神等活动共计20余次，传达中纪委、省纪委关于违反中央八项规定、省委三十条规定的有关通报共计8次，将财政干部思想和行动统一到中央、省委的部署要求上来。二是开展教育。扎实组织开展反腐倡廉“每月一课”活动。3月25日至27日，组织全厅赴蜀山监狱开展为期3天的廉政专题警示教育，厅领导、厅机关、厅属单位以及担保集团全体干部职工共560余人参加了教育活动，现场听取服刑人员现身说法，观看专题教育片《失去自由的日子》和警示教育展览。6月13日，邀请省检察院正厅级巡视员柴学友作预防职务犯罪报告会。5月、11月、12月份，分别组织在财政内网播放廉政警示教育片。在财政厅组织的岗位培训班上，开设廉政专题授课。三是营造氛围。厅党组书记、厅长接受省纪委监察厅“三转”访谈，宣传省财政厅党风廉政建设做法和成效。印制500张《安徽省财政厅工作人员廉洁从政若干规定》便签卡，加强宣传教育引导。每逢法定节日，向全厅党员干部职工发送廉政短信，定期在大厅电子屏上巡显宣传标语，广泛宣传报道财政厅党风廉政建设的经验做法，积极营造“人人参与、人人关注、人人有责”的宣教氛围。

【加强来信来访查办工作】 本着认真负责的态度，严肃查处违纪违规和违法行为，做好信访举报和案件管理工作，并跟踪、督促相关业务处室信访件办理情况，对于领导批示或省纪委转办件，驻厅纪检监察室高度重视，安排人员赴实地调查解掌握情况，及时办理答复。2014年共接到信访举报件26件，省政风行风热线转来投诉12件全部办结。

【加强纪检自身建设】 加强纪检监察队伍自身建设，及时传达学习贯彻落实省“转职能、转方式、转作风”推进会精神，不断提升工作能力和水平。组织全省财政系统纪检监察干部培训班，邀请省纪委、省行政学院领导和专家授课，着力提升派驻机构工作能力和水平。建立定期学习制度，开展专题学习研讨，积极参加厅组织的各类活动。认真履行效能建设八项制度，严格遵守厅内管理规定。3次赴结对村无为县石涧镇福路村开展共建，帮扶慰问困难群众，共同协商共建项目，受到群众广泛好评。在驻厅纪检监察室同志共同努力下，纪检监察室党支部被授予“先进党支部”称号，纪检监察室被评为2014年度效能建设先进单位。

（厅纪检监察室供稿　胡江华）

财政离退休干部管理工作概述

【概况】 2014年，在厅党组的正确领导下，在兄弟处室单位的关心支持下，离退休处坚持“围绕中心、服务大局”的基本原则，以落实好离退休干部政治生活待遇为主线，以厅党组放心、老干部满意为基本标准，加强队伍建设，不断提高服务管理水平，较好地完成全年工作目标和任务。

【加强党支部建设】 组织离退休党员干部认真学习党的十八届三中、四中全会精神，深入学习领会习近平总书记在会见全国离退休干部先进集体和先进个人代表时重要讲话精神，坚持巩固和扩大党的群众路线和“三心”教育实践活动成果，进一步贯彻落实中央八项规定、省委三十条和厅三十条。抓好党支部书记学习培训，完善支部学习、会议、党课等各项制度。通过学习使全体老同志提高认识，统一思想，形成理解改革、支持改革的共识，凝聚发挥建设美好安徽，共筑“中国梦”的正能量。

【为老干部提供优质服务】 把“三心”主题教育实践活动与党的群众路线教育实践活动有机结合，着力在转变作风、搭建平台载体、建立长效机制上下功夫，为老干部提供优质服务，形成老干部工作新常态，取得明显成效。一是按照厅领导要求，把走访慰问制度化、常态化。坚持多走动、多交流，面对面听取意见，心贴心沟通交流，了解老干部的所思、所想、所忧、所盼，为开展优质服务夯实基础。当年，厅领导走访慰问全体离退休厅级老领导，各处室单位走访慰问本处室每一位老同志。建国65周年前夕，根据上级要求和厅领导指示，对全体离休老同志进行专门走访慰问，并发放慰问金。二是倾听老同志“真声音”，走访慰问中，认真听取每位老同志对老干部工作的意见和建议，详细询问老同志身体、生活、学习和家庭情况，积极宣传老干部方针政策,主动帮助老同志排忧解难,受到老同志们普遍欢迎和好评。三是解难题办实事,对老同志提出的各种困难和问题,现场协调,按照政策能解决的尽快解决,不能解决的做好解释工作。

【开展“文化养老”各项活动】调整学习活动场所,更新完善设施,使老干部“文化养老”硬件与软件相匹配。丰富活动载体,调动离退休干部积极性,提高“文化养老”参与度。坚持以老年大学和活动中心为依托,以离退休干部党支部为主体,紧贴时代特征,注重从老同志特点出发,适其所需、授其所宜,尽力为老同志开展活动提供平台,满足不同年龄层次、不同身体条件、不同兴趣爱好老干部的活动需要,培育老同志参与活动的兴趣和内在自觉性,使每一位老同志都能逐步“走出来、动起来、乐起来”。大力营造良好氛围,鼓励老同志积极参加社会上各类书画、棋牌、戏曲等协会。全年积极组织老干部参加省委老干部局、省老年体协、省政府老干部活动中心开展的台球、门球、桥牌、麻将、象棋、等各类比赛活动20多次,分批次开展就近就地春游和秋游,共300多人次参加各类活动。

【做好日常各项服务保障工作】全年为老同志发放报纸、期刊11000余次,到医院探望和慰问生病住院的离退休老同志40多人次,为6名年龄达到80和90周岁的老干部登门祝寿,接待老同志来电来访600多人次,配合服务保障老同志健康体检100多人次。做好两位老同志去世后的服务保障工作,协调处理好后事。主动帮助处理部分老同志家庭矛盾,切实解决实际困难。积极做好安全防范工作,针对各项组织活动制定安全方案,全年组织开展的各项活动均做到安全无事故。

【抓好自身建设】处党支部把自身建设作为重中之重。一是抓党建促作风。通过抓党建,进一步强化责任意识、大局意识、服务意识,促进离退休干部服务管理工作的落实,切实转变工作作风。二是抓共建促党建。落实好双包定点帮扶工作,继续抓好处党支部与巢湖市白牡山村积极开展结对共建活动,在组织共建、党员共管、干部共育、发展共赢、困难共帮、资源共享等方面取得新的成效。三是建立健全“三心”主题教育和群众路线教育实践活动长效机制。对老干部政治上尊重、思想上关心、生活上照顾、精神上关怀,把服务工作做到老干部心坎上,在围绕中心、服务大局中找准老干部工作的定位。四是抓好党风廉政建设和廉政风险防控工作。认真开展党风廉政建设和风险防控工作,全面梳理在廉政建设、作风建设、制度建设中存在的薄弱环节,落实责任制,落实责任,完善制度。

(厅离退休处供稿)

信用担保工作概述

【概况】2014年,安徽省信用担保集团紧紧围绕省委、省政府的战略部署,积极适应经济发展新常态,强化责任,主动作为,创新推进,努力克服宏观经济下行压力,积极破解小微企业融资难融资贵,加快推进政银担风险分担合作,深化政策性融资担保体系建设,狠抓注资参股工作落实,实现稳中有进,圆满完成各项目标任务。截至年末,集团注册资本97.96亿元,资产总额为134.91亿元,净资产为113.36亿元,是全国注册资本和净资产规模最大的担保机构,综合财务实力信用等级被评为AA+,成为国家首批“中央与地方财政担保风险分担补偿”政策试点承接单位。集团荣获“2013年支持地方发展经营业绩考核一等奖”“安徽省文明单位”“2013年度省直效能建设先进单位”“2014年度档案管理工作优秀单位”等多项荣誉,取得较好的经济效益和社会效益,社会影响力进一步增强。

【担保再担保业务再上新台阶】集团完成担保再担保805.39亿元,实现新突破,迈上新台阶。其中,直接担保230.31亿元,同比增长16.74%,超额完成31.31%,在保余额为217.72亿元,同比增长20.68%;再担保575.08亿元,同比增长21%,在保余额为586.7亿元,同比增长17%;完成比例再担保129亿元,超额完成29%。

【体系建设实现新跨越】截至当年底,集团与83家市、县(区)担保机构建立再担保合作关系,全省政策性融资担保体系成员机构已达110家,基本覆盖全省16个省辖市和87%以上的县(市、区),累计为全省中小微企业提供担保再担保3199.53亿元,担保再担保在保余额为804.42亿元,平均放大倍数达到4.7倍,累计服务中小微企业12万户，在保客户4万户。

【认真落实注资参股工作】按照省政府“扶小微、广覆盖、低费率、可持续”的总体要求，集团按照参股不控股的原则，在2013年首轮注资20亿元基础上，对全省县（市、区）担保机构实施二轮注资。于12月30日前，完成88家近18亿元的注资工作，实现全省县域全覆盖，进一步增强全省政策性融资担保体系成员机构整体实力。

【政银担合作开创新局面】积极贯彻落实省政府政银担合作试点座谈会精神，全面推动政策性融资担保风险分担和代偿补偿机制落地。充分发挥体系牵头和带动作用，积极推动全省政策性融资担保体系与银行业金融机构实现“体系与体系”对接。在省、市、县三级财政的支持下，初步建立“4321”政银担“三位一体”的担保风险分担和代偿补偿机制，在全省11个市、27个县市区、10家银行业金融机构率先开展试点。

【风险控制取得新成效】通过完善风险管控机制，加强项目风险管理和加大代偿项目化解处置力度等，担保项目风险得到有效控制。集团全年直接担保代偿金额5.44亿元，代偿率3.92%；再担保代偿金额9.64亿元，代偿率1.97%；集团风险拨备达9.93亿元，有效覆盖担保再担保风险。

【投资管理实现新跨越】认真履行省级出资人职责，规范皖北三市五县投融资平台公司运作管理，及时拨付省级第三批专项资金8.3亿元，配合省财政厅做好专项资金使用监督检查；进一步加大项目投资与管理，促进投资企业实现快速良性发展、释放利润空间，全年共实现投资收益16264万元、利润9424万元。

【狠抓集团党建和文明创建工作】落实党的群众路线教育实践整改任务，认真开好领导干部民主生活会，深入践行“三严三实”精神。大力开展反腐倡廉教育，组织党员干部接受警示教育、观看廉政教育宣传片，开展领导干部集体廉政谈话等活动。积极开展“单位包村、干部包户”定点帮扶和结对共建活动，组织党员干部捐款10500元，对6个联系点21个困难户进行慰问。积极开展青年文明号创建、志愿者服务和主题征文等活动，文明创建再上新台阶，荣获“第十届安徽省文明单位”称号。

（省信用担保集团供稿）

农业综合开发工作概述

【概况】2014年，全省农业综合开发工作在厅党组的正确领导下，紧紧围绕全省“三农”大局和财政中心工作，进一步加大投入，加强管理，创新机制，较好地完成各项目标任务，为服务农村改革发展和美好乡村建设作出积极贡献。

【夯实农业基础】积极争取中央财政政策和资金支持，全年中央财政安排本省农发项目资金17亿元，同比增长12%；省本级预算安排配套资金6亿元，督促市县足额落实财政配套资金，带动项目区农民筹资筹劳1亿元，引导龙头企业、农民专业合作社、新型主体等产业资本投入2亿元，撬动银行贷款等金融资本投入1.3亿元。安排建设高标准农田120.41万亩、实施生态综合治理15.59万亩，推进规模开发，夯实生产基础，改善项目区生态环境，持续推进本省粮食核心产区建设，提高粮食综合生产能力。围绕全省农业产业化“671”转型倍增计划，采取财政补助和财政贴息等方式，支持龙头企业125个、合作社181个，积极推动产业化发展，推进农业主导产业和优势特色产业集群发展。

【推进示范区建设】进一步扩大示范区建设范围，在各地积极申报的基础上，经过深入调研论证，择优选择16个县（区）开展示范区建设，在安排农业综合开发土地治理项目资金2亿元的基础上，帮助指导整合涉农资金10亿元予以支持。进一步加强帮扶指导，区分不同类型，分阶段、有重点地对各示范区进行巡回督察指导，帮助各地完善示范区建设理念思路，细化任务措施，制定具体实施方案，加快建设进度。进一步总结完善，开展示范区建设专题调研，总结做法经验，完善工作机制，形成《安徽现代农业综合开发示范区建设研究》的调研报告，得到厅领导的肯定。当年农发示范区发展到60个，共集中农发资金34.1亿元、整合涉农资金46.7亿元、撬动社会资金289.4亿元，建设200多万亩高标准农田、扶持培育各类新型农业主体666个、新建农民新村106处。5月初，财政部在本省召开全国农业综合开发工作会议，现场参观考察庐江郭河现代农业综合开发示范区，胡静林副部长对本省示范区建设成效予以充分肯定。

【完善农发政策】认真梳理财政农发权力，制定《安徽省农业综合开发局行政权力清单》、行政权力流程图和行政权力廉政风险点情况表，进一步完善廉政风险防控机制。针对财政农发管理中的关键环节和薄弱环节，进一步完善项目库建设、立项评审、立项审批报备等制度，制定印发《强化农业综合开发项目重点环节管理责任暂行规定》《进一步加强农业综合开发项目建设招标投标管理意见》《关于加强国家农业综合开发产业化经营项目计划管理的通知》等制度文件，明确省市县各级财政农发部门职责，厘清财政农发部门与项目申报实施单位及相关社会中介机构的职责边界，细化各环节管理标准和管理责任，强化责任落实与责任追究。制定《安徽省农业综合开发涉企项目资金管理信息系统管理办法》，主动与厅涉企办沟通，补充完善系统内容，优化预警规则，加强涉企信息系统建设与运用，进一步提升农业综合开发涉企系统审核功能。

【创新投入方式】改革资金分配方式，全面实行"刚性指标分配法"，将资金切块下达到市，由各市根据实际情况将资金落实到项目县和项目。明确各级财政在农发项目和资金管理方面的职责，完善农发项目资金分配和使用管理机制。积极推进项目审批权限下放，全面贯彻中央和省关于大力培育新型农业经营主体的部署要求，在全省公开择优选择301个新型经营主体实施农发项目，鼓励引导新型经营主体与农民建立紧密利益联结机制，推进农业经营方式创新。按照国家农发办关于推进"园、龙、特"试点工作的部署要求，争取试点项目资金9800万元，其中园区项目2800万元，龙、特项目7000万元，在全省范围采取公开竞争、择优立项的方式，选定1个县建设现代农业园区、10家龙头企业实施"龙、特"项目。指导帮助试点项目县科学编制项目计划、实施方案，抓好项目实施，努力打造财政农发支持现代农业发展新亮点、建设形成龙头企业带动产业发展链、构建"一县一特"县域经济发展带，发挥示范带动效应。

【强化监督检查】加强规范管理，全面清理农发专户资金，及时办理移交。认真落实党组要求，全面梳理财政农发投资参股业务，按时完成惠农公司的整体移交省担保集团工作。依法依规办理财政农发参股企业　大平油脂控股股东股权转让工作，保证国有资产保值增值。加强阳光操作，推进政务公开，主动接受社会各界特别是项目区广大农民监督。加强监督检查，主动配合审计部门开展专项审计，及时抓好问题整改。通过政府购买服务方式，选择中介机构、有关专家开展项目考察评审。会同农口部门，开展部门项目中期检查和竣工验收。加强信息员联系工作，完善一线督导机制，组织开展为期1周的信息员联系工作。在全省范围内抽调业务骨干，按照"一年1/3，三年全覆盖"的原则，全面完成2013年度农发项目省级综合性检查工作。

【加强队伍建设】按照厅党组理财育人的新理念、新部署和新要求，结合财政农发面临的新形势，进一步加强干部队伍建设。组织局机关全体干部职工及时学习中央、省关于"三农"和财政工作的新政策、新部署，系统学习国家农业综合开发政策制度和相关业务知识，跟进学习中央、省、厅领导关于农发工作的指示精神，在把握大局中理清思路、明确方向、提升能力。根据厅党组统一部署，深入推进与砀山县官庄坝镇后岳庄中心村、定远县严桥乡红岗村党支部结对共建工作。认真开展与安庆市及所辖县的对口帮联工作，全面推进市县预算和决算信息公开，强化部门会商和乡镇财政资金监管。认真做好颍东区吴寨村"双包"扶贫相关工作，向厅党组报送《帮扶脱贫致富　建设幸福家园》调研报告，帮助吴寨村制定脱贫规划方案，编制现代农业园区吴寨核心区建设及社会事业发展规划。针对近年来国家农业综合开发政策制度变化大，结合本省基层农发人事变动多的实际，研究制订培训计划，先后举办全省农业综合开发政策业务培训班、亚行项目业务培训班、农发办主任(局长)座谈会等，全面学习财政农发政策制度，系统培训项目资金管理专业知识，提升农发干部执行政策和服务"三农"的能力与水平。

(省农发局供稿)

非税收入征管工作概述

【概况】2014年，在厅党组的坚强领导下，省非税局认真学习贯彻党的十八大和十八届三中、四中全会精神，巩固教育实践活动成果，强化依法征管意识、收入质量意识、改革创新意识、非税形象意识，推进非税征管工作法制化、规范化、信息化建设。全年省级非税收入完成199.4亿元，为年预算的122.8%，比上年增长3.6%，其中公共财政非税收入完成79.8亿元，为年预算的139.3%。全省非税收入完成2942.7亿元，为年预算的117.1%，同比增长5.7%，其中公共财政非税收入完成525.9亿元，为年预算的108.1%，占地方财政收入比重为23.7%，为促进全省财政经济和社会事业持续健康发展做出积极贡献。

【非税收入规模质量实现新跨越】一是强化重点收入项目征管。与厅资产处、资产管理中心实现信息共享、工作联动，督促执收单位及时足额缴纳国有资产出租、处置等收益。扩大国有资产有偿使用收入纳入非税收入管理范围，新增近60家省直单位的资产性收入纳入非税收入管理，实现收入6.07亿元，比上年增长18.3%。二是严格非税收入资金退还。准确界定资金性质，严格明确退还范围，认真执行退还操作程序，依法按规进行非税收入的退还结算。三是加快非税收入分成入库。严格按照规定分成比例，逐笔对应一般缴款书，认真审核分成资金。加大待结算资金清理力度，努力做到应收尽收、应缴尽缴。

【非税收入征管改革取得新进展】一是优化非税收入项目管理。对照财政部、本省公布的行政事业性收费、政府性基金和涉企收费目录，全面清理、核实执收单位非税收入项目，优化项目库框架结构。全年共对60个执收单位70余个项目进行规范性调整，为建立全省统一动态的项目库打下基础。二是改进非税收入征收方式。对于来源单一、收入发生少的非税收入，在省政务服务中心窗口试点财政代开票方式收缴非税收入，全年为16个省直单位实行财政代开票服务。三是完善非税收入电子化缴库。借鉴税收收入利用财税库银联网实现电子化缴库的做法，会同厅国库处、信息中心和人行国库处，组织开发非税收入电子化缴库系统在省级成功上线运行，并积极向市县推广。四是推进财政票据管理和服务创新。自2013年7月财政票据业务进驻省政务中心以来，财政票据业务不断加大，服务范围进一步扩大，实现省直所有财政票据业务窗口办理。全年累计发放各类财政票据202万份，核销2375万份，销毁3260万份。

【非税管理法治化建设取得新突破】一是积极做好《安徽省政府非税收入管理条例》成稿工作。多次面向市县财政部门、省级执收单位、金融机构以及厅相关处室单位等进行调研和征求意见，配合省人大赴青海、宁夏、海南、黑龙江、内蒙古等地学习考察。在此基础上反复修改完善，形成送审稿报省政府。省人大将《条例》列为2015年度立法实施类项目。二是强化非税收入征管工作制度建设。根据《安徽省财政监督条例》和非税监督检查工作实际，修订印发《安徽省省级政府非税收入监督检查工作规程》(财非税〔2014〕2019号)，拟定《关于进一步加强国有资源(资产)有偿使用收入征管工作的意见》。三是依法加强非税收入监督工作。全年对6个省直部门20余家单位开展非税收入征管年度稽查，查处违规资金7000多万元，纠正违规行为10余起。对6家省直单位本级和部分所属市县级机构上门开展票据清理和监销工作，累计上门29次，销毁票据3260万份。完成省直900多家单位的票据年检工作，基本实现票据年检全覆盖。

【非税管理信息化水平取得新提升】一是加大非税专用POS的开发应用及推广。在推动全省公安交通道路罚款收缴改革的顺利实施的基础上，完成建行、交行、徽行、中行、农行5家银行非税专用POS系统开发，并在阜阳、六安、淮南、安庆、滁州、亳州等市以及省公安厅出入境管理局推广使用。二是拓展非税收入管理信息系统功能。完成全省非税收入报表系统开发和省级非税收入管理信息系统接入财政一体化大平台项目工作，分批组织全省各级财政部门集中培训和历史数据填报，确保分析系统2015年顺利运行。对全省各级财政部门非税收入管理信息系统使用情况进行调查，掌握系统应用情况。实现非税系统与安徽省资产拍租系统成功对接。三是实施省级财政票据电子化管理改革。会同厅有关处室制定省直财政票据电子化管理改革方案，明确改革目标要求和实施步骤等，研究论证系统软件开发，积极进行软件对接、完善和基础信息整理等工作。

【非税机关效能建设呈现新气象】一是机关建设全面加强。完善公文档案、财务资产、后勤服务等各项管理制度，严格出差审批和差旅费审批，切实规范内部管理和行政行为。二是扎实开展结对共建和定点扶贫。全年共赴共建村和扶贫村 9 次，帮扶群众 18 人次，为共建村筹措资金 26 万元用于修建路桥，努力实现干部共育、扶贫共帮、民生共管、发展共商。三是持续加强党支部建设。坚持非税业务工作、思想政治建设两手抓、两手硬，严格落实中央、省委和厅党组要求，严格执行八项规定，抓紧抓实党风廉政建设。当年 7 月，局党支部被评为省财政厅“先进党支部”。四是调研宣传工作卓有成效。开展《全面深化非税收入管理改革研究》重点课题调研，按时高质量地完成调研报告，全年共编发各类非税宣传信息 60 余篇。五是工作效能有效提升。建立政务中心财政票据窗口局领导坐班制度，检查指导，协调解难。深入开展工作会商、“四零”服务活动，切实转作风、提能增效，持续推动非税系统政风行风效能建设，被评为省财政厅“效能建设先进单位”。

（省非税局供稿　张小龙）

国库集中支付工作概述

【概况】2014 年，省财政厅国库支付中心积极应对国库集中支付改革步入“深水区”的新形势、新挑战，深入贯彻落实厅党组各项决策部署，以“提升预算执行质量”为主线，积极与厅业务处协调配合狠抓集中支付执行进度，不断优化预算指标、用款计划和集中支付业务流程，促进集中支付管理再上新台阶。中心先后荣获 2011-2013 年度“省直文明单位”和 2013 年度厅直机关“先进党支部”荣誉称号。

【省级集中支付总体规模】全年纳入省级国库集中支付的财政性资金支出 85.31 万笔，累计支出金额 952.45 亿元，同比增长 6.68%。分会计科目统计，累计支付省级“一般预算支出”591.63 亿元，“基金预算支出”120.91 亿元，“国有资本经营预算支出”7.24 亿元，“与下级往来”220.74 亿元，“暂存款”(历年权责发生制结转)支出 11.94 亿元。其中：省级部门预算累计支出 360.23 亿元，同比增长 7.91%，分不同结算方式，省级部门预算转账支付 356.4 亿元，公务卡支付 3.66 亿元，现金支付 1681.6 万元。其中，基本支出 114.47 亿元，同比下降 7.05%；项目支出 245.76 亿元，同比增长 16.65%。全年纳入省级国库集中支付的财政专户资金累计支付金额 282.31 亿元；财政代管预算单位资金专户累计支付金额 3.6 亿元；纳入专户管理的省属院校非税资金累计支付金额 33.06 亿元。

【规范省级预算执行】认真落实《关于加强省级项目支出预算细化工作的通知》和《关于省级财政预算执行支出经济分类科目有关事项的通知》要求，硬化预算约束，维护预算刚性要求，严格按照预算编制级次、预算支出事项、预算经济科目、项目支出用途审核支付财政资金，有效杜绝预算单位随意调整预算科目、改变资金用途、扩大支出范围、提高开支标准等不合规支付行为，避免部门和单位随意使用专项资金，以及挪用专项资金等情况发生。全年累计退回预算单位未按经济科目规范申请资金 1036 笔，涉及金额 1848.1 万元。严格按照财政部门批复的现金额度和用途范围办理现金申请业务，认真执行公务卡强制结算目录，规范公务卡使用管理，有效减少预算单位现金提取量。当年省级国库集中支付现金提取持续下降，累计支出 1681.59 万元，同比下降 27.2%。在严格控制现金提取的推动下，省级公务卡制度得到进一步落实，累计办理公务卡结算 3.66 亿元，同比增长 39.1%。常务副省长詹夏来在《2013 年省级预算单位现金管理情况报告》中批示：“这项工作抓得好！不仅有利于规范预算单位财政资金管理，而且能促进廉政建设。望继续抓紧抓好，努力实现公务卡使用全覆盖”。严格落实省级国库集中支付制度，除公务卡支付和少量现金支付外，省级项目支出原则上全部实行财政直接支付，资金直达商品和劳务供应商以及最终收款人，严禁部门和单位以拨作支，将财政资金转拨到本单位基本户和下属单位账户。

【完善集中支付制度】一是牵头制定印发《关于规范政府购买服务预算资金支付有关事项的通知》，明确规定预算单位购买行政服务需进行政府采购，未履行政府采购的，资金支付由购买服务承接主体在购买单位进行报账支付；按照厅党组专题会议精神和《关于规范省级分散采购管理工作的通知》要求，进一步加强政府采购预算执行管理，建立备案制度，规范采购行为，全年完成省级政府采购备案 470 个，备案金额累计 30.29 亿元。二是根据省纪委领导关于坚决防止“小金库”问题反弹的批示要求，牵头制定印发《关于加强对省属学会协会财政性资金支付管理的通知》，加强对省属学会协会的财政性资金管理，杜绝预算单位以购买服务和业务补助等名义变相转移财政资金。文件执行后，退回预算单位向所属学会协会违规转账912笔，涉及金额1303.1万元。三是按照财政部关于规范财政专户开立核准的要求，牵头制定印发《关于规范代管预算单位资金专户的通知》，撤销财政部门在各商业银行开设的预算单位往来资金专户，统一在工行开设代管预算单位资金专户，进一步推进财政专户集约化管理。

【健全动态监控机制】牵头修订《安徽省省级国库集中支付动态监控管理暂行办法》，对管理目标、监控职责、监控内容、监控方式和核查处理措施进行补充。丰富完善省级预算执行动态监控预警规则，增加违反《党政机关厉行节约反对浪费条例》、违规向学会协会转账等预警规则，细化违规发放津补贴、违反“三公”经费和会议费管理制度等预警规则。开发完善财政直接支付业务动态监控，实现所有集中支付业务系统职能预警、人工辅助判断的高效运行管理。2014年，省级预算单位“会议费”累计支出1.63亿元，同比减少13.3%；省级预算单位“三公”经费累计支出3.42亿元，其中，“因公出国（境）费”同比减少16.59%，“公务接待费”同比减少9.95%，“公务用车运行维护”同比减少9.62%，“公务用车购置费”同比减少86.7%。

【全面实施电子化管理】稳步推进财政与人民银行、代理银行的国库集中支付全程电子化管理，进一步优化国库集中支付运行环境，提升集中支付工作效能和运行安全。目前，省级国库集中支付全程电子化已全面实施，预算单位授权支付自助柜面业务也在积极推广中。国库集中支付电子化改革在安徽的顺利实施得到财政部的肯定并获财政部发函表扬。

【强化支付审核规范】制定印发《省级国库集中支付业务审核规范（试行）》，量化和统一财政支出事项审核办法，明确大额资金和重点支出项目实行报告制和领导审批制，进一步规范受理审核权力运行。每季度开展一次集中支付执行内部业务检查，对支付审核、代管预算单位资金账户办理、财政直接支付印章使用、票据开具、集中支付业务档案整理等事项进行内审检查，查找管理薄弱环节，加强整改提高。通过一系列措施，进一步规范业务程序，压缩行政自由裁量权。

【逐步建立业务分析体系】发挥集中支付数据集中优势，定期汇总整理支付执行情况，准确反映支付执行特点，深入查找关键领域、关键环节和重点项目执行存在问题，形成由《省级国库集中支付执行情况分析报告》《省级国库集中支付业务情况统计表》《省级部门预算集中支付指标执行情况表》和《省级预算单位国库集中支付违规申请退回统计周报》组成的分析体系，不断提高执行分析的针对性、及时性和有效性。

【推进全省一体化工作】以省级为示范，推进全省国库集中支付工作一体化，全年分三次组织实施全省国库集中支付业务数据统计，形成2013年、2014年上半年《市、县（区）国库集中支付改革统计数据汇报》，及时发掘省级和市县改革成果和经验，有针对性地开展市县改革分类指导。

【提升拓展服务效能】以文明创建、效能建设为载体，不断完善服务举措，拓展服务平台。开展问卷调查，广泛征求意见，征集国库集中支付管理和代理银行服务意见，并根据预算单位意见，统计梳理国库集中支付退款原因，编制《国库集中支付业务问答》，《关于集中支付退款业务的分析》等资料，帮助预算单位进一步明晰财政财务管理要求。安排专人服务预算单位业务交流QQ群，在线实时解答预算单位咨询问题。上门开展培训，应邀为省地税局、省教育厅、省司法厅等部门财政业务培训班宣传讲解国库集中支付政策和操作规程。认真落实国库集中支付工作厅内季度会商制度，及时协调解决预算执行中的具体问题，累计组织会商7次，会商单位55家，商议解决问题14个，提出30项具体措施，

【加强队伍廉政建设】以教育实践活动为指引，扎实开展年度结对共建工作，全年5次走访落实帮扶项目，扶持资金10万元，走访慰问困难党员群众20余人次，参加志愿服务2次，指导和帮助乡财政所顺利推进乡镇国库集中支付改革；积极做好帮扶颍东区吴寨村对口“双包”工作准备，开展走村入户调研，联系慰问、加强宣传，推进“双包”工作落实。紧扣厅党组党风廉政建设工作部署，进一步梳理查找工作薄弱环节，完善权力运行机制和工作规程；紧密依托月度工作计划和周学

习制度,加强党纪国法、廉政法规、从政道德教育学习,积极开展廉洁从政专题研讨,观看警示教育片,撰写学习综述和体会文章,筑牢“红线”思维,增强自律意识,约束行政行为,提升工作效能,积极打造“节约型”、“服务型”、“和谐型”单位。

(厅国库支付中心供稿)

财政信息化建设工作概述

【概况】2014 年，在财政厅党组的坚强领导和统一部署下,在财政部信息办的指导下,信息中心深入贯彻落实党的十八大和十八届三中全会精神,以财政平台一体化信息系统深化应用为主线,积极推进财政涉企项目资金管理信息系统建设与推广应用工作，不断完善财政网络信息安全和信息系统运维保障，为本省财政改革和管理工作提供有力技术支撑。

【组织开展省级平台一体化信息系统跨年度财务结转、升级完善和拓展应用工作】一是组织协调相关处室、单位和软件公司,完成省级平台一体化信息系统跨年度财务数据结转、新年度预算收支分类科目代码和省级部门预算指标加载入库等基础信息初始化工作，使省级一体化系统顺利进入新年度应用状态。二是确保省级财政一体化系统全年正常运行，为预算单位网上办理预算指标细化调整和资金集中支付业务提供方便。三是组织改进完善一体化系统应用功能，实现允许预算单位在规定时限内进行支出科目经济分类调整,及其对后续计划、支付环节的约束管控;实现对财政直接支付申请的实时监控预警和存疑挂起功能,提高预警信息排查处理效率;实现将省属高校非税收入专户资金纳入一体化系统作“以收定支”管理以及非税资金支付的非人行系统清算；实现支持批量集中采购业务的申报办理功能。四是协助审计部门和处室单位完成相关业务所需的一体化系统数据统计，优化改进指标与资金类项目跨年结转结余的系统操作处理功能。五是配合建立依托一体化总会计模块的权责发生制政府综合财务报表辅助账套等，满足财政一体化管理业务新需求。六是为新增 52 家省级预算单位、16 家非部门预算单位和省属高校的新校区财务管理人员,制发资金支付专用密钥,帮助开通 VPDN 网络专线和用户权限配置调整，满足新增单位网上办理财政业务的需要。

【推进财政涉企项目资金管理信息系统建设和推广应用】积极推进涉企项目资金管理信息系统开发建设和推广应用。一是组织完成相关业务需求编制,软件开发、设备采购、基础数据整理和各相关涉企部门关联信息的加载入库等基础性工作，制定和执行了《安徽财政涉企资金管理信息系统应用管理办法》,为“涉企系统”在省级政府涉企部门推广应用、提前实现各市县政府涉企部门推广应用和系统安全运行提供有力技术支持保障。二是举办省直部门和市县“涉企系统”应用培训班,召开全省涉企系统应用工作视频培训会,使全省 2000 多名参训人员及时学习和掌握了涉企信息系统应用操作技能。截至当年末,涉企系统注册用户为 5062 人,分布在省市县三级 1802 个涉企部门单位,纳入系统管理的涉企项目 1.1 万个,分配项目资金 74 亿元。涉企系统的建设应用为规范统一本省财政涉企资金分配、使用，以及定量分析评价涉企资金投向和涉企项目绩效提供坚实数据支撑。

【完成省级国库集中支付电子化管理系统建设和推广应用工作】按照财政部和人总行关于国库集中支付电子化管理试点工作的部署，协同国库处、支付中心,在上年工作基础上,会同省人民银行和 8 家国库集中支付代理银行等参与方,按照统一的业务标准和技术规范，各自完成资金支付系统改造和电子凭证库系统实施部署，保障省级财政国库直接支付、授权支付、资金实拨业务电子化管理系统，以及省财政厅与省人民银行清算业务电子化管理系统的按计划同步上线运行。实现省级财政国库集中支付业务的电子化管理和无纸化运作，提高国库集中支付业务办理效率和资金支付的安全性。

【做好省级电子化政府采购管理系统应用保障及与合肥市公共资源交易中心系统对接工作】一是组织完成省级电子化政府采购系统全年正常运维工作，协调相关开发单位完成省级电子化政府采购系统二期项目建设。二是按照本省公共资源交易体制改革要求和财政厅关于省级预算单位委托属地采购机构办理政府采购业务的统一部署，协同合肥市公共资源交易中心完成省市双方政府采购业务管理信息系统接口软件的开发与系统对接，在当年顺利突击实现省市双方政府采购信息资源的整合与共享。

【为全省会计从业资格无纸化考试系统提供技术支持保障】为配合本省会计从业资格无纸化考试改革，指导软件公司改版无纸化考试系统，新增考辅教材网上书店功能。并通过动态调整网上报名考试系统网络接入带宽、改进网上报名策略、优化网络与数据库系统等技术措施，有效改善提升网上报名考试系统性能，较好地解决无纸化考试改革带来的网上报考人数激增及单点报名限制所导致的网络拥堵现象。当年，全省会计从业资格网上考试报名系统总计接纳28万名报考人员，较上年报考人数增加一倍。

【做好财政信息化设施的管理维护与应用服务保障工作】一是经常利用节假日和业余时间开展数据备份、设备维护、软件升级、安全监测、系统漏洞修补和参数优化，以及四里河数据备份中心的巡查工作。二是及时发现和排除财政网络系统和机房设备故障，确保主机房、网络系统、备份中心及内外网信息系统的全年安全、正常运行。三是积极应用虚拟化技术提升相关硬件设备和数据库系统的共享利用率、降低电耗。四是积极做好视频会议系统应用保障工作。五是为厅机关办公用房改造、人员调动和办公自动化设备迁移发生的内外网信息点变动调整，及时提供技术服务，并配合突击完成全厅办公电话因运营商变更而带来的设备割接和线路迁移调整工作。

【加强财政信息网络与信息系统运维保障和应用管理】一是按照有关工作要求，组织开展2014年度财政网络信息系统安全检查、现场抽查和保密检查，办理财政厅门户网站、平台一体化信息系统等重要信息系统的等级保护测评备案和2014年度的年检复查工作；与省公安厅及安庆路派出所签订财政厅网站安全管理责任书，提交网站安全基础信息和网站系统安全应急预案。并及时对财政厅门户网站数据库和网站防篡改系统进行安全升级。二是协同财政厅人教处，按照省编办要求，对厅属6个网站系统开展中文域名注册登记和政务网站专用标识加挂工作。三是按照厅效能建设工作要求，会同办公室对部分与本职工作无关的外网网站采取定时屏蔽访问措施。四是按照相关要求，为厅办公室建设开通政府办公厅电子政务内网系统。五是按照全国财政网络防病毒系统续约采购工作要求，组织开展全省财政网络防病毒系统升级工作。六是配合完成省级行政事业单位资产管理系统升级，实现系统从内网整体迁移到外网部署使用。

【指导和推进市县财政信息化建设与应用工作】一是组织完成全省财政信息化建设情况年报统计和财政信息化工作调研。二是组织开展市县财政平台一体化信息系统应用情况统计和分析点评，促进各地一体化系统应用工作朝着年初全省财政系统反腐倡廉建设工作会议明确的“各级财政部门要尽快实现将全部财政支出业务、全部预算单位和全部财政资金都纳入一体化系统管理”目标推进。三是按照年初制订的培训计划，对市县财政网络管理员开展信息技术培训。四是帮助市县排除网络系统和平台一体化系统运行故障，指导2个县完成财政机房达标建设，组织市县开展网络防病毒系统续约采购升级，加强网络信息安全工作。五是指导帮助三个试点市完成国库支付电子化管理工作方案编制以及相关软硬件系统改造工作。

【组织迎接并圆满完成本省金财工程项目竣工验收】本省历经5年多开发建设和推广应用金财一期工程顺利完成财政核心业务系统建设（包括金财工程应用支撑平台推广实施、基于平台的财政一体化管理信息系统开发构建及在省、市、县三级财政部门和预算单位的推广应用）、网络及系统支撑环境建设、数据处理和数据交换中心建设、信息安全保障体系建设和运行维护保障体系建设任务，并全部通过正式运行和应用检验。7月，财政部会同省发改委组织专家组，对项目进行竣工验收。验收意见认为，本省完成批复的项目建设内容，工程技术架构合理，建设管理规范，文档资料齐全，运行情况稳定，投资规模控制较好，项目成果应用为我省预算执行和财政支出提供信息化平台，规范统一各级财政业务管理、缩短财政资金支付到位时间，为深化安徽财政管理改革，实现财政工作科学化、规范化提供重要技术支撑。

【组织开展政治学习、党风廉政建设和文明创建活动】积极组织职工参加财政厅组织的弘扬焦裕禄、沈浩精神，践行“三严三实”活动。学习习近平系列讲话和党的十八届三中全会精神辅导讲座、厅党组中心组理论学习(扩大)专题研讨和政治学习会议;认真开展吃喝风、“红包”风专项整治工作。组织职工参加党风廉政建设和反腐倡廉教育“每月一课”等专题活动。积极组织党员到杏花社区党组织报到和参加社区志愿者登记活动。

【组织开展结对共建和“双包”帮扶活动】积极组织走访结对共建村,使党员能够深入基层、倾听民声、感受美好乡村建设成就,接受革命传统教育,并通过组织党员缴纳特殊党费的形式筹资慰问结对村里的部分生活困难党员户。积极走访“双包”帮扶村困难户,为进一步做好后续帮扶工作积极准备。

【完成财政重点课题调研及报告撰写工作】先后赴合肥、滁州、安庆等市县,开展财政涉企项目资金管理信息系统建设和应用课题调研,并认真撰写课题报告。以问题为导向,聚焦“涉企系统”建设与应用工作的薄弱环节,分析问题,为草拟财政涉企资金管理信息系统应用管理办法,扎实推进系统在省市县三级政府涉企部门的推广应用明晰工作思路和举措。

【承担气排球队参赛省直机关七运会的后勤保障工作】按照财政厅的任务分工,作为厅气排球项目的后勤保障工作责任单位,积极、圆满、节俭地完成气排球运动员开展训练与参赛的后勤保障任务,为财政厅男女气排球队获得优异参赛成绩做出应有贡献。

(省财政信息中心供稿 李森林、田飞)

财政投资评审工作概述

【概况】2014 年是省财政投资评审中心(以下简称“评审中心”)的转型发展年、创新规范年。在厅党组、分管厅领导的正确领导下,在有关处室、单位的大力支持下,评审中心全体干部聚力奋进、锐意进取、脚踏实地、敬业奉献,有序推动评审工作转型,高效开展预算项目绩效评价,科学评审部门追加预算项目,扎实开展专项资金核查,持续深入严实工作作风,常态长效坚持效能建设,持之以恒开展文明创建,圆满完成了各项工作任务。全年共完成各类评审项目 33 批次 308 个,评审投资额 1267.98 亿元,其中开展绩效评价项目 13 批次 262 个,评价资金 1257.47 亿元;评审预算项目 12 个,投资额 3.72 亿元,审减 0.74 亿元,审减率 19.89%;委托评审决算项目 5 个,送审额 2.68 亿元,审减 0.13 亿元;完成专项核查项目 2 批次 28 个,核查资金 4.11 亿元。

【转型服务财政预算绩效管理工作】按照厅党组关于财政投资评审工作转型的部署和要求,有力有序有效实现评审工作转型,切实履行省级预算绩效管理第一责任。一是以制度建设为抓手,先后制发《财政投资评审工作转型实施方案》《安徽省财政投资评审中心预算绩效评价工作规则(试行)》等制度,强化项目评审计划安排,捋顺评审中心、业务处室和项目单位相互间的责任和义务关系,使转型后的评审中心工作重点更加明确,工作程序更加规范。二是以财政支出重点项目绩效评价和预算执行中追加项目预算评审为转型后的工作重点,进一步提升服务省级预算管理的工作绩效。三是切实履行牵头抓总职责,以《政府收支分类科目》中“类、款、项”为分类原则,针对每一个科目的财政支出特点建立 1314 个绩效评价指标体系,基本实现财政支出内容的全覆盖,为规范高效开展省级财政支出重点项目绩效评价工作奠定坚实基础。

【科学组织绩效评价工作】全年共完成 13 批次 262 个项目的绩效评价工作,评价资金 1257.47 亿元。其中,针对社保基金保值增值、政策性农业保险保费补贴、省级人才专项资金、小型病险水库除险加固等不同项目的特点和重点,发扬钻研精神、求是态度和务实作风,科学制定评价指标和评价方案,深入现场座谈交流,广泛收集相关资料筛选分析,总结各项目在决策、管理、效果等方面取得的绩效,分析目前存在的困难和问题,从政策引导、专项资金安排、项目管理问效等方面提出合理化建议,出色完成绩效评价工作。

【严格把关预算评审】全年共完成 13 个预算项目评审,评审类型涵盖信息化、引江济淮前期经费、办公室租赁费用审查、消防系统改造等,涉及投资额 3.72 亿元,审定投资额 2.98 亿元,审减 0.74 亿元,审减率 19.89%。其中,信息化项目是 2014 年度预算评审的主要类型,评审中心在充分了解用户需求的基础上,将方案评审与软、硬件投资评审相结合,高质量完成省委办公厅会议系统、省委应急指挥平台、省委办公厅档案密集架系统、省安监局信息化平台建设、省信访局网上信访信息系统、省国家保密局保密技术服务中心建设和重点区域保密应急检查系统建设等7个项目建设经费预算评审工作。按照项目具体建设内容和标准,参照市场行情科学审定软件开发费用,广泛咨询政府采购信息价和市场价格,合理确定各种设备及需求的价格,保证各项目建设的功能性、科学性、经济性、合理性,最终确定7个项目预算建议数为7150.45万元,较报审额9151.56万元审减21.87%,高质量完成预算评审任务,评审结论得到省委办公厅、省安监局、省信访局、省国家保密局等项目单位的一致认可。

【精心服务专项核查工作】全年共完成2批次28个项目的专项核查工作,核查资金4.11亿元。其中5月份开展的本省2013年度城乡居民基本养老保险项目专项核查,覆盖全省24个县(市、区),涉及人口736万人,核查资金3.92亿元。该项目核查发现6大类14个问题,并针对问题提出4项针对性建议,优质高效完成工作任务。核查汇总结束后,认真梳理核查关键点20项,并汇成电子表格,及时总结、充实、完善核查方案,为以后开展此类项目核查提供参照和依据。

【常态开展效能作风廉政建设】严格遵守效能建设、作风建设和廉政建设各项制度要求,坚持阳光评审,做到"四公开",即评审原则公开、评审程序公开、评审依据公开、评审结论公开,确保评审结论科学公正,经得起实践检验。采用"请进来"与"走出去"相结合的方法,主动请建设单位对评审工作提出意见和建议,强化外部监督。同时,持之以恒抓作风建设,增强服务意识,加强沟通和换位思考意识,要求所有项目评审必须深入现场。中心干部职工全年平均出差近90天,高度发扬连续作战的精神,全年评审308个项目,全部实现评审结论软着陆,对财政支出把关,为项目建设单位规范和改进管理提供优质服务,获得项目单位高度评价。

【公开招标选聘评审协作单位】结合评审中心评审项目多、人员编制有限的客观实际,根据厅党组关于购买服务的要求,4月至6月,评审中心通过省政府采购中心,以公开、公平、公正的竞争方式,选择30家中介机构作为评审协作单位。在省政府采购中心的支持和监督下,评审中心和中标单位签订协作合同,以合同形式明确评审协作形式和双方权责,为评审工作的开展提供了专业技术人员保障,有效充实评审力量。

【加强与协作单位的沟通协作】加强协作单位管理,明确廉政评审纪律要求,举办中标协作单位联席会议,由中心负责人介绍评审中心的主要工作、与协作单位的合作方式、对协作行为的明确要求。联席会议由分管厅领导出席会议,听取协作单位代表座谈发言,深入了解协作单位情况,并从加强廉洁评审、提高业务水平、强化评审质量等3个方面,就如何促进评审与协作单位的有效协作,保障评审工作质量和效能提出要求。通过召开联席会议,提振精神、达成共识、凝聚力量,有力助推评审工作的提质增效。

【扎实开展结对共建和定点扶贫工作】深入利辛县阚疃镇张湾村和颍东区正午镇吴寨村,扎实开展结对共建和定点扶贫工作。按照活动方案的具体要求,进村入户调研村级经济发展情况,座谈交流村级经济发展思路,指导谋划新农村建设工作举措,调查研究乡镇财政所建设发展,宣传讲解民生工程和惠民政策,走访慰问困难党员群众,深入开展志愿服务活动,在基层党组织和党员群众中产生良好的社会影响,充分发挥基层党组织的桥梁纽带作用,有效实现党组织建设和村域经济发展两促进、两提高,为和谐社会建设做出积极贡献。

(省评审中心供稿　李昌鹏)

政府采购执行工作概述

2014年,采购中心在厅党组的坚强领导下,认真学习贯彻党的十八大和十八届三中、四中全会精神,紧紧围绕全省经济社会发展大局和财政中心工作,积极稳妥推进政府采购改革,完善政府集中采购制度,创新工作机制和服务方式,全面加强科学化规范化管理,着力提升政府采购综合效益,连续第五届获评"省直机关文明单位"称号。

【不断提高政府采购质量效益】项目完成情况良好。采购规模稳步增长,采购领域不断拓展。全年共完成采购项目1502个,完成采购预算47.96

亿元(不含采购规模达 71 亿元的“省高新公开招募参股基金管理机构”项目),采购合同金额 42.54 亿元,节约资金 5.42 亿元,资金节约率 11.30%。采购规模稳步增长。完成项目数比上年增加 347 个,同比增长 30.04%。按可比口径统计,采购预算比上年增加 3.55 亿元,同比增长 7.99%;合同金额增加 2.51 万元,同比增长 6.27%。采购领域不断拓展。完成货物类项目数最多,共计 916 个,货物、工程、服务项目数分别占比 60.99%、9.12%和 29.89%,采购规模分别占比 76.74%、5.57%和 17.69%。服务类采购品目呈多样化发展,项目数量和规模同比增幅明显,共办理服务类项目 449 个,采购规模 8.48 亿元,服务类项目数量比上年增加 269 个,是上年 2.5 倍。采购质量显著提高。项目采购方式坚持公开招标为主,采购规模 27.54 亿元,占采购总规模的 57.42%;项目平均完成天数 31 天,比上年减少 2 天,项目质疑率维持 1.33%的较低水平。

【深入推进政府采购改革发展】稳妥推进公共资源交易改革。认真贯彻落实省委、省政府关于省级公共资源交易管理体制改革部署和厅党组工作要求,加强与厅政府采购处沟通配合,积极主动与安徽合肥公共资源交易中心对接联系,参与省级政府采购业务委托方案、规程等制定,编发《工作手册》和《服务指南》,指导服务省级预算部门熟悉了解省级政府采购业务委托后工作流程、政策,稳妥推进省级政府采购制度改革,实现省级政府集中采购业务委托工作平稳有序运行。扎实推进政府购买服务。经济鉴证类社会中介服务、物业、安保、专业设备维保、项目评估评价、规划设计、工程监理审计等专业服务项目明显增多,同时向新型商业服务和公共服务领域拓展,招募基金管理机构、农村住房保险、养老机构综合责任险等商业服务和港口码头布局规划、高速公路网规划、公路养护巡检、地理国情普查等公共服务采购项目均取得较好成效。积极试行批量集中采购。完成两期省直办公设备批量集中采购招标工作,共采购台式计算机 7112 台、激光打印机 1439 台,节约资金 590 余万元,平均节支率 19.35%,充分发挥批量集中采购的规模效应,节约财政资金。大力推进电子化改革。积极推行供应商网上报名和保证金管理电子化改革,开发应用批量集中采购系统,完善服务类采购报表统计,取消纸质任务书、采购公告等打印,努力实现无纸化办公和全流程电子化运行。

【充分发挥政府采购政策功能】采购中心认真贯彻落实国家和我省政府采购政策要求,围绕财政支出改革,促进和加快转变经济发展方式、优化产业结构。服务民生项目。坚持科学规范,较好地完成省政府交办的“省高新投公开招募参股基金管理机构”和“高校空调采购”等社会影响广泛、政治意义重大的项目,拓展政府采购的内涵和外延;坚持公开透明,精心组织实施小麦良种、农村住房保险、养老机构综合责任险、农村急救体系、贫困残疾人康复工程、消防应急救援装备、强制免疫疫苗、贫困地区儿童营养包等多个民生项目,累计采购规模 23.6 亿元,占总采购规模近五成,取得良好的经济效益和社会效益。其中,连续 8 年组织实施全省小麦优势产区良种采购,累计采购小麦良种 32.92 亿公斤,采购规模 76.32 亿元(2014 年采购规模 13.12 亿元),为农民节约购种成本 3.92 亿元,为全省小麦生产连续丰收作出了积极贡献。服务企业发展。严格落实支持中小企业政策,扩大“政采贷”宣传,为中小企业融资贷款提供便利;通过开展座谈、上门服务等形式,加强和企业的沟通交流,争取工作支持。坚持绿色采购。严格执行节能产品强制采购和环境标志产品优先采购制度,采购节能环保产品占同类产品比重超 90%。严格配置标准。严把采购需求审核,严格执行公务车和通用办公设备预算和资产配置标准;严格公务用车采购规定,采购江淮、奇瑞、安凯等省产汽车 187 台,合同金额 3422.82 万元。

【提升科学化规范化管理水平】采购中心全面系统梳理采购业务制度、工作流程、采购文本等,加强制度创新完善和风险防控管理,推进采购科学化、规范化、标准化管理。创新完善制度。完善目标责任管理,细化优化目标,加强监督检查,实行项目完成情况周报、月度分析和季度通报,年度集中考核;制定项目内部管理规程,规范完善项目开评标纪律、会计对账、固定资产、项目档案、应急项目采购、工作巡查等内控及规范性管理制度 10 余项;规范开评标组织程序、供应商营业执照审查、项目质疑函格式、采购单位项目评审代表授权函等工作流程、行为和文本。注重标准化建设。充分发挥阳光采购工作小组职能作用,积极推进政府采购标准化建设。开展采购需求编制规范研究,完善采购文件、采购信息公告、政府采购合同、采购方式审批表等模板格式、内容；研究制定服务类采购文件范本。严格内控规范。结合工作实际，扎实开展内部控制规范工作，全面梳理并完善中心内部管理、采购活动组织等各项业务流程，明确各业务流程涉及的部门、岗位、职责、权限等，逐一排查风险点并明确优化完善举措，着力提升内部管理水平，健全风险防控机制。规范基础管理。加强财务管理，序时推进支出进度，严格"三公"管理，专家评审费坚持银行卡结算，全面推行保证金管理电子化改革；加强固定资产管理，开展固定资产专项清理登记；主动接受厅监察室、人教处、机关党委走访巡查和财政监督局监督内审，查缺补差，积极整改；开评标纪律、档案管理制度上墙，规范项目评审和档案管理，完成2010年以来未中标正本档案清理和2013年度、2014年度 2800余个项目档案整理，归档立卷8000余卷。

【注重加强采购队伍建设】注重加强采购队伍建设，狠抓党风廉政和作风效能建设，不断改进作风、提升服务，着力打造财政为民服务窗口。加强党风廉政建设。认真落实党风廉政建设责任制，坚持主要领导负总责，分管领导具体抓，层层落实责任制；将廉政建设工作列入年度工作要点，纳入目标责任管理考核，专门制定廉政建设工作要点，分解反腐倡廉任务，做到与采购业务同研究、同部署、同落实、同检查、同考核；积极开展廉政宣传和警示教育活动，做到逢会必讲；层层签订廉政责任书，把廉政建设有关任务要求层层分解，具体到人，做到责权统一、层层负责。加强作风效能建设。严格落实中央八项规定、省委30条和厅党组若干要求，扎实开展"学习焦裕禄和沈浩精神、践行三严三实"等主题教育活动；建立工作巡查制度，开展工作巡查50余次，严格落实"八项制度"，严肃工作纪律，着力自查自纠自改，确保效能建设取得实效。主动接受工作监督。坚持专家抽取、开标现场和评审过程全部监控、全程录音录像，主动接受纪检监察部门远端实时监控开标现场；严格执行政府采购特邀监察员和公证监督制度，全年共抽取监察员604人次、公证员528人次；扩大政府采购信息公开，通过"安徽省政府采购网"公开发布采购信息3573条；严格规范专家抽取，系统自动抽取专家4534人次。扎实开展结对共建和定点帮扶。专门制定2014年结对共建方案，充分发挥社会力量，联系筹集资金，推进美好乡村建设；多次到共建村走访慰问、捐献衣物，坚持共同过组织生活；按照"单位包村、干部包户"要求，认真做好摸底调查，推进定点帮扶吴寨村工作。积极主动会商服务。积极开展主动会商服务，先后与省纪委、旅游局、人社厅、卫生厅、统计局等单位开展会商40余次。

【积极开展政府采购宣传培训】采购中心积极开展针对政府采购各方当事人的学习培训活动，加大政府采购工作宣传力度，着力提升政府采购当事人整体素质和业务水平，扩大政府采购影响，营造和谐采购氛围。坚持集中学习日制度。坚持每周一集中学习日制度，全年开展集体学习活动近50次，深入学习宣传贯彻党的十八届三中全会、四中全会精神，开展专题学习研讨，积极撰写心得体会，参加征文比赛，落实工作举措。积极开展"回头看"。围绕党的群众路线教育实践活动和采购业务工作，积极开展"回头看"，及时总结经验教训，完善工作措施；建立重点工作完成情况月度总结分析和计划申报制度，完善项目周报、项目完成情况月动态分析报告和目标责任管理季度通报制度，提高工作质量和效率；加强政府采购业务培训。先后组织开展省级政府采购业务培训和政府购买服务专题培训，共培训采购单位业务人员500余人次，得到省直预算部门、单位的肯定和好评；推进政府采购法律法规学习和采购工作程序规范，汇编指导政府采购各方当事人、涉及采购活动全流程的《工作手册》和《服务指南》。加强政府采购工作宣传。省政府政务要情采编中心信息2条，《中国财经报》《安徽财会》《中国政府采购报》等媒体宣传中心稿件19篇；汇编整理2013年宣传材料，编印《成长的足迹》(六)；注重厅内和中心部门之间信息交流，发布厅内网信息87篇，编发工作动态13期、信息106条。

(省政府采购监督管理办公室供稿　李道兵)

财政科研工作概述

【概况】2014年，在财政厅党组的坚强领导下，在各处室单位的大力支持下，科研所围绕财政改革发展大局，把握工作方向和重点，提素质、转作风、抓落实，较好完成各项工作任务。

【提升财政科研水平】按照厅党组统一部署，年初围绕全省财政中心工作，广泛征求意见，牵头起草确定2014年全省财政重点调研课题43项，其中厅领导挂帅课题23项，学会调研课题20项，积极做好课题的协调服务、跟踪收集等工作。按照全国财政科研工作会议要求和中国财政学会、财政部科研所课题分工安排，牵头联合部科研所财务会计室、黑龙江省财科所、成都市财政局、昆山市财政局等单位协作开展《完善事权与支出责任相适应的分税制财政体制研究》，并顺利结题。按照年初全省财政重点调研课题安排，自主承担6项课题研究，并积极利用学会平台，吸收有关理事、专家等参与研究，广泛深入调研，发挥参谋助手作用。根据GPA谈判形势变化和中央对各地方组加入GPA谈判应对工作要求和统一部署，参与制定加入GPA谈判应对工作年度计划，组织有关专积极组织专家开展本省2014年出价研究工作。做好亚行技援项目管理收尾工作，编辑出版项目成果报告，积极开展项目执行总结，并向财政部及亚行递交执行报告，研究成果得到财政部和亚洲开发银行的充分肯定。积极协助省预算与会计研究会开展《深入推进政府预决算信息公开课题研究》安徽省分报告的研究工作，相关研究成果得到全国预算与会计研究会总报告的充分吸收。做好课题成果的转化利用，将全省财政重点调研课题汇编成《安徽财政调研工作手册》，利用新闻媒体、报刊等渠道，对调研成果进行多方位的宣传利用。其中，牵头完成的《关于促进我省工业化、城镇化发展的财政政策建议》荣获省政府颁发的“2009—2010年度安徽省社会科学文学艺术出版奖（社科类）论文二等奖”；多篇调研报告在《经济研究参考》上刊发。

【放大财政宣传效应】按照厅党组决定，报经省新闻出版局批准，将《安徽财会》更名为《安徽财政》，突出财政特色。针对杂志定位变化，及时调整办刊思路，对封面、版式、栏目、内容等进行美化优化，提升办刊水平，得到省部领导充分肯定。加大财政橱窗时效宣传，紧盯财政时事要闻，针对财政工作重点、亮点，提前策划，及时制作宣传展板，全年共设计制作120版。全面梳理全省财政改革发展重点工作及成效，广泛收集影像视频资料，认真制作安徽财政年度专题片，并在省人代会召开期间进行放映宣传，获得省人大代表的普遍好评。认真搜集整理各大主流媒体2012年度、2013年度聚焦我省财政工作的新闻报道206篇和220篇，并编纂2012年和2013年两册《媒体看财政》，从不同侧面全方位反映本省财政工作的重点、亮点和成效。精心编制《安徽财政工作集锦》画册，开拓思路，搭建编制架构，全员参与编辑整理，共搜集图片2000余张，精选图片近千张，顺利完成2012和2013两卷画册的设计制作，充分展示全省财政改革发展的面貌和成果。做好摄影服务保障工作，全年安排出访摄影110人次，拍摄图片1万余张。继续加强与安徽电视台、安徽日报社等媒体单位的战略合作，提升财政宣传的水平和质量，全年共邀请两家单位前来摄影摄像40次。认真做好图片的整理归档工作，及时向厅有关处室单位提供宣传图片并做好加工润色服务，定期将《安徽财政》、财政橱窗等图文上传厅内网，支持配合全厅财政宣传工作。

【积极开展学会活动】按照省纪委等五部门《关于从严控制和规范管理党政机关领导干部兼任社会组织领导职务的暂行规定》(皖组字〔2013〕18号)要求，对第七届理事会领导机构负责人进行调整，并及时履行报批手续。组织召开“省以下事权与支出责任”、“推进政府和部门预决算公开”、“严肃财经纪律”等五个专题研究座谈会，邀请厅有关处室单位、有关专家学者、部分市县理事座谈研讨，为推动财政改革发展集思广益，取得良好效果。积极开展相关学术活动，申报省社科联《加快实现经济发展方式转变研究》课题，并获得立项；积极参与省社科联第九届学术年会征文和省属社会组织“学界兴皖”应用对策调研活动，两篇文章获得省社科联学术联会征文三等奖。做好学会年检换届工作，多次与省民间组织管理局沟通会商，采取先年检后换届的方式完成年检。按照中国财政学会的统一要求，及时对省财政学会工作情况进行总结，并向中国财政学会推荐第九届理事会理事候选人2名。

【做好财政志鉴工作】积极配合省地方志办公室做好《财政志》书稿审定、招标等工作，并对《安徽省志》各分志卷号安排提出意见。同时，按照省地方志办公室统一安排，将《财政志》稿送新华印刷厂进行排版，并做好校对审稿的准备工作。认真编纂《安徽财政年鉴》，年初印发编辑大纲，将编纂任务分解到各处室单位和各市县财政部门，加大组稿力度，进一步优化编辑、设计、排版、校对、审稿、出版、印刷等流程，出版时间提前至9月中旬。完成2014年度财政部"八刊两鉴"征订扫尾工作，荣获部科研所"2014年度全国财经科研成果宣传工作特等奖"，财政部中国杂志社"2014年度'三刊两鉴'宣传工作先进单位"。根据厅党组将《中国财经报》宣传发行工作移交科研所的决定，主动赴中国财经报社对接，加强与各市财政部门的沟通联系，改进基础数据报送方式，做好基础数据的分类整理工作。

【增强服务发展水平】继续安排专人在厅改革办、办公室、预算处等处室，通过承担综合文字、信息宣传等工作，积极发挥好参谋助手作用，助推自身建设与中心工作的无缝对接。与界首市红石桥新村深入开展结对共建活动，年初制定共建方案，积极开展走访调研活动，帮助共建村协调解决道路水毁修复资金、乡镇财政所发展资金，落实帮扶项目，充实共建内容。做好扶贫"双包"工作，实地走访对接吴寨村9户困难户，核实困难户情况，分析致贫原因，落实帮扶举措。加强精神文明创建，在安徽文明单位网上创建单位文明展示台，及时更新动态信息，推动文明创建活动常态化。深入推进人事管理改革工作，积极与人社厅对接，更新完善事业单位人员信息库资料，建立健全人员信息档案。修订单位固定资产管理办法，全面开展固定资产清查，并做好固定资产确权登记工作。认真履行党风廉政建设、效能建设有关要求，进一步转变作风，树立单位良好形象。

（省财政科研所供稿　万勇）

注册会计师和资产评估管理工作概述

【概况】2014年，在厅党组正确领导和中注协、中评协悉心指导下，协会贯彻落实十八大和十八届三中、四中全会精神，以行业群众路线教育实践活动为牵引，以"人才队伍建设年"活动为抓手，以服务机构做强做大为核心，以服务全面深化改革为动力，着力培养和提升协会、执业机构服务能力，发挥行业在服务政府职能转变、产业转型升级、社会治理创新等方面的专业作用，推动注册会计师、资产评估行业加快发展，取得良好成绩。截至当年底，共有263家会计师事务所，执业注册会计师2794名，非执业会员3800人；资产评估机构89家，执业资产评估师797人，非执业会员110人，行业规模稳步增长。

【注重提升服务能力】积极研究全面深化改革对行业提出的新要求、提供的新机遇，密切关注各部门、各领域的改革进展及对行业服务的新需要，以问题为导向，研究确立和推进行业改革的新举措，完成《新形势下注册会计师行业管理创新研究》《安徽省注册会计师行业人才队伍建设现状分析和对策》《事业单位年报实施注册会计师审计研究》《预算绩效管理委托第三方评价研究》《以招投标方式购买财务审计服务的现状分析研究》等5项课题调研，通过广泛参与课题研究，提升广大员工研究问题、解决问题、指导行业发展的能力，强化服务理念，增强责任担当，切实发挥协会服务行业发展职能。

【注重搭建发展平台】从完善会计服务招投标机制入手，主动会商财政厅会计处、政府采购处，以财政厅名义下发文件，对贯彻落实财政部《委托会计师事务所审计招标规范》作出进一步要求，推动形成体现和尊重注册会计师专业服务价值的招投标机制；推荐协会领导和资深注册会计师担任省政府采购评审专家，参与政府采购评审工作，增加行业在审计招投标领域的话语权；推荐115家执业机构入驻安徽省中小企业公共服务平台，服务中小企业发展。

【注重营造发展氛围】组织撰写《安徽省注册会计师行业社会责任报告》，用大量服务国家建设、经济发展、服务社会民生等方面的典型案例，全面展示本省注册会计师行业近年来服务深化改革的积极成果，提升社会各界对行业专业价值的认可度；积极向民政、物价、国资管理部门介绍行业服务经济社会取得的成就以及在市场经济中的专业地位和作用，争取理解支持；主动参与省非公经济和社会组织党工委开展的工作,不断提升、扩大行业社会影响力。

【注重增强发展后劲】组织开展行业“人才队伍建设年”活动,以服务经济转型、政府职能转变、创新社会治理为着力点,重点开展政府购买服务、财政预算绩效评价、管理咨询和管理层领导能力建设等专题培训,全年共举办16期注册会计师、资产评估师培训班。本着会费收入取之于会员、用之于会员的原则,对培训班经费投入作重大调整:由协会选派和组织开展的各类面授培训班所有经费由协会承担;执业机构自行组织参加中注协、中注协举办的培训班,按照150元/天/人给予补贴;对具有自主培训资格的事务所,根据参训人数和时间给予一定的补助。当年培训经费较往年增加近100万元,极大调动机构和人员参训积极性。

【注重执业质量检查】组织开展2014年注册会计师、注册评估师任职资格检查工作,全年应参加年检注册会计师2714人,通过年检2666人;应参加年检资产评估师780人,通过年检765人。联合厅监督检查局、会计处检查49家会计师事务所,单独开展5家事务所、20家资产评估机构的专项检查。

【注重惩处与防控并举】查处2起假冒会计师事务所审计报告事件,撤销5名受到刑事处罚注册会计师的执业资格,并据此集中开展一次职业道德与风险防控警示教育活动,进一步完善风险管理、质量控制治理机制。对4家会计师机构进行行业惩戒,分别对14家会计师机构、1家评估机构进行谈话提醒,针对检查中发现的典型问题,组织编写成案例,分别举办2期被检查的事务所有关人员的检查案例暨风险警示教育专题培训班,强化对被检查机构、特别受到行政处罚和行业惩戒机构的后续教育帮扶。

【注重落实激励措施】开展执业机构综合评价工作,发布前50家会计师事务所和前30家资产评估机构信息,树立行业发展的标杆,扩大品牌事务所的影响力;修订《安徽省会计师事务所综合评价暂行办法》,发挥综合评价结果对机构发展的引导作用;出台《安徽省会计师事务所、资产评估机构加快发展奖励资金申报办法》,支持事务所又好又快发展。

【注重信息技术运用】全面开通办公自动化(OA)系统、继续教育报名系统、电子防伪标识管理系统,协会与351家机构全部实现互通互联、网上办公。业务报告防伪报备实现电子化,方便业务办理、提升防伪措施、提高工作效率。

【注重服务中心工作】围绕建立现代预算制度献言献策,推进事业单位年度财务会计报表实施注册会计师审计和预算绩效管理委托注册会计师第三方评价两项制度建设;积极履行行业社会责任,支持协会结对共建村萧县费村排灌渠改造项目,支持省财政厅帮联阜阳颍东区吴寨村集体经济合作社发展。

【注重发挥党建作用】组织全行业101家执业机构党支部、847名党员参加第二批群众路线教育实践活动,建立会计师事务所教育实践活动台账制度和巡回督导制度;修订《市级行业党组织推进党建工作评价办法》和《全省注册会计师行业示范基层党组织选拔管理办法》;开展2013—2014年度注册会计师行业先进党组织和优秀个人评选表彰活动;支持行业行业各级人大代表、政协委员积极参政议政。

(省注协供稿　王克法)

财政干部教育培训工作概述

【概况】2014年,在厅党组和分管厅长的正确领导下,在厅机关各处室局、厅属各单位大力支持下,干教中心坚持以科学发展观为指导,深入学习贯彻党的十八届三中、四中全会及习近平总书记系列讲话精神,围绕中心、积极谋划,强化学习提升、强化作风建设、强化内部管理、强化干教培训和财会培训,各项重点工作有序开展,单位发展的推动力、执行力、凝聚力、保障力明显增强。

【强化学习教育】通过政治理论学习、开展专题研讨、深入联系基层等形式,不断强化干部职工能力素质提升。一是开展理论学习。组织干部职工集中学习25次,认真学习党的十八届三中、四中全会及习近平总书记系列讲话、全国“两会”、中央经济工作会议、中纪委十八届三次全会、全省财政工作视频会、厅效能建设工作动员会和罗建国厅长推荐文章精神等,统一思想、明确任务、提升能力。二是举办专题研讨。开展改革与财经纪律、改革与财政作风等八个专题、“三严三实”和《廉颇蔺相如列传》学习体会等十多次研讨，在思想碰撞中达成共识，凝聚力量。三是联系服务基层。以结对共建和扶贫“双包”工作为载体，积极谋划结对帮扶工作，制定实施方案。全年4次深入结对共建村，听取基层群众意见建议，商讨帮扶项目和志愿服务活动，积极协调落实结对共建项目，实地察看帮扶项目完成情况。走访慰问联系帮扶困难户和困难党员，向杨楼村小学捐赠户外体育健身器材、儿童文学书籍、羽毛球、乒乓球、足球等运动器材。赴扶贫“双包”村与区、镇、村干部座谈交流，深入帮扶户家中了解情况，征求帮扶意见、建议。

【强化作风建设】认真贯彻落实中央、省委、省政府和省财政厅关于改进工作作风密切联系群众若干规定，严格执行效能建设和廉政风险防控各项规定，扎实开展“四零”服务竞赛活动、吃喝风、“红包风”专项整治等工作。全年召开12次相关会议，及时传达省委和厅效能建设相关会议精神，部署检查中心效能建设工作。强化制度约束，与干部职工签订效能建设承诺书、制定效能建设“三查”制度。中心效能办全年共对中心效能建设抽查21次，发现问题现场提出整改措施。同时，注重加强廉政建设，召开全体干部职工会议，认真传达学习相关会议精神，按照厅里要求组织干部职工集中观看电影《焦裕禄》《第一书记》和厅内网廉政教育每月一课，赴蜀山监狱接受警示教育，收到较好效果。

【强化干部培训】坚持为财政中心工作服务、为财政干部健康成长服务的方针，根据《2014年省财政厅干部教育培训计划》的要求，努力创新培训内容，改进培训方法，整合培训资源，提高培训质量。全年举办4期岗位培训班，与厅处室(局)、单位联合举办20期业务培训班，共7206人参加培训。一是积极开展岗位培训工作。举办3期乡镇财政所长岗位培训班，全年培训学员450人次。培训班安排十一项业务专题，采取集中面授和视频教学相结合、经验交流和分组讨论相结合、业务培训和拓展训练相结合，尝试引用新元素对学员进行立体式教学。举办全省财政基层培训师资培训班，以提高基层财政培训教学质量为出发点，设置专题讲座、经验交流、实践教学3个模块，通过教学互动，进一步激发学员参训热情。二是积极配合开展业务培训。实施业务培训班项目负责人制度，派专人协助主办业务处室做好每期业务培训班相关事宜，全年分别配合监督局、农村局、民生办等处室举办20期业务培训班。三是积极推进预算绩效培训。主动与债务办沟通联系，草拟《安徽省财政厅关于开展预算绩效管理远程网络培训工作的通知》，指定专人负责指导协调各市做好相关工作，充分发挥省级管理员上传下达桥梁纽带作用，督促各市试点工作进度，推动全省预算绩效管理远程网络培训试点工作顺利开展，实现本省预算绩效管理远程网络培训全覆盖。全年共培训1250人，累计课时达46587个小时。财政部对本省推进预算绩效管理远程网络培训工作给予充分肯定。四是积极参与课题研究工作。按照财政部统一安排，本省与山东省干教中心共同承担财政部干教中心“财政干部业务知识培训研究”，独立承担中华会计函授学校“基层培训师资库建设以及师资培训创新性研究”课题研究任务。中心及时加强与课题合作单位沟通协调，加大对课题承办单位指导力度，提供课题撰写所需的各类材料。两项课题研究报告均获财政部和评审专家好评。五是积极征集基层培训课件(教案)。参与财政部函校组织的全国财政基层培训课件(教案)征集活动，遴选合肥市财政干部教育中心、广德县财政局制作的课件推荐给财政部函校。本省报送的广德县财政局制作的视频课件《山里的那条路》获得财政部三等奖。六是积极深入基层学习交流。9—11月，分别赴合肥、阜阳、黄山三个培训基地开展学习交流活动，找出基层财政培训工作中的成功做法和不足之处，促进提高全省财政基层培训工作质量。七是积极开展培训信息宣传。宣传全省财政干部教育培训典型经验和最新成果，挖掘各级财政部门干部教育培训新思路、新模式、新方法，全年向财政部干教中心、中华会计函授学校报送相关培训信息6篇，2篇被部《培训动态》和《财会教育信息》刊用。报送的《安徽预算绩效管理远程网络培训实现全覆盖》被《中国财经报》选用。八是积极做好培训基础工作。规范梳理教育培训工作流程，健全完善干部教育培训档案，建立15期财政业务培训档案，4期干部教育培训档案，整理建立20期培训图片影像档案。对收到的96篇乡镇财政所长心得体会进行初选、复选、精选,遴选18篇整理汇编成《传知启智促发展——第二轮首期乡镇财政所长培训班学习心得汇编》一书,供所长培训班全体参训学员阅读。

【强化会计培训】 财会培训秉持以人为本、注重质量、服务社会、和谐发展的理念,立足自身工作职能,进一步强化服务意识、市场意识、质量意识。克服培训场地缺乏、国家规定考试时间调整等变化带来困难,加强责任担当、教学管理和培训服务,科学安排各类培训课程。全年共开设会计职称初、中级、会计从业、会计电算化、会计人员继续教育和会计实践培训班61个,培训学员4371人。

【强化综合管理】以深化党的群众路线教育实践活动成果为抓手,以建立健全制度为基础,狠抓制度执行,制定年度工作要点、月度工作计划和完成情况,细化工作任务,落实工作责任。认真配合厅机关党委做好省直七运会跳绳、毽球项目集中训练工作,聘请专业教练,集中训练指导4次,全力做好比赛服务,经大家共同努力,毽球比赛取得2个女子团体第五名和男子个人第八名,跳绳比赛取得了男子团体第三名和个人第三、第七名好成绩。积极参加厅各类征文活动,2名同志征文在党的群众路线教育实践活动优秀文章评选中荣获三等奖。认真组织全体干部职工参加十八届四中全会和新《预算法》测试。注重信息宣传,全年上传厅内网信息40条。协调做好会计培训用房返租协议签订工作。按时上报各类报表,认真做好中心职工体检、工资调整、核定、补发和加载金融功能社会保障卡数据采集及办卡等工作,后勤保障能力得到进一步提升。

(厅干教中心供稿)

省级行政事业单位资产管理工作概述

【概况】2014年,按照厅党组统一部署,资产管理中心坚持问题导向,整合工作举措,狠抓责任落实,凝聚改革合力,积极作为,务实担当,较好地完成各项工作任务。省直行政单位资产常态管理深入推进,机关办公用房清理整改顺利完成,百花宾馆、机关食堂改革稳步实施,干部队伍和作风建设进一步加强。先后荣获省直文明单位、先进党支部等7项集体荣誉和17人次个人荣誉表彰,学习型组织建设的相关做法得到厅领导批示认可。

【着力推进省级资产管理】一是开展专项清查整改。按照财政厅、监察厅、审计厅联合印发的财资〔2014〕430号文件要求,对省级115家一级预算部门及所属事业单位存在的出租未报批、收入未上缴、合同未备案等7类问题开展专项清查整改。对清查出的问题列出清单,按照“三位一体”的责任落实机制,抓好跟进督促,推进整改落实。除部分问题因历史原因一时难以整改到位外,其余均得到有效整改,整改到位率达90%以上。全年省直单位新增移交房产、土地权证560本,新增备案出租合同1082份,新增开资产类非税收入户61个,上缴资产出租收入2.67亿元,较专项核查前增长36%。二是加强资产常态管理。按照“公平、公正、公开”的原则,不断完善工作流程,制定印发14项内部工作制度,进一步有效规范省直单位资产使用和处置行为。全年完成105处房产公开拍租工作,涉及面积23266平方米,原租金合计1008.94万元/年,实际成交租金累计1556.57万元/年,增长54.3%。完成43家单位账面原值合计7055.36万元的资产处置工作,其中报废资产账面原值5509.43万元,评估价值32.01万元,残值收益69.29万元,综合溢价率116.5%;出售资产账面原值1705.63万元,评估价值1139.25万元,转让收益1879.13万元,综合溢价率64.9%。做好新备案的合同登记工作,按月统计房产出租合同到期情况,提醒单位招租并备案。规范借阅、使用“两证”操作流程,共办理157本“两证”借阅和续借手续。三是夯实资产管理基础。落实销号制度,探索将资产管理问题库建设纳入常态化管理,试行“催办函”督促机制。围绕省级行政事业单位资产管理重点和改革热点,组织开展房产出租和公物仓管理2个课题调研,并分别形成调研报告,得到厅领导认可,实现课题与工作互学互长的目的。成立中心信息化建设工作领导小组,按照“规范性强、资产数据实、工作效率高”的基本要求,制定信息系统建设总体方案。并积极与资产处和非税局对接,加强数据需求分析，优化模块功能设置，初步建成以房屋拍租、合同备案、权证管理为主要功能的资产拍租管理信息系统，提升省级资产管理工作信息化、数据化管理水平。

【提升后勤监管服务水平】一是积极推进企业改革。主动适应改革要求，积极应对市场变化，推进百花宾馆经营转型，通过政府采购公开招标选择托管单位，将百花宾馆经营权整体托管。聘请专业法律顾问，制定周密工作方案，采用协议解除劳动关系方式，充分保障员工合法权益，妥善处理原聘用员工169人的安置问题。做好债权债务清理，加强国有资产监管，落实安全管理责任，托管工作按计划顺利完成，5月1日起正式移交托管方运营。更新升级售饭系统，改善就餐秩序，丰富供餐品种，加强原材料采购监管，保障干部职工餐饮质量，提升机关食堂服务水平。积极应对市场变化，强化业务拓展，印刷厂全年实现产值销售1216万元、利润220万元。二是提升综治管理水平。根据皖办发〔2014〕27号文件精神，制定印发《安徽省财政厅党组关于贯彻落实安全生产党政同责一岗双责齐抓共管的意见》，进一步推动安全生产责任制的贯彻落实。认真履行综治工作牵头责任，强化“红线”意识，克服“侥幸”心理，开展节假日机关安全巡查102次和安全生产专项检查8次。积极开展社会管理综合治理宣传月活动，组织开展消防安全知识专题讲座2次、应急演练1次，消防系统联动演习2次，气体灭火模拟演习3次。坚持来访登记制度，对车辆实行“一车一证”出入管理，发放注册停车证356个，机关办公秩序良好。加大资金投入，完善机关安全技防设施，相继实施机关办公区和主要宿舍区周界报警系统改造维修、办公楼防盗网加装、消防设施整改等工程，进一步提升机关安全技防水平，厅综治工作连续五年评为优秀单位。三是改进后勤监管方式。按照厅党组要求，清理腾出办公用房7间，合并办公用房43间，调剂办公用房12间，以实际行动弘扬艰苦奋斗、勤俭节约的优良作风。完成各类会议服务249次。办理厅集体户户籍变更22件。在全厅组织开展以“携手节能低碳，共建碧水蓝天”为主题的2014年公共机构节能宣传周活动。完成创建省级节水型单位申报。坚持以业主满意度作为衡量物业公司服务水平标杆制度，先后开展问卷调查460人次，梳理汇总意见建议22条，为进一步提升物业服务管理水平明确努力方向。

【健全作风建设长效机制】一是认真学习研讨，促进作风意识新提升。按照“体现时代特点、切合工作实际、贴近党员需求”要求，继续健全完善“五个一”学习模式，固化计划，明确任务，充实内容，每季读一书、每季开一讲、每季办一栏、每季写一文、每季一评比。在中心呈报的情况汇报上，罗建国厅长再次对中心创建学习型党组织的有效做法作出批示，进一步激发干部职工学习的主动性和积极性。围绕“锤炼队伍，提升能力”目标，由干部职工承担“领学”任务，定期开展科室轮流宣讲，组织学习讨论新思想、新观念、新理念，了解重大的改革和举措，不断提升解决实践中新问题的意识和能力。健全长效机制，严格公务接待，杜绝公车私用。2014年，中心“三公”经费费用同比下降59%。二是强化队伍建设，健全作风转变新机制。提高效能，压实责任，建立月计划和周计划工作制度。实行半月工作例会制度，及时通报周计划、月计划完成情况，研究解决工作中遇到的问题，确保各项工作按时完成，规章制度得到有效执行。按照“上下对称”要求，建立中心班子成员定点联系科室、企业经营单位制度，定期深入科室部门走访调研，与干部职工座谈交流、谈心沟通，了解和征求职工诉求意见11条。实行科长助理工作制和党小组长负责制，不断锤炼青年干部工作实践能力。建立效能建设周检查制度，做到经常抓、常态抓。充分发挥工会组织桥梁纽带作用，通过节庆走访退休职工、慰问生病职工或家属等形式，彰显组织关心和关怀。三是开展文明创建，营造作风建设新风气。牢固树立服务大局意识，发挥职能，积极协调，在全厅牵头组织参加2014年省暨合肥市党政军领导与干部群众义务植树、开展全国第五个爱国卫生法制宣传周等主题活动。组织干部职工参加省直机关七运会开幕式表演及多项赛事、坚持赴杏花社区志愿服务等活动，积极为厅机关文明建设增辉添彩。全年跟踪记录承办“四零服务竞赛”事项1219项，满意率近100%。按照“1+2”模式，与休宁县商山镇、庐阳区杏花社区强化沟通联系，征求意见建议，共同探索民生工程、集体经济发展和志愿服务帮扶措施。按照厅党组统一部署，与阜阳市吴寨村马庄村开展定点帮扶工作，摸清帮扶情况、制定实施方案,做好工作记录。全年累计组织开展走访12次,帮扶困难党员群众25户,发放困难慰问金4300元,密切与基层群众的沟通联系,树立财政干部的良好形象。

(厅资产管理中心供稿　张家夺)

市县(区)财政工作篇

合肥市财政工作概况

合肥市财政工作综述

【概况】2014年,在省财政厅和合肥市委、市政府的坚强领导下,合肥市财政部门突出改革引领,强化创新驱动,扎实开展党的群众路线教育实践活动,统筹支持稳增长促改革调结构惠民生各项政策落实,较好地促进全市经济社会持续健康发展。其中"1+3+5"产业扶持政策、试编滚动预算、政府购买服务、涉农资金监管等多项工作,在全省乃至全国均产生广泛影响。

【稳增长 巩固发展实力】一是增量。全年全市财政收入完成880.68亿元,同比增长14.6%,增幅高于全省5.78个百分点。其中地方收入完成500.3亿元,同比增长14.1%,占财政收入比重56.8%;在全省占比22.55%,较上年提高1.41个百分点。地方收入总量在省会城市中居中部第4、全国第12位,增幅在中部省会城市和全国地方财政收入前14位省会城市中均居第5位。全市财政支出完成698.79亿元,同口径增长17.07%。二是提质。财政收入中税收占比91.5%,较上年提高2.2个百分点。财政支出中民生支出552.2亿元,同比增长12.5%,占比79.02%,同比提高1.22个百分点。三农、教育、环保、社会保障、重大项目建设等重点支出均得到有力保障。

【调结构 增强发展动力】一是促进经济转型升级。修订工业、农业、自主创新、服务业、文化五大政策,新增1个规定、3个办法和11项具体实施细则,构建扶持产业发展"1+3+5+N"的政策体系,确定多元的投入方式,即除原有事后奖补外,增加基金、借转补和财政金融产品,旨在通过"四个转变",即"由事后为主向事中事前介入为主转变、由分散使用向集中使用转变、由无偿使用为主向有偿使用为主转变、由直补企业为主向创造外部环境为主转变",做到"拨款变投资、投资变基金",实现财政资金放大和循环使用。全年兑现五大产业扶持政策资金24.22亿元,其中首批基金年内已进入实质性投资运作阶段,预计总资金规模达21亿元,撬动社会资金16.25亿元。营改增试点纳税人达4.67万户,累计征收改征增值税36.83亿元,兑付财政扶持资金6.5亿元,试点行业税负整体下降18.23%。企业股权和分红激励试点全面推进,试点企业累计达147家。安排5.3亿元支持中科大先研院、清华公共安全院、工大智能院、中科院合肥创新院、北大未名生物研究院等五大研究院建设,投入3亿元推进战略性新兴产业发展,安排1亿元专项资金支持民营经济发展。试点政府采购信用融资及融资担保,促进中小企业发展。二是统筹城乡协调发展。全市安排专项资金4.01亿元,并整合各级各类涉农资金5.32亿元推进美好乡村建设,82个中心村任务进展顺利。新型城镇化和棚户区改造一期工程累计30个项目,共获批158亿元授信额度,至2014年底已有15个项目实现放贷23.25亿元。环巢湖生态保护修复工程新增202亿元授信额度,实现放款72.35亿元。统筹资金178.7亿元,有力支持城乡基础设施及公益性项目建设,其中轨道交通2号线工程被列为财政部首批PPP示范项目。

【惠民生 凝聚发展合力】一是保投入。46项省市民生工程投入71.8亿元,实现最低生活保障制度、医疗保险和合作医疗制度、困难群众社会救助、义务教育经费保障、养老保障"五个城乡全覆盖"。拨付"老字号"群体生活补助超8000万元;筹措资金1700余万元,在全省率先完成137户渔民上岸安置。全面整治118个老旧小区,实施30个城中村和危旧房改造,开工各类保障性住房和棚户区改造安置房4.75万套。大力支持小锅炉专项整治、畜禽养殖污染治理、油气回收改造、黄标车淘汰等工作,助力生态环境建设。二是重绩效。将省市所有民生工程全部纳入绩效管理,分项设立绩效评价指标体系,做到"前期有论证、中期有评价、末期有评估"。在农业、教育、民生、旅游等领域创新开展9个专项资金竞争性分配,实现多中选好、好中选优。其中,在全省率先推行将50%的美好乡村建设专项资金进行竞争性分配,资金规模达5000万元,并将上年度绩效评价结果作为分配的重要依据,村均专项资金分配差距最高达26%,实现财政资金有效配置,有力激发各地工作的自主性和创造性。三是求突破。在全省率先上线民生工程管护项目管理系统,按照公益、准公益和非公益三种类型,对已入库的1.56万个项目进行分类管护,并将各县(市)区作为管理系统子接口,将管理触角延伸至基层,初步建立起市、县(区)、乡镇(街道)三级平台一体化实时在线管理。民生工程实施实行全面公示,年底公示项目达423个。光伏下乡精准扶贫模式,实现扶贫开发和新能源推广应用有机结合,获国务院扶贫办在全国推广。在全省率先启动高校毕业生、退役士兵创业贷款工作,当年发放430万元。创新推进社保基金竞争性存储,综合收益率提高至4.47%。

【促改革 激扬发展活力】一是坚持阳光。4月,市本级政府预算、市直预算单位部门预算、"三公"经费预算悉数对外公开。8月,集中公开2013年政府决算、部门决算及"三公"经费决算。同时,不断完善预算公开评审制度,在原有委托中介机构事前评审、成立评审组集中评审外,首次邀请市人大常委会专门工作机构开展3个部门的整体支出评审。2015年部门预算编制,共公开评审373个项目、金额12.99亿元,核减率达39%。二是加大统筹。统筹编制一般公共预算、政府性基金预算、国有资本经营预算和社保基金预算,加大政府性基金预算、国有资本经营预算与一般公共预算的统筹力度。自编制2015年预算起,将9项政府性基金转列一般公共预算;加大国有资本经营预算资金调入一般公共预算力度,自2014年起,按市本级国有资本收益的5%上缴公共预算,以后逐年提高,确保到2020年上缴公共预算的比例达到30%。同时,自编制2015年度预算起,重点对社会公共服务设施建设公益性项目、跨年度实施的重点项目和民生项目、事后奖补配套项目、支持产业经济发展项目、保障运转项目等5类支出项目,在全省率先试编中期滚动预算,探索建立跨年度预算平衡机制。人民日报、安徽日报、中国财经报等媒体先后予以宣传。三是盘活存量。以市政府办公厅名义出台《关于全面推行预算绩效管理的意见》,深化预算绩效管理。对市直单位结余结转资金及连续两年预算执行率低于80%的基金支出项目进行清理,并自6月份起,逐月通报预算执行情况。在2015年部门预算中统筹使用上年结余,大力压减暂存、暂付款规模,并开展国库现金运作管理。四是厉行节约。严格执行财政供养人员"只减不增"要求,有序推进事业单位分类改革。及时转发公务考察、接待、出国境等系列资金管理办法,建立现金使用计划审批制度,持续开展财务决算检查和绩效考评,规范市直单位财政财务管理,采取签订风险防控责任承诺书、约谈单位主要负责人、目标管理考核倒扣分等多种手段,增强硬约束,加强源头控制和过程监督。全市三公经费较上年下降20.56%,其中市本级下降15.5%。五是扩大购买。提请市政府出台《关于深入推进政府向社会力量购买服务的实施意见》《政府向社会力量购买服务审计监督管理办法》《合肥市政府向社会力量购买服务项目监理实施方法(试行)》《合肥市政府购买服务项目采购管理暂行办法》等多个文件,同时建立由市委常委、常务副市长担任总召集人的市级购买服务联席会制度,制定市级政府购买服务指导目录。市级投入2.6亿元实施22个项目,县(市)区投入7.88亿元实施项目137个。在2015年预算编制中同步编制市级政府购买服务预算,共安排110个项目,涉及资金2.92亿元。六是严控风险。提请市政府修订《合肥市政府性债务管理暂行办法》,编制政府性债务收支计划,推行举借审批,强化动态监测。突出加强重大项目融资资金管理,以市政府办公厅名义印发棚户区改造、新型城镇化融资项目资金管理办法。2014 年市本级审核发放融资审批卡 35 份,各融资平台累计成功注册发行直接融资工具 156 亿元。新政出台后,顺利完成存量债务清理甄别上报工作。

【练内功 提升发展能力】一是建设“廉洁财政”。扎实开展群众路线教育实践活动,制定廉政风险防控工作职权目录和权力运行流程图,并根据内控要求修订完善责任追究实施办法,织密风险防控网。二是建设“服务财政”。深入推进财政帮联,开展广泛走访、调研和会商,不断加大行风巡查力度,加强政风行风建设。乡镇包村干部“就地就近”监管涉农资金新模式在全省推广,重点监管财政补贴类资金、涉农项目类资金和村级集体“三资”管理。三是建设“数字财政”。升级综合治税平台和部门预算管理系统,启动集中支付电子化试点,探索建立市级政府电子公物仓,开发财政支农项目管理信息系统,深化财政一体化系统应用,开通微信公众平台。

(合肥市财政局供稿 陈利丽)

庐阳区财政工作概述

【概况】2014 年,庐阳区财政工作继续坚持稳中求进的工作总基调,紧扣全省“首善之区和辐射源”建设,扎实推进稳增长、促转型、惠民生、抓改革、强管理的各项工作,有力支持全区经济社会健康协调发展。

【财政收入跃上新台阶】坚持以依法组织收入为财政工作第一要务,加大征管力度。依托综合治税管理体系,发挥市场监督管理部门、税务部门、乡镇街道工业区整体联动作用,加强建设项目库、楼宇企业信息库动态管理,加大辖区经营性房产和漏征漏管户清查力度。夯实税源基础,组织开展 40 家企业所得税税源调查和 12 家企业重点产品国际竞争力调查,充分利用金融集聚区建设契机,积极引进优质税源。深化财税服务,实行重点税源常态化走访制。加强“营改增”试点扩围政策宣传,累计登记纯“营改增”户 6400 户、混业经营“营改增”户 3012 户,为企业减税 2.2 亿元。全区财政收入完成 27.31 亿元,同比增长 10.94%,连跨三个亿元台阶,税收占比 94.8%,较上年提高 3.3 个百分点;当年纳税 10 万元以上重点税源 3317 户,实现税收 82.4 亿元,税收贡献率达 95%。

【产业发展增添新活力】发挥财政资金导向功能,加大优势产业和重点项目的支持引导力度。落实产业扶持政策,加大对都市工业、生态都市农业、现代服务业转型升级的财政扶持力度,为辖区 31 家企业申请“借转补”项目 42 项 3408 万元;拨付工业、科技创新、农业、现代服务业等产业扶持资金 4674 万元,惠及企业 256 家;发行“滨湖春晓”中小企业集合信托计划 8000 万元,缓解中小企业融资难、融资贵问题。加快金融服务创新区建设,成功引进安振产业集团、齐鲁证券、光大永明等多个金融项目;商之都在省证监局备案辅导,百事得包装公司成功在省股权托管中心挂牌融资,夏阳汽车检测顺利登陆“新三板”;区政府监管的“两类机构”未发生一起金融安全事件,资产证券化等金融创新业务有序推进。

【社会事业迈出新步伐】坚持民生优先,全年民生投入达 15.34 亿元,占总支出近八成。高标准实施 39 项民生工程,补助救助类项目发放资金 7677 万元,工程类项目开工率 100%;完善民生工程工作考核和资金管理办法,对 29 项民生工程项目实施绩效评价,在全市城区中唯一荣获“全省民生工程绩效奖补工作先进区”称号。支持社会事业发展,推进教育优质均衡发展,安排义务教育均衡发展资金 767 万元,生均公用经费标准为省市的两倍;保障困难群众基本生活,拨付城乡居民最低生活保障金 686 万元、医疗救助资金 248 万元;提升社区医疗服务水平,高标准安排社区卫生专项资金 1445 万元,足额保障卫生专用设备购置资金 266 万元。助推环境改造提升,支持保障性安居工程建设,拨付老旧小区改造资金 1 亿元,城镇保障性安居工程资金 6685 万元;促进环境改善优化,拨付绿化大会战资金 2791 万元、水源保护区内面源污染清理经费 1500 万元。

【财政管理实现新突破】深化财税体制和投融资体制改革,在解决重难点问题上取得突破性进展。深化预算管理改革,制定、修订《庐阳区区级预算管理办法》等七项预算管理制度,建立事前评审、公开评审、部门联审的预算评审机制;严控一般性支出,“三公”经费较上年同比下降 26.8%;出台《庐阳区财政资金动态监控管理暂行办法》;完成2013年度决算、2014年度预算及“三公”经费预决算信息公开;开展政府性债务清理甄别工作;首编2013年度权责发生制政府综合财务报告。启动公共资源交易管理改革，成立区公共资源交易管理委员会，区政府采购中心更名区公共资源交易管理中心,决策、管理、执行三层管理机制基本形成;制定《庐阳区公共资源交易管理办法》等七项制度;完成公共资源交易场所公共服务区域标准化、信息化建设。强化国有资产监管,首次开展84家事业单位及其所办企业产权登记,出台《庐阳区办公服务用房管理办法》。推行政府购买服务,制定《关于深入推进政府向社会力量购买服务的实施意见》,公布2014年政府购买服务项目41项。

(庐阳区财政局供稿　魏平)

蜀山区财政工作概述

【概况】2014年，全区财政收入完成26.5亿元,较上年增收2.3亿元,增长9.6%,完成预算的105%。其中,地方财政收入19.6亿元,增长9.8%。全区财政支出完成22.78亿元,其中,区本级财政支出完成17.8亿元,为预算的100.6%。

【推动经济转型】面对经济发展新常态,切实发挥财政资金杠杆作用,加快转变发展方式,积极调整经济结构,努力实现有质量、有效益、可持续发展。一是加速园区转型升级。全年投入2.55亿元,支持蜀山新产业园区转型升级,为全区经济发展注入动力及活力。一方面,集中资金支持载体建设,以“产城一体”高标准规划引领,投入1.5亿元,支持自主创新基地及公租房建设;另一方面,突出支持电子商务企业发展,安排0.45亿元专项资金，支持电子商务园配套项目建设及电商企业发展,推动国家级电子商务示范基地向更高标准、更深层次、更高水平迈进。二是促进产业结构优化。安排2000万元,用于招商引资及加快商务楼宇发展;安排3000万元,用于家政服务基地建设及专项培养管理;安排1000万元,用于中小企业标准化建设及“营改增”专项补贴;结合本区科技优势,安排科技专项经费2500万元,以科技创新力促现代服务业和科技型工业蓬勃发展。三是推动城乡统筹发展。整合资金1.63亿元用于推进城乡统筹发展,涵盖美好乡村建设、现代农业产业改革、绿化和生态文明建设等各方面,全面加快城乡一体化发展步伐,促进城乡共同繁荣。

【保障改善民生】坚持保障和改善民生不动摇,全年教育、医疗卫生、农林水、社会保障、城乡基础设施建设等重点支出占比达80%以上。省市32项民生工程提前或超额完成目标任务，雪中送炭、文化惠民、平安蜀山等一批独具特色的区级民生工程深入人心。一是支持教育事业发展。大力支持教育事业优质均衡发展，义务教育阶段学生杂费及作业本费全免除，公用经费补助标准进一步提高,学前教育投入保障到位。当年,教育支出占财政支出的20%以上。二是贯彻收入倍增规划。创新举措多管齐下,安排资金2300万元,并通过小额担保贷款、就业技能培训专项补贴等多种方式,支持就业提升工程、创业富民工程、民生普惠工程实施,促进城乡居民收入较快增加。三是完善社会保障体系。坚持财力向弱势群体、困难群体和特殊群体倾斜,农村低保、农村五保供养、贫困残疾人救助等进一步提标扩面,补助标准位于全省前列,社会保障和就业支出较上年提高4%。四是推进医疗体制改革。拨付医疗卫生经费5850万元,全面推进公共卫生服务体系建设，让每一位居民均能享受到质优价廉的医疗服务。其中,拨付“健康蜀山、幸福居民”专项卫生经费500万元,拨付公共卫生均等化服务经费225万元。五是促进安居工程建设。全年新建各类保障性住房2807套,其中,新建公租房1156套，城市棚户区改造1651套全部开工建设。

【深化财政改革】向改革要动力,以改革促发展,全面深化财政改革,切实加大重要领域和关键环节的财政改革创新力度，公共财政前行步伐更加稳健有力。一是预算编制全公开。积极推行上门会商、专家论证、公开评审等制度,实行“全口径”预算管理,并全面公开财政预决算和“三公”经费预决算,公开内容进一步丰富,打造全面规范、公开透明的蜀山预算管理模式。二是创新机制强增效。创新建立中长期重大财政支出论证机制,强化对年度预算的约束性,增强财政支出的可持续性,切实发挥财政资金使用效益。同时通过重大财政资金项目月报、“三公”经费月报和重点支出专项检查以及跟踪问效等一系列创新举措，严肃财经纪律,规范资金管理。三是厉行节约严控制。以深入开展群众路线教育实践活动为契机,以整治“四风”为重点,组织开展超标准公务接待、“三公”经费、差旅费等一系列财经纪律专项治理活动,严格控制公务经费支出总额,大大压缩会议、接待、差旅等费用支出,全面建设节约型政府。四是国库改革强推进。区直部门预算单位与各镇街园全部实行国库集中支付和公务卡改革，涵盖预算内及往来户所有资金,国库系统网上支付资金达 31.8 亿元,累计办理公务卡 3445 张。全省首家区级“财银直联”系统成功上线运行,切实增强财政资金收付透明度,全面提高财政资金使用效率。

【夯实财政基础】坚持整体推进与重点突破相结合,全面加强财政基础工作,不断提高财政管理科学化水平。一是协税护税扎实有效。及时修订协税护税考核办法,构建“横向到边、纵向到底”的强大协税护税网络。多次召开与税务、市场监督部门沟通协调会,主动深入协税护税一线,组织开展走访帮扶，积极引导基层加大对税源企业跟踪服务力度,为企业提供点对点、面对面服务,解决企业实际困难。二是融资创新积极推进。安排 1500 万元金融风险补偿资金，引导辖区内金融机构加大对中小微企业扶持力度;安排 500 万元专项资金，为科技型中小微企业打造专属金融方案；快速推进“滨湖·春晓”集合信托计划,累计安排 2565 万元帮助辖区内 48 户中小企业融资 1.67 亿元,贴息 150 万元,有效降低中小企业融资成本,为企业营造良好的融资环境；与民生银行合肥支行建立战略合作伙伴关系,为企业发展拓宽融资渠道。三是政府采购卓有成效。推行电子化管理,实现招标采购全程信息化,更加公开、公平、公正。全年完成政府项目 1867 个，政府采购节约资金 2.7 亿元，半岛森林公园、老旧小区改造、校园采购项目等一大批民生工程招投标工作顺利完成，政府采购中心连续两年荣获省级表彰。四是国资管理全面加强。在全市率先对国有资产信息系统进行全面升级,严格国有资产处置,规范国有资产出租,进一步加大区直单位公务用车清查工作力度，切实推进国有企业负责人职务消费专项治理工作，全面加强国有资产管理。

(蜀山区财政局供稿　黄潇)

包河区财政工作概述

【概况】2014 年，全区一般公共预算收入完成 35.58 亿元，为年初预算的 104.3%，同比增长 12.1%,其中,地方收入完成 2530 亿元,为年初预算的 112.4%,同比增长 14.4%。

【加强征收管理】坚持依法治税、应收尽收,为争创全国“双百强”城区奠定坚实的财力基础。一是明确征管责任。区政府与各级征管部门分别签订收入目标管理责任状，层层分解落实收入任务和征管责任。二是加强工作调度。紧扣收入进度,密切关注财政收入动态,认真分析财政收入形势,定期召开财税工作例会,协调工作关系,稳定全区税源,确保财政收入平稳增收、均衡入库。三是建立走访包联制度。推行区级领导包联走访重点企业(项目)制度,着重加强对重点税源企业的调查和分析,及时发现、解决问题。深入开展税源普查,依托村、居组织,对辖区楼宇、重点企业进行地毯式的摸排登记,清理漏征漏管户,确保应收尽收。四是积极培育税源新载体。围绕滨湖金融后台服务基地、“亿元、千万元”商务楼宇、城中村和棚户区改造等载体,充分发挥财税政策的引导作用,重点引进现代服务业和高新技术产业等优质项目和资源落户,培植新兴税源,增强财税增长后劲。

【优化支出结构】全区一般公共预算支出完成 35.42 亿元。结合国家、省、市一系列促进经济发展政策清单,制定出台《2014 年包河区扶持产业发展“4 项政策”》,安排财政资金 1.2 亿元,从帮助中小微企业拓展融资渠道、扶持民营企业转型发展、促进科技企业产业创新等多个方面，以政策辐射效应推动企业加快发展。整合投入各类涉农资金 6000 万元,重点支持农业基础设施建设、自然村环境整治、生态建设和旅游业发展。结合农业综合开发项目,扎实推进全区“美好乡村”建设,打造具有包河特色的生态农业、“三圩”建设。加大政府购买公共服务力度,在全省率先出台《社区公益服务项目资金管理办法(试行)》,区财政安排资金 800 万元，重点支持以社区社会服务为主要内容的示范性、探索性、创新性公益服务项目。提升城区绿化品质,投入绿化项目资金 2710 万元,兑现生态林奖补1958万元。着力支持城乡基础设施建设,投入1.58亿元实施“大建设”和17个老旧小区整治。

【全力保障民生】按照“保基本、兜底线、促公平、可持续”总体要求,继续加大民生资金投入,让更多的包河百姓共享区域经济发展成果。全年共投入12.6亿元用于民计民生和社会事业发展。一是认真组织实施31项民生工程。投入各类民生工程资金1.98亿元,补助类项目按序时进度发放,工程类项目按计划有序推进,31项民生工程全部提前完成目标任务,直接惠及群众60余万人。二是关注民生民利,不断完善社会保障体系。大力实施就业促进工程,投入资金1928万元帮助困难群体就业;进一步提高农村最低生活保障水平,累计发放生活救助1173万元;建立完善困难老年群体津补贴制度,发放高龄津贴749万元,城镇居民基本医疗保险基本实现全覆盖;累计发放城乡居民社会养老金2795万元。三是关注社会事业,保障科教文卫协调发展。坚持教育优先发展,投入资金6.85亿元,全面落实义务教育阶段学生“两免一补”政策、支持义务教育均衡区发展等。扩大公共卫生服务覆盖范围,全年投入1.41亿元,统筹城乡医疗卫生发展。加大科技投入,全年投入3276万元,鼓励辖区企业开展科技创新、自主研发。

【深化财政改革】深化公务卡制度改革,加强对预算单位使用公务卡及现金支付行为的管控力度;改革往来资金管理模式,顺利上线财政大平台“往来资金管理”模块,理顺财政统管的单位往来资金收支管理业务流程;积极盘活存量资金,出台《包河区财政局关于加强预算执行管理激活财政存量资金实施方案》;贯彻落实中央八项规定,严格支出管理,出台《包河区接待经费暂行管理办法》等经费支出文件,严控“三公”经费超标支出,确保资金安全、规范和均衡使用,“三公”经费同比下降25.6%;全面推行部门预决算信息和“三公”经费预决算信息公开,公开区直39个部门、单位部门预决算信息和“三公”经费预决算信息;积极推进全区23个村居“三资”信息化公开试点工作;全省首创开通“包河政府采购网上商城”,实现线上遴选订购、线下履约配送、网上支付、平台监管的采购服务模式。全年共完成政府招标采购项目329个,交易规模到达1.35亿元,节约资金4244万元,资金节约率为32%。

【加强财政监管】开展街镇津补贴发放和公积金缴存基数专项检查,整改不规范行为;对全区26家小额贷款公司和融资性担保公司近年的小额贷款、融资性担保情况进行督查,保证两类公司规范运行;扎实做好“小金库”专项治理工作,选择38家重点单位进行专项督查;全面开展涉农、涉企资金检查,加强资金监管;认真督促做好村居公益性债务化解,全区共涉及6个街镇26个村居,锁定债务为6113万元,年底所有债务全部化解;认真执行预算部门会商制度,全年共开展会商68次;加强区属国有企业资金监管力度,组织开展对滨投集团、城投公司的2013年度财务决算及经营目标完成情况专项审计;推进全区办公设备超标准配置清理和已出租国有(集体)资产清理工作;开展国有企业负责人职务消费情况调查,加强消费预算编制,严格审核报销制度;加强政府性债务管理,严控政府性债务规模,截至当年底,区政府性债务余额5.41亿元。

（包河区财政局供稿　郑玉）

瑶海区财政工作概述

【概况】2014年,瑶海区财政收入完成15.52亿元,同比增长8.13%。其中:地方收入完成11.86亿元,同比增长7.65%。全区财政一般预算支出完成14.59亿元,同比增长16.8%。

【保障财政收入】一是早部署,保增长。区委、区政府对全区财政运行态势高度关注,多次召开财税联席会议,针对存在问题,协调国税、地税等部门切实做好财税征收工作,千方百计完成全年收入任务。二是早预测,保质量。加强收入预测和监控,掌握收入变化状况,注重查找征管过程中存在的薄弱环节,制定切实有效的应对措施,收入质量稳步提升,非税收入占财政收入比例下降5%,税收形成的财政收入增长14.7%。三是早落实,保进度。完善收入目标考核激励制度,确保收入进度,财政收入实现首月“开门红”,上半年“双过半”,全年“稳增长”。

【着力支持发展】一是强力推动城市建设,加大市政设施工程投入,累计拨付老旧小区改造资金9202万元,小街巷改造、市政管理养护及完善排水设施等经费4647万元,支持土地报批、新增建设用地有偿使用费及大建设资金1.68亿元。二是积极促进经济发展,加快转型步伐,拨付600万元用于物联网产业园建设发展,落实市扶持产业发展"1+3+5"政策,拨付各项企业奖补资金1316万元,全力支持区融资平台建设,拨付政府偿债准备金1759万元,严防政府债务风险。三是进一步加大生态环保资金投入,筹措环巢湖生态修复专项资金1216万元,拨付绿化美化和"三线三边"专项资金2500万元,拨付文明创建专项经费1000万元。

【推进财政改革】一是国库集中支付改革不断深化,全区所有预算单位往来资金纳入国库集中支付管理,上线运行国库集中支付动态监控系统,新增财政一体化平台政府采购模块,加强政府采购预算执行、监管,实现预算单位财政性资金国库集中支付全覆盖、财政资金预算执行全过程监控,全面掌握财政资金使用流向和效益。二是改革区、街财政管理体制,起草《关于调整镇街开发区财政管理体制的意见》,按照"保基本"的改革思路,保障街道在编人员及基本运转经费,加大转移支付和以奖代补工作力度,改进协税护税考评办法,提升街道干事创业的积极性,激发改革活力。

【提高理财水平】一是规范预算编制。印发《瑶海区2015年部门预算公开评审实施方案》和《瑶海区财政局关于推进预算绩效管理的通知》,开展预算单位上门会商,指导督促部门细化编制预算科目,对老旧小区整治、教体局设备购置等10个项目进行公开评审,促进预算编制科学化、精细化。二是加强预算执行。出台《瑶海区财政资金审批拨付暂行办法》,所有财政资金都按照规定程序办理,实行国库集中支付一体化平台操作,国库支付中心严格按照预算计划、进度的总要求,对支付申请与用款计划的一致性、资金用途和凭证完整性进行审核,努力做到事前、事中监督。三是严格三公经费管理。将三公经费编列到部门预算经济科目,出台《瑶海区会议费管理办法》《瑶海区差旅费管理办法》,2014年三公经费决算较上年下降26.1%。

【规范财经管理】一是主动接受监督。稳步推进财政预决算公开工作,继上年通过政府网站公开区直20个单位"三公"经费预算后,当年区直41个单位实现财政预决算全面公开。二是强化财政监督检查。重点加大对基层财务检查监督,聘请财苑会计事务所、华安会计事务所对全区所有村居财务进行专项检查,开展7项民生工程中期绩效考核,以及14个镇、街、开发区的专项财务检查。三是加强乡镇财政资金监管帮联。出台《瑶海区乡镇包村干部监管涉农资金工作指导意见》,实行乡镇财政资金监管信息通达和公开公示,乡镇财政资金纳入财政资金一体化平台系统软件管理,建立乡镇资金划拨以国库集中支付为主要形式的财政国库管理制度。

【增强民生保障】全年民生支出达11.5亿元,占财政支出的比重为78.8%。一是不断加大教育投入。全年安排拨付教育经费5.4亿元(含上级专项补助),累计拨付"两个中心"建设经费4000万元。二是加强公共卫生体系建设。深入贯彻落实医改政策,提高惠民成效,全年累计投入医疗卫生资金8500万元。三是加强社会保障投入。健全社会养老服务体系,促进就业创业,全年投入社会保障资金1.1亿元。四是全面落实29项民生工程,居家养老、残疾人托养等政府购买服务扎实推进,义务保障经费实现城乡统筹,在龙岗、大兴先期实施民生工程后期管护社会化新模式。

(瑶海区财政局供稿 孔维金)

合肥经济技术开发区财政工作概述

【概况】2014年,经开区综合财政收入140.86亿元,同比增长9%,其中税收收入101.36亿元,首次突破百亿元大关。全年综合财政支出56.2亿元,其中用于基础设施建设、民生保障支出达到45.5亿元,占综合财政支出81%。一般公共预算收入23.37亿元,较上年增长10.8%,其中地方收入12.6亿元,较上年增长12.7%。全年一般公共预算支出22.31亿元,其中教育、社会保障、环境保护、基础设施建设、支农支出完成12.48亿元,占总支出的55.9%,较上年增长51%。

【税源管理】加强与税务、涉税部门协调联动,定期召开收入形势分析会,狠抓重点税源不放松,有针对性地主动服务税收降幅较大企业，抓实抓细一次性税源和零散税源管理，努力做到依法征收、应收尽收，确保财政收入平稳增长。

【财政扶持】强化财政支持经济发展作用，积极落实产业发展政策体系。按照开发区扶持产业发展“4+5”政策体系，及时设立专项资金、投资基金保障政策落实，支持企业转型升级，加大实体经济支持力度，全力促进经济发展。全力支持区内企业直接融资。在全区范围内开展直接融资企业后备资源摸排培育工作，并按融资渠道和种类进行分类建立后备资源库。鼓励和引导具备条件的企业进入资本市场、“新三板”和国内非上市公司股权托管交易市场挂牌融资，增强企业的上市融资意愿。年初，应流机电在主板成功上市，实现全省IPO重启后第一单，并成为合肥市第一家登陆主板的民营企业；年底合肥合锻机床股份有限公司在上海证券交易所正式上市。强化项目建设资金保障。不断创新融资模式，全年共组织落实融资平台项目贷款9.2亿元，其中产业项目融资2亿元，出口加工区配套项目1.7亿元，公租房项目贷款3亿元，经营性物业2.5亿元。

【民生改善】通过预算足额安排、调整支出结构、压缩一般性开支等方式，全年民生支出45.5亿元，占财政支出的81%。对政策明确应由上级补助的资金，采取区财政垫付方式，确保民生工程资金及时拨付。全区30项民生工程共到位各级财政资金1.29亿元，资金到位率107%，其中区级配套到位资金3681.79万元，资金到位率达127%。出台民生工程后期管护办法，明确所有工程类民生工程项目的管养主体和责任。推行“市场化运营、专业化管护、社会化配套、精细化考核”，创新民生工程管养政府购买服务，不断提升公租房等项目建后管养水平。落实惠农支农政策，大力发展教育事业。投入1300多万元设备采购资金和2600多万元的维修改造资金，完善学校的内部功能设备配置，加强配套服务设施、校园文化等建设，办学条件继续得到改善和提升。

【投融资管理】建立健全财政性投资项目管理规定，出台《合肥经济技术开发区财政性投资项目竣工财务决算管理暂行规定》，全力推进工程项目竣工财务决算办理工作，规范财政性投资项目全过程管理。在加强项目概算审核、跟踪审计招标及委派等过程管理的同时，建立重点项目现场巡查机制，加大对审计单位的管控力度，并着重从合同签订、现场签证办理、工程变更、资金拨付等环节强化管理，降低项目投资成本。

【国资监管】完善国有企业绩效考核工作，委托中介机构对区属国有企业进行2013年度经营业绩审计。对企业实施的重大项目实行单独考核制，推进国有资本经营预算编制工作。明确国有资本经营收入的上缴范围和时间，加强国有经营性资产管理，出台相关管理细则确保资产运营规范。加强国有资产日常出租、招租和租后监管，结合每年一次的现场督查，推进资产运行的制度化和规范化。

【政府采购】上线财政一体化平台政府采购模块，全面提升政府采购工作规范化水平，2014年政府采购预算金额8.6亿元，实际采购金额为4.84亿元，资金节约率43.7%。上线国库集中支付动态监控系统，提升财政资金的全过程动态监管水平。

【财政精细化管理】全面推进预决算及“三公”经费信息公开。强化预算执行，推进预算管理改革。建立按月调度资金、通报支出进度等制度，开展2014年项目预算金额50万元以上项目的中期绩效考评，涉及城市维护、民生保障、教育等，资金规模2.93亿元。在梳理分析社区经费使用情况的基础上，提出针对社区预算及经费管理体制的建议，社区经费管理水平走在全市前列。积极稳妥推进区属国有企业改革。完成安徽明珠规划建筑设计研究院国有产权转让工作，迈出深化国有企业改革的一大步。对已有制度进行全年梳理，确定“废、立、改”目录，形成一套完整的财政工作制度体系。完善出台会议费、培训费、招待费、出国境费、差旅费等各项经费管理规定。围绕改善民生、服务群众，出台民生工程实施意见和管护暂行办法。加大对制度执行、落实的实时监督检查，发挥制度在财政管理工作中的重要作用。

（经开区财政局供稿　林敏）

合肥高新技术产业开发区财政工作概述

【概况】2014年，高新区财政局全面贯彻党的十八大和十八届三中、四中全会，以深入开展党的群众路线教育实践活动为契机，以“稳增长、促改革、调结构、惠民生、防风险”为主线，各项财政事业稳步推进，先后荣获全市政府工作创新奖及全市民生工程实施工作先进单位、全市社情民意调查先进单位、全市财政金融业务报表工作先进单位、高新区2014年度先进单位等荣誉称号，有力促进园区经济社会全面发展。

【财政收入创历史新高】2014年全区财政总收入首次突破110亿元大关，实现110.05亿元。全口径公共财政预算收入76.95亿元，同比增长54.1%。公共财政预算收入23.01亿元，完成预算的139.7%，同比增长55%，其中，地方预算收入12.8亿元，完成预算的145.8%，同比增长60%，地方收入总量和增速在四个开发区均位列第一，创历史新高，提前一年超额实现高新区“十二五”财政收入目标。公共财政支出累计49.88亿元，其中用于保障运转支出1.7亿元，用于经济发展、园区建设等支出41.82亿元，用于保障民生等支出6.36亿元，各类经济发展和民生改善支出约占支出的96%。

【支持经济发展持续发力】一是出台“2+2”政策。围绕“发展主导产业”和“支持自主创新”两大主题，以及企业发展关键的“人才”、“金融”两大支撑体系建设，牵头制定区扶持产业发展“2+2”政策体系。将财政资金集中投向优势主导产业和战略性新兴产业，以达到收缩战线、集中使用的目的。更加有力助推产业升级转型发展。二是探索创新创业新方式。省财政厅、人社厅选择高新区作为安徽省青年创业引导资金首个试点区，探索市场化方式扶持青年创新创业的新模式、新路径。引导资金首期投入3000万元，通过“省区合作、市场撬动、风险共担”的方式，采取市场化的资本运作手段，以“债权投资＋股权投资”方式投资种子期和初创期企业，与金融资本和社会资本有效结合，使财政资金放大到5—10倍，并实现滚动使用。三是发挥财政资金杠杆效应。按照“财政引导、市场主导”原则，将财政资金与社会资本相结合，“创新贷”、“助保贷”2014年增加风险池财政资金500万元，35家企业获得1.78亿元银行贷款支持，“天使基金”投资15个项目，完成出资7700万元，以较少的财政资金撬动较大的社会资本投入。四是集聚基金、创投企业。全区现有银行、担保、证券、保险、基金、创业投资等各类金融服务机构200余家，其中，基金创投企业设立107家，徽银租赁、省高新投、安徽种业基金等基金总规模超百亿元，创业投资、风险投资等金融资本加速集聚高新区，成为经济发展中一股新崛起的力量。

【重点支出保障有力】一是加强资金调度。与市财政、国土、土储中心等部门密切对接，保障各项重点支出资金需求。二是拓宽融资渠道。加强与农发行等政策性银行合作。累计获得安置房项目融资14.5亿元，积极推进企业债发行，完成三期企业债15亿元发行工作；抢抓时机申报中期票据和短期融资券融资；积极拓宽项目融资、金融租赁、票据授信、“施工方融资＋平台担保”多种融资渠道。全年实际到位融资资金38.5亿元，稳居全市各县区、开发区首位。三是规范债务管理。清理、甄别政府债务，建立债务动态管理机制，注重债务规模控制和结构优化，防控政府性债务风险。

【财政改革全面深化】一是强化全口径预算。继续坚持将所有政府性收支全部纳入预算统筹安排，实现“收入一个笼子、预算一个盘子”。科学合理编制预算项目绩效目标，金额超过100万元的项目支出编制科学、清晰、便于考核的绩效目标。深化“开门办预算”，与42个预算单位会商，选择10个大额、新增项目，组织专家进行预算评审，提高预算编制的科学性。二是推进预算信息公开。全面公开2014年“三公”经费预算和公共财政收支预算、2013年度部门决算及“三公”经费决算。三是严格“三公”经费管理。出台关于出国经费、接待经费、车辆定点维修、定点加油、定点保险等“三公”经费管理制度，牢固树立过紧日子的思想，严控行政成本。当年全区“三公”经费支出同比下降20.5%。四是盘活存量资金。规范资金账户管理，累计清理整改区财政专户6个，全面清理压缩财政结余结转资金、财政专户和部门往来账户沉淀资金2893万元,集中财力用于惠民生、稳增长、调结构等重点领域和关键环节。五是加快国库集中支付信息化进程。在实现国库集中支付单位和所有财政性资金全覆盖基础上，加快国库集中支付电子化工作进程,日常收付业务实现无纸化,与银行实现"财银直连",提高支付效率和准确率。全年国库支付中心累计完成收支业务2.6万笔，收付资金55.69亿元,分别较上年增长5%、12%。不断完善动态监控预警规则,建立20余项监控规则,特别加强对"三公"经费、会议费、现金等方面的监控,充分发挥监控系统的"威慑"作用,提升预算执行质量。

【国有资产资源管理日趋规范】一是完善行政事业单位资产管理。依托电子信息化技术,优化再造资产管理流程,推进资产管理与预算管理、政府采购管理和财务管理有机结合，以信息化促资产管理规范化。全区所有行政事业单位均纳入资产管理信息系统,形成动态化监管。严格货物类采购预算执行约束，坚持货物类政府采购项目均以资产配置计划为基础,按照"应编尽编"原则,科学、精细、分类编制货物类采购预算,强化货物类采购预算执行刚性约束。二是集中管理经营性资产。对20余处共3万多平方米的经营性房产登记建账,经营性房产统一移交至高新股份经营管理，规范招租行为、提高管理水平和经营使用收益。三是深化国有企业改革。深化国有资产管理体制改革,国企改革建立"契约"责权。建立人事薪酬、绩效考核、项目管理、财务管理、投融资管理、决策和管理六项运营管理机制。四是创新公共资源交易机制。成立公共资源交易中心,对具有公有性、公益性的资源建立统一规范的交易平台，提高公共资源配置的效率和质量。出台《合肥高新区公共资源交易管理办法》等五项制度,保障区内各项公共资源交易规范运行。全年共开展招投标项目376项,实现公开招标采购规模32.24亿元，实际中标金额20.71亿元,节约资金11.53亿元,资金节约率为35.76%,公共资源交易范围和规模进一步扩大。五是加大财政投资项目控制。坚持先批准、后变更,先变更、后施工，加大对项目实施过程中设计变更、经济签证的监管力度,严格控制工程造价。对500万元以上项目全部实行跟踪审计,核减率10%以上部分的审计费用由施工单位承担。2014年完成房建、市政道路、绿化基础设施等配套工程237项,送审金额6.08亿元,审定金额5.55亿元,核减额0.53亿元,资金节约率8.72%。

【民生工程深入实施】按照"五有+1"的思路,从学有所教、劳有所得、病有所医、老有所养、住有所居，以及农业和农村基础设施六个方面深入实施省、市、区"18+10+2"项民生工程,累计投入资金1.56亿元。一是做好牵总抓总。建立每月调度、每月通报制度,调度推进、项目督查工作常态化,切实做到"一月一调度、一月一督查",推动民生工程实施。二是创新实施方式。对适合采取市场化方式提供、社会力量能够承担的民生工程服务,采取政府购买服务方式,交由社会力量承接。对已建成的民生工程后期管护,按照公益性、准公益性、市场化等类型,分别采取公办民营、民办公助、外包经营、购买服务等社会化方式。三是探索网上公示。率先实行民生工程网上公示试点，进一步规范民生工程项目管理,保证民生资金使用过程中公开、公平、公正,主动接受全社会的长期监督。四是创新宣传方式。全省首家设计、编导30集动漫故事片《民生小精灵》,用通俗易懂的语言为群众讲政策、释困惑,兼顾趣味性和知识性,起到寓教于乐的良好宣传效果。

【财政队伍建设不断加强】一是转变夯实作风。深入开展党的群众路线教育实践活动,积极践行"三严三实"要求,主动到预算单位会商服务,主动为园区企业排忧解难，充分发挥财政部门服务经济、服务建设、服务民生职能。在深入基层、改进作风、效能建设、厉行节约、国资管理、村级财务管理等方面修订出台20余项制度措施,以制度建设固化教育实践活动成果。二是加强内部控制。牢固树立内控理念,完善财政机关内部控制机制,健全预算编制、执行、监督相互制约、相互协调的财政运行机制。全面梳理廉政风险点,最大限度地防范和控制风险,确保财政干部廉洁和财政资金安全。三是推行政府权力清单和责任清单。围绕建立法治政府和服务型政府,全面清理规范政府权力,建立政府权力清单和责任清单,做到"法无授权不可为、法定责任必须为"。

(高新区财政局供稿　曹扬眉)

合肥新站综合开发试验区财政工作概述

【概况】2014年，新站区财政收入增速位居全市第二,其中公共财政收入7.37亿元,较上年增长26.02%,全口径税收收入完成19.73亿元,较上年增长34.15%，地方财政收入完成5.09亿元,较上年增长21.97%。

【优化财政支出】完成一般预算支出10.51亿元,积极支持新站区经济和社会事业发展。在确保机构正常运转的前提下,财力重点向教育、卫生、社保等领域倾斜，用于社会事务方面的支出大幅度提高。

【运用财政杠杆】集中财力支持产业发展,坚持扶优扶强。依托市财政局实施的“1+3+5”扶持产业政策,转变企业扶持方式,即事后为主向事中事前介入为主转变,由分散使用向集中使用转变,由无偿使用为主向有偿使用为主转变，由直补企业为主向创造外部环境为主转变，进一步优化财政资金投入结构,更加突出基金、借转补、财政金融产品等扶持方式,发挥财政资金的杠杆作用。全年支持重点企业产业结构调整2.3亿元，助推区内企业经济发展。

【加强财政管理改革】一是全面推进预决算及“三公”经费信息公开。顺利完成2013年决算、2014年预算及“三公”经费信息的公开。二是强化预算管理,细化预算编制。在2015年的预算编制中,将项目编制细化至经济类科目款级;进一步强化公共预算和基金预算的编制，加强部门预算审核，初步建立起权责发生制的政府综合财务报告制度。三是继续深化国库集中支付改革。拓宽国库集中支付范围,将中小学、社区、卫生院等预算单位纳入国库集中支付，全年国库集中支付1.5万笔,资金43.32亿元。进一步加强财政平台一体化系统建设，通过动态监控系统建设和财银直连系统建设，实现资金的动态监控和财政国库集中支付与代理银行之间无纸化支付。加强动态监控分析结果应用,充分利用动态监控分析结果,对违规的资金不予支付,存疑的询问支付具体原因。自8月份动态监控系统规则设立上线至年底，共提示“违规”资金25笔,金额14.8万元。进一步推进公务卡支付结算，全年新开卡250张，支出1.5万笔,支出2511.8万元。强化财政专户资金管理。加大对存量资金的使用力度，提高财政资金使用效益。全年使用结余资金5亿元。转发相关文件制度,加强“三公”经费制度建设,“三公”经费支出同比下降21.13%。四是积极稳妥推进政府购买服务。投入1155万元实施6类16项市级政府购买服务项目,妥善安排政府购买服务所需资金,加大政府购买服务的力度,促进政府职能转变,提高资金使用效率,推动社会组织发展。五是开展“小金库”治理和村(居)“三资”清查,深入推进“阳光村务工程”。开展行政事业单位固定资产清查,逐步建立起覆盖行政事业单位国有资产配置、使用、处置各环节的动态监管体系。规范国资管理,完成金马球馆主体注销工作，收回全部城开公司股权款及利息2亿元,稳妥推进佳乐公司改制工作,推进新站保安公司脱钩改制工作。六是政府采购交易规模增长较快，采购效率提升。公共资源交易总金额46.93亿元，列四大开发区第一，同比增长79.33%。当年完成项目451个,交易总金额25.81亿元，成交金额13.12亿元，节约和增值资金12.68亿元,总资金结余率达49.13%。

【深化投融资改革】结合实际情况推进投融资体制改革,成立新创公司,注册资金5亿元。公司成立后积极与建行、工行、徽行、科农行推进城镇化项目合作。继续推进鑫城公司的政府性债务融资功能,支持基础设施项目建设。建立政府性债务台账，完善政府性债务全口径统计和政府性债务风险管理,全面跟踪政府性债务变动情况。完成区级存量债务分类统计。

【建设民生财政】全年民生工程投入资金1.99亿元,全力推进27项民生工程,全面完成全年目标任务,主要包括基本社会服务类9项,基本医疗卫生类5项,基本公共教育与公共文化类5项,劳动就业服务类1项,社会保险类2项,基本住房保障类1项,农村基本生产、生活改善类4项。按照“精细管理、特色创新、务实宣传、依法办事”的工作部署，按月调度推进各项目实施，加快支出进度,加大工程项目管护,及时发放困难群体补助资金。社会保障落实有力,累计直补和发放个人资金约5900万元,落实保障性安居工程建设资金1.40亿元。

【建立协调新机制】制定《新站区财政局会商工作实施细则》,通过与部门和预算单位的多次会商,将财政政策、财政管理、和财政服务送到部门单位,变被动服务为主动服务。通过《关于加强社区资金监管工作的实施办法》,加强社区资金的监管,严格资金支付流程,确保社区资金合规有效的使用。强化内控制度落实,合理调配人员,实行主办会计、支付会计、稽核会计岗位分离。

【提升内部合力】一是加强思想教育,提高党员素质。围绕党的群众路线教育主题教育活动,认真组织开展理论学习,抓好人员、时间、内容三落实,领导干部率先垂范,积极交流心得体会,发挥先锋模范带头作用。二是强化组织建设,夯实发展基础。把"形成心往一处想,劲往一处使,团结协作、坚强有力的战斗集体"作为组织建设的目标,明确岗位职责,认真落实各项制度,切实增强班子的凝聚力,有效发挥支部战斗堡垒的作用。三是加强廉政建设,改进工作作风。抓廉政教育,做到常下廉政"毛毛雨",真正使廉政教育做到入耳、入脑、入心。做好风险防控,认真梳理行政职权,针对存在的廉政风险有针对性地制定了防控措施,构建风险预警防控体系,加大源头控管。四是开展群团活动,增强支部凝聚力。先后组织开展"学雷锋"、"慈善一日捐"、"党员示范岗"和"金秋新站美·健身徒步行"等活动,丰富党员干部的业余文化生活,增强支部凝聚力和战斗力。进一步强化思想教育和组织建设,完善内部管理制度,以党建促工建,推进各项社会事业全面发展,为全区经济社会发展营造更加和谐稳定的社会环境。

(新站区财政局供稿　谢红雨)

巢湖市财政工作概述

【概况】2014年,全市完成财政收入27.5亿元,增长1.6%,其中地方收入完成16.72亿元。全市财政支出完成38.59亿元,财政支出中教育、科学技术、文化体育与传媒、社保和就业、医疗卫生与计划生育、节能环保等民生类支出占财政总支出81.5%,为全市社会和谐发展提供有力财力支撑。

【加强收入征管】利用涉税信息网络平台,大力清缴欠款,规范税收秩序。通过对各成员单位报送信息的收集和充分比对,税务部门共补收各项税款200余万元,并根据平台信息提示制定2015年相关税收征管措施。健全非税收入征管网络系统,创新非税收入征管新模式,同时加强对非税收入的分析,对重点非税收入来源适时监控,进一步扩大政府非税收入管理改革面。组织清理行政事业性收费和政府性基金项目,认真贯彻落实中央和省减轻企业、社会负担的各项政策。

【发挥财政职能】加强与上级财政部门的沟通协调,争取各类资金7.34亿元。完成融资或落实融资额度40.58亿元,其中商业银行融资项目8项12.3亿元,棚户区改造项目落实贷款额度23.23亿元,新型城镇化项目落实贷款额度5.08亿元,已投入政府性投资项目的融资资金共计20.2亿元。完善服务企业的长效机制,促进企业自主创新和结构调整,支持国有企业改制,落实小微企业优惠政策,扎实推进"营改增"工作,切实减轻企业税费负担。

【深化财政管理体制改革】一是继续深化预算公开评审和多部门联审工作,建立重点项目审查制度。二是完善全口径预算管理机制,强化预算执行约束机制。2014年,试编国有资本经营预算和2015—2017三年滚动预算。三是继续完善落实财政结余结转资金,提升国库资金调度能力。四是积极调整乡镇财政体制。按照"一级政府,一级财政"的要求,正确处理市乡镇财政分配关系,确保基层正常运转。五是深化国库集中支付制度改革,完善各项配套办法,严格支付方式,规范支付流程,强化预算约束,增强预算执行信息透明度,进一步简化环节,提高财政资金运行效率,增强国库资金调控力度。六是深化投融资体制改革,研究完善投融资工作议事程序,出台《巢湖市投融资管理暂行办法》,整合市属国有企业,重组城镇投资公司,壮大融资平台。

【着力改善民生】全市公共财政用于民生方面的支出达31.45亿元,较上年增加4.83亿元。民生工程实行阳光操作,走进"政风行风热线",进一步加大宣传力度,实现群策群力,管护效果明显。

【支持三农发展】土地治理项目建设高标准农

田0.85万亩,投资1197万元;大力支持实施现代农业产业化培育工程,完成总投资1797.6万元现代农业生产发展资金项目,并顺利通过省级项目绩效考评;深入开展美好乡村建设,有效提高农村公共服务水平,推进农村环境综合整治,改善农村人居环境质量,支持农村公路、桥梁和安全饮水建设。全年拨入专项资金5712.1万元,已支付4164万元;全市实施一事一议财政奖补项目267个,项目完工率100%,市财政共安排奖补资金660万元,人均由2009年的5元提高到10.20元。全年累计投入村级公益事业建设资金达4373.6万元,建立了村民“自选、自建、自管、自用”的新机制。

【推进国有资产管理改革】成立市属国资国企改革领导小组和工作组,制定市属国资国企改革配套政策,主要包括企业改制方式、企业人员安置、企业负责人薪酬、企业改制流程和工作纪律等方面。至2014年12月底,基本完成第一批改革7家企业重组工作,主要包括清产核资、财务收入审计、经济责任审计等工作以及股权划转,资产、资料、人员和业务移交等工作。

【加强财政监督】深入贯彻《财政违法行为处罚处分条例》,加强部门预算的监督检查,确保部门预算不突破。对10个单位预算编制情况、10个单位预算执行情况、10个单位非税收入管理情况进行检查;对3个单位会计信息质量进行检查,并检查3项专项资金使用管理情况,构建财政支出资金安全性、效益性的有效监督机制,提高财政支出管理水平。

(巢湖市财政局供稿　张申旭)

肥东县财政工作概述

【概况】2014年,肥东县财政局紧紧围绕保民生、保增长、促发展总体工作目标,积极履行财政职责,坚持依法理财、深化改革,大力推进财政管理科学化、精细化发展,圆满完成财政收支任务和各项重点工作任务。全县财政收入完成32亿元,同比增长0.7%,财政支出完成44.6亿元。

【转变作风 服务发展】一是坚持不懈打造效能财政。梳理权力清单,编制权力运行流程图,优化资金审核、审批、拨付流程,建立责任追究制度,强化岗位责任;创建服务型财政所(分局),加强服务体系建设,转变服务理念,改进工作作风,提升乡镇财政服务群众能力。二是主动服务助推企业发展。落实财税制度改革,按月受理“营改增”试点企业财政扶持资金申请和拨付,减轻企业资金周转负担,推动“营改增”政策试点稳步实施;壮大县中小企业融资担保公司实力,注册资本扩增至2亿元,为238家企业提供融资担保12.8亿元,担保放大倍数1:4.8,着力解决企业融资难、融资贵问题。三是发挥职能服务城乡发展。完善金融体系,协调10家银行设立营业网点88个,推动肥东农村合作银行成功改制为农村商业银行,建立银行卡助农取款服务点386个,基本实现基础金融服务行政村全覆盖;加大城乡基础设施建设投入,拨付资金25.1亿元,推动撮镇商贸物流开发区路网、店忠路、环巢湖大道、繁华大道东延工程、双桥新村、环巢湖生态示范区建设等重大项目实施;落实一事一议财政奖补政策,引导群众开展以村级水泥断头路连接和村内水泥路延伸为主的项目建设,建成项目169个,城乡生产生活条件得到有力改善。

【厉行节约 改善民生】一是严格“三公”经费管理。实行“三公”经费支出预算总额控制,严把审核报销关,严格接待标准、公务用车“三定”管理和出国(境)经费先行审批制度。2014年,全县党政机关“三公”经费支出同比下降16.1%,其中公务接待费下降22.3%。二是严控会议费差旅费支出。对全县性会议实行“分类管理、定额控制,会后结算、超支不补”的管理制度,有效遏制会议费支出;建立健全出差审批制度,严格控制出差人数和天数,规定交通工具等级、差旅住宿费和伙食补助标准,从源头上控制差旅费支出。当年,全县会议费支出同比下降46.3%,差旅费支出同比下降20.5%。三是着力保障和改善民生。坚持民生为先理念,优化调整支出结构,将新增财力重点投向教育、“三农”、社保、医疗卫生等重点领域。全年13类民生支出完成35.9亿元,占一般公共预算支出的81.4%,同比提高2.4个百分点。投入资金11.2亿元,精心实施40项民生工程,实行“健全机制、强化责任、狠抓推进、打造精品”的管理模式,推动民生工程扎实开展,提前完成年度建设任务;创新民生宣传方式,群众知晓率、满意度大幅提升;积极探索民生工程建后管养政府购买服务机制,推进农村清洁工程、社会养老服务体系、保障性安居工程等民生项目社会化管理;拨付管护资金1400万元,加强民生工程建后管养,确保民生工程效益持久发挥。

【深化改革 精细管理】一是扩大财政预决算公开范围,加强阳光监督。在上年公开37个部门"三公"经费预算的基础上,将公开范围扩大至除涉密单位外的71个部门,同时全面公开全县一般公共预算、政府性基金财政收支预算和部门一般公共预算、政府性基金收支预算;8月份,公开2013年部门决算和"三公"经费决算,自觉接受社会监督。二是深化国库集中支付改革,实现集中支付全覆盖。进一步扩大资金覆盖范围,将政府性基金、乡镇往来户资金纳入集中支付管理,实现预算部门和财政性资金全覆盖;当年,国库集中支付率达84.7%,同比提高63.2百分点;完善工资统发、政府采购平台系统模块建设,实现高效、快捷、安全、规范的国库集中支付程序。三是加强国有资产管理,提高资产使用效益。深化国有企业改制,推进国有资本重组与整合,开展国有资产清查,实行国有资产集中分类经营管理、集中收付、动态监管,实现由管资产向管资本转变,强化对资产配置、使用、处置和产权变动管理;继续规范政府采购管理,创新采购方式,拓宽采购渠道,提高采购效益。全年完成采购预算资金16.5亿元,节约5.2亿元,节约率31.5%。启动政府购买服务工作,支持社会力量承接政府职能转移,探索形成"政府主导、部门负责、社会参与、共同监督"的政府购买服务长效机制。四是积极探索,着力促进财政资金保值增值。科学预测收支流量,通过竞争性谈判,商业银行定期存款、协定存款利率较基准利率上浮10%,实现财政间隙资金保值增值,增加政府利息收入2992万元和社保资金利息收入3574万元。

【加强监督 增强绩效】一是强化财政监督。扩大监督范围,加强财政内部监督、会计质量信息检查,巩固"小金库"专项治理成果,全年组织开展财政专项检查45次,追缴国库收入340万元,促进财政财务工作规范运行。二是加强涉企资金监管。进一步完善涉企系统基础信息,建立涉企资金监控预警制度,规范涉企资金申报和执行,全年纳入涉企系统监管资金4523万元。三是积极开展预算绩效评价工作。规范绩效预算编制,绩效预算编制从2010年的每个预算部门选择1个项目扩展到所有重点项目;绩效评价范围从2010年的5个部门自评项目、2个财政重点评价项目,增加到2014年的每个预算部门选择1个自评项目、12个财政重点评价项目。部门预算支出绩效理念进一步强化,预算编制质量有效提升。

(肥东县财政局供稿 张云)

肥西县财政工作概述

【概况】2014年,全县一般公共预算收入完成55.79亿元,较上年增长11.4%;财政支出完成48.42亿元,同比增长5.8%。

【狠抓增收节支】完善税源平台建设,抓好税源管理,及时掌握收入动态,做好收入分析和重点税源跟踪。财税部门密切配合,定期沟通,合作园区按照序时进行调库。非税收入坚持以票管收,规范票据保管、发放、使用、核销。全县财政总收入和地方财政收入稳居全省第一。严格控制"三公"经费和非生产性开支,"三公"经费在只减不增的基础上得到有效控制。创新预算编制方式,实行全口径、零基预算,设置财政供养人员实名制审核和固定资产实名制审核,杜绝"吃空饷",提高资产使用效率。完善政府预算体系,强化人大预算监督;从严控制预算追加,强化预算编制的刚性。县人大财经工委牵头,对32家单位2015年部门预算申报的50个项目进行公开评审,项目核减率达28.3%,公开评审核定金额直接作为2015年部门预算安排依据。

【推进财政改革】扎实推进预算信息公开,除涉密单位外,县直所有部门2014年度部门预算及"三公"经费预算、2013年决算,全部通过县政府信息公开网、肥西财政信息网或单位门户网站公开。继续推进国库集中支付改革,全县147个预算单位(含教育卫生)、12214人工资性支出全部上线,统一发放项目和发放时间,建立财政供给人员信息和统发工资相一致、工资预算编制与执行结果相一致的管理机制;按照分类指导、便于支出管理的原则,实现国库集中支付全覆盖。加强结余结转资金清理,首次对县直单位年底指标、财政专户资金、国库支付中心实有户资金等结余进行核实清理,累计收回各项资金和指标5.27亿元,进一步盘活存量资金,加大预算统筹安排力度。

【做好民生工程】按照"33+X"的模式,实施43项民生工程(省定28项、市定10项、县定5项),共投入资金13.08亿元(中央及省6.22亿元、市0.82亿元、县级配套6.04亿元)。资金类项目按序时要求,打卡发放或拨付资金5.8亿元;重点优抚对象普惠加优待政策为172名对象补助资金43.8万元;校车运营正常;院前医疗急救体系建设、教师公租房、农村公益性公墓有序实施。全县全年教育、医疗卫生等大民生支出37.3亿元,占财政总支出的77%,比上年提高3.6个百分点。

【规范政府融资】全年融资到位资金33.55亿元,已签未放贷款9.7亿元。桃花工业园经济发展公司二期8亿元债券成功发行,县土地收储中心在全省第一个获得省财政厅核准融资规模卡,批准额度11.3亿元。出台政府债务管理办法,根据债务率、偿债率等相关指标测算,各项指标都在合理范围,全县债务规模总体可控。多层次培育资本市场。7月份,亿帆生物成功借"壳"上市,春都园林、新方舟、联创药业、润生医药在省股权交易中心先后成功挂牌,惠州设计等9家企业进入后备资源库。提标银企对接活动,全年共对接项目243个,总金额15.2亿元。依法加强金融监管,加大对信誉度差、恶意逃废金融债务的企业和个人的惩治力度,努力维护良好的金融生态环境。

【加强财政监督】加强国有资产管理,率先在全市推广应用通用办公设备、家具类资产条形码管理,启动县直单位经营性资产确权发证。对3个乡镇和13家单位的政府性资金进行财政监督,共清理往来款4627.3万元,督促单位落实整改措施52条,整改违规金额420.6万元。加强乡村财政资金监管,在严店乡、官亭镇试点包村干部监管资金,在省财政厅对财政资金监管等两项考评中获得两个一等奖。同时,创建乡镇财政规范化管理示范县工作,获省财政厅通报表彰。

【落实惠农政策】加大惠民政策落实力度,全年累计发放各类补贴资金4.3亿元,涉及粮食补贴、退耕还林、低保、五保等22个大项163个批次,惠及补贴对象达140.4万户(人)次。及时兑现"老字号"补助政策,全年共审核"七老"(老民师、老放映员、老拖拉机手、老村干、老农技员、老兽医、老公路养护员)6302人,发放补助1310.23万元。扎实推进"一事一议"财政奖补项目实施,全县117个村(居)实施村级公益事业一事一议财政奖补,共建设项目119个,涉及27.3万农业人口,总投入6367.65万元(其中:申请各级财政奖补资金达2988万元)。社保水平不断提高,全县80—99周岁老人高龄津贴由300元提高到600元,全县城、乡低保标准分别提至4800元/年、2300元/年,同比增长11.1%、15%。农村五保分散、集中供养标准分别提至2760元/年、7200元/年,同比增长12.2%、42.9%。

(肥西县财政局供稿　周胜)

长丰县财政工作概述

【概况】2014年,面对复杂多变的宏观经济环境和艰巨繁重的改革发展任务,全县各级财政部门在县委、县政府的坚强领导下,认真贯彻落实党的十八大和十八届三中、四中全会精神以及习近平总书记系列重要讲话精神,坚持稳中求进、改革创新,统筹稳增长、促改革、调结构、惠民生、防风险,积极应对挑战,奋力攻坚克难,财政收支运行总体平稳、结构不断优化、质量持续提升。

【财政收支平稳运行】全县财政总收入35.5亿元,同比增长12%,在全省76个县(市)区排名第6位,较上年前进1个位次,增速与经济增速基本同步,增幅保持在合理区间。地方财政收入24.68亿元,同比增长14.9%,其中税收收入占比为93.3%,较上年提高3.7个百分点。全县税收收入完成33.1亿元,同比增长16.6%,占财政收入比重93.3%,较上年提高3.7个百分点,财政收入质量进一步提高。全县财政支出42.1亿元,用于教育、医疗卫生、社会保障和就业、城乡社区事务、农林水事务、保障性住房等13大类民生支出32.5亿元,同口径增长11%,占财政支出比重77.4%,较上年提高1.7个百分点。财政支持改革发展和社会民生等重点支出得到较好保障,促进经济稳定健康发展和社会和谐稳定。

【财政改革成效明显】新一轮县乡财政体制改革设计更加科学,县乡两级财权与事权更加相适,乡镇立足实际发展特色产业的积极性被有效调动,县乡经济社会发展更加均衡。国库集中支付与公务卡改革实现全覆盖，国库集中支付动态监控系统正式上线运行。县本级政府、部门和“三公”经费预决算稳妥公开。启动政府购买服务试点，实施市容社会化等17项购买服务。积极开展部门会商200余次，财政管理的针对性、时效性得到提升。政府权责制报表编制顺利完成。首启预算公开评审制度，涉及28个项目1.7亿元。盘活存量资金1.2亿元，财政资金使用效益显著提升。“三公”经费管控有力，实现同比下降目标。创新涉农资金监管机制，杨庙、造甲两个乡镇先行启动乡镇包村干部监督涉农资金工作。启动全县国有资产专项清查，为防范国资管理过程中的权力寻租和优化公共服务资源配置奠定基础。加强政府性债务管理，年末债务率为52.2%，逾期债务率为2.3%，风险总体可控。

【服务发展措施有力】积极争取政策性资金支持，落实到位一般性转移支付、专项转移支付、上级转贷地方政府债券等17.2亿元。加大土地出让前期资金保障力度，支持土地上市，全年出让经营性用地10宗697亩，实现土地出让金21.7亿元。拓展融资渠道，积极争取政策性贷款，全年融通到位资金13.8亿元。投入2亿元，大力支持土地整治项目实施，有效化解土地要素制约。“营改增”试点范围继续扩大，小微企业优惠政策、“1+3+5”产业扶持政策落到实处，全年减免、补助企业各项扶持资金13.9亿元。增资长丰兴泰小额贷款担保公司资本金0.2亿元，全年累计在担保贷款余额5.4亿元。成功举办2次银企对接活动，促成信贷协议与融资担保0.5亿元。投入重点项目建设资金16.3亿元，支持双凤开发区拓展区、下塘重工业园、庄墓节能产业园建设，支持合水路、合淮路及县乡道路改造升级，支持北城和县城基础设施建设，优化经济投资环境。

【民生保障不断强化】全年投入各级财政资金9.34亿元，实施40项民生工程，政策惠及271.6万人次。投入义务教育保障经费与非义务教育发展资金7.1亿元，同口径比较增长2.5%。发放各类涉农补贴资金3.9亿元，整合各类涉农资金2.5亿元，支持小型农田水利设施提升改造、美好乡村建设、扶贫开发、农业综合开发、“一事一议”奖补等项目顺利实施。投入2.6亿元，基本公共卫生服务、药品零差率补助、城镇居民基本医疗保险、新农合等项目有序实施。投入各类社会保障和就业支出4.2亿元，农村五保供养、城乡居民最低生活保障、生活无着人员社会救助、就业促进、保障性安居工程等进展顺利。投入文化体育与传媒资金0.4亿元，全面拓展公共文化场馆、社区公共文化服务信息平台、全民健身苑、职工书屋、老少活动家园、广播电视“村村通”使用与共享范围，人民群众精神文化生活日益丰富。

【作风建设持续推进】深入开展“为民理财促发展 务实清廉惠民生”为主题的党的群众路线教育实践活动，贯彻落实中央“八项”规定与“三严三实”要求，紧扣财政改革管理需要，集中解决了一批“四风”、“小四风”问题。开展与基层党组织的结对共建，务实推进“结对到贫困村、帮扶到困难户、联系到财政所”，开展“单位包村、干部包户”定点帮扶，推动财政部门深入基层、服务群众常态化。健全与县直预算单位会商机制，基本形成财政部门带动预算单位、预算单位带动资金使用单位的正向规范效应，有效防范财政财务风险、提升预算管理水平。

（长丰县财政局供稿　孙青松）

庐江县财政工作概述

【概况】2014年，庐江县财政收入完成24.45亿元，较上年增长4.8%。其中：地方收入16.22亿元，增长4%；上划中央收入8.23亿元。全县财政支出完成44.45亿元，增长10.5%。

【财政收入稳定增长】在税源调查摸底的基础上，县政府及时将收入目标任务细化分解落实到财税三部门、各镇和园区，实行目标管理。加强组织收入工作领导，县委常委会每月听取财税工作情况汇报，县政府按月分解下达收入任务，实行收入常态化调度。继续将财政税收完成情况列入加强镇四项重点工作和县财税三部门领导责任考核范围，同时对国、地税分局与所在镇实行捆绑考核，严格按季考核兑现奖惩。财税部门坚持以组织收入为中心，依法加强重点行业、重点企业、重点税种和重大项目税收征管，强化税收稽查，促进重点税收稳定增长。深化纳税评估，严密监测重点行业税费变化情况，规范非住房交易税收征管，加强土地增值税管理,堵塞税收漏洞。结合闲置土地专项清理工作,加大欠税企业催报催缴力度,确保土地使用税征收到位。建立集镇房屋开发市场税收常态化征管机制,加大房地产项目税收清算力度,做到应收尽收。强化企业或个人权属等转让税费征管,防止税收流失。严格非税收入"收支两条线"管理,开展专项监督检查,确保非税收入及时入库。

【提升财政保障能力】认真贯彻落实厉行节约反对浪费各项规定,注重从源头上加强支出预算管理,进一步压缩"三公"经费、会议费等一般性支出,严格控制预算追加,加大财政资金整合力度,不断调整支出结构,集中财力保重点、办大事,优先保障和改善民生。加大对教育、社会保障、医疗卫生、农田水利和基础设施建设等重点领域投入力度,支出进度不断加快,资金使用效益稳步提升。全年拨付农业项目资金 1.23 亿元,支持 252 个项目建设;筹集和整合涉农资金 1.8 亿元支持美好乡村建设,其中县财政预算安排专项资金 3150 万元;实施一事一议财政奖补项目 86 个,拨付财政奖补资金 4426 万元;发放财政涉农补贴资金 5 亿元;将高中教职工住房公积金和县级公立医院离退休人员经费纳入财政保障范围,全年拨付资金 2576 万元;落实"老字号"群众生活补助政策,全年发放补助资金 1328 万元;实施城乡公交一体化改革,拨付财政奖补资金 2254 万元;全面化解村级公益性债务,筹集并拨付资金 9107 万元。2014 年社会保障、教育、文化、医疗卫生与计划生育、农林水等支出分别比上年增长 23.8%、11.3%、7%、6.7%和 10.6%。

【加大财政支持经济发展力度】贯彻执行积极财政政策,全面落实各项税费减免,帮助企业减负解困。全年办理企业和民营经济政策性退税、减免税 6843 万元,缓缴、减收社保费 1106 万元,发放企业稳岗补贴等资金 86 万元。贯彻执行省市扶持产业发展政策,整合县财政专项资金,大力支持相关产业发展。全年拨付工业、商贸服务业、外贸出口等企业奖补资金 4382 万元。继续加强县中小企业担保公司建设,增加注册资本金 2862 万元,提高担保能力,支持中小企业融资。县中小企业担保公司全年为 186 户企业提供担保贷款 3.17 亿元,为 579 名下岗再就业人员提供小额担保贷款 3821 万元。支持和鼓励金融机构增设分支机构和服务网点,及时拨付涉农增量贷款等奖补资金 1213 万元;加大金融机构考核力度,严格按考核结果调度财政性资金存放额度,引导金融机构创新服务产品、增加信贷投放。积极支持"营改增"企业加快发展,严格执行"营改增"过渡性财政扶持政策,及时审核拨付财政扶持资金 1190 万元。着力推进重大项目提速提效年活动,多渠道筹集资金 10.29 亿元,用于庐城基础设施、县经济开发区、二军路和合铜路改造等重点工程建设。支持生态文明建设,全年拨付资金 1727 万元,支持实施省千万亩森林增长工程和全县植树造林工程;拨付秸秆禁烧奖补资金 3521 万元,支持秸秆禁烧治理;拨付专项补助资金 2241 万元,用于"三线三边"农村环境综合整治、水源地保护和重点河流环境治理。

【推进民生工程】进一步完善县委县政府主要负责人调度制、分工县干联系制,强化责任落实和工作推进,建立健全月度计划制、会商调度制、工作落实制、责任追究制和绩效评价制等五项工作机制。落实民生工程宣传包保责任制,拓宽民生工程宣传渠道,多形式开展民生工程集中宣传和单项宣传。探索解决民生工程重建轻管问题,选择五保户供养对象长期护理、育龄妇女"两癌"筛查等 10 个项目开展政府购买服务试点工作,推进民生工程长久发挥效益。加强民生工程督查和绩效评价,围绕任务完成、社情民调、后期管养等工作目标,实行政府职能部门和社会中介力量相结合,深入开展民生工程全过程绩效评价。全年实施 45 项民生工程,投入资金 12.35 亿元,较上年增加 1.05 亿元,其中县财政配套 2.43 亿元,较上年增加 2269 万元。

【规范理财行为】全面推进全口径预算管理,不断深化部门预算改革,修订完善《庐江县县级预算管理办法》,严格按经济科目分类细化"三公"经费支出和项目支出编制部门预算,试编政府购买服务预算。着力加强财政预算管理,出台定点接待和差旅费等 7 个专项管理办法,规范一般性支出行为。全县"三公"经费支出较上年下降 36.6%。积极盘活各类存量资金,建立财政结转结余资金管理动态监管机制,全面分类清理收回财政专户结余、单位支出户结转结余资金。稳步推进预决算信息公开,县直所有使用财政拨款的单位部门预决算、"三公"经费预决算以及县级汇总"三公"经费预决算和县级财政预决算已分别向社会公开。深化国库集中收付制度改革，拓展国库集中支付资金范围，自7月1日起将财政专项资金纳入平台一体化系统管理，实现县镇两级预算单位和财政性资金集中支付“两个全覆盖”。积极开展政府购买服务工作，遴选中小学校园安保、庐城城区清扫保洁、校车运营等18个项目实施政府购买服务。出台政府性债务管理办法，严格执行债务举借审批制度，健全政府性债务长效管理机制，防范债务风险。组织对全县政府性存量债务进行清理甄别。扎实开展乡镇财政资金监管工作，将财政涉农资金监管纳入镇包村干部责任范围，充分发挥镇包村干部一线监管、一线服务的作用。加强财政监督检查，组织对3个县直单位和2家民营企业的会计信息质量、4个镇“一事一议”项目资金使用、4个单位预算执行情况开展监督检查，对12项财政专项资金使用管理开展绩效评价，对查出的问题，下发处理意见，限期整改到位。

（庐江县财政局供稿　张寿良）

合肥巢湖经济开发区财政工作概述

【概况】2014年，全区财政总收入完成4.3亿元，同比增长7.39%，占预算的95.62%。其中，地方财政收入完成2.79亿元，同比增长12.61%，占预算的102.2%。支出完成5.9亿元，占预算164.43%，同比增长76%。

【财政收入稳定增长】一是加强部门联动，强化征管措施。细化分解收入任务，落实责任目标，健全财税收入增长预测分析机制，主动配合地税、国税部门，加大对重点行业及重点税源的跟踪监测力度，及时组织相关收入入库。二是坚持联席制度，认真开展协税护税工作。建立财税工作调度会机制，积极发挥财政补贴、开工项目等信息管税作用，及时将信息传送给税务部门跟踪落实。三是严格目标管理，加强收入组织调度。及时将任务分解至各部门，督促、协调各部门完成收入目标，同时按日通报收入进度，实行收入月预报制度，及时测算掌握收入进度和缺口。

【支持经济社会发展】全年共争取上级资金5.67亿元，配合平台融资6.33亿元，为区经济社会发展提供有力的资金支撑。一是严格预算执行。对各单位支出预算执行和绩效目标实现进行督促检查并进行考核，考核结果作为编制下年度财政预算的依据。对年内确定不能支付的项目，一律收回用于平衡财力，充分提高财政资金的使用效益。二是积极调整支出结构。严控一般性经费支出，资金投入向基本建设、支持经济发展倾斜，重点支出保障有力。三是规范拨款程序。最大限度地减少中间环节，提高资金支付效率。

【全力推进民生工程】当年区民生工程共六项，其中继续实施保障性安居工程、省级职工书屋标准化建设两项，新增就业促进工程、惠民菜篮子工程、计生特别扶助、公共文化服务信息化建设等四项。一是实行目标责任制，通过任务分解，层层落实到位，确保各项工程有计划有步骤实施。二是深入民生工程现场，搞好协调服务，掌握工程进展动态，及时研究、认真解决工作推进中出现的问题和矛盾。三是按月召开民生工程推进会，通报进展情况。四是强化宣传力度，于7月份在合巢经开区管委会网站首页设立民生工程专栏，并与市民生工程网进行衔接，对民生工程内容进行公开公示。全年共争取上级补助资金3838万元用于城市棚户区项目，当年已开工建设3052套，完成年度开工计划100%。建成西山社区电子书屋并投入使用，同时建成省级标准化职工书屋6家。完成1200名人员职业技能培训，发放培训补助130万元。对10人发放计划生育家庭特别扶助资金。

【严格“三公”经费管理】一是加强预算约束，大力控制源头。在编制2014年部门预算时，将支出预算细化到经济科目，以上年“三公”支出决算数为控制数，在不超过上年的基础上科学、合理地安排“三公”支出预算，明确支出的金额和标准，做到有据可循。预算执行中加大“三公”支出经费的审核力度，通过强化预算约束，真正做到从资金源头上釜底抽薪，控制“三公”支出规模。二是完善制度建设，强化内部管理。结合省市文件精神，修订《合巢经开区经费报销管理细则》，转发《合肥市市直单位接待经费管理暂行办法》《合肥市市直机关差旅费管理办法》等相关制度，严格按照制度审批经费支出。三是加强日常监管，建立预警机制。在严把财务审核关的基础上，按月对各单位的“三公”

经费支出项目进行同比或者环比分析，按照年初预算严控各单位“三公”支出，建立预警系统，对“三公”经费支出较大的单位，及时提出预警。

【规范政府债务管理】一是规范新增债务举借。新增债务严格按照《安徽省财政厅关于加强政府性债务审批管理的通知》(财债〔2013〕2469号)文件要求进行申报，办理完毕汤下山庄安置小区二期项目、半汤旧城改造项目和标准厂房二期项目的审批卡工作。二是落实还款机制。根据年初编制的2014年度还本付息计划，每月初明确当月需归还的本金、支付的利息以及还款来源，确保债务单位切实承担起偿债责任，维护政府信用。三是做好贷后管理工作。按月对借款单位财务报表进行检查，明确支出资金的去向，督促借款单位按照借款合同合理使用贷款资金。

【提高财政管理能力】一是建立透明预算制度。进一步推进预决算信息公开，4月底完成2014年财政预算公开工作，8月底完成2013年度财政决算公开工作，有利于社会公众监督，促进依法理财、科学决策。二是试编权责发生制政府综合财务报告。成立试编工作领导小组，制定工作方案，并于7月底完成。三是全力推进平台一体化平台建设。围绕财政改革和管理中的重点性工作，以数据综合分析利用为主要着力点，按照“以平台为基础，先集中数据，再分析利用”的总体思路，为财政管理和决策提供及时、准确的决策支持。四是扩大财政直接支付范围。认真梳理所有财政性资金账户，扩大财政国库集中支付改革范围和规模；不断提高资金的支付效率、使用效益和透明度。

【提升政府采购服务】正式启用区财政一体化平台政府采购模块，政府采购指标下发、采购计划申报、资产管理审核、采购任务下达、政府采购资金的拨付全部实现网上运行，简化采购运作程序，促进政府采购工作更加规范、高效、便利。当年政府采购共完成53笔，预算金额为176.91万元，实际支付174.07万元，占全年政府采购预算43.39%。节约资金2.80万元，节约率达1.60%。

【全面开展群众路线活动】按照开发区党工委的要求，研究制定具体活动方案，力求将教育实践活动落到实处取得实效。一是强化学习，提高认识。制定严格的学习计划，详细记录会议内容，全体党员干部通过联系实际学、带着问题学，领会教育实践活动的重大意义，提高认识，真正做到入脑入心。二是强化宣传，营造氛围。积极向市财政局、开发区门户网站以及群众路线活动办报送群众路线动态信息，并结合“三线三边”工作，积极做好西山社区、汤山行政村的美化工作，将群众路线教育实践活动推向深入。三是强化措施，广征意见。广泛征求管委会所属各单位、区内企业、财政所的意见和建议，并开展领导间谈心谈话活动，将“四风”问题作为听取意见的重点内容，明确改进方式，撰写自查报告，确保教育实践活动不走过场、取得实效。

(合巢经开区财政局供稿　刘燚)

淮北市财政工作概况

淮北市财政工作综述

【概况】2014年,全市财政总收入完成91.35亿元,完成预期的95.1%,同比下降1.8%,其中地方公共预算收入完成52.81亿元,同比增长4.2%。公共预算支出完成114.58亿元,同比增长5.4%。

【促进经济发展】大力支持实体经济发展,落实各项扶持政策,直接为困难企业减缓保费等11.24亿元,发放稳岗和技能培训补贴4814万元,减轻企业负担1.46亿元,兑现"营改增"财政政策补贴6929万元;整合各级扶持民营经济发展专项资金1.5亿元,拨付担保费补贴、助保金和小额贷款贴息资金1.26亿元,新增担保贷款8.4亿元,有效缓解中小企业融资难、融资贵问题。大力推进产业结构优化升级,统筹资金9.3亿元,推进主导产业、战略性新兴产业、现代服务业发展,支持企业淘汰落后产能。注入资金11.2亿元,做大做强建投、交投、临投、水投、南投等融资平台公司,有力支持"九个一工程"建设,启动高铁建设项目;完善激励机制,引导金融机构扩大信贷投放规模,全市金融机构贷款余额达到664.2亿元,促进全市经济社会的发展。

【改善民计民生】坚持民生优先,全市民生支出92.5亿元,比上年增长3.6%,占财政总支出80.7%。直接投入34项民生工程资金29.1亿元,其中,投入2.5亿元,促进教育事业均衡发展;投入4.4亿元,健全完善社会保障体系;投入8.1亿元,不断增强人民群众医疗保障能力;投入9.9亿元,推进保障性住房建设和农村危房改造。同时,投入管养经费4609万元,建立民生工程建后管养机制,民生工程实施工作继续保持全省前列。坚持雪中送炭,整合投入3600万元,支持县区加快渔民上岸安居工程建设、解决 老字号 群体生活困难问题;"一卡通"发放惠农补贴4.74亿元,人均受益387元。投入6000多万元,推进秸秆禁烧与综合利用。投入8000万元,进行老濉河、相阳沟整治。整合引导各类资金4.4亿元,全力支持美好乡村建设。争取专项资金5175万元,支持农村承包土地确权登记颁证试点工作,实施 一事一议"财政奖补项目178个,农村基础设施得到进一步改善。

【推进改革创新】调整市与三区、市开发区、临涣工业园区财政管理体制,理顺市区财政分配关系,有效调动区级发展经济、科学理财的积极性。加快推进预算信息公开,按时全面公开全市327家预算单位预决算和"三公"经费信息,实现预算信息公开全覆盖。加强财政结余结转资金管理,实行存量资金定期清理制度,当年清理收回结余结转资金2.3亿元。加强社保基金管理,全市社保基金综合收益率达到4.7%,在全省领先。强化"三公"经费管理,完善定期通报制度,全市"三公"经费同比下降20%,市本级"三公"经费同比下降23.4%。认真学习贯彻新《预算法》等法规政策,推行"开门办预算",对10家市直预算单位的所有项目进行公开评审,提高预算编制的科学性和透明度。积极推进政府购买服务改革,安排预算资金1.08亿元,首批试点实施公共自行车、公益性岗位等11个项目,收到良好的社会效果。

【加强财政管理】创新综合治税模式,推行税收社会化征管试点,努力稳增收提质量,税收收入占全市财政总收入的比重达90%,收入结构日趋合理。认真落实《安徽省预算审查监督条例》,坚持“三保一突出”,不断优化支出结构,预算追加资金同比下降21%。深入推进国库集中支付改革,强制推进公务卡结算,市本级提现3128万元,同比下降42%。扎实开展预算绩效评价工作,对美好乡村、县乡公路升级建设等7大项目实施绩效评价。建立涉企资金管理平台,实现涉企项目网上申报、审核、审批。认真落实国务院《关于加强地方政府性债务管理的意见》,严格政府性债务管理,出台《淮北市人民政府关于加强地方政府性债务管理的实施意见》,编制政府债务收支计划,设立偿债准备金,全面清理甄别政府存量债务,开展债务风险预警监测,有效防范政府债务风险。组织完成“小金库”治理、“三公”经费检查、财政资金管理和行政性收费等专项检查和整治工作。同时,主动落实审计整改意见,建立联系人大代表、政协委员制度,认真办理人大议案、政协提案,自觉接受人大、政协监督指导,进一步推进依法理财。

【转变财政作风】积极开展党的群众路线教育实践活动,局党组高度重视,摆上重要议事日程,把开展活动与“下基层”、“进社区”、“入企业”等结合起来,坚持把“为民务实清廉”的要求全面融入到各项财政工作中,强化教育学习,广泛征求意见,聚焦“四风”问题,坚持边查边改。严格执行中央八项规定和省市若干要求,制定22条实施意见,大力精简会议和文件,从严控制公务接待、公车运行等活动,各项规定得到全面贯彻落实。继续加大部门会商,切实解决问题。全市财政系统共会商3546次,为服务对象解决问题3474个。健全完善内控机制,扎实开展对重要岗位、关键环节、重大事项的风险防控工作,大力推进财政系统政风行风建设,签订党风廉政责任书和廉政承诺书,制定财政干部“十不准”规定,对财政系统日常工作进行综合巡查、重点工作专项督查、热点问题跟踪检查,确保把党风廉政建设和行风建设落到实处。

(淮北市财政局供稿 郝朝华)

相山区财政工作概述

【概况】2014年,全区财政总收入完成11.72亿元,比上年增收1.68亿元,同比增长16.7%。全区财政支出完成8.92亿元,比上年增支0.16亿元,同比增长1.9%。

【强化收入征管】在渠沟镇实行分税制,在凤凰山开发区实行独立的财政体制,调动镇和开发区积极性,当年渠沟镇税收增长33%,凤凰山开发区税收增长37.7%。全面推行税源社会化管理,积极整合社会资源,将沿街门面房出租纳入税收正常征管范围,全年组织经营性用房税收388万元。全面清理辖区内建筑业、房地产业270户,清理土地使用税73户,全年清欠税款7500万元。财税部门强化沟通协调,创新征管方式,加强稽查管理,做到应收尽收。区级财政收入增长16.7%,其中税收收入占区级财政收入的比重达到95%。

【加强财政管理】认真落实《安徽省预算审查监督条例》,坚持“三保一突出”,预算追加资金同比下降21%;深入推进国库集中支付改革,实现国库支付平台全覆盖,全面推行公务卡结算,现金使用量同比下降86%;财政一体化平台资金流量达到19841万元,国库集中支付预算年终节省计划资金2687万元;严格政府性债务管理,全面清理甄别政府存量债务,开展债务风险预警监测,有效防范政府性债务风险。强化“三公”经费管理,全面公开全区41家预算单位预决算和“三公”经费信息,全区“三公”经费比上年下降42.7%。积极推进政府购买服务改革,安排预算资金3573万元,通过购买服务方式实现环境卫生、农村清洁工程、送戏下乡等项目市场化运作,收到良好的社会效果。

【推进民生工程】坚持民生优先,全区民生支出6.73亿元,比上年增长8.9%,占财政总支出的75.4%。直接投入34项民生工程资金6.2亿元,其中:投入1.43万元,促进教育事业均衡发展;投入1.86亿元,健全完善社会保障体系;投入6177万元,改善医疗保障能力;投入1.63亿元,推进保障性住房建设和农村危房改造。同时,工程类项目全部制定建后管养办法,投入管养经费1048万元。发放惠农政策性补贴2590万元,人均受益1508

元。投入366万元，完成秸秆禁烧与综合利用任务。整合各类资金2110万元,全力支持美好乡村建设。争取资金309万元,实施“一事一议”财政奖补项目7个,农村基础设施得到进一步改善。2014年度再次获得全市“民生工程目标管理先进县(区)”称号。

【支持服务企业】大力支持实体经济发展,落实各项涉企优惠政策。兑现“营改增”财政政策补贴71万元;争取扶持民营经济发展专项资金3600万元;发放小额和担保贷款4.71亿元;搭建政银企对接平台,协助企业融资3.2亿元。有效缓解中小企业融资难、融资贵问题。区财政2014年预算安排1000万元工业发展专项资金、500万元服务业发展引导资金,700万元科技三项经费，加大对企业技术创新和项目支持；继续对开发区企业缴纳城镇建设土地使用税按50%比例进行奖励;全年为企业争取各类政策性资金5194万元;有力促进全区经济社会发展。

【强化队伍建设】坚持“德才兼备”原则,全面推进财政队伍建设，切实提高财政干部的依法理财、科学管理、勤政为民能力。一是加强思想建设。把深入学习贯彻党的十八大和十八届三中、四中全会精神作为思想建设的首要任务，把思想和行动统一到党的十八大和十八届三中、四中全会和省、市财政工作会议精神上来,切实做到班子、队伍政治思想统一,工作步调一致。二是加强作风建设。全面落实各级关于改进工作作风的有关规定,在改进作风、密切联系群众上做到“为民、务实、清廉”。开展好“党的群众路线教育实践活动”,努力提升财政工作效能。三是加强廉政建设。开展正反两方面典型教育,充分发挥引导、警示作用,筑牢拒腐防变的思想道德防线。坚持“一岗双责”,严格落实党风廉政责任制,加大风险防控检查力度,着力构建教育、制度、监督并重的惩防体系。四是加强文化建设。开展好财政新闻宣传工作,宣传财政政策、成绩、亮点及改革举措与成效。开展文明创建活动,构建和谐环境,激发工作动力,以财政文化提升财政形象。

(相山区财政局供稿　徐梅)

杜集区财政工作概述

【概况】2014年，全区地方财政收入累计完成31.49亿元,同比增长13%,完成预算的108.6%,其中税收收入完成2.39亿,增长14.4%,占财政收入的比重为76%。全区财政公共预算支出7.78亿元,基金预算支出916万元，区本级公共财政支出6.75亿元,同比增长4%。

【积极组织财政收入】狠抓组织收入工作,积极创新举措,努力克服不利因素影响,主动应对,大力挖潜增收。一是加强经济形势研判。关注经济发展动向,科学分析应对,定期调研会商,全面掌握全区经济运行态势,增强前瞻性,提高应对新情况、新问题、新趋向的针对性和有效性。二是狠抓财政收入征管。严格税收政策,坚持依法治税,强化和完善各项征管措施,突出重点税源,摸排新增税源,盯紧零散税源,加强税收稽查、催缴和清欠力度，重大项目建设实行过程跟踪，确保应收尽收。三是落实收入目标管理。加强财税日常工作协调,坚持财税收入定期分析、定期通报,强化措施促增收。非税收入“以票管收、源头控收”,确保各项收入均衡足额入库。通过努力,完成年度预算收入任务。

【大力支持经济发展】充分发挥财政资金的“杠杆”作用,盘活财政资金,加大政策引导和资金支持力度,调整产业结构,扶持企业发展,推动区域经济转型升级。积极搭建政、担、银、企合作平台，投入2000万元设立企业批量授信风险资金池,解决中小企业融资难题;注资3720万元扶持担保公司提供担保贷款，为辖区35家企业提供1.85亿元贷款担保，贯彻落实扶持民营经济发展的意见,落实结构性减税政策,着力支持主导产业和重点企业，助推民营企业，发展战略性新兴产业,促进区域经济健康发展,增强财源后劲。

【加强财政预算管理】坚持保工资、保运转、保民生、促发展的原则,加强财政资金统筹调度。认真落实中央“八项规定”,严格执行“三公”经费管理办法,调整和优化支出结构,严控一般性行政支出,确保教育、社会保障和就业、医疗卫生、农林水事务等民生支出需要。一是强化预算执行管理。加强预算支出执行管理,严格遵循预算安排,按计划和进度拨款,定期分析预算执行状况,会商督促预算执行,跟踪预算后续执行进展,督促加快项目审核和资金拨付,减少资金滞留,控制结余结转资金,确保资金安全和效益。二是严控“三公”经费支出。认真落实中央八项规定和党政机关厉行节约有关要求,执行公务接待、差旅费、公务用车等管理办法,从严控制一般性支出,“三公”经费支出每月统计、每季公开,接受社会各界监督。三是强化绩效管理。按照“花钱要有效,用钱要负责”的要求,规范财政项目和资金审批,特别是对政府重大投资项目、涉农资金、民生工程资金等,按照 预算编制有目标、预算执行有监控、项目完成有评价、评价结果有反馈、反馈结果有运用 的预算绩效管理模式,贯穿预算编制、执行、监督全过程,严格财政资金运行动态监管,提高预算执行质量。

【持续改善民计民生】全面贯彻落实群众路线,积极兑现惠民政策,畅通服务群众“最后一公里”。全年民生支出 6.5 亿元,占财政总支出的 83%。其中,投入教育事业 1.75 亿元、社会保障 1.85 亿元、卫生事业 6787 万元。按省市统一部署,投入 228.8 万元,解决了“老字号”生活困难问题。通过“一卡通”发放惠农补贴 4424 万元,直接投入 26 项民生工程 3.85 亿元,其中,投入 93.6 万元完成 50 户农村危房改造;投入 150 万元建成 11 所社会养老服务机构;投入 942 万元解决段园地区 1.84 万人饮水安全问题;投入 2.8 亿元建设公租房、棚户区改造 2480 套,民生工程实施工作继续保持全市前列。

【统筹推进城乡发展】整合资金、资源,不断加大财政支农惠农力度,改善农村生产生活条件。累计发放粮食直补、综合补贴等 18 项涉农补贴资金 4424 万元,受益农民 3 万多户。巩固提升南山、大庄等 4 个中心村美好乡村建设成果,新增建设双楼村,大庄村 段园葡萄 通过国家地理标志产品保护评审,南山村荣获“全省特色景观旅游名村”称号,树立美好乡村新形象。组织实施一事一议财政奖补项目,投资 1056 万元,建成太阳能路灯、道路及下水道等 20 个农村公益项目。认真组织实施政策性农业保险,种植业参保 11.51 万亩,养殖业投保能繁母猪 2378 头,兑现理赔资金 67 万元,不断提高农业风险保障水平。

【激发财政体制活力】启动开发区财政管理体制改革,为提升园区规模和承载力提供财力保障。出台投融资体制改革方案,进一步完善本区投融资管理体制。实行全口径预算管理,积极推行开门办预算,提高预算科学性和约束力。加大公务卡结算使用率,全面实行国库集中支付。主动公开预决算及“三公”经费信息,接受社会各界监督。积极推行政府购买服务,通过市场化运营等方式加强民生项目建后管养,推动项目长效运行。

(杜集区财政局供稿 朱杰)

烈山区财政工作概述

【概况】2014 年,全区财政总收入完成 6.07 亿元,较上年增收 9540 万元,同比增长 18.7%。地方财政收入完成 3.04 亿元,较上年增收 4438 万元,同比增长 17.1%。坚持以保障民生为重点,进一步调整和优化财政支出结构,增加公共财政对社会事业投入,全年完成支出 8.52 亿元。

【壮大地方财政实力】一是强化税收征管。以组织收入为中心,积极采取有效措施,对重点项目实行跟踪服务,完善了收入监控机制,依法强化收入征管,不断做大财政“蛋糕”。二是健全财政收入稳定增长长效机制。密切跟踪财税政策调整动向,不断加强部门之间的协调配合,认真做好税源调查和收入分析工作,创新征管方式,细化征管措施,依法加强税收征管。三是强化资金争取。加大协调力度,多渠道争取资金,全年共争取资金 6586 万元,超额完成全年目标任务。

【统筹优化财政支出】一是优化刚性支出,助推“三农”建设。加大对五保供养、粮食直补、综补、退耕还林等财政保障力度,扎实推进 16 项涉农补贴,严格实行“农民补贴一折通”制度,全年落实涉农补贴资金 6124 万元。落实惠农资金 4455 万元。争取并实施一事一议财政奖补项目 16 个,总投资 630 万元。组织实施在建、新建农业综合开发项目 5 个,投入项目资金 2600 万元。二是多措并举,增添民生工程新活力。坚持建机制、补短板、兜底线,以实施重大民生工程为依托,创新“五有 +1”的工作机制,切实保障和改善民生。做到工作机制健全,项目推进有力,建后管养增强,宣传形式多样。全区民生领域支出6.3亿元,同比增长7%,25项民生工程逐项落实到位,实施成效明显。积极强化财政职能,加强资金筹措,严格资金监管,健全资金拨付"绿色通道",全年投入资金2.56亿元,其中区级配套3617.07万元。

【助推农村综合改革】一是坚持上下联动,整合资源软实力。自工作开展以来,烈山区坚持高位推进,动员部署,明确分工,全区形成齐抓共管的工作格局。二是强化推进力度,改革实效显著。通过倒排工作计划,强化主体责任,形成了横向到边、纵向到底的责任体系。三是创新工作机制,多措并举推进工作,农村综改工作取得阶段性成效。在土地确权方面,全区外业测绘任务基本完成,施工项目招标工作已经结束。在新型经营主体发展方面,全区建成国家级龙头企业1家、省级龙头企业4家、市级龙头企业28家,发展各类农民专业合作组织157家、家庭农场52家。小型农田水利工程体制改革顺利实施,各镇试点行政村开展"两证一书"体制改革工作成绩凸显。在建立农村集体"三资"管理方面,制定农村集体三资管理实施方案,重新建立资金、资产和资源三套台账,实行动态管理;在后续管养方面,重抓监督问责,倾力提高资金保障,切实保护农民利益,先行先试,逐步实现以城带乡、以工促农、城乡互动的新型城乡关系。

【夯实财政发展根基】一是从严从实,打造阳光财政。自开展党的群众路线教育实践活动后,财政局党组高度重视,精心组织、聚焦"四风问题",边查边改,贯彻落实中央"八项规定",推进厉行节约反对浪费制度建设,相继出台党政机关厉行节约反对浪费、差旅费管理、公务接待经费管理等一系列规章制度。二是推进"三公"经费预算编制,强化支出管理,大力压缩"三公经费"支出,降低行政运行成本。三是加强涉企项目资金管理。成立领导小组,健全工作推进机制,细化分解落实任务,倒排工作时序,按时完成涉企历史数据录入工作。四是严格财政监督。贯彻落实"预算编制、预算执行、绩效评价、监督检查"四位一体的财政管理新机制,坚持定期开展财政执法检查,实施跟踪问效,确保财政资金安全运行。

【紧抓财政队伍建设】一是狠抓机关理论学习。坚持每周开展一次集中学习,不断提高干部队伍的政治理论水平、业务水平和科学决策水平。二是落实党风廉政建设。贯彻学习廉政会议精神,严格执行党风廉政建设目标责任制,认真开展廉政风险防控管理工作回头看。三是强化机关作风建设。实行政务公开,设置意见箱和监督电话,主动接受群众监督。健全财政局工作人员行为规范,用制度管人管事。

(烈山区财政局供稿 吴晓梅)

濉溪县财政工作概述

【概况】2014年,濉溪县财政总收入完成26.36亿元,同比增长8.1%,其中地方收入完成14.22亿元,同比增长8.7%。全县财政支出41.70亿元,同比增长15.2%。

【服务经济发展举措有力】加大对园区投入,筹措资金1亿元支持园区建设,提升园区承载能力。统筹各类促进经济发展资金1.90亿元,支持重点项目建设。加快融资担保体系建设,追加县金茂担保公司和金福达担保公司资本金3552万元,为52户企业提供贷款担保3.38亿元,有效缓解企业融资难题。落实减税清费政策,兑现"营改增"过渡期财政扶持资金402万元。取消、免征、缓征行政事业性收费和政府性基金8项,减轻企业负担1350万元。优化企业融资环境,推进政府性资金"以存促贷",引导金融机构增加信贷投放,全县贷款余额突破138亿元,同比增长28.9%。

【财政保障能力不断增强】财政收入稳定增长,全县财政收入跨上26亿新台阶,总量在全省二类县排名第二位。财政收入质量进一步提高,全县税收收入25.45亿元,增长14.4%,高于财政收入增幅6个百分点,占财政收入比重96.5%,比上年提高5.3个百分点。财政支出有保有压,全县财政支出41.70亿元,超过全县财政收入15.34亿元,重点财政支出得到保障。强化"三公"经费管理,完善定期通报制度,全县"三公"经费支出同比下降15.9%。

【民生民计持续得到改善】坚持民生优先,全县民生支出37.6亿元,比上年增长19.7%,财政民生支出占财政总支出的90.1%。直接投入33项民生工程资金12.72亿元,民生工程工作继续保持全省前列。创新民生工程建后管养机制,其中农村安全饮水建后管养新模式被各界高度认可。投入2.91亿元,推进保障性住房和农村危房改造。按政策兑现老村干、老民师等七类“老字号”群体生活补助1572万元。投入3498万元,推进秸秆禁烧与综合利用。增加投入,新增惠民公共自行车网点8个。支持小老板培育工程,发放小额担保贷款1820笔计9980万元,促进创业带动就业。安排4.76亿元,推进义务教育均衡发展。安排3.66亿元,支持医疗卫生与计生事业发展。安排0.12亿元,支持文化体育事业发展。

【城乡统筹发展步伐加快】推进现代农业发展,投入15250万元,支持农田水利建设。投入2094万元,用于土地整治和高标准良田建设。拨付资金627万元,支持蔬菜基地、土地规模流转和农业产业化龙头企业发展。加大环保建设资金投入力度,支持生态环境建设。安排美好乡村、“三线三边”专项资金1亿元,重点支持省级中心村和“千万亩森林增长工程”等项目建设。落实强农惠农政策,通过“一卡通”及时发放涉农补贴资金3.54亿元,全县农业人口人均受益近400元。投入一事一议财政奖补资金4687万元,建成138个村级公益事业项目。兑现政策性农业保险灾损理赔资金1760万元,增强农业抗风险能力。

【财政重点改革创新突破】推进预算信息公开,按时全面公开县本级、预算单位预决算和“三公”经费信息,实现预算信息公开全覆盖。规范政府性债务管理,制定出台政府性债务管理意见,清理、甄别政府存量债务32.83亿元,实施债务审批制度,严格债务举借程序,防范政府债务风险。加强财政存量资金清理,制定工作方案,对财政资金、部门资金进行逐笔清理,按规定将历年结转结余资金2.66亿元调入预算统筹安排,弥补资金缺口。加大国库集中支付和公务卡结算改革力度,县直、镇(园区)国库集中支付和公务卡结算实现提标扩面。加强国库集中支付动态监控,确保资金支付安全。组织完成贯彻中央“八项规定”、严肃财经纪律、“小金库”治理和涉农涉企资金等专项检查工作。

(濉溪县财政局供稿　肖建生)

亳州市财政工作概况

亳州市财政工作综述

【概况】2014年,在市委市政府坚强领导下,亳州市财政工作紧紧围绕全年任务目标,坚持改革创新,推进依法管理,积极主动作为,强化保障服务,圆满完成各项任务,财政工作取得新进展。

【财政收支平稳增长】积极应对经济下行和结构性减税双重压力,一方面加强预算执行情况分析和收入调度,积极挖潜增收,确保地方收入预算完成;另一方面加强支出管理,不断提高支出的及时性、有效性、均衡性、安全性,努力实现财政收支预算任务。全市财政总收入完成115.7亿元,同比增长11.8%。收入增幅居全省第7位、总量居全省第12位。其中:地方收入完成72.7亿元,为预算的101.5%,增长12.9%。全市财政支出完成229.2亿元,增长11%。农林水、社保和就业、医疗卫生、城乡社区事务、节能环保支出分别增长8.6%、4.6%、9.1%、62.4%、53.2%。市本级财政总收入完成35.6亿元,比上年增加2.8亿元,增长8.6%,其中:地方财政收入完成15.9亿元,增长3.2%。市本级财政支出完成39.9亿元,比上年增加9.5亿元,增长31.2%。

【服务发展积极作为】围绕中心,强化服务,保障能力不断提升。加强融资促发展。市本级完成融资40亿元,其中争取地方债券2.9亿元、棚户区改造贷款5.8亿元,保障政府投资项目。集中财力促发展。统筹安排7000万元扶持十大产业发展。扶持企业促发展。积极推进"营改增"扩围,落实结构性减税政策,全市兑现"营改增"财政扶持补贴3.83亿元,推进企业转型升级;发挥财政资金杠杆作用,新注入担保资金2.03亿元,为中小企业担保贷款45.3亿元,缓解企业贷款难。加强保障促发展。拨付3.5亿元扶持3个园区建设,促进企业项目入园建设。投入1.47亿元支持职业教育、亳州师专升本,投入1.03亿元完善医疗卫生设施,投入1.4亿元用于城区改造,进一步完善基础设施建设。

【保障民生力度加大】持续增加民生投入。全市民生支出完成183.9亿元,增长8.3%,占财政支出的80.8%。着力实施民生工程。投入107亿元实施32项民生工程,增长33.2%,年度目标任务全部完成。大力支持教育事业。全市教育投入39.8亿元,占GDP的4.7%,有力促进教育均衡发展。着力保障困难群众生活。投入32亿元建设保障房,筹资7783.6万元落实"老字号"政策、实施渔民上岸工程。全面落实惠农政策。通过"一卡通"打卡发放惠农补贴16.62亿元,人均受益406元;投入1.54亿元开展政策性农业保险,兑现理赔8543.4万元。积极推进城乡统筹发展。筹集2.99亿元实施"一事一议"项目937个;投资1.06亿元实施8个农业综合开发项目,治理土地8.2万亩;投入1.76亿元用于秸秆综合利用奖补;投入2.7亿元支持美好乡村建设,农村生产生活条件进一步改善。

【财政改革深入推进】积极主动推进改革,承担的16项市重点改革和6项部门重点改革年度任务全面完成,改革红利充分释放。财政预决算信息全面公开,部门预决算和财政拨款的"三公"经费,分别于4月底和8月底全面公开。盘活资金资产扎实推进,建立结转结余资金定期清理机制,清理结转结余资金1.5亿元。开展国库现金、社保基金保值增值运作,市本级4.3亿元社保基金实行竞争性存储。加强国有资产资源有偿使用收入管理,实现收入1.98亿元,增长39.2%。县区“三清三集中”取得成效,共撤并账户369个,清理资金6.29亿元、房产674.6万平方米、土地2.63万亩。政府购买服务取得实质进展,实施项目53个,涉及资金1.6亿元。政府债务管理不断加强,严格举债审批,规范债务投向,加强债务风险防控,建立以债务率、偿债率、逾期债务率为指标的政府性债务风险防控体系。建立政府债务月度分析和融资平台债务资金周报制度,全年调度资金38亿元,促进政府性资金合理高效使用。全面开展清理甄别,为争取债券额度打下坚实基础。改革项目资金分配办法,项目申报实行公开公平竞争。建立企业项目库,完善涉企信息管理,加强项目申报企业信息审核比对,防止企业项目多头申报,提高资金分配公正性。

【管理机制不断完善】预算管理全面加强。实现四项预算体系健全、相互衔接,全口径预算管理切实加强,预算追加大幅减少;公开透明编制预算,引入第三方对部门预算进行公开评审,评审部门和资金分别占1/4、1/3,参加评审的人大代表、政协委员和相关专业人员达200多人次。《中国财经报》《省改革信息》对本市做法予以报道。绩效管理全面加强。出台预算绩效管理办法,对交通、卫生、社保、城建等15类项目开展绩效评审,涉及资金12亿元。支出管理全面加强。开展“三公”和会议费支出专项整治,修改完善差旅费、培训费、接待费、会议费、出国经费管理办法,全市“三公”支出同比下降28.6%。成立市直单位会计服务中心,为88个预算单位进行财务代理服务,加强对资金的全过程监管。大力推进国库集中支付和公务卡管理,现金支出下降97%。资产管理全面加强。完善资产使用和处置办法,制定办公设备家具配置标准,建立市属控股企业经营业绩考评制度,资产管理机制逐步健全。首次试编权责发生制政府综合财务报告,市本级政府性资金510.6亿元。财政监督全面加强。组织会计监督联动检查,检查企业21户。开展严肃财经纪律和“小金库”专项治理,对139个单位进行了重点检查。管理制度全面加强。坚持问题导向,扎紧制度笼子,牵头开展征地拆迁资金、“一事一议”筹资监管、市属国有企业领导人员职务消费专项治理,加强资金管理,制定完善制度36项。

【作风建设持续加强】深入开展党的群众路线教育实践活动。认真学习习总书记系列重要讲话,学习焦裕禄、沈浩精神,践行“三严三实”要求,不断激发为民理财的活力和动力。紧扣财政改革开展能力学习培训,集中培训全市财政干部176人。坚持问题导向,局班子承担的5项专项整治任务全部按时完成。强化上门服务帮联。局班子成员分工联系预算部门和县区财政局,建立上门服务、上门会商、上门帮联制度,主动换位思考、上门走访,帮助解决问题,推进工作落实。深化机关效能建设。落实AB岗、限时办结制度,要求所有事项无特殊情况一律2日内办结。积极开展便民活动,建立会计从业资格考试常态化机制,考试从1次增加到7次,参考人员近5000人。认真落实主体责任。加强党风廉政建设,强化“一岗双责”,制定《行风巡查工作办法》,开展权力清理,制定权力清单,加强风险防控,严格内部管理,坚持按制度办事,确保干部廉洁、资金安全。

(亳州市财政局供稿　邓昊)

谯城区财政工作概述

【概况】2014年,谯城区财政局按照年初既定目标和“四型财政”要求,统筹推进保收入增长、调支出结构、促综合改革、惠百姓民生等各项工作,攻坚克难,开拓创新,不断提升全区财政管理水平,切实加强工作作风建设,更好地服务于全区经济、服务于基层、服务于群众。

【财政收支】全区2014年一般公共预算财政收入完成24.01亿元(财政口径,不含上划省级所得税15%),占年初预算收入23.97亿元的100.2%,比上年增长18.7%,地方级收入完成15.06亿元,占年初预算收入14.7亿元的102.4%,增长17.4%。财政支出完成48.12亿元,占年度预算50.12亿元的96%,比上年增长8.3%。

【财政管理】建立预决算公开制度。制定下发《关于推进区乡预决算公开工作的通知》,全区54

个部门和单位分别在4月30日和9月19日在政府或部门网站上公开了2014年预算及"三公"经费预算和2013年决算及汇总"三公"经费决算。实行开门办预算。制定下发《谯城区本级2015年预算公开评审实施方案》,选取区计生委、区民政局、区商务局、区财政局等7部门作为2015年预算公开评审试点单位。聘请区人大代表、区政协委员作为预算评审员,并邀请区监察局、区审计局现场监督,针对上述部门的2015年预算编制情况进行客观、公正、公开评审。严格三公经费管理。制定下发《谯城区党政机关差旅费管理办法》《谯城区党政机关事业单位会议费管理办法》和《谯城区压缩"三公"经费、厉行勤俭节约专项整治工作方案》,严格规范开支标准,大力压缩会议费、公务接待费、因公出国(境)费用、公务用车运行维护费、公务用车购置费等各项支出,并取得一定成效。全区"三公"经费支出2525.7万元,占年初预算3215.1万元的78.6%,较上年同期3382.1万元减支856.4万元,同比下降25.3%。全面推行公务卡使用,规范支出行为。在试点基础上,在全区全面推行公务卡结算制度改革。截至当年底,176家预算单位共办理公务卡6590张,录入信息系统3920张,公务卡刷卡9324万元。建立政府性债务风险预警制度和控制制度。出台《亳州市谯城区政府性债务管理暂行办法》,从2013年起编制全区政府性债务收支计划,严格控制举债单位和举债规模。对照文件规定,认真做好债务清理甄别工作。同时试编《2013度谯城区权责发生制政府综合财务报告》,全面分析政府财政经济状况、运营情况,为政府决策及防范和化解债务风险提供参考。积极探索并做好政府购买服务试点管理工作。制定《谯城区政府向社会力量购买服务工作试点方案》,确定城区魏武大道、药都大道、希夷大道等路段保洁6个项目开展政府购买服务试点,项目预算资金达1376万元,全部通过招投标采购或委托承包方式购买,拨付购买服务资金1117万元。

【民生工程】全区实施31项民生工程,投入资金32.9亿元,全部完成年度目标任务,其中拨付资金24.8亿元,拨付率81%。在区财政局负责实施的民生工程中,政策性农业保险秋季小麦承保面积达120.29万亩,承保率近90%,其他特色保险完成预期投保任务。全年全区农作物共定损19.4万亩,特色养殖保险理赔1594起,通过打卡形式发放理赔金1630万元。2014年度实施230个一事一议财政奖补项目,全部完成年度目标任务,总投资规模为8854万元,实施修建村内道路178公里,河道治理800米,水塘治理2个,修建桥涵2座,下水道27289米、修建公厕322平方米,安装路灯1866盏,美化环境5500平方米,植树造林124804株,村内公共活动场所23280平方米。

【社会保障】全区共拨付各类社会保障类资金4.5亿元,同比增长12.4%,近40万人次从中受益。其中,拨付12386名"七老"人员补助金1500万元,全部通过打卡形式发放。在保障基层卫生院正常运行的基础上,加大对公立医院改革资金扶持,除将离退休人员经费全额保障外,当年又将在职人员基础工资、基本建设、设备购置及药品零差率补助等1361万元纳入预算,保障公立医院的正常发展,门诊和住院人次均比上年同期有增幅,医疗服务收入也呈现同比增长趋势。加强社保资(基)金管理,确保资(基)金的保值又增值。制定下发《谯城区2014年基本公共卫生项目经费预算及管理办法》,明确基本公共卫生项目经费预算与经费管理,规定具体资金使用范围及拨付流程,推动全区医疗机构规范使用基本公共卫生服务经费。

【财政监督】制定下发《谯城区行政事业单位国有资产管理暂行办法》,资金、资产、土地三清工作顺利完成,全区171个会计核算单位共清理资金4.64亿元,房产185.8万平方米,土地1.4万亩。全区行政事业单位国有企业共开设账户158个,经清理同意保留账户72个,撤销86个,划转资金1.23亿元。完成行政事业单位资产信息系统升级工作和2013年全区所有行政事业单位资产信息录入工作及2013年企业国有资产统计报表编报工作,切实加强国有资产的管理。开展"违反中央八项规定 严肃财经纪律和小金库治理"检查,并制定相关文件,收缴违规资金377万余元。在全区范围内开展涉农财政补贴资金监管大检查活动,建立台账,实行问题整改"销号制",确保各项工作有据可查,出现问题有责可追。安排预算、农业、社保等科室,对"农村新型合作医疗"、"小农水"等5个项目,开展预算支出绩效评价。

【资金整合】积极盘活财政存量资金,多方筹措征地拆迁和项目建设资金,全年财政支付征迁资金达81240.35万元,被征迁群众利益得到有效保护。对纳入7个中心村的美好乡镇建设资金进行整合,全年共筹集各级美好乡村建设专项资金6985.2万元,其中区级安排5300万元,主要用公共道路、小型广场、绿化亮化、自来水处理、污水处理、垃圾中转站、公厕和垃圾箱、地下管线等。完成土地治理项目面积2万亩,完成总投资2438.6万元;完成产业化经营财政补助项目4个,完成总投资510.13万元。做好"一县一特"5000亩中药材标准化种植基地建设项目和产业化经营财政贴息项目。

【路线教育】组织机关全体财政干部走基层、看现场,实地观摩工业园区及北部新城建设,进一步了解财政服务与保障全区经济发展的对接情况。开展"走基层、访群众、问疾苦"接地气活动,先后组织5场专题座谈会,发出100多份征求意见函、党组成员7次前往联系点听取群众意见。全面落实"规定动作",形成财政局党组带头学习,班子成员示范,上下联动的学习氛围。先后安排10余次集体学习,15次分组学习。找准"四风"问题,通过收集汇总,找出反映"四风"有关意见、建议和问题24个,涉及群众利益诉求6件。诚恳谈心交心,班子成员之间面对面谈心交心7次,开展与股室单位负责人交心活动22次。深刻自我剖析,班子成员对照检查材料修改超过7次以上。民主生活会求实,8月8日财政局党组召开民主生活会,达到上级提出"红红脸、出出汗、有辣味"的效果。8月14日,省委教育实践活动督导组副组长苗健、区委副书记孔祥永及区委第六督导组等领导,参加财政局国库支付中心党支部召开的专题组织生活会,并对活动开展情况给予充分肯定。加强干部作风效能建设,坚持"优质引导服务"常态化,为来局办事的群众提供快捷服务。开展"先机关股室岗位,后基层所人员"中层以上干部轮岗交流活动,调整机关股室岗位负责人7名,交流干部10余人,调动工作积极性。贯彻落实党风廉政建设党委主体责任,不断加强财政干部自身建设,积极开展找亮点、查不足、抓整改、提效能活动,用科学的态度研判成绩,以实际行动转变作风。开展"节日敲响廉政警钟"活动,强调全体机关和基层干部一定要"守住底线,不触红线,远离高压线",切实起到统一思想、改进作风、促进工作和"资金"、"人员"双安全的目标。

(谯城区财政局供稿)

涡阳县财政工作概述

【概况】2014年,涡阳财政积极采取有效措施,应对复杂多变的经济形势,努力实现保工资、保运转、保民生、保稳定,充分发挥财政在服务经济社会发展的职能作用,积极履行财政职能,站位全局、融入全局、服务全局,为全县经济社会发展提供基本财力保障。

【强化措施组织收入】继续以"狠抓收入"为工作重点,积极培植和挖掘新财源,千方百计组织财政收入。全县财政总收入完成15.91亿元,其中:县本级完成13.98亿元,乡镇完成1.93亿元。

【严格管理优化支出】深化部门预算改革,细化预算编制,从严从紧控制财政追加,切实增强预算约束力。同时,严格控制一般性支出,对全县预算单位下达全年控制指标。全县财政支出累计完成45.46亿元,促进本县各项社会事业的发展。

【着力保障改善民生】全县共实施32项民生工程,涵盖就业、医保、公共卫生、农业保险、一事一议、美好乡村、保障性住房、农村清洁工程、基层文化建设等领域,总投入资金19.66亿。针对民生工程开展工作,财政部门不断加强与相关部门的协作,多措并举,确保各项民生工程稳步推进,顺利实施。

【切实落实惠农政策】结合民生工程,以具体的惠民政策落实为抓手,加强会商,规范资金发放;不定期开展抽查巡查,发现问题,责令整改、落实到位,严厉打击各种虚报冒领、套取财政补贴资金的违规违纪行为。开展抽查巡查115次,各乡镇开展抽查巡查655次,纳入监管资金总量为8.66亿元。同时,全面清理村级三资,启动农村集体资金资产资源清理核实工作,全面清理村(组)集体"三资"情况,核实"三资"总额。

【扎实推进"一事一议"】按照"完善政策、分类指导、整体推进、重点突破"的工作思路,强化引导与规范并举措施,确保专款专用。272个"一事一议"财政奖补建设项目开工率达到100%,实现"一事一议"能够"议起来",项目能够"建起来",农民群众能够“用起来”。全年“一事一议”项目总概算5206万元,其中:财政奖补3786万元,群众筹资1420万元。

【完善国企考评体系】以“发展国有资本、集体资本,更好地发挥国有经济的指导作用,不断增强国有经济活力、控制力、影响力,按照适度控制、共同发展”为原则,保障国有股东控股比例不断优化,达到既推动所有制经济共同发展,又推进国有资本向重要行业和关键领域集中的目标。制定《涡阳县国有及国有控股企业经营业绩考核办法(征求意见稿)》,多次深入企业进行调研,认真了解本县国有企业在经营、管理和发展中存在的问题;多次研究会商,确保考评体系既反映企业当前的经济利益,又考虑企业长远发展潜力。

【有效防控政府债务风险】在预算部门设立专门人员管理政府性债务日常事务,对各级各类债务的动态监控,加强风险预警监测。建立债务变化情况月报制度,及时全面准确掌握地方政府性债务规模、结构、投向情况。实行《政府性债务融资项目审批卡》制度,凡政府直接或间接承担还款责任的债务均纳入审批范围。建立向人大报告制度,经人大常委会批转后再签订贷款协议。设立偿债准备金专户,有计划地落实偿债准备金,按时偿还到期债务。编制债务收支计划,加强计划管理,避免盲目举债。

【深入开展教育实践活动】全面开展党的群众路线教育实践活动,动员财政干部全员参与,实现整“四风”、转作风、树新风。通过高标准、严要求的教育实践活动,形成改进作风的常态机制。在“整改落实、建章立制”环节建立健全规章制度18项,涵盖转变作风和贯彻“八项规定”、完善“三公”经费管理、密切联系群众等5个方面,实现用制度管人、管事、管钱。

(涡阳县财政局供稿)

蒙城县财政工作概述

【概况】2014年,全县财政收入完成20.07亿元,增长15.9%,首次突破20亿元收入大关,提前一年完成“十二五”收入目标任务。税收收入完成16.7亿元,占财政收入的83.3%,比上年提高2.2个百分点,收入结构进一步优化。财政支出连续四年增支5亿元以上,2014年达到45.4亿元,有力地支持蒙城县经济社会的跨越式发展。

【支出结构进一步优化】将保障和改善民生放在突出位置,不断加大财政投入,全县民生口径支出38.9亿元,占财政支出比重86.5%。社保、教育、就业和医疗卫生支出22.9亿元,教育投入不断提高,社会保障体系进一步完善。拨付3.5亿元,加快保障性安居工程建设,推进公共租赁住房和廉租住房并轨运行。投入0.2亿元,落实“老字号”群体生活补助政策。投入0.4亿元,对全县秸秆禁烧与综合利用实行以奖代补。安排专项资金0.93亿元,支持美好乡村建设和农村清洁工程,全力打造农民幸福生活美好家园。

【民生工程争先创优】认真落实各项工作职责,广泛开展民生宣传,不断创新推进措施,32项民生工程圆满完成既定目标任务,全年共落实资金21.9亿元,较上年净增7亿元。在全市年度考核中,连续三年被市委、市政府评为民生工程组织实施先进单位,通报表彰。

【基本建设保障能力显著增强】不断加快融资步伐,多渠道筹集建设资金,在土地储备、棚户区改造、交通、水利基础设施建设、开发区创业园区等多个融资项目上取得突破,有力保障开发区、城南新区及西片区建设、城市绿化及市政、乡镇基础建设等重点项目资金需求。全年共筹集经济建设资金48.4亿元,其中:土地出让金23.5亿元,融资20亿元,上级补助资金4.9亿元。

【财政改革取得新突破】在三县一区率先实行财政专户资金收支总户管理,从8个商业银行归集财政专户资金3.25亿元到收支总户,进行统一调度、核算,减少支付环节,提升支付效率,取得显著效果。加强结转结余资金管理,收回结转结余资金2.6亿元用于民生支出。盘活存量资金,归集资金3.3亿元,盘活沉淀资金0.5亿元,提高预算执行的有效性和均衡性。积极推进预决算信息公开制度,扩大预决算和“三公”经费信息公开范围,提高政务公开的透明度,促进依法行政、依法理财和民主理财。

【加强干部队伍建设】加强理论和政策学习,

提高自身修养,增强对财政工作的责任感。加强业务知识学习,提高综合素质,做“熟悉政策、精通业务”的行家里手。加强廉洁自律、勤政廉政教育,从思想深处筑牢拒腐防变的篱笆。领导干部严格要求、严格管理、严格监督、严肃财经纪律,进一步树立财政干部“素质高、执法严、作风硬”的良好社会形象。

(蒙城县财政局供稿)

利辛县财政工作概述

【概况】2014年,利辛县公共财政收入完成13.7亿元,同比增长20.7%,增加收入2.35亿元。全县财政支出完成46.59亿元,较上年增长6%,增加2.62亿元。

【注重加强收入征管】加强与税务部门协作,扎实做好税源调查,科学预测收入形势,合理分解计划,坚持按月运行分析和调度,强化对重点项目、重点行业的税源跟踪监控,落实部门联动、信息共享、源头控制的协税机制,随时掌握税收入库动态,确保各项收入按月及时入库。

【民生保障持续发力】财政投入坚持以人为本,着力保障和改善民生,重点向教育、卫生、社保、农业等方面倾斜。全县纳入省统一考核口径的民生工程项目,累计投入资金19.6亿元,其中县财政配套3亿元。教育、社保、卫生等重点项目投入情况分别如下:生均公用经费等义务教育支出1.82亿元,营养改善计划资金7960万元,职教园建设7500万元,校舍维修改造2549万元。离退休费2.74亿元,城乡低保1.22亿元,抚恤4010万元,财政对养老、医疗、失业、生育、工伤等社保基金补助2.02亿元。老幼妇等社会福利支出为1373万元,农村五保供养支出为3991万元,残疾人事业投入1137万元。新农合等医疗保障支出4.68亿元,防疫保健等公共卫生服务9074万元,乡镇卫生院等基层医疗2971万元,公立医院2016万元。农业3.08亿元,水利1.91亿元,扶贫2645万元,农村综合改革9911万元。财政对民生事业和发展基础的投入进一步增加。

【规范“三公”经费管理】严把支付环节监管,明确责任,对不合规支出实行责任追究制。坚持按月统计、报告制度,对全县4个乡镇和16个县直单位“三公”经费支出和管理进行重点抽查。通过实施严格规范的管理,有效保证压减、控制效果,全县“三公”经费支出同比下降38.9%。

【财政改革稳步推进】全面推进财政预算、决算信息公开,有效保障群众对财政资金的知情权、参与权和监督权。积极推进“开门办预算”试点,邀请县人大代表、政协委员,对政务中心、安监局等5家单位部门预算进行公开论证。聘请专业中介机构,对标准化学校建设、病死畜禽无害化处理等项目,进行专业评审,着力增强财政管理的民主和科学性。深入推进公务卡改革,强化支出动态监控,积极开展政府购买服务试点,提高资金使用绩效水平。

【乡镇基础有效夯实】切实完善乡镇财政管理制度,明确岗位职责,推动人员轮换交流,落实票据和印鉴分离,加强内部控制。乡镇财政收支全部纳入一体化平台管理,全年累计收入621笔、金额7.43亿元,支出8423笔、金额7.64亿元。通过“一卡通”发放惠农补贴资金16项、计4.07亿元。

【加强机关效能建设】以开展党的群众路线教育实践活动为契机,组织开展“门难进、脸难看、话难听、事难办”及“中梗阻”专项治理活动,认真开展城乡基层党组织结对共建活动,常态化开展政风行风巡查,部门会商深入推进,全年共会商364次,累计解决问题398个,取得推动工作、提升形象、提高效能等多重效果。

(利辛县财政局供稿)

宿州市财政工作概况

宿州市财政工作综述

【概况】2014年，全市财政收入完成114.3亿元，比2013年增长14%，完成预算的101%。全市财政支出247.4亿元，同比增长11.3%，完成预算的111.1%。财政民生支出206.4亿元，同比增长13.6%，占财政支出的83.6%。

【财政收入实现平稳增长】围绕人代会批准的收入目标任务，财政部门立足于抓早、抓紧、抓实、抓出成效，突出重点，狠抓落实。一是及时分解落实收入任务。按照人代会批复的收入预算和市政府确定的加压目标，及时将收入目标分解落实到各县区和市直征收部门。二是加大收入调度力度。建立财政、国税、地税"三位一体"的组织收入联动工作机制，切实加强收入调度，变过去"一季一调度"为"按月集中调度、随时重点调度"。定期召开收入分析会，及时分析掌握收入入库情况，密切关注税源变化，及时研究解决征管中遇到的问题。三是依法加大收入征管力度。面对经济增速放缓、传统行业增收路径收窄、企业生产经营困难加剧等不利因素影响，积极调整思路，深入挖潜增收，注重强化对零散税源的管理，加大对历年拖欠的清收力度，通过加强税源管理、申报管理、欠税管理，收好"辛苦税"、"服务税"。

【民生工程目标任务全面完成】33项民生工程投入70.6亿元，同比增长15.8%。一是足额落实配套资金，提升资金保障水平。将农村五保供养标准由人均1700元提高到2400元，同比增长41.2%，与全省平均水平差距进一步缩小。二是探索网上公示，提升民生工程透明度。对残疾人生活救助等13项补助类民生工程进行网上公示。三是强化舆论宣传，提升宣传实效。会同市委宣传部联合下发《关于进一步加强民生工程宣传工作的通知》。在《拂晓报》开设民生财政专栏。在乡镇集中办公区、财政所、村部、自然村等人流量较大的地方设立宣传栏，宣传民生工程政策，公示补助类项目受益对象、工程类项目招标实施情况。四是创新后续管养机制，提升民生工程运行效益。修订完善民生工程管护办法，落实管养专项资金近亿元。在农村饮水安全工程管护方面，将以前年度小水厂进行整改整合，全市投入1864.4万元，实施并网整合小水厂299处，完成对122处停用小水厂整改恢复供水工作。

【支持经济发展持续加力】一是支持民营经济和县域经济发展。统筹安排各类扶持经济发展专项资金6.52亿元，积极落实省市关于促进经济持续健康较快发展系列政策措施。二是支持城市功能完善。筹措资金4.05亿元，用于城市重点工程项目建设，宿州大剧院、图书馆、文化馆全面运行。投入资金2亿元用于城区基础设施维修养护、公共绿地建设、环城公园改造等城市提升改造，全市首次跨入省级文明城市行列。三是加大财政扶持力度，引导农业产业化龙头企业转型升级。以发挥财政资金引导作用和放大资金效应为原则，市政府与民生银行合肥分行签订专项合作协议，从农业产业化贴息资金中安排专项资金作为农业专项担保资金，民生银行按照1∶20比例对全市产业化龙头企业提供经营性贷款。已为近50家农业产业化龙头企业解决贷款5500余万元。

【强农惠农政策认真落实】以“加快发展现代农业”为目标,以重点项目建设为抓手,以农产品加工业为重点,突出三大主体培育,实施七项改革试验,落实四大公共服务平台建设,推动全市农业产业化工作又好又快发展。一是积极支持农村七项改革试验。安排财政奖补资金2000万元,用于支持产业联合体建设。出台《宿州市促进现代农业产业联合体建设市级财政扶持资金实施细则》,提高财政奖补资金透明度。二是指导县区围绕主导产业编报项目。申请现代农业示范项目资金700万元,与省财政厅对接,组织编报现代农业生产发展项目,申请中央财政资金4534万元,申请农业科技推广项目746万元。三是农业企业带动能力进一步增强。全市农业企业发展到3174个,比年初增加173个,其中市级以上龙头企业达到373家。四是支持培养新型经营主体。截至当年底,全市依法在工商部门注册的农民专业合作社5600个。省财政厅继续将本市埇桥区列为全省现代农业全程社会化服务项目试点区,争取项目资金1000万元,合作社的发展呈现出规范化、品牌化和示范化的良好态势。

【财政重点改革扎实推进】确定预算信息公开、推进政府购买服务、盘活存量资金等6项财政改革重点任务,制定6个具体施工方案,出台20多个规范性文件,推动现代财政制度加快建立。一是严格控制预算追加。强化预算执行管理,硬化预算约束。2014年,市本级地方财政收入实现超收3.45亿元,全部按规定用于补充偿债准备金和预算稳定调节基金。加大财政暂存、暂付款清理力度,激活存量资金2.1亿元。二是实现政府性债务的归口管理。出台《宿州市政府性债务管理办法》,对政府及平台公司严格实行计划管理和融资审批卡制度。全年累计发放《政府性债务融资项目审批卡》64张,落实融资项目94个,到位资金107.98亿元。牵头成立宿州市投融资管理委员会,定期召开会议,对债务风险进行分析研判,杜绝计划外融资,有效控制债务风险。三是推广运用政府与社会资本合作(PPP)模式。成立政府与社会资本合作(PPP)办公室,市政府在人员编制上给予倾斜。在城市基础设施及公共服务领域,大力推广运用政府与社会资本合作(PPP)模式推进项目建设。四是深入推进政府购买服务。2014年,全市购买金额已达1.5亿元,主要集中在公共卫生服务、公共就业培训、农村文化建设等方面。灵璧县在农村环境整治中采用政府购买服务的方式,全面实施市场化运作,受到省委常委、副省长陈树隆的充分肯定。五是深入推进综合治税。全面建立涉税信息交换与共享机制。全年各部门累计传递涉税信息365.6万条,三税比对、房屋预售许可证等涉税信息已被税务部门有效运用,全年实现增收1.2亿。六是创新机制,推动财政支农资金规范管理。首次采用“公开答辩、竞争立项”的方式评选出十家合作社为本市2014年财政支持创新试点合作社。制定出台《关于在农业财政专项资金管理领域建立违信违规负面清单制度的通知》,在全省农业财政专项资金领域首创违规违信负面清单制度。对虚报、截留、挤占、挪用等六种行为纳入违信违规负面清单管理。

【依法理财水平稳步提升】一是不断加强财政干部队伍建设。组织局领导班子和下属单位负责人,先后赴浙江大学、厦门大学进行业务培训。7月份,组织全市财政系统近50名干部职工赴上海财经大学培训。二是财政反腐倡廉和内控制度建设继续加强。结合党的群众路线教育实践活动,梳理廉政风险点,明确风险等级,推进权力清单制度,依法公开权力运行流程,最大限度地防范和控制风险。三是推动出台《宿州市本级政府性资金存放商业银行管理改革实施方案》。截至当年底,共对各商业银行开展三次考评。全市人民币各项贷款余额686.7亿元,比当年初增加127.1亿元,贷款增速和贷款投放时序进度连续6个月位居全省第一位。财政职能在金融领域的发挥,受到市政府领导充分肯定。

【财政队伍建设不断加强】认真贯彻落实中央“八项规定”和省市“三十条规定”,改进工作作风,提升服务质量,建立高效快捷的工作执行机制。扎实开展会商工作,把财政政策、财政支持与服务送到部门和单位,体现财政部门主动服务、为民理财的良好风貌。积极组织干部职工政治理论和业务知识学习,坚持每周半天的全体职工集中学习制度,加强形势、政策、党风廉政、职业道德和财政业务知识学习教育。不断推进完善廉政风险防控工作,签订一把手、分管领导、科室(局属单位)三级

"廉政责任书",完善反腐倡廉监督机制,增强党员干部防控廉政风险的主动性和自觉性。

(宿州市财政局供稿 年福翔)

埇桥区财政工作概述

【概况】2014年,埇桥区公共财政预算总收入28.6亿元,比上年增收1.7亿元,增长6.4%,完成调整预算的106.4%;支出结构持续优化,支出完成49.3亿元,完成调整预算数的112%,增长12%。交通、水利农业教育科技文体社保医疗卫生等重点支出得到较大幅度的增长。政法经费保障、农村义务教育绩效工资等严格按标准执行到位,各项预算改革顺利推进。

【强化收入征管】每月及时将组织收入情况向区委、区政府汇报,形成上下齐抓共管的工作合力。财税部门加强协作、联动,强化税源监控,严格依法征管,积极组织收入,加强税源分析,查找征管薄弱点,有针对性地做好相关工作区政府按时召开财税收入调度会,确保财政收入应收尽收。

【落实扶持政策】按照"保工资、保运转、保民生"的宗旨,合理安排部门预算。科学编制政府预算,全区机关事业单位人均公用经费由2013年的3000元调增至6000元。落实财税扶持政策,全区共争取补贴资金2100多万元,有力推动中小企业产业转型升级。贯彻落实强农惠农富农政策,积极争取国家支农项目资金支持。全年完成申报项目23个,争取资金4506万元,其中:申报2014年现代农业生产发展资金项目1个,争取中央资金907万元,申报中央财政支持农业生产全程社会化服务试点项目1个,争取资金1000万元,申报农田水利重点县建设项目1个,争取资金2000万元。发挥财政资金杠杆作用,推动埇桥区经济发展。

【改善民生福祉】倾斜农业支出。兑付农机购置补贴资金4055万元,全年共拨付支农项目各项资金2.02亿元。积极整合其他资金,做强做大一事一议财政奖补工程。全区共整合扶贫、交通、土地、农发项目及公益捐助资金达3000多万元。全区共上报公益事业建设工程项目215个,拨付资金5760万元。坚持教育优先发展。积极落实中央和省市相关规定,进一步加大教育投入力度,立足埇桥实际,顺利完成全年目标任务。教育事业支出12.8亿元,增长9.9%。同时区级自筹公用经费283万元,用于全区义务教育学校建设,为埇桥区教育的可持续发展奠定基础。推进医疗卫生健康发展。医疗卫生支出8.06亿元,增长2.4%。落实支付医疗保险资金1.9亿元。落实新型农村合作医疗区级配套资金4.77亿元,各级财政补助标准由去年的280元提高到320元。助推健全社会保障体系。社会保障和就业支出5.3亿元,增长1.6%。筹集就业再就业资金2055万元,落实城乡低保1.4亿万元,落实市政府关于社会养老服务体系建设规划,落实残疾人17010人次保障金1311万元,筹集2.11亿元支持保障性安居工程建设。促进保障公共安全。公共安全支出1.07亿元,增长8.9%。保障公、检、法、司正常运转支出,支持加强和创新社会管理,社区矫正、"六五"普法教育、社会治安综合治理等工作得到保证。支持生态环境建设。拨付生态环境建设5930万元,增长372%,其中,5600万元用于三线三边整治。

【加强监督检查】注重财政内控监管。实现"横向到边,竖向到底"的全覆盖。全年终审下达用款计划13891笔,金额45.87亿元;国库集中支付审核、清算资金44458笔,金额65.26亿元;平台系统实拨资金1117笔,金额20.57亿元,保证政府各部门工作正常运转和民生工程等公共建设项目的顺利实施。强化政府采购监管。重新调整、出台埇桥区政府采购目录和标准,进一步扩大采购范围和规模,同时加强政府采购事前、事中、事后审核把关,切实做到"应采尽采、采管分离"。当年,全区政府采购预算为2.32亿元,实际完成政府采购支出2.01亿元,节约财政性资金3044.67万元,资金节约率13.12%。扎实做好会计监督检查。分别对安徽宿州符离国家粮食储备库、宿州市运输公司、安徽华康医药集团有限公司等8家单位进行认真细致的监督检查,共计查出违纪违规及有问题资金数额5146.20万元。对检查存在的问题,依法进行处理处罚,有力地促进各单位依法进行会计核算。强化综合治税,营造税收增长氛围。区综合治税办公室充分发挥自身职能作用,加强社会舆论宣传,严格涉税信息报送。全面提高涉税信息利用率,确保涉税信息应用质量,实现工作的组织化、流程化、制度化。查补税款近千万元,社会综合治税取得初步成效。

【推进预算改革】公务卡改革有效推进。切实加大公务卡督查力度，强化公务卡结算。当年9月，召开预算单位分管财务负责人参加的公务卡工作会议,下发《宿州市埇桥区预算单位公务卡结算执行情况通报》,对当年9月底前仍不办卡的单位,于10月份停止用款、报账,有效推动公务卡改革,公务卡使用率逐月上升。积极推进财政预算改革。着眼规范管理和增强资金使用效益,扎实推进各项预算改革。进一步加强支出管理。建立健全各项工作机制,做到了预算约束、收支脱钩、集中支付、政府采购、协税护税等方面的有机结合;深入推进项目支出绩效考评,进一步完善考评机制。开展专项治税，全力弥补收入缺口。围绕重点促征收,将应清算补交的税款清收到位。大力加强乡镇街道沿街房屋租赁税以及园区土地使用税的征收,截至当年底,全区房产税共完成3333万元,增收859万元，城镇土地使用税完成2.14亿万元，增收1.5亿元。加强对耕地占用税的征收管理,确保实现对耕地占用税的源头控管,做到应收尽收、应征不漏。

(埇桥区财政局供稿　刘德峰)

灵璧县财政工作概述

【概况】2014年，全县完成公共财政预算收入7.8亿元,占预算101%,同比增收1.02亿元,增长15.1%。其中:地方公共预算收入6.06亿元,占预算106.5%,同比增收8893万元,增长17.2%。全县公共财政预算支出35.56亿元，占预算的99.7%,同比增支2.22亿元,增长6.7%。

【民生工程】继续实施33项民生工程,除无山区库区农村住房保险试点实施任务外，其余32项工程均按工程实施要求完成任务。全县到位资金13.3亿元,拨付13.3亿元,拨付率100%。支出资金12.66亿元,占预算数13.3亿元的95%。加强组织领导和考核调度,实行民生工程周报告、周调度制度,及时召开相关部门对接会,现场办公,解决问题。加强网站建设和信息报送,各级网站及报刊采用500多篇。做好网上公示和意见办理,公示就业技能培训、贫困残疾人生活救助等7项内容,收到各类反映10余次，逐一进行答复和认真办理。开展政策宣传和责任包保,印发《灵璧县2014年民生工程宣传工作方案》,落实“包保责任制”,实行“包户”宣传。强化质量监督和进度督查,建立健全民生工程特约监督员制度,发挥各级人大代表、政协委员和群众代表的作用。加强政府购买服务和后续管养,研究制定《灵璧县民生工程项目购买服务管理办法》,通过政府购买服务方式开展农村文化专项补助(送戏下乡)、就业技能培训等5项年度实施类项目以及清洁工程运转、保障房建设、农村饮水安全、小型农田水利等5项后续管养项目,支出资金1750万元。

【支农惠农】规范和加强财政补贴农民资金管理和发放工作，全年共发放财政补贴农民资金19大类31项，打卡发放金额4.9亿元，惠及农户172.98万户(人)次。实施小麦产业现代农业生产发展项目，项目总投资1982.2万元，在5万亩项目示范区开展农田水利设施建设，建造大小桥涵92座、沟渠疏浚土方20000立方米、新建节制闸4座、维修排灌站1座等。实施高标准农田水利设施建设补助项目，项目工程投资1826.2万元。整合支农资金,大力支持两区建设,全年实际整合到位资金4.21亿元,其中财政资金1.16亿元、社会投入3.05亿元。积极引进财政扶持资金,全年累计向省市财政部门推荐项目20个，到位资金865万元,主要支持农村合作经济组织基地建设项目等。落实国家扶贫战略,服务新农村建设和经济发展。加大扶贫开发资金投入力度，扶贫开发资金投入总量4386万元。全年投入整村推进资金3100万元，完成14个重点村整村推进任务。利用国家彩票公益金1000万元,用于贫困村基础设施建设。加大产业扶贫,投资1047万元,新建9个产业扶贫示范园。继续开展政策性农业保险工作，截至当年底,本县种植业小麦、玉米、大豆累计承保266.7万亩，收取农户自交保费702.8万元，理赔资金1998.45万元;全年承保育肥猪10.51万头,比上年增加2914头,县级财政补贴保费47.32万元;能繁母猪承保5.95万头，县级财政补贴保费17.85万元。实施一事一议财政奖补，全县共申报项目235个,审批项目235个,完工项目235个。项目总投资5179万元,其中群众筹资612万元,上级财政奖补资金4007万元,县财政配套资金560万元。本县国家农业综合开发2013年中低产田改造和高标准农田建设2个项目按时建设完工，项目总投资1374.5万元，其中财政资金1281.7万元。完成本县5个2013年产业化经营项目，并通过省、市验收。编制上报本县2014年土地3个土地治理项目和5个产业化经营项目的初步设计。

【资金监管】规范专项资金管理，进一步完善财政扶贫资金、现代农业资金、高产创建、小农水重点县项目资金、森林增长工程、美好乡村、三线三边等财政支农专项资金的县级报账制度，完善事前考察、事中监督、事后验收制度，保证项目质量，提高投资效益。加强美好乡村专项资金监管，本县共投入美好乡村专项资金4125.8万元，其中县财政资金2000万元，在资金使用上，实行县级报账制和国库集中支付，统一报账管理，设专户、建专账、配专人，封闭运行。严格执行各类项目资金管理办法，坚持“按计划、按预算、按进度、按程序”要求拨付资金。积极开展会商工作，认真做好资金的分配、监管、绩效评价等，保证项目资金安全运行，发挥项目工程的社会、经济、生态效益，全年累计支出各类项目建设资金12.17亿元。抓好财政涉企专项资金管理，不断完善项目资金的申报、实施、验收及监督制度，提高财政涉企扶持项目资金使用效益，全年联合有关单位共同申报扶持项目8个，争取上级扶持资金706.4万元。认真做好财政综合专项资金管理，对专项资金实行专账核算、专户管理，全年拨付县粮库管理费用及利息补贴资金294万元；拨付大中型水库移民后期扶持资金28.46万元；拨付县房产局廉租住房补贴254万元。推进创建服务型财政所及乡镇包村干部监管涉农资金工作。制定实施方案，有序开展试点。对乡镇财政资金监管软件进行升级培训，启用乡镇财政资金监管系统。截至当年底，县乡传递监管信息1229条，抽查巡查信息629条，纳入资金监管系统的项目类资金6大项28小项计2.46亿元，补贴类资金19类31项计4.58亿元，预算类资金、村级资金全部实时监控。有效开展惠农补贴资金和乡镇财政资金监管绩效评价工作。

【财政监督】一是开展联动检查。抽调相关人员对县汽车站、县医院分院、妇幼保健站和防疫站共4家单位2013年的会计信息进行检查。二是开展“小金库”专项治理。由财政局、审计局牵头，组成2个检查组，对13个行政机关、1个事业单位、1个群团组织共计15个单位进行专项检查。对少数单位经费支出科目使用混乱、故意隐瞒三公经费支出、自制收入票据等行为，进行严肃整改。三是开展税源调查。本县对东风纸业、富康旅游箱包、瀚森荷金来肉牛集团、康君食品、省级粮食储备库、盛泰寝具、兴程食品、永盛制粉等8家企业进行税源调查，其中4家企业为重点产品国际竞争力调查企业。四是宣传贯彻实施《安徽省财政监督条例》，进一步提高财政干部的业务素质和执法水平。

【社会保障】认真落实各项再就业优惠政策，支持建立和完善统筹城乡的就业服务体系、面向全体劳动者的职业培训体系和困难群众就业援助体系，全年实现再就业支出1620.59万元，比上年同期减少432.51万元，同比下降21%。认真执行社会保障基金预算管理制度，提高社会保险基金自求平衡能力。全年实现社会保障基金收入2.41亿元，占预算100.9%，占上年同期98.6%；实现社会保障基金支出2.58亿元，占预算107.68%，占上年同期121%。做好城乡社会救助工作，确保困难群众基本生活。全年发放城乡低保资金1.04亿元，对全县农村低保户58375人和城市低保户5849人实施最低生活保障，保障标准提高14%以上。进一步完善医疗保障制度，扩大医疗保险覆盖面。2014年城镇居民基本医疗保险参保居民66187人，当年筹集资金234.4万元，支出补偿金1068万元；参加新型农村合作医疗农民110.6万人，参合率达到98%，筹集农合资金4.41亿元，支付参合农民补偿金4.19亿元，当年资金结余2287万元；积极做好城乡医疗救助工作，当年支付城乡医疗救助资金1521万元。深化实施医药卫生体制综合改革，履行财政部门职责，按改革要求将基层医疗卫生机构经常性收支预算纳入财政实行收支两条线管理。认真编制基层医疗卫生机构收支预算。全县乡镇卫生院实现医疗卫生收入1.9亿元，实现财政对基层卫生院收支差额补助2497万元。继续推进县级公立医院改革，全面实施药品零差率，全年财政对县级公立医院药品零差率补助1735万元。实施城乡基本公共卫生服务一体化建设，支出基本公共卫生服务资金3147万元。

【财政管理】扎实做好企业快报工作，截至当年底，本县企业报表填报户数达188户，完成市财政局布置 74 户任务的 254.05%。加强政府采购管理，积极申请实施电子化制度，制定电子化采购实施方案，推行电子化采购，采购效率进一步提高，全年政府采购预算 1.05 亿元，实际支付金额 9648 万元，资金节约率 7.68%。加强会计管理，认真做好会计从业资格证和会计职称的报名、考试工作，加强会计从业人员的业务培训，开展金融机构会计从业资格执法检查，抓好代理记账管理工作，全年共对 2543 位会计从业人员进行继续教育登记，开展六批会计从业规范考试，88 人获得会计从业资格证，会计从业资格证变更和调转业务 60 人，累计开展五期会计人员业务培训。出台《关于加强预算单位财务支出管理的通知》，加强财务管理，规范财务支出行为。继续深化财政国库集中支付改革，减少现金结算、积极深入推进公务卡改革。加强中小学义务教育资金管理、确保教育经费运转安全高效。国库支付中心全年办理业务共计 34561 笔，合计 41.53 亿元，公务卡消费 12799 笔，累计金额 3875.04 万元。积极推进乡镇国库集中支付改革，当年 4 月，全县乡镇财拨人员工资全部通过一体化平台发放，8 月，强制推行乡镇公务卡结算。推进行政事业单位会计制度改革，乡镇单位全面实行行政事业单位会计制度，重新建立 138 个账套。加强乡镇财政业务监管，全年乡财中心通过一体化支付平台支出公共预算资金 1.54 亿元，基金预算资金 3435 万元。全县纳入行政事业资产管理单位 271 个，其中：行政单位 108 个，事业单位 163 个；纳入行政事业单位资产管理的固定资产 17.85 亿元，其中：行政单位固定资产 2.71 亿元，事业单位固定资产 15.14 亿元。

【融资担保】1 月，经省金融办批复（皖金函〔2014〕17 号），原灵璧县中小企业融资担保中心改制设立灵璧县通灵融资担保有限公司，取得“中华人民共和国融资性担保机构经营许可证”，并经灵璧县工商行政管理局核准，取得企业法人资格，注册资本 5000 万元。全年共为 76 家企业提供担保贷款 1.37 亿元（解除担保责任 37 家 3680 万元），年末担保责任余额为 1 亿元，共 74 家企业。9 月，通过徽商银行为安徽省瀚森荷金来肉牛集团有限公司提供委托贷款 1700 万元，贷款期限一年。全年累计实现收入 308.9 万元。

（灵璧县财政局供稿　李栋）

泗县财政工作概述

【概况】2014 年，全县财政收入完成 8.5 亿元，同比增长 8.9%。财政支出完成 30.72 亿元，同比增长 8.2%。其中，民生方面支出完成 25.92 亿元，占财政支出的 84.3%。

【全面落实惠农政策】认真做好涉农补贴资金发放工作，全年共通过“一卡通”发放各类财政补贴农民资金 4.74 亿元，所有补贴资金均及时、安全、准确发放到位。扎实开展政策性农业保险工作，全年共核定小麦、玉米、大豆等农作物理赔资金 1765.9 万元。认真做好村级公益事业建设“一事一议”财政奖补工作，推进农村公益事业建设，全县共安排“一事一议”财政奖补资金 3441 万元，实施项目 133 个，受益人口 77.9 万人。投入农业专项资金 1.95 亿元，加强农业生产基础设施建设，改善农业生产基本条件，发挥支农专项资金的惠农效益。整合涉农资金 1.54 亿元，支持美好乡村建设。积极实施农业综合开发，投资 2598.6 万元，建设农业综合开发项目 8 个，改造中低产田 1.4 万亩，力促农业加快发展。

【保障改善民生民计】全县民生工程资金总投入 10.2 亿元，增长 17.2%，其中县级配套资金 1.2 亿元。进一步提升困难群体的生活水平，将农村居民最低生活保障、农村五保户供养补助和贫困重度残疾人生活救助标准分别提高 10%；将新型农村合作医疗和城镇居民基本医疗保险财政补助标准分别提高到每人每年 320 元；城乡居民养老保险参保人数 56.5 万人，拨付资金 1.42 亿元，足额发放 60 岁以上老人养老金 8347 万元。稳步推进县级公立医院改革，拨付资金 592 万元，对公立医院实行药品零差率补助。大力实施保障性安居工程，建设公共租赁住房 1008 套，改造农村危房 1180 户，发放廉租房补贴 217.2 万元，改善困难群体的住房条件。安排资金 800 万元，保障民生工程后续管养，发挥工程类项目长久效益。

【全力支持经济发展】积极申报争取上级各类扶持资金 7.36 亿元，带动全县固定资产投资较快增长。设立“三农”发展专项资金，安排农业项目资金 7723.7 万元，水利项目资金 3958 万元，林业项目资金1255.6万元,农机项目资金3619.6万元,财政扶贫项目资金2916万元,促进全县农业经济发展。安排资金3000万元,支持开发区、乡村工业园区经济发展。大力扶持企业发展,全年为26家企业申报企业技术改造、贴息、外贸奖励等项目补助资金560万元。进一步完善中小企业融资担保体系,积极争取省政府扶持民营经济发展资金1210万元,县级配套资金1210万元,将公司注册资金由9500万元增至1.07亿元,全年共为45家中小企业提供信用担保贷款7030万元,缓解中小企业融资难问题。安排招商引资资金3000万元,用于全县招商引资工作的开展,拨付资金1300万元,对外商企业实行财政补助,支持外商企业发展。

【全面深化财政改革】按照全口径预算的编制要求,严格预算的编制和执行管理。稳步推进预算绩效管理和项目绩效评价,提升财政资金使用绩效。统一范围口径、统一内容格式、统一时间方式,规范做好预决算信息公开工作。健全完善国库集中支付制度,在各预算单位全面推行公务卡结算,实现对财政资金的动态监控。截至当年底,全县共开办公务卡1997张。认真做好政府采购工作,共为采购单位办理187批次采购业务,完成预算采购资金1.29亿元,实际支付资金1.11亿元,节约资金1703.9万元,平均资金节约率为13.3%。切实加强行政事业单位国有资产管理,全年共审批、备案单位资产配置申请126批次,金额8542.1万元,19家单位闲置车辆和房产处置收入416.3万元,11家单位的21处房屋拍租收入272.7万元。认真组织开展会计信息质量检查,"小金库"专项治理工作,针对专项治理工作中发现的问题,深入剖析原因,逐步完善财政监督检查体系。

【认真做好资金监管】全县财政资金监管工作实现新突破,先后获得全省乡镇财政资金监管绩效考评一等奖、全省惠农补贴资金管理和发放工作绩效考评一等奖、全省乡镇财政规范化管理示范县、全国农村集体"三资"管理示范县等优异成绩。进一步做好乡镇财政资金监管工作,制定《关于创新泗县乡镇财政资金监管工作机制的实施意见》,大力推行村民监督委员会和乡镇包村干部监管机制,充分发挥村民监督委员会和包村干部就地监管作用。积极联合县检察、监察、审计和县直有关涉农部门进行抽查巡查,建立健全"两代表、一委员"评价机制和联合监督检查机制,形成乡镇财政资金监管工作齐抓共管的局面,确保财政资金安全。

【加强干部队伍建设】大力营造重视学习、崇尚学习、坚持学习的浓厚氛围,教育全县财政系统干部职工要"守纪律、讲规矩",始终做到"心中有党、心中有民、心中有戒、心中有责",使"守纪律、讲规矩"内化于财政干部的心中,外化于财政干部的行动,固化为财政干部的行为准则。在做好干部在线学习和会计人员继续教育培训的同时,积极组织乡镇财政干部参加皖北四市乡镇财政干部培训班,不断提升乡镇财政干部的业务素质和依法理财能力。认真组织开展全县农村财会人员财政支农政策培训班,对民生工程政策进行详细解读,提升农村财会人员的政策水平和业务能力,扎实开展财政调研工作,把调查研究中发现的新情况、新问题转化为对财政发展的思考和解决问题的措施,进一步提升财政工作效能。

【强化廉政风险防控】结合党的群众路线教育实践活动,不断加强廉政风险防控建设,制定《泗县财政局巡查工作暂行办法》,由局领导和相关股室负责人组成巡查工作领导小组,重点巡查涉农、涉企、社会保障、民生工程等财政政策、项目、资金管理落实情况,行风建设、密切联系群众等情况。扎实开展文明创建工作,当年全县财政系统共11个单位荣获"第八届宿州市文明单位"称号,23个单位荣获"第八届泗县文明单位"称号。认真做好"百姓热线"上线工作,局领导带队走进直播间,现场解决群众咨询反映的问题,对于线上未解决的问题,下线后及时移交相关股室限时包保办理,尽可能让所有问题当日上线、当日办结。自节目开播后,共上线22次,接听热线184个,其中:线上答复131个,线下办理53个,问题办结率为100%,群众对办理结果均较为满意,展现出财政部门良好形象。

(泗县财政局供稿　王杰、缪娜娜)

萧县财政工作概述

【概况】2014年,萧县财政收入完成13.45亿元,比上年增收1.77亿元,增长15.1%。财政支出完成38.25亿元，比上年增加支出1.37亿元，增长3.7%。

【保持财政平稳运行】实行财税任务目标管理，健全税收调度制度，对重点税源企业入库税收情况进行监控，建立“以票管税、源头控税”的管理机制，全年税收收入完成9.61亿元，占财政收入的71.5%。全年非税收入完成3.84亿元。在宏观经济下行压力加大、房地产调控政策趋紧、税收增幅持续下滑的情况下，调动各部门、乡镇发展经济的积极性，与上级对口部门沟通联系，争取项目、资金和政策扶持，全年申报经济发展项目84个，争取专项资金4.6亿元。为企业发展融资担保7.57亿元，争取贷款贴息资金450万元，办理免、抵、调减增值税354万元。拨付各类城乡建设资金6.21亿元。压缩一般性支出，重点加强“三公”经费管理。全年“三公”经费支出3714万元，较2013年下降22.5%。调度资金，保障重点支出，教育等13个大类的民生支出31.96亿元，占财政支出的83.5%。

【支持民生改善】多渠道筹措资金，保证各项民生政策执行到位。建立重度残疾人保障制度，把全县11355名符合条件的重度残疾人纳入财政保障范围。安排964.8万元，支持完善城乡居民社会养老保险制度。支持医药卫生改革，安排7000万元，实施基本药物制度；安排1315万元，支持完善覆盖城乡的医疗保障体系；新农合及城镇居民基本医疗保险财政补助标准提高到每人每年320元。优先保障教育发展，安排义务教育保障经费1.09亿元，保障学校正常运转；投入397万元，新建、改建和加固乡镇幼儿园12所；落实扶困助学政策，对11333名家庭经济困难学生发放生活补助680万元。对4778人符合条件的计划生育家庭发放奖励扶助金577万元。筹集安排6150万元，支持保障性住房建设。投入4974万元，加大棚户区改造；安排2123万元，用于农村危房改造。投入308万元，支持农村文化工程等公益性文化事业发展。支持农村环境整治，投入“三线三边”建设资金4031万元。

【落实强农惠农政策】粮食直补、农资综合补贴、良种补贴等22项4.32亿元涉农补贴全部打卡发放。通过“一卡通”发放农业政策性保险理赔资金2187万元。支持“三农”发展，农林水事务支出5.22亿元，整合支农资金1.86亿元；实施农业综合开发项目7个，投入资金2610万元；拨付财政资金5439万元，实施村级公益事业一事一议财政奖补项目205个；投入2831万元，完成农村公路危桥加固改造53座；筹集安排3895万元，实施美好乡村公共服务体系建设；投入6183万元，支持农村饮水安全和农村清洁工程建设。拨付资金3852万元，用于秸秆禁烧工作。

【推进民生工程组织实施】全县33项民生工程累计筹集资金12.4亿元，累计拨付资金12.4亿元，占到位资金100%；实际支出12.18亿元，资金支出率97.7%。在预算安排上，安排县级配套资金1.43亿元，鼓励引导群众自筹资金664.1万元。在资金拨付上，建立民生工程资金拨付“绿色通道”，加快资金拨付进度，让资金推着项目走。在资金支出程序上，对补助到人的项目资金，通过“一卡通”直接打卡发放到人；对补助到学校、医院、企业、培训机构的项目资金，直接拨付到用款单位；对工程类项目资金，按照“六制”管理要求，通过国库支付中心直接支付到施工单位。在资金管理上，健全完善民生工程专项资金管理办法、资金督查办法、资金筹集办法、工程“六制”管理办法等。在长效机制建设上，完善工程后续管护办法，安排管护资金2000万元，在10项民生工程中推行政府购买服务试点，支付资金7300万元。

【创新财政管理机制】树立财政“大监督”理念，建立覆盖财政资金运行全过程的监督机制，对外监督检查8个单位，内部监督实现全覆盖。建立财政管理一体化信息平台，预算指标下达、执行全部通过平台运行，对财政资金使用进行实时监控，强化指标控制。建立财政供养单位人员信息库，加强对财政保障及补助人员的动态管理。建立地方性政府债务信息管理平台，对本级政府性债务和乡镇政府债务进行动态监管和风险控制，全年消化政府性债务5.68亿元。建立乡镇财政资金和涉企涉农资金监管平台，强化对乡镇专项资金和涉企涉农资金的监督管理。加强行政事业单位资产管理信息系统建设，推行“两证”集中管理，纳入管理单位77个。全面推行公务卡改革，将县直预算单位和乡镇全部纳入公务卡改革范围，全年发放公务卡1984张，公务卡支出1249万元。推进电子化政府采购，全年实现政府采购资金40849万元，节约资金 5657 万元，节约率 12%。推进预决算和“三公”经费公开，除涉密单位外，实现全覆盖、全公开。

（萧县财政局供稿　刘光锋）

砀山县财政工作概述

【概况】2014 年，砀山县财政局在全面贯彻落实党的十八大和十八届三中、四中全会精神，紧紧围绕既定工作目标，把握稳中求进的总基调，实施积极的财政政策，狠抓增收节支，优化支出结构，全力以赴稳增长、调结构、惠民生、促和谐，为全县经济社会发展提供财力保障。

【全面完成预算收支任务】全县公共财政总收入 9.03 亿元，完成预算的 100%，比上年增收 1.18 亿元，增长 15%。全县公共财政支出 28.61 亿元，完成年度预算的 99.5%，比上年增支 1.74 亿元，增长 6.5%。公共财政支出继续向民生倾斜，重点支出得以保障。

【稳步实施 33 项民生工程】全县民生工程资金总投(筹)入 10.99 亿元，其中：中央资金 6.22 亿元，省财政资金 2.13 亿元，市财政资金 0.08 亿元，县级配套资金 1.36 亿元。截至当年底，年度各项目标任务全面完成，惠民成效显著。

【全面落实强农惠农政策】进一步完善财政涉农补贴发放制度，确保补贴资金及时打卡发放到户。全年通过“一卡通”发放涉农补贴资金 2.98 亿元，涉及项目 25 个大项，43 个小项。全面推进一事一议财政奖补工作，加强农村基础设施建设，全县共完成 84 个行政村一事一议财政奖补项目 110 个，项目总投资 5476 万元。农业综合开发工作 2014 年共获批 10 个项目，项目总投资 3627 万元。多方筹集并整合资金 1.82 亿元，支持美好乡村及本县“两大基地”、“三个联合体”建设。争取中央、省级财政扶贫资金 3579 万元，用于扶贫开发和整村推进项目基础设施建设。扎实开展政策性农险工作，全年完成保费收入总额 1896.5 万元，共理赔保户资金 1081.7 万元。

【积极服务县域经济发展】充分发挥财政职能作用，落实国家相关政策，积极争取上级资金，足额安排配套资金，加大对经济社会发展支持力度。筹集各类建设资金 1.7 亿元用于农村危桥、危房、棚户区改造、农村安全饮水、清洁工程、企业节能技改、环境保护、中小河流治理等社会事业发展。积极支持中小企业发展，县财政继续扩充资本金 2846 万元，使担保基金规模达到 1 亿元。全年共办理担保业务 108 笔，担保金额 3.05 亿元，截至当年底，在保 135 笔，累计在保余额 4.11 亿元，无代偿发生。

【加强财政科学精细管理】完善部门预算管理，严格预算编制和执行管理，强化预算执行月度分析，严格控制“三公”经费，全面推行预算信息公开，加强社会监督。继续深化国库集中支付制度和公务卡制度改革，逐步完善非税收入收缴制度改革。认真落实省委巡视组整改意见要求，努力做好教育、社保等专项资金的监督检查，规范政府采购监督管理。按照省市统一部署，认真开展财政涉企项目资金管理信息系统建设，初步实现各涉企主管部门通过网络进行涉企项目申报工作。加强政府性债务管理，全面启动政府性债务信息管理系统，建立融资平台月报制度，有效控制债务收支规模。认真清理专户结余资金，盘活存量资金，不断提高资金保值增值水平。

【深化机关效能和廉政建设】狠抓效能建设不放松，切实转变机关工作作风。严格请销假制度、上班刷卡签到制度、局领导班子带班督查制度、首问负责制等相关制度。按照县委、县政府统一部署，认真开展“激情之星”、“首届十佳理财标兵”评比表彰活动，弘扬正气树新风。利用报刊、网络、新闻媒体积极宣传财政工作，开展省级文明县城和文明单位创建工作。加强党风廉政教育，认真落实中央八项规定和省委三十条规定以及县委十二条禁令，牢固树立过紧日子思想，克勤克俭保障民生。结合党的群众路线教育实践活动以及省委巡视整改工作，财政局认真查摆自身建设方面存在的问题和不足，做到立行立改，着力保持“财政工作清正、财政干部清廉、财政作风清明”。

（砀山县财政局供稿　曹桂堂）

宿州马鞍山现代产业园区财政工作概述

【概况】2014年，宿马园区一般公共预算收入完成2.03亿元，比上年增收1.17亿元，增长134.8%,为预算的112.8%。其中:地方一般公共预算收入完成1.86亿元,比上年增收1.04亿元,增长128%。一般公共预算支出为1.79亿元,比上年增支1亿元,增长127.9%,为预算的129.51%。

【完成收入任务】紧盯年初计划,密切联系园区税务部门,加强税源管理,做到园区税收应缴尽缴,确保完成全年财政收入目标任务。园区全年完成财政收入2.03亿元,同比增长134.8%,在全市县(园)区增幅位居第一。

【加大民生支出】全年园区完成公共财政支出1.79亿元,其中民生支出1.50亿元,占公共财政支出的83.4%,较上年增长407.3%。增量支出主要投向民计民生和社会建设资金需求，着力改善园区托管范围内群众的生产生活。

【落实惠民实事】一是加快道路建设,改善群众出行。包括:投资30万元的蒿沟村蒿沟中学门前路项目、投资60万元的苗安村苗王路项目、投资90万元苗安村苗安老街项目主体工程、投资109万元的双王村至展桥村三乡路项目。二是逐步实施卫生院改造,改善群众就医条件。根据园区实际,2014年重点实施药闫村卫生室重建项目,投资45万元。三是加快九年义务制教育学校建设,改善区域内办学条件。投资3000万元建设宿马园区九年义务制学校,小学部建成并投入使用,有效改善区域内学生学习环境。

【保障建设资金】根据园区建设项目对资金的需求,加强资金调度,提高资金周转效率,按照园区财政资金“保项目、保运转”工作思路,对园区土地报批、征迁项目等费用支出优先安排,切实做到项目推进、资金跟进,及时、准确、高效做好财政资金拨付管理工作,保证各项建设需要。

【支持服务企业】一是积极探索解决园区新建工业项目融资难问题。与市中小企业担保公司合作,对园区成长性较好的企业增信,支持企业获得银行贷款,帮助解决项目建设投产“最后一公里”的融资需求问题，有效推动落户园区企业的起步与快速发展。二是下大力气开展农商行不良贷款清收工作。贯彻落实市委、市政府关于农商行不良贷款清收工作部署，积极组织人员开展托管范围内不良贷款清收工作,制定实施方案,明确责任,强化督查,加强调度,各阶段清收任务全面完成。

【加强跟踪审计】一是实行审计工作全覆盖。本着“合规、客观、廉洁、高效”的工作原则,园区所有财政类资金投资的建设项目做到全过程跟踪审计。建设工程的造价审计工作形成建设单位事前申请立项,事中跟踪审计,事后结算审核的全过程控制。二是不断强化审计队伍。完成新一轮审计服务单位的招标工作，新招标审计中介机构参与到园区审计工作当中,接续以往在建工程的审核,园区审计力量不断加强。三是创新审计工作新模式。积极探索尝试新的审计模式，在土地及房屋征收成本的跟踪审计过程中，将整个审计过程分为征收开始前的预算测算、征收中的支付审核、完成征收后的成本决算三部分,并出台《园区土地房屋征收跟踪审计流程》,全年完成前期土地征收成本决算审计资金4.65亿元,圆满完成园区全年审计任务。

（宿马现代产业园区财政局供稿　张桂银）

蚌埠市财政工作概况

蚌埠市财政工作综述

【概况】2014年,全市各级财政部门在市委、市政府坚强领导下,将“践行群众路线、深化财政改革、服务发展民生”作为财政工作三件大事,统筹稳增长、调结构、促改革、惠民生,财政预算执行和各项重点工作完成情况较好。全市财政收入突破200亿元、达到208.4亿元,增长14%,总量位居全省第4,增幅高于全省平均水平5.1个百分点,其中地方收入突破100亿元、达到105.3亿元,增长13.5%,税收收入占财政收入比重87.1%,较上年提升0.7个百分点;全市财政支出208.6亿元,增长9%,增幅高于全省平均水平1.8个百分点,各项重点支出得到较好保障,其中财政民生支出182.7亿元,占全部财政支出的87.6%。

【深化财政重点领域改革】坚持问题导向、改革创新,重点实施六项财政改革。一是创新产业扶持方式,构建“1+2+N”扶持产业发展政策体系,整合自主创新、工业强市、服务业发展、现代农业等资金,设立产业引导基金3亿元,支持重点产业发展。二是实施政府性债务管理改革。制定出台政府性债务管理办法,全面编制债务收支计划,清理、甄别政府存量债务,建立风险预警机制。三是加快推进政府购买服务。制定出台政府购买服务实施方案,在年初预算额度内补充编制2014年政府购买服务预算,173个项目纳入实施范围。四是全面推进预决算信息公开。制定出台信息公开工作方案,全市各级政府预决算、部门预决算和“三公”经费预决算全面公开,财政财务透明度进一步提高。五是积极推进营改增试点扩围。铁路运输、邮电通信企业顺利实现新旧税制转换,部分大中型企业主辅分离改革稳步推进,全年入库营改增增值税8.8亿元。六是实施国有资产资源管理改革。制定出台市直机关事业单位和市属国有企业资产清查实施方案,全面完成国有资产清查摸底工作。

【促进经济持续健康发展】认真落实积极的财政政策,服务全市经济发展大局。一是加大对实体经济投入。统筹各类促进经济发展资金34亿元,支持德豪润达、金刚玻璃、铁海联运、保税物流中心、皖酒集团等重点项目建设。二是落实减税清费政策。全年累计“减、免、抵、退”各项税费36亿元,兑现高新技术企业、小微企业税收优惠政策,按规定减免各项行政事业性收费。帮助中粮生化成功争取国家增值税、消费税减免政策。三是优化企业融资环境。完善政府性资金“以存促贷”考核评价体系,引导金融机构增加信贷投放,全市贷款余额突破1000亿元。采取财政贴息等方式,扩大企业专利权、商标权等质押贷款规模。支持昌盛股份、佳先股份和雪郎生物等企业在“新三板”挂牌。

【促进社会事业加快发展】按照“保基本、兜底线、可持续、促公平”的要求,完善财政投入机制,加大对基本民生和公益性事业等重点领域投入力度。一是保障和改善民生。投入资金45亿元,全面完成33项省级民生工程和12项市级民生工程。拨付高校毕业生、困难群体就业创业资金1.3亿元。兑现老村干、老民师等7类“老字号”群体生活补助政策。二是支持重点项目建设。拨付资金8亿元,重点支持“三馆”、龙子湖东公园、北师大附中等项目建设，支持市二院与上海长征医院合作共建，支持申办省十四届运动会。三是支持城市大建设。争取省转贷地方政府债券资金7.7亿元，主要用于新型城镇化试点、水蚌线外迁及综合改造。筹集各类资金64.5亿元，支持保障性安居工程和黄山大道、解放南路、中环线等项目建设。协助市城投公司获批国开行棚改贷款授信。

【促进城乡统筹协调发展】按照基本公共服务均等化和公共财政要求，积极整合财力，改进薄弱环节，支持加快城乡一体化进程。一是推进现代农业发展。完成农业综合开发投资1.1亿元，实施项目25个，改造高标准农田8.5万亩。拨付资金5380万元，支持设施蔬菜基地、土地规模流转、农业百佳工程建设，支持现代农业示范区和农业产业化示范区创建。拨付资金3500万元，支持农民合作社、龙头企业发展，大力培育新型农业经营主体。二是支持生态环境建设。安排美好乡村、“三线三边”专项资金3.3亿元，重点支持省级中心村和“千万亩森林增长工程”等项目建设。拨付秸秆禁烧和综合利用奖补资金1.1亿元，推进大气污染防治和环境保护能力建设。落实财政补助资金1.2亿元，支持渔民上岸和退网还湖工程加快实施。三是落实强农惠农政策。通过“一卡通”及时发放粮食直补、农资综补等27项涉农补贴资金12.8亿元，全市63万农户平均受益2032元。投入村级公益事业建设一事一议财政奖补资金1亿元，实施奖补项目509个。进一步扩大政策性农业保险范围，兑现灾损理赔资金6749万元。

【促进理财水平稳步提升】深入开展群众路线教育实践活动，以“为民理财促发展，务实清廉惠民生”为主题，加强和改进财政管理。一是严格预算管理。完善政府预算体系，全面编制公共财政、政府性基金、国有资本经营、社会保险基金四大预算。加强预算执行，盘活存量，用好增量。制定出台预算支出绩效评价实施方案，对重大项目实施财政重点评价或第三方评审。二是深化国库改革。国库集中支付电子化改革纳入全国首批试点，36家预算单位成功上线运行。率先在全国开展国库间歇资金竞争性存放改革试点。试编市本级政府综合财务报告。三是强化财政监督。按照省政府要求，建立健全财政涉企资金信息系统，规范项目资金申报、分配管理。开展“小金库”、“三公”经费等专项检查，完成行政事业单位会计人员从业资格专项调查及新《预算法》学习培训。

（蚌埠市财政局供稿 张永颜）

龙子湖区财政工作概述

【概况】2014年度，全区实现财政收入8.15亿元，同比增长6.3%。其中：地方收入完成5.84亿元，同比增长8.1%。实现税收收入7.09亿元，占财政收入比重为87%；实现非税收入1.06亿元，占地方收入比重为18.1%。

【科学组织收入】严格分解落实收入任务，强化目标责任；建立乡镇涉税信息共享的协护税工作机制，充分发挥综合治税功能，加大协护税力度；完善组织收入激励约束机制，提高组织收入积极性；强化税源管控，确保应收尽收。

【严格预算法规】严格执行《中华人民共和国预算法》《安徽省预算审查监督条例》和《蚌埠市龙子湖区区本级预算审查监督办法》，加强项目支出预算管理，加强对财政资金的审计监督，规范财政支出行为，确保实现收支平衡。全区实现财政支出4.96亿元，占年预算4.14亿元的119.9%，较去年同期4.69亿元增加2779万元，增长5.9%。财政民生支出4.26亿元，同比增长23.5%，占比85.8%。

【加大民生投入】年初预算安排的各项重点支出全部拨付到位，全年民生支出投入4.26亿元。教育、社保、医疗、住房保障等支出保持较快增长。其中教育投入1.05亿元，占财政支出的比重超过21%，社保投入占财政支出比重超过11%，医疗卫生、城市大建设、保障性安居工程、农村危房改造等各项支出均有大幅度增长。

【助推转型升级】一是落实企业发展政策，加强重点企业帮扶。二是实施“营改增”结构性减税政策，减轻和公平企业税负。大力推动6+1营改增改革试点工作，加大管理力度，全区实行营改增企业509户，其中：一般纳税人84户，小规模纳税人425户。营改增企业入库税收5585万元，同比增长57.9%。三是稳本培新，主动帮扶增强后劲。一方面深入企业，了解掌握纳税人的生产经营状况、资金状况和发展瓶颈，综合运用财税政策，发挥财政资金“四两拨千斤”的撬动引导作用，鼓励企业扩大生产、技术改造,增强企业发展动力;另一方面加大招商引资力度,推进园区基础设施建设,加快重点项目建设进度,发展创税产业,培育新的财税增长点,促进财政增收,增强财政增长后劲。

【财政改革有序】完成2014年预决算及"三公"经费信息公开工作,当年全区"三公经费"下降40%。加强政府性资产资源管理情况,建立健全国有资产管理内部责任制。建立国有资产动态管理网络系统,对各部门、单位国有资产的购置、管理和处置实行动态管理,加强对全区资源性、经营性国有资产的管理、使用和监督。加强和创新社会管理,推进政府购买公共服务方式。制定实施方案,规范有序开展政府向社会力量购买服务。加大地方性政府债务管理,防范化解财政风险。坚持"疏堵结合、分清责任、规范管理、防范风险、稳步推进"的原则,建立"借、用、还"相统一的政府性债务管理机制,促进债务规模与经济发展和财政收入水平相匹配、相平衡,全年共化解政府债务1.15亿元。稳步推进企业股权和分红激励试点工作,列入试点企业2户。加大对涉企项目资金管理力度。增强财政涉企项目申报、审核、资金拨付的透明度,提高涉企项目资金投入的规范性、公平性和效益性,全年争取涉企项目资金4836万元。

【实现依法理财】加强领导班子、干部队伍和基层组织建设,强化责任意识,做到廉洁自律、勤政廉政。调整完善财政资金拨付和支出管理办法,简化环节,规范流程,提高效率。

(龙子湖区财政局供稿 李广龙)

蚌山区财政工作概述

【概况】2014年,全区公共财政预算收入6.28亿元,上级补助收入1.12亿元,调入预算稳定调节基金48万元,收入总计7.40亿元;公共财政预算支出5.67亿元,下降29.51%,减少1.67亿元,上解支出1.73亿元。全区基金一般预算收入944万元,下降12.43%,减少134万元。全区基金支出1868万元,下降21.18%,减少502万元。

【抓好财政收支管理】一是继续完善和健全招商引资工作机制,进一步推动招商引资升温加压,为有效财源建设奠定坚实基础。二是清理规范财政奖扶政策,建立规范有序的奖扶机制,支持中小企业做大做强。三是推进重点项目建设,增强财政事业发展后劲。推动项目早投产、早竣工、早见效,为保持财政收入稳定增长增强动力。四是提升个体税收征缴中心运行水平,为纳税人提供一站式服务,增强国、地税等多部门协同配合依法征税的能力。五是进一步推进街道财税服务所职能建设,调动街道协税护税积极性,完善街道协税护税网络,增派协税护税力量,探索和制定税收委托代征办法,加强对分散、零星税源的征收管理。六是优化支出结构,严格预算约束,压缩"三公"支出和其他一般性支出,制定《蚌山区区直机关差旅费管理办法》《蚌山区预算单位公务卡制度改革实施方案》,规范"三公"支出。七是加强非税收入征缴力度,确保非税收入应收尽收。

【严格预算管理制度】严格执行新的《预算法》,深化部门预算改革,建立健全程序规范、内容完整、方法科学、公开透明的部门预算制度。建立和完善预算编制与预算执行、结余结转资金管理和行政事业单位资产管理有机结合制度。将非税收入全部纳入预算管理,完善国库集中支付和收入收缴运行机制。完善和规范预算稳定调节基金制度,确保预算编制和执行的合法性,确保财政资金收支规范和运行安全。

【加强财务制度建设】深化国库集中支付改革,规范财政财务管理,提高公务支出的透明度,控制行政事业单位的现金流和现金风险,简化行政事业单位的现金结算与财务报销流程,牵头制定《蚌山区预算单位公务卡制度改革实施方案》。加强"三公"经费支出管理,规范部门支出行为,制定《区直机关差旅费管理办法》等一系列规章制度,使财政支出更加高效、规范。

【推进预决算和"三公"经费信息公开】将推进预决算和"三公"经费信息公开工作作为推进政府信息公开的重大举措,得到各预算部门的理解和配合,整体工作运行平稳。全区61个预算部门的财政预决算和"三公"经费支出情况,在政府信息公开网全部公开。

【加强政府性债务管理】根据国务院《关于加强地方政府性债务管理的意见》和《蚌埠市政府性债务管理办法》要求,财政局坚持融资规模与偿债能力相适应的原则,不断拓宽融资渠道,积极争取银行信贷融资和地方政府债券的融资额度，坚持建立监控机制和风险预警机制原则，坚持计划融资、专户管理、专账核算、分类偿还原则，严格举债程序，严格控制债务风险。对2014年度地方政府性债务进行甄别、核查、上报，对存量债务逐年进行化解，本区债务规模始终处于低位、可控状态。债务管理实行月报制度，对债务增减变化、风险管理实行动态管理，实时监控，促使政府投融资行为更加规范。

(蚌山区财政局供稿)

禹会区财政工作概述

【概况】2014年，全区完成财政总收入11.72亿元，完成任务的88.3%。其中：地方收入完成7.48亿元，完成任务的96%。

【积极组织收入】强化征管措施，做好任务分解落实，明确征管责任，加强收入进度和质量考核，加强重点行业税源调查分析，科学制定应对方案。加大涉税信息共享力度，提升征管效率，“营改增”企业增值税完成1.1亿元，增长141%；房地产业完成2.4亿元，增长60%。加强协护税服务中心征管平台建设，加强个体和零散税收征管。

【保障重点支出】全年一般预算支出完成6.35亿元，同比增长32.9%。重点支出方面：投入公用经费1263万元，改善中小学办学条件。投入2000万元，用于学校标准化建设、品牌学校打造以及马城农村薄弱学校建设。投入专项资金1373万元，用于改善办案条件、新法院建设、消防指挥中心建设。投入经费 370万元，用于花鼓灯传承人生活补贴和文化场所建设，促进辖区群众文化生活。完善社会保障体系建设，12.4万人次享受城乡低保待遇，发放低保金3714万元。加大社会保障事业补助力度，投入3720万元，保障辖区群众基本生活需求。投入306万元，用于计生奖扶特扶及企业退休独生子女补助。投入公共卫生等经费1715万元，新建马城应急救治中心，促进辖区人民群众基本公共卫生服务均等化。投入社区建设282万元，用于辖区精品社区和薄弱社区基础设施建设。

【推进财政管理改革】全年公务刷卡支出703万元。全力推进政府向社会购买公共服务方式，进一步推动政府职能转变。加强国有资产管理，完成全区109家《行政事业单位资产管理信息系统》录入升级工作。强化采购监管，规范采购行为，全年采购招标项目155个，采购资金4871万元，规范公共资源交易行为。“三公”经费得以控制，行政成本明显降低。财务管理等监管制度进一步健全，风险防控措施有效，资金安全得到保障。

【扎实推进民生工程】全力实施35项民生工程，投入民生工程资金2亿元，其中区级配套5977万元。城乡医疗救助、高龄补贴、贫困残疾人救助等补助发放类全部按序时进度发放到位，保障辖区困难群众的基本需求；工程类项目进展顺利，345套公租房已基本建成，农村危房改造、农村清洁工程、“菜篮子”工程等工程类全部完工。

【支持经济发展】扶持支柱企业发展，退付中粮生化等企业增值税3865万元，兑现玻璃设计院、八一化工等企业发展奖励资金5293万元，有效缓解企业受经济下滑影响带来的压力。投入3190万元，用于改善小微企业产业园、机械装备制造产业园基础设施。服务招商引资企业，投入项目资金2.2亿元，促进北师大、欧尚超市等项目建设。支持企业科技创新，投入3337万元，用于专利资助、新三板奖励、合芜蚌创新奖励、关停高耗能企业。新增6家企业申报股权和分红激励方案。扎实推进营业税改征增值税改革试点，拨付扶持资金7845万元，有效减少交通运输业和六类现代服务业税负。出资3000万元与蚌投集团合资成立“蚌埠天河建设发展股份有限公司”，启动环天河周边区域进行开发建设。

【落实支农惠农政策】完善财政补贴农民“一卡通”平台，组织发放惠农补贴3913万元，主要用于发放粮食直补综补、良种补贴、农机购置补贴、计生奖扶特扶、政策性农业保险理赔、村两委人员补助等。做好离任村干部、原民办教师、老兽医等人员生活补助工作，农村七个“老字号”工龄补贴142万元纳入“一卡通”发放。

【支持城市改造提升】推进旧城改造步伐，统筹各类项目资金5.2亿元。支持环卫事业发展，投入环卫经费1652万元。投入征迁拆违、文明创建经费434万元。综合各项投入，全年大建设资金累计支出12.5亿元，城市面貌有效改善。

【强化财政监督和服务工作】坚持科学理财、

依法理财,加强财务管理,落实内部监督制度,管好用好财政资金，进一步加强会计电算化的管理工作,认真组织会计人员参加继续教育培训,努力做好对各部门的财会服务,严肃财经纪律,防范和化解违反财经纪律的情况,切实做好廉政建设。

(禹会区财政局供稿)

淮上区财政工作概述

【概况】2014年,全区财政总收入9.01亿元,完成年预算的104.9%，较上年增长20.6%，增收1.54亿元。其中:地方财政收入7.36亿元,完成年初预算的105.2%，较上年同期增长21.2%，增收1.29亿元;中央收入1.47亿元,完成年初预算的99.7%,较上年同期增长14.5%,增收1871万元;出口货物退增值税1825万元，完成年初预算的146%,较上年同期增长56.4%,增收658万元。财政总支出7.72亿元,完成年初预算的124.5%,较上年实绩增长13.8%,增支9379万元。

【加强收入征管】一是财税部门通力配合,及时分析税源结构,做到目标明确、责任具体。二是按月对收入进度进行统计和分析，及时掌握税收入库变化情况,分析原因,积极采取应对措施。三是加大对重点项目、重点工程的税收征管力度和对规模企业的纳税情况掌控力度，及时掌握重点税源变动情况。四是强化收入征管措施,严厉打击各种偷税、逃税、骗税等涉税违法行为。五是加强对政府性基金收入、各单位行政性收费及罚没收入管理,保证各项非税收入及时足额入库。

【优化支出结构】确保工资运行机制,保证工资正常发放。单位公用经费、部门业务费按计划足额拨付,确保机构正常运转。确保支农、教育等法定支出及民生工程、城市基础设施建设等区政府重点项目需求。

【支持经济发展】全面推进“营改增”,兑现“营改增”扶持资金8502万元。取消28项行政事业性收费,减轻企业和社会负担500余万元。拨付资金8828万元,用于扶持中小企业发展。安排实施一事一议项目39个，投入资金894万元，受益人口11.9万人。发放涉农补贴13项6600万元,理赔农业保险473万元。投入资金1000万元,推进土地治理项目和产业化经营项目，经济效益、生态效益、社会效益全面提升。

【加大民生投入】全区共实施36项民生工程,其中省级民生工程 26项、市级民生工程10项。总投资3.58亿元,其中上级配套资金2.34亿元、地方配套资金1.24亿元,全部拨付支出到位。义务教育保障、就业技能培训、城乡基层文化事业、社会保障、住房保障等事业全面发展。

【推进财政改革】一是完善预算管理制度,非税收入全额纳入预算管理,细化项目支出,建立综合预算新格局。二是加快预算执行进度,开展专户资金结余清理,盘活存量资金,提高支出的均衡性。三是加大预算公开力度,区直各部门财政预(决)算、“三公”经费预算、专项资金向社会公开。四是启动预算绩效管理，组建绩效评价机构，制定相关制度,探索提高财政管理水平新途径。五是强化厉行节约,规范公务消费管理,遏制“三公”经费不合理增长,全年“三公”经费同比下降39.7%。

【加强财政监管】一是深入开展违反中央八项规定和财经纪律以及“小金库”专项治理工作,对全区85个行政事业单位开展自查自纠和重点检查。二是组织惠民惠农政策落实情况的监督检查。对惠民资金的拨付情况逐项进行核实，涉及各项资金3500万元。三是对美好乡村公共服务体系建设奖补资金使用过程存在的问题进行整改，纠正资金管理和使用中存在的问题，促进项目工程的迅速启动、工程质量的监管和项目竣工的验收。

(淮上区财政局供稿　钟敏)

蚌埠经济开发区财政工作概述

【概况】2014年，全区实现财政收入11.04亿元,同比增长24.1%。其中:地方收入完成7.75亿元,同比增长20.4%。财政支出8.01亿元，同比增长24.2%。

【积极组织收入】大力组织税收收入,一是加强收入分析调度。加强组织财政收入的调度工作,强化预算执行情况分析，为保持财政收入稳定增长提供重要保障。二是加强税收收入征管。严格依法强化税收征管，确保各项税收收入及时足额入库。三是加强收入结构调整。严控非税收入占比,进一步优化财政收入结构，不断提高财政收入质量。全年共组织税收收入10.86亿元,占财政收入比重为98.4%,财政收入质量良好。

【优化支出结构】积极筹集调度资金,调整和优化财政支出结构,加大对民生事业的投入力度,对涉及民生的各项支出,切实做到预算足额安排,资金及时拨付,全年民生支出7.07亿元,比上年增长27%。一是支持教育均衡发展。共拨付教育支出9176万元,比上年增长7%,足额保障区内农村义务教育经费，进一步促进区内义务教育均衡发展。二是支持惠农政策落实。共拨付农林水事务支出518万元,比上年增长135%,确保农作物良种补贴、农机具补贴等惠农资金及时足额拨付。三是支持完善城乡社会保障和医疗保障体系。共拨付社会保障和就业支出2827万元,比上年增长33.5%;拨付医疗卫生支出2013万元,比上年增长23.3%。四是支持基础设施工程建设。共拨付资金4.38亿元,有力地支持区内各项重点工程建设。

【转变预算编制方式】推进预决算及“三公”经费公开,主动转变区级部门预算编制方式,在坚持零基预算、综合预算、注重绩效、厉行节约的原则下，对全区36家预算部门实现全口径预算编制,将预算支出划分为行政运转、民生保障、产业发展、城市建设四大支出板块,进一步细化部门预算的重点支出。制定下发区级预决算、“三公”经费及项目支出信息公开工作方案，并按照要求完成2013年度区级决算公开和2014年度区级预算及“三公”经费预算公开工作。

【强化预算监督方式】推行区级预算单位会计集中代理核算,上收统管区级预算单位35个银行账户,实现单位预算执行情况的公开透明。在不改变预算单位会计主体资格、财务审批权限、资金所有权的前提下,加强财政部门对资金的全程监督,及时掌握信息提升服务水平。推行预算资金核算管理支付信息化水平，进一步提高财政资金使用效率。

（蚌埠经开区财政局供稿　何玉）

蚌埠高新技术产业开发区财政工作概述

【概况】2014年,全区实现财政总收入14.6亿元,总量位列全市第二,同比增长16.9%,超目标任务1.9个百分点,其中地方财政收入8.7亿元,同比增长40.7%。全区公共财政预算支出为9.4亿元,同比增长90.7%,实现财政收支平衡。

【抓收入中心工作】一是定期主持召开财税形势分析会,统计分析重点企业税收增减变化情况,制定《天河科技园财政管理体制》,提高收入征管积极性。财税部门密切配合,强化征管力度,成立高新区税收代征点，加强对零散税源及小型建安税收的征管,做到应收尽收。二是积极排查,深挖税源。积极深入纳税大户,掌握企业生产经营和税源情况。强化对新项目新出让土地的监管和排查,确保税收足额征缴入库。三是加强收入的计划性。进一步强化财政收入预测机制,做到早计划、早安排、早落实;重视财政收入分析工作,通过分析找差距、定措施、抓落实。

【强化财政支出管理】一是加强预算资金的管理。制定出台《关于部门预算编制管理的暂行办法》《关于进一步规范管委会机关各部门经费支出审批的暂行办法》《公办中小学公用经费审批办法》《差旅费管理办法补充规定》等制度文件,规范编制部门预算,严格预算约束机制,提高资金使用效益。二是推行预决算信息公开制度。按全市统一部署,2014年预算、2013年决算及“三公”经费等信息一并在门户网站进行公开。三是开展专项治理工作。开展财政专户清理以及“小金库”专项治理工作,规范财政专户管理,严肃财经纪律。四是加强建设资金的管理使用。进一步完善和强化由区财政、建设、监察、高投、建发等多部门参加的关于建设项目资金审核支付的每周联合会审制度。进一步强化工程审计审核工作。

【积极筹措建设资金】一是强化收入征收力度。加强预算收入的征管,确保完成目标任务,尽可能超收多收。加大土地出让金的跟踪力度,确保土地出让收入及时足额入账。二是多渠道筹融资。积极配合高投集团,实现融资模式多样化,全年完成筹融资30亿元。

【加大企业支持力度】一是积极兑现企业奖励政策。在预算中足额安排各项企业奖励资金,协同业务主管部门,做好企业项目申报工作,积极争取上级资金。二是积极支持非银行金融组织为企业提供资金需求。积极支持创投公司、担保公司、小贷公司等为各类企业提供资金,缓解中小企业的资金困难。三是积极推动企业上市。与高投集团密切配合,助推企业做大做强,当年全区共有3家企业成功在新三板挂牌上市。四是推动企业实施股权和分红激励试点,方圆机电等3户企业纳入2014年试点范围。

【完成涉农各项工作】一是积极做好粮补资金兑付工作。足额发放粮补资金,完成秦集、天河的财政内网线路安装调试工作。二是积极推动农业基础设施建设。有序推进实施大洪山石榴园产业项目建设,对划入的农业生产道路等14个"一事一议"财政奖补项目进行了验收。实施了贡姚泵站等4个农田水利设施项目。

【组织实施民生工程】一是有序组织实施民生工程工作。全区承担28项民生工程项目,分解任务,明确责任。二是强化资金保障。各项资金及时落实到位,确保专款专用。三是加强协调与督导。多次召开推进会和联络员会议,以会议、文件、电话等方式进行督办,深入现场督导保障房项目建设。制定《高新区民生工程信息网上公示制度》《高新区民生工程特邀监督员制度》,邀请2名人大代表担任特邀监督员,督促指导民生工程实施,巩固提升民生工程惠民实效。

(蚌埠高新区财政局供稿)

怀远县财政工作概述

【概况】2014年,全县财政总收入20.51亿元,比上年增长10.9%(剔除区划调整因素增长22%)。财政总支出完成45.36亿元,占预算的98.3%,比上年增长6.4%。

【推进农村经济发展】一是加大财政投入,夯实农业基础。投入资金1.2亿元,建成高标准农田24万亩;投入土地整治资金1.22亿元,新增用地0.56万亩;投入"八小"水利工程和小农水重点县资金5100万元,受益面积24.3万亩;投入"一事一议"财政奖补资金4745万元,实施农村公益项目192个,修建道路241公里、水渠224公里;投入农业综合开发资金6300万元,建成高标准农田5.56万亩;投入扶贫开发资金2300万元,改造中低产田3.5万亩,修建道路86公里,减少贫困人口1.1万人。二是落实惠农政策,农民收入增长。全县通过"一卡通"落实惠农补贴资金5.25亿元;农机购置补贴资金3775万元;政策性农业保险资金4851万元;投入资金294万元,保障夏收秋收顺利实施。当年农民实现人均可支配收入11000元,较上年增长21%。三是加强政策引领,提升农村产业。投入资金1600万元,支持农业科技创新、农产品质量安全和动物防疫等服务体系建设;投入资金620万元对29个农业产业化企业进行奖补,新增农民专业合作组织176个;投入资金540万元对2700亩新建的设施蔬菜大棚进行奖补;投入资金550万元,对33个标准化养殖小区进行奖补;投入资金330万元对种粮大户进行奖补;投入资金600万元,在茨淮新河大堤建成1000亩石榴示范园。四是推进综合改革,创新农村机制。投入财政资金4518万元,推进农村综合改革示范试点工作。投入资金500万元对26个规模流转土地经营主体进行奖补;投入资金560万元对农村物流体系建设进行奖补。投入资金4320万元,保障村干部待遇和办公场所建设,进一步巩固农村基层政权。

【推进县域经济发展】一是支持园区平台发展。投入资金5395万元,用于小化工企业关闭退园。投入资金1.8亿元,用于园区道路沟渠等基础设施建设。二是支持企业发展。投入资金3143万元,支持华润啤酒等7家重点企业做大做强。投入资金639万元,支持宏发滤清器等35家企业进行技术改造。投入资金60万元,对全县符合股权激励和分红试点项目奖励条件的6家企业给予奖励。投入资金7788万元,支持鸿远电子科技公司等5家招商引资企业基础建设。三是支持全民创业。投入资金1592万元,用于民营企业奖补,投入资金1280万元,用于民营经济专项扶持。投入资金2053万元,落实再就业政策。投入387万元小额担保贷款贴息资金,为642户个体经营户提供贴息贷款4096

万元。四是支持融资平台发展。投入资金2540万元,用于全县中小企业担保公司增加注册资本金。截至当年底,注册资本金达到2.9亿元,中小企业担保贷款余额达到19.76亿元,贷款户数达到217户。投入资金626万元,支持金融企业为“三农”服务。

【推进美丽怀远发展】一是支持美丽县城建设。投入资金5.87亿元,用于新城区路网建设;投入资金4450万元,用于市政维护、绿化管护、涡河三桥维修等市政基础设施建设;投入386万元,用于县污水处理厂提标改造;投入资金600万元,用于城市规划及文化场馆设计;投入资金2012万元,用于污水管网、节能减排等环保建设;投入资金1.19亿元,用于棚户区改造、渔民上岸等保障安居工程建设;投入资金519万元,支持全县三轮车退市和免费人群公交补助;投入资金1965万元,用于法院审判综合楼、公安技侦大楼、消防应急救援中心建设。二是支持美好乡村建设。投入资金4536万元,实施9个美好乡村示范村建设;投入资金7600万元,用于农村安全饮水工程建设;投入资金1255万元,用于农村危房改造;投入资金120万元,用于农村清洁工程项目建设。投入资金1000万元,用于涡北新一号沟环境整治工程。三是支持环境整治及旅游景区建设。投入资金3504万元,用于支持三线三边整治工程;投入资金2876万元,用于治理秸秆禁烧工程;投入资金880万元,支持环城堤顶路改造、白乳泉环境整治、湿地公园建设;投入资金380万元,用于荆山发射塔上山道路建设;投入资金1000万元,用于“绿满荆山”工程。投入资金70万元,支持创建一家“四星级”、两家“三星级”农家乐,丰富全县旅游资源。投入资金5194万元,支持“千万亩森林工程”建设,完成造林5.2万亩,全县森林覆盖率达17.69%。

【推进社会事业发展】一是支持教育优先发展。全年投入教育经费12.87亿元,占财政总支出的28.3%。二是支持科学文化体育发展。投入资金187万元,用于支持企业的科技创新与技术改造;投入资金240万元,用于专利资助申请奖励。投入资金400万元,用于农村文化建设;投入资金166万元,为图书馆、文化馆、博物馆、乡镇综合文化站免费开放提供保障。三是支持卫生计生事业发展。投入资金1591万元,用于县级医改药品零差率补助;投入资金4097万元,用于乡镇卫生院医改补助;投入资金548万元,用于村卫生室医生补助;投入资金2858万元,用于农村公共卫生服务。拨付新农合基金 4.13亿元,用于住院补偿、大病救助;投入资金105万元,用于新农合医疗证换卡工作;投入资金701万元,用于支持乡镇卫生院(室)等基础设施建设。投入资金279万元,用于7个乡镇计生服务所建设;投入资金260万元,为6250对夫妇做孕前健康检查;投入229万元,用于计生奖扶、特扶,受益农户1991户;投入资金4738万元,用于支持乡镇计生事业发展。四是支持交通事业发展。投入资金1200万元,用于茨河大桥建设;投入资金320万元,用于城西道路及配套雨水管网工程世行项目还贷;投入资金300万元,用于涡河五桥项目前期征地拆迁及工程建设;投入资金240万元,用于农村危桥改造;投入资金4154万元,用于农村公路建设。五是支持社会保障事业发展。发放1.4万名离退休人员养老金、634名企业遗属养老金及遗属补助费2.81亿元;发放372名未参保退休人员生活补助费187.5万元;发放4543名被征地农民参保人员养老金640万元;发放全县15.6万城乡居民养老金1.16亿元;发放城乡低保资金9221万元,其中农村低保2796万元、城市低保6245万元、涉及46.9万人;发放“老字号”群体工龄补助1690万元,惠及7522人。

【推进财政事业发展】一是推进预决算信息公开改革。首次对58家县直各部门的部门预算和“三公”经费预算进行公开,对58家县直部门的2013年度部门决算进行集中公开,接受社会监督。二是推进政府性债务管理改革。制定《怀远县政府性债务管理办法》,使政府债务管理更加规范。三是推进财政监督和预算公开评审改革。组织开展贯彻落实八项规定、严肃财经纪律、小金库治理专项检查;建立和推广涉企资金管理信息系统,加强对专项资金的监管。出台《预算公开评审方案》,对县直五家单位项目支出预算进行公开评审,探索财政开门办预算的新途径。四是推进国库管理工作改革。进一步规范财政专户管理,严格专户开立程序,清理撤销财政专户10个。制定《怀远县加强财政性资金规范管理实施意见》,对各单位本级安排的当年结余资金全部收回。清理财政专户项目结余资金,对2011年以前项目结余进行清理,涉及项目105个,资金2787万元。深化乡镇国库集中支付改革,19个乡镇全面实施国库集中支付,当年直接支付4.19亿元,授权支付1.86亿元。修订完善《怀远县县本级政府性资金存放商业银行考核评价激励办法》,2014年净增利息收入1000万元。五是推进四项重点改革。包括创新全县包村干部对涉农资金监管改革;创新专项资金管理新模式,出台《怀远县专项资金整合实施意见》,清理归并分散在不同部门管理的45项7791万元同类资金;创新普通高中教育债务化解新机制,出台《关于化解普通高中债务工作方案》,计划用5年时间完成普通高中债务化解工作;创新养老服务机制,促进民办养老机构发展,出台《关于鼓励社会办养老机构的实施意见》,当年新建民办养老服务机构4家,新扩建床位995张,新增投资500万元,新增建设面积8955平方米。

(怀远县财政局供稿)

五河县财政工作概述

【概况】2014年,全县财政收入12.2亿元,剔除区划调整因素,比上年同期增长15.6%。全县财政支出27.84亿元,比上年增长4.1%。

【优化财政支出】一是加大民生工程资金投入力度。全县实施45项民生工程,其中省级33项,市级12项,涉及本县有目标任务的39项,总投入14.82亿元,比上年增加4.64亿元,增长45.57%。二是完善社会救助体系,提高救助标准。全年发放企业职工基本养老保险金1.85亿元、城乡居民养老保险6500万元、城市低保资金1805万元、农村低保资金3400万元;安排高龄老人补贴资金578万元、残疾人补救助资金734万元;实施积极的就业扶持政策,安排再就业资金1820万元。三是保持医疗卫生投入,改善基层公卫条件。全年拨付新农合资金2.45亿元,城乡医疗救助资金859万元。四是落实教育支出,保障教育事业发展。拨付义务教育公用经费4426.2万元,保障教育教学工作正常开展;安排各类帮困助学补助资金1965万元,保障学生顺利完成学业;安排资金1.26亿元,实施薄弱学校改造、校舍维修和学前教育等工程建设。五是整合涉农资金,助推美好乡村建设。本年度全县共有13家县直单位共48个涉农项目,资金规模为3.58亿元,其中中央财政资金1.16亿元、省级财政资金1.14亿元、市级财政资金1300万元、县级财政资金1.07亿元、乡镇及农民自筹2100万元。涉及6个美好乡村重点示范村建设的资金6100万元。截至当年底,全县共拨付美好乡村建设资金3548.7万元,其中2013年度资金2884.01万元、2014年度资金664.7万元。六是落实惠农政策,推进"三农"工作。全年通过"一卡通"发放粮食直补、良种补贴、农资综合补贴等涉农财政补贴资金3.92亿元,比上年同期增加6203.9万元,增长18.7%;全县审批通过一事一议财政奖补项目105个,共完成筹资454万元,村集体资金273万元,其他资金38万元,财政奖补资金1976万元,支持农村道路和基础设施建设。

【深化财政改革】一是稳步推进预决算公开工作。部门预决算公开工作顺利推进,实现"两规范、两方便",即"规范财政收支行为,规范预算部门收支行为,方便社会监督,方便财政监管"。当年,全县三公经费支出同比下降16%,其中公务接待费同比下降23%,公务用车运行费同比下降12.3%。二是实现国库集中支付全覆盖。将乡镇中小学集中支付纳入国库集中支付范围,共撤销单位账户32个,变更为缴纳医保公积金的横联户1个,缴入往来户资金270.7万元,缴纳非税收入户0.7万元,乡镇中小学自6月起顺利上线运行。三是严格审核,加强政府性债务管理。建立"常态监管、源头治理"的规范政府性债务管理长效机制。四是协调配合,积极推进"营改增"试点工作。全县营改增户数282户,其中一般纳税人71户,小规模纳税人211户,全年共入库营改增增值税1.22亿元。五是积极探索,稳步开展政府购买公共服务工作。全县政府购买社会服务总投入3697.8万元。六是加快推进财政涉企项目资金管理系统应用。全年涉企项目共计14个,其中:县本级预算安排涉企项目12个,资金2185.3万元;省级切块资金1个80万元;市级切块资金1个137.2万元。已纳入涉企系统管理的项目12个,通过涉企系统已申报各类项目8个(含省市切块资金项目2个),项目涉及企业15个。七是开展国有资产清理,确保资产保值增值。对全县14个乡镇、3个县直属国有企业、61个县直主管部门、508个基层单位的房屋和土地,进行资产清查并取得初步成效。清查后,全县国有房屋建筑面积为133.3万平方米,占地面积426.5万平方米,账面价值12亿元。

【推进部门会商】一是用责任机制强化会商。成立领导小组,建立一把手负全责、分管领导分工负责制度,局分管领导负责督促、帮助、指导分管科室(局)、单位联系点的会商工作,局机关各科室、局属各单位具体承办相关工作,承担直接责任,构建一级对一级负责的工作机制。二是用创新方式拓展会商。拓展会商范围,由县直一级预算部门会商拓展到二级预算部门或服务单位会商。三是用监督机制巩固会商。全局共会商单位200余个,累计会商895次,解决各种问题862个。

【狠抓效能建设】一是整改"四风"问题。制定"两方案一计划",提出18项整改落实任务、22项专项整治任务和28项制度建设任务,内容涉及加强班子建设、推动财政事业改革、强化财政资金管理、建立健全制度体系等方面,针对每一项整改任务,明确责任人,规定完成时限,做到件件有整改、件件有落实、件件有实效。截至当年底,各项整改措施全部得到落实,并通过党组会审议。二是提升效能建设。开展学习教育、加强监督巡查,对财政系统干部职工"懒、散、软"现象进行集中整治。经整治,财政干部职工精神面貌发生明显变化,"吃、拿、卡、要"现象杜绝,自觉意识和服务意识增强,服务水平提升,受到各界赞许。三是加强厉行节约。全年"三公"经费大幅压缩,其中,公务接待费用10.87万元,同比下降61.5%。

(五河县财政局供稿)

固镇县财政工作概述

【概况】2014年,全县累计完成财政收入10.84亿元,较上年增长20.2%,增收1.82亿元,其中税收收入占财政收入的80%,超过省下达不低于70%的目标要求,实现财政收入总量和质量的"双提升"。全县财政支出完成25.88亿元,较上年增长6.5%,增支1.59亿元,县本级支出22.06亿元,增长6.4%。

【抓好财政收入征管】密切配合国税、地税部门,克服税源单一、结构性减税、刚性支出增多等因素影响,坚持靠发展促增收,以增收保发展,收入总量首次突破10亿元大关。

【保障民生项目实施】37项民生工程到位资金7.78亿元,其中县级配套1.3亿元。当年,全县民生工程考核项目40项,其中19项获得全市第一名,8项获得全市第二名,综合排名位列全市第一,实现民生工程工作"六连冠"。

【服务地方经济发展】一是资金扶持。贯彻落实小额担保贷款政策,为582户下岗失业人员和创业困难者办理小额担保贷款1630万元,并据实全额贴息。支持劳动密集型企业发展,认定10家劳动密集型小企业,拨付贷款贴息13万元,合同贷款7308万元,解决企业资金周转困难。二是政策引导。做好财政补贴农民资金"一卡通"发放工作,确保惠农补贴资金及时足额发放,全年通过财政补贴"一卡通"发放各类惠农补贴25项,金额2.25亿元。扩大农业保险覆盖面,做好理赔工作,全年午季小麦受灾理赔448.9万元,能繁母猪理赔94.6万元,秋季作物理赔558.6万元,特色农业保险理赔50万元,促进农村经济发展。三是优化服务。结合党的群众路线教育实践活动,积极协调各有关单位,深入基层、深入企业,着力推进"整贷直发"小额担保贷款工作。全年财政投入担保基金900万元,累计发放小额担保贷款340笔,实现贷款3671万元。优先安排科学技术预算资金1100万元,主要用于科技项目配套、产学研活动、专利申报及保护等,重点支持全县支柱产业的科技创新与成果转化。

【加快城乡基础建设】通过财政预算安排、整合项目资金等方式,支持城乡基础建设,推动城乡发展齐头并进。一是保障城市重点项目建设。按照县委、县政府"开发建设南城区、改造提升老城区、巩固完善北城区"的发展思路,共投入资金21.3亿元,提高群众生活品质,推进"大美固镇"建设步伐。二是统筹城乡发展。主动协调,整合项目资金,支持徐郢、桥东、南屯、马铺和浍南5个美好乡村示范村建设。全年投入各类资金3.67亿元,其中财政专项资金9500万元、整合涉农项目资金8100万元。充分发挥一事一议财政奖补的平台作用,全年整合县级财政配套资金364.2万元,建设完工一事一议财政奖补项目128个。三是做好农业综合开发项目建设。投资2417.3万元实施新马桥高标准农田建设示范工程和仲兴中低产田改造土地治理项目;投资450万元完成年产1000吨酱卤牛肉制品加工、2000吨粉丝加工扩建等4个产业化经营项目,受益500余户2247人,人均纯收入增加850元左右,促进传统农业向现代农业转变,带动农户增收。

【推进社会事业发展】一是优先保障教育事业发展。全县公共财政教育支出4.98亿元,比上年增长4%,其中用于义务教育支出3.91亿元,并于11月份顺利通过"全国义务教育发展基本均衡县"评估认定;投资296万元建设改扩建项目4个,投资1720万元全面改善薄弱学校办学条件,投资1332万元建设食堂项目7个,投资854万元进行农村中小学校舍维修;补助5.2万名学生"两免一补"资金4708万元;补助4267名寄宿生生活费533.4万元;对4572名学生发放奖学金、助学金341.6万元,免除237名学生学费20.9万元,对457名贫困大学生发放救助金188.9万元。二是统筹兼顾医疗卫生改革。全年拨付公立医院综合改革补助1061万元;发放城乡居民大病保险补偿408万元;发放城乡居民养老保险5983.5万元;开展城乡医疗救助7.7万人次,发放救助860.5万元;建立城乡居民健康档案50.3万人,建档率达132%;适龄儿童免费接种第一类疫苗、儿童免疫规划疫苗24.71万人,接种率达104%;新型农村合作医疗参保55.4万人,参保率达102.49%。三是足额拨付农林水事务支出。全年农林水事务支出1.33亿元,其中农业项目支出6574.7万元,占49.5%。

【加强财政监督检查】一是完善预算管理机制。建立健全预算编制、执行、监督三个环节相互分工、相互制约、相互促进的预算管理机制,改革预算方式,实行二上二下,提高预算编制和执行管理水平,财政收支预算更加完整、规范和透明。二是推进非税收入收缴制度和公务卡改革。非税收入收缴管理信息系统全面上线运行,实行票款同行;主动与银行、预算单位联系,督促预算单位在指定银行办理公务卡848张,逐步减少预算单位现金支付,提高公务消费透明度。三是深化国库集中收付制度改革。制定《固镇县恢复预算单位会计核算权工作实施方案》,撤销实体账户41个,全面完成会计核算权移交预算单位工作。四是实行日常监督和专项监督相结合。严格执行中央八项规定和县委22条规定,严肃财经纪律,制定出台《关于党政机关厉行节约从严控制"三公"经费支出的意见》,全县"三公"经费支出1950万元,比上年减少803万元,同比下降29%。五是加强政府性债务管理。对全县存量债务进行清理甄别,积极与各举债单位、融资平台公司核对债务情况,测算相关指标,分析逾期原因,降低政府债务风险。当年,全县政府性债务率、新增债务率、逾期债务率等指标均小于省预警考核指标。

(固镇县财政局供稿 杨鹏)

阜阳市财政工作概况

阜阳市财政工作综述

【概况】2014年，阜阳市财政部门紧紧围绕市委市政府重大决策部署，自觉服从和服务于全市经济社会发展大局，统筹抓好稳增长、促改革、调结构、惠民生各项工作，有力推动全市经济社会稳中向好的良好发展势头。

【完成收支任务】积极应对宏观经济下行和国家一系列结构性减税政策的双重压力，密切关注重点企业税源变化，做好重点税源监控，采取切实可行的征管措施，充分挖掘增收潜力，全市财政收支持续稳定增长，圆满完成预算任务。全市财政收入完成180.2亿元，同比增收23亿元，增长14.7%，收入增幅和总量分别位居全省第三位、第七位。财政收入呈现四个特点:一是收入质量明显提升。全市共完成地方税收收入80.4亿元，占地方收入比重为77.7%，比上年提高1.2个百分点。非税收入占总收入12.8%。二是主体税种明显增长。增值税、消费税、营业税、所得税四大主体税种共实现税收107.2亿元，同比增长11.2%，占财政总收入60%。三是行业发展明显升级。全市建筑业、房地产业、金融业及再生资源行业实现税收64.7亿元，增长25.5%，弥补传统行业减收带来的不利影响。四是县区实力明显增强。全市县区完成财政收入132.3亿元，同比增长23.3%，快于全市平均水平8.6个百分点。同时，严格落实中央八项规定，进一步压缩“三公”经费，重点支出保障更加有力。全市教育、医疗卫生、住房保障、社会保障和就业等与民生直接相关支出大幅增长，预算执行的及时性、均衡性和有效性继续提高。全市财政支出完成352.1亿元，增支39.4亿元，增长12.6%。其中，民生类支出296.7亿元，增长15.6%，占总支出的比重提高2.2个百分点。全市财政收支与经济发展基本同步。

【发展社会事业】坚持民生为本，把改善民生作为经济发展的根本目的，使发展成果更多更公平惠及广大群众。全市民生类支出296.7亿元，增长15.6%，占总支出的比重提高2.2个百分点。一是深入实施33项民生工程。投入民生工程资金102亿元，增长17%，确保民生工程全面完成。二是加快社会事业发展。本市向国家开发银行安徽省分行融资101亿元，用于城市棚户区改造;新开工各类保障性住房和棚户区改造安置房63494套，完成投资65.69亿元。累计投资40亿元，扎实推进阜城基础教育三年提升计划和阜阳医疗资源建设三年发展计划。进一步规范公务员津贴补贴，推进事业单位绩效工资改革。支持文化惠民工程和文化产业发展，推动文化建设取得新进展。继续深化医药卫生体制改革，巩固发展基本医疗保障制度，积极推进乡村卫生服务一体化管理。三是保障困难群体生活。投入1252万元，全市315户渔民船民全部安置上岸。投入9282.7万元，认真解决“老字号”群体生活困难问题。投入4.86亿元，支持农民工、高校毕业生、困难群体就业创业，全年新增就业12.45万人。四是积极实施“颍淮蓝天工程”。投入3.1亿元，深入推进森林增长工程;投入2.1亿元，用于秸秆禁烧和综合利用;投入5000多万元，用于空调公交车购置;大力支持城市公共自行车系统建设。

【服务“三农”发展】加大对农村农业支持力度,不断推进城乡一体化发展。一是落实强农惠农政策。积极争取农业综合开发项目资金2.77亿元,比上年增加0.52亿元,增长23.12%,全市通过“一卡通”发放27亿元涉农补贴资金。建立完善农村产权交易市场,继续探索以“三单一标一租赁”的方式推动农村金融改革;安排1500万元,支持全市农业产业化发展;着力分散和化解农业生产风险,本市政策性农业保险在保险品种、保险责任和参保对象三个方面实现“广覆盖”,全年获得保险理赔资金1.8亿元。二是支持美好乡村建设。投入2.89亿元用于美好乡村建设,农村呈现新面貌;安排专项资金用于支持土地流转规模经营,全市流转420万亩,占耕地面积48.8%;加大一事一议财政奖补工作力度,全市投资5.8亿元,实施1600个项目,农村基础建设逐步改善。

【支持经济发展】持续加大实体经济支持力度,促进全市经济社会稳步发展。一是创新方式助力转型。安排专项资金5000万元,支持企业推进结构调整、产品优化升级和科技成果转化。其中,创新扶持企业发展模式,安排2000万元财政风险补偿资金实施“助保贷”,降低企业申贷门槛;安排1000万元,对40家企业给予贴息支持。安排2000万元,支持招商引资工作。安排600万元用于外贸发展专项引导资金,惠及200多家企业。二是大力支持城乡建设。筹资20.5亿元,积极推进国省干线改造;安排6000万元,用于体育场建设等文化体育事业发展;利用世行贷款,加快推进淮河流域重点平原洼地治理项目建设,总投资4.06亿元;投入160亿元,推进阜城大发展、大建设,城市形象明显改善。三是优化企业发展环境。认真落实行政审批“两集中两到位”,抓好政府各项减免政策落实,减免各项规费6.9亿元,惠及160家工业企业。平稳推进营改增试点,企业申请财政补贴资金6365万元,全市纳税人因“营改增”享受结构性减税近3亿元。大力支持地方金融企业改革,八家信用社全部改制完成。完善政策性担保体系,新增中小微企业担保贷款16.48亿元,创新成立“农业融资担保部”,为22家涉农企业和农村专业合作社担保贷款1.8亿元。

【加强财政管理】紧紧围绕推进财政管理体制改革,建立健全制度约束机制。一是加强预算编制管理。推动“开门办预算”改革,在编制2015年预算过程中,首次实施公开评审制度,邀请人大代表、政协委员、专家学者,对市直部分预算项目进行评审论证。建立预算基础信息库,提高基本支出预算准确性;完善部门预算项目库,提高项目预算安排的科学性。二是加强预算公开监督。将市级2014年95个部门预算草案提交“两会代表”查阅;除涉密部门外,市直预算单位和各县市区全部公开了政府预决算、部门及“三公”经费预决算。三是严格涉企资金监管。“涉企系统”上线运行,全市审核通过涉企项目142个,资金4575.8万元,有效防止项目资金的重复申报和多头申报。四是盘活财政存量资金。科学合理调度国库资金,全面清理财政往来款项和专户闲置沉淀资金,市直调入3100万元专户历年挂账资金、盘活清理结转资金1500万元,用于重点支出和民生项目。五是加强“三公”经费管理。修订差旅费、接待费、会议费、培训经费管理办法,严格执行因公出国(境)经费管理规定,全市“三公”经费同比下降18.2%。加大公务卡制度改革工作力度,严控现金使用,231个市直单位办卡6828张,结算金额达2291万元,是上年3.6倍。规范市本级行政事业单位通用办公设备家具配置标准,强化资产管理与预算管理的有机结合,降低行政成本。六是强化政府性债务管理。编制政府性债务计划,实行政府融资平台名录管理,积极争取政府性债券额度,认真开展地方政府存量债务纳入预算管理清理甄别工作,强化债务风险防控。七是稳步实施政府购买服务。选择18个项目作为市直政府购买服务第一批实施项目,预算总计2383.82万元。八是强化社保基金监管。做好社保基金保值增值工作,严格执行社保基金活期存款优惠利率要求,向各商业银行追缴利息6000万元。

【提升服务能力】一是注重制度建设。在2013年出台60多项财政工作制度的基础上,本年在预算管理、财政改革、规范资金、加强管理等方面出台43项制度。二是注重队伍建设。建立科级干部重大事项报告制度,制定干部轮岗交流制度,激发干部活力。按照制度和程序提拔8名科长,推荐出去1名副处级干部。三是注重作风建设。践行党的群众路线教育实践活动,深入贯彻落实中央八项规定和省30条、市36条,深刻查摆“四风”方面存在问题,并逐条落实整改,确保改进作风规范化、常态化、长效化。四是注重廉政建设。明确2013—2017年推进党风廉政建设和反腐败工作规划;在各财政所开展农村基层党风廉政教育巡回展;翻印《省财政系统违纪违法十案例》发放每位干部,组织干部职工到阜阳第一监狱接受警示教育,坚持定期观看反腐倡廉警示教育片,用反面典型案例警醒每一位财政干部。

(阜阳市财政局供稿　孙立宏)

颍泉区财政工作概述

【概况】2014年,全区公共财政预算收入完成12.02亿元,比上年(下同)增长27.7%。其中:地方收入完成8.26亿元,同比增长30.2%;上划中央收入完成3.33亿元,同比增长21.2%;出口退税完成4316万元,同比增长35.6%。全区公共财政预算支出完成22.25亿元,占调整预算的105.5%,比上年决算增长14.6%。

【着力强化增收节支】面对宏观经济下行压力加大、结构性减税、刚性支出增加等不利因素影响,坚持以组织收入为中心,不断强化税源管控,深入开展税收稽查,科学分析,及时调度,税收征管效率进一步提高。持续推进政府非税收入征管改革,完善收入征管机制,严格票据使用管理,政府非税收入征缴程序日益规范。财政支出管理进一步强化,资金监管深入透明,预算执行更加有效,支出绩效管理不断提升。

【大力支持经济建设】不断加大上级政策对接和项目资金争取力度,全年共争取上级项目102个,到位资金3.7亿元。积极推进中小企业担保中心转型和融资平台建设,新组建颍泉区融资担保有限公司和阜阳兴泉发展有限公司,融资担保公司累计为50家中小企业提供担保1.56亿元,在保余额1.67亿元。为147名下岗失业人员提供担保贷款1038万元。兴泉公司全年融资7.3亿元,为地方经济发展提供有力资金支撑。大力支持工业经济发展,全年安排招商引资和工业发展资金1349万元,同比增长17.4%。克服资金十分紧张的困难,调度资金1.5亿元用于土地复垦、1.3亿元用于保障土地报批资金,有效缓解土地要素制约压力,进一步增强经济发展后劲。

【积极推动民生改善】全区共投入民生工程资金6.5亿元,其中:区级配套1.1亿元。29项民生工程全部提前完成任务,被评为全省民生工程绩效评价先进单位。文化教育事业优先保障。建成公共电子阅览室3个,免费开放公共文化场馆5处,安排农村文化建设资金120万元;改建乡镇公办幼儿园6所,拨付义务教育保障资金5809.2万元,为6094名中职、普通高中家庭经济困难学生资助420万元。社会保障体系逐步健全。新建成敬老院4所,新增民办养老服务床位200张,拨付五保供养资金1378万元、城乡居民养老保险5740万元,养老保障水平不断提高。社会就业安置力度进一步加大,培训就业技能人员2826人,安置就业困难人员350名,为117名高校毕业生提供就业见习岗位。积极开展社会救助,发放农村低保资金3228万元,补助计划生育特别扶助家庭33.6万元,拨付大病保险补偿资金410万元,救助贫困重度残疾人和三级贫困残疾人4104人;为860名贫困精神残疾人补助服药费用86万元,完成贫困白内障患者复明手术100例,帮助79名贫困残疾儿童进行抢救性康复计划,救助孤儿245人,发放救助款物172万元。加快住房保障建设步伐,完成农村危房改造1082户,开工建设公租房1300套、棚户区安置用房3130套,发放低收入住房困难家庭房屋租赁补贴374万元。医疗卫生体系更加完善。拨付基本公共卫生资金1337万元,投入县级公立医院药品零差率补助资金294万元,累计为35681人(次)城乡医疗救助居民发放救助金960万元,支付城镇居民基本医疗保险基金1980万元,新农合基金2.15亿元,重大传染病医疗救治资金14.1万元。完成免费婚前健康检查14179人,拨付农村孕产妇住院分娩补助资金280万元。

【努力夯实“三农”基础】全区共投入“三农”资金4亿元,增长28.2%。农业综合开发深入推进,全年共完成土地治理项目2个,投入资金1617.3万元,治理土地1.2万亩。实施农业产业化补助及贴息项目5个,投入资金206万元。美好乡村建设进展顺利,投入资金2912.2万元,2013年度批次3个中心村顺利通过省级验收,2014年度批次2个中心村获得市级一类资金奖补。财政补贴农民资金管理和“一卡通”打卡发放改革全面深化，管理机制日益完善，全年共发放各类强农惠农资金1.73亿万元。村级公益事业建设“一事一议”财政奖补政策落实有力，全区89个村“一事一议”项目投入资金2435万元，修建村级道路127公里。农田水利基础建设步伐加快，投入资金6502.2万元实施小农水重点县、中小河流治理等工程项目，农业生产条件日益改善。全面落实政策性农业保险政策，全区共参保小麦46.2万亩，大豆26.9万亩，玉米17.1万亩，能繁母猪12163头，理赔资金774万元；4169亩草莓、4767亩蔬菜大棚参保特色农业保险，农业风险得到有效防控。农村综合改革示范试点稳步推进，创新推出“金保贷”、“金农保”、“联保金”、家庭农场保证保险等6个金融创新产品，为32家农业合作社、家庭农场等农业经营主体发放贷款3400万元。全区新培育农民合作社127家、家庭农场157家。“三资”清理成效明显，土地确权登记工作全面完成，基本具备颁证条件。大力支持城乡环境卫生综合治理，拨付秸秆禁烧专项资金1986.8万元，投入“三项整治”、“三边三线”治理和农村环境综合整治资金4848万元，改善城乡生活环境，推动城乡统筹发展进程。

【加快推进财政改革】预算信息公开全面启动，部门预算、决算和“三公”经费信息实行网络公开。“营改增”改革试点深入推进，改革范围不断扩大，参改企业减负明显。国库集中支付改革力度加大，资金监管更加有力，共办理国库支付业务23116笔，支付金额累计12.3亿元。“公务卡”改革不断深入，刷卡结算率进一步提高。政府购买服务稳步推进，在医疗卫生服务、城区保洁、农村土地确权登记等领域开展了购买服务试点，公共服务供给质量和资金使用效率进一步提升。电子化政府采购应用管理系统全面运行，操作程序更加规范，全年共实施集中采购221项，采购预算资金1.54亿元，实际采购资金1.35亿元，节约资金1922.7万元，节约率为12.5%。存量资金得到盘活，清理归并财政专户2个，收回历年结余资金7560万元。不断加强政府性债务管理，严格规范举债审批，积极拓展偿债渠道，认真开展债务清理甄别，债务风险得到有效控制。

【深入实施财政监督】全面推动财政监督横向拓展和纵向延伸，基本实现政府性资金全过程监督和绩效评价全覆盖。民生资金检查常态化推进，惠民资金安全运行。政府采购监管逐步深入，不定期开展采购合同执行和履约情况监督检查，对6家违反规定的供应商进行严厉处罚，政府采购环境得到不断净化。涉企项目资金管理信息系统启动运行，信息录入工作顺利完成，资金使用考评和退出准入机制逐步建立。深入开展会计信息质量检查，对7家单位进行重点检查，财经秩序逐步规范。紧紧围绕预算执行、资产管理、政府采购等关键环节，继续推进“小金库”专项治理，纠正违反财务制度行为25个。乡镇财政资金监管进一步强化，财务互审全面推进，包村干部涉农资金监管机制初步建立，一线监管作用充分发挥。2014年，乡镇资金监管系统平台共传递信息305条，开展抽查巡查工作736次，监管资金38785.7万元，乡镇财政资金监管工作被省财政厅评为全省一等奖。

（颍泉区财政局供稿　贾建峰）

颍州区财政工作概述

【概况】2014年，颍州区完成财政收入18.05亿元，为年预算的106.2%，较上年增收3.11亿元，增长27.8%。全区财政支出累计完成25.37亿元，较上年增支3.99亿元，增长18.7%。

【保障园区发展】积极主动联系协调金融机构进入园区，为入园企业融资牵线搭桥。全年完成新增融资规模17亿元，所融资金全部用于安置房建设、园区土地征迁等公益项目。

【加大支农力度】根据各项惠民政策的不同特点，注重分类管理，加强跟踪督查，确保资金按范围、按标准、按进度足额兑现到位。全年通过“一卡通”系统发放各类惠农补贴资金1.62亿元，受益群众达50万人。

【推进财税改革】深入贯彻落实中央八项规定，牵头修订《颍州区机关事业单位差旅费管理暂行办法》《颍州区机关事业单位会议费管理暂行办法的通知》和《颍州区部门预决算及“三公”经费信息公开工作实施方案》，制定《颍州区行政事业单位国有资产处置管理暂行办法》。此外，国库集中支付、公务卡改革、县级公立医院改革、营业税改征增值税试点等项改革初见成效。

【规范理财行为】稳步推进项目支出绩效评价工作,继续深入开展“小金库”专项治理工作;强化会计信息质量检查、会计人员继续教育、财政监督检查等项工作,确保财政运行安全高效。加大对扶贫资金、社保资金、强农惠农资金等各类专项资金的跟踪问效和监督检查力度,严肃财经纪律,提高财政资金使用效益。

【实效服务群众】以党的群众教育实践活动为契机,按照“五对照”的要求,围绕预算改革、民生工程、非税征缴、政府采购、项目评审、国资管理等重点方面,全方位查摆财政干部在思想、学习、工作、生活、领导作风等方面存在的突出问题,多角度提出今后的努力方向和具体改进措施。抓住“四风”方面存在的突出问题,对准焦距、找准穴位,责任到人,下大气力抓整改。

【推进文明创建】按照“争当文明人、争做文明事、争创文明单位”的要求,坚持开展“三爱三优”(关爱他人、优质服务,关爱自然、优美环境,关爱社会、优良秩序)行动和“四以四重”(以德塑人、重在养成,以礼育人、重在自觉,以行助人、重在坚持,以文化人、重在践行)活动,当年区财政局荣获省级文明单位、省节能示范单位等殊荣,并被区政府荣记集体三等功。

【增强自身建设】认真执行中央“八项规定”,建立健全各项财政管理制度,注重抓好全体干部职工的理想信念教育、廉洁警示教育、道德规范教育和重点岗位廉政教育,继续做好“三务”公开,积极开展党组织结对共建活动。

(颍州区财政局供稿　苑文龙)

颍东区财政工作概述

【概况】2014年,颍东区财政局以党的十八大和十八届三中、四中全会精神为指导,围绕区四届人大三次会议批准的年度预算目标,围绕稳增长、促改革、调结构、惠民生,加强财政收支管理,深化财政管理改革,全力保障经济和社会各项事业发展,圆满完成全年预算任务。全区财政收入完成9.23亿元,为年初人代会批准预算8.5亿元的108.6%,比上年6.79亿元增收2.44亿元,同比增长36%,其中:一般预算收入5.12亿元,增收1.68亿元,增长49%;上划中央收入3.86亿元,增收0.74亿元,增长23.7%;出口退税0.25亿元,增收0.02亿元,增长8.4%。全区财政支出23.51亿元,同比增长33.6%,占调整预算的109.5%。

【着力培植财源】一是增加固定资产投资,拉动经济增长。全年投入资金12.1亿元,加大园区、城镇化和交通基础设施建设力度。二是区中小企业担保中心注册资金增加到1.8亿元,为47家中小企业担保贷款3.3亿元。三是促进自主创业、全民创业,累计发放小额贷款近0.32亿元,惠及1100人。投入0.02亿元,支持猛牛食品等3家公司完成技改。四是研究制定支持重点工业企业助保金贷款措施,积极帮助企业解决融资难题。全年财政贴息0.02亿元,支持龙头企业达亿食品和麦德发有限公司贷款贴息项目,提高项目单位生产能力,增强产品市场竞争力。同时,财税部门紧密配合,定期召开财税库联席会议,加强税源排查,组织征收入库,强化任务落实,防止税源流失,确保应收尽收。

【深化财政改革】一是出台并实施《颍东区区乡财政体制管理办法(暂行)》,按照事权与支付责任相适应的原则,划分区乡两级财政收支范围,规范和完善区乡两级财政体制。积极开展乡镇(办)财税知识培训,增强乡镇理财治税能力,实行税收任务月考核公示制,推动乡镇(办)狠抓财政收入入库。全年各乡镇办共完成税收1.39亿元,占年初任务108.59%。二是开展城区主干道清扫保洁服务等8个方面购买服务试点,合同金额0.1亿元,推动政府购买服务试点工作。三是完成“涉企系统”用户信息数据库建设,规范涉企资金管理。四是积极落实财政预决算及“三公”经费信息公开工作。全区81家一级预算单位的预决算及“三公”经费信息全面公开。

【优化支出结构】一是投资10.25亿元用于保障房建设,其中拨付8.5亿元用于棚户区改造,拨付1.7亿元用于公租房建设。二是认真落实农村“五老”及渔民上岸安居政策。拨付“老字号”群体工龄补助资金0.07亿元,惠及6649人。摸底排查渔民上岸安置户33户,建立渔民上岸安置档案,制定了渔民上岸安置计划。三是深入实施33项民生工程,全年拨付资金12.1亿元(其中区级配套资金2.86亿元),同比增长128.7%,各项工程全面完成年度任务。四是创新建后管养措施,区财政安排建后管养资金0.07亿元,同比增长163%,确保民生工程项目发挥效益。五是教育、医疗、社会保障、住房等民生支出大幅增长,占全年财政总支出的87%,有力促进了全区民生改善。六是切实加强投融资工作,区投融资管理中心与金融机构达成融资意向24.7亿元,签订合同贷款资金20.4亿元。清理债务余额30.09亿元,其中:财政性资金偿还债务29.95亿元,非财政性资金偿还债务0.14亿元。逾期债务0.77亿元,逾期债务率为2.5%。在建项目拟融资金额22.26亿元。

【落实惠农政策】一是加大扶贫开发力度。以全国政协、财政厅等部门帮扶颍东为契机,争取财政专项扶贫资金,全力实施整村推进、产业扶贫、雨露计划等项目。全区18个贫困村累计实施整村推进项目69项,投入扶贫资金0.15亿元,资助农村贫困大学生350人,贫困中职学生109人,完成技术培训和贫困劳动力转移培训任务2400余人。二是实施精准扶贫战略,积极对接省财政厅帮扶正午吴寨村,采取“以奖代补”、“先建后补”、村集体持股等方式,支持发展村集体经济;按照“两社”(农民专业合作社、贫困村互助社)合一模式,开展互助资金扩大试点,扶贫开发卓有成效。三是全面建成2013年农业综合开发项目,完成投资0.2亿元,建设高标准农田1.17万亩,扶持龙头企业3家、专业合作社2家。全年农发项目总投入0.33亿元,建设高标准农田2万亩,扶持龙头企业、专业合作社5家。四是完成财政一事一议奖补项目86个,拨付资金0.23亿元,拨付率为100%。拨付美好乡村建设专项资金0.21亿元,安排0.18亿元开展全区省级重点示范村建设,投入秸秆禁烧专项资金0.19亿元,有力保障美好乡村建设和秸秆禁烧工作。

【强化财政监督】一是加强对资产管理的稽查,监督资产有偿使用收入及时入库。完成固定资产处置收入0.04亿元。二是加强政府采购管理,全年组织政府采购334次,采购预算3.25亿元,实际采购金额2.61亿元,节约资金0.64亿元,节约率19.7%。三是认真开展严肃财经纪律和“小金库”专项治理工作。四是加强会计监督和财政资金核查。强化重大工程项目招标及财政性资金使用审核工作,提出书面拨付建议80多条,核减财政性资金近千万元。五是贯彻执行中央八项规定,全年“三公”经费支出0.1亿元,较上年同期减少0.11亿元,下降8.4%。

【狠抓作风建设】一是扎实有效开展群众路线教育实践活动,认真整改纠正“四风”问题。二是落实主体责任和监督责任,坚持一岗双责。三是认真开展会商帮扶。就涉农资金监管、民生工程、包点扶贫、财政预算执行等工作,组织财政干部走村入户、深入预算部门开展会商和帮联,全年共会商帮联89次,解决实际问题279件,切实增强财政干部依法为民理财意识。

(颍东区财政局供稿　王继刚)

阜阳经济技术开发区财政工作概述

【概况】2014年,在开发区党工委、管委会的高度重视和正确领导下,开发区财政局紧紧围绕全区中心工作,以扩区升级为目标,以科学发展观为统领,切实把握开发区的工作重点和财政工作重心,积极履行财政工作的职责和职能,全面深化财政改革,切实保障民生需要,加强财政监管,有力促进开发区经济和社会事业的持续健康发展。

【完成收入任务】坚持以组织收入为要务,不断改进与完善收入征管,进一步做大做强财政“蛋糕”。一是抓好收入任务分解。年初及时将全年收入任务分解下达各征收部门,明确各单位收入任务。二是加强收入部门预算执行分析。在认真分析各部门财政收入的基础上,充分估计、预测各种有利和不利因素的影响,盯住全年收入目标,进行每旬预测,每月调度,保证收入均衡入库。三是强化非税收入征管。进一步完善非税收入收缴方式和操作程序,实现非税收入管理的法制化、规范化、制度化,促进非税收入平稳增长。全年完成公共财政预算收入11.81亿元。同期增长5.33亿元,增长82.9%。其中:国税部门完成收入任务6.44亿元,同比增长141.2%,增收3.77亿元;地税部门完成收入任务4.58亿元,增收1.61亿元,同比增长54%;财政部门完成收入任务7926万元,占全年任务的107.1%。

【优化支出结构】坚持以保障民生为重点,进一步调整和优化财政支出结构，增加公共财政对社会事业投入,促进社会事业全面发展。一是加大“三农”投入。完善和规范粮食直补和综合补贴程序,共发放粮食直补和综合补贴216万元。拨付村级经费112.5万元,保证村级组织的正常运转。拨付农田水利建设资金63.8万元、拨付村干部补助193.3万元。二是坚持优先发展教育。认真落实义务教育经费保障制度，拨付中小学生各项配套经费83.5万元。拨付759万元,用于中小学校教学设备购置和校舍安全建设。拨付大学生村干部和公益性岗位生活补助和社会保险资金36.3万元。三是强化社会保障职能。全面落实国家提高城乡低收入和特殊人群收入的各项政策,全力保障城乡低保、农村五保、基本医疗保险、新农保等支出。全年新农合资金投入149.7万元。拨付城乡低保补助资金3132万元、城乡居民养老保险资金23万元、五保资金134.5万元、优抚对象补助资金176.8万元。扎实推进保障性住房建设，着力缓解城乡低收入家庭住房困难问题。全年共投入棚户区改造资金1.82亿元,拨付廉租房补贴资金1041万元。四是加大卫生事业投入。完善城乡卫生服务体系,推行城乡居民大病保险工作，促进基本公共卫生服务均等化。全年共投入各项卫生服务资金1059.59万元。

【落实民生工程】财政部门当年牵头组织实施17项民生工程，年初计划需投入资金2.06亿元,完成全年任务15项,超额完成任务5项,共拨付各项补贴发放类、工程建设类资金2.01亿元,资金拨付率98%。其中保障性安居工程投入财政资金1.82亿元,占拨付资金总额的90.5%;基本社会服务领域投入财政资金542.43万元、基本医疗卫生领域投入财政资金305.3万元、社会保险领域投入财政资金721.9万元、教育与文化领域投入财政资金325.5万元、农村生产及生活改善领域投入财政资金24万元。在民生工程资金使用上,严格按照资金审批程序,认真核实补助条件、补助范围和补助标准,确保专款专用,做到政策公开、程序规范、打卡发放。

【强化财政监督】坚持以创新为动力,进一步深化财政管理机制改革,推进精细化理财,构建公共财政体系。一是完善预算执行管理。进一步完善部门预算从编制到执行的各项规定和管理办法，完善公用支出定额标准体系;加强预算支出监管，提高预算执行的均衡性、安全性、时效性;继续压缩行政事业单位公用经费和“三公”经费,严格控制一般性支出。二是积极推进预(决)算信息公开。加大预决算信息公开力度,细化公开内容,完善公开机制,切实提高预决算信息的透明度。在市财政统一部署下，分别于5月份和9月份对区本级2014年预算和2013年决算信息,通过开发区网站向外界予以公开。三是推进公务卡制度。先后制定开发区公务卡管理办法和公务卡报账流程，并对各预算单位的报账员进行专项培训，全年共办理公务卡148张。

【拓宽融资渠道】认真分析开发区重点项目资金需求,结合开发区实际情况及融资政策要求,创新融资方式,拓宽融资渠道,通过股权转让从国元信托融资1.5亿元，通过和谐新村二期棚户区改造项目载体，以委托贷款形式从徽商银行融资3亿元。此外,依托开发区2013—2017年棚户区改造项目,申请从国家开发银行贷款棚改专项资金5亿元,前期资金申请、项目申报、审核、审批等流程顺利完成。继续通过股权转让形式从国元信托融资2亿元,初步达成合作意向。依托多层工业厂房及配套公租房项目,从徽商银行贷款2亿元,所有申请材料提交徽商银行并得到受理。

【规范债务管理】结合实际,出台一系列规范债务管理的相关制度。依托两家平台公司,明确专人负责、专项管理,实行月月有报表、季季有分析,时时监控开发区债务规模,有效化解债务风险。当年11月,按照上级文件规定,开始对本区存量债务开展清理和甄别工作,经开发区审计分局认定,共清理出存量债务21.69亿元。按照甄别要求,对政府债务继续划归一般债务和专项债务，进一步明确资金偿还渠道,为下年融资工作奠定基础。

【服务企业发展】落实各项扶持政策,充分发挥财政资金在加快推进企业经济结构调整、促进经济发展方式转变中“四两拨千斤”的作用,有效推动全区中小企业持续、快速、健康发展。全年共拨付支持企业发展资金5056.52万元，涉及营改增财政扶持、进出口增量奖励、基础设施返还等四项专项财政扶持,惠及38家企业。

【锻造财政队伍】面对新形势、新要求、新任务,增强法制观念,加强廉政意识和服务意识。一是加强廉政教育不松懈。组织参加由开发区和市财政组织的“警示教育”、“廉政教育”等廉政主题活动。通过全局人员会议，多次进行廉政教育宣传。二是加强服务意识不放松。加强服务企业意识,对待企业的事情做到不拖延、不推诿。加强服务机关意识,及时做好上传下达,与各部门加强交流与沟通。三是健全学习制度,加强对青年员工的政治理论和业务知识的培训。

（开发区财政局供稿）

界首市财政工作概述

【概况】2014 年，界首市财政工作紧紧围绕市委、市政府的工作部署,在上级财政部门的正确领导下,依法组织收入,科学安排支出,强化绩效管理,稳步推进改革,各项任务目标均按时完成。

【公共财政预算收支大幅增长】全市财政收入完成 18.37 亿元，较上年同期增收 3.83 亿元,增长 26.3%。其中:公共财政预算收入完成 10.02 亿元,较上年同期增收 2.43 亿元,增长 32%;全市财政支出完成 26.86 亿元,较上年同期增支 2.34 亿元,增长 9.5%。

【推进农业综合开发项目建设】本市《政府工作报告》提出 2014 年发展节水灌溉 3880 亩,新增高标准农田 3.12 万亩。其中,农发承担发展节水灌溉 1560 亩，新增高标准农田 1.45 万亩的任务全部完成。农发项目连续三年位居阜阳市首位和全省优秀行列，亚行农发项目列为安徽省亚行项目招标“先行先试”,在全省第一个开工建设。

【服务县域经济和社会事业发展】收到上级下达的经建类和企业类财政专项指标资金共 2.77 亿元,拨付各类资金 3.85 亿元，其中拨付安徽华鑫集团有限公司等企业类项目资金 8954.69 万元(含田营园区城市矿产示范基地建设资金 5642.6 万元),拨付顾集镇土地整理项目等行政事业单位类建设项目资金 2.33 亿元,拨付粮食补贴等补贴类资金 6293.64 万元。全年办理中小企业担保贷款 74 笔,金额 3.76 亿元,在保责任余额 3.53 亿元;办理委托贷款 2 笔,金额 4500 万元。为安徽冠泓塑业有限公司等 18 家企业申报产业集群专业镇及特色产业基地中小企业和中小进出口企业专项担保贷款,申报贷款总额 2.65 亿元;为安徽三宝棉纺针织投资有限公司等 35 家企业申报科技创新、技术改造、环境保护、皖北发展和外贸促进等财政专项资金 4927.82 万元。

【推进政府非税收入征管改革】率先在阜阳市组建并成功运行非税收入征管信息系统,实现“单位执收、银行代收、财政统管、政府统筹”的征管新模式。非税收入共计完成 25.27 亿元,其中纳入公共财政非税收入完成 2.72 亿元。

【财政预算编制亮点纷呈】创新预算编制方法。一是实行“全口径”预算,实现财政预算全覆盖,做到应编尽编,编实编细。二是坚持“厉行节约”,严格控制一般性支出,重点向三农、民生、社会事业、城市建设等领域倾斜。三是逐步公开部门预算及“三公”经费预算。盘活存量用好增量,统筹使用历年结余结转的上级补助土地整理项目、产粮大县等项目资金 1400 多万元。同时,对农业财政结余结转项目资金进行清理，共清理结余结转资金 3276 万元。对教育文化专项资金进行梳理,清理沉淀资金 920 多万元，各相关部门制定结余结转资金使用计划,加快项目实施进度。

【全面落实惠农政策】共整合农业、计生、教育、民政等各类惠农补贴资金 15 项，兑付资金 1.29 亿元,涉及 16.45 万户。其中:农村五保户补贴 784 万元、农村低保 4377 万元、救灾款 146 万元、粮食直补 634 万元、粮食综合直补 4192 万元、种粮大户 30 万元、小麦良种 400 万元、玉米良种 160 万元、计生节育奖励 78 万元、计生奖扶特扶 266 万元、特困学生住宿补贴 222 万元、村干部补贴 127 万元、精简老职工 43 万元、危房改造 1444 万元。做到发放资金及时、准确,确保国家各项惠民资金落到实处。

【规范政府采购】制定并执行《进一步规范政府采购工作意见》及《机关事业单位通用办公室设备、办公家具配置标准》。当年,财政局审批采购项目 471 个,采购预算金额为 14.38 亿元,实际采购金额为 13.29 亿元，节约财政资金 1.09 亿元,节约率为 7.6%。

【落实民生工程】按照年初与阜阳市政府签订的责任书,实际承担的 30 项民生工程基本完成各项目年度任务,实现“早实施、早受益、早见效”的预期目标。全年到位各级财政资金 7.1 亿元,实际拨付资金6.4亿元，资金补助类项目按序时进度正常发放，培训类项目完成年度目标的100%以上，资金补助类项目按序时进度发放到位，培训类项目已完成全年任务，工程建设类项目全面完成年度目标任务。

【强化“三公”经费管理】认真贯彻落实中央八项规定，本着厉行节约、反对浪费的原则，从严格控制2014年行政事业单位“三公”经费的预算编制与支出，严禁超预算或者无预算安排支出，并推行“三公”经费信息公开，形成“三公”经费管理的长效机制，切实把有限的资金用在发展经济、改善民生上。全市三公经费支出1552.16万元，上年同期发生额1746.41万元，同比下降194.25万元，降幅为11.12%。

【融资工作实现新突破】以融资工作为重点，夯实融资平台基础，规范平台实体化运作，全方位与金融机构对接，多渠道进行融资，取得突破性进展。全市共完成融资项目10个、融资额16.69亿元；进入实质性操作融资项目10个、融资额约18.5亿元。

(界首市财政局供稿)

颍上县财政工作概述

【概况】2014年，在省财政厅及县委、县政府的领导下，颍上县财政工作以十八届三中、四中全会精神为指导，深入开展党的群众路线教育实践活动，以构建公共财政体系为核心，紧紧围绕增收和节支两大主题，大力组织收入，严格控制支出，调节支出结构，落实各项惠民政策，加强财源建设，强化财政监督，提高资金使用效益，财政运行总体平稳，各项工作稳步推进。全年完成财政收入25.07亿元，占调整预算的100.3%，全县公共财政预算支出完成45.56亿元，其中：教育、社会保障、医疗卫生、农业、城乡社区事务等支出达到30.07亿元，支出比重达到68.5%。

【强化收入征管】一是抓收入调度。多次组织召开财税部门协调会议，明确收入目标，分解征收责任，解决征管中的新问题。二是抓税源监控。加强对重点行业、企业情况的摸底调查，掌握第一手税源数据，配合税务部门开展税收专项清查，堵塞征管漏洞。三是抓联动协调。认真落实税收制度，加强与国税、地税、国土、房产、规划等部门联动协调，理顺契税、个人所得税等税收征管机制；进一步完善部门间信息交换和共享机制，加强信息共享，提高财税征管效率。四是强化非税收入管理。严格按照“收支两条线”管理规定，积极挖掘非税收入潜力，确保应收尽收。

【优化支出结构】按照中央“八项规定”和构建公共财政的要求，压缩一般性追加支出，减少“人、车、会”的支出，严格控制楼堂馆所建设支出，使新增财力进一步向困难群体倾斜、向农村倾斜、向社会事务倾斜，增加对医疗、教育、社保等基本公共服务领域的投入，着力保障和改善民生。一是支持社会事业发展。完成教育支出7.5亿元，继续完善义务教育经费保障机制，支持发展中等职业免费教育，推进高中特色工程建设。完成社会保障和就业支出6.5亿元，继续提高企业退休人员基本养老金待遇和城乡居民低保标准，积极支持就业和再就业工作，扩大社会救济范围，加大对失地农民和城区重度残疾人生活的保障力度。积极做好农村五保、农村低保、城镇低保人员生活保障补贴工作，提高城乡困难群众的生活保障水平。切实做好“老字号”群体补助资金保障工作，及时、足额将资金打卡发放到人。完成医疗卫生与计划生育支出6.95亿元，进一步健全基层医疗卫生服务体系，推进县级公立医院改革试点，提高新农合和城镇居民医疗保险水平，促进基本公共卫生服务逐步均等化。安排各类医疗保险资金4460万元，进一步提高居民医疗保障水平。完成住房保障支出2.24亿元，确保了保障性安居工程建设顺利推进，对2606户住房困难家庭给予租赁补贴，发放廉租住房补贴资金469万元，建设公租房1700套。二是提高公共服务水平。大力推进节能减排，完成节能环保支出2057万元，推进农村秸秆禁烧还田工作，安排奖补资金3000万元；完善城乡道路基础设施，安排2000万元，改善城乡交通条件。三是扶持“三农”发展。完成农林水事务支出7.48亿元；推进一事一议农村公益事业发展，批复项目139个，总投资6790万元；扶持现代农业快速发展，投入专项发展资金1351万元；加大涉农资金整合和统筹力度，整合涉农项目支持美好乡村建设资金3450万元，拉动社会资金、工商资本5.98亿元；落实中央各项惠农政策,及时足额发放粮食直补、农资综合补贴等资金4.38亿元;积极推进政策性农业保险工作,全年小麦午季理赔资金676万元,秋季理赔资金999.8万元。四是高标准完成年度农业综合开发项目。完成陈桥镇高标准农田建设项目,投资1370万元,治理面积1万亩;完成夏桥镇中低产田改造项目,投资600万元,治理面积5500亩。

【服务经济发展】充分发挥财政职能作用,全力支持县域经济稳增长、转方式、调结构、促转型。一是支持重大项目建设。通过融资平台为沙颍河故道治理、滨河新村棚户区改造、城北新区路网、工业园区基础设施、新农村路网、城东新农村建设、五里湖湿地治理等7个项目融资16.5亿元,项目总投资21.45亿元,进一步改善基础设施建设面貌。二是支持工业化发展。积极落实支持工业发展的各项优惠政策,安排中小企业发展专项资金2682万元。认真落实园区企业各项优惠政策,支持园区经济发展壮大,鼓励企业科技创新、发展新兴产业,助推产业结构优化升级。积极做好企业贴息等项目的申报工作,为15家企业提供支持发展项目资金1246万元。截至当年底,县中小企业担保中心再担保贷款余额3.13亿元,新增企业51家,新增担保贷款2.8亿元。向上级部门申报中小企业发展资金501万元,支持企业8户。

【深化财政改革】按照中央和省、市部署,积极推进新一轮财税体制改革。一是强化专项资金管理。规范专项资金使用流程,根据项目要求,制定有针对性的资金管理办法,减少资金使用的随意性,提高科学性、公平性,提升资金使用效益。二是扩大预算信息公开范围。进一步在深度和广度上推进预决算公开工作,全县所有预算单位(除涉密单位外),"三公"经费和部门预决算全部公开。当年,"三公"经费支出同比下降0.8%。三是推进全口径预算管理。强化全口径预算编制,规范国有资本经营收支行为,着力增强政府整合资源、统筹财力的调控能力,政府所有资金和资产全部纳入财政预算管理范畴。四是深化国库集中收付改革。建立预算执行动态监控信息系统,强化对各类资金的全过程动态化监控,初步实现国库集中支付的规范化和透明化;实施县直预算单位公务卡结算试点,县乡公务卡改革进一步扩面。五是开展政府购买服务试点。专门成立推进政府购买公共服务改革领导机构,制定《颍上县民生工程后续管养政府购买服务办法》等相关项目管理办法,本着"好操作、易考核"的原则,先期在机关事业单位辅助性服务岗位、专业技术性服务、城乡公共环境卫生、公共设施维护、等领域推行政府购买服务试点,全县支付购买服务费用1166万元,涉及10个行政事业单位,11个服务项目。

【严格财政监督】一是健全规章制度。依据中央、省及市已出台的各项制度规定,制定县本级差旅费、会议费、培训费、出国经费等财务管理制度,用制度规范"三公"经费支出,降低行政运行成本。二是提升资金使用绩效。严格专项资金绩效目标审核,规范绩效目标审核程序和审核职责,当年纳入绩效目标管理的专项资金涉及农业、教育、社保等方面,进一步提高资金使用效益。三加强财政监督。结合新修订的《安徽省财政监督条例》,开展财政监督政策宣传;配合县纪委、房产局清理党政机关和领导干部超标准占用、违规使用办公用房;完成省级涉企资金监管系统的信息补录及日常监控任务。四是严格开展财政监督检查。对境内四个企业及六家行政事业单位开展会计信息质量全面检查,共查出企业利润不实问题84.12万元,共计补交税款13.27万元,罚款3万元。五是认真开展"小金库"专项治理工作。严格贯彻中央八项规定,严肃财经纪律,配合县纪委开展"小金库"专项治理工作,自查上报违纪金额31.9万元,完善和健全防治"小金库"的长效机制。六是强化财政资金监管力度。规范机关内部控制流程,严把项目资金申报材料的审核关,按上级规定程序及项目资金管理办法拨付资金,防止套、骗、挪用财政资金现象的发生。七是加大财政票据监管力度。进一步加强对财政票据使用的管理,做到专人、专责、专账、专户管理,定期或不定期对财政票据的领购、使用、核销、保管等情况进行检查,不断规范财政票据的使用管理。

【加强队伍建设】一是深入开展群众路线教育实践活动。按照县委统一部署,不折不扣完成规定动作,深刻查摆"四风"方面存在的问题。二是加强干部作风建设。贯彻落实中央"八项规定"及省委、县委要求,各股室主要负责人与局党组签订《党风廉政建设和反腐败工作任务(责任)承诺书》,并作为年度目标考核的重要依据。三是强化在职干部职工教育培训。坚持每周四下午理论学习制度,精心组织干部职工网络在线学习,完成基层财政干部200多人次的财政支农惠农政策培训。

【强化基础工作】主抓重点,努力强化基础工作,推进财政工作全面发展。一是完善资产管理信息系统建设。加强行政事业单位产权登记,严把资产处置关,确保国有资产保值增值,严防国有资产流失。二是做好会计行业管理。加大会计人员继续教育培训力度,组织开展对全县5家代理记账机构的专项检查,强化会计监督职能。三是加强财政信息宣传工作,推进财政信息公开。不断增强依法公开、主动公开的意识,完善公开机制,创新公开形式,拓展公开内容,初步形成以总预(决)算公开、部门预算公开、专项支出公开为主体,依申请公开为补充的工作格局。四是加强税法宣传及税源调查工作。组织全体财政干部开展宪法知识竞赛,完成11家企业税源调查和5家企业关税调查。五是强化部门会商。积极与国土、交通、教育、畜牧、水务等单位开展会商,其中:外部会商59次,内部会商65次,解决问题121项。

(颍上县财政局供稿)

太和县财政工作概述

【概况】2014年,太和县财政收入实现17.09亿元,同比增长37.3%,增幅居全市、全省第一位,实现了财政收入非线性增长目标;全县财政支出完成52.57亿元,同比增长10.4%,为全县经济发展和社会稳定提供了财力保障。

【民生事业和谐发展】全县支农、教育、医疗卫生、社会保障等直接用于民生支出45.9亿元,同比增长15%,占财政总支出比重达85.5%。一是圆满完成31项民生工程。投入各级财政资金17.8亿元,其中县财政配套2.06亿元,创新建后管养机制,全年投入建后管养专项资金1200余万元,确保各项民生工程持续发挥效益。二是支持社会事业发展。全年共投入财政性资金25.04亿元,支持西部新城建设和老城区改造;开工建设保障性住房和棚户区改造住房7600套,当年建成3300套,投入资金3.75亿元。进一步规范公务员津贴补贴,事业单位绩效工作改革扎实推进。落实教育优先战略,2014年实施乡镇公办幼儿园项目14个,总投资1268万元;实施校舍维修项目17个,总投资2818万元;落实公办义务教育学校家庭经济困难学生补助费1120万元,受益学生5300余人。支持文化惠民工程和文化产业发展,全年共安排各类文化专项资金633.8万元,用于支持乡镇文化站及文化信息共享工程建设,逐步完善公共文化服务体系。三是建立健全社会保障体系。全面建立城乡最低生活保障制度,城乡低保全年支付1.24亿元;共筹集资金1320万元,新建、扩建农村敬老院10处,提高供养标准,推进农村五保供养及敬老院建设。社会保险扎实开展,全年社会保险五项基金缴费收入2.8亿元,支出3.07亿元,其中养老金发放实现"十连增"。推进城乡居民合作医疗保险并轨运行,全县共筹集新农合基金5.91亿元,支出5.57亿万元,参合率达到91%,切实解决群众"看病难、看病贵"问题。

【服务"三农"更加有为】加大对农村农业支持力度,促进城乡一体化发展。一是落实强农惠农政策。通过"一卡通"方式,及时足额发放各类补贴资金4.26亿元。二是村级"一事一议"财政奖补工作成效显著。全县231个村实施257个"一事一议"财政奖补项目,村级实施面为76%,工程总投资8701万元,受益群众115万人,共修建村级道路199公里,修建下水道8.5千米,安装路灯 362盏,桥涵3座,广场建设3个,荣获"一事一议"财政奖补项目全市第一名表彰。三是美好乡村建设进展顺利。利用政府投资、金融资本、社会捐赠等方式,实际整合到位涉农资金1.45亿,其中利用中央及省级财政资金1.26亿,县级配套资金0.19亿;利用社会资金达4亿元,确保当年6个重点中心村顺利建设。

【重点改革稳步推进】一是"营改增"试点改革稳步实施。全县纳入"营改增"试点企业共294家,为5家企业拨付扶持资金2854万元。二是国库管理制度改革深入推进。进一步深化巩固国库集中支付改革,全面实行一体化平台网上支付,全县上线单位269个。有序推进公务卡制度改革,完善公务卡强制结算配套措施,提高财政资金使用透明度。三是投融资体制不断创新。建立对政府投融资工作统一管理"借、用、还"一体化,决策、管理、执行、监督相分离的投融资管理体制,在政策许可的范围内,采取多种融资方式,积极推进财政融资、土地融资、上市融资工作,合理使用BOT、特许经营权融资。全年落实银行批准融资9.27亿元,四大融资平台运营良好,完成投融资40.3亿元。四是政府采购改革有序推进。不断拓宽政府采购范围,加强监管力度,提升政府采购信息化管理水平。全年共完成政府采购非招标采购项目51项,累计完成政府采购预算资金2571.7万元,实际采购资金2381.7万元,资金节约率9.44%。

【资金监管科学规范】一是推进预算编制改革。按照“以收定支,量入为出,量力而行,尽力而为”的原则,科学合理编制财政预算,深化预算公开,全县68家一级预算单位公开预决算内容,配合相关单位做好预算监督和审计工作。二是加强农村集体“三资”管理。健全镇、村、组三级“三资”管理机制,严格资金运行监督,对村组财务实行统一会计科目、统一记账方法、统一收付款凭据、统一账簿设置的“四统一”管理,确保“三资”保值增值。三是加强政府债务管理。出台《太和县政府债务管理暂行办法》,建立政府债务动态管理和预警机制,对政府债务统一归口管理,优化债务结构,规范政府举债行为,积极防范债务风险。四是加大非税收入管理。加强对政府非税收入单位的检查清理,坚持“以票管费”原则,强化征收措施,全年共实现政府非税收入12.6亿元,其中国有土地出让金收入8.98亿元,有力促进经济与社会各项事业发展。五是加强“三公”经费管理。完善接待、差旅费、会议费等各项制度,确保执行“三公”经费各项要求落到实处。全县会议费累计支出202万元,同比减少3.8%。全县“三公”经费支出总计为1574.3万元,较上年同期1775.8万元减少11.3%。

【自身建设不断加强】坚持周三理论学习制度,注重学习培训,鼓励职称和学历教育,全面提高财政干部综合素质。落实干部去向告知牌制度,践行“三严三实”,严格执行“八项规定”、省30条、市36条、县38条要求,工作作风进一步改进,机关效能和服务效率显著提高。开展以为民、务实、清廉为主要内容的党的群众路线教育实践活动,党风政风持续好转。推进财政系统党风廉政教育,严肃财经纪律,落实党风廉政建设“两个责任”,把廉政风险防控与财政业务工作紧密结合起来,树立财政良好形象。

(太和县财政局供稿　赵文婷)

阜南县财政工作概述

【概况】2014年,阜南县完成财政收入8.97亿元,为预算的104.3%,增长28.1%,其中:税收收入完成6.92亿元,为预算的100.2%,增长17.7%;非税收入完成2.05亿元,为预算的120.8%,增长82.7%。全县财政支出完成45.3亿元,增长8.7%。

【财政收入稳定增长】一是根据年初确定的收入目标,结合各征收单位、各乡镇税收增长点,充分调研、及时分解收入目标,保证全年任务按时完成。二是县领导深入基层开展调研,指导协调解决乡镇、县域企业税收管理问题,确保应收尽收。三是建立财税部门每月一次例会制度,分析上月税源情况,摸排当月税收增长点,及时解决收入征管中的困难和问题。全年争取免抵调库指标5464万元,调库收入应调尽调。四是对上年度纳税超100万元的工业企业和主要建筑安装、房地产等重点企业进行纳税动态跟踪分析,准确把握税源和收入变化情况。五是加大对罚没收入、行政事业性收费及国有资产收益等非税收入的监管,进一步规范非税收入缴库行为,确保非税收入及时入库。

【资金筹措力度加大】一是争取省新增均衡性转移支付和国债转贷资金1.86亿元;配合各职能部门向上争取各项财政补助资金1.33亿元,支持经济建设。二是理顺各金融部门的关系,全年新增银行贷款15.47亿元,政府性贷款1.99亿元,偿还政府性贷款1.26亿元,科学调度财政性资金10.3亿元,为项目建设提供资金保障。三是为135家(次)重点企业提供融资担保,帮助企业办理银行贷款4.943亿元。四是兑付各项扶持企业发展资金553万元,扶持企业进行技术改造、科技创新、产业发展、转型升级等,实现“营改增”税收3198万元,同比增加2100万元。五是投入资金3000万元,设立“助保贷”风险补偿基金,为15家企业新增贷款4860万元,增强企业贷款信用保证能力。

【惠民政策全面落实】一是投资20.07亿元(其中:县级配套1.59亿元),圆满完成省定33项民生工程目标任务。专项安排405万元业务费和项目管养费,对2007—2012年建成的22项工程类项目实施后期管养。二是通过“一卡通”方式累计发放涉农补贴资金32项、打卡发放资金5.11亿元,全县29.6万户农民群众直接受益。投入资金2930.92万元,完成中低产田改造2.48万亩,促进现代农业发展。投资6418万元,扎实开展农村公益事业“一事一议”财政奖补项目建设,完成道路、桥涵等基础设施建设项目338个。整合涉农资金7741.55万元,全面推动6个省定美好乡村重点示范村建设。三是投入1.3亿元,用于薄弱学校标准化改造、城区学校建设等。投入1200万元,用于支持科技、文化、体育项目研发、基础设施建设和文化体育事业发展。四是投入资金2.95亿元,用于城乡居民最低生活保障、落实就业再就业政策、城乡居民养老保险、保障性住房建设等。

【科学理财成效显著】一是加大对会计制度的执行力度,堵塞违规报销漏洞,全年共退回各类不合理、不合规票据316笔,金额114万余元。二是严格票据领、用、存、销程序,坚持“以票管费、票款同行”制度,全面推行“收缴分离、罚缴分离”管理体制,严禁“以收代支”、“坐收坐支”,确保非税收入及时足额收缴入库。三是实行“集中管理、分账核算、统一调度”的专户管理模式,实现资金统管、账户统设、审拨分离、印鉴分管。共撤销财政专户20个,保留17个(其中社保基金专户由原来的9个撤并为3个)。四是对乡镇财政收支、民生工程资金运行、涉农补贴资金管理和“一卡通”发放、一事一议财政奖补资金管理使用情况进行专项检查,及时纠正有关问题。组织开展全县重点优抚和社会定补对象全面核查,共核减不符合补助条件的人员216人,核减补助资金100万元。

【财政改革有序推进】一是采取“先试点、后扩面”的实施步骤,稳步推进公务卡制度改革,并完成制卡、发卡、启用工作。全年累计发卡818张,激活362张,消费36.8万元(共619笔)。二是选择县工行、建行作为代理银行,完善配套措施,明确内部股室、外部相关单位的职责和工作流程,实现预算单位全覆盖。除县本级专项资金外,预算内工资及经费全部通过国库集中支付系统直接支付。三是加强与组织人事部门的沟通协调,及时更新人员信息数据库,实行人员及工资变动的动态管理制度,为进行增资、住房公积金等各项决策提供准确的人数依据;积极推进预算、指标、拨款体系建设,实现数字化管理和信息数据共享。四是按照“建一撤一、内部调剂、确有需要、购买服务”的方针,引入市场机制,鼓励花钱买服务,促进社会办学、办医、养老等社会事业发展。当年,在县人社局和卫生系统开展试点工作,取得显著成效。

【财政管理日趋规范】一是完善预算内基本经费均衡支出、专项经费按需支出和限时支出相结合、上级专项经费通知支出的资金管理机制,建立支出进度月度分析通报制度和应急资金预算指标管理“绿色通道”,及时保障应急资金需求,为加强财政资金科学化、规范化管理提供数据平台。二是按照“花钱必有效,用钱必问责”的原则,建立全过程预算绩效管理机制,加强评价结果应用。改进绩效目标编制方式方法,实时跟踪绩效目标实施情况。三是平稳做好79家部门预决算和“三公”经费信息公开工作,及时主动向社会公开经县人大审议批准的政府总预算、决算。四是扎实开展整治“三公”经费开支过大专项行动,从严控制“三公”经费支出。截至当年底,全县“三公”经费累计支出4648.5万元,较上年同期下降7.7%。

(阜南县财政局供稿　王希文)

临泉县财政工作概述

【概况】2014年,临泉县完成公共财政预算收入10.23亿元,同比增长8.7%;公共财政支出完成47.26亿元,同比增长2.6%。

【财政收支平稳运行】一是明确征收目标任务,落实主体责任,出台税收征管、目标考核及配套措施,完善财政收入增长激励机制。二是深入调查财源税源,强化重点监控,加强收入预测分析,推行财税征管月调度机制。三是推行行政成本控制机制,大力压缩“三公”经费,做到只减不增,严格控制一般性行政开支,全年“三公”经费下降26%,会议费支出下降27.5%。四是加强预算支出执行管理,科学调度资金,优化支出结构,注重预算执行时效性和均衡性。

【扎实推进民生工程】一是分解目标任务。根据民生工程目标任务,县政府与各乡镇及县直有关单位签订民生工程目标责任书,分解任务,明确责任。二是落实配套资金。县33项民生工程投入资金18.39亿元。三是开辟民生工程资金拨付“绿色通道”,民生资金作为“头号预算”优先安排,坚持民生工程资金拨付进度不低于工程序时进度。

【支持经济社会发展】一是教育事业稳步发展。累计拨付义务教育公用经费10.3亿元、农村义务教育学生营养改善资金7975万元、贫困寄宿生生活费补助资金378万元、高校中职和普通高中家庭经济困难学生资助资金861万元。二是提高社会保障水平。累计拨付社会保障和就业资金9.19亿元,城乡低收入人群最低生活得到保障。三是建立健全新型农村合作医疗和城镇职工基本医疗保险制度,完善重大疾病救助制度。深入推进公立医院改革,提高医疗卫生服务水平,切实解决人民群众看病难、看病贵的问题,全年拨付医疗卫生经费8.85亿元。四是全面落实政策性农业保险工作,完成了135万亩农作物、3.2万亩蔬菜大棚特色农业保险和4.4万头牲畜保险投保工作。同时,做好受灾勘验、理赔工作,打卡发放理赔款1680万元。五是投入农业综合开发资金3373万元,加大改造中低产田,建设高标准农田2.63万亩。六是建立“一卡通”管理长效机制,打卡发放涉农补贴项目23个,合计4.7亿元,涉及农户105万人次。七是深入推进村级公益事业建设。当年全县农民共筹资3676万元,财政实现配套奖补9233万元,项目总投资额达到1.29亿元,共安排“一事一议”项目497个,新建道路307公里。八是助力美好乡村建设。通过加大县级预算资金投入、整合财政专项资金、引导社会资金等形式筹措资金,确保建设资金及时足额到位。

【完善财政监管措施】一是推进“金财工程”应用支撑平台及一体化财政管理信息系统的推广应用工作,完成财政预算、国库管理信息系统一体化建设,实现财税库银税收入电子缴库横向联网。二是实行公务卡结算制度改革工作。全年公务卡支出647笔,共计162.8万元。三是建立乡镇财政资金监管平台,制定信息通达、公开公示、抽查巡查等重点环节工作办法和流程。四是扩大政府采购覆盖面,当年实现政府采购支出1.72亿元,节约资金4097万元,节约率达19.25%。五是完善村财乡管村用的管理办法。六是实行部门预算和“三公”经费公开制度,确保部门预算的公开透明。七是加强财政专户管理,对全县所有财政专户进行清理撤并,撤销财政专户21个。八是严格资金监管,加强对项目资金申请、拨付的审核把关,实施项目投资预决算审核及跟踪问效制。

【创新政府融资机制】一是加强金融机构考评。制定银行金融机构考评办法,对各商业银行分季度综合考核排名,根据排名对商业银行财政存款进行调整,促进商业银行放贷积极性,扩大金融机构对县域经济发展的支持力度。二是推动政银担合作模式。本县成为全省政策性融资担保风险分担和代偿补偿首批试点县,在全省率先推动新型政银担合作模式落地,由县担保中心与县农商行采取风险共担形式,向一家企业放贷800万元,成为全省农信社系统第一家。三是缓解政府建设资金难题。在国务院对政府融资收紧的情况下,全年实现融资13.53亿元。四是利用中小企业融资中心融资平台,争取省财政厅支持民营经济发展资金1450万元,增加本县担保融资保证金,共为117家中小企业累计担保贷款15.1亿元。

【加强政府性债务监管】一是政府融资平台实行规范化、常态化管理,建立月报制度。二是全面清理核实、甄别地方政府性债务,截至当年底,全县债务总额为10.44亿元。三是科学合理举借新债,申报省财政厅新增地方政府专项债券项目资金3.1亿元。四是做好2015年拟发行地方政府专项债券项目储备工作,向省财政厅申请发行地方政府专项债券9.6亿元。五是扎实做好地方政府性债务管理工作,建立地方政府性债务指标预警机制,将政府性债务纳入政府预算,防范债务风险,提高资金使用效益。

【开展群众路线教育实践活动】以“为民理财促发展、务实清廉惠民生”为主题,深入开展党的群众路线教育实践活动。精心组织学习教育,开展“三问三观”专题讨论。扎实开展“三进三联”、结对共建和预算会商,广泛征求意见,坚持边学边改、边查边改、边改边建,严格执行中央八规定、省委30条、市委36条和县委22条规定,认真开展“五整五建”专项行动。建立完善警示教育、制度约束、监督管控并重的惩治和预防腐败体系,推进财政廉政建设,严格规范权力行使,努力保持财政工作清正、财政干部清廉、财政作风清明。

(临泉县财政局供稿　单俊、宋金亮)

淮南市财政工作概况

淮南市财政工作综述

【概况】2014年,淮南市财政工作在市委、市政府正确领导下,在市人大、市政协监督支持下,面对严峻的经济形势,坚持打基础、转方式、调结构、提质量、利长远的原则,克服困难,积极应对,突出重点,改善民生,不断提高财政管理水平。全市财政收入完成125.84亿元,为年调整预算的100.5%,其中,地方财政收入完成75.36亿元,为年调整预算的100.9%;上划中央收入及出口货物退增值税等完成50.48亿元,为年调整预算的99.9%。全市财政支出完成145.98亿元,为年调整预算的98.4%。

【加强财政预算管理】加强对经济形势和产业、行业的研究,强化税源调查、管理和监控,主动加强与税务、人行等部门之间的联系与沟通,积极协调解决收入组织过程中出现的问题,逐月分级、分部门下达收入任务,逐月向县区党委、政府"一把手"通报财政收支进度,定期召开全市财税调度会、县区财政局长收入形势分析会,不断增强财政调控能力。加强税收收入和非税收入征管,提高征管质量和效率,确保各项收入应收尽收。认真贯彻落实中央八项规定和省市有关规定,树立过紧日子的思想,严格控制一般性支出,进一步压缩"三公"经费和会议费支出。按照保稳定、保民生、保发展的要求,不断优化支出结构,集中财力保障各项重点支出需要,加大对"三农"、教育、文化、社会保障和就业、医疗卫生、保障性安居工程等民生领域的支持力度。围绕市委、市政府对经济社会工作的战略部署和重点工作,综合运用各种财税政策工具,支持自主创新和新兴战略产业,统筹区域协调发展,集中财力办大事,确保各项重点支出需要,最大限度发挥财政资金使用效益。进一步提升预算编制水平。印发《淮南市市级部门预算2015编制手册》,加强对县区预算编制工作的考核,增强市县收支预算安排的针对性和有效性,指导各区利用软件编制2015年度部门预算。在逐步完善以前年度部门预算基础上,2015年部门预算编制工作按照"二上二下"编制程序,以全市国民经济发展计划为基础,综合分析全市财政收入经济形势,坚持"厉行节约、公开透明、完整规范、深化改革"的原则,科学测算、统筹安排,全面及时完成预算草案编制工作。

【深化财税体制改革】密切跟踪国家财税体制改革动向,抓紧做好前期准备工作。与国税、地税部门合作,积极开展"营改增"和消费税、资源税等相关税制改革工作,研究税制改革对财政收入规模和地区结构的影响。探索建立县区财政市监管机制。制定《淮南市财政局关于建立县区财政市监管机制的通知》,在财政收入监管方面,通过政策引导奖励等措施培植税源。严格按照现行财政管理体制,依法组织收入,确保按规定的收入级次及时足额入库,严禁出现收入混库现象。在财政支出监管方面,切实保障基本支出、社会保障等重点支出以及法定支出、民生支出需要。强化财政支出政策管理,规范优惠政策,预算安排要与财政保障水平相结合,政策兑现要控制在财力保障范围内,维护政策执行的严肃性。县区财政配套资金足额保障落实到位。健全转移支付制度。建立健全均衡性、政策性、激励性为主要内容的相互统一、相互促进并各有侧重的一般性转移支付体系。提高一般性转移支付规模和比例，整合和优化专项转移支付，充分发挥转移支付功能，继续加大对财政困难区的支持力度。

【实行财政决算公开】按照省财政厅统一部署，认真制定2013年市级决算公开实施方案，按照“依法合规、积极稳妥、通俗易懂”的原则，坚持“统一口径、统一格式、统一时间、统一平台”四统一，即决算公开的口径与预算公开一致，决算公开按照统一格式发布表格和文字说明，各部门统一在规定时间发布决算信息，统一在市政府信息公开网“决算公开”专栏公开，并对部门决算信息公开人员进行培训。8月29日，公开2013年度市级政府决算，同时全面公开90家市级部门决算和“三公”经费决算，基本做到公开部门全面，公开内容完整，公开格式规范，公开进展顺利，公开反映平稳。

【清理核查财政专户和市本级行政事业单位账户资金】根据《安徽省财政厅转发财政部办公厅关于核准安徽省存量财政专户有关情况的通知》要求，再次对全市存量财政专户进行了自审、复审。截至2013年底，全市存量财政专户共计120户，按照财政部《关于核准省市县级存量财政专户有关情况的通知》，撤销全市存量财政专户27户，其中市本级3户，县(区)24户。按照市委、市政府要求，10月20日至11月20日再次对纳入市本级财政预算管理的行政、事业单位以及挂靠上述单位管理的学会、协会等社团组织的账户资金进行清理，对未纳入市本级预算管理的行政事业单位下属单位，市级投资建设管理的各类园区、融资平台及与财政有大额借款往来的企业等也在此次账户清理摸底范围之内。明确单位除零余额账户、纳税横联户、财政往来归集户和按照国家有关规定、单位特殊工作需要等原因必须保留的账户外，全部予以清理撤销，资金一次性划转指定账户。同时要求行政事业及下属单位将未到期的有价证券、存折存单等全部移交市财政局，由专人登记、造册、保管。经过单位自查并经过市资金清理领导小组研究决定，对纳入市级预算管理的行政事业单位及下属单位申请保留的各银行账户提出分类界定意见，并下达书面批复，告知各预算单位。

【实现财政资金在银行存放保值增值】在保证财政资金安全、满足日常资金需求前提下，积极采取措施，实现财政性资金保值增值。办理“对公定活通”1.5亿元，将活期账户资金按照存入时间长短，进行分段计息，享受最长定期利率，增加利息收入50.8万元。“协议存款”7.5亿元，以国家规定的基准利率上浮10%作为基础利率，商业银行按照协议另行增加优惠利率，增加利息收入747万元。“竞争性存款”3亿元，选择综合利率最高的商业银行存放资金，增加利息收入370万元。当年财政专户实现利息收入1.5亿元，同比增长22.2%。

【深入推进民生工程实施工作】完善政策，制定《关于2014年实施33项民生工程的通知》《民生工程资金筹措办法》《民生工程实施办法》《关于完善民生工程形象进度报送的通知》和《进一步完善民生工程信息报送的通知》等文件。定期调度，市县(区)政府和各级民生工程办公室定期召开调度会通报进展情况，有序推进民生工程实施。加强社会监督，新聘21名人大代表、15名政协委员担任民生工程特邀监督员，并及时向其提供民生工程进展情况，组织开展相关视察、巡视、检查、调研等监督活动，做到全程监督。加强督查，全市范围内开展民生工程基础信息专项督查，选取调查样本700户，未发现虚报冒领等违纪违法现象。做好资金保障，将民生工程预算与部门预算统一布置、统一编制、统一报审、统一批复，优先足额安排民生工程资金。市财政对新增项目和提标扩面项目提前预留2000万元。市财政局会商市直牵头部门测算配套资金，完善“绿色通道”和超序时进度拨付制度，对上级资金未下达的项目实行应急预拨。进一步完善民生工程资金管理机制，加大对民生预算绩效管理，建立“第三方绩效评价”制度，强化跟踪问效，做到绩效评价与目标任务同部署、同落实，将绩效评价结果作为完善政策措施的重要依据。

【增强融资担保机构实力】加快国有融资性担保机构建设，增强为中小微企业融资担保实力，支持民营经济加快发展。市财政共计安排和争取专项资金2.6亿元，用于充实市级、县(区)国有及国有控股融资担保机构资本金，其中，市本级预算安排1亿元，分别注入市融资担保公司9002.3万元，到位5000万元，注入市中小企业担保中心1000万元；争取省财政民营经济发展专项资金2342万元，分别拨付凤台华诚融资担保公司1029

万元(凤台县超额2471万元落实配套),拨付潘集区金财融资担保公司1313万元;争取并转付到位省信用担保集团"注资参股"资金9900万元。截至当年底,四家国有及国有融资担保公司共为438家企业担保贷款30.76亿元,实现税收2.53亿元,增加就业21541人。

【推进"营改增"试点工作】1月1日,铁路运输和邮政业纳入营改增试点范围,6月1日,电信业"营改增"实施。市财政局与市国税局、市地税局联合召开试点推进工作会议,研究部署试点推行工作,保障淮南市境内铁路运输、邮政业和电信业营改增平稳过渡。截至当年底,全市"营改增"试点纳税人为2521户,其中:一般纳税人336户,小规模纳税人2185户,较2012年10月试点时的458户净增加2063户。"营改增"试点纳税人累计入库税额1.63亿元。从实施"营改增"试点开始到当年底,全市因新老税制转换而增加税负的试点企业,财政补贴累计达5354万元。

【建立村级一事一议财政奖补管理制度体系】按照目标管理,量化考核要求,制定《淮南市村级公益事业建设一事一议财政奖补工作实施方案》和《淮南市村级公益事业建设一事一议财政奖补工作计划》,明确2014年各项工作的质量要求和时间节点。全年实施一事一议财政奖补项目473个。其中:农田水利设施项目93个,新建和维修村内道路项目210个,植树造林项目46个,环卫设施项目12个,文化体育设施项目9个,其他它项目103个。当年竣工并验收合格的项目465个,完工率98.3%。根据省政府及省综改办相关文件精神,结合淮南市实际,在2011年至2013年制定《项目管理实施办法》《项目资金管理办法》《项目管护办法》《项目绩效考核暂行办法》等八个管理办法和操作细则的基础上,研究制定《特惠制项目评审管理暂行办法》,建立《项目公示制度》。全市所有一事一议财政奖补项目分别在市、县(区)财政网站进行公示,项目建设内容、筹资情况、工程造价、实施主体等公开透明,接受社会和群众监督。

【开展竞争性项目评审】对年初预算和大预算待细化资金进行汇总梳理,广泛征求意见,选定17个大项目作为竞争性评审项目,金额合计8455.5万元,其中,部门预算安排项目14个,大预算安排项目3个,印发《关于开展2014年度市级财政竞争性项目评审工作的通知》,明确工作任务、时间安排和职责要求等。实施过程中,多次与各个项目主管部门会商,严密监控项目申报、专家评审、信息反馈、公开公示等程序,认真复核预算部门报送的评审结果,对不符合绩效要求的项目坚决撤销,虚报资金的项目核减资金,期限较长的项目按进度拨付资金等。

【建立县乡财政及村级财务一体化管理体系】在坚持推进县乡财政一体、有机互动的同时,不断探索农村"三资"管理的新途径。8月份,市委办公室、市政府办公室联合印发《关于推行村级财务乡镇代理工作的实施意见》(淮办发〔2014〕24号),要求重新组建乡镇代理中心,村级财务由乡镇财政所统一监管。为做好实施意见的贯彻落实工作,8月26日,市纪委、市财政局、市民政局、市农委、市审计局联合召开《意见》宣传贯彻会议,县区有关部门及乡镇财政所主要负责人参加了会议。会后,各县区积极行动,认真贯彻落实,相继制定实施方案、落实工作人员、开展业务培训、进行工作交接。10月底,大部分县区工作进展顺利,乡镇代理中心重新整合后全部并入乡镇财政所管理,并通过代理服务等方式增加人员48名,县乡财政及村级财务一体化管理体系初步建立。

【非税收入收缴管理创新】全市非税收入完成104.04亿元,同比增长11.4%,完成年预算的111.3%;其中市本级完成非税收入81.58亿元,同比增长16%,完成年预算的108.3%。全面优化政务大厅集中收缴管理。对进驻政务大厅的非税收入执收项目逐项进行梳理、分析,确定以房产交易办证和营运车辆管理管理相关收费为重点,按照整合归并、简化提效的原则,提出收缴管理优化方案。通过打破部门界限,整合收费主体,优化业务流程,归并执收环节,增加POS刷卡设备,丰富缴款渠道,有效压缩缴费环节和办理时间。4月底,该方案顺利实施,实际效果显著,受到缴款人普遍肯定。适应推行行政审批网上全程办理需要,市财政局从5月起着手研究行政审批事项涉及收费的网上收缴工作,创新行政审批收费网上缴费模式,确定依托网上政务服务大厅开发网上缴费系统,明确网上缴费的实施范围、业务流程、支付渠道和资金管理等问题。6月中旬,网上缴费系统开发基本完成，并与第三方支付机构的网银支付系统顺利对接,进行3次网上缴费模拟测试均取得成功。

【加强政府性投资建设项目监督管理】在借鉴外地市经验的基础上,结合实际情况,广泛征求相关单位和部门意见，草拟通知，并经市政府第49次常务会议研究同意,以淮府办〔2014〕49号文发布,该通知从项目前期管理、建设项目管理、招投标管理、资金管理、监督管理五个方面强化政府性投资项目价款的管理。根据49号文精神,配合市发改委对2015年政府性投资项目计划资金安排,进行前期讨论,初步拿出方案,供领导参考。加强资金管理,明确政府性建设项目资金拨付流程,明确审核责任，明确手续，协调建设单位和平台公司,做好资金拨付工作,共审核27个项目,申请资金2.16亿元,审核资金2.08亿元。

【加强"三公"经费支出管理】严肃整治公款大吃大喝、公款旅游和公款出国(境)旅游等行为,先后修订印发淮南市市直机关差旅费、外宾接待经费、会议费、培训费管理制度,进一步控制和压缩不必要的开支,降低行政经费支出,特别是"三公"经费和会议费支出得到有效遏制。实现"三公"经费管理常态化,按月统计全市"三公"经费支出情况,对比分析增减因素,为领导决策提供翔实的数据。全年市本级行政和参公单位"三公"经费支出同比下降18.1%。认真开展"三公" 经费支出专项检查,根据《安徽省财政厅关于开展"三公"经费支出情况专项检查的通知》,7月份,组织全市各县区及市级财政预算拨款单位进行自查,自查面100%,8月开展复查,复查面60%。

【加强外国政府贷款项目管理】积极利用外国政府贷款和国际金融组织贷款时间长、利率低的优点,经考察论证和筛选,成功申报淮南市公安局智能交通建设利用德促贷款1500万元、淮南市职教园区拟利用德促贷款2000万欧元两个贷款项目。加强项目后期监管,对正在执行的外贷项目从提款报账、设备到岸运行、社会效益、经济效益等方面进行跟踪绩效评价。按照省财政厅安排,做好4家在建外贷项目监督检查工作,积极组织落实到期贷款的还本付息工作,截至当年底,外贷项目全部按时足额还本付息。

【试点开展政府向社会力量购买服务工作】淮南市人民政府办公室印发《关于政府向社会力量购买服务的实施意见》(淮府办〔2014〕28号)、《淮南市政府向社会力量购买服务工作试点方案》(淮财购〔2014〕141号)和《淮南市政府向社会力量购买服务指导目录》(淮财购〔2014〕170号)。成立政府向社会力量购买服务工作领导小组，准确把握政府公共服务职能,科学界定政府购买服务内容,明确工作主体、目标任务,完善细则、确定试点单位。在2015年部门预算编制系统中,增加政府购买公共服务预算模块，全面调查梳理各预算单位购买服务项目，对符合购买条件的项目支出必须按政府采购有关要求编入政府采购预算。当年,8项购买服务项目共安排预算资金7369.7万元。

【加强美好乡村建设财政奖补工作】按照美好乡村考核级次,安排下拨2013年美好乡村建设奖补资金1590万元；同时为保证2014年美好乡村建设的顺利实施,及时下拨2014年美好乡村建设省、市财政补助资金7300万元,其中市级财政补助资金3520万元。加强美好乡村建设资金整合力度，在项目申报阶段把好美好乡村建设资金整合关。做好美好乡村建设绩效考评工作,年初按照省财政厅2013年绩效考评办法，及时上报2013年美好乡村建设绩效考评资料，并按照省财政厅绩效评价工作部署,合理选择考评县区,对考评资料进行补充完善,顺利通过省美好乡村建设考评。

(淮南市财政局供稿　吴波)

田家庵区财政工作概述

【概况】2014年,田家庵区积极落实财政政策,加快转变经济发展方式,以深化财税改革为主线,夯实财政收入基础,优化财政支出结构,切实保障和改善民生,从严控制一般性支出,提高财政资金使用效益,完成全年财政预算任务,较好地实现财政收支预算目标。区级财政收入完成12.70亿元,为年预算的89%,同比下降6.5%,其中:区级地方财政收入完成8.47亿元,为年预算的87.8%,同比下降12%。全年完成财政支出9.22亿元。

【夯实税源基础】积极对接中央财税体制改革,争取和掌握在推进财税体制改革、建立现代财政制度工作中的主动权。围绕建立事权和支出责任相适应的制度,特别是针对"营改增"改革扩面早作收入的应对准备。按季度、按月份分解细化收入任务，研究落实收入目标进度和弥补财政收入缺口的有效措施，排税源、抢入库。加强重点行业、重点企业税源监控，堵塞征收漏洞。强化零星税收委托代征征管，整顿纳税秩序，挖掘财政增收潜力。加强非税收入征管，规范往来款管理，增强财政收入调控能力。

【统筹支出重点】落实厉行节约各项措施，严格控制行政经费，牢固树立过“紧日子”思想，贯彻落实《党政机关厉行节约反对浪费条例》，研究制定符合实际的公务活动经费支出范围和标准。严控“三公”经费等一般性支出。坚持“公共财政”理念，把握好政府和市场的关系，将政府财力主要运用于改善民生、促进社会事业发展和优化基本公共服务，当年全区“三公”经费支出同比下降28%。加强预算执行和国库资金管理。清理财政结余结转资金，把财政存量资金用活、用足，进一步提高资金使用效益，优化支出结构，切实做到“资金跟着项目走，监督伴随资金行”。加强资金整合。集中财力办大事、办实事、办急事，解决重点问题、疑难问题，形成重点效应；支持重点项目，将不同层面、不同渠道的资金在重点区域内统筹使用，形成规模效应。

【健全管理机制】全面实行村级财务乡镇代理工作。制定《田家庵区关于实行村级财务乡镇代理工作的实施意见》和《田家庵区关于推行网上阳光村务监督平台的实施意见》，进一步规范和加强村级财务管理，明确村级财务由财政所统一监管，落实“健全农村集体资金、资产、资源管理制度，做到用制度管权、管事、管人”要求，规范农村集体资金管理，发展农村经济，促进农村党风廉政建设，真正实现村级财务管理“规范有序、管理民主、公开透明”。加强资金审批程序改革。制定《区本级财政资金审批程序》《区级预算单位财政拨款结转和结余资金管理办法》等工作规则和管理办法，就资金审批流程、批准权限、采购标准等做出明确的要求，进一步做到规范运作，有据可依。强化资金使用效益改革。为贯彻落实中央“八项规定”，推进反对浪费制度建设，按照勤俭节约的原则，合理、有效地使用政府资金，制定《区政府性投资项目资金管理办法》《区级行政单位通用办公设备家具配置标准(试行)》《区属机关差旅费管理办法》和《区招标采购分类管理办法(试行)》，加强财政监督，为维护健康的财政经济秩序提供更加有效的制度保障。

【推进民生运行】统筹整合各类财政资金，集中财力向基层倾斜、向民生保障覆盖、向社会事业延伸。坚持实施省市民生工程。当年涉及本区的民生工程共22项，全部为省级项目，包括考核类项目8项，督导类项目14项，预计总投入资金1.9亿元，其中区级配套资金1461万元于6月份全部落实到位，各项发放类项目全部完成。认真落实惠农政策，继续加大对农民的补贴力度，全年通过“一卡通”方式共打卡发放补贴资金694.7万元，其中对种粮农民直接补贴资金31万元、综合直补资金268万元，退耕还林粮食补助资金17万元，确保各项惠农资金及时发放到户。

【完善监管体系】采取多种监督管理手段，建立全方位、多角度、动态化的财政资金监管体系。规范拨款程序。严格执行财政项目资金上会研究审批制度，按照规定的审批范围及拨款流程办理拨付手续，确保财政资金使用规范。强化预算约束。按照2014年部门预算编制内容，严格执行收支两条线管理，部门非税收入全部纳入财政收入范畴；同时加强项目资金的管理，按进度、效益安排资金，将项目资金细化到单位，细化到具体项目，将财政资金用在刀刃上。开展会计信息检查。对区属各单位的项目资金使用情况进行专项检查，并对执行“公务卡”制度情况进行抽查，强化财政监督职能，保障资金安全完整。推进预算公开。按照“谁公开、谁负责”的原则，对区本级预算单位2014年的部门预算、“三公”经费、预算执行情况予以公开。

(田家庵区财政局供稿)

大通区财政工作概述

【概况】2014年，大通区财政工作坚持“稳中求进”的总基调，切实把握财政工作重心，克服宏观经济下行等不利因素的影响，推进财政改革，依法理财，增收节支，强化监督，透明预算等各项工作开展。全区财政总收入完成4.64亿元，同比下降3.98%。全区地方财政收入完成2.71亿元，同比增长18.39%。全区财政总支出4.78亿元，同比增长15.78%。财政收支平衡、略有结余。

【全面深化财政改革】坚持财政工作会商制度。改进预算编制方式,实行“参与式”预算编制,科学合理确定部门预算定额标准。加强项目资金编审和管理,按照“有保有压”原则,根据综合财力情况,科学合理安排财政支出。推进预算信息公开,全面公开部门预算和“三公”经费预算。全区预算单位全部实行国库集中支付。全面推行公务卡消费。加强政府采购审批管理,逐步扩大政府采购范围,严格采购程序,采购节约资金106.51万元,资金节约率17%。稳步推进“营改增”试点扩围工作,及时兑现财政补贴政策。强化结转结余资金管理,组织开展农业财政结余资金和超规定期限结转资金的清查和处置工作,清查出结余结存资金457.7万元。严格政府性债务管理,建立健全政府性债务管理机制,全年化解存量债务555万元。完成全区行政事业单位资产、资金和土地清查工作。

【加大社会保障投入】继续实施居民收入倍增规划,2014年全区城镇居民人均可支配收入24814元,增长9%;农村居民人均可支配收入9576元,增长11%;大幅提高新型农村合作医疗、城镇居民基本医疗保险补助标准,新型农村合作医疗参保率达98%,城镇居民基本医疗保险实现应保尽保。基层卫生机构运行费用全额纳入财政预算,促进基本公共卫生服务均等化。落实城乡居民社会养老保险财政补助资金,实现城乡居民社会养老保险制度全覆盖。城乡低保、高龄老人保健补贴、残疾人生活补助、五保供养、各类优抚对象待遇等政策得到较好落实。

【落实惠农政策】一事一议财政奖补工作进展顺利,52个项目全部完工。政策性农业保险有序开展,种植业参保面积13.5万亩,能繁母猪参保1144头,参保奶牛1231头。建设美好乡村公共服务体系奖补扎实推进,全年共投入资金780万元,对5个美好乡村中心村的村庄建设进行奖补。认真落实惠农补贴政策,加强惠民直达系统建设,全区共发放惠农补贴资金17大类54个批次5777万元。农村“七老”生活补贴资金全部发放到位。不断完善乡镇农村“三资”代理服务中心建设,全区纳入三资代理服务中心管理的村级资金达5652万元。

【健全民生工程落实机制】建立民生工程信息网上公示制度,积极筹措财政资金,加大对民生领域和社会事业支持保障力度,新增财力投向社会公共事业,切实保障以改善民生、提升公共服务质量为重点的资金需求。全区13大类民生支出3.58亿元,占财政总支出的80.7%,同比增长25.6%。25项民生工程目标任务全面完成,投入资金2.24亿元。其中区级配套资金1838.8万元,占应配套的101.2%,惠及全区18万城乡居民,受益面达97.3%。

【强化财政监督】全年先后抽查巡查乡镇财政工作17次。加强和规范财政专户管理,加大清理和归并力度,财政专户实现全部统管。逐步完善财政资金管理制度和监督检查机制,堵塞资金安全管理漏洞,财政资金使用风险得到有效防范。开展集中整治非法集资专项活动,对3家小额贷款公司进行风险排查。有针对性地开展专项监督检查活动,对财政支农项目、涉企项目和民生工程项目资金、村级“三资”代理财务等开展专项检查,确保财政资金安全。

(大通区财政局供稿)

谢家集区财政工作概述

【概况】2014年,谢家集区坚持以改革促稳定,以改革谋发展的总体思路,认真落实积极的财政政策,积极推进财政改革,不断强化财政监督职能,狠抓党风廉政建设,有效保障全区财政继续保持平稳运行。全年完成财政收入3.75亿元,同比下降9.63%;完成财政支出5.8亿元,同比增长33.47%。

【推进预算管理改革】认真清理不合理收支,制发《关于进一步加强国有资产管理的通知》,开展对政府资产资源进行全面清查活动,加强对国有资产处置和收益管理,进一步完善全口径预算管理。加强对部门预算管理,先后组织2期部门财会人员培训,有效提升部门预算管理科学化和精细化。落实预算信息公开制度,及时将全区部门预算上传市财政局门户网站,接收社会和审计监督,增强部门预算的透明度。严格预算执行,坚持有保有压方针,严格执行列入预算优先支付原则,确保全区基本工资、部门运转、民生配套等支出。坚持对每月支出预算执行情况进行统计、分析,做到精打细算。

【抓好民生工程建设】精编方案,倒排工期。先后制定《项目实施进度工期表》和《谢家集区2014年民生工程宣传工作计划》，细化各部门任务、责任和时间节点，做到有序有节。加强督查，健全机制。重申民生工程责任追究制，坚持每季度开展一次民生工程工作督查的制度，进一步健全全区民生工程落实机制。多措并举，确保资金。针对当年全区财政收支矛盾更加突出，财政支出压力沉重的现状，通过加强收入管理、积极争取市级财政支持、大幅压缩部门专项经费、严格项目追加、严控三公经费支出等手段，多方筹措资金，确保民生工程资金及时到位。全区共拨付民生工程资金2.9亿元，占全区财政总支出50%。

【发挥财政监督职能】严格落实中央八项规定和省市区的相关规定，积极开展财政监督检查和小金库治理工作，开展乡镇财政资金监管督查工作。当年全区"三公"经费支出同比减少20.9%，继续保持大幅下降趋势。加强制度建设，先后起草《谢家集区机关差旅费管理办法》《谢家集区政府性投资项目资金管理办法》《谢家集区本级财政资金审批程序》《谢家集区机关会议费管理办法》等规范性文件，进一步健全和强化财政监督职能。严格票据管理，完成全区34家票据年检工作，并根据票据改革的需要，对全区所有医疗单位旧票据进行核销，发放新票据34万份。强化村财乡管机制，区纪委、区监察局、区财政局、区民政局和区农林水利局等多家单位联合坚持每季度一次对"三资"委托代理服务工作检查，进一步促进阳光村务建设。认真加强整改，在全区范围内开展"小金库"治理公开承诺活动和"小金库"自查清查活动，清理财政账户4个，合并2个专户，进一步严肃财经纪律。

【规范政府采购管理】修订下发《谢家集区2014年度政府集中采购目录及限额标准》，对政府采购范围和适用条件进行明确调整和界定。成立谢家集区工程建设类项目招标投标领导小组和招标投标监督管理办公室，出台《谢家集区工程建设项目招标投标管理办法(试行)》，加强对重大项目投入监督与管理。开展服务类项目政府采购尝试，率先在全市完成政府"送戏下乡"民生文化服务类项目采购工作；在征求上级同意的情况下，灵活变通采购方式，及时完成区农林水利局"一喷三防"药品全部采购任务，保证全区小麦及时喷洒。全区共组织政府采购次数33次，采购预算金额达188.5多万元，实际采购金额167万元，节约资金21.5万元。

【改进行风政风建设】认真组织开展党的群众路线教育实践活动。围绕"照镜子、正衣冠、洗洗澡、治治病"的总要求，全区财政系统干部职工始终聚焦查找"四风"、"三症"问题，制定整改措施和方案，坚持边工作，边学习，边查摆，边整改，立行立改，行风政风得到进一步改善。结合整改要求，重新梳理财政部门职权，明确各部门岗位工作职责，制定风险防控措施，加强风险防控机制建设。坚持以素质教育为重点，全面抓好财政干部综合培训，邀请高校专家教授为全区财务工作人员讲解新的行政事业单位会计制度；邀请市检察院预防职务犯罪处人员，为全区财政系统党员干部做预防职务犯罪专题报告会，筑牢廉政思想防线。

(谢家集区财政局供稿)

八公山区财政工作概述

【概况】2014年，八公山区财政工作紧紧围绕目标，以"科学理财、依法理财"为宗旨，坚持"保运转、保稳定、促发展"的原则，不断夯实财政基础，着力提高财政科学化、精细化管理水平，财政职能得到进一步发挥。全年财政收入完成2.18亿元，同比下降17%；财政支出3.39亿元，同比增长5.9%。

【认真组织财政收入】面对宏观经济下行、政策性减收等多重压力，财税部门坚持依法治税、应收尽收，填补小煤矿关闭退出减少的1.5亿元收入。层层分解落实收入任务，落实征管责任。坚持半月一调度、一月一分析，定期召开调度会，研判收入形势，挖掘增收潜力，随时掌握重点行业、骨干企业纳税情况和变化动向。创新征收举措。聘用专业机构，核算开发成本，查补土地增值税、追缴以前年度漏缴的建筑税。当年税收收入占财政总收入93%，同比提高7个百分点。

【保障重点支出】一是积极向上争取资金。在困难情况下，得到市财政大力支持，积极调度资金拨付工资性支出1.53亿元。二是拨付保障房建设资金1亿元，推进廉租房、公租房及棚户区改造等项目建设。三是拨付小煤矿关闭退出补助资金3866万元,用于职工安置和再就业。四是兑付各项政策性退税2674万元,拨付扶持企业发展资金450万元。积极协调市融资担保公司,为经济开发区发展续贷1.18亿元。

【实施25项民生工程】全年民生类支出2.45亿元,占一般预算支出的73%。认真实施省市25项民生工程,民生工程项目支出1.22亿元。其中:城乡义务教育保障675万元,新型农村合作医疗232万元;基本公共卫生服务630万元;提高妇女儿童健康水平42万元;重大传染病医疗救治2万元;农村居民最低生活保障234万元;农村“五保户”供养49万元;生活无着人员救助66万元;城乡医疗救助119万元;城镇居民基本医疗保险基金补助216万元;就业技能培训192万元;城乡居民基本养老基金补助134万元;残疾人康复与救助199万元;政策性农业保险补助34万元;村级公益事业一事一议财政奖补183万元;农村清洁工程128万元;美好乡村建设1183万元;病险水库除险加固管护12万元;公共文化场馆开放35万元;农村文化建设专项补助32万元;计划生育家庭奖励扶助制度47万元;农村危房改造补助资金62万元等。

【规范财政管理】规范财政资金拨款程序,对单笔超过50万元的支出均由集体研究审批,对各行政事业单位财务支出单笔超过1000元的,由分管领导审批。通过严管严控,当年财政支出在刚性支出不断加大情况下,扣除小煤矿补助支出等不可比因素,同比下降15%。做好预算、决算信息公开工作,全区129家单位2013年决算、2014年预算和“三公”经费在政府网站公开,主动接受社会监督。加强政府采购管理,重新修订政府采购监管办法,进一步规范政府采购行为,全年采购260笔,实际采购金额316万元,资金节约率9%。

【加强资产和投融资管理】加强资产监管,对24家行政事业单位资产进行重点检查,做好全区行政事业单位资产日常管理,并严格资产处置程序。加强政府投资项目的管理,出台《八公山区政府投资管理办法》,组织相关部门对21个项目招标前控制价进行审核,核减率18%,从源头控制造价。加强融资担保公司的日常监管和现场检查。防范套取资金、打击非法集资,防止群众上当受骗。

【加强作风和制度建设】认真开展党的群众路线教育实践活动,切实加强党的作风建设,进一步密切党群干群关系。开展形式多样的教育活动,不断增强干部职工的廉政意识。认真学习党的十八届三中、四中全会精神和中纪委十八届三次、四次全会精神以及《廉政准则》等;在办公室和走廊张贴廉政宣传画,营造良好氛围,树立廉政意识;开展学习沈浩先进事迹活动,自觉增强党性和宗旨意识;开展文明单位创建工作,组织志愿者开展志愿服务活动,开设道德讲堂,弘扬传统美德和职业道德。区财政局被评为淮南市第十六届文明单位。加强制度建设,把权力关进制度的笼子里。修订完善《八公山区政府采购管理暂行规定》,制定《八公山区关于推进村级财务乡镇代理实施细则》《八公山区关于村级财务乡镇代理实施方案》等,形成科学规范、责任明确的管理制度。

(八公山区财政局供稿)

潘集区财政工作概述

【概况】2014年,潘集区财政部门积极开展党的群众路线教育实践活动,认真履行财政职能,站位全局、融入全局、服务全局,坚持“依法理财、增收节支、统筹兼顾、和谐发展、惠及民生”的理念,完成调整后的财政收支任务,全年实现财政收入7.09亿元,完成财政支出11.09亿元。

【严格收入征管】面对经济下行压力,紧密结合全区经济发展现状,组织财税人员,加强调研力度,分析影响财政收入增减变化的原因并形成对策。加大非税收入征收力度,健全非税收入票据和银行账户管理制度,积极控制源头,加强票据管理,确保政府非税收入按规定缴入国库或财政专户,防止应收不收、应罚不罚和乱收乱罚现象发生。形成财税联动。定期召开财税联席会议,及时解决组织收入中遇到的困难和问题,不断完善收入征管机制,做到抓大不放小,挖掘收入潜力,确保应收尽收。

【统筹保障重点支出】保工资支出。通过合理调配财力,在继续树立“过紧日子”思想的同时,确保财政供养人员工资按时足额发放。保教育支出。全区教育支出共计2.92亿元,惠及全区2.8万余名中小学生。保运转支出。公共安全事务支出 2915 万元,住房保障支出 1.29 亿元,农林水事务支出 2.05 亿元,促进经济和社会各项事业的稳步发展。保社保支出。全年发放城市低保资金 1209.8 万元,发放农村低保资金 2199.78 万元,新农合医疗报免支出达 1.26 亿元;拨付基本公共卫生服务专项资金 1017.92 万元。保惠农支出。累计兑现粮食直补 493 万元、综合直补 5962 万元(含良种良法补贴资金)、水稻良种补贴 543 万元,兑付农机具购置补贴 492 万元、农业保险 683 万元。全区通过“一卡通”惠民系统发放资金 1.59 亿元;申报 2014 年一事一议项目 151 个,累计资金 1446 万元(其中上级配套 1100 万元,区配套 182 万元,自筹资金 164 万元)。

【深化国库集中支付改革】通过硬件配备、软件安装、网络连接、系统调试和人员培训等工作,国库集中支付系统全面上线运行,做到实时到账、及时清算,减少了财政资金拨付环节,增强资金整体调配和统筹保障能力,保证财政资金及时准确拨付、安全高效运行。完成区直机关事业单位工资数据整理核对、工资代发银行选择、账户开设、工资系统模块设置和数据导入等基础性工作,7 月份通过财政一体化平台将资金直付到代发账户,由代理银行打卡到位,工资通过财政一体化平台顺利统发,减少资金实拨环节,工资发放效率提高。稳步实施公务卡制度。全年公务卡还款 986 万元,占支付金额 2.5%,进一步提高公务支出透明度。

【开展政府采购与投资评审】全年政府采购项目 54 项(次),预算 306 万元,采购金额 271 万元,节约资金 35 万元,节资率达 11.5%,积极开展财政投资评审工作。根据市政府关于政府性投资价款管理的相关文件精神,积极开展由项目主管部门、财政、审计、监察等部门联合实施的经验值测算工作,成立投资管理办公室,制定投资评审管理办法,积极探索财政投资项目经验值做法,共审查各类工程项目 11 个,评审金额 2.87 亿元,审减 6214 万元,审减率达 21%,财政资金安全得到有效保障。

【提升干部队伍素质】坚持以提升财政整体工作水平为核心,以开展党的群众路线教育实践活动为载体,以不断提高机关干部队伍素质为基础,以建立健全服务承诺制等各项制度为保证,以完善局岗位责任目标考核机制为动力,以加强廉政风险防控管理、规范财政权力运行为抓手,创新思路,丰富载体,激活党建、学习、培训、调研、走访、座谈、文明创建等活动内容,不断强化财政干部服务意识,激发干事创业的积极性、主动性,不断提高服务质量和办事效率,切实做到为民、务实、清廉。

(潘集区财政局供稿)

毛集实验区财政工作概述

【概况】2014 年,毛集实验区财政局认真贯彻中央、省、市决策部署,把握政策,强化收入,优化支出,深化改革,依法理财,促进发展。全区完成财政收入 2.18 亿元,为年调整预算的 109%;其中,一般预算收入完成 1.56 亿元,占年预算的 103.6%。2014 年,全区财政支出 4.73 亿元,占年预算的 234.41%,同比增长 28.57%;一般预算支出 4.35 亿元,占年预算的 215.46%,同比增长 20.1%。全区财政民生类支出 3.84 亿元,占全区财政总支出的 81%,同比增长 25%,财政支出向民生倾斜明显。

【民生工程有序推进】先后印发《关于 2014 年实施 33 项民生工程的通知》《关于分解下达 2014 年度民生工程目标任务的通知》等文件,对全区 33 项民生工程任务进行分解落实。全年民生工程投入 1.5 亿元,其中区级配套资金 1800 万元。加大资金筹措力度,优化支出结构,压缩一般性支出,新增财力主要向民生领域倾斜,对各项民生工程资金,做到及时申请、及时拨付、专款专用。加强资金监管,全面开展民生工程资金绩效评价,完成对区 26 项民生工程绩效评价工作。全年 26 项民生工程按时或超时完成任务,在省市民生工程督查中获得充分肯定。

【财政改革不断深化】推进财政预决算信息公开。建立财政预决算信息公开机制,及时召开会议,制定积极稳妥办法,通过政府门户网站公开财政预决算、“三公”经费信息。推进涉企项目资金管理信息系统应用。按照省市要求,建立涉企项目资金管理信息系统,整理相关信息,建立基础数据库,做好数据复核工作,并与省市进行系统联网。推进政府购买服务。对区财务管理中心 2 个岗位向社会力量购买服务,经过多次谈判,确定一家会计服务公司提供服务,做到“政府买服务,做事不养人"。推进政府性债务管理。强化债务审计结果应用,更新、补充地方政府性债务管理系统数据,更正存量债务数据,加强基础信息管理。

【农业开发稳步实施】完成2013年焦岗湖镇中低产田改造、2013年毛集镇中低产田改造2个项目。焦岗湖镇中低产田改造项目总投资646万元,毛集镇中低产田改造项目总投资60万元。完成年产5000吨彩色花椰菜种植基地扩建和5000吨淮南牛肉汤方便制品加工扩建2个产业化补助项目,项目完成并通过验收。全面统计在工商部门登记的全区合作社和龙头企业,对产业带动明显、服务能力强的土地治理、农民专业合作社、家庭农场、龙头企业等项目,建立项目库。

【财政监管持续加强】落实强农惠农政策,扎实开展涉农资金整合,支持"三农"发展。全区共发放财政补贴农民资金3919万元,及时把财政惠农政策落实到每个农户。切实加强乡镇财政资金监管,全区传递到乡镇监管信息28条,区和乡镇抽查巡查21次,纳入监管系统的资金达到9134.9万元,其中:项目类资金2463万元,补助类资金4005.3万元,单位预算资金2358万元,村级资金308.6万元,乡镇提出监管建议意见15条。加强财政监督工作,先后组织开展小额贷款公司年度检查、2013年财政收支监督检查、重点项目专项资金检查、2013年农村饮水安全工程资金绩效评价、预算单位财务检查等工作,通过财政监督检查,推进财政管理规范化精细化。

(毛集实验区财政局供稿)

淮南经济技术开发区财政工作概述

【概况】2014年,面对错综复杂的经济形势,开发区财政工作认真贯彻省、市决策部署,坚持稳中求进总基调,按照管委会"产城一体、三区联动,争做打造非煤产业新优势排头兵"的总体要求,稳增长、调结构、促转型、保稳定,财政收支呈现总体稳中有进的态势。全年完成财政收入3.65亿元,占年度预算的110%,同比增长16.8%。其中地方财政收入完成1.94亿元,占年度预算的129%,增长13.9%;上划中央完成1.64亿元,为年度预算的90.2%,同比增长15.1%;出口退增值税完成732万元。财政支出总计2.36亿元,占年度预算的156.6%,其中一般预算支出2.06亿元,占年度预算的136.7%,同比增长3.4%。

【服务经济发展】针对全市煤炭行业量价齐跌、经济下行的严峻形势,开发区财政积极支持区内企业发展,全年安排企业扶持资金1916万元;安排企业工业项目扶持资金6031万元;奖励企业市场拓展扶持资金2300万元;安排企业退城进园补贴资金300万元。全年开发区完成经营性收入167.6亿元,增长12.4%,其中规模企业销售产值63.57亿元,增长3.9%。

【保障重点支出】加大基础设施投入力度,进一步拓展发展空间,园区承载力和吸引力不断增强。开发区财政当年投入基础设施建设资金1.3亿元,东部工业区二期路网4条4.8公里道路、朝阳东路延伸段改造以及供热管网工程竣工投用,三期路网6条7.23公里道路完成前期勘探、设计等工作。支持项目进区用地需要,支付土地报批及征地拆迁资金6844.6万元,全年收储土地918.5亩,拆迁5660平方米,供地671亩,保障项目用地需求。全年新开工中志轨道、路路胜交通设备生产线等项目11个,其中亿元以上项目5个,总投资43.12亿元,年内完成投资2.1亿元;续建陕汽重卡、平安开诚等项目15个,其中亿元以上项目10个,总投资84.2亿元,年内完成投资12.5亿元;竣工平安开诚一期、凯盛重工一期等项目14个,其中亿元以上项目6个,总投资22.8亿元。新签约上海纬力轻工地产、恒诚制药等项目8个,总投资45.82亿元,其中亿元以上项目5个;文峰航天线缆二期、益益乳业三期等拟建项目16个,总投资64.71亿元,其中亿元以上项目13个。全年引进内资55.36亿元,利用外资2385万美元。

【协调服务企业】加大企业帮扶力度,强化服务意识,深入开展企业税收专题调研,减轻企业负担,摸排园区企业诉求,为企业解决实际问题。全年区财政函复企业来文45件,帮助中志轨道公司、陕汽淮南公司解决融资困难,帮助1家企业解决房产证办理等历史遗留问题。帮助2家拟上市公司转板,安徽华印机电股份有限公司、淮南润成科技股份有限公司成功实现新三板上市。

【转变工作作风】认真学习贯彻党的十八大和十八届三中、四中全会及习近平总书记系列重要讲话精神,牢牢把握加强党的执政能力建设、先进性和纯洁性建设这一主线,通过组织参加集体理论学习会、听取专家授课、读理论文本自学等多种形式,认真贯彻“照镜子、正衣冠、洗洗澡、治治病”总要求,以为民务实清廉为主要内容,以“三严三实”为标尺扎实开展教育活动。通过教育活动开展,区财政局转变工作作风,采取请进来、走出去等多种方式,听取服务对象意见建议,深入各预算单位会商财政工作,进一步规范财政资金审核审批拨付程序,定期在行政例会上通报财政资金收支情况,在管委会门户网站和财政网页上公开2013年部门决算及“三公”经费支出情况,做到财政资金支出“公开、公平、合法、守矩”。

(淮南经济技术开发区财政局供稿)

山南新区财政工作概述

【概况】2014年,山南新区财政总收入完成3.5亿元,同比下降35.2%。支出完成3.1亿元,同比下降44.6%。

【加强收入征管】受宏观经济形势影响,当年山南新区新开工项目减少,项目建设产生的各项收入也随之锐减,在经济形势下行的情况下,新区财政税务部门密切配合,科学组织收入,保证财政收支平稳运行。加大项目监管力度。新区市政公共配套设施、土建、景观、装饰等工程项目存在点多面广的特征,为避免税款流失,财税部门在项目立项、签约、付款等环节层层把关,深入了解工程进度,确保税款及时足额入库。抓好重点行业和重点税种的税收征管。结合山南新区实际,配合税务部门对新区范围内的单位及项目进行全面深入了解,并对税源结构、纳税对象进行分析和研究,确定征管重点,做到有的放矢。进一步加强建筑施工企业及房地产企业的税收征管,确保工程建设和房地产开发、转让等各环节应收尽收。山南新区建筑、房地产收入占地方财政收入近九成,成为山南财政收入的支柱行业。

【推进各项改革】巩固账户清理工作成果。认真对照上级财政部门关于专户清理整顿工作的总体要求及部署,对管委会成立以后开设财政专户情况进行全面自查,按要求撤并相关专户。加强项目资金的编审和管理,按照“有保有压”的原则,根据财力情况,按轻重缓急合理排序,稳步推行国库集中支付制度改革工作。积极探索权责发生制政府综合财务报告的编制。学习相关业务知识,全面梳理资产、负债事项,更加全面、真实、完整地反映政府资产、负债、收支等财务状况和运营情况,为决策提供有用的信息支持。

【支持棚户区改造与回笼土地出让金】落实保障房建设资金。截至当年底,棚户区改造上级补助资金除用于小区配套外,其余建设资金均已按进度拨付项目建设单位,有力地推动新区保障房建设。回笼土地出让金。与市财政局进一步做好土地出让金分成清算的基础上,及时掌握出让地块土地出让金缴款情况,确保土地出让金收入及时回笼。截至当年底,市财政累计拨付土地清算分成资金2.64亿元。

【强化非税收入征管】市政府自上年6月1日起,对基本建设和投资项目涉及的政府性基金、行政事业及经营性收费实行统一征收管理。财政部门与规划、建设部门密切配合,全面掌握征管范围、执收标准及具体办理程序,进行广泛深入的政策宣传,更好地服务项目建设单位。截至当年底,建设性规费累计征收1531万元,其中:城市征收基础设施配套费征收1221万元、人防易地建设及白蚁防治费征收401万元。

【规范债务管理】加强政府债务管理,提高政府债务资金使用效率,合理控制政府债务规模,防范政府债务风险。认真做好新区债务统计、确认工作,按要求进一步规范政府性债务的填报口径,配合审计监察等部门,核实债务、摸清家底。根据开发建设需求,合理制定贷款资金的使用计划,切实提高资金使用效益。根据上级财政对债务清理的相关规定,认真落实《安徽省地方政府性债务管理办法》中的相关规定,切实抓好管委会自身及山南开发公司的债务管理。确保债务规模适度、风险可控。

(山南新区财政局供稿)

淮南高新技术开发区财政工作概述

【概况】2014 年，园区重点项目财政资金累计投入达 2.39 亿元，其中，新能源中心项目 5500 万元，路网及万泰山电子项目(土地报批、征迁等)8329.29 万元，基础设施建设 4439.61 万元，高新区公租房项目 5430.94 万元，润敏江、台商科技园等其他项目 197.77 万元。

【财政资金审批支付】严格按照财经法规要求，对公租房、新能源中心等项目资金均由施工单位进行申报，监理单位进行审核，建设部门进行工程量确认，审计部门进行全程跟踪审计等多个环节严格把关，坚持每笔资金支付均通过主任办公会研究，并形成会议纪要方可进行支付，确保支出有据、手续合规、程序合法。

【进行重点项目及征地拆迁资金审计】9 月配合国家审计署做好全国土地出让金和耕地保护审计工作，并配合淮南市审计局完成园区财政财务收支审计调查、土地出让金自查等审计工作。继续做好建设项目跟踪审计对接工作，对高新区路网工程、新能源中心五栋单体建设等市重点项目的工程进度款支付、监理费支付、竣工决算审计等实行全过程跟踪审计，确保审计全覆盖。积极协调谢家集区审计局，完成高新区征地拆迁审计，及时做好项目资金清算，促进财政资金规范、高效、安全、廉洁使用。

【落实重点建设项目资金】通过多方协调，积极落实新能源项目资金 6000 万元到位共管账户，严把资金审核关，确保专款专用。通过融资方式，盘活资金，完成土地报批及园区路网工程建设，确保建设项目顺利实施。

【强化政府采购及招投标管理】严格按照招投标法及相关文件，对达不到限额标准的采购项目通过询价等方式自行组织招标采购，对限额标准以上的申报市招标局统一组织，规范操作流程，与规划建设局积极配合，做好公租房建设项目施工图设计、地质勘察、节能评价、环境评估、监理招标、施工招标等招标公告发布、竞争性谈判、招标文件审核，建设项目开标、施工合同审核等事宜，并认真做好园区企业项目招标、开标等过程的监督工作。

(淮南高新区财政局供稿)

淮南煤化工产业园区财政工作概述

【概况】2014 年，煤化工园区紧紧围绕财政、财务中心工作，按照园区党工委统一部署，结合管委会工作安排，坚持求真务实、改革创新，努力开拓园区财政工作新局面。

【认真落实八项规定】认真贯彻落实中央八项规定，牢固树立过紧日子的思想，倡导厉行节约，力戒铺张浪费。严格执行市级财政部门印发的有关“三公”经费、差旅费、会议费、培训费等相关规定，强化措施，狠抓落实，严控标准，注重实效。

【加强政府债务管理】按照上级部门要求，积极采取应对措施，对园区投融资公司地方政府存量债务进行清理甄别，妥善处理好发展与举债，长远与眼前的关系，规范融资行为，合理有效控制债务规模，防范和化解债务风险，提高债务资金使用效率。

【科学编制部门预决算】针对财政体制尚未独立现状，园区预决算纳入市级部门预决算。根据市财政预决算编制要求，全面贯彻党的十八届三中全会精神，坚持厉行节约，严格“三公”经费管理，从严从紧控制一般性支出，有保有压、务求实效、客观真实、保质按时完成编制任务。

【推进预决算信息公开】按时完成年度部门预决算信息、“三公”经费预算支出信息在市政府公开信息网、部门官方网站上公布，按季公开园区财务信息，接受单位员工和社会监督。

(淮南煤化工产业园区财政局供稿)

凤台县财政工作概述

【概况】2014 年，凤台县财政总收入完成 33.94 亿元，下降 23.8%。其中：地方财政收入完成 16.24

亿元,下降 35.3%;税收收入完成 30.13 亿元,下降 12.7%,占财政收入的比重为 88.8%。全县财政支出完成 36.14 亿元,下降 6.4%。

【力促经济转型升级】支持工业强县战略实施。设立 2 亿元工业发展专项资金,加大对主导产业、首位产业、特色产业和龙头骨干企业的支持力度,重点支持凤凰湖产业园等工业园区建设和招商引资工作开展。其中,设立 5000 万元“1515”工程扶持发展专项资金,列入 2 亿元工业发展专项资金中,重点推进高新技术企业和规上工业企业发展,引导支持县域产业结构转型升级,提高全县工业竞争力。助力实体经济发展。全面落实结构性减税政策,铁路运输、邮政业、电信业营改增正式上线,截至当年底,营改增试点纳税人 256 户。进一步扶持小微企业发展,累计为全县小微企业减税 2.43 亿元。落实民营经济发展专项扶持资金县级配套 2471 万元,增加凤台县华诚融资担保有限公司注册资本金至 1.5 亿元,累计为 67 家企业担保贷款 3.14 亿元、717 户农户(农民专业合作社、家庭农场)担保贷款 3960 万元,加强对民营经济、中小微企业和农民创业的融资服务。安排科技经费 660 万元,支持县域企业科技项目发展。支持生态文明建设。安排资金 2000 万元,支持实施国家森林城市创建。安排资金 2000 万元,支持实施“三线三边”城乡环境综合整治。研究出台秸秆禁烧奖补资金管理办法,累计拨付秸秆禁烧和综合利用工作经费和补贴资金 571.1 万元,支持秸秆焚烧治理。

【着力保障改善民生】认真履行牵头职责,加大组织协调力度,督促指导政策宣传,及早下达项目计划,强化项目资金保障,全年累计投入资金 9.9 亿元,其中县级配套 1.55 亿元。33 项民生工程(其中有任务 31 项)圆满完成任务。制定出台民生工程管护办法 18 个,投入民生工程管养资金 1455 万元,充分发挥民生工程持久效益。扩大社会救济范围,拨付城乡医疗救助资金 661 万元、生活无着人员救助资金 385.1 万元、残疾人特别救助和康复资金 331.5 万元、临时救助资金 166 万元、新农合特困人员参保资金 439.5 万元。拨付农村文化建设专项补助资金 248.4 万元,支持送电影下乡和农村文体活动开展。拨付公共文化场馆开放资金 115 万元,免费开放 1 个图书馆、1 个文化馆和 15 个乡镇文化站,接待超过 33 万人次。争取上级资金 73 万元,支持做好“花鼓灯”、“火老虎”等非物质文化遗产代表作保护工作。保障困难群体生活。拨付 8212.5 万元,保障城乡低保和五保群体基本生活。拨付 9677.5 万元,加快保障性安居工程建设。筹措资金 1907.2 万元,支持渔民上岸安居工程。拨付 746.6 万元,支持落实“老字号”群体生活补助政策。

【加大扶持“三农”力度】支持美好乡村建设。足额安排美好乡村建设县级专项资金,进一步完善财政专项资金报账办法。全年安排各级专项资金 5511.5 万元,整合涉农资金 7133.7 万元,吸引社会资金 7500 万元,进行 14 个美好乡村中心村建设。保障重要农产品生产。及时兑付种粮农民补贴资金 1.24 亿元,以及农机购置补贴资金 1860 万元,有效调动农民种粮的积极性。安排 2506 万元,支持农田水利基本建设。加快现代农业发展步伐。安排 1500 万元,整合国家农业综合开发等项目资金投入 2059 万元,大力推进现代农业示范园区建设。安排 1000 万元,积极培育农民专业合作社和家庭农场等新型农业经营主体。安排 1000 万元,支持农业生产全程社会化服务试点。拨付 365 万元,支持水稻生产全程机械化试点,全县基本实现机插秧全覆盖。支持农村综合改革。投入一事一议财政奖补资金 2554 万元,支持实施项目 130 个,受益农业人口 33.9 万。深入推进农村综合改革试点,安排 2500 万元,加速推进农村金融综合改革进程;安排 500 万元,推进农村土地承包经营权有序流转;安排 1496.4 万元,农村承包土地确权登记颁证工作基本完成。制定出台《关于进一步强化农村集体“三资”管理的实施意见》《凤台县农村集体“三资”委托代理实施办法》《凤台县农村集体“三资”管理考核奖惩办法》等制度,将农村集体“三资”管理职能纳入财政所,重组代理服务中心。以社会购买服务方式面向社会公开招聘 43 名工作人员,全面完成全县 15 个乡镇、228 个行政村的农村集体“三资”清理核实和统计工作。

【深入推进财政改革】全面落实预决算信息公开。主动加强与县政务公开办和县直预算部门的协调配合,明确公开主体,扩大公开范围,细化公开内容。4 月 30 日县直 65 家一级预算单位全部公开 2014 年部门预算和“三公”经费预算;8 月 29

日全部公开2013年部门决算和“三公”经费决算。加强存量资金管理。切实发挥财政职能,集中开展全县机关事业单位资金、资产和土地清理工作。强化财政结转结余资金管理,加大财政审核把关力度,严格按用途、按科目支出结转资金,规定收回结余资金8964万元。对专户资金实行竞争性存储,出台《凤台县县级财政专户资金存放商业银行管理改革实施方案》和《凤台县县级财政专户资金存放商业银行考核评价激励办法》,确保财政资金保值增值。强化“三公”经费及财政供养人员管理。更新财政供养人员信息库。转发《淮南市市直机关单位差旅费管理办法》和《淮南市市直机关会议费管理办法》,印发《凤台县公务接待管理暂行办法》《关于厉行节约有关工作的通知》,认真开展全县“三公”经费支出情况专项检查,全县“三公”经费支出3808.8万元,下降3.2%。探索推进政府购买服务。预算安排983万元,积极推进物业管理、委托审计、园林绿化及城市环境卫生清扫等工作面向社会购买服务。公开招聘农村集体“三资”委托代理服务中心工作人员,以社会购买服务方式解决财政所人员不足问题。在顾桥镇开展试点,将采煤沉陷搬迁安置区内的敬老院、饮水工程、清洁工程(垃圾中转站)、文化站、卫生室和污水处理站等民生工程项目管护通过招标方式,交物业公司统一管理。严格政府债务管理。建立政府性债务风险预警监测机制,定期对全县政府性债务风险进行评估,及时提示风险,防范隐患。认真开展债务清理与甄别工作。全年化解政府性债务存量10.46亿元,债务总额未超过一般债务24亿元、专项债务16亿元的上限,增量债务保持在预警线以下。

【优化财政管理】加强预算编制管理。坚持早谋划、早布局、早着手,4月份完成县级部门预算批复后,6月27日召开2015年县级部门预算编制工作布置会议,正式启动编制工作,提前3个月完成2015年全县部门预算编制工作。严格财政支出预算执行管理。建立预算指标限时下达,限时执行工作制度,优化预算执行考评制度,对重点项目资金预算执行进度进行全程监控、跟踪问效。加强项目资金管理,100万元以上的项目支出一律报县政府常务会议研究决定,实行项目资金国库集中支付,直接将项目资金支付给收款人或供应商。严格控制预算追加,努力做到“预算一年、一年预算”。推进财政国库管理。试编全县2013年度权责发生制政府综合财务报告。进一步强化财政预算执行动态监控管理,修改完善动态监控管理办法,夯实日常监控基础工作,提高监控的实时性和全面性。加速推进公务卡制度改革进程,切实提高公务卡使用效率,公务卡改革单位覆盖率达到100%。夯实乡镇财政管理。积极开展服务型乡镇财政所创建。进一步完善乡镇财政资金监管工作制度,建立局领导分工帮联和不定期督查工作机制,充分利用“财政一体化管理信息系统”等监管平台,全年监管资金总额2.7亿元。

(凤台县财政局供稿)

滁州市财政工作概况

滁州市财政工作综述

【概况】2014年,滁州市财政局紧紧围绕“两个千方百计”总体目标,凝心聚力、攻坚克难、扎实工作、真抓实干,财政收入稳定增长,重点支出保障有力,财政改革稳步推进,资金绩效不断提升,队伍建设持续加强,圆满完成各项工作目标任务。全市财政总收入完成203.64亿元,同比增长23.8%。其中:地方收入完成123.6亿元,增长8%。全市完成财政支出268.4亿元,增长7.3%。市本级财政收入完成66.1亿元,增长19.2%。其中:地方一般预算收入完成29.9亿元,增长16.7%。市本级财政支出完成55亿元,增长17.6%。

【财政收入再上新台阶】对标年度目标任务,利用财税库银横向联网系统和涉税信息平台抓税源控管;建立财税会商常态机制,按月、按季召开全市形势分析调度会抓运行调节;整合调度各类专项资金,加大投入抓财源培植;加强政府性资金、资产的管理抓保值增值和财政增收,多措并举确保依法征收及时足额入库。全市财政收入完成203.64亿元,增幅高于全省平均5个百分点。公共财政总收入、地方收入分别位列全省第5位、第3位,均较上年前进一位。税收收入占财政收入比重达82.7%,较上年提高1.1个百分点。其中:全市20强企业合计入库税收50.39亿元,增长26.8%,增收10.65亿元。全市税收贡献亿元以上企业12户,较上年净增3户。财政收入占GDP比重为17.1%,同比上升0.6个百分点。区域财政竞相发展。县级财政总收入完成137.6亿元,增长11.1%。8个县(市、区)财政收入全部跃上11亿元台阶,其中:天长市突破34亿元,凤阳县、来安、全椒突破15亿元,区域财政发展更加协调。

【重点支出有效保障】集中财力保障各项法定支出、民生支出和重点项目支出需求。全市财政支出完成250.1亿元,增长8.4%,高于全省平均5.5个百分点。教育、医疗卫生、社会保障和就业等13类民生支出合计完成228.6亿元,民生支出占财政支出的比重为85.7%,同比提高2.3个百分点。其中教科文、社会保障和就业、医疗卫生、农林水事务支出分别为49.3亿元、29.8亿元、31.8亿元、49.2亿元,比上年增长6.1%、8.8%、1.3%、9.8%,达法定要求。“三公”经费支出明显下降。全市以行政经费为主的一般公共服务支出下降21.6%。全力保障“美好新滁城”等重点项目建设,规范并足额拨付74.06亿元用于项目建设。

【服务经济健康发展】支持科技创新。全市安排技术研发经费2.2亿元,引导社会投入23.6亿元,新增产值115亿元。加大有效投入。争取地方政府债券转贷资金9.3亿元,发行保障房建设债券14亿元、中期票据10亿元,争取国开行棚户区改造贷款额度39.5亿元。全面落实结构性减税、减费政策。兑现营改增政策,“营改增”实施范围扩大到邮政服务业和电信业,试点企业户数由试点之初的976户增加到5484户,全市纳税人直接减税5280万元。办理出口退税7.8亿元,落实固定资产进项抵扣5.9亿元。规范国家相关涉企收费政策,按政策缓征28项行政事业性收费项目和3项政府性基金,为全市企业减负1000万元。聚焦资金支持实体。争取民营经济发展专项资金0.9亿元，市县配套1.1亿元，办理出口退税7.8亿元,落实固定资产进项抵扣5.9亿元。加大财政对融资担保机构国有资本金注入。市9家国有融资担保机构注册资本金增加到15.9亿元,新增担保贷款37亿元,增长20%。足额配套各类就业扶持资金,2014年,全市筹集资金2.3亿元,支出1.87亿元。为企业减轻负担1770万元;发放各类补贴1.2亿元,覆盖企业2000多家。落实促进滁城住房市场持续健康发展的政策措施，兑现就业安家补助1800万元。

【**着力保障改善民生**】落实民生保障政策,提升基本公共服务保障水平。实施33项民生工程,全年投入资金68.5亿元,增长27%。全市补贴、保险类项目按政策要求按时发放；工程类和培训类项目完工率为100%。完善建后管养长效机制。投入民生工程管养经费1.5亿元,带动社会资金0.4亿元。促进教育均衡发展。安排资金1.8亿元,改善办学条件,完成119所义务教育学校标准化建设，实施学前教育项目40个。完善社会保障体系。新农合和城镇居民医疗保险财政人均补助标准由280元/年提高到320元/年，企业退休人员基本养老金水平人均增加163元/月。完善社会养老服务体系,支持社区养老服务平台和民营养老机构建设。拨付资金6000万元,落实"老字号"群体生活补助政策。投入21.9亿元,支持医药卫生体制改革。落实积极的就业政策。拨付各类就业补助资金1.9亿元,发放小额贷款1.7亿元,支持困难群体就业创业。改善城乡人居环境。推进保障性安居工程建设,拨付16.9亿元,新开工保障房1.9万套,建成2万套。拨付0.9亿元,加快渔民上岸安居工程建设。全面落实信访、维稳、政法及安全生产等各项工作经费保障,加强社区建设和社会网格化管理,着力支持社会管理创新。

【**深化重点领域改革**】全面推进预算管理制度改革。首次将"四大预算"一并提请并通过市人代会审议,一般公共财政预算、政府性基金预算等实现统筹。平稳组织实施部门预决算和"三公"经费决算的信息公开工作。开展存量资金清理盘活,清理部门结转结余资金1.3亿元,扎实消化暂付款4亿元,压缩暂存款2.36亿元。清理撤并市本级财政专户10个,撤并预算单位银行账户28个。规范政府性债务管理。成立机构、充实人员。完善债务管理制度,试编全市债务收支计划。全面完成债务清理摸清家底并实施分类管理。建立定期调度通报制度、债务审批卡制度、偿债准备金制度和债务动态预警机制,确保系统任务指标在预警范围内。有序推进政府购买服务。编制《滁州市2014年政府向社会力量购买服务项目实施目录》,在公共就业服务领域、农村文化领域、农村清洁工程、政府投资项目跟踪审计服务领域探索开展推进购买服务。开展国库集中支付电子化改革试点工作,完成系统改造升级，实现试点预算单位直接支付申请无纸化上线运行。创新乡镇财政资金监管体系。在天长市、南谯区开展乡镇资金监管"三员"机制(县联络员、乡镇专管员、村信息员),在全市推行乡镇负责制和包村干部监管责任制。稳步推进一事一议项目"村民自建"试点。全市242个村实行一事一议"村民自建",占实施项目村的29%,完成投资3184万元。

【**开展教育实践活动**】以"三严三实"为标尺,以为民务实清廉为主题，深入开展党的群众路线教育实践活动。精心组织学习教育,扎实抓好三个环节学教活动。开展"两联系、三结对"和"四走进"活动,深入基层调研走访、了解民情;开展帮联活动,解决民忧;征求各方意见,知晓民意;切实开展整改,改变作风。局内全面建立巡查工作承包责任制,按周通报巡查结果。坚持并积极开展预算部门会商，全市各级财政部门开展工作会商2095次。建立"市对县、县对所"的财政帮联工作体系,按月开展帮联指导和专项工作巡查、督查。坚持边学边改、边查边改、边改边建,严格执行中央八项规定和省、市委相关规定,对2011—2013年财政局制定和参与制定的现行制度进行梳理评估，分别提出修订、废止和新建意见,保存和正在执行的文件121项、修改后继续执行的文件3项、因失效而停止执行的文件23项、已经废止的文件4项,同时结合路线教育活动，对局机关管理等制度修改完善10项,新建《滁州市市级预算公开评审暂行办法》等工作制度24项。

【**加强党风廉政建设**】加强学习教育。严格执行"三会一课"和财政干部大讲堂各项学习制度,机关党委、局纪检监察室按月开展党风廉政建设"一月一主题"宣教活动,做到月月有主题,月月有讨论。落实“五个不直接分管”和末位表态制度,落实“三转”要求,纪检组长只负责局党风廉政建设工作。创建廉政教育室,坚持领导干部带头讲廉政党课制度,推进廉政文化建设。深入开展、“小金库”、公务员津贴补贴规范、重点领域突出问题专项治理和党政机关违规建房及多占住房问题、党员领导干部违规经商办企业等专项清理工作。建立科级干部电子廉政档案,强化廉政教育和风险防控,全局多年无违纪、违规案例。

(滁州市财政局供稿　魏震生)

南谯区财政工作概述

【概况】2014年,滁州市南谯区完成财政总收入13.94亿元,占预算的101%,同比增长15.8%。其中:地方一般预算收入完成10.44亿元,占预算的101.2%,同比增长11.4%;上划中央收入完成3.49亿元,占预算的100.3%,同比增长31.3%。全年共实现财政支出17.5亿元,同比增长16.2%。

【多措并举完成任务】一是坚定信心,确保完成任务目标。把组织收入作为重中之重,加强调度,多措并举,确保全年任务目标完成。二是积极协调,财税部门做到无缝对接。与国、地税部门进行深入分析、研究,对全区的税收形势做出客观、准确的判断,分析原因、找准对策、强化征管。三是加强分析,及时掌握税源状况。完善重点税源监控机制,与国税、地税部门组成调研组对部分区属重点企业、房地产企业和交通运输企业开展税源调查工作。通过调研,客观评价全区税源状况以及收入调度。四是强化调度,与市财政部门保持适时沟通。全年调整入库契税、耕地占用税7643万元,调整车辆购置税5200万元。

【全力保障改善民生】一是人员经费保障足额到位。足额保障人员支出到位,全年安排调整津补贴资金1200万元。保障职工住房公积金、社保资金的足额配套,按时兑现公务员津贴补贴和事业单位人员绩效工资调整政策,提高干部职工工作积极性。二是民生投入不断增强。继续加大民生领域投入,全年13大类民生支出共完成15.6亿元,占总支出89.2%,同比增长17.7%。全年民生工程投入2.91亿元,其中区级配套资金0.58亿元。共发放财政补贴农民资金1.35亿元。安排发放高龄补贴228万元,提高农村低保补助安排发放资金1650万元,安排城乡居民医疗救助资金750万元,安排新农合和居民医保配套资金859万元,民生财政得到充分体现。三是确保重点支出到位。预算执行中确保重点支出需要,根据收入状况,认真测算财力缺口,从预算稳定调节基金、历年结余准备金中多渠道筹集资金,确保刚性支出足额到位。全年筹集美好乡村建设资金4330万元,全面推进农村环境整治、基础设施建设和公共服务配套。安排秸秆禁烧资金997万元,支持秸秆禁烧工作的推进。四是积极支持全区经济发展。全年财政安排1358万元,对全区创品牌、上台阶、企业上市及营改增等方面做突出成绩的企业给予奖补,增强经济活力和企业发展后劲。全区“营改增”试点企业户数500户,共入库营改增增值税3295万元,其中入库百万元以上的6户。发挥担保公司服务企业作用,新增银丰担保公司注册资金2298万元。全年新增担保额0.8亿元,在保206笔,在保金额达到9.11亿元。

【会商机制成效显著】与区教育、民政、计生、人社、交通、农委、水利、卫生、林业等部门开展财政会商工作,对部门预算和项目资金使用情况积极沟通、共同研究、成效明显。全年与预算单位共开展会商30余次,涉及资金6300余万元。通过与预算单位会商,及时掌握预算单位的状况,了解预算单位资金使用情况,发挥资金效益,提高资金绩效。

【稳步推进财政改革】一是国库集中支付全覆盖。国库集中支付实现全覆盖,全区140家预算单位全部纳入国库集中支付,统一支付口径、统一报账标准,杜绝违规支出现象。完善公务卡结算办法,扩大结算范围,建立和完善强制结算目录,发挥公务卡防火墙作用,切实保障资金安全。二是预决算和“三公”经费信息公开全覆盖。细化预决算和“三公”经费信息公开内容、公开口径,从制度上保证预决算和“三公”经费信息的公开质量。4月30日,区直各单位集中公布2014年度财政预算、部门预算和“三公”经费预算,9月26日起全面公开2013年度财政决算、部门决算和“三公”经费决算信息。三是开展存量资金管理工作。推进专项资金清理工作,积极实施盘活财政存量资金改革,全年共清理各类结余资金 1197 万元，全部上缴国库。四是加强"三公"经费管理。严格控制公务考察学习费用、公务用车购置及运行费、公务接待费，制定出台各项经费管理办法，严格约束预算经费开支行为。全年全区实现"三公"经费支出 760 万元,较上年同比下降 16.2%。五是推进政府购买服务工作开展。全区共安排 1981 万元用于全区公共卫生、校车运营、中介审计、道路保洁绿化、物业管理等多个方面开展购买服务。六是加强政府债务管理。制定债务管理相关规定,约束举债行为,规范举债方式,防范地方政府性债务风险。开展政府存量债务清理甄别工作,完成清理上报。争取省财政转贷地方债券 4061 万元,克服国家融资政策制约和抵押物不足的矛盾瓶颈,启动 7.33 亿元土地收储工作,增加平台公司资产,13 宗土地累计评估价值 10 余亿元。

【强化财政队伍建设】一是开展党的群众路线教育实践活动。认真贯彻落实中央和省、市、区委的一系列决策部署,按照"照镜子、正衣冠、洗洗澡、治治病"的总要求,聚焦"四风"突出问题,紧密联系工作实际,完成三个环节的各项工作任务,干部职工思想认识、宗旨意识、作风建设进一步增强。二是开展机关效能建设活动。征求企业、群众和服务对象的意见、建议,排查不足和差距,坚持边整边改。修订和完善局机关工作管理制度,管理工作制度化、科学化。组织举办全区财政干部培训班,提高干部队伍的整体素质。三是推进党风廉政纪检监察信访工作。贯彻中央、省、市纪委会议精神,反腐倡廉各项工作扎实开展。举办培训班、廉政专题讲座,加强廉政风险防控,干部队伍树立廉洁从政意识。开展廉政风险防控管理工作,党风廉政工作取得显著成效,确保干部安全、资金安全。

(南谯区财政局供稿)

琅琊区财政工作概述

【概况】2014 年，滁州市琅琊区财政总收入完成 11.44 亿元,占预算的 100%,同比增长 12.4%。其中地方财政收入完成 6.71 亿元，同比下降 4.1%。全区财政支出完成 10.65 亿元，占预算的 103.8%,增长 5.2%。

【保持收入稳定增长】面对宏观经济下行、政策性减收等多重压力,立足"勤协调、细管理、强监管、抓规范",千方百计组织税收收入。通过建立收入征管工作责任机制、强化组织收入工作调度,综合各种税收检查手段等措施，多渠道挖掘增收潜力;围绕优化财政收入结构,结合"小金库"专项治理,组织开展非税收入检查,规范非税收入纳入预算管理,不断提高财政收入及时足额入库,努力实现依法征收、应收尽收。

【夯实经济发展基础】一是支持重点项目建设。落实财政专项资金 6467 万元,拨付土地出让金 3.96 亿元,支持琅琊新区、琅琊经济开发区建设。二是落实税费减免政策。减轻企业负担,办理出口退税 3885 万元,支持外向型企业发展;累计减免小微企业增值税、营业税、企业所得税税收 1055 万元。三是扶持中小企业发展。兑现"营改增"过渡性财政扶持资金 2221 万元,促进试点行业税收稳定。争取省补助民营经济发展专项扶持资金 1046 万元,支持区融资担保机构注资,改善中小企业融资环境,缓解"融资难"。实现商业服务业支出 676 万元,兑现商贸"小进限"奖励。四是支持农业发展。实现农林水支出 5629 万元,促进农业产业、农田水利、农业综合开发等项目建设和农业增产、农民增收。五是积极争取上级资金。累计获得上级补助资金 4.4 亿元，增长 6.1%；争取国债转贷资金 4061 万元,是上年的 4 倍,支持全区经济社会发展。

【保障社会民生投入】一是保障基本支出。及时兑现公务员津贴补贴和事业单位人员绩效工资调整政策;保障预算单位运转经费;对接工商质监食品药品监管体制改革、城区城市管理体制改革,保障机构运转和工作开展。二是促进社会保障和就业。社会保障和就业支出 3.61 亿元，增长 14.6%。拨付资金 1.62 亿元,确保 8265 名企业离退休人员、16161 名年满 60 周岁城乡居民养老金按时足额发放。落实城乡居民低保、农村五保户供养提标政策,按月发放"老字号"补贴,加强惠残、优抚、敬老政策落实和社会养老服务体系建设。开展就业技能培训,落实就业创业扶持政策。三是加大社会事业投入。实现教育支出 3.5 亿元，增长 5.2%,促进了教育民生政策落实和教育均衡发展;实现文化体育与传媒支出 533 万元，增长 14.9%,

落实文化惠民工程发展。强化医疗卫生保障,全区实现医疗卫生支出7650万元,增长40.5%,认真执行基本公共卫生服务、城镇居民医保和新农合人均财政补助提标政策,实施城镇居民和新农合大病医疗保险,继续深化基层医药卫生体制综合改革;支持人口计生事业发展,投入资金1558万元,促进计划生育利益导向政策落实。实施村级公益事业一事一议财政奖补项目、水库移民后期扶持项目以及政策性农业保险,通过“一卡通”发放财政惠农补贴资金2934万元。筹集资金233万元,发放低收入家庭廉租住房租赁补贴。投入节能环保、农村环境综合整治及秸秆禁烧资金603万元。兑付“三小车”整治补贴资金219万元;投入经费社区工作经费保障515万元。承接城区城市管理体制改革经费保障,支持城市管理“百日提升”行动和“三线三边”整治。进一步支持国防、统计、档案、史志、民族宗教和机关事务管理等事业协调发展。全区财政民生支出9.1亿元,占财政支出85.3%,增长7.64%,其中全区实施23项民生工程直接投入1.1亿元,初步形成较为完备的民生保障政策体系。

【提升财政管理绩效】一是进一步深化预算管理改革,完善非税收入管理,压缩一般性支出,形成有进有退、有增有减的专项资金管理机制。二是深化国库管理改革,规范财政专户管理,核准撤销财政专户1个;公务卡改革实现全覆盖,结算支出2613万元,较上年增长216.7%。三是实施公务用车定点加油制度,政府采购采管分离、信息纳入平台一体化系统动态监管,全年政府采购金额2224万元,资金节约率17%。四是盘活清理财政结余结转资金,推进社保基金保值增值,提高财政资金使用效率。五是修订完善接待经费、会议费、差旅费等“三公”经费管理办法,明确支出范围、标准和操作规范,建立统计报告制度,严格控制一般性支出和“三公”经费,确保只减不增。六是加强财政供养人员基础数据管理,落实“约法三章”,参与全区机构、人员编制核查以及在编不在岗人员专项清理。七是在实施校园保安、政府机关卫生保洁购买服务基础上,扎实推进就业技能培训、开发社区公益性岗位、送戏进村、道路环境卫生保洁等购买服务。八是建立政府债务审批制度,试编收支计划,开展存量债务清理甄别工作。九是加强行政事业单位资产信息系统动态管理,转发执行《滁州市市直机关单位通用办公资产配置标准(试行)》,规范资产配置配备管理。十是完善街道和直管社区财政管理体制,全面推进涉企信息系统建设、试编2013年度权责发生制政府综合财务报告。

【发挥财政监督职能】严格财政支出管理,认真贯彻中央八项规定精神和省市区各项规定,落实依法理财、厉行节约、财经纪律等要求,自觉接受人大、政协、审计和社会监督。全区区直部门2014年部门预算及“三公”经费财政拨款预算信息、2013年度部门决算及“三公”经费决算信息全部统一集中公开。组织“小金库”专项治理,开展涉农资金、“三公”经费、民生工程等专项资金检查和部门决算数据核查。认真执行接待经费、会议经费、差旅费等管理规定,加强财务报账审核,对不合规、超标准的支出坚决拒绝报销,严控违规支出。

【加强财政队伍建设】深入开展党的群众路线教育实践活动,加强财政系统党风廉政建设和效能建设,履行“两个主体责任”;深入开展精神文明创建活动,坚持“6个意识”和“40字”的工作理念,践行“团结、向上、尽责、合作、关爱”的团队精神,加强服务型财政所创建和财务人员继续教育培训,干部队伍建设再上新台阶,连续两届获得省级文明单位,获得全市第三届文明行业先进单位荣誉;惠农补贴和乡镇财政资金监管绩效评价工作分别获得全省一等奖和二等奖。

(琅琊区财政局供稿)

天长市财政工作概述

【概况】2014年,全市财政收入完成34.1亿元,为调整预算的100.2%,同比增长8%。在全省76个县市区中排第7位,在省一类县中排第6位,同比均上升1位。全市公共财政支出完成37亿元。

【财政收入稳中向好】通过推进综合治税平台建设,进一步整合涉税信息,强化信息共享,密切与各征收部门的沟通协作,坚持依法征管,确保应收尽收,财政收入继续保持稳步增长。同时,进一步优化收入结构,着力提高收入质量。全年税收收入完成27.95亿元,同比增收4.5亿元,增长

19.1%,税收收入占财政收入比重达82%,同比提高7.7个百分点。

【支出管理不断强化】严格执行市人大常委会批准的支出预算,硬化预算约束,在预算执行中,首次实现支出预算零追加。同时,厉行勤俭节约,出台了公务接待、会议费等一系列机关经费管理办法,并对财政供养人员实行编制和进人"双控"制度,确保"三公"经费和财政供养人员只减不增。

【财政改革稳步推进】首次实行全口径预算管理,分别编制公共财政预算、政府性基金预算、社保基金预算和国有资本经营预算四本预算,并同时向人大报告,全面反映政府收支活动。强化部门综合预算管理,将各项非税收入、政府性基金收入全部纳入预算。推进预算信息公开,当年4月份和9月份分别全面公开预决算相关信息。积极盘活财政存量资金,出台《天长市财政结转结余资金管理办法》,消化历年暂付款2661万元,占总额的30%,清理上级专项结余2099万元,全部用于补充预算稳定调节基金。创新国库现金、专户资金存放管理,引导撬动商业银行增加信贷投放,新增收益1040万元,增长3.6倍。进一步深化国库集中支付改革,将镇(街)所有的财政性资金全部纳入国库单一账户体系管理,全市国库集中支付各类资金32亿元,增长75%。稳步推进政府购买服务工作,出台实施意见、实施流程等规范性文件,逐步实现"费随事转"、"养人"向"办事"转变。加强政府性债务管理,出台《天长市政府性债务管理暂行办法》和《天长市政府性债务偿债准备金管理暂行办法》等,扎实开展存量债务甄别工作,为政府性债务纳入预算管理打下基础。

【惠民政策全面落实】精心组织实施33项民生工程。各级财政累计拨付资金6.84亿元,其中:本级财政1.84亿元。通过"一卡通"发放15项惠民补贴资金,共计3.8亿元。创新开发"一卡通"补贴信息网上查询系统,实现个人补贴信息随时上网可查询。继续推进村级公益事业"一事一议"财政奖补工作,落实财政奖补资金1920.9万元,带动社会总投资2482.7万元,建成村级公益事业123个,其中"村民自建"试点项目24个。加强农业基础设施建设,建设高标准农田9.5万亩,完成8座泵站提升改造和9座小型水库除险加固等水利工程,总计投入资金1.39亿元。大力支付美好镇村建设和生态环境保护,其中:美好镇村建设4320万元,重点支付10个中心村建设;森林增长工程4900万元,新增造林4万亩;秸秆禁烧与综合利用奖补3560万元。

【乡镇财政资金监管到位】建立监管机制,严格监管措施。进一步细化乡镇财政资金监管办法,按项目建立资金监管台账,建立信息通达、公开公示等一系列规章制度,健全和完善各类资金监管工作机制。继续推进乡镇财政专管员制度试点工作,明确各财政专管员资金监管职责和具体要求,确定监管范围,量化、细化监管任务和责任。科学分类监管,强化监管实效,根据乡镇财政各类资金的不同特点,开展分类监管,努力提高镇(街道)财政资金使用绩效。在省财政厅惠农补贴资金和乡镇财政资金监管工作绩效评价中,分别荣获"一等奖"。扎实推进包村干部监管涉农资金工作。制定实施方案,确定第一批包村干部监管涉农资金的目录,将一事一议财政奖补等8个项目类资金、粮食直补等20个补贴类资金和村级资金列入监管范围。深入开展乡镇财政规范化管理示范县创建活动。进一步完善乡镇财政职能,强化乡镇财政管理,提升服务水平,在省财政厅创建乡镇财政规范化管理示范县考核评价中,受到省财政厅通报表彰。

【作风建设持续推进】扎实开展群众路线教育实践活动,进一步转变作风,提升效能,锻炼队伍。制发《天长市财政局领导班子党风廉政建设责任制分解意见》,将党风廉政建设责任细化分解,明确到人,并层层签订党风廉政责任书。建立兼职廉政监察员制度,通过兼职廉政监察员及时掌握系统内各责任主体落实廉政责任制情况,全面推进廉洁理财。健全监督巡查机制,成立财政局机关效能建设领导组及办公室,对全市各镇(街)财政所(分局)的效能建设和政风行风建设等情况进行全面巡查。进一步完善镇(街)财政财务管理各项规章制度,做到以制度管人,按制度办事。加强人员岗位管理,实行轮岗交流,进一步加大所内互审、镇(街)互审和市局调审工作力度,有效健全财政内控体系。扎实开展结对共建活动,多次深入结对共建单位张铺镇平安社区和虎山村,开展慰问帮扶和党组织共建等活动。

(天长市财政局供稿)

来安县财政工作概述

【概况】2014 年，全县完成财政收入 16.02 亿元，比上年增长 0.98 亿元，增长 6.5%。完成公共财政预算支出 24.65 亿元，增长 3.2%。

【促进经济稳定增长】认真贯彻落实省委、省政府促进经济持续健康较快发展 30 条、大力发展民营经济 20 条等文件精神，抓好政策兑现，确保政策落地，为经济增长注入动力。认真履行财政职能作用，加大对县经济开发区、汊河经济开发区基础设施投入，促进园区扩容升级，全年投入园区基础设施建设资金 1.85 亿元。加大招商引资政策支持力度，及时兑现招商引资优惠政策，全年拨付各类招商引资政策资金 5700 多万元。认真研究中央、省、市支持经济发展的政策，利用现有政策积极支持县域经济建设，拨付支持企业发展资金 8000 多万元。加大对小额贷款担保公司支持，增加担保基金 2072 万元，帮助企业缓解资金困难。认真落实各项税收优惠政策，减少小微企业负担，促进小微企业发展。

【支持经济转型发展】大力促进经济结构调整和发展方式转变。一是促进产业结构升级。加大对主导产业、首位产业和龙头骨干企业的支持力度，落实支持战略性新兴产业发展的财税政策，进一步推动战略性新兴产业和传统产业融合发展。支持园区基础设施建设，为全县产业结构升级提供平台支撑。认真落实营业税改征增值税系列政策，全年拨付“营改增”优惠政策资金 117 万元。加大对县文化产业园投入，争取上级专项资金 170 万元。落实招商引资优惠政策，支持县域特色产业、龙头企业、战略性新兴产业发展。二是扎实推进新型城镇化。继续加大对城市基础设施建设投入，促进老城区改造升级，加速来安新城和汊河新城建设，全年投入城市建设资金 6.1 亿元，老城市面貌呈现新机，新城区人气不断增强，汊河新城初具规模。三是支持改善生态环境。完善以奖代补机制，推动企业节能技术改造和重点行业专项治理，支持资源节约集约利用，促进循环经济规模化、产业化发展。全年拨付资金 2300 多万元，用于支持县城污水处理；投入资金 1600 多万元，用于来城环卫社会化服务，县域环境整洁一新；投入资金 2300 多万元用于秸秆禁烧工作。

【着力保障改善民生】将财力向民生倾斜，倾力保障和改善民生。一是深继续实施 33 项民生工程，完善民生工程考核办法，加强绩效评价，切实把民生工程办成群众满意的民心工程。重点解决就业、大病保险、农房保险、农田水利等群众最关心的利益问题，提高农村低保、贫困残疾人等涉及困难群体生活项目的保障标准。安排落实民生工程配套资金 1.79 亿元，加快民生工程实施进度。全年共发放补助、救助类资金 3.73 亿元，惠及全县 50 万城乡居民；建设类项目除跨年度项目外完工率达 100%。二是支持教育优先发展。全年拨付义务教育经费保障资金 3650 多万元，用于义务教育阶段减免学杂费、寄宿生补助等；拨付资金 900 多万元，改善义务教育薄弱学校基本办学条件；支持加快发展农村学前教育，拨付学前教育专项资金 600 万元，推进义务教育均衡发展。三是农村低保、贫困残疾人等涉及困难群体生活项目的保障标准提高 10%以上。全县共有 7123 名贫困残疾人享受生活救助，共发放救助资金 746.98 万元，较 2013 年增加 312 人；药费补助标准由去年每人每年 500 元提高到每人每年 1000 元；分散供养五保户一、二、三级残疾人享受生活救助资金，每人每年发放救助资金 1200 元，惠及 188 名残疾人。四是支持就业和社会保障。组织实施就业技能培训 2631 人，累计支出培训资金 174.25 万元，重点支持农村转移劳动力、城镇困难人员、退役军人等约 2.1 万人就业。扩大城乡居民大病医疗保险试点范围，实现制度全覆盖，有效减轻大病患者的医疗负担；再次提高新型农村合作医疗和城镇居民医疗保险财政补助标准，提高城乡低保标准、五保户供养标准和其他相关群体补助标准，全年支出城乡低保资金 5779 万元；提高五保户集中供养和分散供养标准，全年支出五保供养资金 777 万元。

【统筹城乡一体发展】一是促进农民持续增收。落实粮食风险基金、农作物良种补贴、农资综合补贴政策。申报“粮安工程”危仓老库维修改造项目，维修仓库 40 栋，仓容 9.49 万吨，恢复重建仓房 7 幢，仓容 4.85 万吨。兑付粮食直补资金 2236 万元、综合补贴 8945 万元，人均补贴约 279.52 元/人。拨付成品油价格改革财政补贴资金 531.4 万元。开展产油大县奖励资金项目扶持，重点支持三城乡万亩国家油菜生产示范基地小农田水利基础设施配套建设，有效改善农业生产条件和提高油菜种植面积和产量。积极开展种粮大户补贴试点工作，拨付种粮大户补贴试点资金552.3万元。深入实施政策性农业保险，增强农户抗风险能力。增加特色农产品保险品种，午季麦油理赔资金210万元、秋季水稻理赔资金500多万元；为蔬菜专业合作社和养猪大户承保大棚蔬菜3000亩，育肥猪6000头，县财政配套资金64万元。二是加快美好乡村建设。进一步加大财政专项资金投入力度、涉农资金整合力度和财政资金引导力度，投入资金16320万元，支持乡村建设项目161个，涉及6镇8村，惠及人口39686人，改善农村生产生活条件。三是深化农村综合改革。实施村级公益事业建设一事一议财政奖补116个，财政奖补1444万元，改善农村生产生活条件。

【全面深化财政改革】一是调整和完善乡镇基本财力保障机制，提高乡镇基本财力保障水平。二是改进预算管理制度。继续深化部门预算改革、非税收入管理改革，建立健全预算编制与预算执行、结转结余资金管理制度。三是进一步完善国库管理制度，完善国库单一账户体系。加强国库集中支付资金管理，规范申请审核和支付。健全完善公务卡制度改革，严格执行现金管理制度，规范财政专户管理，扎实推进预算执行动态监控机制建设。四是继续推进公共服务市场化改革，凡能够推向市场的，逐步采取“政府购买服务”方式解决。五是加强政府债务管理。围绕“防控风险、规范审批、加强融资、服务发展”的工作目标，严格执行省政府48号文件和相关配套办法，规范政府融资行为，努力降低融资成本。建立政府性债务风险预警监测机制，把政府性债务纳入全口径预算管理，严格举债程序，及时提示风险，强化责任追究，做好债务风险防控和化解工作。

【提升财政管理绩效】将绩效观念和绩效要求贯穿于财政管理的各个方面，不断提高财政管理科学化规范化信息化水平。一是科学预算编制，提高预算编制的科学性和透明度。加强公共财政预算、政府性基金预算、社会保险基金预算和国有资本经营预算的统筹衔接。二是强化预算执行管理。严格规范预算追加，规范财政专户管理。三是盘活财政存量资金。严格预算结转结余资金管理，减少预算资金沉淀。加强专户结余资金管理，实现财政资金的统一调度和统筹使用。四是加强预算绩效管理，采取贴息、担保、后奖补等方式，竞争性安排财政支持企业发展资金。积极推进全口径预算资金绩效评价，强化绩效评价结果反馈和应用，不断提高财政资金使用效益。五是严格财政监督管理。贯彻落实《安徽省财政监督条例》，继续加强专项监督检查和会计监督。完善财政部门内部监督，推进财政内部控制机制建设。加强对涉农补贴资金和一事一议财政奖补工作的监管，确保资金安全、项目达标。稳步推进预决算公开和“三公”经费公开。六是夯实财政两基建设。加强制度建设，优化业务流程，推进信息系统一体化建设。七是加强资产管理。全面清理闲置资产，通过租赁、拍卖、股权转让等形式重组盘活。八是深入推进国库集中支付制度改革。完善国库单一账户体系，规范申请审核和支付。严格执行现金管理制度，提高公务卡使用率，提高公务消费透明度，扎实推进预算执行动态监控机制建设。

（来安县财政局供稿）

定远县财政工作概述

【概况】2014年，在县委、县政府的正确领导下，本县财政收支规模快速增长，保障能力不断增强，财政改革扎实推进，调控能力显著提高，超额完成全年财政收入目标任务，财政运行质量稳步提高。

【深入开展群众路线教育】县财政局把开展党的群众路线教育实践活动贯穿于全年工作始终，结合财政工作实际，提出“为民理财促发展、务实清廉惠民生”活动主题，编印《定远县财政局党的群众路线教育实践活动读本》，通过学习、广泛调研、征求意见整理收集意见60余条，解决40多个问题，建成成果库9条。形成五个方面专题财政调研报告，健全和完善15项工作制度，有力地推动全年财政工作。财政局连续五年被评为全县目标管理先进单位、行风政风先进单位、文明创建先进单位、招商引资先进单位、综合治理先进单位、计划生育先进单位、信访先进单位、依法行政示范单位。获全省财政支出执行进度先进单位、全省规范化财政所创建先进单位、全市民生工程实施先进单位、全市依法治县先进单位、全市农业综合开发项目管理先进单位、全市部门决算优秀单位、市级文明单位等诸多省市级荣誉。

【实现财政平稳运行】面对经济增速放缓、经济运行下行的压力，财税部门坚定信心、砥砺奋进，在认真落实减税清费政策的同时，积极推进综合治税，加强税源管理。全县公共财政收入实现14.17亿元，增长17.2%，收入总量位于全市第五，增幅全市第一，较上年前进三位。税收收入占财政收入比重82.8%，全市第一，质量最优。重点支出保障有力，严格“三公”经费管理，一般性支出压减5%。优化支出结构，教育、科技、社保、卫生、农林水、交通等重点支出28.6亿元，占全县支出总量的74.6%。全年完成财政支出38.3亿元，增长7%，位居全市第一。为本县和谐稳定、快速发展提供坚实支撑。

【推动经济转型发展】积极应对财政改革，研究中央转移支付政策，全力争取上级项目资金和政策支持，当年争取到位转移支付资金达26.8亿元，全市争资第一，其中，争取财力性转移支付资金新增7400万元，全省第四位，占全市1.7亿元的42.7%；争取皖北政策税收奖励3300万元，奖励额度位居全市第一；争取国家级农业综合开发项目1.05亿元，成为全国15个项目中本省唯一项目；积极争取省市奖补政策，将本县秸秆禁烧省财政奖补比例由原50%提高到70%，争取到位资金3640万元，有力地推动县域经济发展。

【促进民生事业改善】认真履行县民生办工作职责，在工作中坚持民生为要，民生为重，强化资金保障，完善工作机制，坚持改革。一是全面实施建设类项目分类管养。二是推进政府购买服务，全年投入3870万元。三是推进农饮工程“七化”管理。四是推进信息公开双轨模式。五是加强民生队伍的扁平化管理。六是推进“四个一线”工作制度。当年，全县民生支出34.4亿元，增长10.9%，占全县财政总支出的89.9%，其中32项民生工程投入资金16.4亿元，增长36.9%，荣获滁州市民生考核先进县，县民生办荣获民生工程组织实施先进单位。

【推进城乡一体化发展】全年“三农”投入24.5亿元，增长8.9%。通过“一卡通”发放六类惠农补贴资金5.6亿元，增长10.2%，增加了农民收入。持续推进“美好乡村”建设，加快人居环境改善。坚持点上指导，面上推进，加大与省市对接，全年争取美好乡村专项资金2184万元，县财政配套安排资金6100万元，整合涉农资金2.1亿元，县美好乡村工作获得省委书记张宝顺、副书记李锦斌的批示肯定，《人民日报》头版报道本县美好乡村建设情况，在全省考核勇夺皖北片区第一名，获得安徽省美好乡村先进县称号，受到省委、省政府表彰。加快现代农业发展，投入1.1亿元支持现代农业示范园、高标准农田等建设。争取国家农业综合开发现代农业园区试点项目资金4700万元，集中支持本县粮食生产和现代设施农业发展。并在国家级农业综合开发示范园、省级现代农业示范园建设基础上，积极创建国家级科技示范园。

【提升财政管理水平】继续深化预算改革，强化政府全口径预算管理，大力推进预算信息公开。强化“三公”经费管理，全县“三公”经费支出较上年同期下降18%。积极推进政府购买服务。安排3785万元用于环卫承包服务、绿化、“三线三边”、工程造价审计服务等13项服务。加强政府性债务管理，本县总体债务风险可控。强化支出绩效评价工作，完成重点项目审核4.57亿元，审减率13.35%。全面加强财政监督，深入开展民生工程、重点项目及重大政策实施情况的监督检查，进一步严肃财经纪律。

（定远县财政局供稿）

明光市财政工作概述

【概况】2014年，全市财政收入完成11.30亿元，占预算的100.1%，较去年增收1.20亿元，增长12.1%。税收收入占财政收入比重为80.7%。全年政府性基金收入17.70亿元。全年公共财政预算支出完成27.50亿元，增支2.70亿元，增长10.9%。

【优化收支】按部门、进度、税种细化分解收入目标，层层落实。协调各部门，形成合力抓收入。建立通报制度，及时通报收入完成情况。加强重点税种、税源、环节的监控征收，加大非税征管调度力度，确保收入及时足额入库。合理调度资金稳增长、调结构、惠民生，确保房屋征收、征地补偿、美好明城建设、美好乡村建设等重点项目资金需要。开展财政支出绩效评价、督查检查，强化部门预算管理的主体责任，不断提高预算执行率。政府性基金支出 17.60 亿元。教育、社会保障和就业等 13 类民生支出 23.64 亿元，同比增长 19.9%，占财政支出的 86.1%，较去年提高 6.5 个百分点。

【倾注民生】33 项民生工程投入资金 11.4 亿元，其中市级配套资金 4.7 亿元。新建各类保障性住房 30.0 万平方米、渔民上岸安居工程 1475 套近 10 万平方米，实施农村危房改造 1250 户；“八小水利工程”建设，投入资金近 2 亿元，扩挖塘坝 1258 面，除险加固小水库 19 座，新建农村供水管网 112.6 公里，累计完成土石方量 1216.4 万方，数量为近年之最。在支持文化教育事业发展、促进劳动就业服务、健全社会保障体系、完善医疗卫生服务体系等工作上取得明显成效。不断探索惠民措施，拓宽投入新路径。投入 1954.15 万元，试行政府购买服务。美好乡村建设资金严格实行县级报账制、国库集中支付、专款专用。

【争取项目】做好 2014 年巢湖淮河流域水污染防治环保专项资金项目申报工作。积极组织桂花面粉申报了省级粮食产业化龙头企业项目。通过竞争立项，成功申报现代农业生产发展资金项目，争取中央财政资金 1100.0 万元。争取农业综合开发、革命老区、一事一议、农村危房改造、高标准农田建设、小农水重点县、棚户区改造、污水处理管网等项目资金 3.50 亿元。并抓住本市被纳入皖北“三市七县”政策范围的良机，积极谋划项目，以争取更多的项目和资金。

【扶持企业】经市财政部门积极申报，明光民丰村镇银行获得农村金融机构企业定向费用补贴 215 万元，另获得涉农贷款增量奖励中央、省、市资金 408.8 万元。斥资 1 亿元成立本市融资担保公司，3 月 24 日挂牌营业，9 月完成增资 5000 万元，注册资本金为 1.5 亿元，年末在保余额 2.1 亿元，推动小微企业发展。引进华安证券、徽商银行等一批新型金融机构。启动企业助保金贷款、兑现财政税收扶持资金和小微企业各类奖励资金全方位扶持民营经济。

【推进改革】推进财政预决算和“三公”经费公开。4 月 30 日，全市 65 家一级预算单位部门预算和“三公”经费预算在政府门户网站公开；9 月 26 日，部门决算和“三公”经费决算在政府门户网站公开。清理财政专户结余结转资金 8438 万元，并将上年各预算单位结余资金 1500 万元收回市财政，用于市重点工程建设。深化国库集中支付改革。实施公务卡结算制度改革，扩大直接支付范围，切实加强关联账户管理，严格控制从支付系统向关联账户划转资金的行为。严格控制“三公”经费支出，全年“三公”经费支出 2459.09 万元，较上年压缩 17.23%。其中：公务接待支出 957.03 万元，压缩 5.6%；公务用车运行维护支出 1386.76 万元，压缩 11.49%；公务用车购置支出 115.3 万元，压缩 70.48%。清理财政供养人员。公共财政预算全额供给人员由上年 7630 人下降至 7518 人，确保公共财政预算全额供给人员数“只减不增”。积极推进政府购买服务，完善机制，明确项目，积极试点，全力推进，成功实施三项购买服务，资金纳入财政预算，包括：政务中心物业管理 242 万元、农村小学校车服务项目 486 万元、城区主干道卫生保洁 710.6 万元。加强政府性债务管理。清理甄别存量债务。按计划举借债务，严格控制在年初债务计划内。运用债务率、偿债率、逾期债务率等指标，对债务风险进行动态监控，严防发生债务系统性风险。

【开展活动】财政局把深入开展第二批党的群众路线教育实践活动与学习贯彻习近平总书记系列重要讲话和十八届三中、四中全会精神紧密结合，与推动财政改革工作紧密结合，狠抓作风建设，坚持学习教育贯穿始终，坚持深化整改、狠抓落实，坚持专项整治、突出实效，坚持建章立制、强化常态，坚持系统指导、整体提升，全局广大党员干部作出共同努力，认真严肃对待查摆出的“四风”问题，按照边学边改、边查边改、立行立改的要求进行认真整改，完善行为规范，健全长效机制，并结合财政工作实际，创新开展“五精”活动，一是围绕“精细”目标，优化财政管理，二是围绕“精湛”目标，提升管理效能，三是围绕“精诚”目标，展示财政形象，四是围绕“精兵”目标，打造一流团队，五是围绕“精品”目标，打造财政亮点，不断把教育实践活动引向深入，实现预期目标，取得阶段性成果。

【塑造形象】进一步健全落实党风廉政建设主体责任体系和工作机制，做到人人是主体，人人有责任。一是认真落实“一岗双责”,党组书记代表局党组与各乡镇街道财政所及各股室、二级单位负责人签订党风廉政建设目标责任书，建立健全责任分解、监督检查、倒查追究和问责制度,将执纪问责贯穿财政工作的全过程。二是通过财政帮联工作，建立预算部门会商和乡镇财政资金监管工作的有效机制。三是通过“三抓好”(即抓好“三个到位”、“三个环节”、“三项措施”)，切实做好风险防控工作。四是通过推进行风巡查工作,进一步实现改进机关作风、坚持公正执法、坚持高效服务、坚持政务公开、坚持廉洁理财的目标,塑造财政部门良好形象。

(明光市财政局供稿)

凤阳县财政工作概述

【概况】2014年,全县财政部门紧紧围绕县委、县政府决策部署,围绕保民生、保增长、促发展总体工作目标,求真务实、开拓创新,在保障和改善民生、服务经济发展、支持社会事业上取得较好成绩,财政各项目标任务圆满完成,财政自身建设不断取得新成效。全年财政收入累计完成19.75亿元,占预算的100%,较上年增长12.1%,增收2.12亿元。其中:税收收入完成14.37亿元,占收入总额72.7%；非税收入5.38亿元，占收入总额27.3%。全年累计完成公共财政支出32.74亿元,占年初预算143.3%,较上年增支1.91亿元,增长6.2%,其中,用于教育、科学技术、文化体育与传媒、社会保障和就业等13大类民生支出27.4亿元,占财政收入比重83.6%。

【优先保障和改善民生】保障重点项目建设。全县安排8862万元用于扶持企业发展;落实营改增财政扶持资金71.3万元；安排1.31亿元用于工业园区、硅工业园区、浙商工业园、苏商科技产业园等基础设施建设;安排5000万元为凤宁产业园注资；安排小岗村建设项目资金4222万元,安排美好乡村建设资金4433.7万元。保障重点支出。优先落实民生工程配套资金。共安排民生工程资金8.28亿元,其中县级配套2.02亿元,分别较上年增加8.6%和19.5%;加大三农投入,夯实农业发展基础。完成枣巷镇1万亩中低产田改造和大庙镇0.32万元土地治理项目,兑现现代农业奖补资金1296.77万元，拨付农田水利以奖代补资1858.42万元，全年安排农林水资金6.4亿元,比上年同期增幅10.7%；积极落实教育卫生投入,教育支出达6.82亿元,同比增长6.6%,医疗卫生和计划生育支出4.64亿元,同比增长7%;社会保障和就业稳步增长,全年支出达3.79亿元,同比增长7.8%；认真落实老字号群体工龄补助资金的发放工作,共计发放资金942.7万元;全年累计通过“一卡通”发放20大项财政补贴农民资金3.62亿元。

【财政改革不断深化】推进财政预决算公开。于4月28日和9月26日,分别完成全县61家预算单位2014年部门预算、“三公”经费预算和2013年决算、“三公”经费决算挂网公开工作。加强“三公”经费管理。强化源头管控,大力压缩一般性支出,全面实行零基预算,严格编审部门基本支出和项目支出,部门定额公用经费实行零增长,工作业务经费实际压缩6.3%。清理盘活存量资金。全面清理财政专户沉淀资金，加强财政专户结余结转资金管理,实现财政资金的统一调度、统筹使用;及时清理回收核销往来结余款项，对多年来的暂存暂付款项、结转结余款项进行清理。规范投资项目和财政资金支出审批管理。印发《凤阳县政府投资项目管理办法》和《凤阳县县级财政资金支出审批管理暂行办法》,进一步规范政府投资项目建设和财政资金支出的审核、审批管理。加强政府性债务管理。出台《凤阳县政府性债务管理暂行办法》《凤阳县偿债准备金管理办法》,规范政府性债务收支计划的编制,编制统一债务收支计划。同时,认真开展地方政府存量债务纳入预算管理清理甄别工作,确保做到政府性债务的借、用、还全过程进行监控。实行乡镇财政体制改革。印发《凤阳县乡镇财政管理体制》,划分税收收入范围,核定乡镇收入基数,明确乡镇支出范围,对乡镇收入实行超基数分成、短收扣减财力,进一步调动乡镇发展经济的积极性。

【重点工作推进顺利】一是农村综合改革示范稳步推进。本县被省确定为“深化农村综合改革示范试点县”,精心制定《凤阳县深化农村综合改革示范试点工作实施方案》,印发《凤阳县“农村改革创新年”建设实施方案》,抽调专人组建办公室,农村综合改革示范试点工作推进迅速。二是民生工程任务全面完成。全县共实施31项民生工程,工程全面完成年度目标任务。三是一事一议财政奖补扎实开展。全年共申报审批一事一议财政奖补项目371个,当年全部完工,工程总预算达3025万元。四是政策性农业保险推进顺利。全年共承保小麦975071.3亩,油菜2694.7亩,能繁母猪3473头,均完成全年任务。

【财政自身建设不断加强】县财政局先后获得全县效能建设绩效目标考核优秀单位、市级文明单位标兵等称号。全县16个财政所(分局)连续6年全部荣获基层满意站所称号。落实党风廉政建设。将反腐倡廉工作纳入年度工作重点,印发制定工作计划,层层签订了党风廉政责任制责任状,坚持在部署工作时,一起安排,一起落实,一起检查。加强风险防控。继续开展廉政风险防控"回头看"工作,通过"回头看"促进权力运行、岗位职责和廉政责任进一步细化,廉政风险点进一步明确,风险防控机制进一步健全,行政效能进一步提高,监督制约措施进一步完善。抓机关效能建设。以考评促效能建设,按照《县财政局机关效能建设绩效考核工作方案》和《凤阳县乡镇财政工作综合考评办法》,对局机关各部门、局属各单位,各乡镇财政所、工业园区财政分局进行全面考核,考核结果与年终评先评优直接挂钩。

(凤阳县财政局供稿)

全椒县财政工作概述

【概况】2014年,全椒县财政局以十八届三中、四中全会精神为指引,坚持稳中求进,积极作为,积极发挥财政职能作用,加大收入组织力度,不断强化支出管理,深化财政制度改革,努力筹措调度资金,保障各项重点支出,促进财政收入平稳增长,进一步提升财政管理水平,圆满完成年度财政工作任务。

【财政收支平稳有序】财政收支稳定增长,全县公共财政预算收入17.06亿元,占预算100.3%,同比增长13.5%。其中:上划中央收入4.51亿元,占预算84.2%,同比增长10.5%,地方公共财政预算收入12.55亿元,占预算110.9%,同比增长14.7%。全县公共财政预算支出25亿元,占年初预算140.2%,同比增长4.2%。

【促进经济健康发展】积极筹措资金,支持园区平台建设。全县财政共拨付资金2.97亿元,用于园区基础设施建设,改善园区投资环境。落实积极财政政策,促进实体经济发展。对27家土地利用效率高的企业,采取城镇土地使用税财政补助,支持帮助企业提高效益,补助资金433万元。落实海螺水泥、新奥燃气等企业奖励政策资金667万元。充实企业融资担保注册资本金。全县新增担保公司注册资本金2000万元,其中省补助1000万元,县级配套1000万元,增强和放大担保公司帮助企业融资的能力。积极向上争取项目资金,在棚户区改造、种粮大户项目、城市污水管网建设、水利建设、农业建设、社会事业等方面,申报项目15个,上级资金到位2.1亿元,有力地促进县域经济社会发展。加大争取中央公共投资的力度,获取县儒学苑安置房政策性贷款额度3.35亿元。

【着力民生工程建设】全县实施30项民生工程,其中:省定民生工程29项、县定1项,总投资7.9亿元,较上年增长30.4%。加强特邀监督员、财政监督、审计、第三方评估等绩效评价,发挥绩效评价在项目实施等方面的导向作用。推动全县政策性农业保险试点工作实施,提高农业性保险覆盖面。县财政预算安排政策性农业保险配套资金365万元,午季小麦、油菜和能繁母猪县级配套258万元汇入市财政局专户。全县小麦理赔面积3.5万亩,理赔金额214万元,受益农户1.5万户次。能繁母猪理赔头数813头,理赔额81.3万元,受益养殖户603户次。扎实实施一事一议财政奖补工作。全县10个镇的82个村(全县共94个村)、8个农村居委会和6个国有农场共申报一事一议项目140个,全县总投资1930万元。

【公共财政惠民能力彰显】坚持以民生为本,统筹整合各类财政资金,集聚财力向农村倾斜、向民生保障覆盖、向社会事业延伸。全年教育、科技、文化传媒、社会保障、环境保护、农林水事务、住房保障等13类民生支出达22.3亿元,占公共财政预算支出的89.3%,较上年增长10.5%。认真落实强农惠农政策。投入1162万元推进小型病险水库、除险加固修复等项目建设;投入2754万元用于农业综合开发土地治理;投入310万元支持农村环境卫生整治,推进城乡统筹发展;"一卡通"发放粮食直补、良种补贴、农资综合补贴等农业生产补贴 11560 万元。不断完善社会保障体系,投入再就业资金 1796 万元开展农村劳动力扶贫和就业技能培训,帮助返乡农民工和下岗失业人员实现就业和再就业;投入资金 3022 万元提高城乡居民基础养老金和企业退休人员基本养老金标准,积极支持推进新农保和城镇居民社保工作;发放 6446 万元资金保障全县 24600 多名城乡低保群众的基本生活;投入资金 15161 万元支持廉租房、公租房建设和棚户区改造。坚持教育优先发展,投入资金 3071 万元落实全县义务教育阶段学生"两免一补"政策;投入资金 640 万元支持义务教育维修工程,投入 85 万元用于农村幼儿园维修建设。丰富群众文化生活,投入资金 90 万元支持公共图书馆、文化馆、乡镇综合文化站建设,投入资金 18 万元用于广播电视"村村通",投入 118 万元用于村级文化建设等项目。保障基本公共卫生服务,投入资金 370 万元用于村卫生室建设;投入 295 元支持基层药品零差率销售;投入资金 11118 万元支持新型农村合作医疗,逐步建立比较完整的城乡统筹医疗卫生体系。

【深化财政改革激发活力】积极推进财政预算信息公开,全县共 57 家单位公开预算信息、"三公"经费使用情况,预算透明度增强。不断提高财政资金使用效益。充分发挥财政资金效能,有效调度财政间隙资金,保障重点项目支出。严格控制"三公"经费支出及加强财政供养人员管理,当年全县公务接待费用 392 万元,较上年下降 46.56%;全县公务用车费用 1611 万元,较上年下降 10.63%;因公出国(境)费用 13 万元,较上年下降 15.09%;全县会议费用 186 万元,较上年下降 53.7%。积极推进政府购买服务,制定《全椒县民生工程领域政府购买服务实施方案(试行)》,优先选择农村清洁工程市场化运作、小型农田水利设施管护、社会化养老服务体系建设、农村文艺演出等民生工程项目开展政府购买服务试点,同时规范农村公路养护政府购买服务。强化政府性债务管理。实行债务审批制度,促进政府性债务管理科学化、制度化、规范化。全面启用平台一体化政府采购模块,共 158 个单位纳入政府采购平台一体化管理。继续推进"营改增"试点工作,交通运输业、部分现代服务业、广播影视业、邮政业及电信业已全部纳入试点扩面范围,全县共涉及"营改增"试点企业 412 户,营改增税收收入 1085 万元,较上年增长 83%。巩固基层医药卫生体制改革成果,全年基层医疗卫生机构基本支出 2966 万元,比上年决算数增长 38.7%。

【提高依法理财水平】规范财政专户管理,对不符合规定的专户一律予以撤销,加强专户资金核算,在保证资金支付需要的前提下,采取协议存款、定期存款等方式,实现财政社保专户资金的保值增值。健全国库集中支付制度,进一步规范财政授权支付现金管理,积极推进公务卡改革,不断提高公务支出透明度。强化预算执行,推进支出效绩考评。按照"花钱必有效,用钱必问责"的原则,深入推进预算绩效管理。加强国有资产管理改革,逐步形成一套科学、规范的制度体系,提高国有资产管理水平。认真贯彻执行中央八项规定,严肃财经纪律,深入开展"小金库"专项治理工作,重点检查 40 个单位,增强预算单位执行财经纪律的意识。

(全椒县财政局供稿)

六安市财政工作概况

六安市财政工作综述

【概况】2014年，在市委、市政府的坚强领导下，全市各级财政部门深入贯彻党的十八大和十八届三中、四中全会精神，牢牢把握稳中求进的工作总基调，紧紧围绕稳增长、促改革、调结构、惠民生、防风险总体要求，积极落实各项财政政策，完善工作机制，深化财政改革，保障改善民生，全力保持财政运行良好态势，全市财政总收入完成142.08亿元，为预算的100.3%，增长11.3%，增幅居全省第10位；财政总支出完成319.43亿元，为预算的118.4%，增长11.7%，圆满完成市四届人大一次会议确定的目标任务，促进经济社会持续健康发展。

【强化征管措施】一是加大收入调度力度。按照“以旬保月、以月保季、以季保年”的工作方法，科学分解落实财政收入任务，认真做好预算执行分析工作，不断加大收入调度力度和频次，积极主动协调财税库和县区关系，密切配合，通力合作，确保完成全年收入目标任务。二是大力推进综合治税。在全市建成并运行纵向覆盖五县四区、横向覆盖市直40个经济管理部门的综合治税信息网络平台，全面加强对重点企业、重点行业和零散税源的监管，着力堵塞税收征管漏洞。当年全市通过综合治税平台查补税收1.2亿元，其中市级1亿元。三是规范非税收入管理。严格执行国家和省出台的非税收入管理规定，全面推进政府非税收入管理信息化建设，进一步强化对非税票据、代理银行、收入划转等重点环节的监管，建立健全经常性督查和专项检查制度，努力实现应收尽收。全市完成一般预算的非税收入24.66亿元，增长7.2%，占全市财政总收入的17.4%，较上年同期下降0.7个百分点，财政收入质量进一步提高。四是加强政府性基金管理。全面落实政府性基金管理制度，加强社保基金的征缴、发放和管理，进一步强化政府土地出让金征收、解缴和使用等环节监管，从源头上把好基金收入关。全年市直共完成社会保险基金收入7.36亿元，累计实现政府土地出让金收入59.2亿元。

【促进经济发展】认真落实国家和省稳增长等政策措施，加大实体经济支持力度，夯实经济增长基础。一是助力实体经济加快发展。落实税费优惠政策，“营改增”实施范围扩大至电信业，试点以来累计为企业减税2.42亿元，拨付财政扶持资金4.32亿元，确保试点企业税负不增加。全年取消、免征和缓征33项行政事业性收费，下调2项行政事业性收费标准。支持投融资平台建设，注入市工投公司资本金5亿元，市融资担保有限公司完成担保及再担保84户10.5亿元。兑现49户工业企业补贴1096万元，争取省民营经济发展专项资金9768万元和外贸发展促进资金1055万元。争取5840万元支持市战略性新兴产业发展、2173万元支持企业淘汰落后产能、4897万元支持节能产品惠民工程，促进经济转型发展。二是大力支持生态环境保护。安排1350万元支持千万亩森林增长工程、绿色长廊建设和节能减排，全市投入6.8亿元，支持实施农村饮水安全工程、淠河史河治理、秸秆禁烧、水污染防治、农村清洁工程、污水管网建设等，加强生态保护和环境治理，推动绿色发展。三是着力保障重点项目建设。争取财政部代理发行地方政府债券11.21亿元，申报外国政府贷款1200万美元,利用世行亚行贷款1899万元。加快中心城市发展，筹集资金39.11亿元，保障83个重点工程项目建设。支持投融资平台做大做强，市城投集团实现融资20.41亿元，获批国家开发银行棚改融资贷款额度54.77亿元。

【城乡一体发展】落实强农惠农政策,不断加大财政投入,促进农村经济社会发展。一是积极支持农业产业化发展。安排1146万元支持农民专业合作社、龙头企业、家庭农场和种粮大户,积极培育新型农业经营主体；全市投入农业综合开发资金2.3亿元,治理土地16.7万亩,8个现代农业综合开发示范区建设加快推进;安排1000万元支持茶叶、油茶、皖西白鹅、城郊蔬菜基地等特色产业发展；投入13.8亿元支持农田水利基础设施建设。二是大力推进美好乡村建设。投入财政专项资金2.88亿元,整合涉农资金3.89亿元,引导社会资本2.8亿元,推进87个中心村建设,着力打造农民美好家园。争取2160万元支持金寨县、金安区农村综合改革示范试点工作，基本完成农村土地确权登记颁证工作，金寨农村金融改革取得初步成效。投入4亿元,全市实施村级公益事业一事一议财政奖补项目1778个。三是着力促进农民持续增收。通过“一卡通”发放80多项惠农补贴37.1亿元，惠及城乡居民190万户；在全省率先完成“一卡通”存折发放清理试点,发放存折3580本、销户1356本,实现“一卡通”存折“零保管”。发放粮食直补0.87亿元、农资综合补贴7.92亿元,进一步调动农民种粮积极性。及时拨付政策性农业保险保费补贴1.67亿元,着力分散和化解农业生产风险。争取中央和省扶贫资金3.84亿元,推进扶贫工作深入开展。

【保障改善民生】全市民生支出266.08亿元,增长11.3%,占全市财政支出的83.3%。一是精心组织实施37项民生工程。投入财政资金73.5亿元,增长14.8%,进一步创新工作推进机制,每月对各县区和部分项目实施进度排名公示，对农村低保等14个项目的受益对象和工程建设进展等信息在政府网、报纸等媒体长期公示,广泛接受社会各界监督。选择霍山、舒城、金安等县区工程类民生工程开展建后管养试点,探索政府购买服务、公办民营、外包管理等运营模式,10月份在舒城县召开现场会,在全市推广试点经验。4月和10月开展“集中宣传月”活动,并制作《民生工程之歌》MV,在六安电视新闻频道滚动播放，不断提高群众对民生政策的知晓率,增强民生工程工作透明度。5月中旬和10月下旬,组织各县区开展民生工程实施情况互查,覆盖150个乡镇260个项目点,当年民生工程任务全面完成。二是促进教育科技文化事业加快发展。市财政安排8800万元,支持实施城区义务教育阶段公办学校建设三年行动计划,人民路小学东校区等5所新建、改扩建小学建设任务基本完成,一中东校区、二中西校区建设稳步推进。投入2.11亿元,支持皖西卫生学院、技师学院等职业教育发展。市财政安排5000万元,支持科技创新、六安大学科技园建设和文化事业发展,促进公共服务能力进一步提升。三是加大社会保障投入力度。投入23亿元,完善社会保障体系,稳步提高保障标准。投入34亿元,支持深化医疗卫生体制改革,提高城镇居民医保、新农合补助标准。投入1900万元,支持高校毕业生、困难群体就业创业，新增就业人10.18万人。落实积极就业政策,对930户企业实行社保费用缓缴、就业补助等扶持政策,涉及资金1.49亿元。全市发放小额担保贷款5.3亿元,支持9645人创业带动就业。

【深化财政改革】积极完善有利于科学发展的财政体制机制,加快公共财政体系建设步伐。一是深化市直国资国企改革。按照“摸清家底、产权集中、分类管理、收益统筹、拓展领域”的管理要求,全面完成146万㎡房产和301万㎡土地面积划转,建立资产分类处置管理,努力实现国有资产保值增值,全年入库国有资产收入4800多万元。按照“规范一批、改制一批、破产注销一批”的工作思路,深化市直国有企业分类改革,完成48家国有企业清产核资和11家国有企业脱钩改制、注销工作，进一步激活国有企业发展的管理体制和经营机制。二是推进政府购买服务试点工作。按照“点上有突破、面上有覆盖”的目标,选择市城管局、审计局等15家单位环境绿化、投资审计等24个项目试点,涉及资金7000多万元,财政资金使用效率进一步提高。三是创新涉农资金监管方式。在全省率先推行以“突出三个重点,强化四项监管,完善五项机制”为主要内容的乡镇包村干部监管涉农资金改革,推动强农惠农政策落实。四是加大预决算信息公开。按照省财政厅统一要求,除涉密部门外,全市790家预算部门于4月20日和9月15日前分别公开预决算及“三公”经费信息,在全省率先完成预决算信息公开工作。五是完善市区财政管理体制。5月份,完成市与金安区、裕安区财政管理体制调整工作,合理界定市区间事权与支出责任,进一步调动两区发展经济的积极性。六是强化政府性债务管理。试编2014年政府性债务收支计划,办理市直政府性债务融资32.7亿元,申报土地储备机构融资10亿元,全面完成市直债务清理甄别工作。

【规范财政管理】狠抓财政基础工作,推进财政科学化精细化管理。一是强化预算编制管理。修订市本级预算管理办法,提前编制2015年部门预算。实行零基预算,部门单位所有支出根据工作需要和财力可能安排;完善预算管理体系,将1.19亿元政府性基金纳入一般公共预算统筹安排;细化项目预算,按经济分类科目进行细化;立足实现跨年度预算平衡,盘活存量资金7亿元;加大项目清理整合,对目标接近、资金投入方向类同、资金管理方式相近的项目予以整合,对支出绩效不明显的项目予以压减,2015年市直部门项目预算个数较上年减少753个;优化支出结构,加大改革和发展的投入力度,预算编制质量进一步提高。二是强化财政资金保值增值。对9亿元国库现金实行竞争性存储,期限9个月,年利率最高达5.2%,较国库活期存款利息净增3160万元;严格执行社保基金存款优惠利率政策,督促经办银行补计利息66.5万元;大力推行社保基金定期存款管理,将7.4亿元社保基金转存6个月优惠利率存款,净增加利息906万元。三是强化财政财务一体化管理。开展市直“会计基础工作规范管理年”活动,完成408名财务人员业务培训,推动部门单位财务分类管理,进一步规范财经秩序。全面加强财政专户和财政暂付暂存款管理,市本级盘活财政存量资金3.96亿元,用于民生改善、职业教育发展和融资平台建设。加强市直机关因公出国(境)经费、差旅费等公务支出管理,严格落实“只减不增”要求,市直“三公”经费支出下降22.5%。三是强化财政监督管理。认真做好市本级2013年审计整改工作,财政管理进一步规范。扎实做好市人大2号议案办理工作,政策性农业保险市场化改革扎实推进。贯彻落实《安徽省财政监督条例》,开展财税政策实施情况专项检查,加强会计信息质量和各类专项资金检查。全市通过财政涉企项目资金管理信息系统申报项目364个,金额6849.6万元,涉企项目申报和管理的真实性、规范性和公平性进一步提高。清理市直单位一次性工作奖励,政府奖励更加规范。

【干部队伍建设】进一步加强干部管理制度建设,不断拓展管理的深度和广度。一是扎实开展教育实践活动。认真学习习近平总书记系列重要讲话,先后开展“四个一”、“五进五促”、“六个专项治理”、“五整五建”等活动,通过各种方式整理收集意见41条,已整改落实28项。出台局领导联系科室单位、帮联县区财政局和局联系人大代表等制度文件,建立健全改进作风长效机制。二是深入开展机关党建工作。充分发挥党、工、团、妇等党群组织作用,大力推进结对共建、志愿服务、扶贫帮困等工作,先后与金安建来社区、金寨沙河乡、裕安苏埠小学结成帮扶“对子”,走访慰问困难党员群众35人、开展为民志愿服务活动16次、办实事23件,推动财政部门深入基层、服务群众常态化制度化。认真落实老干部政治待遇和生活待遇,开展思想政治学习和文体活动,丰富老干部精神文化生活。三是实施干部素质提升工程。召开局青年干部座谈会,每两周举办一期“财政大讲堂”,邀请财政部科研所、市党史办等专家学者作财税、党史等知识专题讲座,组织县区常务县区长和财税局长到上海财经大学进行财税体制改革专题培训,完成331名乡镇财政干部和802名农村财会人员轮训,组织17598人“三项会计”考试,举办8期道德讲堂活动,财政干部综合素质不断提高。四是强化部门会商交流。树立“管理就是服务”的理念,推动与市级预算单位会商制度建设,全局主动会商752次。坚持重点会商,针对财政财务管理、专项资金分配等问题,班子成员随时上门会商,尤其在预算编制期间,班子成员逐部门进行会商,着力提升部门预算编制水平。坚持全面会商,班子成员每季度到服务单位上门会商不少于一次,科室负责人每月会商不少于一次。五是推进机关效能建设。建立“年计划、周调度、月考核、季兑现、年总评”的工作推进机制,出台局日常绩效考核实施细则,每周召开科务会,每月1号召开副科级以上干部参加的局务会,每周纪检组长带队对局内明察暗访,每月对干部职工量化考核,每季度兑现奖惩,进一步形成奋发进取、争先进位的工作导向。行政审批服务窗口受理办结服务事项3894件,国库支付中心办理集中支付业务64961笔,增长19.4%。六是不断加强党风廉政建设。出台关于贯彻落实中央《建立健全惩治和预防腐败体系2013—2017年工作规划》的实施意见和《关于落实党风廉政建设和反腐败工作党组主体责任和派驻纪检组监督责任的意见》,严格落实纪检监察日常廉政谈话制度和行风巡查工作机制,对6个科室单位32个乡镇财政所进行巡查暗访并录像,对存在的问题,在系统内通报。

(六安市财政局供稿 张成宏)

金安区财政工作概述

【概况】2014年,金安区财政局党组根据区委区政府的工作要求和部署,主动作为,狠抓收入征管,加强支出管理,努力提升财政保障能力,积极实施民生工程,不断完善社会保障体系,促进社会和谐发展,有效推进财政各项改革,不断提高财政管理绩效,促进财政健康发展,圆满地实现年初既定工作目标。

【完成收支任务】全年实现财政收入11.69亿元,占目标任务的100.76%,较上年同期增收1.67亿元,同比增长16.63%。其中:国税完成3.66亿元,地税完成6.35亿元,财政完成1.67亿元。全年完成税收收入9.89亿元,占总收入比重的84.58%,较上年同期增长23.51%,收入结构更加优化;全区实现地方可用财力8.48亿元,较上年增收1.13亿元,增长15.3%;全年乡镇财政收入增长5.1%,示范区增长84.7%;全年非税收入完成16.51亿元,较上年同期增收9.45亿元,增幅为133.76%;积极争取项目资金,全年实际到位资金19.88亿元。

【推进支出改革】公共财政预算支出完成28.13亿元,占调整预算的105.4%,比上年增支1.17亿元,同比增长4.34%。全年财政收支保持平衡,重点支出保障有力,支出改革有序推进,管理措施不断精细,支出绩效日益提升。完成省财政厅、市财政局部署的年度支出改革任务,统筹推进多项支出改革,取得阶段性成效。加强财政预算部门会商工作,在部门预算编制工作中,共开展会商85场次。强化预决算信息公开,部门预算和"三公"经费预算在各部门门户网站和政府政务信息网上全面公开。加强各类存量资金管理,暂付款余额为4122万元,较上年压减30%。加强"三公"经费支出管理,各部门单位"三公"经费圆满完成在2013年压减5%的基础上再压缩5%~10%的目标任务。加强财政供养人员管理,实现全区财政供养人员总量上"只减不增"的刚性要求。推进政府购买服务试点工作,试点部门6个,试点项目4类8个项目,全年政府购买服务已累计完成投入1242.54万元;加强政府性债务管理,全区政府性债务余额27.4亿元,同比增长35.6%。其中:区本级12.6亿元、乡镇级6亿元、集中示范园区8.8亿元。加强财政监督管理,组成6个检查小组对乡镇街、区直共215个单位的会计基础工作进行全面评价验收。

【支持经济发展】加强财政融资平台建设,调整充实区城投公司董事会和监事会,同时组建六安市金达建设有限公司,注册资本2亿元,积极向建行、交行、工行等编报融资项目。加强政银企对接,扩大融资途径,农发行团结小区贷款9400万元项目成功获批,与中航信托成功签约,引入第三方资金借款2亿元,积极与省担保集团、东北证券、国元证券等非银行金融机构对接,谋划委托贷款、定向信托、单一信托等方式融资。主动做好南山新区指挥部办公室的各项工作,全年南山新区资金总投入3.78亿元,累计投资6.61亿元,完成三年规划的制订,建立健全各项规章制度,各项基础设施建设有序推进。积极支持城北工业园建设,拨付土地出让金3200多万元。融资担保5亿元,发放小额担保贷款2200万元,兑付贴息资金230万元,支持企业发展,促进全民创业就业。积极做好相关政策性项目的申报,主动联系区直相关部门,申报6家企业项目资金。

【促进城乡统筹】加大三农投入,健全"三农"投入增长机制。全年农口部门预算支出完成4197万元,拨付各类支农专项资金3.99亿元,有效保证农口单位机关正常运转，有力推动农业项目实施。积极落实支农惠农政策,全年通过“一卡制”打卡发放各类涉农补贴资金4亿多元。积极推进农业综合开发和现代农业建设,做好2014年椿树镇高标准农田和5000只皖西白鹅繁殖基地扩建项目编报和实施工作。深入推进农村综合改革示范试点工作，扎实推进一事一议财政奖补转型升级工作，建立健全农村公共基础设施建设机制，审定160个奖补项目工程概算总额为5812.3万元,其中财政奖补资金3377.2万元，受益人口26.3万人,受益率达90%。积极推动农业保险持续发展,增强农业抗风险能力。

【保障民生工程】积极实施民生工程。全年民生工程总投入8.76亿元,已到位资金8.51亿元,资金到位率97%(其中区配套9992万元全部到位),已拨付资金7.91亿,占到位资金93%,完成全年33项民生工程目标任务。加强美好乡村建设资金管理。全区2014年度美好乡村省级重点示范村共有10个。年初预算安排财政专项资金2638.3万元,其中省级财政资金1138.3万元,市级资金500万元，区级资金1000万元,10个美好乡村项目建设基本完工。进一步健全社会保障体系。全年共征收社会保险资金3.75亿元,拨付各类保险待遇支出7.68亿元,全年拨付民政、人社、卫生、残联等部门社保类专项资金1.52亿元。全面落实公租房项目点9个,新开工公租房509套,超计划29套,年底已完成总任务量的105.8%。

【加强队伍建设】把党的群众路线教育实践活动开展与财政工作紧密结合,以“三严三实”的具体内容为作风建设的最高标准，积极落实整改措施,不断提高服务水平。建立日常绩效考核工作制度,制定《金安区财政局效能建设日常绩效考核暂行办法》,从工作实绩、日常考勤、作风建设三方面建立干部职工日常绩效考核档案，确保内部考核考评的透明公正。健全责任追究制度,加强内部审计力度，严格执行制度，落实党风廉政建设责任制,落实风险布防,确保党风廉政建设和反腐败工作的纪律落实。落实定期轮岗制度,完成乡镇财政所(分局)负责人全面轮岗工作,确保激活人事动力,激发工作热量。积极完成区委区政府交办的重点工作任务,并取得佳绩,效能考评、招商引资、项目推进、征地拆迁、依法行政、计划生育、民生工程等重点工作均获得先进位次。

(金安区财政局供稿　宋先和)

裕安区财政工作概述

2014年，全区一般公共预算收入完成12.79亿元，同比增长21.02%；实现一般公共预算支出31.76亿元,同比增长8.21%。

【积极组织财政收入】牢牢把握组织收入这条主线,围绕年初的收入目标,进行细化、量化,分解落实到部门单位。加强财税库银的沟通、调度,保持收入均衡入库。协助税收征管部门,多方挖潜,促进增收。全年国地税共完成10.7亿元。规范非税收入管理,严格执行“收支两条线”规定,进一步强化票据监管，确保行政事业性收费和罚没收入足额上缴入库。全区政府非税收入完成2.24亿元。

【促进经济稳定增长】兑现2013年度工业企业发展壮大资金 1000万元,争取省民营经济发展专项资金1173万元,区级配套1173万元。争取1340万元支持区战略性新兴产业发展,促进经济转型升级,支持实体经济发展。支持区内融资担保体系建设,区内8家融资担保公司为中小企业提供各类担保及助保贷款10.4亿元。投入8000多万元,支持安全饮水、农村清洁工程、污水管网等建设项目,加强环境保护,推动绿色发展。做大做强区政府投融资平台,共融资3.8亿元支持基础设施建设;筹集资金7.8亿元,有效保障全区重点工程项目建设。

【推动城乡统筹发展】农业综合开发投入5133万元，治理土地14200亩；安排1060万元支持茶业、皖西白鹅、蔬菜基地等特色产业发展；投入1.35亿元,支持农田水利基础设施建设。开展“一卡通”存折发放清理试点,实现“一卡通”存折“零保管”。及时拨付政策性农业保险保费补贴1685万元,着力分散和化解农业生产风险。投入财政专项资金、整合涉农资金、引导社会资本共5900万元,推进18个中心村美好乡村建设。各级投入扶贫资金4323万元,推进扶贫开发工作。

【努力保障改善民生】财政支出继续向保障和改善民生倾斜,全年用于民生方面支出达27.1亿元,占当年全区财政总支出的85.33%。精心组织实施33项省级民生工程、支持配合4项市级民生工程。全年累计投入资金9.1亿元,其中区级直接配套1.3亿元,全区各项民生工程目标任务得以全面高效实施,各项惠民政策得到全面落实,全区近百万群众直接受益。民生工程工作获"安徽省民生工程绩效奖补先进县区"称号,全市民生工程综合考评第一名。

【**推进财税改革创新**】开展"营改增"试点扩围改革,减轻中小微企业负担。推进区级行政事业单位资产管理改革,对区直单位国有资产通过资产管理信息系统进行登记、管理、运营,促进国有资产保值增值。全区70家预算单位公开2014年预决算及"三公"经费信息,进一步提高财政透明度。深化农村综合改革,实施村级公益事业"一事一议"财政奖补项目313个,总投资6311万元。充分发挥乡镇财政所的一线监管作用,切实落实监管责任,建立乡镇财政资金监管长效机制。推进政府购买服务改革工作,选择区教育局、公路局等7家单位试点,涉及资金969万元,推进政府职能转变。

【**提升财政绩效水平**】修订区本级预算管理办法,提前编制2015年部门预算,把行政单位和全额拨款事业单位的非税收入全部纳入预算管理,部门预算编制质量进一步提高。完善区直机关公务接待、差旅费管理等公务支出管理制度,严格落实"只减不增"要求,全年区直"三公"经费支出下降16.83%。开展财税政策实施情况和贯彻执行中央八项规定、严肃财经纪律和"小金库"专项治理工作专项检查。加强涉企资金管理,运行财政涉企项目资金管理信息系统。严格执行社保基金存款优惠利率政策,将社保基金按优惠利率转存。全面加强财政专户和财政暂付暂存款管理,认真清理财政专户沉淀资金,盘活财政存量资金。

(裕安区财政局供稿　林泽文)

六安经济技术开发区财政工作概述

【**概况**】2014年,六安经济技术开发区实现公共财政预算收入11.67亿元,完成调整预算的100%,同比增长4.8%。完成公共财政预算支出4.29亿元,完成全年支出预算(含追加)的99.8%。非税收入完成7668万元,非税比重达到6.6%,较上年提高0.8个百分点。年末政府性债务规模达到15.96亿元,债务率167.11%,债务管理水平和风险预警能力得到提高。全年财政民生类支出3.39亿元,占总财政支出的79.1%,较上年占比提高3.8个百分点。20项民生工程共投入资金3669.95万元,其中:本级财政配套560万元。"一卡通"发放补助(补偿)类资金1810万元。荣获"六安市第七届文明单位"、"开发区2014年度优质服务单位"和"开发区2014年度党建工作先进单位"等荣誉称号。

【**促进经济增长**】坚持以保障和改善民生为重点,落实稳增长促改革调结构惠民生政策,兑现招商引资优惠政策奖励3901.23万元。财政设立2000万元鼓励工业企业转型升级、自主创新、品牌建设、节能环保、资源综合利用、高端紧缺人才引进。建立了以艾莱依、海洋羽毛为龙头的羽绒特色产业基地,鼓励企业高效利用土地,提高土地使用的贡献率。清理财政专项转移支付和财政存量资金,进一步加强财政暂付暂存款管理,向存量要效益。全年共投入10.3亿元,主要用于土地开发支出3.85亿元、城市建设支出2.38亿元、归还到期贷款本息4.09亿元。

【**深化财政改革**】加快推进预决算信息公开,及时将部门预算及"三公"经费预算在开发区网站公开。制订六安开发区涉企系统运行管理暂行办法及其细则,推进涉企项目资金管理信息系统建设。顺利实现基本公共卫生服务、药品零差率补助、社区和村级财务记账政府购买服务工作。试编权责发生制政府综合财务报告。将银行账户资金的存款利率由活期利率改为协定存款利率,年化利率是原活期利率的3.3倍,实现财政性资产保值增值。

【**狠抓财政监督**】开展《安徽省财政监督条例》宣传活动,组织6户企业所得税税源调查、1户重点产品国际竞争力调查、5户会计信息质量检查等工作。开展为期2个月的严肃财经纪律和"小金库"专项治理。组织"一卡通"存折专项清理检查两次,开展涉农专项资金检查,收缴5个村虚报冒领资金14.02万元。开展财政局内控制度检查4次。

【加强基础工作】开展工作会商31次，完善六安开发区财政局财政帮联工作制度和财政会商工作制度。加强收入征管，强化预算约束，制定六安开发区财政收入目标考核管理办法和六安开发区财政性资金审批管理规定。撤销专户1个，完成财政专户自查清理和重新上报。组织固定资产投资项目评审7项，兑现基础设施配套费5968万元，审计123个竣工结算项目和155个预算项目，核减率分别为13%和3%。完成包保旧城改造项目和城市综合体项目10户拆迁工作，领导班子成员联系帮扶4户企业，完成招商引资项目1个。

【推进党风建设】推进党的群众路线教育实践活动，不折不扣完成规定动作，财政干部宗旨意识、群众观点和党纪观念得到增强。落实廉政建设制度，强化制度约束，推行政务公开和行政权力公开透明运行，从源头上防范和治理腐败。

（六安开发区供稿　张玲玲）

叶集试验区财政工作概述

【概况】2014年，叶集试验区实现财政收入3亿元，增长14.09%，其中：非税收入完成5346万元，增长10.32%，比重为17.81%。全年完成财政支出6.35亿元，同比增支2365万元，增长3.87%。

【狠抓增收节支管理】紧紧围绕收入目标，坚持依法治税，强化征管措施，狠抓收入管理。一是强化收入调度。进一步加强与国税、地税部门的会商与调度，认真摸排税源，细化分解任务。二是强化税源监控。进一步完善协税护税机制，堵塞税收漏洞，加大重点税源跟踪服务，加强零星税源征收管理。3月底综合治税平台建成并投入运行，全年累计查补入库税费约239万元。三是强化非税收入征管。实时掌握收入动态，做到应收尽收，继续落实“收支两条线”和“票款分离”制度，积极推行“窗口开票、银行代收、财政统管”的非税征管模式，提高非税收缴管理水平。四是强化“三公”经费管理。严格执行中央八项规定和省、市、区有关要求，牵头制定“三公”经费管理制度，从严控制“三公”经费等一般性支出。2014年度全区“三公”经费财政拨款支出411.2万元，同比下降41%。

【促进经济稳定增长】认真落实国家、省、市稳增长系列政策措施，多渠道筹集资金，加大有效投入，全力支持全区经济发展。一是加快区融资担保体系建设。为着力解决中小企业融资难问题，区财政向元通融资担保公司注资5100万元，注册资本增至1亿元，形成混合所有制的国有控股公司。二是支持下岗人员创业和小微企业发展。2014年与区邮储银行合作，对下岗失业再就业人员担保发放贷款41笔，共计208万元，累计在保金额达到1199万元，全年共支付小额担保贷款贴息资金117万元。加大对民营企业发展支持力度，拨付民营经济发展专项区级配套资金1000万元；三是稳步推进“营改增”试点工作。严格及时兑现财政扶持资金，减轻试点企业税负增量压力。全年兑现3户，累计兑现2户试点企业财政扶持资金123万元。

【着力关注民生事业】继续把保障和改善民生作为财政部门的重点工作来抓，保障力度持续加大，保障水平进一步提高。一是积极推进民生工程工作实施。全力推进民生工程决策科学化、管理规范化、实施高效化，巩固提升民生工程惠民功效，推进民生工程绩效评价，注重评价结果的运用。积极探索建设类民生工程建后管养新机制，更好地发挥民生工程的资金效益、政策效益、项目效益和公共效益。二是加大社会事业投入。统筹保障社会事业发展，坚持教育、卫生、社保等社会事业优先。完善农村义务教育经费保障机制，增加教育投入，改善办学条件。支持医疗卫生事业发展，扩大城镇居民医疗保险覆盖范围，完善新型农村合作医疗制度，提高补助标准。扩大城乡居民低保涵盖面，做到应保尽保。大力推进城乡居民养老保险工作，养老保险参保率逐步提高。三是加强财政社会保障工作。继续落实重特大疾病医疗救助、“老字号”等困难群体生活补助等政策，做好社会救助和社会福利等工作，继续提高企业退休职工和城乡居民基础养老金、优抚对象抚恤金和生活补助、城乡低保对象补助水平，提高新农合和城镇居民医保财政补助标准。

【立足城乡统筹发展】不断创新财政支农机制，充分发挥财政资金引导作用，认真落实各项惠农政策。一是加强惠农资金发放管理工作。全年通过“一卡通”发放财政补贴农民资金8183万元，涉及民生工程、社会保障和农业三大类44个小项，惠及城乡居民4.2万户。二是大力实施农业综合开发。

投入资金 1365 万元实施 1 个土地治理项目，完成土地治理面积 9800 亩。三是推进现代农业产业化发展。加快新型农业经营主体和农业生产全程社会化服务体系建设，成立农民专业合作社 6 家，扶持市级以上农业产业化龙头企业 4 家，全区投入现代农业发展资金 1350 万元，重点支持中药材种植、黄菊花种植、葡萄种植、蛋鸡养殖等重点农业项目和特色产业发展，推动多种形式规模经营。四是推进农村综合改革。继续实施一事一议财政奖补工作，全年批准 58 个村实施 59 个项目，项目资金总投入 775 万元，其中财政奖补投入 520.8 万元，惠及人口 11.9 万人。

【深入推进财政改革】按照上级财政部门安排部署，积极、稳妥地推进各项财政改革。一是完善乡办财政体制。根据财权与事权对等原则，合理划分财力，调动乡办自我发展、自主理财积极性。组织完成了我区新一轮乡办财政管理体制调整工作。二是积极推进政府购买服务工作。创新和健全公共服务供给模式，完善提高政府服务功能和水平。三是创新涉农资金监督方式，全面加强和规范乡镇财政资金监管和涉农资金、村级“三资”管理，推行包村干部包保乡镇财政资金监管工作新机制，进一步明确责任、规范流程、强化措施，突出监管重点，建立评议评价机制。开展全区支农资金和项目专项检查，总结经验、查找问题，着力建立涉农资金管理长效机制。

【强化财政财务管理】立足工作实际，采取有力措施提升科学理财水平，确保财政资金安全、高效。一是强化预算管理。完善预算编制政策，强化预算编制管理，规范预算编制程序，细化部门预算编制项目，提高预算编制的科学性、准确性和完整性。规范预算执行，从严控制预算追加，建立健全结转结余资金定期清理制度，加大结转资金统筹使用力度。大力推进预算绩效管理，在专项资金绩效管理基础上，不断扩大预算绩效评价范围。二是加强政府债务管理。采用新的地方政府性债务管理信息系统，编报政府性债务收支计划、土地收储融资规模方案、地方政府专项债券资金需求项目调查表。建立债务分析月报制度，债务分析水平有所提高，债务管理进一步规范。三是加强财政监督检查。坚持依法依规办事，坚决查处和纠正各类违法违规行为。组织开展会计监督检查和专项财政监督检查，大力推进“小金库”专项治理，坚持标本兼治，完善各项制度，着力构建“小金库”治理长效机制。

（叶集试验区财政局供稿　吴奇）

舒城县财政工作概述

【概况】2014 年，全县财政收入实现 13.24 亿元，比上年实绩 11.17 亿元增长 18.56%。收入分级完成情况为：上划中央级收入 3.38 亿元，增长 12.7%；出口货物退增值税 8583 万元，增长 37.2%；地方级收入 9 亿元，增长 19.4%。收入分部门完成情况为：国税部门完成 4.24 亿元，增长 15.4%；地税部门完成 7.32 亿元，增长 16%；财政部门完成 1.68 亿元，增长 41.7%。全县财政支出完成 32.63 亿元，比上年实绩 30.56 亿元增长 6.8%。实现基金收入 13.28 亿元，其中政府性基金收入 10.53 亿元，社会保险基金收入 2.75 亿元。实现基金支出 13.28 亿元，其中政府性基金支出 10.53 亿元，社会保险基金支出 2.75 亿元。

【促进经济稳定增长】围绕县委、县政府确立的“大目标、大提升、大项目、大转变”的总体思路，多方筹措资金，保障经济稳定发展。保障重点工程建设。投入 7738.5 万元用于城市基础设施建设，投入 4.81 亿元用于 G206、S317、S351 等交通类重点工程建设，投入 1305 万元用于旅游类重点工程建设，投入 5080.7 万元用于农村小集镇基础设施建设，投入 1.98 亿元用于经济开发区和工业集中区基础设施建设。支持企业发展。全面清理涉企收费，减免缓抵各项税费 2.64 亿元。安排 2000 万元专项资金，采取以奖代补、贴息补助等形式，鼓励企业技术改造、技术创新。积极向上争取，39 家中小企业获得省市财政扶持资金 1034.6 万元。注资中小企业过桥资金 1 亿元，累计为 127 家(次)企业提供过桥资金还后再贷 3.7 亿元，解决中小企业到期银行贷款临时性资金周转困难。财政注资 3 亿元，成立“舒城县金龙融资担保有限公司”，开业后 2 个月为中小企业融资 9650 万元。财政注资 1450 万元，为下岗再就业职工和劳动密集型企业提供小额担保贷款 2195 万元，支付贴息基金 383.91 万元，帮助 156 名劳动者实现创业梦想，带动650多人就业。支持生态环境建设。农村清洁工程投入730万元,农作物秸秆禁烧及秸秆还田投入1520万元。多方筹措资金实施“三线三边”整治。

【推动城乡一体化发展】坚持统筹协调,促进城乡一体化发展。促进农业转型升级。安排359万元扶持4家产业化龙头企业发展,安排195万元支持5家农业专业合作社和2户家庭农场发展,投入279万元支持桃溪省级现代农业产业化示范区建设。农业新技术推广与应用、农业高产创建和农作物病虫害统防统治投入695万元。发放农户农机购置补贴1035万元。支持茶叶产业发展投入120万元,支持油茶产业项目发展投入778万元。千万亩森林增长工程投入515.5万元。改善农村基础设施。农业综合开发投入1171万元用于舒茶镇、南港镇土地治理项目。八项小型水利工程改造提升工程建设投入3737万元,水土保持综合治理工程投入1167万元,水利工程养护和水毁修复投入710万元,小水电站增效扩容改造工程投入589万元。农村饮用水安全工程投入5377万元,解决了11.6万人饮水安全问题。加快农村公路建设,农村公路建设投入2828万元,农村危桥改造投入1008.6万元。扶贫投入3445万元,库区移民后期扶持投入1.34亿元,用于农村村级道路、水利等农业基础设施建设。推进美好乡村建设。财政投入专项资金4236.2万元,整合县直17个单位财政专项资金3920.6万元,引导社会资金6092万元,推进15个美好乡村示范点建设。促进农民增收。全年通过“一卡通”形式发放各项财政惠民补贴资金4.24亿元,全县27万多户城乡居民受益。政策性农业保险理赔887万元,分散和化解农林牧业生产风险。

【加快民生改善】全县民生支出27.86亿元,比上年增长7%,占全县财政支出85%。推动社会事业加快发展。认真落实财政性教育投入政策要求,全县教育支出7亿元,比上年增长1.5%。其中,农村中心校周转房建设投入873万元,农村初中校舍改造工程投入400万元,农村学前教育推进工程投入432万元。对县医院和中医院发展建设过程中形成的长期债务进行了清理、剥离,纳入政府债务管理。及时足额拨付县医院、中医院离退休人员经费和药品零差价补贴1471.4万元。乡镇卫生院基础设施建设投入430万元,乡镇卫生院信息化建设投入203万元。不断加大社会保障力度。及时兑现村医退出生活补贴99.4万元。建立村卫生室医疗执业风险金制度,筹措风险金154万元。新农合参合85.4万人,参合率98%。对公办、社会办养老服务机构和五保供养投入4190.84万元。积极配合相关部门及时、准确做好“老字号”群体的身份和工龄认定工作,审核并及时拨付“老字号”群体工龄(教龄)补助资金907.3万元。筹措资金4300万元,兑现机关事业单位工作人员津、补贴(绩效工资)和离退休人员生活补贴提标,安排1060万元提高村干部报酬标准。

【深化财政改革】深化预算改革。健全政府预算体系,加大政府性基金预算、民生工程预算、社保基金预算、政府采购预算、国有资本经营预算、购买服务预算与公共财政预算衔接力度,统筹安排好政府各项收支,提高预算编制完整性。同时,细化编制内容,推进预算编制公开。建立协税护税工作机制。搭建综合治税信息系统平台,构建起相关部门之间涉税信息交换网络,实现涉税信息的采集、交换、整合、分析和应用,通过信息比对查补征收税款230多万元。稳妥有序推进财政预决算及“三公”经费信息公开。全县机关事业单位全面开展财政预决算和三公经费信息公开。全面贯彻中央八项规定和省、市、县委要求,牢固树立过紧日子思想,严格“三公”经费管理,全县机关事业单位“三公”经费支出3636.1万元,较上年下降29.6%。积极推进政府购买服务。制订政府购买服务目录,在基本公共服务、社会事务服务、政府履职所需辅助性和技术性服务中积极推进政府购买服务试点,当年政府购买服务支出1503万元。开展预算支出绩效评价。强化绩效管理与预算编制有机结合,审核批复2014年部门项目支出绩效目标,对土地整理、以工代赈、危桥改造、农村公路等24个资金量大、社会关注度高的项目进行了预算绩效评价,并加强对绩效评价结果的运用,不断完善“项目编制有目标、项目完成有评价、评价结果重运用”的预算绩效评价体系,在财政部组织的县级财政管理绩效综合评价工作考评中,本县在全国1974个县排名第26位,受到财政部表彰。兑现“营改增”过渡期财政扶持政策。对“营改增”税负增加的企业,兑现政策,拨付补贴资金419.7万元。加强国有资产管理。对全县行政事业单位国有土地、房产等进行补办证和权证的划转移交工作,向县城投公司划转土地使用权证35本,面积668.9亩;房屋所有权证323本,建筑面积42.8万平方米,实现国有资产产权证的集中管理,为县城投公司搭建融资平台提供有力支持。加强政府债务管理。对县本级及乡镇债务进行系统锁定,并对存量债务进行甄别,建立债务审批和监管制度。加强乡镇财政资金监管。搭建乡镇财政资金监管信息平台,普遍建立涉农资金监管工作机制。

【提升财政队伍素质】扎实开展党的群众路线教育实践活动。从2014年2月份开始至10月份结束,历时9个月时间,按照"照镜子,正衣冠,洗洗澡,治治病"为总要求,围绕"学习教育、听取意见;查摆问题、开展批评;整改落实、建章立制"三个环节,通过深入基层调查研究、广泛征求意见、相互谈话、召开专题民主生活会,深查局党组及其成员、一般党员干部"四风"方面问题,制定整改清单,建立整改台账,逐条进行整改,促进干部作风的大转变。全面落实党风廉政责任制。局党组修订完善财政反腐倡廉制度、业务工作制度、内部管理制度。开展廉政谈话和廉政提醒活动。对局机关重要岗位人员进行交流和充实,对办公用房、在编不在岗人员进行专项清理,对"吃喝风、红包风"进行专项整治。开展工作会商和财政帮联。局各职能股室(单位)主动与县直单位、乡镇进行工作会商,开展会商651次,解决问题664件。局分管负责人带领相关股室、单位,年中、年末分别到乡镇财政了解工作开展情况,帮助解决工作中的困难和问题。积极主动到结对共建村、扶贫村开展共建和扶贫活动,财政局干部选派工作受到市委选派工作领导组的表彰。加强效能督查和行风巡查。由驻局纪检组长牵头,对局机关、乡镇财政所(分局)工作纪律执行情况经常性开展明察暗访,重点查看局服务窗口和乡镇财政服务大厅工作人员服务态度、办事效率。年中、年末定期对机关各股室(单位)和乡镇财政所(分局)工作完成情况、执行制度情况进行巡查,促进干部职工作风转变。

(舒城县财政局供稿　夏玉中)

寿县财政工作概述

【概况】2014年,寿县公共财政预算收入完成9.03亿元,为年度预算的102.59%,同比增长18%;财政支出完成43.49亿元,为年度预算的122.88%,同比增长13.38%。

【狠抓收支管理】一是继续实行收入月报制,按月对财政收入完成情况进行汇总分析,以月份、季度、半年、全年为时间段,分期开展收入调度,努力保持财政收入平稳增长,增幅位列全市第4名。二是巩固非税收入管理改革成果,加强对欠缴土地出让金、土地指标交易款的清收;增强非税收缴信息化管理,实现县乡信息化收缴全覆盖;强化财政票据管理,实现非税收入征管源头治理。三是优化支出结构,集中财力办大事,优先保障民生需求,积极合理调度和使用资金,确保财政支出稳中有进,增幅位列全市第2名。

【实施民生工程】全县33项民生工程投入资金14.6亿元,其中县财政配套1.5亿元。新建农村敬老院7所、公办中心幼儿园9所,完成农村清洁工程4个、广播电视村村通项目点151个,加固改造农村危桥3个,新建公租房476套、棚户区改造518套,完成农村饮水工程20个,新增社会养老服务床位454张,完成农村危房改造1780户。提高农村低保、五保供养及贫困残疾人生活救助标准达10%以上。发放城乡居民养老保险等补助类项目资金4.12亿元。新农合、城镇居民医保覆盖面进一步提高,支付补偿金5.25亿元。落实就业政策,开发公益性岗位323个,5338人享受到就业技能培训。

【保障重点投入】按照县政府《关于促进经济持续健康较快发展的实施意见》及县政府重点工作要求,争取财政部代理发行地方政府债券5543万元,继续加大财政对重点项目的投入。继续城区建设投入,落实资金9.12亿元,保障二中、三中、实验小学、寿春公园等65个重点项目建设。继续新桥产业园建设投入,落实资金5.5亿元,保障新桥大道拓宽改建、安置房、公租房等32项重点工程建设。加大对企业的支持,落实国家结构性减税政策,兑现财政补贴资金577万元,实现"营改增"收入3549万元。采取财政资金存贷挂钩措施,激励银行向企业新增贷款12.5亿元。落实寿县信达担保公司县级财政配套资金,撬动企业贷款近7亿元。加大农田水利基础设施建设投入,落实资金2亿多元,投入基本农田、水利工程、农村基础设施建设,助推农业增产、农民增收、农村发展。

【强化涉农管理】一是全面落实惠民政策。采取“一线实”办法,加强对农户补贴基础信息动态管理,打卡补贴44项,发放粮食直补、农机具补贴、退耕还林补助等资金6.32亿元。二是实施完成一事一议财政奖补项目。全年实施完成一事一议财政奖补项目329项7798万元,项目惠及271个村,受益人口121万人。三是实施农业开发土地治理项目。投入5000多万元,在安丰、保义、炎刘、堰口等10乡镇实施土地整理项目。投入4000多万元,在三觉、双桥等乡镇实施高标准农田建设项目,在众兴、板桥、迎河、八公山等乡镇实施产业化财政补助项目。2013年农业综合开发项目建设与管理及2014年农业综合开发全面工作成绩突出获省财政厅通报表彰。四是稳步推进农业保险工作。午秋二季发放作物理赔款3015万元,能繁母猪理赔款187.6万元,完成1.4万亩国家公益林投保。

【深化财政改革】一是强化政府预算管理。推进公务卡和电子化政府采购平台有序运行,全年办理公务卡1550张,进一步深化部门预算改革和国库集中收付制度改革。二是强化“三公”经费管理。印发《寿县本级部门预决算及“三公”经费信息公开实施方案》《寿县党政机关差旅费管理办法》等,完成120家县直单位预算和“三公”经费信息网上公开,当年全县“三公”经费同比下降26%。三是推进县级公立医院改革。开展两家县级医院财务资产检查,锁定债务2.3亿元,纳入政府性债务管理,财政拨付药品零差率补助资金389万元。四是强化存量资金管理。压缩单位结余结转资金,收回单位结余资金1290万元。优化财政性资金存放效益,与银行签订存款协议,实现财政资金利息收入4025万元。五是加强乡镇财政资金监管。印发乡镇财政资金监管新机制工作实施方案,制定乡镇包村干部监管涉农资金实施细则,强化预算资金、项目资金、补贴资金和村级资金监管。

【加强队伍管理】加强县乡财政干部培训,安排参加省厅组织的培训8期,县局组织全县229名财政干部集中进行培训。开展党的群众路线教育实践活动,着力解决财政队伍“四风”方面存在的突出问题。当年,财政局在全县政风行风“千人评”和目标管理绩效考评中排名前列。财政局第五批选派干部工作获省委组织部表彰。强化内部制度建设,落实财政与乡镇、县直单位会商、帮联制度。开展财政行风巡查,从履行职责、依法行政、政务公开、办事效率和工作作风等五个方面,切实提高财政服务能力。

(寿县财政局供稿　李国胜)

霍邱县财政工作概述

【概况】2014年,霍邱县财政局荣获县直单位综合目标管理一等奖、服务美好乡村建设一等奖荣誉称号。

【收支预算较好完成】全年完成财政收入21.6亿元,占调后预算的100.03%,同比下降2.4%。其中:国税部门完成7.58亿元,占年初预算65.4%,占年度预算变更后98.5%,同比下降14.9%;地税部门完成9.4亿元,占年初预算98%,占年度预算变更后100%,同比增长7.7%;财政部门完成4.62亿元,占年初预算114.9%,占年度预算变更后102.6%,同比增长2.8%。全年财政支出50.7亿元,占年初预算148.6%,同比增长3.2%。其中:一般公共服务支出6.28亿元,占年初预算177%,增长25%;教育支出10.7亿元,占年初预算125.4%,增长0.1%;医疗卫生支出7.2亿元,占年初预算198.7%,增长2%;科学技术支出1487万元,占年初预算74.9%,下降51.2%;社会保障和就业支出4.93亿元,占年初预算146%,下降1.6%;农林水事务支出10.3亿元,占年初预算178.3%,增长0.2%。收支总量双双位居全市第一。

【服务发展措施有力】全年拨付工业和民营经济发展专项资金6116万元、市政建设资金5866万元、支农资金7054万元。利用融资、担保等方式,为中小企业提供担保贷款7.25亿元,列支涉农贷款增量奖励资金328.6万元。继续实行财政性资金存款与县内各金融机构新增贷款动态挂钩制度,促进金融机构新增贷款余额15.4亿元。通过统筹安排土地出让收入、矿价款、地方债和城投公司融资等各类资金,筹集资金22亿元,实施66个市政工程,扩展城市空间、提升城市形象。

【民生工程有序实施】继续实施34项民生工

程,全年投入资金18亿元,其中县财政足额配套1.8亿元,分别较上年增长16.1%和28.6%。在财政一般预算支出中,13项民生类支出达42.9亿元,占财政总支出的84.6%。及时足额兑现"老字号"人员生活待遇政策,打卡发放"八老"人员生活补贴1800余万元。拨付县级配套资金2606万元,推进"渔民上岸"安居工程顺利实施。

【**惠农机制日益健全**】健全惠农补贴资金管理机制,通过"一卡通"发放财政补贴农民资金8.8亿元,40余万农户受益;开通补贴资金查询微信公众号,方便群众适时了解补贴资金到账情况。扎实开展农业综合开发投入资金3815万元,项目稳步实施。大力开展政策性农业保险。投保农作物304.6万亩、商品林1706亩,打卡发放理赔资金3658.2万元。扎实开展一事一议财政奖补,投入资金8831万元,增长2.3%。加大老区建设投入,投入资金1682万元。整合支农资金2.4亿元投入美好乡村建设,连续第五年被省财政厅评为先进县,当年获奖补资金190万元。

【**各项改革深入推进**】继续推进国库集中支付改革,通过国库集中支付34.09亿元,增长38.5%。通过公务卡消费实现支出1150万元,增长36.9%。通过监控系统纠正违规资金706万元。健全和完善政府采购制度。出台2015-2016年度集中采购目录和限额标准,实现政府采购额1.04亿元,节约资金1656万元,资金节约率15.9%。加强国有资产管理。完成对30家县直行政事业单位国有资产划转工作。整合国有资产3.5亿元,注入融资平台,发挥资产产权集中管理的聚集效应。规范国有资产出租行为,实行公开拍租管理。认真开展财政对外借款和财政专户清理工作。收回财政对外借款2.6亿元。撤销财政专户1个,清理盘活财政资金6.3亿元。稳步推进政府购买服务试点。出台政府向社会力量购买服务暂行办法,在城区卫生管理、兴办养老服务机构、招聘公益就业岗位等方面探索试点,投入资金8000万元。加强"三公"经费监管。完善出台差旅费等公务支出管理制度,落实厉行节约有关规定,全年"三公"经费支出下降36.8%。创新涉农资金监管方式。推行乡镇包村干部监管涉农资金新机制,确保强农惠农政策有效落实。强化财供人员管理。继续开展财政供养人员"指纹比对",认真进行在编不在岗人员清理。严格债务管理。积极开展政府性债务清理甄别工作,规范政府性债务管理,防范政府债务风险。

【**廉洁效能意识不断增强**】继续开设"财政讲坛"、"道德讲堂",加强党员干部教育管理。通过请进来、送出去等方式,对全系统干部职工开展政策理论水平和业务知识培训。扎实开展路线教育实践活动。突出问题整改落实,简化和规范项目申报方法、资金批拨程序,提高工作效率和服务水平。深化结对共建,广泛走访调研,发放慰问金1.6万元。春节、"八一"节期间到武警霍邱县消防大队慰问官兵,送去慰问品价值6000余元。提升机关效能。聘请人大代表、政协委员进行监督和测评,设立举报信箱、局长信箱受理举报投诉,建立会商邦联制度,实行党委成员分片包干。认真办理人大代表意见、建议和政协委员提案。加强乡镇财政建设。积极开展文明财政所(分局)创建活动,完善规章制度,不断提升基层管理水平。

(霍邱县财政局供稿　郭本圣)

金寨县财政工作概述

【**概况**】2014年,金寨县一般公共预算收入7.78亿元,占调整预算的100.98%,同比增长29.5%,剔除钼矿产权交易税收1.02亿元,实际增长12.5%;本县一般公共预算支出34.58亿元,占调整预算的153.95%,同比增长13.8%,保运转、保民生、促发展等各项目标任务完成较好。

【**强化筹资融资**】以筹资融资为先导,努力筹集更多资金,保障各项建设需要。一是发挥平台融资作用。强化县城投集团公司融资能力,全年公司对接项目13个,融资34.72亿元,合同投资74.76亿元,完成投资40.49亿元,集团公司在产业园区和新老城区新建、续建项目945个,重点支持金寨一中、金寨职业学校、新老城区棚户区改造、产业园区设施配套及标准化厂房建设等。二是发挥财政资金撬动作用。充实利达公司担保基金2364万元,增强利达公司担保能力。全县围绕"三农"发展、就业创业、特色产业等开展担保业务,发放小额担保贷款4.36亿元、农业担保贷款2480万元、商业担保贷款4.6亿元;推进金融产品利新,全县发放"金徽通"贷款1.45亿元、"助保金"贷款3560

万元、“种植宝” 贷款100万元、“科联贷”2250万元,撬动金融部门新增贷款19亿元。三是发挥重点项目拉动作用。围绕“5+1”项目等多方筹集资金9.6亿元,用于生态环境保护、旅游交通基础设施建设、社会事业发展等,推进城乡一体化。

【狠抓增收节支】以平稳运行为前提,抓收入,控支出,不断提高财力保障水平。一是收入实现较快增长。坚持依法征收、应收尽收,强化税收分析调度,完善综合治税措施,依法清理行政事业性收费,切实减轻中小微企业负担。收入质量稳步提高,收入增幅位居全市第一。二是争取份额持续攀升。通过多种途径和渠道,加大对上争取力度,全年争取各类转移支付资金36.94亿元,较上年增加5.46亿元,增长17.4%。三是重点支出得到保障。在保工资、保运转、保民生前提下,加大对重点支出投入力度,全年一般公共服务、医疗卫生、城乡社区事务、农林水事务、住房保障等支出分别达2.92亿元、4.23亿元、1.09亿元、6.36亿元、5.33亿元,分别增长4.9%、7.7%、101.8%、10.6%、140.5%。全年完成货物、服务类采购1.68亿元,节约资金3986万元,综合节支率23.7%,其中“地产品”采购占采购额的46%。推广使用公务卡,全年公务刷卡消费达2237万元,是上年的3.7倍。四是政府债务管理更加规范。完善债务管理制度,开展债务清理甄别,锁定全县债务规模。制定债务化解方案,预算安排偿债准备金5000万元,强化债务风险防控。

【强化财政管理】以科学管理为己任,细化管理举措,延伸管理触角,务求管理实效。一是规范政府非税收入管理。加强政府非税收入预算管理,推行非税收入票据“分次限量、核旧领新”制度,开展专用票据清理和年检,严格执行非税收入“收缴分离、罚交分离”,实施基层医疗收费票据电子化管理改革,同时,全面贯彻落实结构性减税、支持小微企业等发展。二是开展存量资金清理。对全县2011年至2013年的涉农资金进行全面清理,追缴违规资金477.25万元。对历年来财政内部管理的各类专项资金和往来资金进行清理归并,共清理项目结余资金485万元,往来资金1697万元,将清理资金重点用于民生。积极盘活财政国库存量资金,实现财政资金保值增值7519万元,较上年增加1959万元。三是开展专项清理。实行财政供给人员信息库并实行动态管理。组织开展红失人员生存信息核查,核减发放对象19人,节约支出10万元以上。开展重复参合清理,核减重复代缴参合2187人次,节约资金21.87万元。开展县公立医院代垫离退休人员住院费用核查,核减不合理费用13.93万元。四是严控“三公”经费突出。全面落实中央“八项规定”,出台行政事业单位差旅费、会议费、公务接待等管理办法,开通了OA系统和县乡视频会议系统,着力减少会议费、交通费和差旅费支出。对公务接待严格实行“三定”、“四不准”制度,对公务用车实行定点维修、定点加油、统一保险等制度,全县“三公”经费支出5565万元,较上年下降20.3%。其中,公务接待费下降24.3%,公务用车运行维护费下降4.8%,公务用车购置费下降60.9%,因公出国(境)费下降29.4%。

【服务“三农”发展】以服务“三农”为重点,固本强基出实招,多措并举谋实效。一是全面落实惠民政策。对惠民补助对象管理实行动态监管,全年通过“一卡通”发放惠民补助资金36项7.03亿元。二是支持“三农”齐头并进。整合支农资金3.53亿元,重点用于现代农业发展、农村基础设施建设、环境整治和美好乡村建设等,其中,整合资金1.2亿元、县级安排专项资金2100万元,支持茶叶、毛竹、中药材等“八大产业”发展。筹措资金3036.7万元实施农业综合开发,重点用于生态综合治理、标准化农田建设和特色产业发展等。三是推进农村综合改革。以集体“三资”为依托,在全县224个行政村成立“创福发展有限公司”,为每个公司提供30万元贴息贷款。安排资金1000万元用于农村集体土地承包经营权确权登记颁证。安排奖励资金100万元用于创建示范家庭农场和示范农民合作社。安排资金100万元用于农村金融服务室建设。安排资金250万元建成50个村级为民服务室。安排资金150万元用于45个村级组织活动场所建设。四是深化涉农资金监管。开展乡镇包村干部监管涉农资金试点,以“明确三项职责,突出三项重点,抓好三个环节,强化三级联动,实行三项挂钩”为内容,强化乡镇包村干部就地就近监督职能,扩大惠农政策执行监督面,实现财政资金监管重心下移,提高资金透明度,试点经验在全省推广。

【深化财政改革】以改革创新为牵引,完善体制机制,提升财政工作活力。一是建立产业园区财政体制。制定金寨县现代产业园区财政管理体制,对园区财政实行"划定收支范围、核定收支基数、超收收入分成、实现自我发展"的管理办法,理顺县财政与县现代产业园区财政管理体制,增强园区履职能力和提供公共服务的能力。二是深化预算制度改革。制定了县本级部门预决算及"三公"经费公开方案,适时跟踪了解部门预决算及"三公"经费信息公开情况,及时解决工作中遇到的困难和问题。4月,县本级64个部门的2014年部门预算及"三公"经费预算全部公开。9月,全县财政总预算、64个部门决算及"三公"经费决算公开。三是开展扶持方式改革。本县成立工矿投资有限公司,将全县所有改制企业资产、政府控制的矿产资源及相关股权全部转入工矿公司,由工矿公司集中管理,增强政府调控资产资源能力。同时,将财政支持企业发展的项目资金纳入工矿公司管理,由工矿公司以参股方式对企业进行投入。四是完善国有资产改革。出台《金寨县行政事业单位国有资产管理暂行办法》等制度,对全县242个行政事业单位和35家县属国有企业资产进行清理登记,国有资产总额127.12亿元;推进国有资产管理信息化建设,对全县行政事业单位资产实行全程动态监管;对行政事业单位办公用房实行租用制,实现租金收入1090万元;规范资产处置管理,按照"统一委托、集中处置"的方式,委托省产权交易中心处置土地房屋、公务车辆、国有股权等11起,处置收益2363万元;对县直单位69处经营性房产进行竞价拍租,年租金由拍租前的54.46万元增至115.96万元,增幅达113%。五是启动政府购买服务改革。出台《金寨县政府向社会组织购买服务实施意见》,制定政府购买服务规程和目录,将基本公共服务、社会事务服务、技术性服务等5类项目纳入购买范围。在农村安全饮水、乡镇垃圾焚烧、城镇居民居家养老等67个项目中推进政府购买服务,合同总额3900多万元。

(金寨县财政局供稿 吴孔文)

霍山县财政工作概述

【概况】2014年,在县委、县政府的坚强领导下,财政局围绕中心,服务大局,认真贯彻落实党的十八大和十八届三中、四中全会精神,努力克服财政收支双重压力,集中精力稳增长、促改革,突出重点调结构、惠民生,多措并举抓作风、树形象,各项工作扎实开展,各项改革稳步推进,有力推动县域经济和社会事业持续健康发展。

【财政收支平稳运行】全县完成财政收入19.8亿元,与上年实绩持平,占预算的93.7%,占调整预算的100%,其中:国税收入9.55亿元,比上年实绩下降6.5%。地税收入7.21亿元,增长8.2%。财政部门非税收入3.04亿元,增长5.6%。全县完成财政支出23.47亿元,其中:偿还到期政府债券1200万元;专项上解支出139万元;一般预算支出23.33亿元,占预算的1.5倍,占调整预算的99.6%,比上年实绩增长4.8%。教育、科技、社会保障和就业、医疗卫生、住房保障、农林水等重点支出得到较好保障。

【狠抓目标收入征管】当年受宏观经济形势和结构性减税政策等多种因素叠加影响,重点行业、骨干企业税收减收较多,消费税和企业所得税等大税种下滑明显。县财政局紧紧围绕年度目标任务,进一步突出征管部门和地方政府的责任意识,加强形势研判,全面了解全县税收形势,密切关注重点税源变化趋势,科学分析,统筹调度。强化财税库银和乡镇政府的协调配合,定期召开财税库银联席会议,及时疏通收入入库渠道。积极培植财源,强化政策扶持和资金支持,夯实基础。创新征管手段,充分发挥综合治税系统的作用,严格依法征管,堵塞税收漏洞,确保应收尽收。进一步强化非税收入征管,规范非税收入预算管理,努力挖掘增收潜力,缩小收入缺口,提高财政运行质量。

【支持县域经济建设】加强政策研究,加大项目和资金争取份额,全年到位各类专项资金9.5亿元,其中创新型省份建设专项资金和技术创新服务体系专项资金517万元,第二批工业转型升级资金1892万元,节能重点工程、循环经济和资源节约重大示范项目及重点工业污染治理工程资金1000万元,农田水利及农业综合开发资金6549万元,社保、抚恤、社会养老服务体系建设等专项资金1273万元,重点生态功能区转移支付资金4286万元,中等职业教育基础能力建设资金1005万元等,促进了全县经济社会的发展和各项事业的进步。统筹调度财政性资金,保障重大项目和重点改革稳步推进,全年累计调度资金 2.26 亿元支持经济开发区及衡山园区建设,拨付 1900 万元用于高桥湾园区及乡镇工业集中区建设,统筹 2063 万元用于企业科技创新、节能减排和上市奖励等。继续加大对实体经济支持力度,夯实经济增长基础,落实支持中小企业发展的税收优惠政策,兑付“营改增”财政扶持资金 280 万元,切实减轻企业负担;不断改善中小企业投融资环境,拨付 2300 余万元充实嘉利达担保公司国有资本金,撬动信贷资金和民间资金 1.5 亿元,有效缓解中小企业融资难问题。

【增强民生事业活力】加快公共财政执行力度,强化实时跟踪,加快资金拨付进度,提升公共服务能力。进一步硬化预算约束,减少预算追加,严格控制一般性支出,大力降低行政成本,把有限的资金用在保增长、保民生、保稳定上。民生工程建设扎实推进。全年 33 项民生工程计划投入 4.7 亿元,其中县财政配套 7200 万元。在民生工程实施中,进一步完善民生工程推进机制,加大宣传、调度和督查力度,严格考核,规范管理,加强资金保障,确保工程快速推进。对全县 14 个项目建立网上公示制度,实现横向和纵向链接,方便群众点击查看,提高群众知晓度。创新管养机制,按照“谁受益、谁管护”的总体原则,进一步完善政策措施,加大资金投入,有效整合资源,全面推行“五项措施”、建立“六大机制”,稳步推进农村清洁工程和农村公路村村通建后管养试点,确保已建成民生工程项目高效运转。加强民生工程资产管理,民生工程项目验收合格后,及时明确产权归属,办理资产移交,对所有资产进行登记、造册并备案。创新项目和资金监管模式,创建民生工程及涉农资金网络监管平台,由县纪委牵头,各相关部门配合,参照本县“三公”经费网络管理平台做法,将民生工程项目申报、审批、竣工、验收等及时点击上传大平台,实行网络化管理模式,接受广泛监督。财政惠民政策高效落实。进一步完善惠农补贴资金发放制度体系,共打卡发放各项惠农补贴资金 2.37 亿元,涉及全县城乡 9.98 万余户。加大农业综合开发力度,加强项目和资金管理,共立项投资 3671 万元,其中财政资金 2786 万元。加大财政支持力度,争取省市专项 2048.9 万元,县预算安排 1500 万元,整合各类涉农资金 5000 多万元,确保美好乡村建设快速推进。继续深化农村综合改革,深入推进“一事一议”财政奖补工作,申报列入财政奖补项目 123 个,其中财政奖补资金 1723.63 万元,整合其他财政资金 1055.64 万元,所有项目全部完工。认真落实支农惠民补贴政策,全年发放粮食直补和农资综合补贴 2153 万元,并及时上传发放数据。切实推进就业促进工程,拨付就业及失业资金 888.89 万元。积极做好家电、汽车摩托车下乡补贴清算扫尾工作,完成与各乡镇财政所补贴往来清算工作。扎实做好政策性农业保险工作,规范承保、合理定损、据实理赔,综合投保率达 92.79%,共理赔资金 610 万元。积极探索开展大棚蔬菜、茶叶、育肥猪等特色农业保险试点,落实县级财政配套资金,积极开展黄牛、药百合、淡水养殖、霍山石斛等特色农业保险的调研工作。

【提升财政管理绩效】继续深化国库集中支付改革,除县医院、中医院实施公立医院改革外,国库集中支付覆盖其他所有预算单位,基本实现“纵向到底,横向到边”的改革目标。强化政府性债务管理,严防严控政府性债务风险,实行政府债务集中统一管理。严格举借程序,健全政府性债务偿债准备金制度。建立健全债务风险预警控制制度,定期报告制度。进一步扩大预决算和“三公”经费信息公开范围,除涉密部门外,财政预决算及 84 家单位的预决算和“三公”经费全部实行网上公开,全县“三公”经费累计支出 2283 万元,占年初预算 95%,较上年同期下降 24%。及时对财政供养人员信息库进行更新,并深入开展在编不在岗人员清理工作。加强财政统留资金管理,印发《霍山县财政统留专项资金使用管理暂行办法》,堵塞专项资金管理漏洞。开展预算单位银行账户清理工作,共撤并 43 家单位 123 个银行账户,纳入国库支付中心集中管理资金 1.6 亿元。对财政间隙资金分类采取协定存款、定额存款等不同方式保值增值,提高财政资金收益。严格国有资产处置审批程序,规范国有资产处置流程。扎实推进政府购买服务工作,着力规范政府购买服务相关内容、类别和形式,实施城市公园广场等公共设施管理维护、城市污水污泥的集中处理、居家养老服务、就业网络建设及维护和就业培训、送戏下乡、城市公交运营、中小学安保工程等试点项目工作。大力推进电子化政府采购管理系统建设,对采购过程实现网络管理、全程监督。进一步加强财政监督检查和绩效评审工作,强化财政资金监管职能,提高财政资金使用效益。

【提高资金运行效率】认真履行财政监督职能,切实加强财政资金监管,确保财政资金安全运行。认真组织开展涉农、涉企资金检查,有效防止财政资金被挤占挪用现象发生。扎实开展财政资金监督和绩效评价工作,出台《霍山县财政预算支出绩效评价实施办法》,累计开展14个重点项目的预算支出绩效评价工作,不断前移绩效评价“关口”,强化预算绩效目标管理,提高财政资金管理水平和使用效益。强化预算编制、执行、决算的日常监管,开展预算单位重点检查,以绩效目标实现为导向,以绩效评价为手段,以结果应用为保障,使财政支出责任更加明晰,财政资源配置更加优化,财政资金使用更加有效。加大会计监督力度,继续做好了重点领域、重点行业的会计监督工作,进一步整顿会计秩序,提高会计信息质量。扎实开展乡镇财政资金监管工作,出台乡镇财政资金监管实施方案和相关制度,明确工作职责,建立考核制度,加强业务培训,并投入14万元完成资金监管软件系统平台建设。截至当年底,补贴类、预算类和村级资金全部录入指标,项目类资金录入基本信息,并根据要求进行公开公示和抽查巡查。

【提升科学理财水平】深入开展党的群众路线教育实践活动。开展形式多样的学习教育,局领导带头广泛听取意见建议,共征集意见和建议37条,提交调研报告10篇。局主要负责同志与班子每个成员、与局二级机构负责人和部分乡镇财政所(分局)负责人分别开展谈心谈话活动。局全体干部以“党章党纪、民心民声、先进典型、反面案例”为四面镜子,认真查找大局意识、宗旨意识、工作绩效、作风建设、廉政自律等方面的差距。局领导班子认真撰写个人对照检查材料,找准找透“四风”问题,并召开专题民主生活会,深刻开展批评与自我批评。认真梳理汇总,整理出财政局班子“四风”方面存在问题12条,并对突出问题进行专项整治并逐项制定整改方案,逐一明确“任务书”、“时间表”、“路线图”和整改责任人。巩固活动成果,及时出台《关于进一步规范局机关财务管理等有关制度的通知》等16项制度,并同步开展整治文山会海、严禁公车私用、公务接待网上申报等专项整治工作。扎实推进财政法治宣传教育。及时组织召开中心组扩大会和各支部专题学习会议,深入学习贯彻党的十八届四中全会精神,全面提升财政干部依法行政、依法理财的观念和能力水平。定期组织财政干部学习依法理财和有关法律法规知识,深入推进财政“六五”普法活动,努力提升财政法制宣传的效果。进一步明确财政行政执法的依据、范围、权限和责任,不断提高财政行政执法人员素质。全面落实岗位责任制、内部监督制、执法人员考核和责任追究办法等制度,加强内部管理。定期对财政执法人员的行政执法工作进行检查和考核,强化执法监督机制。加大财政干部制度性轮岗交流力度。出台《霍山县财政系统工作人员制度性轮岗交流工作有关规定》,明确轮岗交流的范围、条件、方式和程序,并完成本年度干部轮岗交流工作,共涉及岗位48个,交流面达22.11%,其中:涉及二级机构(股室、所、局)负责人37名。不断强化干部能力建设和财政行风建设。结合教育实践活动开展,不断加强干部理想信念教育,组织干部职工参加“中国梦 财政情”主题征文以及宣讲中国梦演讲比赛等活动,组织多次道德讲堂活动,搭建道德教育平台。积极组织财政干部参加各种培训,先后完成六批100余人次的财政支农政策培训、200余人次的新行政事业单位会计制度培训、39名乡镇财政干部的财政业务知识培训、12名党外干部和中高级知识分子培训以及21名公务员在线教育学习等工作,财政干部综合素质和工作能力得到进一步提升。组织开展登山比赛、象棋比赛、全县首届职工运动会等志愿服务活动,丰富干部业务生活。狠抓机关党建和党风廉政建设,进一步完善机关内务、财务制度,财政部门形象不断提升。继续加强机关文明建设,强化文明创建活动的宣传力度,认真筹备创建霍山县第五届文明行业申报工作。扎实开展社会管理综合治理工作,坚持综治工作与经济工作同研究、同安排、同检查、同考核、同奖惩,努力构建和谐工作生活氛围。认真做好各项考核评比、编制调资、机关党建及老干部工作,积极开展与上土市村的党组织结对共建和印敦冲村的选派工作共建工作,积极为结对共建村争项目、争资金,有力地改善结对村基础设施条件,提高群众生产生活水平。

(霍山县财政局供稿 李运成)

马鞍山市财政工作概况

马鞍山市财政工作综述

【概况】2014 年，全市财政收入 202.72 亿元，完成调整计划 200 亿元的 101.36%，比上年下降 10.3%。按照分税制财政体制计算，全市可用财力 184.26 亿元（含中央、省专项转移支付 48.45 亿元）。全市财政支出 183.72 亿元，完成调整计划的 99.71%，比上年下降 9.31%。收支相抵，滚存结余 5400 万元。其中结转下年支出 5060 万元；净结余 340 万元。

【强化收入征管】全市各级财政把组织收入放在首位，坚持“保总量”与“优质量”两手抓，健全收入征管机制，完善收入考核评价办法。及时分解落实收入目标任务，完善收入征管保障机制，强化部门协作，定期召开经济运行分析会，加强收入督导，挖掘税收增长潜力，多方聚财增收。依托涉税信息平台“一户式”查询和地理信息系统，深化综合治税，促进税款征收 4.57 亿元。加大非税收入征缴力度，坚决不收“过头税”，严禁采取虚收、空转等方式违规增加财政收入。当年，全市税收收入占财政收入比重 86%，较上年提高 8.7 个百分点，实现财政收入质量提升和税收收入平稳增长。

【优化支出结构】全市累计争取中央和省专项资金 15.81 亿元，较上年增长 3.2%。预算安排的各项重点支出全部拨付到位，各项重点支出项目得到较好保障，全市财政民生支出占财政支出的比重达 79.56%。贯彻落实中央八项规定和省市改进工作作风要求，厉行勤俭节约。研究制定差旅费、外宾接待经费、因公出国(境)经费等公务支出管理制度，明确经费开支标准和使用流程，加强管理，切实降低行政运行成本。全市“三公”经费支出比上年下降 30.9%。

【政策落实到位】认真落实积极的财政政策，着力扩投资稳增长。实施工业倍增行动计划，整合资金 10 亿元扶持企业发展。落实工业转型升级、现代农业、现代服务业、自主创新四大产业扶持政策，兑现资金 2.58 亿元。争取上级各类转移支付资金 52.41 亿元，同比增长 4.7%，有效弥补市级财力不足。建立健全国有融资性担保体系，争取省财政资金 5983 万元，做强三县三区国有融资性担保公司，构建以市普邦担保为龙头的全市国有融资性担保体系，缓解中小微企业融资难、融资贵问题。截至当年底，全市国有担保公司注册资本 15.4 亿元，在保企业 427 户，在保余额 32.8 亿元，银保合作额度 129.8 亿多元。支持企业续贷应急周转，设立 1 亿元应急周转金，累计为 33 户企业办理 86 笔应急周转，涉及续贷资金 10.6 亿元，节约“过桥”资金成本 8000 多万元。全年取消、调整、免收、缓征行政事业性收费 38 项，为企业减轻负担 7000 余万元。严格督查，整改清退收费资金 152.81 元，优化全市投资环境。

【深化财政改革】市财政部门抓改革创新，大力提高理财精细水平。深化预算管理体制改革，建立全口径预算管理体系，统筹编制一般公共预算、社保基金预算、政府性基金预算、国有资本经营预算等四大预算，将财政性资金、融资性资金合二为一，统统变成政府的“钱”，加强监管，切实做到将所有政府性收支全部纳入预算管理。同时，强化预算刚性约束和预算公开,努力构建全面规范、公开透明的预算制度。强化财政绩效管理,创新财政存量资金管理,通过贷存比考核、"一行一策"、国库现金管理,实行竞争性存储,公开、公正、公平选择财政性资金存放银行,提高财政性资金存放收益,不让财政资金扒在账上"打呼噜"。通过有效举措,全年增加各类财政专户存款利息 1.38 亿元,净增加了市本级财力。加大对结余结转资金的清理力度,2011－2014 年,财政部门已累计收回市级预算结余资金 3.6 亿元,统筹用于民生等支出。

【支持民生改善】全市 33 项民生工程累计投入资金 34.41 亿元,同比增长 30.9%。8 个为民办实事项目年度目标任务全面完成。全年城乡居民人均可支配收入为 24280 元,增长 10.6%,比同期 GDP 增速高出 1.1 个百分点。其中,城镇居民人均可支配收入 30950 元,增长 9.1%;农村居民人均可支配收入为 13920 元,增长 12%,全面完成年初市委市政府确定的城镇居民人均可支配收入增长 9%、农民人均纯收入增长 12%的目标任务。安排支农专项资金 11678 万元,落实支农政策奖补资金 2700 万元,用于促进本市现代农业发展。全市完成各类水利投资 16.19 亿元,通过农田水利基本建设,新增、改善灌溉面积 26.6 万亩,新增、改善除涝面积 22.44 万亩,改造中低产田面积 13.1 万亩,新增节水灌溉面积 3.83 万亩,新增旱涝保收面积 6.7 万亩。积极向省财政厅申报农业产业化、农民专业合作组织、社会化服务体系、农业三增、农业技术推广等重点农业项目资金,共争取各类惠农资金 2.81 亿元。全市预算安排美好乡村建设资金 1.59 亿元,实际到位 1.63 亿元。以县级为主体,制定涉农资金整合计划,整合各类涉农资金 1.18 亿元,集中财力支持美好乡村建设。发挥农民主体作用和市场配置资源作用,撬动社会资本投入 2.55 亿元,参与美好乡村建设。

【加大社会事业投入】全市安排教育支出 4.87 亿元,其中投入 1900 万元,完成 24 所幼儿园学前教育园舍新建、改建扩建。投入 6880 万元推进教育信息化(2013—2015)三年行动计划,建成数字化校园项目 55 所学校、中小学"班班通"项目 669 个、中小学多媒体机房及学生电子阅览室 130 个、电子书包班级 24 个、录播教室 40 个。安排社会保障和就业 5.63 亿元,同比增长 4.35%。加强农村五保供养、养老服务机构建设,鼓励社会力量兴办养老服务机构,实施政府购买居家养老服务工作,大力推动居家养老服务体系建设。安排医疗卫生支出 4.07 亿元,同比增长 22.15%。支持以药补医机制改革,完善公立医院补偿机制,全面实施 12 项基本公共卫生服务。安排文化体育与传媒发展 1.93 亿元,同比增长 19.74%。支持文化馆建设、自助图书馆及数字化服务体系建设等创建工作。通过"一卡通"向全市农户发放粮食直补、农资综合直补、良种补贴等惠农补贴资金 5.11 亿元。

【强化国有资产管理】本市出台国有资本经营预算的实施意见、市属企业国有资本收益收取管理暂行办法。逐步加大国有资本经营收益上缴公共财政力度,收缴国有资本经营收益 1.19 亿元,规范处置资产 2.63 亿元,注入江东控股集团资产(股权)价值 21 亿元,清理办公用房 14.2 万平方米,收回国有土地 8.94 亩,实现资产处置及招租收益 0.96 亿元。妥善做好工商、质监下划资产划转工作。完善资产配置,制定通用类办公设备预算控制及参数配置"双标准"。审核批复江东控股集团通过各种方式融资 8 项,涉及融资总额 86.3 亿元,盘活国有资产 1975 万元。参与讨论组建马鞍山市文化旅游集团有限公司方案,办理注册资本拨款、工商注册等工作。参与组建马鞍山江东金融控股有限公司相关工作,对股权划转等事项进行业务指导。审核批复普邦资产管理公司通过增资扩股方式投资民营马鞍山天顺港口有限公司 350 万元。鼓励国有资本投入基础性、战略性行业。其中:审核批复十七冶转增资本投入 2.26 亿元;回购中北巴士股权投入 4771 万元;竞买港口集团股权,投入 3100 万元等项目,支持国有资本战略多元化发展。

【加强债务管理】本市按照"控规模、调结构、强管理、防风险"的新目标,不断完善政府债务管理。引导融资主体优化债务结构,变间接融资为直接融资,降低综合成本。通过提前偿还或将短期债务置换为长期债务等方式,缓解偿债高峰压力,真正把风险降到最低。加大对债务率、新增债务率、偿债率、逾期债务率等指标考核力度,评估和监测债务风险状况,为增加地方政府债务规模争取有利条件。截至当年底,全市 26 家公司纳入融资平台名录管理。全年全市融资到位 256.7 亿元,完成目标 172%,综合成本 7.29%,远低于省规定的同期利率上浮30%的控制线。其中:争取土地储备融资额度55亿元,规模居全省第2位。

【加强财政监督】市财政部门围绕财政中心工作,紧密融合财政监督和财政管理,实现对财政资金运行全方位、多层次的动态监控,稳步构建全员参与、全面覆盖、全程监督的财政“大监督”格局。深入开展严肃财经纪律和“小金库”专项治理工作,查处各类违规违纪资金8.5亿元。认真实施会计信息质量检查以及审计鉴证工作,继续做好财政支出绩效监督,切实推进财政涉企项目资金管理信息系统建设,全市录入以前年度历史数据866项,累计资金3.4亿元,审核涉企项目资金1134.5万元,有效增强项目申报、审批、资金拨付的透明度。扎实开展彩票公益金使用情况等14项专项资金检查,通过不断加大监督检查的广度、深度和力度,着效地维护全市财经秩序健康平稳运行。

【深化作风建设】市财政部门以党的群众路线教育实践活动为抓手,狠抓制度建设,激励财政干部提素质、转作风、增效能、促发展。建立党员领导干部个人事项报告制度、三重一大事项集体决策制度、局务会制度、效能点评、述职述廉、廉政谈话等一系列制度。综合运用明察暗访、函询、约谈等多种方式,用好人防、技防等各种科学手段,不断增强监督的有效性和针对性。充分利用“政风行风热线”、财政门户网站、政务微博等媒体网络,主动接受社会监督。注重发挥部门特点,加强资金监督管理,加大行风政风巡查,强化效能点评,主动上门会商。切实转变作风,开展科级干部基层蹲点活动,历时2个多月,28名干部走访企业60多家、农户150余户,召开各种类型座谈会近30场。活动征集意见87条,均着手予以解决。《中国财政报》和《马鞍山日报》予以专题报道,市委、市政府主要领导先后发作出批示,在全市起到良好的示范作用。全面加强机关党建工作,不断提升机关党建科学化水平,荣获2012—2014年市直机关先进基层党组织称号及2013—2014年全省注册会计师行业先进市行业党组织称号。

(马鞍山市财政局供稿)

花山区财政工作概述

【概况】2014年,花山区财政收入预算调整为18亿元,实际完成18.1亿元,完成调整预算的100.6%,比去年下降39%。其中:税收收入增长1%,非税收入下降82%。按照分税制财政体制计算,全区当年可用财力为7.3亿元,市对区体制补助及返还性收入为1.63亿元,省市一次性追加为2.55亿元、上年滚存结余0.03亿元,合计可用财力11.5亿元。全区财政实际一般预算支出为11.48亿元,滚存结余0.03亿元。

【财政管理】坚持以依法行政,狠抓财税收入征管。全年税收收入占财政收入比重为88%。围绕“依法理财”,建立完善的区级协税、护税、控税机制,全年促进税款征收2785万元。防止收“人情税”和“跑冒滴漏”,全年共查补税款2653万元。强化非税收入征管,重点加强对国有资产转让、有偿使用收入和经营收益的征管,全年完成非税收入2.2亿元。严控一般性支出。贯彻落实中央八项规定和省市改进工作作风要求,制定差旅费、招待费、因公出国(境)经费等公务支出管理制度。当年全区“三公”经费支出1150万元,同比下降29%,切实兑现“三公”经费只减不增承诺。各项重点支出得到较好保障,预算安排的各项重点资金全部拨付到位。

【财政改革】以财政改革为总领,将财政业务建设与廉政建设、效能建设紧密结合,重点推进部门预决算公开和开门办预算。依照统一格式在区政府政务公开网上对区本级43个部门进行预决算公开,公开内容包括2013年部门决算、2014年部门预算、“三公”经费预算和使用情况。邀请人大代表、政协委员、基层代表和相关领域专家对2015年全区所有项目经费预算进行公开评审。评审专家就项目实施必要性、可行性及项目资金安排合理性进行论证,形成评审合议,终审金额1.42亿元,较各单位申报数核减2.28亿元。通过预决算公开和“开门办预算”,接受社会监督,促进本区依法行政、依法理财、民主理财进程,实现财政资金来源和使用去向全透明。

【民生保障】全区实施民生工程33项,其中有实际建设任务项目24项,筹集并拨付各类民生资金8.22亿元(含社会化筹集资金),全面完成年度目标任务。支持社会公益事业发展,全区投入教育专项资金1989.1万元，用于推进教育信息化建设,健全义务教育经费保障机制;投入981万元用于农村生活设施改善。支持文化事业发展,投入60万元用于街道(社区)公共图书馆、文化馆开放等项目。支持社会保障体系建设，筹集并拨付资金3439.9万元用于提高城乡低保金、农村五保金、基本公共卫生服务、新型农村合作医疗等财政补助标准。支持城市建设,市场化筹集资金7.63亿元支持保障性安居工程等基础项目建设。

【资产管理】加强政府性债务管理,区城投集团统筹融资政策,编制全区政府性债务收支计划;区财政局通过资金池统筹调度资金,控制债务规模,提高资金使用效率,有效防范债务风险。加强区级行政事业单位国有资产管理，将行政事业单位固定资产全部纳入国有资产管理信息系统管理;对下划学校进行资产盘点；做好市场监管局资产接收工作;开展全区行政事业单位土地和房产清查;完成国有资产出租出借清查；完成事业单位及事业单位所办企业国有资产产权登记工作。加大国有资产收益管理，对各单位取得的经营性资产收益,按照“收支两条线”原则,及时缴入国库,确保国有资产保值增值。

【职能工作】完善区街税收体制。保障基层财税收入,理顺区与街道的财政分配关系,经多次会商研讨，确定收支基数，确定区与街道5:5分成比例，确定个体税收超出基数增量区留成部分和私房出租房产税区留成部分全部划归街道。深化国库集中支付改革,全区113个单位通过区国库集中支付平台支付资金9.2亿元，办理公务卡800余张，规范财政资金使用和管理，提高资金使用效益。着力推进“营改增”试点和其他财政奖励政策,将全区782户企业纳入营改增试点范围,及时兑现补助资金333.64万元。拨付再生资源企业财政奖励1706.24万元,拨付企业土地使用税提标增量奖励748.16万元，拨付非银行金融企业财政奖励202.27万元,发放6项惠农资金共计219万元。清理财政暂存暂付款，对本区结余的暂存暂付款项认真梳理,分类处理;对2012年以前的历史账务作呆账坏账处理,履行报批手续后予以核销等。

(花山区财政局供稿)

雨山区财政工作概述

【优化财政收入结构】受当年整体经济下行影响,房地产价格持续走低、销售不畅,部分重点行业企业经营困难,收入组织工作面临较大困难,全年雨山区完成财政收入13.53亿元,增幅为-32.44%。全区财税部门加强联系沟通,定期召开财税分析会,分解落实各征管部门任务,及时研究解决收入征管中存在的问题。联合税务部门开展税收政策培训,加强对重点地区、重点行业、重点企业税源的跟踪服务,及时掌握企业生产经营情况,帮助协调解决问题,确保税收及时足额入库。严把票据审核关,重点检查政府工程项目税收缴纳情况,保证政府性投资项目税收收入不外流。组织乡镇、街道做好协税护税工作,完善区个体征管中心管理,强化个体税收和私房出租等零散税收征管。进一步规范非税收入征管,降低非税收入占财政收入的比重,财政收入结构和质量得到进一步优化。

【促进区域经济平稳增长】努力发挥财政资金“四两拨千斤”的作用,支持实体经济发展,促进经济转型升级。积极落实财税扶持政策支持企业发展。年初预算坚持安排中小企业发展资金3000万元、科技三项费用1000万元、节能环保专项资金30万元、文化发展专项资金40万元,支持区属经济发展。在财政资金紧张的情况下,及时安排资金兑现再生资源回收企业政策扶持资金5293.94万元,工业发展转型资金395.94万元,企业自主创新促进科技进步奖励资金208.3万元。贯彻落实“营改增”结构性减税政策,按时兑现营改增试点财政扶持资金280.09万元。切实落实小微企业税收优惠政策,减轻企业税收负担。切实采取措施帮助企业解决融资难问题。积极推荐企业向市普邦融资担保公司申请“税源贷”和“投资贷”,帮助企业向市财政申报中小微企业还贷应急周转金。通过区投资成立的金福融资担保公司,为中小企业融资提供贷款担保,共为博宇重机、润泰塑胶等11家企业提供贷款担保8000万元。

【落实利民惠民政策】按照财政资金重点保运转、惠民生的总体要求,认真落实利民惠民政策,让广大人民群众共享公共财政的“阳光”。全年财政民生类支出75624万元,占公共财政预算支出的83.23%。安排教育支出13380.81万元，积极推进学校标准化建设,全面改善办学条件;落实学前教育三年行动计划、"以奖代补"制度,支持学前教育普及和发展。安排医疗卫生支出6208.71万元,大力支持医疗卫生事业发展，促进基本公共卫生服务均等化。安排社保就业支出13027.62万元,其中安排6384.78万元用于城乡低保、五保户供养、民政优抚、退役士兵安置,安排3817.23万元用于城乡养老保险、医疗保险补助。安排文化体育支出442.73万元,支持公共文化设施免费开放、文化下乡和农家书屋、数字图书馆建设;加大公共体育设施建设扶持力度,支持举办群众文化体育活动,促进文体事业繁荣发展。

【支持新农村建设】以农民增收为核心,扎实推进新农村建设,不断加大城乡统筹力度。积极开展农村公益事业"一事一议"财政奖补工作,实施项目14个,其中向山镇9个、佳山乡5个,项目总投资604.89万元。认真落实对农民的各项补贴政策,通过"一卡通"发放农资综合补贴、粮食直接补贴、种粮大户补贴等各项涉农补贴资金269.91万元。积极引导、组织和推动政策性农业保险,全年投保小麦9469.18亩,投保油菜14189.23亩,投保水稻21903.64亩,保费总额77.87万元,政策性农业保险参保率为100%,做到应保尽保。全力推进美好乡村建设，当年区财政预算安排美好乡村建设资金1000万元,2个市级美好乡村示范村建设进展顺利。

【推进财政各项改革】坚持科学管理,深入贯彻中央和省、市、区部署,加快推进各项财政改革。进一步规范预算编制程序,细化预算编制内容,据实核定项目预算，分类分档确定预算单位公用经费标准。完善部门预算公开评审机制,扩大部门预算评审范围,提高预算编制科学性和透明度。严格落实党政机关厉行节约各项规定,从严控制"三公"经费以及一般性支出增长。当年全区"三公"经费支出同比下降27%。加强国库集中支付、政府采购、非税收入、政府购买服务管理，提高资金使用效益。稳妥推进预决算公开,制定《关于进一步做好区级预决算及"三公"经费信息公开工作的通知》,规范预算公开工作流程和机制,落实责任主体。按照统一要求,对全区47个部门的2013年部门决算和"三公"经费决算、2014年部门预算和"三公"经费预算在政府公开网上进行集中公开。

(雨山区财政局供稿)

博望区财政工作概述

【概况】2014年，全区财政收入完成6.24亿元,完成调整预算的100.6%,同比下降24.9%。其中:税收收入完成5.38亿元,同比下降20.5%,非税收入完成8595万元,同比下降44.4%。非税收入占地方一般预算收入22.5%，占财政总收入13.8%。财政支出6.29亿元，完成调整预算的113.7%,同比下降14.3%。收支相抵,滚存结余107万元。

【加强收入征管】继续坚持财税征管联席会议制度,进一步巩固收入分析调度、征收部门联动、征管信息共享等工作机制,着力提高组织收入的预见性和主动性。强化收入目标管理责任制,逐月落实收入任务,确保财政收入实现均衡入库。加强税务部门和相关职能部门的联系协调,建立齐抓共管的工作机制,促进收入及时、足额征缴入库。将各项非税收入全部纳入预算管理,最大限度地增加财政收入。

【优化支出结构】加强预算编制精细管理,建立健全政府预算体系,增强政府预算的完整性、严肃性。着力调整支出结构,保障公共服务需要。牢固树立过紧日子的思想,树立"节支大于增收"的理念,按照"保工资、保运转、保民生、保重点"的要求,继续贯彻落实中央和省、市关于厉行节约的政策规定,大力压缩一般性支出,特别是加强对"三公"经费的管理,"三公"经费预算逐年下降,只减不增,同时加大"三公"经费的公开力度,进一步扩大公开的覆盖面,切实降低行政运行成本,增强财政保障能力,努力做到应保尽保。

【强力推进民生】全区共实施33项民生工程,其中:25项提前或按序时进度完成年度目标任务;1项(小型农田水利工程)为跨年度项目,按进度顺利推进;7项为市统一实施项目。全年拨付33项民生工程资金1.52亿元,其中:公共文化场馆开放、农村文化建设专项补助、城镇居民基本医疗保险、新型农村合作医疗、城乡居民社会养老保险、计划生育家庭特别扶助制度、义务教育经费保障机制项目,资金全部拨付,相关发放及拨付手续完备。就业促进工程全年培训 2067 人,完成年度目标任务 1700 人的 122%。全区民生工程年度目标全面完成,惠及全区 20 万城乡群众。

【加大"三农"投入】涉农补贴发放工作进展顺利,全年共发放各类补贴 22 笔,总计发放金额 4119 万余元,受益农户 4.9 万余户次。认真开展督查走访,确保补贴信息公布到位,涉农资金发放落实到位。稳步推进农业综合开发,2014 年度博望区国家农业综合开发新市镇高标准农田建设项目总投资 849 万元,项目范围为新市镇新禄、新河两个行政村,涉及农田 7204 亩,受益人口 5540 人。项目于当年 11 月 20 日正式开工,财政按合同约定支付项目工程 50%款项,总计 275 万元。

【推进财政改革】全面推进辖区三镇国库集中支付及公务卡制度改革。扎实推进并顺利完成 2014 年部门预算、"三公"经费预算及 2013 年度部门决算、"三公"经费决算公开工作。将所有财政专户存款纳入保值增值范围,有效增加地方财力。根据省、市有关文件精神,选定 6 个试点项目实施政府购买服务改革,第一批 2014 年购买服务资金预算 1660.7 万元。进一步推行开门办预算,2015 年项目预算评审范围扩大到全区预算单位的 50%以上,扩大区预算评审专家库,对申报的保障运转类和建设类项目分两组进行专家公开评审。积极开展财政会商工作,全年共开展会商 256 次,参加会商人数 289 人,解决问题 135 件。

【强化债务管理】认真编制地方政府性债务预算,积极开展债务甄别工作,将所有的债务纳入政府预算,对当年债务资金收支状况进行定量预测和定性分析,科学预计全年政府性债务收入和支出,摸清政府性债务底数。将地方政府债务总额及债务率、偿债率等指标纳入对地方政府领导班子的考核。做好偿债计划,逐步建立起"融得来、用得好、还得上、成本低"的科学、规范、合理的债务管理模式,有效防控政府性债务风险。

【狠抓作风建设】以党的群众路线教育实践活动为契机,狠抓制度建设,严格推行首问负责制、服务承诺制、一次性告知制、限时办结制等各项工作制度,优质服务,提高效能。进一步加强行风巡查与财政工作的有机结合,一体化开展,常态化推进,形成行风巡查工作长效机制,做到未雨绸缪、防患未然。把党风廉政建设和反腐败工作作为一项政治责任,牢固树立为民务实清廉的良好形象,促进全区财政事业全面进步。

(博望区财政局供稿)

含山县财政工作概述

【狠抓财政收入】全年完成财政收入 13.4 亿元,比上年增收 0.3 亿元,增长 2.2%。按照收支挂钩、按月预拨、集中支付、县镇分担原则,健全税务部门征管经费保障机制,将税务经费保障与组织收入进度挂钩。坚持"月初早分解、月中抓调度,月末问效果",督促征管部门和镇(园区)按目标、进度主动作为,依法足额抓收入。推进非税收入财政直征,将全县 19 个单位(含二级事业单位)64 个项目纳入直征范围。完善扶持措施,安排民营经济发展基金,充实担保公司注册资本。投入资金剥离不良贷款,支持信用社成功改制。兑现重点企业税收优惠奖励政策,将"营改增"财政扶持政策由企业所在镇就地兑现。落实促进经济平稳健康发展意见,支持房地产平稳健康发展。建设综合治税信息系统,对重点招商企业及新办企业实行税收动态监控。

【增强保障能力】保证基本支出、人员工资和机构正常运转,加大民生支出保障力度。投入资金 1000 多万元,支持旅游生态县建设。整合资金 2500 万元,支持美好乡村和农业产业化建设。调拨资金 1.5 亿元,支持基础设施、征地拆迁、安置房等重点项目建设。整合资金 1.2 亿元,支持重点园区建设,提升发展后劲。

【推进民生工程】全年投入资金 6.45 亿元,组织实施 33 项民生工程。将民生工程配套资金优先列入年度县财政预算,足额拨付到位。以支出进度倒推工程进度,确保工程建设任务不因资金滞后而影响进度。围绕早建设、早见效思路,补助类项目严格按序时进度发放到位,就业技能培训 9 月底前全面完成培训任务;年内完工的工程类项目,坚持超前实施,10 月底前全面完工;建设工期为两年的项目,如病险水库除险加固,一手抓完工项目的建设和验收,一手抓开工项目前期准备。

【规范投融资管理】组建投融资决策委员会,对全县重大投融资事项进行审议。县财政局增设债务管理办公室,专门负责全县政府性债务管理工作。围绕项目和资金有效对接,采取“归口审核、上门会商、集中研究”,区分轻重缓急,合理编制投融资和债务预算。出台政府性债务审批管理办法,强化县财政部门和投融资办审核功能,严格规范举债程序。对原有14家政府融资平台开展清理整合,组建县城乡建设集团、文化旅游建设投资、经济开发区建设投资等三大融资平台,增强服务经济发展能力。

【创新财政管理】突出预算编制龙头作用,统筹编制公共财政、政府性基金、社保基金和国有资本经营“四本预算”。严格“两上两下”程序,县镇预算编制做到同口径、同方法、同步骤。全面推进“开门办预算”,部门预决算和“三公”经费定期公开,自觉接受社会监督。出台项目资金管理办法,强化项目主管部门主体责任,指导项目实施单位抓好专项资金财务核算。本着事权和支出责任相适应原则,实施褒禅山经济园独立一级财政体制,理顺县财政与经济园区的财政分配关系。按照“民生优先、突出重点、先易后难”原则,选择社会养老机构运营补助等5个项目,试点政府购买预算改革。加强镇级财政管理,镇级财政资金监管和惠农补贴资金管理工作获省财政厅绩效考评一等奖,创建乡镇财政规范化管理示范县获省财政厅考评一等奖。

(含山县财政局供稿)

和县财政工作概述

【概况】2014年,和县财政局在宏观经济复杂严峻,经济运行存在较大下行压力的形势下,深入贯彻党的十八大和十八届三中、四中全会精神,把握稳中求进工作总基调,围绕转型升级,落实积极财政政策,深化财政改革,深入推进财政科学化精细化管理,促进全县经济社会健康发展。全县(不含郑蒲港新区,下同)财政收入累计完成14亿元,同比增长3.4%,占确保目标13.9亿元的100.7%,占考核目标14亿元的100%。全县财政支出累计完成23.54亿元,同比增长1.1%。其中,民生支出近20亿元,占财政总支出85%,比上年同期提高2个百分点。省定30项民生工程目标任务全部完成,再次获得全省民生工程工作绩效奖补先进县。

【财政改革】深化国库集中支付改革,将36个乡镇中小学全部纳入国库集中支付。推行政府购买服务,通过公开竞争购买11项民生服务。68个一级单位预算和“三公”经费信息对外公开,“三公”经费压减30%以上。完善“开门办预算”,推行预决算公开。加强财政存量资金管理,做好政府存量债务清理甄别工作,规范融资平台,降低债务风险。加强经济运行信息平台建设,通过信息共享,查补税款1000多万元。深化财税体制改革,完善预算管理制度,规范财政资金管理,出台总部经济激励政策,激励镇区增收。

【民生工程】努力办好每件民生实事,实施省33项民生工程,投入资金7.38亿元。其中:中央、省级计划投入资金4.29亿元,市级528.9万元,县本级配套1.29亿元。全县筹集资金7.38亿元,占计划的100.27%。其中:中央、省级计划投入资金4.31亿元,市级528.9万元,县本级配套1.29亿元,其他1.75亿元。民生工程实施成绩显著,通过强化组织领导、机制创新、资金保障、宣传引导、建后管护等五项举措推进有力。整合资金支持美好乡村建设。围绕“生态宜居村庄美、兴业富民生活美、文明和谐乡风美”的美好乡村总体目标,大力实施建设美好乡村公共服务体系奖补民生工程。全年建设21个示范村,其中:省级中心村6个,市级示范村7个,县级示范村8个。全年县财政整合统筹到位资金1.23亿元,其中:省、县奖补资金分别为683万元、3000万元,整合涉农资金6797万元,群众自筹资金1789万元。89个“一事一议”项目全部完工,项目总投资4817万元。

【投融资管理】获得各类机构批准融资额13.82亿元,其中到位资金10.25亿元。在全市率先设立中小微企业还贷应急周转金,县担保公司注册资本金提高至2.27亿元。全年共为79户中小微企业提供担保贷款6.55亿元,其中:已办结担保贷款5.84亿元,投融资管委会已批准待办理担保贷款7100万元。

【落实积极财政政策】扩大“营改增”试点改革,大力发展现代服务业,积极为县域经济发展提供有力支撑。自当年6月起,将电信业纳入“营改增”试点,全年“营改增”试点企业396户,改革后交通运输业、现代服务业纳税人税负分别下降 18%、42%,实现结构性减税。规范涉企收费行为,县财政局及时与物价等相关部门沟通联系,对存在的问题进行研究,拿出相关整改意见,督促有关单位认真落实,促进涉企收费行为规范化。提请政府出台《和县促进现代服务业发展等若干政策(暂行)》(和政办〔2014〕59 号),促进服务业发展提速、比重提高、结构提升。

【落实惠农政策】深化农村改革加快现代农业发展,安排 2000 万元财政支农资金,其中:500 万元农业产业化发展资金;1300 万元蔬菜奖补资金;200 万元林业工程配套资金。认真落实各项惠农政策,力促农民增收,充分发挥惠农政策的导向作用。我县按照"政府管权、部门管事、财政管钱、银行管发、乡镇管册"的原则,在各级政府统一领导下,认真落实各项惠农补贴政策,严格遵守工作纪律,规范操作程序,及时、足额、安全地将各项惠农补贴资金发放到农户手中。全县共发放惠农补贴资金 21 大项,资金总额 2.35 亿元,惠及农户 16.3 万户。

【财政监督】开展"财政资金监管年"活动,以政府办转发活动方案,加强薄弱环节监管力度,制定具体防范措施。开展"小金库"专项治理,当年 8 月,县财政部门会同县审计部门出台《和县深入开展贯彻中央八项规定 严肃财经纪律和"小金库"专项治理工作方案》(财监〔2014〕96 号)文件,坚决纠正和查处各种财经违法违纪行为,推进厉行节约反对浪费,从源头上斩断不良作风的资金链,确保中央八项规定落到实处。加强政府专项资金管理,继续将一般公共服务、教育、科技、文化和各类送温暖、解困和帮扶等专项资金纳入管理,实行跟踪问效管理,建立定期通报制度,加大违规查处力度。加强"三公"经费管理,全年"三公"经费全县年初预算 3796.9 万元,实际支出 3111.5 万元,实际支出同比下降 35.2%。

【国有资产管理】提请政府出台《和县行政事业单位通用办公设备家具配置标准(试行)》(和政办〔2014〕31 号)、《和县 2015—2016 年度政府集中采购目录及采购限额标准》(和政办〔2014〕57 号)等文件,强化国有资产管理与预算管理的有机结合,降低行政成本,切实做好政府采购预算编制与执行工作。划转县直单位经营性资产 24 家单位 47 宗房地产和沿江滩涂地,评估价值约 37.05 亿元,全部注入县城投公司。

【机关党建和效能建设】7 月 1 日,县财政局召开纪念建党 93 周年暨党总支换届选举大会,全体党员重温入党誓言。对党总支及下设的 3 个支部进行改选,选出机关第一支部、第二支部和离退休老干部支部新一届委员。党风廉政建设,制定《和县财政局党风廉政责任制规定》,印发《和县财政局 2014 年党风廉政建设和反腐败工作主要任务分解》,认真落实党风廉政建设责任制。组织财政党员干部到西梁山烈士陵园、市廉政教育基地、小岗村和沈浩纪念馆接受廉政教育。加强政风行风建设,结合第二批党的群众路线教育实践活动,成立局正风肃纪专项行动领导组,设立专项行动办公室,制定《财政行风巡查工作暂行办法》《和县财政局关于正风肃纪专项行动实施方案》等文件,着力解决人民群众反映强烈的突出问题。加强机关效能建设,完善机关考勤制度,落实离岗告示、外出登记,开展机关效能点评,每周行政例会点评干部职工工作日志,邀请县纪委联合开展明察暗访,实行办公无纸化,节约资金、提速提效。带头落实整改干部办公用房,严格按标准执行到位。定期开展结对共建,主动开展部门会商。全年财政局共开展会商 403 次,解决问题 389 例,节约财政资金 3746.88 万元。

(和县财政局供稿)

当涂县财政工作概述

【概况】2014 年,县财政局紧紧围绕"科学理财促发展、清正廉洁惠民生"的主题,深入开展"财政机制改革年"和"财政管理规范年"活动。依法理财,锐意改革,努力开拓财政工作新局面。全县财政收入完成 36.87 亿元,全年完成一般预算支出 40.75 亿元。

【强化监管促增收】加强与税务部门的协调配合,做好每月收入的预测、分解、分析和监控。积极开展税源调查摸底工作,完善税源信息平台运行考核机制,确保收入按时、足额、均衡入库。科学落实分解任务,将任务分解到税务部门,再由税务部门分解到乡镇及开发园区,增强收入分解的科学性和可操作性。认真做好财政政策和资金兑现工作,着力推进产业转型升级,培植壮大地方财源,促进财政增收。协调非税局及县城投公司,进一步加强非税收入的征管。

【优化结构助转型】全县33项省民生工程计划投资20.71亿元,其中财政资金6.6亿元。截至当年底,财政资金到位6.86亿元,占计划103.9%;累计拨付财政资金6.4亿元,占到位资金93.3%。全县安排科技项目资金1299.4万元,用于科技奖励政策兑现、科技计划等项目;及时足额配套资金873万元,与省财政厅下达资金合计1746万元,支持民营经济发展。服务三农发展,做好补贴资金管理发放工作,全年共打卡发放7258.7万元;稳步推进政策性农业保险工作,扩大农业保险覆盖面;做好村级公益事业建设一事一议财政奖补工作,全年实施及完工项目93个;开展农村土地治理等农业开发项目;推进美好乡村建设扩面提质,拨付县美好办直接用于以奖代补资金3816万元,落实县级专项资金预算1050万元,拨付社区建设补助资金等450万元。

【强化融资保重点】加快县域经济发展,确保重大项目建设资金需求。县财政局积极协调全县融资工作,加强政府性债务融资管理,合理调度整合资源。当年全县完成融资44.86亿元。

【深化改革促发展】深化部门预算改革,积极推进预决算及"三公"经费信息公开工作。全县"三公"经费预计较上年下降17%,其中因公出国费下降76%,公务接待费下降15%,公务用车运行维护费下降18%。深化国库管理模式,积极开展预算单位账户和财政专户清理工作,全年共清理财政专户6个。以国库集中支付为平台,进一步加强国库集中支付和公务卡改革,公务卡在所有预算单位全面推行使用。推进"营改增"改革试点工作,截至当年底,累计实现营业税改增值税收入1.23亿元,累计拨付财政扶持资金6069万元。探索实施政府向社会力量购买服务工作,落实2014年政府购买服务资金5308.3万元,并将2015年政府购买服务纳入年初预算。开展财政"涉企系统"建设,提高涉企资金管理水平。

【开展活动提效能】深入开展党的群众路线教育实践活动,紧紧围绕"照镜子、正衣冠、洗洗澡、治治病"总要求和"为民务实清廉"主题,认真学习,查摆"四风"突出问题,扎实整改。共集中学习18次,发放征求意见表120多份,调研企业5家,走访群众28户次,收集意见20条,新建制度24项。

(当涂县财政局供稿)

芜湖市财政工作概况

芜湖市财政工作综述

【概况】2014年，芜湖市财政收入完成426亿元,同比增长11.6%,其中:地方公共财政预算收入233.5亿元，增长9.1%，完成汇编调整预算的98.8%。全市财政支出347.2亿元,增长8.6%,完成汇编调整预算的99.7%。收支相抵,滚存结余0.9亿元。其中:结转下年支出0.5亿元,净结余0.4亿元。市本级财政总收入完成118亿元，增长5.1%,其中:地方收入47.6亿元,增长12.6%,为预算的99.2%；市本级公共财政预算支出104.7亿元,增长6.3%,为调整预算的99.2%。收支相抵,滚存结余0.5亿元。市财政局全年共受到上级各种表彰和奖励31项，其中集体16项（国家级1项、部级1项、省级9项、市级5项)、个人15项(部级4项、省级5项、市级6项)。

【加强财政收支管理】坚持依法征管,加强财税形势预研预判,充分发挥涉税信息平台作用,开展税收专项检查、纳税评估以及随征税费比对征缴工作,促进依法征收,应收尽收。在房地产业税收整体下滑的形势下,实现全市财政收入平稳增长,财政收入总量、增幅分别居全省第2位、第8位;税收比重达到88.5%,优于全省平均水平3.7个百分点。贯彻落实省财政厅《关于进一步加强财政支出预算执行管理的通知》精神,出台本市加强和改进财政支出预算执行管理实施办法，建立月度支出进度监控机制,实行支出进度通报、约谈制度,加大县区财政支出执行督促力度;制定《芜湖市本级预算绩效目标管理暂行办法》，强化绩效评价,加强评价结果运用,提高预算资金使用绩效。

【稳步推进财政重点改革任务】推进预算信息公开,印发《关于进一步做好市级部门预决算及“三公”经费信息公开工作的通知》,实现预算信息公开工作常态化、制度化、规范化,全市各级财政及预算单位2014年度财政预算、部门预算及“三公”经费预算以及2013年度财政决算、部门决算及“三公”经费决算信息按规定要求全部向社会公开。加强存量资金管理,盘活各类存量资金,市区财政资金实行余额周报制度,实时掌握市区财政资金存量和变化,实行统筹调度;出台《芜湖市财政专项资金管理办法》,强化专项资金管理;规范财政专户管理,完成财政专户审核及上报工作;完善财政资金结余结转管理办法，清理收回预算单位2013年度结余资金6647万元,实行预算统筹安排;开展财政资金暂存款、暂付款清理工作,共梳理消化财政暂付款项12.2亿元,清理财政暂存款2.8亿元。严控三公经费支出,下发《关于进一步加强财政支出管理的通知》,严格行政支出管理,降低运行成本;深化国库集中支付制度改革,全面实行公务卡制度;出台市直机关差旅费、会议费、培训费和因公临时出国经费等管理办法,2014年,全市“三公”经费支出2.28亿元,较上年同期下降10%。推进政府购买服务,制定《芜湖市政府向社会力量购买服务实施办法》和《芜湖市2014年购买服务目录》,按照“存量先行、先易后难、由点到面、突出重点、稳步推进”原则开展政府购买服务,市级按4大类别、23个项目、68项具体服务试行政府购买服务,预算金额达到1.3亿元;加强政府购买服务宣传,《安徽日报》

头版头条报道本市镜湖区社区图书馆托管服务创新经验，省电视台选取本市污水处理厂作为政府购买服务典型项目在“新闻联播”栏目播放。规范政府性债务管理，制定《芜湖市人民政府关于加强政府性债务管理的意见》，同时印发加强政府性债务审批管理、核定土地储备融资、融资平台名录管理、融资平台月报制度、债务统计工作以及政府性债务指标界定等6个配套文件，建立“1+6”制度体系，完善债务系统数据，编制债务收支计划，控制举债规模，加强新增举债审批管理，做好专项债券项目调查工作，提前为省级政府自主发债做好项目储备工作。对开发区、集中区及市辖四区开展预警监测，进行债务风险提示。完成政府存量债务纳入预算管理清理甄别。推进全面深化改革，成立市财政局全面深化改革领导小组及六个专项工作组，领导组织实施全面深化改革工作。全面梳理芜湖市全面深化改革279项重点工作任务，涉及财政164项，其中：市财政局单独牵头落实24项，第一牵头落实11项，配合相关部门牵头落实22项，协调配合参加落实107项，全部分解落实到各个专项工作组，有序推进。按照全市统一部署，全面完成财政局行政权力清单清理工作。

【落实稳增长各项财税扶持政策】全面落实国家减税清费政策，全年减免税费46.6亿元，进一步减轻企业和社会负担。继续实施社保降率缓缴政策，减轻企业负担6.7亿元，向205户企业发放2亿元稳岗和促进就业补贴。提高城镇土地使用税等级税额标准并同步出台财政奖补政策，促进土地集约节约利用和二次开发，降低优质企业和扶持企业实际税负。出台进一步促进经济持续健康较快发展19条措施，调整完善政策支持体系，抢抓国家战略性新兴产业集聚发展试点机遇，支持首位产业和新兴主导产业发展，加快机器人产业集聚；争取新能源汽车推广、可再生能源建筑应用示范、秸秆焚烧等各级各类专项补助资金，带动区域新能源产业发展、改善能源结构、促进地方经济发展，全年安排生态环境建设资金4.52亿元，重点用于大气污染防治、新能源汽车推广应用、农作物秸秆禁烧奖补、公交车政策性补贴；安排自主创新专项资金4.55亿元，推进科技创新；制定航空产业发展扶持政策，加快培育发展航空产业。继续开展企业股权和分红激励试点工作，完善试点工作“1+7”政策体系，全市24户企业正式上报股权和分红激励实施方案，激励人数199人，激励金额3551万元。制定出台促进内外贸发展政策，促进外贸稳定增长和电子商务发展，鼓励引进国际知名商业品牌，推动集装箱物流做大做强。加快创新芜湖建设，兑付人才特区建设专项资金2800万元。推进科技“小巨人”企业培育计划，审批认定第一批科技“小巨人”企业共计49项，扶持金额8400万元。建立完善服务市区县中小企业担保、风险投资体系，加强担保业务平台系统建设。研究制定促进大型企业主辅分离的支持政策，10户企业成功实施主辅分离。研究设立住房金融公司，拓展住房公积金及各类住房资金功能。稳步推进“营改增”试点，本市电信业营改增于6月1日成功上线运行。申报芜湖港纳入国家扩大启运港退税试点政策范围，促进全市外向型经济发展。

【推进跨江发展战略实施】继续实施市对江北地区差别补助政策，支持江北地区加快发展，当年市级拨付江北地区各类项目补助资金5.2亿元；加大江北地区投融资支持力度，市级为江北地区提供投资担保20.3亿元。优化江南江北交通环境，实施皖B牌号7座以下小客车及公交车芜湖长江大桥免费通行，全年免收交通费7800万元。当年起连续4年，市与鸠江区共同安排16亿元组建滨江新区融资平台公司，着力加快滨江新区建设，打造承接产业转移江北板块，加速跨江发展战略实施。

【促进民生和社会事业发展】全年实施33项民生工程，投入83.5亿元，较上年增长10%。印发《芜湖市财政民生支出和民生工程指标考核实施细则的通知》，完善民生工程考核体系，实行“五个一”工作制度，即一月一通报，一月一考评，一月一调度，一月一督查，一月一督办。加强民生工程分类管理，考核类项目重点调度和督查，督导类项目发挥职能部门监管职责，委托中介机构进行测评。年内投入8280万元专项用于工程类项目后续管护，按属地原则落实管护资金，明确管护主体责任。建立民生特约监督员队伍，邀请人大代表、政协委员担任民生特约监督员，定期、不定期开展暗访、督查。进一步完善社会保障体系，落实企业退休人员基础养老金调标政策，积极推进实施“病种分值清算”医保付费改革方案，加强社保基金保值增值管理,提高社保基金收益,继续提高本市城乡居民低保保障和医保筹资水平,积极推进创业富民,及时兑付创业扶持资金1.3亿元,全市社会保障和就业支出32亿元,增长3.21%。积极支持推进医疗卫生体制改革,深化公立医院改革试点,落实市属公立医院改革补偿资金9030万元;安排专项资金6500万元,保障金医工程顺利推进;安排全科医生团队建设经费464万元,支持推行以家庭医生为主的全科团队建设;推进引入社会资本参与市属公立医院改革,制定本市社会资本办医的财政补助政策,鼓励和引导社会资本举办医疗机构。全市医疗卫生支出28亿元,增长19.94%。认真落实教育财政投入政策,完善教育经费管理办法,加强教育经费使用的监督检查,调整高校经费拨款方式,推进职业教育资源整合,促进教育均衡发展。全市教育支出49.54亿元,完成预算的100.81%。多渠道加大投入,积极争取上级专项投入,支持文化体育事业发展,全年文化体育与传媒支出达3.78亿元。

【全面落实强农惠农政策】加大财政支农投入,全年安排支农专项资金3531万元,比上年增长5%;安排小型农田水利实施工程改造资金5000万元,开展"安徽省水利资金管理提高年活动",提高水利专项资金使用效益;安排现代农业发展资金1亿元,重点投向现代农业;筹措资金4544万元推进实施渔民上岸工程;出台《芜湖市森林增长工程专项补助资金管理办法》,安排专项资金1.39亿元,向造林主体兑付资金9222万元。加快推进2014年度农业综合开发项目前期工作,全市实施土地治理项目5个,计划建设任务3.98万亩,项目总投资4815万元。扎实做好一事一议财政奖补民生工程工作,全年四县一区审批一事一议项目479个,项目投资1.18亿元,各级财政奖补7697万元。安排专项资金1.6亿元,用于58个美好乡村示范点建设。

【加强财政监督和会计管理】积极开展《安徽省财政监督条例》系列宣传、学习和贯彻活动,对10户事业单位年报审计鉴证和52户行政事业单位开展会计信息质量检查工作;建设省市县三级财政涉企项目资金管理系统,建立涉企资金从入口(申报)到出口(使用)全程动态监控机制,在实现2014年各类涉企项目资金全部上线运行的基础上,同时完成2010—2013年的涉企项目资金历史数据的补充录入工作。继续推动企业会计准则在全市非上市大中型企业的贯彻落实,有序推进《行政事业单位内部控制规范》平稳实施,圆满完成本市高级会计师、全国注册会计师、全国会计专业技术资格考试及全省会计从业资格考试;进一步完善市直单位财务核算代理,提升财务服务工作水平。

【深化国有资产改革管理】加强国企管理和改革工作,研究制定市属国有企业重组整合、股权转让和清算注销方案,严格审计评估等程序,避免国有资产流失;按照管养分离的原则,积极推进市园林管理处、市政工程处改革;开展2013年度国企经营业绩考核和2014年度考核指标核定工作,将考核结果与绩效工资挂钩;核定市属国有企业人员编制控制数,新录员工一律实行公开招聘;开展党政干部在企业兼任职清理工作,落实国有企业新任主要负责人谈话制度;积极稳妥推进解决本市国有企业职教幼教等教育机构退休教师待遇工作;督促企业及时足额上缴年度国有资本经营收益,认真开展国有企业棚户区改造调查摸底工作。规范行政事业单位资产日常管理,对34户行政事业单位办理固定资产处置审批核销,金额1049万元;拍卖户外广告位4块,拍卖价格210万元,溢价65%。加大空置房屋调配力度,对123个独立办公区域市直行政事业单位进行综合调配,实现资源的有效整合和节约利用。

【加强部门会商和县区财政帮联工作】出台《芜湖市财政局关于深化帮联工作的通知》,深化预算单位工作会商制度,实行帮联工作常态化。全市财政系统开展会商5925次,对外会商3914次,对内会商2011次,对外会商解决问题数3457个,对内会商解决问题数1722个。开展集中走访调研活动,开展帮联调研10次,财政局领导班子成员带领分管科室组成七个调研组,深入县区和预算单位开展重点工作调研,形成6篇解决问题、指导工作的调研报告。开展"双联系、双服务、双提升"专项行动,财政局领导班子带领机关各支部深入"双联系"村(社区)进行集中走访,并形成专题调研报告上报市"双联办"。

【抓好教育实践活动和党风廉政建设】在市委第四督导组指导下,认真制定教育实践活动实施方案,确立"为民理财谋发展,务实清廉惠民生"财政教育实践活动主题。扎实抓好学习讨论活动,提交交流文章。广泛开展“财政干部为民服务观”专题研讨和“科学理财献计策”征集活动,组织全局党员干部参加先进事迹报告会,参观王稼祥纪念馆,观看电影《焦裕禄》,开展“三严三实”学习教育和“党组书记讲党课”主题活动。坚持学习教育与公开承诺相结合,对外发布《财政局党组反对“四风”加强作风建设作出五项公开承诺》,围绕“一岗双责”抓好监督落实,强化局党组主体责任”;制定《芜湖市财政局巡视工作制度》,对全市财政系统作风建设情况定期开展巡察。推进惩防体系建设,促进财政工作安全、财政队伍安全;制定《芜湖市财政局工作人员廉洁从政若干规定》《芜湖市财政局廉政谈话制度》等廉政制度,加强权力规范和制约。结合党的群众路线教育实践活动认真开展“双联系”活动,通过近三年联系帮扶,联系村发展意识明显增强,困难户的基本生活得到保障,财政部门与基层关系不断密切。

(芜湖市财政局供稿)

镜湖区财政工作概述

【概况】2014 年,在调结构、促转型,适应经济新常态的宏观经济形势下,镜湖区财税部门面对经济下行趋势明显和财政收入严峻的困难局面,紧密配合,努力克服种种困难,全年实现财政收入 43.95 亿元,与上年持平。其中:中央收入完成 19.34 亿元,增长 24.75%,增收 3.84 亿元,占比 44%;地方收入完成 24.61 亿元,下降 12.78%,减收 3.61 亿元,占比 56%。全区实现一般预算支出完成 18.27 亿元,较上年同期减支 3.36 亿元,下降 15.53%。

【多方稳定收入基础】面对房地产行业下滑、传统商贸业发展遭遇瓶颈、总部经济高位增长难以维系以及现代服务业等行业发展尚不成熟等困难,区财政直面收入压力,积极协调各方面,保证收入任务的完成。一是加强对各级财税政策的研究,落实积极的财政政策,增强消费对经济发展的拉动作用。二是及时与税收征管部门对接,强化征管,做好重点税源的征收工作。发挥基层协护税人员作用,征缴零散税收,做到应收尽收。三是强化财政服务职能,运用多种手段,扶持引导优势产业发展壮大,进一步培植现代服务业等符合本区经济发展方向的产业发展,不断提高财源质量,确保经济平稳健康发展。

【坚持优化支出结构】按照阳光财政和打造服务型政府的要求,坚持厉行节约、有保有压的原则,不断优化支出结构。一是进一步压缩一般性支出,严格控制“三公”经费规模,2014 年,全区三公经费支出 1892 万元,同比下降 26.9%。二是根据区级可用财力,加强民生保障力度,提高民生资金使用效益。三是保障重点项目建设,对资金拨付的各个环节严格把关,做好资金使用情况监督检查,确保资金使用到位。四是加快涉企资金兑付,支持引导企业发展。积极与各行业主管部门对接,对符合文件要求的企业,及时拨付相关资金,全年共拨付产业引导资金 3.23 亿元。

【不断加强债务监管】根据《芜湖市人民政府关于加强政府性债务管理的意见》(芜政〔2014〕14号)等文件精神,不断加强政府性债务管理。年初制定年度举债计划,通过举借申报程序控制新增债务,采取有效措施及时关注举债单位债务借、用、还情况;建立债务规模滚动控制模型,测算未来三年内应还本付息金额,努力将债务规模控制在合理范围内,逐步建立债务风险预警化解机制和考核问责机制。同时将政府债务分门别类纳入全口径预算管理,完成全区政府性债务清理甄别工作。

【民生保障持续发力】全年共实施 20 项民生工程,投入资金 4.75 亿元。其中城乡居民养老保险参保 2.5 万人,城镇居民医保参保 20 万人。发放医疗救助资金 1492 万元,救助 4259 人次。建立城镇居民大病保险制度,基金支出 146 万元。发放高龄补贴 571 万元。免费开放镜湖区图书馆和文化馆,开展一系列文化惠民活动。2014 年城镇常住居民人均可支配收入达到 30271 元,增长 9.5%。在做好民生工程实施的同时,探索建立民生工程监管长效机制,加强对建后民生工程的后续管养。

【调整中心(街道)财税体制】根据区、中心(街道)两级的财政税收管理体系运行情况,为进一步挖掘税收增长潜力,调动各公共服务中心(街道)自主理财积极性,增强服务经济发展意识。区财政在进行了充分的资料收集和可行性讨论后,出台《关于调整区与公共服务中心(街道)财政税收管理体制的方案》,使中心(街道)的财权事权更为匹配,征税的积极性、主动性显著提高。

【切实完善制度建设】学习贯彻新《预算法》,深化预算管理制度改革,增强预算编制的完整性和全面性。优化财政支出结构,提高财政支出绩效,积极推进预算公开,加强专项资金使用监管和结转结余资金管理;出台《镜湖区机关差旅费管理办法》《镜湖区机关接待经费管理暂行办法》《镜湖区机关会议费管理暂行办法》《镜湖区2014年度政府集中采购目录及限额标准》,严格执行财务管理各项规定,进一步规范资金使用监管;加强对国有企业、国有资产的监管,提高国有资产使用效益。

(镜湖区财政局供稿)

鸠江区财政工作概述

【概况】2014年,全区财政收入完成30.58亿元,增长24.3%,为预算的110.4%。其中:地方财政收入20.3亿元,增长24.7%,完成预算的110.9%,全区公共财政预算支出20.26亿元,增长21.1%。

【推动区域经济全面发展】一是统筹资金支持产业升级。坚持创新驱动,推动科技创新、体制创新,不断优化发展环境,统筹资金8588万元,加快大龙湾片区、高新产业集聚区、开发区北区等载体建设,大力拓展产业发展空间,优化环境,推动产业集聚高效发展。二是落实发展政策促进经济转型。统筹安排各项产业发展资金4亿元,服务企业发展。安排科技创新资金2169万元,重点用于落实提升科技创新能力,支持重点技术改造和技术创新项目建设,推进科技创新;安排文化产业专项资金2479万元,重点支持广告产业园建设和文化产业升级;安排现代服务业引导资金2.01亿元,重点支持集装箱物流、服务业集聚区建设、促进旅游业发展等;安排人才专项资金374万元,主要用于引进创新创业领军人才、产业振兴“千名人才计划”、高校毕业生购房安家补助等;继续开展企业股权和分红激励试点工作,3户企业正式上报激励实施方案;继续做好试点行业“营改增”工作,落实营改增企业扶持专项资金397万元,减轻企业负担。三是坚持依法征管促进财政增收。面对复杂多变的区域经济形势,加强财税形势预研预判,进一步完善同国、地税相关部门的沟通协调机制,促进依法征收,应收尽收。在房地产业税收整体下滑的形势下,实现全区财政收入平稳增长。收入总量、增幅分别居全市四县六区第5位、第3位;税收比重达到95.1%,2014年地方公共财政预算收入实现20.3亿元,为区域经济发展提供财力保障。

【确保民生惠及广大群众】一是优化支出结构全力保障民生,将更多的资金投向民生领域,着力提高民生支出占公共财政支出比重。统筹安排资金3.2亿元,全力保障21项民生工程顺利推进。二是优先保障教育发展,进一步整合教育资源、规范和改善办学条件。统筹安排资金2650万元,用于江北教学楼新建和教学设施改造,促进教育资源均衡;安排资金1205万元,支持教育信息化建设;安排资金3050万元,用于提高义务教育经费保障;安排资金470万元,用于促进学前教育发展。三是大力支持社会保障促进社会就业。统筹资金8620万元,用于提高城乡居民最低生活保障、城乡养老保障、医疗救助和生活无着人员生活救助等;安排资金727万元,支持养老服务体系建设,主要用于五保供养、居家养老、高龄补贴和敬老院、日间照料中心建设;安排资金385万元,用于发放“老字号”群体补贴;安排残疾人补助443万元,大力支持残疾人就业、积极帮助残疾人康复,保障困难残疾人正常生活;兑现创业富民扶持资金630万元,推动创业带动就业。四是全力促进各项事业发展。安排医疗卫生资金3021万元,主要用于基层医疗机构改革、改善医疗条件和重大公共卫生保障等;安排文化事业发展资金2735万元,完善公共文化服务体系建设,主要用于公共文化设施免费开放、惠民演出、文化产业扶持、全民健身工程、体育场馆维修改造等;安排资金2986万元,支持村级“一事一议”和社区建设等;多渠道筹集资金2.86亿元,用于市区棚户区改造,改善棚户区居民居住环境。

【加快推进城乡一体化进程】一是保障重点需要,完善农村基础设施,加快城镇化进程。统筹安排专项资金6882万元,重点用于城乡道路建设、农村公路建设养护、农村公路安保工程、牛屯河水利建设工程等;安排2.84亿元,用于城乡基础设施维护、集镇美化亮化等;安排生态环境建设资金1827万元,重点用于综合环境整治、新能源汽车推广应用、农作物秸秆禁烧奖补、江北公交补贴等;安排资金1939万元,用于9个美好乡村示范点建设和“三线三边”环境治理。二是支持现代农业发展,促进农民增收。安排资金2000万元,扶持都市农业发展,用于农业招大引强,扶优扶强、特色农业开发等;安排支农资金1500万元,用于农田水利改造和小型水利改造提升;安排专项资金1000元,继续实施千万亩森林增长工程。

【保障区划调整顺利过渡】一是及时调整支出,保障供给。安排资金9600万元,用于保障区划调整白茆镇机关、教育、卫生、水利等人员、民生社保和运转支出等;及时调度资金3918万元,用于及时兑现区划调整后各类人员保障和困难群体救助,确保区划调整平稳过渡。二是统筹资金,推动发展。安排1100万元,主要用于白茆镇老街改造、新街整治、危桥改造、渡口改及市容综合治理支出,加快改变镇容镇貌。统筹资金1000万元,用于支持白茆都市示范区建设。三是克服困难,维护稳定。筹措资金2000万元,用于解决区划调整农村集体被征地农户补偿;统筹安排资金1482万元支付区划调整遗留工程欠款,维护社会稳定。

【着力推进财政重点改革】一是积极推进预决算信息公开。全区各级财政及预算单位2014年度财政预算、部门预算及“三公”经费预算以及2013年度财政决算、部门决算及“三公”经费决算信息全部向社会公开。出台《鸠江区公共资源交易管理的若干规定》《关于差旅费管理补充规定的通知》等财政支出管理措施,进一步规范采购和公务消费行为,降低行政运行成本。二是建立财政资金结余定期清理机制,盘活财政存量资金,清理收回预算单位以前年度结余资金5100万元统筹安排,进一步提高财政资金使用效益。三是完成政府存量债务清理甄别工作,建立区级偿债基金,防范地方政府性债务风险。清理财政资金6.98亿元,用于支持区重点工程建设,消化融资平台政府性投资项目债务。四是推动财政国库集中支付方式和公务卡结算制度改革,进一步规范公务支出,加强财政监督,防范财政资金风险。积极开展公务卡试点工作,降低现金支付比例,提高公务支出透明度。截至当年底,成功办理公务卡105张,公务卡消费78笔计11.4万元。

(鸠江区财政局供稿　焦朝凤、孙正)

弋江区财政工作概述

【概况】2014年,全区财政收入完成28.74亿元,同比增长8.4%。全区财政支出完成13.8亿元,同比下降3.6%。

【加强纳税服务】积极应对房地产市场低迷税收整体下滑的严峻形势,定期召开财税协调会,加强财政收入形势分析、研判和预测工作。坚持依法征管,充分发挥涉税信息平台作用,开展税收专项检查、纳税评估以及随征税费比对征缴工作,促进依法征收,应收尽收。积极推进“一企一组一策”、落实“347”服务体系和网格化服务机制,实行领导联系帮扶,全力支持实体经济发展。重点做好房地产、工业、三产行业的纳税大户跟踪服务,建立季度报表制度,及时了解生产情况、税收情况,促进企业按章纳税。及时兑现营改增试点改革过渡性财政扶持政策资金,做好“营改增”企业服务工作。

【推动转型升级】加大资金投入,积极支持高新区截污纳管环保项目、“三线三边”治理工程、农田水系整治工程等重点工程建设。同时,重点支持中小企业创业园、院士工作站和孵化器建设,努力打造园区服务功能,着力提升高新区品质。加大招商引资力度,贯彻首位产业首位发展精神,重点支持首位产业、战略性新兴产业和服务外包业发展,出台支持企业上市政策,积极推行股权分红激励试点。切实贯彻落实省市关于促进经济平稳较快发展的各项扶持政策和结构性减税等财税优惠政策,加快企业奖补审核进度,畅通资金兑付渠道,及时拨付各类奖补资金,支持企业转型发展。

【推进民生工程】扎实推进民生工程,突出建章立制,强化资金保障,抓好政策宣传,加速项目建设,2014年全区19项民生工程全面完成目标任务,民生工程投入8.4亿元。在学有所教上,推进义务教育经费保障机制改革,全年补助城乡义务教育公用经费566.3万元,补助城市义务教育免除学杂费资金848.2万元,向城乡义务教育阶段学生免费提供国家课程教科书549万元。乒乓球馆、室外羽毛球场、多功能活动厅等场馆均免费对外开放。建成2个公共电子阅览室并对外免费开放。20个农家书屋更新出版物4410册。在老有所养上，城乡居民社会养老保险全年完成参保人数24818人，参续保率92.6%，发放60周岁以上人员养老金1998.9万元。建成5座日间照料中心并投入使用。在病有所医上，城乡医疗救助，救助困难群众2925人次，救助金额1124.7万元；城镇居民大病保险，全年共1908人次享受大病报销，报销医疗费用198.3万元；城镇居民基本医疗保险，实际基金支付政策范围内住院费用6032万元，支付比例达70.3%；为50名白内障患者进行手术；救助艾滋病病人34人，贫困结核病病人40人；为1712人发放贫困残疾人生活救助222.2万元，为263名贫困精神残疾人发放药费补助26.3万元。在劳有所得上，全年培训企业新就业员工、城镇下岗失业人员和失地农民894人；收集460个岗位用于安置就业困难人员就业；安排60名高校毕业生到基层特定岗位工作。发挥国家级高新区产业转型升级、高教园区人才集聚的优势，科技创业、青年创业、全民创业工作全面推开，开辟了新的就业增长点，推动更好质量就业。在住有所居上，积极推进保障性安居工程建设，建成保障性住房3080套；大力实施棚户区改造，完成棚改房项目1443套。完善人居环境，扩挖88口塘坝，清淤4条沟渠。

【加强债务管理】把控制和化解政府债务风险作为财政工作的重要内容，按照省市债务管理要求，规范政府性债务管理，努力保持债务规模适度、可控，着力防范政府性债务风险。一是修改完善债务系统数据。根据省市要求，对全区债务系统数据进行完善。二是全面摸清全口径债务规模。对全区政府性债务进行全面清理摸底，准确掌握全区债务情况，做到通盘考虑。三是制定2014年债务计划和债务化解方案，强化债务工作的计划性和化债工作的切实可行性。四是按照债务管理规定规范政府性债务举债审批程序，有效控制债务规模和融资成本，切实加强债务资金管理，最大限度地发挥债务资金使用效益。五是按照《国务院关于进一步加强地方政府性债务管理的意见》要求做好地方存量债务甄别和纳入预算管理工作。

【推进财政改革】强化财政监督，深入推进财政各项改革，建立健全预算编制、执行和监督相互制约、相互协调的财政运行机制。加大《安徽财政监督条例》的执行力度，制定《弋江区产业发展扶持资金使用管理暂行办法》，保障政府性资金安全高效规范有效使用。加快支出进度，积极开展预算会商，严格预算执行，严格控制预算追加。制定《弋江区财政资金结余结转管理办法》，对区直部门财政结余结转资金开展清理回收。压缩一般性支出，严格控制“三公”经费。依据相关规定出台《弋江区关于进一步加强公务接待工作暂行规定》和《弋江区区直机关差旅费管理办法》。继续压减公务费预算，对定额公务费和车辆运行费按5%进行压缩。完善预算体系，首次将高新区部门预算纳入全区公共预算范围。稳步推进部门预算和“三公”经费预算公开。坚持依法合规、积极稳妥、真实易懂的原则，积极开展2014年部门预算和“三公”经费预算公开。积极做好财政涉企项目资金管理信息系统的推广实施工作。

【盘活存量资产】规范国资管理工作，按照《弋江区经营性国有资产监督管理办法》和《弋江区国有企业股权投资监督管理规定》的要求，不断推进全区国有资产管理制度化、规范化。积极盘活国有存量资产，对闲置国有经营性房产进行公开拍卖，取得收入9600万元。积极利用国有投资平台，为中小企业融资担保提供服务，研究制定《关于印发弋江区小企业助保贷业务管理暂行办法》，千方百计帮助中小企业融资，缓解中小企业融资困难。

(弋江区财政局供稿)

三山区财政工作概述

【概况】2014年，三山区财政一般预算收入完成15.71亿元，为预算的104.49%，比上年增长29.2%。其中：中央收入7.27亿元(含出口退税)，为预算的100.05%，比上年增长39.2%；地方收入8.44亿元，为预算的108.64%，比上年增长21.67%。一般预算支出完成8.02亿元，为预算的124.69%，比上年增长18.03%。

【创新税收征管】全区公共财政预算收入突破15亿元大关。一是拓宽财政增收渠道。进一步完善与税务部门的会商制度，全方位确保零散税收的征缴，全同时加强对土地资源的管理，切实抓好项目建设等机遇型税源征收工作。二是保持主体税种较快增长。全区公共财政预算收入中税收收入完成15.39亿元，同比增收3.45亿元，增长28.9%。税收收入占财政收入比重达97.9%。主体税种的快速增长，有力支撑地方税收收入稳定增长，拉动公共财政预算收入的持续强劲增长。

【保障民生投入】全年实施19项民生工程，涉及责任单位13个，安排财政公共预算资金1.52亿元。按时完成各项目实施和经费投入。用于保障房、棚户区改造和农村危房改造项目6192万元；安排1440万元改造提升小型农田水利设施，完成90处涵闸、塘坝、河沟和末级渠系的修建改造任务；为全区3426人发放高龄补贴144.9万元；为442名三级残疾人发放特别救助金195万元；配套安排40万元支持农户参加政策性农业保险；全年发放36名孤儿生活费22.95万元；城乡医疗救助对象1603人，发放救助金1051万元；向全区中小学生免费提供国家课程教科书和作业本春秋两季各12370套，义务教育经费保障机制拨付中小学公用经费1005万元；农村文化建设稳步推进，拨付25万元用于送电影、送戏下乡以及举办各种形式的社区文体活动；安排专项资金5万元，对全区农家书屋进行维护管养；居民医保目前已办理参保登记约15.7万人；城乡居民养老保险目前已参保 5.1万人。全年共发放良种补贴资金139万元、粮食直补资金210万元、农资综合补贴资金540万元，农机购置补贴资金55万元，惠及全区5.2万农户。

【推进改革创新】努力推进财政改革，实施创新驱动，不断健全管理制度，完善运行机制，推进科学化、精细化管理。2014年上半年首次全面公开财政及部门预决算和“三公”经费预决算，接受社会监督，按时完成任务，取得良好效果。下半年正式启动国库集中支付改革试运行，网络平台搭建成功，顺利完成数笔支付业务，为下年全面实施打下坚实基础。为全面反映政府资产负债情况，开展权责发生制政府综合财务报告试编工作，熟悉和掌握相关业务技术，完善财政报告体系。

（三山区财政局供稿　柯莹）

安徽省江北产业集中区财政工作概述

【概况】2014年，省江北集中区实现财政收入8.76亿元，占预算的199%，较上年增长99%。其中：地方一般预算收入完成5.09亿元，较上年增长155%，上划中央收入完成3.66亿元，增长53%。一般预算支出完成9.51亿元，增长36%。

【产城一体化快速发展】截至当年底，省江北集中区累计完成全社会固定资产投资230.3亿元。其中，产业类157.1亿元，基础设施类73.2亿元；引进外资企业9家，实际利用外资1.25亿美元；累计注册企业316家，注册资本金153.7亿元。累计入园产业项目56个，总投资规模565.91亿元，其中，在建5亿元以上产业项目25个，总投资214亿元。在入园56个产业项目中，初步形成汽车及高端装备制造、新能源新材料、电子信息、健康产业及现代服务业产业格局。全年完成固定资产投资124.7亿元，同比增长72%，完成年度目标任务的104%。其中，产业类96.3亿元，基础设施类28.4亿元。实际利用外资9661万美元，完成年度目标任务的151%；到位内资155.2亿元，完成年度目标任务的120.3%。新注册企业122家，注册资本金53.8亿元，完成年度目标任务的201.6%。海创CCA节能板材、安飞LED显示屏、华纳包装、联成锅炉、金山港公用码头、异果森林等8个项目投产运营。

【加快基础设施建设】一是立足主城定位，按照产城一体化发展思路，完成集中区新一轮总体规划编制工作，并通过省规委会审查；集中区控制性详细规划编制完成。二是完善起步区北区基础设施。北区20平方公里区域内市政路网基本建成，道路总里程68公里。日供水3万吨自来水厂和日处理3万吨污水处理厂投入使用，新建、改建2座110kv高压变电站，天然气门站及配套管网基本建成，并实现撬车供气，通讯管网基本建成。三是有序推进向南扩区，征地拆迁、基础设施、公共配套、产业项目入驻“立体交叉、同步推进”。江北大道、江北八路建设全面加快。通江大道北延线项目开工建设。公租房、食堂、超市等南区综合配套项目即将开工,全年南区共完成基础设施投资4.6亿元。亿丰伟业新型包装产业园、三卓韩一生物科技等项目已布局南区。

【完善公共配套设施】设立集中区科技孵化器和大学生、留学生创业园,为入园企业提供科技研发、人才培训等配套服务,促进大学生、留学生创新创业。建设集中区人力资源市场服务大厅,开展市场化用工服务。举办“校企合作江北行”活动,推动校企联动,深化校企合作。市政务服务中心江北分中心已经运行。完善生活配套服务,区内公交开通运行,公共食堂全面投入使用,宝能商务酒店元月份开业,城市家具、超市、健身房、图书屋、药房、网络等生活配套设施基本具备,基本满足入园员工“吃、住、行、购、乐”需求。总建筑面积65.87万平方米、5630套安置房加快建设,1466套安置房已经交付使用,剩余将于2015年内全部交付。1388套公租房一期全面建成并交付使用,15家企业职工入住,公租房二期正在加快建设。区内垃圾中转站、特勤消防站、天和苑小学基本建成。天门山公园提升工程加快建设,园区净化、绿化、亮化、美化工程同步推进,新城品质显著提升。

(江北集中区财金部供稿　王翔)

芜湖经济技术开发区财政工作概述

【概况】2014年,全区本级预算总收入完成63.17亿元,完成预算105.49%,比上年同期增长18.5%,其中地方预算收入完成28.48亿元,较上年同期增长10.2%。

【努力组织财政收入】积极应对外部经济严峻的不利局面,财政部门根据收入形势,及时调整收入计划。密切与国、地税及市财政部门沟通,关注区内企业税收级次状况,累计申请调整经开区级次企业32户,调整税收3030万元。掌握营业税改征增值税后企业税负变化情况,了解税改财力增减情况,深入企业调研,有序开展主辅分离工作,完成芜湖市汽车产业技术研究院有限公司等6户企业主辅分离工作。加强土地出让金的征缴和催收,督促企业按时付款。全年共征缴土地出让金10.5亿元。

【完善财政管理体制】全面完成2013年体制结算财政总决算和部门决算编制工作,继续推进预算编制改革,科学系统化地编制2015年财政收支预算。细化部门预算,规范部门收支行为,逐步达到“有预算才能支出,无预算不能支出”的良好局面。根据全市部署,分别于4月和8月公开2014年经开区部门预算和2013年部门决算。开展权责发生制政府综合财务报告试编工作,从财政经济的全局反映和分析政府整体财务状况。联系对接市财政有关科室开展财政帮联工作,做好财政各项事务的会商工作,建立记录台账。根据省市国有资产管理文件精神,于下半年在全区开展经开区国有资产产权登记工作,进一步明确各单位产权关系、权利和责任。制定《芜湖经济技术开发区财政国库集中支付改革方案》,通过邀请招标的方式选定中国银行芜湖分行为国库集中支付业务代理银行,12月10日国库集中支付业务及时、平稳上线。积极开展购买服务探索,在公共领域更多利用社会力量,引入市场竞争机制。提高公务支出透明度,启动经开区预算单位公务卡管理制度。贯彻落实中央八项规定,严格执行芜湖市制定的接待经费、节庆、会议等各项活动经费及差旅费等公务支出管理制度,着力加强“三公”经费管理,降低行政成本。

【优化财政资金管理】全面清理各类财政专户,盘活各类存量资金。建立财政资金周报制度,盘活政府性间隙资金,全年实现财政、建投间隙资金理财收益及委托贷款利息收入1156.9万元。按程序退出达辉生物科技有限公司股份,出售转让融通担保、美的小贷公司股权,收回新马投资有限公司委托贷款5亿元,东旭光电委托贷款3.6亿元。规范经营性房产管理收入,全年实现租金收入198万元,对伟翔综合楼残值进行处置,处置款项23万元。完成土地收购8宗,总面积为2607.95亩,分别是博耐尔80.3亩、华诚科技30亩、瑞精机床6.69亩、世特瑞46.66亩、奇瑞2376.08亩、中星1.75亩、晟志62.31亩、绿宝木业41.6亩土地收储;启动日立、中星、卫岗乳业的资产评估工作。

【积极筹措争取资金】积极落实土地办证工作,以划拨转出让方式共办理23宗地土地证,总面积1735.07亩，累计缴纳土地出让金7.97亿元，将款项绝大部分扣除上交省级财政相关税费后返还至经开区。在债务管理日渐趋紧的情况下，多方筹资下柜贷款19.87亿元，申报及待下款贷款近20亿元。15亿元企业债已报省发改委审核，中期票据和短期融资券已上报银行间交易商协会。积极开展商业用地土地出让工作，全年共出让商业用地2宗300.97亩，土地出让金2.44亿元。积极向上争取资金，获2014年国家经济技术开发区基础设施项目贷款财政贴息3342万元；获棚户区中央及省补助资金2214万元；掌握土地报批补偿准备金缴纳和省城镇建设用地批复情况，争取市土地补偿准备金返还11679万元；争取到天门山污水处理厂污水处理费分级承担资金600万元。积极谋划2014年底的财政贴息申报工作。向市财政申请2012年、2013年中星汽车等三户企业契税收入混库财力补助357万元，申请2013年中山科技、瑞海机电等十户企业国税收入混库财力补助200万元，申请城镇居民基本医疗保险基金风险调剂金补助171万元。

【全力扶持企业发展】积极宣传、落实各类企业奖励政策，全年拨付各类企业奖补资金达14亿元。继续推动土地使用税调标及奖励工作，全年兑现2013年土地使用税奖励清算资金10604.94万元，拨付2014年土地使用税预奖励资金1740.79万元。关注各项企业补助政策，获中央、省、市各类企业补助资金34379.2万元。根据《芜湖市人民政府办公室关于调整全市支持经济发展奖补政策资金兑付流程的通知》(芜政办〔2013〕19号)，审核拨付市定政策2875.72万元，向市财政争取市级承担资金1150.28万元。配合推荐长信科技、宏景电子等2户企业申报安徽省技术创新示范企业；推荐奇瑞汽车、天能电池、三安光电、国风塑胶、双源管业、万华塑料、美的厨卫、威灵电机等8户企业申报节能与资源综合利用财政专项资金；推荐恒美电热器具、国风塑胶、宏景电子、通和汽车等4户企业申报2014年省专精特新中小企业。确定5户拟试点企业，天能电池、欧宝机电、长信科技等3户试点企业实施方案上报市财政备案。

【积极构建和谐经开区】实施2014年经开区16项民生工程，规范补助程序，提高工程建设水平，全年投入各类资金4.55亿元，完善民生工程领导管理机制和各项工作制度，成立民生工程宣传小分队，结合群众路线实践教育活动，深入社区宣传民生政策，聘请民生工程监督员，建立完善民生项目后续管养制度，切实发挥民生资金效用。继续以高标准实施政策性农业保险，全年承保面积3.12万亩，区级承担保费4.13万元，完成承保任务。按照“五个一”标准实施惠民直达工程，开展惠民项目网上发放情况调查，严格惠民资金审查，共核减惠民项目人数86人，年节省资金22342元。部署开展2014年收入倍增规划，协调统计局芜湖调查队做好城乡人均可支配收入入户调查工作，注重样本点选择，确保统计数据完整准确。协调配合公积金管理中心做好2014年度公积金提标扩面工作，先后前往德豪润达等数家企业上门宣传政策，全面完成6300人的目标任务。按照市级政策审核2014年购房安家补助280.87万元，享受户数130户，享受人数132人。

【加强财政监督力度】全面配合市审计局完成2013年度财政预算收支执行审计，并做好审计服务和审计意见反馈等各项审计检查工作。配合市审计局对2013年度保障性安居工程投资、建设、分配、运营等情况进行审计。继续开展政府性投资项目竣工决算的审计工作。严肃财经纪律和治理“小金库”，要求各预算单位按时间节点和阶段认真组织自查，复查、做到不走过场、全面覆盖。配合审计署西安特派顺利办完成全国土地专项审计工作，主要对土地出让金的征收、管理和使用情况进行自查，对自查发现的问题，分门别类进行分析，有针对性地提出整改意见，做好审计过程中资料的收集、解释工作。根据权清办要求，梳理出行政权力30项，经自查清理后，拟保留行政权力7项；合并行政权力18项；取消行政权力7项。加强非银行金融机构监管，开展2014年度融资性担保公司和小额贷款公司现场检查，退出融通担保和美的小贷的建投持有股份，有效防范金融风险。

【努力推进招商引财】立足财政职责和财税优势做好已落户项目服务，配合其他招商部门做好项目引进工作，协调解决项目落户过程中所产生的税务、土地、融资等问题。全年完成一批金融类项目增资和贸易服务类项目。芜湖生福小额贷款有限公司、芜湖盐业小额贷款有限公司共计增资1.2亿元；引进芜湖志诚商贸有限公司、武汉实为咨询有限公司芜湖分公司、武汉中科通达高新技术服务有限公司芜湖分公司、芜湖弛泓科技有限公司、芜湖杰冠商贸有限公司、安徽华忠产品销售有限公司、安徽炜强钢结构有限责任公司、芜湖市舜阳管件有限公司等企业引进资金9488万元。芜湖隆耀贸易有限公司和芜湖福马汽车零部件有限公司作为服务外包企业，分别完成税收超200万元。协助华宇彩晶、蓝孚电子、天中涂层、东旭玻璃等企业做好融资工作，完成担保贷款7090万元。配合招商一局完成外资招商任务，配合招商三局做好中兴通讯落地土地回收、补助工作；配合完成邑迈广告、德昌光电大项目税收入库工作。

（芜湖经开区财政局供稿　徐正伟）

芜湖长江大桥综合经济开发区财政工作概述

【概况】2014年，大桥开发区积极作为，圆满完成财政各项任务。

【加强预算管理】严格预算编制，强化预算执行。强化征管，确保收入预算实现。强化资金调度和资金支付审核，既保证资金正常供应，防止损失浪费的发生。严格对照中央省有关文件精神，加强费用控制，做好“三公”经费公示、上报等工作，接受各界监督。

【做好政府性债务管理工作】建立区债务管理组织机构，制定政府性债务化解办法，做好政府性债务的清理和甄别工作，摸清政府性债务的底数，严格按照国家、省、市政府性债务管理规定，确保贷款程序规范、举债成本合规。

【支持民生工程建设】积极开展融资和资金调度工作，完成1300户棚户区改造任务，完成30户的危房改造，高安中心敬老院主体工程与附属楼已全面竣工。

【规范招投标管理】严格招投标管理，完善招投标制度。规范评标行为，评标标准杜绝人为因素，并全过程录音，接受监督。通过招标行为，节约大量资金，确保政府采购项目公平公正进行。

（芜湖大桥开发区财政局供稿）

无为县财政工作概述

【概况】2014年，无为县主动理财，积极作为，财政各项工作完美收官。全县财政收入完成29.52亿元，较上年增收1.91亿元，增长8%。全县实现财政支出45.73亿元，增长4.3%。

【强化收入征管】围绕全年收入目标任务，针对电线电缆等主体税源持续下滑、财政收入一直低迷的局面，密切关注、认真研究财政经济运行态势，及时把握财政改革重点、力度和节奏，依法组织财政收入，强化收入征管措施，按月通报征管部门和乡镇收入进度，根据收入形势，定期召开协调会，解决组织收入中遇到的困难和问题。密切加强与国地税征管部门协作，及时调整土地使用税税额标准，确保应收尽收。修订完善乡镇财政收入考核办法，调动乡镇组织收入积极性。发挥财政职能，强化非税收入征管，加大清缴力度，确保应收尽收，做大做强财政收入“蛋糕”。

【保障经济发展】适应经济发展新常态，妥善处理财政与经济的关系，积极向上争取地方政府转贷资金1.42亿元，保障县域重点项目建设，扶持培育财源。预算内统筹资金2.19亿元，支持经济发展和财税政策落实，促进结构调整和产业升级。继续投入3450万元，设立民营经济发展专项基金和创业富民基金，提升企业融资能力。兑现金融机构奖励资金285万元，促进县域金融机构进一步发展。投资3157万元，实施石涧中低产田改造等项目建设。

【统筹发展民生】坚持改善民生，提升群众幸福指数，及时足额兑现行政事业人员工资和“老字号”群体生活补助。安排社保基金7.17亿元，解决城乡居民医疗、养老等问题。投入17.49亿元，全面实施33项民生工程，有效缓解广大群众“生活难、看病难、上学难、出行难”等问题。及时调度资金3100万元，保障616户渔民上岸安居工程建设资金需求；拨付保障性住房资金3949万元，推进保障性安居工程建设，困难弱势群体的居住环境明显改善。落实义务教育保障经费8890万元，推进义务教育均衡发展。筹措资金8032万元，支持义务教育薄弱学校维修改造和学前教育发展。投入1.2亿元,不断深化基层医药卫生体制改革。筹措资金6639万元,实施"一事一议"财政奖补项目276个。投资1.07亿元,支持22个美好乡村中心村建设;整合扶贫、林业、一事一议等项目资金1435万元,用于美好乡村项目点工程。

【稳步推进改革】围绕财政职能抓改革,突出重点领域抓改革,全面提高财政管理水平。一是深化预算改革。进一步修订完善预算定额标准体系,预算编制更加科学合理。加快推进预算信息公开,全县69个一级县直单位部门预决算和"三公"经费按时全面公开,预算信息进一步公开透明。二是积极盘活存量资金。出台结余结转资金管理办法,收回部门单位年度结余6120万元,用于平衡预算;开展专项资金及往来款清理,收回财政资金2.58亿元;继续挖掘财政资金保值增值潜力,全年财政利息收入达5000万元。三是加强专项资金管理。出台专项资金管理办法,加强专项资金申报、拨付、使用等环节监督管理,进一步明确乡镇政府、县直单位和财政部门工作职责,努力促进专项资金申报审批、项目承诺、责任清单等制度的落实;完善专项资金操作规程,对专项资金报账程序和会计核算进一步统一。四是严格政府债务管理。出台政府性债务管理系列制度,从制度上规范政府举债行为。五是积极推进政府购买服务。出台政府向社会力量购买服务实施办法,投入2080万元,对城市环卫清扫、园林绿化维护等公共性、公益性项目实行政府购买服务。此外,安排3000万元专项资金,扎实推进农村综合改革工作,农村土地确权试点工作取得阶段性成果。

【规范监督管理】落实包村干部监管专项资金责任,发挥乡镇干部一线监管、一线服务作用。加强涉企系统平台建设,对项目申报进行比对筛查,防止多头申报、虚假申报财政资金行为。利用GPS定位手段,对"一事一议"奖补项目、涉农补贴面积开展抽查。引进社会中介机构,对276个"一事一议"项目实现全覆盖审计。建立绩效评价指标体系,对33项民生工程全面开展绩效评价,加强资金跟踪问效。组织开展"小金库"专项治理工作,切实维护财经纪律。

【加强队伍建设】强化大局意识,树立财政"一盘棋";增强履职能力,做到守岗有责,在岗尽责。一是加强作风建设。以党的群众路线教育实践活动为契机,以"三项评议"为载体,全县财政干部深入基层、深入部门开展"双联系"和"会商办预算"活动,在一线了解情况、调查研究、对接会商,畅通了联系服务的"最后一公里"。二是加强廉政建设。严格执行八项规定,认真落实党风廉政建设责任制,按照"一岗双责"要求,坚持财政业务和廉政建设"两手抓、两手硬",逐级签订《党风廉政建设责任书》,明确工作目标和职责要求,在抓早抓细抓常上下功夫,努力形成层层传导压力,一级抓一级,层层抓落实的良好氛围。三是严格纪律约束。牢固树立纪律和规矩意识,严格遵守"5个必须",自觉抵制和坚决反对"7个有之"和"5种突出表现",切实把守纪律讲规矩落实到实际工作中,努力做到财政"干部清正、工作清廉、作风清明。

(无为县财政局供稿　万士水)

芜湖县财政工作概述

【概况】2014年,全县公共财政收入31.61亿元,为预算的100%,比上年实绩(下同)增长12.1%,其中:地方财政收入24.04亿元,为预算的103.3%,增长12.7%;上划中央收入5.51亿元,为预算的86.9%,增长3.6%;出口货物退增值税2.07亿元,为预算的103.4%,增长33.1%。全县公共财政预算支出32.89亿元,为调整预算的100%,增长10.5%。全县公共财政预算可用资金32.89亿元,与公共财政预算支出相抵,收支平衡。

【财政收入平稳较快发展】密切跟踪国家财政政策和税制改革调整动向,尽力做大财政收入"蛋糕",着力提高财政收入质量。一是及时分解收入任务,明确各征管部门责任,按照《芜湖县县级税务部门收入考核奖励暂行办法》进行考核奖励,充分调动税务部门狠抓税收的积极性。二是加强与税务部门的沟通协调,定期召开征管部门联席会议,及时掌握经济运行和重点项目推进情况,进一步提高财政收支分析水平,使税收征管逐步实现规范化、制度化和精细化,确保税收收入及时足额入库。三是加强收入征管,把深挖税源和加大清欠力度作为增收和加快收入进度的重要举措,积极开展税源摸底调查和税收清查工作,努力拓展增收渠道,提高税收征管质量和效率,确保税收收入稳步增长。全县公共财政收入完成年初目标任务,增长12.1%;实现营改增收入6.06亿元,同比增长7.1%。

【加大支持经济发展力度】一是继续落实支持企业发展的各项优惠政策,扶持开发区优势产业做大做强,全年拨付机械制造、企业上市、三产兴市、富民创业等产业扶持资金1.9亿元。二是稳步推进恒升机床申报“新三板”及万辰电光源等企业股改工作,确立禾田汽车、永裕汽车、古德纳克等一批极具潜力的上市、“新三板”后备企业。三是修订《芜湖县金融机构支持地方经济发展目标考核及奖励实施办法》,促进金融机构增加信贷投放力度,积极运用“助保贷”业务,帮助企业提高资产抵质押率,为9家企业融资9600万元。四是发挥应急风险基金作用,缓解中小企业融资困难,为34家企业安排应急资金46笔,共1.78亿元。

【着力优化调整支出结构】始终坚持情系民生、服务基层的理财观,积极调整支出结构,不断加大民生投入,切实把有限的财政资金用在社会民生支出等关键领域,提高民生保障水平。一是大力支持社会保障事业,认真落实惠民实事,拨付城市低保资金2172万元,使3257户、4132人受益;拨付农村低保资金3520万元,使5615户、10915人受益。二是加大对三农工作的支持力度,发放良种补贴、粮食直补、农资综合补贴等各类补贴资金1.49亿元,各种支农惠农政策得到较好落实。三是全力支持养老保险体系进一步完善,先后拨付4962万元城镇居民养老保险和农村新型养老保险,基本实现全县群众养老保险全覆盖。四是建立民生保障立体覆盖体系,县财政预算安排教育、医疗、社保、农业、文体等民生方面的支出达预算28.23亿元,占财政支出的比重达86%。初步建立起覆盖城乡的免费义务教育体系、家庭经济困难学生资助政策体系、医疗卫生保障体系、居民最低生活保障体系、劳动就业服务体系、城市低收入家庭住房保障体系,形成较为完备的民生保障政策体系。

【财政监督持续强化】一是规范和加强财政财务监管,积极推进财政监督机制创新,提高财政监督效能,根据省财政厅统一部署,开展对县回音必医药公司等8家企、事业单位的会计监督检查工作。二是根据省财政厅、省审计厅统一安排,积极推进全县党政机关和事业单位“小金库”专项治理工作,纳入自查自纠的部门和单位145个,全部完成自查任务。三是对全县各镇村级公益事业建设“一事一议”财政奖补项目的资金收支及实际建设情况进行专项检查,实地查看20个项目建设情况。四是认真贯彻落实中央和省委省政府关于厉行节约的政策精神,规范接待管理,制定《芜湖县县直单位公务接待经费管理暂行办法》,规范差旅费管理,制定《芜湖县机关事业单位差旅费管理办法》,积极引导党政机关过紧日子,大力压减一般性支出,有效节约开支,降低行政成本。

【科学理财再上新台阶】一是积极推进预决算信息公开,县财政及各预算单位的2014年度财政预算、部门预算及“三公”经费、2013年财政决算、部门决算及“三公”经费决算全部向社会公开。二是积极推进国库集中支付改革,扩大集中支付覆盖面,提高直接支付比例,保证财政资金支付及时、准确、安全、高效。三是强化国有资产管理,加大国有资产清理处置力度,处置拍卖国有资产收入达1.8亿元。四是充分发挥财政监督的职能作用,加强对上级转移支付及各类专项资金的监督检查,清理省历年农业专项资金4000多万元。五是强化债务管理,编制政府性债务收支计划,制定《关于进一步加强政府性债务管理的意见》,明确界定债务范围,控制融资成本,规范举债审批程序等9个方面22条具体措施,较好完成地方政府存量债务纳入预算管理清理甄别工作。

【财政队伍建设不断加强】以深入开展党的群众路线教育实践活动为抓手,狠抓机关党建、精神文明建设、党风廉政建设和机关作风建设,修订涉及“四风”等方面的制度10项,努力改进工作作风,提升服务质量,建立高效快捷的工作执行机制。始终将财政干部队伍建设作为重要工作常抓不懈,以文明创建为抓手,努力推进学习型机关建设,不断更新理念,创新方式,通过参加上级财政部门与财经类大学联合举办培训班这个平台,开阔视野,增强素质,提升理财能力和服务水平。进一步转变财政干部工作作风,深入开展“双联系”活动,加强部门预算会商和财政干部帮联活动。

(芜湖县财政局供稿　舒习敏)

繁昌县财政工作概述

【概况】2014年,全县财政收入38.81万元,同比增长12.1%,其中:公共财政预算收入26.3亿元,同比增长17.5%;中央收入12.5亿元,同比增长2.2%。全县财政支出完成34.1亿元,同比增长13.8%。

【服务经济建设】设立产业扶持专项资金,出台支持企业发展16条意见,制定金融支持中小微企业发展10条措施,加大实体经济扶持力度。落实各项减免税政策,减免税收9286万元。免征注册登记费,减轻企业、个人负担130万元。发放劳动密集型小企业和个人创业贷款1.6亿元,贴息支出1279万元。对困难企业减交、缓交社会保险费1045万元。发放稳岗和促进就业补贴764万元。兑现各类涉企奖补资金3.2亿元。其中,营改增超税负补助2.1亿元,土地使用税奖励2595万元。支持产业转型升级。支持传统产业提升,培育新兴产业,优化第三产业。美佳新材料、恒均粉末"新三板"挂牌各奖励200万元,县创业人才团队及创新能力建设补助685万元,科技"小巨人"企业创新能力培育补助600万元,蓝蛙、爱三迪及瀚博3D企业科技扶持资金181万元。争取省市涉企项目补助。政府职能部门主动服务,为同福碗粥、溜溜果园、马仁奇峰等各类企业争取上级项目补助资金2791万元。

【加强财政保障】一是依法征管,应收尽收。加强财税形势研预判,实行税收动态监测,分析税收变化原因。开展税收专项检查、纳税评估以及随征税费比对征缴工作,促进依法征收,应收尽收。财、税及各镇(开发区)收入联席会议按月召开,收入逐月调度。全年财政收入任务圆满完成,其中286家规上工业企业入库增值税87843万元,增长1.5%。二是降低行政运行成本。对单位项目经费按运转类和非运转类分别核定,严控单位预算追加,全年单位专项预算追加同比下降82%;出台县直机关差旅费、会议费等财政支出管理措施,全年"三公"经费同比下降20.9%。三是盘活财政存量资金。清理收回预算单位年度结余资金2200万元,梳理消化财政暂付款项8000万元,进一步提高财政资金使用效益。

【统筹城乡发展】统筹财力安排,支持提升城乡建设水平。保障重点工程建设。投入2460万元,进行S321鲁港大桥至脊岭段一级公路改造及零公里至脊岭段拓宽改造。投入6800万元,长江二桥繁昌段拆迁工作完成。投入1.08亿元,县图书馆、文化馆及青少年活动中心建成使用,县博物馆、规划馆及影剧院基本竣工。推进美好乡村建设。投入2214万元,抓好6个项目镇9个建设点任务。投入资金1450万元,实施一事一议奖补项目36个,加强乡村道路、文化体育设施及文化休闲广场、农田水利建设。兑现奖补资金493万元,全县流转土地6万亩,支持农业规模化经营。投入897万元,平铺土地治理项目已基本完成田间工程。投入1113万元,进行获马路改建、杨赤路大修。拨付457万元,对城市乡村公交、出租车及水路客运价格补贴。加强环境整治建设。投入184万元,矿产品运输监控系统二期建成。投入407万元,关闭选矿企业4家。拨付153万元,加强"三线三边"环境整治。拨付299万元,进行秸秆禁烧和综合利用。投入600万元,建成环境空气质量检测系统。拨付313万元,推进废弃矿山复绿工程。

【着力改善民生】投入7.1亿元(含融资、自筹、上级补助、县本级政府专项及镇级资金),实施33项民生工程。拨付养老保险基金37540万元,确保企事业单位离退休人员养老保险按时足额发放。全年支出9657万元,提高城乡医疗保障水平。城乡低保月保障标准提高到484元,农村五保户集中、分散供养年人均标准分别提高到6390元和3960元。发放高龄津贴211万元,发放老养路工、老民师等315位"老字号"群体工龄补贴67万元。拨付1063万元,对城乡困难群众、五保和重点优抚对象进行救助。对1891名贫困残疾人发放生活特别救助资金133万元,为359名贫困精神病人发放药费补助36万元。落实药品零差率补助政策,按公立医院就诊人次数拨付补助资金420万元。拨付2124万元,用于义务教育经费保障及对中职和普通高中家庭经济困难学生资助。安排212万元,用于公共文化设施免费开放及农村文化建设专项补助。拨付5167万元,对廉租住房、公共租赁住房户进行补贴。拨付464万元,对722户农村危房进行改造。投入1.7亿元,实施6个地块棚户区改造。

【推进财政改革】实行预算信息公开。规范操作程序,通过县政府信息公开网和单位门户网站,财政预决算及“三公”经费集中公开,接受社会监督。制定政府购买服务目录和流程,县级按3大类别、27个项目、64项具体服务内容试行政府购买服务。规范债务管理。编制政府性债务收支计划,强化新增举债审批管理,完成政府存量债务纳入预算管理清理甄别工作,防范地方政府性债务风险。加强国有资产管理。成立金昌资产管理公司,管理县内及域外国有资产。处置全县闲置车辆47辆,公开拍卖安定花园和蔡家塘部分门面房,成交10套,成交额1663万元,开展教育系统资产核销和市场监督管理局的房产清理工作。强化镇级预算管理。调整和完善县镇财政管理体制,出台县镇财政管理体制的若干意见,遵循“以收定支,量入为出”的原则,减少和停止不必要的建设项目,严禁无预算安排、无资金来源的工程项目建设。

(繁昌县财政局供稿 王强)

南陵县财政工作概述

【概况】2014年,全县财政收入完成20.8亿元,占预算的101.1%,比上年增长12.1%;支出29.4亿元,占预算的100.3%,同比增长12.3%。

【提高财政保障能力】严格收入考核,建立征管部门奖励与镇级考核挂钩管理机制;推进综合治税,加强综合治税平台信息成果利用,全年查补各类税收收入2972万元;加强财政暂存、暂付等往来资金清理清收,盘活财政存量资金1.19亿元;积极争取各项上级补助13.24亿元。

【保障民生社会事业发展】加强公共财政预算、国有资本经营预算、政府性基金预算和社会保险基金预算的统筹衔接,提倡厉行节约,压缩一般支出,将更多的财力用于保障民生和社会事业发展;统筹关联项目资金,集中财力保障民生支出,全年发放城乡居民养老、城乡低保、五保户、军转干、廉租房补贴、高龄津贴、优抚及未参保人员等补助资金1.83亿元,实施的30项民生工程支出9.35亿元,全口径民生支出25.46亿元,占财政支出的86.6%;统筹义务教育上级补助、教育费附加、土地出让金计提教育支出等资金,优先支持教育发展,全年教育支出6.86亿元;统筹县级预算财力、上级转移支付、专项收入以及财政专户等资金,支持社会事业发展,全年社会保障和就业、医疗卫生以及农林水支出同比分别增长8.3%、10.4%和23.2%。

【促进经济平稳较快发展】落实稳增长扶持政策,支持结构性调整和经济发展方式转变,全年拨付中小担保公司民营经济发展专项扶持基金3700万元,拨付开发区企业等产业发展基金4563万元;大力推进创业富民工程,全面落实创业、就业扶持政策,全年拨付创业富民税收奖励、劳动密集型企业贷款及小额贷款贴息等补助资金1041万元;进一步发挥财政性资金杠杆和引导作用,支持重点工程建设,拨付县建投公司土地出让金等建设资金7.03亿元;认真落实“营改增”试点财政扶持政策,全年拨付“营改增”试点财政扶持资金6714万元。

【推进财政重点改革】严格预算约束,规范追加程序,全年预算追加批次大幅减少,追加支出同比下降20.1%;坚决落实县本级预算安排形成的结转结余指标清“零”管理规定,全年清收财政结转结余指标2362条,清收资金2.36亿元;明确公开范围和主体,统一公开形式和时间,稳妥推进县级预算部门2014年预算及“三公”经费信息公开;开展政府购买服务,创新政府服务供给模式,对79项具体服务试行政府购买服务;明确债务管理规定,编制债务收支计划,严格债务举债程序,多渠道筹集化解债务,加强政府债务管理;规范财政专户管理,严格新户开设,优化存款结构,全年上缴国库各类财政专户利息收入2070万元;严格执行公务卡强制结算目录制度,全年办理和使用公务卡达1301张,通过公务卡系统办理支付11824笔,支付金额1274万元。

【提升财政财务管理水平】加强国有资产管理,规范国有资产评估、处置和征收行为,全年上缴各类国有资产处置收入1121万元;推进政府采购电子化系统平台建设,全年政府采购申报金额12.1亿元,采购金额8.7亿元,节约率28%;严格“三公”经费管理,坚决贯彻中央“八项规定”,强化日常支出监管,全年“三公”经费支出下降明显;加强镇村财务管理,定期开展镇级财务集中会审和村级财务收支管理检查工作,规范镇村支出行为;加强机关效能建设,认真开展"党的群众路线教育实践活动""双联系""文明创建"等活动,提升财政干部综合素质,再获"安徽省文明单位"荣誉称号。

(南陵县财政局供稿　梅敏明)

宣城市财政工作概况

宣城市财政工作综述

【概况】2014年，全市财政收入完成174.9亿元，增收17.1亿元，增长10.9%。其中，地方财政收入完成120.2亿元，增收12.6亿元，增长11.7%，占财政收入的比重为68.7%。市本级财政收入完成27.4亿元，增长13.4%；区级财政收入完成32.1亿元，增长3.5%；县级财政收入完成115.4亿元，增长12.5%。

【保持财政收支平稳运行】积极应对经济下行压力，强化收入调度，统筹安排支出，财政收支平稳运行。坚定信心，积极组织收入。注重加强部门配合，建立财税库主要负责人定期会商机制，及时分析研究解决问题；积极研判经济形势，分析税源变化趋势，加强收入任务调度；加强税收征管，努力挖掘增收空间，着力抓好重点税种、重点企业和重点环节的征收；严格规范非税收入征缴，努力做到应收尽收。厉行节约，优化支出结构。认真贯彻落实中央“八项规定”和省、市“三十条”要求，坚持厉行节约，采取积极措施，大力压缩“三公”经费等一般性支出，努力降低行政成本，集中财力用于教育、卫生、住房、环保、社会保障和就业以及城市基础设施建设等重点支出。全市“三公”经费支出2.7亿元，同比下降31.1%；财政民生支出完成185.3亿元，占财政支出比重83.2%，支出结构进一步优化。

【助推产业结构优化升级】围绕自主创新产业升级重点，整合财政资金，创新扶持政策，提升财政在传统产业转型升级、重点产业加快发展中的助推作用。支持工业创新发展。筹措5000万元，支持工投公司平台建设；投入工业和科技资金10.1亿元，整合资金助推战略性新兴产业发展、传统产业提升、技术创新和市场开拓；筹集资金4.3亿元充实担保机构国有资本金，重点支持民营经济发展和用于贷款风险基金补偿。支持现代服务业加快发展。投入7800万元，支持中小商贸流通企业服务平台建设，引导电子商务、现代物流等优势产业又好又快发展；完善金融奖补政策，支持普惠金融发展；继续推进“营改增”改革，落实结构性减税政策，促进现代服务业加快发展。支持文化旅游业融合发展。投入1.6亿元，支持“八大工程”三年行动计划中的128个重点项目建设；统筹文化产业发展资金和旅游发展资金1.4亿元，支持文化旅游业融合发展。支持人才引进和培养。投入人才专项资金1400万元，继续保障引进人才计划的实施，完善大学生创业创新体系，实施高层次、高技能人才培训工程，为全市产业结构优化升级提供人才支撑。

【保障社会事业持续改善】贯彻以人为本、民生为先原则，全面落实各项惠民政策。精心组织民生工程。圆满完成33项民生工程年度目标任务，各级财政累计投入民生工程资金32.1亿元，较上年增加3.9亿元，群众满意度和社会知晓度稳步提升。全力支持“六城同创”。加大投入，积极支持开展“六城同创”，实施文明整治巩固提升八项方案，集中整治“六乱”行动取得实效，城市品位和环境质量得到显著提升。大力发展社会事业。投入财政教育资金31.5亿元，推动教育优先发展；拨付就业专项资金14.5亿元，支持做好高校毕业生、退役士兵和农村富余劳动力等重点群体创业就业工作；投入资金2.9亿元，支持基层医药卫生体制改革和县级公立医院综合改革；拨付资金3.5亿元，支持保障性安居工程建设；投入文化建设资金2.4亿元，支持文化事业发展。

【促进城乡统筹协调发展】坚持城乡统筹发展，持续加大对农业农村支持力度。加大农业投入。围绕全市农业产业发展规划，积极争取上级各类农业项目资金9.2亿元，支持农业基础设施建设以及畜禽、经济林、粮油加工和水稻等主导特色产业发展；统筹安排资金7000万元，重点投入水阳江治理、灌区节水改造等水利基础设施建设。推进美好乡村建设。投入财政专项资金2.2亿元、整合涉农资金6.9亿元、引导社会资金2.7亿元，支持美好乡村建设，推进"三线四边"环境治理，引导农村垃圾处理市场化和分类减量化。实施渔民上岸安居工程。充分利用现行有关城乡住房保障政策，多渠道筹集资金2600多万元，完成1013户以船为家渔民上岸安居任务。落实强农惠农政策。全年通过"一卡通"及时发放各项财政补贴农民资金8.8亿元；深入推进村级公益事业建设一事一议财政奖补工作，完成项目675个，兑现财政奖补资金8500万元；政策性农业保险财政保费补贴5500万元，赔付3000万元。

【推进管理机制日趋完善】深入贯彻中央和省各项部署，加快推进各项财政改革。全面推进预决算公开。将部门预决算和"三公"经费信息公开列入年度重点工作计划，制订工作方案，分解工作任务，统一公开市直部门预决算和"三公"经费信息。盘活用好存量资金。全面梳理财政存量资金，对历年结余结转资金进行清理，督促单位加快项目支出进度；探索国库现金管理，在确保国库资金安全完整的前提下，提高国库库资金使用效率；加强市直行政事业单位实有资金账户管理，增强政府资金统筹调度能力。强化债务风险防范。实施债务财政归口管理，编制债务收支计划，预测债务规模变化；加强融资平台管理，建立融资平台名录库，明确举债主体；严格举债程序，加强融资卡审批发放；清理甄别锁定存量债务，为债务纳入预算管理打下基础；密切监控债务指标变化，建立动态预警机制，强化债务风险防范。推进政府购买服务。加强政府购买服务制度体系建设，制定衔接顺畅、规范有效的一体化流程。当年市本级确定的职业技能培训、特殊群体公交补贴、市容管理社会化等11个项目政府购买服务试点取得明显成效。

【抓好党风廉政建设】坚持维护党的集中统一，坚决做到"四个服从"。认真落实两个责任。认真落实党组主体责任和纪检组监督责任，严格履行党风廉政建设责任制，制定了《宣城市财政局党组贯彻落实中央建立健全惩治和预防腐败体系2013—2017年工作规划的实施意见》，深化财政系统惩治和预防腐败体系建设。深入开展党的群众路线教育实践活动。紧扣"为民务实清廉"主题，按照"照镜子、正衣冠、洗洗澡、治治病"的总要求，以整风精神扎实推进教育实践活动，全局党员宗旨意识进一步增强、党内政治生活进一步严肃，"四风"问题得到了有效遏制。加强反腐倡廉宣传教育。深入开展公职人员岗位廉政教育，及时传达违反中央八项规定和省委三十条规定精神典型问题通报，组织干部职工到法院旁听有关职务犯罪案件审理，选调年轻人员积极参加市纪委廉政教育实践活动，举办"预防职务犯罪"专题讲座等，不断增强干部职工反腐倡廉意识。扎实开展财政会商。全年累计会商3312次，通过会商解决问题2391个，不断提升财政服务水平。狠抓效能行风建设。以民主考评百名科长为载体，深化财政干部作风建设。制定出台《关于进一步严肃工作纪律的通知》，进一步加强局机关效能作风建设。畅通群众诉求渠道。充分发挥通过网络、电台等媒体畅通群众诉求渠道，搭建沟通交流载体。全年答复"政民互动"16件，"在线咨询"158件，12345市长热线3件，电台"百姓热线"上线2次，做到社会各界各方质疑和咨询及时回应。强化风险防控制度建设。认真识别评估财政业务及管理中内外部风险，新拟制和修订完善25项制度，建立完善9名县级干部和41名科级干部电子廉政档案。坚持主要负责同志季度廉政谈话制度，完善党员干部工作日志制度。推进政府权力清单制度。梳理出会计从业资格证书核发、市本级政府采购供应商投诉处理、财政违法行为处罚、代理记账资格审核等六项权利并绘制流程图，公布权力清单、责任清单和廉政风险点。

（宣城市财政局供稿）

宣州区财政工作概述

【概况】2014年，宣州区财政收入完成32.13亿元,比上年增长3.5%,其中:地方一般预算收入完成21.9亿元，增长5.9%；全区财政支出完成38.5亿元,比上年增长6.67%。

【强化收入征管】克服经济下行压力和各种减收因素带来的不利影响,群策群力,综合挖潜,基本做到转型期财政收入提质增量，较好地完成全年收入目标任务。一是强化税源监控,及时掌握税源动态，在做好对重点税源和主体税种监控的同时,充分挖掘税源,加大对矿山企业等征收难度较大税收的监管力度,通过各收入征管部门、乡镇办事处等共同努力,有效防止税收流失。二是注重部门协调配合,建立财税库会商制度,定期研究分析收入形势,建立财政收入月调度制度,及时解决征收管理中存在的问题,确保财政收入稳步增长。三是严格非税收入征管。重点加强国有存量资产收入征管,拓宽收入渠道。

【积极扶持发展】深入开展“新型工业化提升年”活动,推进工业经济快速发展,继续安排2000万元“以奖代补”资金支持经济开发区和乡镇工业集中区建设，切实提升开发区承载力。继续安排2000万元工业发展专项资金，促进工业企业做大做强。全区工业企业实现税收收入较上年增收超亿元,有力拉动全区财政收入增长。加大招商引资投入,安排区直部门招商引资专项经费500万元,并兑现招商引资奖励资金406万元，为全区招商引资工作提供有力的资金保障。加大对中小微民营企业和农业企业的扶持力度,统筹安排2300万元增加宣城市振宣中小企业担保公司注册资本金,统筹安排2000万元组建宣州区现代农业融资担保公司，切实解决中小微民营企业和农业企业发展中存在的资金困难;安排超过2000万元金融奖励、担保贴费补助资金,切实提升金融企业及担保公司为全区经济发展的服务能力。

【保障重点支出】在支出安排上,一是继续坚持向民生倾斜，倾力解决与人民群众息息相关的社会公共事业。投入11亿元,全面实施省33项民生工程,拨付义务教育保障经费5500万元。社会保障体系进一步完善，城乡居民社会养老保险参保42万余人发放资金9288万元，城镇居民医疗保险参保13万余人,支付统筹基金5378万元。新型农村合作医疗参合率100.7%，发放补助资金24420万元。更加关注农村低保、五保供养、贫困重度残疾人及生活无着人员等弱势群体，全面完成渔民上岸安居工程,安置渔民1109户。完成农村危桥改造24座。实施农村饮水安全工程，解决11.7万农村居民饮水安全问题。二是加快城乡统筹发展,扎实开展“新型城镇化提升年”活动。全面推进省级文明城区创建，实现城区7条河道保洁常态化;整合资金2000万元,推进“三线四边”整治工作,完成7条主要公路沿线绿化提升工程;完成宣港路等57.9公里县乡公路改建及90.2公里村组道路畅通工程。整合资金3950万元投入美好乡村建设，完成14个省级中心村建设和60个自然村整治,8个中心村通过省级验收，实施千万亩森林增长工程,创建省级森林城镇7个、森林村庄15个等。三是盘活财政存量资金,提高财政支出预算执行质量。对财政专户进行全面清理,对已完工及不需要实施的项目资金予以收回，安排到急需资金的农业、民政等社会公益事业项目,充分发挥资金使用效益。

【深化财政改革】一是加强预算编制和执行管理。细化部门预算编制，进一步压缩代编预算规模,严格控制预算执行中调整事项。成立政府性投资项目委员会,建立项目预算评审制度,逐步实现公开办预算。建立健全覆盖全区财政预算执行动态监控体系,进一步健全公务卡结算制度,全面实施乡镇国库集中支付改革。二是加快推进预算绩效管理。实施预算绩效管理的部门范围和资金规模进一步扩大。对部分上级财政专项转移支付项目和区级财政支出管理等开展重点绩效评价,并积极探索评价结果的应用，地方预算绩效管理工作明显加强。三是强化地方政府性债务管理。成立宣州区政府性债务管理办公室,出台《宣州区关于进一步加强政府性债务管理意见》和《宣州区政府性债务管理暂行办法》;逐步建立健全政府性债务管理制度、债务预警制度、偿债风险金制度及债务审批制度，并将政府性债务管理纳入单位主要负责人经济责任审计范围,同时,完成地方政府性债务清理甄别工作，为今后债务管理工作及争取上级地方政府债务资金规模奠定基础。四是深入推进预决算公开。全面实施预决算信息公开制度。在部门预算编制工作完成后，于四月底进行预算公开工作;2013年财政决算在经区人大审议通过并完成批复工作后，也在相关部门官方网站予以公开。五是继续完善财政监督体系，加大对民生工程、重点工程等财政资金的监督检查力度,继续加强乡镇财政资金监管力度，有力保障乡镇各项财政资金的安全性、规范性和有效性。

【加强队伍建设】认真贯彻落实中央八项规定、省市“三十条”和区委“二十条”等作风建设制度规定,以效能建设为抓手,坚持把提高效率、提升能力作为效能建设的主要目标，进一步加强领导干部的思想作风、学风、工作作风和生活作风建设,努力做到思想上始终清醒,政治上始终坚定,作风上始终务实。一方面抓制度,保证机关作风转变。结合党的群众路线教育实践活动的开展，制定区财政局工作规则,修订完善区财政局内部管理制度。另一方面抓督查,促进机关作风转变,实行局领导带班制度,不定时、不打招呼进行内部自查。把反腐倡廉教育工作纳入到局党组中心组理论学习计划，列入机关年度理论学习和党课教育的主要内容。局领导班子成员始终牢记“两个务必”,做到自重、自省、自警、自励,筑牢拒腐防变的思想道德防线。严格遵守财经纪律和党风廉政建设的各项规定，在依法理财和廉洁自律上较好地发挥表率作用。坚持开展廉政教育,通过赴军天湖监狱开展警示教育、与市财政局联合举办预防职务犯罪讲座等方式,增强广大党员干部拒腐防变意识。认真落实党员领导干部报告个人有关事项制度，积极探索监督的方式和途径,完善权力监督制约机制。在省财政厅和区纪委的精心指导下，通过查找并公开权力运行风险点,制定风险防范措施,制作岗位廉政风险防控告知卡70余块,在全局党员领导干部中形成自律与他律相结合、组织监督与群众监督相结合的良好局面，增强党员干部的风险意识和廉政意识。

(宣州区财政局供稿)

宁国市财政工作概述

【概况】2014年，宁国市财政局深入学习贯彻党的十八大和十八届三中、四中全会精神,坚持稳中求进工作总基调,充分发挥财政职能作用,依法组织收入,统筹安排各项财力,牢固树立勤俭节约意识,调整和优化支出结构,严肃财政纪律,从严控制“三公”经费,加强政府债务管理,坚持依法理财;在保运转、保民生的同时,以深入开展党的群众路线教育实践活动为契机，为全市经济社会的全面发展提供坚实的财力保障。

【收支运行平稳有序】创新工作机制,加大依法综合治税力度,加强非税收入管理,促进各项税费及时足额缴库。全市累计完成财政收入36.51亿元,占年初预算36.5亿元的100.02%,较上年增加3.45亿元，增长10.4%。全市完成财政支出32.26亿元,较上年增加6098万元,增长1.9%。

【全力服务县域经济】紧紧围绕市委、市政府中心工作,全力支持经济发展。全年通过国投公司累计对外融资22.28亿元,积极推进市“五大片区征迁”及城市基础设施建设等重点项目。落实扶持企业发展引导资金1.8亿元，不断调整和优化政府担保机构监督管理机制，确保担保机构健康运行,全年在保余额12.6亿元,在保企业233家,自担保中心成立以来累计担保金额达60亿元,有效解决在当前金融规模紧缩的形势下中小企业融资难的问题。

【促进和谐社会建设】全市民生工程投入资金6.73亿元(其中省33项民生工程6.12亿元,市12项民生工程6100万元),77个村实施一事一议财政奖补项目79个;完成政策性农业保险农作物15.73万亩、公益林73.36万亩;全年通过“一卡通”发放惠农补贴15 项 109批次,发放惠农补贴资金9895 万元；发放水库移民后期扶持资金1141万元。争取并整合资金近3亿元,重点支持土地治理项目、农田水利设施建设、农民专业合作社、农业龙头企业发展及农村基础设施建设等,有力促进农业农村发展。

【提高财政管理水平】继续深化各项财政改

革，稳步推进预决算公开；大力实施政府购买服务，规范政府性资金存放商业银行管理，着力加强规范化财政所建设。积极开展“小金库”专项治理、“三公”经费检查、财政资金管理和行政性收费专项检查和整治工作；加强涉农涉企资金管理，建立涉企资金管理信息平台，加强对村财会人员财政支农政策培训，提高财政资金使用的安全性和绩效性。强化部门内控机制建设。

【防控政府债务风险】切实推进政府性债务管理工作，对本市地方政府债务管理系统中的债务信息进行严格自查，对26个单位的105项债务信息进行补充和更正，出台《宁国市政府性债务管理暂行办法》，明确政府性债务的类别、管理及债务资金的使用、偿还及责任追究，严格控制地方政府性债务规模；建立宁国市地方政府性债务信息联络员制度和信息月报制度，建立监测政府性债务的指标体系及预警机制。并将债务管理工作纳入本市的目标管理考核，加强风险防控，形成债务管理工作全市齐抓共管的格局。建立新增举债项目审批制度和债务统计报告制度，规范审批程序，开展债务清理甄别处置，编制债务收支计划，实行“借、用、还”一体化管理，政府性债务管理逐步规范。

【机关效能稳步提升】大力开展党的群众路线教育实践活动，坚持每月集中学习，进一步完善内部制度，做到依法行政、政务、党务公开。认真改进会风、文风、作风，开短会、写短文、简化公务接待、控制接待标准，严禁婚丧嫁娶大操大办；及时在政府网站和部门网站上发布财政工作动态及政策文件，认真办理、解答群众的提问、建议和投诉。进一步加强党风廉政建设活动，明确党风廉政建设具体工作和措施，加强党风廉政建设的宣传教育，提高财政干部廉洁自律意识。

（宁国市财政局供稿）

郎溪县财政工作概述

【概况】2014年，面对错综复杂的外部经济环境和繁重的改革任务，郎溪县财政局在县委、县政府的坚强领导下，坚持以科学发展观为统领，紧扣“认真践行群众路线、加快改革转型提升”两大主题，突出“好为标准，快字当先”，全力组织财政收入，优化财政支出结构，加快推进财政改革，着力保障和改善民生，统筹城乡一体发展，圆满完成年度各项财政工作目标任务。

【财政收入稳步增长】围绕县委、县政府战略考量和工作部署，坚持把组织财政收入工作作为财政部门工作的重中之重，紧扣发展主题，抢抓发展机遇，创新工作举措，培植财源、挖潜促增、强化征管，有效地实现财政收入稳步增长。全县完成一般预算收入20.16亿元，增长12%。增幅居全市第三（高于全市平均水平1.1个百分点）；地方财政收入突破15亿元，增幅居全市第二（高于全市平均水平5.2个百分点）。

【转型步伐逐步加快】做好项目争取工作。全县获批到位项目245个，到位财政性资金8.05亿元。其中财政部门单独及联合其他部门申报和争取204个项目，到位资金6.21亿元。积极落实财政扶持政策。全年累计办理各类扶持资金2.04亿元，扶持企业发展壮大。扎实做好小额担保贷款财政贴息工作。扩大小额担保贷款担保基金规模，担保基金由原来的900万元增加到1100万元。全年累计发放创业人员小额担保贷款3626万元。试点政府购买公共服务工作。制定出台政府购买公共服务流程规范及项目目录，实施政府购买公共服务项目15个，拨付财政资金2347万元。

【创新水平不断提高】严格落实中央八项规定和省、市、县三十条要求，加强“三公”经费支出管理，严格“三公”经费使用审核。全县“三公”经费支出较上年同期下降20.6%。扎实推进政府采购工作。突出政府采购预算管理，规范政府采购方式审核审批，推进电子化政府采购系统建设，加大政府采购执行过程监管，提高政府采购执行效益。全县共完成政府采购支出10.07亿元，节约资金5409万元，综合节约率5.09%。全面搭建涉企监管平台，完成2010年以来全县财政涉企项目历史数据的网上录入工作，部分2014年涉企项目开始实行网上监管。全面深化农村综合改革工作。分类制定各项改革方案，加大综改各牵头单位沟通衔接，完善综合改革配套体系。认真开展村级财务审计工作，加强农村集体“三资”监管。稳步推进预决算公开工作。全面实行预决算和“三公”经费公开。加强财政供养人员管理。及时更新维护财政供养人员信息库,有效控制财政供养人员规模,努力减低行政运行成本。全面推进社保基金保值增值工作。科学测算社保基金保障余额，合理确定中长期存款数额,切实优化基金定存占比,社保基金综合收益率连创本县历史新高。认真开展财政监督检查工作。精心编制年度财政监督计划,积极组织各项检查活动,财政监督检查工作有序开展。

【民生改善日益彰显】调整和优化财政支出结构,将更多财政性资金投向民生领域。全县一般预算支出25.68亿元,增长13.8%。其中财政民生支出22.48亿元，占一般预算支出的87.6%，增长16.2%。2014年全县33项民生工程圆满完成目标任务,共拨付资金5.25亿元。财政牵头三项民生工程推进更加有力有效。“一事一议”财政奖补实施项目82个,总投资2156.68万元。政策性农业保险,新增开设大棚蔬菜保险。美好乡村建设,超额安排2200万元,并整合资金1.05亿元。严格落实惠农补贴发放政策。全年共打卡发放财政补贴农民资金1.72亿元，有效促进农民持续增收,切实保障农民权益。全面开展财政支农资金整合工作。以争创建平国家级现代农业示范区、美好乡村建设、培育家庭农场为重点，整合到位资金2.71亿元支持“三农”发展。累计投入资金198.3万元,实施以船为家渔民上岸安居工程。

【争先意识不断增强】按照郎溪县委统一部署和要求,认真开展党的群众路线教育实践活动,全体财政干部紧密结合自身和财政工作实际，坚持抓好学习教育,坚持广泛征求意见,坚持边查边改边落实,财政干部宗旨意识明显增强,工作作风有效转变。深入开展帮联会商工作。主动深入基层,深入预算单位开展帮联会商工作，逐步实现县乡财政帮联会商工作全覆盖、常态化。全年通过会商解决水利项目资金管理、扶贫资金使用等问题64个,得到各部门、单位一致好评。积极开展文明创建活动,大力推进政务公开,财政队伍建设不断加强,机关管理更加规范,财政队伍履职公信力不断增强。县财政局先后获得全省惠农补贴资金绩效评价一等奖、全省现代农业生产发展资金绩效评价优秀等次、全省乡镇财政资金监管工作绩效考评二等奖等诸多荣誉和表彰。

(郎溪县财政局供稿)

泾县财政工作概述

【概况】2014年，全县财政收入完成14.52亿元，同比增长28.8%，其中地方财政收入完成10.31亿元,增收2.77亿元,同比增长36.75%。收入增幅居全省第5位、全市第1位,收入总量前进9个位次。

【突出重点支出保障】全县公共财政支出完成22.2亿元,增长15.7%。增支重点集中在教育、社保、交通运输等民生领域。支出体现三个特点:一是民生工程、教育、社会保障、医疗卫生、廉租住房等重点支出得到保障；二是十五项重点工作投入加大;三是美好乡村建设资金安排到位。“三公”经费得到有效控制,进一步厉行节约、反对浪费,营造强化“三公”经费治理的高压态势,全县“三公”经费支出0.34亿元,下降26.8%。落实政府财政预决算、部门财政预决算、“三公”经费预决算信息公开工作。

【严格方解石计量管理】方解石税费征管卓有成效,印发《泾县方解石计量管理办法》,启用“方解石矿计量远程监控管理系统”，实行火工品预审制度,税费征管工作步入正轨,全年征收税费1.08亿元。

【精心实施民生工程】33项民生工程建设投入4.69亿元,县级配套1.19亿元列入预算。在全省率先建立民生工程特邀监督员制度。及时准确发放粮食直补等财政补贴农民资金1.2亿元，基层群众得到实惠。补贴类项目按时足额打卡发放,建设类项目有序推进,确保按时序进度建设完成。及时拨付保障性住房资金、发放廉租住房补贴。牵头承担的美好乡村建设奖补体系、政策性农业保险、一事一议财政奖补三项民生工程顺利完成。

【全力服务县域发展】加大向上联系工作力度,争取转移支付及各类专项资金支持。争取上对下般转移支付6.37亿元、专项转移支付4.98亿元等。发挥县中小企业融资担保中心担保服务功能，注册资本金增至1.41亿元,为198户(次)企业提供贷款担保金额3.89亿元，累计在保金额205户（次)4.1亿元。做强县国有资产投资运营有限公司,向农发行泾县支行申请青弋江城区段综合整治项目中长期4亿元贷款。认真落实促进工业发展政策,积极兑现工业经济发展各项奖补资金、奖励资金。持续推进农业综合开发，申报泾川镇高标准农田建设项目、榔桥镇小流域治理项目，茂林镇、桃花潭镇土地治理项目开工。

【坚持强化监督管理】进一步严格预算管理，科学编制2014年预算，原来的一本预算变成四本预算（即公共预算、社会保障预算、政府性基金预算、国有资本经营预算），使预算编制更具有科学性、统一性和完整性。实行"零基预算"监管，加强单位经费补给核算。加强预算执行分析，按时序进度审核单位用款计划，规范资金拨付。实施财政涉企项目资金管理信息系统建设。严把政府采购过程监管，实施"电子化政府采购管理系统"建设。开展专项监督检查。狠抓乡镇财政管理，财政补贴农民资金管理和发放、乡镇财政资金监管绩效评价工作获得省厅评比一等奖。

【稳步推进财政改革】推动国有资产管理改革，对全县国有资产进行摸底登记。继续推进公务卡制度改革，公务卡制度实现县乡两级全覆盖。实施乡镇国库集中支付改革，乡镇国库集中支付系统9月上线。做好"营改增"试点工作，小规模纳税人实现全面减负。做好行政事业单位内部控制规范工作，编制《单位内部控制规范手册》。强化政府债务管理，所有政府性债务纳入日常管理，实行实时监管。开展县级医院债务审计认定工作。探索政府向社会力量购买服务改革，印发《泾县关于推进政府向社会力量购买公共服务的实施意见》和《泾县2014年政府向社会力量购买服务目录（第一批）》，取得一定效果。

【全面践行党的群众路线】全局党员干部积极行动，把开展好教育实践活动作为核心政治任务来抓，精心组织、周密安排，取得丰硕的认识成果、实践成果和制度成果，进一步健全机关内部管理制度，强化队伍作风建设，展现健康向上的财政党员干部和廉洁高效的政府职能机关形象。

（泾县财政局供稿）

绩溪县财政工作概述

【概况】2014年，全县共完成财政收入8.5亿元，同比增长3.6%，其中公共财政预算收入6.6亿元，增长1%；财政支出完成18.52亿元，其中公共财政预算支出完成13.87亿元，同比增长3%。

【依法强化收入管理】在认真分析财政收入的基础上，做好重点税源和税种变动的监测与分析，依法加强征管，提高税收收入占财政收入的比重，提高税收质量。全面落实各项税收优惠政策和"一对一"服务，加强税源配置力度，努力实现税收收入的可持续发展。定期开展全县税收收入运行调度，分析全县税收收入征收态势，落实责任目标，确保全年收入目标的完成。

【着力保障和改善民生】坚持以保障民生为重点，进一步调整和优化财政支出结构，增加公共财政对社会事业投入，促进社会事业全面发展。投入教育支出2.32亿元，支持教育事业发展。兑现"八老"生活补助、城乡低保五保、医疗保险等资金3385万元，切实提高了城乡居民生活保障的标准。安排医疗卫生保障资金9655万元，支持医疗卫生事业发展。投入财政政法经费5953万元，改善政法机关执法办公条件。筹集文化资金190万元推进两馆免费开放。投入安居工程保障资金2678万元，全面实施保障性安居工程。足额安排地方配套资金，合计投入2.49亿元，积极推进33项民生工程顺利实施。

【大力支持经济发展】在经济下行发展的严峻形势下，充分发挥财政政策、资金的引导作用，通过全面落实各项财政扶持政策，引导和促进全县经济健康发展。争取民营经济发展专项资金、创新资金，积极落实招商引资优惠政策，进一步发展壮大中小企业融资担保中心，有序拓展担保业务，大力积极支持企业发展。加强工作配合，争取各类建设发展资金和各类专项转移支付资金，重点支持环境保护、基础设施和地质灾害防治、新安江流域生态补偿等项目，经济建设投入力度进一步加大。充分发挥融资平台作用，拓展融资渠道，全年共向政策性银行和各商业金融机构累计融资4亿元，促进高铁新站综合体工程、抽水蓄能、S215改建工程和欣意电缆等项目的推进实施，倾力服务县域经济发展。

【全面落实惠农政策】加大支农资金整合力度，增加"三农"投入，积极推进美好乡村建设协调发展。"三农"资金投入力度不断增加，共完成农林水事业投入1.96亿元。完成政策性农业保险工作目标,开展特色农产品烟叶和农产品保险试点,实现农业保险全县区域全覆盖。加强涉农部门协调,落实"一卡通"管理责任,严格执行操作规程,发放财政补贴农民资金项目共22个,金额9017万元。抓实农业综合开发项目建设,依托龙头、品牌新建基地,组织国家农业综合开发项目计划10个和产业化经营项目8个,总投资1924万元。大力推进"一事一议"财政奖工作,完成财政奖补项目124个,投入资金1212万元。加强与涉农部门合作,全年整合涉农资金1.42亿元,整合内容涉及农业保险、农村危房危桥改造、饮水工程、农村文化建设等21个方面,美好乡村建设范围不断扩大。

【切实加强财政管理】加大信息公开的力度,积极推进财政预决算公开,按时公开2014年预算和2013年决算"三公"经费信息,接受社会各界监督。制定《绩溪县"三公"经费预算管理和公开暂行方法》,扩大部门预决算公开范围,进一步增强预算透明度,提升预算管理水平。继续深化国库集中支付制度改革,完善改革管理制度,对所有预算单位和各乡镇开展业务培训,建立科学精细化管理的国库集中支付运行机制。提高政府采购质量,完成电子化政府采购管理应用系统的建设并正式投入使用,推进政府采购科学化、精细化管理。扎实推进非税收入规范化、科学化管理进程,采取多渠道拓宽征收途径,加强协调配合,齐抓共管,合力征收。开展民生工程、涉农、涉企、美好乡村建设专项资金检查,开展会计监督和"小金库"专项治理工作,加大财政监管力度,确保专项资金专款专用,提高财政资金使用效益和透明度。积极推进政府购买服务,落实政府向社会力量购买十个项目的试点改革,提高公共服务供给质量和财政资金使用效率。完成行政事业单位资产管理信息系统改造升级和系统应用培训工作,有效实现对行政事业单位国有资产数字化动态管理。加强政府性债务管理工作,对政府性债务进行新一轮的清理甄别,建立政府性债务计划管理制度,有效防范债务风险。

【加强机关效能建设】加强干部学习、培训、岗位锻炼和工作交流,全面提高财政干部政治素质、业务能力和职业道德。认真贯彻落实八项规定和全县关于改进工作作风、密切联系群众的各项规定。扎实推进党风廉政建设,认真开展"行风巡查"、"财政会商"、"文明创建"等系列活动,完善并严格执行单位各项管理规章制度,不断提高服务质量和办事效率,提升财政部门良好形象。

【扎实践行群众路线】按照中央和省、市、县教育实践活动领导组的统一部署,扎实开展党的群众路线教育实践活动,并将其列为年度重点工作之一,全体干部职工积极参与,扎实完成各项学习内容。通过开展活动,进一步提高全体干部职工思想认识、行动认识,加强作风建设,提高为民服务的意识,增强党群干群关系,为全县财政持续健康发展提供思想保障。

(绩溪县财政局供稿)

旌德县财政工作概述

【概况】2014年,全县累计完成财政收入6.25亿元,占调整预算的100.8%,较上年同期增长4%;全县公共财政支出累计完成10.93亿元,占支出调整预算的98.8%,同比增支5498万元,增长5.3%。

【推进财政预算信息公开】全县58个一级预算单位2014年预算和2013年决算按照规定内容于4月30日、9月30日两次全部公开到位,开启本县财政预算接受社会监督的新纪元。

【清理财政存量资金】对全县所有的财政性结转结余资金进行专项清理,全年整合历年专户结余资金1202万元,统筹用于全县水利建设和民生工程建设。

【严格控制"三公"经费只减不增】认真落实《党政机关厉行节约反对浪费条例》,严格贯彻"三公"经费只减不增政策,建立"三公"经费管理长效机制。全县"三公"经费支出1887.1万元,同比下降32.7%,其中公务接待费下降367.7万元,同比下降32%,公务用车费下降545.8万元,同比下降33%。

【严格控制财政供养人员只减不增】配合编制和人社部门,对财政供养人员实施动态监管,对未经编制部门审核同意设置的机构,坚决不纳入财政供给范围。

【加强政府性债务风险防控管理】通过开展政府存量债务甄别,规范新增债务举借方式,做实政府债务,实行规模控制。当年政府债务率为 70.9%(债务率管控指标为:低于 80%,不得超过 100%),债务风险在可控范围之内。

【深化国有资产管理改革】将行政事业单位国有资产处置收入、出租出借收入、对外投资收益、政府资源等资产收益,全部纳入单位预算,实行集中管理,统一招拍。以“行政事业单位国有资产管理系统”为依托,对国有资产的购置、处置、使用、报废等日常管理进行全程监督,确保国有资产安全合理使用。

【分步推进政府购买服务】制定《旌德县政府购买服务规范流程》《旌德县财政局政府购买服务内部流程和分工》等操作流程,确定第一批 12 项购买项目,并启动了部分项目,全年共实施政府购买服务 1454 万元。

【推动“三农”加快发展】一是大力发展精致高效农业。投入 810 万元,实施“一事一议”财政奖补项目;投入 1591 万元,实施农业综合开发项目,着力改善农村基础设施、村容村貌和农业生产条件,提高农业生产水平。二是美好乡村建设强力推进。整合预算投入 1500 万元,实施美好乡村分级创建,实现美好乡村中心村建设全覆盖。三是大力支持风情小镇建设。以一事一议推动美好乡村建设为载体,通过统筹项目安排,整合资金 1000 万元,投入风情小镇建设,快速提升乡镇集镇面貌。

【创新方式支持实体经济发展】综合运用奖励、贴息等财税政策,大力支持实体经济发展和产业结构调整。一是积极落实财政奖补政策。兑现企业发展奖补资金 2142 万元,积极扶持企业。二是做大做强担保机构。当年民营经济发展专项扶持资金省级安排 3938 万元,县级财政配套 1138 万元专项资金充实担保机构国有资本金,实现了县担保公司资本金超亿元的筹集工作。三是积极为企业融资提供服务。全年为企业提供融资服务总额 4.3 亿元。全面取消担保保证金,降低企业融资成本,促进小微企业和个体工商户的支持文化休闲旅游服务产业发展壮大。一是筹资 1000 万元,组建旌德县旅游发展公司,积极推进我县旅游资源整合和开发工作。二是设立文化旅游发展引导资金,支持文化旅游项目建设。三是多部门协作,整合各类资金 2823 万元,支持古民居、自驾游房车基地、绿色森林长廊等项目建设。

【民生工程保障有力】全年实施 33 项民生工程,各级财政投入 2.08 亿元,县级配套 0.51 亿元。

【支持城市重点项目建设】国投公司共筹资 3.3 亿元,用于重点项目工程建设,重点支持高铁站前广场、S323 篁嘉至新桥段改建、棚户区改造、江村大道西延段工程、灵芝广场等项目建设。

(旌德县财政局供稿)

铜陵市财政工作概况

铜陵市财政工作综述

【提升财政保障能力】优化财政收入结构,坚持把组织收入作为核心职能,依法加强税收征管,加快涉税平台建设,创新收入征管方式,完善收入考核办法,壮大地方可用财力,收入质量稳步提高。全年财政收入完成132.2亿元,同比增长1.6%;税收占财政收入比重达到85.6%,比上年提高2.1个百分点;地方收入占财政收入比重达到50.6%,总量首次超过上划中央收入。全力争取转移支付,建立月跟踪、月调度、月通报制度,全年到位上级转移支持资金33.6亿元,超额完成33亿元目标任务,比上年增长8%以上。激发区级发展活力,完善市区财政管理体制,从调整超收分成方式、坚持事权财权匹配、加大资金调度力度、规范招商引资政策等四个方面对现行财政体制进行微调,共下沉财力4000多万元,进一步调动区级发展经济积极性。积极挖掘管理潜力,认真开展资金、资产管理案例梳理和非税收入征管调研,有效杜绝资金跑冒滴漏。强化资金保值增值,市级财政专户资金收益首次超过亿元,达到1.2亿元,其中社保基金增值9500万元,其他收益2500万元;统筹安排非税资金1.2亿元,重点支持社会事业发展项目建设。

【推进财政重点改革】创新政府预算体系,首次编制包括公共财政预算、政府性基金预算、社保基金预算和国有资本经营预算在内的全口径预算,科学统筹、合理安排政府资金;同步编制城市维护资金、环保专项资金、教育费附加、科技研究与开发等资金计划,着力规范专项资金使用管理。创新政府购买服务,坚持"能购尽购",在全省率先出台政府购买服务目录、编制政府购买服务预算,及时制定政府购买服务实施意见及六个配套办法,实现由"养人"向"办事"转变。全市购买服务资金1.38亿元,其中市本级7500余万元,比上年增长50%以上。创新国库管理改革,首次单独编制直接支付预算,开通涉企资金绿色通道,对中央、省级明确到企业的资金,一周之内迅速拨付到位。全年项目支出直接支付比例95%,同比提升3个百分点。创新政府债务管理,强化风险防控,出台政府性债务管理实施意见及审批制度等在内的"1+1+6"政策体系,首次同步试编债务收支计划,下达新增融资规模控制数,严格控制融资成本。及时启动地方债务清理甄别,启用全新债务分类,逐步纳入全口径预算管理。

【服务全市经济发展】落实税费政策促进企业发展,认真落实国家各项减税政策,国地税共计减免5.7亿元,减轻企业税负;积极推动"营改增"试点,兑现补贴资金1亿元;全面开展涉企收费项目清理,停收204项收费项目。整合专项资金支持企业发展,共筹措"1+4"财政专项资金2.89亿元,增幅超过10%。通过资金整合,支持经济发展合力更加聚集、重点更加突出、使用更加高效,项目绩效评价优良率为80%。开展暖企行动扶持企业发展,各级财政筹措民营经济发展资金2.24亿元,补充担保机构国有资本金,改善中小微企业融资环境;兑现土地使用税扶持资金7400万元;及时拨付园区工业用地土地出让金,支持县区企业发展。改革资金投入方式,战略性新兴产业资金用于资本化运作8000万元,发挥财政资金引导放大作用。完善存贷考核助推企业发展,完善政府性资金存贷挂钩考核办法,实行"按季考核、每月兑现",直接与小微企业贷款增量挂钩,即时兑现政府性资金存款,激励银行加大贷款投放,有效缓解融资难问题。

【推动民生工程建设】加大民生保障力度,投入民生工程资金达14亿元,增长7.6%。迅速拨付渔民上岸安居工程补助资金1639万元、秸秆禁烧补助资金636万元、全面兑现"七老"人员补助。高质量实施民生工程,在全省首创将民生保险、城区停车场建设与管理纳入民生工程,并将大气污染综合治理作为"一号民生工程"实施。全面落实"一月一通报、一月一考评、一月一调度、一月一督查、一月一督办"五个一推进机制,被省民生办在全省推广,提前两个月完成民生工程任务目标。探索建后管养长效机制,出台建后管养购买服务办法,当年安排管养经费3400多万元,增长30%以上。采取分类指导,积极探索公建民营、市场化运作等建后管养模式,本市乡镇公办幼儿园公建民营、农村公路社会化养护等入选全省民生工程经典案例。完善全过程评价机制,坚持项目由群众提出、过程由群众监督、结果由群众评判的"三由"思路,精心组织项目调研,认真开展民意调查和绩效评价,主动邀请人大代表、政协委员、民生工程特邀监督员全过程参与监督民生工程。本市连续两年获全省民生工程绩效评价先进市,连续八年走在全省前列。

【提高财政绩效水平】强化"三公"经费管理,严格执行中央"八项规定",认真开展严肃财经纪律和"小金库"专项治理检查,实施"三公"经费总额控制,全年"三公"经费支出下降29.6%;及时出台会议费、接待费、培训费、差旅费等管理办法,构建厉行节约长效机制。强化预算绩效评价,对28个项目、3个部门及"1+4"财政专项资金、民生工程、政府购买服务资金开展绩效评价,对14个部门进行预算编制和执行情况检查,对10家单位开展会计信息质量检查,发现问题迅速整改落实到位。强化国有资产监管,建立国有资本经营预算制度,首次以政府令印发行政事业单位资产管理办法,制定落实行政事业单位资产配置标准,节约优化国有资产配置。强化预算信息公开,规范公开程序,扩大公开范围,同步公开财政预决算、部门预决算和"三公"经费预决算,在全省率先公开了部门决算和"三公"经费决算,广泛接受社会监督。

【提高财政服务能力】提升服务效能,实行牵头单位统一负责制,减少办事环节,提高办事效率,及时完成86项交办督办事项。完善推进机制,建立起"每月一计划、每月一督办、每月一通报"的工作推进制度,全年共落实重点工作任务211项。强化工作会商,坚持把会商作为服务部门的重要举措,围绕政策出台、预算编制、资金拨付等工作积极开展会商,累计组织工作会商732次。改进工作作风,认真践行"三严三实"要求,将教育实践活动与财政工作紧密结合,对需要整改的88项任务,严格落实"三张清单"工作法,坚持立行立改,并建立健全60项管理制度。

(铜陵市财政局供稿　方园)

铜官山区财政工作概述

【概况】2014年,全区实现财政收入16.71亿元(含海关收入),为年初预算的92.45%,同比增长2.53%,扣除海关收入部分为9.9亿元,为年初预算的100.12%,同比增长11.28%。其中区级一般预算收入6.68亿元,同比增长13.14%。2014年全年财政支出8.23亿元(含上级转移支付),为预算的109.82%,同比增长36.62%。

【大力组织财政收入】面对困难局面,加强经济形势分析,适时调整政策措施,努力实现财政收入与经济社会发展的同步增长。统筹安排国、地税的收入计划,按月调度收入任务;调动社区协护税积极性,共同努力组织零散税收,充实税源;逐一拜访税源企业,帮助企业协调解决发展中的问题,实现双赢;建立动态的每月财政收支分析和纳税50强统计分析,为决策提供参考;争取国税支持,全年安排免抵调指标4648万元,同比增长22.61%,增加额外的收入来源;积极向上争取转移支付资金,全年争取资金2.26亿元,较上年增长244.9%;注重财政收入质量,全年税收收入占财政收入的95.8%。

【优化调整财政支出】统筹安排好财政资金,保障区委、区政府各项重大决策落实。注重财力向"改善民生"倾斜,保持对教育、公共医疗卫生、社会保障和就业等民生投入，全年投入资金达6.79亿元,占全部财政支出82.5%,创历史新高;加大政府购买服务力度，全年安排区本级政府购买服务达到5000余万元;提升文明创建保障水平,安排创建专项资金1300万元，较上年增长44.44%;组织实施20项民生工程，区级财政应配套1518万元,实际到位1608万元,拨付率达105.93%。此外,配套管护资金278万元,民生工程考核位居前列;进一步压缩公共开支,一般公共服务支出8476万元,同比下降3.42%。

【服务经济发展大局】加大对区投融资平台的支持,向区建投公司增资1亿元,使区建投注册资本金达1.5亿元，江城保障房注册资金本金1.8亿元,将清泉楼优质商业资产注入区建投公司;对区担保中心连续第二年增资1000万元,随后追加增资300万元，同时区担保中心获得省担保集团增资1500万元,增加为中小企业担保1.4亿元额度。重点加大对现代服务业、高新技术企业、物流运输业、总部经济等产业的政策扶持,全年财政安排企业扶持资金1.06亿元。修改完善《铜官山区中小企业周转金使用管理办法》,对符合本区产业导向和重点纳税大户给予支持，全年累计帮扶企业共计约8000万元。

【统筹资金调度】会同相关职能部门,开展市、区土地出让金及征收安置资金的清算对接工作。积极与市财政对接，确保区本级土地出让收益及时足额到位；积极与市建投集团及市直各相关职能部门的协调沟通，确保各项目资金及时拨付到位;完善对各项目资金的动态调度及监控机制,确保项目进度不受影响,资金安全风险防范到位。全年累计筹措资金7.74亿元，拨付征迁安置资金8.68亿元,保障全区重点项目征迁工作顺利推进。

【加强财政监督】加强预算单位的财务监督，组织对十八个社区的办公经费、基础性物业管理经费、文明创建及小区整治经费、征迁经费等资金使用情况财务检查,累计检查资金额达4000多万元,规范了社区财务收支。加强预算分析和动态监控,狠抓预算执行进度,增强预算执行的均衡性;强力推进国库集中支付制度，全年通过集中支付资金4.57亿元,较上年增长14.83%。强化国有资产监管,严控国有投融资平台投融资活动,规范融资偿债计划,启动地方债务清理甄别工作,追缴国有股权投资收益,协调处理历史遗留问题。完善政府采购的一系列办法，建立规范的采购流程和机制,堵塞了采购漏洞,提高财政资金使用效益。全面启动固定资产清理登记工作，着手建立完善全区固定资产规范管理体系。继续规范预决算信息公开,扩大公开范围,同步公开财政预决算、部门预决算和“三公”经费预决算,全年“三公”经费支出下降38.8%。

（铜官山区财政局供稿）

狮子山区财政工作概述

【概况】2014年,狮子山区财政收入完成12.75亿元,同比下降0.9%,其中:地方收入3.89亿元,同比增长11.2%,上划中央收入8.86亿元,同比下降5.4%。税收收入占财政收入比重为96.5%。完成支出4.17亿元,同比增长22.2%。

【千方百计抓收入】面对实体经济经营困难、房地产市场疲软等不利的宏观形势，以收入工作为中心,创新思路、做好服务、深入挖潜,截至当年9月底全区实现公共财政预算收入4.52亿元,增长4.2%,财政收入增幅、税比两项指标均超全市平均水平。一是做好收入目标任务的分解落实,积极与税务部门协调对接。二是进一步加强税收源头维护，继续加大对格大市场税收的核定和征管工作。三是加强全区项目库建设,建立项目协税组与区相关部门之间及地税征管部门之间的项目信息共享对接机制，做好建安房地产及技改项目的项目地征管。四是继续做大营改增规模和基数,一方面巩固和吸引两头在外物流企业，另一方面加大对水运企业的引进与扶持。

【服务企业促转型】一是积极筹措资金支持企业发展,安排353万元专项资金对全区17家相关企业进行资助,助推企业工业转型升级;筹措560万元专项资金扶持红星美凯龙铜陵家具生活广场项目。二是加大对科技创新资金投入,全年预算内共安排科技发展资金280万元,用于科技研发。三是助推中小企业发展，积极兑现各类税收奖励资金,共计拨付企业营改增退税款1354万元支持企业发展。四是做好融资服务工作。继续为区属企业提供续贷资金扶持，保持政策的连续性；加强政银、银企合作,大力发展信用担保公司、小额贷款公司,改善中小企业的信贷环境。共计拨付区金融办民营经济发展专项扶持资金1820万元。

【国资管理趋规范】一是配合搬迁工作,区国资委牵头全面清查62家行政事业单位固定资产,各单位基本建立固定资产台账制度,通过清查、核实和汇总,全区固定资产管理质量得到进一步的提高。二是进一步加强政府性债务管理,对2013年政府性债务审计发现问题进行整改,认真编制债务收支计划,强化对政府性债务的审批管理,严格债务资金支出管理。切实防范债务风险。

【有控有促保民生】一是全面落实本区党政机关厉行节约各项规定,严格控制车辆购置运行经费,加强对区三公经费统计上报工作,对公务接待、公车运行及公车购置经费严格执行经费使用标准,促进各项经费的节约使用,保证更多的财力投向社会民生事业。二是积极落实24项民生工程,截至当年9月底,拨付区级配套资金801万元,拨付率达102.6%。优先保障就业创业、社会保障、医疗保险、住房保障、小区改造等方面的资金需求。三是积极推进城乡一体化建设,促进城乡统筹发展,加大"三农"支持力度。及时兑现各项涉农补贴资金,通过"一卡通",采取直补的方式,惠及于民,让老百姓切实感受到公共财政的阳光。累计拨付粮补资金、农机购置、家电下乡等各类涉农补贴27项,累计资金867万元。深入推进农村综合改革,积极开展村级公益事业建设"一事一议"财政奖补试点,加大农村基础设施投入,全力促进社会主义新农村建设。

【夯实基础强管理】一是在全区开展贯彻执行中央八项规定严肃财经纪律和"小金库"专项治理工作。通过自查自纠、重点检查和整改完善三个阶段的工作,有效规范全区77个党政机关、事业单位和社会团体财政财务管理秩序。二是制定相关文件,进一步加强和规范财务管理。由区财政局牵头草拟《狮子山区区级节庆、会展招商活动经费管理办法》《狮子山区区直机关事业单位会议管理办法》《狮子山区区直机关事业单位培训费管理办法》《狮子山区区直机关事业单位差旅费管理办法》和《狮子山区村级财务管理暂行办法》等文件,有效推进全区财务管理制度化和规范化。

(狮子山区财政局供稿)

郊区财政工作概述

2014年,全区完成财政收入16.44亿元,不含海关税收完成财政收入9.63亿元,为预算的102.3%,同比增长3.9%。全区财政支出完成6.87亿元,为预算的176.07%,同比增长12.63%。

【积极组织收入】面对经济形势错综复杂和经济下行的压力,把完成收入目标作为财政工作的重中之重,加大组织财政收入力度。一是加强收入分析调度。坚持每月召开财税分析会,摸清税源,强化收入调度,细化预算执行情况分析,为保持财政收入稳定增长提供重要保障。二是加强税收收入征管。通过严格依法强化税收征管,挖掘增收潜力,确保各项税收收入及时足额入库。三是加大对重点税源企业联系制度和"暖企"行动。区四大班子分别带队,联系重点税源企业,先后走访各类企业37家,帮助解决实际问题9个。四是积极争取转移支付资金。全年区直部门、乡(镇、办)及园区整理包装项目,向上争取各类转移支付资金1.42亿元,并及时下达资金,有力支持全区转型发展。

【优化支出结构】在经济下行资金运行紧张的情况下,财政部门科学调度,合理调整支出结构,保障了涉及民生、稳定、运行等方面资金需要。一是支持重点项目建设。筹措调度资金1934万元,支持区美好乡村、绿化提升、三线三边两小整治、农田水利、渔民上岸、码头整治及征地拆迁等重点项目需要。二是扶持企业发展壮大。及时兑现营改增奖励政策资金1739万元,促进企业做大做强,拨付节能减排资金3000万元,推进开源产业园基础设施建设。三是创新举措服务企业,拨付民营经济发展专项资金800万元,增加担保公司资本金,缓解小微企业发展的资金瓶颈问题。四是加大与市财政、市建投协调力度,最快速度拨入土地出让金分成部分,并及时拨付到项目单位,共拨付2014年土地出让金5400余万元,有效缓解区级资金困难局面。

【惠民生保稳定】积极筹集调度资金,加大对民生支出的投入力度,足额安排预算,及时拨付资金,全年区直民生类支出3.51亿元,占财政支出的比重为86.3%。一是支持民生发展,建立资金保障机制，全年实施的28项民生工程安排区级配套资金1383.5万元。二是支持教育优先发展。全区拨付教育支出7476万元，筹办民主小学建设有关事项，并安排用地报批费用72万元，落实义务教育保障机制。三是支持惠农政策落实。全面实行财政补贴农民资金管理和支付方式改革，对涉农补贴资金实行专户管理，专款专用，确保了种粮农民综合直补、农作物良种补贴、农机具补贴等惠农资金1822万元的及时足额拨付。四是支持完善社会保障体系。认真落实省市文件精神，对于事关民生的"老字号"人员生活补助、渔民上岸补助按时发放，共发放补助资金967万元。

【强化监督管理】加强制度建设，强化财政支出管理。一是建章立制，扎牢制度笼子，制定《铜陵市郊区区直机关差旅费管理办法》等一系列制度，规范资金管理。二是积极推进预、决算信息公开。扩大信息公开范围，细化公开内容，完善公开机制，提高预、决算信息的透明度，发挥信息公开的正面效应，努力打造透明政府。三是深入推进公务卡改革，进一步完善公务卡结算制度，实行公务卡强制结算目录行为。四是继续完善国库集中支付制度改革，努力扩大覆盖面，提高国库直接支付占比，提升工作效率。五是加强债务管理，编制债务收支计划，建立健全债务风险预警制度，妥善处理和化解存量债务，控制增量债务，有效降低地方性债务风险。

（郊区财政局供稿）

铜陵经济技术开发区财政工作概述

【概况】2014年，开发区财政收支继续保持快速健康运行，财政收支能力进一步增强，预算执行情况总体良好。开发区共组织财政收入20.06亿元，同比增长5.8%，完成预算目标的95.4%。其中：地方收入9.57亿元，同比增长14.3%，完成预算目标的108%；上划中央收入10.49亿元，同比下降1%，完成预算目标的86.3%。全年共完成财政支出8.96亿元，完成预算的106.6%，同比增长13%，同期共完成民生大类支出7.47亿元，占财政总支出的83.4%。

【积极组织财政收入】一是强化收入预测分析。按月进行财政收入的分析、预测，掌握收入动态，加强对房地产业、制造业、建筑业等重点行业税源变化对财政收入影响的趋势分析。二是加大税收征管力度。严格执行全市财政体制调整工作，在全区范围内查找税源、确定入库级次。根据全市财政体制调整要求，在全区范围内严格按照税收属地原则查找税源税户，防止税收跑冒滴漏现象发生，并确定专人与税务、财政部门跟踪对接，实地调查，对属于开发区的税收及时调整税收入库级次。

【支持经济发展】转变财政支持经济发展的方式，加大涵养财源的力度。全年财政预算内外共安排支持经济发展专项资金1.82亿元，重点用于对园区建设贴息补助、外贸贴息奖励和建立节能循环经济、清洁生产、第三产业发展、信息化建设等专项资金，实现财政从扶持企业个体向扶持平台建设、园区建设和重点行业转变，从注重投资规模向注重投资规模和投资质量并重、从注重经济效益向注重经济与社会效益并重转变。落实财税优惠政策，扶持企业发展，及时兑现企业优惠政策资金。

【推进财政改革】一是做好全年预算编制执行工作。及时将人大批准的财政预算下达给各部门单位，严格部门预算管理，强化预算约束，对各部门项目性经费严格控制在年初预算内；控制和压缩一般性则政支出；加大项目经费审核力度，提高财政资金效益。二是建立严格的预算执行机制。加强网络财政财务监督。三是严格"收支两条线"管理，深化资金管理方式改革。做好预算外资金收缴分离、罚没收入罚缴分离工作。继续深化机关资金管理方式改革，扩大财政集中支付范围。

【推进投融资】通过贷款、担保等融资手段，搭起企业和银行间的桥梁。受国家宏观政策的影响，银根紧缩，企业融资十分困难。为充分发挥财政扶持资金职能，经开区积极与担保公司、小额贷款公司等金融机构合作，拓展融资渠道，为融资发展提供服务。

【保障民生工程】积极开展民生工程大走访活动，深入家庭宣传民生政策，探索改进民生工程工作的措施和方法。按照"好中选优、需中选急、惠及多数、务实求效，积极而为、量力而行"的原则，坚持以人为本、顺应民意、巩固民生工程成果，扩大民生工程影响，完善政策体系，优化推进机制，强化资金保障,夯实基础工作,全力以赴抓好工作落实,不折不扣兑现各项惠民承诺。

【优化财政支出结构】重点支出得到保障,一般性支出得到控制。财政资金在极其紧张的局面下,千方百计做好筹融资工作,共完成对直属企业大江集团和集团总公司拨款4.2亿元,确保大征迁大建设的资金需求。在重点支出得到保障的同时,有效保障民生类支出。全年共完成民生大类支出7.47亿元,占财政总支出的83.46%。同时,大力压缩一般性公共服务支出,2014年在保证机关正常运行的前提下,压缩公务招待经费,一般公共服务支出全年完成2347万元,完成预算90.3%,较上年同期减少219万元。一般公务支出得到很好控制。

(铜陵经济技术开发区财政局供稿)

铜陵县财政工作概述

【概况】2014年,全县完成财政一般预算收入27.2亿元,占全年调整预算收入的100.7%,比上年实绩增加1.15亿元,同比增长4.4%。其中:地方财政收入13.37亿元,同比增长9.7%;县财税部门完成收入首次突破20亿元大关,达20.39亿元,同比增长15.5%;全县财政一般预算支出累计完成24.47亿元,同比增长11.3%。当年,铜陵县被评为第二批全国农村集体"三资"管理示范县、安徽省2014年县级支农资金整合A类先进县。县财政局被评为安徽省2014年农业综合开发先进单位。

【财政收入征管】一是践行一线工作法,积极主动与国税、地税及重点企业进行会商,预测分析收入形势,当好县委、县政府参谋。二是注重护税协税作用,调动乡镇护税、协税的积极性,杜绝税收"跑冒滴漏",确保应收尽收。尤其是乡镇财政分局的同志全面参与税收征管,对交通运输、重点项目建安营业税的征管充分发挥职能作用,两项税收同比有较大增长。三是重视非税收入征管,有效增加收入总量,全年完成非税收入3.45亿元。矿山规费征收创历史新高,不仅增加财力,还有效地监管企业依法经营。四是积极争取上级转移支付,全年到位资金7.8亿元,有效缓解县财政压力。

【优化支出结构】一是按照"轻重缓急"原则,统筹优化资金安排,压缩一般公共服务支出,全力保障民生和重点工程资金需求,优先保障渔民上岸工程、"老字号"群体工龄补助等支出。教育、医疗卫生、农林水等民生工程支出增长较快,占总支出的81.5%。医疗和教育领域财政保障工作在全省县区中长期位居前列。二是从严执行《"三公"经费管理办法》,控制"三公"经费支出,确保"三公"经费只减不增。4月份、7月份,县财政局行财股牵头会同县监察局、县委督查室、县政府督查室、县审计局成立5个检查组,对全县113个财政拨款的机关事业单位2013年、2014年三公经费开支情况进行了全覆盖专项检查,对遏制"三公"经费增长起到积极作用。三是完善支出追加方式,规范财政支出行为,规范财税优惠政策,提高财政资金使用效率。

【加强监督检查】一是加强各类财政监管。对县直部门财政预算编制执行情况、会计信息质量、"小金库"专项治理等项工作进行检查监督。2014年10—11月开展乡镇财务制度执行情况及专项资金检查。启动完善涉企资金监管工作。二是继续完善"收支两条线"和"票款分离"管理规定,严格票据的领、用、存、销程序。三是规范涉农资金管理,确保中央、省市县各级各种惠农补贴及时发放。全年通过"一卡通"发放的涉农资金达1.3亿元,铜陵县荣获"全省惠农补贴资金绩效评价"一等奖。四是完善财政支出绩效评价办法,健全绩效评价指标体系,开展财政公益性项目、支农项目资金绩效评价工作。

【保障民生工程】全年投入财政资金3.53亿元(其中县级配套超8000万元),组织实施36项民生工程,惠及全县95%以上的城乡居民。在实施过程中,县财政局将民生工程绩效评价与财政资金监管、预算编制、工作督查同布置、同考核,按要求圆满完成民生工程各项工作任务。

【加强政府性债务管理】一是严格政府债务管理。严格执行政府性债务管理办法,对融资平台公司实行名录管理,编制年度政府债务收支计划,加强政府性债务审批制度,合理调度、控制债务规模,建立债务风险警戒机制。二是依规甄别政府债务。制定了实施方案,组织甄别清理协调工作。分析研究国发〔2014〕43号文件及财政部、省厅、市局相关文件及会议精神,及时与上级债务管理部门对接。分析债务预警指标,合理确定政府债务。

经甄别确认,至2014年底,全县政府性债务余额35.66亿元,其中,一般债务余额26.72亿元,债务率45%;专项债务余额8.94亿元,债务率59.9%。

【扎实推进财政重点改革】一是推进预决算公开工作。县财政局通过成立机构、制定方案、细化公开科目、组织业务培训及统一公开内容和时限等步骤,于4月30日集中公开了2014年全县和部门预算,同步公开各单位的"三公"经费预算控制数;在县人大常委会批准财政决算20工作日内,于7月15日在县财政局门户网站集中对外公开2013年度财政决算和部门决算。二是清理专项转移支付。对于不同上级主管部门安排的相同或相近的项目,合并同类项,防止重复建设,造成资金浪费。完善农业、科技、土地、工业发展等项目资金申报、评审、审核、确认、公示程序,推进项目绩效评价,提高专项转移支付资金分配的科学、公平、公正、合理性。三是做好政府购买服务工作。通过建章立制、细化任务、明确责任、定期督查等措施,圆满完成各项工作任务。2014年确定15个单位、进行政府购买服务17大类25小项,涉项资金3815万元,其中县本级安排资金2300余万元。

【扎实推进重点工作】一是进一步加强国有资产管理。强化固定资产动态管理,认真做好资产清查调整;严格控制资产报废处置流程,防止国有资产流失;着力盘活国有存量资产,优化资源配置;加强国有企业及国有参股企业的资产管理工作,强化收益收缴力度。二是农业综合开发工作通过省级验收,国家农业综合开发现代农业园区试点项目申报进展顺利。农村综合改革示范试点进展顺利,"1+6"工作扎实有效推进。三是强化部门会商交流。完善与预算单位会商机制,换位思考、上门走访,切实在会商中研究落实财政政策、规范严格财政管理、完善执行财政制度、研究解决困难问题。全年共进行会商208次,其中对外会商153次,对内会商55次,局领导带队147次。

【深入开展教育实践活动】根据县委统一部署,扎实开展以"为民务实清廉"为主题的群众路线教育实践活动。一是认真组织,扎实推进。成立教育实践活动领导小组,制定实施方案,认真开展学习教育活动。二是广泛听取群众意见。共征求各方面意见与建议102条。三是狠抓立行立改。按照"三张清单"工作法要求,认真清理县委前期四批108个立行立改项目中确定由县财政局负责整改的项目,当年底基本办结。四是深刻剖析,认真对照检查。局党组领导班子深刻剖析,对照"四风"存在问题,认真撰写对照检查材料,严肃开展批评与自我批评。五是精心组织专题民主生活会。7月21日上午,在全县县直机关中率先召开了领导班子专题民主生活会,县委黄学龙书记全程参加并充分肯定活动取得成果。六是建章立制,扎实推进整改落实。制定领导班子整改方案、专项整治方案和制度建设计划,班子成员填报整改清单。七是巩固路线教育成果,进行回头看。全面梳理教育实践活动各环节内容,认真开展回头看活动,查缺补漏,上报教育实践活动回头看汇报材料。明确尚未整改完成问题的时限,确保教育实践活动取得成效。

(铜陵县财政局供稿)

池州市财政工作概况

池州市财政工作综述

【概况】2014年，全市财政收入完成92.09亿元，增长10.2%。其中：地方一般预算收入完成68.94亿元，增长5.1%，上划中央收入完成23.15亿元，增长25.5%。财政支出完成138.82亿元，增长6.2%。

【助力经济转型升级】一是支持“三区”建设和发展。累计拨付园区建设资金17.1亿元。拨付杏花村文化旅游建设资金3000万元，九华山机场航班和运营补贴4741万元。二是扶持民营经济发展。拨付民营经济发展资金1.05亿元。三是推进经济转型升级。市本级全年安排促进经济发展方式转变资金5.6亿元，兑现“商贸活市”资金0.6亿元，拨付科技资金2.04亿元、旅游发展资金1.03亿元。

【优先保障改善民生】全市紧紧围绕“五有+1”(学有所教、劳有所得、病有所医、老有所养、住有所居、农业和农村基础设施)目标，始终将保障改善民生放在财政支持的重点和首位，全年民生投入111.07亿元，增长11.4%，占财政支出80%，其中民生工程投入33.17亿元，较上年增长25%。加大保障房建设投入，争取国家开发银行贷款15亿元和中央预算内投资补助2.11亿元，引导企业投资2.92亿元。在全省率先执行计生特扶城乡统一标准，为全市899名计生特扶对象发放扶助金328万元。实施就业促进工程，10007人参加订单式定向培训，购买公益性岗位2521个，提供就业见习岗位516个。继续加大教育投入，全年教育支出14.8亿元，占全部财政支出的10.66%，发放困难学生助学金和减免学费3247万元。社会保障和就业支出12.88亿元，较上年增加8.9%。提高城乡低保救助标准，完善救助标准调整机制，累计发放农村低保资金5918万元，城市低保资金6238万元，其他生活救助资金2200万元。

【增强支农惠农力度】一是加大“三农”投入。全年农林水支出14亿元，目前三县一区均建有省级现代农业示范区。二是支持美好乡村建设。共拨付美好乡村建设专项资金2.1亿元，整合涉农资金10.26亿元，引导社会资金投入2.23亿元，34个美好乡村建设点全面开建。三是加大强农惠农补贴力度。通过“一卡通”共发放27项惠农补贴资金6.52亿元，累计惠及147万人次。四是全面开展一事一议财政奖补。实施“一事一议”财政奖补项目528个，投入资金8769.5万元。五是深入实施政策性农业保险。新增茶叶和淡水养殖特色农业保险，全市保费金额总计6227万元，农业生产风险保障总额达45.55亿元。六是积极支持农村综合改革示范试点工作。全年安排农村综合改革示范试点工作经费1352.66万元。

【着力深化财政改革】一是深化国资管理改革。修订市属国有企业经营业绩考核办法，进一步优化考核指标。积极培育国有资产资源交易市场，成功挂牌转让市机动车辆安全检测有限公司股权，增值1100万元。二是全面推进预决算公开。除涉密部门外，市县两级全部一级预算单位先后公开2014年部门预算和“三公”经费预算、2013年部门决算和“三公”经费决算。三是盘活财政存量资金。

改革财政管理资金存储管理模式，资金收益显著增加。四是强化“三公”经费及财政供养人员管理。认真落实中央“八项规定”,全年“三公”经费支出下降18.8%。五是稳步推进政府购买服务。出台《池州市政府购买服务目录》。池州市污水处理及市政排水设施政府购买服务项目列入财政部PPP首批示范项目,总投资达41.45亿元。六是加强政府性债务管理。将8家政府融资平台公司纳入全省政府融资平台公司名录管理,科学编制2014年政府性债务收支计划,加强审批管理、规范融资行为。七是做好“营改增”扩围试点。先后将邮政业、铁路运输业、电信业纳入“营改增”试点范围,全市纳入“营改增”试点纳税人2078户,累计入库“营改增”税收收入9.03亿元，拨付财政扶持资金4.98亿元。

【持续改进工作作风】一是狠抓群众路线教育。认真学习习近平总书记系列重要讲话精神,制定《池州市财政局深入开展党的群众路线教育实践活动实施方案》,以“三严三实”为标杆,广泛征求意见,集中查摆和解决“四风”问题。二是强化部门会商交流和财政帮联工作。全年开展会商3780次,其中对外会商2437次，对内会商1343次，解决问题3421个。三是深化机关效能建设。制发《市财政局关于改进工作作风若干规定》,从改进调查研究等8个方面,明确30条具体规定,规范财政工作人员各项行为。四是加强党风廉政建设。全面落实党风廉政建设责任制,按照“一岗双责”和“分级负责”的要求,切实履行“第一责任人”职责,一级抓一级,层层抓落实。多种形式开展廉政宣传教育,组织观看各类违纪违法典型案件警示教育片，前往铜陵监狱、皖南烈士陵园开展廉政和革命传统教育,提醒广大干部职工时刻保持廉洁意识。

（池州市财政局供稿　张明）

贵池区财政工作概述

【概况】2014年，全区财政收入实现24.43亿元,占年初预算数的100.04%,比上年增收2.81亿元，增长13.1%。财政支出为33亿元，完成预算146.2%,增长2.6%。

【收入稳定增长】区委、区政府把财税工作列为各项工作的重中之重和综合考核的主要指标，多次组织召开财税分析会议，分析全区经济运行情况和当前财税工作面临的形势,及时查找问题,采取应对之策,切实加强对收入征管工作的领导。

【优化财政支出结构】严格执行《预算法》,提高预算编制的科学性、准确性和精细化,加快建立结构合理、操作规范、运行高效、管理科学、公开透明的财政运行体制,完善公用经费定额标准体系,细化项目支出预算编制，建立规范的预算追加调整制度,提高预算执行率。全力做好财政供给人员工资和行政及行政事业单位离退休人员生活补助的发放;加强资金调度和工资专户管理,确保党政机关正常运转。

【加强融资平台建设】一是加大重点项目投融资力度,确保资金及时足额到位,同时加强资金监管,确保资金安全高效。二是加大对民生担保公司的资本投入，增强其造血功能，提升融资担保能力,全年实现在保余额10.8亿元,为本区中小企业的发展提供有力支持。

【落实惠民政策】抓好民生工程。全年实施省33项民生工程共需资金9.53亿元,其中,中央和省级资金6.91亿元,区级配套1.17亿元,其他资金1.45亿元。全年民生支出25.1亿元,资金到位率和资金拨付率均为100%。搞好农发项目。一是继续推进2013年农业综合开发杏花村中低产田改造项目和墩上中低产田改造项目；二是认真编制2014年农业综合开发杏花村高标准农田建设项目正按计划在整体推进；三是加大对农发项目资金管理,实行　专人、专账、专户　的“三专”管理制度,减少拨款环节,提高资金运行速度和安全。抓好一事一议。按照一事一议财政奖补试点和民生工程工作要求，扎实开展一事一议财政奖补规范管理年活动，进一步完善相关制度措施，规范程序,加强监管,认真组织实施。截至当年底,批复一事一议财政奖补项目159个，涉及159个村（社区)，项目投入资金总计2576.99万元，完工158个项目。政策性农业保险。开展8个险种的政策性农业保险,新增森林和烟叶两个险种,其中水稻承保60.07万亩,棉花承保8.4万亩,玉米承保4.2万亩,小麦承保11.4万亩,油菜承保18.6万亩,累计保费为1863.5万元，能繁母猪承保8030万头,保费为48.2万元,新增的森林保险承保164.7

万亩,保费为325.3万元,烟叶承保807亩,保费为5.6万元。美好乡村建设。强化资金整合力度,全力整合涉农资金。将美好乡村建设资金列入财政预算,从2013年起每年将在财政预算中安排不少于1000万,作为美好乡村建设工作专项资金。加强资金管理,制定《池州市贵池区美好乡村专项资金拨付管理的意见》,保障美好乡村建设需要。

【加强队伍建设】加强制度建设。建立健全财政系统行政效能长效机制,进一步改进机关工作作风,增强为民服务意识,提高财政系统行政效能、廉政建设和服务质量。强化责任追究、制度创新,确保制度的严肃性、约束力、可执行性和制度执行的易监督性。加大政风行风建设。区财政局根据自身工作实际,制定出切实可行的行业行为规范,做到依法行政,公平、公正、公开办事,恪守职业道德,端正行业风气。随着财政改革的不断深入,加大对窗口单位的投入,要求各窗口单位在加大征管力度的同时,推行首问负责制、服务承诺制等制度,提升窗口形象,切实做好为民服务工作。党风廉政建设。根据省、市、区反腐倡廉建设总体要求,区财政局要求各财政分局、二级机构组织干部职工认真学习中央"八项规定"及省、市、区关于进一步改进工作作风、密切联系群众的文件精神。高度重视廉政建设,区会计核算中心严把"三公"经费入账关;区采购中心严格按照程序办事,公平、公开、公正。

(贵池区财政局供稿 高斌)

东至县财政工作概述

【概况】2014年,全县财政收入完成12.91亿元,同比增长10.1%,增幅位居全市第二。全县非税收入占比17.7%,较上年下降2.1个百分点;主体税收占地方税收比重较上年上升4.2个百分点,财政经济发展步入稳中向好、中速增长的新常态。乡镇财政收入完成10.07亿元,同比增长13.9%,并首次突破10亿元大关。全县财力25.6亿元,增长3%,争取新增转移支付5847万元,增长4%;乡镇一般公共预算财力5.2亿元,增长11.3%,县乡财政实力稳步提升。

【支持县域经济发展】一是支持重点项目建设。安排资金5.7亿元,引导社会资本近20亿元,推进县级重点工程建设。东九高速主体工程完工,东尧一级公路进展顺利;市民文化广场正式启用,城区展现新貌,并成功创建省级文明县城;开发区及重点乡镇城区路网框架进一步拉开,综合承载能力进一步提升;汇金商业广场投入运营,新天地商业综合体、金字牌农贸市场基本建成;八百通物联网产业园、汉唐建材城、洁源汽贸大市场等项目稳步推进。二是扶持实体经济发展。安排工业产业发展与扶持资金3500万元,推进工业强县战略,培育主导产业。拨付资金316万元,支持企业科技创新与品牌商标战略;争取专项转移支付资金3100万元,淘汰落后产能,促进企业转型升级;兑现工业企业奖补资金1034万元,普洛康裕、众望、广信农化等企业重点项目建设加快推进;严格落实小微企业起征点提高、"营改增"扩围、涉企收费清理等减税清费政策,减轻企业负担9600万元。三是促进中小企业融资。实行金融机构存贷挂钩考核制度,强化信贷投放调度,全年金融机构各项贷款增长22.4%,位居全市三县之首,高出全市平均增幅7个百分点;增强担保公司融资担保能力,众泰小贷公司当年增加注册资本金6000万元,全年为353户企业累计发放贷款3.12亿元;中信担保公司增加注册资本金2800万元,年末在保贷款余额增长28%。支持辅导嘉智信诺化工、天利粮油成功在"新三板"、"四板"挂牌上市,直接融资2亿元,实现池州市企业"新三板"挂牌零的突破;同时,政府平台全年融资到位资金4.7亿元,争取中央转贷地方政府债券1.12亿元。

【全力保障和改善民生】坚持财力向民生领域倾斜,13类民生支出20.67亿元,占财政总支出的80%,较上年提高2个百分点。推进33项民生工程建设,投入资金7.38亿元,增长20.2%,着力构建五个"民生圈",提升群众幸福指数。一是优化"社保圈"。增加支出400万元,及时调整企业退休人员基本养老金,提高新型农村合作医疗筹资标准;拨付资金6559万元,完善城乡低保、五保、孤儿和医疗救助制度;发放"老字号"群体困难补助810万元,发放高龄老人生活补贴170万元;投入资金1320万元,推进基本公共卫生服务建设;拨付药品零差率补助313万元,支持公立医院改革。二是跟进"教育圈"。拨付资金1.2亿元,支持农村薄弱学校改造、胜利教育园区以及乡镇学前教育建设,改善农村办学条件,促进城乡教育均衡发展;拨付资金5581万元,完善义务教育保障机制,受益学生57863人。三是营造“安居圈”。投入资金3.6亿元,棚户区改造及公租房项目及时开工建设,农村危房改造项目全面完成;发放348户住房租赁补贴65万元;开展农村住房保险试点工作,参保12.7万户,全年理赔资金67.8万元;拨付渔民上岸工程资金363万元,全县226户渔民全部上岸居住,结束“水上漂”的历史。四是扩大“就业圈”。完成就业技能培训2000人,发放补助66.9万元;开发公益性岗位511个,发放补贴432.6万元;开发高校毕业生基层特定岗位57个,组织高校毕业生参加就业见习40名。五是打造“文化圈”。拨付资金115万元,县文化馆、图书馆及15个乡镇综合文化站全部免费开放;实施农村文化建设专项补助,送电影下乡3020场,开展体育活动386场,文艺演出329场;实施广播电视村村通工程,270个盲村和1个基站建设任务全面完成。

【统筹城乡发展】一是推进美好乡村建设。安排专项资金2500万元,整合涉农资金3.56亿元,吸引社会资金6950万元,大力促进美好乡村建设。31个中心村已建成,首批7个省级重点中心村通过验收;全县4个村列入中国传统村落名录,16个村入围安徽省传统村落,入围数居全市第一。二是大力支持农业发展。争取专项转移支付资金1529万元,县级安排专项资金200万元,扶持农业产业化发展。兴农菌业等一批农业产业化龙头企业不断做大做强;拨付资金683万元,促进农业科技成果转化、农业新技术推广运用和农业科技下村入户;加强惠农补贴资金管理,全年发放涉农补贴资金2.4亿元,受惠农户15万户。三是推进农村基础设施建设。投入资金2.3亿元,加大农村基础设施建设。改造小型泵站更新1250千瓦;加固小型涵闸14座;改造中小型灌区3.1万亩;扩挖塘坝675口;清淤河沟170条;实施农村饮水安全工程项目24个;加固改造农村公路危桥25座;实施农村一事一议财政奖补项目206个,受益人口38.2万人;实施农业综合开发,东流、洋湖土地治理高标准农田建设1.96万亩。四是加强农业生产风险保障。推进政策性农业保险扩面提标,全年保费投入2743万元,提供农业风险保障3亿元,全年兑现农业灾情理赔资金1565万元,帮助农民灾后恢复生产,确保农村农业稳定。五是强化农村“三资”管理。加强了村集体票据管理,组织村级财务报账员开展了二次业务培训,对农村集体财务进行了互审和资金管理督查。全年无一例“三资”上访事件。

【深化财政体制改革】一是推进预算管理体制改革。编制全口径政府预算。继续编制一般公共预算、政府性基金预算、国有资本经营预算、社保基金预算“四大预算”,并加强之间衔接,增加政府统筹能力;延长部门预算编制周期,完善部门预算定额体系,提高部门预算编制质量;坚持实行“开门办预算”,聘请县人大代表、县政协委员及专业技术人员,对10个单位的部门预算及社会关注度高的民生类支出开展预算编制评审监督。严格预算执行。加强预算调整管理,严格预算追加,当年11月份之前,不办理部门运转性经费预算追加,县级项目预算追加实行严格的政府审批制度。全年预算追加同比减少450万元,下降35%以上,提高预算执行刚性约束。推进预决算信息公开。按照“两上两下、两审两公开”的程序,64个部门预决算及“三公”经费预决算,按统一时间集中在政府信息网及部门网站公开。完善财政管理体制。开展县乡财政管理体制运行调研评估活动,听取部分乡镇对体制中期调整建议,及时解决体制运行中的问题。县财政安排资金362.4万元,加大对乡镇烟叶税专项转移支付,缓解山区乡镇财力困难。规范政府性债务管理。试编政府性债务收支计划,并纳入全口径政府预算体系;严格政府性债务预算审批,全年发放政府债务融资卡额度5亿元;严守逾期债务率、债务率和偿债率三项指标,有效防范政府债务风险。强化“三公”经费管理。编制“三公”经费预算,严格预算执行,按照“四单齐全”的要求结算“三公”经费支出,做到月结月清,不跨年度结账。统一设置科目,单独列示“三公”经费,定期进行通报,并进行信息公开。全年“三公”经费支出4263.6万元,同比下降13%。二是推进国库管理体制改革。完善国库集中支付制度。进一步界定国库直接支付和授权支付的范围,提高国库直接支付比例,全年国库直接支付资金9.4亿元,占财政支出的36.4%;扩大公务卡结算范围,切实减少现金支付比例,全年公务卡结算额度增长3倍以上;推进财政平台一体化信息系统运用，提高国库集中支付信息化水平，全年通过财政平台一体化系统下达预算指标6.3亿元，占全年预算指标的48.5%。加强资金调度管理。建立完善乡镇财政收支月报制度，动态掌握乡镇财力情况；建立大额资金调度内部会商机制，对重大项目调度、超财力调度，实行国库、预算、经建等重点科室会商制度，保证资金调度科学可控。清理规范专项转移支付。结合乡镇财政体制，将部分专项补助调整为一般性转移支付；结合部门预算编制，清理归并部门专项业务费；结合涉农资金整合，清理相关专项资金用于美好乡村建设；结合涉企专项资金管理，将部分企业发展资金整合用于增加担保公司注册资本金。盘活财政存量资金。加大应收款清收力度，经确认形成呆账的，报政府审批予以冲销；分类处理暂存款项，对部分挂账超过三年的，实行平衡预算处理，全年累计清理往来款项3.2亿元，盘活存量资金8700万元。同时，加强财政专户管理，加快专户资金拨付进度，减少专户资金滞留，年底专户资金余额大幅下降。三是推进财税体制改革。扩大"营改增"改革试点。会同国税、地税部门精心准备，制定方案，开展政策宣传，按规定时间节点，将电信业纳入"营改增"改革试点范围；用活"营改增"过渡期扶持办法，大力引进物流等企业，截至当年底，全县"营改增"改革试点企业332户，累计入库税款3.4亿元。推进非税收入征管改革。严格"收支两条线"管理，加强非税网络建设，实现网上数据传输与票据缴销同步，达到"以票控费"目标。贯彻国务院关于行政事业性收费清理要求，会同县物价部门清理取消水务、工商、林业、统计等部门收费项目20余项。推进政府购买服务改革。采取先试点后铺开的办法启动政府购买服务改革试点。重点选择县城区卫生保洁，县政务中心安全保卫与物业管理、县公安局高清视频监控等实行政府购买服务，金额达1185万元。推进财政"大监督"改革。自觉接受县人大及其常委会法律监督，按时报告预算执行、政府性债务以及预算收支调整情况，及时办结人大代表建议、政协委员提案41案；开展血防及农村安全饮用水项目专项检查，整改规范资金796万元；开展财政投资评审，评审项目302个，送审金额7.6亿元，审减资金0.9亿元；实行乡镇财政资金监管全覆盖，全年纳入监管资金5.5亿元；开展医药、公共交通等重点民生行业会计信息质量检查，查出不合规资金2440万元，补缴各项税款64万元。推进国有资产管理改革。对道路及公共场所广告经营权、国有湖面经营权、国有山场经营权等资源性资产进行重点监管，扩大国有资产管理范围，并通过公开拍卖的方式增加国有资产收益2000余万元。严格国有资产处置程序，实行国有资产处置报批制，确保国有资产保值增值。推进政府采购管理改革。加强采购信息发布管理，推进政府采购电子化建设，实现政府采购全流程电子化监督。全年组织集中采购76次，节约资金763.8万元，节约率11.4%。

【加强财政作风建设】开展财政"作风建设年"活动。以党的群众路线教育实践活动为契机，以"为民理财促发展、务实清廉惠民生"为主要内容，深入查摆"四风"问题128条，及时制定整改措施，切实改进思想作风，全面优化学风，转变工作作风，端正生活作风。推进财政部门会商工作。将财政部门会商作为财政服务单位、联系沟通、发现问题、解决问题的一种常态化形式，作为改进工作作风的重要载体。全年会商387次，形成会商纪要120篇，解决落实会商工作307项。开展干部交流轮岗。全年财政系统交流轮岗38人次，促进干部队伍的合理流动、多岗锻炼，增添活力。加强财政文化建设。将财政文化建设与财政业务结合起来，组织干部职工参加省市县培训班学习，加强在线教育学习督查指导，在线教育合格率达100%；将财政文化建设与开展机关活动结合起来，组织参加全县庆祝建国65周年汇报演出，开展"我说财政干部幸福观"演讲、职工乒乓球、登山、拔河等比赛活动；将财政文化建设与财政宣传结合起来，2014年在全省29个信息直报点考核中位列第二名。

（东至县财政局供稿　钱钟龄）

石台县财政工作概述

【概况】2014年，全县公共财政预算收入完成2.05亿元，为年初预算的100.2%，比上年增收1473万元，增长8%。全县公共财政支出完成9.3亿元，比上年增支6026万元，增长6.9%，债务还本支出1000万元。

【财政重点改革取得新成效】一是推进预算信息公开改革。在县政府网站和部门网站全面公开县级政府、部门及“三公”经费 2013 年度决算及 2014 年度预算。“三公”经费支出比去年同期下降 42.7%。二是推进“营改增”试点工作。新纳入“营改增”试点范围的邮政业、电信业分别于 1 月 1 日、6 月 1 日完成税制转换并运行。三是推进国库管理制度改革。全面完成乡镇国库集中支付改革,实现 124 个县本级、64 个乡镇预算单位全覆盖,通过“一体化”平台支付资金 3.58 亿元。顺利完成 69 个县本级预算单位会计核算向国库集中支付转轨工作。引导预算单位通过公务卡结算公务支出 195 万元,同比增长 101%。四是完善县乡财政管理体制及社区经费保障机制。理顺县乡分配关系,微调乡镇财政管理体制,提高乡镇财政保障水平。印发《石台县社区经费财政补助与管理办法》《石台县村级组织经费财政补助与管理办法》,为村(居)委员会履行管理和服务职能提供有力的财政保障。五是推进政府购买服务工作。制定《石台县政府购买服务指导目录》,组织县直及乡镇 11 个部门申报 21 个项目开展试点。六是推进政府性债务管理改革。出台《石台县人民政府关于加强政府性债务管理的意见》和《石台县政府偿债准备金管理暂行办法》,对现有存量政府性债务进行核实、清理、甄别,试编政府性债务收支计划。七是支持重点领域改革。严格执行县级公立医院综合改革药品零差率补助政策,投入资金 454 万元保障县级公立医院综合改革及基层医药卫生体制改革。安排专项资金 1483 万元全额保障政法经费。

【财政服务发展再上新台阶】一是持续加大对上争取。累计争取上级补助资金 7.16 亿元,其中一般转移支付资金 4.65 亿元,较上年增加 0.56 亿元,增幅 13.6%,高于地方财政收入增幅 6.1 个百分点。二是有效保障项目建设。累计投入基本建设资金 2.93 亿元,有效保障农村基础设施、交通基础设施、保障性住房、环境保护、秋浦河治理以及市政工程等重点项目建设。三是支持实体经济发展。落实财政扶持及税费减免政策,及时拨付专项资金 3411 万元。安排专项基金 2000 万元,扶持实体经济发展。加强担保体系建设,充实县融资性担保公司注册资本金至 1 亿元,新增 2 家合作银行,全年为 59 户中小企业、个体工商户和农户提供担保贷款 1.34 亿元,在保余额 1.56 亿元,有效缓解中小企业“融资难”。促进财政金融结合,安排财政奖补及贴息资金 1690 万元对下岗再就业人员、劳动密集型企业贷款予以贴息。推进企业直接融资并取得突破,天方茶苑有限公司在深圳前海股权交易中心成功挂牌,吸收外来资金 4700 万元。四是推进金融服务。引进金融机构,石台扬子村镇银行、徽商银行石台县支行正式开业运营。举办专场银企对接会、实地走访开展银企对接活动,对接企业 32 户,协议金额 3.89 亿元、履约金额 2.18 亿元。五是推进政府融资工作。会同相关部门认真谋划项目,主动与金融机构及上级部门对接,多方位筹措资金支持城市及景区建设,全年融资到位资金 1.29 亿元。

【财政惠及民生迈入新阶段】坚持以保障和改善民生为重点,积极调整和优化财政支出结构,将更多的政府性资金投向民生领域,全县民生支出 7.48 亿元,占全县财政支出的 80.4%,增长 8.6%,增量占财政支出增量的 97.7%。一是推进民生工程建设。累计投入 2.23 亿元全面完成 33 项民生工程。投入 535 万元对 8 个符合条件项目的运行、管护试行政府购买服务。完善民生工程管养办法,落实民生工程管养资金 614 万元。二是促进教育文化事业发展。加强农村义务教育经费保障,拨付义务教育经费 1113 万元、免费提供义务教育教科书价值 96 万元,资助农村家庭经济困难贫困寄宿生、中职及普通高中家庭经济困难学生、学前教育及贫困大学生 311 万元,免除计划内高中阶段和中职学生学费 292 万元。投入资金 960 万元维修改造农村中小学校舍,新开工建设 5 所、改扩建 1 所乡镇幼儿园。投入资金 690 万元提升基层文化服务水平,促进人口与计生事业和谐发展。三是加强社会保障和就业工作。全年社会保障与就业支出 1.21 亿元,保障覆盖面进一步扩大。再次调整企业退休人员养老金、城乡低保及农村五保供养标准。安排 343 万元落实“老字号”群体生活补助政策。积极推进社区养老和日间照料中心建设。实施就业扶持工作,安排 12 万元实施稳定岗位补贴政策。加快保障性安居工程建设,发放廉租住房补贴 65 万元,投入 1390 万元建设保障性住房。

【财政支农惠农创造新佳绩】一是全面落实强农惠农富农政策。扎实开展惠农补贴“一卡通”专用存折清理工作，发放28279张专用存折。通过“一卡通”平台发布惠农政策信息18万条、发放财政补贴资金7446万元。落实402万元推进水稻、棉花、油菜等政策性及茶叶、大棚蔬菜等特色农业保险，承保农作物面积6.6万亩、森林151万亩、能繁母猪1531头、烟叶534亩、大棚蔬菜228亩、茶叶2.2万亩。全年理赔金额187万元，受益农户7873户次。二是支持农田水利建设。统筹财政支农资金9658万元改善农业基础设施，其中用于小农水重点县项目资金2300万元、小型农田水利改造提升工程资金306万元。三是支持现代农业发展。总投资770.8万元的七都镇中低产改造项目全面完成，小河镇种粮大户项目完成工程量的70%，小河镇高标准农田项目开工建设，矶滩乡农业生态综合治理项目前期工作完成。投入70万元支持七井七宝、丁香林茶等专业合作社建设。争取700万元资金实施现代农业(茶产业)生产发展项目。四是支持美好乡村建设。加大财政资金投入、涉农资金整合和财政资金引导力度，全年投入资金2308万元、整合资金1.2亿元、吸引社会资金4600万元推进中心村建设和自然村治理，全力打造农民幸福生活美好家园。五是深化农村综合改革。充分发挥财政奖补政策效应，奖补483万元支持80个一事一议项目建设，受益人口3.2万人。投入280万元开展财政奖补支持美好乡村建设试点工作。深化国有林场税费改革，整合50万元资金支持3个国有林场公益事业建设。落实村级组织运转经费保障机制，补助村级经费630万元，比上年度增加84.6万元，增长15.5%。

【财政管理水平得到新提升】以贯彻实施《安徽省财政监督条例》为契机，依法加强监督管理，不断提升财政科学化精细化管理水平。一是强化预算编制及执行管理。规范预算编制程序，细化预算编制内容，完善支出标准体系，加强机构人员、编制和经费供给管理。强化预算刚性约束，严格控制一般性支出。二是加强财政监督管理。对20个部门组织开展行政事业单位专项检查及内部监督检查工作。扎实推进全县135个部门和单位“小金库”专项治理工作。加大基本建设项目预决算审查力度，组织实施预算审查项目93个、审减金额1305万元、平均审减率6.36%，决算审查项目40个、审减金额905万元、平均审减率14%。加强政府采购管理，全年实现政府采购金额2916万元，节约资金609万元，资金节约率17.2%。推进会计信息化建设，开展会计从业人员继续教育，完成631名会计从业人员注册登记工作。三是加强国有资产管理。开展土地、房产等国有资产清查核实及行政事业单位土地、房产权属证书办理工作，借助县城投公司平台推进国有资产运营工作，提升资产整体效用。规范资产处置程序，公开拍卖所得收入404万元。四是强化财政基层管理。深入推进乡镇财政分局档案标准化建设工作，发挥档案服务经济发展作用，6个财政分局档案管理工作顺利通过省一级考核验收。乡镇财政资金监管系统正式建成并运行，运用信息化手段科学高效监管乡镇财政资金。加强干部队伍建设，加大干部教育培训力度，提高干部队伍整体素质，逐步充实基层分局工作人员。

【财政作风建设形成新常态】一是扎实开展党的群众路线教育实践活动。按照“照镜子、正衣冠、洗洗澡、治治病”总要求，围绕“为民理财促发展、务实清廉惠民生”主题，以县委“强责任、敢担当、转作风、促发展”专题活动为载体，深入查摆“四风”突出问题和关系群众切身利益的问题、群众反映强烈的不正之风问题、联系服务群众“最后一公里”问题，认真开展批评和自我批评，扎实做好整改落实，全面开展专项整治工作，建立和完善相关制度规定，巩固“四风”整治成果，推动作风建设常态化、长效化。二是强化党风廉政责任制建设。深入推进反腐倡廉建设，全面落实党风廉政责任制和“一岗双责”制度，强化党风廉政建设党组主体责任和纪委监督责任，年初局机关中层以上干部及分局主要负责人均签订《廉洁自律承诺书》。经常性开展警示教育活动，保证财政工作清正、财政干部清廉、财政作风清明。三是加强财政干部作风建设。出台《石台县财政局职工违反机关作风建设制度处理规定》《石台县财政局机关考勤管理办法》，局纪检组不定期开展作风巡查。四是强化内部管理。出台《石台县财政局机关经费支出管理办法》，进一步加强经费管理，规范支出行为，强化内部监督。公务接待严格实行“四单合一”制度。五是认真做好结对帮扶。深入开展与基层党组织的结对共建，务实推进“结对到贫困村、帮扶到困难户”，开展“单位包村、干部包户”定点帮扶，推动财政部门深入基层、服务群众常态化制度化。六是健全与县直预算单位会商机制。开展预算会商441次,有效防范财政财务风险、加强财务制度建设、提升预算管理水平。

(石台县财政局供稿 陈庆亮)

青阳县财政工作概述

【概况】2014年,全县完成财政收入14亿元,完成调整预算的100%,同比增长6.3%。财政支出20.5亿元,同比增长3.7%,其中民生类支出15.12亿元,占财政支出的73.7%。

【支持经济发展】一是保障重点项目建设,增强经济发展活力。安排南部新城等重点项目5.12亿元。二是加大企业支持力度,不断培植财源。安排企业发展和奖励资金4611万元,"营改增"扶持资金11095万元,发放小额担保贷款1230万元。三是推进美好乡村建设。突出"三线三边"城乡环境综合整治,做好第二批8个中心村和"一核三线三片"泛旅游示范区美好乡村示范点建设,安排美好乡村财政专项资金2170万元,整合涉农资金12316万元。四是争取上级扶持资金。围绕战略性新兴产业、社会民生、新型城镇化等重点领域,2014年共争取到省专项及一般转移支付8.8亿元,省债券转贷资金1.13亿元。

【深化财政改革】一是稳步推进预决算和"三公"经费公开,全县财政预决算、县级55个部门预决算和"三公"经费在网上平稳有序公开。二是继续推进国库集中支付制度改革,实施财政专项资金管理改革,盘活财政存量资金,推动政府购买服务改革。三是加强政府性债务管理,强化举债审批,规范举债程序,编制政府性债务收支计划,建立政府偿债基金,安排偿债准备金2.48亿元,印发《青阳县关于加强政府性债务审批管理的通知》,设立政府债务管理办公室。四是完善国有资本经营预算制度,出台《青阳县国有资产管理暂行办法》,对县直行政事业单位和县属国有(集体)企业单位进行资产清理登记,为2015年编制国有资本经营预算打下基础。

【倾力保障民生】一是深入推进33项民生工程,将财力向民生倾斜。2014年预算投入资金4.81亿元,实际筹集到位4.95亿元,其中:县级配套5538万元。二是落实强农惠民政策,推进农村社会事业发展。发放涉农补贴1.15亿元,拨付农业综合开发资金3510万元,支农专项资金6707万元,一事一议奖补资金1408万元。三是发挥公共财政效应,推进社会事业发展。安排教育支出2.49亿元,医疗卫生与计生支出2.24亿元,文化支出2847万元,科技支出4705万元,公共安全支出6633万元。四是加大社会保障力度,提升群众幸福指数。安排养老、医疗、低保、就业等社保资金4.27亿元。

【加强作风建设】一是扎实开展贯彻执行中央八项规定、严肃财经纪律、"小金库"、美好乡村资金、财政涉农资金等监督检查。二是深入开展党的群众路线教育实践活动,建立健全作风建设长效机制。三是狠抓党风廉政责任制建设,强化局党组的主体责任和纪检组的监督责任。四是强化内部管理,加强公务用车管理,规范公务接待行为,公开服务承诺和监督举报电话,设立离岗告知牌,保证财政工作清正、财政干部清廉、财政作风清明。

(青阳县财政局供稿 项之明)

九华山风景区财政工作概述

【概况】2014年,财政收入完成4.8亿元,同比增长6.5%,财政支出3.84亿元。

【财政收入】一是当年旅游发展形势严峻,旅客量比上年略有增长,但总体消费水平下降明显。管委会着力优化景区旅游环境,进一步加大营销力度,保证门票收入继续增长。二是积极支持加大营销力度,依托九华山机场的正式运营,积极参加各地的旅游营销活动,进一步拓展旅游市场覆盖面,门票销售收入不断增长。三是收入调度力度进一步加大,保证收入有序入库。及时与国税、征管、地税、门票联系沟通,了解收入进度,合理调度,做到收入均衡入库。四是强化工程建设领域发票监管,防止税源流失。继续加强对政府性投资项目的发票审核,严格执行风景区建设、风景区纳税的有关要求,确保风景区政府性投资项目税收的征缴。五是与部门的配合加强,保证土地出让金的入库。继续加强与国土分局、建设环保处等部门的配合协调,确保土地出让金的及时足额征收,全年共组织土地出让金收入 1138 万元。

【财政支出】一是及时拨付各项经费,保障部门有效运转。采取"二上二下"预算编制方式,科学合理进行安排,进一步保障机关事业单位的正常运转。二是合理安排支出进度,重点保障民生和重点建设支出。三是加大对民营经济发展扶持力度。积极争取落实中央 36 条及省、市、管委会各项优惠措施,2013 年新增预算 500 万元支持民营经济发展专项资金,鼓励全面创业,新增安排 100 万元乡村旅游发展基金,推动以农家乐为主的乡村旅游发展,拨付申报纳限和农家乐奖励资金 20 万元。四是着力建立健全严控"三公"经费的长效机制,进一步强化"三公"经费管理。

【惠民措施】一是及时发放各项补贴资金。全年共通过"一卡通"累计发放 21 类涉农补贴 1453.3 万元。二是做好农村公路运输石油价格补贴发放工作。协同交通局、运管所做好城市公交和农村道路客运成品油价格补贴调查摸底及补贴资金拨付工作。2014 年度风景区成品油价格补贴资金为 84.19 万元,其中城市公交成品油价格补贴资金 52.69 万元,农村道路客运成品油价格补贴资金 31.5 万元,资金已于 8 月份发放到位。

【民生工程】一是任务布置落实到位。与牵头单位签订民生工程责任书,将民生工程、惠民实事工作任务落实到部门,将工作完成情况纳入风景区目标考核范围。二是民生工程投入稳定增长。全年风景区组织实施 24 项民生工程,6 件惠民实事。民生工程筹集到位资金 3537 万元,其中本级配套 2082 万元,增幅 10%,资金拨付率为 100%。三是各项工程进展顺利。全年 24 项民生工程和 6 件惠民实事全部完成任务,城乡居民医疗保险、被征地农民基本生活保障等均按照时序发放。四是民生工程宣传力度不断加大。设立民生工程剧场、民生工程政策宣传栏,大力宣传民生工程政策内容;编制民生工程专刊 12 期 47 条,被市民生办采用 21 条,《池州日报》采用 10 条,并在《安徽经济日报》进行专题报道;印发《九华山风景区民生工程宣传页》并现场发放讲解,宣传各项惠民政策;联合九华山中心学校开展民生工程主题征文活动,进一步加大宣传力度。

【国有资产监管】一是做好 2013 年企业国有资产管理信息系统统计报表编报工作,运用资产管理信息平台,进一步推进企业国有资产的信息化、精细化、规范化管理。二是根据《公司法》及《国有资产法》规定,按照党工委、管委会会议要求,做好集团公司法人调整工作,批准修改完善《集团公司章程》,并以此调整集团公司第六届董事会、监事会成员,充实强化力量,夯实内部管理,不断提高公司经营能力和决策水平。三是认真审核集团公司申请发行短期融资债券工作并及时办理相关手续。四是会同纪工委对集团公司和股份公司贯彻落实中央"八项规定"有关情况的督查。五是根据管委会工作要求,完成九华山银行业 2013 年度业绩统计和 2014 年季度性业绩统计工作:截至 2014 年,全区金融机构各项存款大幅增长,存款余额 19.21 亿元;贷款投放增加、结构优化,全区金融机构贷款余额 20.5 亿元,存贷比为 107%。同时,根据市金融办的要求,检查和摸排九华山风景区范围内非法集资活动。六是积极参与风景区纪工委开展的清房工作,圆满完成市人大常委会的国有资产管理情况调研工作。七是强化服务,高效完成政府采购任务。紧紧围绕风景区经济建设大局,拓展政府采购范围,着力培育公开、公平、公正的竞争机制和市场环境,不断强化服务意识、诚信意识,及时发布政府采购公告,圆满完成各项采购任务,服务质量和公信力不断增强。全年完成采购预算 480 万元,实际采购支出 446 万元,节约预算资金 34 万元,平均节约率 7%,最大限度发挥财政资金使用效益。

【机关建设】一是按要求开展党的群众路线教育实践活动。活动期间,局领导班子多次带队到服务单位、乡镇走访,帮助村、社区解决基础设施建设方面的难题。按"三严三实"要求召开两次生活会,对会上查摆的问题进行梳理汇总,结合财政工作实际,制定"两方案一计划",切实加以整改落实。通过活动的开展,全体党员干部的践行党的群众路线的自觉性明显增强,工作作风明显改进,办事效率得到进一步提升,在活动总结时进行群众测评时,满意度达到 100%。二是政风评议工作扎实开展。及时启动政风评议工作,征求、收集意见,并在工作中及时整改落实。三是党风廉政常抓不懈。按照党工委统一部署,结合财政工作实际,将财政局 2014 年反腐败工作任务进行细化分解,落实责任，着力于构建一个覆盖所有科室、重点岗位和关键环节的廉政风险防控管理体系。并按纪工委要求，及时做好“三公”经费控制报告工作。四是做好第七届市级文明单位创建申报工作。建立卫生保洁常态化机制，划分责任区，定期开展保洁，不定期开展督查；建立共创共建常态机制，继续与共建寺庙保持联系，指导开展文明创建工作，带动共同提升；八一建军节和重阳节期间，分别赶赴武警中队、消防队和敬老院开展慰问活动，力所能及地帮助他们解决困难；继续开展“爱心妈妈”活动，深入联系村开展走访，与留守儿童开展结对联系，从生活上、学习上、思想上对留守儿童进行“一对一”帮扶。

（九华山风景区财政局供稿　张演财）

安庆市财政工作概况

安庆市财政工作综述

【概况】2014年，安庆市财政一般预算收入累计完成230.78亿元,比上年增长17.1%。其中地方一般预算收入完成105.65亿元,增长7.3%。全市公共财政预算支出完成299.47亿元，增长6.8%。财政运行平稳,各项目标任务圆满完成。

【支持实体经济发展】积极落实四大产业政策,市财政安排3.5亿元支持工业振兴、自主创新、现代农业和现代服务业发展。争取省财政厅转贷地方政府债券资金5.3亿元，利用世行等国际金融组织和外国政府贷款4372万元,支持交通基础设施和新型城镇化试点建设。铁路运输、邮政业、电信业“营改增”顺利上线,累计为企业减税1.9亿元。市县财政安排小额贷款担保基金2366万元,拨付贷款贴息资金3796万元,引导金融机构为劳动密集型小企业和下岗失业人员微利项目贷款1.7亿元。大力推进融资担保体系建设，市融资担保集团为310户中小企业提供担保再担保11.7亿元。积极推进投融资工作,首次编制市本级融资计划,大力推进融资平台公司与银行等金融机构合作。积极参与PPP项目推进,安庆市污水处理项目被财政部确定为示范项目。拨付20家烟花爆竹企业1600万元奖补资金,鼓励所有烟花爆竹企业退出生产。统筹安排7539万元,支持秸秆焚烧治理。统筹安排资金2780万元,支持市区垃圾转运、公厕及化粪池管护实现市场化运作。

【着力保障改善民生】全市民生支出241.7亿元,增长5.6%,占财政总支出的80.7%。进一步创新民生工程工作推进机制，建立民生工程信息网上公示制度，推行民生工程招投标绿色通道办法和容缺办理，全市33项民生工程累计投入资金76.24亿元,增长13.8%。拨付义务教育保障资金3622万元，落实免除城乡义务教育学杂费和进城务工农民随迁子女就学各项政策。拨付资金3611万元,资助高校、中职及普通高中学校家庭经济困难学生。安排100万元专项资金,支持“文化四进”活动,送戏送电影下乡进社区1572场。安排配套资金500万元，推进国家公共文化服务体系示范区建设。支持省“十三运”体育场馆及周边配套基础设施建设，付资金9138万元用于体育器材、设备招标采购以及保障赛事顺利进行。市区两级财政安排资金300万元，支持市区体育场馆和学校体育设施对外开放。进一步提高城乡低保标准,拨付城乡低保资金6.39亿元。及时拨付各级补助资金4.7亿元,支持保障性安居工程建设。拨付资金2031万元，支持渔民上岸安居工程。筹措资金7414万元,支持“老字号”群体生活补助政策落实。

【突出统筹协调发展】出台美好乡村建设公共服务体系奖补实施办法，整合资金支持美好乡村建设,各级财政安排专项资金4.2亿元,累计整合涉农资金9.6亿元,吸收社会资金7.7亿元。强化农户基础信息管理,健全网络管理平台,组织开展“一卡通”专项清理活动,通过“一卡通”发放29项涉农补贴资金21亿元，农村居民人均受益420元。拨付资金1164万元,解决农村居民和农村学校师生饮水安全问题。大力推进政策性农业保险试点扩面提标,拨付农户理赔资金1.2亿元，着力化解农业生产风险。大力推进现代农业示范区以及“园、龙、特”试点项目建设,完成农业综合开发项目投资2.1亿元,治理土地12.8万亩,扶持龙头企业42个、合作社21个。强力推进现代农业发展,争取中央支持现代农业发展资金5064万元。发挥财政奖补资金的引领和撬动作用,投入各类资金3.29亿元,支持实施1466个一事一议财政奖补项目,受益农业人口423万。深入推进潜山、宿松农村综合改革示范试点,农村土地承包经营权确权登记颁证、农村集体“三资”管理、美好乡村建管机制和农村公共基础设施建管机制三项重点改革工作有力有序有效开展。

【推进财政重点改革】出台城区财政体制改革方案,在保证区级既得利益的前提下,进一步加强市级财政的调控能力,明确园中园、新园区的财政分配关系,确定区级共享比例。加快推进预决算信息公开,全市801家一级预算单位全面公开部门预决算和“三公”经费信息,财政透明度进一步提高。完善市本级政府性资金银行存款管理办法,引导商业银行加大对经济发展的支持力度。及时清理财政专户,将财政专户从33个撤并到21个。对财政专户资金活期存款采取协定利率,盘活财政存量资金。对部门“三公”经费支出实行预警机制,全面压缩“三公”经费支出,全年“三公”经费同比下降22.9%。积极推进政府购买服务,实施政府购买服务项目27个,拨付政府购买服务资金2.6亿元。规范政府性债务管理,出台市本级政府性债务计划编制及审批管理等制度办法,严格债务举借审批,开展政府存量债务清理甄别,防范政府性债务风险。

【提升科学理财水平】深化预算管理改革,严格控制项目经费,做实个人经费,保障运转经费,打足抗灾避险等重大支出经费。继续实行开门办预算,邀请人大代表、政协委员和相关领域专家对单位部门预算申报项目进行公开评审。狠抓预算执行管理,严格控制预算追加,坚持预算执行季度通报和年终指标结余清理制度。加强会计信息质量检查,开展税收缴库级次检查、非税收入过渡户专项检查和票据年检,深入开展贯彻执行中央八项规定严肃财经纪律和“小金库”专项治理工作。加强涉企项目系统建设,规范涉企项目资金申报管理。创新政府采购工作,顺利推进市本级电子化政府采购管理应用系统建设,实现政府采购全程电子化操作和网络化传递。试编权责发生制政府综合财务报告,国库集中支付和公务卡制度改革实现市、县、乡三级全覆盖。加强国有资产管理,完成市直行政事业单位资产注入城投公司工作,确保国有资产保值增值。推广实施会计准则制度,积极推进行政事业单位内部控制建设试点,加强和改进会计管理。严格落实乡镇财政所绩效管理办法,出台乡镇包村干部监管涉农资金办法,规范农村集体“三资”清理及代理工作,建立健全乡镇财政资金监管工作新机制。

【强化干部队伍建设】深入开展党的群众路线教育实践活动,扎实推进学习教育与征求意见、查摆问题与开展批评、整改落实与建章立制等环节工作,达到党员干部受教育、财政事业发展上水平、广大群众得实惠的效果。组织多种形式的干部教育培训,开展财政干部上讲台活动,提升财政干部业务能力。深入开展理论研究,多篇调研材料和理论研究文章受到市委市政府领导的批示肯定。加强机关效能建设,强化内部管理,局机关连续第四年在市直机关争先创优绩效考核中荣获优秀等次。加强结对共建工作,积极探索和推进“单位包村、干部包户”的扶贫新路径,精准扶贫做法被省扶贫办推荐。全面推进财政与服务对象和下级财政机关的会商帮联工作,全年共实现会商2230次,把财政支持和服务送到部门和单位。加强反腐倡廉制度建设,开展财政行政权力清理,组织正风肃纪专项巡查活动,着力营造风清气正的工作环境。

(安庆市财政局供稿　叶武乐)

迎江区财政工作概述

【概况】2014年,安庆市迎江区财政一般预算收入完成11.1亿元,比上年增长11%,其中地方一般预算收入完成8.34亿元,同比增长9.5%。全区一般预算支出完成5.58亿元,同比下降18.9%。

【强化税收征管】加强部门协调,建立定期联席会议制度,注重财政收入情况调研分析,依托“政府领导、财政牵头、税务主管、部门配合、乡街联动”的协税护税网络,及时解决组织收入工作中存在的问题。积极开展"营改增"试点政策评估、企业所得税税源情况等专题调研，全年营业税改征增值税入库2881万元,同比增长39.9%,企业所得税入库2.87亿元,增长13.7%。加强对重点税源和重点行业税收变化的动态分析，定期深入纳税大户了解生产销售情况。认真分析乡、街道税源情况,充分调动乡、街道组织收入的积极性。

【兑现奖扶政策】充分发挥财政资金支持引导作用，兑现市级四大产业奖扶资金2160万元,兑现区级商贸发展等奖扶资金436万元。全力支持区经济发展投资公司把握最佳融资机会，获取金融机构贷款额度2.3亿元。拨付资金1800万元尝试开展与社会资本合作，支持发展电子商务和标准化厂房建设，助力产业结构优化和经济发展方式转变。全面落实"营改增"、财政扶持小微企业暂免征收增值税和营业税、小型微利企业减半征收企业所得税等结构性减税政策，全年拨付"营改增"过渡性财政扶持资金153万元,减免400多户小微企业所得税和增值税,切实减轻企业负担。

【优化支出结构】全年打卡发放城乡低保资金3750万元,发放医疗救助金344万元,落实城镇居民基本医疗保险和城乡居民社会养老保险配套资金310万元,发放义务兵优待金274万元,拨付送温暖资金211万元，发放贫困残疾人救助与康复资金144万元。投资352万元扩建新洲乡敬老院,拨付社会办养老机构床位补助117万元，发放老龄补贴155万元。发放新农合补偿基金2757万元,拨付基本公共卫生服务经费591万元,拨付购买公共卫生服务岗位补助363万元，发放计生特别扶助资金197万元，拨付计生城市E站建设奖补资金150万元。拨付250万元用于发放边远农村教师生活补贴和教师培训交流，安排880万元用于龙狮中心学校等操场改造。安排背街小巷改造资金1300万元,安排"三线三边"整治专项经费100万元,拨付环卫作业经费1497万元,拨付人民路步行街管理经费277万元，安排城区菜市场改造提升经费100万元。安排500万元积极创建国家公共文化服务体系示范区，拨付资金257万元发放棺木处置补助,落实"渔民上岸"工程补助资金24万元,发放农村离任村干部和"老字号"人员生活补助58万元。安排1050万元专项资金,整合各项目资金2695万元全力支持美好乡村建设,拨付农村危房改造资金630万元，总投资356万元全面建成13个财政一事一议奖补项目,争取现代农业发展奖补及项目资金850万元，努力促进城乡统筹发展。

【完善体制机制】区直所有预算单位及乡、街道办事处全部实施国库集中支付。出台预算单位公务卡实施细则和强制结算目录，委托代理银行发放公务卡698张。所有集中采购项目全部通过区政府网站公开,实行按月集中采购,全年累计采购各种类物资1513万元,节约资金164万元。出台深化行政事业单位国有资产管理改革方案，开展国有资产清理工作,全面掌握国有资产相关情况。开展土地出让金收支情况自查和地方政府存量债务清理甄别工作,进一步加强地方政府性债务管理,积极防范债务风险。全区51家一级预算单位全部在政府信息网站公开2014年部门预算和"三公"经费预算以及2013年部门决算和"三公"经费决算。建立分析预警机制和月报制度,开展"三公"经费预算执行专项检查，全年"三公"经费同比下降35.8%。

（迎江区财政局供稿　石剑）

大观区财政工作概述

【概况】2014年，安庆市大观区财政一般预算收入完成6.92亿元,完成预算的114.8%,比上年增长37.7%。财政一般预算支出完成4.41亿元,比上年下降8.2%。

【强化收入征管】积极推进"营改增"试点扩围工作,政策覆盖交通运输、部分现代服务、广播影视等行业,累计兑付补贴资金280万元,促进相关行业发展。严格执行针对中小微企业及高新技术企业的结构性税收优惠政策，着力促进中小微企业快速发展,引导区域经济实现转型升级。认真落实企业固定资产投资奖励等四大产业政策，累计兑付资金1038万元，促进重点工业企业做大做强。开展重点税源户及重点项目税收入库形势分析,采取财税联动、上门服务等方式,确保支撑性税源实现平稳较快增长。定期开展分行业税收入库情况分析预判,摆数据、找差距、细举措,采取跟踪服务、税收稽查等方式，确保各项税收颗粒归仓。

【保障改善民生】按照“保工资、保运转、保民生”的预算支出总体思路，认真落实中央八项规定,着力压缩一般性支出及“三公”经费支出规模,严格控制部门年度预算追加，着力盘活财政存量资金。实行民生工程月通报月督查及分管区长现场督办制度,强力推进各项民生工程快速、高效实施。全年累计投入民生工程资金1.43亿元,其中区配套资金2450万元,27项民生工程年度目标任务全面完成。持续加大民生领域投入力度,城乡居民养老医疗保障实现全面覆盖，困难群众生活保障标准稳步提高,背街后巷改造、农村危桥改造等城乡基础设施建设项目快速推进,高龄补贴、计生奖励等普惠政策全面落实，海口镇河港社区叶墩村、山口乡联胜村等美好乡村建设稳步推进。

【推进财政改革】按照“一次动员、分步实施”的思路,全面启动国库集中支付制度改革,76家预算单位全部实现国库集中支付及公务卡改革,财政资金运行更为透明高效。在规定时间内将全区2013年度总决算、2014年度总预算以及部门预算单位2013年度部门决算、2014年部门预算、“三公”经费等相关信息在政府及部门门户网站予以公开,主动接受社会监督。规范政府性债务管理,对全区政府性债务信息进行全面自查，认真核实完善债务信息。实施融资平台公司名录管理,建立健全地方政府融资平台公司月报制度，对全区三家融资平台公司债务情况进行一月一分析，按时按质完成系统数据上报工作。严格执行债务举借审批制度,有效防范政府性债务风险。

【加强自身建设】以部门预算会商为抓手,围绕财政重点工作,提前做好财政会商工作预案,带着目标、带着政策,上门与部门开展面对面沟通探讨,切实提升财政管理科学化、精细化水平。充分利用党的群众路线教育实践活动成果，努力发挥综合服务部门职能作用,着力把握预算编制、预算执行、集中支付、涉农补贴、招标采购等关键环节以及重点领域，切实提升风险防控及财政服务水平,机关作风得到有效改善,机关效能得到有效提升。

(大观区财政局供稿　王勇)

宜秀区财政工作概述

【概况】2014年，安庆市宜秀区财政一般预算收入完成8.4亿元,比上年增长17.5%,其中地方一般预算收入完成5.36亿元,增长13.4%。全区财政一般预算支出完成6亿元,增长3.4%。

【提高民生工程保障水平】全区民生支出4.45亿元,占财政总支出的比重达74.3%。精心组织实施28项民生工程,全年共拨付民生工程专项资金2.05亿元,其中区财政配套3050万元,完成民生工程投资任务的100%。建立民生工程进展及信息报送采用情况每月通报制度,实行项目“一月一调度、一月一通报、定期综合督查”。建立民生工程四级督查制度,建立分管区长、牵头部门、区民生办、乡镇四级立体督查体系。建立政府领导包保乡镇(街道)责任制,督促、协调民生工程落实。建立民生工程特邀监督员制度,邀请人大代表、政协委员对民生工程实施建言献策和有效监督，邀请参加视察巡视和绩效评价等活动。建立民生工程项目信息网上公示制度，公示项目名称、牵头责任部门、实施方案及配套政策、工作流程、受益群体和监督电话等内容,确保民生工程阳光监督。

【支持“三农”可持续发展】一是全面完成罗岭镇土地治理项目，总投资495万元，改造中低产田0.49万亩。二是精心组织实施2013年产业化经营补助项目,投资75万元完成1000亩金银花种植基地扩建项目,投资80万元完成800亩桂花及茶叶种植基地扩建项目。三是扎实开展产业化经营中央、省财政贷款贴息项目,贴息额416万元。四是整合涉农资金助力美好乡村建设，争取美好乡村建设财政专项资金2325万元。五是继续做好财政补贴农民资金的发放工作，全年共发放补贴资金2968万元,比上年增长15%,惠及5万余户。六是认真落实一事一议奖补政策，实施村级公益事业一事一议财政奖补试点项目40个,总投资1152万元,财政奖补达450多万元。七是继续推进政策性农业保险试点工作,承保面积15.78万亩,森林保险公益林投保91991亩,能繁母猪投保4000头,大棚蔬菜保险完成投保面积300亩。

【深化财政管理改革】一是扩大集中支付范围。

成功启动公务卡结算支付业务，新增区交通局、残联等四个二级财政预算拨款单位。二是加强国有资产管理。全面完成全区国有资产摸底统计工作，推动行政事业单位资产信息系统更新和事业单位及事业单位所办企业国有资产产权登记工作。对闲置房产、经营性资产实行集中处置，公开拍卖或拍租，堵塞资产流失漏洞。参与完成百圣花苑还建点门面对外公开拍租，拍租款290万元。三是加强政府性债务管理。开展地方政府存量债务清理甄别，建立"借、用、还"相统一的地方政府性债务管理机制，切实防范化解财政金融风险。四是健全财政补贴农民资金惠民直达机制。明确各层级责任，加快资金发放进度，做到补助对象真实、公示到位，补贴项目简称打录完整清楚，资料规范建档，发放数据上传畅通。五是严格规范政府采购管理。建立新一期区政府采购评标专家库，全年完成各类政府采购71次，采购金额 1335 万元，节约资金 240 万元，节约率18% 。六是加大财政监督力度。重点加强对社会保障、扶贫、支农、教育、卫生等专项资金的跟踪管理，开展涉农、涉企资金专项检查，组织开展中央八项规定及"小金库"专项治理行动。

【切实加强机关建设】扎实开展党的群众路线教育实践活动，制定区财政局工作规则，提出加大专项资金监管力度、推进"三公"经费预算管理和公开进程、调整完善基层组织运转经费保障制度等10项具体整改措施，明确责任领导、责任股室和时间要求。在局机关组织开展"一清三查"正风肃纪专项活动，严肃工作纪律。进一步完善财政会商工作机制，班子成员主动上门服务，把财政政策、财政支持和管理服务送到各部门、单位，全年共开展会商540次，解决问题496个。

（宜秀区财政局供稿　赵磊）

安庆经济技术开发区财政工作概述

【概况】2014年，安庆市经济技术开发区一般财政预算收入完成10.91亿元，完成预算的128.4%，比上年增长47.8%，其中地方一般预算收入完成4.24亿元，增长10.8%。全区财政一般预算支出完成4.09亿元，比上年增长1.9%。实现收支平衡，略有结余。

【科学理财保增长】紧盯收入目标，充分发挥统筹协调作用，着力从税收征管、非税管理、资产管理、节流方面增加财力。强化收入征管，促进依法公平治税。建立财税会商常态机制，定期召开财税分析会适时调度，抓大不放小，充分调动各征收单位积极性。收入量增质优，财政收入总量位居全市县区第5位，城区第 2位。税收收入占财政收入达98.7%，非税占比持续下降，制造业等工业税收占半壁江山，为开发区建设发展奠定坚实基础。

【夯实税基促发展】累计为73家企业办理减免市区开发园区工业投资项目行政事业性收费657万元，切实减轻园区企业负担。累计为53家企业落实项目投资奖补、进出口奖励等工业激励政策奖补资金1060万元，为21家企业落实对外贸易奖励等现代服务业激励政策奖补资金232万元，促进产业发展提速增效。会同有关部门争取并落实2013年度国家级开发区基建贷款贴息1096万元，组织申报2014年度国家级开发区贷款贴息资金7063万元。争取上级财政间隙资金15766万元，拨付皖江高科9888万元，有效缓解建设融资压力。

【统筹联动促和谐】累计拨付19项民生工程资金4374万元，其中区级配套532万元。完成就业技能培训446人，完成高校毕业生基层特定岗位开发15个，完成公益性岗位开发80个，完成高校毕业生就业见习100人。发放农村低保及五保补助资金259万元，救助贫困残疾人594人，发放114名贫困精神残疾人药费补助，为71名计生特别扶助对象发放资金26万元，城乡居民社会养老保险参保2.2万人。拨付城乡医疗救助资金116万元，城镇居民医保参保人数5.8万人次，新农合参合2.6万人，实施贫困白内障患者复明手术14例，为15名贫困残疾儿童提供医疗康复训练，完成免费婚检582对，补助住院分娩孕产妇171人。新建和平还建点棚户区改造任务589套，完成45个自然村广播电视村村通工程建设任务并投入使用。积极开展政策性农业保险，种植业参保4.5万亩，养殖业投保266头，发放受灾理赔资金24万元。拨付义务教育保障经费382万元，免费开放文化站、电子阅览室，完成农家书屋更新出版物1008册，通过政府购买服务方式送戏下乡文艺演出8

场次,放映电影96场次,开展体育活动70场次。全年通过一卡通发放24项涉农资金补贴792万元,惠及3.7万户居民。

【深化改革强监管】实行政府采购资金全程专户监管,委托市公管局组织重大事项采购4个批次计421万元,资金节约率达 13.9%。组织教育中心、市场办、城管等单位对教育收费、基础设施配套费、占道挖掘等项目收缴进行规范,启用并印制医疗卫生收费票据20万份,专项开展非税票据检查2.7万份,协调结算9宗土地出让金17739万元。全年报送59个评审项目,报审金额7186万元,核减额1251万元,核减率17.4%。加强国有资产管理,构建财政部门、主管部门、占有单位三层信息化管理平台,完善国有资产有偿使用审批和资产报表定期上报制度。加强国库集中支付审核服务,及时核查银存对账,简化资金拨付程序,保障资金安全。

【转变作风提效能】强化宣传提升财政工作透明度,累计在开发区门户网、政府信息公开网、民生工程网站发布信息184条,涉及规范性文件、政府采购招投标、民生工程、财政预决算公开、"三公"经费情况等多领域。强化会商提升财政工作满意度,累计开展财政会商近200次,通过"开门办预算"等措施,涉及扶持政策制定、经费保障、资金安排在协商中达成共识,取得会商出成效、成效促会商的效果。强化学习提升财政工作灵敏度,全年区财政获得市级荣誉3项,内部从严管理,狠抓党风廉政建设和机关作风建设,组织开展财政支农培训,推进学习型机关建设,努力打造一支"天天有激情、事事有担当、时时守规矩"的财政队伍,不断激发干部干事创业的激情和活力,不断提高财政服务水平。

(安庆经开区财政局供稿　张寿山)

桐城市财政工作概述

【概况】2014年,桐城市财政一般预算收入完成21.86亿元,与上年基本持平。全市财政支出完成33.57亿元,民生及重点工程支出得到较好保障,财政运行较为平稳。

【聚焦目标抓征管】一是严格收入目标管理。加强财政经济形势研判,及时将收入任务落实到税种、分解到部门。坚持收入征管考核,切实做到任务、责任、人员、时限"四到位"。加强重点企业、重点行业、重点领域税源监控,挖掘小税种的增收潜力,确保应收尽收。二是增强组织收入的主动性。坚持财税征管会商工作制度,进一步巩固收入分析调度、征收部门联动、征管信息共享等工作机制,着力提高组织收入的预见性和主动性。三是依法加强对非税收入的收缴管理。实行收费项目动态管理,注重强化源头管控、以票控收。加大稽查力度,坚决纠正票据使用中的违纪违规行为。继续推进非税收入网络化征管,确保收入及时、足额入库。

【聚焦转型抓财源】一是全力支持主体财源建设。加大对重点行业、骨干企业的扶持力度,重点扶持基础好、带动效应广的产业项目,支持重点工业投资改造项目,先后筹措民营经济发展专项资金1376万元,企业发展专项资金5840万元。二是积极培植新兴财源。积极向上争取各类项目资金,加快培育新兴产业发展,加大对先进制造业项目的支持力度,切实增强企业发展后劲。安排科技专项资金14320万元,技术改造和产业转型升级资金 8109万元,有力推进全市企业转型升级。三是努力开辟后续财源。强化服务意识,妥善处理好取与予的关系,全面促进小微企业发展壮大。再次筹措助保金铺底资金369万元,先后为31家中小企业发放助保金贷款3.3亿元;安排工业奖励资金1000万元,对中小微企业实际纳税额地方留成新增部分给予补助,对产业集群和基地创办主体实施奖励;兑现新增规模以上企业奖励430万元;拨付资金1846万元,对亩均税收3万元以上的城镇工业企业给予奖励;安排资金1000万元,对工业标准化厂房租金进行补助。

【聚焦和谐抓支出】一是高度关注民生。大力支持教育均衡发展,促进就业创业、医疗卫生、社会保障、住房安居等民生事业持续改善,加大对公益性文化体育事业的支持力度,促进文化体育事业和文化体育产业发展。全市民生支出28.3亿元,占全市财政总支出的84.3%,其中,33项民生工程支出8.35亿元。二是高度关注农村改革发展。认真落实各项惠农政策,全年通过"一卡通"发放各类补贴2.6亿元。大力支持现代农业发展,安排现代农业生产发展资金 595 万元，争取农业综合开发资金 5367 万元。投入资金 2101 万元，推进小型农田水利建设。筹措资金 2330 万元，开展 216 个村级公益事业“一事一议”项目建设。整合各类财政资金 4152 万元，大力支持美好乡村建设。三是高度关注环保生态建设。加快发展循环经济，支持企业可持续发展，全年拨付节能减排、污染治理、循环经济项目资金 4579 万元。

【聚焦绩效抓改革】一是深化部门预算管理改革。进一步完善预算管理体系，实行全口径预算编制，加快支出进度，定期向人大报告部门预算编制和预算执行情况，主动接受审计部门和社会各界监督。进一步强化预算绩效管理，加强绩效评价结果应用。二是深化国库集中收付改革。在实现市直预算单位全覆盖的基础上，进一步完善镇（街道）财政国库集中收付改革；健全预算执行动态监控体系，研究并出台预算单位财务管理综合绩效考核实施办法。三是深入推进“公务卡”结算制度改革。在全市预算单位全面推广应用公务卡结算方式改革，严格控制现金使用范围，减少现金支出。四是推进行政事业单位国有资产管理体制改革。全面完成镇、街道、开发区和市直其他行政事业单位国有资产清查工作，并有针对性地开展风险资产清收；对划入国资中心统一管理的经营性资产，通过公开拍卖、招租，实现国有资产保值增值。五是强化“三公”经费支出管理。加强因公出国（境）、公务接待、车辆购置运行等费用统计分析，实现“三公”经费支出只减不增；着力打造“阳光财政”，市直预算单位 2013 年度部门决算、2014 年部门预算及同期“三公”经费预决算全部向社会公开。六是规范政府债务管理。全面开展政府性债务清理甄别，摸清债务家底；研究出台政府性债务管理办法，规范债务举借、偿还流程；健全债务跟踪机制，积极参与项目融资方案选择和制定；建立债务月报制度和检查制度。

【聚焦效能抓作风】一是全面推进党风廉政建设。认真贯彻落实中央“八项规定”和省委“30 条”要求，建立电子廉政档案，开展履职承诺活动，全面落实党风廉政建设责任制。二是注重财政文化建设。以财政理念文化、制度文化、行为文化为主题，全面加强干部学习管理，通过多样化的学习、培训，进一步提升财政干部的业务能力。三是强化服务意识提升。以服务提质、办事提速、工作提效为目标，着眼于服务群众、服务项目、服务企业，对群众关注的热点、难点问题及时关注、有效落实。四是强化廉政教育。大力开展廉政警示教育活动，印发党风廉政建设十二条，积极组织观看专题教育影片，突出廉政建设教育、机关作风教育。五是全面推行政府权力清单、责任清单和负面清单制度，规范权力运行流程，强化权力执行监督。六是扎实开展文明创建活动。深入推进志愿服务和结对共建工作，组织干部职工按时参加道德讲堂等文明创建活动。当年 12 月桐城市财政局被省文明委授予第十届“安徽省文明单位”称号。

（桐城市财政局供稿　周正健）

怀宁县财政工作概述

【概况】2014 年，怀宁县财政一般预算收入完成 19.41 亿元，比上年增长 9.8%，其中地方一般预算收入完成 13.27 亿元，增长 6%。全县一般预算支出完成 28.7 亿元，增长 5.3%。

【狠抓收入征管】一是加强综合治税。加强财政收支执行情况分析，逐月开展收入调度工作。建立县直部门涉税信息共享机制，发挥乡镇的协税护税作用，将乡镇收入任务实行分块下达、综合考核。二是加强税源监控。强化对重点行业、重点企业税源监控，密切关注重大投资项目、重点工程建设，准确掌握重点税源大户的生产经营和税源变化情况，确保应收尽收。三是加强非税征管。严格执行政策，规范收费管理。开征河道采砂管理费，将乡镇卫生院医疗卫生收入等纳入非税系统管理，按月分析非税构成，及时掌握收入进度，实现非税收入及时足额缴库。四是提升收入质量。全年税收收入净入库 15.52 亿元，税收收入占公共财政预算收入的 77.2%。各项非税收入入库 4.59 亿元，非税收入占公共财政预算收入的 22.8%，财政收入结构进一步优化。

【助推经济发展】一是落实各类涉税优惠政策。落实招商引资及工业振兴、科技自主创新、现代农业、现代服务业四大产业政策，全年兑现专项扶持资金 345 万元，落实 5 户企业关闭专项补助 525 万元，为 107 家企业兑现税收奖补 1.5 亿元。推进营改增试点扩面,累计兑现23家企业“营改增”财政扶持资金3511万元。二是完善中小企业融资担保体系。持续加大对担保体系建设的支持力度,拨付省级安排及县级配套的民营经济发展专项资金2080万元,专项用于增加担保公司资本金。对县内纳税30万元以上重点企业适度降低担保条件,进行重点担保支持,县担保公司全年共为67户中小企业提供融资性担保总额2.36亿元。三是积极开展政府性投融资。充分发挥县城投公司融资平台作用,全年融资到位资金8.98亿元,有效保障皖河新大桥、新体育馆、怀安河等重点项目建设及县城拆迁安置、企业改制和土地收储等中心工作的资金需求。

【加大农业投入】一是做好农业综合开发工作。2014年度实施农业综合开发项目12个,总投资2539万元,项目顺利通过省、市农发部门的现场验收,项目建设管理被省财政厅通报表彰。二是打造国家现代农业示范园区。整合资金支持平山现代农业综合开发示范区建设,壮大升级农业产业集群。规划建设独秀现代农业园区,并成功申报国家农业综合开发现代农业园区试点项目。三是加大农业项目资金投入。安排农、林、水部门预算经费3685万元、专项经费8252万元,省市县追加专项资金1.1亿元。积极做好政策性保险工作,理赔农户、种植大户1511万元,森林保险理赔101万元,养殖业理赔54万元。四是加强乡镇财政管理。建立涉农补贴镇村干部联系机制,累计发放财政补贴农民资金2.06亿元。进一步加强乡镇财政资金监管,全年纳入监管资金4.33亿元。财政补贴农民资金管理、乡镇财政资金监管工作均获省财政厅综合考评一等奖,并被授予“创建乡镇财政规范化管理示范县”称号。

【促进城乡统筹】一是扎实做好一事一议财政奖补项目。共立项实施一事一议财政奖补“普惠制”项目235个,总投资3600万元,财政奖补资金1860万元;“特惠制”项目6个,总投资678万元,财政奖补资金360万元。二是加快美好乡村建设进程。进一步加大财政专项资金投入力度、涉农资金整合力度和财政资金引导力度,突出“三线三边”城乡环境综合整治,推进秸秆禁烧和综合利用,着力改善农村生产生活条件。全年预算安排美好乡村及“三线三边”环境整治专项资金2500万元,整合各类涉农项目资金12000万元。三是加大城乡基础设施投入。抓好保障性住房建设,6800多套廉租房建成竣工,完成1450户农村危房改造任务。投资944万元用于农村安全饮水工程管网延伸,投资1800万元兴建三桥镇水厂。实施农村公路危桥加固18座,投入财政资金1289万元。积极筹措1200多万元资金完成3条18.5公里县乡公路的升级改造任务。大力实施中小河流综合治理工程,皖水黄龙上段、珠流河小市段加固工程投资总额将超亿元。

【支持民生发展】一是加大民生投入。全年民生工程到位资金8.57亿元,其中中央、省级5.81亿元,县财政配套1.45亿元,其他方式投入1.31亿元,安排建后管养经费近千万元。二是认真落实社会保障政策。做好社保基金拨付发放工作,确保全县各项社会保险待遇按时足额支付。继续开展小额贷款“整贷直发”工作,全年发放下岗失业人员小额担保贷款795万元。三是支持社会事业发展。完善义务教育经费保障机制,推进义务教育均衡发展。支持观音洞景区、体育中心、农家书屋等文化旅游项目建设。及时兑付计划生育奖扶资金,兑现殡葬改革及乡镇公墓建设补助资金4000多万元。做好“老字号”群体补助资金发放工作,抓好渔民上岸工程。

【推进财政改革】一是全面深化部门预算改革。进一步完善综合预算办法,改进预算编制方式,提高预算编制的完整性和年初预算到位率。按照全口径预算管理的要求,将全县所有预算单位、所有财政性资金纳入预算管理。稳妥推进部门预决算和“三公”经费公开,着力打造阳光财政。二是继续推进国库集中支付。将县教育、卫生等部门下属87个单位纳入国库集中支付范畴。规范乡镇非税收入征缴管理,国库集中支付实现横向到边、纵向到底。三是积极盘活财政存量资金。继续清理、压缩财政专户数量,财政专户从22个减少到20个。加强专户结余资金、暂存暂付款项清理,全年清理收回沉淀在专户的专项资金近8000万元。四是规范政府性债务管理。进一步加强政府债务管理,确保地方政府性债务保持在合理区间。扎实开展存量债务清理甄别,截至当年末,全县政府性债务规模为27.35亿元,其中一类债务25.42亿元,风险可控。

【强化财政监管】一是开展财政监督检查。对8个乡镇及县直单位,3个财政所(分局)实施财政监督检查。督促县直单位及乡镇进行“三公”经费、“小金库”、会议费、培训费的自查,制止铺张浪费。加强涉企资金信息系统应用管理,规范涉企专项资金申报流程。二是扩大财政投资评审。出台财政投资评审业务操作办法等一系列规章制度,将30万元以上的项目支出全部纳入绩效目标管理,提高财政资金使用效益。三是规范国有资产管理。积极开展县直行政事业单位国有资产产权集中管理工作,实行产权集中、统一划转,政府授权、市场化运营。累计划转县直行政、事业单位资产1.2亿元。严格资产处置审批程序,坚持资产处置透明化,确保国有资产保值增值。

【提升机关效能】扎实开展党的群众路线教育实践活动,主动适应作风建设新常态。开展部门预算会商及乡镇财政帮联工作。加大干部轮岗交流,机关二级机构及财政所负责人轮岗交流面达95%,提拔使用一批年富力强的中青年干部。招录10名本科毕业生充实到乡镇财政所、分局,选调5名乡镇财政所人员到局机关工作。强化能力建设,全年安排干部轮训95人次。严格落实党风廉政建设责任制,开展廉政风险防控工作“回头看”,推行财政反腐倡廉建设联络员机制和行风巡查工作机制。积极开展文明创建活动,当年被省文明委授予“第十届安徽省文明单位”称号。

(怀宁县财政局供稿　戴名胜)

枞阳县财政工作概述

【概况】2014年,枞阳县财政一般预算收入完成14.29亿元,与上年持平。全县一般预算支出完成30.32亿元,比上年增长3.8%。

【强化收入征管】加强财政经济运行监控,积极应对宏观经济下行、重点税源企业效益下滑、房地产市场持续低迷以及诸多政策性减收压力。层层分解落实收入任务和征管责任,以旬保月,以月保季,以季保年。认真分析重点行业、重点产业、骨干企业纳税情况和变化动向,完善协税护税机制,深入推进综合治税。健全非税收入征缴机制,加强非税收入征管,充分挖掘增收潜力。全年税收收入完成10.99亿元,占一般预算收入的75.5%,同比增长3.2%;非税收入完成3.57亿元,占一般预算收入的24.5%,同比下降8.6%。

【优化支出结构】坚持以人为本,统筹财政资金,集中财力向基层倾斜、向民生保障覆盖、向社会事业延伸。大力压减一般性支出,确保事关民生、财源建设、重大项目、强农惠农等重点资金的落实。加大教育投入,保障教育事业优先发展。深化医疗卫生体制改革,支持医疗卫生事业发展。抓好各类社保资金落实,不断完善社会保障机制。全年民生类支出25.74亿元,占公共财政预算支出的85%,同比增长9.1%。

【支持经济发展】运用财政奖励、补贴、贴息等多种政策工具,认真贯彻落实促进经济持续健康较快发展、大力发展民营经济各项政策。积极申报高新技术产业发展、企业技术改造补助贴息、环境综合治理等各类经济建设专项资金项目34个,大力扶持企业发展。成立国有控股担保投资公司,缓解中小企业融资难题,支持民营经济发展。进一步扩大政府性资金存款挂钩总量,有效激励金融机构增加信贷投放。积极发挥政府融资平台作用,努力拓宽融资渠道,支持城市基础设施建设等政府重点工程建设。

【实施民生工程】按照“保基本、兜底线、促公平、可持续”的总体思路,立足抓早、抓细、抓实,牵头实施31项民生工程,扎实做好资金保障落实、工程项目建设、后期管护和民生政策宣传等工作。民生工程资金投入10.45亿元,其中,县级配套落实1.01亿元。建成敬老院11个,建设公租房1726套,改造农村危房1700户,加固农村危桥8座,新建、扩建乡镇公办幼儿园6所。

【加大支农力度】全力支持美好乡村建设,整合13个部门涉农资金项目26个,整合涉农资金1.38亿元,比上年增长37.4%。推进农业产业化经营,争取省级蔬菜标准园、黑猪开发和利用等项目20个。认真做好农业综合开发工作,扎实推进高标准农田和土地治理项目建设。进一步拓展政策性农业保险覆盖面,新增特色农产品险种,累计兑付理赔金2200万元。深化农村综合改革,完成137个一事一议财政奖补项目建设任务。全面落实各项惠农政策,打卡发放各类涉农补贴资金2.93亿元。

【推进财政改革】深化部门预算、非税收入管理、乡镇国库集中支付和公务卡等财政改革，加强预算执行和财政资金监控。进一步规范政府融资举债行为，积极防范政府性债务风险。制定政府购买服务流程规范和指导目录，推行政府向社会力量购买服务。全面公开全县财政预决算及部门“三公”经费信息，不断提高财政财务透明度。加强国有资产监管，加大国有集体改制企业资产处置力度，启动实施行政事业单位国有资产管理改革。严格土地出让金收支管理，切实提高土地出让管理绩效。

【加强队伍建设】开展党的群众路线教育实践活动，坚持把“照镜子、正衣冠、洗洗澡、治治病”的总要求贯穿活动始终，深入对照检查和整改落实。加强政治思想工作，开展各类警示教育，筑牢队伍思想防线。认真落实中央八项规定，强化制度执行，厉行勤俭节约。加强系统作风建设，大力提升工作效能，务实推进工作会商，不断改进和规范管理服务行为。加强乡镇财政建设，招录院校毕业生6名，有效充实乡镇财政队伍力量。

(枞阳县财政局供稿　何社伟)

潜山县财政工作概述

【概况】2014年，潜山县财政一般预算收入完成10亿元，比上年增长16.3%，提前实现“十二五”规划目标。全县一般公共预算支出完成26.64亿元，增长16.6%。

【育财源有惠有增】全面落实结构性减税政策，清理涉企行政事业性收费项目；扩增中小企业助保金，支持开展委托贷款业务，充实扶持民营经济发展专项资金；兑现工业、现代服务业、现代农业和自主创新奖补资金5087万元，扶持工商企业上市融资。安排1亿元支持天柱山世界地质公园博物馆建设；安排600万元用于天柱山形象广告宣传；支持创建金融生态县，加强财政性资金存放银行业金融机构考核调度管理，引导银企加大对接；跟进落实邮电通信业营改增政策。安排404万元，支持“菜篮子”工程、水稻产业提升和粮棉油高产创建项目。安排744万元，扶持痘姆、黄铺等4个乡镇油茶基地项目建设。助力重点项目建设，多方对接融资3.43亿元，用于城南新区、皖国东路、253省道梅城至源潭段改建工程、南外环棚户区改造和天柱山入口服务区安置房建设。

【抓收支有量有质】完善收入征管机制，坚持财税工作联席会议和收入通报制度，按月分析调度财税运行情况，加强对乡镇、开发区税收完成情况督促检查，推动依法征管，力促序时进度；建立非税收入月报分析制度，严格票款分离、票据清缴、票款同步管理，确保非税收入足额入库。加强砂石资源、国有资产处置收入征管，密切与国土等部门协作，提高土地出让金收入入库的及时性。强化财政支出管理，加大资金统筹力度，积极盘活存量资金，用好增量资金，加强支出运行监控，加快支出进度，全县民生支出21.2亿元，同比增加3.16亿元，打卡发放惠农补贴资金2.1亿元和“八老”人员补助1088万元，进一步提高村干报酬补助和规范公务员津贴补贴与事业单位人员绩效工资。

【保民生有情有义】全力实施民生工程，明确任务书、时间表、路线图、责任状，把好节点进度、机制完善、建后管养、绩效评价关键环节，共投入资金7.94亿元，其中县财政配套7635万元，民生工程工作考核获市第三名。倾力支持重点事业，拨付2970万元支持农村义务教育薄弱学校改造和高中办学条件改善；建立县级公立医院运行补偿办法，拨付基本建设和设备购置等项目资金895万元；加大公安、司法机关经费保障力度；支持工商质监食品药品监管体制改革；支付殡改资金4500万元。着力改善农村条件，投入财政资金3045万元，建成余井村、吴塘村农业综合开发土地治理项目，实施松岭村、倪河村和古墩村土地治理项目；统筹财政林业资金1422万元，支持有害生物防治、巩固退耕还林成果和千万亩森林增长工程；拨付6363万元，支持小型农田水利、标准良田和水土保持等项目建设；安排715万元，支持森林防火、防汛抗旱、山洪灾害防治和应急度汛工程；安排扶贫资金6052万元，支持23个整村推进项目和特色农产品基地建设；安排革命老区资金1113万元，支持实施源潭、黄铺和槎水等乡镇8条道路建设；拨付资金373万元，支持农村公路改造升级。

【推改革有为有效】深化预算管理改革，积极稳妥实施财政预决算和“三公”经费信息公开，清理暂存暂付款、结转结余和往来资金，参与开展机关事业单位在编不在岗人员清理和吃空饷问题排查。加强政府举债计划管理，建立举债审批和债务月报制度，开展政府性债务清理甄别。深化农村综合改革，农村土地承包经营权确权登记发证进展顺利，美好乡村建管和农村环境卫生管理长效机制得到巩固完善，农村金融综合改革试点和金融生态县创建取得进展，农村集体“三资”管理制度不断健全。实施村级财务委托代理记账试点，3个村级组织运营改革试点探索推进。深化公务卡制度改革，加强公务卡使用管理监督，全县累计运行5449张、消费330万元。启动政府购买服务改革，选取6个项目先行试点，公共安全管理、殡仪基本服务、医调交调纠纷等领域购买服务成效明显。

【强监管有序有力】加强财政制度建设，建立完善县级预算、行政事业单位国有资产、政府向社会力量购买公共服务等21项管理办法。加强财政资金监管，推进财政性资金和社保基金保值增值管理；实施农机具购置补贴资金核查，配合开展扶贫资金审计和农村饮水安全项目资金检查；全面开展民生工程绩效评价，对农业特色产业资金和贫困村村民生产发展互助资金实行第三方评价；建立惠农补贴资金信息变动报告制度，启动乡镇包村干部监管涉农资金试点工作，实施财政涉农支农资金和项目检查，强化乡镇财政资金监管。加强财政财务管理，实施医疗卫生单位票据换版；开展行政事业单位资产出租出借摸底统计、事业单位及其所办企业国有资产产权登记工作；建设政府采购电子化管理信息系统平台；试编权责发生制政府综合财务报告；跟踪行政事业单位内部控制规范、会计制度和会计准则执行落实情况；对医药、公交行业4家单位进行会计信息质量检查；开展“三公”经费和中央政法专款管理使用情况自查检查；开展贯彻执行中央八项规定、严肃财经纪律和“小金库”专项治理检查抽查；推进乡镇财政干部轮训、行政单位财务人员新会计制度和农村财会人员财政支农政策培训；开展乡镇财政财务内审互审。

【建作风有花有果】学习宣传并举，扎实开展党的群众路线教育实践活动，聚焦“四风”问题，加强学习教育，广泛征求意见，着力查摆整改；举办道德讲堂活动、作风法纪和廉政建设专题讲座，组织职工参观廉政教育基地，夯实廉洁自律道德防线；突出做法成效，积极采集信息报送，组织参加财政部、省预研会和农研会征文活动。调研会商并重，坚持联系乡镇财政所(分局)制度，巩固推进财政调研活动，办结32件代表建议和政协提案，完成36篇调研报告；健全工作会商机制，着眼组织收入、重点改革、预算编制和项目申报等问题，坚持内部会商、上门会商、上下会商，强化主动服务。作风效能并行，实施塔畈乡杏花村精准扶贫，开展对68户贫困户的结对走访活动，制定落实系列帮扶措施；大力加强效能建设，全面推行“五零”优质服务，严格执行上班考勤制度，加大明察暗访力度，注重平时考核监督，严肃工作纪律。

(潜山县财政局供稿　袁先礼)

岳西县财政工作概述

【概况】2014年，岳西县财政一般预算收入完成5.83亿元，比上年增长21%。全县财政支出完成22.29亿元，增长12%。收入质量和支出结构进一步提升，重点支出得到有效保障。

【发挥财政调控职能】全面贯彻中央八项规定、国务院厉行节约反对铺张浪费条例，严格“三公”经费管理，全县“三公”经费支出2409万元，较上年下降15%。统筹预算年度之间平衡，统筹县与乡镇分配关系，当年新增1130万元对乡镇均衡性转移支付。支持中小微企业，保持经济社会稳定健康较快发展，新增安排4000万元加强融资性担保体系建设。积极落实结构性减税政策，减免缓抵各项税费6645万元。依法加强收入征管，全年查补入库税收880万元，清欠入库税收2200万元。

【民生财政彰显活力】认真履行牵头抓总职责，着力创新推进机制，33项民生工程投入资金6.71亿元，其中县级配套1.02亿元，增长8.2%，安排民生工程后期管护资金1147万元。投入4.65亿元，推动各项教育事业发展。投入2.91亿元，完善就业和社会保障体系。投入4385万元，支持医药卫生体制改革继续深化。投入1.4亿元，用于城乡居民医疗保障。拨付1.01亿元，推进保障性安居工程建设。投入6925万元，用于农村五保、城乡居民最低生活保障。投入829万元，用于计划生育家庭奖励扶助。拨付 512 万元，兑现老村干、老民师等“老字号”群体补助。拨付 4100 万元，推进农村居民养老保险。通过“一卡通”发放惠农补贴 2.98 亿元，人均受益 840 元。

【支持经济稳定增长】争取省级地方政府债券 5161 万元，民营经济发展专项扶持资金 2000 万元，旅游发展专项扶持资金 1750 万元，交通、水利等基础设施项目建设资金 2.05 亿元。“营改增”实施范围扩大到邮政、通信等行业，减税 620 多万元；拨付财政补贴资金 803 万元，确保试点企业税负不增加。充实融资性担保机构国有资本金 4000 万元，立信担保公司为中小企业提供融资担保贷款 3.43 亿元。拨付支持企业发展扶持资金 3200 万元，办理出口退货物增值税 5543 万元。

【统筹城乡稳步发展】拨付城乡基础设施建设资金 3.51 亿元，支持推进新型城镇化建设。拨付 1200 万元，支持“通组路”硬化工程。支持美好乡村建设，拨付美好乡村建设专项资金 4187 万元。推进农村综合改革，拨付农业综合开发资金 2642 万元，农业保险资金 412 万元，“一事一议”村级公益事业财政奖补资金 1908 万元，统筹安排 460 万元现代农业发展资金，支持农民合作社、龙头企业、家庭农场发展，培育新型农业经营主体。统筹安排 3800 万元，支持千万亩森林增长工程、退耕还林、森林生态效益补偿、林木良种补贴。安排 990 万元，扶持广播电视村村通工程、农民体育健身工程等农村公共文化体系建设，丰富农民文娱生活。

【财政管理日趋规范】深入开展党的群众路线教育实践活动，不断加强和改进财政管理，提升财政资金使用效益。制定出台政府投资项目财政评审管理办法，受理评审项目 204 个，金额 11.23 亿元，完成评审项目 195 个，评审金额 9.55 亿元，审定金额 8.7 亿元，综合核减 8501 万元。修订政府性存款管理办法，进一步提升政府性存款管理水平。修订并完善部门预算标准体系，财政预算进一步规范。制定下发“三公”经费监督管理实施意见，对“三公”经费管理使用作出严格规定。加强涉农资金管理，对农业专项资金的项目申报、项目管理、资金拨付、使用、监督检查、责任追究等作出规定。盘活存量资产，与各金融管理机构签订存款协议，财政年增收 1000 万元左右。

【强化干部队伍建设】持续深入推进作风建设，大力推动观念创新、制度创新、管理创新、文化创新、服务创新，强化队伍管理，严格勤政廉政，扎实开展局机关干部下基层走访调研活动，深化党的基层组织城乡结对共建活动。加强政策教育、警示教育、学习教育，进一步健全党风廉政建设机制，强化财政使命意识，以钉钉子精神落实财政责任担当。加大财政干部交流力度，积极推行有为有位的干部用人机制，进一步激发干部创业激情。

（岳西县财政局供稿　汪和煦）

太湖县财政工作概述

【概况】2014 年，太湖县财政一般预算收入完成 6.22 亿元，完成预算的 104%，比上年增长 19.4%，其中地方一般预算收入完成 4.02 亿元，增长 17%。全县财政一般预算支出完成 25.04 亿元，增长 13.8%。

【强化收入征管】一是突出目标任务分解落实。根据目标任务，经过科学测算，及时细化分解，做到早部署、早安排。二是突出重点加强税源监控。密切关注重点企业税源变化情况，做好重点税源监控，采取切实可行的征管措施，充分挖掘增收潜力。加大非税收入征收管理力度，确保应收尽收。三是突出财政收入质量提高。落实收入任务考核办法，在收入总量增长的同时，提高收入质量，确保收入总量和质量稳步提升。四是突出收入形势分析研究。实行收入调度报告制度，形成上下齐抓共管的工作合力。

【优化支出结构】一是严格控制三公经费等一般性财政支出，支出结构明显优化。二是加大对新农村建设财政扶持力度，确保预算内财政支农支出按比例增长，推进加强农田水利和美好乡村建设。三是完善财政支农引导机制，实行奖补形式，引导农民自愿筹资、投工投劳。四是支持创建国家公共文化服务体系示范项目，深化城乡一体化公共图书馆服务体系建设，全面推进公益性文化场馆免费开放。五是完善财政医改投入机制，加强医改政策研究。六是支持保障性住房改革和建设，积极筹措保障性住房建设资金。全年 33 项民生工程支出 6.46 亿元，占全县财政支出的 25.9%。

【坚持厉行节约】一是单列“三公”经费支出预

算。编制预算时，要求各部门在定额标准和限额内，将“三公”经费统一编入部门支出预算，并单独分项列示，细化到项目。二是严格控制“三公”经费支出总额。“三公”经费全年支出预算总额比上年压缩5%～10%，并严格控制其在机关运行经费预算总额中的比例，不得突破核定公用经费总额的30%～40%，全县“三公”经费支出总额比上年下降24.2%。三是完善“三公”经费支出统计报告制度。建立全口径“三公”经费和会议费支出统计报表制度，明确“三公”经费和会议费支出统计范围和内容，对“三公”经费实际支出数额进行汇总，加强数据分析，对执行过程中出现的问题及时予以纠正。四是推进“三公”经费支出公开。指导、督促县直部门按照统一口径、统一时间、统一方式，开展2014年“三公”经费信息公开工作，主动接受社会监督，形成压缩“三公”经费的倒逼机制。

【加强债务管控】一是规范债务报告审批。严格举债程序，加强审核审批管理，存量债务锁定后，乡镇、部门新增债务，实行报告审批制度。二是强化债务收支管理。要求各债务单位年初编制债务收支计划，进行审核汇总后报县政府审批，对债务资金进行有效管理和监督。三是建立偿债准备金制度。在年初预算中安排偿债准备金，逐步消化存量债务。四是加强债务控消考核。将政府性债务纳入各乡镇、单位主要负责人的经济责任审计范围，单位负责人在调离时签订离任交接债权债务承诺书，实行责任终身追究制。修改完善乡镇政府财政财务管理考核办法，将政府债务作为考核的重要指标，设置地方性债务管控奖励，化解债务风险和金融风险。

【深化财政改革】一是按照财权与事权相统一的原则，不断完善乡镇财政管理体制，逐步规范农村集体“三资”委托代理服务流程。二是继续做好营改增扩围试点，全县已纳入试点单位282户，降低企业税负，推动现代服务业发展。三是进一步深化政府采购、财政投资评审改革，不断加强财政资金绩效评价工作，妥善处理质量与效益、公正与效率的关系。四是深入推进国库集中支付制度改革，健全完善公务卡制度改革，提高直接支付比例，简化资金支付流程，杜绝财政资金被挤占、挪用、截留。五是稳步推进政府购买公共服务，出台政府购买公共服务改革试点方案和具体实施目录，选择民生工程管护等项目开展试点，将政府购买服务纳入2015年部门预算编制工作。六是加快涉企项目资金管理系统应用推进，进一步提高财政涉企资金投向的规范性、公平性和效益性。

【推进城乡一体】加大农业基础设施建设投入，安排水利建设和现代农业发展资金4000万元。强化协调、调度、监管、奖惩四项机制，高效推进农业综合开发项目，构建现代农业产业体系。加强涉农资金补贴发放管理工作，全年发放涉农补贴20项1.96亿元。深入实施政策性农业保险，全年预算安排拨付保费补贴526万元，逐步提高粮食品种保险的覆盖面和风险保障水平。完善财政扶贫工作机制，继续支持开展贫困村互助资金试点。充分尊重群众意愿，科学确定一事一议项目101个，安排财政奖补资金2322万元 。进一步加大财政专项资金投入、涉农资金整合和财政资金引导力度，安排专项资金和整合涉农资金7508万元，加快美好乡村建设，大力推动城乡发展一体化建设。

【加强财政监督】一是制定财政监督检查计划和财政监督检查工作要点，确定全年工作任务。二是与机关各股室、财政(分局)所签订目标责任书，结合履行自身管理职责，组织对监督事项进行日常监督。三是多措施、多途径学习宣传贯彻《安徽省财政监督条例》，做到依法理财、依法监督。四是加强和规范涉企项目资金管理和监督，做好涉企系统上线应用的对接工作。五是深入开展贯彻执行中央“八项规定”严肃财经纪律和“小金库”专项治理工作，和监察局、审计局联合对30个单位开展财务大检查，有效促进单位财务的规范管理。组织开展农业资金专项检查，对近年来农业专项资金使用管理情况进行全面的检查，促进资金管理安全规范。

（太湖县财政局供稿　詹福盛）

望江县财政工作概述

【概况】2014年，望江县财政一般预算收入完成6.72亿元，比上年增长15.1%，其中地方一般预算收入完成4.59亿元，比上年增长15.5%。全县财政一般预算支出完成22.6亿元，增长13.4%，重点支出得到保障，财政保工资、保运转、保民生能力稳步增强。

【服务经济发展】一是积极落实各项财税政策。建立2000万元的工业、现代农业、服务业、科技创新、旅游等专项发展基金,办理企业增值税出口退税5116万元,兑现市政府出台的四大产业政策扶持资金2418万元,有力地促进了实体经济发展。二是努力打造投融资平台。继续充实县担保公司资本金2600万元,放大融资担保乘数效应,全年共为112户中小企业提供贷款担保5.2亿元。积极争取省财政批准当年土地储备贷款规模2.55亿元。三是主动帮助企业解困。及时调度资金,建立倒贷资金池,支持城投公司为县域重点企业到期贷款累计转贷8.5亿元。投入1000万元,建立小微企业助保金风险贷款补偿机制。四是争取支持工作成效明显。全年共争取政府债券资金、项目资金及各类转移支付18.93亿元,同比增长9.7%,为县域经济社会发展提供财力保障。

【保障改善民生】全年共实施31项民生工程,投入资金7.48亿元,其中县财政安排配套资金1.1亿元。一是加大教育投入。安排义务教育保障公用经费4269万元,拨付普高、中职国家助学金和免学费资金802万元,发放乡村教师生活补贴948万元,兑现乡镇教师历年欠发津补贴755万元,投入501万元建设3所乡镇公办中心幼儿园。二是健全社会保障体系。全面落实提高企业退休人员基本养老金、农村五保、城乡低保对象生活补助提标政策,全年发放农村“七老”生活补助资金936万元,拨付就业补助资金1385万元,支持发放困难群体创业小额担保贴息贷款1115万元。三是推进医疗卫生改革。兑现城镇居民基本医疗补助及新农合提标政策,及时拨付基层医药卫生体制综合改革补助资金909万元,安排县级公立医院改革补助资金503万元。四是加快推进保障性安居工程建设。拨付住房保障资金7735万元,新建公租房409套,改造农村危房2700户,打卡发放住房租赁补贴634户,切实解决低收入困难群众住房问题。五是加快构建公共文化服务体系。拨付文化广播事业发展资金1105万元,推进文图博“三馆”及乡镇文化站免费开放服务,继续实施广播电视“村村通”工程,保障重大文体赛事活动举办,加大城乡居民公益文化设施投入。

【统筹城乡发展】全年通过“一卡通”累计发放粮食直补、综合直补、低保资金等23项财政补贴资金2.85亿元,增长4.3%。拨付美好乡村建设财政专项资金3526万元,整合涉农项目资金5312万元,撬动社会资本和金融资金6933万元,重点支持8个省级示范中心村和17个县级中心村建设,全力推进美好乡村建设和人居环境改善。投入5935万元支持水利建设,加快推进小型水利工程改造提升。安排7456万元用于农村公路改造,改善农村交通条件。深入推进村级公益事业“一事一议”财政奖补工作,投入资金5214万元,完成奖补项目172个。稳步推进农业综合开发工作,投入1952万元先后完成7个国家级和省级项目建设任务,并顺利通过省专家组验收。拨付涉农贷款奖补资金440万元,引导金融机构加大支农贷款投放,促进农村经济加速发展。

【深化财政改革】一是启动全口径预算管理。对公共财政预算、政府性基金预算、社保基金预算和国有资本经营预算实行分开细化编制。强化预算编制、执行、监督“三位一体”管理模式,增强财政预算的严肃性。二是重新界定行政事业单位财政供给类型。按照县编委实施的事业单位分类改革方案,对全县行政事业单位财政供给性质重新分类界定。三是健全公用经费定额供给体系。大幅提高公用经费标准,由原来年人均2000元提高到年人均14500元,并将公用经费细化到包括“三公”经费在内的14个明细经济科目,公用经费编制内容更加细化、完整。四是完善非税收入管理体制。对部门非税收入安排的支出实行分类管理,实行预算一个盘子,收入一个笼子,支出一个口子,全面推进非税收入“收支两条线”改革。五是进一步完善县乡财政体制。实行县乡人员经费、公用经费支出标准同口径,设立工商税收滚动基数,基数内财力补助根据乡镇分类情况确定,财力向困难乡镇倾斜。六是建立财政资金存放商业银行考核机制。重点考核商业银行服务地方经济发展、纳税贡献、资金保值增值及服务功能和水平。启动社保资金银行存款竞争性存储。七是进一步深化国库集中支付改革。大力推行公务卡结算制度,累计发放公务卡600余张;完善工资统发机制,将全县行政事业单位工资纳入财政一体化信息平台,实行统一发放管理。

【强化财政监督】一是推进涉企项目资金管

理。做好　涉企系统　信息采集,全年共录入涉企项目 86 个,申请财政资金 2848 万元。二是加强乡镇财政管理。及时出台涉农资金监管办法和包村监管制度，推行乡镇包村干部监管涉农资金新机制,强化一线监管。积极开展涉农涉企资金专项检查,突出抓好补贴类资金规范发放,认真核实涉农补贴面积和种粮大户基础信息，主动开展乡镇财政内部检查和业务互审。三是强化“三公”经费管理。实行预算源头管控和总额控制,建立“三公”经费月报制度和预警机制,全年“三公”经费比上年下降 23.5%。四是加快推进财政信息公开。县本级 63 个预算单位均及时在政府网站上公开部门预决算和“三公”经费支出,主动接受社会监督。五是严把财政资金出口关。依托财政支付平台动态监控系统发现预算单位疑点或违规问题信息 292 条，处理纠偏 2484 万元,退回 287 万元。六是建立地方政府债务管理机制。坚持增量管控、存量化解，全方位规范政府债务借、用、还。开展政府存量债务清理甄别上报工作，为下一步置换政府债务打下基础。

（望江县财政局供稿　胡叶琦）

黄山市财政工作概况

黄山市财政工作综述

【概况】2014年，黄山市公共财政收入完成90.24亿元,同比增长11.4%。其中,地方公共财政收入完成67.99亿元,增长14.5%。公共财政支出完成149.42亿元,增长9.28%。面临财政收入增速放缓、收支矛盾压力加大的形势,全市财政部门以改革的智慧和勇气,努力克服不利因素影响,充分发挥公共财政职能作用，稳步推进财政各项事业发展。

【助推经济稳增长】千方百计增收节支,努力支持经济结构转型调整。一是培植涵养税源。积极贯彻落实市委、市政府出台的促进经济持续健康较快发展、大力发展民营经济以及促进房地产市场健康发展等意见,积极推进营改增扩大试点、土地使用税奖励返还等工作,落实过渡期扶持政策;统筹1.46亿元支持民营经济发展,充实区县担保公司国有资本金,解决中小企业贷款难问题;整合省市资金1.1亿元积极支持服务业发展。二是积极对上争取。全市完成对上争资62.8亿元,较上年增长5.8%。全年共争取地方债资金8.52亿元,同比增长10.78%，有力地支持全市新型城镇化基础设施建设、歙黟一级公路、城市展示馆、保障性住房建设等一批重点公益性项目。三是严控一般性支出。贯彻落实中央八项规定,从严控制一般性支出，将压缩的资金用于民生改善和社会事业发展。全市建立“三公”经费动态统计分析制度,全年“三公”经费同比下降27.3%。注重财政性资金绩效管理,出台《市级财政性建设资金绩效评价暂行办法》,市级部门228个项目纳入绩效考评,资金使用效益进一步提高。

【统筹城乡促发展】大力整合专项资金,完善基础设施建设,支持城乡发展同步推进。一是支持城市建设。投入2.7亿元用于新安江上游综合治理,投入1500万元新建和改造前湖路、柏树路,投入2.3亿元积极支持开发区新型城镇化、站前广场建设和教育布局调整。扎实推进国家保障性安居工程项目，全市投入8亿元建成保障性住房62.7万平方米,实施农村危房改造9080户,兑现补助资金8715万元。二是服务三农发展。扎实开展美好乡村建设和“三线三边”环境风貌整治,全市整合美好乡村专项资金6.49亿元;推进农村环境综合整治，加快实施小型水利设施改造提升工程,全市统筹2.08亿元支持病险水库加固除险和引水渠建设等工程,改善农业基础设施条件;以中央财政支持农业现代生产发展项目为平台，整合项目资金1.13亿元支持全市茶产业发展；投资1.6亿元支持35个农业综合开发项目建设，农业综合生产能力进一步提升;“一事一议”项目完成投资6405万元;“一卡通”发放惠农补贴27项6.79亿元,人均受益580元;市级安排扶贫专项资金1100万元,集中力量开展扶贫攻坚。三是倾力社会保障。连续第10年调整提高企业退休人员基本养老金,全市49856名企业退休人员,人均月增加养老金168.28元,增幅11%;全市每月增发企业退休人员基本养老金840万元，全年增加养老金支出1亿元。在全市范围内实施城镇居民大病保险和新型农村合作医疗大病保险工作，继续完善城乡低保、社会救助和贫困残疾人救助与康复等制度,切实解决弱势群体生活困难,减少因病致贫风险。

【创新管理惠民生】全年财政民生支出118.15亿元,增长11%。其中:投入资金1.2亿元实施城乡义务教育经费保障机制改革和中心城区义务教育阶段公办学校学生“零收费”;投入1.5亿元支持市医院综合病房大楼、职业技术学院、火车站广场整治改造等项目。36项民生工程目标任务全面完成,完成投资额37.33亿元,占年度计划的116.3%,增长16.7%。一是资金保障到位。在严峻的收入形势下,本市大力压缩一般性支出和“三公”经费,市、县、区新增财力80%以上倾力民生。确保资金优先配套、优先拨付,同时加大对民生工程资金配套、拨付、使用情况的监督力度,严防民生工程资金被虚报冒领、截留挪用。二是会商协调到位。市民生办会同市直部门及时出台民生工程资金配套实施办法、信息公示等各类文件40多个,定期召开会议协调解决民生工程实施过程中的问题,市、区县配套资金及时到位,民生工程资金“绿色通道”进一步通畅。进一步完善联动机制及民生工程联络员、信息员等制度。三是后续管养到位。加强工作部署,按照一县(区)一特色、一部门一创新的目标扎实推进,以市场机制充分激发资源配置活力,探索多元投入,扩大群众参与,提升管养水平;积极推行购买服务,在全市推广建后管养“四同步三整合”做法,确保民生工程长期发挥惠民功效。全市累计投入1.01亿元用于建后管养,较上年增长14.7%。黄山区、徽州区农村清洁工程、政府购买服务等经验入选省《民生工程经验案例选编》。黄山市荣获“全省民生工程绩效考评先进市”称号,黄山区、黟县荣获“全省民生工程绩效考评先进县”称号。

【管控债务防风险】按照市委提出的“五个不干”要求,明确债务管理责任,统一界定举借主体,实事求是反映存量债务,全市债务增速放缓,管控成效明显。一是健全管理机制。市政府成立投融资管理委员会,并在财政部门增设债务管理办公室,强化投融资及债务管理工作;市本级先后出台《黄山市市级偿债资金管理办法》《黄山市地方政府性债务风险预警管理暂行办法》《黄山市政府性债务管理考核暂行办法》等制度10余项,印发《2014年政府性债务管理工作的指导意见》,加强对区县债务管理工作的指导。二是严格控制风险。积极化解存量债务,优化债务组成结构,对新增政府性债务实行“双审管理制度”,编制年度债务收支计划,建立债务月度分析制度,结合融资需求、经济发展状况和历年债务规模变动等情况,分析研判未来债务规模和债务风险增减变化情况。三是开展债务甄别。坚持债务分类管理,理清政府债务偿还责任。截至当年底,全市共清理甄别债务163亿元,初步统计,一般债务率为34%,专项债务率为38%,为政府性债务分门别类纳入预算管理奠定基础。

【抓好试点创示范】以打造“美丽中国”生态文明建设先行区为目标,以提质增效、转型升级为主线,坚持试点示范,生态环境持续改善。一是新安江保护工作成效显著。在巩固“六个全覆盖、四个强力推进”成果的基础上,突出20项重点工作和10项保障机制建设,各项目标任务如期实现,完成试点项目投资25亿元。实施村级保洁、河道综合整治、城乡污水处理、支流网箱退养、规模养殖场整治、农业减肥降药整治、查处违法采砂洗砂等,积极健全治理工作机制,完成试点中期绩效评估,启动生态系统服务价值评估,流域环境保护水平不断提高,新安江水质持续保持优良,连续三年达到考核要求,新安江生态保护长效机制逐步推进,全社会生态理念明显增强,自觉保护、全民保护深入人心。二是太平湖保护试点全面启动。黄山区太平湖成功跻身全国15个重点支持良好湖泊保护专项项目,累计争取资金3.89亿元,完成投资7.45亿元。坚持生态修复、污染治理、饮用水源保护等项目与美好乡村建设工作相结合,太平湖水质稳定维持在地表水Ⅰ类标准,总氮同比下降14%,饮用水源地水质达标率保持100%。三是大气污染防治力度持续加大。设立市级大气污染防治专项资金,加大对上争取,全面实施机动车环保检验合格标志管理制度,开展建筑施工扬尘、餐饮油烟、秸秆禁烧等专项整治。

【深化改革增活力】围绕省、市深化改革要求,把握改革方向、突出阶段重点,注重协同推进,财政(国资)部门主牵头的21项改革任务完成预期目标。一是改革预算管理体制。进一步完善一般公共预算、政府性基金预算、国有资本经营预算、社会保险基金预算编制体系,合理确定国有资本经营收益上缴比例,加大调入一般公共预算力度。四本预算保持完整、独立,有效衔接。二是全面推进预算公开。预算公开范围进一步扩大,市、县(区)统一公开口径、公开格式,全市569个单位同步公开预决算信息,其中:市本级89个公开单位于4月底全部公开部门预算及“三公”经费预算信息,9月底全部公开部门决算及“三公”经费决算信息。三是深化国库管理改革。全面实现财政专户归口管理,撤并市直预算单位银行账户近300个、归集资金7.2亿元,完善单位银行账户管理制度,动态监控单位银行账户及资金,进一步建立健全财政资金管理制度,建立对外借款政府集体决策机制,盘活财政存量资金,试编权责发生制政府综合财务报告。四是开展政府购买服务。制定工作方案,当年市本级共实施31项6000余万元政府购买服务项目,涉及基本公共就业、基本社会保险、基本公共文化体育等领域。五是落实重点领域改革。坚持疏通结合,堵活并举。扎实推进专项转移支付清理,市本级专项转移支付项目个数压减28%;严格落实国务院“约法三章”要求,财政供养人员“只减不增”得到有效落实。六是推进国资国企改革。结合市属企业生产经营特点,出台《市属国有企业分类考核监管办法》,完善国有资本经营预算制度,制定市属国有企业资本收益上缴分类政策,2014年市级国有资本经营预算试点顺利推进。

(黄山市财政局供稿)

屯溪区财政工作概述

【概述】2014年,屯溪区累计完成公共财政收入10.54亿元,占年初预算数10.53亿元的100.1%,同比增长12.1%,基本实现财政收支平衡。

【科学生财】科学处理好生财、聚财、用财,增强财政活力。紧紧抓住组织收入这条主线,加强财源建设,不断规范征收管理,向管理要收入,做大做实财政“蛋糕”,壮大财政实力,力争财政收入再上新台阶。积极会同相关部门采取有力措施,规范基金收支,加强社会保险征管,社会保险基金收支情况平稳,保障各项社会保险待遇的落实。

【保障民生】遵循“守住底线、突出重点、完善制度、引导舆论”的总体思路,及时制定出台民生工程资金筹集办法,积极引导和鼓励社会资金投入,确保足够财力用于民生。当年本区承担省、市31项民生工程(省级28项、市级3项),年初计划总投资4.9亿元,年中调整实际任务数4.41亿(调减4900万元,主要是保障性安居工程项目),其中区本级配套资金0.6亿元。在当年财政收支形势异常严峻情况下,进一步优化支出结构,确保民生工程建设投入。实际完成投资4.9亿元,完成年度任务的111.22%,31项民生工程目标任务全面完成。全年发放城乡居民养老金776万元,城镇居民医疗保险补偿参保居民医药费2472万元,新农合补偿资金1888万元,就业支出2066万元(其中拨付财政贴息资金273万元)。足额保障政法单位的公用经费。继续加大美好乡村建设力度,推进2014年美好乡村公共服务体系奖补民生工程,拨出专项资金1100万元用于美好乡村建设,提前完成本区全年美好乡村建设公共服务体系奖补任务。全年发放补贴农民资金23项,金额3537万元;积极做好2014年农业性政策保险工作;扎实推进村级公益事业建设一事一议财政奖补工作,共实施一事一议财政奖补项目30个,项目总投资378.5万元,其中中央财政奖补资金94万元,省财政奖补资金39万元,区财政奖补资金81.2万元,村民自筹及村集体投入资金 18.8 万元。

【规范理财】坚持科学化、精细化管理,完善预算管理体系,加强财政综合监管,提高财政支出绩效。做好本级部门预决算及“三公”经费信息公开工作,除台办和人武部2家涉密单位不公开,区级62个部门和单位全部公开部门预决算信息及“三公”经费信息。严格执行中央“八项规定”、“六项禁令”以及省、市、区委关于厉行节约的各项措施,强化预算约束,实行支出总额控制,将“三公”经费作为预算管理的重点。当年区级部门“三公”经费合计1316.7万元,比上年同期1519万元减少202.3万元,下降13.3%。“会议费”合计70.1万元,比上年同期124.1万元减少54万元,全部实现负增长。加快非税收入改革步伐,继续深化“收支两条线”管理,不断规范政府非税收入票据管理制度。进一步规范招标采购行为,强化招标采购制度建设,建立健全诚信档案;加强国有投资项目标后监管，严格审批程序、严格工程款结算方式，确保招标采购活动“公开、公平、公正、诚信”。全年完成采购业务193批次，完成采购额3903.9万元，比预算节约资金490.5万元，资金节约率12.6%。财政监管不断加强，盯住关键领域、关键科室、关键部位不放，切实加强监督检查。根据省厅专项资金检查工作要求，积极开展涉农、涉企等财政专项资金分配使用情况、镇级财政财务等监督检查，保障财政财务政策制度有效落实。按照“集中管理、市场运作、统一经营”的原则，加大对经营性资产的监管力度。会同审计局开展“小金库”检查工作，积极做好规范公务员津贴补贴发放；配合做好工程建设领域突出问题专项治理、教育医疗乱收费、保障性住房分配不公、民生专项资金使用中的“跑、冒、滴、漏”等损害群众利益的行为，推进依法理财，切实维护群众利益。

【服务发展】一是突出项目支撑。结合推进“四大平台”建设，结合重点项目实施，全力配合相关部门做好项目申报工作，着力引进大项目、好项目，并及时跟踪项目落地投产。全区对上争取完成5.47亿元。二是加强调度，保障重点工程和项目资金需求。为确保全区重点工程、重点项目建设资金的需要，多方筹措资金，全力以赴做好资金保障工作，共调拨资金近4.24亿元用于黎阳老街、江南新城、九龙园区、鬲山开心菜园等重点项目建设，为政府重点项目建设提供强有力的资金保障。抓好园区企业服务，继续开展九龙园区企业助保金贷款业务，全年审核发放6家企业3840万元流动资金贷款，江南融资担保公司为9家企业提供贷款担保，担保余额8450万元，有力地解决中小企业融资难、贷款难的问题。

【转变作风】第二批党的群众路线教育实践活动开展以后，区财政局紧紧围绕“为民、务实、清廉”主题，紧扣“三个环节”，加强领导，周密安排，精心组织，稳步推进，取得明显的阶段性成效。一是理想信念和宗旨意识进一步增强；二是干部作风建设进一步加强；三是党内政治进一步清明；四是党群干群关系进一步密切。

（屯溪区财政局供稿）

黄山区财政工作概述

【概述】2014年，黄山区财政局紧紧围绕“稳增长、调结构、促转型、惠民生、重监管”目标，狠抓财政收入征管，优化支出结构，深化财政改革，加大民生投入，强化资金监管，较好地完成全年各项财政工作任务，有力地促进区域经济的持续发展和社会和谐稳定。

【壮大财政综合实力】面对错综复杂的宏观环境和政策性减税、“营改增”试点等不利因素的影响，全区上下采取多项积极措施，加强财源建设、细化收入任务、强化税源监控、统筹协调调度、开展税收调查、完善综合治税、强化税收征管，财政收入稳步增长。全年公共财政预算收入完成10.38亿元，比上年增长12.1%，增收1.12亿元，圆满完成区人代会下达的目标任务数。

【提高统筹保障能力】坚持调整和优化财政支出结构，不断加大财政对公共服务领域的投入，优先保障和改善民生，集中财力，保障区委、区政府决定的重大项目建设需求。全年一般公共财政预算支出达到18.44亿元，比上年实绩增长20.9%。其中，民生类支出14.16亿元，增支3.17亿元，较上年增长28.9%，占公共财政预算支出的76.5%，较上年提高4.5个百分点。教育、科技、医疗卫生、社会保障、农林水投入分别较上年增长6.1%、5.8%、28.5%、5%、6.2%。

【提升服务发展能力】坚持把创新财政支持经济发展的方式作为转型升级的重要举措，综合运用贴息、奖励、补贴等手段，带动信贷资金和社会资本投入，放大财政资金效益。全年拨付工业发展、旅游发展、现代农业发展等各类专项资金5169万元。兑现企业业绩考核奖励126.9万元、金融支持地方经济发展考核奖励25万元，发放工业项目购置生产设备补助资金270万元、新型农村金融机构定向费用补贴333.3万元等，鼓励企业进行技术改造升级，提高企业核心竞争力，为企业发展营造宽松环境。坚持把融资作为服务地方经济发展平台。新增注资1800万元，做大做强中小企业担保注册资本，提升担保能力，全年为109户中小企业及个体工商户办理担保贷款3.7亿元，扶持担保企业从业人数近8000人,企业营业收入增长16%,实现税收增长20%以上;统筹调度资金1100万元,用于注册园区助保基金,为园区13家企业办理助保金贷款1.19亿元,有效缓解园区中小企业融资难。坚持把项目建设作为经济发展的重要途径。全年对上争取经济建设专项资金4.66亿元,以国资公司为平台,通过金融机构成功融资2.82亿元,有效保障城市基础设施建设、龙门岭隧道、芙蓉农贸市场、旅游学校新校区、谭家桥富城新村等重点工程建设资金需求。

【惠及民生社会发展】坚持把民生作为财政保障的重点,全年投入资金3.98亿元,占年初计划的114.3%,其中区级配套资金7758.69万元,实施民生工程34项。扩大社会保障覆盖面。全区共9.3万人参加社会养老保险,占应保人数的130%,向符合领取条件的2.47万人发放养老金1749.15万元;城乡低保扩面提标,由月人均400元提高到440元,发放生活保障资金1867万元,累计保障6.54万人次;"五保户"供养全面提标,集中供养标准由3600元/人调整为3960元/人,分散供养标准由2400元/人调整为2640元/人,实现应保尽保,向1370名"五保"供养户累计发放资金473.3万元。投入资金105万元,新增敬老院床位50张,下拨敬老院管理经费94.68万元,发放低收入老人居家补贴及高龄津贴187.38万元,确保了老有所养、老有所居。推进安居工程。加快推进保障性安居工程建设,积极发展公共租赁住房,全年新增公共租赁住房112套,发放廉租房租金补贴172万元;投入资金1330万元为1400户农村危房进行改造,解决农村经济困难户住房安全问题。加大卫生事业投入。全年用于医疗卫生支出达1.43亿元,巩固基层卫生院体制改革成果,深化推行县立医院改革,支持重大疾病和传染病的防治体系和突发公共卫生事件救助体系建设,加强食品药品安全监管,保障公共用药和食品安全。基本医疗保障体系实行全覆盖,全年新型农村合作医疗参合农民达12.7万人,参合率达103.59%;城镇居民参保2.16万人,参合率达100.6%,全年为25.98万人次住院补偿4961.72万元,补偿比58.83%。医疗救助体系不断完善,全年共有1.01万人次得到医疗救助,救助资金达314万元。积极推行新农合大病保险,为大病困难户进行二次报销,以减轻因病致困,全年为62人次支付大病保险补偿金29.8万元。加大教育投入。统筹安排教育类资金1.89亿元,用于教育优先发展。全年为9573名在校生提供117万元免费教科书,500名贫困寄宿生补助生活费72.1万元,851名中职学校及高中困难学生获得资助资金215.8万元。加大学校硬件设施投入,全年投入资金2056万元,用于教学楼、运动场、实验室、学生食堂及教师周转房建设。落实就业再就业政策。积极筹措再就业资金1416万元,发放小额贷款897万元,财政贴息213万元,开展各种专业技能培训,1326人实现再就业。加大公共文化建设投入。全年拨付资金210万元用于博物馆、文化馆、图书馆、乡镇文化站免费对外开放,开展送电影下乡948场次,各村更新农家书屋报刊1万册,积极推进文化民生项目建设,采取"市场运作、政府买单、群众看戏"的政府购买服务模式,为全区79个行政村奉献119场次文艺演出。

【统筹城乡协调发展】全面落实强农惠农富农政策,着力提升美好乡村建设水平。全年用于农林水事务支出28479万元,增长6.2%。落实惠农政策。全年通过"一卡通"发放19项惠农补贴1.22亿元,比上年增长15%,农民人均受益989元。加大基础设施投入。加快农田水利建设步伐,多渠道筹集资金,大幅度增加农村基础设施建设的投入。累计投入1.01亿元,实施中小河流治理、病险水库除险加固、土地治理、农业综合开发、农村公益事业"一事一议"财政奖补、农村饮用水、农村清洁工程等项目建设。改善生态环境。累计投入资金3.28亿元,先后实施"三线三边"重点整治、千万亩森林增长工程、太平湖湖泊生态环境保护项目、新安江生态补偿机制试点项目。加大产业扶持。全年投入资金3490万元,推进农村产业化建设,促进农村经济发展。新建改造高标准大棚蔬菜基地440亩,香榧、油茶等基地6800亩,新建改造茶叶基地2200亩,实现茶业产值4.8亿元。新增农民专业合作社35个、家庭农场28个,金桥农特产品、巧明香榧两个专业合作社跻身国家级农民合作示范社行列。扩大政策性保险。认真实施政策性农业保险,完成油菜投保面积1.57万亩、水稻投保8.41万亩、公益林投保69.69万亩、商品林投保88.35万亩、能繁母猪投保2055头,完成大棚蔬菜、瓜蒌投保2464亩,发放2013年度水稻、油菜等各项理赔款 208 万元。

【提升科学理财水平】坚持把财政资金运行质量和使用效益作为财政监管的核心内容，突出做好监管的日常化、规范化和制度化。启用电子哨岗。利用财政系统一体化信息平台,对财政直接支付实行额度管理,启用“电子哨岗”动态监控财政资金支付行为。建立项目资金信息通达机制,全年录入项目资金信息 260 多条，累计监管资金共 5.26 亿元,其中单位预算资金 2.42 亿元,项目类资金 1.49 亿元,补助类资金 1.21 亿元,村级财务资金 1383 万元。开展绩效考评。修订完善各类专项资金管理制度，开展财政支出项目资金绩效考评,民生工程项目全部纳入绩效管理,全年绩效考评项目 60 个,涉及考评资金 8.89 亿元。加强资产管理。完善行政事业单位国有资产配置、使用、处置、收益收缴和资产信息动态监管措施,对公务用车实行“一车一档”,全年共审核审批行政事业单位资产处置 49 批次,处置资产 853.64 万元。严控“三公”经费。 坚持厉行节约,严格落实中央八项规定,从严控制“三公”经费支出和预算追加。全年全区“三公”经费支出 2176.2 万元,比上年减少 361.5 万元,同比下降 14.2%。加强债务管理。对政府性债务进行全面清理审计，完善债务风险防范机制,规范融资平台管理,建立债务预警机制,有效防范政府债务风险。开展专项清理。盘活财政存量资金,全面清理往来资金、专项资金,共清理存量资金 5800 万元,清理各类往来资金 3639 万元。深化支付改革。推行乡镇国库集中支付改革,完善乡镇公务卡结算管理制度。加强监督检查。组织开展“小金库”专项治理、农村饮水安全工程、土地出让金专项清理、“一卡通” 专用存折统计与代管滞留清理、企业会计监督等专项治理检查,并组织开展 5 个财政所(分局)的内审工作。

【开展教育实践活动】按照“走在全区前列、把联系点建成示范点”的要求,以为民务实清廉为主题,以“三严三实”为标尺,以焦裕禄、沈浩和杨业功精神为镜子,以贯彻中央八项规定为切入点,认真、扎实、从严、有效开展党的群众路线教育实践活动,着力解决“四风”问题,达到预期目标。突出以学为先。把理论学习作为首要任务,贯穿教育实践活动全过程，使广大党员干部普遍受到一次深刻的马克思主义群众观和群众路线教育，普遍经历一次深刻的思想洗礼和党性锻炼，进一步坚定中国特色社会主义理想信念，打牢为民务实清廉的思想基础,增强贯彻群众路线的自觉性坚定性。突出开门纳谏。通过“四听四问四征求”和“千百十”行动计划、民生大走访等活动,深入基层、深入一线，广泛听取意见建议，先后走访座谈会商 82 场(次),发放征求意见表(函)386 份,走访企业 46 户、单位 106 个、基层群众 327 户,共收集意见建议 72 条,其中领导班子在“四风”方面存在的问题 14 条。突出问题整改。对教育实践活动中征求到的各类问题,制定翔实可操作的整改措施,印发《黄山区财政局党的群众路线教育实践活动整改方案》和《黄山区财政局党的群众路线教育实践活动专项整治方案》,明确整改责任领导和具体落实科室,按照“谁主管、谁负责”的原则,实行目标化、具体化、责任化管理。突出从严从实。严格按照要求召开专题民主生活会和组织生活会，真刀真枪开展批评与自我批评，党内政治生活的原则性和战斗性明显增强。突出长效机制。围绕解决“四风”方面的突出问题,制定完善公务接待、出差差旅费管理、“三公”经费预算管理和公开等相关制度。狠抓干部作风建设，每周不定期对局机关干部上下班进行督查。扎实做好“市民企业在线”、“政风行风热线”解答活动,认真办理人大代表建议、政协委员提案工作,全年办理人大代表建议、政协委员提案共 45 件,办复率、见面率、满意率均为 100%。

(黄山区财政局供稿　查扬扬)

徽州区财政工作概述

【概述】2014 年，徽州区积极应对复杂多变的宏观经济形势和各种严峻挑战，牢牢把握稳中求进的总基调,扎实推进稳增长、促改革、调结构、惠民生、防风险各项工作,为促进全区经济社会健康稳步发展、民生持续改善做出积极努力。全区公共财政预算收入完成 9.2 亿元,完成年初预算目标,比上年增长 10.2%。政府性基金收入完成 5.15 亿元,同比下降 33.3%。社会保险基金收入完成 1.54 亿元,同比增长 10%。全区公共财政预算支出完成 12.3 亿元,同比增长 4.19%。政府性基金支出完成 5.65 亿元,同比下降 29.8%。社会保险基金支出完成1.18亿元,同比增长20.4%,社会民生和各项事业发展等重点支出得到有效保障。徽州区财政局被授予"安徽省第十届文明单位"、"黄山市第十一届文明单位"及"徽州区第十一届文明单位"荣誉。全区荣获"安徽省2013年度美好乡村建设先进县"荣誉,并被市政府授予"2014年度全市民生工程组织实施工作先进县(区)"称号,农村清洁工程建后管养政府购买服务模式入选省民生办"案例选编"并在全省推广。

【服务经济发展措施有力】坚持把服务经济发展作为第一要务,着力支持产业结构调整,夯实区域经济发展基础。一是加大企业扶持力度。区财政投入6250万元用于工业园区基础设施建设,拨付工业、外贸、服务业等企业扶持资金6800万元,全年园区企业实现税收2.3亿元,增长16.2%,在全国经济持续低迷的情况下,本区经济逐步趋好。二是继续扶持融资担保体系建设。区财政拨付区担保公司企业发展专项资金1000万元,积极争取省财政民营经济扶持发展资金1000万元和省担保集团注册资本金2100万元,夯实融资担保平台,区担保公司全年为区内98户企业提供融资担保业务186笔,担保总额达6.8亿元,超额完成6.5亿元目标任务。三是加大对上争资力度。全年对上争取各类补助资金6.5亿元,有效缓解区本级财政支出压力。

【保障改善民生成效显著】突出保障改善民生,财政支出更多向民生倾斜,不断优化支出结构,十三大类财政民生支出9.72亿元,同比增长12.3%,民生支出占公共财政预算支出比重达到79%,较上年提高7个百分点。一是精心组织实施36项民生工程,全年完成投资3.13亿元,占计划的113.1%,民生工程建设任务圆满完成,民生工程后续管护工作不断创新。二是推进基本公共服务均等化。推进小型农田水利、一事一议财政奖补、农村广播电视村村通等一大批民生工程项目建设,有效改善农村生产、生活条件。提高农村中小学校生均公用经费补助标准,保障民办学校义务教育阶段学生同步享受"两免一补"政策。建立村卫生室医疗风险统筹资金,防范村卫生室医疗执业风险。加大对徽州古建筑保护利用和农村文化活动的支出,促进农村文化繁荣发展。三是加大社会保障投入。继续实施积极的就业政策,推进扶贫开发工作,足额发放企业退休人员养老金,落实"老字号"群体工龄补助政策,保障基本,兜住底线,增进民生福祉。四是推进生态文明建设。对全区村居垃圾清扫和河道垃圾打捞经费保障实现全覆盖,推进"三线三边"环境整治工作,争取新安江流域生态建设保护专项资金4682万元,推进8个续建项目和9个新建项目建设,促进人与自然和谐发展。

【统筹城乡发展步伐加快】一是加快城乡一体化进程。兑现农民进城购房补贴资金1048万元,促进农村人口向城区集聚。二是扎实推进美好乡村建设。财政投入资金4230万元,整合其他资金9600万元用于美好乡村建设,为本区美好乡村建设工作考核名列全市第一,荣获"安徽省2013年度美好乡村建设先进县"(皖南片区第一名)做出积极贡献。三是加大农业产业投入。财政投入4850万元用于农业产业发展扶持,重点支持农村经济组织发展和现代农业、农业综合开发项目建设,对油菜、水稻、公益林、大棚蔬菜等农作物实施政策性农业保险,通过"一卡通"系统发放惠农补贴7174万元,促进农业产业发展。

【政府债务管理日趋规范】按照"防控风险、严格审批、规范管理、服务发展"的原则,规范债务管理。一是严格政府债务管理。成立政府债务管理办公室,制定《徽州区区本级偿债管理办法》《黄山市徽州区政府性债务管理暂行办法》,进一步规范区级政府性债务工作管理。试编政府性债务收支计划和土地收储融资计划,实施债务审批卡制度,为防范和控制政府债务风险奠定了基础。扎实开展存量债务清理甄别工作,摸清底数并统一纳入债务管理系统,实行债务分类管理。二是规范政府融资,积极化解存量债务。深化与银行等金融机构合作,通过土地收储、政府投资项目等融资到位资金6.35亿元,全部用于存量债务偿还,未有逾期债务发生。

【财政重点改革不断推进】按照中央、省、市深化财税体制改革部署要求,围绕财政部门各项重点改革任务,及时制定措施,扎实有序推进。一是深化预算编制改革。试行"开门办预算",与区人大财经工委、审计局等相关部门组成预算项目评审组,对四项重点项目预算开展公开评审,压缩资金2023万元,降幅52.4%,提高预算编制的科学性、合理性。二是盘活财政存量资金。清理收回历年结余存量资金2530万元缴入国库，统筹投向民生改善、公共服务、基础设施等领域。严格控制对外借款，清理收回历年借款1830万元。三是强化“三公”经费管理。会同区监察局、审计局对“三公”经费开展监督检查工作，检查面达到65%，全区“三公”经费支出下降24%。四是政府购买服务工作稳步推进。制定出台《徽州区政府向社会力量购买服务暂行办法》，实施基本公共服务、社会事务服务、技术服务等领域政府购买服务项目20项，涉及资金1409万元。五是国库集中支付改革不断深化。国库集中支付实现区直单位和乡镇全覆盖，所有财政资金全覆盖，全年审核支付业务37920笔，支付金额10.4亿元，直接支付率达99.9%，公务卡使用率不断提高，现金管理日趋规范。

【财政管理绩效持续提升】一是加大财政监督检查力度。先后开展村级财务、涉农资金、“小金库”专项治理等检查7次，检查单位122户次，规范财政财务管理，严肃财经秩序纪律。完成2013年度乡镇财政资金监管和惠农补贴资金绩效评价工作，并在全省考评中分别获得二等奖。二是推进财政预决算信息公开。按照省市有关工作要求，除涉密单位外，全区59个单位按时完成部门预决算、“三公”经费预决算信息公开工作。三是抓好社保基金保值增值工作。密切政银对接，社保基金定期存款占存款总额比例达到73.7%，较上年提高23个百分点，全年利息收入204.18万元，同比增长22.4%。四是加强财政信息化建设，新建电子化政府采购信息系统、财政涉企信息管理系统，发挥系统数据集聚优势，以信息化手段强化财政资金监管。五是夯实财政管理基础。认真开展会计从业人员继续教育培训，不断提高会计人员业务素质。组织开展会计信息质量检查工作，规范企业会计核算。组织38个村居财务人员参加财政支农政策培训，提高村级财务人员的业务水平。六是加强国有资产监管。制定出台《徽州区行政事业单位部分通用资产配置标准(试行)》，加强行政事业单位国有资产配置管理。

【机关作风建设不断强化】一是扎实开展党的群众路线教育实践活动。认真贯彻落实省、市、区的统一部署，先后召开专题党组会议8次，活动领导小组会议8次，活动领导小组办公室会议12次，专题研究活动进展情况。认真开展系列学习活动，组成7个走访调研组，走访村居12个、调研企业60余户，收集整理9类42条意见建议，开展6个方面23项专项整治，推进5个方面14项制度建设，强化整改落实和督查考核，确保活动开展取得实效。二是进一步加强政风行风建设。梳理财政重点工作54项，制定工作推进计划，建立每周工作进展情况反馈机制，推进工作落实。坚持工作会商机制，全年开展工作会商134次，各项财政工作得到有效落实。三是加强机关内部管理。严格执行局机关《财务管理制度》等13项工作制度，修改完善《徽州区财政局创建文明科（室）活动考核办法》，并严格考核，提高机关工作效能。四是深入开展财政帮联工作。继续实行局班子、科室联系乡镇财政分局(所)工作制度，加强工作交流互通，提高工作有效落实。

（徽州区财政局供稿）

歙县财政工作概述

【概述】2014年，歙县公共预算收入累计完成13.29亿元，首跨13亿元新台阶，占预算的100.1%，同比增长12.1%；一般预算支出完成27.49亿元，占预算的107.7%，比上年增支2.58亿元，同比增长10.4%。按现行财政体制结算，全县公共预算执行实现收支平衡，略有结余。

【财政运行平稳有序】当年初，面对严峻复杂的宏观经济环境带来的财政增收困难，在认真分析研究基础上，及时明确目标任务，制定出台加强交通运输和商贸企业税收征管措施，落实城镇土地使用税差别化征收政策，积极挖掘新增税源。完善激励约束机制，加强财税部门和乡镇沟通协调，大力开展社会综合治税，狠抓税源监控分析，确保收入及时足额征收。同时，精心编制预算、积极调整支出结构、调度资金积极服务县委政府中心工作，较好地保障人员经费、机关运转、社会民生和重点支出的需要。其中：大口径财政民生支出16.2亿元，占公共预算总支出的80.5%。

【大力支持转型发展】该县紧紧围绕中心，服务大局，安排拨付招商引资奖励等各类政府目标考核奖励资金1441万元，大力支持招商引资等各项政府重点工作;贯彻落实小微企业减免税政策,全县5293户次小微企业享受增值税减免,1058户小微企业享受所得税优惠;拨付产业扶持、科技创新和税收优惠等各类支持企业发展资金1.2亿元,促进企业“提质增效、转型升级”;积极调度各类财政资金支持重点项目建设,拨付征地拆迁等项目建设资金5.8亿元,全力支持重点项目建设,力促经济平稳发展。县财政局荣获2013年度“县直单位综合考核一等奖”和“招商引资先进单位”称号,并受到县委县政府通报表彰。

【扎实推进36项民生工程】认真履行民生工程牵头部门职责,切实担负起全县民生工程的组织协调、宣传发动、指导监督和统计汇总等职责,重点抓好民生工程资金监督管理工作。全年已到位资金8.6亿元,到位率为107.44%,其中:县财政实际配套到位1.13亿元,到位率为107.9%。同时,牵头制定36项民生工程资金筹集办法和资金预拨、垫付制度,做到民生工程资金“三优先一到位”。建立36项民生工程绩效评价办法,利用政府购买服务实施民生工程,努力提升资金使用和管理效益。加大工程类建设项目推进力度,确保已确定的建设类项目4月底前开工,10月底前主体工程竣工。本县荣获“2013年度全市民生工程组织实施工作先进县”称号,局机关荣获“2013年度全县民生工程实施一等奖”,分别受到上级的通报表彰。

【全力支持“三农”事业发展】本县实际整合到位涉农资金1.84亿元,引导农民、企业自筹和银行信贷等社会资金投入4.5亿元,实际投资总规模达6.34亿元。整合资金重点投向美好乡村建设、农村安全饮水和现代茶产业发展等项目,进一步改善农村生产生活环境,夯实农业发展基础,促进农民增收,实现城乡统筹发展。当年本县再次荣获“全省2013年度县级支农资金整合先进县”称号。梳理完善一卡通发放相关的程序、制度,进一步加强“一卡通”存折管理和发放工作,全县通过“一卡通”系统直接发放种粮补贴、农村低保和新农合资金等29项财政涉农补贴资金1.88亿元,惠及全县56.24万人次。

【扎实推进生态文明建设】坚持以生态提升为核心、以环境整治为重点、以项目实施为抓手,持续推进新安江流域生态补偿机制试点和综合治理工作,共争取到位新安江生态补偿资金1.16亿元;与国开行贷款融资有效对接,已到位贷款4.3亿元;全面有序开展村庄保洁、河面打捞、网箱退养、企业转型升级等20项重点工作,全年完成项目投资13.7亿元;多方筹措资金开展“三线三边”环境整治,推进中小河流治理、丰乐河综合治理,水系连通试点等项目建设,促进环境治理和保护工作,生态文明建设取得新成效。

【全面深化财政改革】稳妥推进预算信息公开改革。全县县直预算单位全面公开2014年部门预算和“三公”经费预算以及2013年部门决算和“三公”经费决算,常态化主动接受社会各界监督,让权力在阳光下运行;积极推进盘活存量资金改革。结合实际制定出台《关于清理财政存量资金的通知》,对县财政局财政存量资金开展清理,提升财政沉淀资金的使用效益,有效缓解了财政收支矛盾。严格控制“三公”经费支出。完善全口径“三公”经费和会议费支出月统计报告制度,确保实现“三公”经费只减不增目标。据统计,全县“三公”经费支出同比下降18.2%;启动政府购买服务改革试点。2014年主要在基本公共服务和政府履职所需辅助性和技术性事项两大领域开展,涉及18个项目,预算资金2284.6万元;积极推进政府性债务管理改革。制定出台《歙县政府性债务管理暂行办法》,建立健全偿债机制,全县债务增速明显放缓,管控成效显现。

【积极打造财政管理“升级版”】加快涉企项目资金管理信息系统建设,完成2010—2013年度历史数据录入和2014年涉企项目资金预算指标下达和申报工作;全面推进国库集中支付改革。完善银行账户管理制度,全年共清理撤并财政专户5个,促进国库单一账户体系建设,完成本县国库集中支付改革的“最后一公里”。积极协助开设财税库银行横向联网系统,稳妥实施公务卡制度改革,减少差旅费、招待费等的现金支出。将县直实行国库集中支付的104个预算单位纳入财政国库动态监控范围,全年共预警24793笔,涉及资金7.09亿元;加强国有资产绩效管理。制定印发《关于规范县直行政事业单位经营性资产公开招租有关事项的通知》和《歙县行政事业单位部分通用资产配置标准(试行)》,进一步优化本县国有资产配置,提高财政资金使用效益。全年共收取23家行政事业单位国有资产租金收入397万元。同时,结合全县干部住房清查工作，对全县行政事业单位的闲置办公用房和未房改住房进行了摸排清理，共清理出64家单位房产面积8.8万平方米。

【切实履行财政监督职能】深入开展贯彻执行中央八项规定严肃财经纪律和“小金库”专项治理工作，要求各单位开展自查自纠，并对本单位清理检查情况进行承诺。经统计，全县共自查自纠单位212户，自查面达100%。同时，进一步加强防治“小金库”长效机制建设；组织开展2013年度乡镇财政业务检查，对会计业务基础较扎实的财政所予以通报表彰，对考核成绩较差，业务不够扎实的财政所予以通报批评，并限期整改。同时，继续开展部分乡镇的内部财政监督检查工作；按照省财政厅统一部署，组织开展对歙县黄山徽药饮片有限公司等4家单位的会计信息质量监督检查，强化对企业执行会计准则、内部控制规范、会计人员持证上岗和重大财税政策情况的监督检查，进一步规范财务管理，严肃财经纪律；在全县组织开展惠农补贴资金发放工作、财政支农资金和农村安全饮水工程等专项资金检查，健全管理体制机制，确保财政资金安全高效利用。

【推进群众路线教育实践活动】按照县委统一部署，坚持“规定动作不走样，自选动作有特色”的要求，扎实组织开展教育实践活动，取得圆满收官。机关干部和服务对象对财政局教育实践活动总体评价为“好”的达100%，对解决“四风”问题特别是群众反映强烈的突出问题评价满意率100%。同时，研究制定“两方案一计划”，狠抓整改落实和建章立制。对已有制度进行全面梳理，废止不再适用的规范性文件3个，新建修改6个方面15个制度，牵头完成《歙县县直机关会议费管理办法》《歙县县直机关培训费管理办法》《歙县财政性建设资金绩效评价暂行办法》和《歙县政府性债务管理暂行办法》等制度规范。同时，启动服务型乡镇财政所建设，不断巩固群众路线教育活动成果。坚持全面会商、上下会商和内外会商的工作方法，采取“请进来”与“走出去”相结合方式，主动与预算部门开展会商，提高财政财务管理水平。全县共开展预算部门会商547次，其中对外会商340次，对内会商207次，局领导带队会商150次，共解决问题408个。

【加强干部队伍作风建设】认真落实党风廉政建设，切实履行“一岗双责”，时刻绷紧反腐倡廉这根弦。编发《作风建设应知应会手册》，要求每位财政干部职工严格遵照执行。扎实开展正风肃纪集中治理行动和优质服务创争专题活动，加强正反典型廉政警示教育。严格落实各级关于厉行节约、反对浪费的规定，全县实现“三公”经费支出同比下降35.5%，会议费同比下降43.2%，培训费下降14.2%。在局机关推行工作人员去向明示制度，强化对机关工作人员岗位职责管理，方便群众办事，提高办事效率。局机关全体党员干部积极履行公开承诺制度，自觉接受群众监督。加大财政信息宣传工作，为全县财政工作打气鼓劲。当年，财政局机关荣获“全县外宣工作先进单位”和“全县党政信息工作优秀单位”称号。

（歙县财政局供稿　徐跃腾）

休宁县财政工作概况

【概述】2014年，全县完成公共财政预算收入9.76亿元，占预算100.0%，增幅12.1%，增收1.05亿元，税比76.7%。完成公共财政预算支出18.3亿元，占预算122.7%，增幅8.4%，增支1.46亿元。其中民生支出14.22亿元，占公共预算支出总额的77.7%，增长11.3%。

【支持经济发展】积极对上争取各类建设专项资金2.36亿元。获得各级涉企项目资金2583万元。全县6家企业获推荐贷款2800万元。争取省民营经济发展专项资金1000万元，同比例配套1000万元，全部用于充实齐云融资担保有限公司国有资本金，该公司当年为全县80家小微企业办理116笔融资担保业务，融资担保贷款金额达6.34亿元，同比增长2.41亿元，增幅达61.2%；截至当年底公司在保企业77家，在保项目103个，在保余额5.87亿元，同比增长1.77亿元，增幅达43.1%；自2009年公司运营以来已累计为全县156家小微企业提供了401笔融资担保业务，融资担保贷款金额累计达18.67亿元。

【保障民生工程】全县36项民生工程共完成投资5.42亿元，完成年度计划的120.9%，增长5.3%。其中：15项工程类项目完成投资2.84亿元，完成年度计划的127.4%；6项保险类项目完成筹资1.63亿元，完成年度计划的108.0%；15项资金发放补助类项目发放补助资金9567万元，完成年度计划的127.9%。

【农业综合开发】项目总投入1500万元，财政计划投资1256万元，实际财政到位资金1256万元，财政资金到位率100%，带动农民投工投劳等社会引导投入243万元。其中：中央财政资金922万元，省级财政资金308万元，市级财政资金17万元，县财政配套资金9万元。项目完成报账资金300万元，结余1200万元。共立项实施国家农业综合开发项目5个，总投资1500万元。

【美好乡村建设】当年一事一议财政奖补工作进入转型升级阶段，由全面铺开转向重点建设，压缩普惠制面增加特惠制比重，重点支持美好乡村建设。资金由一事一议财政奖补转变为农村综合改革专项补助资金。全年建设项目145个，总投资867万元，其中财政奖补597万元，自筹235万元，其他35万元。102个村开展项目建设，参与的群众16万人。2014年选择齐云山镇岩脚村和渭桥乡渭桥村两个村开展美好乡村建设试点，安排建设资金450万元，项目涉及村组道路工程、安全饮水工程、环境治理工程、村庄美化亮化工程。当年全县美好乡村建设财政奖补计划筹资8370万元，主要涉及23个中心村、1个高源建设点和40个自然村整治。省、市、县三级财政专项筹资3362.1万元；整合土地整治、村庄建设、环境整治、兴业富民、管理创新类涉农资金投入9194万元；引导社会资金5350万元。筹资总额达1.79亿元，占计划筹资213.9%；资金拨付1.22亿元，占计划筹资145.6%。

【新安江生态保护】当年是休宁县实施第一轮新安江流域综合治理生态补偿机制试点的收官之年、决战之年，也是国务院批准实施《千岛湖及新安江上游流域水资源与生态环境保护综合规划》的第一年。全县以项目建设为支撑点，抓好推进；以氛围营造为着眼点，抓好行动；以环境整治为关键点，抓好治理；以综合整治为着力点，抓好防治；以机制完善为落脚点，抓好规范。全年实施新安江流域试点项目13个，其中：新建项目6个，续建项目有7个，截至当年底，完成7个，在建6个。累计完成投资3.83亿元，占年度目标3.11亿元的122.9%。

【乡镇财政资金管理】制定《休宁县乡镇包村干部监管涉农资金管理办法》，建立涉农资金监管工作新机制。扎实推进乡镇财政资金县乡一体化监管工作，完善《休宁县乡镇财政资金监督管理办法》和《休宁县乡镇财政资金监管工作绩效评价办法》，制定《休宁县乡镇财政资金监管帮扶联系工作方案》，明确乡镇和县局相关职能股室的具体监管范围。强化"村财乡管"财务核算委托代理制，加强村级转移支付资金管理使用的监督管理。开展"一卡通"存折管理清理专项检查，全县共发放"一卡通"专用存折75641个，实现"零保管"。全县共发放30个批次、22个大项的惠农补贴资金1.19亿元，惠及全县7万多农户。其中粮食直补资金171万元，粮食综合补贴1274万元。

【政策性农业保险】当年，政策性农业保险试点品种为油菜、水稻、棉花、能繁母猪、森林保险(含商品林和公益林)。同时开展油茶和大棚蔬菜的特色品种保险。根据全县农险试点参保品种数量和资金承担比例，县财政年初预算安排农险资金110万元。全年全面完成水稻、油菜、棉花保险和森林、能繁母猪保险参保工作，共收取保险保费154万元，参保农户达11万户次，县级配套资金118万元按时足额到位。全年堪灾理赔油菜理赔款84万元、公益林理赔款32万元、水稻理赔款133万元并及时审核发放到位。

【国有资产管理】出台《休宁县行政事业单位部分通用资产配置标准(试行)》，与以前年度出台的《休宁县行政事业单位国有资产配置管理暂行办法》和《休宁县行政事业单位国有资产处置管理暂行办法》一并构成资产配置和处置的制度体系，统一配置标准，降低行政事业单位运行成本，进一步规范资产配置、处置行为。与招管局进行对接会商，将全县国有资产处置逐步纳入公共资源交易平台，实现资产处置效益最大化。当年共入库行政事业单位资产处置收入275万元。统一调配闲置资产空调254台、综合书柜106组等，改善乡镇政府及二级机构的办公条件，发挥闲置资产效益。

【推进财政改革】推进预算管理改革。从2015年起着手编制涵盖公共财政预算、政府性基金预算、国有资本经营预算和社会保险基金预算的全口径预算体系，将政府的全部收入和支出纳入预算管理；健全透明预算制度。完善预算信息公开，县直64家一级预算单位实现财政信息和"三公"经费预决算公开；推进税收制度改革。继续推进"营改增"，铁路运输、邮政、电信业"营改增"扩面试点顺利实施;推进债务管理改革。出台政府性债务管理相关制度,明确举债程序和偿还责任,加强债务系统管理和债务风险动态监控,政府性债务风险安全可控;健全国库集中支付制度。启动实施乡镇国库集中支付改革,全年通过支付系统办理支付业务40599笔,支付金额325441万元,其中乡镇级办理支付5685笔,支付金额40708万元,公务卡支付还款111万元。

【财政监督检查】坚持围绕中心、服务大局,结合宣传贯彻《安徽省财政监督条例》,建立健全事前、事中、事后相结合、覆盖所有政府性资金和财政运行全过程的监督机制,服务预算管理、强化综合监督、整顿财政秩序、严肃财经纪律、维护公平正义与和谐发展发挥积极作用。全年共监督检查144个单位,查出违规违纪问题金额745万元,其中:追缴入库2万多元,追回财政资金49万元,纠正违规问题金额694万元。其他违规问题得到整改落实。

(休宁县财政局供稿)

黟县财政工作概述

【概述】2014年,本县公共财政预算收入完成3.71亿元,占人代会任务的100.2%,同比增长12.3%,税比72.3%;地方非税收入占地方财政收入的比重为35.1%。

【加大资金统筹投入】一是加大力度向上争取。全年向上争取项目资金7.6亿元,比上年增长6%;争取到位融资贷款和地方债券资金1.22亿元,有力地支持新安江流域治理、宏村印象、保障性住房等基础设施建设。二是加大县域经济发展投入。全年兑现财政奖补资金868万元鼓励工业上台阶和企业科技创新;安排民营经济发展专项资金1417万元,增加诚信担保公司注册资本金达1亿元,全年提供融资担保贷款1.44亿元,发放委托贷款1.13亿元,减少企业融资费用41万元;安排徽黄公司增加注册资本金2200万元,加快旅游企业做大做强步伐。三是加快改造园区基础设施。整合投入861万元支持工业园区基础设施建设,有效提升园区发展质量和承载能力。

【加强财税收入征管】一是细化任务分解。财税部门围绕年初目标,客观研判收入形势,细化制定分乡镇、分月收入任务,以月保季、以季保年。二是加强收入调度。坚持以县政府为主体的收入调度机制,加强税收分析预测与协调调度,均衡收入入库。三是强化收入征管。建立健全严密的税源监控体系,确保税源个体、征纳环节均不出现管理盲点,实时掌握并分析税源现状和变化情况;加强财税库协调合作,细化征管措施,确保税收及时足额入库;加大涉税案件查处力度,全年累计稽查入库税款198万元。

【推进社会事业发展】一是民计民生持续改善。36项民生工程累计投入资金3.34亿元,其中县级配套资金5890万元,9.6万城乡居民受益,受益面达100%;全县财政民生十三大类支出达7.68亿元,占公共财政预算支出9.48亿元的81%,比上年提高1个百分点。二是社会事业全面发展。整合统筹各项资金支持学前教育、义务教育、职业教育设施建设,推进基础教育均衡发展,全年教育支出8772万元,增长18.3%。文化体育、医疗卫生、科技等事业发展投入持续增加,分别比上年增长8.1%、10.7%、17.1%。健全小额担保体系建设,支持下岗再就业和妇女创业,全年发放就业贷款532万元。积极落实各类社会保障群体资金补助政策,全年发放“五保”户生活补助资金165万元、城镇和农村低保户生活补助1412万元、“七老”群体生活补助200万元。三是城乡人居环境持续改善。全年安排美好乡村建设资金2175万元,投资855万元改造农村危房,安排新安江和太平湖流域村级保洁、河面打捞专项资金230万元,提升乡村人居环境。投入3637万元支持保障性住房建设,改善中低收入家庭住房条件。整合投入520万元支持茶、桑、香榧等特色农业产业发展,促进传统产业转型升级和农民增收。认真落实各项惠农政策,全年累计发放涉农补贴5523万元。

【深化各项财政改革】一是加快构建现代财政预算国库管理制度。统一县乡财政供给政策,完善定额标准体系,深入推进国库集中支付和公务卡制度改革,实现财政供养人员工资平台统一发放;全面实施新的《行政单位会计制度》和《事业单位会计制度》,初次试编县级权责发生制政府综合财务报告;修改完善《黟县政府非税收入收缴管理办法》,实现非税征管全覆盖;深入推进财政专户资金保值增值工作。二是全力推进农村综合改革。全面完成农村集体“三资”清理核实工作，基本完成农村土地承包经营权确权登记工作，新增流转土地面积2.8万亩，退耕还林地林(树)种结构调优2700亩，完成1590幢古民居摸底调查建档。三是着力创新政府管理与服务方式。建立政府购买公共服务项目年度目录制度，重点在市政设施维护、民生工程管养、垃圾清运保洁等方面推广社会化服务管理。四是加紧理顺县乡财政管理体系。出台新一轮乡镇财政管理体制，加强乡镇财政预算管理，激发乡镇抓经济发展的活力，充分调动乡镇协税护税积极性，促进财政收入规模不断做大。

【加强财政监督检查】一是严格预算收支管理。编细、编实、编全部门预算，全县105个预算单位所有收支纳入全口径预算管理；严格预算执行，硬化预算约束，严控预算追加。二是强化专项资金管理。控制和规范财政专户设置，严格履行专项资金使用审批程序；加强资金项目实施过程的管理服务和监督检查，确保专款专用；认真审核项目报账资料，确保每笔项目支出报账审批手续完备、附件资料齐全；建立财政资金绩效评价体系，分类分项采取财政监督、审计评价、第三方评价等多种方式将民生工程、革命老区、政府投资、部门业务费等项目资金纳入绩效评价范畴。三是全方位开展财政监督。全年开展6个单位的会计信息质量检查，进一步规范单位财务收支行为；对14个单位“三公　经费和　小金库　进行专项检查，进一步巩固　小金库　治理成果。四是稳步推进财政信息公开。首次在县政府信息公开网站统一公开69家县直部门预(决)算和　三公　经费信息，主动接受社会各界监督，有效规范权力运行和促进厉行节约。当年全县　三公　经费支出下降22%。

【加强政府债务管理】一是加强债务管理组织领导。制定出台《黟县政府性债务管理工作实施办法》《加强我县乡镇政府性债务管理的意见》等相关制度办法，成立投融资管理领导小组，规范债务举借行为，严格控制新增政府性债务。二是完善政府性债务统计报告制度。建立政府性债务系统月报制度，对各乡镇、各单位政府性债务信息实时更新、动态管理、全程监控。三是清理甄别存量债务。锁定存量债务规模并分类界定，为纳入全口径政府预算管理奠定基础。截至当年底全县债务总量5.31亿元，其中地方政府负有直接偿还责任的债务4.95亿元。四是完善偿债准备金制度。县乡两级分别设立偿债准备金，并建立偿债准备金随财力增长逐年增加制度，有效防范和化解政府性债务风险。全年财政统筹安排债务化解资金4300万元。

【提升干部队伍素质】以开展党的群众路线教育实践活动为契机，完善干部管理制度，开展干部教育培训，深入基层走访调研，修改制定各类制度近10条，开展干部教育培训30余次，撰写调研报告近10篇。落实会商制度，全年主动上门与邦联乡镇、县直部门、企业进行会商687次，征求各方意见，切实改变工作作风，提高资金使用效益。结合庆祝建党93周年，邀请市财政局领导来局授课《加强廉政道德教育、做自尊自爱有尊严的财政干部》，提高道德修养，将“社会主义核心价值体系”植入干部心中；召开“80后”年轻干部座谈会，推动青年干部健康成长，激发青年干部献身财政工作的积极性；组织党员干部聆听“黟县党史”党课，了解黟县党组织发展历史，强化工作责任感和使命感。创设了内部业务月度培训课堂，按照“一领导一堂课、一股室一堂课、一月度一堂课”的要求开展授课，每月由一名分管领导或股室负责人选择一项重点工作或业务课题进行授课，全年授课12堂，深受干部好评。

（黟县财政局供稿）

祁门县财政工作概述

【概述】2014年，面对复杂多变的宏观经济环境和艰巨繁重的改革发展任务，全县财政部门和财政干部在县委县政府的正确领导下，在各乡镇、各部门的大力支持下，坚持稳中求进、改革创新，统筹稳增长、促改革、调结构、惠民生、防风险，积极应对挑战，奋力攻坚克难，财政收支运行总体平稳、质量有所提升。全县财政收入完成6.19亿元，占年初人代会通过预算6.18亿元的100.2%，同比增长12.1%。财政支出13.69亿元，其中财政民生支出11.17亿元，占公共预算总支出的81.6%，支持社会民生和改革发展等重点支出得到了较好保障，有力地促进全县经济稳定健康发展和社会和谐稳定。

【服务发展取得新成效】突出支持实体经济发

展,促进民营经济、小微企业发展,在财力非常紧张的情况下,支持县源丰融资担保有限公司做大做强,搭建实体企业向银行融资的“桥”。当年新增资本2000万元,使公司注册资本达1.43亿元,省担保集团第二次注资1500万元正在进行中。全年累计办理114笔企业融资担保业务,担保总额2.9亿元,比上年同期增长24.6%,年底在保责任余额2.49亿元,比上年同期1.91亿元增长30.9%;积极兑现县委政府支持工业项目政策,共下达各企业县级工业发展资金156万元,外贸出口企业奖励28万元;在争取省支持中小企业发展专项资金、市工业扩建项目专项资金、市促进经济平稳较快发展政策资金项目方面,通过支持技术改造、贷款贴息、项目配套等各种形式争取项目资金,共争取各类支持企业发展资金2400万元。

【深化改革实现新突破】规范政府财政行为,认真做好预决算信息公开和“三公”经费管理及公开工作,切实保障公众对财政预算的知情权、参与权和监督权,有效促进政府财政行为的程序化、规范化、法制化。全县财政拨款“三公”支出1578.3万元,比上年下降22.3%;切实加强地方政府性债务管理工作,按照存量化解、增量管控并举,健全并严格执行借、用、管、还规范化制度和机制,扎实有效推进政府性债务管理工作;不断完善国库集中支付改革流程,规范预算执行管理,提高预算执行透明性。全县预算单位与所有财政资金实现纳入国库集中支付。纳入国库集中支付单位109个(含18个乡镇),全年实现下达计划7023条,总额度9.68亿元,实际支付资金9.53亿元,其中直接支付9.51亿元,直接支付比例达99.9%;节约库款约4620万元。

【保障民生再上新水平】全力保障全县民生投入,当年本县有建设任务的37项省、市、县民生工程累计完成投资4.03亿元,投资完成率为108%,县级配套资金0.63亿元,共惠及18.3万城乡居民。本县坚持从制度入手,从基础抓起,逐步建立专业化、群众化相结合的民生工程管养新机制。同时,财政支出更多地向“三农”倾斜、向基层倾斜、向困难群体倾斜,促进强农惠农富农政策的有效落实,推动城乡基本公共服务均等化,有力促进各项社会事业发展。

【绩效管理获得新提升】进一步加强对一般公共预算支出、政府性基金预算支出、消化存量资金、财政专户余额消化率等指标管理;积极推进“预算一年、一年预算”目标的实现;结余结转资金进一步压缩,暂付款同比压缩30%以上,暂存款只减不增;认真宣传贯彻《安徽省财政监督条例》,积极推进财政大监督机制建设;认真开展涉农、涉企、扶贫、民生等专项资金检查、会计信息质量检查、内部监督检查和绩效监督;深入开展严肃财经纪律和“小金库”专项治理工作,县财政局结合党的群众路线教育活动,联合县纪委、审计局分三个阶段开展“三公”经费和“小金库”专项治理活动,建立有效的监管机制和措施,并联合纪委、组织等七部门印发了《关于进一步加强防治“小金库”长效机制建设的通知》,从源头上杜绝“小金库”现象的发生。

【作风建设得到新加强】深入开展第二批党的群众路线教育实践活动,开展五个专项行动和建立五类重点制度工作,全局广大党员和领导干部受到马克思主义群众观点的深刻教育,贯彻党的群众路线的自觉性和坚定性明显增强,人民群众反映强烈的形式主义、官僚主义、享乐主义和奢靡之风等“四风”问题得到有力整治,机关服务效能得到明显提升。进一步在深入基层、联系群众中发现政策取向、完善工作举措、密切干群关系。健全与县直预算单位会商机制和党组成员联系乡镇财政所制度,县财政局在2013年县直预算部门会商158次的基础上,2014年会商192次。

【党风廉政建设和反腐败工作持续深入推进】县财政局主要领导与局属各单位签订党风廉政建设责任书;结合财政部门实际,对财政部门党风廉政建设和反腐败工作进行任务分解;进一步充实和完善责任分工、责任考核和责任追究等有关制度和一系列规章制度;梳理包括领导班子、各分管领导及科室负责人在内的高等级廉政风险点13个,并建立财政局高等级廉政风险点电子档案;开展多种形式的廉洁自律教育和职业道德教育活动,邀请市财政局人员来县财政局作《加强廉政道德教育,做自尊自爱有尊严的财政人》的廉政专题讲课;组织机关党员、干部到泾县云岭老区根据地接受红色教育;组织机关党员、中层干部到县看守所接受警示教育;组织部分中层干部参加法院庭审旁听。

(祁门县财政局供稿)

广德县财政工作概况

广德县财政工作概述

【概况】2014年，全县财政系统紧紧围绕全县中心工作，稳步推进财政改革创新，转变工作作风、密切联系群众，完成全年各项工作目标任务。县财政局获得第十届省级文明单位，再次荣获全县“人民满意单位”称号，3名财政分局(所)长和2名科长获“人民满意基层站所长”、“人民满意科股长”称号。

【财政收支】全县财政总收入完成29.4亿元，占年度任务100.1%，同比增长13.1%，增收3.4亿元，总量和增幅分别位居全省第12位和第30位，分别较上年前移4位、18位。其中：地方公共财政预算收入完成18.76亿元，同比增长14%，净增2.3亿元；非税收入完成4.19亿元，占财政总收入的14.3%，同比增长19.3%，净增6776万元。全县公共财政支出完成35.84亿元，完成年度预算的115%，同比增长13%，净增4.12亿元，财政支出进度进一步加快，各项重点支出保障有力。

【支持发展】发挥财政职能，支持经济发展，加大向上争取力度，全年向上争取项目347个，到位资金13.3亿元，为全县经济发展注入强劲动力。推进“营改增”等财税体制改革，落实结构性减税和扶持中小微企业发展各项政策。做好困难企业认定，对困难企业继续实行“五缓四降三补贴”政策，切实减轻企业负担。深入联系企业，扎实做好“三扶一帮”。全年共拨付财政扶持资金4.67亿元，拨付中央、省、市、县支持企业发展专项资金8859万元。把招商引资工作摆在突出位置，不断加大招商引资力度，全年完成招商引资额1亿元，实现新签约项目2个，新投产项目1个，新开工项目2个，完成招商引资任务。

【保障民生】地方新增财力继续向社会民生事业倾斜，全年各类民生支出完成28.76亿元，占公共财政支出的80.1%，比上年增长3.1个百分点。全面完成省定33项民生工程，投入资金8.54亿元，同比增长52%，被省民生办评为“民生工程绩效奖补先进县”。全年征收社保基金3.9亿元，同比增长30%，确保全县基本养老保险基金等“五项基金”支出需要。做好保障性住房补贴发放工作，发放廉租住房补贴资金371万元，拨付公租房建设资金2698万元、城市棚户改造资金4946万元。争取省财政转贷资金1.85亿元，支持棚户区建设。

【支农惠农】全力支持美好乡村建设。统筹各级财政专项资金2560万元，推进美好乡村建设；深化农村综合改革，做好“一事一议”财政奖补工作，投入财政资金2535万元，建成农村公益事业项目138个，支持建设美好乡村3个；拨付资金1103万元，改造农村危房1050户；加强农村公路危桥改造及农村饮水安全建设，投入资金2914万元。政策性农业保险工作稳步开展。完善县、乡、村三农保险服务网络，分乡镇对村组干部及村级协保员进行培训。全年拨付中央、省、县三级政策性农业保险保费1212.41万元，支付理赔款470.7万元，有效化解农业生产风险。发展现代农业。不断壮大农业特色主导产业，扶持特色龙头企业做大做强，促进农业产业转型升级。争取现代农业生产发展资金600万元，支持全县现代农业发展。争取农发项目建设资金2385.8万元,建设农业综合开发项目9个。涉农资金发放规范严格。全年通过"一卡通"发放资金1.99亿元,涉及27大类47个补贴项目。在全县范围内开展涉农资金检查工作,建立健全资金监管长效机制,实行乡镇包村干部监管涉农资金制度,保障财政资金安全运行、阳光透明。

【财政改革】严格津补贴发放和"三公"经费管理。进一步严肃财经纪律和加强内部控制,严控"三公"经费支出,实行"三公"经费支出统计报表制度,加强对各单位执行"八项规定"和《党政机关厉行节约反对浪费条例》督查力度,抽调专人全程参与全县"三公"经费和津补贴发放检查、巡查工作,实现县直单位和乡镇全覆盖和巡查常态化,严格落实津补贴发放审批程序。全年全县"三公"经费支出同比下降32.58%。落实"资金—编制—人员"三位一体工作机制,确保"财政供养人员只减不增"。财政预决算信息公开平稳有序。按上级财政部门部署,全县政府预决算、部门预决算和"三公"经费预决算按时向社会公开,公开过程平稳有序。一体化平台与公务卡结算运转顺利。全年全县通过国库集中支付一体化平台支付总额为293945万元,同比增长45.4%,总办理笔数30161笔。通过推行公务卡强制结算以来,公务卡实现乡镇、县直单位全覆盖,县直各单位公务卡结算数额明显上升,现金支付得以有效控制。政府购买服务改革加快推进。全年全县实施城市管理领域的卫生保洁、垃圾中转运输,小Ⅰ型水库维修养护服务项目、城市公交运营财政定额补助项目、特殊群众免费乘车服务项目、卫生局公共卫生服务项目、人社局就业培训项目等15个项目全面完成。加强政府性债务管理。全面完成政府性债务清理及甄别工作,锁定政府存量债务,加强债务审批和统计上报,建立政府性债务管理和风险预警机制。

【加强管理】完善财政管理工作。不断深化完善部门预算改革,做好2015年部门预算编制工作,推行全口径预算管理,重点加强公共财政预算和政府性基金预算的管理;加强财政监督,开展会计监督检查工作,规范会计行为。推进财政资金绩效管理。全年开展财政绩效评价项目46个,涉及财政资金5.01亿元。其中对财政重点工程和事关社会民生等重点项目的绩效评价项目28个。12个项目引入第三方考核评价机制。落实帮联制度。结合服务型财政分局(所)创建工作,进一步落实帮联制度,局领导班子成员和相关科室联系乡镇财政分局(所),了解乡镇财政分局(所)各项工作开展情况和存在困难,加强对创建服务型财政分局(所)、涉农资金监管、作风建设和财务管理等方面指导。推进部门会商。坚持会商工作主要领导亲自抓,分管领导具体抓,各科室为第一责任人,全局对外开展会商449次,做到预算单位会商全覆盖,通过主动和部门会商,宣传财政政策,使各预算单位理解政府困难,支持财政工作。全面推进县乡财政资金监管一体化建设。建立监管系统软件平台,将乡镇财政资金全部纳入监管范围,实现县乡财政网络畅通、资源共享、信息互通。全年监管乡镇财政资金6.04亿元,其中预算类资金1.05亿元,项目类资金1.53亿元,补助类资金2.8亿元,村级资金6546.3万元。

【改进作风】扎实开展党的群众路线教育实践活动。按照县委统一部署和要求,党的群众路线教育实践活动稳步推进。先后组织集中学习20余次,广泛征求意见,梳理出"四风"问题在机关建设方面8项,整理出工作意见、建议17条。集中开展"走基层、听民意、找问题、解民忧"专项走访活动,走访群众1100余户,收集关于民生、经济发展等5类问题170余条。通过革命老区项目和"一事一议"项目,打通群众出行"最后一公里"。结合"千名党员干部结对帮扶千户困难群众"活动,全局25名科级干部多次上门开展结对帮扶。通过活动开展,党员干部宗旨意识和作风建设得到进一步加强。落实党风廉政建设责任制。落实"一岗双责",将党风廉政建设任务纳入年度目标管理考核体系。对全系统财政干部职工加强廉政教育,开展"清房"、"清商"、"清卡"、"清理吃空饷"等专项治理工作。严格执行领导干部个人有关事项报告制度,建立科级干部廉政电子档案。强化政风行风建设。严格执行中央八项规定、省财政厅30条及县委18条规定,牢固树立过紧日子思想,勤俭节约意识得到进一步强化。《公务接待管理办法》《差旅费管理办法》等一系列内部管理规章制度得到修订完善和落实。开展"三评"活动,推进党务、政务公开工作,主动接受人大、政协和社会各界的监督。加强监督检查,效能建设日常巡查工作机制得到有效落实，全系统工作作风进一步提升。加大文明创建力度。成立创建服务队伍，结合“千名党员干部结对帮扶千户困难群众”活动、结对共建及与社区成立联合党组织活动，帮扶慰问困难党员、困难群众、困难妇女及困难儿童，传递道德文明建设“正能量”。组织职工开展群众性文体活动，加强“六五”普法宣传教育及依法治理工作，推进依法行政，依法理财。

（广德县财政局供稿）

宿松县财政工作概况

宿松县财政工作概述

【概述】2014年，宿松县财政一般预算收入完成8.96亿元,同比增长16.1%。其中:地方一般预算收入完成6.64亿元,占一般预算收入的74.2%。全县财政一般预算支出完成33.6亿元，增长12.1%,实现了收支平衡。

【财政收入平稳增长】各收入执收征管部门努力克服各种减收因素的不利影响，加强全县经济运行和宏观经济政策的研究，通过采取强化目标责任考核、定期会商和重点税源监控等一系列举措,财政收入保持持续增长态势。从结构来看,全县税收收入完成6.35亿元，增长14%。主体税种中,增值税完成1.32亿元,负增长3.5%;营业税1.77亿元,增长31.1%;企业所得税8374.1万元,增长20%;个人所得税3388.9万元,增长5%;契税8972.2万元,增长20.4%。全县纳入一般预算管理的非税收入完成2.6亿元,增长21.5%。

【重点支出有效保障】全县支农、教育、医疗卫生、社会保障和就业等直接用于民生的支出27.55亿元,比上年增长13%,占财政支出的82%。全县农林水事务支出完成4.83亿元,增长5%;教育支出完成8.22亿元。投入1.68亿元用于十大重点工程和十件惠民实事。

【支持县域经济发展】充分发挥财政争取资金的主渠道作用,着力促进县域经济健康发展。一是整合财政间隙资金1.62亿元支持经济开发区、东北新城、临江产业园的基础设施建设。二是充实投资担保资本金至1.03亿元，完成担保贷款2.81亿元,较去年增幅达66.4%。2013和2014两年共发放小额担保资金426万元，撬动金融部门发放贷款4833万元,966户失业人员享受政策的扶持。三是通过财政配存、奖励等手段,促进金融机构新增贷款14.26亿元。四是积极创新融资模式,通过棚户区改造省级融资平台，本县成功争取2013—2017年棚户区改造一期建设项目开行贷款3.94亿元,融资规模位居全省前列,全市第一。五是深化国有资产改革管理。对县食品公司等5家国有企业进行清产核资、启动企业改制,拨付改制资金4586万元,增强企业经营责任意识。六是扶持中小企业发展。共拨付企业发展专项资金1255.3万元,较上年增加330万元。向上争取中小企业发展专项资金512万元,较上年增加196万元。

【积极向上争取支持】充分发挥省直管县体制优势,积极向上争资金、争项目、争政策,取得明显成效。全年共争取一般转移支付15.16亿元,专项转移支付10.26亿元,两项共计25.42亿元,同比增11.8%。当年新增均衡性转移支付5830万元,份额在安庆市八县中排第一位。

【着力保障改善民生】按照“守住底线、突出重点、完善制度、引导舆论”的思路,进一步完善民生工作机制,全县33项民生工程顺利实施,成效显著。总投入8.53亿元,比上年净增1个亿,其中县级配套1.08亿元。82132名中小学生享受免费义务教育政策,2460名贫困寄宿生、1881名中职学生、5279名普高学生享受政府资助;7076户五保对象和6327名贫困重度残疾人生活得到有效保障;291户农村居民房屋因灾获得理赔；城乡居民医保、养老保险基本实现全覆盖;22个乡镇综合文化站、210个农家书屋全面建成并实现免费开放;2829套保障性住房顺利实施;3万余人农村安全饮水工程、1928户农村危房改造、21座危桥加固、167个一事一议财政奖补项目全部如期完工。民生工程的顺利实施为城乡居民带来看得见、摸得着的实惠,有力地促进全县经济社会的发展。

【推进财政重点改革】一是牵头推进省级农村综合改革示范试点县工作。制定《宿松县深化农村综合改革示范试点工作实施方案》,出台各个单项工作方案,安排3500余万元专项资金,用于补助农村土地承包经营权确权登记颁证工作。全面完成农村集体“三资”清理核实,推进构建农村集体“三资”新型经营实体工作。二是深化财政预决算信息公开,县政府和各预算单位预决算与“三公”经费预决算信息全面公开;规范机构编制和人员经费管理,全县“三公”经费同比下降39.4%。三是扎实推进公务卡改革。全年共办理公务卡1801张,实现县直和乡镇全覆盖,公务活动逐步开始实行刷卡消费。四是完善国库集中支付改革。在上年9月全面完成改革的基础上,当年出台完善国库集中支付的相关制度和督查机制,进一步简化流程,提高工作效率。全年全县共发生财政直接支付64788笔,支付资金30.72亿元,为集中支付总金额的96%。五是“营改增”改革顺利推进。实施铁路运输及邮政业试点,实现改征增值税2100万元,在确保税收同时实现了结构性减税。

【加强财政管理监督】一是组织开展全省财政涉企项目资金管理信息系统在本县的历史数据填报工作,开展涉企系统培训,及时落实涉企系统项目申报信息的相关要求,确保系统顺利运行。二是扎实开展会计监督工作,对全县8户企事业单位开展会计信息质量检查,其中民营企业2户,开创本县财政监督民营企业的先河。三是组织开展贯彻执行严肃财经纪律和“小金库”专项治理工作,全县纳入本次专项治理范围的单位253个,所有单位都开展自查自纠,并对部分单位开展专项重点检查。四是严格控制债务风险,成立县政府债务管理办公室,编制政府性债务收支计划,推行举债审批,强化动态监测。并根据省财政厅统一部署,顺利完成本县存量债务清理甄别上报工作。五是继续组织实施本级财政投资评审。全年共完成预、决算评审项目102个,评审投资总额12.14亿元,审定投资10.71亿元,审减金额1.43亿元。

(宿松县财政局供稿 王烨红)

财政工作大事篇

省财政分项工作大事记

财政综合管理工作大事记

1月16日　全国政府购买服务工作会议在广西南宁召开,省财政厅副厅长陈军参加会议,就本省购买服务推进情况作书面交流。

1月17日　省财政厅、省物价局、省水利厅印发《安徽省淮河河道采砂管理费征收使用管理办法》,规范淮河河道采砂管理费征收使用管理。

1月27日　省财政厅印发并公布《安徽省政府向社会力量购买服务指导目录》,明确5大类45项服务可以按规定向社会力量购买。

2月17日　国务院批复本省调整省直机关公务员津贴补贴水平,自2013年元月1日起实施省直与合肥市津贴补贴"同城同待遇"。

3月5日　省财政厅印发《关于加快推进2014年政府购买服务工作的通知》,明确全省、省级、市县三大推进路径,强力推进本省购买服务工作。

3月6日　省财政厅出台《安徽省政府向社会力量购买服务流程规范(暂行)》,明确六个环节相互衔接,有机统一的规范化流程。

3月31日　财政部综合司副司长汪义达一行来皖开展财政经济形势调研。

3月31日　省财政厅、省物价局、省水利厅、中国人民银行合肥中心支行印发《安徽省水土保持补偿费征收使用管理实施办法》,规范水土保持补偿费征收使用管理,促进水土流失防治,保护生态环境。

5月27日　省财政厅印发《关于启用"安徽省城乡居民基本医疗保险缴费专用票据" 的通知》,自6月1日起,启用《安徽省城乡居民基本医疗保险缴费专用票据》。

6月7日　全国城镇保障性安居工程绩效评价工作座谈会在湖北黄石召开,本省派员参会并介绍保障性安居工程绩效评价工作开展情况,就有关工作提出意见建议。

6月23日　地方政府采购服务培训班在云南昆明召开,本省以《由点到面,求真务实,稳步推进全省政府购买服务工作》为题,向全国介绍工作经验。

9月19日　省财政厅印发《关于编制安徽省财政发展"十三五"规划的通知》,启动安徽省财政发展"十三五"规划编制工作。

9月25日　省财政厅会同省物价局转发《财政部 国家发展改革委关于进一步完善行政事业性收费项目目录公开制度的通知》,进一步完善行政事业性收费项目目录公开制度。

10月10日　省财政厅会同省物价局转发《财政部 国家发展改革委关于全面清理涉及煤炭原油天然气收费基金有关问题的通知》, 自2014年12月1日起,将煤炭、原油、天然气矿产资源补偿费费率降为零, 全面清理本省涉及煤炭原油天然气收费基金。

11月7日　省财政厅印发《关于启用"安徽省行政事业单位伙食费、交通费专用票据"的通知》,自2015年1月1日起,启用《安徽省行政事业单位伙食费、交通费专用票据》,规范出差人员在省内公务按规定标准交纳伙食费票据的使用。

11月27日　公布《安徽省省级涉企收费目录清单》,实行"涉企收费进清单,清单之外无收费",减轻企业负担,激发市场活力。

12月2日　省财政厅官方网站公布《安徽省行政事业性收费目录清单》,对行政事业性收费项目实行常态化公开。

12月15日　省财政厅会同省物价局转发《财政部 国家发展改革委关于减免养老和医疗机构行政事业性收费有关问题的通知》,从2015年1月1日起,对非营利性养老和医疗机构建设全额免征、对营利性养老和医疗机构建设减半收取行政事业性收费,促进养老和健康服务业发展。

12月22日　省财政厅印发《关于编报全省国有土地收支月报和分析报告的通知》,自2015年起建立全省国有土地出让收支月报和分析报告制度。

12月25日　省财政厅印发《关于启用新版〈安徽省社会团体会费统一收据〉的通知》,自2015年4月1日起,启用新版《安徽省社会团体会费统一收据》,进一步规范社会团体会费票据使用和管理。

12月26日　省财政厅印发《关于财政"收费票据工本费"有关事项的通知》,从2015年1月1日起,取消财政"收费票据工本费",规定各级财政部门不再向领票单位收取财政票据工本费,财政票据的印制费由同级财政负担。

12月31日　省财政厅会同省地税局转发《财政部 国家税务总局关于对小微企业免征有关政府性基金的通知》,自2015年1月1日至2017年12月31日,对符合条件的小微企业免征教育费附加、地方教育附加、水利建设基金、文化建设事业费、残疾人就业保证金等5项政府性基金,加大对小微企业的扶持力度。

12月31日　汇总全省购买服务实际执行情况表,全省实际完成政府购买服务试点项目1041个,涉及资金94.6亿元。

(厅综合处供稿)

财政税政条法工作大事记

1月1日　铁路运输业、邮政业开始营改增试点。

3月1日　本省财政第一部综合性地方法规—《安徽省财政监督条例》施行。

3月27日　合肥市综合保税区获得国务院批准。

6月1日　电信业开始营改增试点。

7月30日　财政部发文批准芜湖朱家桥港作为上海洋山港的启运港,自9月1日起试行启运港退税政策。

8月8日　财政部下发《财政部关于2013年企业所得税税源调查工作情况的通报》(财税函〔2014〕175号),本省2013年企业所得税税源调查工作获得了财政部先进集体、先进个人以及优秀分析报告三项荣誉。

9月3日　财政部下发《财政部关于"依法理财思与行"征文评选表彰的通报》(财法〔2014〕8号),在财政部举办的全国"依法理财思与行"征文活动中,本省财政系统共投稿314篇。6篇文章获奖,本省获奖稿件数与推荐征文数分别占全国12%,数量和质量均居全国第一位。

9月15日　向财政部上报本省699户重点产品调查数据、8项税目税率调整建议和一项基于本省白色家电产品调研的重点产品竞争力调研报告《我国家电产业国际竞争力分析及应对TBT策略——基于安徽省白色家电出口的SWOT分析》。

10月22日　向财政部上报本省1923户企业所得税税源调查数据,全部通过财政部的审核。

10月31日　印发《安徽省财政厅关于进一步规范财政重大事项决策行为的实施意见》。

11月20日　省财政厅代表队参加全省依法行政知识电视大赛,历经从前期全省100多个单位海选中进入预赛,从23个单位预赛中进入决赛后,最后从6个单位电视大赛决赛中取得三等奖的好成绩。

12月1日　在全国范围内全面实施煤炭资源税从价计征改革。本省煤炭企业按照新的资源税计征办法和2%的税率申报缴纳资源税。

12月2日　省财政厅副厅长孟照红率税政条法处与马钢集团公司就马钢瓦顿公司涉税问题进行商谈。针对马钢集团提出的其在向法国收购的马钢瓦顿公司出口的钢连铸坯料和半制成品,需征收进出口关税问题,结合本国当前税收政策,提出两种解决问题途径。

12月26日　蚌埠皖北保税物流中心(B型)顺利通过验收。

12月31日　本省共有营改增试点纳税人11万户,与上线之初的3.1万户相比,增加254.8%。试点企业按期纳税,当年累计入库税款91.35亿元。试点减税效应明显,当年全省累计为企业减税46.4亿元。全省共计拨付3371户企业申请的财政扶持资金51.4亿元。2014年新扩围的铁路运输业、邮政业和电信业扩围工作顺利推进,共有近千户企业完成申报纳税。

(厅税政条法处供稿)

预算管理工作大事记

1月27日　省委书记、省人大主任张宝顺,省委副书记、省长王学军,省人大副主任臧世凯、沈卫国、陈先森,省委常委、副省长詹夏来等省领导视察"两会"期间省级部门预算查询室。

2月17日　2014年度省级120个部门(单位)的预算批复工作完成。在预算批复中,要求省直单位要认真贯彻中央八项规定和国务院"约法三章"精神,牢固树立过紧日子的思想,厉行勤俭节约,反对铺张浪费,严格预算执行,硬化预算约束,推进预算信息公开,切实提高财政财务收支管理水平。

3月20日　省财政厅党组书记、厅长罗建国召集预算处有关同志,就做好当前财政预算政策管理提出新要求。

3月24日　省财政厅印发《关于进一步做好省级部门预决算及"三公"经费信息公开工作的通知》(财预〔2014〕310号),按照建设法治政府和推进政务公开的有关规定,要求省直部门进一步做好预算信息公开工作。

3月28日　召开全省预算执行分析工作会议,建立预算执行分析工作机制,讨论制定《制定预算执行分析工作方案》。

4月4日　除涉密部门外,省直115家一级预算单位公开了2014年部门预算和"三公"经费预算。公开范围覆盖除涉密部门外的党委、政府、人大、政协和人民团体等部门;公开内容细化至支出功能分类项级科目。

4月11日　省财政厅印发《关于进一步推进市县预决算公开工作的通知》(财预〔2014〕380号),要求市县扩大公开范围、细化公开内容,深入推进2014年预算公开工作。

4月23日　按照省财政厅厅领导联系处室单位制度要求,厅长罗建国到预算处走访慰问,与预算编制组、政策组、市县组、综合组干部分别谈心交流,听取意见建议,召开预算处全体人员座谈会,共同研究推进财政预算管理工作。

4月24日　预算处分管处长带领各组同志,分别对照罗建国厅长在编制组、政策组、市县组和综合组讲话要求,召开小组会议,结合本组实际,充分开展讨论,全面梳理情况,分类拟定措施。

5月6日　省财政厅印发《关于进一步核实财政供给单位人员信息的通知》,要求各地坚决落实国务院"约法三章"的要求,加强财政供养人员管理,确保财政供养人员"只减不增"得到落实。

5月17—19日　选择颍上、涡阳、砀山三县开展财政运行专题调研,重点探索优化支出结构的空间,研究并提出挖掘县级财政支出潜力的建议。

5月20日　省财政厅召开全省财政支出预算执行管理视频会议。厅长罗建国出席会议并作重要讲话,要求各级财政部门在高度重视中形成合力、在完善机制中压实责任、在夯实基础中提高效率、在规范严管中积极盘活、在会商帮联中整体推进,切实抓紧抓实抓好预算执行管理。

5月26日　省长王学军对做好财政预算管理工作作出重要批示。

5月28日　召开2015年省级部门预算编制工作会议,表彰2014年度省级部门预算编制工作先进单位,布置2015年省级部门预算编制工作。省财政厅党组书记、厅长罗建国,省人大财经委主任委员、省人大常委会预算工委主任庄立权,省审计厅厅长戴克柱等出席会议并讲话。

5月30日　省财政厅印发《关于进一步加强财政支出预算执行管理的通知》(财预〔2014〕683号),出台加快支出进度、盘活结转结余资金、强化财政专户管理等管理举措,建立健全预算执行分析制度、定期通报机制和激励约束制度,进一步加强支出预算执行管理,提高预算执行效率。

6月3日　根据财政部统一要求,省财政厅印发《关于进一步加强财政支出预算执行管理的通知》(财预〔2014〕683 号),从四个方面发力,抓紧抓实抓好支出预算执行管理工作。

6 月 6 日　按照厅内统一部署，预算处前往肥东县就预算部门会商工作、乡镇财政资金监管,民生工程建设进展等财政帮联重点工作进行实地调研并走访了部分乡镇财政所。

6 月 11 日　预算处赴合肥市财政局开展财政帮联工作督查,召开由合肥市、县、区财政局领导和相关科室负责人参加的座谈会,听取合肥市财政帮联工作开展情况的介绍,重点就十项帮联重点工作成效及下一步打算进行深入交流。

6 月 13 日　为尽快落实本省“老字号”群体工龄补助政策,第一时间下达老村干、老民师、老拖拉机手、老农民技术员、老兽医、老放映员、老养路工七类老字号群体工龄补助省级资金。同时要求各市(县、区)财政部门牢固树立责任意识,及时足额落实资金,并会同有关部门,按照“成熟一批、公示一批、审核一批、发放一批”的原则,及时拨付发放资金。

(厅预算处供稿　周剑峰)

财政国库管理工作大事记

1 月 17 日　根据财政部检查组要求，本省上报对外借款和财政专户检查相关工作落实情况报告。

1 月 23 日　国库处与厅干教中心联合举办新行政单位会计制度视频培训班，省直各部门、单位,各市县相关业务人员近 4000 人参加培训。

2 月 11 日　联合省监察厅、省审计厅、人行合肥中心支行下发《安徽省省级预算单位公务卡管理办法》,进一步规范预算单位财务管理,减少现金支付结算,提高公务支出透明度,加强财政资金监管。

2 月 17 日　下发《关于省属院校专户管理的非税资金实行国库集中支付有关事项的通知》,进一步扩大国库集中支付改革范围，规范资金支付和清算程序。

3 月 12—14 日　全省财政总决算会议在合肥召开,全省各市国库科长、财政总决算经办人员 40 多人参加会议。会议期间,组织人员对各市上报的总决算报表进行认真审核，并召集国库科长对按经济分类填报财政总决算、权责发生制政府综合财务报告编制等方面的内容进行交流和讨论。

3 月 18—20 日　全省部门决算会议在合肥召开,全省各市部门决算经办人员共 30 多人参加会议。

3 月 21 日　下发《安徽省省级国库集中支付动态监控管理暂行办法》,进一步加强省级财政资金支付管理和监督,提高财政资金支付的安全性、规范性和有效性。

4 月 10 日　赴颍东区正午镇田楼村商谈结对共建计划,指导党的群众路线教育实践活动。

5 月 9 日　省财政厅厅长办公会议学习传达贯彻全国财政国库管理改革与发展座谈会精神，研究部署加强对学会、协会财政性资金支付管理工作。

5 月 12—15 日　联合支付中心、信息中心对代理银行公务卡业务进行专项检查。

5 月 14 日　书面向常务副省长詹夏来汇报全国财政国库管理改革与发展座谈会有关情况,提出的贯彻意见得到常务副省长詹夏来批示同意。

5 月 24 日　关于开展省级国库现金管理工作以及关于省级财政专户资金管理及改革情况,专题向常务副省长詹夏来汇报,并得到明确批示。

6 月 5 日　联合人行合肥中心支行下发《安徽省省级国库现金管理暂行办法》和《安徽省省级国库现金管理操作规程(试行)》,试点开展国库现金保值增值工作。

6 月 10 日　省财政厅召开第二批代理银行电子化支付改革启动会,厅国库处、国库支付中心、信息中心主要负责人和八家集中支付代理银行机构业务部、信息技术部部门负责人共 60 余人参加会议。

6 月 18 日　省财政厅厅长办公会议通报盘活国库资金、专户运作情况。

6 月 26 日　印发省本级权责发生制政府综合财务报告试编工作实施方案的通知，标志着试编工作正式开始。

7 月 1 日　上报关于市县财政专户初审情况，提交财政部审批核准。

7 月 4 日　国库处党支部赴颍东区正午镇田

楼村开展“迎七一”结对共建活动。

7 月 10 日　下发关于规范政府购买服务预算资金支付有关事项，进一步规范省直自收自支单位财政资金的管理。

7 月 25 日　印发省级 2013 年度部门决算及“三公”经费公开工作方案，明确公开时间、公开内容。

8 月 15 日　本省 2014 年地方政府债券由财政部成功代理发行，招标发行票面年利率分别为 3 年期 4.1%和 5 年期 4.16%。

8 月 28 日　省级 115 家部门、单位，通过各自门户网站和省政府政务公开网站，对外公开 2013 年部门决算和“三公”经费情况。

9 月 1 日　上报安徽省 2013 年度权责发生制政府综合财务报告(试编)的报告。

9 月 24 日　本省 2014 年地方政府债券（7 年期）由财政部成功代理发行，招标发行票面年利率为 4.12%。

10 月 9 日　省财政厅厅长罗建国在《安徽省本级 2013 年度权责发生制政府综合财务报告》上做出重要批示。

10 月 11 日　联合人行合肥中心支行，下发关于开展市级国库集中支付电子化管理第一批试点工作的通知，稳步推进市级改革。

10 月 23—24 日　全国财政决算工作会议在湖北武汉召开。会议表彰全国财政决算工作先进单位。本省部门决算荣获一等奖，总决算荣获三等奖。

11 月 18 日　赴省人大预工委汇报 2014 年部门决算工作，并就项目支出按照经济分类科目填报进行会商。

12 月 4—5 日　全省财政决算工作会议在合肥召开，16 个市国库科长及决算经办人员参加会议。

12 月 18 日　上报财政部对外借款和财政专户检查处理意见落实情况的报告。

12 月 19 日　全省财税库联席会议在省财政厅召开，人民银行合肥中心支行、省国税局、省地税局及厅国库处、国库支付中心、非税局相关部门负责人和业务、技术人员参加会议。

12 月 30 日　联合人行合肥中心支行下发《省级财政国库支付电子化管理暂行办法》，明确业务流程和监管措施。

（厅国库处供稿）

政府性债务管理工作大事记

1 月 7 日　省财政厅副厅长孟照红在债务办报送的《2013 年政府债务管理工作总结》上批示：“2013 年，无论在工作创新开展和处室自身建设等方面，都取得了明显成效。新的一年，望充分发挥职能作用，勇于担当、再接再厉，开创债务管理和绩效管理工作新局面。”

1 月 30 日　常务副省长詹夏来在厅债务办报送的《关于我省政府性债务与其他省市有关指标比较情况的汇报》上批示：“请财政厅高度重视债务增长过快的问题，通过完善机制、加强管理、严格监督，严格控制债务率和举债成本，努力为全省经济持续健康较快发展提供支撑和保障。”

2 月 24—25 日　专程赴财政部，进一步跟踪了解政府性债务管理改革动向，对接争取中央代理发行地方政府债券额度事宜。

3 月 20 日　财政部办公厅印发《关于 2013 年地方政府性债务统计工作考核评比结果的通报》（财办预〔2014〕20 号），对全国各省 2013 年地方政府性债务管理情况进行考核评比，本省荣获考评一等奖。

3 月 21 日　印发《关于下达地方政府性债务风险提示的通知》（财债〔2014〕302 号），对逾期债务率超预警值的县(区)和债务率较高的市本级下达债务风险提示。

4 月 22 日　常务副省长詹夏来在厅债务办报送的《关于全省政府融资平台公司名录管理有关情况的汇报》上批示：“原则赞成，请各有关部门积极支持。”

4 月 22 日　经省财政厅会同省国土资源厅、人行合肥中心支行和安徽银监局联合审查，确定安庆市土地收购储备中心 2014 年度可融资规模，发放今年《土地储备机构融资规模控制卡》第一单。

5 月 2 日，詹夏来常务副省长在省财政厅报送的《关于我省 2013 年政府性债务情况的分析报告》上批示：“这项工作抓得很扎实，成效明显，对稳增长、促改革、调结构、惠民生、控风险都有重要作用。望继续努力。”省财政厅厅长罗建国批示：“请孟厅长并债务办阅，进一步扎实精细做好债务管理的各项工作。”副厅长孟照红批示：“请债务办抓好落实。”

5月7—9日、14—16日　陪同省人大财经委庄立权主任牵头的调研组，赴安庆、池州、黄山、马鞍山四市县开展政府性债务管理专题调研。

5月23日　常务副省长詹夏来在听取2014年全省政府性债务收入计划汇报时要求，紧紧围绕“防控风险、严格审批、规范管理、服务发展”的工作目标，密切跟踪财政部债务管理改革动态，严格控制债务规模、融资成本和举债方式，进一步规范政府举债融资制度。

5月27日　省财政厅印发《关于公布全省政府融资平台公司名录的通知》(财债〔2014〕651号)，公布纳入名录管理的安徽省建设投资有限责任公司等359家政府融资平台公司。

6月17日　省十二届人大常委会举行第三十八次主任会议，听取和审议全省政府性债务管理和债务审计情况汇报。受省人民政府委托，省财政厅厅长罗建国作《关于全省政府性债务管理情况的报告》。

6月17日　省政府第27次常务会议审核批准本省2014年地方政府债券资金分配方案.

7月15日　省财政厅厅长罗建国在债务办报送的《关于参加财政部预算绩效管理培训班有关情况的汇报》上批示：“近年来，财政绩效管理工作取得明显成效。随着财政改革的深化和建设现代财政制度的要求，财政绩效管理面临的形势更加严峻、任务更加繁重。当前，应全面总结绩效管理经验，全面梳理问题和工作薄弱环节，全面了解影响绩效工作的重要因素，坚持问题导向，重视科学谋划，统筹力量，制定工作方案，明确工作重点，提出具体措施，适时召开绩效管理工作专题会议。请孟厅长并债务办会同有关处室单位收办。”副厅长孟照红批示：“请债务办认真学习，抓好落实。”

7月28日　省财政厅党组书记、厅长罗建国主持召开预算绩效管理工作专题会议，研究讨论《安徽省省级财政预算绩效管理工作实施意见》和2014年下半年预算绩效管理工作任务，部署推进预算绩效管理工作。全体厅领导出席会议，相关处室(局)单位主要负责同志参加会议。

7月30日　在全国财政厅局长座谈会上，财政部部长楼继伟在讲话中充分肯定安徽省在加强政府性债务管理、防控债务风险方面取得的成绩。大会印发本省经验交流材料《创新管理方式 防控债务风险》。

7月31日　省财政厅召开全省政府性债务管理工作座谈会，通报上半年全省政府性债务管理工作情况，总结交流各地经验做法，研究和部署下半年工作。厅政府债务管理办公室主任、副厅长孟照红作总结讲话。各市财政局，广德、宿松县财政局债务管理负责同志参加座谈。

8月9日　省财政厅印发《关于深入推进预算绩效管理工作的实施意见》(财债〔2014〕1114号)，向省直各部门、各市县(区)财政局部署深入推进财政预算绩效管理工作。

8月12日　省财政厅副厅长孟照红联系走访债务办，座谈交流，听取意见，并就下一阶段做好政府性债务管理工作和预算绩效管理工作提出明确要求。

10月7日　省财政厅副厅长孟照红走访债务办，研究谋划贯彻落实《国务院关于加强地方政府性债务管理的意见》(国发〔2014〕43号)文件精神，并就下一阶段做好政府性债务管理工作和预算绩效管理工作提出要求。

10月12日　常务副省长詹夏来在《国务院关于加强地方政府性债务管理的意见》(国发〔2014〕43号)上批示：“请财政厅认真学习，吃透精神，结合我省实际特别是近一年多来加强政府债务管理的实践，查摆存在的问题，有针对性的提出完善的具体措施。”省财政厅厅长罗建国批示：“安排办公会议学习，并拿出具体方案上会。请孟厅长并债务办收办。”副厅长孟照红批示：“请债务办按领导批示办。”

10月13日　印发《安徽省省级财政涉企专项资金绩效管理暂行办法》(财绩〔2014〕1519号)，促进财政涉企专项资金规范、公平、有效使用，提高资金绩效。

10月21日　印发《安徽省政府性债务风险管理考核暂行办法》(财债〔2014〕1558号)，进一步加强政府性债务管理，规范考核。

11月5日　根据财政部文件印发《地方政府

存量债务纳入预算管理清理甄别办法》(财债〔2014〕1712号),启动本省政府存量债务清理甄别工作。

11月11日　印发《省财政厅预算绩效管理内部工作规程》(财绩〔2014〕1797号),加强省级预算绩效管理,明确职责分工,规范内部流程。

11月14日　常务副省长詹夏来在省财政厅报送的《关于加强预算绩效管理工作情况的汇报》上批示:"加强预算绩效管理,是深化财税体制改革的重要内容,财政厅对此认识到位,工作主动,积极探索,勇于创新,取得明显成效,在财政部综合考评中获得优异成绩。希望再接再厉,对标先进,找差补缺,进一步加大工作力度,争取财政绩效管理工作再上新台阶。"省财政厅副厅长孟照红批示:"请绩效处认真落实詹省长批示,大力推进绩效管理水平。"

(厅债务办供稿　韩晓峰)

行政财政财务管理工作大事记

1月　修订印发《安徽省省直机关差旅费管理办法》,提高差旅费报销标准,加强出差计划审批和经费报销管理,进一步规范省直机关出差行为。

1月　省财政厅副厅长朱长才带领行政处支部党员干部赴结对共建联系点颍上县耿棚镇耿棚村走访慰问。

4月　按照厅统一部署,督促对口联系部门,并指导帮扶市、县财政部门,按照"统一口径、统一时间、统一内容、统一方式",及时向社会公开2014年"三公"经费预算。

6月　制定"三公"经费只减不增施工方案,对全省各级财政部门和预算单位提出明确要求,确保"三公"经费支出只减不增。

7月　将旅游涉企项目资金纳入财政涉企项目资金管理信息系统,使其成为全厅第一项在涉企系统正式上线申报的涉企项目资金,有效实现旅游涉企资金审核拨付的科学化、规范化。

7月　按照厅党组统一部署和清理整合规范专项转移支付资金要求,主动上门会商重点部门,争取主管部门理解和配合。全年行政处对口部门专项转移支付资金共28项21069万元,经清理整合,取消3项,涉及资金410万元;整合压减或改列一般性支付23项,减少资金11024万元,改列一般性转移支付资金12238万元;保留专项转移支付资金2项,涉及资金300万元,圆满完成专项转移支付清理整合"双压缩"任务。

7—12月　牵头协调完成财政部门承担的公务用车改革任务,全程参与省公务用车改革领导小组办公室工作。做好公车改革补贴标准测算工作,参与公车改革方案制定。

8月　会同厅监督局召开省直单位严肃财经纪律和"小金库"专项治理工作动员部署会,邀请省委督查室领导专门强调"三公"经费管理问题,编印《省直严肃财经纪律和"小金库"专项治理工作会议交流学习材料》,开展省直单位"三公"经费专项检查工作。

8—9月　按照厅里统一部署,督促指导对口联系部门和帮扶市县公开2013年度部门决算及"三公"经费决算,全面完成全省"两项决算"公开工作。

9月　行政处受到国务院通报表彰,被授予"全国民族团结进步模范集体"荣誉称号。

11月　印发《关于安徽省省直机关差旅费管理办法有关问题解答的通知》,进一步细化和规范出差行为。

12月　修订印发《安徽省省直机关公务接待费管理暂行办法》,建立公务接待经费审批制度,进一步规范公务接待标准、用餐陪餐人数等各项支出行为,严格经费预算,明确公务接待费在部门"三公"经费预、决算中向社会公开。

(厅行政处供稿)

政法财政财务管理工作大事记

1月3日　省财政厅政法处党支部赴固镇县连城镇□河村开展结对送温暖活动。

3月10日　司法体制改革座谈会在合肥召开,省财政厅副厅长朱长才参会并讲话。

4月14日　省财政厅政法处赴池州市开展预算信息公开帮联工作。

4月14—16日　国务院考核组来皖考核消防

工作,省财政厅政法处派员参加。

4月27—29日　省财政厅副厅长朱长才率政法处有关同志赴宿州、淮南两市调研财政改革工作。

6月10日　省财政厅政法处赴池州市开展财政帮联工作督查。

6月11日　省财政厅副厅长朱长才率政法处相关同志赴省军区会商军队财政保障政策。

6月19日　省财政厅厅长罗建国率政法处相关同志赴省高级人民法院，会商省高级人民法院审判法庭建设和年度预算执行工作。

7月3日　省财政厅副厅长朱长才率政法处有关同志赴固镇县连成镇澥河村开展结对共建、慰问困难党员活动。

8月6日　省财政厅厅长罗建国、副厅长朱长才率政法处等有关处室负责同志赴武警部队开展走访会商。

8月26日　省财政厅政法处赴池州市开展财政帮联工作。

9月16日　省财政厅副厅长朱长才率政法处有关同志赴淮南市和凤台县调研财政重点工作。

9月28—29日　省财政厅副厅长朱长才率政法处有关同志赴宿州市和砀山县调研财政重点工作。

9月29日　省财政厅副厅长朱长才率政法处有关同志调研泗县财政局党的群众路线教育实践活动开展情况。

10月17日　省高级人民法院司法体制改革领导小组办公室召开省以下"两院"财物统一管理方案座谈会,省财政厅政法处派员参加。

10月30日　省财政厅副厅长朱长才率政法处有关同志赴芜湖市调研财政重点工作。

10月31日　省财政厅副厅长朱长才率政法处有关同志赴省财政厅综治联系点芜湖市鸠江区,调研社会治安综合治理工作。

11月5日　省财政厅副厅长朱长才率政法处有关同志赴淮南市调研财政重点工作。

12月10—11日　省财政厅副厅长朱长才率政法处有关同志赴阜阳市、颍上县和颍州区调研执法执勤用车改革工作。

（厅政法处供稿）

教科文财政财务管理工作大事记

1月22日　召开省直教科文部门内部控制规范培训会议,贯彻落实《行政事业单位内部控制规范(试行)》,督促各省直教科文部门,全面梳理内部业务流程,系统分析经济活动风险,认真落实关键岗位责任制,建立健全单位内控管理制度。

2月23日　中共安徽省委、安徽省人民政府出台《关于实施创新驱动发展战略进一步加快创新型省份建设的意见》。自2014年起,省财政每年安排10亿元专项资金，各市县相应设立专项资金,合力推进创新型省份建设。

3月25日　会同省教育厅制订《安徽省研究生国家助学金管理暂行办法》、《安徽省研究生学业奖学金管理暂行办法》,将研究生纳入学生资助体系,规范资助资金使用和管理。

4月15—16日　按照厅里统一部署，教科文处赴六安市开展预算信息公开帮联，并与结对共建村对接，传达楼继伟部长和罗建国厅长在怀远县讲话精神,进行"弘扬焦裕禄精神,践行三严三实要求"学习交流,讨论陡岗村的党建工作、发展规划及存在的问题，实地查看重点帮扶项目进展情况。

5月12日　根据《省财政厅关于进一步健全厅领导联系处室单位制度》和厅党组统一部署,省财政厅副厅长吴天宏深入教科文处开展交流谈心活动，全面听取处室主要负责人的意见和同志们的所思所想,对大家的发言及时点评,并对做好教科文处下一步工作提出要求。

5月15日　会同省新闻出版广电局、省人力资源和社会保障厅印发《关于为农村老放映员发放工龄补助的实施方案》,部署本省农村老放映员发放工龄补助工作。

6月9日　会同省教育厅召开专题会议,传达省级预算编制工作会议及财政部和省级支出预算执行会议精神，对教育厅所属事业单位特别是高校预算编制及执行等提出具体明确要求。

7月6日　省财政厅副厅长吴天宏参加省属高校振兴计划"高水平大学项目"和"协同创新项目"评审答辩会,就进一步提高本科高校内涵建设提出要求。

7月11日　省财政厅厅长罗建国赴部分省属高校就高校科技创新、财务管理等工作进行专题调研会商。先后深入安徽大学、安徽农业大学和安徽医科大学，实地考察新型农业推广模式信息化远程服务系统、科技大楼部分重点实验室、国家级经济管理实验教学示范中心等项目，并在安徽大学召开座谈会，就财政会同教育主管部门加强高校财务管理、支持和服务高校发展提出要求。省财政厅副厅长吴天宏、厅有关处室主要负责同志陪同调研会商。

8月18日　会同省教育厅、省发展和改革委员会共同制定《安徽省全面改善义务教育薄弱学校基本办学条件实施方案(2014—2018年》，进一步优化教育资源配置，全面提升全省义务教育水平，促进义务教育均衡发展。

8月19日　根据第二批党的群众路线教育实践活动的安排部署，省财政厅副厅长吴天宏赴岳西县参加并指导岳西县财政局专题民主生活会，并对岳西县财政局继续开展好下一阶段的教育实践活动提出具体要求。

9月19日　首届安徽文化惠民消费季启动，创新采取“总量控制、直接消费、先付优惠、立减折扣”办法：一方面直接补贴消费者，鼓励城乡居民看书、看报、看戏、看电影、看电视“五看”文化消费；另一方面实施专项活动优惠，发挥文化企业市场主体作用，积极参与文化产品促销展销活动。

10月18日　根据厅教育实践活动领导小组统一部署和安排，召开处室支部党的群众路线教育实践活动专题组织生活会，厅教育实践活动第五督导小组相关同志到会指导并进行评议。

11月14日　省财政厅会同省教育厅参与起草的《安徽省人民政府关于加快发展现代职业教育的实施意见》(皖政〔2014〕81号)印发，进一步加快发展我省现代职业教育。

11月18日　省财政厅副厅长吴天宏赴阜阳市颍东区吴寨村开展定点帮扶调研，实地走访正午镇吴寨村中心小学、村卫生所，并召开座谈会，认真听取市、县、镇、村等地干部以及扶贫工作队的工作介绍，了解村级经济社会发展情况，并提出具体工作要求。

11月21日　省财政厅副厅长吴天宏率教科文处相关同志赴安庆市、怀宁县调研财政重点工作，听取安庆市、怀宁县财政局财政重点工作汇报；实地调研怀宁县金拱镇初级中学、财政所。

12月4日　教科文处全体党员同志到合肥市包河区淝南家园社区组织报到，开展志愿服务群众活动，与淝南家园社区共同谋划《2015年教科文处党支部在职党员到社区报到服务群众活动实施方案》。

12月25日　省财政厅、省体育局转发《财政部 国家体育总局关于印发〈大型体育场馆免费低收费开放补助资金管理办法〉的通知》，规范资金申报、使用和管理。

(厅教科文处供稿)

经济建设财政财务管理工作大事记

1月11—12日　经建处党支部分赴石台县高路亭村和歙县承狮村开展结对共建活动，分别走访慰问10户困难户，实地查看帮扶项目，召开支部共建座谈会。

1月14日　省财政厅党组书记、厅长罗建国在《经济建设处2013年工作总结》上作出重要批示：“2013年，经建处围绕‘稳增长、调结构、促改革、惠民生’，积极主动争取中央财政工程类投资、粮食补贴、节能减排、交通运输、战略性新兴产业、环境保护等方面政策支持和工作试点，取得显著成绩，应予表扬。希望再接再厉，按照三中全会决定，深化改革、锐意进取，强化绩效，进一步提升财政经建工作水平。”

1月21日　省财政厅副厅长左俊在经建处召开会议，专题研究本省向财政部提供完善财政粮食政策建议。

3月10日　经建处召开处务会，专题学习、讨论李克强总理代表国务院所做的政府工作报告。

3月14日　经建处召开处务会，专题学习习近平总书记“三严三实”重要讲话精神。

3月21日　省财政厅副厅长、省棚户区改造融资管理理事会理事长左俊主持召开安徽省棚户区改造融资管理理事会第三次会议，省住建厅、省投资集团、省开行负责同志和理事会秘书处全体成员参加会议。

3月24日 经建处召开处务会，集中学习习近平总书记在兰考县调研时的重要讲话精神。

3月28日 经建处召开联系部门工作会议，省发改委、交通厅、住建厅、国土厅、环保厅、粮食局等19家省直单位和集团公司参会。

3月26—27日 省财政厅副厅长左俊率经建处有关同志赴黄山市调研新安江流域生态补偿、太平湖生态环境保护工作。

4月9日 经济建设处召开处务会议，学习贯彻李克强总理4月2日召开的国务院常务会议精神。

4月14日 省财政厅副厅长、省棚户区改造融资管理理事会理事长孟照红主持召开安徽省棚户区改造融资管理理事会第四次会议，省住建厅、省投资集团、省开行负责同志和理事会秘书处全体成员参加会议。

4月4日 省财政厅副厅长孟照红在经建处听取工作汇报，并对财政经建工作提出新要求。

4月15—16日 经建处赴阜阳市开展预决算、“三公”经费公开工作帮联活动，召开市县区财政局长和预算科股长参加的专门会议，阜阳市及所辖县区介绍预决算、“三公”经费公开工作的进展情况及有关意见建议。

4月18日 经报省政府同意，省棚户区改造融资管理理事会在合肥举办融资业务培训班，指导市、县有关部门和经办机构掌握棚户区改造开行贷款统借统还相关政策和业务流程。

4月24日 经建处再次赴阜阳市召开专题会议，了解阜阳市及所辖县、区2014年预算及“三公”经费预算公开工作的最新进展情况，并查看部分市直单位的公开文本及数据。

4月25—26日 省财政厅副厅长孟照红率经建处有关同志赴黄山市调研新安江流域生态补偿及太平湖生态环境保护工作。

4月26日 常务副省长詹夏来在财政厅关于渔民上岸安居工程资金保障工作的报告上批示：“好！请继续加强对国家和省补助资金使用的监督，确保专款专用，提高效益。”

4月30日 副省长梁卫国在财政厅关于渔民上岸安居工程资金保障工作的报告上批示：“这项工作财政厅很主动，措施很到位。”

5月8日 常务副省长詹夏来在财政厅关于棚改融资工作进展情况的报告上作出重要批示：“很好！继续抓紧扎实推进。”厅党组书记、厅长罗建国批示：“经建处此项工作抓得细抓得紧抓得实，应予表扬！再接再厉，推进好。”

5月26日 按照省政府2014年全省秸秆禁烧工作方案要求，省财政下达秸秆禁烧省级奖补资金11.4亿元，全力推进全省秸秆禁烧和综合利用工作。

5月29日 财政部、国家粮食局在北京共同组织2014年中央补助地方“粮安工程”危仓老库维修专项资金重点支持省份专家评审会。经过前期初审，包括本省在内的12个省(区)入围参加竞争性答辩。根据会后公布的评审结果，共8省(区)被确定为中央重点支持省份，本省位列第二名。

6月5日 住房城乡建设部、国家发展改革委、财政部等三部委联合发文通报2013年全国农村危房改造绩效评价结果，本省获综合得分第四名的较好成绩。

6月10—11日 经建处赴阜阳市及颍泉区开展财政帮联工作督查。通过座谈交流、查阅资料等方式，了解阜阳市及各县、区财政局会商、乡镇财政资金监管、“涉企”系统应用、渔民上岸等各项财政帮联工作的进展情况。

6月11日 省棚改融资理事会召开第七次会议，省财政厅副厅长、理事长孟照红主持会议，省投资集团、省开行负责同志和理事会秘书处全体成员参加会议。

6月20日 经建处会同会计处召开部分联系部门加强内控管理专题交流会议，省直相关部门财务负责人和经办人员参会。

7月4日 省财政厅副厅长孟照红率经建处负责同志，深入省粮食局就本省粮食仓库维修改造工作进行调研会商。

7月20日 为纪念建党93周年，经建处党支部一行赴石台县七都镇高路亭村开展结对共建活动，同时邀请歙县承狮村两委负责同志参加。

7月22日 省财政厅副厅长孟照红率经建处负责人和相关工作人员，赴省住建厅开展工作会商。省住建厅副厅长陈爱民、仲亚平、宋直刚和相关处室负责同志参加会商。

8月19日 常务副省长詹夏来在财政厅关于发行棚改项目债券可行性的汇报上批示："很好！抓紧推进，为市县筹措低成本资金做好服务工作"，对财政厅关于发行棚改项目债券可行性研究给予充分肯定。

8月22—23日，经建处赴阜阳市开展财政帮联工作，采取集中座谈、实地走访等方式，听取市、县财政部门帮联工作进展情况介绍以及进一步做好各项帮联工作的意见和建议。

8月26日 省财政厅副厅长孟照红率经建处负责同志，赴省国土资源厅开展工作会商。

8月28日 省财政厅副厅长孟照红走访经建处，听取工作汇报，并就做好下一步经建工作提出"五抓五做"的新要求。

8月28日 常务副省长詹夏来在财政厅《关于我省使用新能源汽车对争取中央燃油税转移支付影响情况的汇报》上批示："赞成下一步工作安排。对上要积极争取，部门之间加强沟通协调"。

9月25日 新安江流域生态补偿机制建设座谈会在徽州区召开，安徽、浙江省财政厅、环保厅分管负责同志和相关处室负责人，黄山市政府领导，财政、环保部门负责同志参加会议。

10月9日 常务副省长詹夏来主持省政府专题会议，会议听取省财政厅、省住建厅、省开行、省投资集团等部门汇报，研究部署加快棚户区改造融资贷款使用进度工作。省财政厅厅长罗建国出席会议，各市(除合肥市外)常务副市长及财政、住建部门主要负责同志参会。

10月24—25日 经济处党支部邀请省城乡规划设计院有关专家，赴歙县富堨镇承狮村和石台县七都镇高路亭村开展结对共建活动，帮助结对村科学编制建设发展规划。

11月17日 省人大沈卫国副主任在省财政厅《关于农村公路养护、农村公路网化建设等专项资金落实情况报告》上批示："财政厅对人大关注的三件事办理很认真，请世凯、连松主任阅示"，对财政厅积极做好农村公路建设、棚户区改造和建立大别山水环境生态补偿机制等工作给予充分肯定。

11月18日 经建处召开联系部门会议，省直相关部门财务处负责同志及经办人参会。会议对2014年重点工作进行回顾和总结，传达厅关于加快支出进度和2015年预算编制两个专题会议精神，布置债务甄别、绩效评价、审计整改等相关工作，并提出下一步工作思路。

11月19—20日 赴阜阳市专题开展财政帮联工作，重点了解阜阳市收支预算、重点工作完成情况，并实地查看农村清洁工程、农村饮水安全、农村危桥改造等民生工程建设及后续管养情况。

(厅经建处供稿)

社会保障财政财务管理工作大事记

1月18日 省委常委、常务副省长詹夏来在省财政厅《关于我省2013年度社保基金保值增值情况的汇报》上批示："这项工作抓得好。赞成下一步工作安排，望进一步抓紧抓实，在确保安全的前提下，继续提高基金收益"。

2月16—18日 省财政厅党组书记、厅长罗建国一行赴亳州市及涡阳县、谯城区调研市县财政经济工作情况，并深入涡阳县中医院、城东杨王新村敬老院、救助站等地，了解医药卫生体制改革、社会事业发展、财政经济运行等情况。

2月22日 高校毕业生2014年春季首场招聘会暨高校毕业生座谈会在肥召开，副省长杨振超巡视招聘会，出席座谈会并作重要讲话，省财政厅党组成员、副厅长陈军参加会议并发言。

3月4日 省政府召开省就业工作领导小组会议，副省长杨振超主持会议并作重要讲话，省财政厅党组成员、副厅长陈军参加会议并发言。

3月4日 省财政厅党组成员、副厅长陈军率社会保障处负责同志，赴蜀山区合肥优尔电子科技有限公司、新站区春芽残疾人日间照料中心和夕阳红护理中心，实地调研大学生创业、残疾人康复托养、居家养老服务等工作开展情况。

3月11日 省财政厅党组成员、副厅长陈军一行走访岳西县毛尖山乡板舍村，调研结对共建工作，查看板舍村"11+4"为民服务中心、时令蔬菜园、留守儿童中心、敬老院、建设中的非遗馆和农民公园，看望社会义工志愿者。

3月11日 省财政厅会同省民政厅印发《安徽省城乡医疗救助基金管理办法》(财社〔2014〕

150号),规范城乡医疗救助基金使用和管理,明确基金筹集、分配和补助范围以及资金拨付、监督管理等,规范救助程序,强化资金管理,切实减轻城乡困难家庭医疗费用负担。

3月13日　省财政厅党组成员、副厅长陈军深入岳西县莲云乡、宿松县千岭乡财政所,调研敬老院建设、"五保户"集中供养、农村低保评定、新农合门诊统筹及基层医疗卫生改革等工作情况。

4月9—11日　省财政厅党组成员、副厅长陈军率省医改第四指导组一行,赴合肥、蚌埠、滁州等地开展基层综合医改和县级公立医院综合改革督查调研。

4月16日　社会保障处赴黄山市开展帮联工作,召开预算信息公开工作专题会议,传达厅党组关于财政预算信息公开工作的总体部署和要求,介绍预算信息公开工作做法。

4月22日　省财政厅配合省物价局等部门出台《关于完善社会救助和保障标准与物价上涨挂钩联动机制的通知》,明确价格补贴联动机制启动条件,完善社会救助标准与物价上涨挂钩联动机制。

5月　常务副省长詹夏来在省财政厅《关于我省社保基金保值增值有关情况的报告》上批示:"很好!省本级先做出样子,为各市示范。尽快要求各市按省级办法操作。"

5月4日　省财政厅党组成员、副厅长陈军深入社会保障处开展谈心交流活动,与全处同志开诚布公、真诚交流、畅所欲言,对同志们的发言及时点评,为大家启迪思维、开阔思路、教授方法。

5月6日　省财政厅联合省人力资源社会保障厅印发《安徽省购买公共就业服务实施办法》,将职业介绍、职业技能培训、创业培训、困难人员公益性岗位、高校毕业生就业见习、高校毕业生基层特定岗位等6项内容纳入政府购买公共就业服务范畴,进一步改进政府提供公共就业服务方式。

5月13日　省政府召开全省高校毕业生就业创业工作会议,副省长谢广祥、杨振超出席会议并作重要讲话,省财政厅党组成员、副厅长陈军参加会议并发言。

5月30日　省财政厅联合省卫生计生委出台《关于建立村卫生室医疗执业风险分担统筹资金的意见》,在全国率先从省级层面推动全省建立村医执业医疗风险分担机制。

6月　詹夏来常务副省长在省财政厅《关于省级社保基金竞争性存储工作有关情况的报告》上批示:"好!总结完善,继续推进,并指导和督促市县抓紧抓好这项工作。"

6月15日　省财政厅党组书记、厅长罗建国召开专题会议,研究财政支持医改工作情况,并对财政支持全面深化医改试点提出具体要求。厅党组成员、副厅长陈军出席会议。

6月19日　省财政厅会同省民政厅印发《关于开展政府购买养老等服务的通知》(民规财字〔2014〕112号),制定政府购买养老服务、社区服务、社会工作服务、退役士兵教育培训、社会组织监管等六个方面的实施办法,推动民政领域政府购买服务工作。

6月20日　省财政厅会同卫生计生、审计、发展改革等部门出台《关于开展县级公立医院债务审计认定的指导意见》(财社〔2014〕713号),加强县级公立医院债务管理。

6月20日　省财政厅党组成员、副厅长陈军主持召开支持民营医院发展专题座谈会,邀请省卫生计生、发改、地税及民营医院代表参加会议。

7月20日　省财政厅会同省卫生计生委出台《安徽省政府购买医疗卫生服务实施办法》(财社〔2014〕723号),在基本公共卫生服务、新农合大病保险、县级公立医院基本药物服务、基层医疗卫生机构基本医疗卫生服务、村医基本医疗卫生服务等方面推动政府购买服务。

7月25日　省财政厅党组成员、副厅长陈军参加省政协"社区居家养老"重点提案专题协商会,并作重点发言,就完善社区居家养老服务体系、构建多元筹资机制、加大政府购买社区居家养老服务力度等与委员和代表们进行充分地沟通和交流。

8月7日　省财政厅党组成员、副厅长陈军到阜南县调研指导基层医疗卫生机构和县级公立医院改革进展情况。

8月11日　省财政厅党组书记、厅长罗建国参加省人大"社会养老"重点建议专题督办会,就推进基本养老服务均等化、创新养老服务投入方式、推进资金统筹整合、加大资金支持力度、提高资金使用绩效等作了重点发言。

9月2日 省财政厅联合人力资源社会保障、教育部门召开就业创业政策集中推进行动视频会,省财政厅党组成员、副厅长陈军参加会议并作重要讲话。

9月23—25日 省财政厅党组成员、副厅长陈军赴淮北、阜阳开展财政重点工作调研,先后赴淮北市经济开发区,颍泉区医院和社区卫生中心等地,深入了解工业经济发展、大学生创业、市县医院和卫生院改革等情况。

10月11日 省财政厅党组成员、副厅长陈军走访社会保障处,听取工作进展情况汇报,全面调度财政社保重点改革任务、预算执行进度。

10月17日 社会保障处开展“深化医药卫生体制改革与体制机制创新”专题学习研讨活动,厅机关党委派人指导,分管处长、经办同志作中心发言。全年共安排6次专题学习研讨活动。

11月17日 省财政厅会同省卫生计生委出台《安徽省疾病应急救助管理暂行办法》(财社〔2014〕1865号),推动全省各级建立疾病应急救助基金,有效解决“三无”病人疾病应急救助费用问题。

11月21—22日 省财政厅会同省人力资源社会保障厅、省卫生计生委举办社会保险基金预决算培训班,推动社会保险基金预决算改革。

11月25日 省财政厅党组成员、副厅长陈军走访社会保障处,调研指导2015年省直社保部门预算申报审核工作,并对财政社保工作提出要求。

12月4日 省财政厅完成《关于建立工资总额与药品耗材占比倒挂机制》、《调整医保报销政策与支付方式》等医改课题研究报告,及时呈报省政府,得到省领导充分肯定。

12月11日 中国卫生经济年会在北京召开,社会保障处陈中楼同志的医改调研论文在大会上交流,积极宣传安徽财政支持医改工作的经验和做法。

(厅社会保障处供稿 陈中楼)

企业财政财务管理工作大事记

1月3—4日、7日 省财政厅副厅长孟照红率厅企业处、厅债务办负责同志先后到黄山市、合肥市调研财政工作。

1月9日 省财政厅企业处有关负责同志带队赴阜南县黄岗镇黄岗村开展结对共建及慰问活动。

2月14日 省财政厅派员随省经信委民营经济政策宣讲团赴马鞍山市开展政策宣讲工作。

2月17—18日 省财政厅派员参加商务部、财政部在广州市举行的“加强展会支持资金管理”专题调研座谈会。山西省、江西省、河南省、湖北省、湖南省代表参加会议。

3月7—10日 中央组织部来皖调研合芜蚌试点工作,省财政厅派员参加并汇报有关情况。

3月23日 企业处党支部一行赴结对共建村阜南县黄岗村,与阜南县财政局、村两委以及镇政府相关人员,共商2014年结对共建工作。

4月1—4日 根据省领导指示精神,陪同省国资等部门赴宁夏农垦集团调研。

4月13日 参加财政部关于加强企业财务管理座谈会。

4月15—16日 赴亳州市督导预算信息公开。

4月15—17日 根据厅领导批示精神,企业处派员会同省经信委有关处室赴庐江县、安庆市开展铁路无人看守道口监护经费使用情况检查工作。

4月21—22日 2013年度全省企业财务会计决算会审会在合肥市召开,16个市及广德县、宿松县财政局企业科科长和企业决算编制经办人员60余人参加会议。会议就做好新时期财政企业工作进行专题座谈,重点传达厅党组关于全面深化改革工作的战略部署和最新指示,并集中会审分析各市2013年度国有及集体企业财务会计决算报表。

4月15日 根据厅党组统一部署,企业处一行赴亳州市开展预算信息公开帮联工作,组织召开市、县(区)财政局长及预算、国库科(股)长座谈会,并实地走访调研有关企业。

5月8—9日 全国地方企业财务会计决算报表验审会在财政部召开。

6月1—6日 派员随同省经信委赴台湾开展经贸活动。

6月10—11日 赴亳州市开展财政帮联工作

督查工作。

8月19—20日　赴亳州市开展会商帮联工作。

9月17—19日　本省作为财政部受邀八个省份之一，派员赴长沙市参加财政部召开的以市场化方式发展养老服务业试点工作研讨会。

9月23—26日　根据省政府要求，省财政厅配合省经信委、省国土厅、安徽煤监局赴淮南、淮北等市开展全省关闭小煤矿验收工作。

10月20日　派员赴省经信委参加《省经信委财务服务中心组建方案》论证会。

11月12日　企业处主要负责同志陪同厅党组书记、厅长罗建国走访省信用担保集团,研究谋划财政担保工作。

11月27日　赴亳州市开展会商帮联工作。

12月9—11日　参加财政部在云南省财政干部培训基地举办的中央财政支持服务业政策培训班。

（厅企业处供稿　关勇）

地方财政金融监管及外国政府贷款管理工作大事记

1月15日　省政府金融办部门预算管理归口金融处负责。

1月24日　省财政厅副厅长左俊出席省担保集团2013年度工作总结大会。

2月18—20日　滁州第二人民医院申请利用德国促进贷款2000万欧元引进医疗设备项目,顺利通过德国复兴信贷银行(KFW)评估团贷前评估,并签署备忘录。

2月25日　省财政厅副厅长左俊出席全省融资担保机构监管工作会议。

3月10日　财政部副部长王保安率队来本省督导社会信用体系建设情况，省财政厅副厅长左俊参会并发言。

3月14日　省财政厅副厅长左俊召集省政策性农业保险联席会议成员单位，开展全省政策性农业保险督查调研。

3月15—4月20日　组织开展涉农贷款增量奖励及定向费用补贴审核申报工作。

4月10—5月5日　委托省评审中心开展政策性农业保险绩效评价工作，全面了解掌握本省农业保险实施运行情况。

5月6日　研究下达省信用担保集团2014年度目标任务计划。

5月14日　德国复兴信贷银行(KFW)董事本·略文一行来本省参观考察。

6月3日　省财政厅副厅长左俊主持召开部分省属金融企业负责人职务消费座谈会。

6月7日　研究制订《关于逐步扩大政策性农业保险、稳步提高政策性农业保险保障水平的施工方案》、《关于扩大农业保险保单质押融资试点的施工方案》、《关于完善再担保体系及探索组建政策性担保金融机构的施工方案》、《关于探索建立巨灾保险制度的施工方案》和《关于加快发展区域性、专业性保险机构,争取设立国元寿险公司的施工方案》等5项施工方案,报经省政府批复同意。

7月11日　省财政厅副厅长左俊带队赴滁州市开展小额贷款公司督查。

7月15日　修订《安徽省政策性农业保险资金管理暂行办法》，加强政策性农业保险财务监管。

7月25日　举办政府和社会资本合作(PPP)专题业务培训班,省财政厅党组书记、厅长罗建国作开班讲话。

8月7日　修订印发《安徽省融资性担保公司财务管理暂行办法(修订版)》。

9月17日　省财政厅副厅长左俊出席全省小额贷款公司监管培训会并作重要讲话。

9月24日　批复徽商银行、省农村信用联社和省担保集团2013年度负责人薪酬,建立健全激励与约束机制,规范收入分配秩序,促进地方金融企业持续健康发展。

9月29日　联合省住建厅召开新闻发布会,向社会公布全省首批城市基础设施领域42个PPP项目名单,项目总投资710亿元,涉及城镇生活污水处理、城镇生活垃圾处理、城镇供水设施、城市交通设施、生态环境等五个领域。

9月30日　会同省扶贫办和安徽保监局印发《关于进一步发挥财政引导作用支持贫困地区开展特色优势农产品保险的通知》,进一步加大贫困地区开展特色农产品保险支持力度。

10月27日 会同省农委、省林业厅、省政府金融办和安徽保监局出台《关于进一步加强和规范政策性农业保险工作的指导意见》,将种植业保险的“保险公司与地方政府联办”模式调整为“保险公司自营”模式,进一步加强对下工作指导。

11月10日 省长王学军、常务副省长詹夏来专题研究融资担保体系建设工作。

11月17日 印发《安徽省财政厅关于推广运用政府和社会资本合作模式的意见》,进一步加强指导我省政府和社会资本合作项目的实际操作。

11月26日 省政府第38次常务会议研究安排20亿元专项资金,通过省信用担保集团注资参股县域融资担保机构。

11月28日 省财政厅厅长罗建国赴省信用担保集团指导注资参股工作。

11月30日 本省池州污水处理及市政排水设施购买服务(41.45亿元)、马鞍山市东部污水处理厂(3.48亿元)、安庆市城市污水处理项目(4.45亿元)和合肥市轨道交通2号线项目(189.95亿元)等4个项目列入政府与社会资本合作示范项目,总投资达239.33亿元,位居全国第二。

12月4—5日 美国进出口银行董事帕特丽夏女士、高级副行长兼法律顾问安吉拉女士及中国进出口银行有关人员一行,来本省参观考察。

12月15日 印发《安徽省政策性融资担保风险分担及代偿补偿试点方案》。

12月21日 省政府召开政银担合作试点座谈会暨签字仪式,常务副省长詹夏来出席会议并作重要讲话,财政部金融司金融五处处长阚晓西应邀出席会议。

12月23—24日 省财政厅副厅长左俊参加全国财政金融工作会议,并就本省政策性农业保险试点工作情况作经验交流。

12月29日 本省四个全国示范项目之一的池州市主城区污水处理及市政排水设施PPP项目正式签约,该项目将污水处理厂和排水管网项目整合,正式开启“厂网打包”PPP项目的“池州模式”。

12月31日 本省全年累计获批外国政府项目11个,贷款金额1.87亿美元,较上年增长33.6%,主要集中在公共卫生、职业教育、生态保护、公安消防等民生领域。

(厅金融处供稿 李红波)

国际金融组织及国家开发银行贷款管理工作大事记

3月24日 财政部国际司与省财政厅签订关于实施全球环境基金赠款“加强安徽省湿地保护地体系管理有效性项目”的《转赠协议》,赠款总额265万美元。

3月24—26日 为确保世行贷款黄山新农村建设示范项目的顺利实施,国际债务管理处与黄山市项目办联合召开项目启动会,并在会上进行提款报账业务培训。

5月13日 为尽快启动全球环境基金赠款加强安徽省湿地保护地体系管理有效性项目,国际债务管理处和省林业厅在池州升金湖管理局联合召开项目启动会,研究布置下一阶段工作。

6月23—24日 为提高亚行贷款巢湖流域水环境综合治理项目的财务管理水平,国际债务管理处与省巢湖管理局在巢湖市联合召开项目财务管理培训班。

6月25日 省政府与财政部签订“世行贷款黄山新农村建设示范项目”的《转贷协议》,协议利用世行贷款1亿美元。

9月17日 联合国粮农组织、省财政厅和黄山管委会共同签订了全球环境基金赠款黄山地区生物多样性保护与可持续利用项目执行与实施协议,该项目由全球环境基金提供赠款272万美元,是我国以风景名胜区为实施主体的首例国际生物多样性保护合作项目。

10月17日 财政部与安徽省人民政府签订亚行贷款安徽省综合交通基础设施项目的《转贷协议》,协议利用亚行贷款2亿美元。

11月7日 按照厅党组关于《“单位包村、干部包户”定点帮扶工作实施方案》,国际债务管理处作为活动第四小组牵头处室,组织、召集相关处室同志,赴颍东区开展走访对接活动。

11月25日 国际债务管理处召开安徽省综合交通基础设施项目启动会,部署省财政厅与项目市、县签署项目《转贷协议》,贯彻落实项目财务管理有关制度和办法，培训项目提款报账和会计核算业务,对下一步工作进行安排。

12月4日 为实施好亚行贷款安徽淮南城市水系综合治理项目，国际债务管理处与淮南市发改委联合召开项目培训及工作座谈会，进一步明确项目提款报账和会计核算的流程和要求，布置下一阶段工作。

12月31日 国际债务处累计提取世行、亚行贷款资金1.63亿美元。

12月31日 国际债务管理处归还财政部到期债务折合人民币4.52亿元,向项目市县和单位回收债务折合人民币4.39亿元。

(厅国际债务处供稿)

农村财政管理工作大事记

3—5月 省财政厅会同省农委开展清理核实农村集体资金资产资源工作，本次清理共涉及全省20个农村综合改革示范试点县（区)、344个乡镇、4258个行政村,清查面达100%。其中:货币资金16.92亿元、各类资产82.83亿元、各类资源面积3040.62万亩、债权10.81亿元、债务27.15亿元。

4月 省财政厅在金寨县试点探索乡镇包村干部监管涉农资金新机制,创新涉农资金“就地就近”监管新模式。截至当年底,此项工作覆盖至全省16个市,涉及43个县(市、区)开展试点或整体推进。

6月下旬—7月中旬 省财政厅组织部分市、县(区)人员,分成6个考评小组,对申报的27个创建乡镇财政规范化管理示范县进行考评验收。22个县(市、区)获得省财政厅通报表彰和经费奖励。

10—12月 省财政厅落实省委第四巡视组巡视南谯区后的建议,组织开展涉农资金专项检查,全省各级检查县乡面达100%，深入3993个行政村，走访24894户农户，查纠各种违规违纪事件107件,追缴资金163.1万元。

(厅农村局供稿 周健)

会计管理工作大事记

2月23—25日 安徽省会计专业高级技术职务评审委员会召开评审会议,经评议和投票表决,赵□等252人获高级会计师任职资格。

3月15日 召开安徽省会计学会八届一次常务理事会议,完成换届工作。

3月26日 印发《安徽省财政厅关于做好行政事业单位内部控制规范实施工作的通知》(财会〔2014〕320号),建立工作机制,制定工作流程,加强部门、处室会商,统筹推进全省行政事业单位内部控制规范实施。

3月26日 印发《安徽省财政厅关于印发《〈安徽省会计人员继续教育实施办法的通知〉》(财会〔2014〕318号)。

4月1日 安徽省合肥市会计从业资格无纸化考试网上报名开始，标志本省完成会计从业资格考试常态化改革。全省设立16个市级考点和1个县级考点，全年报名缴费人数达到29.6万人次。

4月2日 召开全省2014年度会计从业资格常态化考试工作会议,布置2014年会计管理重点工作及会计从业资格无纸化常态化考试考务工作。

4月3日 举办《高等学校会计制度》《中小学校会计制度》《科学事业单位会计制度》《彩票机构会计制度》等新行业事业单位会计制度培训班。各市财政局会计管理机构、省直各高校100人参加培训。

4月11日 印发《安徽省财政厅关于做好2014年度全省大中型企事业单位总会计师素质提升工程的通知》(财会〔2014〕379号),分两类三批,组织省市大中型企业和事业单位总会计师或会计骨干人才共240人参加培训。

4月15日 印发《安徽省财政厅转发财政部关于开展2014年全国会计领军(后备)人才(企业类)选拔培训的通知》(财会〔2014〕402号)。

4月15日 印发《安徽省财政厅转发财政部关于开展2014年全国会计领军(后备)人才(行政事业类)选拔培训的通知》(财会〔2014〕404号)。

4月28日　印发《安徽省财政厅、安徽省国资委关于做好2014年度企业会计准则通用分类标准实施工作的通知》(财会〔2014〕438号),扩大通用分类标准(XBRL)实施范围,实施XBRL试点企业增至7家。

3—5月　全省257家会计师事务所和569家代理记账机构进行业务报备。

6月30日　联合省国资委召开企业会计准则通用分类标准(XBRL)实施工作座谈会,组织XBRL现场校验。试点企业的XBRL扩展分类标准和实例文档均顺利通过财政部验收。

7月31日　印发《安徽省财政厅关于进一步落实财政部委托会计师事务所审计招标规范的通知》(财会〔2014〕1059号)。

8月11日　转发《财政部关于开展行政事业单位内部控制知识竞赛活动的通知》(财会〔2014〕1131号)。

8月24日　全省第二批会计领军人才培训班结业。

9月15日　印发《安徽省财政厅关于2014年度全省高级会计人员继续教育培训的通知》(财会〔2014〕1381号),采取网上培训方式举办全省正高级会计师资格、副高级会计师资格人员继续教育培训。

9月16日　全省会计专业技术资格考试考务工作会议在合肥召开。

9月20—24日　全国会计专业技术资格初级无纸化考试安徽考区考试举行,全省报名考生7.36万人。

10月11日　印发《安徽省财政厅 安徽省人力资源和社会保障厅关于继续开展正高级会计师专业技术资格评审试点工作的通知》(财会〔2014〕1472号),将评审对象扩大为在全省范围内各企事业单位(含中央驻皖机构)从事会计工作的专业技术人员。

10月25—26日　全国会计专业中(高)级技术资格考试安徽考区有纸化考试举行,全省报名考生2.79万人,其中:中级2.66万人、高级1321人。

10月26日　全省会计领军后备人才企业类(含学术类)培训班第三次研修班结业。

11月23日　全省会计领军后备人才行政事业类(含注册会计师类)第三期研修班结业。

12月25日　印发《安徽省财政厅关于加强事业单位货币资金管理的通知》(财会〔2014〕2311号)。督导各地建立健全相关管理制度、加强内控规范、严格落实管理责任。

12月31日　采取备案方式,遴选8家网络培训机构进入本省会计人员继续教育培训市场。

(厅会计处供稿)

行政事业单位国有资产管理工作大事记

1月16日　省财政厅资产处党支部一行赴怀远县鲍集镇王圩村开展结对共建活动,走访慰问困难群众和党员,座谈谋划2014年结对共建重点工作。

2月13日　省财政厅资产处按照领导批示要求,启动对《安徽省行政事业单位国有资产管理暂行办法》(省政府第214号令)的修订工作。

3月5日　省财政厅资产处会同监督局、资产管理中心,联合组织召开省级行政事业单位资产出租核查整改工作布置会,通报对220家省直单位资产出租核查的基本情况、存在问题及下一步的整改工作意见,并传达厅领导对资产出租核查整改工作的具体要求。

3月12日　省财政厅资产处党支部一行赴怀远县鲍集镇王圩村开展结对共建活动,实地察看结对帮扶项目实施情况。

3月14日　省财政厅资产处一行,赴合肥市财政局调研行政事业单位国有资产管理具体做法,主要了解资产管理信息系统实施和公物仓建设等情况。

3月30日　省财政厅召开厅长办公会议,研究省直行政单位资产出租存在问题的整改工作,明确整改工作要把握突出规范、突出重点、突出稳定、突出责任四个原则。

4月22日　省财政厅会同省监察厅、省审计厅联合印发《关于进一步规范省级行政事业单位国有资产使用管理的通知》(财资〔2014〕430号),

全面清理整改省直单位国有资产使用管理中存在的不规范行为。

4月30日　省财政厅召开专题办公会议，研究经省政府同意，省财政厅会同省监察厅、省审计厅联合印发《关于进一步规范省级行政事业单位国有资产使用管理的通知》(财资〔2014〕430号)的贯彻落实工作。

6月10日　省财政厅资产处赴广德县财政局开展财政帮联工作，督查财政支出进度、财政改革、预算信息公开、涉企系统建设等重点工作进展情况。

6月18日　省财政厅召开厅长办公会议，研究省直单位资产管理工作，通报省级行政事业单位资产使用管理专项清查整改工作情况，对下一步省直单位资产管理工作进行部署。

6月29日　省财政厅副厅长陈军率资产处负责同志一行，赴怀远县鲍集镇王圩村走访慰问党员干部群众代表，看望鲍集镇财政所干部职工，详细了解财政民生政策落实情况及基层财政管理工作。

7月3日　省财政厅印发《关于开展事业单位及事业单位所办企业国有资产产权登记工作的通知》(财资〔2014〕890号)，布置市县财政部门全面开展事业单位及其所办企业国有资产产权登记工作。

7月8日　省财政厅资产处邀请省监察厅、省审计厅相关处室负责人召开工作会商会，通报省直行政单位资产使用管理专项清查整改工作开展情况，并对拟上报省政府的汇总报告进行讨论修改。

7月14日　省财政厅厅长罗建国、副厅长陈军走访资产处，对进一步加强行政事业单位国有资产管理工作提出要求。

8月1日　省财政厅印发通知，要求省直有关单位认真落实资产管理主体责任，对资产管理工作中存在的具备立行立改条件的问题，要按规定时间完成整改。

8月28日　省财政厅资产处会同省政府法制办，召开《安徽省行政事业单位国有资产管理暂行办法》修订草案调研座谈会暨协调会，进一步征求有关部门和专家学者的意见。

9月28日　省财政厅印发《关于开展省级事业单位及事业单位所办企业国有资产产权登记工作的通知》(财资〔2014〕1469号)，布置省级事业单位及其所办企业国有资产产权登记工作。

10月17日　常务副省长詹夏来对省直单位国有资产专项清查整改作出重要批示："这项工作关乎国有资产安全和使用绩效，也关乎廉政建设。财政厅会同监察厅、审计厅主动作为，抓得很好，成效明显。望继续努力，切实抓紧抓好。"

10月24日　省财政厅资产处召开全省资产管理信息系统应用暨事业单位及其所办企业国有资产产权登记业务培训班，集中讲解资产管理信息系统应用和事业单位及其所办企业国有资产产权登记业务知识。同时，套开各市及省直管县行政事业资产管理科长座谈会，交流各地工作经验，研究布置推进行政事业资产管理工作。

11月27日　省财政厅资产处主要负责同志参加财政部举办的2014年地方行政事业单位资产报表编报工作培训会。

12月30日　省财政厅资产处党支部一行赴怀远县鲍集镇王圩村开展结对共建活动，实地察看帮扶项目实施情况，看望慰问鲍集镇财政所干部职工。

(厅资产处供稿)

国有资本经营预算管理工作大事记

1月15日　省财政厅下发通知，启动2013年全省国有资本经营决算编制工作。

2月13日　中共安徽省财政厅直属机关委员会批复同意成立国有资本经营预算处党支部。

2月21日　省财政厅专程赴省建工集团调研走访，就国有资本经营预算支持国有企业深化改革、推进省属企业改制重组进行专题调研。

2月26日　经省十二届人大三次会议审查批准，省财政厅批复2014年省级国有资本经营预算。

3月26日　财政部通报表扬安徽省财政厅2014年地方国有资本经营预算编报工作。

4月24—25日　省财政厅会同省国资委赴淮

北矿业集团、淮海实业集团、皖北煤电集团等省属企业开展专题调研。

5月4日　省财政厅、省国资委印发《关于开展2011—2012年省级国有资本经营预算支出项目绩效评价工作的通知》，明确绩效评价的对象、内容、程序及方法，为研究改进国有资本经营预算制度以及以后年度安排预算资金提供重要参考。

5月8日　省财政厅对全省国有资本经营预(决)算编报工作进行通报。

5月20日　省财政厅开展省属企业基本情况摸底调查，全面掌握省属国有企业的股权结构、资产、利润等状况。

5月27日　省财政厅印发《安徽省省级国有资本经营预算支出项目评审管理暂行办法》，明确国有资本经营预算支出项目申报范围、评审程序及工作要求。

6月9日　副省长杨振超在省财政厅报送的《关于推进省建工集团改制上市有关工作情况的汇报》作出重要批示，肯定所提建议。

7月18日　省财政厅开始组织收缴2014年省级国有资本经营预算收入。

8月7日　省财政厅将修订完善后的《安徽省省属企业国有资本收益收取管理办法》报请省政府审查。

9月10日　省财政厅印发《关于编制2015年省级国有资本经营预算编制的通知》，明确2015年国有资本经营预算编制的内容、程序及要求。

9月15日　省财政厅拨付2013年省级国有资本经营预算支出项目资金7.2亿元，支持省属企业改革与发展。

10月20—21日　省财政厅会同省国资委召开2015年省属企业国有资本经营预算支出项目评审会。

11月7日　省长王学军主持召开第37次省政府常务会，听取并原则同意《安徽省省属企业国有资本收益收取管理办法(送审稿)》，要求进一步加强省属企业国有资本收益管理，确保省属企业国有资本收益收取实现全覆盖，2014年省属企业国有资本收益上交比例统一提高到15%，并逐年提高上交公共财政比例，确保2020年提到30%。

11月13日　省财政厅印发《关于做好2015年国有资本经营预算编报工作的通知》。

11月23日　省政府办公厅印发《安徽省省属企业国有资本收益收取管理办法》(皖政办〔2014〕34号)，进一步扩大省级国有资本经营预算实施范围，提高国有资本收益上交比例，建立覆盖全部省属国有企业的国有资本经营预算制度。

12月19日　省财政厅向财政部报送2015年全省国有资本经营预算草案。

(厅国有资本经营预算处供稿　谢勇)

财政监督检查工作大事记

1月8—9日　财政部监督检查局在合肥召开会计监督工作座谈会，专题调研2014年地方会计监督工作思路、重点内容和方式方法。

2月25—27日　举办全省财政监督综合业务培训班，全省各市、县(区)财政监督机构负责人及业务骨干参训。

3月10—24日　对宿州市本级、埇桥区、灵璧县、萧县及省民政厅涉农资金领域预防职务犯罪专项行动的开展情况进行督查。

3月19日　将省级拟检查的30户行政企事业单位相关信息及检查内容公示于省财政厅门户网站。

4月15日　赴宿州市开展预算信息公开工作帮联。

4—7月　组织开展皖北地区村级活动场所建设经费和省级以上开发区(园区)、产业集群专业镇党群活动服务中心建设经费专项监督检查，深入16个市、56个县(市、区)、127个乡镇(开发区、园区)、183个村，涉及省级资金3530万元。

4—8月　对30户行政企事业单位开展会计信息质量检查。

4—12月　开展对财政厅企业处、办公室等10个处长的离任审计工作以及采购中心、农发局等4个厅属单位的内部监督工作。

5月6日　赴宿松县北浴乡迎宾村开展结对共建走访调研活动。

5月14日　发布安徽省财政厅2013年会计监督检查公告。

5月20日　赴绩溪县临溪镇孔灵村，开展结对共建走访调研活动。

5—6月　配合厅综合处对32个省直单位2010-2013年度一次性奖励发放情况开展检查。

5—7月　对全省2013年16个市的农村饮水安全工程资金开展交叉互查,涉及项目资金19.01亿元,规模水厂(点)938处。

6月9—11日　赴宿州市开展财政帮联工作督查。

6月19日　将省级拟检查的50户会计师事务所相关信息及检查内容公示于省财政厅门户网站。

7月2—4日　赴宿松县北浴乡迎宾村和绩溪县临溪镇孔灵村,开展结对共建走访调研活动。

7月24日　财政部监督检查局在上海召开医药行业联动检查座谈会,部进兴专员对本省前期工作成效给予肯定。

8月6日　省财政厅厅长罗建国走访厅监督局,召开财政监督专题工作会议,研究谋划财政监督工作,专项研究部署落实贯彻执行中央八项规定严肃财经纪律和“小金库”专项治理工作。

8月14日　联合审计厅召开省直单位严肃财经纪律和“小金库”专项治理工作动员部署会。

8月26—27日　赴宿州市开展财政帮联工作督查。

8—9月　对50户会计师事务所开展职业质量检查。

8—10月　组织开展“深入开展贯彻执行中央八项规定 严肃财经纪律和‘小金库’专项治理”工作。组织全省23961家单位完成自查自纠,组织全省财政监督419人次对2200家单位开展重点检查。

9月22日　省财政厅厅长罗建国对监督检查局2014年检查工作作出重要批示,对2014年监督检查工作予以肯定,对下一步工作提出要求。

10月31日　召开支部党员大会,完成支部换届选举,对下一步开展好支部党建工作作出部署。

11月5—14日　组织开展皖北三市四县7个现代产业园区发展专项资金监督检查。

12月3日　省财政厅副厅长孟照红走访监督检查局,调研指导财政监督工作。

(厅监督检查局供稿　周游)

政府采购管理工作大事记

1月2日　出台《安徽省政府采购供应商注册管理暂行办法》,初步实现在本省任何一地注册入库的供应商,其供应商资格和注册登记信息在全省范围内有效,并实现共享。

3月10日　印发《安徽省财政厅关于做好政府向社会力量购买服务中政府采购工作的通知》。明确购买服务政府采购当事人、采购范围、采购方式以及规范购买服务采购程序。

4月8日　召开安徽省加入GPA谈判工作联席会议,会议确定由省经信委、省发改委、省商务厅、省国资委、省财政厅牵头,成立货物、工程、服务、企业、综合等5个研究工作小组。

4月　会同安徽省加入GPA谈判工作联席会议成员单位向GPA中部地区联络组提交了报经省政府同意的“2014年安徽省加入GPA谈判出价清单”。

5月29日　省财政厅厅长罗建国主持召开政府采购工作专题会议,研究和部署省级政府采购工作。

7月30日,印发《关于规范省级分散采购管理工作的通知》,对分散采购范围、组织实施、资金支付等作出细化规定。

8月18日　经省政府授权,印发《安徽省省级2015—2016年政府集中采购目录及限额标准》,将物业管理、法律服务、互联网信息服务、合同能源管理等购买服务项目纳入政府集中采购目录。

9月18日　省财政厅党组召开扩大会议,专题研究并通过政府采购处牵头制定的省财政厅《贯彻落实规范全省公共资源交易集中推进行动实施工作方案》,启动省本级政府采购业务委托安徽合肥公共资源交易中心办理工作。

10月21日　会同合肥市召开了贯彻落实规范全省公共资源交易集中推进行动专题工作会议,省直部门单位分管财务领导和财务负责同志参会,部署、指导省级预算单位做好业务委托准备工作。

10月31日　印发《关于委托公共资源交易中

心办理省本级政府集中采购业务的通知》(财购〔2014〕1686号),明确业务委托实施范围、基本原则、时间要求、工作程序等。

12月10日　政府采购处通过政府采购电子化系统正式向安徽合肥交易中心下达采购任务,实现省本级政府采购委托工作试运行,省本级政府集中采购业务委托工作取得阶段性成效。

12月中旬　国家提交加入GPA第六份出价清单,并首次将安徽省列入出价范围。

12月31日　全省政府采购合同金额达666.4亿元,其中,省本级实现政府采购合同金额52.9亿元。

(厅采购处供稿　侯洪玮)

农村综合改革工作大事记

1月9日　省财政厅、省农村综合改革领导小组办公室联合下发《关于做好2014年村级公益事业建设一事一议财政奖补工作的通知》(财农改办〔2014〕28号),对全年工作进行部署,同时,进一步调整完善2014年一事一议财政奖补政策,提高特惠制财政奖补资金比例,对一事一议财政奖补工作实施面不作统一要求等。

6月9—11日　国务院综改办派出检查组,对本省农村综合改革示范试点工作进行实地抽查。检查组认真听取本省农村综合改革示范试点工作情况汇报,并深入凤台县和庐江县,通过听取汇报、召开座谈会、查看项目现场、查阅档案资料、走访农户等形式,开展实地抽查,检查组对本省农村综合改革示范试点工作取得的成效给予肯定。

7月10日　省农村综合改革领导小组办公室下发《关于进一步做好农村为民服务全程代理制工作的通知》(综改办〔2014〕4号),要求各地将农村为民服务全程代理制作为深化农村综合改革的重要内容之一,作为党的群众路线教育实践活动的重要抓手,进一步提高思想认识、丰富服务内容、健全工作制度、提高服务水平,把这项关系广大农民群众切身利益的好事办好。

7月19日　省农村综合改革领导小组办公室主任、厅党组书记、厅长罗建国赴定远县调研农村综合改革工作,实地调研连江镇三甲阜塘改造项目建设,深入二龙回族乡中汤村查看一事一议财政奖补项目、了解土地确权试点情况,并走访二龙回族乡财政所,了解县乡财政管理情况,看望乡镇财政干部,召开座谈会。

8月1日　省财政厅会同省监察厅、省农委、省审计厅联合下发《关于进一步加强村级财务监督管理工作的意见》(财农改办〔2014〕1001号),进一步明确各级各部门的职责和任务,对村级财务会计监督和审计监督作出具体规定,提出明确要求。

8月25日　省农村综合改革领导小组办公室下发《安徽省村级公益事业建设一事一议财政奖补工作规程的通知》(综改办〔2014〕6号),对一事一议财政奖补范围、群众民主议事程序、项目管理、资金管理、档案管理以及绩效评价等进一步进行规范和明确,进一步明确各级各部门的职责和工作流程,促进一事一议财政奖补工作的规范化、制度化。

8月28日　省财政厅下发《安徽省农村综合改革转移支付资金管理暂行办法》(财农改办〔2014〕1257号),对农村综合改革转移支付资金的管理和使用、安排和下达以及绩效考评等作出明确规定。

12月8日　财政部、发展改革委、住房城乡建设部联合下发《关于开展建制镇示范试点工作的通知》,明确从2014年起开展建制镇示范试点工作,本省列入建制镇示范试点省范围,并要求本省采取竞争立项选择4个镇围绕探索城乡一体化体制机制、完善公共服务供给机制、优化产业发展环境等方面开展建制镇示范试点工作。

12月9—11日　全国农村综合改革政策培训在山东省威海市举行。培训班从农村综合改革及财政支农政策、当前农村综合改革面临的形势和任务、深化财税体制改革、新型城镇化背景下的小城镇发展等方面有关政策进行讲解。各省(自治区、直辖市、计划单列市)农村综合改革办公室、财政厅(局)相关负责同志以及国务院农村综合改革工作小组办公室、财政部农业司等相关人员出席会议。

(厅综改处供稿)

民生工程实施工作大事记

1月10日　省委书记张宝顺主持召开省委常委会,研究安排本省2014年民生工程项目。会议强调,全省各级各部门要进一步重视和加强民生工程建设,突出保障基本、雪中送炭,真正使各项民生工程不折不扣落到实处,成为群众满意的民心工程。

1月10日　"新农合大病保险试点启动,民生工程探索建后管养新机制"入选2013年度安徽"十大新闻"。

1月20日　常务副省长詹夏来在省政协《关于推进民生工程建设的主要意见和建议》上作出批示:"省政协就推进民生工程建设组织调研并召开专题座谈会,这是对民生工程建设的有力支持。所提八个方面二十条建议,请财政厅逐项研究,能吸纳的要认真吸纳;难以吸纳的,要向提出意见和建议的委员当面作出说明。"

1月26日　省政府印发《安徽省人民政府关于2014年实施33项民生工程的通知》(皖政〔2014〕1号),明确2014年33项民生工程实施政策。通知要求,一要突出保障基本民生,二要推行项目分类管理,三要明晰民生事权责任,四要强化民生资金保障,五要推行政府购买服务,六要健全绩效评价体系。

1月29日　省民生办印发《2014年33项民生工程实施办法的通知》(民生办〔2014〕1号),对每项民生工程的实施内容、标准、资金来源做出明确规定,指导各级各部门开展工作。

2月11日　常务副省长詹夏来在《方志恒委员的发言——大力提升民生工程实施成效》上作出批示:"请财政厅认真研究、吸纳。"

2月14日　常务副省长詹夏来在人大代表徐秀莲《关于政府工作报告的审议发言提纲》上作出批示:"请财政厅就这些年来实施的民生工程组织一次第三方评价,在此基础上完善举措,提高实效,使民生工程真正成为民心工程、德政工程。"

2月21日　省民生办向全省57位民生工程特邀监督员寄送2014年33项民生工程实施办法,同时寄送《致民生工程特邀监督员的一封信》,感谢各位监督员一直以来对我省民生工程的关心和支持,并向各位监督员报告2013年全省33项民生工程实施情况以及2014年工作安排。

2月28日　在财政系统省、市、县、乡四级视频会上,省财政厅副厅长陈军专题部署2014年全省民生工程实施工作。

3月8日　全国人大代表、厅党组书记、厅长罗建国做客人民网,围绕"话财政发展,说财政改革"进行在线访谈。罗建国表示,2014年将坚持财政保障民生的制度改革,按照保基本、补短板、兜底线、可持续、全覆盖、多层次相衔接,来推进安徽的民生事业。

3月8日　省民生办印发《关于报送2014年民生工程进展情况的通知》(民生办〔2014〕4号),按照工程类和补助类项目分类,在报表中设定开工率、完工率、投资完成率、补助人数及补助金额等指标,按月统计民生工程项目进展情况。

5月21日　省财政厅厅长罗建国到厅民生办走访调研座谈,对进一步做好财政民生工作提出要求。

5月29—30日　省民生办联合省财政厅干部教育中心,在合肥举办全省财政民生工程管理人员政策培训班。

6月19日　厅党组书记、厅长罗建国主持召开民生工程工作专题会议,对进一步做好民生工程工作提出要求。

6月24日　省财政厅出台《民生工程建后管养政府购买服务办法》,围绕"突出重点、稳妥实施,明确事权、多元投入,市场为主、社会参与,公开透明、流程规范,加强监管、公开信息"原则,加大民生工程建后管养政府购买服务力度。

6月30日　省财政厅印发《关于建立民生工程建后管养投入长效机制的指导意见》,围绕激发市场活力,扩大群众参与,从总体目标、适用范围、基本原则、投入方式、保障措施五个方面作出了明确规定。

7月30日　省民生办对各市县上报的111份民生工程实施管理经验,进行认真梳理、提炼和编辑,形成6大类包括建后管养、购买服务、多元投入、群众参与、市场化运行和创新管理等共32篇典型案例,汇编成册印发部门、市县交流学习。

7月29—31日　省政协副主席、省工商联主席李卫华率队巡视宿州、蚌埠市民生工程实施情况。

8月1日　省财政厅召开全省民生工程推进会,贯彻落实民生工程专题会议精神,通报上半年民生工程进展情况,总结交流经验做法,部署下半年民生工程实施工作。

8月4—7日　省政协副主席李修松率巡视组赴芜湖、合肥市巡视民生工程。

8月13日　省民生办印发《关于印发24项民生工程建后管养办法的通知》(民生办〔2014〕9号),会同省直有关部门,新制定了保障性安居工程、小农水改造提升工程、农家书屋、中小学校舍安全工程、乡镇综合文化站5个项目建后管养办法,完善农村五保供养及敬老院建设、保障性安居工程等19个项目建后管养办法。

9月17日　省财政厅党组书记、厅长罗建国率副厅级纪检员、监察专员李朝友,厅民生办、预算处、教科文处、经济建设处、农业处、社会保障处、企业处的负责同志,在省人民广播电台《政风行风热线》栏目进行现场直播。各市县(区)财政局组织收听全场直播。

10月20—30日　省人大常委会副主任沈卫国率队视察池州、滁州市民生工程实施情况。

11月10日　省长王学军主持召开专题会议,听取省33项民生工程进展情况,研究谋划明年工作安排。省长王学军强调,各级各部门要站在政治和全局的高度,充分认识抓好民生工程的重大意义,带着责任、带着感情做好这项工作,把中央对民生工作的要求落到实处,把党和政府的温暖送到群众心坎上。常务副省长詹夏来,省政府秘书长邵国荷出席会议。

11月10日　省财政厅厅长罗建国主持召开厅长办公会议,传达学习王学军省长在省政府民生工程建设专题会上的重要讲话和詹夏来常务副省长对工作的具体安排。

11月12日　省民生办印发《关于开展民生工程"回头看"的通知》,按照王学军省长在省民生工程建设专题会议上的讲话要求,年内对各项工程的实施情况开展一次全面"回头看"。

11月12日　省民生办印发《关于1—10月份全省民生工程进展情况的通报》(民生办〔2014〕14号),对部分民生工程进度较快及较慢的市(县)进行通报,要求各地对照年初目标任务开展一次全面的"回头看",已经完成的要抓好验收,尚未完成的要加强督导,确保每一项工程都能实现预期目标。

11月19—25日　省民生办面向社会开展2015年民生工程项目公开征集活动,在《安徽日报》全文刊载调查问卷,在安徽省财政厅网站及"安徽民生工程"专题网页设有问卷调查专栏,累计收集民生工程意见建议1893条。

11月26日　省财政厅副厅长孟照红赴省人大专题汇报2015年民生工程项目安排情况。省人大常委会副主任沈卫国和财经委、预算工委领导听取汇报。

11月28日　省财政厅副厅长陈军赴省政协专题汇报2015年民生工程项目安排有关情况。省政协经济委领导和部分省民生工程特邀监督员、省政协委员听取汇报。

12月4日　省民生办印发《全省民生工程信息全程网上公示制度的通知》(民生办〔2014〕16号),部署全省民生工程信息网上公示工作。

12月4日　省民生办针对项目进展较慢、工作推进力度不够等问题,对三个市进行约谈,督促其加快实施进度,确保按时按质完成年度目标任务。

12月11—15日　省政府组成3个督查组,赴亳州、宿州、蚌埠、六安、宣城、黄山等6市实地督查高校、中职和普通高中家庭经济困难学生资助以及农村饮水安全工程两项民生工程实施情况。

(厅民生办供稿)

财政人事教育管理工作大事记

1月10日　举办新进人员培训班,23名新录(聘)用人员和5名新安置的军转干部参加培训。

1—5月　组织全厅148名处级干部完成2013年领导干部个人有关事项的申报,完成信息录入和部分人员个人报告事项的抽查核实工作。

2月27日　制订印发2014年省财政干部教育培训计划。

3—6月　制订厅级干部和处级干部学习贯彻习近平总书记系列讲话和党的十八届三中全会精神专题轮训方案,并认真做好组织服务工作。全厅

13名厅级干部和123名处级干部全部参加省委组织部和省直工委在省委党校、省直党校和省行政学院举办的集中轮训。

3月11—15日 参加全国财政系统人事教育统计报表汇总及分析工作，省财政厅被评为2014年全国财政系统人事教育统计工作优秀单位。

3月14日 印发《安徽省财政厅科以下干部学习习近平总书记系列讲话和党的十八届三中全会精神培训方案》，并通过在厅内网开设交流论坛、举办学习征文、安排专题讲座等多种形式开展培训工作。

4月9日 印发《安徽省财政厅关于进一步健全厅领导联系处室单位制度》。

5月13日 省财政厅厅长罗建国到人教处、干教中心看望慰问干部，召开座谈会，与干部交流思想、研究工作，并对人教工作提出明确要求。

5月 建立省财政厅处室单位工作计划及其完成情况月报制度。

6月 完成按职数配备干部专项检查工作以及中组部抽查接待工作。

7月 完成事业单位岗位设置聘后管理工作调研并形成调研报告。

8月21日 制定印发《安徽省财政厅关于加强出国(境)证件管理领用办法》。

8月25日 制定印发《安徽省财政厅关于进一步做好职工带薪年休假工作的通知》，全年全厅共289人休假473人次，休假率为61%。

8月28日 制定印发《安徽省财政厅关于建立人事教育部门走访处室单位制度的通知》。

8月 完成“省财政厅纪念建军87周年座谈会”的相关服务工作。

9月24日 制定印发《安徽省财政厅主任科员以下干部内部挂职锻炼暂行办法》、《安徽省财政厅干部交流暂行办法》、《安徽省财政厅副主任科员、主任科员职务晋升管理暂行办法》。

9月 按照省委组织部、省人社厅、省公务员局统一安排，完成8名新招录公务员的录用工作。

10月 完成全省财政干部队伍状况研究调研报告。

10月14日 省委常委、组织部长邓向阳作出重要批示，充分肯定省财政厅选派工作。

10月31日 通过厅门户网站向社会正式公布省财政厅权力清单。

11月 组织全厅干部参加预算法律法规知识测试。

12月31日 积极做好省财政厅领导干部在企业和社会组织兼任领导职务登记清理工作。

(厅人教处供稿 孟平)

财政机关党建工作大事记

1月 省直机关工委印发《关于表彰“机关党建创新品牌”的通报》(直工〔2014〕2号)，财政厅《“1+1”模式双向延伸结对共建》荣获“机关党建十大创新品牌”。

3月7—9日 第五届合肥地区党政机关“富光杯”乒乓球赛在合肥市总工会举办。财政厅资产处周远、经建处高剑、采购中心姚继斌、注协张谦组队参赛，夺得团体第一名。

3月11日 机关党委党支部赴泾县茂林镇溪口村开展结对共建活动，实地了解村容村貌和帮扶项目效益，参加植树造林活动。

4月23日 参加省直机关“书香安徽阅读季”启动仪式暨第五届“省直机关读书月”游园活动，省财政厅荣获省直机关“十佳书香机关”称号。

4月30日 组队参加省直机关第五届“读书月”的“与改革同行”读书演讲比赛，牛劲获优秀奖。

4—6月 省财政厅208名干部职工参加省直机关第七届运动会17个大项、116个小项的比赛，并取得团体总分第10名，荣获团体三等奖、优秀组织奖、全民健身工作先进单位和支持单位四个奖项。

5月8日 省财政厅召开财政青年干部座谈会。

5月27日 省财政厅召开精神文明建设领导小组会议。

8月5日 省财政厅纪检组长刘浩带领机关党委赴泾县财政局了解教育实践活动的学习教育、征求意见、查摆问题等环节落实情况，并到茂林镇溪口村开展结对共建活动。

8月15日 印发《中共安徽省财政厅直属机关党委关于建立厅机关党委走访党支部制度的通知》。

10月22日 省财政厅召开机关党建工作专题会议。

10月 组织干部职工参加全国“扶贫日”捐款活动，共捐款90147元，同时认领吴寨村3个扶贫项目。

10月 组织对办公室等37个党支部进行换届选举。

11月3日 牵头印发《“单位包村、干部包户”定点帮扶工作实施方案》，组织开展省财政厅“单位包村、干部包户”定点帮扶工作。

11月26日 省直机关工委下发《关于朱长才等同志职务任免的通知》（直工组〔2014〕78号），省财政厅党组成员、副厅长朱长才同志任财政厅直属机关党委书记。

12月 组织参加省直机关第七届运动会摄影大赛，财政厅邓建成、刘兴2人作品《搏》《球星范》荣获省直机关第七届运动会摄影大赛优秀奖。

12月26日 牵头印发《中共安徽省财政厅党组关于进一步加强机关党建工作的意见》。

（厅机关党委供稿）

农业综合开发工作大事记

4月22日 财政厅印发《关于进一步完善美好乡村建设财政专项资金报账办法的通知》（财发〔2014〕459号）。

5月5—6日 全国农业综合开发工作会议在合肥召开，财政部副部长胡静林、副省长梁卫国、省财政厅厅长罗建国、省财政厅副厅长左俊参加会议。与会代表参观庐江郭河现代农业综合开发示范区，本省在大会上做《放大农发效应 支持现代农业》的交流发言。

5月19日 省财政厅厅长罗建国参加省美好乡村建设工作领导小组专题会议，专题汇报2014年度省级美好乡村建设专项资金分配方案，并做交流发言。

5月27日 省委书记张宝顺、省委副书记李锦斌、常务副省长詹夏来分别在安徽信息要情专报上刊发的《关于财政支持美好乡村建设的政策建议》批示，充分肯定财政支持美好乡村建设工作。

5月29日 根据省美好乡村建设领导小组会议决定，省美好乡村办、省财政厅联合下文下达10亿元美好乡村建设专项资金。

6月23日 省财政厅厅长罗建国主持召开厅美好乡村建设工作领导小组专题会议，传达省领导批示及省美好乡村建设工作领导小组专题会精神，研究进一步做好财政支持美好乡村建设工作。

6月25—30日 按照民生工程考核工作总体部署，省财政厅委托会计师事务所，对全省16个市及广德县、宿松县美好乡村公共服务体系奖补绩效进行第三方独立评价。

7月2—10日 根据省美好乡村建设工作领导小组办公室部署要求，省财政厅组织8个组，对全省16个市及广德县、宿松县美好乡村建设资金的统筹整合和使用管理情况进行考核验收。

8月1—18日 根据省美好乡村建设工作领导小组办公室部署安排，财政厅负责组成考核验收工作组，对皖西、皖南片5市16县（区）36个中心村建设工作进行现场考核验收。

8月29日 国家农发办印发《国家农业综合开发办公室关于2014年国家农业综合开发现代农业园区试点项目立项备案的通知》（国农办〔2014〕155号），同意怀宁县现代农业园区项目立项备案，本省第二个国家现代农业园区正式启动建设。

10月20日—11月3日 按照“一年三分之一，三年全覆盖”的原则，省财政厅组成7个验收小组，对本省实施的2013年度农业综合开发项目建设情况开展省级验收检查。

10月20日 财政厅印发《关于财政支持美好乡村建设工作评价办法的通知》（财发〔2014〕1643号）。

10月22日 省财政厅副厅长左俊参加省美好乡村建设工作领导小组专题会议，并专题汇报皖西、皖南片美好乡村建设考核验收情况。

10月25日 省财政厅厅长罗建国主持召开厅美好乡村建设工作领导小组专题会议，研究部署财政服务支持美好乡村建设工作。

11月中旬 根据厅党组安排，由省农发局牵头，对省财政厅“双包”扶贫帮扶点颍东区正午镇吴寨村进行调研，确定“双包”扶贫工作方案，编制正午现代农业园区吴寨核心区建设规划和吴寨村社会事业发展规划。

11月24日　省农发局与省担保集团在省担保集团举行财政参股项目管理暨惠农公司移交仪式,签署《委托管理协议》。省财政厅副厅长左俊出席移交仪式。

(省农发局供稿)

非税收入征管工作大事记

1月1日　省级非税收入电子化缴库工作正式运行。

1—2月　开展省直行政事业单位2013年房屋出租收入收缴情况分析工作,查找出78个部门(单位)房屋登记信息与出租收入收缴情况不符、租金偏低、转移产权收益人等问题,并提出进一步强化行政事业单位国有资产管理的建议。

2月18日　印发《安徽省财政厅中国人民银行合肥中心支行关于表彰2013年度省级政府非税收入代理银行获奖单位和先进个人的通报》,对15家银行、55个网点和64位先进个人予以表彰。

2月20日　印发《安徽省财政厅关于表彰2013年度安徽省非税收入收缴执行情况分析工作先进单位的通报》。

2月23—25日　云南省非税局副局长杨若雨一行来本省调研非税征收管理情况。

2月27日　省财政厅厅长罗建国在《省非税局2014年工作要点》和《2014年省非税局工作任务分解表》上批示:“2014年非税收入管理工作要围绕财政工作中心和重点任务,突出改革,加快转型,体现规范,注重服务,搞好衔接,不断提升非税质量和工作管理水平”。

3月4日　印发《关于开展非税管理工作调研的通知》(非税征〔2014〕4号),在全省开展非税收入立法和乡镇非税收入征管改革工作调研。

3月17日　财政部国库司《情况反映》第六期单独刊登省非税局《安徽省国有资源(资产)有偿使用收入管理研究》专题分析报告。

3月17—21日　湖南省非税局副局长李志润一行来本省调研公安交警罚没收入全省数据集中信息交换平台和省本级非税收入电子缴库系统运行情况。

3月30日　印发《2013年非税收入统计手册》。

4月10日　根据厅党组关于加强财政窗口建设的要求,制定《省非税局领导班子成员财政窗口坐班制度》。

4月23日　印发《安徽省非税收入征收管理局关于规范省级非税收入银行月报表和年报表的通知》。

4月—10月　对省旅游局等20家省直单位开展非税执收年度稽查,查处违规资金7000多万元,纠正违规行为10余起。

5月　试行省级财政在省政务中心财政窗口代开票收缴非税收入,全年为16家省属单位提供代开票服务。

6月1日　与5家省级非税收入收缴代理银行续签《安徽省省级政府非税收入收缴委托代理协议书》。

6月4日　会同省公安厅出入境管理局赴湖南考察证照类收入电子化收缴工作。

7—8月　与厅综合处联合开展财政票据专项检查工作,实地检查了10家单位,纠正超范围使用票据,票据核销不及时等违规行为9起。

7月7日　印发《关于开展非税收入征缴模式调研的通知》(非税征〔2014〕7号),形成《关于“一费清”、“一表制”非税收入征缴模式政策评估情况》;开展《进一步深化非税收入管理改革研究》调研,形成调研报告。

7月31日—8月1日　在合肥组织召开全省非税收入征收管理工作座谈会,通报上半年全省非税收入收缴执行情况,交流深化非税收入收缴管理改革工作经验做法,讨论《安徽省政府非税收入管理条例》(征求意见稿)和下一步非税收入管理工作。省财政厅副巡视员、省非税局长李友兰出席会议并讲话。

8月11日　印发《安徽省财政厅关于做好2014年非税收入收缴执行情况统计工作的通知》。

8月28日　印发《安徽省非税收入征收管理局关于清理省级政府非税收入待查资金的通知》,共清理确认待查资金2.8万多笔,金额58.7亿元。

9月17—23日　会同厅干部教育中心在合肥市举办全省非税收入收缴执行情况分析系统操作培训班。全省16个市、76个县(市、区)共110多名财政非税工作人员分两期参加培训。

10月15日　印发《关于报送非税收入项目情况的通知》(财非税函〔2014〕396号),全面核实省直执收单位非税收入项目实际征收情况，进一步规范非税收入项目管理。

11月　非税立法进程取得突破进展。《安徽省政府非税收入管理条例(送审稿)》提交省政府,并提请省人大常委会列入2015年立法计划实施类项目。

11月20日　印发《关于报送2015年地方非税收入预测的通知》。

11月26日　根据财政部《关于推进财政票据电子化改革的方案》(财综〔2012〕104号)和《安徽省财政厅关于加快推进财政票据电子化改革的指导意见》(财综〔2014〕924号),制定印发《安徽省级财政票据电子化改革实施方案》。

11月27日　省非税局联合省交警总队、合肥市交警支队组成三个检查组,对15家省级非税收入代理银行营业网点交通违章罚款代收情况进行明察暗访。

12月1日　完成非税系统与安徽省资产拍租系统对接工作，实现对省直单位资产收入的全流程管理。

12月2日　印发《安徽省省级政府非税收入监督检查工作规程》(财非税〔2014〕2019号),进一步完善非税收入监督检查制度,规范检查程序,强化检查手段。

12月2日　完成非税系统与财政管理一体化平台对接工作,厅国库处、相关业务处室可通过一体化平台及时按照统一编码查询各单位非税收入明细数据、对照安排预算支出。

12月4日　省非税局在合肥召开全省非税收入收缴执行情况分析会。省财政厅副巡视员、省非税局局长李友兰出席会议并讲话。

12月9日　下发《安徽省非税收入征收管理局关于开展非税收入银行代收工作检查的通知》,开展全省非税收入银行代收工作检查。

12月8—10日　赴淮南、池州、合肥市开展市县非税收入电子化缴库工作调研。

12月17日　召开全省非税收入管理信息系统维护费评审会。

12月31日　全省非税收入累计完成2942.7亿元,为年预算的117.1%,增长5.7%,其中,纳入公共财政预算管理的非税收入累计完成525.9亿元。省级非税收入累计完成199.4亿元,为年预算的122.8%,增长3.6%。

12月31日　与厅资产处、资产管理中心加强工作联动，及时监缴省直单位国有资产有偿使用收入,新增60家省级单位资产性收入纳入非税管理。全年省级国有资产有偿使用收入8.4亿元,增长25.5%。

12月31日　积极推进非税立法进程,多方征求对《安徽省政府非税收入管理条例》(讨论稿)的意见建议,不断修改完善,形成《条例》(送审稿)。

12月31日　根据印发《安徽省财政厅关于做好财政票据移交和清理工作的通知》,全面清理省工商局、省质监局、省海事局和省地税局四家管理体制下划单位的财政票据。

12月31日　依据《安徽省省级财政票据销毁办法》,开展财政票据销毁工作,全年共上门销毁29次,累计销毁票据3260万份。

12月31日　根据《省级财政票据年检办法》,采取送检和上门年检两种方式，全年对省直900多家用票单位进行年检工作，基本实现票据年检全覆盖。

12月31日　实施省政务中心财政窗口财政票据业务全覆盖，全年窗口累计发放各类财政票据29.6万份,核销27.5万份,销毁1321万份。

(省非税局供稿　张小龙)

国库集中支付工作大事记

1月　荣获2011—2013年度“省直文明单位”。

1月　开展2013年度商业银行代理国库集中支付业务综合考评工作,通过预算单位评价、代理银行代理业务考评、代理银行业务量占比等三方面综合加权处理，分别计算出5家省级国库集中支付代理银行的综合考评分。

1月13日　中心党支部赴灵璧县虞姬村开展结对共建活动,与灵璧县财政局、虞姬乡财政所和虞姬村党总支召开座谈会，总结回顾2013年结对共建工作。中心党支部向虞姬村7户困难党员和家庭发放了慰问品和慰问金。

1月16日　牵头组织召开2013年度省级国库集中支付执行情况专题会商会。通报2013年度省级部门预算支出集中支付执行情况及特点,重点就进一步重视支付执行进度、加强对预算单位财务管理的指导、规范现金审批,以及抓紧梳理2014年部门预算项目支出经济分类编制情况等进行会商交流。

2月17日　牵头制发《安徽省财政厅关于省属院校专户管理的非税资金实行国库集中支付有关事项的通知》(财库〔2014〕141号),明确省属院校专户管理的非税资金实行国库集中支付有关账户与凭证、支付与清算、退划等有关事项的管理。

2月　组织开展省级国库集中支付工作网络征求意见活动,累计收集56家预算单位意见建议百余条。

3月14日　牵头制发《安徽省省级国库集中支付动态监控管理暂行办法》(财库〔2014〕266号),进一步加强省级财政资金支付管理和监督,健全国库集中支付动态监控机制。

3月19日　中心党支部赴结对共建村,与灵璧县财政局、虞姬村党总支和虞姬乡财政所共同商议谋划新年度结对共建各项工作。

3月21日　牵头制发《安徽省财政厅关于规范代管预算单位资金专户的通知》(财库〔2014〕301号),明确往来资金清理及划转、往来资金账户撤销及变更、会计核算及对账等有关事项。

3月27日　会同国库处组织召开省级国库集中支付代理银行工作会商会,通报省级国库集中支付业务银行代理情况,部署代管预算单位资金专户管理工作。

3月　完成2013年度市、县(区)国库集中支付数据统计分析并形成报告,标志着全省国库集中支付工作一体化在全省国库集中支付系统全面开展。

4月9日　浙江台州市财政国库支付中心来中心考察调研国库集中支付流程。

4月10日　牵头组织召开2014年一季度省级国库集中支付执行情况专题会商会。通报2014年一季度省级部门预算支出集中支付执行情况及主要特点,围绕进一步重视项目支出预算经济分类科目管理、推进公务卡结算等内容进行会商。

4月11日　"安徽省财政厅"代管预算单位资金专户正式启用,预算单位可通过该账户办理往来资金收支业务。

5月6日　牵头制发《安徽省财政厅 安徽省监察厅 安徽省民政厅关于加强对省属学会协会财政性资金支付管理的通知》(财库〔2014〕599号),切实规范和加强各类学会协会财政性资金支付管理。

5月14—16日　中心党支部安排党员到结对共建村所在乡虞姬乡财政所进行蹲点调研学习。

6月6日　为进一步规范集中支付业务审核管理,确保审核的一致性和规范性,支付中心印发《省级国库集中支付业务审核规范(试行)》,在零余额账户管理、预算级次管理等11个方面明确审核标准。

6月　荣获2013年度厅直机关"先进党支部"荣誉称号。

6月16—18日　会同厅国库处、信息中心,对省级5家国库集中支付银行公务卡业务代理情况进行监督检查,重点查看代理银行在公务卡管理等工作落实情况和存在的问题。

6月28—29日　中心党支部赴结对共建村开展迎"七一"党日活动,与结对共建村党组织开展共上一堂党课、送去一份问候、开展一项服务、进行一次教育的"四个一"活动。

7月9日　牵头组织召开2014年上半年省级国库集中支付执行情况专题会商会。通报省级国库集中支付2014年上半年部门预算执行的总体情况及特点,围绕加快部门预算执行进度、加强预算单位支付执行规范化管理和经济分类科目调整等有关事项进行会商。

7月11日　牵头制发《安徽省财政厅规范政府购买服务预算资金支付有关事项的通知》(财库〔2014〕918号),进一步规范政府购买服务预算执行管理。

7月14日　省财政厅副厅长吴天宏来中心慰问,并对预算执行管理工作提出要求。

8月5日　完成2014年上半年市、县(区)国库集中支付数据统计分析并形成报告,全省16个市、103个县(区)上报国库集中支付数据。

8月15日　牵头组织年初待分配指标和追加指标的经济分类科目细化和采购标志补录功能会商会,会议通报开发情况并演示,参会各方就操作程序和管理进行会商。

9月　开展省级国库集中支付改革专题讲座活动，中心相关业务受理人员共11次受邀专门赴合肥、芜湖、蚌埠、安庆等地省级部门预算单位，参加单位组织的财政业务培训并授课。

10月22日　牵头组织召开2014年三季度省级国库集中支付执行情况专题会商会。通报2014年3季度省级国库集中支付执行总体情况及特点，围绕预算执行进度偏慢、政府采购备案制度等问题进行会商。

11月5日　省财政厅副厅长吴天宏主持召开省级部门预算执行情况调度会，会议要求对执行进度较慢的部门、重点项目进行分类分项梳理，分析查找影响支出执行进度的因素，分别采取措施。

11月6日　随厅第三小组成员单位赴吴寨村开展工作调研，对接后张村民组12户贫困家庭，并与阜阳市财政局、颍东区政府、正午镇政府相关负责同志和吴寨村帮扶工作队、村支两委开展座谈交流。

11月21日　中心党支部赴结对共建村灵璧县虞姬乡虞姬村开展调研走访和结对共建工作，实地走访结对共建村“虞姬社区”美好乡村建设情况，并与县财政局、村支两委相关负责人和合作社代表进行座谈。

11月24日　厅纪检监察室一行到支付中心走访会商，巡查支付中心政风行风工作落实情况。

12月8日　财政、人民银行、代理银行三方支付与清算电子化管理和预算单位授权支付电子化管理业务上线，标志着省级国库集中支付电子化管理全面实施。

12月30日　会同国库处、信息中心组织召开省级国库集中支付代理银行工作会商会，下达2014年度省级国库集中支付业务办理截止时间的通知，部署2014年结数据处理及系统升级工作。

12月31日　省财政厅副厅长吴天宏来中心慰问，对省级国库集中支付改革提出要求。

（厅国库支付中心供稿　翟利超）

政府采购执行工作大事记

3月　中心召开供应商网上报名及保证金管理系统演示会，厅党组成员、纪检组长刘浩出席会议并讲话，厅办公室、政府采购处、监察室、信息中心相关负责同志应邀参会。

4月　中心联合财政干部教育中心举办省级政府采购业务培训班，厅党组成员、纪检组长刘浩出席培训会并发表重要讲话。

5月　省财政厅厅长罗建国、纪检组长刘浩在厅办公室、预算处、人教处、机关党委、监察室等部门负责同志陪同下到中心与采购处、采购中心全体人员开展座谈交流。

5月　省财政厅召开政府采购专题会议，厅领导、各相关支出处室与会，厅长罗建国就政府采购工作作重要讲话。

6月　中心联合厅综合处举办省级政府购买服务业务培训班。

7月　中心联合安徽省农业委员会举办2014年小麦良种采购项目培训会，200余名供应商代表参加培训。

7月　省政府采购中心连续8年组织实施全省小麦优势产区良种采购，累计采购小麦良种32.92亿公斤，采购规模76.32亿元，为农民节约购种成本3.92亿元，为全省小麦生产连续丰收作出积极贡献。其中2014年项目预算13.12亿元，实际成交金额12.45亿元，为项目区农民节约购种成本0.67亿元。

8月　中心组织转业干部、退伍军人及部分党员干部赴武警安徽省总队后勤保障基地开展纪念建军87周年军民共建活动，进一步丰富中心精神文明建设，增进军民团结，推进双拥共建工作。

8月　副省长梁卫国在省财政厅报送的《全省小麦优势产区良种补贴采购项目实施情况汇报》上作重要批示：“小麦良种补贴采购项目的实施，对促进粮食增产和农民增收发挥了十分重要的作用。望坚持下去，不断完善，走出一条依靠政策推广农作物优良品种的新路子。”

8月　中心协同采购处举办2014年第一期办公设备批量集中采购省直单位座谈会，听取省直单位对批量采购工作的意见建议，省委办公厅、教育厅、公安厅等单位参加会议。

8月　采购中心党支部召开专题组织生活会。

9月　中心与采购处就省公共资源交易改革问题到合肥市公共资源交易中心进行工作对接。

9月　省财政厅厅长罗建国、纪检组长刘浩在厅相关处室负责同志陪同下到中心就省公共资源交易改革问题进行走访、座谈。

9月 中心与采购处、税政处前往省发改委、省法制办商讨《安徽省公共资源交易监督管理办法》修订工作。

9月 省财政厅厅长罗建国、副厅长陈军、纪检组长刘浩率厅预算处、教科文处、经济建设处、采购处、采购中心等到合肥市公共资源交易管理局、合肥市公共资源交易中心进行工作对接。合肥市副市长韩冰、合肥市财政局局长吴利林参加工作对接。

10月 省财政厅厅长罗建国率采购处、采购中心向詹夏来副省长专门汇报省公共资源交易改革工作。

10月 中心与采购处业务骨干到合肥市公共资源交易管理局商谈对接政府采购业务。

10月 中心与采购处参加省政府第36次常委会,通过《安徽省公共资源交易监督管理办法》。

11月 根据省机构编制委员会办公室文件《关于成立省政府采购监督管理办公室(安徽省直政府采购监管中心)的通知》(皖编办〔2014〕138号)同意,设立省政府采购监督管理办公室,并加挂省直政府采购监管中心牌子,具体负责监督本行业公共资源交易活动;负责省直预算单位政府采购预算审核、采购信息审核、采购合同备案等工作。

11月 经厅党组研究决定,廖晓虹任安徽省政府采购监督管理办公室(省直政府采购监管中心)主任;王旭、马再兴、张为中、方虹慧任安徽省政府采购监督管理办公室(省直政府采购监管中心)副主任;张晓兰任安徽省政府采购监督管理办公室(省直政府采购监管中心)副调研员;赵俊峰、韩焰任安徽省政府采购监督管理办公室(省直政府采购监管中心)主任科员。

11月 省财政厅副厅长陈军到中心走访指导,并送省招标局划转人员到采购中心工作,厅人教处、政府采购处主要负责同志陪同走访。

11月 根据安徽省人民政府令第255号《安徽省公共资源交易监督管理办法》规定,省本级政府采购业务自2015年1月1日起委托安徽合肥公共资源交易中心组织实施。

12月 中心成功完成采购规模达71亿元的"省高新公开招募参股基金管理机构"项目。

12月31日 中心共完成采购项目1502个,比去年增加347个,同比增长30.04%;完成采购预算47.96亿元(不含采购规模达71亿元的"省高新公开招募参股基金管理机构"项目),比去年增加3.55亿元,同比增长7.99%;采购合同金额42.54亿元,比去年增加2.51万元,同比增长6.27%;节约资金5.42亿元,资金节约率11.30%。中心严格执行公务车采购规定,全年采购江淮、奇瑞等自主品牌汽车171辆、合同金额2997.83万元,占公务车采购总量、总金额的98%以上;中心主动接受监督,专家抽取、开评标全程录音录像,开放开标现场监控端口,主动接受纪检监察部门远端实时监控,全年邀请政府采购特邀监察员604人次、公证员528人次。

(省政府采购监督管理办公室 李道兵)

财政科研工作大事记

1月1日 按照财政厅党组决定,报经省新闻出版局批准,《安徽财会》杂志更名为《安徽财政》。

1月10日 遴选2013年全省财政重点调研课题成果46项汇编成《安徽财政调研工作手册(2013)》。

1月下旬 搜集整理财政改革发展的相关图片,编纂成《安徽财政工作集锦(2013)》图册。

1月下旬 整理搜集省内外主流媒体对全省财政工作的报道,并汇编成2012年度和2013年度两册《媒体看财政》。

2月 省直机关工委发出通报,省财政科研所荣获"2011—2013年度省直机关文明单位"称号。

2月中旬 省财政科研所牵头制作完成的安徽财政年度宣传片在省两会召开期间进行放映宣传,获得省人大代表普遍好评。

5月14日 省财政学会召开"省以下事权与支出责任"专题研究座谈会。

6月6日 2014年全国财政协作研究课题《事权与支出责任相适应的分税制财政体制操作层面完善研究》第一次研讨会在合肥市召开。财政部科研所财务会计研究室、安徽省财政科研所、黑龙江省财政科研所、成都市财政局、潍坊市财政局和昆山市财政局等课题成员单位的负责同志及研究人员参加会议。

6月10日　财政部科研所所长贾康一行来本省开展“营改增”专题调研，省财政厅厅长罗建国出席座谈会并介绍本省“营改增”工作总体情况。

6月　省财政科研所荣获财政部科研所颁发的2014年度全国财经科研成果宣传工作特等奖。

7月8日　省财政学会召开“推进政府和部门预决算公开”专题研究座谈会。

7月　省财政科学研究所牵头完成的课题《关于促进我省工业化、城镇化发展的财政政策建议》获得2009—2010年度安徽省社会科学文学艺术出版奖(社科类)论文二等奖。

8月30日　省财政科学研究所被财政部中国杂志社评为2014年度“三刊两鉴”宣传工作先进单位。

9月11日　省财政学会召开“严肃财经纪律”专题研究座谈会。

9月28日　全省财政宣传工作座谈会召开。

9月30日　《安徽财政年鉴(2014)》由安徽人民出版社出版。

11月　省财政科研所积极参与省财政厅开展的党的群众路线教育实践活动优秀文章评选活动，其报送的参评论文中，1篇获得处级干部组个人一等奖、2篇获得科以下干部组个人二等奖。

(省财政科研所供稿)

注册会计师和资产评估师管理工作大事记

2月27日　省财政厅党组成员、副厅长、行业党委书记左俊主持召开省注册会计师行业党委会议，明确全年行业党建工作的重点任务。

3月7日　协会印发《安徽省注册会计师行业“人才队伍建设年”活动实施方案》，正式启动全省注册会计师行业“人才队伍建设年”活动。

3月25日　举办全省注册会计师考试工作培训班。16市财政局考办主任及计算机操作人员30余人参加会议。

4月8日　发布《安徽省注册会计师协会关于推动“注册会计师行业青年就业创业见习基地”建设的通知》，建立见习基地奖励制度。

5月16日　以通讯方式召开安徽省注册会计师、资产评估协会第六届理事会第五次会议。会议表决通过杨宠怀不再担任协会理事、常务理事；季必英不再担任协会理事、常务理事、副会长、秘书长职务的议题。同时，选举何玉龙、彭高俊担任协会六届理事会理事、常务理事；选举彭高俊担任协会副会长、秘书长职务。

6月5日　省财政厅副巡视员陈传文走访注协，对协会发展提出了服务上要“撑船”，管理上要“掌舵”的要求。

6月20日　在北京注协的协助下，本省注册会计师非执业会员网络教育平台开通。

6月21日　中注协副秘书长蔡晓峰一行赴安徽调研，安徽省财政厅副巡视员陈传文陪同，在安徽永合会计师事务所召开“人才队伍建设年”活动座谈会，了解本省中小事务所发展情况。

7月1日　省财政厅副巡视员陈传文带领注协部分党员干部、行业青年志愿者服务队赴萧县白土镇费村，开展结对共建活动，与费村党支部、萧县财政局党组、白土镇党委共同过组织生活。

7月23—25日　中国资产评估协会副秘书长卞荣华一行巡视本省2014年度资产评估机构执业质量检查工作。

8月12日　中注协副秘书长杨志国赴联系点安徽宝申会计师事务所督导群众路线教育实践活动，省财政厅副巡视员、省行业党委书记陈传文陪同调研。

8月12日　发布2014年全省会计师事务所综合评价前50家信息。

8月23日　省财政厅副厅长朱长才巡视2014年度注册会计师综合阶段和英语测试考试。

9月5日　省财政厅副巡视员陈传文就行业“人才建设年”活动提出要求，要狠抓工作落实，三改进三提升，增强行业人才队伍活力。

9月11日　召开资产评估协会自律委员会，总结资产评估机构执业质量检查工作，审议检查总结。

9月13日　省财政厅副巡视员陈传文巡视2014年度注册会计师全国统一考试专业阶段考试工作。省财政厅监察室主任李朝友，人教处处长朱士昂，注册会计师管理处处长彭高俊及合肥市考办相关负责同志陪同巡视。

9月 开展“支部工作法”提炼、评选活动。提炼8篇支部工作法供全行业学习，并上报中国注册会计师行业党委。

9月中旬 历时16天完成本省2014年会计师事务所执业质量检查工作。

10月初 完成《新形势下注册会计师行业管理创新研究》、《注册会计师行业承接事业单位财务报表审计业务研究》、《以招投标方式购买财务审计服务的现状分析研究》三项课题研究。

10月14—17日 与北京注协联合举办“2014年度提升领导力培训班”。

10月27日 召开省注册会计师行业党委扩大会议，传达中国注册会计师行业党委扩大会精神,报告行业“人才队伍建设年”、“群众路线教育实践活动”开展情况,表彰行业党建工作先进集体和优秀个人。省财政厅副巡视员、省注册会计师行业党委书记陈传文出席会议并作重要讲话，省委组织部有关部门负责同志出席会议。

11月11日 协会秘书长彭高俊赴萧县费村开展结对共建活动,召开座谈会,了解费村经济发展情况;现场查看2014年度结对共建项目落成情况。

11月18日 发布《安徽省会计师事务所、资产评估机构加快发展奖励资金申报办法》,组织执业机构和人员申报奖励资金。

11月20日 省财政厅副巡视员、行业党委书记陈传文走访安徽华安会计师事务所，召开行业信息化建设座谈会,征求对进一步深化协会、事务所信息化建设的意见建议。

12月11—18日以通讯方式组织召开六届七次常务理事会,审议通过并发布《安徽省注册会计师行业业务报告防伪报备管理办法》和《安徽省会计师事务所综合评价暂行办法》(修订稿)。

(注册会计师管理处供稿)

省级行政事业单位资产管理工作大事记

1月21日 省财政厅召开机关工作总结大会,中心荣获厅效能建设先进单位,中心主任管立新、副主任韩宪平被评为先进个人。

1月22日 省直属机关工会印发《关于表彰2011-2013年度省直机关文明单位的通报》(直工〔2014〕6号),中心被评为2011—2013年度省直机关文明单位。

2月14日 根据中共中央办公厅、国务院办公厅《关于党政机关停止新建楼堂馆所和清理办公用房的通知》(中办发〔2013〕17号)文件精神,中心牵头完成厅机关办公用房整改验收工作。

2月26日 省委综治委第四检查组来省财政厅检查考评2013年度社会管理综合治理工作,厅党组成员、厅综治工作领导小组副组长、副厅长陈军主持汇报省财政厅综治工作开展情况。

5月1日 通过公开招标,百花宾馆(含机关食堂)正式移交黄山大厦酒店管理集团正式运营,经营权托管工作基本完成，169名员工的安置补偿及资产移交管理工作顺利完成。

7月1日 资产管理中心党支部被评为先进党支部,省直机关七运会服务优秀处室单位,李云祥、杨志红、王家亮等三名同志被评为党员先锋岗。

7月14日 省财政厅厅长罗建国、副厅长陈军走访资产中心，并对进一步做好行政事业单位国有资产管理工作提出要求。

11月12日 全省依法行政知识电视大奖赛决赛在合肥举行,中心杨小飞参加厅代表队,获得三等奖。

(厅资产中心供稿 韩安成)

市县财政工作大事记

合肥市财政工作大事记

1月3日　市财政局下发《关于试编2014年政府性债务收支计划的通知》(合财债〔2014〕3号),启动2014年政府性债务收支计划试编工作。

1月6日　合肥市市级预算支出执行经济分类科目正式启动。

1月14日　市财政局召开2014—2016年度经济鉴证审查业务定点委托中介机构签约暨业务培训会。

1月24日　市财政局召开《行政单位会计制度》培训会,全市112家行政事业单位200余名财务人员参加培训。

1月27日　合肥市委常委、常务副市长韩冰专题听取全市2014年民生工程汇报。

1月28日　市财政局下发《关于成立党的群众路线教育实践活动领导小组的通知》(合财组〔2014〕2号),市财政局、市金融办党的群众路线教育实践活动领导小组正式成立。

1月29日　合肥市召开投融资工作专题汇报会,省委常委、合肥市委书记吴存荣听取投融资工作专题汇报。合肥市委副书记、市长张庆军,市委常委、常务副市长韩冰,市委常委、副市长周善武及投委会成员单位负责同志参加会议。

2月8—14日　合肥市财政机关举行2014年春训活动,全市近300名财政干部开展多种形式的学习交流。

2月12日　合肥市出台《合肥市市级事业单位对外投资管理试行办法》(合政办〔2014〕5号),进一步规范和加强市级事业单位对外投资管理。

2月13日　合肥市2014年会计从业资格常态化考试顺利开考。

2月19日　市财政局召开培训会,布置2013年度行政事业单位财务决算检查和绩效考评工作。

2月24日　《合肥市人民政府关于2014年民生工程的实施意见》(合政〔2014〕1号)下发,部署民生工程任务和要求。

2月26日　合肥市召开民生工程第一次协调会,市委常委、常务副市长韩冰出席会议并作重要讲话。各县(市)区、开发区政府分管领导,市直民生工程协调小组成员单位主要负责同志参会。

3月4日　市财政局与国开行安徽省分行举行座谈,就该市新型城镇化、棚户区及环巢湖生态修复与保护项目融资情况进行深入交流。

3月5日　市财政局组织党员干部参观廉政警示教育展览,加强党风廉政建设。

3月7日　市财政局局长、投融资办主任吴利林率队赴巢湖城市建设投资有限公司开展调研。

3月7日　合肥市建投集团第三期私募债20亿元成功发行,利率7.3%,期限3年。

3月8日　市财政局团委组织团员青年开展送政策下乡及参与“三线三边”整治学雷锋志愿服务活动。

3月11日　市财政局党组书记、局长吴利林走访调研巢湖北岸农业示范区、烔炀镇中李村、烔炀镇综合文化站、烔炀镇财政分局,并在巢湖市财政局召开党的群众路线教育实践活动征求意见座谈会。

3月14日　市财政局局长、投融资办主任吴利林赴市土地储备中心调研。

3月22日　市财政局参加全市法制宣传活动,广泛宣传《中华人民共和国会计法》和新颁布的《安徽省财政监督条例》等财政法律法规。

3月25日　市财政局启动为期两个月的乡镇财政干部集中轮训工作，共260多名乡镇财政干部参训。

4月1日　合肥市全面启用新版医疗收费票据。

4月9日　省财政厅副厅长陈军率省医改指导组一行，对合肥市基层医改和县级公立医院改革开展督查,并召开座谈会。

4月11日　合肥市举行政协委员民生工程培训会议，市财政局局长、市民生办主任吴利林为300余位政协委员宣讲民生工程政策,系统总结和汇报全市民生工程实施工作开展情况。

4月14日　合肥市人民政府关于印发《合肥市政府性债务管理暂行办法》(合政〔2014〕40号)，进一步加强政府债务管理。

4月20日　合肥市委常委、副市长周善武主持召开全市棚户区改造项目融资工作协调会议，进一步研究部署棚户区改造项目融资工作。

4月28日　省财政厅党组书记、厅长罗建国来肥调研财政改革工作，以及财政部门教育实践活动推进情况。

4月30日　合肥市2014年市本级政府预算、95家市直预算单位部门预算（除涉密单位)、“三公”经费预算悉数对外公开。

5月5日　出席全国农业综合开发工作会议的财政部部长助理胡静林、国家农发办主任王光坤等领导率全体参会代表，在省政府副省长梁卫国、省财政厅厅长罗建国、合肥市市长张庆军等省、市有关部门领导陪同下,参观考察庐江县郭河现代农业综合开发示范区。

5月6日　市财政局被评为2013年度全市人口和计划生育工作综合治理先进单位。

5月12日　合肥市滨湖新区建设投资有限公司首支企业债券获得国家发改委核准批复，核准额度20亿元。

5月19日　市财政局、市农委联合发文,全面启动各县(市)区的村、组及其所属村集体经济组织“三资”清理工作。

5月19日　2014合肥高新建设投资集团公司企业债券正式发行,发行规模15亿元。

5月21日　合肥市共筹措1700余万元,其中市级财政累计投入205.5万元，较省定时间提前10天完成137户渔民上岸安置工作。

5月22—23日　市财政局分批召开市本级及县(市)区2013年度权责发生制政府综合财务报告试编工作培训布置会。

5月27日　《合肥市人民政府关于印发合肥市扶持产业发展“1+3+5”政策体系的通知》(合政〔2014〕62号)正式出台。

5月27日　合肥市建投集团等29家融资平台公司纳入名录管理,其中市本级7家,各县(市)区22家。

5月30日　国开行总行评审顺利通过合肥市棚户区改造一期项目137亿元“债贷组合”授信方案。

6月1日　市财政局正式启用公益性基建项目台账管理系统。

6月3—7日　省财政厅和省委组织部检查组来肥开展2012—2013年度省级以上开发区（园区)、产业集群专业镇党群活动服务中心建设经费专项检查。

6月4日　市财政局召开专题布置会，启动2014年全市企业所得税税源调查和重点产品国际竞争力调查工作。

6月12日　合肥市注册会计师行业党委组织召开党的群众路线教育实践活动及党建工作推进会。市注册会计师行业党委所属基层支部书记、行业党委委员等共30余人参会。

6月19日　市财政局印发《合肥市本级国库集中支付动态监控管理暂行办法》(合财库〔2014〕683号),推进财政支出监控制度化。

6月27日　合肥市召开全市国库集中支付一体化工作会议，进一步推进国库集中支付制度改革。

7月7日　合肥市人民政府办公厅印发深化财政改革加强预算管理5项制度,包括《关于试编2015—2017年市本级中期滚动预算的实施意见(试行)》《关于全面推进预算绩效管理的意见》《关于严格市直预算单位现金使用管理的意见》《合肥市本级预算公开评审办法》《合肥市本级预算多部门联审办法》等。

7月中旬—8月中旬　合肥市民生办开展“回头看”活动,委托第三方中介机构对2013年已实施的民生工程项目进行绩效评价。

7月11日　合肥市人民政府办公厅印发《关于深入推进政府向社会力量购买服务的实施意见》(合政办秘〔2014〕101号),向更高标准更深层次推进购买服务工作。

7月16日　省财政厅厅长罗建国对合肥市构建乡镇包村干部监管涉农资金的新模式作出重要批示:“市财政局在市委市政府领导下和有关部门的大力支持下,积极主动,务实作为,初步构建了涉农资金乡镇包村干部‘就地就近’监管新模式的制度规定,此项工作正有序扎实推进。”

7月16日　市财政局顺利完成93个市本级部门2013年部门决算的批复工作。

7月18日　合肥市政府召开扶持产业政策“1+3+5”政策解读会,到会企业600余家。市委常委、常务副市长韩冰对“1+3+5”政策体系进行深入细致解读。

7月22日　市财政局、市金融办召开专题民主生活会情况通报会,市财政局、市金融办领导班子成员,县处级以上领导干部,各党支部书记,机关各处室(局)、局属各单位主要负责人参会。

7月28日　合肥市新型城镇化建设项目“合肥美好乡村一期工程”顺利通过国开总行评审,授信额度21亿元。

7月29日　省注册会计师行业党的群众路线教育实践活动巡回督导组来肥调研,并实地查看安徽宝申会计师事务所党支部活动开展情况。

8月13日　合肥市集中公开了2013年政府决算、92家预算单位部门决算及“三公”经费决算。

8月6—7日　省政协副主席李修松率队来肥巡视民生工程实施情况。部分省政协委员、民生工程特邀监督员、省政协文史资料委员会、省民生办负责同志参加巡视。市政协主席董昭礼,市委常委、副市长黄文涛,市财政局局长吴利林陪同。

8月14日　合肥市2013—2017年棚户区改造工程一期项目金融合作签约仪式在市政务中心举行,省委常委、合肥市委书记吴存荣,市委副书记、市长张庆军,国家开发银行安徽省分行行长于丕涛,市委常委、秘书长杨思松,市委常委、常务副市长韩冰,国家开发银行安徽省分行副行长吴守华及市直相关部门、县(市)区开发区负责人参加仪式。市委常委、副市长周善武代表市政府与国家开发银行安徽省分行副行长吴守华签订棚户区改造工程一期项目金融合作协议。

8月14日　省委常委、合肥市委书记、市投融资管理委员会第一主任吴存荣主持召开合肥市投融资管理委员会第八次全体成员会议。

8月19日　合肥市委常委、市纪委书记张海林前往市财政局,就党风廉政建设等内容开展调研,并详细了解财政工作情况。

9月4日　安徽省财政厅、中国人民银行合肥中心支行下发《关于开展市级国库集中支付电子化管理第一批试点工作的通知》(财库〔2014〕1300号),合肥市被确定为全省国库集中支付电子化管理首批试点市。

9月5日　省财政厅党组书记、厅长罗建国赶赴长丰县,就财政重点改革、教育实践活动、财政系统帮联、财政制度建设以及政风行风建设等财政重点工作推进情况开展调研,实地了解千万亩森林增长工程、土地整治和确权登记,以及光伏扶贫工程推进情况,并深入走访乡镇财政所,看望慰问基层财政干部。

9月5日　市财政局牵头召开县(市)区、市直相关部门政府购买服务推进会,对年度购买服务项目实施情况进行梳理和总结。

9月15—30日　市财政局完成全市县(市)区“三资”谐农软件升级培训工作。

10月9日　市财政局局长吴利林就民生工程项目进展、主要工作及成效、下一步工作重点等内容,向全市100多名市政协委员进行专题通报。

10月15日　根据《关于2013年度地方财政总决算评比情况的通报》(财库〔2014〕1530号),合肥市获得二等奖。

10月17日　合肥市政府召开市直单位财政财务管理工作会议,就落实《关于深化市级预算单位财政财务管理的通知》(合办〔2014〕33号)进行专题部署。市直101个一级预算单位主要负责人和财务机构负责人参会。

10月—11月　合肥市结合2015年省级民生

工程调查问卷,并面向社会广泛开展2015年民生项目民意征集活动。

11月5日　合肥市人大常委会主任熊建辉率视察组视察民生工程实施情况。市人大常委会副主任宋家伟、林存安、杜昌寿、陈葆华、阚建华、张长淮、刘观宝,部分全国、省、市人大代表、省级民生工程特邀监督员参加视察;市委常委、副市长黄文涛及市直相关部门、县(市)区负责人陪同视察。

11月6日　省财政厅厅长罗建国率队来肥调研财政重点工作开展情况。合肥市委常委、常务副市长韩冰,市财政局党组书记、局长吴利林陪同调研并参加座谈汇报会。

11月10日　市财政局召开局党组中心组(扩大)理论学习会,认真学习贯彻党的十八届四中全会和市委中心组理论学习会议精神,研读《国务院关于依托黄金水道推动长江经济带发展的指导意见》(国发〔2014〕39号)

11月13日　市财政局(投融资办)召开政府性债务管理培训暨存量债务清理甄别工作布置会,正式启动存量债务清理甄别工作。

11月30日　财政部印发《关于政府和社会资本合作示范项目实施有关问题的通知》(财金〔2014〕112号),合肥市轨道交通2号线项目被确定为30个PPP示范项目之一。

12月4日　市财政局召开财政国库集中支付电子化管理试点培训会。市直20家试点单位及财政相关业务处室、部门参加培训。

12月8日　合肥市第一笔“电子化”直接支付申请产生,标志着本市国库集中支付电子化管理试点正式启动。

12月16日　市财政局发布《市财政局关于公布行政事业性收费目录清单的公告》,对按照法律、行政法规及国家和省有关政策规定设立的行政事业性收费项目实行目录清单管理,实行常态化公开。公告内容包括《合肥市行政事业性收费目录清单》《合肥市考试考务费目录清单》和《合肥市涉企行政事业性收费目录清单》。

12月16日　市财政局、市房产局、市发改委联合修订印发《合肥市城镇保障性安居工程项目资金绩效评价实施办法》(合财建〔2014〕1479号),进一步规范项目和资金管理。

12月31日　市财政局印发《合肥市研究院研发资金管理办法(试行)》(合财教〔2014〕1583号),加强对各研究院应用技术研究与开发资金的管理,提高资金使用效益。

(合肥市财政局供稿)

淮北市财政工作大事记

1月1日　国库集中支付按预算经济科目执行预算。

1月6日　省财政厅副厅长朱长才一行莅临淮北调研财政工作,征求在淮省人大代表对省2013年财政预算执行情况和2014年预算草案的意见和建议。

2月10日　市财政局召开党的群众路线教育实践活动动员大会,局长姜颖作动员报告,市委第五督导组到会指导。

2月17日　省财政厅印发《关于2013年社会保险基金保值增值绩效评价情况的通报》,淮北市2013年社会保险基金保值增值绩效评价排名位列全省第一。

2月　淮北市编制2014年政府性债务收支计划,实行政府性债务计划管理。

3月10日　本市通过“一卡通”将中央和省分配的种粮农民补贴资金近2亿元直接兑现到农民手中。

3月13日　市国库支付中心荣获安徽省“三八红旗集体”荣誉称号,为淮北市唯一荣获此荣誉的集体。

3月13日　省农委副主任陈卫东及省金融办相关领导一行来淮调研本市政策性农业保险实施情况。

3月份　全省2013年度社保基金保值增效考评结束,本市社保基金综合收益率继去年良好成绩排名第一。

3月底　淮北市财政信息网荣获“2013年度淮北市优秀网站”称号。

4月1日　按照《淮北市财政局关于简化财政支出用款审批环节的通知》(财库〔2014〕69号)文件精神,本市对国库集中支付流程进行优化,减少支付环节,简化审批手续。

4月10日　印发《淮北市市直机关差旅费管

理办法》,出台《市财政局机关作风“十不准”》。

4月23日 省财政厅副厅长陈军一行来淮调研财政改革工作。

4月25日 全面公开全市327家预算单位预决算和“三公”经费信息,实现预算信息公开全覆盖。

4月28日 淮北市首批会计从业资格考试常态化报名圆满结束。

5月10日 淮北市举办“民生工程集中宣传月活动”启动仪式,展示全市民生工程取得的丰硕成果,提高广大群众对2014年民生政策的知晓度。

5月28日 省财政行风巡查工作领导小组莅临淮北市财政局指导工作。

6月13日 市财政局联合市监察局、市审计局、市物价局召开落实“六个专项行动”工作动员大会,牵头组织开展“小金库”专项治理、“三公”经费支出专项检查、财政资金管理专项整治、全面清理规范行政事业收费和经营性收费项目四个专项行动。

6月19日 “淮北财政在线”政务微博正式上线。

6月25日 淮北市综合治税平台进入正式运行阶段。

7月3日 省财政厅通报2013年度全省惠农补贴资金绩效评价结果,淮北市和濉溪县再次荣获一等奖。

7月4日 淮北市财政平台一体化系统开通公务卡现金上卡功能。

7月8日 市本级各预算单位部门决算全部实现公开。

7月16日 市财政局对国库集中支付系统进行“升级”,简化支付业务审批程序。

7月23日 市财政局党组召开群众路线教育实践活动专题民主生活会。

7月底 市财政局举办全市行政事业单位会计人员业务培训班。

8月12日 市财政局召开科级干部交流轮岗工作动员会,开展科级干部交流轮岗工作。

8月27日 省财政厅通报濉溪县荣获“全省创建乡镇财政规范化管理示范县”称号。

9月2日 省财政厅印发《关于2014年上半年社会保险基金保障增值绩效评价结果的通报》,淮北市2014年上半年社会保险基金保值增值综合评价排名位列全省第一。

9月9日 淮北市财政平台一体化管理信息系统预算单位财务模块工作启动。

9月24日 省财政厅副厅长陈军来淮调研企业发展情况。

9月24日 淮北市2014年度会计专业技术初级资格无纸化考试顺利举行。

10月1日 淮北市调整税制财政体制,有效解决市区收入分配秩序紊乱的突出问题,达到规范财政体制运行的目的;充分发挥财政体制的引导作用,促进各县区加快转型步伐。

10月26日 国家农业综合开发办公室对杜集区世行农业科技项目开展绩效评价。

10月29日 出台《淮北市市级2015-2016年政府集中采购目录及限额标准》。

10月30日 省财政厅副厅长陈军一行来淮调研财政重点工作开展情况。

11月28日 组织开展2015年部门预算公开评审工作,对10家市直预算单位的所有项目进行公开评审,节约财政资金资金12.5%,建立预算项目公开评审机制。

11月 淮北市2013年度部门决算和总决算分别获得全省决算综合评比一等奖和三等奖。

12月23日 省财政厅对淮北市2013年度企业财务决算工作进行通报表彰。

12月26日 淮北市顺利完成政府性存量债务清理甄别工作。

(淮北市财政局供稿 郝朝华)

亳州市财政工作大事记

1月8日 市政府下发《关于对市财政局进行表彰的通报》(亳政秘〔2014〕10号),对市财政局予以通报表彰。

1月8日 省财政厅副巡视员陈传文带领干教中心一行到涡阳县陈大镇杨楼行政村开展结对共建工作,走访慰问困难群众。

1月22日 受市政府委托,市财政局向市三届人大第五次会议提交《关于亳州市2013年预算执行情况和2014年预算草案的报告》，会议批准市本级预算。

1—2月　市财政局班子成员分别带领局机关各科室、单位深入企业、农村，开展结对帮扶、向困难户和敬老院献爱心活动。

2月13日　市政府办公室印发《关于印发亳州市市级行政事业单位国有资产使用管理暂行办法》(亳政办秘〔2014〕10号)，规范和加强市级行政事业单位国有资产管理。

2月16—18日　省财政厅党组书记、厅长罗建国率办公室、预算处负责同志，走访亳州市及涡阳县、谯城区，了解重点项目融资与进展、公立医院改革、社会事业发展以及再生资源企业、农业示范区发展等情况，调研市县财政经济工作情况，征求有关方面的意见建议。

2月20日　市财政局党组下发《亳州市财政局深入开展党的群众路线教育实践活动实施方案》，于2月至10月底期间开展教育实践活动，市财政局班子整改“四风”问题19项。

3月5日　由省检察院、省财政厅、省人社厅、省交通厅等部门联合组成的全省涉农资金领域预防职务犯罪专项行动督查组来市财政局督查工作。

3月12日　市财政局组织全局党员干部到市党风廉政教育中心参加警示教育活动，参观警示教育展览，观看警示教育片，听取市纪委领导《领导干部要公正清廉》专题报告。

3月12日　市财政局印发《亳州市财政局行风巡查工作办法》(财办〔2014〕129号)，进一步加强全市财政系统行风建设。

3月21日　市政府办公室印发《关于全面推进预决算信息公开工作》(亳政办秘〔2014〕38号)，平稳推有序推进预决算信息公开。

3月21日　市政府召开全市民生工程暨财政工作会议，市委常委、常务副市长刘辉出席并作重要讲话，市委常委、副市长魏黎耕主持会议并宣读市财税工作领导小组《关于2013年度财政收支管理工作考核结果的通报》、市民生工程协调小组《关于2013年度民生工程考核结果的通报》，市政协副主席龚艳玲参加会议，市财政局局长、党组书记蔡怀乾作工作报告。

3月21日　市委常委、常务副市长刘辉主持召开民生工作会议，总结2013年民生工程工作，对2014年民生工程工作进行部署。

3月28日　全国人大代表、省财政厅厅长、党组书记罗建国到谯城区十河镇大周村走访调研，与基层人大代表和群众座谈并征求意见。

3月31日　市财政局印发《亳州市市直机关差旅费管理办法》(财公〔2014〕85号)，加强和规范市直机关差旅费管理。

3月　按照市财政局深入开展党的群众路线教育实践活动实施方案要求，市财政局班子成员分别带领相关业务科室负责人到市直部门和三县一区开展工作调研，走访人大代表、政协委员和基层干部群众，听取对财政工作的意见。

4月17—18日　省财政厅副厅长孟照红率省债务办负责人来本市涡阳县财政局指导党的群众路线教育实践活动，分别在县财政局、陈大镇财政所和市财政局召开座谈会，了解教育实践活动开展情况和财政改革进展情况，开展财政改革工作调研。

4月中旬　市财政局与工商银行亳州分行协商，决定对市直财政统发工资人员办理工资余额变动免费短信提醒业务。

4月27日　市委、市政府下发通报(亳〔2014〕29号)，市财政局荣获2013年度市直单位绩效考评优秀单位。

5月14日　市财政局、市委组织部、市人社局印发《亳州市市直机关培训经费管理办法》(财公〔2014〕121号)，加强培训费管理。

5月25日　市政府办公室印发《亳州市市属国有企业负责人经营业绩考核及薪酬管理暂行办法》(亳政办秘〔2014〕69号)，落实国有资产保值增值责任，建立有效的激励和约束机制。

5月份　市财政局按省财政厅要求，结合党的群众路线教育实践活动，在全市财政系统开展“中国梦　财政情”征文活动。

5月份　本市积极筹集资金4745万元，帮助1184户以船为家渔民上岸安居。

5月下旬—7月上旬　省财政厅专项督查组对本市村级活动场所建设开展专项督查。

6月3日　市财政局在魏武广场参加由市安委会组织的“安全生产月”宣传咨询活动，开展政策法规、应急救援等方面的咨询与服务活动。

6月3日　市财政局印发《关于进一步加强财政帮联工作》(财办〔2014〕146号),切实转变工作作风。

6月12日　市政府办公室印发《亳州市政府向社会力量购买服务办法》(亳政办秘〔2014〕78号),加快政府职能转变,提升政府行政效率。

6月13日　市财政局印发《2015年亳州市本级预算编制方案》和《亳州市本级中期财政规划编制方案》(财预〔2014〕155号),建立全面规范、公开透明、科学完整的预算管理体系。

6月16日　市财政局印发《亳州市本级2015年预算公开评审实施方案》(财预〔2014〕156号),增强预算编制透明度,提高预算编制科学性。

6月16日　市财政局印发《关于进一步加强财政支出预算执行管理》(财预〔2014〕157号),加强财政支出预算执行管理。

6月17日　市财政局印发《亳州市农业财政项目评审实施细则》(财农〔2014〕158号),进一步完善和规范农业财政项目评审制度。

6月19日　市财政局在魏武广场参加由市法治办组织的"江淮普法行"大型法律咨询和法制文艺演出活动,向群众宣传《财政违法行为处罚处分条例》《中华人民共和国预算法》等法律。

6月22日　本市选手蒋志豪在全省参加第四届全国珠心算比赛选手选拔赛中,获得幼儿组个人总分第一名。

6月25日　省财政厅副厅长左俊到涡阳县调研美好乡村建设和农村综合改革工作,市委常委、副市长魏黎耕等陪同调研。

6月份　市财政局开展"零距离服务群众"活动,着力转变工作作风,提高为民服务意识和能力。

7月2日　市人社局、市财政局印发《亳州市公益性岗位开发管理实施办法》(亳人社发〔2014〕54号),稳健开发社会管理和公共服务公益性岗位。

7月3日　市国资委印发《关于规范国有企业负责人职务消费的指导意见》(国资管〔2014〕23号),规范市属国有企业负责人职务消费行为。

7月4日　市财政局、市经委印发《亳州市级工业发展专项资金使用管理办法》(财企〔2014〕183号),规范市级工业发展资金管理。

7月21日　本市蓝天幼儿园,代表安徽省赴北京参加全国第四届少儿珠心算幼儿组比赛,荣获团体二等奖,小选手蒋志豪荣获个人全能二等奖。

7月23日　市委副书记、市长沈强主持召开全市民生工程工作调度会议,通报32项民生工程上半年进展情况,部署下半年民生工程工作。各县、区政府和民生办主要负责人、市民生工程协调小组各成员单位主要负责人参加会议。

7月25日　市政府办公室印发《亳州市市直行政事业单位会计代理核算工作实施方案》(亳政办秘〔2014〕108号),加强和规范市直行政事业单位会计核算、会计监督和资金管理。

7月26日　市财政局印发《亳州市2014年度市直单位财务管理日常考评实施方案》(财办〔2014〕228号),加强市直单位财务管理日常考评。

7—12月　本市开展"三公"经费支出专项整治工作,修改完善差旅费、培训费、接待费、会议费、出国经费管理办法,全市"三公"支出同比下降28.6%。

8月6日　市财政局印发《亳州市市直机关会议费管理办法》(财公〔2014〕235号),进一步加强和规范市直机关会议费管理。

8月21日　市财政局、市药业发展局印发《亳州市级现代中药产业发展专项资金管理办法》(财企〔2014〕260号),规范市级现代中药产业发展专项资金管理。

8月29日　市财政局印发《亳州市市级预算绩效管理办法》(财预〔2014〕270号),加强预算绩效管理。

9月1日　本市成立市直单位会计服务中心,为市直88个预算单位进行财务代理服务,加强预算单位的财务监管。

9月5日　市财政局、市外事办转发《安徽省省直党政机关因公临时出国经费管理办法》(财公〔2014〕278号),进一步规范因公临时出国经费管理工作。

9月12日　市财政局、市科技局印发《亳州市级电子信息产业发展专项资金使用管理办法》(财公〔2014〕85号),加强和规范市直机关差旅费管理,规范市级电子信息产业发展专项资金管理。

9月19日　市财政局、市发改委印发《亳州市级煤化工及新能源产业发展专项资金使用管理办法》(财企〔2014〕297号),规范市级煤化工及新能源产业发展专项资金管理。

9月30日　市财政局印发《亳州市市级财政性建设资金绩效评价办法》(财投资〔2014〕307号),加强市级财政性建设资金管理,提高资金使用效益。

9月30日　市财政局印发《亳州市政府性债务管理暂行办法》(财投资〔2014〕310号),加强政府性债务管理。

9月　本市首次试编权责发生制政府综合财务报告,市本级政府性资金510.6亿元。

10月中下旬　本市推进开门办预算,引入第三方对部门预算公开评审,评审部门和资金分别占1/4、1/3,参加评审的人大代表、政协委员和相关专业人员达200多人次,中国财经报、省改革信息报道本市做法。

10月8日　市财政局印发《亳州市财政局内部监督检查五项制度》(财监〔2014〕313号),规范财政部门内部监督检查行为。

10月9日　市财政局印发《关于进一步加强村级公益事业建设一事一议筹资筹劳监督管理工作的意见》(财农村〔2014〕311号),进一步加强本市村级公益事业建设一事一议筹劳监督管理工作。

10月10日　市财政局、市监察局、市国土资源局印发《关于进一步做好征地拆迁管理工作切实维护群众合法权益的意见》(财投资〔2014〕316号),规范征地拆迁行为,切实维护被征地拆迁群众合法权益。

10月11日　市财政局印发《亳州市市直单位国有资产资源有偿使用收入管理暂行办法》(财非税〔2014〕335号),加强国有资产资源有偿使用收入管理。

10月28日　市财政局印发《亳州市2014年建设美好乡村公共服务体系奖补实施办法》(财农发〔2014〕337号),大力支持美好乡村建设,全面完成美好乡村建设目标任务。

10月29日　市财政局印发《亳州市财政局机关财务管理办法》(财办〔2014〕224号),坚持厉行节约,规范财管理。

10月29日　市财政局印发《进一步加强机关效能建设的意见》(财办〔2014〕225号),进一步转变工作作风,推进局机关效能建设。

10月29日　市财政局印发《市财政局机关工作人员效能责任追究办法》(财办〔2014〕226号),提高机关日常工作精细化管理水平。

10月29日　市财政局印发《亳州市财政局会商工作实施办法》(财办〔2014〕227号),进一步转变工作作风,增强服务意识。

11月15日　市政府印发《关于进一步加强财政预决算管理》(亳政〔2014〕70号),加强财政预决算管理。

11月18日　市政协副主席齐建华率市政协各专委会主任,视察市流浪乞讨人员救助站、市保障性住房建设、农村清洁工程、社会办养老服务体系建设等民生项目。

12月4日　市财政局在魏武广场参加市法治办举行的国家宪法日暨全国法制宣传日大型法律咨询活动,重点宣传新修订的《中华人民共和国预算法》等法律知识。

12月11日　市财政局、市机关事务局印发《亳州市市级行政单位通用办公设备家具配置标准》(财国资〔2014〕400号),强化资产管理与预算管理结合,降低行政成本,建设节约型机关。

12月18—19日　省政府副秘书长、省扶贫办主任刘永春率省政府民生工程督查组对亳州市高校、中职与普通高中家庭经济困难学生资助和农村饮水安全工程实施情况进行督查。市委常委、常务副市长刘辉陪同督查。

12月23日　市财政局召开共青团亳州市财政局支部成立大会,选举产生共青团亳州市财政局支部委员会第一届委员。

12月26—27日　由市统计局委托山东省枣庄市社情民意调查中心采用计算机辅助电话调查(CATI)方式对本市2014年民生工程社情民意调查。

(亳州市财政局供稿　邓昊)

宿州市财政工作大事记

1月3日　省财政厅副厅长陈军一行来本市,就2013全省财政工作及2014年预算编制情况等工作征求省人大代表的意见和建议。

1月29日　市直财政系统党的群众路线教育

实践活动动员大会召开，局党组书记、局长韩维礼作动员报告。市委第六督导组参加并指导动员大会。

1月29日　市财政局举办以“中国梦·财政情”为主题的书画摄影作品展。

1月　建立会议费和“三公”经费支出统计月报制度，做好“三公”经费支出管理工作。

1月　市人大首次批复宿州市市直国有资本经营预算。

1月　财政涉企项目资金管理信息系统在市、县(区)财政系统正式上线运行，有效防止财政涉企项目资金重复申报、多头申报、虚假申报。

2月18日　对宿州交通投资有限责任公司S301桃山至黄口段实施改造项目发放本市第一张《政府性债务融资项目审批卡》，拟贷款6亿元。

3月　起草《关于进一步规范和加强市级行政事业单位资产管理工作的意见》，并以市政府名义下发。

3月15日　组织开展108家市直单位财政票据年检工作，涉及违规资金400万元。

3月21日　进一步完善制度建设，修订《宿州市市直机关差旅费管理办法》。

3月28日　市财政局召开机关党支部委员会换届选举大会，选举产生赵德宽等七位同志组成的新一届党支部委员会。

4月3日　制定出台《农业财政项目评审实施细则》为进一步规范本市农业财政项目评审管理及评审专家管理。

4月11日　在部门网站及市政务信息公开网站上设立专栏，公开2014年政府预算、部门预算及“三公”经费预算，市本级预算信息首次实现公开。

4月15日　省财政厅监督检查局局长汪学越一行来宿调研部门预算信息公开推进工作并召开会议。

4月15日　市本级启动全新网络版“三合一”部门预算编制新系统，实现基础信息、项目管理、预算编审“三合一”集成管理，细化编制内容，提高编制质量。

4月23日　省财政厅监督监检局来本市就财政预决算信息公开工作推进情况进行专项督查。

4月23日　市财政局代市政府起草并印发《宿州市政府性债务管理办法》，从政府性债务计划的管理、举借与审批、政府性债务的使用、偿还、风险与控制、监督管理等方面作全面系统的规定。

4月27—28日　省财政厅副厅长朱长才一行来本市调研财政改革和第二批党的群众路线教育实践活动的有关情况，

4月底　各县区预算信息公开工作全部完成。

4月底　市直单位会计监督检查工作完成，共检查票据62251份，涉及违规资金300万元。

5月5—10日　2014年宿州考区会计从业资格常态化考试举行，第一批次参加考试人数1200人。

5月9日　市政府成立宿州市投融资管理委员会。市投融资管理委员会主任由市政府主要负责同志担任，办公室设在市财政局，由财政局局长兼任办公室主任。

5月26—28日　省财政厅巡查组到本市开展行风建设情况巡查。

6月10日　省财政厅到市财政局开展财政帮联工作督查，督察组听取市财政局十项帮联重点工作进展情况和市县财政部门帮联工作机制建立情况的汇报。

6月30日　出台《宿州市市级预算公开评审暂行办法》及《宿州市财政局预算公开评审内部实施方案》，本市首次推行预算项目公开评审工作。

6月　市政府与中国民生银行合肥分行就农业产业化龙头企业融资担保签署专项合作协议。市财政从年初农业产业化贴息资金中安排500万元存入民生银行合肥分行作为农业专项担保资金，民生银行按照1∶20比例对宿州市产业化龙头企业提供经营性贷款。

7月3—4日　省财政厅考核组一行对本市财政支持美好乡村建设工作进行现场考核。

7月7日　市财政局党组召开党的群众路线教育实践活动专题民主生活会，班子成员深入开展批评与自我批评。市委常委、常务副市长周勇出席会议并发表讲话，市委第六督导组组长李云新到会点评指导。

7月15日　市财政局机关党委组织召开换届选举大会，陈玮、王和贵、韩健民、柏红、赵德宽、张全民、王建7名同志当选为新一届机关党委委员。

7月21—27日　市财政局组织全市财政系统

近50名干部职工，赴上海财经大学继续教育学院，参加“宿州市财政局基层财政干部岗位培训班”。

8月7日　市财政局首次采用“公开答辩、竞争立项”的方式确定2014年中央财政合作社创新试点项目。

8月10日　市财政局会同审计局在全市开展贯彻执行中央八项规定，严肃财经纪律和“小金库”专项治理工作。

8月18日　在全省农财系统首先制定出台《关于在农业财政专项资金管理领域建立违信违规负面清单制度的通知》,对违信违规行为进行记录、惩戒。

8月20日　市财政局召开2015年市级部门预算编制工作会议。

8月26日—9月5日　农发局完成2013年度农业综合开发项目市级验收，全年实施各类农发项目61个,总投资18893.7万元。

8月29日　在部门网站及市政务信息公开网站上设立专栏,公开了2013年政府决算、部门决算及“三公”经费决算,市本级决算信息首次实现公开。

8月　市本级全面清理盘活财政存量资金,对财政专户中连年结转、不需支出的项目资金4653万元收回预算,统筹安排使用。

8月　本市土地入股合作社承办高标准农田项目进行试点项目获批，探索农民土地入股参与财政资金形成资产长期分红新机制。

9月1日　建立大病医疗保险制度，为全市507万名农民、53万名城镇居民,28万名城镇职工办理大病保险。

9月26日　市委常委、常务副市长周勇听取市财政局群众路线教育实践活动情况汇报，市委第六督导组、市财政局班子全体人员等参加会议。

9月28日　印发《关于进一步做好预算执行动态监控管理的通知》,设置21项预警内容,由财政电子化平台通过动态监控预警系统对预算单位的支付申请进行逐笔受理审核。

9月29日　省财政厅副厅长朱长才带领调研组对本市财政改革、财政帮联和教育实践活动开展情况等工作进行调研。

9月底　各县区决算信息公开工作全部完成。

10月15日　市财政局召开群众路线教育实践活动总结大会，市直财政系统党员干部参加会议,市委第六督导组到会指导。

10月29日　副市长杨俊龙到市财政局调研财政工作。

10月31日　省财政厅副厅长左俊一行到宿州市调研全程社会化服务体系及现代农业等工作。

10月　市政府成立市涉企收费清单工作领导小组办公室,市非税局参与对44个市直和驻宿单位上报的收费事项集中审核工作，初步建立涉企收费清单制度。

11月6日　市财政局副局长欧亚东、纪检组长陈玮带领局相关科室负责同志到定点扶贫村萧县圣泉乡郭庄村对接扶贫“双包”工作事宜。

11月12日　省财政厅副厅长吴天宏赴萧县看望沈浩同志母亲。

11月13日—12月21日　对全市政府存量债务进行清理甄别。

12月8日　市财政局召开市直财政系统妇女大会,举行第三届妇委会换届选举,柏红、王晓兰、江南、刘培培、吴丽娜五位同志当选为新一届妇委会委员。

12月1日　制定《宿州市市直机关会议费管理办法》、《宿州市市直机关培训经费管理办法》和《宿州市市直机关外宾接待费管理办法》。

12月31日　市本级209家预算单位纳入国库集中支付,全年累计办理集中支付业务80856笔,比上年同期增加19059笔,增长23.57%;集中支付总量达到130.55亿元，比上年同期增支32.47亿元,增长24.87%。

12月31日　全市财政总收入完成114.34亿元,同比增收14.03亿元,增长14%,高于全省市级平均增幅5.3个百分点,占年度收入预算的101%,总量居全省第13位,增幅居全省第4位。

（宿州市财政局供稿）

蚌埠市财政工作大事记

1月3—4日　省财政厅党组成员、副厅长左俊一行来蚌开展财政运行情况和财政经建工作调研。

1月16日　全市10人入围全国会计专业技

术资格考试银榜,位居全省第二。

1月22日　市财政局局长王莉敏为财税等五部门作专题宣讲报告,贯彻三中全会精神,推进财税重点改革。

2月12日　市财政局召开党的群众路线教育实践活动动员大会。

3月12日　全市财政暨民生工程、城乡居民收入倍增工作会议召开。

3月14日　市人大常委会副主任周刚民来市财政局专题调研税制改革情况。

3月16日　省金融办副主任杨宏春一行来本市调研督查政策性农业保险工作。

4月1日　市财政局获全市党的工作先进党组及“服务型机关”创建先进单位荣誉称号。

4月3—4日　财政部部长楼继伟一行来蚌调研指导党的群众路线教育实践活动开展情况,省委常委、常务副省长詹夏来,省财政厅厅长罗建国,市委书记周春雨,市长白金明,市财政局局长王莉敏等陪同调研。

4月10日　省财政厅党组成员、副厅长陈军一行来蚌开展县级公立医院综合改革工作调研。

4月17日　省国资委主任许崇信一行来蚌调研财政国资系统党的群众路线教育实践活动开展情况和国资国企改革管理工作。

5月13日　市人大常委会副主任周刚民来市财政局开展政府性债务情况专题调研。

5月20日　市委常委、市委组织部部长周勇来市财政局调研指导群众路线教育实践活动。市纪委常委陆和平、市委组织副部长徐农军、市委第七督导组组长王刚等陪同调研。

6月8日　省财政厅民生办一行来蚌开展财政帮联工作督查。

6月20日　中注协副秘书长蔡晓峰一行来蚌调研注册会计师行业人才队伍建设情况，省财政厅副巡视员陈传文、省注协秘书长彭高俊,市财政局局长王莉敏等陪同调研并参加座谈会。

7月10日　蚌埠市财政局、五河县财政局和怀远县财政局荣获2013年度全省惠农补贴资金绩效评价一等奖,固镇县财政局荣获二等奖。

7月21日　全市国有资产资源清查工作正式启动。

7月28日　市人大常委会党组书记、主任何金良，市人大常委会副主任周刚民一行到市财政局,开展财政经济运行情况专题调研。

8月4日　财政局荣获全市发展民营经济先进单位称号。

8月9日　本市在全省率先实现财政一体化平台与非税收入征收系统数据共享。

9月15—16日　省财政厅副巡视员、省非税局局长李友兰一行来蚌调研指导财政重点改革、财政收支运行、财政重点工作等推进落实情况。

9月19日　本市成为全国首批市级国库集中支付电子化改革试点市。

9月24日　本市市直87家预算单位集中公开2013年度部门决算及“三公”经费决算。

10月15日　市财政局召开党的群众路线教育实践活动总结大会。

10月27日　市政协召开十三届二十四次主席会议,专题听取全市1-9月份财政预算执行、民生工程开展和上级专项资金使用情况汇报。

11月7日　省财政厅副巡视员、省非税局局长李友兰一行来蚌开展财政重点工作调研。

12月31日　市委书记周春雨，市委副书记、市长白金明，市委副书记王诚一行来市财政局调研财政工作。

（蚌埠市财政局供稿）

阜阳市财政工作大事记

1月　市财政局开展工作效能考评会。

1月　省财政厅副厅长陈军来阜开展财政工作调研活动。

1月　市财政局召开全局干部职工大会。

1月　市财政局到阜阳预备役团开展慰问活动。

1月　市财政局在阜阳人代会期间设立预算查询处。

2月　市委常委、常务副市长卢仕仁到城投公司调研。

2月　市效能办考核组来市财政局考核效能工作。

2月　市财政局召开群众路线教育实践活动动员大会。

2月 市委考核组来市财政局考核2013年度党风廉政建设责任制落实情况。

2月 市财政局组织收看全省财政工作视频会。

3月 本市召开全市财政暨民生工程工作会议。

3月 省财政厅金融处来阜调研。

3月 市财政局组织全体干部职工到阜阳第一监狱开展警示教育活动。

3月 市效能办对市财政局重点考评科长进行考核。

3月 省财政厅厅长罗建国到阜南开展财政工作调研活动。

4月 市审计局来市财政局开展审计工作。

4月 市财政局局长虞建斌到颍东区开展调研活动。

4月 市委群众路线活动领导小组第七督导组来市财政局检查群众路线活动开展情况。

4月 市财政局组织全体干部职工赴临泉县韦寨镇刘邓大军淮西指挥部旧址接受革命教育活动。

4月 省财政厅经建处一行来阜调研财政工作。

4月 省财政厅副厅长陈军一行来本市开展财政工作调研。

4月 省群众路线教育实践活动督导组来市财政局检查群众路线教育实践活动开展情况。

5月 市财政局参加在线访谈活动。

5月 市财政局党组书记、局长虞建斌给全局干部职工上党课。

6月 市财政局开展安全生产宣传活动。

6月 市财政局开展节能工作宣传活动。

6月 本市开展33项民生工程政策集中宣传日活动。

7月 市财政局召开全市财政系统宣传工作会议。

7月 市委常委、常务副市长卢仕仁来市财政局开展调研活动。

7月 市财政局召开群众路线民主生活会。

7月 市党风廉政建设督察组来市财政局检查指导工作。

7月 市财政局到驻阜武警支队、预备役团开展慰问活动。

8月 市财政局召开预算编制会议。

8月 市财政局党组书记、局长虞建斌到非税局、服务中心开展调研活动。

8月 省财政厅经济建设处一行来阜调研帮联工作开展情况。

8月 市财政局开展效能工作布置会。

9月 省财政厅副厅长陈军来本市开展财政工作调研活动。

9月 市财政局组织开展工作效能日常督查活动。

10月 市财政局召开党的群众路线教育实践活动总结大会。

10月 省财政厅厅长罗建国到阜南开展财政工作调研活动。

11月 市财政局开展秋季运动会。

11月 市财政局召开部门预算评审会。

11月 市财政局中心组学习会学习十八届四中全会精神。

11月 市财政局召开清理债务工作会议。

11月 市财政局到临泉县开展综治帮扶活动。

12月 市财政局开展法制宣传活动。

12月 市财政局召开党组中心组学习会，邀请市直工委书记高奎作报告。

12月 市委副书记、市长李平来市财政局开展调研活动。

(阜阳市财政局供稿)

淮南市财政工作大事记

1月1日 经市政府批准，新《淮南市政府非税收入征收管理办法》正式施行。

1月6日 市财政局召开全市综合治税工作座谈会，就税收征管面临的重点难点问题开展座谈。

1月16日 市财政局组织召开淮南市地方政府债务系统业务培训会，会议就进一步加强政府性债务管理提出具体意见。

1月24日 淮南市第十五届人民代表大会第三次会议经过审议，决定批准淮南市2014年市本级预算，同意市人民政府提交的《淮南市 2013 年财政预算执行情况和 2014 年财政预算草案的报告》。

2 月 11 日　市财政局召开党的群众路线教育实践活动动员大会，动员部署教育实践活动。局党组书记、局长、局教育实践活动领导小组组长陈永多主持会议并做动员讲话。

2 月 15 日　市财政局党组制定《淮南市财政局领导干部一岗双责责任制度》，进一步推进局机关一岗双责制度的实施，强化党风廉政建设。

2 月 25 日　云南省非税局考察组一行在省非税局有关领导陪同下，来淮考察、交流非税收入管理工作。

2 月 27 日　市财政局、市农委联合召开由各区县财政局、农水局参加的种植业保险协调会，共同分析小麦保险存在的问题，商讨解决问题的办法

3 月 1 日　市政府出台《关于 2014 年实施 33 项民生工程的通知》，决定 2014 年实施 33 项民生工程，较上年新增 4 项。

3 月 13 日　省财政厅副厅长左俊率经济建设处有关人员，来淮调研棚户区改造及项目融资工作情况。

3 月 18 日　召开县区财政局长工作会议，通报 2014 年前 2 个月全省财政收入情况和淮南财政收入规模、在全省的位次和增幅情况，部署有关任务。

3 月 28 日　市财政局召开 2014 年参与式预算网络评审培训会。

4 月 2 日　省委党的群众路线教育实践活动督导组周本银组长一行 3 人，来市财政局检查指导群众路线教育实践活动第一环节工作。

4 月 2 日　市财政局党组书记、局长陈永多与新提拔的 9 名试用期科级干部进行谈心谈话并提出要求，党组成员、纪检组长宋建军参加谈话会。

4 月 18 日　市财政局举办"友善互助 共建和谐"主题道德讲堂。活动按照唱歌曲、看短片、讲故事、诵经典、做点评、送吉祥六个内容依次进行，收到良好效果。

4 月 24 日　《中国财经报》登载《安徽省淮南市通过"制度 + 科技"有效防控财政廉政风险》报道，宣传淮南财政廉政风险防控的措施和成效。

4 月 24 日　省经信委重点项目督察组到市担保公司检查工作，市财政局局长陈永多以及市经信委负责同志陪同检查。

4 月 27 日　省财政厅检查组一行四人来淮对 2013 年政策性农业保险工作开展情况进行绩效评价。

4 月 28 日　省财政厅副厅长朱长才率政法处负责人来淮开展财政改革工作调研，督导党的群众路线教育实践活动。

4 月 30 日　市政府召开 2014 年市级预算信息公开媒体通气会。市财政局局长陈永多通报 2014 年市级预算信息公开的有关情况，并回答省市媒体记者提问。

4 月 30 日　2014 年市级政府预算、市级 90 个部门的 2014 年部门预算和"三公"经费预算，通过本部门门户网站或市政府信息公开网，全部面向社会公开。

5 月 10 日　淮南市本级 2014 年参与式预算会议评审工作结束。

5 月 16 日　市财政局召开 2013 年度淮南市本级权责发生制政府综合财务报告试编工作布置会。

5 月 16 日　市财政局邀请 10 名高级会计师参加座谈会。

5 月 20 日　2014 年度村级公益事业建设一事一议财政奖补工作会议召开，各县(区)分管领导和综改办负责同志参加会议。

5 月 22 日　全市所得税税源调查暨重点产品国际竞争力调查培训会议召开，81 家企业会计人员参加会议。

6 月 5 日　市民生工程调度会召开，会议学习传达全省民生工程培训会议精神和省民生办《关于开展农村危房改造和就业技能培训绩效评价的通知》，市直相关部门和各县区汇报民生工程进展情况并交流发言。

6 月 9—10 日　国务院农村综合改革工作小组尹红平一行来凤台县检查农村综合改革示范试点工作。

6 月 20 日　市财政局党组书记、局长陈永多给全局干部职工上党课。

6 月 27 日　市财政局召开 2015 年市级部门预算编制工作会议。

7月15日　市财政局召开专题会议，对全面深化改革财税任务进行梳理。

7月23日　市财政局召开县区财政“平台一体化”业务座谈会,进一步推动县区财政“平台一体化”改革工作。

7月30日　市财政局召开全市小额担保贷款及财政贴息资金管理工作会议，对小额担保贷款审批权限及贴息资金审核、申报及拨付等工作下放县区进行具体布置。

8月1日　市财政局召开市本级财政代理业务库行联网布置会。

8月6日　淮南市政府制定《淮南市民生工程信息网上公示制度》,全面实行民生工程信息网上公开。

8月14日　淮南市第十五届人民代表大会常务委员会第十三次会议听取和审议市财政局局长陈永多同志受市人民政府委托所作的《关于淮南市2014年地方政府债券收支及预算调整方案的报告》。

8月19日　市财政局、市审计局召开动员部署会,就深入开展贯彻执行中央八项规定,严肃财经纪律和“小金库”专项治理工作进行部署。

9月16日　省财政厅副厅长朱长才率政法处相关负责同志来淮调研财政重点工作。

9月17日　市财政局局长陈永多应邀走进市广播电台政风行风热线栏目，就重新颁布修订后的预算法和2014年本市实施的33项民生工程向广大听众朋友作详细解读。

9月17日　世界银行负责淮南市塌陷区治理利用世行贷款项目经理李晓凯先生率世行评估团来淮，对采煤塌陷区治理利用世行贷款项目进行评估,对项目可研、环评、土地、贷款主体等多方面进行详细论证。

9月23日　淮南市实施县区国有资本经营预算编制工作会议召开，各县区财政局相关人员参加。

9月24日　市委第五督导组在市财政局组织召开党的群众路线教育实践活动汇报会，市人大常委会副主任许承通、第五督导组组长朱长珍出席会议并讲话，市财政局党组领导班子成员参加会议。

9月25日　市非税局召开县区财政票据电子化管理系统实施工作会议。

10月8日　市人大常委会预算工委主任李亚一行来市财政局,审议财政绩效评价工作,市财政局局长陈永多介绍相关情况。

10月16日　市财政局召开党的群众路线教育实践活动总结大会，对市财政局党的群众路线教育实践活动进行总结,局党组书记、局长陈永多作教育实践活动总结讲话。

10月17日　市财政局召开市级行政事业单位资金和非经营性资产清理工作会议，对资金和非经营性资产清理工作进行安排。

10月28—31日　省农发局对淮南市2013年农业综合开发项目开展综合检查。

11月4日　市财政局举办市级预算单位国库集中支付业务培训班。

11月5日　省财政厅副厅长朱长才率政法处相关负责同志来淮调研财政重点工作。

11月13日　淮南市2014年度村干部财政支农政策培训开班，来自全市各县区共150名村干部参加培训。

11月13—14日　财政部国库司与世界银行“政府综合财务报告指标分析研究”调研组来淮开展调研。

11月28日　市属企业国有资本经营预算工作会议召开。会议通报2014年国有资本经营预算收缴情况,布置2015年国有资本经营预算编报工作。

12月2日　省非税局调研组来淮开展专题调研。

12月17日　2014年度市级部门决算布置会在召开,市直各预算单位财务负责人、经办人参加会议。

12月18日　省委组织部城组处吕国平一行,对淮南市注册会计师行业党建工作进行检查督导。

12月19日　淮南市委常委会第十六次会议召开,会议听取和审议2014年全市民生工程建设实施情况的专项工作报告。

12月29日　市财政局召开全体干部职工会议,传达学习贯彻市委九届七次全会精神。

（淮南市财政局供稿　吴波）

滁州市财政工作大事记

1月1日　滁州市首份邮政业增值税发票在邮政速递公司成功开出，标志滁州市邮政服务业营改增试点改革扩围工作顺利实施。

1月2日　省财政厅副厅长左俊一行来本市开展财政工作调研。

1月12日　市人代会通过《关于滁州市2013年预算执行情况和2014年预算草案的审查报告(草案)》。

1月　财政专户管理信息系统正式上线。

1月　成立市财政局债务办。

2月10日　召开党的群众路线教育实践活动动员大会,全面启动教育实践活动。

2月13—14日　市财政局召开春训班。

2月28日　市效能办在市财政局召开进一步加强市直单位内部管理制度落实现场会。

2月　正式启动政府债务资金管理工作。

2月　修订《滁州市市直机关出国出境资金管理办法》《滁州市市直机关外宾接待资金管理办法》《滁州市市直机关差旅费管理办法》。

3月7日　市财政局当选2013年度市直单位服务"三个一千"行动、十大"三帮之星"和十大"三帮成果"述评活动十大"三帮成果"单位。

3月31日　出台《滁州市财政局关于建立财政农业项目库的工作意见》《滁州市财政农业项目市级专家评审管理暂行办法》。

4月10日　印发《滁州市政府向社会力量购买服务试点方案》。

4月12日、16—18日，省财政厅副厅长左俊一行深入本市调研财政支农和农村综合改革等财政工作。

4月17日　印发《滁州市市级预算单位公务卡管理办法》。

4月30日　市本级87家一级预算单位向社会公开2014年部门预算和"三公"经费预算。

4月　出台《滁州市政府性债务管理暂行办法》。

5月5日　启动滁州市会计从业资格常态化考试改革。

6月17日　启动2015年市级预算编制工作。

6—8月　开展2013年度权责发生制政府综合财务报告试编工作。

6月　修订《滁州市市直党政机关因公临时出国经费管理办法》并出台《滁州市市直机关差旅费管理办法》。

6月　完成电信业营改增试点上线工作。

7月8日　印发《滁州市市直机关培训经费管理办法》。

7月9日　印发《滁州市购买公共就业服务实施办法》。

7月19—20日　省财政厅厅长罗建国一行来滁调研指导财政工作。

7月19日　市财政局党组召开党的群众路线教育实践活动专题民主生活会。

7月23日　制定《滁州市2014年财政支持农民专业合作社创新试点方案》。

7月31日　印发《滁州市市级预算公开评审暂行办法》。

8月9日　对2014年财政支持农民专业合作社创新试点进行公开竞争立项。

8月　完成2013年市直部门决算核查工作。

8月　完成预算单位2013年结转结余资金清理工作。

8—11月10日　市财政局开展市直各类事业单位及事业单位所办企业国有资产产权登记管理工作。

8月21日　向市人大常委会报告2013年决算工作和2014年上半年执行情况。

8月—10月　配合做好国家审计署土地出让金及耕地保护审计相关工作。

9月3日　市人大常委会调研组莅临市财政局，对张志华任市财政局局长以来履职情况进行调研走访。

9月18日　省财政厅副厅长左俊赴全椒县调研财政重点工作。

9月26日　滁州市公开市本级2013年政府决算、"三公"经费决算和87家一级预算单位(含所属单位)2013年部门决算和"三公"经费决算。

9月28日　邀请市人大代表、市政协委员一行7人对本市全椒县、明光市农业综合开发工作进行专题视察。

9月底　启动滁州市国库集中支付电子化管理试点工作。

9—11月　编制2015年国有资本经营预算。

10月8日　滁州市政府采购网上竞价交易平台试运行。

10月13日　财政部驻安徽财政专员办事处专员黎昭、副专员姜小林及陈虹玉处长一行到市财政局调研指导工作并召开座谈会。

10月15日　召开党的群众路线教育实践活动总结大会。

10月15日　修订并以市政府名义出台《滁州市政府投资项目管理暂行办法》。

10月21日　以市政府名义出台《滁州市市区城镇土地使用税奖励政策(试行)》。

10月　向人大常委会报告《关于2014年市本级地方政府债券转贷资金安排及预算调整方案(草案)的汇报》和《关于市土地储备中心国开行土地收储项目申请融资情况的报告》。

10月24日　以市政府办公室名义出台《关于进一步创新和加强乡镇财政资金监管工作的意见》。

11月4日　中国农村财政研究会常务副会长王树勤一行赴滁州市定远县开展“中央与地方财政支农事权和支出责任划分”专题调研。

11月4—5日　省财政厅副厅长左俊来滁开展财政重点工作调研。市政府常务副市长章义陪同调研。

11月14日　召开全市深化预算管理改革暨加强政府性债务管理专题会议。

11月21日　市财政局、市司法局联合制定《滁州市政府购买法律援助服务实施工作暂行办法》。

11月底　启动全市公车改革工作。

12月　积极开展国家宪法日暨全国法制宣传日活动。

12月10日　印发《滁州市政府向社会力量购买服务指导目录》。

12月16—18日、19—22日，市民生办会同市政府、市人大、市政协组织开展民生工程大督查，对8个县(市、区)的民生工程实施情况督查调研。

12月18日　联合市招标局出台《滁州市市级2015-2016年政府集中采购目录及限额标准》，规范政府采购。

12月　布置2014年度财政决算工作。

12月　市政府常务会议专题听取2015年财政预算报告，市人大财经工委专题听取2014年预算执行情况和2015年预算报告(草案)。

(滁州市财政局供稿)

六安市财政工作大事记

1月6日　市财政局、市文明办联合发布《六安市道德模范帮扶专项资金管理办法》(财行〔2014〕22号)。

1月8日　省财政厅副厅长吴天宏赴六安开展财政工作调研，市财政局党组书记、局长王琢和部分受邀省人大代表参加座谈会。

1月9日　省财政厅会计处一行赴六安市裕安区黄巷村开展结对共建工作。

1月10日　市财政局发布《转发〈安徽省财政厅关于加强政府性债务审批管理的通知〉》(财预〔2014〕31号)。

1月10日　市财政局(国资委)组织召开市直单位2013年度部门决算布置工作会议。

1月17日　市财政局发布《六安市财政局涉企项目资金管理信息系统建设工作实施方案》(财监〔2014〕62号)。

1月17日　市财政局党组书记、局长王琢率局机关党委、团委一行6人赴结对共建村金寨县槐树湾乡万冲村走访慰问困难党员群众，与村两委班子谋划发展思路。

1月21日　市财政局发布《六安市财政局关于厉行节约严禁超标准采购的通知》(财购〔2014〕36号)。

1月25日　市财政局召开党组会议，听取关于贯彻执行中央八项规定情况的汇报，要求扎实做好春节期间党风廉政建设各项工作，并讨论通过《六安市财政局(国资委)关于贯彻执行中央八项规定情况的通知》。

1月29日　市财政局召开党员干部大会，迅速传达贯彻市纪委三届四次全会精神，通报落实中央八项规定的情况，并对春节期间廉洁自律工作提出具体要求。

2月7日　市财政局党组书记、局长王琢迅速传达市委中心组(扩大)学习会精神，安排部署党的群众路线教育实践活动。

2月10日　市财政局召开党组会议，传达学习习近平总书记在党的群众路线教育实践活动第一批总结暨第二批部署会上的讲话精神和孙云飞书记在市委中心组(扩大)学习会上的讲话精神，研究讨论局深入开展党的群众路线教育实践活动的实施方案。

2月11日　市财政局(国资委)发布《六安市财政局(国资委)深入开展党的群众路线教育实践活动实施方案》(财办〔2014〕67号)。

2月12日　市纪委(监察局)、市委组织部、市财政局等7家单位联合发布《关于进一步加强防治"小金库"长效机制建设的通知》(财监〔2014〕75号)。

2月13日　市财政局(国资委)召开党的群众路线教育实践活动动员大会，贯彻落实中央和省委、市委关于开展党的群众路线教育实践活动精神，动员部署教育实践活动，市委第六督导组组长李琴、副组长梁咏鸿及督导组成员到会指导。

2月13—19日　市财政局副局长汪英来率队先后到市城管局及其下属市环卫处、新老淠河管理局、市政工程管理处、园林局开展调研会商活动。

2月14日　市委常委、常务副市长付新安到市财政局(国资委)调研财政工作。

2月14日　市财政局(国资委)召开2013年度述职大会。

2月18日　市财政局副局长涂成富一行赴六安市捷通达化工有限公司开展调研。

2月21日　以"敬业奉献"为主题的六安市第十六期"道德讲堂"总堂在市财政局(国资委)开讲。

2月21日　市财政局组织市直行政机关、参照公务员管理单位及地税系统财务人员280余人，在六安技师学院开展为期一天的行政单位会计制度培训。

2月下旬—3月中旬　市财政局农发局采取明察暗访形式，对五县三区农发项目建设情况进行中期检查。

2月24日　市财政局组织召开全市财政监督工作会议，总结回顾2013年财政监督工作，安排部署2014年财政监督工作。

2月24日　市政府组织召开市民生工程协调小组会议，研究审定2013年市直部门和县区政府民生工程工作奖励方案，讨论2014年实施37项民生工程的通知和2014年民生工程工作要点。

2月25日　市财政局(国资委)邀请市委党校马克思主义基础理论教研室主任王成周教授作党的群众路线教育实践活动专题讲座。

2月26日　市财政局发布《六安市本级部门预决算及"三公"经费信息公开实施方案》(财预〔2014〕88号)，明确市直部门预决算及"三公"经费信息公开的内容、形式和时间。

2月27日　市财政局(国资委)召开机关工作表彰大会。

2月27日　市财政局提请市政府发布《六安市人民政府关于2014年实施37项民生工程的通知》(六政〔2014〕15号)，部署2014年民生工程工作任务。

2月28日　市财政局党组成员、纪检组长常前松率队赴开发区财政局开展帮联活动。

3月2日　市财政局机关党委一支部召开党的群众路线教育实践活动学习会，传达学习《中共六安市委组织部关于对不合格党员及时进行组织处理的意见(试行)》(六组字〔2014〕2号)精神。

3月5日　市财政局党组书记、局长王琢带队到金寨县万冲村开展党的群众路线教育实践活动调研，听取群众对财政工作的意见和建议。

3月7日　市财政局党组成员、纪检组长常前松率队赴叶集试验区开展帮联活动。

3月7日　市财政局召开全市财政经建工作暨2013年度固定资产投资财务决算会审会议。

3月9日　市财政局党组书记、局长王琢率党员干部一行53人赴寿县小甸集镇接受党的群众路线和革命传统教育。

3月10日　市财政局召开党的群众路线教育实践活动领导小组会议，总结学习教育环节情况，研究谋划听取意见环节工作。

3月10日　市财政局党组书记、局长王琢，市国资委副主任刘玉飞一行到市融资担保公司开展调研。

3月11日　省财政厅副厅长左俊率金融处、

省农委合作处一行赴六安市开展政策性农业保险调研和督查。

3月12日　市财政局(国资委)召开党的群众路线教育实践活动学习交流会，局领导班子成员交流学习心得，全体党员干部参加会议，市委第六督导组梁咏鸿副组长一行到会指导。

3月14日　市财政局(国资委)召开党风党纪教育专题会，要求深入贯彻落实上级决策部署，以改革创新精神推进财政反腐倡廉建设向纵深发展。

3月15—16日　省财政厅厅长罗建国率队到寿县调研财政工作。

3月18日　市财政局党组书记、局长王琢带领预算科、农发局有关负责同志一行3人，深入霍邱县长集镇开展美好乡村和乡镇财政工作调研。

3月19日　市财政局(国资委)召开全体党员大会，调整、增选机关党委书记、副书记。

3月19日　省财政厅综合处一行来六安市检查2013年度公租房建设及资金管理工作。

3月20日　市财政局副局长涂成富带领社会保障科有关负责同志，赴霍山县衡山镇和佛子岭镇开展党的群众路线教育实践活动和乡镇财政工作走访调研。

3月20日　市政府任命黄汇东同志为市国资委主任，刘玉飞同志为市财政局副局长，免去其市国资委副主任职务。

3月20日　市财政局农发局组织召开县区农业综合开发办(局)主任(局长)暨项目统计和资金决算汇编会议。

3月25日　市财政局党组成员、副调研员杨庆法带领农村局、综改办有关同志，赴裕安区分路口镇、独山镇开展党的群众路线教育实践活动和涉农资金监管帮联工作调研。

3月25日　市人大常委会任命孙学龙为市财政局局长。

3月27—28日　市财政局党组成员、副调研员杨庆法率农业科有关人员赴霍山县、金寨县开展霍山石斛产业发展专题调研。

3月28日　市财政局副局长涂成富带领社会保障科有关负责同志一行赴金安区开展县级公立医院改革和基层医改工作督查和调研。

3月29日　市财政局(国资委)召开2014年第一次局务(扩大)会议，要求着力构建“六型财政”、建立健全财政工作“十大机制”、不断强化“十种意识”。

4月1日　六安市全面启用新医疗门诊和住院票据，市财政局对已用和未用原医疗票据进行登记。

4月1—2日　山西省财政厅金融处一行在省财政厅金融处有关同志陪同下，来六安市调研财政金融工作。

4月2日　省财政厅监督检查局一行来六安市调研村级党组织活动场所和六安开发区、市产业集中示范园区党群活动服务中心建设情况。

4月4日　市财政局(国资委)组织机关和局属单位党员、干部90余人开展党的群众路线教育实践活动知识测试。

4月4日　市财政局(国资委)召开局机关全体干部职工大会，传达学习习近平总书记在参加十二届全国人大二次会议安徽省代表团审议时提出的“三严三实”重要论述和在兰考县调研时的重要讲话精神，学习毕小彬市长在市政府第一次廉政建设会议上的讲话精神。

4月9日　市财政局(国资委)组织机关干部职工80余人参观市廉政教育基地反腐倡廉图片展和皖西博物馆“党的历史上十次重要的整党整风和学习教育活动暨六安开国将军群众情结”图片展。

4月9日　市财政局(国资委)发布《政府向社会力量购买服务工作的实施方案》(财综〔2014〕167号)，明确政府购买服务工作的指导思想、总体目标、工作任务、实施步骤、保障措施等。

4月10日　市财政局资产管理中心会同市招投标中心，在资产使用单位的见证和监督下，采取公开抽签方式，从社会中介机构备选库中选择两家评估机构和两家拍卖机构承担市广播电视台等6家单位，共3605.51平方米房产的出售、出租业务。

4月10日　六安市调整市美好乡村建设资金整合指导组组成人员，市政协副主席、市财政局局长孙学龙任组长。

4月13日　市政协副主席、市财政局局长孙学龙一行赴金寨县、霍山县调研财政工作。

4月14日　市财政局(国资委)调整局党的群

众路线教育实践活动领导小组组成人员，局党组书记、市国资委主任黄汇东同志任组长。

4 月 15 日　市政府召开市直国有企业改革工作领导小组会议，市委常委、常务副市长、市直国有企业改革领导小组组长付新安出席会议。

4 月 18 日　六安市决算编报工作圆满通过省财政厅验收。

4 月 21 日　市财政局召开理论中心组扩大学习会议，集中学习习近平总书记在河南省兰考县调研指导党的群众路线教育实践活动时的重要讲话精神和省委书记张宝顺在《人民日报》发表的关于深入学习贯彻习近平同志参加十二届全国人大二次会议安徽代表团审议时的重要讲话精神的署名文章——《坚持“三严三实” 推进作风建设》。

4 月 22 日　市财政局召开市本级政府采购特邀监察员聘请仪式暨培训会，市财政局党组成员、纪检组长常前松为聘请的政府采购特邀监察员颁发聘书。

4 月 23 日　省国资委常务副书记、副主任高伟在省国资委组织宣传处处长蔡时清陪同下，到第二批教育实践活动联系点六安市国资委调研，指导六安市国资系统群众路线教育实践活动和国有资产监督管理工作。

4 月 22 日　市注册会计师行业党委召开全体党员大会，进行党委换届选举，选举涂成富任书记，潘献庆、陈克宝任副书记，许令春任组织委员，朱心勇任宣传委员，史跃芳任纪检委员，胡胜任群团委员。

4 月 24 日　省财政厅党组书记、厅长罗建国赴六安市开展财政改革工作调研。

4 月 24—25 日　省财政厅农村局和合肥市财政局农村局一行来六安市开展 2013 年度惠农补贴资金和乡镇财政资金监管绩效评价省级重点检查。

4 月 25 日　市财政局(国资委)组织全体党员干部认真学习《省纪委抓中央八项规定贯彻落实情况汇报及工作建议》和市委党的群众路线教育实践活动领导小组《关于开展向程善球同志学习活动的通知》，并观看电影《焦裕禄》。

4 月 25 日　市财政局(国资委)依法行政工作连续 3 年被评为优秀等次，被市政府授予依法行政先进单位。

4 月 30 日　共青团安徽省委表彰市财政国库支付中心团支部为 2013 年度“全省五四红旗团支部”。

5 月 4 日　市财政局(国资委)召开 2014 年第二次局务(扩大)会议，安排部署当前财政工作。

5 月 6 日　市政协副主席、市财政局局长孙学龙一行赴市财政局招商引资项目三峰环保发电有限公司调研。

5 月 6 日　市财政局(国资委)召开青年干部座谈会。

5 月 6 日　市财政局副局长刘玉飞带领农村局有关负责同志，深入到裕安区和金寨县开展惠农补贴“一卡通”专用存折发放清理试点工作调研。

5 月 7 日　市财政局(国资委)召开“会计基础工作规范管理年”达标验收检查动员会，布置第二阶段工作。

5 月 8 日　市财政局(国资委)召开党的群众路线教育实践活动领导小组第二次工作会议。

5 月 9 日　市财政局召开 2014 年度招商引资工作推进会。

5 月 9 日　市财政局召开全市政法经费报表和政法装备报表编报工作布置会。

5 月 13 日　财政部驻安徽专员办一行 6 人进驻六安市，对全市企业职工基本养老保险和基本医疗保险政策执行及基金管理情况进行为期一个月的专项检查。

5 月 13 日　市财政局会同市招投标中心在市工商局的现场监督下，对市直管公房经营管理处等 5 家单位的房产、车辆实行公开拍租拍卖，取得圆满成功。

5 月 15 日　市委党的群众路线教育实践活动第六督导组来市财政局(国资委)督查指导教育实践活动开展情况，并反馈征求到的关于市财政局(国资委)“四风”方面的意见建议以及对局领导班子的整体评价。

5 月 15 日　省财政厅社会保障处一行来六安市开展社会救助工作调研。

5 月 19 日　市财政局(国资委)召开 2014 年效能建设专题会议。

5 月 19 日　市政协副主席、市财政局局长孙学龙、副局长涂成富和相关科室人员，深入市卫生局开展会商交流。

5月19日—6月17日　市财政局监督局先后对市直8家行政事业单位开展会计监督检查，检查内容包括会计基础工作、会计信息质量、“小金库”等。

5月20日　市财政局发布《关于进一步健全财政监督管理机制的实施意见》(财监〔2014〕246号)，进一步加强财政监督管理，健全财政监督机制。

5月20日　市财政局提请市政府发布《六安市人民政府关于完善市与金安区、裕安区财政管理体制的通知》(六政办秘〔2014〕57号)。

5月20日　市政协副主席、市财政局局长孙学龙，市财政局纪检组长常前松、副局长汪斌，市财政局相关科室(单位)主要负责同志在分会场参加全省财政支出预算执行管理视频会议。

5月20日　市财政局发布《六安市市级行政事业单位国有资产使用管理暂行办法》(财资〔2014〕265号)。

5月20日　市财政局发布《六安市市级财政公物仓管理暂行办法》(财资〔2014〕264号)。

5月20日　市财政局发布《六安市非税收入征收管理工作机制》(财非税〔2014〕242号)，进一步建立健全非税收入征管新机制。

5月20日　市财政局发布《六安市财政局关于进一步健全财政监督管理机制的实施意见》(财监〔2014〕246号)，明确监督检查的主要任务、工作措施、工作要求、职责分工、检查结果运用和保障措施等。

5月20—21日　省农业综合开发局局长王建培先后赴舒城县桃溪镇、城关镇，霍山县诸佛庵镇、黑石渡镇就现代农业综合开发示范区和农业综合开发项目申报等开展专题调研，市政协副主席、市财政局局长孙学龙陪同调研。

5月23日　“财政大讲堂”正式启动，市政协副主席、市财政局局长孙学龙作以《深入贯彻十八届三中全会精神　全面深化财税体制改革》为主题的专题讲座。

5月23日　省财政厅农村局来六安市调研农村财政管理工作。

5月27日　市财政局发布《六安市市直机关差旅费管理办法》(财行〔2014〕255号)，规范市直机关工作人员因公临时到常驻地以外地区公务出差费用的管理。

5月27日　市财政局发布《六安市市直机关会议　培训　活动经费管理办法》(财行〔2014〕254号)，明确机关会议、培训、活动经费管理。

5月29日　召开市财政局党组会议，专题会诊教育实践活动活动中查摆出的和市委督导组收集反馈的“四风”方面的问题，集体把脉，确立整改重点，要求班子成员对号入座、主动认领。

5月31日　召开全市乡镇财政资金监管工作机制创新暨民生工程调度电视电话会，市委常委、常务副市长付新安就全市乡镇财政监管创新和民生工程实施进度推进工作提出要求。

6月4日　市政协副主席、市财政局局长孙学龙到市农委开展财政支农工作专题调研。

6月10日　省财政厅教科文处一行来到市财政局开展财政帮联工作指导、督查，市政协副主席、市财政局局长孙学龙专题汇报十项帮联重点工作进展情况和帮联工作机制建立情况。

6月10日　市财政局党组成员、纪检组长常前松主持召开2013年度企业所得税税源调查及重点产品国际竞争力调查培训布置会。

6月11日　市财政局党组成员、副局长涂成富主持召开市直部门预算编制工作座谈会，广泛征求有关部门单位对制定2015年市直部门预算编制方案的意见和建议。

6月17日　市财政局、市外办联合发布《六安市市直党政机关因公临时出国经费管理办法》(财行〔2014〕312号)，明确出国组团实行年度计划管理。

6月17日　市财政局提请市政府出台《六安市本级预算管理办法》(六政办〔2014〕26号)，全面规范市本级财政预算的编制、执行和监督程序，进一步强化市本级预算管理。

6月17日　省财政厅监督检查局来六安市开展皖北地区村级活动场所建设经费和省级以上开发区(园区)、产业集群专业镇党群服务中心建设经费专项监督检查工作。

6月19日　市财政局(国资委)积极组织参加“江淮普法行”大型法律咨询宣传活动。

6月20—30日　市财政局成立7个工作组，由领导班子成员分别带队深入五县四区财政局开展财政帮联工作督查暨行风巡查工作，着力改进工作作风，提升财政效能。

6月23日　市政府召开全市2015年预算编制暨财政有关重点工作推进会议，解读2015年市级部门预算编制政策，布置深化市直国有企业和国有资产管理改革各项具体工作。

6月25日　市财政局提请市政府发布《六安市直部门财务统管工作实施方案》(六政办秘〔2014〕89号)，实行主管部门集中统管制、部门单位独立核算制、社会中介机构代理会计核算制三种财务统管模式，并明确自2014年6月1日开始实施。

6月30日　市财政局(国资委)在市财税干校举办市直行政事业单位会计人员会计业务培训。

6月30日　召开市财政局(国资委)2014年第四次局务(扩大)会议，总结上半年财政工作，安排部署7月份财政重点工作。

7月3日　市财政局(国资委)举办第四期“财政大讲堂”，邀请财政部财政科学研究所副所长王朝才作“财政经济形势与财政改革”专题讲座。

7月5日　市政协副主席、市财政局局长孙学龙带领市财政局有关人员到霍山县下符桥镇、但家庙镇督查防汛工作。

7月23日　市政协副主席、市财政局局长孙学龙主持召开市直试点单位政府购买服务工作推进会。

7月23日　市财政局党组书记、国资委主任黄汇东主持召开部分行政事业单位资产产权划转工作专题会，重点推进学校医院、体制下划单位资产及廉租房产权集中管理和统一运营工作。

7月24日　市财政局党组成员、纪检组长常前松主持召开市财政局(国资委)2014年反腐倡廉工作任务落实推进会。

7月24日　市财政局党组书记、国资委主任黄汇东带领市财政局有关人员前往省财政厅企业处主动对接、汇报工作，积极争取国家级农村电子商务体系建设专项资金。

7月24—26日　市政协副主席、市财政局局长孙学龙，市财政局党组书记、国资委主任黄汇东参加市委三届八次全体(扩大)会，并参与工业暨城镇建设项目观摩检查。

7月26日　市政协副主席、市财政局局长孙学龙主持召开民生工程建后管养推进会。

8月1日　市财政局(国资委)举办第六期“财政大讲堂”，邀请裕安区丁集小学3名全国珠心算获奖选手现场进行珠心算演示和模拟比赛，展示六安市少儿珠心算教学成果，弘扬珠算传统文化。

8月3日　市财政局、市农委联合召开2014年财政支持农民合作社创新试点项目竞争立项答辩会，确定14个合作社为上报省财政厅审批的试点合作社。此举为六安市首次联合采取竞争立项答辩的方式确定财政支农项目。

8月4日　市财政局(国资委)召开2014年第五次局务(扩大)会暨教育实践活动专题民主生活会情况通报会。

8月5日　召开2014年上半年全市财政预算执行及财政改革情况新闻发布会。

8月6日　市财政局党组成员、副局长汪斌一行到市质监局就预算编制及下划后财政财务管理工作开展会商调研。

8月7日　市财政局开展对市本级2013年度部门决算批复工作。

8月8日　市财政局(国资委)召开全体干部职工大会，动员部署创建全国文明单位工作。

8月11日　市财政局、市审计局联合成立市严肃财经纪律和“小金库”专项治理工作领导小组，市政协副主席、市财政局局长孙学龙任组长，领导小组办公室设在市财政局监督检查局。

8月11日　市纪委、市监察局、市财政局、市审计局联合发布《六安市直党政机关和事业单位“公款私存”专项清理实施方案》(财监〔2014〕447号)。

8月13日　市政协副主席、市财政局局长孙学龙参加全省市县(区)财政局长座谈会。

8月14日　市政协副主席、市财政局局长孙学龙赴市广播电视台就债务管理、国有资产管理、预算编制管理等工作进行专题会商。

8月17—19日　市财政局在市财税干校举办全市第61期农村财会人员财政支农政策培训班，对五县三区73个乡镇“三资”代理服务中心会计共计80人进行为期3天的培训。

8月18日　召开全市1—7月份财税形势分析暨民生工程调度会，通报1—7月份财政预算执行和民生工程实施情况，分析当前面临的财税形势，安排布置今后一段时期的财税和民生工程工作重点。

8月18日　市财政局(国资委)发布《六安市财政局(国资委)关于印发〈六安市财政局(国资委)廉政谈话制度〉的通知》(财纪监〔2014〕463号)，明确廉政谈话的谈话目的、类型及对象、内容、组织实施等。

8月19日　市政协副主席、市财政局局长孙学龙率相关科室负责人到市城管局开展会商和帮联工作。

8月22日　市财政局(国资委)召开青年干部座谈会。

8月26日　市政府召开市直国有企业改革专题会议,市委副书记、市长毕小彬出席会议。

8月27日　省财政厅教科文处处长方习利一行赴六安市开展财政帮联,听取财政工作汇报,交流有关工作。

8月27日　市财政局(国资委)经过核对、归并、内审、移交7个统管单位账务后,将8套账务合并为1套账务,增强部门管理职责,进一步提高会计信息质量。

8月27日　市财政局副局长刘玉飞、市农委副主任方良朋率调研组一行赴霍邱县调研农业生产全程社会化服务试点工作开展情况。

9月1日　市财政局(国资委)召开2014年第六次局务(扩大)会议,安排布置9月份18项重点工作。

9月3日　省财政厅党组书记、厅长罗建国赴六安市调研财政重点改革、教育实践活动、财政系统帮联、财政制度建设以及政风行风建设等财政重点工作推进情况。

9月3日　市财政局党组书记、市国资委主任黄汇东带领企业科负责同志赴市公交公司布置年初安排的公交补贴资金绩效评价工作，并就公交事业发展及2015年预算安排有关工作进行会商。

9月9—10日　市政协副主席、市财政局局长孙学龙带队赴市科技局、市文广新局就2015年部门预算编制开展工作会商。

9月10日　市本级国库现金商业银行定期存款竞争性谈判圆满结束，市本级首次对国库现金进行商业银行定期存款操作,存款期限九个月,利息收入全额缴入国库,纳入预算管理。

9月16日　市人社局、市财政局联合举办市直预算单位工资业务培训会，市财政国库支付中心讲解工资统发业务流程。

9月18日　市财政局(国资委)发布《市直生产经营服务类事业单位转企改制清产核资工作方案》(财资〔2014〕478号),部署市直11家转制单位的账务清理、财产清查、价值重估、损益认定和资产核实等工作。

9月19日　市财政局(国资委)发布《六安市财政局(国资委)关于印发〈进一步加强档案管理工作实施方案〉的通知》(财办〔2014〕500号),确定档案管理范围、内容及实施步骤。

9月19日　市本级88个部门全部公开2013年度部门决算及“三公”经费信息。

9月22日　市财政局(国资委)组织召开转企改制清产核资工作会议，安排布置转企改制清产核资工作，并组织各转制单位主管部门从市财政局(国资委)建立的社会中介机构备选库中随机抽选5家会计师事务所对转制单位逐户进行清产核资。

9月24日　市政府召开市直国有企业改革工作领导小组第二次会议,市委常委、常务副市长、市直国有企业改革工作领导小组组长付新安出席会议。

9月25日　市财政局（国资委）举办第六期“道德讲堂”。

9月28日　市委副秘书长、市委办公室主任、市政协提案委副主任黄志传一行四人来市财政局(国资委)督查2014年政协提案办理工作,听取提案办理工作情况汇报。

9月29日　市财政局召开全市“涉企系统”建设工作推进会。

10月7日　市财政局(国资委)召开第七次局务(扩大)会议,部署年内重点工作,动员全局干部职工狠抓工作落实，提早推动年初确立的各项目标任务圆满完成。

10月9日　市财政局(国资委)发布《六安市财政局(国资委)关于编制2015年市级国有资本经营预算的通知》(财企〔2014〕533号),正式启动2015年度国有资本经营预算编制工作。

10月10日　市财政局召开市直重点单位非税收入收缴分析座谈会。

10月10日　市国资委召开由中介机构主要负责人参加的清产核资工作会议。

10月14日　市财政局(国资委)召开群众路线教育实践活动群众测评会议。

10月14日　市财政局纪检组长常前松一行7人到金寨县沙河乡开展人口计生、综治工作帮扶活动。

10月16日　市财政局、市人社局、市住建委联合发布《六安市农民工工资应急周转金使用管理暂行办法》(财社〔2014〕556号)。

10月17日　市财政局(国资委)在霍邱县周集镇"信义兄妹"养殖场隆重举行学雷锋志愿服务队授旗暨实践基地揭牌仪式。

10月20—24日　市财政局先后与霍邱县、霍山县、舒城县、金安区、裕安区、叶集区财政局联动举办"道德讲堂"活动。

10月21日　市财政局(国资委)召开党的群众路线教育实践活动总结大会。

10月22日　市财政局、市科技局联合发布《六安大学科技园种子资金管理办法(试行)》《六安大学科技园大学生创业扶持资金管理办法(试行)》和《六安大学科技园天使基金管理办法(试行)》,为六安大学科技园发展提供有力支持。

10月29—30日　中国财经报社新闻部主任刘国旺一行来六安市调研财政改革工作，市政协副主席、市财政局局长孙学龙参加座谈会。

10月30日　市财政局发布《六安市财政局关于〈六安市本级预算执行管理暂行办法〉的通知》(财预〔2014〕581号),明确预算编制、指标管理、非税收入管理、支出管理、结转结余管理、进度管理等内容。

10月30日　市财政局发布《六安市财政局(国资委)关于印发〈六安市财政局关于推进市本级预算绩效管理工作的实施方案〉的通知》(财预〔2014〕582号)，要求建立完善预算绩效管理运行机制。

10月31日　市财政局举办第十一期"财政大讲堂",邀请市国税局货物和劳务税科杨晓东科长讲解税收及"营改增"政策。

10月31日　市政府召开全市1—9月份财税形势分析暨民生工程调度会,市委常委、常务副市长付新安出席会议并提出要求。

11月3日　市编委同意设立市属国有及国有控股企业监事室,设监事室主任1名,专职监事2名,加强对市属国有及国有控股企业监督管理。

11月3日　市财政局(国资委)召开2014年第八次局务(扩大)会议,市政协副主席、市财政局局长孙学龙详细解读《国务院关于深化预算管理制度改革的决定》(国发〔2014〕45号)和《国务院关于加强地方政府性债务管理的意见》(国发〔2014〕43号),并安排部署阶段性工作。

11月4日　省财政厅党组书记、厅长罗建国赴六安市调研财政收支进度、财政重点改革、财政民生工作、财政制度建设以及政风行风建设等财政重点工作推进情况。

11月4日　市财政局党组成员、副局长汪斌一行到市工商局开展会商调研。

11月5日　市政协副主席、市财政局局长孙学龙率办公室负责同志送局选派干部丁明虎赴金寨县槐树湾乡码头村任职。

11月6日　市所辖五县三区全部完成财政票据电子化管理系统建设三级联网工作，提前完成省厅工作部署和要求。

11月6日　市财政局(国资委)发布《六安市财政局(国资委)关于编制六安市财政发展"十三五"规划的通知》(财综〔2014〕577号)。

11月7日　全市资产管理信息系统与财政一体化信息平台进行无缝对接并正式上线运行,同时召开全市资产管理信息系统应用暨事业单位及其所办企业产权登记业务专题培训会。

11月8日　由市文明办、皖西日报社、市广播电视台主办的2014年六安市二、三季度"六安好人"表彰仪式在商之都广场举行,市财政局第五批选派干部郑涛同志荣膺敬业奉献类型"六安好人"光荣称号。

11月10—20日　市财政局、市林业局抽调专业人员分三个组开展全市2014年财政奖补林业项目考评工作。

11月14日　市财政局、市商务局联合发布《六安市2014年省级市场体系建设专项资金使用与管理办法》(财企〔2014〕601号),明确专项资金支持范围、支持条件与标准、项目申报与审核、资金拨付与管理等。

11月17日　市财政局(国资委)召开2015年

财政工作务虚会。

11月18日　市财政局根据省农发局转发《国家农业综合开发办公室关于开展农业综合开发资金和项目专项自查的通知》(国农办〔2014〕222号)的要求,制定具体实施方案,部署2012-2014年度农发资金和项目专项自查工作。

11月20日　省财政厅农村局一行到金寨县调研指导乡镇财政管理工作。

11月21日　市财政局(国资委)志愿者服务队在局党组成员、纪检组长常前松的带领下到裕安区苏埠镇八一希望小学少年宫开展结对共建活动。

11月22日　市财政局召开各县区财政支出进度调度会议。

11月24日　市政府召开全市财政收入调度会,全面分析2014年以来全市财政收入形势。

11月24日　市财政局副局长刘玉飞率市财政局帮联工作组,深入金安区财政局开展第四季度帮联工作。

11月24—28日　市财政局、市农委组成两个工作组分别对2014年全市土地流转财政奖补申报工作进行核查。

11月27日　市财政局、市文广新局联合发布《六安市公共文化类民生工程绩效评价暂行办法》(财教〔2014〕636号),明确评价范围、指标体系、评价办法、结果运用等。

11月28日　市财政局党组成员、纪检组长常前松率队到叶集试验区开展财政会商帮联工作。

11月28日　市财政局(国资委)召开2014年度民生工程实施情况新闻发布会,六安政府网、皖西日报、大别山晨刊、六安广播电视台等8家市级新闻媒体记者受邀参加并提问。

12月1日　市财政局(国资委)召开2014年第九次局务(扩大)会议,安排布置12月份和年内财政重点工作。

12月2日　市档案局局长王平一行到市财政局(国资委)检查验收2014年度档案管理工作。

12月3日　市财政局(国资委)就市文广新局、皖西卫生职业学院、人民医院、第二人民医院、海事局、质监站等6家单位缴入市级财政公物仓的一批废旧资产实行集中处置,采取现场竞价的方式,共吸引15家报废公司参与竞价,成功处置电脑、打印机等电子办公设备和部分医用设备。

12月3—4日,省财政厅综改处一行到六安市开展一事一议财政奖补考核评价工作。

12月4日　市财政局(国资委)参加以“弘扬宪法精神,建设法治六安”为主题的“12.4”国家宪法日暨法治宣传日集中宣传活动。

12月5日　市财政局召开市直国库集中支付管理工作会议。

12月5日　省财政厅农村局、淮北市财政局农村局一行到霍邱县开展涉农资金专项检查。

12月5日　市政府召开全市财政收入调度会。

12月5日　大别山区(淠河流域)水环境生态补偿资金省财政补偿资金到位,标志着大别山区(淠河流域)水环境生态补偿工作正式实施。

12月9日　市财政局党组成员、副局长费小松率局综合(金融)科、民生办相关同志参加政风行风上线活动。

12月11—12日　省政府督查室主任汪春明带领省政府督查组一行来六安市开展民生工程实施情况督查。

12月14日　市财政局举办全市2014年度财政决算培训会议。

12月23日　市财政局党组书记、市国资委主任黄汇东带领计生综治帮扶组一行赴金寨县沙河乡开展计生和综治帮扶工作。

12月24日　市财政局(国资委)召开权力清单和责任清单清理工作布置会。

12月29日　市财政局机关党委召开会议,传达全市机关党建工作座谈会精神,研究布置2014年度机关党建迎评等相关工作。

(六安市财政局供稿)

马鞍山市财政工作大事记

1月1日　本市所辖三县全部实行市管县财政体制。

1月6日　局党组书记、局长刘宇辉在局务会上全面部署2014年工作。

1月7日　省财政厅副厅长吴天宏调研马鞍山市财政工作，听取本市财政2013年工作开展情况暨2014年财政工作安排情况的汇报。

1月30日　2014年市本级财政预算经市十五届人大三次会议审议通过后，预算批复文件首次在1月份印发各部门执行。

2月6日　召开2014年全市投融资计划及2013年政府性债务工作会议。

2月7日　市委常委、常务副市长王崧主持召开全市党政机关办公用房清理工作小组动员会。

2月11日　市财政局召开党的群众路线教育实践活动动员大会。

2月13日　市政府下发《马鞍山市市本级非税收入预算管理暂行办法》，在全省率先实行非税收入预算管理。

2月19日　市财政局走访慰问结对"亲戚"——南京审计大学白血病学生孙超，送去爱心慰问金5000元。全年市财政局干部职工先后自费近6万元，资助百名"亲戚"。

2月24日　市财政局召开专题会议，布置上门会商有关事宜，局党组书记、局长刘宇辉要求转变工作作风，树立服务意识，局领导班子成员带头深入预算单位会商。

3月1日　市财政局印发《马鞍山市市直机关差旅费管理办法》。

3月1日　省以下工商、质监机构经费由同级财政供给。

3月6日　市财政局印发《马鞍山市市直机关外宾接待管理办法》，进一步细化"三公"经费管理。

3月10日　启动"贴近群众 情系民生"财政干部蹲点基层活动，28名科级干部分批走入基层。

3月11日　全国普法办印发《关于通报表扬全国"六五"普法中期先进集体和先进个人的通知》，马鞍山市财政局荣获"先进单位"称号。

3月19日　市财政局党组就反对"四风"加强作风建设作出六项公开承诺。

4月4日　马鞍山日报头版头条以《不沉下去，体会怎能这样深》为标题，专题报道市财政局干部蹲点事迹。市委、市政府主要负责人作出批示，要求全市推广学习。

4月16日　市财政局党组书记、局长刘宇辉与机关各科(室、局)、局属各部门签订年度党风廉政建设和反腐败工作目标责任书。

4月25日　市本级、三县三区共397个部门同步公开2014年部门预算及"三公"经费预算。

4月26日《中国财经报》以《身入，更要心入》为标题，专题报道马鞍山市财政局干部蹲点事迹，为全国财政系统提供经验学习。

4月28日　在全省率先实行市、县(区)公路部门经费管理体制改革，下划县(区)公路部门经费基数，由同级财政保障。

5月4日　省财政厅副厅长吴天宏调研马鞍山财政工作。

5月10日　召开"贴近群众 情系民生"财政干部蹲点基层心得交流会。

5月21日　市委书记张晓麟、市委组织部长方晓利赴市财政局调研指导工作。

5月30日　市长魏尧主持召开市国有资产管理工作领导小组第五次全体成员会议，专题研究市直单位16处腾空办公楼处置意见，市财政局正式启动处置工作。

6月1日　电信业纳入营改增扩围试点，本市营改增试点行业由"1+6"模式转变为"3+7"模式。

6月10日　市财政局印发《建立健全惩治和预防腐败体系2013—2017年工作方案》，进一步推进党风廉政建设和反腐败工作。

6月20日　组织召开2015年市级预算编制工作会议。

7月10日　省下划本市地方海事局与港口管理局实行机构合并后，核对收支基数，合并经费预算，保障经费供给。

7月11日　市财政局召开专题民主生活会，局党组及班子成员深入查摆"四风"方面存在的问题，并提出相应整改意见。

7月16日　市人大财经委听取2013年决算和2014年上半年预算执行情况报告。

8月1日　创新国库现金增值模式，筹集3亿元资金，采取一次竞争、二轮竞价方式，分三个标段，实行竞争性存储，增加利息收入1845万元。

8月13日　市财政局党组书记、局长刘宇辉就马鞍山市财政绩效工作在全省财政局长会议上做专题发言。

8月15日　全市启动严肃财经纪律和"小金

库”专项治理工作。

8月22日　市人大主任会议听取本市预算收入计划调整方案报告。

8月31日　全国人大常委会通过《预算法》修正案后,市财政局第一时间就新《预算法》调整有关事项向市委、市政府主要负责人汇报。

9月4日　副市长吴桂林主持召开全市国有企业职教幼教补贴资金发放维稳工作会议，标志着历时三年的职教幼教补贴资金从申报审核阶段平稳进入发放阶段。

9月26日　全市同步公开2013年部门决算及“三公”经费支出情况。

10月14日　市财政局召开党的群众路线教育实践活动总结大会。

11月6日　市财政局以“科学理财惠民生”为主题,开展为期一个月的“财政宣传月”活动,社会各界给予好评。

11月7日　省财政厅副厅长吴天宏调研马鞍山市2014年财政收入等有关情况，市长魏尧、副市长季翔陪同调研。

11月13日　市财政局启动“开门办预算”工作。

11月18日　市财政局党组书记、局长刘宇辉在第47次市政府常务会议上解读《国务院关于深化预算管理制度改革的决定》(国发〔2014〕45号)。

12月5日　财政部预算司处长范辉政来马鞍山市指导培训政府投融资管理工作。

12月15日　首张1.4万元房租收入税控发票由市财政局成功开出，标志着市直单位出租房产实现“三集中”统一管理(即租金收缴、税金代扣、发票开具)。

12月18日　省委组织部、市委组织部赴市财政局机关党委下属安徽华林会计师事务所党支部考核党建工作。

12月26日　市财政局通过市中小微企业还贷应急周转金为企业过桥融资金额突破10亿元大关。

12月31日　根据财政年终结算,2014年度全市财政收入完成202.72亿元,完成调整收入计划的101.36%，其中：税收收入占财政收入比重达86.2%,比上半年提高8.94个百分点,收入质量进一步优化提升。

(马鞍山市财政局供稿)

芜湖市财政工作大事记

1月14日　受市政府委托，市财政局局长刘杨在芜湖市第十五届人民代表大会第三次会议上书面作《关于芜湖市2013年预算执行情况和2014年预算草案的报告》。

1月22日　市财政局制定出台《芜湖市市区城市棚户区改造资金管理办法(试行)》。

1月27日　市财政局荣获市政务服务中心授予的2013年度十佳服务窗口单位。

2月　市财政局开展《安徽省财政监督条例》宣传月活动。

2月11日　市财政局召开党的群众路线教育实践活动动员大会。

2月16日　市政府印发《芜湖市人民政府关于加强政府性债务管理的意见》,明确全市政府性债务由财政部门归口管理。

3月12日　市长潘朝晖与县区及部门签订民生工程目标责任书。

3月14日　市政府印发《芜湖市财政专项资金管理办法》。

3月15日　市财政局开展爱国主义教育活动,组织全体党员参观王稼祥纪念馆。

3月20日　市财政局对行政事业单位办公用房开展清理。

3月20日　根据《芜湖市人民政府关于无为县和鸠江区部分行政区划调整的通知》,无为县白茆镇划归鸠江区管辖，市财政局启动财政收支基数划转及资金清算工作。

3月31日　市财政局出台《芜湖市小型水利工程改造提升奖补办法》、《芜湖市小型农田水利设施改造提升工程实施办法》。

4月1日　《芜湖市深化招标采购改革方案》正式实施,所有交易项目全部实行“集中交易、部门监管”新机制,市财政局在公共资源交易中心派驻现场监督小组,对政府采购项目实施逐项、全过程现场监管。

4月1日　芜湖市出台政府采购10套评标办法,采用综合评分法Ⅰ(B)(B1、B2)类的政府采购项目先后启用信用标。

4月1日　市财政局开展全市推广应用财政涉企项目资金管理信息系统。

4月8日　市财政局分解下达2014年全市推进与央企合作目标任务，建立健全定期目标任务完成情况通报制度。

4月16日　市委常委、市委组织部部长谢胜权调研市财政局教育实践活动开展情况。

4月19日　市财政局举办党课讲座，并观看电影《焦裕禄》。

4月23日　省财政厅副厅长左俊来芜调研财政重点工作。

5月4日　省财政厅副厅长吴天宏来芜调研促进经济发展政策落实情况。

5月8日　市财政局启动开展52户会计信息质量检查，探索试行10户事业单位年报审计鉴证。

5月15日　市财政局团支部获得团市委授予的"五四"红旗团支部。

5月16日　市财政局制定出台《芜湖市市直机关差旅费管理办法》。

5月27日　市财政局制定出台《芜湖市市直单位培训经费管理办法》和《芜湖市市直党政机关因公临时出国经费管理办法》。

6月　市财政局开展工商、质检部门体制下划后承接工作，确保工商、质检经费保障平稳过渡。

6月5日　市财政局制定出台《芜湖市农作物秸秆禁烧奖补办法》。

6月10日　市财政局制定《芜湖市市直2013年度权责发生制政府综合财务报告试编工作实施方案》，并于当年底前完成政府综合财务报告编制工作。

6月16日　市财政局下发《关于市本级非部门预算单位实施国库集中支付有关事项的通知》，将本级所有财政性资金及非部门预算单位纳入国库集中支付管理，扩大国库集中支付资金覆盖面，提高财政直接支付比例。

6月20日　市财政局制定出台《芜湖市战略性新兴产业集聚发展试点专项资金管理暂行办法》。

6月21日　市民生办组织"民生工程进社区"活动。

6月22日　市财政局制定报市政府办公室印发《芜湖市政府向社会力量购买服务实施办法》，标志本市政府购买服务工作纳入规范化管理。

6月25日　省财政厅副厅级纪检监察专员李朝友来本市巡查财政行风建设工作。

7月4日　市财政局制定《芜湖市农民工工资应急周转金使用管理暂行办法》。

7月10日　市财政局制定出台《芜湖市环境保护专项资金管理办法》。

7月12日　省财政厅厅长罗建国调研本市职业教育发展情况。

7月15日　省纪委调研组来市财政局调研党风廉政建设工作。

7月17日　市财政局召开党的群众路线教育实践活动领导班子专题民主生活会。

7月21日　市人大、政协领导牵头开展民生工程中期督查。

7月28日　市财政局制定《芜湖市市本级社会保险基金代理银行末位淘汰考核办法》，对社保业务代理银行进行末位淘汰。

7月28日　市财政局招商引入中水致远资产评估有限公司来芜湖正式注册设立分支机构。

7月30日　《财政部、海关总署、国家税务总局关于扩大启运港退税政策试点范围的通知》将芜湖港纳入试点范围，从2014年9月1日起执行。

7月31日　市财政局将全市69家企业列入企业股权和分红激励试点重点培育名单。

8月　市财政局开展贯彻执行中央八项规定、严肃财经纪律和"小金库"专项治理工作。

8月1日　市财政局门户网站改版。

8月4日　省政协副主席李修松巡视芜湖市民生工程。

8月18日　市财政局出台《芜湖市棚户区改造融资项目资金管理暂行办法》。

8月28日　市财政会同市委宣传部、市政务公开办组织召开新闻发布会，市直90个预算部门，241家预算单位通过本部门门户网站和市政府信息公开网向社会公开2013年度财政决算、部门决算和"三公"经费决算。

9月21日　市财政局制定报市政府办公室印发《关于加快航空产业发展的若干政策规定》。

9月23日　市财政局荣获国务院表彰“全国民族团结进步模范集体”称号。

9月24日　芜湖市全国会计专业技术资格考试(初级)由纸质考试改为电子化考试。

10月10日　市财政局印发《芜湖市财政支持农民专业合作社创新试点专项资金管理办法》。

10月20日　市财政局获得全国第23届海峡两岸珠心算通信比赛组织推广特等奖。

10月22日　市财政局获得省注册会计师行业委员会授予的全省先进注册会计师行业党组织。

10月30日　省财政厅副厅长朱长才来芜湖市调研财政重点工作。

11月　市财政局建立政府采购代理机构库，共15家代理机构入围，入库代理机构按季度进行考核。

11—12月　市财政局开展政府存量债务清理甄别工作。

11月14日　芜湖市政府采购网竞价系统再次“升级”，实现零星小额货物高效率采购。

11月26日　市财政局清理对外公布市财政局行政权力事项为25项。

12月10日　市财政局制定报市政府办公室印发《芜湖市黄标车淘汰奖补资金管理办法》。

12月15日　市政府召开常务会议调度民生工程工作。

12月17日　市财政局研究制定本市社会资本办医的财政补助政策。

12月27日　芜湖市出台《芜湖市机器人产业担保基金管理暂行办法》。

12月30日　市财政局获得省文明委授予的安徽省文明单位。

12月30日　市财政局获得市年度综合考核工作领导小组办公室授予的2013年度考核一等奖。

12月31日　市财政局将垃圾处理费、防雷收费、有线电视初装费纳入“一表制”征收范围。

12月31日　芜湖市24户企业上报股权和分红激励实施方案，涉及激励人数328人，激励金额5652万元，圆满完成省厅及市政府下达的目标任务。

12月31日　芜湖市财政收入完成426亿元，较上年增长11.6%；财政支出346.65亿元，较上年增长8.5%。

（芜湖市财政局供稿）

宣城市财政工作大事记

1月2日　市委书记姚玉舟到市财政局调研财政工作。

1月6日　受市政府委托，市财政局党组书记陈先平向市三届人大五次会议书面作《关于宣城市2013年预算执行情况和2014年预算草案的报告》。

1月7日　省财政厅党组成员、纪检组长刘浩来宣开展财政工作调研。

1月21日　市区财政局联合开展行政事业单位内部控制规范培训会。

1月22日　市财政局组织青年志愿者积极参加“情暖春运·一路有我”志愿服务活动。

2月14日　市财政局召开党的群众路线教育实践活动动员大会。

2月28日　宣城市召开2014年民生工程座谈会。

3月5日　宣城市召开全市民生工程工作会议，市委常委、常务副市长韩永生出席会议并讲话。

3月11日　市财政局召开市直部门预决算和“三公”经费信息公开工作布置会。

3月14日　市财政局党组书记陈先平赴局联点共建点锦城社区，开展群众路线教育实践活动走访调研。

3月26日　市财政局党组成员、综改办专职副主任肖锋走进市广播电台“百姓热线”，解读2014年33项民生工程政策。

3月27日　市委常委、常务副市长韩永生到市财政局指导教育实践活动。

4月1日　市财政局开展《行政单位会计制度》业务培训。

4月10日　宿州市财政局局长韩维礼来宣交流财政工作。

4月16日　全市预决算及“三公”经费信息公开工作推进会召开。

4月25日　省财政厅党组成员、纪检组长刘浩来宣调研财政改革工作。

4月25日　市财政局行财科科长郑少华、经济建设科科长何宁安被宣城市民主考评工作领导组评为综合管理类优秀科长。

5月13日　市农险办召开全市政策性农业保险工作会议。

5月30日　市财政局部署安排吃喝风、“红包”风专项整治工作。

6月16日　市财政局组织全局干部职工开展2014年度法律知识测试。

7月1日　市财政局邀请市党史研究室副主任陈虎山为财政干部作党史学习专题辅导，庆祝中国共产党成立93周年。

7月4—5日　市委常委、常务副市长韩永生参加并指导市财政局教育实践活动专题民主生活会。

7月9—10日　市财政局机关党支部以党小组为单位召开四场专题组织生活会。

7月16日　市财政局领导带领部分科室负责人到市开发区开展“思想大解放、服务开发区”大讨论活动走访调研。

7月中下旬　宣城市开展一事一议民生工程交叉互查工作。

7月28日—8月7日　市财政局对县市区2013年国家农业综合开发项目进行市级验收。

8月8日　全市2013年度国家农业综合开发项目验收总结座谈会召开。

8月14日　市委常委、组织部长李明到安徽同盛会计师事务所调研指导党建工作。

8月15日　市政协副主席黄东升到市财政局领衔督办2014年重点提案。

9月3日　市财政局举办行政事业单位财务管理培训班。

9月5日　市财政局组织开展《安徽省人民政府工作规范》集中测试。

9月5日　市财政局副局长罗少彬走进市广播电台“百姓热线”，解读财政涉企相关政策。

9月中旬　市民生办组织市级主要新闻媒体集中开展民生工程联合采访活动。

9月15—18日　世行 Suhail Jme'an 先生来本市开展“宣城市承接东部地区产业转移基地基础设施示范项目”监督检查。

9月17日　市财政局召开全体干部职工大会，市委组织部副部长耿鹏宣读市委对市财政局主要领导任免的决定，任命王华为市财政局党组书记，并提名为市财政局局长候选人。

9月26日　宣城市三届人大常委会第24次会议通过，任命王华为市财政局局长。

9月28日　全市农村财政管理工作座谈会召开。

10月9日　市财政局局长王华到市开发区会商调研财政工作。

10月9日　省财政厅党组成员、纪检组长刘浩来宣调研财政重点工作。

10月14日　市财政局召开党的群众路线教育实践活动总结大会。

10月22日　市人大常委会副主任陈世跃调研民生工程实施情况。

10月24日　县市区财政局办公室主任会议召开。

10月28日　市财政局党组中心组专题学习十八届四中全会精神。

10月28日　市财政局党组副书记、副局长施怀中送第六批选派干部陈海涛到宁国市梅林镇梅林村任党总支第一书记。

10月31日　市政协主席孙铭和调研本市财政运行和民生工程实施情况。

11月3日　市财政局召开全市预算管理制度改革专题会议，传达学习全省预算管理制度改革专题会议精神。

11月4日　市财政局召开局务例会，局长王华要求财政干部主动作为适应新常态。

11月13日　省财政厅党组成员、纪检组长刘浩来宣调研财政重点工作。

11月14日　市本级地方政府存量债务清理甄别工作布置会议召开。

11月中旬　宣城市全面开展民生工程“回头看”。

11月14日　市财政局组织召开预防职务犯罪报告会，邀请市检察院党组成员、副检察长卞东胜作题为《新形势下的预防职务犯罪工作》报告。

11月24日　市政协举行“财政运行和民生工程实施”专题协商会。

12月3日　市财政局传达学习市委“适应新常态、谋求新发展”座谈会精神。

12月9日　市财政局牵头召开全市财税库联席会议，市委常委、常务副市长李明出席会议并讲话。

12月10日　县市区财政局长座谈会召开。

12月17日　市长韩军调研财政工作,常务副市长李明一同调研。

12月24日　市财政局副局长张庆走进市广播电台“百姓热线”直播间,解读农业综合开发相关政策。

12月24日　市财政局党组书记、局长王华到宁国市梅林镇梅林村看望选派干部、指导选派工作。

(宣城市财政局供稿)

铜陵市财政工作大事记

1月6日　省财政厅巡视员张广寿来铜调研财政工作。

1月16日　铜陵市十五届人大二次会议书面听取《关于铜陵市2013年财政预算执行情况和2014年财政预算(草案)的报告》。

2月10—11日　市财政局举办全市财政系统2014年春训会议。

2月21日　市政府印发关于实施38项民生工程的通知,明确本市实施38项民生工程。

3月19日　召开市财政局深入开展群众路线教育实践活动工作会议,全面启动群众路线教育实践活动。

4月24日　省财政厅副巡视员李友兰率队来铜调研财政改革工作。

4月30日　市财政局召开铜陵市“1+4”财政专项资金政策新闻发布会。

6月21日　省财政厅厅长罗建国来铜调研财政工作。

7月15日　市财政局召开群众路线教育实践活动民主生活会,市委常委、常务副市长江娅到会指导。

9月10—11日　省财政厅副巡视员李友兰一行来铜调研财政重点工作。

10月15日　市财政局(国资委)召开党的群众路线教育实践活动总结大会。

12月6日　召开2015年财政工作务虚会,总结2014年工作,研究部署2015年工作。

12月31日　全年财政收入完成132.2亿元,同比增长1.6%;财政支出完成105.3亿元,同比增长4.8%。

(铜陵市财政局供稿)

池州市财政工作大事记

1月7日　省财政厅巡视员张广寿率厅综改处、农业处等处室负责人来池调研指导工作。

1月　市财政局走访慰问困难群众。

2月7日　市财政局召开党的群众路线教育实践活动动员大会。

2月8日　市财政局开展“三走访、三问计”活动。

2月　市财政局启动市属企业2013年度经营业绩考核工作。

3月7日　市财政局开展“走基层、访园区、促发展”活动。

3月14日　市财政局召开全市民生工程暨财政、国资管理工作会议。

3月20日　市财政局组织全体干部职工前往铜陵监狱和皖南事变烈士陵园,开展廉政警示和革命传统教育活动。

3月21日　市财政局召开中心组学习扩大会议,邀请市委党校教授朱黎明就践行“三严三实”、推动“三区”发展开展专题讲座。

3月28日　市委书记陈强调研财政工作。

3月　市财政局重新修订《池州市市直机关差旅费管理办法》,办法自2014年4月1日起实行。

4月9日　市财政局召开“三严三实”专题学习会。

4月18日　市财政局召开“修身律己 爱岗敬业”专题学习交流会。

4月28日　省财政厅副巡视员陈传文一行来池调研指导工作。

4月25日　市财政局党组书记、局长李建华结合党的群众路线教育实践活动,赴美好乡村联系点墩上罗城村走访调研。

4月29日　市财政局召开中心组扩大会议,邀请留美博士刘屹做“追逐梦想,创业兴邦,打造美丽中国”专题讲座。

4月30日　全市市县(区)两级除涉密部门外

的全部一级预算单位公开2014年部门预算和“三公”经费预算。

4月 市财政局开展党的群众路线“学习教育月”活动。

5月30日 市财政局提前启动2015年预算编制工作。

6月4日 市财政局部署开展吃喝风、“红包”风专项整治行动。

6月10日 省财政厅督察组来市财政局督查财政帮联工作。

7月1日 市财政局开展“七·一”走访慰问活动。

7月11日 市财政局召开领导班子党的群众路线教育实践活动专题民主生活会。

7月28日 市财政局赴市消防支队开展建军节慰问。

7月29日 市委书记陈强督查民生工程。

8月12日 市财政局机关党支部召开党的群众路线教育实践活动专题组织生活会。

8月14日 市财政局部署开展“小金库”专项治理工作。

9月23日 省财政厅副巡视员陈传文赴池州市开展财政重点工作调研。

9月30日 全市市县(区)两级除涉密部门外的全部一级预算单位公开2013年部门决算和“三公”经费决算。

10月14日 市财政局召开党的群众路线教育实践活动总结大会。

10月21日 省人大常委会副主任沈卫国视察池州民生工程。

11月13日 市财政局举办十八届四中全会精神专题讲座。

11月21日 市财政局举办PPP业务培训。

12月4日 市财政局开展国家宪法日宣传活动。

12月29日 池州市污水处理及市政排水政府购买服务PPP项目签约,成为全国首批正式签约实施的政府与社会资本合作模式(PPP)示范项目。

(池州市财政局供稿 张明)

安庆市财政工作大事记

1月 制定《市本级财政直接支付业务流程及审核规范》,进一步规范审核程序、明确审核内容。

2月 召开党的群众路线教育实践活动动员大会,全面启动党的群众路线教育实践活动。

2月 邀请专家对市本级2014年部门预算项目进行公开评审,实现开门办预算。

2月 完成市直行政事业单位资产注入城投公司工作,共划转房产124万平方米,土地476万平方米,经评估220亿注入城投公司。

3月 启动对潜山县塔畈乡体元村的精准扶贫试点工作。

3月 启动政府购买服务,陆续出台《安庆市向社会力量购买服务指导目录》、《安庆市向社会力量购买服务流程规范》等制度文件。

3月 邀请30名人大代表和30名政协委员担任市级民生工程特邀监督员,全面建立市级民生工程特邀监督员制度。

4月1日 全市殡葬改革工作全面启动,各级财政累计投入殡葬改革资金3.3亿余元。

4月4日 市政府出台《关于印发安庆市完善城区财政管理体制实施方案的通知》(宜政发〔2014〕9号)。

4月 修订市本级政府性资金银行存款考核指标,促进商业银行加大对本市经济发展的支持力度。

4月 市财政局被评为2013年度全市旅游工作目标管理考核先进单位。

4月 华鹏飞任市财政局党组成员、市政府投融资管理委员会办公室专职副主任。

5月 王韵妮任市财政局党组成员、总经济师。

5月 市政府出台《安庆市市区大建设项目资金拨付管理办法(试行)》(宜政办发〔2014〕20号),进一步规范项目建设资金申报和拨付管理。

5月 会同市农委制定出台《安庆市水产养殖保险实施方案》,在全省率先开展水产养殖保险。

6月18日 市政府印发《安庆市市本级政府性债务计划编制及审批管理规定》,切实加强市本级政府性债务计划管理。

6月　市财政局被市政府评为2013年度政务公开工作先进单位。

7月1日　出台《安庆市国有建设用地使用权出让收支管理办法》。

7月　市政府办公室印发《安庆市本级2014年融资计划》,系本市首次编制融资计划。

7月　清华大学公共经济、金融与治理研究中心财政透明度课题组发布《2014年中国市级政府财政透明度研究报告》和"2014年289个城市财政透明度排行榜",我市位列全国第14位,居全省第一。

7月　对市本级财政资金执行协定利率,财政存款利息收入大大增加。

8月　出台《安庆市市本级福利彩票公益金使用管理暂行办法》。

8月　市财政局荣获2013年度全市信访工作先进单位称号。

8月29日　市委召开市委常委扩大会议,对全市民生工程工作进行调度点评。

9月　市财政局获2013年度市直机关争先创优目标绩效考核先进单位荣誉称号,连续第四年获此殊荣。

9月　市本级22家大专院校和中学全面实行收费"银行批量代扣代划"收缴方式。

9月　全市共801户一级预算单位实现部门预决算信息全面公开,部门预决算信息公开工作首次实现"全覆盖"。

9月　出台乡镇包村干部监管涉农资金办法。

10月　市本级非税收入专用POS刷卡收费在市质检局等三家单位试运行并取得成功。

10月　市财政局召开党的群众路线教育实践总结大会。

11月　对2014年实施的33项民生工程全面开展第三方评价。

11月　本市城市污水处理项目入选全国政府和社会资本合作模式(以下简称PPP)示范项目。

11月　制定出台安庆市市级预算单位公务卡使用管理办法。

12月　全年共批准实施100个一事一议特惠制项目,安排财政奖补资金3450万元。

12月　开展全市财政专户核查清理,全市核准277个财政专户,撤销17个。

12月　出台市本级黄标车提前淘汰奖补办法,本市黄标车提前淘汰奖补工作启动。

12月　全市财政收入首次突破200亿元,达到230.78亿元,比上年增长17.1%。

(安庆市财政局供稿)

黄山市财政工作大事记

1月1日　黄山市邮政局成功开具首张增值税专用发票,标志着本市邮政业营改增试点工作成功上线运行。

1月4日　本市实施"四个同步三整合"创新民生工程建后管养机制试点做法被中央人民广播电台中国之声《新闻和报纸摘要》、安徽卫视《安徽新闻联播》、《安徽日报》争相报道。

1月22—24日　黄山市第六届人民代表大会第三次会议在屯溪召开,会议审查市人民政府提出的《关于黄山市2013年财政预算执行情况和2014年财政预算草案的报告》及黄山市2014年财政预算草案。会议同意大会计划和预算审查委员会的审查报告,决定批准《关于黄山市2013年财政预算执行情况和2014年财政预算草案的报告》。

1月29日　印发《关于上报"三公"经费支出统计报表的通知》(黄财行〔2014〕35号),建立全口径"三公"经费和会议费支出统计报表制度。

1月　启动政府购买服务改革工作。

2月14日　完成平台一体化系统中市与区县的上下级贯通功能,市与区县指标实现实时到账。

2月　从2014年春季学期开始,由市区两级财政共同承担,对市中心城区公办义务教育学校16112名学生上学实行"零收费"政策。

2月11日　市财政局开展为期9个月的群众路线教育实践活动。

3月18日　黄山市人民政府下发《关于2014年实施36项民生工程的通知》(黄政〔2014〕9号),2014年本市继续实施省定33项民生工程以及菜篮子工程、棚户区和"三小"改造、精品社区建设3项市定民生工程。

3月　完成全市2013年度财政总决算和部门决算编审工作,并在全省评比中获得十年余来最好成绩,其中:部门决算取得历史性突破,荣获全省一等奖,财政总决算获全省三等奖。

3月　全市49856名企业退休人员基本养老金调整,人均增加养老金168.28元/月。

4月17日　市长任泽锋主持召开市投融资管理委员会第一次会议。市委常委、常务副市长许继伟以及市投融资管理委员会成员单位主要负责人参加会议。

5月15日　黟县被省列为农村综合改革示范试点县,开展农村集体"三资"清理核实工作。

6月1日　电信业纳入营业税改征增值税试点范围。

6月30日　市财政局积极争取省厅债务办的支持,土地储备融资规模获省财政厅批复,发放市级融资卡1张(市土储中心)。

7月1日　全市启动创建服务型乡镇财镇所(分局)工作,歙县徽城镇财政分局等15个乡镇财政所(分局)纳入省级第一批创建名单。

7月20日　在参加全国第四届珠心算比赛中，大位小学代表安徽省代表队参加了学前组比赛,荣获团体二等奖,系本省历届参加比赛的最好成绩。

7月　黄山市2013年现代农业生产发展资金绩效评价获省级优秀等级4个,优良2个,奖励资金3808万元。

8月26日　市人大召开第十三次常委会议，审议通过《关于黄山市2013年财政决算及2014年上半年预算执行情况》《市政府关于2014年地方政府债券安排和市级预算调整方案的议案》。

9月25日　皖浙两省在本市召开新安江流域生态补偿机制建设座谈会,就新安江流域生态补偿机制试点延续事项进行会商。

9月　黄山市融资担保有限公司、黄山市国有资产运营有限责任公司首次分别上交国有资本经营预算收入115.4万元、7.9万元，并纳入到市级政府非税收入管理。

9月　继2013年被列为中央财政支持农民合作社发展创新工作试点市以来,本市再次被列为中央财政支持农民合作组织发展创新试点市。

10月　启动为期3个月的全省乡镇财政干部南片区培训工作,来自芜湖、宣城、铜陵、池州、安庆、黄山六地市875名基层财政干部,分八期参加培训。

11月13日　市财政局通过公开招标，认定3家会计师事务所为财政服务中介机构。至此,首次顺利完成财政购买会计中介机构服务工作。

12月3日　省财政厅下发《关于下达2014年度民生工程绩效奖补资金的通知》(财行〔2014〕2042号)，对全省6个地市进行绩效工作奖励,本市位列其中并获得奖补资金，继2013年连续两年荣获绩效考评先进市称号。黟县、黄山区同时荣获绩效考评先进县(区)称号。

12月　全面清理财政暂存、暂付款。

(黄山市财政局供稿)

广德县财政工作大事记

1月6日　省财政厅党组成员、纪检组长刘浩来本县调研财政重点工作。

1月8日　县财政局召开行风监督员座谈会。

1月　县人大领导来财政局调研2014年预算编制工作。

1月　县委常委、副县长邹大坤主持召开县农村综合改革工作领导小组会议。

2月　县编委批准同意成立广德县政府性债务管理办公室，副科级配置，办公室设在县财政局。

2月　县财政局建立健全机关干部职工考评机制,出台干部职工"分类考评 办法。

2月21日　2014年全县财政工作会议召开，县委副书记、县长葛建荣出席会议并对财政工作提出要求,县委常委、常务副县长李斌主持会议,县人大副主任钟群、县政协副主席刘家升出席会议。

2月　县人大主任程利率人大财经工委一行来县财政局调研全县政府性债务情况。

2月24日　县财政局召开党的群众路线教育实践活动动员大会。县委教育实践活动第七督导组组长李进华、副组长尹宏斌及督导组组员到会指导。

2月27日　县委组织部常务副部长陈文杰率县委考核组一行对县财政局2013年惩防体系建设暨党风廉政建设责任制情况和领导班子及成员各项工作开展情况进行考核。

2月28日　县人大第十六次会议审议通过广

德县2013年政府性债务情况报告。

2月28日　县财政局组织局机关中层以上干部及乡镇财政分局(所)负责人,收看全省财政反腐倡廉建设工作视频会议,局党组书记、局长吴宗萍就贯彻落实会议精神提出要求。

2月　县委常委、常务副县长李斌主持召开2014年度全县财税工作务虚会议,县国税、地税、财政部门主要负责人、分管负责人及相关业务人员参会。

3月10日　县财政局党组书记、局长吴宗萍一行前往结对共建村东亭乡沙坝村、颂祥村开展“走基层、听民意、找问题、解民忧”专项走访调研活动,听取群众意见建议。

3月　县财政局副局长田宝奎率局招商办人员一行赴常州、镇江、无锡招商。

3月27日　县财政局召开全体机关干部会议,迅速传达3月25日全县领导干部会议精神,学习贯彻习近平总书记“三严三实”重要讲话。

3月　县政府第19次常务会议研究同意,本县正式出台《广德县政府性债务管理暂行办法》。

3月　出台《广德县民生工程2014年工作要点》,对2014年全县民生工程实施工作进行安排和布置。

3月　县财政局举办《行政单位会计制度》培训班,全县行政单位及参公管理事业单位共240多人参加培训。

4月　开展民生工程集中宣传月活动。

4月14日　经县政府常务会议研究通过,本县正式颁布实施《关于政府向社会力量购买服务的实施意见》,并出台《政府向社会力量购买服务指导目录》

4月15日　县人大常委会主任程利在局党组书记、局长吴宗萍的陪同下,前往开发区企业走访调研。

4月16—17日　省财政厅副厅级纪检员、监察室主任李朝友等一行来县财政局开展巡查工作。

4月24日　省财政厅党组成员、纪检组长刘浩率队来广德县,对财政重点改革及年度财政重点工作推进情况进行调研。

5月　由县财政局、人民银行广德县支行、县监察局、县审计局四家联合发文的《关于印发广德县预算单位公务卡使用管理办法的通知》正式发布实施。

5月　省审计厅对本县世界银行贷款新农村生态家园富民工程项目进行年度审计。

5月　省农村饮水安全工程检查组一行来本县对2013年实施的农村饮水安全民生工程进行检查。

5月27日　县财政局召开党的群众路线教育实践活动第二环节推进会。

6月　省财政厅发文公布全省政府融资平台公司名录,广德县国有资产投资经营有限公司、经济开发区开发有限公司、城镇化建设有限公司位列其中。

7月　财政部评审中心副处长吴东栋一行对本县农村改厕及城乡医疗救助执行情况进行绩效考评。

7月　省财政厅下发《关于2013年全省惠农补贴资金绩效评价结果的通报》,本县财政局荣获全省惠农补贴资金绩效评价一等奖,连续五次获此殊荣。

8月　省绩效考评组一行来我县考评2013年现代农业生产发展资金项目。

8月　县人大常委会副主任王志良带领人大财经工委一行对县政府2013年度财政决算及2014年1—6月份预算执行情况进行会前调研。

8月19日　本县召开2015年度部门预算编制暨财政支出绩效考评会议。

9月　省农委、省财政厅、省纪委一行4人对本县集体“三资”管理情况进行专题调研。

9月　出台《广德县县本级政府性资金存放商业银行管理改革实施方案》。

9月　县政府出台《关于印发广德县2014年度民生工程考核办法的通知》(政办[2014]122号),对乡镇和县直民生工程牵头部门分别进行考核。

9月　召开2014年现代农业生产发展资金项目县级评审会,县财政、农委、环保、国土等部门负责人、专家组成专家评审组。

10月9日　省财政厅党组成员、纪检组长刘浩来本县调研财政重点工作。

10月　县财政局召开作风建设暨创建服务型乡镇财政所(分局)工作动员会。

10月　宣城市委宣传部副部长、市网络安全和信息化领导小组办公室主任徐艾平率检查组到县财政局检查网络安全和信息化工作。

10月　县财政局组织11名民生工程特邀监督员对2014年民生工程开展情况进行督查。

11月3日　县财政局组织召开2014年中央财政农业技术推广项目评审会，邀请农业方面有关专家组成专家评审组对申报项目进行评审。

11月7日　县财政局组织干部职工集中学习党的十八届四中全会精神，局领导班子成员、机关全体干部职工参加会议。

11月12日　省财政厅党组成员、纪检组长刘浩率调研组来本县调研财政工作，副县长谢其斌，局党组书记、局长吴宗萍陪同。

12月　县委常委、常务副县长李斌主持召开财税工作专题会议，县财政局、地税局、国税局相关人员参加。

12月　全省地方政府存量债务清理甄别核查工作进点视频会召开，县委常委、常务副县长李斌出席广德分会场会议。

（广德县财政局供稿）

宿松县财政工作大事记

2月13日　召开群众路线教育动员会。

3月7日　召开全县财政系统工作会议。

4月3日　召开全县财政民生工作会议。

5月7日　开展全县行政事业单位财务人员培训。

7月18日　出台县本级预算管理办法。

7月28日　出台进一步优化国库集中支付流程办法。

9月12—30日　开展乡镇财政财务收支检查。

9月28日—10月15日　开展涉农资金专项检查。

9月15日　启动全县乡镇财政部门内部监督检查。

9月21日　省财政厅厅长罗建国到宿松调研。

10月20日　召开群众路线教育总结大会。

11月4—7日　组织乡镇财政干部黄山培训。

12月8-12日　组织开展2014年财政支农政策培训。

12月19日　启动全县村级财务人员计算机应用能力培训。

12月31日　完成一般预算收入8.96亿元，为年初预算的100.1%，同比增长16.1%。

12月31日　全年共完成预、决算评审项目102个，评审投资总额12.1亿元，审定投资10.7亿元，审减金额1.4亿元。

（宿松县财政局供稿　王烨红）

财经规章篇

规范性文件

安徽省财政厅关于印发《安徽省省直机关差旅费管理办法》的通知

（2014 年 1 月 26 日　财行〔2014〕97 号）

省直各单位：

为贯彻落实中央“八项规定”，推进厉行节约反对浪费制度建设，加强和规范省直机关差旅费管理，我厅重新修订了《安徽省省直机关差旅费管理办法》，经省政府同意，现印发给你们，请遵照执行。

安徽省省直机关差旅费管理办法

第一章　总　则

第一条　为加强和规范省直机关国内差旅费管理，推进厉行节约反对浪费，依据《党政机关厉行节约反对浪费条例》，并参照财政部《中央和国家机关差旅费管理办法》，制定本办法。

第二条　本办法适用于省直党政机关、人大机关、政协机关、审判机关、检察机关、民主党派机关、人民团体和参照公务员法管理的事业单位（以下简称省直机关）。

省直机关不含垂直管理的省以下单位。

第三条　本办法所指差旅费是指省直机关工作人员临时到常驻地以外地区公务出差所发生的城市间交通费、住宿费、伙食补助费和市内交通费。

本办法所指差旅费不包括省直机关审计、评审、办案、巡视以及探亲、看病、转业、调动、挂职锻炼、支援工作、实（见）习等发生的城市间交通费、住宿费、伙食补助费和市内交通费。

第四条　省直机关应当建立健全出差审批制度，严格差旅费预算管理，控制差旅费规模。出差必须按规定报本机关领导审批，严格控制出差人数和天数。严禁无实质内容、无明确公务目的的差旅活动，严禁以任何名义和方式变相旅游，严禁异地部门间无实质内容的学习交流和考察调研。

第二章　城市间交通费

第五条　城市间交通费是指省直机关工作人员因公临时到常驻地以外地区出差乘坐火车、轮船、飞机等交通工具所发生的费用。

第六条　出差人员应当按规定等级乘坐交通工具。出差人员乘坐交通工具等级见下表：

省级、厅级及相当职务人员出差，因工作需要，随行一人可乘坐同等级交通工具。

第七条　到出差目的地有多种交通工具可选择时，出差人员在不影响公务、确保安全的前提下，应当选乘相对经济便捷的交通工具。

第八条　出差当天往返的，出差人员赴机场、火车站等发生的大巴、地铁费用，可凭据报销。

第九条　乘坐飞机的，民航发展基金、燃油附加费可以凭据报销。

第十条　乘坐飞机、火车、轮船等交通工具的，每人次可以购买交通意外保险一份，所在单位统一购买交通意外保险的，不再重复购买。

第三章　住宿费

第十一条　住宿费是指出差人员因公临时出差期间入住宾馆（包括饭店、招待所等，下同）发生的房租费用。

第十二条　省直机关工作人员出差,住宿费限额标准执行财政部制定的分地区住宿费限额标准。具体标准见附表。

第十三条　出差人员应当在职务级别对应的出差目的地住宿费标准限额内,选择安全、经济、便捷的宾馆住宿。

第四章　伙食补助费

第十四条　伙食补助费是指省直机关工作人员在因公临时出差期间给予的伙食补助费用。

第十五条　伙食补助费按出差自然（日历)天数计算,按出差目的地标准包干使用。

第十六条　省直机关工作人员出差,伙食补助费执行财政部制定分地区补助标准。具体标准见附表。

第十七条　出差人员应当自行用餐。凡由接待单位统一安排就餐的，应当向接待单位交纳伙食补助费。

第五章　市内交通费

第十八条　市内交通费是指省直机关工作人员因公临时出差期间发生的市内交通费用。

第十九条　省直机关工作人员出差,市内交通费按出差自然(日历)天数计算,每人每天 80 元包干使用。

第二十条　出差人员由接待单位或其他单位提供交通工具的，应当向接待单位或其他单位交纳相关费用。

第二十一条 出差人员因公临时出差由单位派车的,单位不另行补助市内交通费。

第六章　报销管理

第二十二条　出差人员应当严格按规定开支差旅费,费用由所在单位承担,不得向下级单位、企业或其他单位转嫁。

第二十三条　城市间交通费按乘坐交通工具的等级凭据报销,订票费、经批准发生的签转或退票费、交通意外保险费凭据报销。出差当天往返的机场大巴、地铁费用凭据报销。

住宿费在标准限额之内凭发票据实报销。

伙食补助费按出差目的地的标准报销,在途期间的伙食补助费按当天最后到达目的地的标准报销。

市内交通费按规定标准报销。

第二十四条　出差人员差旅活动结束后应当及时办理报销手续。差旅费报销时应当提供出差审批单、机票、车票、船票、住宿费发票等凭证。

住宿费、机票支出等按规定以公务卡结算。

第二十五条　省直机关财务部门应当严格按规定审核差旅费开支,对未经批准,以及超范围、超标准开支的费用不予报销。包干使用的伙食补助费、市内交通费,打卡发放。

实际发生住宿而无住宿费发票的,不得报销住宿费以及城市间交通费、伙食补助费和市内交通费。

出差当天往返的,按本办法规定的标准报销城市间交通费、伙食补助费和市内交通费,自带车辆不报销城市间交通费和市内交通费。

交通工具 / 等级标准 / 职级	火车(含高铁、动车、全列软席列车)	轮船(不含旅游船)	飞机	其他交通工具(不含出租小汽车)
省级及相当职务人员	火车软席（软座、软卧),高铁/商务座,全列软席我车一等软座	一等舱	头等舱	凭据报销
厅级及相当职务人员	火车软席（软座、软卧)，高铁 / 动车一等座,全列软席列车一等软座	二等舱	经济舱	凭据报销
处级及以下职务人员	火车硬席（硬座、硬卧)，高铁 / 动车二等座,全列软席列车二等软座	三等舱	经济舱	凭据报销

第七章　监督问责

第二十六条　省直机关应当加强对本单位工作人员差旅活动和经费报销的内控管理,对本单位差旅审批制度、差旅费预算及规模控制负责,相关领导、财务人员等对差旅费报销进行审核把关。对未经批准擅自出差、不按规定开支和报销差旅费的人员进行严肃处理。

一级预算单位要强化对所属预算单位的监督检查。

第二十七条　省纪委(省监察厅)、省财政厅、省审计厅不定期开展差旅费的专项监督检查。

第二十八条　违反本规定，有下列行为之一的,依法依规追究相关单位和人员的责任:

(一) 单位无出差审批制度或出差审批控制不

严的；

（二）虚报冒领差旅费的；

（三）擅自扩大差旅费开支范围和提高开支标准的；

（四）不按规定报销差旅费的；

安徽省省直机关差旅住宿费和伙食补助费标准表

省份	住宿费标准(元/间·天)			伙食补助费标准(元/天)
	省级(普通套间)	厅级(单位或标准间)	其他人员(单间或标准间)	
北京	800	500	350	100
天津	800	450	320	100
河北	800	450	310	100
山西	800	480	310	100
内蒙古	800	460	320	100
辽宁	800	480	330	100
大连	800	490	340	100
吉林	800	450	310	100
黑龙江	800	450	310	100
上海	800	500	350	100
江苏	800	490	340	100
浙江	800	490	340	100
宁波	800	450	330	100
安徽	800	460	310	100
福建	800	480	330	100
厦门	800	490	340	100
江西	800	470	320	100
山东	800	480	330	100
青岛	800	490	340	100
河南	800	480	330	100
湖北	800	480	320	100
湖南	800	450	330	100
广东	800	490	340	100
深圳	800	500	350	100
广西	800	470	330	100
海南	800	500	350	100
重庆	800	480	330	100
四川	800	470	320	100
贵州	800	470	320	100
云南	800	480	330	100
西藏	800	500	350	100
陕西	800	460	320	100
甘肃	800	470	330	100
青海	800	500	350	100
宁夏	800	470	330	100
新疆	800	480	340	100

（五）转嫁差旅费的；

（六）其他违反本办法行为的。

有前款所列行为之一的，由省财政厅会同有关部门责令改正，违规资金的应予追回，并视情况予以通报。对直接责任人和相关责任人，报请其所在单位按规定给予行政处分。涉嫌违法的，移交司法机关处理。

第八章　附　则

第二十九条　省直机关工作人员因公出国（境）境内城市间交通费、住宿费、伙食补助费、市内交通费等按本办法规定报销。因公出国（境）境外的食宿交通费，按《安徽省省直党政机关因公出国（境）经费管理办法》规定执行。

工作人员外出参加会议、培训，举办单位统一安排食宿的，会议、培训期间的食宿费和市内交通费由会议、培训举办单位按规定统一开支；往返会议、培训地点的差旅费由所在单位按本办法有关规定报销。

第三十条　省直机关审计、评审、办案、巡视以及探亲、转业、调动、挂职锻炼、支援工作、实（见）习等发生的城市间交通费、住宿费、伙食补助费和市内交通费用，由省直相关业务主管部门会同省财政厅参照本办法另行制定相关管理制度。

垂直管理单位根据本办法制定本系统差旅费管理办法。

第三十一条　不参照公务员法管理的事业单位参照本办法执行。

第三十二条　本办法自2014年2月1日起实行。省财政厅《安徽省省直机关差旅费管理办法》（财行〔2013〕1129号）同时废止。

第三十三条　本办法由省财政厅负责解释。

安徽省财政厅　安徽省人民政府外事办公室关于印发《安徽省省直党政机关因公临时出国经费管理办法》的通知

（2014年1月28日　财行〔2014〕104号）

省直各部门：

为进一步贯彻中央和省关于因公临时出国管

理及党政机关厉行节约的要求,根据财政部、外交部《关于印发＜因公临时出国经费管理办法＞的通知》(财行〔2013〕516号)精神,省财政厅、省外办对《安徽省省直党政机关因公出国(境)经费管理办法》(财行〔2012〕2172号)进行了修订,现印发给你们,请遵照执行。

安徽省省直党政机关因公临时出国经费管理办法

第一章　总　则

第一条　为进一步规范因公临时出国经费管理工作,加强预算监督,提高资金使用效益,保证外事工作的顺利开展,根据《中华人民共和国预算法》、《党政机关厉行节约反对浪费条例》等法律法规,制定本办法。

第二条　本办法适用于省级党的机关、人大机关、行政机关、政协机关、审判机关、检察机关、人民团体机关、各民主党派机关和省委省政府直属的参照公务员法管理的事业单位(以下简称党政机关)。

第三条　党政机关因公组派临时出国团组应当坚持强化预算约束、优化经费结构、厉行勤俭节约、讲求务实高效的原则,严格控制因公临时出国规模,规范因公临时出国经费管理。

第二章　预算管理和计划管理

第四条　党政机关出访团组实行计划审批管理,因公出国经费全部纳入预算管理,实行经费先行审核,并按照下列规定执行:

(一)党政机关应当认真贯彻中央和省有关外事管理规定,科学制订年度因公临时出国计划,认真履行因公临时出国计划报批制度,严格控制因公临时出国团组人数、国家数和在外停留天数,正确执行限量管理规定。组团单位和派出单位要明确责任,谁派出、谁负责。

因公临时出国应当坚持因事定人的原则,不得因人找事,不得安排照顾性和无实质内容的一般性出访,不得安排考察性出访。

(二)党政机关因公临时出国团组计划与经费预算由省外事部门会同省财政厅、省监察厅等部门按照从严从紧的原则联合会审,在经费预算内统筹安排因公临时出国团组计划。省财政厅根据省外事工作领导小组办公室下达的因公临时出国团组计划,按照规定的标准将经费列入省直相关组团单位部门预算,经费专款专用,不得超支,结余收回。

组团单位必须严格执行因公临时出国团组计划和经费预算,除中央和省紧急任务外,因公临时出国团组计划和经费预算原则上不予增加。如确需增加,须报省政府分管财政、外事工作的领导审批。省外办将省领导批准后的因公临时出国调整计划下达到组团单位执行,省财政厅按照省级预算管理的相关规定办理经费预算调整手续。

第五条　党政机关因公临时出国经费的支付,应当严格按照国库集中支付制度和公务卡管理制度的有关规定执行。

党政机关应当严格执行各项经费开支标准,不得擅自突破,严禁接受或变相接受企事业单位资助,严禁向同级机关、下级机关、下属单位、企业、驻外机构等摊派或转嫁出访费用。

第六条　党政机关应当建立因公临时出国计划与财务管理的内部控制制度。出访团组应当事先填报《因公临时出国任务和预算审批意见表》(见附1),由单位外事和财务部门分别出具审签意见,明确审核责任。出国任务、出国经费预算未通过审核的,不得安排出访团组。

第三章　经费管理

第七条　因公临时出国经费包括:国际旅费、国外城市间交通费、住宿费、伙食费、公杂费和其他费用。

国际旅费,是指出境口岸至入境口岸旅费。

国外城市间交通费,是指为完成工作任务所必须发生的,在出访国家的城市与城市之间的交通费用。

住宿费是指出国人员在国外发生的住宿费用。

伙食费是指出国人员在国外期间的日常伙食费用。

公杂费是指出国人员在国外期间的市内交通、邮电、办公用品、必要的小费等费用。

其他费用主要是指出国签证费用、必需的保险费用、防疫费用、国际会议注册费用等。

第八条　国际旅费按照下列规定执行:

(一)选择经济合理的路线。出国人员应当优先选择由我国航空公司运营的国际航线,由于航班衔接等原因确需选择外国航空公司航线的，应当事先报经单位外事和财务部门审批同意。不得以任何理由绕道旅行，或以过境名义变相增加出访国家和时间。

(二)按照经济适用的原则,通过政府采购等方式,选择优惠票价,并尽可能同时购买往返机票。

(三)因公临时出国购买机票,须经本单位外事和财务部门审批同意。机票款由本单位通过公务卡、银行转账方式支付,不得以现金支付。单位财务部门应当根据《航空运输电子客票行程单》等有效票据注明的金额予以报销。

(四)出国人员应当严格按照规定安排交通工具,不得乘坐民航包机或私人、企业和外国航空公司包机。

(五)省部级人员可以乘坐飞机头等舱、轮船一等舱、火车高级软卧或全列软席列车的商务座;厅局级人员可以乘坐飞机公务舱、轮船二等舱、火车软卧或全列软席列车的一等座；其他人员均乘坐飞机经济舱、轮船三等舱、火车硬卧或全列软席列车的二等座。所乘交通工具舱位等级划分与以上不一致的,可乘坐同等水平的舱位。所乘交通工具未设置上述规定中本级别人员可乘坐舱位等级的,应乘坐低一等级舱位。上述人员发生的国际旅费据实报销。

(六)出国人员乘坐国际列车,国内段按国内差旅费的有关规定执行；国外段超过6小时以上的按自然(日历)天数计算,每人每天补助12美元。

第九条　出国人员根据出访任务需要在一个国家城市间往来,应当事先在出国计划中列明,并报本单位外事和财务部门批准。未列入出国计划、未经本单位外事和财务部门批准的，不得在国外城市间往来。出国人员的旅程必须按照批准的计划执行,其城市间交通费凭有效原始票据据实报销。

第十条　住宿费按照下列规定执行：

(一)出国人员应当严格按照规定安排住宿,省部级人员可安排普通套房,住宿费据实报销;厅局级及以下人员安排标准间，在规定的住宿费标准之内予以报销。

(二)参加国际会议等的出国人员,原则上应当按照住宿费标准执行。如对方组织单位指定或推荐酒店,应当严格把关,通过询价方式从紧安排,超出费用标准的，须事先报经本单位外事和财务部门批准。经批准,住宿费可据实报销。

第十一条　伙食费和公杂费按照下列规定执行：

(一)出国人员伙食费、公杂费可以按规定的标准发给个人包干使用。包干天数按离、抵我国国境之日计算。

(二)根据工作需要和特点,不宜个人包干的出访团组,其伙食费和公杂费由出访团组统一掌握,包干使用。

(三)外方以现金或实物形式提供伙食费和公杂费接待我代表团组的,出国人员不再领取伙食费和公杂费。

(四)出访用餐应当勤俭节约,不上高档菜肴和酒水,自助餐也要注意节俭。

第十二条　出访团组对外原则上不搞宴请,确需宴请的,应当连同出国计划一并报批,宴请标准按照所在国家一人一天的伙食费标准掌握。

出访团组与我国驻外使领馆等外交机构和其他中资机构、企业之间一律不得用公款相互宴请。

第十三条　出访团组在国外期间,收授礼品应当严格按有关规定执行。原则上不对外赠送礼品,确有必要赠送的,应当事先报经本单位外事和财务部门审批同意,按照厉行节俭的原则,选择具有民族特色的纪念品、传统手工艺品和实用物品,朴素大方,不求奢华。

出访团组与我国驻外使领馆等外交机构和其他中资机构、企业之间一律不得以任何名义、任何方式互赠礼品或纪念品。

第十四条　出国签证费用、防疫费用、国际会议注册费用等凭有效原始票据据实报销。根据到访国要求,出国人员必须购买保险的,应当事先报经本单位外事和财务部门批准后,按照到访国驻华使领馆要求购买,凭有效原始票据据实报销。

第十五条　出国人员回国报销费用时,须凭有效票据填报有团组负责人审核签字的国外费用报销单(具体表格由各单位制定)。各种报销凭证须用中文注明开支内容、日期、数量、金额等,并由经办人签字。

党政机关财务部门应当根据本办法制定本单位财务报销审批的具体规定,加强对因公临时出国团组的经费核销管理。各单位财务部门应当对因公临时出国团组提交的出国任务批件、护照(包括签证和出入境记录)复印件及有效费用明细票据进行认真审核,严格按照批准的出国团组人员、天数、路线、经费预算及开支标准核销经费,不得核销与出访任务无关的开支。

第十六条　因公临时出国团组凭批准的出国任务批件申请办理人民币购汇限额。按照财政部、国家外国专家局有关因公出国人员费用开支标准和管理办法的规定,组团单位分项填写《安徽省党政机关因公出国人员用汇预算(核销)表》,并由出国团组负责人、具体经办人、组团单位财务部门签章后报省财政厅审核。

出国经费预算中没有固定开支标准的城市间交通费,应提供境外日程安排、出访线路,供审核购汇限额时参考。

因公临时出国人员的个人自购汇,可凭身份证自行到中国银行办理。

第四章　监督检查

第十七条　除涉密内容和事项外,因公临时出国经费的预决算应当按照预决算信息公开的有关规定,及时公开,主动接受社会监督。

第十八条　外事、财政、审计等部门对因公临时出国情况进行定期或不定期联合检查。财政部门应当定期或不定期对各部门因公临时出国经费管理使用情况进行监督检查。审计部门应当对各部门因公临时出国经费管理使用情况进行审计。

财务部门应当建立健全因公临时出国团组内部监督检查机制,严格按照预算绩效管理的有关规定,加强因公临时出国经费预算绩效评价,切实提高预算资金的使用效益。

第十九条　组团单位应当采取集中形式,对团组全体人员进行行前财经纪律教育。对出国人员违反本办法规定,有下列行为之一的,除相关开支一律不予报销外,按照《财政违法行为处罚处分条例》等有关规定严肃处理,并追究有关人员责任:

(一)违规扩大出国经费开支范围的;

(二)擅自提高经费开支标准的;

(三)虚报团组级别、人数、国家数、天数等,套取出国经费的;

(四)使用虚假发票报销出国费用的;

(五)其他违反本办法的行为。

第五章　附　则

第二十条　党政机关因公临时赴香港、澳门、台湾地区的,适用本办法。

第二十一条　事业单位、国有企业和各市、县其他临时出国人员参照本办法执行。

第二十二条　本办法由省财政厅、省外办负责解释。

第二十三条　本办法自2014年1月1日起施行。安徽省财政厅、安徽省人民政府外事办公室《关于印发〈安徽省省直党政机关因公临时出国(境)经费管理办法〉的通知》(财行〔2012〕2172号)同时废止。

安徽省财政厅关于印发《安徽省会计人员继续教育实施办法》的通知

(2014年3月25日　财会〔2014〕318号)

各市、县财政局,省直部门:

为推进会计人员继续教育科学化、规范化、信息化,完善会计人员继续教育管理制度,培养造就高素质的会计队伍,提高会计人员专业胜任能力,根据《中华人民共和国会计法》、财政部《会计从业资格管理办法》(财政部第73号令)、《会计人员继续教育规定》(财会〔2013〕18号)及《安徽省会计从业资格管理实施办法》(财会〔2013〕1227号),结合我省会计人员继续教育工作的实际,我们制定了《安徽省会计人员继续教育实施办法》,为做好贯彻落实,同时制定了《安徽省会计人员继续教育培训机构管理规定》,一并印发给你们,请遵照执行。

执行中有何问题,请及时反馈我厅。

安徽省会计人员继续教育实施办法

第一章　总　则

第一条　为规范持有会计从业资格证书人员(以下简称会计人员)继续教育的管理,完善会计人员继续教育管理制度,提高会计人员专业胜任能力,根据《中华人民共和国会计法》、《会计从业资格管理办法》(财政部第73号令)、财政部《会计人员继续教育规定》(财会〔2013〕18号)和《安徽省会计从业资格管理实施办法》(财会〔2013〕1227

号)规定,结合我省会计人员继续教育工作的实际情况,制定本办法。

第二条 会计人员继续教育必须紧密结合经济社会和会计行业发展要求,统筹规划,强化服务,注重实效,建立制度严密、责任清晰、形式丰富的会计人员继续教育培训新机制,努力为全面深化改革、服务美好安徽建设提供人才保证和智力支持。

第三条 有效利用各方面教育资源参与会计人才继续教育,逐步形成政府主管部门规划指导、社会办学力量积极参与、用人单位支持督促的会计人员继续教育新格局。

第四条 会计人员享有参加继续教育的权利和接受继续教育的义务。

第五条 会计人员继续教育对象是持有安徽省行政区域内管理的会计从业资格证书的人员(不含中国人民解放军及武警部队系统)。

会计人员接受继续教育,从取得会计从业资格证书的下一年度开始。

第六条 会计人员继续教育分为高级、中级、初级三个级别。

(一)高级会计人员继续教育的对象包括已取得或受聘高级会计专业技术资格(职称)及具备相当水平的会计人员;

(二)中级会计人员继续教育的对象包括已取得或受聘中级会计专业技术资格(职称)及具备相当水平的会计人员;

(三)初级会计人员继续教育的对象包括已取得或受聘初级会计专业技术资格(职称)和已取得会计从业资格证书的会计人员。

第二章 管理体制

第七条 会计人员继续教育实行统一领导、分级管理的原则。省财政厅负责全省会计人员继续教育的组织管理工作,其主要职责是:

(一)制定全省会计人员继续教育规划并组织实施;

(二)推荐适合我省特点和要求的会计人员继续教育教材;

(三)组织全省高级会计人员继续教育培训和会计人员继续教育师资培训;

(四)负责会计人员继续教育远程网络培训机构招标、会计人员继续教育面授培训机构公告以及省直部门或单位组织的继续教育培训备案工作。

(五)指导全省会计人员继续教育工作,监督全省继续教育培训机构规范运行。

第八条 市财政局负责本地区会计人员继续教育的组织管理工作,其主要职责是:

(一)依据《安徽省会计人员继续教育实施办法》,制定本地区的会计人员继续教育计划并组织实施;

(二)组织市本级继续教育培训;

(三)负责面授培训机构备案登记工作,规范培训市场;

(四)组织、监督本地区会计人员继续教育工作;

(五)指导并组织实施本地区会计人员继续教育培训学分的审核、确认、登记工作,做好本地区会计人员继续教育档案管理工作。

第九条 会计人员所在单位负责组织和督促本单位的会计人员参加继续教育。

会计人员所在单位应当遵循教育、考核、使用相结合的原则,鼓励、支持并组织本单位会计人员参加继续教育,保证学习时间,提供必要的学习条件。

第三章 内容与形式

第十条 会计人员继续教育的内容主要包括会计理论、政策法规、业务知识、技能训练和职业道德等。

(一)会计理论继续教育,重点加强会计基础理论和应用理论的培训,提高会计人员运用理论指导实践的能力;

(二)政策法规继续教育,重点加强会计法规制度及其他相关法规制度的培训,提高会计人员依法从事会计工作的能力;

(三)业务知识和技能训练继续教育,重点加强履行岗位职责所必备的会计准则制度等专业知识、内部控制、会计信息化等方面的培训,提高会计人员的实际工作能力和业务技能;

(四)职业道德继续教育,重点加强会计职业道德的培训,提高会计人员职业道德水平。

第十一条 会计人员可以自愿选择参加本办法规定的继续教育形式。

(一)参加在县级以上财政部门组织的会计人

员继续教育师资培训、面授培训及远程网络会计培训；

（二）参加在县级以上财政部门备案并予以公示的培训机构组织的面授培训；

（三）参加经市级以上财政部门备案的部门或单位组织的继续教育培训；

（四）参加财政部组织的全国会计领军人才培训；

（五）参加财政部组织的大中型企事业单位总会计师素质提升工程培训；

（六）参加省财政厅组织的高端会计人才培训；

（七）参加中国注册会计师继续教育培训。

县级以上财政部门按照管理权限，定期公布已备案的会计人员继续教育培训机构相关信息。

第十二条　除本办法第十一条规定的继续教育形式外，会计人员继续教育的形式还包括：

（一）参加财政部组织的全国会计领军人才考试，以及省财政厅组织的高端会计人才考试；

（二）参加会计、审计专业技术资格考试，以及注册会计师、注册资产评估师、注册税务师考试；

（三）参加国家教育行政主管部门承认的会计类专科以上学位学历教育；

（四）承担继续教育管理部门或其认可的会计学术团体的会计类研究课题，或在有国内统一刊号(CN)的经济管理类报刊上发表会计类论文；

（五）公开出版会计类书籍；

（六）参加省级以上财政部门组织或其认可的会计类知识大赛；

（七）市级以上财政部门认可的其他形式。

第十三条　会计人员继续教育内容应当根据会计人员的从业要求，综合运用讲授式、研究式、案例式、模拟式、体验式等教学方法，提高培训效果和质量。

第十四条　各级财政部门应当积极推广网络教育、远程教育、电化教育等方式，提高会计人员继续教育教学和管理的信息化水平。

高级会计师继续教育实行远程网络教育方式。

第四章　学分管理

第十五条　会计人员参加继续教育采取学分制管理制度，每年参加继续教育取得的学分不得少于24学分。

第十六条　会计人员参加本办法第十一条规定的继续教育形式，继续教育学分计量标准如下：

（一）参加在县级以上财政部门组织的会计人员继续教育师资培训、面授培训及远程网络会计培训，考试或考核合格的，每学时折算为1学分；

（二）参加在县级以上财政部门公布的会计人员继续教育培训机构组织的面授培训、远程网络会计培训，考试或考核合格的，每学时折算为1学分；

（三）参加经市级以上财政部门备案的部门或单位组织的继续教育培训，考试或考核合格的，每学时折算为1学分；

（四）参加财政部组织的全国会计领军人才培训，考试或考核合格的，每学时折算为1学分；

（五）参加财政部组织的大中型企事业单位总会计师素质提升工程培训，考试或考核合格的，每学时折算为1学分；

（六）参加省财政厅组织的高端会计人才培训，考试或考核合格的，每学时折算为1学分；

（七）参加注册会计师继续教育培训，经省注册会计师协会确认的，每学时折算为1学分。

（八）本办法中每学时按50分钟计量。

第十七条　会计人员参加本办法第十二条规定的继续教育形式，继续教育学分计量标准如下：

（一）参加财政部组织的全国会计领军人才考试，或参加省财政厅组织安徽省高端会计人才考试，被录取的，当年度折算为24学分，学分所属年度以录取文件为准；

（二）参加会计、审计专业技术资格考试，以及注册会计师、注册资产评估师、注册税务师考试，当年度每通过一科考试，折算为24学分，学分所属年度以考试管理机构公布考试成绩的时间为准；

（三）参加国家教育行政主管部门承认的会计类专科以上学位学历教育，通过当年度一个学习科目考试或考核的，折算为24学分，学分所属年度以学校出具的成绩单时间为准，取得学历或学位当年没有成绩单的，则以学历或学位证书上注明的时间为准；

（四）独立承担市级以上财政部门及其认可的会计学术团体的会计类研究课题，课题结项的，当年每项研究课题折算为24学分；与他人合作完成的，当年每项研究课题的第一作者折算为24学分，其他作者每人折算为12学分，学分所属年度以相关文件的签发日期为准，无正式文件的，以课题在有国内统一刊号的报刊上发表时间为准，既无文件又没公开发表的课题不得折算学分；

（五）独立在有国内统一刊号（CN）的经济管理类报刊上发表会计类论文的，每篇论文当年折算为24学分；与他人合作发表的，每篇论文的第一作者当年折算为24学分，其他作者每人当年折算为12学分，学分所属年度以论文发表时间为准；

（六）独立公开出版会计类书籍的，当年每本会计类书籍折算为24学分；与他人合作出版的，当年每本会计类书籍的第一作者折算为24学分，其他作者每人折算为12学分，学分所属年度以第一版第一次印刷时间为准；

（七）参加省级以上财政部门组织或其认可的会计类知识大赛，成绩合格或受到表彰的，当年折算为24学分，学分所属年度以合格成绩公布时间或表彰文件的签发日期为准；

会计人员参加继续教育取得的学分，均在当年度有效，不得结转下年度。

第十八条　会计人员由于病假、在境外工作、生育等原因，无法在当年完成继续教育取得规定学分的，应当提供合理证明，经同级财政部门审核确认后，其没有取得的继续教育学分可以顺延至下一年度取得。

第十九条　会计人员在省级财政部门之间办理调转登记时，未按规定完成继续教育学分的，应当分情况进行处理：

（一）会计人员未按规定完成以前年度继续教育的，应当在调出地完成以前年度继续教育后，才能办理会计从业资格调转手续。

（二）会计人员未按规定完成当年度继续教育的，调出地应当在其调转登记表中予以注明，会计人员办理调转后，应当在调入地完成当年度继续教育。

第二十条　会计人员参加未经县级以上财政部门公示备案的继续教育培训机构组织的会计人员继续教育，各级财政部门不予办理继续教育事项登记。

第五章　机构管理

第二十一条　各级财政部门应当加强会计人员继续教育培训机构建设，构建分工明确、优势互补、布局合理、竞争有序的会计人员继续教育培训体系。引导高等院校、科研院所等单位参与会计人员继续教育工作。

第二十二条　会计人员继续教育培训机构必须同时符合下列条件：

（一）具备承担培训工作相适应的教学场所和教学设施；

（二）拥有与承担培训工作相适应的师资队伍和管理力量；

（三）制定完善的教学培训计划、管理制度和其他相关制度；

（四）能够完成所承担的培训任务，保证培训质量；

（五）符合有关法律法规的规定。

第二十三条　符合规定条件的会计人员继续教育面授培训机构，应当在培训前，向同级财政部门报送培训计划（包括培训时间、培训内容、师资情况和讲义等），经备案后方可开班。会计人员继续教育远程网络培训机构应当于每年1月31日前向省财政厅报送年度培训计划，明确当年上线课程名称、学分、授课教师等。

第二十四条　会计人员继续教育培训机构应当根据会计人员继续教育规划和工作重点等，不断改进培训方式，科学设置培训内容，加强教学管理，提高教学水平，保证培训质量。

第二十五条　会计人员继续教育培训机构应当建立健全会计人员继续教育培训档案，如实记载会计人员继续教育情况，并在培训后及时将有关情况报送所在地财政部门。

第六章　师资、教材

第二十六条　会计人员继续教育培训机构的教学人员，应当具有良好的职业道德修养、较高的理论政策水平、扎实的专业知识基础，具备胜任教学、科研工作的能力，且近3年内没有受到过行政处罚和刑事处罚。

（一）承担高级会计人员继续教育任务的教学人员，一般应具备教授职称、高级专业技术资格，或者为具备相应水平的专家。

（二）承担中级会计人员继续教育任务的教学人员，一般应具备副教授以上（含副教授）职称、高级专业技术资格，或者为具备相应水平的专家。

（三）承担初级会计人员继续教育任务的教学人员，一般应具备讲师以上（含讲师）职称、中级以上（含中级）专业技术资格，或者为具备相应水平的专家。

第二十七条　会计人员继续教育机构应根据统一的会计人员继续教育大纲,选定合适的教材,以适应不同级别会计人员继续教育的需要。

第二十八条　县级以上财政部门应当坚持开发和利用相结合的原则，积极开展会计人员继续教育教材建设，加强对继续教育教材使用情况的管理和监督。

第二十九条　任何部门、单位和个人不得向会计人员强行推销、搭售会计人员继续教育教材。

第七章　考核与检查

第三十条　会计人员继续教育管理实行登记制度。

会计人员办理继续教育事项登记,可以通过以下三种途径:

(一) 会计人员参加安徽省会计人员继续教育平台的远程网络继续教育,经考试合格后,系统将自动为会计人员办理继续教育事项登记;

(二)会计人员参加面授培训机构(包括部门和单位)组织的培训,应当在3个月内持会计从业资格证书、相关证明材料向所在地财政部门办理继续教育事项登记;

(三)除(一)、(二)款外,参加本办法规定的其他继续教育形式的，应当在3个月内持会计从业资格证书、相关证明材料向所在地财政部门办理继续教育事项登记;

县级以上财政部门应当建立健全会计人员从业档案信息系统，如实记载会计人员接受继续教育情况。

第三十一条　县级以上财政部门应当加强对会计人员继续教育情况的监督与检查,并将监督、检查结果作为会计人员参加先进会计工作者评选、颁发会计人员荣誉证书等的依据之一。

第三十二条　对未按规定参加继续教育或者参加继续教育未取得规定学分的会计人员，所在地财政部门应当责令其限期改正。

会计人员继续教育情况是会计人员诚信档案记载项目,也是申报高级会计师评审条件之一。

第三十三条　县级以上财政部门应当按照各自管理权限定期对所在地会计人员继续教育培训机构进行检查、评估。

第三十四条　会计人员继续教育培训机构不得有下列行为:

(一)乱收费或只收费不培训的;

(二) 以会计人员继续教育名义组织境内外公费旅游或者进行其他高消费活动的;

(三)恶意竞争,扰乱培训市场秩序的;

(四)不服从财政部门监督管理的;

(五)学员投诉较多,经核实后情况属实的;

(六)泄露学员个人身份信息的;

(七)其他违纪违规行为的。

第三十五条　县级以上财政部门应当将各单位会计人员继续教育情况作为《会计法》执行情况检查、会计从业资格情况检查的内容。

第八章　附　则

第三十六条　本办法自发布之日起施行。省财政厅2007年5月31日印发的《安徽省会计人员继续教育实施办法》(财会字〔2007〕485号) 同时废止。

安徽省会计人员继续教育培训机构管理规定

第一章　总　则

第一条　为规范我省会计人员继续教育培训市场,提高继续教育培训质量,维护广大会计人员的合法权益,根据《中华人民共和国会计法》、《会计人员继续教育规定》(财会〔2013〕18号)及《安徽省会计人员继续教育实施办法》等有关文件规定,制定安徽省会计人员继续教育培训机构管理规定(以下简称《规定》)。

第二条　会计人员继续教育培训机构主要包括:

(一) 全省统一确定的远程网络继续教育培训机构。

(二) 经县级以上财政部门登记备案的面授培训机构。

(三)经市级以上财政部门备案,能够统一组织本系统、本单位继续教育面授培训的部门或单位。

第三条　会计人员继续教育机构应当结合我省会计人员继续教育规划和工作重点等,改进培训方式,科学设置培训内容,加强教学管理,提高教学水平。

第二章　培训机构应具备的条件

第四条　会计人员继续教育培训机构必须具

备以下条件：

（一）具备承担培训工作相适应的教学场所和教学设施；

（二）拥有与承担培训工作相适应的师资队伍和管理力量；

（三）制定完善的教学培训计划、管理制度和其他相关制度；

（四）符合相关监管部门的管理要求；

（五）能够完成所承担的培训任务，保证培训质量；

（六）符合有关法律法规的规定。

第三章　申报要求

第五条　省财政厅采用公开招标方式确定全省统一的继续教育远程网络培训机构（以下简称“网校”）。投标人资质要求是：

（一）具备《政府采购法》第22条规定条件的独立的法人实体。

（二）企业法人具有省级以上教育部门颁发的现代远程教育办学资格的批准文件，以及“中华人民共和国电信与信息服务业务经营许可证”；高等院校具有国家人力资源和社会保障部或者教育部批准的相关继续教育培训单位证明。

（三）投标人应建立拥有独立域名的远程教育网站。

（四）服务承诺书。

第六条　申请会计人员继续教育培训资格的面授培训机构应当向注册地的市县财政部门提交下列材料：

（一）单位法人证明材料原件及复印件；

（二）培训场所的所有权证或租赁合同原件及复印件；

（三）办学许可证、物价收费备案公示表原件及复印件；

（四）本机构教学管理制度；

（五）专职、兼职教师职称证明、学历证书、教师资格证书原件及复印件；

（六）会计人员继续教育面授培训机构情况登记表（详见附件3）；

（七）服务承诺书。

第七条　统一组织本系统、本单位会计人员继续教育面授培训的部门或单位，应向市级以上财政部门申报，经备案后方可开班。

第四章　备案公示

第八条　会计人员继续教育培训机构按照有进有退、动态管理的原则，实行备案公示制度。对未经财政部门备案、公示的培训机构组织培训的，不予认可继续教育学分。

第九条　市县财政部门应对本地区会计人员继续教育面授培训机构上报的资料进行审核，对申报机构进行实地考察、评估，符合条件的给予登记备案。具备条件的地方，要积极引入竞争机制，选择继续教育面授培训机构。

第十条　网校由省财政厅在安徽会计网上公告。会计人员继续教育面授培训机构每年向机构注册地的市县财政部门备案，市县财政部门于每年2月1日前将各地机构基本情况报省财政厅，省财政厅于3月1日前，在安徽会计网上向社会公告。统一组织本系统、本单位会计人员继续教育面授培训的部门或单位，应在培训实施前将培训计划和参加培训人员名单等报市级以上财政部门会计管理机构备案。

第五章　培训管理

第十一条　省财政厅在“安徽会计网”开通安徽省会计人员继续教育统一管理平台，由学员自主选择网校报名，自主选择课件，统一采用网上银行缴费。学员在每门课程学习后，应参加考试，考试合格，认可课程学分。市、县管理用户可对学员学习情况进行动态查询和统计。

第十二条　网校应按类别、分层次进行课程设置。同时，提供网上在线咨询和答疑，对会计人员遇到的实际问题，在24小时内给予解答。

第十三条　会计人员继续教育培训机构应加强培训内容的针对性和实用性。网校应于每年1月31日前向省财政厅报送年度培训计划，明确当年上线课程名称、学分、授课老师等。面授培训机构应在培训前向同级财政部门报送本次培训计划（包括培训时间、培训内容、师资情况等），经备案后方可开班，并在培训结束一周（7日）内将有关情况报送同级财政部门。

第十四条　会计人员继续教育面授培训机构的师资要求要符合《安徽省会计人员继续教育实施办法》有关规定。

第十五条　任何部门、单位和个人不得向会计人员强行推销、搭售会计人员继续教育教材。

第十六条　经财政部门备案公示的会计人员继续教育培训机构,未经同意,不得将承担的培训任务转给其他机构和个人。

第十七条　会计人员继续教育培训机构必须建立继续教育培训档案，如实记载会计人员继续教育情况。

第十八条　会计人员继续教育培训机构要做好继续教育培训任务的落实和总结工作。每年度培训结束后一个月内将年度培训工作情况报同级财政部门。

第十九条　会计人员继续教育面授培训机构应组织教学人员参加全省统一的师资培训，落实好继续教育培训的各项任务。

第六章　监督评价

第二十条　会计人员继续教育培训机构要履行相应责任,并自觉接受财政部门的指导、监督和检查。

第二十一条　网校要积极听取各级会计管理机构和学员的意见和建议，提升会计人员网上教育质量水平。

第二十二条　省财政厅每年组织人员对网校课件质量、平台运行、服务水平等情况进行随机抽查,督促加强管理,提高办学质量。

第二十三条　市县财政部门应对会计人员继续教育培训机构采用定期检查和不定期抽查相结合的方式进行监督检查。有下列情形之一者,取消备案资格,并在安徽会计网予以公示。

(一)乱收费或只收费不培训的;

(二)以会计人员继续教育名义组织境内外公费旅游或者进行其他高消费活动的;

(三)恶意竞争,扰乱培训市场秩序的;

(四)不服从财政部门监督管理的;

(五)学员投诉较多,经核实后情况属实的;

(六)泄露学员个人身份信息的;

(七)其他违纪违规行为的。

第二十四条　会计人员继续教育培训机构备案资格一经公示取消，五年内不得再次申请机构备案。

第二十五条　本规定自发布之日起施行。

安徽省财政厅 安徽省物价局 安徽省水利厅 中国人民银行合肥中心支行关于印发《安徽省水土保持补偿费征收使用管理实施办法》的通知

(2014年4月29日　财综〔2014〕328号)

各市、县财政局、物价局、水利局,中国人民银行各市中心支行、县支行:

为规范水土保持补偿费征收使用管理,促进水土流失预防和治理,改善生态环境,根据《中华人民共和国水土保持法》和财政部、国家发展改革委、水利部、中国人民银行《关于印发〈水土保持补偿费征收使用管理办法〉的通知》(财综〔2014〕8号)规定,我们制定了《安徽省水土保持补偿费征收使用管理实施办法》,现印发给你们,请遵照执行。

安徽省水土保持补偿费征收使用管理实施办法

第一章　总　则

第一条　为了规范水土保持补偿费征收使用管理,促进水土流失防治工作,改善生态环境,根据《中华人民共和国水土保持法》和财政部、国家发展改革委、水利部、中国人民银行《关于印发〈水土保持补偿费征收使用管理办法〉的通知》(财综〔2014〕8号),结合我省实际,制定本办法。

第二条　水土保持补偿费是水行政主管部门对损坏水土保持设施和地貌植被、不能恢复原有水土保持功能的生产建设单位和个人征收并专项用于水土流失预防治理的资金。

第三条　水土保持补偿费全额上缴国库,纳入政府性基金预算管理,实行专款专用,年终结余结转下年使用。

第四条　水土保持补偿费征收、缴库、使用和管理应当接受财政、价格、人民银行、审计部门和上级水行政主管部门的监督检查。

第二章 征 收

第五条 在山区、丘陵区、风沙区以及水土保持规划确定的容易发生水土流失的其他区域开办生产建设项目或者从事其他生产建设活动，损坏水土保持设施、地貌植被，不能恢复原有水土保持功能的单位和个人(以下简称缴纳义务人)，应当缴纳水土保持补偿费。

前款所称其他生产建设活动包括：

(一)取土、挖砂、采石(不含河道采砂)；

(二)烧制砖、瓦、瓷、石灰；

(三)排放废弃土、石、渣。

第六条 县级以上水行政主管部门按照下列规定征收水土保持补偿费。

开办生产建设项目的单位和个人应当缴纳的水土保持补偿费，由县级以上水行政主管部门按照水土保持方案审批权限负责征收。其中，由水利部审批水土保持方案的，水土保持补偿费由省水行政主管部门征收。

从事其他生产建设活动的单位和个人应当缴纳的水土保持补偿费，由生产建设活动所在地县级水行政主管部门负责征收。

第七条 水土保持补偿费按照下列方式计征：

(一)开办一般性生产建设项目的，按照征占用土地面积计征。

(二)开采矿产资源的，在建设期间按照征占用土地面积计征；在开采期间，对石油、天然气以外的矿产资源按照开采量计征，对石油、天然气按照油气生产井占地面积每年计征。

(三)取土、挖砂、采石以及烧制砖、瓦、瓷、石灰的，按照取土、挖砂、采石量计征。

(四)排放废弃土、石、渣的，按照排放量计征。对缴纳义务人已按照前三种方式计征水土保持补偿费的，其排放废弃土、石、渣，不再按照排放量重复计征。

第八条 水土保持补偿费的征收标准由国家发展改革委、财政部会同水利部另行制定。

第九条 开办一般性生产建设项目的，缴纳义务人应当在项目开工前一次性缴纳水土保持补偿费。

开采矿产资源处于建设期的，缴纳义务人应当在建设活动开始前一次性缴纳水土保持补偿费；处于开采期的，缴纳义务人应当按季度缴纳水土保持补偿费。

从事其他生产建设活动的，缴纳水土保持补偿费的时限由县级水行政主管部门确定。

第十条 缴纳义务人应当向负责征收水土保持补偿费的水行政主管部门如实报送征占用土地面积(矿产资源开采量、取土挖砂采石量、弃土弃渣量)等资料。

负责征收水土保持补偿费的水行政主管部门审核确定水土保持补偿费征收额，并向缴纳义务人送达水土保持补偿费缴纳通知单。缴纳通知单应当载明征占用土地面积(矿产资源开采量、取土挖砂采石量、弃土弃渣量)、征收标准、缴纳金额、缴纳时间和地点等事项。

缴纳义务人应当按照缴纳通知单的规定缴纳水土保持补偿费。

第十一条 下列情形免征水土保持补偿费：

(一)建设学校、幼儿园、医院、养老服务设施、孤儿院、福利院等公益性工程项目的；

(二)农民依法利用农村集体土地新建、翻建自用住房的；

(三)按照相关规划开展小型农田水利建设、田间土地整治建设和农村集中供水工程建设的；

(四)建设保障性安居工程、市政生态环境保护基础设施项目的；

(五)建设军事设施的；

(六)按照水土保持规划开展水土流失治理活动的；

(七)法律、行政法规和国务院规定免征水土保持补偿费的其他情形。

第十二条 除本办法规定外，任何单位和个人均不得擅自减免水土保持补偿费，不得改变水土保持补偿费征收对象、范围和标准。

第十三条 县级以上水行政主管部门征收水土保持补偿费，应当到同级价格主管部门申领《收费许可证》，并使用省财政厅统一印制的财政票据。

第十四条 县级以上水行政主管部门应当对水土保持补偿费的征收依据、征收标准、征收主体、征收程序、法律责任等进行公示。

第三章 缴 库

第十五条 县级以上水行政主管部门征收的水土保持补偿费，按照1∶9的比例分别上缴中央和地方国库。

上缴地方国库的部分,由省水行政主管部门负责征收的,全额上缴省级国库;由市级水行政主管部门负责征收的,按照2∶8的比例分别上缴省级、市级国库;由县级水行政主管部门负责征收的,按照1∶1∶8的比例分别上缴省级、市级、县级国库。

第十六条 水土保持补偿费实行就地缴库方式。

负责征收水土保持补偿费的水行政主管部门填写"一般缴款书",随水土保持补偿费缴纳通知单一并送达缴纳义务人,由缴纳义务人持"一般缴款书"在规定时限内到商业银行办理缴款。在填写"一般缴款书"时,预算科目栏填写"1030176水土保持补偿费收入",预算级次栏填写"中央和地方共享收入",收款国库栏填写实际收纳款项的国库名称。

第十七条 水土保持补偿费收入在政府收支分类科目中列103类01款76项"水土保持补偿费收入",作为中央和地方公用收入科目。

第十八条 各级水行政主管部门要确保将水土保持补偿费收入按规定及时足额上缴各级国库,不得截留、占压、拖延上缴。

第四章 使用管理

第十九条 水土保持补偿费专项用于水土流失预防和治理,主要用于被损坏水土保持设施和地貌植被恢复治理工程建设。

第二十条 县级以上水行政主管部门应当根据水土保持规划,编制年度水土保持补偿费支出预算,报同级财政部门审核。财政部门应当按照政府性基金预算管理规定审核水土保持补偿费支出预算并批复下达。其中,水土保持补偿费用于固定资产投资项目的,由发展改革部门商同级水行政主管部门纳入固定资产投资计划。

第二十一条 水土保持补偿费的资金支付按照财政国库管理制度有关规定执行。

第二十二条 水土保持补偿费支出在政府收支分类科目中列213类70款"水土保持补偿费安排的支出"01项"综合治理和生态修复"、02项"预防保护和监督管理"、03项"其他水土保持补偿费安排的支出"。

第二十三条 各级财政、水行政主管部门应当严格按规定使用水土保持补偿费,确保专款专用,严禁截留、转移、挪用资金和随意调整预算。

第五章 法律责任

第二十四条 单位和个人违反本办法规定,有下列情形之一的,依照《财政违法行为处罚处分条例》和《违反行政事业性收费和罚没收入收支两条线管理规定行政处分暂行规定》等国家有关规定追究法律责任;涉嫌犯罪的,依法移送司法机关处理:

(一)擅自减免水土保持补偿费或者改变水土保持补偿费征收范围、对象和标准的;

(二)隐瞒、坐支应当上缴的水土保持补偿费的;

(三)滞留、截留、挪用应当上缴的水土保持补偿费的;

(四)不按照规定的预算级次、预算科目将水土保持补偿费缴入国库的;

(五)违反规定扩大水土保持补偿费开支范围、提高开支标准的;

(六)其他违反国家财政收入管理规定的行为。

第二十五条 缴纳义务人拒不缴纳、拖延缴纳或者拖欠水土保持补偿费的,依照《中华人民共和国水土保持法》第五十七条规定进行处罚。缴纳义务人对处罚决定不服的,可以依法申请行政复议或者提起行政诉讼。

第二十六条 缴纳义务人缴纳水土保持补偿费,不免除其水土流失防治责任。

第二十七条 水土保持补偿费征收、使用管理有关部门的工作人员违反本办法规定,在水土保持补偿费征收和使用管理工作中徇私舞弊、玩忽职守、滥用职权的,依法给予处分;涉嫌犯罪的,依法移送司法机关。

第六章 附 则

第二十八条 按本办法规定开征水土保持补偿费后,原各地征收的水土流失防治费、水土保持设施补偿费等涉及水土流失防治和补偿的收费予以取消。

第二十九条 本办法由省财政厅商省物价局、省水利厅、中国人民银行合肥中心支行负责解释。

第三十条 本办法自2014年5月1日起施行。

安徽省财政厅 中共安徽省委组织部 安徽省公务员管理局关于印发《安徽省省直机关培训经费管理办法》的通知

（2014年3月25日 财行〔2014〕332号）

省直各部门：

为规范省直机关培训工作，提高培训效率和质量，加强培训费管理，节约培训费开支，根据财政部、中共中央组织部、国家公务员局《关于印发＜中央和国家机关培训费管理办法＞的通知》（财行〔2013〕523号），省财政厅、省委组织部、省公务员局联合制定了《安徽省省直机关培训经费管理办法》，现印发给你们，请遵照执行。

安徽省省直机关培训经费管理办法

第一章 总 则

第一条 为规范省直机关培训工作，提高培训效率和质量，加强培训费管理，节约培训费开支，依据《党政机关厉行节约反对浪费条例》，参照《中央和国家机关培训费管理办法》，制定本办法。

第二条 本办法所称培训，是指省直机关根据《中华人民共和国公务员法》、《干部教育培训工作条例（试行）》、《公务员培训规定（试行）》，使用财政资金在境内举办的岗位培训、任职培训、专门业务培训、初任培训等。

第三条 本办法适用于省直党政机关、人大机关、政协机关、审判机关、检察机关、民主党派机关、人民团体和参照公务员法管理的事业单位（以下简称省直机关）。

省直机关不含垂直管理的省以下单位。

第四条 培训费是指省直机关开展培训直接发生的各项费用，包括住宿费、伙食费、培训场地费、讲课费、培训资料费、交通费、其他费用。

第五条 省直机关举办培训应当坚持厉行节约反对浪费的原则，实行机关内部统一管理，增强培训的针对性和实效性。严格控制培训数量、时间、规模，保证培训质量，节约培训资源，提高培训经费使用效益。

第二章 经费安排

第六条 省直机关培训经费原则上在本部门预算安排的会议费定额、综合定额中列支。

专门业务培训在部门预算安排的专项培训费中列支。

第三章 计划编制和审批管理

第七条 部门预算安排的培训经费，省直机关应建立年度培训计划编报制度，年度培训计划（包括培训名称、对象、内容、时间、地点、参训人数、所需经费等），经报单位领导办公会议或党组（党委）会议批准后实行。

年度培训计划一经批准，原则上不得调整，因工作需要确需临时增加培训及调整预算的，经单位主要负责同志审批，报省财政厅归口处室审核同意后，在部门预算安排的综合定额中列支。

省直机关年度培训计划于每年的4月1日前报省委组织部、省公务员局、省财政厅备案。

第八条 省直机关培训，原则上在本部门预算安排的会议费定额、综合定额或部门预算安排的专项经费中的培训费中列支。特别需要省财政另行安排经费培训的，按以下程序办理：

（一）每年9月底前，政府部门将下一年度培训计划（包括培训名称、依据、对象、内容、时间、参训人数、参训级次、经费概算、承担培训机构和意向协议），报省公务员局审核（如选调市、县党委政府领导参加培训的，同时报省委组织部审核）；其他部门报省委组织部审核。

（二）省公务员局、省委组织部对省直机关上报的培训计划的立项依据、合规性、培训规模和级次进行审核，于10月底前将审核意见通知省直有关单位，抄送省财政厅。

（三）省直有关单位根据省公务员局、省委组织部的审核意见，将培训计划编入下一年度部门预算，并按部门预算编报程序报省财政厅归口处室审核。省财政厅将审核后的培训计划汇总报分管组织、人社、财政的省领导审批。

预算执行中，省委、省政府决定举办的重大培训所需经费，由省财政厅按省级预算管理程序办理。

第九条 省直机关应对部门预算会议费定额、

综合定额以外安排的培训计划执行情况要认真总结(包括培训名称、主要内容、时间、地点、培训对象及人数、工作人员数、经费开支、管理及列支渠道、培训成效等),并于每年的3月底前,将上年度培训总结材料报省委组织部、省公务员局、省财政厅。

第四章 开支范围和标准

第十条 开支标准。在党校、行政学院、干部学院、部门行业所属培训机构、高校培训基地等财政供给的培训机构举办培训,安排食宿的,按每人每天综合定额不高于160元标准执行;不安排食宿的,按每人每天综合定额不高于60元(课时资料费)执行。

在非财政供给培训机构举办培训,参照三、四类会议,按每人每天综合定额不高于300元标准执行。上述15天以内(含15天)的培训,按照综合定额准标控制;超过15天的培训,超过天数按照综合定额标准的80%执行;上述天数含报到、撤离时间分别不得超过1天。

第十一条 外聘专家、学者讲课费执行以下标准(税后):

(一)副高级技术职称专业人员每半天最高不超过1000元;

(二)正高级技术职称专业人员每半天最高不超过2000元;

(三)院士、全国知名专家每半天一般不超过3000元;

其他人员讲课参照上述标准执行。

第五章 培训组织

第十二条 培训实行分级管理。省直机关举办培训,原则上不得下延到县(区)、乡。

第十三条 培训原则上选择党校、行政学院、干部学院、部门行业所属培训机构、高校培训基地等财政供给的培训机构承担培训项目。鼓励省直机关利用本部门现有条件和资源开展培训。

第十四条 组织培训的工作人员控制在参训人员数量的5%以内,最多不超过10人。

第十五条 培训住宿不得安排高档套房,不得额外配发洗漱用品;培训不得上高档菜肴,不得提供烟酒;7日以内的培训不得组织省外调研、考察、参观。

第十六条 省直机关组织培训应当尽量利用网络、视频等信息手段,大力推行干部选学、在职自学等方式,降低培训成本,提高培训效率。

第六章 报销结算

第十七条 培训费报销。省直机关在培训结束后应当及时办理报销手续。培训费报销时须附培训审批文件、培训通知及实际参加培训人员签到表、讲课费签收单、培训服务单位提供的费用原始明细单据等凭证。

各单位财务部门要严格按规定审核培训费开支,对未履行审批程序的培训,以及超范围、超标准开支的经费不予报销。

第十八条 讲课费、小额零星开支以外的培训费用,应当按照国库集中支付和公务卡管理的有关制度执行,采用银行转账或公务卡方式结算,不得以现金方式支付。

第十九条 严禁使用培训费购置电脑、复印机、打印机、传真机等固定资产以及开支与培训无关的其他费用;严禁在培训费中列支公务接待费、会议费;严禁套取培训费设立"小金库"。

第七章 监督检查

第二十条 省直单位应当将培训的项目、内容、人数、经费等情况,以适当方式进行公示。

第二十一条 省委组织部、省公务员局、省财政厅、省审计厅等部门对省直机关培训活动和培训费管理使用情况进行监督检查。

第二十二条 对于检查中发现的违反本办法的行为,由有关部门责令改正,追回资金,并予以通报;相关责任人员,所在单位按规定予以党纪政纪处分;涉嫌犯罪的,移送司法机关处理。

第八章 附 则

第二十三条 省直机关可以按照本办法规定,结合本机关实际,制定培训费管理具体规定。

第二十四条 省委组织部、省公务员局组织的调学培训,出国(境)培训以及援外培训,不适用本办法。

第二十五条 非参照公务员法管理的事业单位培训费管理参照本办法执行。

第二十六条 其他文件与本办法规定不一致的,以本办法为准。

第二十七条 本办法由省财政厅会同省委组织部、省公务员局负责解释。

第二十八条 本办法自2014年4月1日起施

行。

安徽省财政厅 安徽省外国专家局关于印发《安徽省省直党政机关因公短期出国培训费用管理办法》的通知

(2014年5月8日 财行〔2014〕527号)

省直各部门:

为进一步规范因公短期出国培训费用管理,根据财政部、国家外国专家局《关于印发〈因公短期出国培训费用管理办法〉的通知》(财行〔2014〕4号)要求,省财政厅、省外国专家局研究制订了《安徽省省直党政机关因公短期出国培训费用管理办法》,现印发给你们,请遵照执行。

安徽省省直党政机关因公短期出国培训费用管理办法

第一条 为进一步规范因公短期出国培训费用管理,加强预算监督,提高资金使用效益,保证出国培训工作的顺利开展,根据《党政机关厉行节约反对浪费条例》和财政部、国家外国专家局《关于印发〈因公短期出国培训费用管理办法〉的通知》(财行[2014]4号)等法律法规,制定本办法。

第二条 本办法适用于省级党的机关、人大机关、行政机关、政协机关、审判机关、检察机关、各民主党派和人民团体机关,省委省政府直属的参照公务员法管理的事业单位(以下简称党政机关)。

第三条 因公短期出国培训,是指各单位选派各类专业和管理人员到国外进行90天以内(不含90天)的业务培训。

第四条 党政机关因公短期出国培训应当坚持强化预算约束、优化培训结构、因事立项定人、加强监督管理的原则,严控费用规模,严格计划执行。

第五条 党政机关因公短期出国培训费用纳入部门预算管理。各单位安排因公短期出国培训项目应当实行经费预算先行审核,无预算或超预算的不得安排出国培训。

第六条 党政机关因公短期出国培训实行计划和经费审核审批管理。由省外国专家局会同省委组织部、省监察厅、省财政厅和省外办等部门进行联合会审,严格控制出国培训规模,科学设置出国培训项目,择优选派培训对象,注重出国培训的质量和实效。

第七条 省财政厅根据经国家外专局批复的安徽省因公出国培训计划,按照规定的标准将经费列入省直相关单位部门预算,经费专款专用,不得超支,结余收回。

第八条 党政机关应当建立因公短期出国培训计划与预算管理的内部控制制度。组团单位事先填报《因公短期出国培训任务和预算审批意见表》,由单位人事(外事)和财务部门分别出具审签意见,明确审核责任。培训任务、培训费用预算未通过审核的,不得安排出国培训。

第九条 因公短期出国培训费用开支范围包括:培训费、国际旅费、国外城市间交通费、住宿费、伙食费、公杂费和其他费用。

其中,培训费是指出国培训团组用于授课、翻译、场租、资料、课程设计、对口业务考察或业务实践活动等在国外培训所必须发生的费用。

第十条 国际旅费、国外城市间交通费、住宿费、伙食费、公杂费、其他费用的管理要求和开支标准参照《安徽省省直党政机关因公临时出国经费管理办法》(财行〔2014〕104号)执行。

出国培训团组经费开支在规定的标准之内据实报销。出国培训人员的伙食费、公杂费,由出国培训团组统一掌握,包干使用。

出国培训团组需在国内开展预培训和培训总结所发生的费用,参照国内培训费相关规定执行。

第十一条 组团单位和培训项目境外承办机构双方应当签订培训协议,明确出国培训所需费用的明细支出项目。

省外专局建立培训项目境外承办机构的评估机制,与有关部门共同监督检查出国培训团组境外学习培训情况,择优推荐运营规范的专业培训机构,与组团单位进行特长推介和业务对接。

第十二条 省财政安排的人才出国培训专项

经费,重点对专业技术人才、高技能人才、农村实用及社会工作人才类培训予以资助。

第十三条　已获得中央财政安排资助或由外方资助出国培训经费的,派出单位不得重复支付。资助费用开支有明确规定的,按其规定执行;没有规定的,参照本办法规定的标准和要求执行。资助经费不足以弥补规定培训费用开支的,按照本办法规定的开支标准,由出国培训人员派出单位补足其费用差额部分。

第十四条　培训人员回国报销费用时,应当凭出国任务批件和出国培训审核件,填报《因公短期出国培训费用报销单》,并附各项经费开支有效票据。

各单位财务部门应当对因公短期出国培训团组提供的出国任务批件、护照(包括签证和出入境记录)复印件及有效费用明细票据进行认真审核,严格按照批准的出国培训团组人员、天数、路线、经费预算及开支标准核销经费,超出部分不得核销。

第十五条　各单位不得组织和参与计划外或营利性出国培训项目,也不得安排照顾性质、无实质内容、无实际需要及参观考察等一般性出国培训项目。

第十六条　培训团组在国外期间,原则上不赠送礼品,一律不安排宴请。

培训团组严禁接受或变相接受企事业单位资助,严禁向同级机关、下级机关、所属单位、我驻外机构等摊派或转嫁出国培训费用。

第十七条　党政机关建立出国培训项目信息公开制度。除涉密内容和事项外,各单位应当将培训的项目、内容、人数、经费等情况,以适当方式进行公开。

第十八条　外专、外事、财政、审计等部门对因公短期出国培训项目执行情况和出国培训费用管理使用情况进行定期或不定期联合检查。

党政机关应当建立健全因公短期出国培训项目内部监督检查机制,组团单位每年向省外专局、省外办、省财政厅等部门报送本单位因公短期出国培训项目执行和费用使用情况。

第十九条　组团单位以及出国培训人员违反本办法规定,有下列行为之一的,相关开支一律不予报销,并按照《财政违法行为处罚处分条例》和《党政机关厉行节约反对浪费条例》等有关规定予以处理:

(一) 无预算或未经财务部门同意安排出国培训项目的;

(二)违规扩大出国培训费用开支范围的;

(三)擅自提高出国培训费用开支标准的;

(四)虚报培训团组人数、天数等,套取出国培训费用的;

(五)使用虚假票据报销出国培训费用的;

(六)培训期间存在铺张浪费、公款旅游行为的;

(七)其他违反本办法的行为。

第二十条　确有必要到未列培训费开支标准的国家(地区)开展因公培训的,可按照经济社会发展水平相近的国家标准执行。

第二十一条　党政机关因公短期赴香港、澳门、台湾地区培训的,适用本办法。

第二十二条　事业单位、国有企业、市、县和其他机构因公短期出国培训参照本办法执行。

第二十三条　本办法由省财政厅、省外国专家局负责解释。

第二十四条　本办法自2014年5月1日起施行。

安徽省财政厅 安徽省经济和信息化委员会关于印发《安徽省工业化和信息化融合专项资金使用管理暂行办法》的通知

(2014年5月13日　财企〔2014〕540号)

各市(县)财政局、经信委(经委):

为加强和规范省工业化和信息化融合专项资金的使用和管理,我们制定了《安徽省工业化和信息化融合专项资金使用管理暂行办法》,现印发给你们,请遵照执行。

安徽省工业化和信息化融合专项资金使用管理暂行办法

第一章 总 则

第一条 为加强工业化和信息化融合(以下简称两化融合)专项资金管理,充分发挥专项资金引导和激励作用,提高资金使用效率,根据国家和省有关规定,特制定本办法。

第二条 专项资金由省级财政预算安排,专项用于支持信息化与工业化融合,推进工业设计和重点领域的信息化应用,促进电子信息产业和软件服务业发展,引导信息消费,加快重大装备制造业向数控化、智能化方向发展,加强信息资源的开发利用,强化信息网络安全保障,优化信息化发展环境等项目建设及应用推广。

第三条 专项资金由省财政厅、省经信委共同管理。省财政厅负责专项资金的预算管理安排和资金拨付,会同省经信委制定资金分配方案,并对资金的使用情况进行监督检查。省经信委会同省财政厅确定专项资金年度支持重点,印发年度专项资金项目申报指南,组织开展专项资金申报、评审、论证,对项目实施情况进行绩效评价。

第四条 专项资金管理遵循公开公平、突出重点、择优扶持、讲求实效的原则,确保资金使用规范、安全和高效。专项资金安排的重点参照年度专项资金项目申报指南。

第二章 资金使用范围和申报条件

第五条 专项资金使用范围主要包括:

(一)推动工业化和信息化融合。基于集成、协同、智能技术,促进产业提升的信息系统与服务项目;云计算、大数据、移动互联等新兴信息技术的创新应用项目。

(二)促进电子信息产业、软件服务业发展。电子信息技术重点应用类产品产业化;通信、计算机、数字视听产品研发及产业化;关键电子元器件和新型材料研发及产业化;新型显示和集成电路、光伏电子重点产品及配套研发及产业化。嵌入式软件、管理软件开发及服务外包项目。

(三)加快重大装备制造业向数控化、智能化方向发展。突出重大装备的两化深度融合和创新发展,重点攻关研发智能制造装备、节能与新能源汽车关键系统部件、大型数控工程机械、城市轨道交通装备、海洋工程装备、数字化重型矿山装备、大型节能环保装备、大型农业装备、数字化大型成套设备和关键核心基础部件等首台(套)重大技术装备,推动重大装备产品向数控化、智能化、高端化方向发展,促进我省装备工业转型升级。

(四)促进信息消费。重点支持信息产品创新开发、重点工程建设和民生信息消费等项目。

(五)推进工业设计和重点领域信息化应用。工业设计产业基地建设、产业支撑体系建设等项目;煤矿安全信息监控平台、瓦斯远程监控系统、预防设施及应急救援体系等项目;三网融合、宽带网络重点信息基础设施等项目。

(六)强化信息网络安全保障。网络信息安全保障支撑体系建设,加强政府部门以及承担公共服务职能的事业单位网络信息系统安全防护,扶持信息安全服务业发展等重点项目。

(七)优化信息化发展环境。省内跨部门、跨领域的重大信息化项目和信息化应用的前期规划设计。

(八)与国家有关部门在本省合作开展的信息化试点项目或经省政府决定支持的项目。

第六条 项目单位同一年度只能申请一个项目,已通过其他渠道获取中央和省级财政资金支持的项目,专项资金不再重复支持。

第七条 申报财政资金支持的项目可选择无偿资助、后奖补和贴息等其中一种方式。其中:技术改造项目、重点领域建设项目原则上采用贴息支持方式,研发及产业化项目、重点攻关项目等原则上采用后奖补支持方式。

第八条 申请两化融合专项资金的单位须具备以下基本条件:

(一)在安徽省行政区域内、具有独立法人资格,承担两化融合建设重点工程和示范项目,从事信息产品研制、开发、生产、服务,从事重大技术装备研发、生产,以及应用信息技术改造传统产业的企事业单位。

(二)具有项目实施的必要条件、场所,具备较强的技术实力、资金筹措和工程建设能力;项目负责人具有相适应的专业水平、较强的组织管理能力。

(三)企业有较好的经营业绩和较高的资信等

级,资产负债率在70%以下;具有健全的财务管理机构、严格的财务管理制度和合格的财务管理人员。

(四)技术创新能力较强,拥有必要的研发设备,一定数量和水平的专业技术人员,在研发技术领域已取得相关的科研成果。

(五)项目资金已落实。

(六)其他应具备的相关条件。

第三章 申报程序及资金拨付

第九条 根据年度专项资金项目申报指南要求,符合条件的省级项目单位直接向省经信委、省财政厅提出申请;省级以下项目单位向所在市、县经信委(经委)、财政局提出申请。

第十条 市、县经信委(经委)会同财政局对申报的项目进行审核、筛选后,联合上报省经信委、省财政厅。

第十一条 专项资金申报须提供以下基础材料:

(一)专项资金项目申报书;

(二)注册法人登记证、组织机构代码证、税务登记证和营业执照(复印件);

(三)申报财政贴息项目需提供与贷款银行签订的项目贷款合同,银行贷款利息进账单复印件等;

(四)经中介机构审计的近2年度财务会计报告(复印件);

(五)申报材料真实性承诺书;

根据项目不同类别和项目年度申报指南要求提供相关真实完整材料。项目申报需提供原件的,由各县(市)、区经信部门和财政局审查后予以退回。

第十二条 省经信委负责对项目申报单位资格和申报材料进行审核,会同省财政厅按照公开、公正、公平的原则,组织财务、技术、管理等方面的专家,对项目进行评审或论证。

第十三条 对选定的拟扶持项目,省经信委会同省财政厅报省政府同意后进行公示。公示无异议,省财政厅对市县项目下达预算指标,由市、县财政局根据预算管理规定,将资金及时拨付到项目单位;对省级企事业单位项目,根据国库集中支付的有关规定,办理资金拨付。

第十四条 纳入专项资金支持的项目,相关项目单位应明确项目绩效目标。

第十五条 项目建设周期原则上不超过2年;项目单位已获本专项资金支持尚未完成结题验收的,不得再次申报项目。

第十六条 项目单位收到项目资金后,应按照国家有关财务会计制度的规定及时进行账务处理。

第四章 项目验收

第十七条 项目单位应在项目建成后,及时向市、县经信委(经委)提交项目完成报告。市、县经信委(经委)初审后,行文上报省经信委,省经信委会同省财政厅及时组织专家对竣工项目进行验收。

第十八条 项目单位不能按时完成或未达到预定建设目标的项目,需在原定项目建成期到期前书面说明原因和预计完成日期。

第十九条 项目验收以项目申报书等相关材料为基本依据,对计划任务完成情况、资金使用情况、项目实施效果和对经济和社会的影响等做出客观评价。

第二十条 项目单位申请验收时应提供如下资料。

(一)《专项资金项目验收申请表》;

(二)申请文件;

(三)项目总结报告;

1.项目单位简介;

2.资金落实与使用情况(提供专项资金单独建账使用明细以及相关材料的复印件);

3.项目实施情况(含项目提出背景、组织领导及施工人员情况、项目实施进度与经济技术指标完成情况、市场销售及产业化情况、推广应用情况);

4.项目收益情况(含成本分析、经济效益分析和社会效益分析);

5.获得评价(项目在实施过程中所取得的各类成果、奖励、专利的证明材料,如专利证书、检测报告、用户使用意见、专家鉴定、政府扶持推广的文件等复印件);

6. 中介机构出具的专项审计报告及购置的仪器、设备等固定资产清单、图片及数据。

第二十一条 项目验收时,省经信委会同省财政厅组建验收专家组,由技术、经济、财务和管理方面的专家组成。专家组通过听取项目单位汇报、现场检查或演示,审查专项资金的使用,对项目实施中的问题提出质询等方式,收集和听取相关方面的意见,核实或复测相关资料数据,独立负责的提出验收意见和验收结论。

第二十二条　项目验收完毕后,对于合格项目,省经信委、省财政厅联合向项目承担单位下发《安徽省工业化和信息化融合专项资金项目验收意见书》;对于不合格项目,责令项目单位限期整改,经复查后项目仍不合格的,收回已拨付的专项资金,并取消其2年的申报资格。

第二十三条　因国家政策调整等不可预见因素导致项目无法完成的,省经信委应及时中断、撤销或终止项目,并督促项目单位进行清算。收回的资金经履行相关程序后用于安排项目库中的其他项目。

第五章　项目监督

第二十四条　项目实施过程中应加强监督检查和绩效评价。监督检查结果作为今后项目单位是否支持的重要依据。适时开展专项资金绩效评价,评价结果作为以后年度专项资金安排、资金投向调整的依据。

第二十五条　专项资金申报单位须对提交材料的真实性负责,对弄虚作假骗取专项资金,不按规定使用资金,截留、挪用挤占专项资金等违反财经纪律行为,按《财政违法行为处罚处分条例》(国务院令〔2005〕第427号)的规定进行处理。构成犯罪的,移交司法机关依法追究刑事责任。

第二十六条　项目单位要严格遵守国家有关财会制度,严格执行项目合同,专账核算,确保项目资金专款专用,并自觉接受财政、审计部门的监督检查。

第六章　附　则

第二十七条　本办法由省财政厅会同省经信委负责解释。

第二十八条　本办法自发布之日起施行,省财政厅、原省信息产业厅《关于印发安徽省信息产业发展专项资金管理暂行办法的通知》(财建〔2004〕694号)同时废止。

安徽省财政厅　安徽省供销合作社联合社关于印发《安徽省新农村现代流通服务网络工程专项资金管理办法》的通知

(2014年5月13日　财建〔2014〕551号)

各市、县财政局、供销社:

为进一步加强和规范我省新农村现代流通服务网络工程专项资金管理,保障资金安全使用,提高资金使用效益,省财政厅、省供销合作社联合社共同制定了《安徽省新农村现代流通服务网络工程专项资金管理办法》。现印发给你们,请遵照执行。

安徽省新农村现代流通服务网络工程专项资金管理办法

第一章　总　则

第一条　为加强和规范我省新农村现代流通服务网络工程(以下简称"新网工程")专项资金管理,提高项目质量和资金使用效益,保证资金安全,根据《安徽省人民政府关于全面推进预算绩效管理意见》(皖政〔2011〕115号)、安徽省财政厅转发财政部关于《新农村现代流通服务网络工程专项资金管理办法》(财建〔2009〕1289号)有关规定,结合我省实际情况,制定本办法。

第二条　本办法所称"新网工程"专项资金,是指由省级财政预算安排,用于供销合作社系统"新网工程"建设的专项补助资金。

第三条　"新网工程"专项资金实行"先建后补、竞争分配、择优扶持"办法,实现经济效益和社会效益相结合,突出服务三农的根本宗旨。

第二章　支持对象、范围和标准

第四条　申报主体为经营农资、农产品、再生资源、日用消费品供销社企业控股及参股25%以上的农村现代流通体系的法人企业。

第五条　资金补助范围和标准

(一)农资经营企业配送中心、连锁经营网络体系、批发交易市场和农业社会化科技服务场所的建设项目;

(二)再生资源企业回收网点、分拣加工中心和集散市场产业园建设及升级改造项目;

(三)农产品经营企业批发交易市场、配送中心、连锁经营网络和冷链物流系统建设项目;

(四)农民专业合作社和综合服务社等场所建设,农资、农产品经营企业农化服务体系、农产品市场信息收集与发布、质量安全服务体系以及电子商务平台等公益性服务场所建设;

(五)日用消费品企业配送中心、连锁经营网络体系建设项目。

第六条 申报的项目以第五条前四项为主,且应符合"新网工程"项目支持条件(见附件)并已建成。

第七条 已获得过国家、省级"新网工程"及相关专项补助的具体项目不得重复申报。

第三章 资金支持方式

第八条 专项资金采取贷款贴息、以奖代补和财政后补助等支持方式。

(一)贷款贴息。对能够取得建设性银行贷款的,贴息资金根据实际到位银行贷款、规定的利息率、贷款期限和实际支付的利息数计算。贴息年限一般不超过2年,年贴息率最高不超过人民银行同期贷款基准利率,且最高金额不超过200万。

(二)以奖代补。对难以取得银行项目贷款,已建成并取得较好的社会效益和经济效益的,经审核符合奖励条件的项目,采取以奖代补方式予以支持。奖励资金最高不超过150万。

(三)财政后补助。对难以取得银行项目贷款,且盈利性弱、公益性强,自有资金严重不足的项目,采取财政后补助方式予以支持。补助金额最高不超过80万。

以上三种方式财政支持金额均不超过项目投资额的30%。

第四章 项目申报

第九条 省供销社、省财政厅根据"新网工程"建设发展规划,发布项目申报文件,提出申报要求。

第十条 申报程序:

(一)对上年投入,本年完工的项目,由单位向本级供销社和财政局提出申请,省属企业直接向省供销社、省财政厅申报;

(二)市、县(区)供销社和财政局对申报项目进行审核,择优确定上报项目;

(三)"新网工程"所有项目均通过省供销社网上申报平台申报,并纳入财政涉企项目信息系统管理。各级供销社及财政局同时将纸质申请文件及申报材料报送省供销社、省财政厅。

第十一条 申报材料主要包括:

(一)供销社、财政部门申请文件;

(二)项目单位申报文件、申报表、涉企项目基础信息录入表和项目承担单位项目可行性研究报告;

(三)工商部门出具的项目单位出资人及出资额证明(工商注册信息查询单原件);

(四)项目承担单位法人营业执照、税务登记证;

(五)项目招投标文件、项目施工合同、监理报告等;

(六)项目内外实景照片各一张(注明地址、名称);

(七)当地供销社、财政部门现场踏勘后填写的验收情况一览表;

(八)项目责任书;

(九)申请银行贷款财政贴息的项目,需提供相关银行贷款合同(复印件)和银行利息结算单等凭证(复印件);

(十)申请以奖代补资金的项目需提供竣工财务决算报告;

(十一)其他需要提供的资料。

第五章 项目管理

第十二条 各级供销社要加强对项目的组织、协调和指导,督促项目单位严格执行项目管理各项制度,落实项目法人责任制、招投标制、施工合同制和监理制。

第十三条 省供销社、省财政厅组织有关专家对申报项目进行评审,择优选择拟支持对象,并在省供销社网站公示,公示期不少于7天。

第六章 资金管理

第十四条 分配市、县(区)的"新网工程"资金通过预算指标下达到市、县(区)财政部门;分配省级企业的资金通过国库支付中心拨付到项目实施单位。

第十五条 市、县(区)财政部门根据省财政厅下达的项目资金,按照项目建设相关资料将资金及时拨付到项目单位,不得截留或挪作他用。

第十六条 专项资金必须专款专用,专项用于

"新网工程"项目的基本建设工程和附属设备购置,有建设资金贷款的,可用于归还贷款本息,不得用于人员经费、办公公用及购买交通工具等项支出。

第十七条 "新网工程"项目竣工验收后,各地要结合财政管理要求,对专项资金使用、目标完成及产生的效益等情况进行绩效评价,形成文字报告,上报省供销社汇总后报省财政厅。

第七章 监督检查

第十八条 省供销社和省财政厅不定期组织专项检查。各市、县(区)供销社、财政部门要加强对项目的监督和检查。

第十九条 对弄虚作假骗取套取财政专项资金的,一经查实,将收回补助资金,取消该企业今后申报资格,并依据国务院《财政违法行为处罚处分条例》(国务院令第427号)的有关规定进行处理。

第八章 附 则

第二十条 本办法自印发之日起施行。省财政厅、省供销合作社联合社《关于印发<安徽省新农村现代流通服务网络工程专项资金管理办法>的通知》(财建〔2012〕1650号)和《关于印发<安徽省供销社系统"新网工程"项目建设管理办法>的通知》(供业〔2008〕21号)同时废止。

第二十一条 本办法由省财政厅、省供销社负责解释。

附件:

"新网工程"项目支持条件

一、农资现代经营服务网络

注册资本:省社级企业1000万元以上,市社级企业500万元以上,县社级企业300万元以上。

年销售额:省社级企业3亿元以上,市县社级企业3000万元以上。

配送中心:仓储面积1000平方米以上;直营店配送率不低于80%,加盟店配送率不低于50%。

连锁经营门店:乡级店营业面积不低于40平方米,村级店营业面积不低于20平方米。

批发市场:经营面积在1000平方米以上,市场交易额在5000万以上,入场商户数在100户以上。

农化服务:建立地情系统,为服务区域内的可耕种土地建立起完整、动态的地情档案;配备专门咨询电话,每年提供500人次以上的电话服务;每年免费发放5000册以上的农化服务手册;定期举办农化服务讲座,参加人员2000人次以上等。

二、再生资源回收利用网络

注册资本:省社级企业800万元以上,市社级企业500万元以上,县社级企业300万元以上。

回收站、点:回收站的经营面积不低于100平方米,回收点经营面积不低于10平方米。

分拣加工中心:专业单一加工处理中心50亩以上,加工处理能力5万吨以上;综合加工处理中心500亩以上,加工处理能力50万吨以上;园区、基地1000亩以上,加工处理100万吨以上。

集散市场:经营面积不低于5000平方米,入场商户不少于50户。

三、农产品市场购销网络

配送中心:仓储面积不低于2000平方米;直营店配送率不低于80%,加盟店配送率不低于30%。

经营网络:经营面积与农产品收购品种及数量要求相匹配,其中棉花收储库的经营面积不低于1000平方米;棉花收购站点的经营面积不低于100平方米。

冷链物流企业:注册资本1000万元以上,冷库面积1000平方米以上。

批发市场:注册资本省社级企业800万元以上,市社级企业500万元以上,县社级企业300万元以上;经营面积不低于2000平方米,交易额不低于5000万元,入场商户不少于150户。

四、日用消费品现代经营网络

日用消费品经营项目必须满足企业信誉良好、经营状况稳定、且有较强的辐射带动能力。

注册资本:省社级企业800万元以上,市社级企业500万元以上,县社级企业300万元以上。

配送中心:仓储面积不低于800平方米;直营店配送率不低于80%,加盟店配送率不低于40%。

经营网络:中心店面积不低于1000平方米,品种不低于2000种;门店(连锁店、加盟店)经营面积不低于100平方米,品种不低于1000种;统一配送率不低于70%。

五、专业合作社

注册资本200万元以上;年销售总额不低于1000万;入社农户不少于100户,带动农户不少于300户,具备规范化管理、标准化生产、品牌化经营能力。

六、农村综合服务社(中心)

提供商品销售、农业生产、便民实用、社会公共等经营性和公益性服务相结合的综合服务，服务类别不少于3种,经营面积不低于80平方米。

注:以上支持条件,网络薄弱县和山区县可适当放宽。

安徽省财政厅关于印发《安徽省一事一议财政奖补推进小型水利工程改造提升实施办法(试行)》的通知

(2014年6月25日　财农改办〔2014〕815号)

各市、县(区)财政局:

现将《安徽省一事一议财政奖补推进小型水利工程改造提升实施办法(试行)》印发给你们,请结合实际,认真贯彻执行。执行中有何问题,请及时向省财政厅反馈。

安徽省一事一议财政奖补推进小型水利工程改造提升实施办法(试行)

第一条　为深入贯彻安徽省人民政府《关于深化改革推进小型水利工程改造提升的指导意见》(皖政〔2013〕66号),统筹一事一议财政奖补项目资金,支持小型水利工程改造提升,制定本办法。

第二条　开展一事一议财政奖补项目建设,应按照安徽省人民政府《关于开展村级公益事业建设一事一议财政奖补试点工作的通知》(皖政〔2009〕90号)以及财政部、省财政厅出台的关于一事一议财政奖补资金和项目管理办法等进行。

第三条　一事一议财政奖补项目的确定,必须充分尊重农民意愿,经村民会议或村民代表会议议定,采取自下而上方式进行,不得违反一事一议程序。

第四条　各级农村综合改革部门(以下简称“综改办”)和财政部门应通过加大宣传工作力度,引导和鼓励农民对直接受益的小型农田水利设施投工投劳,调动群众开展农田水利设施建设的积极性。

第五条　县级综改办要会同水利部门和乡镇人民政府,宣传发动农民组织开展一事一议活动,并将小型农田水利工程优先列入一事一议财政奖补范围。

第六条　县级综改办应按照村民议定、村级申报、乡镇初审、县级审批的程序,建立一事一议财政奖补建设项目库,编制项目中长期规划和年度计划。

第七条　一事一议财政奖补项目原则上从项目库中选取,优先选择群众急需、受益面大、村两委班子得力、群众积极性高的村组实施一事一议财政奖补项目。

第八条　一事一议财政奖补项目实行村级申报、乡镇审核、县级审批的管理制度。

村级负责组织村民议事,确定一事一议项目并提出申请。具体项目可由村民委员会提出,也可由受益自然村组或部分受益群众提出,并通过召开村民大会或村民代表会议,按照一事一议程序议定。

乡镇对村级申报的一事一议财政奖补项目的真实性、可行性、有效性等进行审核,并提出审核意见汇总上报县级综改办。

县级综改办组织相关部门对乡镇上报的一事一议财政奖补项目进行审核后,报县级人民政府或农村综合改革领导小组批复,并将批复的项目录入一事一议财政奖补信息系统。

第九条　一事一议筹资筹劳应严格遵守《安徽省村内兴办集体公益事业筹资筹劳条例》规定的上限标准,不得加重农民负担。

第十条　一事一议财政奖补项目可由村两委组织村民自主建设,也可通过招标议标等方式委托具有相应资质的施工单位实施。

第十一条　一事一议财政奖补项目实施应发挥村民理财小组、项目理事会、项目监督小组等组织的监督管理作用,实行民议、民建、民管、民用,明确项目管理、技术负责、质量监督等责任人,保障项目建设质量,节约建设成本。

第十二条　县级综改办和有关部门及乡镇要加强对一事一议财政奖补项目实施的指导和服务,督促施工单位和监理机构履行职责,加强对施工各环节的质量监控。

第十三条　一事一议财政奖补项目建成后,县乡财政、综改部门要及时牵头组织项目竣工验收。对验收合格的项目，应及时办理财政奖补资金结算，并做好项目绩效评价工作。

第十四条 一事一议财政奖补项目原则上实行乡镇报账制，有条件的地方可实行县级报账制。只有在村民筹资、村集体投入、社会捐赠资金到账，具备项目开工条件后，才能由村级提出申请，由县级财政部门或乡镇财政按工程进度拨付资金，在项目竣工验收合格后办理结算，多退少补。

第十五条 县乡财政、综改部门应督促指导村级建立健全一事一议财政奖补项目运行管护机制，明确管护主体，落实管护责任和资金，保证项目正常运转，长期发挥效益。

第十六条 县乡财政、综改部门应按照“一项一档”要求，将村民议事记录、筹资筹劳方案和清册、项目申报审批、项目工程预决算、施工合同、项目规划设计方案、项目实施前中后三张图片、考核验收资料、资金拨付凭证以及管护协议等相关原始资料汇总归档，规范管理。

安徽省财政厅关于印发《安徽省省级国有资本经营预算支出项目评审管理暂行办法》的通知

（2014年7月11日 财资预〔2014〕939号）

省直有关部门、有关省属企业：

为规范和加强省级国有资本经营预算支出管理，提高资金使用效益，根据《安徽省人民政府关于试行国有资本经营预算的意见》（皖政〔2007〕126号）等规定，我们制定了《安徽省省级国有资本经营预算支出项目评审管理暂行办法》，现印发给你们，请遵照执行。

安徽省省级国有资本经营预算支出项目评审管理暂行办法

第一章 总 则

第一条 为规范省级国有资本经营预算资金的使用和管理，建立健全科学合理、程序规范、公开透明的资金分配机制，提高资金使用效益，根据《安徽省人民政府关于试行国有资本经营预算的意见》（皖政〔2007〕126号）、《安徽省人民政府办公厅关于印发〈安徽省省级预算管理办法〉的通知》（皖政办〔2012〕4号）以及财政部项目评审管理的有关规定，制定本办法。

第二条 本办法适用范围为省人民政府及其部门、机构履行出资人职责的一级企业。具体包括省国资委和省直其他有国有企业监管职能的部门、单位（以下统称预算单位）分别所监管（或所属）的企业（以下简称省属企业）。

第三条 项目评审管理遵循“符合规划、突出重点、注重效益、规范透明”的原则，充分发挥财政资金的引导支持作用。同时，建立项目责任管理制度和绩效评价制度，加强项目过程管理和实施效果评价。

第二章 项目的申报条件

第四条 申报国有资本经营预算支出项目的省属企业必须同时具备下列资格：

（一）按时申报、上缴国有资本经营收益；

（二）财务管理制度健全，会计核算完整、准确；

（三）经济效益和社会效益较好；

（四）近三年来无违法违规行为。

第五条 申报的项目应满足以下基本条件：

（一）符合国有资本经营预算支持方向；

（二）符合国家法律法规和产业政策，属于中央和省鼓励、支持发展的产业；

（三）属于企业经批准的主营业务范围；

（四）企业在项目领域具有技术、人才优势，有发展潜力和较好的投资回报；

（五）资本性支出项目符合有关投资管理规定，决策程序规范完备；

（六）费用性支出项目有助于企业改革稳步、有序推进。

第六条 省属企业申报项目时，需编报项目资金申请报告，主要包括以下内容：

（一）项目名称及主要内容；

（二）项目承担企业当前生产经营情况、财务状况和产权结构；

（三）项目实施的主要目的和阶段目标；

（四）资本性支出项目包括项目立项依据，项目可行性分析，项目投资方案与资金筹措方案，项目实施进度与年度计划安排，项目经济效益和社会效益的分析，拟申请国有资本经营预算资金的具体支出范围等；

(五)费用性支出项目包括项目立项依据,企业改制具体方案,项目具体的支出范围,项目资金测算依据、测算标准及计算方法,企业已经支付或国有资本经营预算已经安排资金数额，拟申请国有资本经营预算资金的具体支出范围等；

(六)项目绩效考核及有关责任的落实等。

第三章　项目申报和评审

第七条　预算单位会同省财政厅根据国民经济发展状况、产业发展规划和重点,联合下发年度国有资本经营预算支出项目申报通知，明确预算资金支持方向和重点,部署项目申报工作。

第八条　省属企业按照通知要求,根据年度国有资本经营预算支持方向和重点，开展项目的遴选和论证，每年7月底前将项目申报资料报送预算单位,同时抄报省财政厅。每户省属企业申报项目数原则上不超过2个，项目承担企业级次限定在三级以内。

第九条　预算单位会同省财政厅组织开展项目的评审，项目具体评审细则由预算单位结合省属企业实际制定。

1.项目初选。预算单位会同省财政厅,对所属企业上报项目的决策程序、项目的合法性和合规性进行初步筛选,提出参评项目名单。

2.成立联合评审小组。成立由预算单位、省财政厅等相关部门负责人和相关领域技术、投资、财务等方面专家组成的项目联合评审小组。

3. 公开评审。联合评审小组根据项目评审要点,采取材料审查、现场答辩等方式,对企业申报项目进行综合评审,出具评审意见。

第十条　预算单位会同省财政厅根据评审意见,提出拟支持项目名单,并进行为期不少于7天的网上公示。

第十一条　预算单位根据公示结果，提出拟支持项目和额度，并编入下一年度国有资本经营预算建议草案。省财政厅根据预算收入和预算单位报送的国有资本经营预算建议草案,统筹安排、综合平衡后,编制省级国有资本经营预算草案上报省政府。

第四章　监督管理

第十二条　省财政厅会同预算单位对项目实施、资金使用等情况进行监督管理。省属企业要按照预算规定的用途使用和管理资金,并自觉接受监督检查。

第十三条　对预算资金的使用实行绩效评价制度。绩效评价一般以预算年度为周期,对跨年度的重大(重点)项目可根据支出项目完成情况实施阶段性评价。绩效评价结果作为以后年度预算编制和资金安排的重要参考。

第五章　附　则

第十四条　本办法由省财政厅负责解释。

第十五条　本办法自印发之日起执行。

安徽省财政厅　安徽省交通运输厅关于印发《安徽省农村公路危桥加固改造资金管理暂行办法》的通知

(2014年7月21日　财建〔2014〕992号)

各市、县(区)财政局、交通运输局：

为加强农村公路危桥加固改造资金管理,提高专项资金使用效益,根据省政府《关于加快交通运输基础设施建设的通知》(皖政〔2010〕44号)和省政府办公厅《关于进一步完善投融资政策促进普通公路持续健康发展的实施意见》(皖政办〔2012〕29号)等有关文件精神,省财政厅、省交通运输厅制定了《安徽省农村公路危桥加固改造资金管理暂行办法》,现印发给你们,请遵照执行。

安徽省农村公路危桥加固改造资金管理暂行办法

第一章　总　则

第一条　为贯彻落实省政府《关于加快交通运输基础设施建设的通知》(皖政〔2010〕44号)和省政府办公厅《关于进一步完善投融资政策促进普通公路持续健康发展的实施意见》(皖政办〔2012〕29号)等有关文件精神,切实规范农村公路危桥加固改造资金管理,充分发挥专项资金使用效益,现制定本办法。

第二条　本办法所称农村公路危桥加固改造资金,是指各级财政安排用于农村公路危桥重建、加固、维修的补助资金。

支持农村公路危桥改造的其他社会资金，参照本办法进行管理。

第三条 农村公路危桥加固改造资金按照“计划引领、分级负担、定额补助、绩效考核”的原则进行分配和管理。

第二章 资金渠道及使用范围

第四条 资金来源渠道：

1. 中央财政车购税安排的专项资金；
2. 地方各级财政安排的专项资金；
3. 社会各界支持的专项资金
4. 其他渠道筹集的资金。

第五条 市、县级人民政府是农村公路危桥加固改造的责任主体，市、县（区）财政部门应加大对农村危桥加固改造建设的专项资金投入，并整合新农村建设有关资金用于农村公路危桥加固改造。

中央和省财政对农村公路危桥加固改造资金给予定额补助，其中特大桥、大桥、中桥和小桥重建，分别按照每平方2800元、2600元、2300元和2100元给予补助；四类桥梁加固统一按1100元/平方米给予补助，维修统一按600元/平方米给予补助。对皖北地区、大别山革命老区提高10%。

第六条 资金使用范围。农村公路危桥加固改造资金必须全额用于工程直接费，不得用于其他支出。

第三章 项目申报及资金分配

第七条 农村公路危桥加固改造补助项目实行申报制。每年10月底以前，各市交通运输部门根据所辖县（市、区）申请、审批的危桥加固改造方案，编制本市次年农村公路危桥加固改造建设计划报省交通运输厅。

第八条 省交通运输厅组织专家组，根据《农村公路危桥加固改造实施办法》规定的具体条件，对各市申报的项目进行集中评审，并将评审结果公示7天，公开接受社会公众监督。

第九条 省交通运输厅根据公示情况，对下一年度拟实施的农村危桥加固改造计划进行修改完善。于每年11月底前，会同省财政厅通知各市交通运输和财政部门，作为下一年度分配中央和省农村危桥加固改造资金的依据。

第十条 每年4月底前，省财政厅会同省交通运输厅根据当年农村公路危桥加固改造计划和补助定额，将省财政安排的农村危桥加固改造资金拨付项目所在市、县（区）财政部门，用于实施农村危桥加固改造。中央财政补助资金按中央财政管理要求，及时拨付各地使用。

第四章 资金拨付和管理要求

第十一条 农村公路危桥加固改造资金，由用款单位按月向同级交通运输部门提出申请；交通运输部门进行认真审核并将相关资料送同级财政部门复核后按国库集中支付规定拨付资金。

第十二条 项目建设县（市、区）财政部门应采取专账核算方式加强农村公路危桥加固改造资金管理，确保专款专用。

第十三条 危桥加固改造工程完工后，应及时办理竣（交）工验收，并按照《关于全省农村公路危桥加固改造民生工程资金审计监督的意见》（皖交财〔2011〕153号）要求及时进行竣工决算审计。

第十四条 年度终了，各项目市、县（区）交通运输、财政部门应按照《安徽省农村公路危桥改造专项资金绩效评价实施办法》（财建〔2013〕292号）相关规定，对农村公路危桥加固改造资金管理等情况进行绩效评价，并于4月底前形成绩效评价报告，以书面形式逐级报送省交通运输厅、省财政厅。

第五章 监督与检查

第十五条 县级财政部门应会同交通运输部门建立农村公路危桥加固改造资金监管机制，采取定期与不定期相结合的方式对农村公路危桥加固改造资金使用和管理情况进行监督检查，及时发现并纠正存在问题。

第十六条 对截留、挤占和挪用农村公路危桥加固改造的单位和个人，按照《财政违法行为处罚处分条例》严肃查处。构成犯罪的，移交司法机关依法查处。

第十七条 县级财政、交通运输部门要自觉接受审计、监察等部门和社会监督检查。

第六章 附 则

第十八条 各市、县（区）财政、交通运输部门应根据本办法，结合本地实际，制定具体实施细则，并报省财政厅、省交通运输厅备案。

第十九条 本办法自印发之日起施行。

第二十条 本办法由省财政厅、省交通运输厅负责解释。

安徽省财政厅关于印发《安徽省省级预算评审论证实施暂行办法》的通知

(2014年8月8日　财预〔2014〕1100号)

省直各部门:

为推进实施全面规范、公开透明的预算制度,增强人大预算审查监督力度,提高财政依法理财、民主理财、科学理财水平,我厅制定了《安徽省省级预算评审论证实施暂行办法》,现印发给你们,请遵照执行。

安徽省省级预算评审论证实施暂行办法

根据全面深化财税体制改革总体部署,为推进实施全面规范、公开透明的预算制度,增强人大预算审查监督力度,提高财政依法理财、民主理财、科学理财水平,制定省级预算评审论证实施暂行办法。

一、评审论证范围

评审论证是指对预算部门申报的支出项目,邀请人大代表、政协委员和相关领域专家进行评议,提出意见和建议的预算管理活动。

1. 被评审论证部门。重点是综合职能较强、支出项目较多、资金规模较大的预算部门。

2. 评审论证项目。重点是预算部门申报的新增项目和金额要求增加项目。

二、评审论证内容

评审论证内容主要是项目的立项依据、执行条件、预期绩效、经费预算、分配方式、监管措施等。

1. 立项依据。项目是否符合中央宏观政策导向,省委省政府发展战略和相关政策要求;是否属于政府职能范围,属于省级政府支出责任;是否与部门职能密切相关,属于部门支出责任。

2. 执行条件。项目前期准备工作是否充分,现有条件能否达到项目实施要求。

3. 预期绩效。项目绩效目标设定是否合理,是否与相应的财政支出范围、方向和效果相关。

4. 经费预算。项目经费测算标准和过程是否合理,支出内容是否合规,预算编制是否具体细化,经费预算与预期绩效是否匹配。

5. 分配方式。项目是否能够与本部门其他项目整合使用,在使用上能否采用政府购买服务、贴息、担保等方式。对下转移支付类项目是否可以按因素法分配,作为一般性转移支付管理。

6. 监管措施。项目是否制定了具体管理办法,资金使用是否安全规范有效,强化监管的措施是否合理可行。

三、评审论证程序

(一)确定评审论证项目。部门预算建议草案上报后,省财政厅按照评审论证范围要求,筛选确定评审论证项目,指导预算部门按照相关要求做好评审论证前期准备工作。

(二)组建评审论证专家组。组建评审论证专家组,成员包括省人大预算工委、省委政研室、省政府政研室、省审计厅、省财政厅等部门同志,以及人大代表、政协委员、高校学者和专业技术人员等。省财政厅人员主要是厅内从事预算绩效管理人员;专业技术人员根据评审项目特点,从省财政投资评审及省政府采购专家库中随机抽取。专家组组长邀请省人大财经委主要负责人担任。

评审论证前,省财政厅对评审论证专家进行培训,讲解评审论证的程序、内容以及评审纪律等。

(三)召开评审论证会。评审论证会按以下程序进行:

1. 部门陈述。单位负责人向评审论证专家组陈述评审论证项目相关情况,主要包括本部门以前年度项目安排、使用、管理以及绩效情况,拟保留或增加金额项目的理由,拟新增项目的依据,重点是评审论证项目的立项依据、执行条件、预期绩效、经费预算、监管措施等情况。(详见附件3)

2. 专家询问。部门陈述后,评审论证专家对存在疑问或不清楚的地方,以及需要进一步了解的情况,向预算部门和财政部门询问。

3. 专家合议并提出评审论证意见。评审论证专家依据部门陈述情况,独立提出评审意见,填写评审论证专家评审意见表(附件2);评审论证专家组进行讨论合议,提出评审论证专家组评审意见,填写评审论证专家组评审意见表(附件1)。

四、评审论证时间

结合省级预算编制时间安排,评审论证工作于部门预算建议草案申报工作(“一上”)结束后启动,于部门预算控制数下达(“一下”)前完成。

五、评审论证结果运用

建立评审论证结果运用机制,将评审论证结果作为预算审核安排的重要依据。

安徽省财政厅 安徽省文化厅关于印发《安徽省公共文化服务信息化建设专项资金管理暂行办法》的通知

(2014 年 8 月 29 日 财教〔2014〕1235 号)

各市、县(区)财政局、文化行政主管部门:

按照《文化部 财政部关于印发〈“公共电子阅览室建设计划” 实施方案〉 的通知》(文社文发〔2012〕5 号),省级公共文化服务信息化建设,与公共电子阅览室建设计划同步实施。为规范和加强全省公共文化服务信息化建设专项资金管理,省财政厅、省文化厅制定了《安徽省公共文化服务信息化建设专项资金管理暂行办法》,现印发给你们,请遵照执行。执行中如遇问题,请及时反馈。

安徽省公共文化服务信息化建设专项资金管理暂行办法

第一条 为规范和加强全省公共文化服务信息化建设专项资金(以下简称专项资金)的管理,提高专项资金使用效益,根据国家有关法律、法规及财务规章制度,结合我省实际,制定本办法。

第二条 本办法适用于全省建设公共电子阅览室的乡镇(街道)综合文化站、社区文化活动室。

第三条 专项资金来源

(一) 中央财政补助我省的公共电子阅览室建设计划专项资金。

(二) 省级财政在预算中安排的公共文化服务信息化建设专项资金。

(三) 省以下各级财政在预算中安排的公共文化服务信息化建设专项资金。

第四条 中央和省财政对市、县级公共文化服务信息化建设所需经费予以补助。

第五条 专项资金补助标准

乡镇、街道、社区公共电子阅览室配置标准每个 5 万元。中央财政按照每个乡镇、社区各 1 万元,每个街道 0.75 万元的标准补助,余下部分由省与市、县(区)按 7:3 的比例承担。市级对 62 个县(市)和 14 个县改区不承担配套资金。

第六条 专项资金补助后,不得降低同级财政正常经费供给水平。

第七条 专项资金主要用于

(一)网点建设。按照文化部《公共电子阅览室配置标准》,结合省级年度规定配置标准,配备资源管理、资源展示、网络连接等硬件设备和信息浏览监控等软件设备。

(二)数字资源建设。以农业技术、务工培训、少儿动漫、红色历史等为主要内容,建设动漫故事、益智类游戏、技能资源、地方特色资源等数字资源,采购群众喜闻乐见的电影、电视节目。

(三)技术平台建设。建立信息安全管理平台,用户登记、信息浏览监控管理和信息采集等。

第八条 凡使用专项资金形成的资产,均属国有资产,纳入单位资产统一管理,合理使用,认真维护。需要政府采购的项目,按照政府采购有关规定执行。

第九条 专项资金统一纳入部门预算,实行综合财政预算管理。

第十条 专项资金使用接受审计、财政和文化行政主管部门的监督和检查。财政、文化行政主管部门履行对专项资金使用的监督管理。可组织或委托有关机构对专项资金落实、使用和管理情况进行不定期专项检查。检查结果作为今后确定项目、安排经费和改进管理的依据。

第十一条 建立健全专项资金使用管理绩效评价制度,对专项资金使用效果进行绩效考评。

第十二条 专项资金专款专用。任何单位和个人不得以任何形式平调、挤占和挪用;不得用于规定用途之外的项目以及国家规定不得列支的其他费用;不得用于基本建设或抵充行政事业经费;不得用于各种罚款、偿还债务、捐赠赞助、对外投资等支出。

第十三条 对骗取、截留、挪用、挤占专项资金,或因管理不善给国家财产造成损失和浪费的,视情节轻重,给予停止拨款、收回专项资金等处理。情节严重的,按有关法律法规查处。

第十四条 各地可结合实际制定本地公共文化服务信息化建设专项资金管理细则。

第十五条 本办法由省财政厅、省文化厅负责解释。

第十六条 本办法自发布之日起执行。

安徽省财政厅 安徽省新闻出版广电局关于印发《安徽省广播电视村村通专项资金管理办法》的通知

(2014年8月29日 财教〔2014〕1255号)

各市、县(区)财政局、广电行政管理部门:

为进一步加强广播电视村村通专项建设资金管理,提高资金使用效益,根据国家和省有关财经制度及规定,结合省民生工程专项资金管理要求,我们制定了《安徽省广播电视村村通专项资金管理办法》,现印发给你们,请遵照执行。

安徽省广播电视村村通专项资金管理办法

为进一步加强广播电视村村通专项建设资金管理,提高资金使用效益,根据国家和省有关财经制度及规定,结合省民生工程专项资金管理要求,制定本办法。

第一条 广播电视村村通专项建设资金包括:专项用于全省20户以下已通电自然村村村通广播电视工程建设和广播电视高山无线发射台站基础设施建设的中央和省级专项补助资金。中央和省级对自然村村村通广播电视工程建设和无线发射台站的补助标准分别为:每个自然村6000元,每座台站200万元。

第二条 广播电视村村通专项建设资金使用范围:

(一)购置广播电视村村通建设规划范围内的各种设备(包括信号接收设备、传输设备、电源设备以及其他附属设备等)、施工费、安装费、运输费等。

(二)用于广播电视高山无线发射台站基础设施建设工程项目的支出。

第三条 专项资金统一纳入部门预算,实行综合财政预算管理。

第四条 严格执行设备集中采购和工程项目招标制度。除中央、省集中招标采购的设备及工程项目外,其他属于政府采购目录范围内的设备应纳入政府采购,由县广电、财政、发展改革等有关部门负责组织实施。

第五条 专项资金专款专用。任何单位和个人不得以任何形式平调、挤占和挪用;不得用于规定用途之外的项目以及国家规定不得列支的其他费用;不得用于基本建设或抵充行政事业经费;不得用于各种罚款、偿还债务、捐赠赞助、对外投资等支出。

第六条 实行项目验收制度。验收采取省、市、县三级验收方式。县级必须对所建站(点)逐个验收,市级抽检验收,省级分组交叉互检验收。各市、县年度任务完成并完成验收后,向省广电局提交工程竣工报告并申请省级验收。

第七条 专项资金使用接受审计、财政和广电行政主管部门的监督和检查。财政、广电行政主管部门履行对专项资金使用的监督管理,可组织或委托有关机构对专项资金落实、使用和管理情况进行不定期专项检查。检查结果作为今后确定项目、安排经费和改进管理的依据。

第八条 建立建全专项资金使用管理绩效评价制度,对专项资金使用效果进行绩效考评。

第九条 对骗取、截留、挪用、挤占专项资金,或因管理不善给国家财产造成损失和浪费的,视情节轻重,给予停止拨款、收回专项资金等处理。情节严重的,按有关法律法规查处。

第十条 各地可结合实际制定本地广播电视村村通专项资金管理细则。

第十一条 本办法由省财政厅、省新闻出版广电局负责解释。

第十二条 本办法自发布之日起执行。

安徽省财政厅关于印发《安徽省省级财政涉企专项资金管理暂行办法》的通知

（2014年9月18日　财预〔2014〕1398号）

各市、县（区）财政局，省直各部门：

为规范和加强省级财政涉企专项资金管理，提高资金使用效益，特制定《安徽省省级财政涉企专项资金管理暂行办法》。现予以印发，请遵照执行。

安徽省省级财政涉企专项资金管理暂行办法

第一章　总　则

第一条　为规范和加强省级财政涉企专项资金管理，提高资金使用效益，根据《中华人民共和国预算法》、《安徽省省级预算管理办法》、《安徽省省级财政专项资金管理办法》和财政资金管理有关规定，结合实际，制定本办法。

第二条　本办法所称省级财政涉企专项资金（以下简称涉企资金），是指省级财政通过公共财政预算、政府性基金预算、国有资本经营预算等安排的专门用于支持企业发展的资金。

中央财政安排需省级细化分解到具体项目的涉企资金，按照本办法执行。

第三条　涉企资金管理遵循厘清政府与市场边界、逐步退出竞争性领域等要求，坚持“程序严格、分配规范、权责匹配、绩效优先、管理透明”原则。

第二章　设立、调整和撤销

第四条　涉企资金应当依据法律法规，国务院、财政部和省委、省政府有关规定设立。除依据上述规定外，新设涉企资金由省财政厅提出意见，报省政府审定。

第五条　新设立的涉企资金应明确执行期限，原则上不超过3年，最长不超过5年。现有涉企资金应逐步明确执行期限，原则上不超过3年，最长不超过5年。涉企资金执行期满后自动撤销。

第六条　涉企资金在执行期限内出现政策目标完成、设立依据变更、政策内容变化、绩效评价不合格等情形时，由省财政厅提出调整或撤销意见，报省政府审定。

第三章　安排分配

第七条　涉企资金实行分类和分项管理相结合，并纳入财政涉企项目资金管理信息系统统一监管。

第八条　涉企资金安排主要采取贴息、奖补、后补助及资本金注入、股权投资等间接支持、有偿投入方式。

第九条　按照简政放权要求，除有明确规定外，涉企资金本着下管一级的原则，下放资金和项目审批权，采取因素法等方式切块下达市、县（区）。确需直接分配到具体项目的，原则上采取竞争性分配，由省直部门会同省财政厅按规定程序办理。

第十条　省级直接分配到具体项目的涉企资金，由省直部门会同省财政厅根据需要研究制定申报指南。

市、县（区）政府或其有关部门、省属企业按照申报指南等组织项目申报，申报材料经主要负责人签署意见后按规定报送。

省直部门应通过项目筛查、组织评审、项目公示、集体研究等程序，拟定资金安排方案，经主要负责人签署意见后，由省财政厅审核并按程序拨付资金。

第十一条　加强涉企资金绩效管理，建立规范化、标准化、可量化的绩效评价指标体系，健全分级负责、权责一致的绩效管理体制。绩效评价结果作为涉企资金预算安排、资金分配等重要依据。

第四章　责任划分

第十二条　按照职责明晰、权责匹配、全程监督、责任追究的原则，明确涉企资金安排使用及监管主体责任。

第十三条　省财政厅对涉企资金的设立审核、预算安排、审核拨付、绩效管理和监督检查等负责。

第十四条　省直部门对涉企资金的设立申请、项目审查、资金安排、绩效评价和项目监管等负责。

第十五条　市、县（区）政府或其有关部门对项目申报等负责，并对切块下达的涉企资金分配过程和结果负责。

第十六条　项目实施单位对项目实施、资金使用负责。

第十七条　省审计厅负责做好涉企资金的审计工作。

第十八条　对违反法律、法规、规章等相关规定的单位或个人,实施责任追究,并作出相应处理。

第五章　信息公开

第十九条　除涉及保密事项外,涉企资金相关信息均应主动向社会公开。

第二十条　省直部门应按规定及时公开涉企资金管理制度、申报指南、使用方向、分配办法、分配结果、绩效评价报告等。

第二十一条　省财政厅依据有关规定,做好涉企资金预算、决算等信息公开相关工作。

第二十二条　省审计厅依据有关规定,做好涉企资金审计结果和审计整改情况的公开工作。

第六章　附　则

第二十三条　切块下达的涉企资金,由市、县(区)按照本办法安排分配、责任划分、信息公开等有关规定执行。

第二十四条　本办法由省财政厅负责解释,自印发之日起执行。

安徽省财政厅　安徽省科学技术厅关于印发《安徽省省级财政科技类项目涉企资金实施办法》的通知

(2014年9月26日　财教〔2014〕1460号)

各市、县(区)财政局、科技局,省直各部门:

为规范和加强省级财政科技类项目涉企资金管理,提高财政资金使用效益。经研究,现印发《安徽省省级财政科技类项目涉企资金实施办法》,请遵照执行。

安徽省省级财政科技类项目涉企资金实施办法

第一章　总　则

第一条　为规范和加强省级财政科技类项目涉企资金管理,提高财政资金使用效益,根据《安徽省省级财政涉企专项资金管理暂行办法》,结合工作实际,制定本办法。

第二条　本办法所称的省级财政科技类项目涉企资金(以下简称"涉企资金")是指省级财政预算安排专门用于支持企业科技创新发展的资金。

中央财政安排需省级细化分解到具体项目的科技涉企资金,按照本办法执行。

第三条　科技类项目涉企资金的设立、调整和撤销,按照《安徽省省级财政涉企专项资金管理暂行办法》执行。

第四条　专项资金坚持市场导向、统筹协调、突出绩效、公正公开、规范高效的原则。

第二章　预警规则

第五条　预警规则

(一)共性预警规则,按照《财政涉企项目资金管理信息系统预警规则》执行。

(二)个性预警规则,该规则主要针对竞争立项的科技项目,不包括奖补类科技项目。

1.企业同一项目,原则上只能获得省级科技类专项资金支持一次。

2.企业一个年度内,原则上只能获得省级同一部门支持一次。

第三章　项目筛选和核准

第六条　各类科技项目涉企资金全部纳入安徽财政涉企项目资金管理信息系统(以下简称"涉企系统")管理。出现共性预警规则提示,按《财政涉企项目资金管理信息系统预警规则》执行;出现个性预警规则提示,一律不得核准。

第七条　省直主管部门收到各市申报项目后,进入涉企系统筛查,对预警信息进行初审,并将预警信息作为项目评审、遴选的评判标准之一。

第八条　省直主管部门终审报送省财政厅,如继续安排预警提示项目,需出具书面意见,并经部门主要负责人签字盖章后,交省财政厅备案。

第九条　省财政厅对部门报送项目进行认真研究,重点核实预警项目,对部门解释理由不充分的,退回重报。

第十条　对省级科技计划、技术创新服务体系建设等一般项目,省财政厅确认无误后,审核通过并下达资金。对创新型省份建设专项资金等重大专项,按《安徽省创新型省份建设专项资金管理办法》(财教〔2014〕1000 号)等文件执行。

第十一条 省直主管部门各职能处室间加强内部会商,研究科技项目的设立、变更、撤销,涉企系统预警信息处理和监督检查、绩效评价等工作。

第十二条 当不同部门科技项目支持内容相似或相近,出现频繁重复支持相同企业时,省财政厅与有关科技项目管理部门会商沟通,围绕部门分工,整合优化科技资金,实行差异化支持。

第四章 责任划分

第十三条 按照职责明晰、权责匹配、全程监督、责任追究的原则,明确涉企资金安排使用及监管主体责任。

第十四条 省财政厅对涉企资金的设立审核、预算安排、审核拨付、绩效管理和监督检查等负责。

第十五条 省科技项目管理部门对涉企资金的立项申请、项目审查、资金安排、项目验收、项目监管、绩效管理等负责。

第十六条 各市项目管理部门对项目申报真实性、完整性等负责。

第十七条 项目实施单位对项目实施、资金使用负责。

第五章 监督检查

第十八条 省财政厅、省科技厅等部门对专项资金申报及使用情况进行跟踪检查,有计划地组织或委托相关机构开展监督检查。

第十九条 省直主管部门建立健全诚信制度,将违规、违法,不负责任,骗取财政资金的企业、评审专家、第三方中介机构统一纳入黑名单管理。对纳入黑名单的企业,5 年之内不得申报各类政府补助资金;对纳入黑名单的评审专家、第三方中介机构,5 年之内不得聘请为项目评审专家或评审机构。

第二十条 项目实施单位应遵守财政、财务规章制度和财经纪律,自觉接受财政、审计、科技等部门的监督检查。

第二十一条 任何单位和个人不得截留、挤占、挪用专项资金。对以虚报、冒领等手段骗取专项资金的,一经查实,一律收回专项资金,按《财政违法行为处罚处分条例》的规定进行处理;构成犯罪的,依法追究刑事责任。

第二十二条 涉企资金绩效管理按照《安徽省省级财政涉企专项资金绩效管理暂行办法》执行。

第六章 附 则

第二十三条 本办法由省财政厅、省科技厅负责解释,自发布之日起施行。

安徽省财政厅 安徽省经济和信息化委员会关于印发《安徽省中小企业发展专项资金管理暂行办法》的通知

(2014 年 10 月 15 日 财企〔2014〕1525 号)

各市、县财政局、经信委:

为规范中小企业发展专项资金的使用和管理,提高资金使用效益,促进全省中小企业又好又快发展,根据《安徽省中小企业促进条例》、安徽省人民政府办公厅《关于印发<安徽省财政一般性转移支付资金管理办法和安徽省省级财政专项资金管理办法>的通知》(皖政办〔2014〕29 号)等有关规定,我们修订完善了《安徽省中小企业发展专项资金使用管理暂行办法》,现印发给你们,请遵照执行。

安徽省中小企业发展专项资金使用管理暂行办法

第一章 总 则

第一条 为规范中小企业发展专项资金的管理和使用,根据《安徽省中小企业促进条例》和安徽省人民政府办公厅《关于印发<安徽省财政一般性转移支付资金管理办法和安徽省省级财政专项资金管理办法>的通知》(皖政办〔2014〕29 号)、安徽省财政厅《关于印发<安徽省省级财政涉企专项资金管理暂行办法>的通知》(财预〔2014〕1398 号)等有关规定,制定本办法。

第二条 本办法所称中小企业发展专项资金(以下简称专项资金)是指省级财政预算安排的专项用于支持促进全省中小微企业和非公有制经济发展的财政性资金。

第三条 专项资金的使用和管理遵循厘清政府与市场边界、逐步退出竞争性领域等要求,坚持程序严格、规范运作、权责对等、绩效优先、公平公正、管理透明和统筹安排、突出重点的原则;坚持有利于改善中小微企业和非公有制经济发展环境,促进中小微企业和非公有制经济健康发展,扩大城乡就业的原则。

第四条　本办法所称中型、小型、微型企业的划分标准,按照国家规定执行。

第二章　专项资金的使用范围

第五条　专项资金使用范围:重点支持"专精特新"中小微企业、产业集群专业镇龙头骨干企业、成长性小微企业,为提高加工水平、扩大生产规模、推进结构调整、实现产品创新、实行节能减排等转变发展方式进行的固定资产投资项目。

支持中小微企业公共服务机构提升服务能力和服务质量,改善中小微企业、聚集区创业、创新服务环境和中小微企业公共服务机构服务环境。

第三章　支持方式及额度

第六条　专项资金采取贷款贴息、后补助和奖补的支持方式。企业固定资产投资类项目一般采取贷款贴息或后补助方式,对符合条件的可采用股权投资方式予以支持。企业服务体系建设类等项目一般采取奖补方式。

第七条　企业固定资产投资类项目,采取贴息方式支持的,按企业项目建设落实的贷款额度及人民银行公布的同期贷款利率研究确定支持额度;采取奖补和后补助方式支持的,具体支持额度根据固定资产投资规模等实际情况研究确定。企业服务体系建设类项目,按服务机构开展的有关促进中小企业和非公有制企业发展的服务项目对企业所减免的费用额等确定支持额度。

第八条　专项资金纳入财政涉企项目资金管理信息系统中统一管理。同一项目单位或同一法人代表企业同一年度只能申请一个项目,当年已通过其他渠道获取中央或省级财政资金支持的项目,专项资金不再重复支持。对涉企项目资金管理信息系统出现预警的项目,应认真分析排查原因,对预警的项目给予通过并支持的项目,必须注明允许通过的理由。

第四章　申请条件

第九条　申请专项资金的企业或单位必须同时符合下列条件:

(一)具有独立法人资格,成立两周年以上;

(二)财务管理制度健全、规范,及时向财政部门报送企业财务会计报告和有关信息;

(三)近两年来经营业绩良好;

(四)申报的项目有利于促进本省中小微企业和非公有制经济发展,有利于改善服务中小企业和非公有制经济发展的环境和条件;

(五)符合国家和省产业发展政策和环境保护政策;

(六)无违规违纪不良记录,会计信用、纳税信用和银行信用良好;

(七)其他应具备的相关条件。

第五章　专项资金申报、审批和拨付

第十条　专项资金项目申报程序为:

(一)每年年初省经信委会同省财政厅根据本《办法》的规定制定申报指南,组织当年专项资金的申报工作。

(二)符合条件的省级项目单位直接向省经信委、省财政厅提出申请;省级以下项目单位向所在市、省直管县经济和信息化主管部门、财政局提出申请。

(三)各市、省直管县经济和信息化主管部门会同财政部门对申请企业的资格条件和相关材料进行初审,初审合格后联合行文上报省经信委、省财政厅。

第十一条　项目申报材料为:

(一)项目资金申请报告;

(二)专项资金申请表;

(三)法人营业执照副本(复印件),中介服务机构同时提供开展服务的相应业务资格证书(复印件);

(四)生产经营情况或业务开展情况;

(五)经会计师事务所审计的上一年度会计报表和审计报告,以及项目申报日上一月度的企业会计报表;

(六)企业提交的材料真实性声明;

(七)其他需提供的资料。

此外,中介服务机构还应提供单位基本情况介绍材料以及为中小企业和非公有制企业提供相应业务服务的情况,为中小企业提供服务的服务合同、收费凭据、服务结果证明等相关服务证明材料(复印件),服务对象(中小微企业)对服务的满意程度进行的评价材料。

省经信委、省财政厅可根据年度专项资金支持重点对项目申报材料内容进行增减。

第十二条　省经信委按照项目申报的相关要求，对各地推荐上报的项目材料进行初审和项目筛查,合格者提交专家进行评审。

第十三条　省经信委会同省财政厅按照公开、公正、公平的原则,组织相关专家对审核合格的项目进行评审。纪检监察部门参与评审过程监督。

第十四条　依据专家评审意见,并通过财政涉企项目资金管理信息系统比对筛选符合要求的项目,按照择优原则,省经信委会同省财政厅拟定扶持项目。

第十五条　对拟扶持项目,省经信委会同省财政厅报省政府同意后,通过门户网站进行公示。公示结束后,根据公示收集到的项目举报情况,经核实后确定最终扶持项目及资金支持额度。

第十六条　省财政厅会同省经信委联合下发资金文件。省财政厅对省级以下项目下达专项转移支付预算指标，由市或县财政局根据有关预算管理规定,将专项资金及时拨付到项目单位;对省级项目,根据国库集中支付的有关规定,直接办理资金拨付。

第十七条　项目单位收到专项资金后,应按国家有关财务规定进行账务处理,并做好书面纪录,以备查验。

第六章　责任划分

第十八条　省财政厅对专项资金的预算安排、资金拨付负责,会同省经信委制定资金分配方案,并对资金使用情况开展绩效管理和监督检查。

第十九条　省经信委对专项资金的项目审查负责,会同省财政厅确定专项资金年度支持重点、审定实施方案、提出资金安排意见,做好项目监管和绩效评价。

第二十条　市县有关部门对项目申报真实性等负责,并督促项目单位实施。

第二十一条 项目实施单位对项目实施、资金使用负责。

第七章　监督与检查

第二十二条　省级项目单位和各市、县经济和信息化主管部门、财政局应在每年 2 月底前分别向省经信委和省财政厅报告本单位和本地区上年度专项资金使用情况和具体项目实施情况。

第二十三条　专项资金必须专款专用,在项目执行过程中因特殊原因需改变资金用途的,须经省财政厅和省经信委核准。

第二十四条　省财政厅会同省经信委或共同委托有关中介机构对专项资金的使用和管理情况进行监督检查。项目单位要严格遵守国家有关财经纪律和财务会计制度,并自觉接受审计、监察部门的审计和监督。

第二十五条　专项资金实行责任追究制度。对弄虚作假骗取专项资金,截留、挪用、挤占专项资金等违反财经纪律行为,按照《财政违法行为处罚处分条例》(国务院令〔2005〕第 427 号)的规定进行处理。构成犯罪的,移交司法机关追究刑事责任。

第八章　附　则

第二十六条　本办法由省财政厅会同省经信委负责解释。

第二十七条　本办法自发布之日起执行。安徽省财政厅、原安徽省经济委员会印发的《安徽省中小企业发展专项资金使用管理暂行办法》(财企〔2009〕477 号)同时废止。

安徽省财政厅　安徽省环境保护厅关于印发《安徽省大别山区水环境生态补偿办法》的通知

(2014 年 11 月 6 日　财建〔2014〕1713 号)

合肥市、六安市、岳西县人民政府:

为统筹大别山区上下游地区经济社会协调可持续发展,保持和改善大别山区水环境质量,根据安徽省《生态强省建设实施纲要》要求,经省政府同意,我们制定了《安徽省大别山区水环境生态补偿办法》,现印发给你们。请有关市县加强领导,明确责任,落实任务,强化措施,共同推进大别山区水环境保护,消除流域环境安全隐患,实现互利共赢,共同发展。

安徽省大别山区水环境生态补偿办法

第一条　为统筹大别山区上下游地区经济社会协调可持续发展，保持和改善大别山区水环境质量,根据安徽省《生态强省建设实施纲要》要求,结合我省实际,制定本办法。

第二条　水环境生态补偿是指按照“谁受益、谁补偿,谁破坏、谁承担”的原则,以保护水质为目的,以水质监测结果为依据,通过设立补偿资金,对流域上下游地区经济利益关系进行调节。

第三条　本办法的水环境生态补偿范围包括合肥市、六安市及岳西县,其中上游地区为对饮用水源环境保护做出贡献的六安市和岳西县,下游地区为饮用水受益地区合肥市。

第四条　流域上下游各市(县)是水环境保护的责任主体。上游地区应妥善处理经济社会发展和环境保护的关系,在发展的过程中充分考虑上下游共同利益,坚持保护优先的原则,建立大别山水环境生态保护机制,统筹水系内自然资源保护与利用,产业发展与布局,原则上每年向下游地区提供不低于3.2亿立方米的供水量;下游地区充分尊重上游地区为保护环境所付出的努力,并在省财政厅、环境保护厅的组织协调下,对上游地区予以合理的资金补偿。通过实施上下游地区的合理补偿,推进流域生态环境综合整治,消除流域环境安全隐患,确保现状水质基本稳定,并力争有所改善。

第五条　确定淠河总干渠罗管闸为跨市界考核断面,省环境保护厅负责组织断面水质监测,实施统一监督管理,省环境保护厅会同省财政厅于每年3月底前公布上一年水质监测数据,具体监测方案另行制定。

第六条　以省环境保护厅公布的跨市界考核断面监测水质为依据,确定流域上下游补偿责任主体,并根据补偿标准测算补偿资金,补偿资金专项用于流域水污染防治等方面支出。

第七条　设立大别山区水环境生态补偿资金,其中:省财政出资12000万元,上游六安市出资4000万元,下游合肥市出资4000万元。

第八条　确定补偿考核的依据为《地表水环境质量标准》(GB3838-2002)表1中高锰酸盐指数、氨氮、总氮、总磷4项指标。

第九条　按照《地表水环境质量标准》(GB3838—2002),以四项指标常年年平均浓度值(2011—2013年3年平均值)为基本限值,测算补偿指数,确定补偿对象。补偿指数测算公式如下:

$$P = k_0 * \sum_{i=1}^{4} k_i \frac{C_i}{C_{io}}$$

式中:P——罗管闸断面的补偿指数。

k_0——水质稳定系数,考虑降雨径流等自然条件变化因素,k0取值0.85。

k_i——指标权重系数,按四项指标平均,ki取值0.25。

C_i——某项指标的年均浓度值。

C_{io}——某项指标的基本限值。

若P≤1,下游合肥市资金全部拨付给六安市;

若P>1,或大别山区水系上游地区出现重大水污染事故(以省环境保护厅界定为准),上游六安市资金全部拨付给下游合肥市。

不论上述何种情况,省财政资金全部拨付给上游六安市和岳西县,并按照流域面积因素进行分配。以上资金均由省财政通过结算办理。

第十条　补偿资金专项用于上游地区涵养水源、水环境综合整治、农业非点源污染治理、重点工业企业污染防治、农村污水垃圾治理、城镇污水处理设施建设、船舶污染治理、漂浮物清理、生态保护直接补偿以及下游地区污水处理设施建设和水环境综合整治等。获得补偿资金的市(县)可根据流域等因素,将资金分解用于本级及流域范围内县(区)水污染防治工作。具体资金管理办法由省财政厅会同省环境保护厅另行制定。

第十一条　六安、合肥市要根据生态补偿工作要求,细化工作措施、工作职责和分工任务,落实补偿资金,及时开展总结,于每年一季度前将上年工作进展情况,包括补偿机制运行情况、水质情况、具体项目建设情况、补偿资金安排使用情况等综合绩效评估报告,报省财政厅、省环境保护厅。岳西县应加强大别山区淮河流域上游生态保护,将省级补偿资金专项用于保证流域水质稳定的项目,省环境保护厅将定期对岳西县生态及水源地保护情况进行督查和考核。

第十二条　省财政厅负责大别山区水环境生态补偿资金的监管,组织开展资金绩效评价。省环境保护厅负责根据水质监测结果核算补偿指数。省环境保护厅、财政厅共同监管上下游各市(县)对水环境生态补偿的落实情况,及时解决工作中出现的问题。

第十三条　本办法自2014年起施行,由省财政厅会同省环保厅负责解释。

安徽省财政厅　安徽省经济和信息化委员会关于印发《安徽省企业技术创新专项资金使用管理办法》的通知

（2014年12月17日　财企〔2014〕2142号）

各市、县财政局、经信委：

为规范省级企业技术创新专项资金的使用和管理，提高资金使用效益，促进全省工业经济结构调整和企业技术升级，鼓励、引导企业转变发展方式走创新发展道路，我们修订了《安徽省企业技术创新专项资金使用管理办法》，现印发给你们，请遵照执行。

安徽省企业技术创新专项资金使用管理办法

第一章　总　则

第一条　为规范省级企业技术创新专项资金的使用和管理，提高资金使用效益，促进全省工业经济结构调整和企业技术升级，鼓励、引导企业转变发展方式走创新发展道路，根据国家有关规定以及安徽省人民政府办公厅《关于印发〈安徽省财政一般性转移支付资金管理办法和安徽省省级财政专项资金管理办法〉的通知》（皖政办〔2014〕29号）和安徽省财政厅《关于印发〈安徽省省级财政涉企专项资金管理暂行办法〉的通知》（财预〔2014〕1398号），制定本办法。

第二条　本办法所称企业技术创新专项资金（以下简称"技术创新资金"）是指省级财政预算安排的专项用于产业发展中重大、共性、关键性技术的研究开发以及推动技术成果转化的财政性资金。

第三条　技术创新资金的使用和管理，坚持体现国家经济发展方针、产业技术政策和省重点产业发展方向的原则；坚持经济效益、社会效益并重的原则；坚持统筹安排、突出重点和规范运作的原则。

第四条　技术创新资金一般采取无偿资助方式，无偿资助的额度按照企业技术创新项目投资总额适当比例来确定。

第五条　技术创新资金纳入财政涉企项目资金管理信息系统中统一管理。同一项目单位或同一法人代表企业同一年度只能申报一个项目，当年已通过其他渠道获取中央或省级财政资金支持的项目，不予支持。对以往年度获得技术创新专项资金支持且尚未验收的企业申报的项目，不予支持。对涉企项目资金管理信息系统出现预警的项目，须分析排查原因，对预警的项目给予通过并支持的，须注明允许通过的理由。

第二章　申报条件和资金使用范围

第六条　申报企业技术创新专项资金的项目单位必须同时具备以下条件：

（一）在安徽省境内注册，具有独立法人资格，法人治理结构规范，成立一周年以上；

（二）财务管理制度健全，会计核算真实、完整，并按照《企业财务通则》等规定及时编报会计报表；

（三）近年来有良好的经营业绩，资产负债率一般不超过70%；

（四）技术创新能力较强，拥有必要的研发设备，一定数量和水平的专业技术人员，在研发技术领域已取得相关的科研成果；

（五）项目资金及时足额到位，项目正在实施或已实施完成；

（六）其他应具备的相关条件。

第七条　技术创新资金支持重点：企业在促进产业结构调整和技术升级开展的关键技术、重点产品和重大装备的研发项目；企业与高等院校、科研院所就关键技术、设备开展的产学研合作项目；企业技术中心创新能力建设项目。

第八条　优先支持建有省级以上技术中心的重要骨干企业和成长性好、主业突出、主导产品市场前景好、发展空间大的省级"专、精、特、新"中小企业。

第九条　技术创新资金主要用于企业技术项目研究开发过程中所发生的费用，一般包括：人工费、设备费、燃料动力费、租赁费、试验费、材料费、委托开发费、鉴定验收费等。

第三章 项目申报和资金拨付

第十条 项目申报程序:.

(一)每年年初省经信委会同省财政厅根据本《办法》的规定,组织当年技术创新资金项目申报工作。

(二)符合条件的省级项目单位直接向省经信委、省财政厅提出申请;省级以下项目单位向所在市、县经信委(经委)、财政局提出申请。

(三)各市、县经信委(经委)会同财政局对申报的项目进行审核,初选后联合行文上报省经信委、省财政厅。

第十一条 项目申报需提供以下材料:

1.技术创新资金申请表;

2.法人营业执照副本(复印件);

3.经会计师事务所审计的上一年度会计报表和审计报告,以及截至项目申报日上一个月度的会计报表;

4.项目资金申请报告(要求达到项目可行性研究报告的深度);

5.已落实(投入)项目建设的自有资金有效凭证、项目贷款合同或承诺函(复印件)等资料。

6.企业提交的材料真实性声明;

7.其他需要提供的资料。

省经信委、省财政厅每年可根据年度技术创新资金支持重点对需要提供的项目申报内容进行增减。

第十二条 省经信委按照项目申报的相关要求,对各地推荐上报的项目材料进行初审和项目筛查,符合条件的项目提交专家组进行评审。

第十三条 省经信委会同省财政厅按照公开、公正、公平的原则,组织有关专家对项目进行评审。省经信委纪检监察人员参与评审过程监督。

第十四条 依据专家评审意见,并通过财政涉企项目资金管理信息系统比对筛选符合要求的项目,按照择优原则,省经信委会同省财政厅确定拟扶持项目。

第十五条 对拟扶持的项目,省经信委会同省财政厅报省政府同意后,通过门户网站进行公示。公示结束后,根据公示收集到的项目举报情况,经核实后确定扶持项目及资金支持额度。

第十六条 省财政厅会同省经信委联合下发资金通知。省财政厅对省级以下项目下达预算指标,由市或县财政局根据预算管理规定,及时将技术创新资金拨付到项目单位;对省级项目,根据国库集中支付的有关规定,省财政厅直接办理资金拨付。

第十七条 项目单位收到专项资金后,应按国家有关规定及时进行财务处理。同时做好书面记录,以备查验。

第四章 责任划分

第十八条 省财政厅对技术创新资金的预算安排、资金拨付负责,并对资金使用情况开展绩效管理和监督检查。

第十九条 省经信委对技术创新资金的项目审查负责,会同省财政厅确定专项资金年度支持重点、审定实施方案、提出资金安排意见,做好项目监管和绩效评价。

第二十条 市县有关部门对项目申报的真实性等负责,并督促项目单位按规定实施。

第二十一条 项目实施单位对项目具体实施、资金使用负责。

第五章 监督与检查

第二十二条 省级项目单位和各市、县经信委(经委)、财政局应在每年2月底前分别向省经信委和省财政厅报告本单位和本地区上年度企业技术创新专项资金使用情况和具体项目实施情况。

第二十三条 企业技术创新专项资金必须专款专用,项目实际支出必须与申报的口径一致,在项目执行过程中因特殊原因需改变资金用途的,须报经省财政厅和省经信委核准。

第二十四条 项目实施完成后,项目单位须向原接收项目申报的经信部门提交项目完成总结报告。总结报告包括项目实施情况、经费预决算报告、经济和社会效益情况、产品检测报告等内容。市经信委(经委)初审后,行文上报省经信委,省经信委会同省财政厅组织专家对完工项目进行验收。

第二十五条 项目单位要严格遵守国家有关财经纪律和财务会计制度,并自觉接受审计、监察部门的审计和监督。

第二十六条 企业技术创新专项资金实行责任追究制度。对弄虚作假骗取技术创新专项资金,截留、挪用、挤占技术创新专项资金等违反财经纪律行为,按照《财政违法行为处罚处分条例》(国务院令〔2005〕第427号)的规定处理,构成犯罪的,移交司法机关追究刑事责任。同时,将项目单位列入财政涉企项目资金管理信息系统“黑名单”,三年内不得享受财政政策资金扶持。

第六章 附 则

第二十七条 本办法由省财政厅会同省经信委负责解释。

第二十八条 本办法自发布之日起执行。安徽省财政厅、安徽省经济委员会印发的《安徽省企业技术创新专项资金使用管理暂行办法》(财企〔2007〕990号)同时废止。

安徽省财政厅 安徽省经济和信息化委员会关于印发《安徽省煤矿和非煤矿山安全技改专项资金使用管理办法》的通知

(2014年12月27日 财企〔2014〕2144号)

各市、县财政局、经信委:

为推动我省煤矿和非煤矿山安全隐患治理,提高安全生产水平,规范省级煤矿和非煤矿山安全技改专项资金的使用和管理,切实发挥资金使用效益,我们制定了《安徽省煤矿和非煤矿山安全技改专项资金使用管理办法》,现印发给你们,请遵照执行。

安徽省煤矿和非煤矿山安全技改专项资金使用管理办法

第一章 总 则

第一条 为推动我省煤矿和非煤矿山安全隐患治理,提高安全生产水平,规范省级煤矿和非煤矿山安全技改专项资金的使用和管理,提高资金使用效益,根据安徽省人民政府办公厅《关于印发<安徽省财政一般性转移支付资金管理办法和安徽省省级财政专项资金管理办法>的通知》(皖政办〔2014〕29号)和安徽省财政厅《关于印发<安徽省省级财政涉企专项资金管理暂行办法>的通知》(财预〔2014〕1398号)等有关规定,制定本办法。

第二条 本办法所称煤矿和非煤矿山安全技改专项资金(以下简称专项资金)是指省级财政预算安排的专项用于支持全省煤矿和非煤矿山安全技术改造、瓦斯治理以及消除安全隐患等方面的财政性资金。

第三条 专项资金的使用和管理,应坚持公平、公正、公开以及统筹安排、突出重点和规范运作的原则。

第四条 专项资金的支持采用贷款贴息和投资补助方式。以银行贷款为主投资的企业项目,一般采取贷款贴息方式;以企业自有资金为主投资的技改项目,一般采取补助方式。

申请专项资金的项目单位只能选择其中一种支持方式进行申报。

第五条 专项资金贴息的额度,根据项目落实贷款额度及人民银行公布的同期利率研究确定。

专项资金投资补助额度按项目实际投资总额的一定比例研究确定。

第六条 专项资金纳入财政涉企项目资金管理信息系统中统一管理。当年已通过其他渠道获取中央或省级财政资金支持的项目,不予支持。对涉企项目资金管理信息系统出现预警的项目,须分析排查原因,对预警的项目给予通过并支持的,须注明允许通过的理由。

第七条 申报专项资金的企业必须同时符合下列条件:

1. 申请项目的企业必须在安徽省境内注册,具有独立法人资格,证照齐全,独立核算,自负盈亏的经济实体。其中:申请煤矿安全生产专项资金企业生产能力须在45万吨/年以上,省属国有重点企业所属煤矿可单独立项,由集团公司统一申报,专项资金由集团公司统一管理;

2. 财务管理制度健全、规范,及时向财政部门报送企业财务会计报告和有关信息;

3. 申报的项目有利于促进本省煤矿和非煤矿山技术装备水平提升;有利于促进煤矿和非煤矿山企业安全隐患治理和环境保护;

4. 符合国家、省产业发展政策和环境保护政策;

5. 无违规违纪不良记录,会计信用、纳税信用和银行信用良好。

第二章 申报条件和资金使用范围

第八条 煤矿安全技改专项资金使用范围:

(一)煤矿瓦斯治理与利用技术研发、工程项目建设、系统升级改造、新技术推广应用等。重点支持区域防突等防治煤与瓦斯突出关键技术研发，瓦斯抽采系统和安全监控系统升级改造等；支持瓦斯利用基础设施建设。

(二)煤矿水害治理和水资源化利用技术研究和科技攻关，推广使用新技术、新装备和新工艺等。重点支持区域性水害预警和水动态自动观测系统建设；支持矿井水净化利用工艺技术与装备研发攻关、矿井水井下处理利用工艺及设备更新。

(三)煤矿隐蔽致灾因素普查与综合治理工作。重点支持区域性隐蔽致灾因素普查工程及三维地震工作站等安全技术保障工作室建设；支持威胁煤矿安全生产的重大隐蔽致灾因素治理工程建设。

(四)煤矿机械化、自动化、信息化和安全质量标准化“四化”建设。重点支持中型煤矿机械化改造、大中型煤矿自动化和信息化建设；支持煤矿风险预控管理体系建设试点和推广应用。

第九条　非煤矿山安全技改专项资金使用范围：

(一)非煤矿山企业尾矿库安全隐患治理。

(二)非煤矿山重大安全隐患整治。

(三)非煤矿山企业技术进步。主要支持重点矿山企业通过应用先进适用技术、设备和工艺，进行生产系统技术改造、优化升级，提高技术装备、资源利用和安全保障水平。

第三章　项目申报和资金拨付

第十条　专项资金项目申报程序：

(一)每年年初省经信委会同省财政厅根据本《办法》的规定制定申报指南，组织当年专项资金的申报工作。

(二)符合条件的省级项目单位直接向省经信委、省财政厅提出申请。省级以下项目单位向所在市、省直管县煤矿和非煤矿山管理部门、财政局提出申请。

(三)各市、省直管县煤矿和非煤矿山管理部门会同财政部门对申请企业的资格条件和相关材料进行初审，初审合格后联合行文上报省经信委、省财政厅。

第十一条　项目申报需提供以下材料：

(一)项目资金申请报告；

(二)专项资金申请表；

(三)法人营业执照副本、采矿证及安全生产许可证复印件；

(四)安全技改隐患治理项目方案或初步设计材料。(自行编制的方案，需要提供不少于2名相关专业高级职称技术人员的书面审核意见，审核意见包括项目必要性、是否符合相关标准规程规范及项目实施意义等，同时附职称证书复印件、所在单位及联系电话)；

(五)项目资金已落实的证明材料，包括自有资金有效凭证和项目贷款承诺函(合同)，已发生的银行贷款凭证及结息单(复印件)或银行信用证明等资料；

(六)企业概况、项目基本情况及生产经营情况；

(七)经会计师事务所审计的上一年度会计报表和审计报告，以及项目申报日上一月度的企业会计报表；

(八)企业提交的材料真实性声明；

(九)其他需提供的资料。

省经信委、省财政厅每年可根据年度专项资金支持重点对需要提供的项目申报材料进行增减。

第十二条　省经信委按照项目申报的相关要求，对各地推荐上报的项目材料进行初审和项目筛查，符合条件的项目提交专家组进行评审。

第十三条　省经信委会同省财政厅按照公开、公正、公平的原则，组织相关专家对审核合格的项目进行评审。省经信委纪检监察人员参与评审过程监督。

第十四条　依据专家评审意见，并通过财政涉企项目资金管理信息系统比对筛选符合要求的项目，按照择优原则，省经信委会同省财政厅拟定支持项目。

第十五条　对拟支持项目，省经信委会同省财政厅报省政府同意后，通过门户网站进行公示。公示结束后，根据公示收集到的项目举报情况，经核实后确定最终支持项目及资金支持额度。

第十六条　省财政厅会同省经信委联合下发资金文件。省财政厅对省级以下项目下达专项转移支付预算指标，由市或县财政局根据预算管理规定，及时将专项资金拨付到项目单位；对省级项目，根据国库集中支付的有关规定，省财政厅直接办理资金拨付手续。

第十七条 项目单位收到专项资金后,应按国家有关财务规定及时进行账务处理,并做好书面纪录,以备查验。

第四章 责任划分

第十八条 省财政厅负责专项资金的预算管理和资金拨付,并对资金使用情况开展绩效管理和监督检查。

第十九条 省经信委负责确定专项资金的年度支持方向,会同省财政厅对申报使用专项资金的项目进行审核、提出资金安排意见,并对项目实施情况进行监督检查和绩效考核。

第二十条 市县和省属国有重点企业集团有关部门对项目申报真实性等负责,并督促项目单位实施。

第二十一条 项目实施单位对项目具体实施、资金使用负责。

第五章 监督与检查

第二十二条 项目单位应于每年2月底前将专项资金使用及具体项目实施情况报送省经信委和省财政厅,并在项目完成后1个月内向省经信委和省财政厅报送项目实施及资金使用情况的总结报告,由省经信委会同省财政厅组织有关专家对项目进行验收或绩效考核。

第二十三条 专项资金必须专款专用,在项目执行过程中因特殊原因需改变资金用途的,须报经省经信委和省财政厅核准。

第二十四条 项目单位应严格遵守国家有关财经纪律和财务会计制度,并自觉接受审计、监察部门的审计和监督。

第二十五条 专项资金实行责任追究制度。对弄虚作假骗取专项资金,截留、挪用、挤占专项资金等违反财经纪律行为,按照《财政违法行为处罚处分条例》(国务院令〔2005〕第427号)的规定进行处理。构成犯罪的,移交司法机关追究刑事责任。同时,将项目单位列入财政涉企项目资金管理信息系统"黑名单",三年内不得享受财政政策资金扶持。

第六章 附 则

第二十六条 本办法由省财政厅会同省经信委负责解释。

第二十七条 本办法自发布之日起执行。安徽省财政厅、安徽省经济委员会印发的《安徽省煤层气(煤矿瓦斯)抽采利用专项资金使用管理办法(暂行)》(财企〔2007〕1310号)、安徽省财政厅、安徽省经济和信息化委员会印发的《安徽省煤矿安全生产专项资金使用管理办法》(财企〔2009〕1248号)和《安徽省非煤矿山安全技改专项资金使用管理暂行办法》(财企〔2009〕1068号)同时废止。

安徽省财政厅 安徽省经济和信息化委员会关于印发《安徽省企业技术改造专项资金使用管理办法》的通知

(2014年12月17日 财企〔2014〕2145号)

各市、县财政局、经信委:

为进一步推动企业技术改造,推进结构调整和产业升级,规范省级企业技术改造专项资金的使用和管理,提高资金使用效益,我们修订了《安徽省企业技术改造专项资金使用管理办法》,现印发给你们,请遵照执行。

安徽省企业技术改造专项资金使用管理办法

第一章 总 则

第一条 为进一步推动企业技术改造,推进结构调整和产业升级,规范省级企业技术改造专项资金(以下简称技改专项资金)的使用和管理,提高资金使用效益,根据《安徽省工业企业技术进步条例》、安徽省人民政府办公厅《关于印发〈安徽省财政一般性转移支付资金管理办法和安徽省省级财政专项资金管理办法〉的通知》(皖政办〔2014〕29号)和安徽省财政厅《关于印发〈安徽省省级财政涉企专项资金管理暂行办法〉的通知》(财预〔2014〕1398号)等有关规定,制定本办法。

第二条 本办法所称技改专项资金是指省级财政预算安排的专项用于支持全省企业技术改造的财政性资金。

第三条 技改专项资金的使用和管理,坚持体现国家经济发展方针、产业政策和省重点发展方向的原则;坚持经济效益、社会效益并重的原则;坚持强化引导、统筹安排、突出重点和规范运作的原则。

第四条 技改专项资金主要采用贴息和补助的方式支持企业技术改造,以引导银行贷款和社会资金投向。

第五条 贷款贴息的额度,根据项目落实贷款额度及人民银行公布的同期贷款利率研究确定。每个项目的贴息期限不超过1年;补助的额度,根据项目投资总额的一定比例确定。

第六条 技改专项资金纳入财政涉企项目资金管理信息系统中统一管理。同一项目单位或同一法人代表企业同一年度只能申报一个项目,对当年度已通过其他渠道获得中央财政或省财政资金支持的项目,将不予重复支持。对涉企项目资金管理信息系统出现预警的项目,须分析排查原因,对预警的项目给予通过并支持的,须注明允许通过的理由。

第二章 申报条件和资金使用范围

第七条 申报技改专项资金的项目单位必须同时具备以下条件:

(一)在安徽省境内注册,具有独立法人资格,法人治理结构规范,成立一周年以上;

(二)财务管理制度健全,会计核算真实、完整,并按照《企业财务通则》等规定及时编报会计报表;

(三)近年来有良好的经营业绩,资产负债率一般不超过70%;

(四)申报的项目技术先进,节能降耗、符合环境保护要求;

(五)项目前期工作完备,资金落实;

(六)其他应具备的相关条件。

第八条 技改专项资金围绕高成长性产业培育、传统产业转型升级、工业基础能力提升、工业化和信息化深度融合、科技成果产业化、节能减排等领域,重点支持智能装备、新型显示、节能环保设备、节能和新能源汽车、生物医药、绿色有机食品加工、新材料等高成长性产业项目、主导产业项目,以及其他根据省政府年度经济工作重点确定的需要支持的方向和领域。

第九条 技改专项资金优先支持列入年度投资导向计划的项目。

第三章 项目申报和资金拨付

第十条 项目申报程序:

(一)每年省经信委会同省财政厅根据省政府重点工作和本《办法》的规定,组织当年技改专项资金申报工作。

(二)省级以下项目单位向所在市县经信委、财政局提出申请。省级项目单位直接向省经信委、省财政厅提出申请。

(三)各市县经信委会同财政局对申报的项目进行审核,初选后联合行文上报省经信委、省财政厅。

第十一条 项目申报需提供以下材料:

1.技改专项资金项目申请报告;

2.技改专项资金申请表(根据年度申报文件确定的要求填报);

3.法人营业执照副本(复印件);

4.项目审批、核准备案等项目前期工作文件;

5.项目资金证明材料,包括自有资金有效凭证、银行贷款合同、已发生的银行贷款凭证及结息单(复印件)等资料,购置设备的发票(复印件);

6.经会计师事务所审计的上一年度会计报表和审计报告,以及截至项目申报日上一月度的会计报表;

7.企业提交的材料真实性声明;

8.其他当年申报文件规定的需要提交的材料。

第十二条 省经信委按照项目申报的相关要求,对各地推荐上报的项目材料进行初审和项目筛查,符合条件的项目提交专家组进行评审。

第十三条 省经信委会同省财政厅按照公开、公正、公平的原则,组织有关专家对项目进行评审。省经信委纪检监察人员参与评审过程监督。

第十四条 依据专家评审意见,并通过财政涉企项目资金管理信息系统比对筛选符合要求的项目,按照择优原则,省经信委会同省财政厅拟定扶持项目。

第十五条 对拟扶持项目,省经信委会同省财政厅报省政府同意后,通过门户网站进行公示。公示结束后,根据公示收集到的项目举报情况,经核实后确定最终扶持项目及资金支持额度。

第十六条 省财政厅会同省经信委联合下发

项目专项资金通知。省财政厅对省级以下项目下达预算指标，由市或县财政局根据预算管理规定，及时、足额将资助资金拨付到项目单位；对省级项目，根据国库集中支付的有关规定，省财政厅直接办理资金拨付。

第十七条　项目单位收到资金后，应按国家有关规定及时进行财务处理。

第四章　责任划分

第十八条　省财政厅对专项资金的预算安排、资金拨付负责，会同省经信委制定资金分配方案，并对资金使用情况开展绩效管理和监督检查。

第十九条　省经信委对专项资金的项目审查负责，会同省财政厅确定专项资金年度支持重点、审定实施方案、提出资金安排意见，做好项目监管和绩效评价。

第二十条　市县有关部门对项目申报真实性等负责，并督促项目单位按规定实施。

第二十一条　项目实施单位对项目具体实施、资金使用负责。

第五章　监督与检查

第二十二条　各市、县经信委、财政局和省级项目单位应在每年2月底前分别向省经信委和省财政厅报告本地区和本单位上年度技改专项资金使用情况和具体项目实施情况。

第二十三条　项目实施完成后，由所在市经信部门会同财政部门组织专家对项目进行验收。市经信部门留存验收材料，并将验收情况具文上报省经信委、省财政厅。省经信委、省财政厅可对验收项目进行检查。

第二十四条　技改专项资金必须专款专用，项目实际支出必须与预算申报口径一致，在项目执行过程中因特殊原因需改变资金用途的，须报经省财政厅和省经信委核准。

第二十五条　项目单位要严格遵守国家有关财经纪律和财务会计制度，并自觉接受审计、监察部门的审计和监督。

第二十六条　技改专项资金实行责任追究制度。对弄虚作假骗取技改专项资金，截留、挪用、挤占技改专项资金等违反财经纪律行为，按照《财政违法行为处罚处分条例》(国务院令〔2005〕第427号)的规定处理，构成犯罪的，移交司法机关追究刑事责任。同时，将项目单位列入财政涉企项目资金管理信息系统“黑名单”，三年内不得享受财政政策资金扶持。

第六章　附　则

第二十七条　本办法由省财政厅会同省经信委负责解释。

第二十八条　本办法自发布之日起执行。安徽省财政厅、安徽省经济委员会《关于印发＜安徽省企业技术改造专项资金使用管理暂行办法＞等四个办法的通知》(财企〔2007〕990号)同时废止。

安徽省财政厅　安徽省经济和信息化委员会关于印发《安徽省节能与资源综合利用专项资金使用管理办法》的通知

(2014年12月17日　财企〔2014〕2164号)

各市、县财政局、经信委：

为规范省级节能与资源综合利用专项资金的使用和管理，发挥财政性资金对全省节能与资源综合利用工作的引导、促进作用，提高资金使用效益，我们修订了《安徽省节能与资源综合利用专项资金使用管理办法》，现印发给你们，请遵照执行。

安徽省节能与资源综合利用专项资金使用管理办法

第一章　总　则

第一条　为规范省级节能与资源综合利用专项资金的使用和管理，发挥财政性资金对全省节能与资源综合利用工作的引导、促进作用，提高资金使用效益，根据安徽省人民政府办公厅《关于印发安徽省财政一般性转移支付资金管理办法和安徽省省级财政专项资金管理办法的通知》(皖政办〔2014〕29号)、安徽省财政厅《关于印发＜安徽省省级财政涉企专项资金管理暂行办法＞的通知》(财预〔2014〕1398号)等有关规定，制定本办法。

第二条　本办法所称节能与资源综合利用专项资金(以下简称专项资金)是指省级财政预算安排的

专项用于支持全省工业企业节能降耗、资源综合利用、清洁生产、节水和节能环保产业发展等事项的财政性资金。

第三条 专项资金的使用和管理，坚持体现国家产业政策和发展方向,坚持规范运作、绩效优先、公平公正、突出重点的原则。

第四条 专项资金采取投资补助、贷款贴息的支持方式。

第五条 投资补助的额度，按项目投资总额的一定比例或项目节能量、资源综合利用情况等指标确定。贷款贴息的额度,根据项目贷款额度及人民银行公布的同期贷款利率研究确定。

第六条 同一项目单位或同一法人代表企业同一年度只能申请1个项目，当年已通过其他渠道获取中央和省级财政资金支持的项目，专项资金不再重复支持。对符合国家和省相关专项要求的重点耗能企业节能项目(如电机能效提升行动、锅炉系统改造、能源管控系统建设等)可加大支持力度。

第七条 专项资金纳入财政涉企项目资金管理信息系统中统一管理。对涉企项目资金管理信息系统出现预警的项目,须分析排查原因,对预警的项目给予通过并支持的,须注明允许通过的理由。

第二章 申报条件和资金使用范围

第八条 申报专项资金的项目单位必须同时具备以下条件:

(一)在安徽省境内注册,具有独立的法人资格,法人治理结构规范,成立一周年以上;

(二)财务管理制度健全,会计核算真实、完整,并按照《企业财务通则》等规定及时编报会计报表;

(三)近年来有良好的经营业绩,资产负债率一般不超过70%;

(四)能源管理制度完善,重视资源综合利用工作,能定期开展教育培训,制定整改计划和措施;

(五)申报的项目符合国家节约能源资源等产业政策要求，在节能降耗或提高资源综合利用水平方面具有显著的社会效益和经济效益;

(六)项目资金已落实;

(七)其他应具备的相关条件。

第九条 专项资金的使用范围：重点支持省内工业企业为实现节能降耗、资源综合利用、清洁生产、节水和节能环保产业发展而进行的设备更新和技术改造项目建设，引导企业采用有利于节能和提高资源综合利用水平的新设备、新工艺、新技术。具体使用范围为:

(一)节能:主要用于支持技术先进、科技含量高、社会效益和经济效益好的节约能源项目,重点支持符合国家《节能中长期专项规划》以及国家和省各类节能专项行动要求的节能项目等，鼓励开展合同能源管理、能源托管等节能服务项目。

(二)资源综合利用:重点支持具有示范意义的废渣、废气、废水等资源利用以及再生资源回收利用、机电产品再制造、机电产品包装节材代木项目。优先支持煤矸石、煤泥、工业废渣等综合利用工程建设项目。

(三)清洁生产:支持企业采取改进设计、使用清洁能源和原料、采用先进的工艺技术与设备、改善管理、综合利用等措施,从源头削减污染,提高资源利用效率,减少或者避免生产、服务和产品使用过程污染物的产生和排放,实现清洁生产。重点扶持已通过各市(县)经信部门评估验收的清洁生产审核报告中明确的中/高费方案项目。

(四)节水:主要用于支持工业行业直流水改循环水、空冷水、污水、凝结水、矿井水回用及再生水利用等技术推广和改造项目;防腐、防垢、防微生物繁衍、脱盐等节水处理技术推广应用项目。

(五)节能环保产业:重点支持关联度大、带动性强的节能环保装备、技术、产品的开发制造与服务项目。

省经信委、省财政厅将根据年度工作重点,在项目申报文件中确定当年节能与资源综合利用专项资金支持的具体类别。

第三章 项目申报和资金拨付

第十条 项目申报程序:

(一) 每年年初省经信委会同省财政厅根据本《办法》的规定制定申报指南,组织当年专项资金申报工作。

(二) 符合条件的省级项目单位直接向省经信委、省财政厅提出申请；省级以下项目单位向所在市、省直管县经济和信息化主管部门、财政局提出申请。

(三)市、省直管县经济和信息化主管部门会同财政部门对申请企业的资格条件和相关材料进行初审,初审合格后联合行文上报省经信委、省财政厅。

第十一条 项目申报需提供以下材料:

（一）项目资金申请报告；

（二）专项资金申请表；

（三）项目审批、核准或备案文件、已落实（投入）项目建设的自有资金有效凭证复印件（申请无偿资助方式）或项目贷款合同和已发生的银行贷款凭证及结息单复印件（申请贷款贴息方式）等资料；

（四）法人营业执照副本（复印件）；

（五）生产经营情况（或业务开展情况）、能源消耗情况及资源综合利用情况；

（六）经会计师事务所审计的上一年度会计报表和审计报告及截至项目申报日上一个月度的会计报表；

（七）企业提交的材料真实性声明；

（八）其他需提供的材料。

省经信委、省财政厅每年可根据年度专项资金支持重点对需要提供的项目申报材料内容进行增减。

第十二条　省经信委按照项目申报的相关要求，对各地推荐上报的项目材料进行初审和项目筛查，符合条件的项目提交专家组进行评审。

第十三条　省经信委会同省财政厅按照公开、公正、公平的原则，组织相关专家对项目进行评审。省经信委纪检监察人员参与评审过程监督。

第十四条　依据专家评审意见，并通过财政涉企项目资金管理系统比对筛选符合要求的项目，按照择优原则，省经信委会同省财政厅拟定扶持项目。

第十五条　对拟扶持项目，省经信委会同省财政厅报省政府同意后，通过门户网站进行公示。公示结束后，根据公示收集到的项目举报情况，经核实后确定最终扶持项目及资金支持额度。

第十六条　省财政厅会同省经信委联合下发资金文件。省财政厅对省级以下项目下达专项转移支付预算指标，由市或县财政局根据预算管理规定，及时将专项资金拨付到项目单位；对省级项目，根据国库集中支付的有关规定，省财政厅直接办理资金拨付。

第十七条　项目单位收到专项资金后，应按照国家有关财务规定进行账务处理，并做好书面记录，以备查验。

第四章　责任划分

第十八条　省财政厅对专项资金的预算安排、资金拨付负责，会同省经信委制定资金分配方案，并对资金使用情况开展绩效管理和监督检查。

第十九条　省经信委对专项资金的项目审查负责，会同省财政厅确定专项资金年度支持重点、审定实施方案、提出资金安排意见，做好项目监督和绩效评价。

第二十条　市县有关部门对项目申报真实性负责，并督促项目单位按规定实施。

第二十一条　项目实施单位对项目具体实施、资金使用负责。

第五章　监督与检查

第二十二条　省级项目单位和各市、县经济和信息化主管部门、财政局应在每年2月底前分别向省经信委和省财政厅报告本单位和本地区上年度专项资金使用情况和具体项目实施情况。

第二十三条　项目实施完成后，项目单位须向原接收项目申报的经信部门提交项目完成总结报告。总结报告包括项目实施情况、经费使用情况、经济和社会效益情况等内容。市经信部门初审后，行文上报省经信委，省经信委会同省财政厅组织专家对完工项目进行验收，或委托市级有关部门验收。

第二十四条　专项资金必须专款专用，在项目执行过程中因特殊原因需改变资金用途的，须报经省财政厅和省经信委核准。

第二十五条　项目单位要严格遵守国家有关财经纪律和财务会计制度，并自觉接受审计、监察部门的审计和监督。

第二十六条　专项资金实行责任追究制度。对弄虚作假骗取专项资金，截留、挪用、挤占专项资金等违反财经纪律行为，按照《财政违法行为处罚处分条例》（国务院令〔2005〕第427号）的规定进行处理。构成犯罪的，移交司法机关追究刑事责任。同时，将项目单位列入财政涉企项目资金管理信息系统“黑名单”，三年内不得享受财政政策资金扶持。

第六章　附　则

第二十七条　本办法由省财政厅会同省经信委负责解释。

第二十八条　本办法自发布之日起执行。安徽省财政厅、安徽省经济委员印发的《安徽省节能与资源综合利用专项资金使用管理暂行办法》（财企〔2007〕990号）同时废止。

安徽省财政厅　安徽省环境保护厅关于印发《安徽省大气污染防治专项资金管理暂行办法》的通知

(2014年12月29日　财建〔2014〕2307号)

各市、县(区)财政局、环保局：

为规范大气污染防治专项资金管理，充分发挥财政资金使用效益，促进大气污染防治，改善环境空气质量，根据《安徽省大气污染防治行动计划实施方案》(皖政〔2013〕89号)、《长三角区域落实大气污染防治行动计划实施细则》等有关规定，经省政府同意，我们制定了《安徽省大气污染防治专项资金管理暂行办法》，现印发给你们，请遵照执行。

安徽省大气污染防治专项资金管理暂行办法

第一章　总　则

第一条　为规范大气污染防治专项资金管理，充分发挥财政资金使用效益，促进大气污染防治，改善环境空气质量，根据《安徽省大气污染防治行动计划实施方案》(皖政〔2013〕89号)、《长三角区域落实大气污染防治行动计划实施细则》等规定，以及《安徽省大气污染防治目标责任书》的要求，结合我省实际，经省政府同意，制定本办法。

第二条　本办法所称大气污染防治专项资金(以下简称"专项资金")是指省财政统筹安排用于全省大气污染防治，改善环境空气质量的相关资金。

第三条　各市、县(市、区，下同)人民政府是大气污染防治工作实施责任主体。大气污染防治资金的投入以市、县政府和企业为主，省级实行以奖代补。

第四条　专项资金安排遵循"突出重点、注重绩效、市县为主、以奖代补"原则，充分发挥市场机制、考核机制和责任追究机制的作用。

第二章　专项资金用途

第五条　专项资金使用范围主要是各级政府为完成本地区大气污染防治计划任务而实施的各类项目。重点用于以下方面：

(一)秸秆禁烧及综合利用；

(二)黄标车淘汰；

(三)城市公交车尾气治理；

(四)建筑业扬尘治理；

(五)燃煤小锅炉整治；

(六)大气污染防治监测和执法等环境监管能力建设；

(七)《安徽省大气污染防治行动计划实施方案》中确定的其他重点任务。

第三章　专项资金来源及分配

第六条　专项资金来源为：

(一)中央财政拨付的大气污染防治专项资金；

(二)省级财政预算安排的资金；

(三)对违法排放大气污染物的单位及个人的罚款；

(四)其他有关资金。

第七条　专项资金采取定向与统筹相结合的方式进行分配，对各市实行以奖代补。

(一)对秸秆禁烧及综合利用、黄标车淘汰，实行定向分配方式。秸秆禁烧奖补资金分配使用按照省财政厅、省环保厅、省农委《关于印发＜安徽省农作物秸秆禁烧奖补办法＞的通知》(财建〔2014〕584号)，以及省财政厅、省发展改革委《关于对农作物秸秆发电实施财政奖补的意见》(财建〔2014〕958号)执行；黄标车淘汰奖补资金分配按照省财政厅、省环保厅、省公安厅《关于印发＜安徽省黄标车淘汰财政奖补办法＞的通知》(财建〔2014〕1677号)执行。

(二)对大气污染防治其他项目，实行综合奖补，按照各市大气污染防治任务工作量、大气污染防治行动计划实施情况考核结果和财力状况等因素进行分配。

大气污染防治任务工作量按照当年省政府确定的大气污染防治重点工作，由省级主管部门下达各市的目标任务确定；大气污染防治行动计划实施情况考核结果按照省政府对各市政府年度评估考核的结果确定；财力状况按照各市的人均财力水平确定。按照上述因素实施奖补的具体方案，由省财政厅会同省环境保护厅根据年度具体情况拟定，并报省政府审批。

第八条 专项资金采取预拨、考核、清算方式安排。省财政预拨的专项资金，根据考核结果和实际完成任务量等情况进行清算，对未完成考核目标的市，按规定扣回预拨资金。

第四章 专项资金拨付及使用

第九条 专项资金由省财政通过转移支付下达各市，由各市根据大气污染防治重点任务和当地实际情况统筹安排使用。

第十条 各市在安排专项资金时要创新资金使用方式，充分发挥资金的杠杆作用，鼓励采取政府购买服务方式治污，综合运用担保、补助、贴息等方式支持治污企业发展，引导银行业金融机构加大对大气污染防治项目的信贷支持。

第十一条 专项资金必须专款专用，不得用于人员经费、办公经费、交通工具和办公设备购置等与大气污染防治无关的支出，不得用于平衡本级预算。

第十二条 各市在规定时间内将专项资金细化落实到具体项目，并报省环保厅、省财政厅备案。

第十三条 各地根据项目建设进度及时拨付专项资金，切实加快预算执行进度。

第十四条 各地应当将专项资金纳入地方同级财政预算管理，严格执行国库集中支付、政府采购等制度。

第五章 专项资金监督管理

第十五条 各地财政部门应加强专项资金监督管理，建立健全监管制度，监督项目单位按照项目分账核算，按规定用途安排使用专项资金。各地环保等部门要加强大气污染防治项目库建设，强化项目工程建设管理，督促项目单位加快项目建设进度，及时组织竣工验收。

第十六条 各市财政部门会同环保等部门每年对专项资金使用情况开展年度绩效自评，并将结果报省环保厅、省财政厅备案。

第十七条 省财政厅会同省环保厅等部门对专项资金使用及项目实施情况进行不定期检查，开展年度绩效评价，必要时委托中介机构，开展第三方评价。

第十八条 各地区和单位不得以任何理由骗取、截留、挤占、挪用专项资金。对违反规定的，依照《财政违法行为处罚处分条例》（国务院令第427号）等法律法规予以处理，并视情减少或取消以后年度的专项资金分配，对已拨付的专项资金予以追缴。涉嫌犯罪的，依法移送司法机关追究刑事责任。

第六章 附 则

第十九条 各市可根据本办法，结合实际，制定具体实施办法，并报省财政厅、省环保厅备案。

第二十条 本办法由省财政厅、省环保厅负责解释。

第二十一条 本办法自印发之日起施行。

安徽省财政厅 安徽省地方税务局关于印发《安徽省煤炭资源税从价计征实施办法》的通知

（2014年12月30日 财税法〔2014〕2321号）

各市、县财政局、地方税务局：

根据财政部 国家税务总局《关于实施煤炭资源税改革的通知》（财税〔2014〕72号）和《财政部 国家税务总局关于安徽省煤炭资源税适用税率的批复》（财税〔2014〕131号）规定，为切实做好煤炭资源税从价计征改革工作，经研究，省财政厅、省地方税务局制定了《安徽省煤炭资源税从价计征实施办法》，现印发给你们，请遵照执行。

安徽省煤炭资源税从价计征实施办法

第一条 根据《中华人民共和国资源税暂行条例》（以下简称《条例》）、《中华人民共和国资源税暂行条例实施细则》（以下简称《实施细则》）、《财政部 国家税务总局关于实施煤炭资源税改革的通知》（财税〔2014〕72号，以下简称《通知》）和《财政部 国家税务总局关于安徽省煤炭资源税适用税率的批复》（财税〔2014〕131号）规定，结合我省实际，制定本办法。

第二条 在本省范围内开采煤炭的单位和个人，为煤炭资源税的纳税人，应当依照《条例》、《实施细则》、《通知》以及本办法规定缴纳资源税。

第三条 煤炭资源税的应纳税额，按照从价定率计算征收。煤炭应税产品（以下简称应税煤炭）

包括原煤和以未税原煤加工的洗选煤（以下简称洗选煤）。应纳税额的计算公式如下：

应纳税额 = 应税煤炭销售额×适用税率

第四条　应税煤炭销售额依照《实施细则》第五条和本办法的有关规定确定：

(一)纳税人开采原煤直接对外销售的,以原煤对外销售额作为应税煤炭销售额计算缴纳资源税。

原煤应纳税额 = 原煤销售额×适用税率

原煤销售额不含从坑口到车站、码头等的运输费用。

(二) 纳税人将其开采的原煤加工为洗选煤销售的, 以洗选煤销售额乘以折算率作为应税煤炭销售额计算缴纳资源税。

洗选煤应纳税额 = 洗选煤销售额×折算率×适用税率

洗选煤销售额包括洗选副产品的销售额,不包括洗选煤从洗选煤厂到车站、码头等的运输费用。

(三)纳税人将其开采的原煤,自用于连续生产洗选煤的,在原煤移送使用环节不缴纳资源税;自用于其他方面的,视同销售原煤。

纳税人将其开采的原煤加工为洗选煤自用的,视同销售洗选煤。

视同销售原煤和洗选煤,依照《实施细则》第七条和本办法的有关规定确定销售额, 计算缴纳资源税。

第五条　经省政府同意并报财政部、国家税务总局批准,我省煤炭资源税适用税率为 2%。

第六条　折算率通过洗选煤销售额扣除洗选环节成本、利润计算,或通过洗选煤市场价格与其所用同类原煤市场价格的差额及综合回收率计算。折算率由省级财税部门或授权地市级财税部门确定。

第七条　纳税人同时销售（包括视同销售)应税原煤和洗选煤的, 应当分别核算原煤和洗选煤的销售额; 未分别核算或者不能准确提供原煤和洗选煤销售额的, 一并视同销售原煤按照本办法规定的方法计算缴纳资源税。

纳税人同时以自采未税原煤和外购已税原煤加工洗选煤的,应当分别核算;未分别核算的,一并视同自采未税原煤加工洗选煤按照本办法规定的方法计算缴纳资源税。

第八条　煤炭资源税的减免：

(一) 对衰竭期煤矿开采的煤炭, 资源税减征 30%。衰竭期煤矿,是指剩余可采储量下降到原设计可采储量的 20%(含)以下,或者剩余服务年限不超过 5 年的煤矿。

(二)对充填开采置换出来的煤炭,资源税减征 50%。纳税人应在充填开采工作面运煤皮带安装计量装置,准确计量充填开采煤炭产量,如实进行申报。

(三) 纳税人开采原煤或者生产应税洗选煤过程中,因意外事故或者自然灾害等原因遭受重大损失的,由纳税人提出减免税申请,经当地财税部门审核,报矿井所在地设区的市人民政府批准。

纳税人开采的煤炭,同时符合本条第一款和第二款减税情形的,纳税人只能选择其中一项执行,不能叠加适用。

第九条　纳税人的减税、免税项目,应当单独核算销售额;未单独核算或者不能准确提供销售额的,不予减税或者免税。

第十条　煤炭资源税纳税义务发生时间按照《条例》第九条和《实施细则》第十一条规定确定。

第十一条　煤炭企业应纳的资源税,应当向煤炭开采地主管地税机关缴纳。矿业(集团)公司所属跨地区生产经营煤矿应纳的资源税,实行属地管理,就地纳税,由煤炭矿井主井口所在地地方税务机关负责征收管理。

第十二条　在我省范围内跨区域开采或者生产应税煤炭,由矿业(集团)公司统一对外销售的,所属各矿井应纳税款一律由矿业(集团)公司按照以下方法计算划拨：

各矿井开采原煤的应纳税额 = 各矿井开采的原煤对外销售量×单位对外销售价格×适用税率

各矿井开采原煤加工为洗选煤的应纳税额 = 矿业(集团)公司应税洗选煤销售总额×(各矿井原煤入洗量÷各矿井原煤入洗总量)×折算率×适用税率

第十三条　煤炭资源税的纳税期限为 1 个月,纳税人自期满之日起 15 日内申报纳税。

第十四条　煤炭资源税的征收管理,依照《中华人民共和国税收征收管理法》及其实施细则和本办法的有关规定执行。

第十五条　本办法自 2014 年 12 月 1 日起施行。由省财政厅会同省地税局负责解释。

财经调研篇

财经论文及调研报告

全面深化财政改革的措施研究

新一轮财政体制改革，是一场关系国家治理现代化的深刻变革，是一次立足全局、着眼长远的制度创新和系统性重构。党的十八届三中全会明确要求"充分发挥经济体制改革牵引作用，抓好财税体制改革这个重头戏，推动经济持续健康发展和社会和谐稳定"，为做好今后一个时期财政改革工作指明了前进方向。本课题旨在梳理新一轮财政体制改革的主要精神，立足我省财政经济发展实际，研究提出全面深化财政改革的思路、路径和措施。

一、全面深化财政改革的部署和要求

党的十八届三中全会通过的《中共中央关于全面深化改革若干重大问题的决定》，明确按照"完善立法、明确事权、改革税制、稳定税负、透明预算、提高效率"的改革方向，建立现代财政制度。2014年以来，党中央、国务院先后4次听取财税体制改革汇报，6月30日，中央政治局会议审议通过了《深化财税体制改革总体方案》。《中共安徽省委贯彻落实党的十八届三中全会精神全面深化改革的意见》明确8大领域、252项改革任务，涉及财政部门的5个领域、牵头57项、配合参与107项。

（一）主要内容。主要包括改进预算管理制度、完善税收制度、建立事权和支出责任相适应的制度等三大重点任务。一是改进预算管理制度，加快建立全面规范、公开透明的现代预算制度，包括建立透明预算制度、完善政府预算体系、改进年度预算控制方式、完善转移支付制度、加强预算执行管理、规范地方政府债务管理、全面规范税收优惠政策等7个方面。二是完善税收制度，建立有利于科学发展、社会公平、市场统一的税收制度体系，包括推进增值税改革、完善消费税制度、加快资源税改革、建立环境保护税制度、加快房地产税立法并适时推进改革、逐步建立综合和分类相结合的个人所得税制度、全面修订税收征管法等7个方面。三是调整中央和地方政府间财政关系，在保持中央和地方收入格局总体稳定的基础上，进一步理顺中央和地方收入划分、合理划分各级政府间事权与支出责任等。总的方向是，适当加强中央事权和支出责任，把关系全国政令统一、促进区域协调、维护市场统一等重大事务集中到中央管起来。

（二）时间节点。按照《深化财税体制改革总体方案》安排，2014—2015年预算制度改革要取得决定性进展，税制改革在立法、推进方面取得明显进展（营改增改革在2015年全面完成），财政体制改革要基本达成共识。2016年基本完成深化财税体制改革的重点工作和任务。2020年各项改革基本到位，现代财政制度基本建立。2014年7月全国财政厅（局）长座谈会明确，推进财税体制改革重点抓好今明两年改革工作，对改进预算管理、完善转移支付等方向明确的改革要抓紧落实，2017年必须完成。

（三）最新动向。8月31日，十二届全国人大常委会第十次会议通过了《关于修改〈中华人民共和国预算法〉的决定》，为深化预算制度改革提供了法律保障。9月2日，国务院召开常务会议，研究完善预算管理促进财政收支规范透明的相关意见，大力推进三个"强化"（强化预算约束、强化预算公开、强化国库资金管理），开展两项"行动"（开展清

理整顿小金库行动、开展整顿乱收费行动),做到两个"规范"(规范税收征管和非税收入管理、规范地方政府性债务管理)。国务院9月23日印发《关于加强地方政府性债务管理的意见》、10月初出台《关于深化预算管理制度改革的决定》,将陆续出台《关于改革和完善中央对地方转移支付制度的意见》等一系列制度办法,指导地方加快推进预算管理制度改革。同时,财政部要求地方认真做好其他重要改革工作,包括积极推进养老保障和工资改革、国有资产管理体制改革、城市公立医院综合改革等。

二、全面深化财政改革的形势和问题

(一)财政改革路径收窄。2012年、2013年我国GDP增长分别为7.8%、7.7%,2014年上半年为7.4%,全年预期目标是7.5%,中国经济连续3年低于8%,中国经济进入中高速、调结构、新动力、多挑战的新常态,财政也进入相对低速增长。分税制以来的财税改革都是在经济高速发展、财政收入高速增长、财政状况相对宽松的情况下进行的,财税改革可以在增量调整中去实现,不必触动存量。而新一轮财税体制改革正处于经济增速的换挡期,由高速进入到中高速,财政收入的增速随之下滑,财政形势相对严峻。新一轮财税体制改革的目标就不可能在增量调整中实现,增量调整这一传统的改革路径变窄,势必触动存量的调整,特别是新的历史起点上的经济、政治、社会等方面的运行规律目前尚未完全把握,经济发生转折性变化又需要财税体制改革提供新的红利,从而很大程度上增加了财税体制改革的阻力、矛盾和压力。

(二)预算管理仍需加强。从近两年国家和省里预算执行和其他财政收支的审计报告来看,当前的预算体系仍不完善,虽然建立了四大预算体系,但公共财政预算、政府性基金预算和国有资本经营预算界定不清晰,国有资本经营预算范围不完整,地方政府并非所有的收入都完全纳入预算中,地方政府债务还没有纳入预算管理,预算收支划分还不够清晰,预决算的完整性和准确性有待进一步提高。同时,预算透明度不够,预算执行不到位,预算约束力不强。从中央部分预算执行情况反映,2013年的预算到年底还有14.4%的部门预算未执行,特别是"三公"经费和会议费管理使用不严格。各级财政均有资金沉淀,一些地方和部门财政结转结余资金规模较大,资金使用效益未能充分发挥。

(三)事权与支出责任科学划分存在困境。事权和支出责任的科学、合理、细致划分,是任务最重、难度最大的改革工作。当前,政府与市场职能边界不清晰,政府干预市场的行为仍然时有发生,虽然地方政府政绩考核指标在逐步完善,但仍然具有强烈的冲动投资上项目,做一些市场可以做的事情,政府的事权范围本身就存在不确定性。即便政府从竞争性领域退出来,事权和支出责任的调整,实际上成为中央政府和地方政府的博弈、财政部门与其他部门的博弈,特别是当前各级政府共同承担事项过多,支出责任重叠交叉严重,厘清并调整的难度很大,不可避免主观因素干扰,仍有可能造成政府职能"越位"和"缺位"并存的局面。

(四)地方税体系尚未形成。"营改增"改革全面实施后,地方唯一的主体税种将会取消,中央和地方间财力分配势必重新进行整体设计,"营改增"改革将倒逼财税体制配套改革,促使中央和地方共同打造地方税体系。然而,"营改增"改革实现行业全覆盖尚需时日,"营改增"改革未完成之前,很难准确测算中央和地方之间新的分成比例,捉襟见肘的地方财政还要继续承担"营改增"改革造成的税收减少的负担。相应的消费税改革可能对一些税目进行调整,征收从生产、批发环节改到零售环节,让出一部分给地方,正向激励地方政府更加注重公共服务与市场环境建设,但形成地方财力还有待验证和考究。房地产税和环境税改革,还需加快立法,目前还不能迅速完成并给地方政府提供财力支撑。煤炭等资源税计征方式改革,已经列入今年改革日程,但效果需要密切关注。地方税体系没有健全,一定程度上造成地方财政内生动力不强、调控能力较弱。

(五)省以下财税体制仍需完善。1994年的分税制改革基本理顺了中央和地方分配关系,扭转了税收收入占国民生产总值比重下降的局面,也使得中央财政收入迅速提升并一直保持在50%以上,中央通过转移支付和税收返还的方式,对宏观经济和地方政府进行强有力的调控。但随着改革深入,分税制负面效应逐步显现,一定程度上导致县乡财政困难、地方政府财力与事权不匹配、土地财政、"跑部钱进"等问题,特别是省以下分税制财政管理体制不够完善,地方各级政府间较少实行按事权划分财政收支,分权式财政管理体制尚未理顺。

三、全面深化财政改革的认识和思路

以深入学习贯彻习近平总书记系列重要讲话和十八届三中全会精神为引领，从财政责任担当深化认识，加快建立现代财政制度和科学的财税体制;从财政服务发展深化认识,正确认识和准确定位财政与市场的关系,坚持有所为、有所不为,促进经济转型发展;从财政保障民生深化认识,牢固树立民生财政理念,更好地促进社会事业、生态文明可持续发展;从财政支持改革深化认识,不断完善公共财政体系，充分发挥财政体制改革对整体改革支撑作用;从财政改进作风深化认识,以《党政机关厉行节约反对浪费条例》为准绳,加快形成改进财政工作作风长效机制，不断增强思想自觉和行动自觉,不断创新观念思路、创新体制机制、创新方式方法,推动财政事业不断取得新突破。

(一)不断增强问题意识。以亟待解决的重要问题为提领,不断地开展“回头看”,总结经验、分析问题、完善政策、创新举措、建章立制,通过改革解决财政发展中的矛盾和问题。

(二)不断增强市场意识。充分运用财政分配手段,重点保障和做好经济社会发展中关乎前沿、底线、可持续和市场不愿做或做不到的事情,积极补齐短板,激发市场主体活力。

(三)不断增强创新意识。把财政工作的重要领域和关键环节作为改革创新的突破口，明确改革创新的主攻方向和着力重点,正确、准确、有序、协调推进改革。

(四) 不断增强制度意识。不断开展制度建设“回头看”,梳理现行制度,修改完善制度,建立新的制度，狠抓制度执行，推动用制度管好财政项目、财政资金和财政干部。

(五)不断增强绩效意识。按照“花钱要有效、用钱要负责”的要求,加强绩效评价,强化监督检查,做到既算大账、也算细账,算好投入产出账,算好经济社会账。

(六)不断增强群众意识。坚持财政系统上下结合、财政财务点面结合,发掘财政财务基层一线的创造力,把基层实践成果、群众集体智慧转化为创新成果。

四、全面深化财政改革的探索和实践

党的十八届三中全会以来,财政厅按照中央财税体制改革和省委全面深化改革的总体部署,将改革作为财政工作的总要求、作为财政工作的总引领,统筹协调,突出重点,系统推进。

(一)加强改革学习。扎实开展“改革与财经纪律、改革与财政作风、改革与财政预算、改革与财政民生、改革与实体经济财源建设、改革与财政‘三农’、改革与财政债务融资、改革与现代财政制度”等专题学习研讨,深入学习领会习近平总书记系列重要讲话和党的十八届三中全会精神以及《深化财税体制改革总体方案》，弄清楚整体财税体制改革与某一方面具体财政改革措施的关系、政策统一性与政策差异性的关系,使学习的过程成为完善改革思路、细化改革举措、破解改革难题的过程。

(二)注重改革谋划。通过财政日常工作调研、财政工作督查调研、财政系统帮联调研等形式,深入基层、深入一线开展调查研究,广泛征求基层群众、人大代表、政协委员和市县党委政府的意见建议,摸清底数、掌握情况、找准症结,深入研究财政体制改革的重点领域问题。对于省委全面深化改革《意见》的 252 项改革任务中涉及财政部门牵头的 57 项、配合参与的 107 项重要改革举措,适应新形势、新任务、新要求,不断细化路线图、任务书和时间表,确保一项一项抓好落实、抓出成效。

(三)突出改革重点。认真落实省政府办公厅批复的 2014 年财政重点改革工作施工方案，提前一年完成县级以上预算信息公开工作,2015 年省级专项转移支付项目和资金均压缩 1/3 以上,及时收回结余结转资金,积极开展国库现金运作、社保基金和专户资金竞争性存储,严格“三公”经费及财政供养人员管理，提前完成财政部要求的厉行节约、反对浪费制度建设任务,制定全省政府向社会力量购买服务指导目录,细化梳理购买服务试点项目 689 个、预算 88 亿元,将 380 家政府融资平台公司纳入名录管理，试点编制全省 2014 年政府性债务收入计划。我省政府性债务规模基本适度、风险总体可控。同时,坚持区分轻重缓急、把握先后次序,结合预算编制等工作,提早谋划 2015 年财政改革的着力点和突破口,以重点突破带动面上推进。

(四)协调改革推进。坚持机关工作一体化,将改革融入财政业务、机关效能、干部作风,压实牵头责任、直接责任和主体责任,健全内部改革运行机制。坚持财政财务一体化,完善与预算单位会商机制，换位思考、上门走访，主动服务会商省直预算单位，加强财政财务联系，重视依靠财务力量，进而带动预算单位党组重视、支持财政改革工作。坚持财政系统一体化，深入开展结对共建，结对到贫困村、帮扶到困难户、联系到财政所，严格执行财政系统帮联、政风行风巡查等制度，不断增强财政系统同频共振的改革工作合力。

五、全面深化财政改革的方向和路径

坚持以聚焦问题为导向、以深化改革为动力、以科学发展为要务、以保障民生为根本，加快推进财政管理创新，不断提升科学理财的能力和水平，努力建设法治财政、民生财政、稳固财政、阳光财政、效率财政。

(一)完善财政资源配置机制改革。积极构建科学完整、公开透明的预算体制以及推动市场经济发展、维护市场统一、促进社会公平的财政分配体系，积极支持实体经济、民营及小微企业发展，采用担保、贴息、后补助等方式，放大财政资金杠杆效应。积极引导社会资本兴办教育、文化、卫生等社会事业，形成多元发展的格局。完善财政绩效评价机制，做到宽领域、全过程、广覆盖；建立财政对企业、社会事业的政策扶持与资金支持绩效评估机制，坚持对企业的支持与税收贡献、就业带动和新增可用财力挂钩，对社会事业的支持与效率优先和公共效益最大化挂钩。

(二)坚持财政保障改善民生机制改革。遵循财政取之于民、用之于民的原则，按照保基本、补短板、兜底线、可持续的要求，创新财政民生工作机制。支持社会体制机制创新，优化教育科技投入机制，完善经济社会发展与就业创业联动机制，改进收入分配制度，完善多层次、全覆盖、相衔接的社会保障体系。按照政府主导、分类指导、区别对待、因地制宜、分级负责、预算管理、人事分离的原则，在公共服务领域，改革财政资金传统供给模式，促进资金向优质公共服务资源流动。建立健全政府向社会力量购买服务机制，培育和发展社会服务组织，发挥社会代理机构作用，做到“花钱养事”。

(三)深化国有资本经营预算管理机制改革。探索编制中长期国有资本经营预算，并根据行业分类逐步提高国有资本收益上缴比例，保证国有资本经营预算收入的稳定增长。完善和规范国有资本经营预算的支出范围，划转部分国有资本充实社会保障基金。盘活国有资产存量，积极支持国有企业改制重组、资源整合和科技创新，支持股权多元化改革。支持和培育混合所有制经济发展，引导民营资本积极参与国有企业改革，提高国有资本放大功能，支持国有资产保值增值，增强国有企业持续发展活力。

(四)创新农村集体“三资”管理机制改革。支持实施清理核实农村集体所有的资金、资产、资源的存量、结构和分布，将投向村里的财政资金形成的资产计入集体合作经济组织，归全体村民所有。建立健全农村集体“三资”登记管理、村级会计委托代理等制度，加强集体经营管理核算和财务监督。引导和鼓励村集体盘活村级集体“三资”，激活存量，优化增量。支持探索家庭经营、集体经营、合作经营、企业经营等多种经营方式，引入市场机制，鼓励金融下乡，采取股份、联营、租赁等形式，促进村级集体经济保值增值、做大做强，助力美好乡村建设，支持人居环境和生态修复保护，持续强农惠农富农。

(五)明晰财政分级支出责任机制改革。完善省以下财政体制改革，健全事权与支出责任相适应的财政体制，发挥省与市县的积极性。按照科学客观界定政府与市场边界、省市县政府本级事务及共同事务的规定，明确各级财政支出责任，在现有财力格局总体不变的情况下，规范省市县财政支出。积极会同省直有关部门下放财政资金项目审批权，强化省级指导监管责任和市县分配、管理责任。省级对市县更多的通过均衡性转移支付和一般性转移支付方式给予支持。完善省直管县财政体制，理顺省与市辖区的财政分配关系，巩固和完善并创新县级基本财力保障机制，增强市县财政调控能力。

(六)加强财政预算管理机制改革。进一步深化部门预算制度、国库管理制度、政府采购制度、政府非税收入管理制度、财政绩效管理制度、财政监督制度改革。完善预算编制与预算执行相结合的机制，严格预算追加，努力实现“预算一年、一年预算”。实行预算公开评审，推进“开门办预算”，提高预算编制的科学性和透明度。创新预算管理机制，注重预算质量、提高预算效率，进一步加强公共财政预算、政府性基金预算、国有资本经营预算和社会保险基金预算的统筹衔接。盘活财政存量资金，完善政府资产资源配置机制，变闲置资产为流动资源，把资产资源变成现金和资本流，激活政府各类资源要素;严格预算结转结余资金管理,减少预算资金沉淀。

(七)推进财政节约型建设机制改革。认真落实《党政机关厉行节约反对浪费条例》,管理使用好财政资金,贯彻执行好财政政策。科学合理制定预算单位费用开支标准和经费预算综合定额,并建立动态调整机制。严格执行《安徽省财政监督条例》,积极履行财政监督责任,建立健全"三公"经费管理和"小金库"治理长效机制。规范财政运行,财政项目和财政资金做到公开透明。自觉接受人大、政协、审计和社会监督,积极稳妥地推进财政预算决算公开,增强预算的透明度。

(八)强化财政风险防范机制改革。探索编制三年滚动预算,加强财政对经济"逆周期"调节,建立跨年度中期预算平衡机制,增强财政政策的前瞻性和财政预算的可持续性。逐步将政府债务收支分类纳入预算管理,建立健全政府性债务审批机制,防范和化解财政风险,将政府性融资平台公司资产负债率控制在合理区间,做大做强做优省市县政府性融资平台,充分发挥平台在经济发展中的筹资功能。深入推进和进一步创新财政风险防控工作,着力构建预防、监控、处置长效机制,确保财政高效安全运行。

课题组组长:罗建国

课题组成员:左自智　尹立祥　蔡功伙

安徽省财政干部队伍状况研究

选贤与能,为政之本。在2013年中央召开的全国组织工作会议上,习近平总书记提出了培养党和人民满意的好干部的要求,为加强干部队伍建设指明了方向。本文拟就贯彻落实中央的新精神新要求,对安徽省财政部门干部队伍现状进行专题研究,并就进一步加强干部队伍建设提出若干政策建议。

一、安徽省财政系统干部队伍结构概况

2013年,安徽省财政系统共有干部职工18541人。其中:省级财政470人,占总数的2.54%(厅机关245人,厅属事业单位 225人);市级财政2044人,占总数的11.02%;县级财政7050人,占总数的38.02%;乡镇财政8977人,占总数的48.42%。以常住人口计算,全省每万人配备财政干部数为3.1人,全国为3.66人,在中部六省中最低,与上海、广东、浙江、江苏等东部沿海发达省份相比最高。

下面分别从人员身份性别、职务级别、年龄结构、学历层次、政治面貌、专业技术等级等几个方面进行分析,同时与全国数据进行比较。

(一)人员身份与隶属层级结构

1. 安徽省财政系统共有行政编制6536人,占干部职工总数的35.25%,全国为37.7%。其中:省级财政245人,市级财政1052人,县级财政3244人,乡镇财政1995人,分别占同级干部总数的52.13%、51.47%、46.01%、22.22%。

2. 安徽省财政系统共有事业编制11005人,占干部职工总数的59.35%,全国为60%。其中:省级财政225人,市级财政915人,县级财政3611人,乡镇财政6254人,分别占同级干部总数的47.87%、44.77%、51.22%、69.67%。

3. 安徽省财政系统共有聘用制人员1000人,占总数的5.4%,全国为2.3%。其中:市级财政77人,县级财政195人,乡镇财政728人,分别占同级干部总数的3.77%、2.77%、8.11%。

(二)职务级别与隶属层级结构

安徽省财政系统共有厅级干部14人,处级干部364人,科级干部2744人,一般干部14409人,工勤人员1010人,分别占全省财政干部职工总数的0.08%、1.96%、14.8%、77.71%、5.45%。其中:省级财政处级干部142人,市级财政处级干部222人;市级财政科级干部1020人,县级财政科级干部1510人。

(三)人员年龄与隶属层级结构

安徽省财政干部中35岁及以下3833人,占总数的20.67%,全国为29.11%;36～50岁11833人,占63.82%,全国为57.01%;51岁及以上2875人,占15.51%,全国为13.88%。

在省、市、县、乡4级财政系统中,省级财政35岁及以下干部和51岁及以上干部占比均最高,36～50岁干部占比最低;县级财政51岁及以上干部占比最高;乡级财政35岁及以下干部占比最低,36～50岁干部占比最高。

(四)人员性别与隶属层级结构

安徽省财政系统男性干部12472人,占总数的

67.27%,全国为59.66%。其中省、市、县、乡4级财政分别为346人、1260人、4492人、6374人，占同级总数的73.62%、61.64%、63.72%、71%。

安徽省财政系统女性干部6069人，占总数的32.73%,全国为40.34%。其中省、市、县、乡4级财政分别为124人、784人、2558人、2603人,占同级总数的26.38%、38.36%、36.28%、29%。

安徽省财政系统男性干部多于女性干部,总量相当于女性干部的2倍，其中省级男性干部占比最大,市级占比最小,且各层级男性干部占比都高于全国平均水平。

(五)学历层次与隶属层级结构

安徽省财政系统共有研究生408人(含博士),占总数的2.2%，全国为3.66%；本科8397人,占45.29%,全国为44.83%;大专7667人,占41.35%,全国为36.72%;中专及以下2069人,占11.16%,全国为14.79%。

(六)政治面貌与隶属层级结构

安徽省财政系统共有中共党员13994人,占总数的75.48%,全国平均水平为63.68%;共青团员576人,占3.11%,全国为3.76%;民主党派131人,占0.71%,全国为0.62%;群众3840人,占20.7%,全国为31.94%。

(七)专业技术等级与隶属层级结构

安徽省财政系统共有专业技术人员8275人，占总数的44.63%,全国平均水平为35.82%。其中:高级45人,占专业技术人员总数的0.55%,全国为7.14%；中级3268人，占专业技术人员总数的39.49%,全国为41.4%;初级4962人,占专业技术人员总数的59.96%,全国为51.46%。

二、安徽省财政系统机构设置和职能状况

(一)机构设置状况

2013年,全国31个省级财政部门平均设置内设机构25个,直属单位15个。

设置内设机构最多的是黑龙江省财政厅,有31个,最少的是西藏自治区财政厅,只有18个。设置内设机构30个及以上的省及直辖市共2个,占比6.5%;内设机构数在26～29之间的有11个,占比35.5%;内设机构数在25个及以下的单位共18个,占比58.1%。安徽省财政厅内设机构28个,与福建、贵州并列,居全国第5位。

设置直属单位最多的是吉林省财政厅，有24个,最少的是上海市财政局,只有4个。设置直属单位20个以上的省及直辖市共3个，占比9.7%;直属单位个数在10～19个的有25个，占比80.6%;直属单位个数9个及以下的有3个,占比9.7%。安徽省财政厅直属单位个数12个,与四川、云南、西藏、宁夏并列,居全国第20位。

安徽省财政厅内设机构与财政部内设机构数量基本一致,达到全国省级财政部门内设机构的平均个数;安徽省财政厅直属单位个数为财政部直属单位个数的36.3%,达到全国省级财政部门直属单位机构设置的平均水平。

安徽省16个市级财政部门平均设置内设机构21个,直属单位5个。62个县(市)财政部门平均设置内设机构15个,直属单位5个。

(二)承担其他工作职能的状况

2013年,从全国范围来看,省级财政部门机构和职能设置相对比较清晰,除天津财政部门与税务部门合署办公外，其余30个省及直辖市财政部门均独立设置,并不承担国资、金融、投融资等职能或与相关部门合署办公。天津市财政局与天津市地税局合署办公,合并称之为天津市财政地税局,一个机构,一个领导班子,业务工作相对独立。

安徽省16个市级财政部门,承担金融、城投、国资、投融资等职能或与其他部门合署办公的有12个,占市级财政部门总数的75%。其中:承担国资和债务职能的市级财政局最多，均有7个,占43.8%。淮北、淮南和池州财政局等单位部分领导班子成员在城投、投融资办兼任相关职务;亳州、蚌埠、滁州等8个市级财政部门与国资部门一个机构两块牌子。

安徽省62个县(市)财政部门,承担金融、城投、国资、投融资等职能或与其他部门合署办公的有55个,占县级财政部门总数的88.7%。承担债务职能的县级财政局最多,有43个,占69.4%;承担国资职能的有39个，占62.9%。其中临泉县财政局、宁国市财政局、怀宁县财政局承担6项以上其他工作职能,承担5项其他工作职能的有5个,不承担其他工作职能的只有7个。

(三)乡镇财政职能状况

目前乡镇财政机构的主要职能包括:落实兑现各级惠农补助资金,对农民负担和农村政策实施监管;围绕乡镇财源建设搞好服务;农村财务管理指导、监督和审计,依法代理村级财务,财政项目资金管理和乡镇政府机关财务代理；乡镇公有资产管理利用及村级集体资产监督管理；财政预算编制、执行及管理。

在实际工作中,乡镇财政所除了履行上述基本职责外,还承担了其他相关职能,主要包括三类情况:一是承担农经站职能,铜陵、望江等县将乡镇农经站并入财政所;二是受托开展“三资”管理,共有1033个乡镇财政所(分局)进行“三资”代理服务,占乡镇财政所总数的75%;三是承担乡镇政府便民服务大厅职能,有些乡镇将政府便民服务大厅与乡镇财政为民服务大厅合署办公。

三、安徽省财政系统干部教育培训情况

2013年,安徽省财政系统共有干部职工18541人,全年累计参加培训36308人次,人均培训1.96次,全国人均培训为2.73次。

其中省级财政干部参加培训1049人次,人均2.23次,全国同级人均为3.23次;市级财政干部参加培训8997人次,人均4.4次,全国同级人均为4.02次;县级财政干部参加培训12548人次,人均1.78人次,全国同级人均为2.70次;乡镇财政参加培训13714人次,人均1.53次,全国同级人均为1.82次。

培训类别主要包括初任培训、任职培训、专门业务培训和其他培训。其中初任培训是指对新录用人员进行的培训;任职培训是指按照新任职务的要求,对晋升领导职务人员进行的培训;专门业务培训是指根据从事专项工作的需要进行的专业知识和技能培训;其他培训是指对职工进行的以更新知识、提高工作能力为目的的培训等。

1. 参加初任培训288人次,占培训总量的0.79%,全国为0.63%。其中省级财政28人次,市级财政37人次,县级财政61人次,乡镇财政162人次,分别占同级培训总量的2.67%、0.41%、0.49%、1.18%。

2. 参加任职培训718人次,占培训总量的1.98%,全国为1.67%。其中省级财政10人次,市级财政52人次,县级财政344人次,乡镇财政718人次,分别占同级培训总量的0.95%、0.58%、2.74%、2.28%。

3.参加专门业务培训28085人次,占培训总量的77.35%,全国为63.93%。其中省级财政619人次,市级财政6611人次,县级财政9825人次,乡镇财政11030人次,分别占同级培训总量的59.01%、73.48%、78.30%、80.43%。

4. 参加其他培训7217人次,占培训总量的19.88%,全国为33.77%。其中省级财政392人次,市级财政2297人次,县级财政2318人次,乡镇财政2210人次,分别占同级培训总量的37.37%、25.53%、18.47%、16.11%。

培训部门主要包括财政系统和其他部门,其中财政部门指的是参加财政系统组织的培训,其他部门指的是参加财政系统以外的部门组织的培训,如中央、省委、省直党校、行政学院等部门组织的培训。

2013年,安徽省财政系统组织的培训29413人次,占培训总量的81.01%,全国为74.25%。其中省级财政632人次,市级财政7455人次,县级财政10179人次,乡镇财政11147人次,分别占同级培训总量的60.25%、82.86%、81.12%、81.28%。安徽省其他部门组织的培训6895人次,占培训总量的18.99%,全国为25.75%。其中省级财政417人次,市级财政1542人次,县级财政2369人次,乡镇财政2567人次,分别占同级培训总量的39.75%、17.14%、18.88%、18.72%。

四、安徽省财政系统干部队伍现况主要特征

(一)财政干部总数基本满足履行职能的需要

安徽省每万人财政干部数为3.1人,全国为3.66人。比东部沿海的山东省低0.04人,比东部沿海的广东、浙江、江苏、福建等省份分别高0.92人、0.68人、0.58人、0.06人;在中部六省中,安徽省每万人财政干部数最低,比江西、河南、湖南、山西、湖北等省份分别低0.94人、1.33人、1.52人、1.61人、3.24人。从总体上看,安徽省财政干部总数基本满足履行职能的需要,与经济社会发展相适应。

(二)财政干部文化程度较高,提升速度快

安徽省财政干部队伍文化程度较高,2013年受过高等教育(大专以上文化程度)的财政干部占干部总数的88.84%,略高于全国85.21%的平均水平。受过高等教育的财政干部人数占比从乡镇所到省厅逐级递增,占比分别为54.57%、92.43%、93.35%、96.82%。从发展趋势看,具有本科学历的干部占比从2000到2013年逐年递增,2000年为13.85%,2008年为33.73%,2013年为45.29%;具有研究生学历的干部占比稳步提高,具有大专学历的干部占比略有下降，具有中专及以下学历的干部占比大幅度降低，2000 年为 42.94%，2008 年为 17.89%，2013 年为 11.16%。财政干部队伍学习热情高，很多干部积极主动参与在职教育，取得学历学位，财政干部队伍知识结构不断优化。

(三)财政干部培训进入常态化

从人均培训次数上看，2013 年，安徽省财政系统干部总数 18541 人，共培训 36308 人次，人均培训 1.96 次，其中省级财政干部年人均培训 2.23 次，市级为 4.4 次，县级为 1.78 次，乡镇财政为 1.53 次，各个层级的财政干部年人均培训次数都超过 1.5 次。从培训组织机构上看，全省财政干部参加培训 36408 人次，其中：由财政系统自行组织的培训共 29413 人次，占培训总数的 81.01%，高于全国 74.25%的占比，由其他部门组织的培训共 6895 人次，仅占培训总数的 18.99%。从全省财政干部培训变化趋势看，培训总人次和人均培训次数从 2005 至 2013 年逐年增加。2005 年全省财政系统培训 17447 人次、人均 0.90 次，2008 年为 19314 人次、人均 1.01 次、比 2005 年增长 12.2%，2013 年为 36308 人次、人均 2.44 次、比 2008 年增长 141.6%。

五、安徽省财政干部队伍存在的主要问题

(一)财政干部队伍年龄结构仍需完善

安徽省财政系统干部队伍年龄总体基本合理，有干事创业的良好基础，50 岁及以下的干部占比为 83.49%。但从结构上看仍需要进一步完善，35 岁及以下干部 3833 人，占干部总数的 20.67%，低于全国 29.11%的平均水平，51 岁及以上干部 2875 人，占干部总数的 15.51%，高于全国 13.88%的平均水平，干部队伍呈现老化趋势。其中，35 岁及以下干部占比最高的是省级财政，为 35.11%，最低的是乡镇财政，为 17.67%，乡镇财政干部年轻化不足的矛盾比较突出。

(二)财政系统干部队伍高素质人才不足

安徽省财政系统具有研究生学历的干部共有 408 人(含博士)，占干部总数的 2.2%，低于全国 3.66%的平均水平，高学历人才不足。本科以上学历的干部占比越往基层越小，全省县级财政具有研究生学历的干部只有 132 人，占比仅为 1.87%；乡镇财政具有本科以上学历的干部为 2997 人，占比仅为 33.38%。

安徽省财政系统共有专业技术人员 8275 人，占全省财政干部总人数的 44.63%，全国为 35.82%。其中，具有中高级职称的人员占专业技术人员总数的 40.04%。相较于 2008 年，高级职称人员占比基本保持不变，中级职称人员占比有所增加，从 31.31%上升到 39.49%，初级职称人员占比减少，从 68.1%下降到 59.96%，全省财政系统专业技术人员队伍素质整体有所提升。但高级职称人员相对缺乏，全省高级职称人员只有 45 人，仅占专业技术人员总数的 0.55%，远低于全国 7.14%的平均水平，其中具有正高级职称的人员全省只有 3 人。

(三)乡镇财政人员总量呈下降趋势，且各市之间人员不平衡

近十年来，安徽省乡镇财政人员总量持续下降。2005 年全省乡镇财政干部共有 10408 人，2008 年为 9783 人、比 2005 年下降了 6%，2013 年为 8977 人、比 2005 年下降了 13.7%。从乡镇财政所平均配备人数来看也是如此，逐步接近全国 5.2 人的平均水平。2005 年安徽省平均每个乡镇财政所有财政干部 7 人，2008 年为 6.9 人，2013 年为 6.4 人。另外，各市之间乡镇财政所人员配备不平衡，2013 年，淮北、宿州、蚌埠、合肥、芜湖、马鞍山、亳州等 7 市在职人员比较多，平均每个乡镇财政所配备 8.2 人，淮南、黄山、阜阳、铜陵、宣城、滁州、六安、池州等 8 个市在职人员比较少，平均每个乡镇财政所仅配备 5.2 人。

(四)乡镇财政人员身份结构复杂

总体上，乡镇财政所可以分为行政和事业两种性质。具体而言，行政性质的财政所与事业性质的财政所中均包含有一定数量的聘用制人员，全省财政系统共有聘用人员 728 人，占总数的 8.1%；而事业性质的财政所中，除了有聘用制人员外，还有参公管理和经费自理两种性质的人员，其中经费自理性质人员 20 人，全部在合肥市。近十年来，乡镇财政人员的身份结构中行政编制比例大幅下降，2013 年比 2005 年下降了 43.5%；聘用制身份人员比例也持续下降，由 2005 年的 16.9%的占比，减少到 2013 年的 8.1%的占比。与 2013 年全国同类指标相比，行政编制人员比例低于全国平均水平 6.4 个百分点，事业编制人员比例高于全国平均水平 6.4 个百分点。聘用制人员高于全国平均水平 6.5 个

百分点。

（五）市以下财政部门机构设置差别大

市级财政部门平均有内设机构21个，直属事业单位5个。从内设机构数量上看，最多的蚌埠市财政局和淮南市财政局接近亳州市财政局的两倍。亳州市财政局只有全省平均数的2/3，一个内设科室需要对应省厅若干个处室单位，人教、监察、离退休、办公室等部门多数合署办公；监督、会计、农村局等机构存在合并设置。从直属单位数量上看，最多的阜阳市财政局是最少的淮南市财政局和芜湖市财政局的5倍，设置直属单位不足5个的市级财政局有5个。

县级财政部门平均设置内设机构15个，直属单位5个。从内设机构数量上看，最多的肥西县财政局和旌德县财政局有23个，最少的芜湖县财政局和繁昌县财政局只有9个，数量超过20个的有6个，低于10个的有2个；从直属单位数量上看，最多的有11个，最少的只有1个，数量超过5个的有29个，低于3个的有15个。

在机构设置上，市以下财政部门差别很大，不能做到协调一致、上下对应，不利于上级部门对下级单位的工作指导和部署。

（六）财政部门培训次数仍然偏少

近年来，安徽省财政系统不断加大干部教育培训力度，财政干部综合业务素质有了大幅提升。但是，人均培训次数仍然偏少，县、乡两级财政更为明显。虽然安徽省财政系统培训总人次和平均人次在逐年增加，但相对于全国平均水平，人均培训次数仍然偏少。2013年，安徽省财政系统人均培训1.96次，低于全国人均2.73次的平均水平。其中县级财政人均培训1.78人次，大幅低于全国同级人均2.70次的平均水平，亦低于全省人均1.96次的平均水平；乡镇财政人均培训1.53次，略低于全国同级人均1.82次的平均水平，亦低于全省人均1.96次的平均水平。

七、进一步加强安徽省财政干部队伍建设的对策建议

我国正处于全面建成小康社会的历史时期、全面深化改革开放的攻坚时期、全面推进依法治国的关键时期。党的十八届三中全会指出，财政是国家治理的基础和重要支柱。当前财政部门承担着深化财税体制改革的繁重任务，建设适应改革发展需要的财政干部队伍意义重大、任务艰巨。现就进一步加强财政队伍建设提出以下对策建议：

（一）科学设置机构，做好职能梳理

根据十八届三中全会提出的“建立事权与支出责任相适应的财政体制”要求，进一步明确事权划分、界定部门责任、规范管理流程，学习借鉴财政部和兄弟省份的先进经验，结合我省实际，深化调研论证，开展职能梳理和流程再造，科学合理地设置机构和直属单位。既要保证市场在资源配置中发挥决定性作用，理顺政府和市场的关系；又要有利于加强和改善宏观调控，充分发挥财政的职能作用；还要确保做到精简高效，不断提高运转效率。通过科学合理的机构设置，为财政干部挖掘潜力、履职尽责打下良好的机构基础。

（二）多种渠道并重，做好人员补充

当前财政干部队伍存在老化趋势，乡镇财政更加明显。上世纪八十年代初招聘的乡镇财政干部普遍年逾五十，其中女性近两年将陆续退休。年轻干部不足在一定程度上影响了财政干部队伍的整体活力和队伍发展的后劲。在当前财政供养人员只减不增的环境下，为更好地保障财政改革发展需要，财政部门应当加强和组织、人社、编制等部门的沟通联系，争取他们的重视和支持，优化各级财政部门的人员年龄结构，尤其应当注重增加乡镇财政所的行政或参公编制和人员配备。

财政系统要继续做好公务员考录和事业单位公开招聘工作，及时补充新鲜血液。加大干部遴选力度，每年从空余的编制中拿出一定的比例组织遴选，从同级或下级单位中招录优秀干部。特别要注重面向基层遴选干部，充分调动基层财政干部的积极性。同时，既要从财政系统内部遴选，也要积极从财政系统外遴选优秀干部。

（三）加强教育培训，提升干部素质

教育广大干部树立终身学习理念，大力建设学习型机关，引导财政干部提高对学习的重视度，不仅要学知识，更重要的是学会运用知识，提升创新能力。通过宣传引导让每个财政干部懂得：学习改变观念，观念改变行动。让学习的目的和意义深入人心，激发干部学习的动力和毅力。

鼓励干部参加在职教育，增加高学历财政干部比重。继续对参加在职教育并取得学历学位的干部给予一定的经费支持，对于按时取得学历、学位

的给予适当的奖励，提倡合理安排干部的工作，为干部参加在职教育提供保障。

落实《全国干部教育培训规划》要求，加大对十八大和十八届三中、四中全会精神及习总书记系列重要讲话精神的培训。要坚持把政治理论作为财政系统干部培训的重要内容之一，创新培训方式，优化培训内容，精心编选培训教材，有针对性地对财政干部实施岗位培训和各类财政业务培训，加强对县、乡财政基层培训的组织指导，加大农村财会人员财政支农政策培训，督查完成培训任务。着力拓宽教育培训的覆盖面，使更多的财政干部有参训机会，不断提升财政干部队伍整体素质。

加强干部在线学习考核管理工作，严格执行干部在线学习情况通报制度，督促完成干部在线学习任务。完善干部教育培训激励机制和评价指标体系，激发干部学习培训的内在潜能和动力，不断提高培训数量和质量。加强干部教育培训的监督管理，建立健全教育培训登记管理制度，将参加培训学习情况归入干部人事档案，作为干部年度考核、任职考察的重要内容之一和评先评优、交流轮岗、选拔任用的重要依据之一。

着力提升财政系统专业技术队伍素质。科学合理地完善专业技术岗位设置，使岗位设置既能满足直属单位履行职能的要求，又能充分保障专业技术人员的个人发展。鼓励专业技术人员接受继续教育，不断更新知识储备，持续提升专业技术水平，为符合条件的专业技术人员做好职称申报评审工作。结合单位实际，适时做好专业技术人员的岗位聘用，切实提高全省财政系统专业技术队伍素质。

(四)加强培养使用，注重监督管理

干部的交流、挂职、培养、使用是改善干部队伍结构，激发队伍活力的重要方式之一。财政部门要积极向组织部门推荐优秀干部，努力促使优秀干部得到适时提拔、交流、重用，使其发挥更大的作用。在积极对外输送干部的同时，也要加强干部引进。

继续做好干部挂职锻炼工作。加强财政干部的培养，各级财政部门应把机关年轻干部培养锻炼当作重要工作来抓，经常组织学习，给干部出题目、压担子，尽可能地为他们提供锻炼机会，多“接地气”。积极争取干部挂职指标，促进财政干部走出去，接受不同部门不同岗位的锻炼，提高财政干部的能力素质。同时，引进高学历、高级职称的优秀干部到财政系统挂职，弥补财政系统高学历、高级职称人员较少的短板。

加强财政系统内部交流，让财政干部适应不同岗位的工作，在实践中磨炼自己，加强修养，增长才干，不断充实完善，为适应新形势、新任务的要求储备技能。坚持一盘棋和五湖四海，最大限度盘活和配置干部资源，激活内生动力，调动广大干部的积极性。

加强财政干部管理，严格按照《公务员法》和《事业单位分类改革方案》的相关规定，合理定编定职定岗，杜绝混编混岗和“吃空饷”的现象。完善干部选拔任用程序，按照《干部任用条例》要求，完善选任环节，细化工作程序，选拔工作实绩突出，群众基础好的干部。加强制度建设，继续建立健全组织工作的相关规章制度，用制度选人，用制度管人。强化干部日常考察，注重干部在日常工作中的实绩，加强对干部八小时以外表现的了解，坚持以好干部标准，科学管理干部，不断优化干部队伍素质。

加强财政干部监督。习近平总书记反复强调，理想信念是共产党人精神上的“钙”，要做好对财政干部队伍政治纪律履行情况的监督，把干部的思想、行动统一到中央的决策部署上来，投入到财税体制改革的繁重工作中去。要加强财政干部队伍组织纪律履行情况的监督，把财政干部拧成一股绳，着力提升财政部门的执行力，保证各项改革任务迅速贯彻落实到位，强化干部的大局意识。要加强财政干部队伍作风纪律履行情况的监督，不断巩固群众路线教育实践活动成果，建设工作效率高，服务意识好的专业财政队伍。要加强财政干部队伍廉政纪律的监督，将干部廉政情况作为职务晋升、岗位变动的重要参考依据，杜绝带病提拔干部。

课题组组长：罗建国
课题组副组长：朱长才
课题组成员：朱士昂　张忠文　孙春美
孙玮玮　张　飞　李　杰

事权与支出责任划分研究

《中共中央关于全面深化改革若干重大问题的决定》(以下简称《决定》)首次提出要建立“事权与支出责任相适应的制度”。习近平总书记在《决定》

的说明中,强调财税体制改革的主要目的是“形成中央和地方财力与事权相匹配的财税体制”。两者逻辑关系紧密,事权与支出责任相适应是前提,财力与事权相匹配是目的。事权(支出责任)财力既体现了财政体制改革的三个关键节点,又清晰勾画了财政体制改革的路径。

一、事权与支出责任的定义及关系

事权,是指在一定的法律范围内,各级政府履行自身职能的责任和权力。这一概念涵盖两项基本规则:一是体现了事权法定原则,要求不能简单地以红头文件、领导讲话批示代替法律。二是体现了履行政府自身职能的原则,要求厘清政府与市场的边界,市场能解决的问题政府不干预。

事权又是由各种权责组成的,在我国人多、地广、地区差异大的基本国情下,厘清事权自身的组成,具有十分重要的现实意义。从事权的构成看,主要包括:决策权、出资权、执行权(实施权)、监督权等等,总体规则应该是谁决策、谁出资、谁实施、他方监督,但本着效率优先的原则,决策权、出资权、实施权可以相互分离。从事权的归属看,包括本级事权、共同事权、委托事权。因此,在明确一项事权时,不但要清晰界定事权的归属,还要清晰界定事权的构成内容。简单地说,事权需要明确“干哪些事”、“谁出钱”、“谁来干”等。

支出责任是事权在财政上的反映,是政府运用财政资金履行其事权的财政支出义务,对应事权中的资金安排、资金拨付和资金监管。简单地说,支出责任需要明确资金“谁安排”、“谁拨付”、“谁列支”等。

目前有些专家学者往往将事权与支出责任画等号,我们认为两者不能混为一谈,应该要有清晰的界定,否则可能会将财政责任无限扩大化。首先,事权是行政范畴,不是财政范畴,财政支出责任是事权的组成部分。其次,事权是前提,只有事权的清晰划分,才能明晰各级政府间的财政支出责任。第三,财政支出责任是事权落实的重要保障。第四,支出责任上连接事权,下连接财力,明晰支出责任是建立现代财政制度的基础和关键。

二、中央与地方事权和支出责任划分

(一)现状及存在问题

1994年的分税制改革,初步确定了中央地方事权和支出责任。但由于各方面配套改革制约等多种因素影响,中央地方事权和支出责任相适应的制度建设一直没有深入展开。随着我国工业化、城镇化的推进,管理经济社会事务的法治化、规范化要求越来越高,当前的事权和支出责任划分格局也逐渐暴露出一些问题。

1. 政府间事权和支出责任划分缺乏专门的法律法规。

我国《宪法》《国务院组织法》和《地方各级人民代表大会和地方各级人民政府组织法》等,对各级政府的职能、事权作了一般性规定,但划分得过于宽泛,事权说明不够具体,因此很难清晰地界定哪些支出责任归属中央,哪些支出责任归属地方,哪些支出责任由中央与地方共同承担。

事权划分缺乏明确的法律依据意味着事权划分的非正式性,上级政府有决定下级政府事权的权力,这也在一定程度上导致某些公共事务承担上的偶然性和随意性,增加了中央与地方政府、上级与下级政府间的博弈难度和谈判成本,制度稳定性较差。

2. 政府与市场职能边界模糊。

随着政府职能的转变,国家财政的公共财政特征日益明显。但是,政府的职能边界仍然十分模糊。从支出分类来看,目前,我国政府几乎在所有的经济事务和社会事务上都设有科目,财力配置与职责目标并不一致,由此而产生的后果是政府职能“越位”与“缺位”并存。一方面,公共卫生、社会保障、社会治安等基本公共服务得不到有效保障;另一方面,有些地方政府出于政绩考虑等原因,具有强烈的冲动去直接投资上项目,干一些本来属于市场职能的事情,既给经济稳定带来了不确定因素,也挤占了有限的政府财力,削弱了政府保障民生支出的能力。

3. 中央和地方政府间纵向事权划分不明确。

主要表现在:一是应该中央负责的事务,中央投入不足,地方承担了大量的支出责任。例如国防和武装警察建设,本应属于中央事权,但是很多业务经费和建设经费由地方财政承担。养老保险、医疗保险涉及劳动力的跨域流动,应由中央为主管理,目前是极度碎片化的管理制度。二是属于地方管理的事项,中央承担了较多的支出责任。对于地方管理的任何事项,中央都可以无条件介入,并给予财政补助。例如,从区域性重大基础设施建设到农村厕所改造等地方项目，中央相关部门有相当的资金补助。这不仅容易形成地区间资金分配的不公平,不一定符合地方实际,也为中央有关部门寻租创造了机会。三是中央与地方的职责重叠,共同管理的事项较多。除了少数事权如外交、国防等部门主要属于中央政府外，各级政府的职责并没有明显区别,高度重叠交叉,地方政府拥有的事权几乎全是中央政府的事权延伸或细化，以致形成了同一事务各级政府“齐抓共管”的局面。从地方财政决算看，几乎每类支出科目都有中央追加下达的专项补助资金。这种状况造成职责不清、互相挤占或互留缺口、无从问责的现象,不符合现代国家治理的一般要求,不仅造成行政运行效率偏低、国家政策目标难以实现的问题，而且影响市场统一、司法公正和基本公共服务均等化。

2013年我省财政支出中来自中央指定用途的转移支付占到了28%,其中社会保障和就业、节能环保、农林水事务、住房保障、粮油物资储备事务超过了一半。

4.政府间事权和财力不匹配,加重基层财政负担。

分税制改革之后,中央财力大大增强,中央财政占全国财政总收入中的比重维持在50%左右。但经过“税收返还”和“一般性转移支付”,在政府支出构成中,中央财政支出大致占20%—25%,大大低于发达国家、发展中国家和转轨中国家中央政府各自的平均水平；省以下地方政府支出占全国财政支出的比例高达75%——80%，大大高于发达国家、发展中国家和转轨中国家各自的平均水平。一方面是中央政府承担的事权和直接支出责任不足,中央政府相对缺位,另一方面是能力比较有限的地方政府尤其是基层地方政府承担了过多的事权和支出责任。

(二)改革的总体思路

建立事权和支出责任相适应制度的基本原则和总体要求是:在转变政府职能、合理界定政府与市场边界的基础上，充分考虑公共事项的受益范围、信息的复杂性和不对称性以及地方的自主性、积极性,合理划分中央地方事权和支出责任。一是适度加强中央事权。将国防、外交、国家安全等关系全国政令统一、维护统一市场、促进区域协调、确保国家各领域安全的重大事务集中到中央，减少委托事务,以加强国家的统一管理,提高全国的公共服务能力和水平。二是明确中央与地方共同事权。将具有地域管理信息优势但对其他区域影响较大的公共产品和服务,如社会保障、跨区域重大项目建设维护等作为中央与地方共同事权,由中央和地方共同承担。三是明确区域性公共服务为地方事权。将地域信息性强、外部性弱并主要与当地居民有关的事务放给地方,调动和发挥地方政府的积极性,更好地满足区域公共服务的需要。四是调整中央和地方的支出责任。在明晰事权的基础上,进一步明确中央承担中央事权的支出责任,地方承担地方事权的支出责任,中央和地方按规定分担共同事权的支出责任。中央可通过安排转移支付将部分事权支出责任委托地方承担。

(三)改革需要考虑的主要问题

财政是国家治理的基础,而事权与支出责任划分,作为财政体制改革的基础和重点,不可能单兵突破,需要系统研究、协调推进。

1.充分考虑现实国情。我国幅员辽阔、人口众多,地区间经济、社会、文化、自然差异无所不在。中央、省、市、县、乡五级政府架构,这些都决定了事权划分的复杂性。

2.充分借鉴现代国家事权划分的一般规则。认真研究总结现代市场经济国家事权和支出责任划分的经验和教训,为我国下一步明确政府间事权和支出责任划分提供借鉴。

3.充分考虑我国现行行政管理体制。我国实行的是在党指挥下的统一领导、分级管理的行政管理体制,“中央决策、地方执行”的整体框架,对于维护国家稳定团结、保证政令畅通、提高整体效率的优势,是其他社会制度所不可比拟的。

4.充分考虑纵向、横向事权的衔接。事权不仅仅是在各级政府间进行清晰划分,在同级政府尤其是中央政府部门之间的更需要清晰划分,避免相互交叉、多头管理。

5.充分考虑现行的财政决算制度。目前中央财政本级支出占15%,地方实际支出占到85%,这组对比数据来自于现行财政总决算。但现行的财政决算制度,中央地方共同事项、中央委托事项也全部在地方列支,难以真实反映各级政府的事权和支出责任划分。

(四)政府间事权与财政支出责任划分的国际

经验及启示

1. 美国。

美国作为联邦制国家,具有联邦、州和地方的三级政府架构。各级政府间的事权和支出责任划分依据为美国宪法、各州宪法及相关法律。各级政府的预算相互独立,并接受同级议会的审查。

美国联邦政府主要负责外交、国防、联邦级行政、司法、农业、基础科学、环境、能源、基础设施、公共卫生、社会保障、医疗保险、退伍军人福利和服务、对州和地方政府的补助等事务。

美国各州政府主要负责州级行政、高等教育、基础设施、公共卫生、社会福利等事务。

美国地方政府的事权和支出责任主要由州宪法和法律规定,包括地方行政、治安、初等教育、基础设施等。

社会保险的事权和支出责任主要由美国联邦政府承担。联邦政府下属的美国社会保障局负责管理和支付社会保险中的社会保障、医疗保险、伤残保险。社会保险中的失业保险则由各州政府负责管理和支付,而联邦政府只负责设定激励机制并对各州的政策和实践加以协调。

无论初等还是高等教育,美国联邦政府的事权和支出责任都非常有限。联邦政府只是主要通过法案来确定如何向大学和大学生提供资助和贷款等。在大学教育上,各州的高等教育委员会负责州内高校的发展定位和标准制定、州内拨款的配置方案等。在小学和中学教育上,以地方学区为主导。学区的管理由地方教育委员会负责,而州政府通过转移支付给予支出保证。学区作为地方政府与政区往往并不重合,且两者并无隶属关系。

比较集中体现联邦、州和地方三级政府在事权和支出责任上既分立又协作的是治安和警务。比如,联邦调查局接受美国联邦预算拨付,负责调查和处理诸如全国范围内犯罪,并协调和协助各州警务部门的工作。联邦警务部门在各州各地都有分支机构,与州及州以下警务部门存在事权重叠是常见现象。州及州以下的警务部门与联邦政府并无上下级隶属关系。各州警务部门只对州长负责,接受州内预算拨付,主要从事一般性刑事犯罪的调查、巡逻执勤、交通管理等。县级警务部门在是否承担执法、司法或教养等任务上存在较大差异。真正在地方治安上扮演重要角色的是市警务部门,其雇员和机构数量在警务部门中都超过了50%。市警务部门主要负责处置刑事犯罪,以及吸毒、酗酒、扰民等社会问题。

2. 德国

同美国一样,德国也是联邦制国家。德国政府的基本层级也是联邦、州和地方三级。按照国家的基本法,德国的三级政府预算独立,分别负责各级政府的财政收支平衡。

联邦政府负责国防、外交、海关、联邦级行政、高速公路、大型铁路、邮电通讯、基础研究等关乎举国利益的事务。同时,联邦政府还负责处理包括与东西德合并相关的收入差距和发展不平衡问题,通过社会保障和医疗服务来促进和维护各地区、各阶层间居民共同享有基本的生活标准。

州政府负责州级行政、设施建设、卫生保健、公共治安、文化教育、产业政策等方面。再比如教育问题上,联邦和州政府在事权上各有分工,支出责任也共同承担。

地方政府负责地方行政、地方基础设施、地方文化教育管理、建设规划等方面。地方政府同时还受联邦和州政府委托,参与组织和实施比如政治选举、人口普查等事务。

以教育为例,联邦、州和地方政府之间依据法律,具有明确分工。按照国家基本法的规定,联邦政府责任监督全国的教育事业,确定高等教育的基本原则,参与具有跨地区的教育规划和合作研究等事务。各州政府在具体教育政策和管理上具有充分的自主权。只要联邦法律未作规定,各州政府就可以自行决定教育政策和管理体制。德国的基础教育由地方管理,支出则主要来自州政府。为避免各州教育形成明显差异,很多教育上的重大原则和举措是依靠各州政府教育主管部门的约定和协调加以保障的。

就医疗卫生而言,德国依靠的是发达的社会保险体系。联邦政府主要负责建立和维护相关的重大法律法规。州政府主要负责州立医院的规划和管理,监管医疗保险基金和医师协会的运行。地方政府则主要负责运营地方医院,管理地方公共卫生项目等。

3. 日本。

在架构设计上,日本的政府可以分为中央、都(道、府、县)和市(町、村)三级。和中国一样,日本也是一个单一制国家。尽管上下级政府间具有行政隶属关系，在财政上分权分责但同时合作分担的特征十分明显。

在事权划分上,除了比如国防、外交由中央政府负责,港湾由都(道、府、县)政府负责,消防、城市规划等由市(町、村)政府负责以外,涉及公路、河流、教育、卫生、社会福利等方面的大量事务都由各级政府共同负责。战后多年以来,中央财政支出的比重基本在30%左右，而地方财政支出占了70%左右的比重。尽管支出分权的程度较大,日本中央政府对于地方政府的财政收支也具有较强的控制能力。

就义务教育为例,中央政府负责确定学校设置标准、义务教育学级编制标准、义务教育教职员定额标准、假期及休息日等。都(道、府、县)政府的事权有公立高等学校的设置和管理、私立高等学校的行政许可、教职员工工资水平及任免等。市(町、村)政府主要负责公立中小学校的设置和管理。存在于都(道、府、县)或市(町、村)上地方教育委员会对公立学校的设置和管理、教职员工任命等负有责任。同时,由地方行政首长掌握教育的预算编制,而私立的小学、初中、高中等也由都(道、府、县)的行政首长管辖。

4.启示。

基于成熟市场经济国家在政府间事权和支出责任划分上的实践经验，我们可以总结出如下几点启示。

第一，政府间财政支出责任划分具有法制性。由于市场经济发展程度、政治体制、社会偏好、风俗文化、历史传统等因素的差异,各国实践中的多级政府间的财政支出责任划分在形式上存在着多样性的组合，但这些国家的财政支出责任划分具有一个共同的特征:具有法制性。总体来讲,各国宪法都对各级政府间事权与财政支出责任的划分做出了明确具体的规定，从而确保了这些事权责任履行的具体性、权威性与规范性,进而为财政体制的有效运转提供了基本条件。

第二,无论是联邦制还是单一制国家,政府间事权和支出责任的划分普遍体现了分权分担的理念。在诸如美国、德国这样的联邦制国家,尽管中央政府的支出责任逐渐扩大，但同时伴随的也有事权下放的趋势。20世纪80年代以来,美国联邦政府逐步将公共福利项目的管理交由各州政府,联邦政府通过配套拨款的方式承担部分的支出责任即是一个比较明显的例子。在诸如日本、英国这样的单一制国家,财政分权的理论和实践也普遍得到认同。实际上,联邦制并不是财政联邦制的必要条件。财政联邦制或财政联邦主义是关于多层级政府背景下纵向和横向财政关系的理论和实践。它与在政治体制上是否是联邦制或单一制并无直接的联系。就像日本或英国,只要存在多层级政府,只要存在纵向和横向的财政关系,关于财政联邦制和财政分权的理论就是一个可以借鉴和利用的分析框架。

第三,成熟市场经济国家的实践为政府间事权和支出责任的划分提供了一系列的规范理论和标准。基于配置、分配和稳定三大职能,一般认为,中央政府应主要涉及全国性公共物品和外部性的配置职能、分配职能和稳定职能。由于交通改善、要素流动、区域差异等原因,各种公共服务、福利政策、经济波动的外溢效应日益突出。中央政府在内部化外溢效应,协调区域性和全国性政策等方面因此负有重要的责任。对于主要涉及地方性公共物品的配置职能应交由地方政府承担,从而利用地方政府的信息优势,来组织提供基于本地居民偏好的公共服务。一级政府在享有事权的同时是否承担全部的支出责任要基于上述的标准。比如,地方政府在兴办基础教育上有“因地制宜”的优势,从而有理由享有事权。同时,由于基础教育的外部性很强,可以由中央政府通过分担支出责任来弥补和协调。

(五)改革的路径和步骤

建立事权与支出责任相适应的财政制度,既要借鉴国外经验,又要从我国的实际出发,坚持整体设计与逐步推进相结合的原则,抓住重点,成熟一项、推进一项,分步实施,逐步完善。

改革的最终目标是要建立事权和支出责任清单：结合政府职能转变和机构改革，按照本级事权、共同事权、委托事权、特定事权(包括引导和救济类的事权),通过列举法,对各级政府的事权一一列举,对每一项事权同时明确财政支出责任,其中共同事权要明确各级政府的分担办法。对未列举的事权或发生变更的事权,要规定相应的处理规则。

现阶段，从财政的角度考虑事权划分，需要从现实出发，以转移支付的清理规范为抓手，分类梳理现行财政支出责任存在的问题，以问题为导向，以支出责任的划分推出事权的划分。在改革步骤上，先易后难，对地方财政支出中，几乎没有中央特定用途转移支付的项目，如城乡社区事务，基本可以确定是地方事权。对中央特定用途转移支付占比较高的项目，如社会保障、农林水、节能环保等，重点梳理，提出分类意见，属于中央或地方事权的，上收或下划支出责任，取消转移支付项目或者转作财力性转移支付；属于共同事权的，有法律依据的，继续执行，没有法律依据或不明确的，提议立法或修改相关法律明确分担方式。在改革领域上，先梳理基本公共服务项目，后梳理建设类项目。目前地方政府对财力与事权不匹配的矛盾，关注的重点在于城市基础设施建设方面，而社会的关注重点，主要还是在基本公共服务领域。

（六）改革的具体建议

对于事权的划分，应与政府职能相对应。政府事权可分为国家主权和政权运转、基本公共服务、生态保护、公共基础设施建设、市场监管和经济调节五大类，并分别与财政支出功能分类相对应。

1. 国家主权和政权运转。凡涉及国家主权的事项，如加入国际组织，多边与全球性谈判，国际合作，以及外交、国防（军队）、国家安全、边防、海关、武警、反恐等事项应全部作为中央事权。为保证司法公证，法院、检察院、司法系统也应作为中央事权。消防的地域信息性强，但考虑到我国消防一直作为武警系列管理，可作为中央地方共同事权。技术监督中的全国统一计量标准、跨省的工商管理监督事务等作为中央事权，其他的一般公共服务及公安应作为各级政府的本级事务。

2. 基本公共服务。首先中央应建立健全全国统一的基本公共服务最低标准体系，中央财政提供托底的支出责任。对关系民众基本生存条件的食品药品监督等应作为中央事权，其中地域信息较强的事项可作为委托事权，支出由中央负担。国家级重点高等教育；国家级疾病防控、国家级三级甲等医院、重大公共卫生突发性事件等属于中央事权。

3. 生态保护。全国性和跨省域的自然资源，包括国有土地、矿产、水源、森林、草原、滩涂、大气、空域；国家级禁止开发区、重点生态功能区；三江源保护、三北防护林建设、荒漠化治理等环境管理和保护，属于中央事权。

4. 公共基础设施建设。全国性跨地区跨流域水利设施、全国性电网、主干通信网络、高速铁路和主干线普通铁路、普通公路中的国道建设、国家级港口、全国性和区域性航空枢纽等属于中央事权。

5. 完善省对下转移支付体系。优化转移支付结构，增加一般性转移支付规模，压缩专项转移支付，逐步形成以一般性转移支付为主、专项转移支付为辅的财政转移支付体系。根据建立事权和支出责任相适应制度的要求，上级政府承担均衡区域内财力差距的责任，对市县履行事权存在财力缺口的，省将视财力情况给予补助；对市辖区履行事权存在的财力缺口的，由各市自行决定处理办法。对省与市县共担的事权，省财政按照省负责的事权比例，通过专项领域一般性转移支付资金的形式，将自身负担的资金下达至市县。对省委托市县的事权，省通过转移支付全额补助市县，取消对市县的配套资金要求。

课题组组长：罗建国

课题组副组长：孟照红

课题组成员：朱艾勇　方山恩　李　强
叶明珠　陈　曦

关于清理规范财税优惠政策研究

财税优惠政策是体现政府（包括中央政府和地方政府）经济政策导向，协调经济社会发展的重要措施，是政府调控经济社会的重要手段。但由于各种原因，地方政府财税优惠政策频出，越权违规优惠政策泛滥，政策制定层级不科学、管理不规范等现象，对国家宏观层面的财税优惠政策造成了严重的干扰，搅乱了市场统一，制造了税收“洼地”，影响国家宏观调控的政策效果。党的十八届三中全会决定提出，加强对税收优惠特别是区域税收优惠政策的规范管理，将清理规范税收优惠政策以及相关的财政优惠政策提上了改革的日程。

一、财税优惠政策总概和安徽现状

我国现行财税优惠政策既有中央层面的、也有地方层面的,既有符合法律规范执行的、也有违规越权变相执行的,总体呈现层级多、品目多、类型多的特征。

(一)财税优惠政策的概念和类型

1.财税优惠政策概念。财税优惠政策有广义和狭义之分。广义的财税优惠政策是指政府为达到一定的政策目标，在税法中对正常的税制结构有目的有意识地规定一些背离条款，造成对特定纳税人或课税对象的税式支出，以及对特定对象实施的倾斜性的财政支出政策。狭义的财税优惠政策主要是指地方政府为实现特定的政策目标或特殊需要,对某些领域、行业、地区、企业或个人等给予税收或财政方面的倾斜与支持。如:税收减免、税收缓征、税率优惠等税收方面的扶持政策措施,或减免行政事业性收费、财政奖励或补贴、先征后返、收入全留等财政方面的扶持政策措施。

本课题的研究对象是狭义的财税优惠政策,侧重指地方政府越权、违规出台的,以争夺经济资源要素、促进本地区经济增长、增进辖区福利为主要目的的,多样化的税收和财政手段措施,是一种以自身利益最大化的、非全局性的地方政府自利行为。

2.财税优惠政策的类型。从优惠对象、税种、优惠方式、优惠期限、效力层级等角度大体可以分为以下几类。

(1)按优惠对象分类。一是区域性优惠政策,即对区域性开发区的税收优惠、收入全留或增量返还等财税政策。二是企业优惠政策,即对企业的税费减征免征、财政奖励或补贴、低价出让土地等政策。三是个人优惠政策,即对个人的税费减免、先征后返等政策。

(2)按税种分类。按照税种设置的不同,税收优惠可以分为流转税类税收优惠、所得税类税收优惠、财产税类税收优惠、行为税类税收优惠。

(3)按优惠方式分类。可以分为税额优惠、税率优惠、税基优惠和时间优惠。税额优惠,是指通过减少纳税人的应纳税额的方式来免除或减轻纳税人税收负担的税收优惠。税率优惠,是指通过降低税率的方式来减轻纳税人税收负担的税收优惠。税基优惠，是指通过缩小计税依据的方式来减轻纳税人税收负担的税收优惠。时间优惠,是指通过推迟税款的缴纳时间来减轻纳税人税收负担的税收优惠。

(4)按优惠期限分类。按照优惠政策享受的期限可以分为长期优惠和定期优惠。长期优惠,是指没有明确规定享受期限的财税优惠政策,这类优惠只要税法不修改和优惠规定不被废止,其优惠就长期适用。定期优惠,是指相关政策法规规定在某一段确定的时期内纳税人能享受的财税优惠,通常分为规定优惠起止期限可享受的财税优惠和明确优惠年限的财税优惠。

(5)按效力层级分类。从制定的主体看主要有三个效力层级:一是法律层面的财税优惠政策。主要体现在税收方面,包括已经立法的单行税种法律中规定的优惠政策和暂由国务院制定的税种条例中的优惠政策。二是由财政部等各部委联合国家税务总局发布的规范性文件。这类规范性文件大部分是以通知、意见等形式规定各类专项、过渡性的优惠政策,数量不是最多,但是在财税优惠政策实践中具有普适性和框架性的作用。三是地方政府颁布的规范性文件。其中包括地方政府制定的上两个层级规范性文件的实施细则,还有一部分是一些地方政府采用迂回策略,突破上位法规范,制定自己辖区内的优惠政策。

(二)我国财税优惠政策发展历程

我国财税优惠政策发展始终伴随着改革的不断深入而调整变化，在不同时期发挥着不同的功效,特别是我国区域性财税优惠政策,随着国家区域发展战略的推进实施,经历了一个从无到有,从有到多的发展过程:

1.全国统一、政策空白阶段(从 1949 年新中国成立到 1978 年改革开放前)。为了改变旧中国遗留下来的工业布局极不平衡的状况,促进工业布局由沿海向内地推进,我国实行了区域均衡发展战略,但主要是通过计划手段配置资源。这期间,财税制度呈现出建立、合并、简化趋势,与单纯的计划经济体制相适应,与社会主义建设初期相适应,我国基本未出台任何具有市场性质的区域性财税优惠政策。

2.逐步发展、渐次增多阶段(从改革开放初到上个世纪 90 年代中后期)。为了适应改革开放的需要,我国实行了重视沿海地区发展的非均衡发展战略,通过设立经济特区、开放沿海城市等一系列对外开放措施，促进沿海地区率先发展。这一时期,财税优惠政策经历了从无到有,逐步增多的过程，总体上呈现以国家制定的战略性区域财税优惠政策为主体，地方在国家授权范围内自行制定的财税优惠政策为补充的格局。在这不均衡发展战略的引导下，财税政策对特定区域倾斜扶持，使得大量外资流向沿海，国内资金纷纷前往沿海寻找机遇，人才更是把首选目标放在东部沿海地区，东部沿海地区和中西部地区的经济差距越来越大。

3.全面覆盖、遍地开花阶段（从上个世纪90年代中后期以来）。针对东部地区与中西部地区差距扩大的问题，国家更加重视支持中西部地区经济的发展，逐步形成并确立了促进区域协调发展总体战略。从上个世纪90年代末期起，陆续出台了西部大开发、促进中部崛起和东北等老工业基地振兴等区域发展战略。近年来，国家又先后批复涉及珠江三角洲、长江三角洲、天津滨海新区、福建省海峡西岸经济区、安徽皖江城市带、鄱阳湖生态经济区等10多部区域规划和文件。在此大背景下，地方政府为取得竞争优势，借用国家战略或先行试点等名义，违规越权出台的财税优惠政策越来越多，“洼地”之势愈演愈烈，政策五花八门、遍地开花，严重干扰了国家宏观调控政策的效果。随着市场经济发展的需要和改革的深入推进，清理规范税收优惠政策特别是区域性财税优惠政策势在必行。

（三）我省财税优惠政策现状

2014年以来，我们对安徽财税优惠政策有关情况进行了初步分析梳理，重点整理了优惠政策文件和相关数据。

1.总体情况。目前，我省财税优惠政策相对比较分散。省级层面的各类财税优惠政策主要是省委省政府有关文件、会议纪要，以及财政厅等部门制定印发的政策文件。其中，省财政厅制定的优惠政策文件更多是对省委省政府文件的具体细化和补充。经过初步梳理，省委省政府相关政策文件中，关于财税优惠政策的表述近500条，其中区域性优惠政策占9.6%，对企业优惠政策占51.6%，对个人优惠政策占12.1%，其他优惠政策占26.6%。

2.分类情况。我省财税优惠政策按照不同的标准有不同的分类。按照区域分类，有支持皖北地区发展优惠政策、支持合芜蚌自主创新综合试验区优惠政策、支持皖江城市带承接产业转移示范区优惠政策、支持大别山革命老区优惠政策等；按性质分类，有促进经济发展优惠政策、支持园区建设优惠政策、支持产业发展优惠政策、支持旅游业发展优惠政策、支持农业发展优惠政策等；按对象分类，有对地方政府的优惠政策、对企业的优惠政策，以及对个人的优惠政策；按方式分类，有税率优惠、税收减免、先征后返、财政奖励或补贴等政策。按时间分类，有一次性扶持政策、无时间限制优惠政策、有时间期限优惠政策。

3.优惠情况。根据2012年作的一次初步统计，我省财税优惠政策执行统计数据显示，当年优惠金额约200亿元，税收减免占了一半以上（占55.5%），另外，还包括税收返还和收费减免（具体见下图）。从政策出台的层级来看，国家和省出台的政策占62%，地方（市县）出台的政策占38%。

二、我省财税优惠政策问题分析

就我省而言，财税优惠政策的出台，在一定程度上促进了区域产业集聚、推动了地区经济发展。但从长远经济发展和国家宏观全局角度考虑，其弊端也是明显的，特别是一些财税优惠政策，势必会造成区域内税负“洼地”，影响市场主体的公平竞争。其问题主要有以下几个方面：

（一）政策种类繁多，效用较低

我省和全国大部分省份一样，在促进本省经济发展过程中，为避免资金要素外流，提高本省产业、区位等竞争优势，自行出台了较多的区域性财税优惠政策，这些政策的制定主体更多是相关部门。一方面，受部门利益最大化倾向的影响，“政出多门”导致实际适用困难。如：对某些财税优惠政策，有通过产业园区相关政策予以规定，有通过产业扶持相关政策予以规定，也有通过出口退税相关政策予以规定，多个规定之间也存在内容表述略有不同的情况，造成衔接困难。另一方面，种类繁多的优惠政策会诱使政策的实施对象将精力集中在如何获取更多的政策扶持，造成企业或申报困难，或多头申报，重资金轻效用的现象时有发生，政策本身的实际效用却被忽略。

（二）政策导向不清，干扰市场

经过梳理发现，我省财税优惠政策涉及的内容比较宽泛。如在企业优惠政策方面，有企业上市优惠政策、中小微企业优惠政策、科技型企业优惠政策、农业型企业优惠政策、金融企业优惠政策、个体私营企业优惠政策等;在区域优惠政策方面,有合芜蚌综合试验区优惠政策、皖北地区发展优惠政策、大别山革命老区优惠政策、江南江北集中区优惠政策、县域经济优惠政策等;在分类优惠政策方面,有农林水优惠政策、医疗卫生优惠政策、服务业发展优惠政策、科技文化优惠政策等、交通运输优惠政策等。众多的财税优惠政策覆盖了较大部分的企业、地区、产业,导致扶持对象过多,重点不够突出,影响市场主体对政策导向的判断,对企业制定长远发展规划造成困难。

(三)过度依赖政策,激励偏移

财税优惠政策是政府众多导向性政策的手段之一。在促进经济发展、服务改善民生、优化产业结构等方面,却过多运用财税方面的优惠政策,且主要局限于减免、缓征、优惠税率、先征后返、财政奖励或补贴等方式。这种优惠政策即使符合国家法律法规,也只是对投资规模小、经营期限短的项目效果明显,对投资周期长、投资规模大的项目激励有限。而且,政府习惯于采取这种最直接、最简单的调控方式,容易陷入“懒政、惰政”的怪圈,造成市场主体偏离政策意图,以获取财政资金为根本目的,不利于市场的长期可持续发展,政策的执行效力大打折扣,优惠政策的社会价值和经济价值无法真正得到激发。

(四)盲目政策优惠,配置低效

在传递政府意图导向的过程中,有些部门制定优惠政策时站位不高,缺乏对统一市场和产业的通盘考虑,往往过于强调局部利益,制定了一些实际价值不高、意义不大的鼓励性财税优惠政策,不仅难以发挥政策的实际效用,也容易造成税收收入的流失和财政资金的低效无效投入。如,为鼓励企业的某项工作,对一些大型企业给予几十万元的税收返还奖励,这些奖励资金对企业的发展难以起到激励作用,企业本身也不在乎,盲目的优惠却造成政策的边际效用低下,难以达到预期效果。

三、国外财税优惠政策实践

学习和了解国外财税优惠政策实践经验,对于我们厘清目标和方向,指导清理规范财税优惠政策工作,促进财税优惠政策管理优化具有积极的意义。

(一)国外财税优惠政策的基本原则

由于不同国家、不同时期的具体情况各不相同,因而各国财税优惠政策在具体实践中差异较大,但也存在一些值得借鉴的、共性的特征,归纳有以下三点:

1. 坚持依法有据的原则。依法扶持是世界各国财税扶持的通行做法。比如扶持中小企业的发展,各国针对不同类型、不同行业、不同性质的中小企业,根据经济发展状况,通过立法当局制定并实施不同的优惠政策,并力求政策的连续性、稳定性和协调性,以期从法律上保障中小企业的税收扶持政策的有效实施,从而保障中小企业的权益。如美国1958年为鼓励风险投资通过了《小企业投资法》,1981年为实现1980年全国中小企业大会提出的政府在财政、金融、经营管理、创新、信息和市场等方面给中小企业更大扶持的6个目标,修订了《经济复兴税法》;1997年通过了《纳税人免税法》,1998年制定了《国税局调整与改革法》等有利于减轻中小企业的税收负担和技术创新。韩国实行“新经济政策”,并先后制定与之配套的《租税特例限制法》《中小企业创业支援法》《技术开发促进法》和《鼓励外资法》等形成了较为系统的税收优惠体系。

2. 坚持市场统一的遵循。各国在制定和实施各类财税优惠扶持政策时,一般都是以不干预市场主体和市场自身发展规律为基础,尊重社会经济发展趋势,以公平统一的优惠政策,促进相关领域发展,达到政策意图,而不强加任何行政性干预,不人为制造不公平的市场环境。纵观大多数发达国家财税优惠政策,鲜有区域性、地方性、局部性的优惠,大多都是从某一行业、某一领域、某一方向上,在国家和全局层面上制定的优惠政策,有利于宏观调控的统一和政策效果的达成。

3. 坚持间接为主的导向。在各国的财税优惠政策中,大部分是以减税、免税、低税率的方式,以及财政投资补贴、风险投资的方式予以扶持,特别是对市场主体,更是较少通过直接资金注入、先征后返等方式对扶持对象造成不必要的影响和行为诱导。比如日本,2008年国际金融危机爆发后,即使面对经济疲软、发展乏力等不利环境,为尽快摆脱危机,在实施一揽子大规模经济刺激计划中,给予中小企业大量税收优惠政策,除降低税率外,仍是以加速折旧、加大费用扣除和税额抵扣力度等间接税收优惠为主。

(二)国外财税优惠政策的基本类型

纵观世界各国,其财税优惠政策都是一个不断调整、规范、完善的过程。时至今日,各国财税优惠政策大致可以归纳出以下五种基本类型:

1.地区优惠。为鼓励落后地区的经济开发,促进区域间的协调平衡发展,一些国家规定对在落后地区投资的企业给予特殊的财税优惠。例如:希腊将全国划分为四类地区,一类地区最发达,四类地区最不发达,越不发达所给的优惠政策越多。意大利规定,对投资于其南部等欠发达地区的企业除了给予税收优惠,还可获得低息贷款。巴西规定,凡在其北部、东北部和Manaus自由贸易区开办企业,均可享受减免税优惠。发展中国家为适应对外开放和大规模吸引外资的需要,通常还在在本国境内设立一些经济特区、出口加工区或技术开发区等,实行特别的税收优惠政策。如印度对出口加工区的企业免征所得税;埃及也规定凡在新社区新建的企业可免税10年。

2.技术优惠。为了吸引国外的先进技术,弥补本国经济的不足,世界各国都规定了相应的技术优惠政策。如韩国规定,凡运用高技术的外商投资企业可"五免三减"公司所得税、股息税,对新技术引进项目所支付的特许权使用费,免征预提税。新加坡规定,对具有新技术开发性质的产业给予5至10年的免税期。荷兰政府对从事技术研究和开发的企业或个人,允许其人工成本可以从雇主应缴纳的工资预提税中扣除一部分。马来西亚规定,享有"新兴业资格"的企业在投产后5年内70%的法定所得免纳所得税;对资本密集型和高技术投资可按逐案审查原则给予全部免税。西班牙政府规定,对研究与开发中使用的机器、设备和无形资产,可分5年提完折旧。

3.产业优惠。主要是基础产业和亟待发展的新兴产业。巴西政府规定,凡投资于林业、旅游业、渔业的投资者,可享受6%～25%不等的投资税收抵免。新加坡政府规定,对计算机软件和信息服务、农业技术服务、医药研究、试验室和检测服务等生产和服务公司用于研究和开发的支出,允许双倍扣除。加拿大政府规定,凡购买用于制造、加工、采矿、伐木、农业或渔业的新建筑物、机器和设备的支出,以及当前的资本性科研支出,可以申请用获得的抵免来抵消当年、以往3年或将来7年的应纳联邦所得税。

4.出口优惠。主要是为了提高本国产品的国际竞争能力。在美国,只要出口销售额达到1000万美元,就构成"国际销售公司",可以免交当期美国税,甚至获得永久性税收豁免。对于国内制造商,其出口收益47%的美国税收可以延期缴纳;对于国内批发商,延期缴纳美国税收的所得可高达出口收益的94%。新加坡规定,出口产品的生产可以享受最高达所获利润90%的免税待遇,期限为3至15年。智利政府规定,所有出口货物,经税务机关批准用于生产出口商品的原材料,与出口有关的某些劳务,对在智利没有住所又不是智利居民的个人提供的劳务,国际客货运等,免交增值税。

5.其他优惠。主要是针对一些特殊情况,为平衡收入差距、减轻税收负担而给予的优惠。美国为鼓励小企业投资,允许投资者出售"符合条件的小型企业股票"所获利得的50%免税;因持有州和市政府的公债所获得的利息,不缴纳联邦税。在法国,雇佣人数不足250人、营业额不足1.4亿法郎、公司股东控股不足25%的企业建筑物完工年度可按25%的特别折旧率折旧。

比较世界各国的做法,一般来说,发达国家重点是对进一步促进本国的经济增长,扩大国外市场,缓和个人之间的收入分配不均等进行财税优惠,因而在政策的运用上,偏重于出口优惠和其他优惠。发展中国家则由于国内经济的地区差异大,产业层次低,技术水平不高,迫切需要缓和地区矛盾、提高国家的整体经济实力,因而在财税政策的运用上,偏重于地区优惠、产业优惠和技术优惠。

四、规范财税优惠政策的建议

为加快建设统一开放、竞争有序的市场体系,促进社会主义市场经济健康发展,应下大力气清理规范财税优惠政策,反对地方保护和不正当竞争,使市场在资源配置中起决定性作用,促进经济转型升级。

(一)清理规范财税优惠政策的总体思路

我国市场区位广阔、东中西部地区竞相发展,在国家宏观财税优惠政策的大框架下,地方政府财税优惠政策的清理规范应按照以下思路有序推进。

1.突出法治稳步推进。在清理规范的过程中,既应立足当前,分清主次,坚决取消违反法律法规的优惠政策,逐步规范其他合理合规的优惠政策;

也应着眼长远,以开展清理规范工作为契机,建立长效管理机制。同时,不能一蹴而就,应以现行税收法律、法规、规章为依据,分级梳理,先易后难,同步推进。

2.上下联动一盘棋。财税优惠政策的清理规范是一个填埋地区“优势洼地”的过程,任何地区或部门不愿也不能率先启动这项工作,否则势必间接使得后进者得益。因此需由中央统一部署,同步推进,在做好顶层设计的基础上,统一政策清理的时间、步骤、范围、内容、具体举措等,全国一盘棋地推进政策清理规范工作。

3.主动公开接受监督。清理规范财税优惠政策应按照政府信息公开的要求,不仅过程要公开,结果也要公开,增强透明度,提高公信力。应建立举报制度,动员各方力量,加强监督制衡。

(二)分类清理现行政策

1.按政策期限清理。对于有明确期限的财税优惠政策,要立即停止执行,不得延期;对于暂未明确期限的财税优惠政策,要尽快明确政策终止的过度期;对于违反法律法规的财税优惠政策,要限期整改、一律取消。

2.按政策权限清理。按照“谁出台、谁清理,先清理、再规范”的原则,财税优惠政策的制定者按照各自的权限和职责,积极做好清理规范的具体实施工作。省市县三级联动、分类实施,共同推进财税优惠政策的清理规范工作。

(三)规范决策长效机制

1.合理界定优惠政策决策权限。按照《立法法》确定的税收法定原则,税收优惠政策统一由专门税收法律法规规定。除依据专门税收法律法规规定的财税优惠政策管理权限外,地方政府不得自行制定财税优惠政策;部门在起草的法律、法规和制定相关政策不得规定具体的财税优惠政策。

2.切实维护优惠政策严肃有效。严格立法,规范管理,切实提高财税优惠政策的法律层次。在授权范围内尽快制定专门的财税优惠法规,明确制定财税优惠的原则、适用条件、优惠方式、适用范围、执行期限、终止条件等关键元素,并且在其他法规和政府规范性文件以及各类产业发展规划当中,不得另行出台有关财税优惠政策,切实维护财税优惠政策的严肃性和有效性。

(四)建立政策评估机制。

1.建立定期评估机制。对现行的财税优惠政策,建立定期评估制度。对具有推广价值的政策,建议国家尽量在更大范围内实施,公平市场竞争环境。分区域优惠、企业优惠、个人优惠、其他优惠等不同类别的政策,以定量指标为主、定性指标为辅,建立规范化、标准化、可量化的评价指标体系,科学分配指标权重。

2.引入市场力量评估。在对现行财税优惠政策进行评估时,结合实际需要可以借助市场力量,引入有资质的律师事务所等专业的中介机构,多方面参与政策评估,确保评估结果客观、公正,清理规范工作得到多方面的理解和支持。

3.科学运用评估结果。将财税优惠政策评估结果与清理规范工作相结合,把评估结果作为下一步清理规范政策的重要依据。除涉及国家秘密和安全的事项外,财税优惠政策的评估结果应以适当的形式及时、完整地向社会公开,主动接受社会监督。

(五)建立政策公开机制

1.公开政策制定过程。在制定新的财税优惠政策时,要注重吸收采纳多方意见,可以引入中介机构、专家顾问、社会民众等参与政策制定过程。借助网络、报纸等媒体广泛宣传拟定的财税优惠政策目标、优惠范围、优惠标准、优惠期限等,广泛征求社会意见,接受社会监督,做到政策制定过程公开、透明,符合法律法规要求。

2.公开优惠政策内容。定期将优惠政策文件汇编成册,公开向社会发行。通过政府门户网站设定优惠政策公开专栏,及时全面地发布财税优惠政策文件。借助网络、报纸等媒体力量,及时宣传财税优惠政策,提高政策知晓率。

3.公开优惠享受对象。建立优惠结果公开制度,对每项优惠政策确定的享受对象及时进行公布,接受社会监督。对公开中发现的问题,及时核实确认并加以整改。在总结经验的基础上,进一步优化财税优惠政策管理工作。

课题组组长:罗建国
课题组副组长:孟照红
课题组成员:朱艾勇　万卫国　唐　兵
夏　波　周剑峰　余卫民

安徽财政涉企项目资金管理信息系统建设与应用研究

党的十八届三中全会决定指出,“完善立法、明确事权、改革税制、稳定税负、透明预算、提高效率,建立现代财政制度”。新修订的预算法明确,在预算管理上,力争做到“预算完整,公开透明,科学有序,执行有效,纪律严明”,为新一轮财政管理改革指明了方向。为进一步加强财政支出预算管理,构建公开、透明、规范的财政涉企专项资金管理新机制,安徽省财政厅组织建设了“安徽财政涉企项目资金管理信息系统”(以下简称“涉企系统”),并于 2014 年 4 月成功上线投入应用。本文旨在阐述“涉企系统”建设必要性及建设应用成效,分析存在问题,提出完善“涉企系统”建设与应用的相关对策和建议。

一、“涉企系统”建设的必要性

企业是市场经济的主体,是经济社会发展的基石,也是财政收入的源泉。企业的良性发展有利于转变经济发展方式,调整产业结构,带动社会就业,促进政府实现保增长、调结构、促稳定的政策目标。因此,各级政府在企业不同发展阶段,安排涉企专项资金,支持企业做大做强。但由于财政涉企资金分配使用点多面广,条块分割,信息不对称,项目申报审批程序不透明、不规范,再加上监管困难,企业在申报财政涉企资金项目中,一定程度上存在弄虚作假、虚报冒领、骗取套取、截留挪用财政资金等失信失范行为,易造成项目主管部门对申请人资格认定、支付文档审核错误,导致财政部门在项目资金支付管理中不当支付,损害财政政策和财政资金的公平性、效益性。

(一)企业项目申报失信失范

一是少数企业弄虚作假骗取涉企资金。伪造变造假材料,个别企业申报涉企项目时伪造注册资金、财务状况、资信证明、社保证明、税收缴纳、荣誉资质等;个别单位为获取贷款贴息,变造资料擅自提高贷款额度、更改借款时间,甚至使用其他项目的贷款合同申报资金。编制假项目,个别企业无中生有报假项目骗取资金,或者采取“移花接木”的手段申报资金。个别企业夸大项目规模或者虚列项目数据,常见的是报大建小,企业申报项目资金远低于项目实际支出,再就是“张冠李戴”,将其他项目的数据据为己有作为项目申报依据。注册虚假企业,部分企业为规避不能同时申报同一类项目的规定,通过注册多家空壳公司,无实质性的生产经营活动,无办公地点、无办公人员、无固定资产,成立的目的就是申报获取财政资金,将内容相同或相近的项目,以不同申请人的名义提出申报项目。

二是部分项目单位多头申报套取涉企资金。部分单位将同一项目以不同名目进行申报,或者将同一个项目人为拆分成多个实施阶段,以方便多渠道向中央、省、市、县申报资金。部分单位以内容相同或几乎相同的项目进行重复申报,或者将以前年度已经实施的项目重新包装,以新项目的名义申报资金支持。

(二)主管部门资金分配不当使用低效

一是不当或违规分配专项资金。主管部门对企业申报的项目资料缺少适当的外部信息比对验证,主观或客观上都易产生错误或舞弊,导致审核管理失责,涉企资金分配失效。二是信息沟通机制缺失。目前“背靠背”的分配模式,造成涉企专项资金项目管理的一个个信息孤岛,涉企项目的相关主管部门,诸如发改、经信、科技等部门在项目立项、资金分配、资金管理方面信息沟通机制缺失,致使个别企业同一年度甚至获取多种财政补助。三是部分涉企资金绩效低下。有的企业社会贡献度非常低,一年内获取申请的项目金额远大于其历年缴纳的地税、国税及社会保险金额总和,形成财政低效支持或无效支持。

(三)财政部门防“不当支付”手段缺失

上述诸多乱象大多可归结为“不当支付”问题。这种“不当支付”造成政府支付了不应该支付的款项,其结果是把钱或者给错了对象或者给错了数量。涉企资金不当支付问题多数发生在部门预算编制执行过程当中,虽然主要责任不一定是在财政部门,但管理不当支付的责任却在财政。2013 年 11 月 22 日,安徽省第十二届人大常委会第七次会议审议通过的《安徽省财政监督条例》第十条规定“财政部门、预算单位应当提高政府性资金支付对象、支付时间、支付金额的准确性,预防、制止和纠正浪费、滥用、欺骗等不当支付行为”,率先在法规中对财政不当支付问题作出规定。但在当前主管部门主导的财政涉企专项资金项目管理模式下,财政部门掌握的相关信息不及时不完整,对主管部门上报的各类项目支出,很难全面、准确、科学地判断上报预算项目是否必要,是否符合本区域当前经济社会发展的总体要求,申报金额是否适当等,无法有效遏制“不当支付”。

历年省级以上审计部门审计(检查)报告和财政监督检查结果显示,在涉企资金项目申报管理中,上述违规违法现象是屡查屡犯,屡禁不止,导致部分财政涉企资金失效,造成浪费,产生诸多负面影响,既干扰了市场公平竞争秩序,又抑制了市场主体的活力和创造力,使得政府公信力下降,甚至滋生腐败。

因此,进一步加快推进财政工作信息化和财政管理现代化,破解涉企专项资金的管理改革难题,“涉企系统”的建设自然成为题中应有之义。通过“涉企系统”的建设与应用,可以实现涉企资金项目申报审核批复下达监控一体化,强化项目支出管理责任,提高财政专项资金使用效率,增强财政决策的科学性和财政工作的透明度,规范财政预算管理,加强廉政建设,实现依法理财。

二、国内外经验及启示

1.国外经验。自里根时代起,美国财政反不当支付的努力已持续了30多年。2002年、2010年分别制定了《不当支付信息法》《不当支付消除和回收法》;向联邦政府24个主要部门配备一名首席财务官,建立健全财政问责机制;建立“纵向到底、横向到边”的财政管理信息系统,如建立跨部门的信息核实系统,利用历史数据和各种潜在的信息资源进行检测、核实、比对财政支持项目的准确性;建立“不当支付列表”数据库和专门网站,公布不当支付高风险领域和项目报告,推进财政支付信息透明和全覆盖。

2.国内经验。2012年2月,浙江启动数字财政建设,将“涉企系统”作为数字财政系统中反不当支付的子系统。主要内容是,确定涉企项目的审核条件和规则,将企业申报信息与工商、税务等部门信息及以往支付数据进行比对,实现对涉企项目的有效监控,防止不符合条件的企业申请财政补助以及多头申请、多年重复享受财政补助的现象发生。目前,浙江涉企系统与数字财政大平台建设处于同步建设阶段。

3.启示借鉴。借鉴上述经验,涉企系统建设将按照数字财政建设理念,运用大数据技术,积聚各个主管部门的政务信息资源,推动信息共享和业务管理创新,有效规避“信息不对称”风险。在数据库建设上,着力打造企业库、项目库、验证库、预警库、政策法规等数据库,形成动态数据仓库。一是集中补录涉企资金过去连续5个年度的项目批复数据。二是与工商、质监、国税、地税、海关等有关部门信息互联,建立验证数据库,进行信息验证比对。三是与省科技厅、省经信委、省旅游局、省环保厅等涉企主管部门项目申报管理信息系统建立数据接口,实现企业申报信息共享。四是与财政一体化系统对接,实现涉企资金的联网下达或资金拨付。五是制定预警规则,确定涉企项目的审核条件和规则,形成预警规则数据库。在业务流程上,通过环环相扣的规范化业务流程,将涉企资金项目申报信息与工商、质监、税务、海关等部门信息及以往支付数据进行比对预警,实现对涉企项目申报、资金审批、项目执行、绩效评价等动态监控及信息追溯,并可根据系统预警信息及时组织监督检查,有效解决涉企项目资金管理中存在的弊端和问题。

三、我省“涉企系统”探索建设的基本情况

(一)“涉企系统”建设目标

“涉企系统”建设目标是:利用信息化手段和数据平台,监控涉企资金虚假申报、多头申报、少数企业重复享受补贴补助等情况,逐步加强财政涉企专项资金的管理监督。通过全省涉企数据大集中,实现与工商、质监、税务、海关等政府部门管理的验证数据对比分析,生成预警信息,构建“审核留痕迹,责任可倒查”的涉企项目管理机制,形成覆盖省、市、县三级,跨地区、跨部门、跨行业的涉企项目资金监管平台。

(二)“涉企系统”技术手段

“涉企系统”建设基于大数据技术,坚持顶层设计原则,以面向服务架构(SOA)的实现方法论为技术支撑手段,基于国际先进的企业级应用开发平台java EE 5.0 ,B/S三层架构设计开发,引用了XML Web Services、Ajax、Jquery、多线程等技术,充分借鉴WEB 2.0技术理念,利用Oracle 10g数据库管理系统存储、管理数据,使系统可适应技术的不断发展,确保平台在架构上可持续、稳定扩展，应用上可协同、共享，实施上灵活、快速。系统依托安徽省财政厅门户网站，充分利用省财政厅现有的网络基础设施、服务器、存储、数据库管理系统等软硬件资源，通过实名制、动态手机短信验证密码访问，确保信息安全。

（三）预警规则设置与监控

系统核心功能在于获取外部验证数据，对进入系统的项目申报信息进行预警比对。系统建立开放式预警规则库，一是设立共性预警规则和个性预警规则。共性预警规则，着重对涉企资金项目申报中，企业申报信息与系统验证数据库里工商、税务、海关、质监等提供的数据信息进行比对，对于企业工商质监数据不一致、多部门申报、连续多年获财政支持、纳税贡献度等情况分别设定："虚假申报"、"多部门申报"、"重复享受"、"项目申请金额大于企业年度缴纳税收和养老保险总额" 等共性预警规则，进行预警；个性化预警规则，则针对农业综合开发、科技、文化、旅游、外贸、工业、中小企业等资金类型，设立个性化预警规则。二是根据财政专项资金重点项目支出绩效评价情况，引入评价结果充实预警规则。三是根据财政政策变化情况和监督检查结果修订预警规则。通过上述预警规则的设定实现监控。

（四）"涉企系统"运行方式

1. 在技术层面上， 涉企系统 通过建立互联互通、开放兼容、功能完备、共享共用的信息化监管工作平台，实现全省财政涉企项目资金跨地区、跨部门、跨行业的实时监管。"涉企系统"包括省市县三级财政用户和涉企主管部门两类用户。主管部门负责资金计划申报、项目审查、项目信息归集、比对预警核准、项目审定上报、项目执行验收。财政部门负责涉企资金的预算安排、资金审批、监督检查、信息发布等。

2. 在业务层面上，"涉企系统" 业务流程设计遵循的原则是：不改变主管部门对涉企项目资金的管理职能；不改变财政业务管理机构对涉企项目资金的管理职责；提高涉企项目申报和管理的真实性、规范性、公平性；提高涉企资金分配和使用的科学性、合理性、效益性。系统主要业务流程包括：

（1）资金计划管理。财政业务人员将"财政一体化系统"中部门预算指标下达到主管部门，审批主管部门申报的资金计划，下达资金控制数，通知主管部门启动项目申报。

（2）主管部门申报项目。主管部门通过项目信息归集、比对筛查预警、预警项目核准说明，项目审定确认后报财政。

（3）财政部门审批项目。财政归口业务处进行项目审核，重点关注预警信息，根据资金下达文件和项目批复文件，加载资金文号，并在"财政一体化系统"中下达指标或直接支付。

（4）主管部门项目验收。项目完成后，主管部门及时开展项目验收工作，上传任务书和验收报告。

（5）财政监督。厅监督检查局、业务处选择项目进行重点检查，对骗取财政资金的单位进行处理处罚，并纳入黑名单管理。

3. 在运行层面上，"涉企系统"运行预警机制是将企业申报信息与验证数据、预警规则进行比对，重点针对企业虚假申报、多头申报、重复享受、申请金额大于企业年度缴纳税收及社会保险总额等异常现象预警。通过虚假申报亮红灯、多头申报、重复享受、无效支持等其他预警亮黄灯，提醒业务主管部门和财政业务管理机构进行重点关注和审查。

四、我省"涉企系统"应用初步成效及存在主要问题

（一）初步成效

涉企系统自 2014 年 4 月 1 日上线以来，经过一段时间的运行，系统预警功能充分显现，强化管理成效明显。

1. 实现了有效预警。

截至 2014 年 10 月 20 日，2014 年度纳入 "涉企系统"管理的项目数 8351 个，申报金额 48.37 亿元，"涉企系统"预警项目数为 6048 个，预警比例为 72.42%。其中，省本级申报项目 4004 个，申报金额 34.20 亿元，预警项目 3456 个，预警项目比例为 86.31%。

（1）多头申报。全省多头申报预警项目共 1772 个，申报资金 18.09 亿元，涉及企业 1567 家。

（2）重复享受财政资金支持。全省重复享受财政资金支持的预警项目 4579 个，涉及申报资金 31.30 亿元，其中：省本级项目 2780 个，金额 23.80 亿元。同时，统计分析还发现，2010—2013 年重复

享受财政资金支持的前50家企业中，获得支持频次最多为149次,获得支持频次最低为33次,共享受财政支持资金42.82亿元。

(3)财政补助大于企业年度社会贡献度。全省财政补助大于企业年度纳税及缴纳养老保险之和的预警项目1910个,涉及申报资金20.06亿元,其中:省本级1075个,涉及资金15.34亿元。

(4)申请货物贸易补贴无进出口贸易额。全省企业申报外贸发展资金无进出口贸易额的预警项目358个,涉及申报资金7888.23万元,其中:省本级预警项目213个,涉及申报资金4675.47万元。

(5)虚假申报。全省虚假申报预警项目175个,涉及申报资金8774.98万元,其中:省本级预警项目47个,涉及申报资金4852.41万元。

此外,依托"涉企系统"动态监控功能,结合人工查询分析研判发现，个别涉企资金项目存在情况描述与实际不符、申请的项目建设时间早于企业成立时间、财政下达资金大于主管部门申请资金、部分项目描述呈现的投入产出比低等问题。在对预警信息日常比对中，还发现个别企业对同一笔贷款,以两个不同项目申请贴息资金的问题,责成相关部门和市县予以查实整改后，收回企业财政补助资金60万元。在对预警项目现场核实中,发现财政投入企业的部分项目资金，与项目支出的资金支付难以对应,不符合大部分专项资金"专款专用"的管理要求，成为涉企资金监管及绩效评价难点。

2.把住了项目审核第一关。

各地各部门根据预警情况，组织开展现场核实、比对筛查、预警审核等工作,严格审核把关项目申报。在项目申报录入初审阶段,省财政厅、主管部门和市县共剔除2014年申报项目2657个,涉及金额19.2亿元，及时拦截阻断部分异常项目,把住了项目申报的第一道关口。省财政厅根据涉企系统预警情况，选取19个预警项目，会同主管部门和有关市、县财政部门,采取系统分析比对与现场抽查验证相结合、资料审查和走访察看相结合、历史情况和现实状况分析相结合的方式,对相关企业财政资金申报及实施情况、经营情况、财务状况,进行了现场核查。结果表明,各企业申报项目资金的实际情况与"涉企系统"预警情况基本吻合，涉企系统预警信息切实为项目审核提供了把关依据。

3.强化了项目管理责任。

涉企系统应用后,省财政按照"分级负责、层层把关"的原则,建立起"审核留痕迹,责任可倒查"的审核审查责任机制。在项目申报审核阶段,各主管部门和市县对系统预警项目核准通过后,必须出具书面意见书,并经主管部门或者市县政府主要领导签字确认,报送省财政厅。目前,全省涉企系统预警项目已审核通过并按要求报送相关签字材料的项目3456个，正处于审核状态的项目2476个,其中:待主管部门审核的项目1012个,主管部门已审定,待财政部门审核的项目1464个;财政部门审核不通过的项目26个,其中省直6个,市县20个。如此则"投石问路"式申报无形可循,跟踪问效"有迹可循",审批核准程序进一步规范,切实强化了涉企资金管理各主体的直接、主体和牵头责任。

4.健全了各项管理制度。

安徽省政府近期出台的《安徽省省级财政专项资金管理办法》第七条明确,涉企类专项资金,同步纳入安徽财政涉企项目资金管理信息系统统一管理。省财政厅根据该项管理办法要求,结合"涉企系统"建设工作部署,新制定了《安徽省省级财政涉企专项资金管理暂行办法》等12项制度办法,形成了涉企专项资金监管制度体系,促进用制度规范涉企专项资金管理。另一方面,依托"涉企系统"统计、查询、分析功能,从全局、综合层面对涉企专项资金的申报、审核、拨付全流程实施实时反映,强化了涉企系统的动态监控,实现了财政资金监管信息化,确保涉企资金管理按制度有效执行。

5.提供了决策管理数据支撑。

目前"涉企系统"保存了2014年省级60类涉企专项资金3000多个项目数据,持有近3000家企业24项数据信息及近5年来获取财政支持历史数据。通过对预警项目人工核查,发现涉企专项资金管理中存在的问题,总结经验,把握规律,为推进其他专项资金管理改革提供了有益借鉴。此外充分发挥"涉企系统"在分析研判和聚集数据方面的优势,对涉企资金计划、项目信息归集、比对筛查、预警核准、财政审批、项目执行、监督检查等环节多层次、多维度的统计分析,及时将分析结果应用到预算编制、预算管理、预算改革中,对比对筛查中发现的个别安排用途相近的专项资金,进行了压减清理，为规范专项资金设立，改进资金管理方式、透明支出预算管理、建立健全涉企专项资金定期评估和退出机制等提供了重要数据支撑和决策支持。

(二)存在问题

“涉企系统”建设是一项涉及面广、带动性强的重点工作，在时间紧、任务重的情况下，应采取“边调研、边设计、边开发、边完善”的方式，加快推进“涉企系统”建设进度。“涉企系统”上线以来，经过一段时间维护，运行逐步趋于稳定，各项功能在不断完善。但“涉企系统”的建设发展一定程度上受制于一些不利因素，就省本级而言，主要存在以下问题：

1. 数据接口有待完善。

财政内部，“涉企系统”与当前我省财政业务核心系统“财政一体化系统”数据接口尚不完备。究其原因，当前涉企专项资金业务管理中，存在一类项目多资金来源，支出范围模糊等情况，部分指标数据缺乏对应性，目前仅能做到项目单一资金来源预算指标对接，无法实现所有涉企资金项目“申报审核批复支付下达”全程反映监控。财政外部，“涉企系统”与发改委的项目申报业务系统尚未完成对接，未能获取人民银行掌握的企业贷款支撑数据，系统验证数据库信息不完整。

2. 数据时效亟须提高。

一是国税等验证数据外部依赖性强，全面实时更新难度大。二是相关部门单位对“涉企系统”应用的积极性有待提高，项目数据填报完整性不够，应录入“涉企系统”的项目数据未及时录入，异常数据为及时剔除等。目前，“涉企系统”涵盖 2009 2014 年项目历史数据近 7.6 万条，通过筛查比对已修正部分数据，但录入口径错误、数据异常和重复数据仍然少量存在。

3. 系统应用有待加强。

一是涉企资金边界不清晰。依据《安徽省省级财政专项资金管理办法》和《安徽省省级财政涉企专项资金管理暂行办法》规定，涉企专项资金，是指各级财政通过公共财政预算、政府性基金预算、国有资本经营预算等安排的专门用于支持企业发展的资金，也包括中央财政安排需省级细化分解到具体项目的涉企资金。但囿于目前预算管理模式，在实际预算分配安排中，涉企资金存在投向非企业单位、投向基层乡镇村集体的交叉重叠安排现象。二是项目预警信息验证核实滞后。按照“涉企系统”运行规则要求，在预警信息核准环节，需要履行核实验证程序，特别是对重大异常项目必须进行现场核实。目前，项目主管部门大多在项目评审后报送财政时，进行项目信息比对，出现预警情况时，仅从形式上或政策层面对预警项目进行核准，缺少先期的预警现场核实程序。三是“黑名单”制度有待完善，对于在以往政府审计和财政监督检查中披露的项目申报失信失范企业，尚未提交纳入黑名单管理。

五、改进和完善我省“涉企系统”的对策建议

新近发布的《国务院关于深化预算管理制度改革的决定》拉开了新一轮预算改革的大幕，对构建全面规范、公开透明的预算制度，进一步规范政府行为，防范财政风险，实现有效监督，提高资金效益提出了具体要求，“涉企系统” 的建设与应用恰逢其时。随着建设应用的逐步完善，“涉企系统”必将在接下来的预算管理制度改革中大显身手，成为助推全面深化改革的利器。“涉企系统”作为一个跨地区、跨部门、跨行业的信息化工作平台，涉及单位广、技术难度大、触及的政策敏感点多，系统功能也有待进一步完善。下一步，针对存在的问题，“涉企系统”应在不断加强自身建设的同时，不断提高基础数据质量，充分发挥大数据集聚优势，拓展系统相关功能，进行深度开发应用，全面提升财政涉企资金管理信息化水平。

(一)加强系统建设，完善预警功能

1. 完善系统数据接口。

一是完善与“财政一体化系统”数据接口。目前，单一预算来源的涉企项目指标数据可直接实现对接，对于整合、统筹、拼盘使用的多指标来源的涉企资金，可通过手工配置项目名称标识，确保与“涉企系统”资金名称一致，方便相关指标数据核对、统计分析。二是明确外部数据入库规则。明确税务部门企业纳税额取值口径，针对当前存在的税收收入跨年度入库、清算的情况，需要相关业务部门协商一致后，确定取数原则，并在一定范围内公开数据口径，以确保验证数据具备大数据的资源性和价值性。三是完善外部数据对接。积极协调相关方面，与发改委、人民银行等部门实现数据对接。

2.细化分类预警规则

预警规则是“涉企系统”的灵魂,预警规则制定得科学合理,系统才能够有效发挥筛查比对、预警提醒、阻断申报等作用。随着系统应用的进一步深入,验证数据库的进一步完备,预警规则要进一步细化。根据财政涉企专项资金管理和监督情况,综合业务部门意见,统筹兼顾共性需求和个性需求,不断提炼、修正充实预警规则,构建分类分级的预警规则体系。

(二)加强应用管理,提升系统功效

1.不断提高数据录入质量。

将“涉企系统”建设应用上升到当前全面深化改革的高度去理解和把握,提高涉企部门单位的对系统建设的思想认识,加大对业务人员系统应用的培训力度,畅通业务交流渠道,搭建涉企信息发布平台,不断总结全省应用情况,结合财政重点工作推进,加强涉企系统应用管理督导,强化数据录入审核把关,切实提高涉企申报项目信息质量、预警项目核准理由和历史项目信息录入质量。

2.加强项目数据核查分析。

不断发挥数据集聚优势,充分利用系统进行监测预警,为管理决策提供第一手资料。定期出具相关数据分析报告,充分关注对本部门、本单位、本岗位负责的涉企资金指标计划下达情况、项目进度、系统预警情况,必要时进行多层面的业务会商,提高分析研判水平,加强跟踪问效管理。

3.强化预警信息核查核实。

现场核实是预警项目审核的重要手段,也是判断预警情况的重要依据。充分发挥涉企系统预警线索作用,建立预警现场核查项目工作程序,必要时可根据预警情况扩大和延伸现场核实检查范围。

(三)拓展系统功能,助推改革深化

1.扩充“黑名单”管理数据。

将历年省级以上审计部门或财政监督检查中,提出处理处罚意见的企业单位名单及主要问题和处理意见的信息整理入库,形成涉企资金项目申报违规违法负面清单,出台对负面清单所列示的相关企业或相关专项资金取消或限定性申报管理的办法,充分发挥“黑名单”数据管理功效。

2.选取重点项目开展绩效评价研究。

将“用钱必问效、问效必问责”的绩效管理理念,全面融入“涉企系统”建设的各个方面、涉企资金管理的各个环节。根据《安徽省省级涉企专项资金绩效管理暂行办法》的要求,在“涉企系统”中拓展绩效评价管理功能,选择重点项目开展涉企资金绩效评价,由绩效管理实施部门在涉企系统加载项目资金绩效目标、绩效评价报告、评价意见等相关资料,建立项目跟踪问效机制。同时,加强评价结果应用,将评价结果与企业项目申报有机挂钩,对评价结果为“中”的企业需预警核准,对评价结果为“差”的企业自动阻断项目申报。

3.拓展专项资金覆盖范围。

目前“涉企系统”只涵盖了财政涉企项目资金,随着财政管理改革工作的有序推进和系统功能的不断完善优化,可择机将“涉企系统”改造升级为“财政专项资金管理信息系统”,覆盖所有财政专项资金,适时联通“财政一体化管理信息系统”,逐步实现专项资金全面对接,进而统一涉企资金口径、清晰专项资金管理边界,将每一笔专项资金使用情况的管理和监督落实到位。

4.延伸项目监督管理链条。

探索将涉企系统功能延伸到项目主管部门专项资金项目管理各个阶段,贯通项目资金申报审核批复下达所有环节。通过系统功能拓展,延伸项目监督管理,构建完整的系统信息体系,形成倒逼机制,规范涉企资金申报、审核、批复、下达,充分发挥涉企信息系统“千里眼”作用。切实做到用数据说话,压实管理责任,用流程回溯,透明工作机制,用规则规律,完善政策制度。

课题组组长:罗建国
课题组副组长:刘　浩　朱长才　陈传文
课题组成员:李森林　张　进　傅　依
李汪祥　汪永飞　李　宏
吴丽环

完善我省棚户区改造融资管理政策研究

从2010年起,省委、省政府根据住房城乡建设部等五部委关于推进城市和国有工矿棚户区改造的实施意见，将棚户区改造纳入保障性安居工程范畴，作为一项重要的民生工程、发展工程，完善配套措施，创新改造模式，加快推进实施。各级财政部门加大投入力度，拓宽融资渠道，规范资金管理，切实保障城市棚户区改造资金需要。

一、我省棚改融资工作基本情况

我省棚户区改造融资工作总体上分为两个阶段，国务院《关于加快棚户区改造工作的意见》（国发〔2013〕25号）出台以前，棚户区改造融资工作基本由市县自主开展。2014年，经省政府同意，省财政厅、省住建厅、省开行和省投资集团成立了棚改融资理事会，并设立省建投公司作为省级融资平台，受市、县政府自愿委托，按照“三统一”原则（统一评级、统一授信、统借统还）与国家开发银行合作，面向全省（合肥市除外）开展棚改融资工作，融资模式和融资规模均发生了根本性变化。

（一）市县自主融资阶段

2008年四季度，国务院将各类棚户区改造纳入城镇保障性安居工程。我省各级财政部门认真贯彻国务院文件精神，着力拓宽筹资渠道，切实做好棚改资金保障工作。2009—2013年，各地通过各类渠道共筹集棚改资金约473亿元，对缓解棚改资金压力起到了重要的推动作用。这一阶段，我省棚户区改造融资工作主要有以下特点：

一是制度缺失，自主实施。2013年以前，中央和省有关文件虽然明确符合规定的地方政府融资平台公司可发行企业债券或中期票据，专项用于公共租赁住房等保障性安居工作建设；承担保障性安居工程建设项目的其他企业，也可以在政府核定的保障性安居工程建设投资额度内，通过发行企业债券进行项目融资，但未制定相关配套政策措施，融资工作基本由市、县根据棚改融资需要和有限融资渠道自发组织实施。

二是积极探索，形式多样。在缺少顶层制度设计的情况下，各地积极探索棚改融资的路径，为做好棚改资金保障工作积累有益的经验。铜陵市试行“债贷组合”融资模式，采取“统一融资规划、统一债贷授信、动态长效监控、全程风险管理”方式，把债与贷纳入整体风险控制；芜湖市通过融资租赁方式累计融资7亿元支持各类棚户区改造；淮南市争取国家住房公积金贷款试点为棚户区改造提供支持，先后为18个棚户区改造项目，提供公积金贷款额度26.43亿元。滁州市成为银监会首次书面批复同意开行通过担保引入保险资金的试点，引入保险资金10亿元支持棚户区改造。

三是门槛较高，规模较小。现行银行贷款条件要求，棚户区改造贷款项目自有资本金不低于20%，同时对采取回购方式予以安置不予支持等等。受融资门槛等多种条件制约，2009—2013年，全省棚户区改造项目通过银行贷款、企业债券等有关渠道共筹集资金，仅占同期全省棚户区改造总投资1535亿元的31%，其中利用国家开发银行专项贷款占总投资的15%，其他商业银行贷款占总投资的10%，利用债券、信托等其他方式融资仅占总投资的6%。因此，与全省棚户区改造投资需求相比，棚改融资规模较小。

四是限制较多，成本较高。受自身防范风险的考虑，以及政策层面的因素，商业银行参与棚户区改造融资，需地方政府融资平台提供大量资产抵押、且利率较高，而地方融资平台可抵押资产较少，基本无法获得商业银行贷款。此外，我省政策规定融资成本限制在基准利率的1.3倍以内，除银行贷款和发债外，其他融资渠道很难筹集资金。除国家开发银行外，其他商业银行贷款利率一般在基准利率基础上上浮20%～30%，使地方政府的融资成本提高了两至三成。

（二）省级平台参与融资阶段

为贯彻落实2014年4月国务院常务会议精神，2014年3月份，省有关部门成立了棚改融资理事会，并设立省级融资平台具体承办棚改融资工作。当前，我省棚改融资工作主要有以下特点：

1.完善制度，统筹推进。一是建立了棚改融资机制。省建投公司作为棚户区改造省级融资平台，按照“三统一”原则（统一评级、统一授信、统借统还）与国家开发银行合作，着力保障棚户区改造及配套设施建设资金需要。省财政厅会同省住建厅、省开行、省建投公司成立了棚户区改造融资管理理事会，作为棚户区改造融资的决策协调机构。二是建立了融资管理制度。省财政厅、省住建厅等有关部门印发了《安徽省棚户区改造融资管理办法》《安徽省棚户区改造融资管理理事会章程》《安徽省棚户区改造开行贷款管理细则》等管理制度，为规范全省棚改融资工作提供了政策依据。三是开展棚改融资业务培训。2014年以来，省财政厅、省住建厅、省开行、省建投公司围绕棚户区改造融资管理操作模式、开行贷款流程,进行项目组织申报、资本金注入、贷款合同签订、贷款发放等先后举办两期业务培训班,帮助市县有关部门和融资平台掌握政策,熟悉流程,提高工作效率。

2. 政策融资,优惠较多。一是贷款期限长。根据国开行的规定,省级融资平台硬贷款期限为15年、软贷款期限为5年,宽限期均为3年;而市县融资金平台硬贷款期限为10年、软贷款期限为3年,宽限期均为2年。二是融资成本低。根据国开行的有关规定,针对棚户区改造的贷款利率比同期同档人民银行公布的贷款基准利率低18%,进一步降低了棚改项目融资成本。三是市县不需抵押物。国家开发银行对省级融资平台核定的融资额度,是按省级财政报表数据进行计算的,与参与市县财政报表数据无直接关联,也不需要市县出具抵押。

3. 规模扩大,成效明显。根据《安徽省2013——2017年棚户区改造规划》,5年内全省计划改造各类棚户区146.1万户。其中:城市棚户区144.89万户。按每户建设成本27万元(90平方米和每平方米3000元)测算,建设成本约达4000亿元。目前,国家开发银行已核定安徽省首批棚改融资额度近949亿元,约占建设总成本的20%以上。截至10月底,累计签订借款合同金额179.08亿元,发放贷款75.83亿元,对缓解我省棚改资金压力起到了积极的推动作用。

总体上,我省棚改融资从市县自主实施向省级统筹为主、市县分散融资为辅过渡,融资规模由小到大、融资成本由高到低,对缓解棚改资金的压力作用越来越明显。

二、我省棚改融资工作存在的主要问题

近年来,我省棚户区改造融资对加快棚户区改造进程起到了积极的推进作用,尤其是省级棚改融资平台建立以来,对加快推进棚户区改造进程起到了重要的支撑作用,但与棚户区改造对融资工作要求相比,仍有诸多问题亟待研究解决。

(一)融资渠道单一,融资规模有限。由于棚户区改造项目经济效益不高,其他社会资金、非银行金融机构对于该项民生工程不愿意过多投入,除银行抵押贷款外,难以吸引多种渠道资金。目前,我省棚户区改造融资主要有三个渠道,即政府融资平台融资、发行企业债券和公积金贷款。一是政府融资平台融资。除国开行、农发行等银行针对棚户区改造贷款项目的政策比较明确和具体外,商业银行在城镇化建设上也有一定的支持,但是贷款规模小。二是发行企业债券。国家发改委《关于企业债券融资支持棚户区改造有关问题的通知》规定,凡是承担棚户区改造项目建设任务的企业,均可申请发行企业债券用于棚户区改造项目,受房地产调控政策、发行通道等因素影响,事实上市县发行企业债券筹集棚改资金难以实施。三是公积金贷款。实施城市棚户区改造以来,淮南市通过争取国家住房公积金贷款试点为棚户区改造提供支持,先后为18个棚户区改造项目,提供公积金贷款26.43亿元,但该种筹资模式暂不具备可复制性。

(二)棚改模式简单,融资渠道较窄。我省棚户区改造市场运作主要采取三种模式:一是实行商业运作,自求平衡。对具备商业运作价值的棚户区改造项目,采取土地公开招拍挂方式,由获得土地开发权的房地产开发企业进行改造,除棚户区改造安置房外,多余房源可作为商品房公开销售,力求收支平衡。在土地招拍挂时,在土地出让条件中约定,由政府定价回购棚户区改造安置房;对商业运作价值较大的项目,安置房由投资者无偿提供。二是政府回购,实物安置。实行"限房价、竞地价"。对不具备商业运作价值的棚户区改造项目,也采取公开招拍挂方式,在土地出让条件中约定政府回购价格,所建设的棚户区改造安置房(含配建的保障房)全部由政府定价回购。三是企业组织集资建房。工矿棚户区绝大部分由企业组织职工集资建房方式实施改造,政府给予棚户区改造政策优惠,在市政基础设施上予以配套。商业运作、自求平衡模式对棚户区改造地块地理位置要求较高,无法大面积推广实施。政府回购、实物安置模式虽然缓解了市、县短期内兑付棚户区改造资金压力,但实质上仍是政府自建模式。企业组织集资建房模式对企业自主筹融资能力要求较高。上述模式对房地产信托、证券、开发性金融等工具利用程度均不高,对于市场机制的理解也还十分有限,融资效率低下,激励效应不足。

(三)放款进度缓慢,使用效率不高。一是放款机制不规范。省开行、省建投公司内部有关支持范围、放款条件和办理流程等政策不够明确,影响放款进度。省开行与省建投公司之间,在棚改项目可研报告初审、合同签订申请材料审核和根据合同提款等环节会商对接不够，同一项目放款手续需多次往返办理，也影响了放款办理效率。省开行提款条件严格，对放款合同签订和项目用款均需进行严格审核，否则难以及时放款、提款。二是部分市县基础工作滞后。主观上，有的市县融资平台将棚改融资关注的重点放在争取融资额度上，重融资规模，轻资金使用；有的市县融资平台人员责任心不强，业务不熟练，存在等靠思想，导致放款进度缓慢。客观上，有的市县棚改项目涉及建设用地指标，需按规定程序报批；有的市县根据棚改规划编制项目可研报告、环评报告、施工方案等前期准备不足；有的市县融资平台缺少与省开行合作的经验，且交流沟通不够，对放款流程陌生等等，都影响了棚改融资放款进度。

（四）还款机制缺失，制度有待完善。一是棚改项目还本付息保障机制有待建立。棚改融资是政策性贷款，事关政府信用。目前，需要明确棚改融资还本付息资金筹集渠道，确保还款资金来源。二是棚改项目资金使用监管机制有待建立。棚改项目土地出让金、租销收入等是棚改项目的主要收入来源，应尽早明确棚改项目收入监管主体、监管内容和进入监管账户资金使用范围，确保监管工作有序开展。三是棚改融资绩效评价机制有待建立。绩效评价是以问题为导向，提高棚改资金使用效益的保障措施。应围绕提高棚改资金使用效益，建立绩效评价制度、构建绩效评价指标体系，明确绩效评价结果的运用方式，切实提高棚改资金使用效率。

三、完善我省棚户区改造融资模式选择和政策建议

目前，我省棚改工作正在有序推进，根据户均改造成本测算，资金缺口大是棚户区改造面临的关键难题之一。今年以来，国家出台了一系列支持棚户区改造的优惠政策，这是我省全面推进棚户区改造的大好机遇。当前，应从以下五个方面完善我省棚户区改造融资管理政策。

（一）用足用活政策，扩大融资规模。一是充分发挥开发性金融保障作用。为进一步发挥好开发性金融的“供血”作用，一方面，密切与国家开发银行的联系和沟通，争取进一步加大棚改项目融资额度；另一方面，要进一步夯实基础性工作，切实加快首批融资额度的放款和用款进度，加快资金周转速度。二是充分发挥债券融资作用。认真贯彻国务院《关于进一步加强棚户区改造工作的通知》（国发〔2014〕36 号）精神，结合我省棚改工作实际，依托省级和市县棚改融资平台，通过发行棚改项目收益债券或票据，以及通过公募或私募债券等方式进行融资，积极探索政府贴息等途径扩大融资规模。三是探索政府引导性发展投资基金模式。针对项目资本金不足问题，参照北京市小 城镇发展基金模式，建立棚户区改造政府引导基金，吸引社会资本参与棚户区改造。四是引导民间资本投入。鼓励和引导民间资本根据保障性安居工程任务安排，通过直接投资、间接投资、参股、委托代建等多种方式参与棚户区改造。五是扩大信贷合作银行。在继续发挥开发银行贷款规模大、利率低等优势的前提下，积极扩展与其他商业银行合作范围，吸引商业银行参与全省棚改项目融资，利用商业银行贷款使用程序灵活，服务网点覆盖面广的优势，解决市县棚改资金不足问题。

（二）丰富棚改模式，拓展融资渠道。一是引入 PPP 模式。通过公共部门和私营部门共同参与生产或提供物品与服务引入市场竞争机制，发挥私营部门的资本及其技术优势，并建立合理运行补偿，引导私营资本参与棚户区改造。二是鼓励企业参与棚户区改造。结合贯彻国发〔2014〕36 号精神，规定企业参与政府统一组织的工矿（含中央下放煤矿）棚户区改造、林区棚户区改造、垦区危房改造的，对企业用于符合规定条件的支出，准予在企业所得税前扣除，以充分调动企业职工积极性，积极参与改造，合理承担安置住房建设资金。三是探索整体推进模式。将城市棚户区改造与新型城镇化相结合，与城市道路改造、城市排水管网等城市基础设施建设进行整合，通过加大整合力度，充分发挥相关资金资源的综合效益。

（三）加快放款进展，充分发挥保障作用。一是进一步强化理事会牵头职责。强化问题导向，省棚改融资理事会每月听取一次融资放款进展情况、资金使用情况汇报，梳理分析棚改融资放款工作存在的问题；促进省开行、省建投公司和市县平台公司之间放款业务的协调配合，根据放款工作需要建立机制、完善制度，确保棚改融资放款顺利进行；加强业务指导和培训，建立棚改融资放款进度通报制度，督促各地加快提款进度，提高资金使用效率。

二是协调开行进一步优化放款审批条件。促请省开行加强与国开行的沟通和会商，争取将棚改项目区内市政设施改造、回购安置、分散货币安置等纳入开行贷款支持范围；适当放宽拆迁面积与建设面积的比例，以及货币安置资金占融资额度的比例；简化、优化审核流程，适当放宽拨付条件，切实提高放款效率。三是督促平台公司提高效能。促请省建投公司优化审批条件，取消单个棚改项目收支自求平衡审批条款；简化审核审批手续，做到“随报随批，随放随用，限时办结”。四是强化市县主体用款责任。要求市县有关部门和平台公司进一步提高加快棚改融资放款进度重要性的认识，切实增强责任感；市县有关部门要加快棚改项目可研报告、环评报告、施工方案等前期准备工作，为加快棚改放款创造条件；市县平台公司要加强与省开行、省建投公司的沟通和联系，尽快熟悉棚改融资放款相关政策、放款条件和操作程序，用足用活政策，防止资金闲置，降低融资成本。

(四)开展绩效考核，提高资金绩效。一是建立绩效评价机制。省棚改理事会制定棚改融资绩效评价办法，明确棚改融资的评价主体、评价客体、评价内容、组织实施和时间要求等，为开展棚改融资工作提供政策依据。二是科学构建评价指标体系。重点围绕棚改资金使用的规范性、棚改项目土地出让金、租售收入监管账户设立和运行情况，以及及时足额归还棚改项目本息情况等，构建绩效评体系，确保绩效评价工作的科学性。三是发挥评价结果的导向作用。一方面，要将绩效评价评结果在一定范围内公开，起到相互促进作用；另一方面，要将绩效评价结果与省及省以上政府补助资金分配适当挂钩，提高基层政府和有关部门加强棚改融资管理的积极性和主动性。

(五)完善工作机制，加强风险管控。一是建立棚户区改造资金的还款风险防控机制。严控政府债务上限，建立偿债准备金制度、棚户区改造风险分担机制和棚户区改造投融资检测评估机制。二是加强资金使用的审计监督。要求地方审计部门将棚改项目的资金使用纳入审计工作内容，确保把每一个项目打造成阳光项目、把每一笔贷款打造成阳光贷款。三是厘清各单位权责。厘清项目主管单位、项目实施单位、债务管理单位权责，防止偿还时发生政府与融资平台、银行之间扯皮纠纷，导致债务风险。

课题组组长：孟照红
课题组成员：王召远　陈维光　汪小俊

关于推进我省禽业转型发展的调研情况

为把握我省禽业发展现状与趋势，全面了解禽流感疫情影响，探索建立以市场为导向的禽业支持政策体系，推进禽业转型发展，根据省领导指示精神，2014 年 3 月中旬，省财政厅、省农委、省金融办组成联合调研组，分赴合肥、宣城、安庆等地开展了调研，并对 9 个禽业主产市进行了面上调查。

一、我省禽业发展历程与特征

(一)我省禽业发展历程。改革开放以来，我省禽业经历了三个重要发展阶段：起步发展期(1979—1990 年)。期间各级政府纷纷实施　菜篮子工程　，引进国外先进的家禽饲养技术、防疫灭病技术，兴建了一批现代化(按当时标准)的鸡场。家禽养殖业由小生产、传统技术、自给自足的养殖模式，开始向市场化、专业化、规模化方向发展。快速扩张期(1991—2003 年)。伴随我省经济的发展、消费市场的扩张，我省禽业快速发展，产业化水平明显提高，产业链和品牌建设取得明显进展。禽产品消费市场由长期短缺、供不应求转为总量平衡、供应有余。振荡发展期(2004 年至今)。2004 年 1 月 23 日，我国对外公布首例确诊高致病性禽流感疫情以来，禽流感事件在我国不时发生，对家禽养殖业造成重大影响。特别是 2013 年初开始，我国首次公布人感染禽流感的死亡病例以来，对禽业发展形成了更大冲击，市场剧烈波动，损失严重，给整个行业发展带来不确性，如何推进禽业整体转型，以实现平稳健康发展，已成为禽业发展的现实问题。

(二)禽业发展的特征。经过三十多年的发展，我省已成为全国重要的家禽生产基地，禽业已成为丰富消费餐桌、优化食品结构、增加农民收入的主要来源。总体上呈现出以下特征：一是总量较大，占比较高。禽业已成为我省农业的重要支柱产业。2013 年，我省家禽饲养量近 10 亿只，禽肉产量 115 万吨，居全国第 7 位；禽蛋产量 124.53 万吨，居全国第8位。全省家禽年产值达400亿多元,占全省畜牧业产值的1/3,占全省农林牧渔业总产值近1/10。二是品种丰富,体系完备。我省家禽品种主要有肉禽、蛋禽和水禽,分占家禽总量5∶3∶2。肉鸡品种中,黄羽肉鸡占80%,白羽肉鸡占20%;建立了层次明晰的家禽原种场—祖代场—父母代场—商品场的良繁体系,31个祖代场存栏种禽79万只,410个父母代场存栏种禽1446万只,已经形成相对完备的体系。三是区域集中,优势明显。我省家禽养殖主要集中在江淮丘陵、沿江平原的合肥、六安、滁州、宣城、池州、安庆6市,以及淮北平原粮食主产区的阜阳、宿州、蚌埠3市,形成"6+3"的家禽养殖大格局。四是规模养殖,水平提升。家禽养殖业在我省畜牧业中规模化、集约化、产业化程度最高,所有肉鸡、蛋鸡规模养殖90%以上实现自动化。特别是种禽养殖全面实现了规模化、集约化和产业化。2013年我省蛋鸡规模化比重76%,肉鸡规模化比重80%。五是龙头带动,链条延伸。全省禽产业拥有8家国家级农业产业化龙头企业和66家省级龙头。全省共有屠宰冷藏厂87个,年加工家禽6亿只,产值134亿元;家禽熟食品加工厂60个,年加工0.7亿只,年产值9.4亿元;全省直接从事家禽养殖人员12万人,人均月收入3000元。同时直接带动相关行业,包括饲料加工、物流运输、销售等行业就业达十多万人。

二、禽流感对禽业发展的影响与原因

(一)禽流感对禽业发展的影响。禽流感,特别是人感染禽流感对我省乃至全国禽业发展都产生了严重影响。2013年受人感染H7N9禽流感事件影响,当年我省禽业产值减少20亿元以上,下降超过5%,约占当年畜牧养殖业产值的2%。2014年在禽业生产和市场连续9个月低迷之后,人感染H7N9禽流感再次卷土重来,预计,一季度全省家禽养殖业产值减少将超10亿元,同比下降达28%。

1.从近期看,禽流感对禽业最直接的冲击与影响就是禽产品量价齐跌,行业风险急剧增大。一是销售量急剧下滑。据家禽交易市场固定监测点监测,2014年3月底与上年11月底相比,家禽交易市场活鸡销量下降21.23%,白条鸡下降5.43%。二是价格持续下跌。一季度,全省活鸡、白条鸡、鸡蛋平均价格与去年同期相比分别下跌5.6%、8.31%、4.97%;宣城市场肉鸡出栏价格下降至2.5~3.0元/斤,跌至成本线以下。三是种禽严重滞销。库存活禽激增,导致大量种蛋严重滞销。宣城市每天苗禽生产能力200万只,目前只能维持1/10产量。四是行业动荡风险加大。禽产品连续积压,企业资金回笼困难,资金链条发生断裂,导致企业生产严重危机。

2.从细分行业来看,禽流感对禽业的冲击与影响是不均衡的。分品种看,肉禽养殖业损失最大。受禽流感事件影响,各品种均出现亏损,但以肉鸡最严重,肉鸡中又以黄羽肉鸡亏损最严重。而禽蛋是老百姓生活必需品,具有消费刚性,加上禽病传播途径的特殊性,这次受影响最小。2014年一季度,禽肉价格同比下跌8.31%,鸡蛋价格同比下跌4.97%,肉鸡价格跌幅最深。分代次看,种禽企业损失大于商品禽企业。种禽企业苗鸡价格急跌,销售受阻,种蛋做商品蛋销售,而且量价齐跌,损失最大。安庆市8家种禽企业仅2014年2月份亏损达650万元。阜阳立华畜禽有限公司,截止2014年3月6日苗鸡降价、淘汰种蛋、售商品成鸡等,累计亏损近3000万元。分产业链看,没有收储加工能力的养殖企业亏损最严重。具有屠宰加工收储能力的企业,在疫情发生时,立即实行加工速冻存储,疫情结束后择机销售,减少了企业损失。分经营模式看,签订回收协议的企业或合作组织损失最大。现在的肉鸡生产模式基本是企业与养殖户签订保障合同,市场风险集中在投苗企业上,一旦活鸡销售受阻,企业亏损不可避免。如安庆市15个投苗企业今年已亏损800余万元。宣城木子禽业专业合作社,2013年亏损1912万元,2014年又亏损200万元。

3. 从长远来看,禽流感对禽业发展的影响是"危""机"并存。疫情发生发展具有很大的不确定性,如果疫情阴影长期不去,或隔三差五出现疫情,将会给整个产业发展带来深远的影响,若应对失序,不仅可能对我省禽业产生毁灭性打击,更有可能产生连锁反应,引发社会不稳定。若应对有序,引导有力,可以促使产业加快转型升级,推进产业健康发展。但无论如何,一是一定时期内禽流感将使整个行业发展受挫。禽流感已经对整个家禽行业造成实质性损失。家禽养殖企业已经全面收缩规模、压缩产能,苗禽滞销、禽产品销售下降已成定局。如果疫情延续到5月底,预计祖代种禽生产规模将缩减25%,父母代种禽缩减40%,部分养殖者信心严重受挫,部分养殖企业可能破产。二是禽流感疫情也将倒逼整个产业转型发展。禽流感疫情,特别是人感染事件将加速禽业的优胜劣汰、转型升级。调查中,养殖户也大多意识到,一次次的禽流感事件,使现行的产业发展模式难以为继,必须要有更清晰的产业链意识。有实力的养殖企业已经在探寻禽业发展新机会。调研中,合肥、宣城、安庆等地部分家禽企业表示,将改变投资理念,向家禽养殖的上下游拓展,延长产业链条,增加抗风险能力,而且已有了成功案例。如肥西老乡鸡,已经从单纯的养鸡、卖活鸡,转型为养鸡、加工直至提供以鸡为原料的终端消费品的、全产业链的公司,不仅有效地规避了禽流感冲击,而且实力进一步增强。

(二)禽业发展遭受严重影响的原因。在禽流感事件面前,禽业发展的脆弱性和抗风险能力的不足被彻底暴露。从我们调查中发现:消费环境发生改变、产品固有特性和产业发展的阶段特征等是造成禽业遭受严重冲击和影响的深层次原因。

1.从外部消费环境看,人们对食品的消费需求已由过去的数量型转为质量型。随着人们生活水平的提高,人们的消费观念和消费行为已经发生深刻的变化,安全、营养、健康已成为首选。而人感染禽流感导致死亡事件的出现,正中了人们对食品消费的最要害处,人们对禽产品安全性的不信任,必然导致禽类产品销量和价格大幅下降。

2.从产品本身特征看,终端销售活禽类产品与消费者对健康性消费要求严重不适应。随着经济的发展,生产能力的提高,市场的供应越来越丰富,消费者的选择权越来越大,肉禽类产品已变为高消费弹性产品,完全可实现100%替代,以致在禽流感事件中,肉禽养殖遭受的打击最大。受禽流感影响,近来合肥禽肉价格普遍跌至成本价以下,消费者选择其他肉类产品作为禽肉的替代品,销量猛增。

3.从产业本身发展阶段看,禽产业链条短与抗风险要求严重不适应。总体看禽类产品加工、储存能力,特别是提供让消费者信赖、安全、健康的终端消费品的能力还十分有限,一旦遇到突发灾害或重大疫情,活禽销售极易受阻,企业缺乏自救能力。如安庆市目前已建成完整产业链的企业只有2家,占全市养禽企业数量0.1%,占全市家禽养殖数量1%。

通过调研,我们认为:禽业的发展已经到了必须进行整体转型升级的关键时期。在家禽养殖业经历了从起步－扩张到提高的快速发展阶段后,加快发展家禽产品深加工、引导消费习性、规范禽产品销售,必须提到推进行业健康发展的重要议事日程上来。只有加快行业转型升级,为消费者提供安全、健康的终端消费品,才能从根本上抵御禽流感的影响,实现禽产业平稳健康发展。

三、禽业转型健康发展的路径探索

(一)转型发展面临的制约因素。从调研情况来看,经过多次禽流感疫情的冲击,宣城、合肥等家禽养殖大市,无论是企业还是相关部门,近年来都在积极探索,着力推进禽业转型发展,已经培育出了老乡鸡、华卫集团、太阳禽业、和诚集团、荣达禽业等一批全产业链的家禽企业,但从整个产业来看,禽业转型发展还十分艰难,面临多重因素制约:

一是消费习惯因素。我国家禽规模化养殖时间不长,历史上长期以家庭自养自食为主,居民对禽类的消费追求新鲜,主要以现宰现杀现食为主。消费习性加上宣传误导,居民普遍认为散养的“土鸡”、“本鸡”营养价值比圈养的“洋鸡”更丰富,促使人们在选择家禽时,更倾向于散养的鸡,导致近年来家禽散养比重逐步加大。同时,由于多方面原因,居民对禽类加工产品质量信任度不高,加上近年来频发食品安全事件,更加促进了居民更多在市场上选择活鸡,而不是冰鲜鸡,造成家禽企业对延长产业链条、发展禽肉食品加工心存顾忌。

二是活禽交易方式的因素。应当说,活禽市场的关闭与开放,对产业发展具有很大影响。如果没有外部的强大推力,大力压缩活禽直接上市,倡导和支持冷链销售,引导消费习性,要发展冰鲜产品还是非常艰难的,甚至现有的禽肉食品加工潜能也很难得到有效释放。如肥东和诚集团建有年加工能力达5000万只活禽的生产线,2013年实际开工仅占加工能力的1/4不足,造成加工能力大量闲置。

三是禽业发展本身的因素。一方面,我省家禽业体量大,无论是饲养量,还是肉、蛋产量都位居全国前列,禽类年产值超过400亿元,推动如此大规模的一个产业整体转型必将是一个长期和艰难的过程。另一方面,我省家禽规模养殖中,真正算得上养殖工艺先进、规模化、一体化的企业占比并不高，大量的、小规模、分散的养殖户与现代化的、规范化的养殖企业并存。恰恰是这部分分散的、小型的养殖场是实现家禽业转型发展的难点和关键所在，而且影响面很广。而禽业作为入门较低、能有效带动农民增收的行业，又不能实行一刀切，全面淘汰小规模养殖户，实现转型发展面临两难。

此外，转型还需要大量资金支持和相关技术支撑等，因此，推动禽业转型发展，是一个艰难曲折的过程，绝不是一蹴而就的，既要坚定不移，又要积极稳妥。

（二）转型发展目标。用5年或更长一点时间的努力，实现“两大目标、三大转型”。“两大目标”：禽业在我省畜牧业中率先实现转型升级和全产业链改造，成为安徽农业重要支柱产业之一；禽产品成为皖字号农产品中质量安全可靠、具有稳定消费群体的放心食品。“三大转型”：养殖环节实现从粗放散养到标准化规模饲养的转型；流通环节实现从活禽直接交易到冰鲜加工配送的转型；消费环节实现从原始农产品无序上市到提供安全放心品牌产品的转型。

（三）转型发展思路。围绕上述目标，按照十八届三中全会关于全面深化改革的总要求，转变发展方式，优化资源配置，遵循市场规律，以科技创新、体制机制创新为动力，以精准有力的扶持政策体系为保障，引导和加速禽业转型升级；提升禽业规模化、标准化、产业化水平，培育重点龙头企业和合作组织，确立一批享誉度高的禽产品品牌，形成国内一流的产业集群和优势区域；强化禽产品全程质量安全监管，引导科学消费方式，保障市场稳定供给，在全省畜牧业中率先实现现代化改造。

（四）转型发展重点。针对我省禽业发展的现状，必须突出抓好以下转型发展的关键环节与重点。

一要稳定种禽生产能力，夯实发展根基。禽业转型，种禽是基础，要进一步加快全省家禽良种繁育体系建设，省级重点扶持原种场、祖代场，市县级主要建设父母代场、扩繁场和健全技术推广网络体系。积极发挥行业协会的种禽生产结构和总量调控作用。启动实施肉鸡、蛋鸡遗传改良计划，提高商品禽生产性能。加强地方品种家禽资源保护，鼓励培育家禽新品种（系），努力打造全国重要的种禽产业集聚区。建议全省祖代种禽存栏不低于50万只，父母代种禽存栏不低于2000万只，商品苗禽供应能力稳定在10亿只左右，良种化率达95%以上。

二要提升标准化规模水平，推动健康养殖。改变传统养殖模式，提高养殖入门门槛，加快推进家禽标准化示范创建活动。推进由分散饲养向规模化、标准化饲养转变，达到“家禽良种化、养殖设施化、生产规模化、防疫制度化、粪污无害化、监管常态化”的要求；以建设标准化禽舍、自动化设备养禽为方向，提高生产效率，降低成本；依法实行规模养殖禽场（小区）备案制度，建立养殖档案，不随意滥用抗生素，不违禁使用添加剂；加强家禽生产预警监测体系建设；加强行业自律，加强依法监管，强化生物安全，科学使用兽药。全省规模化养禽比重达90%以上。

三要强化禽病防控能力，降低疫情风险。坚持预防为主的方针，落实动物防疫责任，健全四级动物防疫体系。建立健全重大禽病防控预警和应急体系，完善病死及扑杀家禽无害化处理补偿制度，建立禽产品生产和市场统计监测制度。推行官方兽医，加强防疫队伍培训，全面构建动物防疫长效机制。加强禽产品质量安全监管，围绕 源头治理、过程控制、市场准入 等重点环节，建立健全各项监管制度，科学评估和防范，指导生产、引导消费，推动建立风险预警机制、检打联动机制和跨区联防联控机制，在全社会树立禽产品消费信心。

四要延伸产业链条，转变市场流通方式。引进和扶持一体化的禽业龙头企业，实行饲料生产、育种、标准化规模养殖、屠宰分割、冰鲜上市、冷链配送、食品加工的一条龙模式现代产业链；大力引导龙头企业与养殖场户、合作经济组织建立起紧密型生产合作关系、利益联结机制、风险管理机制，实现家禽养殖加工的订单化生产、均衡化供应和全程可控；从保障公共卫生和消费安全的高度，改革禽产品销售方式，大力改进和压缩活禽直接上市销售，在合肥等大中城市大力推进冷鲜禽肉销售，培育禽产品品牌，稳步替代活禽交易。全省县级城镇白条禽肉上市率力争达90%，禽蛋清洁化上市率80%，冰鲜禽肉上市率达20%。

五要营造良好发展环境，倡导健康消费。根据国家权威部门预测，未来20年内，禽肉尤其是鸡肉消费仍会明显上升。应通过宣传引导，全面普及健康和膳食营养知识,培育禽产品品牌和信誉,提振消费信心。把禽肉、禽蛋消费的规划指标和内容,统筹纳入我省经济、社会发展规划、指导性意见和政策支持体系中,做到积极引导与有效干预结合,使禽肉消费逐步与国际化趋势接轨,促进禽业生产和市场进入良性发展轨道。

四、探索建立支持禽业转型发展的政策体系

多年来,全省各级财政、金融等部门多方面支持禽业发展,有力地促进了我省禽业发展壮大。2013年面对人感染禽流感冲击,我省果断出台应急救市政策措施,帮助企业度过了难关。从实际效果看,应急政策,只能管一时,面对疫情的多发和频发之势,需着眼于禽业长远发展,着力构建打基础、管长远的引导政策体系,推进整个行业转型升级,健康发展。因此,要研究出台禽业管当前的应急救市政策和管长远的长效机制两个政策体系。管当前的政策,重在应急,重点是扶持企业,通过政府直接干预,果断出手,帮助禽类企业度过当前难关。管长远的政策,贵在长效,重点是扶持产业,利用市场机制,围绕家禽业转型发展,构建完善的政策支持体系,重点抓好以下几方面:

(一)*构建家禽养殖风险防范体系*。家禽养殖面临自然灾害与疫病灾害的双重风险。促进禽业健康发展,需要进一步完善风险防范机制,建立健全养殖业保险政策体系。一是扩大政策性保险覆盖范围。要积极向中央反映我省禽业发展状况,争取将种禽纳入政策性保险范围。省级要将家禽纳入特色农产品保险目录,鼓励家禽养殖大县扩大父母代种禽和蛋禽特色保险覆盖面,省财政按规定给予补助。二是鼓励开展商业保险。政策性农业保险经办机构要积极作为,开发适合家禽业的商业保险产品,重点是对父母代种禽和禽舍进行保险,提高家禽企业和养殖户抗风险能力。三是探索建立家禽目标价格指数保险试点。鼓励有条件的市县,借鉴外省经验,试点开展家禽目标价格指数保险,化解家禽因人感染禽流感等外部因素造成价格大幅下跌带来的风险,稳定收入预期,避免禽产品价格大起大落而导致的既伤害农民又伤害消费者的双重危害。

(二)*构建家禽企业金融支持体系*。一是要健全融资担保体系。创新禽业企业信贷担保方式,扩大抵押物范围,研究制定将养殖小区、养殖加工设备、存栏种禽作为抵押物方法,开展商标、订单、保单、仓单等权利质押。国有及国有控股融资性担保机构要切实履行职能,对产业链条完整、养殖技术先进安全的企业,优先提供担保。二是要发挥农村合作金融机构职能。确保2014年完成全省83家农合金融机构改制任务,鼓励农村合作金融机构及徽商银行等地方金融机构因地制宜探索家禽产业融资贷款的新途径、新方法,降低贷款准入门槛。三是要强化金融机构涉农贷款考核激励。细化金融业涉农贷款增量指标体系,政府对给予家禽养殖企业、大户贷款的金融机构量化考核指标给予奖补,用以增加金融业的不良贷款风险拨备,推动金融机构加大对禽业企业融资支持力度。当前切实做到不抽贷、不压贷、不惜贷,确保家禽业贷款业务正常开展。

(三)*构建冷鲜禽产品流通支持体系*。按照"集中屠宰、冷链配送、冰鲜上市"的模式,支持对禽业供应链改造升级。一是支持活禽集中屠宰。支持以市或以县为单位,建立家禽产品集中屠宰中心,配套检疫检测设备,出台屠宰中心用地、用电、税收优惠政策。对禽蛋产品支持清洁加工上市。二是支持发展冷链物流。认真落实国家发改委《农产品冷链物流发展规划》,集中项目和资金支持家禽产品冷链仓储和配送。鼓励家禽冷链产品进超市、进社区、进电商,现有各类农产品进超市项目资金向禽类产品倾斜。三是全力推进活禽交易市场标准化改造。以大中城市为重点,提高活禽交易门槛,严格实行活禽检疫,严格实行活禽买卖与宰杀相隔离,减少消费者与活禽直接接触;科学设置并稳步减少各类农贸市场活禽交易摊位,增加冷链家禽产品交易摊位,在人口密度较高的中心城区,用2~3年时间稳步退出或关闭活禽交易活动。

(四)*构建全产业链的财政支持体系*。一是突出财政支持重点。在继续支持做好动物疫病防控的基础上,整合畜禽类发展资金,支持引导畜禽龙头企业延长产业链条,建立种禽、孵化、养殖、加工、销售一体化、全产业链的大型养殖企业,重点支持企业新建屠宰加工和冷链仓储设备,原则上不再支持养殖小区建设。二是优化财政支持方式。切实减少对企业的直接无偿投入,利用贷款贴息、担保贴费、以奖代补等手段,引导金融资本支持家禽企业发展,避免企业对政府和财政资金的依赖。三是提高财政资金使用效益。要因类施策,根据种禽、蛋禽、白羽鸡、土鸡等抗风险能力不同，提出针对性扶持政策，提高扶持政策的精准性和有效性。如对重点龙头企业支持，不仅要与其社会贡献挂钩，而且要与承诺的产能等指标挂钩，否则将收回相应额度的财政资金，从而保证项目的持续运行和财政资金持续发挥效益。

五、当前几项政策建议

（一）建议以省政府办公厅名义出台推进我省禽业转型发展的指导意见。明确禽业转型发展目标、思路、工作重点和政策措施，全力推进禽业转型发展。

（二）建议省政府尽快出台稳定家禽生产政策。当前我省家禽类企业正面临市场缺失、产品滞销、资金短缺的突出困境，为稳定我省当前禽业生产，也为禽业后续发展提供基础，建议省政府出台政策，保护市场主体，帮助企业度过困难期。一是保护祖代种禽。种禽生产是维持禽业后续发展的基础，建议对重点种禽养殖企业存栏一定周龄的祖代种禽，按照30元/套给予养殖补贴，养殖企业一定时间内不得人为减产，全省按40万套祖代种禽计算，约需补助1200万元，从省级畜牧业发展专项资金中列支，父母代种禽是否补贴由各市（县）自定。二是给予收储补贴。鼓励有冻库的屠宰加工企业，加大对活禽收储力度，屠宰加工后冷冻储存，财政给予每吨25元电费补贴。按4个月储期计算，全省约新增5万吨左右，省级需补助500万元，从省级畜牧业发展专项资金中列支。三是加大金融支持。金融机构对家禽企业做到不压贷、不抽贷、不惜贷，对到期贷款给予延期或展期，对重点龙头企业禽流感期间新增贷款利息给予50%贴息，按4个月计算，约2000万元，省与市县各承担一半，省级从产业化专项资金中列支。四是给予税费减免。减免家禽及禽产品检疫费、排污费、城市污水处理费和河道工程修建维护管理费地方分成部分，对禽业生产用电在疫情期执行贫困县农业灌溉用电政策。

（三）以省政府名义向国家有关部门建议：一是出台措施推动实施全国一盘棋的活禽交易管理模式。人感染禽流感期间，我省周边的上海、湖北等省相继关闭了活禽交易市场，不允许其他省份活禽进入。从往年来看，禽流感疫情过后，这些省市又将开放活禽交易市场。这种频繁关闭和开放活禽交易市场，不利于建立全国统一规范的活禽交易方式，不利于行业平稳发展，也会给养殖者造成极大的政策误导和投资浪费。建议省政府向国家有关部门反映，出台统一的禽类产品交易政策，以利于推动禽类交易模式由活禽交易向冰鲜交易转变。二是建议国家对禽业生产、消费进行理性宣传引导，发挥行业协会的作用，从行业平稳发展和消费者的健康安全出发，通过专家解读、产品示范等，大力倡导健康安全的消费模式，引导消费行为，建立稳定的禽产品消费群体。

课题组组长：左　俊
课题组成员：孔少林　王定友　田文钊
汤　洋　罗　柯　王　剑
李红波

关于完善农业保险制度　支持新型农业经营主体发展问题的研究

农业是安天下、稳民心的战略产业。家庭农场、专业大户、农民专业合作社、农业产业化龙头企业等新型农业经营主体作为当前实现农村农户经营制度基本稳定和农业适度规模经营有效结合的重要载体，对加快推进农业现代化、促进城乡统筹发展和实现“四化同步”目标具有重要意义。本文旨在通过对新型农业经营主体农业保险情况进行分析研究，进而提出相关政策措施建议，以期对我省农业保险支持新型农业经营主体发展工作有所借鉴。

一、农业保险支持新型农业经营主体发展的功能作用

农业保险是指保险机构根据农业保险合同，对被保险人在种植业、林业、畜牧业和渔业生产中因保险标的遭受约定的自然灾害、意外事故、疫病、疾病等保险事故所造成的财产损失，承担赔偿保险金责任的保险活动，对锁定农业生产风险、改进农村治理方式和加速农业规模经营起到积极作用。

（一）锁定农业生产风险，发挥“稳定器”作用。农业保险最基本的功能就是风险保障，即分散农业经营风险和对农业风险损失实行经济补偿，是对社会已有的财富进行再分配的过程，虽不会创造新的财富，但可以对遭受的农业风险损失在不同投保主体间、不同保险年度间进行分散。不管被保险人是否懂得或意识到农业保险是管理农业风险的一种重要手段,只要参加农业保险,就能以较少的保费支出,将不可预料的农业风险损失部分或全部转移,形成一种现实的互助性风险保障,从而锁定农业生产风险,减少农业收入波动,稳定农业生产经营者的生产和生活,促进农业可持续发展。

(二)改进农村治理方式,发挥“助推器”作用。农业保险的社会治理功能是通过发挥保险的内在特性,促进经济社会的协调及各领域的良性运行和有效管理。通过政府购买农业保险服务,将保险机制引入农业防灾救灾领域,构建市场化的公共权益保障和矛盾调处新模式,实现由“事后救灾”向“事前防灾”、由“政府救济”向“经济补偿”的重大转变,有效降低管理成本,提高社会运行效率。同时,通过宣传发动,经历承保理赔和查勘定损,使得广大农户市场意识、法制意识和民主意识不断增强,进而不断助推农村治理方式改善。

(三)扩大农业规模经营,发挥“加速器”作用。农业生产规模化,是我国农业提质增效的必由之路。农业保险作为一项农业保护政策,通过实施有针对性的保险补贴,影响和调节农业特定领域或产业的生产成本及风险,达到优化资源配置的目的,并可带动农业新技术、新设备的应用推广,提高农业劳动生产率,进而促进农业产业化经营和集约化生产。同时,农业保险还具有资金融通的重要功能,通过保险与信贷、担保相结合,可以有效弥补新型农业经营主体单一融资方式的不足,优化农村信用环境,激活农村金融服务链,改善和提升新型农业经营主体的信贷地位,从而提高其综合金融服务获得率,加速推进农业规模经营发展。

二、农业保险支持新型农业经营主体发展的实践

大力发展农业保险,是推动新型农业经营主体健康可持续发展的重要保证。近年来,我省进行了一系列的探索和实践,取得了一定的经验成效。

(一)开展政策性农业保险试点。自2008年以来,我省陆续开展了水稻、玉米、小麦、棉花、大豆、油菜、能繁母猪、奶牛、育肥猪和森林等10余种中央政策性农业保险试点。各地按照“政府引导、市场运作、自主自愿、协同推进”的基本原则,通过采取组织领导、宣传发动、保费补贴等一系列务实举措,引导和支持新型农业经营主体参加农业保险。据统计,2008—2013年全省新型农业经营主体累次参保政策性农业保险达132544户次(种植业79595户次、养殖业52949户次),种植业投保面积3957.3万亩、保费5.8亿元,养殖业投保数量412.2万头、保费2.7亿元;累计83230户次新型农业经营主体获得保险赔款8.4亿元。从投保数量看,种植业由47万亩增加到1063万亩,年均增长86.4%;养殖业基本保持稳定。从参保人数看,由最初的9928户次增加到31724户次,年均增长26.2%。从保费规模看,由7165万元增加到22096万元,年均增长25.3%。从赔款金额看,新型农业经营主体户均赔款达1万元,远远高于全省平均。可以看出,农业保险有效支持了新型农业经营主体的快速发展。

(二)开展特色农业保险。2009年,省政府办公厅出台了《关于鼓励开展特色农产品保险试点的指导意见》(皖政办秘〔2009〕113号),鼓励各地因地制宜开展特色农产品保险,并给予适当保费补贴;2011年,为进一步加大支持力度,省财政厅出台了《安徽省特色农产品保险财政补助实施办法》(财金〔2011〕2356号),对各地开展的特色农产品保险给予保费补助,不少地方还自行加大了支持力度。为顺应新型农业经营主体的要求,我省已陆续开展了大棚蔬菜、茶叶、中药材、蔬果、毛竹等30多个特色保险品种。截至2013年末,全省特色农业保险基本覆盖了所有县(市、区),保费规模突破1亿元。

(三)开展政策性保险附加商业性保险试点。近年来,保险公司针对新型农业经营主体需求,相继开展了种植业保险附加商业性保险试点。国元农保公司和人保财险安徽省分公司在合肥、宿州、阜阳、滁州、六安、芜湖、安庆等地开展补充保险,将水稻、小麦、玉米、大豆保额分别由330元、270元、250元和170元提高到500元、500元、400元和260元,累计承保71万亩。一些地方根据财力状况给予适当奖补,如合肥市财政安排100万元提标奖补资金,对保险经办机构给予最高不超过提标额3%的奖励,宿州市和庐江县财政按照一定比例给予保费补贴,减轻了新型农业经营主体的保费负担,提高了农业保险的保障水平。

(四)探索保险与信贷结合试点。为进一步推进农业规模化、产业化,我省于2011年出台了《关于

建立互促共进机制推动农业保险规模经营发展的意见》，指导各地运用保险、信贷、担保等多种金融手段，支持和鼓励新型农业经营主体发展。针对新型农业经营主体融资难问题，各地依托农业保险，积极探索创新保险与信贷结合方式。淮南、安庆、宿州、滁州、六安等开展农业保险保单质押贷款试点，出台扶持政策，支持新型农业经营主体获得贷款约1.2亿元。合肥、蚌埠等地开展多小额信贷保证保险试点，设立专项基金对保险机构赔付率超过120%的部分给予风险补偿。仅蚌埠市通过开展城乡小额贷款保证保险即为新型农业经营主体提供了6000多万元的融资支持。

此外，保险经办机构还逐步建立健全新型农业经营主体档案，建立农业保险绿色通道，开展点对点服务，建立定期回访工作制度，提供灾害预警、农业知识、防灾减损等附加增值服务。

三、农业保险支持新型农业经营主体发展存在的问题

总体来看，农业保险在支持我省新型农业经营主体加快发展方面发挥了积极作用，但仍然存在一些问题与不足，主要表现在：

（一）市政边界有待厘清。当前，农业保险仍存在政府与市场边界不清的问题。从地方政府方面看，目前种植业保险一直采取“政府与保险公司联办模式”，导致一些基层政府理解认识不足、角色定位不清，行政介入较深，投入很大精力在承保、理赔等具体保险事务上，存在基层政府越位的情况。从保险机构方面看，由于其基层保险服务机构在组织规格、人员数量、专业素质、资金投入等方面，均与当前农业保险快速发展的形势需要不相适应，导致服务力量不足，展业过度依赖基层政府，过度强调农业保险的政策性，市场主体经营作用未能得到有效发挥，缺位现象较为突出。

（二）供需矛盾有待化解。随着农村土地规模化、集约化程度的发展以及保险意识的增强，广大新型农业经营主体对农业保险的关注度和期望值越来越高，但当前的保险供给与需求之间仍存在较大的“缺口”。从品种覆盖情况看，新型农业经营主体普遍希望保险覆盖面越大越好，但是一些受欢迎、需求强烈的保险品种尚未纳入中央财政的补贴范畴；部分中央政策性品种仅在局部或个别地区试点，仍有待进一步扩大；一些重要特色农产品占主导、成规模的地区，迫于保费和风险承受能力等因素限制，无法开展或无法扩大保险品种覆盖面。从保障水平情况看，新型农业经营主体普遍希望越高越好，但是中央政策性保险遵循“低保障、广覆盖”原则，只保基本，保障程度较低，且对粮食主产区和主要粮食作物的保险保障水平没有区别；同时，受制于地方财力限制，地方政府也无力兼顾高保额和高补贴的并存。从产品种类情况看，新型农业经营主体普遍希望可选择的保险产品越多越好，但是现行政策仅涉及狭义的农业保险，主要针对生产环节，而在延伸产业链环节的保险产品则很少，甚至是空缺，对新型农业经营主体和普通农户的产品差异化较小，保险广度和深度有待拓展。

（三）服务质量有待提升。当前，各地农业保险服务工作仍然存在不均衡的情况，既有主观原因，也有客观原因。

从主观上看，保险公司在承保理赔、查勘定损等环节中，不同程度地存在宣传不深入、承保较粗放、查勘欠规范、定损简单化、理赔不及时等操作不规范的问题，导致违规代垫保费、强制投保、惜赔、乱赔、均摊赔款等现象多发、易发，且存在一定的反复性。从客观上看，由于规模化程度较低，且农业耕地普遍存在“大小亩”的历史遗留问题，承保时多参照粮补面积进行投保，进而摊薄了农业保险的风险抵御功能，地方政府的土地确权工作有待进一步加快；同时，地方政府在农业保险与新型农业经营主体农业生产过程中的统防统治、防灾减损、扶贫救灾等的结合方面仍有待创新和加强。

（四）发展环境有待优化。近年来，经过有关各方的不懈努力，新型农业经营主体参保积极性不断增强，保费规模不断扩大，农业保险支持新型农业经营主体发展的政策功效日益显现，但是也不同程度地存在重数量、轻质量，重推进、轻宣传，重投入、轻绩效和重业务、轻监管等问题，长此以往势必造成政策执行的“大打折扣”，形成“外强中干”的表象，不利于农业保险持续健康发展，最终将损害到广大新型农业经营主体的利益。

四、农业保险支持新型农业经营主体发展的政策建议

农业保险支持新型农业经营主体发展的基本思路是以党的十八大、十八届三中全会精神为指导，坚持发挥市场在资源配置中起决定性作用和更

好发挥政府引导作用，遵循“保基本、兜底线、促公平”的总体要求，以进一步推进农业保险经营市场化、进一步提升农业保险服务质量、进一步发挥农业保险综合效应和进一步优化农业保险发展环境等方面为着力点，加快培育发展新型农业经营主体。

(一)进一步推进农业保险经营市场化。一是转变农业保险经营模式。将经营模式统一调整为“保险公司自营”模式，由保险公司在政府保费补贴政策框架下，以市场化经营为依托，自主经营，自负盈亏，为新型农业经营主体提供保险服务。二是引导和规范农业保险市场有序竞争。充分发挥市场资源配置决定性作用，深化政府购买服务改革，建立健全保险机构服务新型农业经营主体的优胜劣汰机制，推进适度和有序竞争，维护农业保险市场稳定。三是切实发挥市场经营主体作用。进一步厘清政府与市场的边界，理顺基层政府与保险经办机构之间关系，合理界定各方工作职责，做到不缺位、不越位；采取有效手段和方式，切实发挥保险公司的市场经营主体作用，不断提高服务新型农业经营主体的质量和水平。

(二)进一步提升农业保险服务质量。一是规范承保管理。保险公司要在坚持投保自愿原则的前提下，对新型农业经营主体进行直接投保，重点核对其相关承包经营协议或租赁协议，有关部门应当对信息审验工作提供便利，确保承保信息真实准确。二是规范查勘定损。保险公司要加快查勘定损速度，及时进行现场查勘，在充分听取专家和新型农业经营主体意见的基础上，利用科学有效的方式核定保险标的受损情况，并由新型农业经营主体进行确认。三是规范理赔管理。保险公司要严格执行理赔公开制、限时结案制和责任追究制，在规范操作基础上，通过优化流程、建立理赔绿色通道等多种有效途径，切实提高新型农业经营主体的理赔时效性和精确度。四是加强防灾减损。保险公司要加大防灾减损力度，为投保新型农业经营主体提供防灾防疫、风险管理、产品信息等增值型服务，降低其因灾损失；要加快建立预付赔款制度，支持受灾的新型农业经营主体及时恢复再生产。五是加快土地确权。地方政府要采取有效手段和方式，加快土地确权工作进度，支持保险公司精准锁定新型农业经营主体的投保标的、据实承保，切实保障维护新型农业经营主体的参保权利。

(三)进一步发挥农业保险综合效应。一是创新保险服务产品。保险公司要将新型农业经营主体作为农业保险服务的重点，积极开发保险产品，提供便利优质服务；积极拓展“三农”保险广度和深度，探索开展适用于新型农业经营主体发展的多环节、宽领域、差别化盒可组合的各类“三农”保险产品，不断满足其个性化保险服务需求。二是拓展保险融资功能。各地应积极通过奖励、贴息、补助、考核等形式，引导金融机构创新信贷产品，积极扩大农业保险保单质押融资试点范围，制定完善试点办法，定期开展总结评估，盘活农业保险保单资源，拓展农业保险融资功能，满足新型农业经营主体发展需要。

(四)进一步优化农业保险发展环境。一是加强组织领导。按照《农业保险条例》的规定，各级政府要统一领导、组织、协调本地区农业保险工作，建立健全农业保险支持新型农业经营主体发展的工作机制。二是加大宣传引导。把农业保险宣传工作列入工作重点，针对新型农业经营主体的政策认知水平和信息获取渠道，制定切实可行的宣传方案，开展多形式、多层次、全方位的面上和点上保险宣传工作，着力提高宣传工作的针对性和有效性，引导各级各有关方面关心、关注和接受农业保险，积极运用农业保险促进新型农业经营主体健康较快发展。三是完善扶持政策。创新农业保险支持方式，完善扶持政策，鼓励运用市场化机制，提高对新型农业经营主体的保险覆盖面和风险保障水平；建立健全农业保险大灾风险分散机制，探索建立农业保险巨灾制度，进一步提高对新型农业经营主体的风险抵御和赔付能力。四是落实资金保障。加强保费补贴资金管理，建立预决算制度，按规定足额安排保费补贴资金，并纳入国库集中支付管理；建立完善保费补贴绩效评价制度，建立科学、合理的绩效评价管理体系，提高财政资金使用效益。五是强化监督检查。会同监管部门加强对保险经办机构开展新型农业经营主体业务的合法性、合规性的监督检查，依法严肃查处虚构保险标的、骗取财政补贴资金、编造虚假赔案和扩大保险事故损失范围虚增赔款金额等违法违规行为，避免出现各类操作性风险，确保农业保险政策落到实处。

课题组组长：左　俊
课题组成员：黎学东　张先虹　张克敬
刘凌列　李红波

安徽现代农业综合开发示范区建设研究

2008年以来，安徽省财政厅围绕中央和省关于发展现代农业、建设新农村的战略部署，科学谋划，主动作为，利用农发项目搭平台，统筹整合资金提绩效，吸引社会资金求发展，开展了建设现代农业综合开发示范区探索实践，发展了开发理念，创新了开发机制，放大了开发效应，走出了一条农业综合开发支持现代农业发展的新路径，为全省农业农村经济科学发展、统筹城乡发展做出了有益探索和积极贡献。

一、建设背景

2005年，省财政厅积极响应中央和省委省政府关于建设社会主义新农村的部署要求，在望江县合成圩率先开展以农发项目为平台，整合资金，创新机制，进行现代农业和新农村建设示范区探索试点，取得明显成效。

2008年，在深入学习实践科学发展观和贯彻落实党的十七届三中全会精神的大背景下，财政厅党组进一步思考了如何发挥财政职能、支持新一轮农村改革发展的问题，认真总结了望江县合成圩示范区建设成功经验，谋划启动了现代农业综合开发示范区建设工作。

一是贯彻落实中央和省部署要求。党的十七届三中全会《决定》，明确了新形势下推进农村改革发展的总体思路，勾勒了新一轮农村改革发展“路径图”。省委、省政府结合实际制定了贯彻实施意见，明确提出安徽新一轮改革必须从农村寻求突破，新一轮发展必须从巩固农业基础开始，大力提高农业综合生产能力，着力推进农业大省向农业强省跨越。财政作为综合经济管理职能部门，必须服务大局，为发展现代农业做出积极贡献。

二是推进现代农业发展和新农村建设。一方面，安徽是农村改革的发源地，30多年的改革创新，极大地促进了农村经济社会发展，为探索中国特色的农村发展道路做出了历史性贡献。另一方面，安徽现代农业发展相对滞缓、新农村建设相对滞缓、农村深度改革相对滞缓等问题也亟待解决，农业和农村工作必须在改革中寻求新的突破，广大农民群众更期盼通过改革带来更多实惠。无论是从财政支农工作来讲，还是从履行公共财政职能来说，财政都有责任、有义务、有能力主动为农村改革，促进统筹城乡、加快新农村建设多做一些事情。

三是创新财政支农投入方式和管理机制。新形势下推进农村改革发展，无论是建设新农村、发展现代农业，还是促进农民增收，都需要不断加大投入。在当前支农投入方面，面临两个方面问题：一是供求矛盾突出，政府支农投入远不能满足农村发展需求；二是支农项目资金管理部门较多、投入分散，影响了效益发挥。筹集和管理支农资金是财政的职责所在，必须围绕统筹城乡发展的大局，主动理财、科学理财，在不断加大“三农”投入的同时，创新投入方式和管理机制。

通过认真调研，省财政厅党组决定首批选择6个具有代表性的点，开展现代农业综合开发示范区建设探索，并专题向省政府报告。2009年2月省政府办公厅发文，在全省开展6个现代农业综合开发示范区建设工作。示范区建设引起广泛关注，示范带动作用日益显现，现已在全省发展为60个。

二、主要做法

围绕“八个探索”，即探索“统分结合的土地经营新方式、农业基础设施建设的新模式、农业社会化服务的新形式、实现农业多功能性的新渠道、科技兴农的新途径、延伸农业产业链条的新办法、推进新村建设的新举措、财政支农投入与管理的新机制 ”八项内容，针对农业发展现状和现代农业建设的制约因素，根据中央和省关于发展现代农业的部署要求，立足安徽农业发展实际，着眼全国农业发展所需，着力探索解决“没人干、没钱干、无法干、不会干”问题。

1. 培育主体，解决没人干。现代农业是以规模化经营为基础的，首要解决的问题是谁来干。在当前这个特殊的农业发展历史阶段，政府、农民、企业任何单一主体都无法高效推进现代农业发展。为此，示范区建设中，按照“政府搭台、企业唱戏、市场化运作”的思路，着力培育“政府引导、企业支撑、农民参与”的多元化现代农业建设机制。

一是政府引导。政府在发展现代农业中应担当起保障、统筹、协调、组织、服务等多种职能，真正把建设现代农业的舞台搭起来，引导多方“演员”把现代农业的大戏唱起来。示范区建设中，各地都成立了由县(区)党委或政府主要负责同志为组长的领导小组，统筹协调相关部门力量和资源，搞好基础设施建设、建立社会化服务体系，为各种资源要素的聚集创造条件。通过资金支持、项目带动、政策引导等，引进企业、培育合作组织等发展主体。同时，鼓励引导企业、合作社与农民建立利益联结机制，带领农民参与现代农业建设。

二是企业支撑。围绕示范区优势特色主导产业，通过招商引资、扶持本土企业和专业合作社，大力培育新型现代农业发展主体，发挥他们资本、技术和管理等优势，推进示范区现代农业发展。如南陵大浦示范区，引进鲁班集团下属芜湖东源新农村开发股份有限公司，围绕优质米、食用菌、名优水产等优势产业，建设技术研发中心、特色生产基地、质量检测中心以及农副产品批发市场，构建了“研发—试种—规模化经营—精深加工—市场销售”的现代农业产业体系。目前，60 个示范区已引进和培育 394 家企业、272 个专业合作社，他们已成为示范区现代农业建设的主力军。

三是农民参与。发挥农业龙头企业和专业合作社外连市场、内接农户的作用，采取公司 + 农户、合作社 + 农户、公司 + 合作社 + 农户、公司 + 基地 + 合作社 + 农户等多种方式，组织农民参与现代农业建设。如濉溪百善示范区，扶持培育的谷物良种繁育专业合作社，吸纳带动会员 2100 户，对合作入股的 1.1 万亩耕地实行“统一耕作、统一配方施肥、统一品种安排、统一田间管理、统一产品销售”的规模化、标准化生产和组织化经营，并聘请本土农民参与生产管理等，保障农民利益。

2. 统筹资金，解决没钱干。增加农业投入，是建设现代农业、实现农业现代化的关键。然而，现阶段推进现代农业建设的一个突出问题就是缺少资金。示范区建设中，主要采取三项措施统筹资金。

一是集中农发资金搭平台。示范区建设是一个综合性系统工程，涉及基础设施建设、社会化服务、产业发展、新农村建设等方方面面。首要的是建好基础、搭好平台，否则各项建设内容就“无立足之地”。示范区建设中，充分发挥农业综合开发在加强农业基础设施建设方面的主力军作用，2008 年以来，共集中 34.1 亿元农发资金，改造中低产田、建设高标准农田 214.2 万亩，依托省级以上农业大学和科研单位实施 127 个农业科技项目，支持 159 家企业在示范区建设一批优势农产品种养基地，扶持培育 272 个农民专业合作组织。不仅为现代农业发展夯实了基础，也为各种优势资源向示范区聚集搭建了平台。

二是整合涉农资金提绩效。按照“性质不变、渠道不乱、优势互补、共同建设”的原则，开展涉农项目资金整合。主要分三个层面进行：省直部门间整合，积极与省农委、国土资源厅等部门沟通协商，达成整合项目资金合力开展示范区建设共识；财政厅内部整合，在厅党组统一领导下，厅内各相关处室在省级直接掌控的范围内，通过与部门和地方协商，整合相关支农项目资金支持示范区建设；地方政府整合，指导帮助各地以示范区为平台，采取“统一规划、集中投入、各计其功”的方式，全面整合现有支农项目资金。目前，示范区已整合相关支农项目资金 46.7 亿元，不仅建设了功能齐全、设施配套的基础设施，推进了新农村建设，而且创新了支农投入方式，提高了财政资金使用绩效。

三是吸引社会资金求发展。充分发挥财政资金的杠杆作用，采取筑巢引凤(即：根据产业发展的需求，规划建设完善的基础设施)、项目带动(即：对在示范区建设原料基地、进行农产品加工、开展社会化服务等企业，给予财政项目资金支持)、政策引导(即：通过加强服务、简化手续等优化发展环境，制定税收、用地等优惠政策)等方式，大力开展招商引资，撬动社会资本向示范区聚集。目前，示范区已引进 394 家企业投资 289.4 亿元，开展农产品加工与流通、品种繁育与推广示范、特色种植与养殖以及社会化服务等，初步构建了各具优势特色的现、农业产业体系，不仅提升了示范区产业发展层次，带动了农民增收致富，而且为示范区可持续发展奠定了坚实基础。

3. 创新思路，解决没法干。我国农村面积广大，建设现代农业的基础条件复杂，如何又好又快建设现代农业，必须研究和采取科学的方式方法，才能达到事半功倍的效果。示范区建设中，因地制宜地采取三种方式推进现代农业发展。

一是找准方式，滚动推进。在当前农村一家一户小生产状态下，一方面，土地分散，缺少资源积聚的集中区域；另一方面，农民各自为政，缺少组织化大生产的有效载体；此外，发展现代农业，需要大量财政资金和吸引社会产业资本投入，而目前又缺少资金整合投入和产业集群偶合的有效方式，这是发展现代农业在由“分”到“合”过程中遇到的新问题。解决这个问题，需要找准一个方式，为建设现代农业开创一个载体。通过调研，选择了基础条件好、干群积极性高的区域，通过土地流转，创建以规模化经营为主的农业园区。通过园区建设，把分散的农民和土地组织起来，把政府、企业、农民三者的利益联结起来，把现代农业元素及建设现代农业的优势资源聚集起来，形成推进现代农业发展强大合力。同时，通过打造园区这个“点”，一方面发挥“点”上的示范引领作用，在更大范围滚动发展；另一方面，把“点”不断做大，在“点”上滚动发展，进而起到全面促进现代农业发展的作用。

二是选择模式，并行推进。我国各地资源禀赋不同，农业发展基础条件千差万别，这就决定了建设现代农业不可能采取单一模式，必须因地制宜，采取不同模式推进现代农业发展。在示范区建设实践中，探索了三种模式，即：政府主导，多方参与。政府统领财政、农林水、国土、交通等相关职能部门，整合各种资源，建设高标准的基础设施、完善的社会化服务体系等，采取先建后补、以奖代补和项目资金支持等方式，鼓励引导企业、农民及科研院所等多方主体参与现代农业建设。如庐江郭河示范区。政策支持，企业领办。政府通过制定建设用地指标、项目资金支持、财政税收优惠等政策，招商引进有实力的企业；企业采取土地流转、研发应用先进科技、构建现代农业产业体系、建设农民新村等，组织带领一方农民建设现代农业。如南陵大浦示范区。项目支撑，合作运营。通过财政项目资金支持和政策引导，扶持建立组织健全、运行规范，并与农民建立紧密利益连接机制的合作社；合作社以土地入股方式，把分散的农户和土地组织起来，实行规模化经营、标准化生产和产业化发展。如濉溪百善示范区。

三是明确路径，科学推进。发展现代农业，不是一蹴而就的，必须根据现代农业的目标要求创新路径，才能保证现代农业科学发展。示范区的建设实践中，探索了一条规划先行、项目带动、产业引领的好路径，有效推进了示范区现代农业发展。规划先行：即结合各地不同的资源条件、人文背景、经济基础、产业布局等现实条件，选择高层次、高水平的规划单位，编制现代农业建设规划，增强工作的前瞻性、针对性和规范性，避免随意性和盲目性。项目带动：即利用政府财政支农项目资金打造基础平台，建设社会化服务体系，优化发展环境，打通民间资本、工商资本等社会资金和人才资源向农业农村流动的通道，带动企业、资金、人才等各种资源投入现代农业建设。产业引领：即围绕当地优势主导产业，构建各具特色的现代农业产业体系，引领企业、合作组织、种粮大户、科研院所、农民群众等多种主体参与现代农业建设，合力推进现代农业向纵深发展。

4. 确立目标，解决不会干。现代农业是一个综合性很强的系统工程，涉及面宽、建设内容多，必须明确目标，突出重点，才能高效推进现代农业建设。示范区建设中，围绕发展现代农业的目标要求，应着力构建“五个体系”，统筹推进示范区现代农业发展。

一是构建标准化农业设施体系。高标准的农业基础设施是发展现代农业的基础。示范区坚持“政府投入为主，多方支持为辅”的原则，探索“高标准建设、多元化投入、市场化运管”的农业基础设施建设新路径。通过高起点规划、高质量建设，为现代农业发展夯实了基础。以示范区为平台，采取统一规划、集中投入的方式整合相关支农项目资金，采取政策引导、项目带动和先建后补、以奖代补等方式撬动社会资本，构建了农业基础设施建设多元化投入新格局。积极探索以龙头企业、种粮大户、合作社为项目实施主体，明确其使用、管护责任，采取承包、租赁、拍卖等形式，建立了农业基础设施市场化运行与管护新机制。

二是构建规模化农业经营体系。适度规模经营是现代农业发展的必由之路。示范区坚持“依法、自愿、有偿”原则，开展了以农业企业领衔流转、以大户承包规模经营、以合作社组织土地入股集约化生产等多形式的探索。经营方式探索坚持两个原则不动摇：一是维护农民群众的根本利益，二是保护耕地不流失。农民用土地出租、同时用土地入股参与分红，还在土地上打工。规模经营实现了，耕地流失控制了，农民收入增加了，实现了一举三得。

三是构建现代化农业产业体系。大力发展农业产业化、构筑现代农业产业体系,是推进现代农业发展、促进农民持续增收的重要举措。构建现代农业产业体系的过程,实质上是开拓农业多种功能,向农业的广度和深度进军,促进农业结构不断优化升级的过程。示范区建设通过项目支持、贷款贴息、政策引导等方法,围绕主导产业构建产业体系,引进一大批农业产业化企业,这些企业通过开展土地流转、订单农业多种方式,在规模经营的过程中,提高科技含量;在农产品深加工过程中,紧密衔接农业产前、产中和产后三个环节,使产加销、农工贸环环相扣,延伸了产业链条;在生产中注重关联产业建设,注重上下游产品衔接,实现专业化生产、系列化开发,提高了农产品的附加值,提高了农业效益,促进了区域主导产业发展,壮大了优势农产品板块,而且通过建立利益连接机制,拓宽了农民就业渠道、夯实了农民持续增收基础。

四是构建社会化农业服务体系。完善的社会化服务是现代农业的重要特征,也是加快新农村建设的必然要求。示范区按照"政府引导、企业参与、部门配合、市场运作"的方式,注重从服务场所、服务手段、服务机制上入手,扶持建立各种类型的农村服务组织,在产前、产中、产后各个环节开展形式多样的服务活动。构建以公共服务机构为依托、合作经济组织为基础、龙头企业为骨干、其他社会力量为补充,公益性服务和经营性服务相结合、专项服务和综合服务相协调的新型农业社会化服务体系,有效地提高了农村组织化程度,增强了社会化服务功能。

五是构建科技化农业支撑体系。科技是第一生产力,是转变农业发展方式、加快发展现代农业、全面推进新农村建设的重要支撑。示范区建设注重以高产、优质、高效、生态、安全为要求,依托相关农业科研单位,推广应用先进、适用农业技术,加速农业科技成果转化,努力提高示范区科技含量,把示范区建设成为农业新科技、新品种的研发基地,新成果、新装备的展示基地,新知识、新技术的应用基地。

三、总体特点

现代农业综合开发示范区是以农发资金搭平台,整合支农资金、统筹各方资源力量,建设高标准农业基础设施,构建规模化经营、科技化支撑、产业化发展、社会化服务和科学化管理等体系,统筹推进现代农业发展的示范区域。与全国、本省的其他示范园区相比,具有以下几个方面显著特点。

一是理念新。建设示范区,统筹推进现代农业发展,没有现成的经验和模式,必须创新理念和思路。示范区"以现代农业为切入点,以机制创新为突破口,以全面推进新农村建设和城乡统筹发展为目标"为建设指导思想,树立了"立体开发、规模开发、长效开发、特色开发"的开发理念,确立了"政府搭台,企业支撑,农民参与,市场化运作"的建设思路,明确了"集中农发资金搭平台,整合涉农资金提绩效,吸引社会资金求发展"的建设措施。各示范区按照总体思路,结合各地实际,大胆探索创新,提出了许多新理念、新思路。如怀宁平山示范区,以循环经济理念统筹示范区建设,实施"种、养、加、饲、肥"五级循环的农业生产发展战略。

二是内容全。现代农业是一个综合系统工程,必须全面统筹推进,才能又好又快发展现代农业。示范区建设中,不仅集中农发资金、整合支农资金建设高标准农业基础设施建设,构建了各种资源聚集融合平台;而且采取多种方式推进土地流转,促进规模化经营,制定优惠政策、开展招商引资,推进产业化发展,与农业科研院所对接,构建科技支撑体系,培育各种农民专业合作组织,提升社会化服务水平;更为重要的是创新机制体制,构建了科学的示范区建管运行机制,确保示范区可持续发展。示范区建设基本涵盖了现代农业发展的全部内容。同时,各示范区立足当地资源优势,拓展农业休闲、体验、观光、旅游、文化传承等新功能。如黄山耿城示范区依托黄山大背景,以"山上奇特,山下独特"为开发重点,利用荒山荒坡,通过招商引资,建设了茶花园、茶博园、竹博园等,既围绕了浓郁的茶文化地方特色,建立展示茶叶生产、采摘、加工、茶艺等特色的农业观光点,又打造了一批配合黄山旅游的新景区。

三是规模大。目前,全省共有60个现代农业综合开发示范区,每个市都有2个以上示范区,部分市所属县全部建设了示范区。示范区建设遍布61个县(市、区),占全省县(市、区)总数的58%。示范区建设面积达357.9万亩,其中耕地面积220万亩,平均每个示范区建设面积都在5万亩以上。尤其是一些以粮食生产为主导的示范区,有的达到

10万亩，甚至20万亩。示范区建设共涉及92个乡（镇、街道办）的441个行政村，惠及161.3万农民。还有一些示范区，在不断扩大示范区建设规模的同时，充分发挥示范引领作用，辐射带动更大范围、更多主体参与现代农业建设，加快农业现代化进程。

四是标准高。首先是高起点规划，选择全国一流的高水平规划单位承担规划设计，邀请全国一流的专家进行评审，规划示范区建设蓝图，提高规划的科学性、先进性、前瞻性、系统性，克服随意性、盲目性，提高建设档次，提升建设标准。其次是高目标定位，力争通过2～3年的努力，将示范区打造成为现代农业展示的园区、新农村建设的窗口、农业增效农民增收的平台、农民安居乐业的家园、体制机制创新的试验田、财政支持农村发展的新亮点。有的示范区还结合自身优势进一步拉高标杆，如庐江郭河示范区以打造“安徽一流、全国先进、东亚知名、台商创业乐园和国家4A级景区”为总目标，力争将示范区建成安徽乃至全国三农改革和发展的试验田，城乡统筹的新典范。最后是高标准建设，围绕现代农业发展的需要，按照“田地平整肥沃、水利设施配套、田间道路畅通、林网建设适宜、科技先进适用、优质高产高效”的要求，高标准建设基础设施。如黄山耿城示范区的茶博园，全部建成园田化的梯田，风景优美，茶叶种植、生产全面实现自动化喷灌，充分展示了现代化农业特征。

五是效益好。首先是明显改善了农业基础设施条件，建成一批与发展现代农业和新农村建设相匹配的高标准农田，为发展现代农业打下坚实的基础。其次是大大提升了规模经营程度，有的以农业企业领衔流转土地，有的以大户承包规模经营，有的以合作社组织集体生产，推进了农业产业化进程，有效地提高了土地的利用率和产出率。第三是全面完善了农业社会化服务体系，扶持建立各种类型的农村服务组织，在产前、产中、产后各个环节开展形式多样的服务活动，初步构建了新型农业社会化服务体系。第四是显著增强了农业科技含量，示范区已经成为农业新科技、新品种的研发基地；新成果、新装备的展示基地；新知识、新技术的应用基地。第五是彻底改变了农村面貌，改善了农民的居住条件和人居环境，提高了农民的生活质量。各示范区在突出农业生产功能的基础上，初步建成景观优美、村庄整洁、农田规整、生产高效、生态休闲、文化浓郁的特色农园。

四、建设成效

几年来，在省委、省政府的正确领导下，通过方方面面的共同努力，示范区建设取得显著成效。一方面，促进了示范区农业增效、农民增收，主要体现在四个方面：

（一）转变了农业发展方式，农业综合效益显著提升。一是耕作方式向规模化经营转变。采取企业流转、大户承包、合作社组织统一生产等多种形式，流转土地65.5万亩，实现了生产方式由千家万户的小生产向富有效率和效益的集约化、规模化、标准化大生产转变。如谯城十八里示范区，依托资源优势引进14家企业，通过土地流转建设近2万亩中药材标准化基地，调整优化了种植结构，亩均增效1000多元。南谯乌衣示范区，大力引进农业龙头企业，积极培育家庭农场和种粮大户，园区4万亩耕地和水面几乎全部进行了流转，进行规模化经营。二是组织方式向社会化服务转变。采取“政策引导、项目扶持、企业参与、市场化运作”的方式，扶持培育各类社会服务组织272个，为农业生产发展提供全程服务。如合肥滨湖示范区，引进天禾农业科技股份有限公司，在水稻方面创新“四代一管”（即代育秧、代耕作、代机插、代机收和代田间管理）全程服务模式，方便了群众、节约了成本、提高了效率。三是增长方式向科技化支撑转变。集中农发土地治理科技推广资金3370万元，依托安徽农业大学、省农科院等科研单位，在示范区实施127个科技示范推广项目，建设了一批产学研基地、示范推广了一批新技术和新品种，为现代农业发展构建了科技化支撑体系。如庐江郭河示范区，与安徽农业大学签订战略合作协议，建设产学研合作基地和教学实习基地，为农业生产提供全程技术服务，实现良种良法入户到田。四是发展方式向农业产业化转变。通过项目扶持和招商引资，引进394家龙头企业，围绕示范区主导产业建设基地，开展农副产品种养殖、深加工和销售的“一条龙”式产业化发展，延伸了产业链条，提高了农产品附加值。如望江合成圩示范区引进的安徽联合米业公司，建设万亩“稻鸭共生”水稻生产基地，全部实行订单生产和优质优价，每年以每斤高于市场0.18元的价格收购，带动农民亩均增收近200元。

(二)转变了农民就业方式,农民收入水平显著提升。在高标准建设农业基础设施,大力示范推广良种良法,提高农民土地生产经营收入的同时,积极拓展农民就业路径,增加农民收入。一是发展产业增加就业。依托示范区资源优势,招商引资、培育龙头企业发展产业化经营,增加就业岗位。如南陵大浦示范区创造性的综合运用现代农业生产技术和手段,延长产业链条,形成种植养殖、加工生产、物流市场和旅游观光三产联动的产业格局,就地将农民转化为工人,累计提供各种就业岗位1200余个,月人均工资2200元。二是规模经营安置就业。企业、合作组织在示范区流转土地,实行规模化经营,将一部分农民转变为农业产业工人。如金安木南示范区,天业、茂源两家粮食企业流转土地3万多亩,返聘400位农民就业,直接增加工资收入400万元。马鞍山当涂示范区8家入园企业,仅诗城盆景每天当地务工人员就达近百人,整个示范区每年用工量约10万人次,实现工资性收入1200万元。三是解放农民外出就业。随着机械化作业、社会化服务和规模化经营的推进,使一部分长期从事农业生产的农民,从土地中解放出来从事其他产业,使一部分“候鸟式”务工农民(农忙种地、农闲打工),转变为固定式产业工人,每人每年可节省午秋两季往返路费近千元,增加1个多月打工收入2000多元,两项合计每个“候鸟式”务工农民1年可节本增收3000余元。四是带动农民发展创业。采取政策支持、项目扶持,鼓励引导企业、合作组织与农民建立紧密利益联结关系,通过“公司+合作社+基地+农户”方式,带动农民发展创业。如宁国恩龙示范区,在项目扶持和引导下,建立了“农户—公司—市场”产业链条,直接带动900户农民种植珍稀乡土苗木,户均净增收4000元。

(三)转变了农民生活方式,农民幸福指数显著提升。一是改善居住环境。在充分尊重农民意愿的前提下,结合各地资源、产业和民风民俗,有效整合各类资源,通过科学规划,新建农民新村106处、25797套、348万平方米,整治改造一大批自然村,配套建设了114个农民广场、149个卫生室、133个图书室、66个垃圾处理设施、62个污水处理系统等公共设施,把农民从分散的村落组织到集中的居民小区,全面改善了农村人居环境。如马鞍山当涂示范区,采取土地置换的办法,把区内散居的农户集中搬迁,置换出土地指标500多亩,政府将土地收益全部用于示范区基础设施和农民新村建设,每户农民平均出资不超过2万就可入住新居。二是丰富精神生活。依托完善的公共设施,经常开展农业科技培训和各种健康向上的娱乐活动,提高了农民素质和生活质量。如怀宁平山示范区,整合资源加强公共文化设施建设,建设了文化广场、文体活动中心和农民书屋等,广泛开展“美德在农家”、“文明村组”、“文明户”等创建活动,推动乡风文明建设。三是解决后顾之忧。依托民生工程的实施,积极整合各方资源力量,探索建立了农村新型社会保障机制。如南陵大浦示范区,由租地企业为流转土地的农民全额支付新型农村合作医疗农民个人出资部分,对男55周岁、女50周岁以上的农民每月发放220元最低生活保障金,鼓励引导农民参加养老保险并给予补贴等,探索建立了农村新型社会保障机制。

(四)转变了农村管理方式,农村组织化程度显著提升。一是提高组织化水平。示范区建设中,各地围绕优势主导产业发展,通过政策、项目和资金扶持,依托龙头企业、农村能人等,组织培育了种植、养殖、服务等各种专业合作组织272个,发展会员近40万户(占到示范区农户总数的90%),把分散的农民、土地、资金和技术等资源聚集起来,有组织地发展现代农业、推进新农村建设,有效地提高了农村组织化程度。二是创新示范区管理方式。示范区建设中,各地按照“政府搭台、企业唱戏、市场化运作”的思路,探索建立了诸多有效的管理方式和机制,保障了示范区高效运行和可持续发展。如南陵大浦示范区,探索建立了企业独立运营管理模式;黄山耿城示范区,探索建立了政府和企业分管模式,政府管公共设施部分,企业管产业发展部分;马鞍山当涂、庐江郭河、宣州洪林等示范区,探索建立了政府成立管委会管理模式,加强对示范区社会公共事务的管理。三是试行社区化管理。结合新农村建设,将农村村委会管理转变为社区化管理。如南陵大浦、马鞍山当涂等示范区,在新建的农民集中居住区成立社区管委会,公开选聘社区书记、主任,社区设有为民全程代理服务窗口、农技服务站、文体活动室、计生卫生室、治安警务室等,为新村居民提供全方位优质服务,有效提升了基层组织管理与服务的能力和水平。

另一方面,发挥了很好的示范引导效应。一是影响得以扩大。示范区建设得到了各级领导、社会各界的广泛关注和重视,产生了较大社会反响。党和国家领导人吴邦国委员长亲临南陵大浦示范区视察,政治局常委、中央纪委书记贺国强莅临宁国恩龙示范区视察,全国人大副委员长韩启德莅临金安木南示范区视察;中央多部委及安徽省委、省政府领导多次到示范区调研视察,财政部领导批示,将示范区建设做法报中央领导并送各部委、各省;省人大和省政协分别组织人大代表和政协委员对示范区进行了专题考察,省委书记张宝顺先后 2 次批示,8 位省领导分别批示予以肯定。同时,示范区辐射带动作用进一步放大,已经有 6 个发展成为国家级农业示范园区、34 个发展成为省级农业示范园区。二是理念得以传播。各大主流媒体多次对示范区建设进行报道,中央电视台新闻联播先后 4 次报道示范区建设情况,安徽卫视、新闻频道、公共频道等多次专题报道示范区建设情况,《人民日报》《中国财经报》《农民日报》和《安徽日报》《江淮法制》等媒体多次以较大篇幅报道示范区建设情况。特别是在 2012 年中央经济工作会议期间,中央电视台新闻联播播出了安徽财政整合资金支持现代农业发展的新闻,影响很大,得到了中央领导同志的赞许。省内外考察学习纷至沓来,目前各类考察学习已有 6000 多批、9 万多人次。同时,各类农业现场会议多次在示范区召开,示范区已成为现代农业建设的经验交流和理念传播的平台。三是模式得以推广。一花引得百花开,在首批 6 个示范区的示范带动下,很快发展到 60 个,势头良好,社会影响越来越大。国家农发办在全国农发系统推广我省示范区建设做法,2013 年起在全国开展国家农业综合开发支持现代农业园区建设试点,2014 年在我省召开全国农业综合开发工作会。省内各地积极学习借鉴示范区建设经验。此外,还有一些民营企业,在示范区建设理念和成效感召下,结合自身优势,自发建设了一批生态农庄、开心农场、采摘体验园等各种类型的现代农业园区。据统计,全省已发展各种类型的现代农业园区 200 多个,江淮大地上星罗棋布的示范区,在带动和引领我省现代农业建设的过程中发挥了特殊的作用。

五、思考启示

示范区建设在实践中探索,在探索中思考,在思考中推进,在推进中提升,归纳起来,有以下几点启示:

启示一:发展现代农业是破解农业发展困局的必然选择。“小岗改革”之后,农村、农业经过三十多年的发展,各种新的矛盾和问题逐渐显现出来:一是农业人口多,现代新型农民少,劳动生产率比较低,发展现代农业的人力资本不够强。二是农用耕地多,旱涝保收农田少,规模化水平比较低,发展现代农业的物质基础不够实。三是农产品数量多,高附加值产品少,产业化水平比较低,发展现代农业的产业结构不够优。四是科研成果多,示范推广应用少,科技贡献率比较低,发展现代农业的内在动力不够足。五是合作经济组织数量多,真正有效发挥作用的少,组织化水平比较低,发展现代农业的组织体系不够牢。上述“五多、五少、五低”,是当前农业发展面临的突出矛盾和问题,解决的钥匙只有一把,就是走现代农业之路。2007 年中央 1 号文件提出发展现代农业,几年来,各地按照中央部署纷纷探索,但总体进展不快、突破不大。究其原因,还有一些制约现代农业发展的瓶颈障碍没有得到有效重视和解决:一是建设主体不明,没人干;二是资金保障不足,没钱干;三是发展思路模糊,没法干。安徽是农村改革的发源地,理应在新一轮农村改革发展中,针对当前农业发展存在的普遍问题,抢占先机、大胆创新,破解现代农业发展的深层次矛盾。

启示二:建设示范区是推进现代农业发展的有效途径。当前发展现代农业的主要矛盾是发展现代农业没有现成的模式可供套用,没有成功的经验可供借鉴,没有有效的方式可供遵循。我国经过三十多年的改革发展,当前农业生产主要是以“分”为主的一家一户小规模分散经营。在这种现状下发展现代农业,不仅建设内容多、任务重,而且涉及多个职能部门,牵涉农民、企业、合作组织等多个利益主体,必须选准一个科学的模式,才能统筹协调各方资源和利益关系。几年的探索实践证明,把现代农业系统要素向特定农业资源的地理区域集中 建设示范区,可以把分散的农民和土地组织起来,可以把分散的支农资金和社会资源聚集起来,可以把政府、企业、农民等不同主体的利益联结起来,可以使诸多现代农业的元素有了生根、发芽、开花、结果的园地。特别是在目前现代农业建设的起步阶段,大范围推开,效果难以保证,建设示范区可以从点上突破,探索积累经验,示范带动现代农业全面发展。

启示三:开展示范区建设亟须战略层面的统筹部署。发展现代农业,事关"四化同步发展"的全局。开展示范区建设,是推进现代农业发展的有效途径和重要举措。我国农村面积大,农业人口多,农业资源和发展现状各不相同,全面开展示范区建设,推进现代农业又好又快发展,亟须战略层面的统筹部署。要统筹规划,分步实施,实事求是,务求实效。要按照党中央、国务院关于发展现代农业、推进新农村建设的总体部署,结合各地不同的资源条件、人文背景、经济基础、产业布局等现实条件,制定示范区建设规划指导意见,明确总体建设目标、阶段性任务和建设内容与要求,落实相关职能部门在示范区建设中的具体任务和责任,增强工作的全局性和计划性。各地应根据规划指导意见和确定的任务及要求,立足本地实际,坚持因地制宜,充分体现群众诉求和愿望,编制示范区建设总体规划,增强工作的前瞻性、针对性和规范性。

启示四:推进示范区建设的多方力量必须有效衔接。示范区建设,既需要整合资金建设配套齐全的基础设施,又需要协调土地流转促进规模化经营、开展招商引资推进产业化发展,与农业科研院所对接增强科技支撑、培育农民专业合作组织提高社会化服务水平,更需要创新机制体制保证示范区可持续发展,牵涉多个职能部门和不同层次的利益主体,各方资源力量必须有效衔接,才能形成合力,才能高效有序推进示范区建设。2010 年,省政府出台了《关于创建省级现代农业示范区的意见》,迄今确定了 75 个省级现代农业示范园区。目前,已经有 6 个现代农业综合开发示范区发展成为国家级农业示范园区、34 个发展成为省级农业示范园区。要正确处理好现代农业综合开发示范区和省级现代农业示范区的关系,现代农业综合开发示范区要按照省政府统一部署,主动融入省级现代农业示范区建设。围绕"八个探索、八个先行",继续抓好现代农业综合开发示范区建设,为省级现代农业示范区建设打好基础、创造条件,为全省建设更多的省级现代农业示范区作出贡献。

启示五:寻求资金最佳整合方式是解决示范区投入问题的关键。示范区建设需要大量的资金投入,必须探索寻求科学的整合与管理模式,才能集中财力,保障示范区建设顺利推进。在示范区建设中,探索建立了"六统、五分、五不变"的整合管理模式。"六统"即:统一领导。统筹调度、协调各方力量和资源,实施综合开发。统一区域。相关涉农项目资金和社会资源,集中投向一个区域实施。统一规划。各类项目在同一规划下运行。统一标准。科学设计各类项目工程,统一建设质量标准。统一时间。在规定时限内全面完成建设任务。统一考评。对各示范区实行集中考评,奖优罚劣。"五分"即:分部门负责。各部门分别承担各自在示范区建设中的任务和责任。分项目实施。各部门依据规划,围绕目标,分头实施。分账户运行。各类项目资金依据其行业管理规定,实行分账户封闭运行。分渠道管理。各类项目资金的报账支付、会计核算、资料建档、竣工验收等按原渠道实行分别管理。分成效记功。对参与示范区建设的各单位,实行成果共享,各记其功。"五不变"即:目标不变。统筹的各类项目资金,建设目标不变。投向不变。各类项目资金投向严格执行各自的管理规定,资金投向不变。路径不变。参与示范区建设的部门单位,其项目资金的申报和批复程序不变。约束不变。各类项目资金的投资标准、使用范围、建设内容、扶持主体不变。管理不变。各类项目资金的管理主体不变,项目的实施和管理要求不变。这种整合与管理模式,既解决了示范区建设资金投入问题,又保证了项目资金规范管理和高效使用,更为重要的是创新了政府支农方式,提高了财政资金使用绩效。

启示六:立足资源优势因地制宜建设、相互错位发展,是各示范区建设成功之道。示范区建设,必须从当地的自然资源状况、农业生产特点和经济发展水平出发,找准自己的特色优势,按照"科学建园、特色立园、产业兴园"的思路,科学规划,扎实推进,才能取得事半功倍的效果。示范区建设之所以取得显著成效,就是因为因地制宜、分类指导、突出特色、错位发展。如濉溪百善、庐江郭河等示范区,立足大面积的连片土地和粮食主产区的优势,建设高标准农田,培育合作组织,推进土地流转,实施规模化经营,不仅提高了粮食产量和品质,而且带动了农民增收致富。亳州谯城示范区立足全国"四大药都"之首的特色优势,突出"中华药都 养生亳州"主题,打造集道地中药材种植区、中医药文化博览展示区、休闲观光养生区、集镇新型社区等于一体的示范园区。合肥滨湖示范区利用都市城郊独特的区位,把示范区建设成为"生态洲岛,水上田园"的都市功能新区,充分发挥农业休闲、观光、体验、互动等新功能。

启示七:保障农民利益、尊重农民意愿是示范区建设的根本目标。示范区建设涉及广大农民的切身利益,没有项目区农民的赞同、拥护和支持,示范区建设工作就无法开展,也难以取得预期成效。因此,在示范区建设中始终把保护农民利益放在首要位置,充分尊重农民意愿,努力增加农民收入。如庐江郭河示范区在建设中,坚持"四不"、"四到位"和"三保证",切实保护农民群众的利益。即:房屋拆迁安置,不得先拆后安置,安置到位后再拆迁;拆迁和征地及占压青苗补偿,不得留有政策缺口,一次性补偿到位;土地流转,不得货币化,按粮食平均产量和国家粮食保护价折算金额,按年支付到位;对失地农民和农民基本养老保险等,不得降低保障标准,全覆盖和标准到位;对需要口粮田的农民,在本村组之间,保证调剂好;对就地在企业打工的,要保证优先安排;建立补偿专项资金,保证补偿农民资金及时发放。宁国恩龙示范区,以土地流转或入股为纽带,密切联结农户共同致富,农民收入大增长,人均年收入由原来的 6000 元增加到 10000 余元。

课题组组长: 左 俊
课题组副组长:王建培
课题组成员:王茂胜 陈 军 程巍东
马传喜 王 猛

权责发生制政府综合财务报告问题研究

一、权责发生制政府综合财务报告理论概述

(一)何谓权责发生制

权责发生制,又称为应计制,是以应收应付作为标准来处理经济业务,确定本期收入和费用以计算本期盈亏的会计处理基础,它是以权利和责任的发生来决定收入和费用归属期的一项原则,凡应属于本期的收入和费用,不论其款项是否已收付,均作为本期收入和费用处理,反之,凡不属于本期的收入和费用,即使其款项已在本期收到或付出,也不作为本期的收入或费用处理。

与现行的收付实现制相比,权责发生制具有以下几个鲜明的特点:

从确认基准看,权责发生制以权利义务的发生作为基准确认收入和费用,而收付实现制是以款项的实际收付作为基准确认收入和费用。

从提供信息内容看,收付实现制主要向会计信息使用者提供一定会计期间内筹措现金的来源、这些现金的使用以及报告日现金余额等信息,而权责发生制会计信息包括主体控制的经济资源信息、从事经营的成本或提供产品和服务成本的信息、评价经济主体财务状况及其变化的信息、评价经济主体经营活动经济性以及效率性的有用信息等,较好地反映了政府部门受托责任的履行情况。

从决策指导性来看,权责发生制不仅能够如实反映经济主体已消耗和未消耗的各种资源情况,还能促进政府及其下属公共部门更加严谨地履行受托责任,各种信息资源的汇聚也更有利于政府做出有效决策,使得以资源合理配置为基础的预算方案可以在更大程度上符合政府长期战略目标要求。

从操作科学性来看,收付实现制处理手续简便,但不科学,对盈亏计算不准确;权责发生制相对科学合理,盈亏计算也比较准确,但缺点是比较复杂。

(二)权责发生制政府综合财务报告

权责发生制政府综合财务报告制度,是政府财政部门按照年度编制以权责发生制为基础的政府综合财务报告的制度,报告的内容主要包括政府财务报表(资产负债表、收入费用表等)及其解释、财政经济状况分析等。

权责发生制政府综合财务报告与现行收付实现制为基础的决算报告主要区别在于:一是编制基础不同,前者以权利和责任为基础,后者以资金的实际流入和流出作为确认相关会计要素的标准。二是编报范围不同。前者以一级政府作为报告主体,反映政府整体层面的财务状况。而总决算报

告和部门决算报告分别将财政和各个部门作为报告主体。三是报告重点和用途不同。前者主要反映政府财务状况和运营状况，通过对当前经济形势的分析,对未来财政收支缺口进行预测,对财政可持续性进行评估，为中长期财政发展和宏观调控服务;决算报告主要反映年度预算执行结果,为加强和改进预算管理服务。

就我国目前国情而言,编制权责发生制政府综合财务报告制度,其主体应包括两个层面,一是政府各部门,二是政府整体。政府各部门负责编制本部门年度财务报告，各级政府分别由各级财政部门编制本级政府整体财务报告，财政部负责汇总地方各级政府综合财务报告。其编制目标同样应当包括两个方面:一方面要满足政府管理需要,另一方面要能够反映政府履行受托责任的情况。

(三) 建立权责发生制政府综合财务报告的意义

我国现行的政府财务报告是 1997 年确立的预算会计报告模式。目前,我国政府财务报告包括财政总预算单位、行政单位和事业单位的财务报告。他们以财务报表为主要形式，提供政府的财务信息,主要有财政总决算报表和部门决算报表,但这些报表只能简单反映政府财政预算收支情况,不能全面反映一个政府所有的资产、负债和费用,不便于政府做出重大经济决策的决定。而建立权责发生制政府综合财务报告，对于全面反映政府财务状况、运营状况和履职受托责任情况,加强宏观经济管理等具有重要意义。

1.有助于现代国家治理理念的延伸。权责发生制政府综合财务报告制度有效地突破了以往传统决算报告制度仅报告当年财政收支及盈余或赤字的框架，完整反映了各级政府所拥有的各类资产和承担的各类负债，从而全面反映各级政府的财务状况。它真正跳出了就财政论财政的束缚,着力从财政经济的全局反映和分析政府整体财务状况,既是现代国家治理理念的创新,同时对财政管理能力和宏观管理能力提出了革命性要求，为推进国家治理现代化奠定了人力资本和知识资本的基石。

2.有助于公共资源的优化配置。收付实现制只能反映当前各种资源，无法全面反映政府公共资源存量，整个政府公共资源的使用配置状况对于外部和内部信息使用者来说都无法获得,外部信息使用者无法对政府实现有效的监督,内部信息使用者则无法据以进行科学合理的决策。而权责发生制不仅反映当期的信息,更反映长期的资产负债情况而不仅仅是经营状况,有利于管理者对其资产全面正确掌握,从而通过对公共资源的监督和使用的约束,实现公共资源的优化配置。

3.有助于推进政府部门更好履职。权责发生制政府综合财务报告的基本目标是反映政府履行受托责任的情况，它通过统一规范政府财务报告目标、报告方法、内容、要求等,可以全面反映政府运营情况,并通俗易懂地帮助信息使用者更好地理解财政与经济发展的关系，反映政府在提供公共服务、改善民生、宏观调控等方面的责任,有效满足社会公众对政府财务报告信息全面性、准确性和及时性的需求,便于社会公众监督。同时,通过产品和服务的成本比较,可以要求公共部门以产量(产品和服务)或经营成果来衡量其工作绩效,从而推动政府部门提高工作质量和工作效率。

4.有助于防范债务风险。收付实现制下对本期应当承担而在未来期间支付的债务和利息无法反映,不能正确全面地反映政府债务状况,往往容易低估财政风险,将财政负担转移给下一代。权责发生制政府综合财务报告能揭示社会保险、养老金等政府长期承诺形成的负债,避免了隐形负债而不露的问题。机构管理者也难以将其自身应承担的当期成本转嫁给继任者,有利于政府实施稳健的财政政策,提高政府防范财务风险的能力。

5.有助于现代化信息与管理的有效融合。权责发生制政府综合财务报告通过全面、系统掌握各方面的信息,编制各级政府财政部门的资产负债表、收入费用表等财务报表,它是各种有效信息和潜在信息的融合,这些信息的融合,可以为政府债务、融资计划等提供科学有效的政策支持,有利于促进政府资产负债管理、绩效管理、预算管理和风险管理。

(四)西方国家应用权责发生制的实践和经验

20 世纪 80 年代,西方多数国家陷入了财政危机和国家信任危机之中,政府财政收入增长缓慢,财政支出不断增加,财政状况不断恶化,伴之而行的是行政成本攀升,官僚主义盛行,各国政府陷入管理危机和公众信任危机。同时,经济全球化趋势使得各国更加重视本国综合国力和核心竞争力，各国政府力图改变财政经济状况，增强自身公共管理能力和运作效率，自80年代开始，由新西兰率先发起，澳大利亚、英国、加拿大、美国等西方国家在会计领域率先引入权责发生制，以提高政府财务管理效率，加强政府控制政策，经过30多年的发展，已基本建立了以权责发生制为主要核算基础的政府会计体系，并取得了良好效果。

西方国家应用权责发生制进行改革的方式各有特点，大致可以分为这么几类：一是完全采用权责发生制，如新西兰、澳大利亚等国，在政府会计核算、合并财务报告和预算编制等各个环节和所有会计事务中均引入了权责发生制基础；一类是部分采用权责发生制，如加拿大、意大利、美国等国，在合并政府财务报告、预算编制、会计核算的某个或全部环节逐步深入地采用权责发生制，但在一些不产生或不能转换为现金的实物资产、预付费用核算上，仍沿用收付实现制；还有一类是特定事项上采用权责发生制，如丹麦等国，总体上仍以收付实现制为主，某些特定事项采用了权责发生制。各国引入权责发生制的程度虽然不同，但是在理论和实践方面都做了大量充分的准备后才逐步开展的。

二、建立权责发生制政府综合财务报告的必要性和可行性分析

党的十八届三中全会做出全面深化改革的决定，第一次明确提出要建立权责发生制政府综合财务报告制度。可见，就推进我国政府会计制度改革和建立现代财政制度来说，权责发生制政府综合财务报告制度的建立具有现实必要性和可行性。

（一）建立权责发生制政府综合财务报告的必要性

1. 收付实现制自身存在局限性。我国现行政府财务报告以收付实现制为基础，以财务报表为主要形式，提供政府的财务信息，主要有财政总决算报表和部门决算报表两类，现行财务报告内容不完整，提供的信息范围过窄，仅局限于有关预算资金活动，且会计报告体系不完整，报表体系比较单一，缺乏有分析性的预算执行报表和系统性的财务报表，以及具有注释性、解释性和分析性的附注说明，难以全面揭示政府受托责任中的财务信息和非财务信息，不能全面反映政府的财务状况。其缺陷主要表现在：一是低估了当期的财政支出，虚增了国家可供支配的财力资源，不利于国家下一年度的预算编制。二是信息反映不够准确。采用收付实现制，以会计期间款项收付为标准入账，当费用发生与支付不在同一会计期间时，会计记录的支出不能正确反映当期业务活动所支付的代价，因此不能真实、准确地反映政府部门和行政事业单位提供公共产品和服务的成本耗费。三是不利于公共资源的管理使用。收付实现制会计只对支付款项的物资入账，而在实际操作中，资金支付与物资到达往往不一致，容易造成物资入账不及时，管理混乱，资源浪费严重。

2. 政府职能转变的必然要求。随着我国经济体制改革市场化程度的不断提高，政府职能的重点逐步转向公共产品的提供，政府逐步退出竞争性投资领域，从单纯的“分配”向综合的“管理”转变，从直接“干预”向间接“调控”转变。政府职能的转变，要求政府按照市场经济原则运作，必须提高决策法制化和透明度，大力提高政府管理经济的能力，这就需要全面准确的信息作为决策依据和基础，其中最重要的就是反映财政资金运动的信息以及与上述资金运动相关的非财务信息，这些都是收付实现制预算会计无法提供的。

3. 政府债务风险防控的需要。政府债务可划分为显性债务和隐性债务两种类型，现行的收付实现制只反映部分显性债务，对于到期才还本付息的长期借款利息，以及已发行的国债应由本期承担的利息、应计提的养老金等信息，均未纳入政府预算会计的核算范畴，隐性债务大量存在，不利于政府宏观决策和财政风险的防范。为防范政府债务风险，除了建立科学的决策、预警和报告机制外，一个重要的工作就是将显性债务和隐性债务核算清楚，于是权责发生制变革成为需要。

4. 政府投融资体制改革的需要。近年来，我国财政投融资体制市场化进程不断推进，政府投融资主体多元化，方式多样化，从事社会公益性投资不再是中央政府和地方政府，政府部门可以吸收民营资本和外资等合作开发基础设施项目。而且，政府可以对一部分公共产品和服务进行招投标，交给市场来做。私人部门进入公共领域，对政府部门会计信息的透明度和准确性提出了更高要求，一方面要求实现与政府部门会计信息的可比性，另一方面要求政府部门提供充分的信息来对成本进行计价、核

算和比较,权责发生制可以满足这方面的需要。

(二)建立权责发生制政府综合财务报告的可行性

1.西方实践经验可供借鉴。上世纪80年代末,新西兰等国家率先对政府会计进行了改革,截至目前,经合组织中已经有超过半数的成员国不同程度、不同范围地引入了权责发生制,许多发展中国家也开始进行积极探索,逐步摒弃完全的收付实现制,这些积极探索和尝试已经为我们引入权责发生制积累了丰富的经验。

2.经济政治体制改革的引导。党的"十八大"和十八届三中全会为我国经济、政治体制改革指明了方向,并且坚定了推进各方面改革的决心,十八届三中全会发布的《决定》和新《预算法》第97条都明确提出编制以权责发生制为基础的政府综合财务报告,将其纳入国家改革体系之中,为政府预算会计制度改革和建立现代财政制度树立了航标。

3.国内理论研究的支持。近年来,我国许多会计从业者和学者均对引入权责发生制政府综合财务报告显示了很大的兴趣,且进行了积极探索和卓有成效的研究,发表了许多有建设性指导性的文章著作,为建立权责发生制政府综合财务报告奠定了更加丰富的理论基石。

4.政府职能转变提供了现实可能性。政府职能的转变,需要政府自身具备较强的经济管理能力和宏观决策能力,而这些能力的提高必须有科学、合理、完整的信息作为依据,其中最为重要的就是资金流动信息,而权责发生制恰恰能够提供符合相关要求的信息,这为权责发生制的引入提供了现实可能性。

三、我省建立权责发生制政府综合财务报告的实践

权责发生制在我国起步较晚,仍处于探索阶段,通过借鉴部分国家和地区经验,结合我国实际情况,财政部自2010年开始启动权责发生制政府综合财务报告试编工作。2010年底,财政部正式发布《权责发生制政府综合财务报告试编办法》,首批选择四川等11个省份参与试编权责发生制政府综合财务报告。2011年又选择12个省份开展试编工作,到2012年,覆盖到全国所有省份。

我省于2012年正式在省本级和合肥、滁州市及所辖肥西县、来安县开展试编工作。2013年,试点范围逐步向全省其他市县延伸。2014年按照财政部《关于做好2013年度权责发生制政府综合财务报告试编工作的通知》要求,将试编范围扩大至全省所有市县,同时提出推进改革的具体工作目标和实施步骤,通过制定实施方案、明确责任分工、开展业务培训、加大数据收集和研究力度等一系列举措,取得了预期成效,并积累了编制经验:一是为权责发生制政府会计改革探索了路径;二是财政部门对编制政府综合财务报告的重要意义认识更加深刻;三是有助于发现政府财务和资产管理中存在的问题;四是扩大了财政部门的信息量,培养了一批专业人才。但是,政府综合财务报告试编工作是一项全新的工作,无论是制度还是技术都很不完善,在实际操作过程中,还遇到一些具体难点,主要表现在以下几个方面:

1.制度建设任务重。政府综合财务报告是各种信息的汇总和体系的构建,它涉及各级政府及其部门,需要有明确的法律法规才能协调、规范各方行为,以保证政府财务报告信息的准确、及时和透明。同时,现行的与政府综合财务报告制度相关的法律如预算法、会计法、政府会计准则、政府会计制度等,与建立权责发生制政府综合财务报告都有诸多不相适宜之处,不利于权责发生制的引入和构建,需要修改和完善,但这些修改和完善又并不是一朝一夕可以完成的。

2.现行报表体系口径差异。政府综合财务报告的编制主要是依托现行的财政财务决算报表体系,但目前报表体系中存在基础信息不全或口径不一致等问题,给编制工作带来较大困难,如:行政事业单位拥有的固定资产在现行收付实现制下是不需要计提折旧的,但是在权责发生制下,为真实反映固定资产在当期运营中的转移价值,需要对固定资产计提折旧,计提折旧的前提是账务资产的准确分类,入账年度和使用年限等基础信息,而现行部门决算报表体系无法提供以上信息。这些差异容易导致合并报表时出现重复列报或漏报,影响政府综合财务报表的数据准确性。

3.数据采集难度大。政府综合财务报告要全面披露政府部门的资产和负债,但目前采集公共基础设施资产数据存在相当大困难。主要原因在于大部分基础设施建造时间早,历史数据丢失;设施的种类、等级较多,使用年限确认复杂,计算折旧存在困难;基础设施管理分散,没有通过财务部门统一进行核算反映,难以全面掌握信息,数据采集困难,估算的实物价值存在较大出入,自然会影响数据采集的准确性。

4.政府债权债务反映不全。目前,地方政府债券债务种类繁多,由于存在举债主体、发行方式、方法、对象等多方面不确定性因素,在权责发生制政府综合财务报告填报时地方政府债券及债务编报范围模糊。此外,由于权责发生制政府综合财务报告范围未包含政府融资平台相关债券、债务及国有股权、股息,导致政府真实资产负债情况难以全面反映。

5.报表编制难度大。集中反映政府财务状况的政府财务报表体系是政府综合财务报表的核心内容,西方一些国家经过多年的探索和实践,为我国在政府综合财务报告体系编制方面提供了比较成熟的经验,但是我国政府和公共部门与国外又有许多不同的地方,比如拥有庞大的国企和公立事业单位,这样就为我国政府财务报告制度的建立,特别是财务报表内容、编制和汇总方法带来了困难,如何保证财务报表信息的有用性和准确性,还有许多需要探索和研究的问题。

6.人才队伍较匮乏。我国正式开始研究和试编权责发生制政府综合财务报告制度的时间较晚,加上长期以来实行收付实现制预算会计制度,使得行政单位和事业单位的会计人员对权责发生制财务会计的业务不熟悉,受现行预算会计管理范围限制,政府会计所涉及的一些业务,对一部分人来讲还比较陌生,需要进行知识和技能方面的更新和培训。同时,权责发生制政府综合财务报告制度建立后,还需要相关的审计监督,对于审计而言,也是一项新的工作,需要有能够胜任政府财务报表审计的专业人才队伍。

四、推进权责发生制政府综合财务报告改革的总体思路和建议

(一)改革指导思想和基本原则

指导思想:以十八届三中全会精神为指导,按照国家治理体系和治理能力现代化以及建立现代财政制度要求,逐步建立起以权责发生制会计核算为基础,以政府资产负债表、收入费用表等为核心,以相关文字备注说明为辅助的权责发生制政府综合财务报告制度,全面反映政府财务状况和履职尽责情况,防范财政风险,加强财政绩效考核与监督,提高财政科学化和精细化管理水平。

基本原则:

1.改革要立足实际需要。当前我省建立权责发生制政府综合财务报告的时机和条件已经基本成熟,但这一过程不是一蹴而就的,它是一项十分艰巨复杂的系统工程,应当结合现实需要,与经济体制改革相适应,同步配合进行。

2.改革要适应国情省情。权责发生制政府综合财务报告制度的建立,可以适当借鉴国际经验,但必须充分考虑中国国情和我省省情,充分考虑政府和公共部门资金运行和财务活动的特点,按照自身特点选择适合自己的改革方式和改革步骤。

3.改革要透明公开参与。权责发生制政府综合财务报告制度的建立,其过程与结果应当公开透明,除了政府财政部门主导外,还应吸收有关各界代表及社会公众的意见,以更全面地反映社会各界对政府财务报告信息的需求,要促进各部门、各单位全面反映财务信息,提高财务透明度,加强和规范财务管理和监督。

4.改革要稳定有序推进。从传统的收支决算报表到权责发生制政府综合财务报告,要充分考虑这一改革过程的复杂性和艰巨性,由易到难,分步实施。要具有钉钉子的精神,一步一步把每一项工作干好,力求夯实工作基础,提高数据准确度,逐步扩大权责发生制应用范围,切不可急于冒进。

5.改革要完整真实规范。要按照市场机制发挥决定性作用的要求,准确界定政府综合财务报告合并主体范围,全面反映政府负债规模、来源、结构,准确反映政府提供公共服务能力和提供服务成本,为评价政府绩效提供扎实可靠的信息基础,有效防范财政风险。

(二)改革主要目标

建立权责发生制政府综合财务报告制度,主要是向报告使用者提供与本级政府整体财务状况和运营情况等有关的信息,反映政府受托责任履行情况,其目标可以分为三个层次:一是初级目标,是要促使政府遵守预算管理以及财务管理方面的有关法律法规;二是中级目标,是要促进政府提高预算编制、预算执行以及财务管理方面的水平;三是高级目标,是要全面反映政府公共受托责任。

(三)改革主要任务

权责发生制政府综合财务报告涉及面广、政策性、技术性和操作性强,建立政府综合财务报告制度,重点要建设好三项“体系”:一是建立健全财务会计与预算会计相融合的新型政府会计体系;二是建立健全政府综合财务报告和政府部门财务报告有机衔接的政府财务报告体系;三是建立健全政府综合财务报告分析应用体系。

(四)改革具体措施

权责发生制政府综合财务报告制度的建立,是一项长期系统科学的工作,做好这项工作,必须朝以下几个方面努力:

1. 建立并完善政府财务报告标准体系。要制定政府会计基本准则和具体准则,用于规范政府会计目标、会计主体、会计信息质量特征、会计核算基础等事项,从而规范政府发生的具体交易或事项的会计处理;同时,构建完善的政府会计体系,现行预算会计模式难以正确反映市场经济体制下的政府财务状况,应科学界定政府会计的核算范围,政府会计应以政府活动为核算范围,将现行的总预算会计和行政单位预算会计核算内容作为其重要组成部分,同时还包括那些并不反映为预算收支的政府资金活动。另外,还要制定政府财务报告编制办法和操作指南,用以规定政府财务报告的主要内容、编报流程、编制要求、职责分工等。

2. 建立并公开部门财务报告。要全面清查核算固定资产、政府储备物资、公共基础设施等资产,界定产权归属,开展价值评估,确定部门固定资产和公共基础设施分类折旧年限和折旧方法,真实反映政府资产价值和运行成本。根据本部门实际业务需求,定期编制以资产负债表、收入费用表和收入支出表等为内容的部门财务报告,并接受审计部门监督。

3. 编制政府综合财务报告。要划分政府综合财务报告合并主体范围,清查核实财政部门代表政府直接管理的资产负债,合并本级政府各部门及其他纳入合并范围主体的财务报告,编制以资产负债表、收入费用表、收入支出表等报表为主要内容的政府综合财务报告。

4. 建立完善政府综合财务报告分析应用制度。要结合宏观经济形势和社会经济中长期结构演进趋势,开展政府提供公共服务能力、持续经营能力、偿还负债能力等研究,将政府综合财务报告中的相关信息作为考核地方政府绩效、开展政府信用评级、制定财政中长期规划和国民经济和社会发展中长期规划的重要依据。

(五)建立权责发生制政府综合财务报告的建议

1. 树立权责发生制新观念。权责发生制政府综合财务报告反映的信息对各级政府财政财务管理的规范性要求大幅提高,它不仅仅是会计管理改革的一项革命,更是政府自身管理行为迈向更加科学规范的一场革命,必须从思想认识上高度重视,打破以往认识不足、有所顾虑和投入力量不足等误区,切实按照十八届三中全会的精神,确立理念转变的政治意识,加大领导力度,努力克服种种障碍,坚决把这项工作完成好。

2. 构建权责发生制新法规体系。政府综合财务报告和政府会计制度是政府会计改革的两大重要内容,两者之间相互影响,相互制约。要编制科学、完整、准确的政府综合财务报告,离不开会计核算基础工作的支撑,需要先行的会计制度同步更新作为配套。只有根据实际建立健全法律法规,才能为政府会计实行权责发生制改革提供制度性保障,为政府会计真正实现权责发生制核算提供必要条件。建议加强对政府相关会计制度的修订完善,建立统一的政府会计制度,确保能全面准确地核算政府资产、负债、收入、费用情况,为加强政府资产管理、债务管理、预算管理等多方面财政管理提供有效的基础数据。

3. 统筹考虑现行财政报表与政府综合财务报告的衔接。政府综合财务报告的数据主要来源于现行各类财政报表,而现行财政报表由于有一整套比较严格的编报程序和审核要求,数据信息质量能够得到较好保证。因此,建议根据编制政府综合财务报告的要求,对现行各类财政报表进行修订完善,尽可能在其中反映政府综合财务报告所需要的数据。同时,要进一步扩充完善现行报表体系内容,建立资产管理的年度报送制度,特别是增加公共基础设施的管理情况,以完整反映政府资产整体状况。

4. 建立集中统一的政府资产管理运行体系。我国政府资产规模庞大,建立统一完善的政府资产管理体系,是全面完整编制政府综合财务报告的重要基础，是政府会计改革的关键所在。因此，必须加快我国政府资产管理改革，明确政府资产主管部门，分清责任，明确权力。对政府资产要从构建、使用到处置的整个过程进行监控管理，建立一套完善的信息管理系统，及时、准确、详细地掌握政府资产的分布、使用情况。同时，对政府资产要分布实行资本化管理。根据权责发生制的财务核算原则，在使用固定资产的同时，对其所支出的成本进行系统化核算，并纳入预算管理，使该项资产的成本和效益相一致，保证财政资金和政府资产能够高效运转。

5.提升从业人员权责发生制新知识。在当前我国的会计教育与业务培训中，政府会计受到的重视仍显不足，过快地在公共部门中推行权责发生制改革，难免会在短期内造成相当高的制度运行与实施成本，甚至可能会因基层财务人员知识更新上的障碍，而诱发一定程度的财经秩序混乱。政府会计从业人员是权责发生制政府综合财务报告的实际编制者，也是我国政府会计日后全面推行权责发生制的实际执行者，提升政府会计从业人员的素质，拓宽会计从业人员的知识面，强化政府会计人员权责发生制知识根基，将对我国稳步推进政府会计改革具有重大的意义。

课题组组长：吴天宏

课题组成员：解立卫　田　丰　谷　媛

杨　洋　史承非

课题执笔：史承非

鼓励社会力量参与兴办教科文事业机制研究

近年来，我国教科文事业快速发展，但与人民群众日益增长的需求相比，教科文领域的公共服务仍面临质量效率不高、规模不足和发展不平衡等瓶颈制约，迫切需要政府进一步转变职能，创新供给模式，有效动员社会力量，构建多层次、多方式的教科文事业公共服务供给体系，提供更加方便、快捷、优质、高效的公共服务。本文以鼓励支持社会力量举办教科文事业为主题，紧密联系我省实际，分基本概念、现状分析、存在问题、政策建议四个方面，重点研究如何发挥市场机制作用，把一部分教科文公共服务事项，交由具备条件的社会力量承担，弥补教科文领域公共服务规模不足、质量效率不高等问题。

一、基本概念

（一）社会力量的概念

本文所指的社会力量，指依法在民政部门登记成立或经批准免予登记的社会组织，以及依法在工商行政管理或行业主管部门登记成立的企业、机构等社会力量，应是独立的法人，具有独立承担民事责任的能力，具备提供服务必需的各项条件。由生产经营类事业单位转企改制形成的企业或社会组织亦视同为社会力量。

（二）当前社会力量参与兴办教科文事业领域

1.社会力量参与兴办教育事业。主要包括：民办幼儿园、民办中小学、民办职业学校、民办高校、各类培训学校等。

2.社会力量参与兴办科技事业。主要包括：基础研究、应用研究、技术研究与开发、科技条件与服务、科学技术普及、科技交流与合作等。

3.社会力量参与兴办文化事业。主要包括：公共文化与公共体育的规划、政策研究制定与宣传、文体基础设施管理与维护、文体资讯收集与统计、公益性文艺演出与创作、文化交流合作与推广、文体活动组织与实施、文化保护辅助性工作、群体性体育职业技能培训、国民体质测试与指导等。

二、现状分析

（一）教育方面

1.基本情况。近年来，省委、省政府陆续出台了《安徽省政府关于鼓励和引导民间投资健康发展的实施意见》《安徽省中长期教育改革和发展规划纲要（2010—2020年）》《安徽省人民政府关于加强教师队伍建设的意见》《关于大力发展民营经济的意见》等系列文件，为民办教育发展创造了良好的环境，有效引导了社会资本参与发展教育事业。为支持教育事业发展，各地不断加大财政投入，创新方式方法，吸引社会力量投入教育事业的发展。据教育事业经费统计，2012年，全省教育经费支出960.8亿元，其中民办教育经费支出68.7亿元；2013年，全省教育经费支出1015.6亿元，其中民办教育经费支出78亿元，较2012年同比分别增长5.7%和13.5%。公共财政和社会力量的持续投入，有力支撑民办教育的快速发展。据2013年教育事业统计,我省共有各级各类民办学校(含幼儿园)4835所，占全省学校总数的21.8%，比2012年(4460所)增加了8.4%;各级各类民办学校在校学生（含在园幼儿)210.24万人，占全省总数的18.1%,比2012年(200.39万人)增加了4.9%。其中：高等教育阶段有民办普通高校20所、占全省高校总数的18.9%;在校生17.6万人、占在校生总数的16.7%。高中教育阶段有民办中等职业学校127所、占全省中职学校数的27.4%；学生17.32万人、占总数的17.9%。

2.政策法律。改革开放以来,我国民办教育法律政策走过了起步探索、稳步发展、大力发展、并重前进四个阶段，民办教育发展的法律地位日益提高、法制环境不断优化。《民办教育促进法》的出台进一步明确了民办教育“社会主义教育事业组成部分”和“公益性事业”的性质;确定了民办学校的合法权益；确定了民办学校教职工及受教育者与公办学校教职工及受教育者享有平等的法律地位,同样享有《教育法》、《教师法》等有关法律规定的权利和义务。

3.市场供求。教育发展早期面临着优质教育资源缺乏、高等教育普及率较低、基础教育、特长教育缺乏的困境，这些问题的存在以及广大人民群众对教育的需求,给民办教育的发展带来了机遇。一是特长教育有着广泛市场。由于生活水平的提高,更多的父母开始关注孩子综合能力、特长教育的发展。因此,民办美术学校、音乐学校、武术学校的发展应运而生。二是优质教育有着广泛市场。随着经济社会的快速发展,生活和工作节奏加快,优质教育和高规格服务的民办学校为一些无暇照顾孩子的父母提供了选择。三是流动人口子女教育有着广泛市场。相比较公办教育而言,民办学校招生基本上没有地域限制,在政策落实没有差别,不需要缴纳“赞助费”“借读费”等,因此大多数流动人口的子女更倾向于选择就读民办学校。四是学前教育有着广泛市场。我国学前教育资源短缺,现行教育体制在资源配置上效率不高、效益不佳,使得学前教育供需矛盾在短期内难以得到有效解决。由于我国学前教育中的“入园难、入园贵”问题十分突出，社会普惠性幼儿园的要求和呼声越来越高。

(二)科技方面

1.基本情况。2008年以来,安徽省委、省政府先后实施了合芜蚌自主创新综合配套改革试验区、国家技术创新工程试点省、创新型省份建设等重大战略部署,财政不断加大科技投入,2013年全省财政科技支出从2008年23.8亿元增加到109亿元,位列全国第8位,占财政支出2.42%,全国第7位。六年来,全省共安排财政科技资金400亿元。在财政资金的带动下,全社会R&D投入呈现大幅增加态势,2013年全社会R&D投入达341.8亿元,与2008年相比,年均增幅达28%,高于GDP年均增幅11.5个百分点,其中企业R&D投入大幅增加,2013年企业R&D投入257.9亿元,与2008年相比,年均增幅达29.7%,占全社会R&D投入75.5%。

2.政策法律。2007年修订的《中华人民共和国科学技术进步法》,明确“国家加大财政性资金投入,并制定产业、税收、金融、政府采购等政策,鼓励、引导社会资金投入,推动全社会科学技术研究开发经费持续稳定增长”;强调“国家建立以企业为主体,以市场为导向,企业同科学技术研究开发机构、高等学校相结合的技术创新体系,引导和扶持企业技术创新活动,发挥企业在技术创新中的主体作用”。该法不仅明确政府支持社会力量兴办科技事业,而且强调在技术创新体系建设方面,企业作为科技创新的主体地位,政府更多的是政策引导和财政扶持。

3.市场供求。当前,新一轮科技革命和产业变革正在孕育兴起,一些重要科学问题和关键核心技术已经呈现出革命性突破的先兆,带动了关键技术交叉融合、群体跟进,变革突破的能量正在不断积累。我国面临跨越发展、转型升级的重要机遇,但同时科技市场供求矛盾日益突出。一是从国家综合实力来看,我国经济总量已居世界第二位,社会生产力、综合国力、科技实力迈上了新的台阶。但是,发展中不平衡、不协调、不可持续问题依然突出,很多关键技术受制于人,人口、资源、环境压力也是越来越大。二是从企业发展来看,当今中国,越来越多创新能力低下的企业面临着原材料价格上涨、劳动力成本上升、竞争压力增长等问题。面对挑战,企业只有积极寻求技术创新与转型升级,增加科技投入,才能让企业发展结构朝高端水平迈进,保持健康持续发展。三是从R&D投入情况来看。从世界大部分国家R&D的发展历程看，基本上是经历了三种主要模式：即政府主导型、政府企业双主导型和企业主导型的R&D投入模式。从2002—2012年我省R&D投入看，呈现企业占比越来越高的趋势，但从R&D投入方向上看，企业主导权有限，受政府指挥棒影响较大。

（三）文化方面

1.基本情况。近年来，按照省委、省政府工作部署，全省各级政府积极调动社会各方面的热情投向文化、兴办文化，努力探索社会力量通过兴办实体、资助项目、赞助活动、提供设施等形式参与公共文化服务的方法和路径，运用社会力量拓宽公共文化服务体系建设的社会基础，丰富公共文化产品和服务的供给，更好地保障了全市人民群众基本文化权益、更有效地满足了人民群众基本文化需求。据不完全统计，2013年，全省共有图书馆、文化馆、博物馆等公共文化设施3264个，其中，公办3082个，民办182个；全省举办大型公共文化活动17208场，其中，公办5307场；民办11901场，公共财政投入5307万元，社会力量投入7709万元。从参与地域来看，经济发展较好、文化底蕴深厚地区，社会力量投入文化事业的积极性高、投入形式亦呈多样化。从参与形式来看，民营资本直接兴建公共文化服务机构、文化企业受托公共文化服务两种方式比较普遍。从参与主体来看，个人、企业、非营利文化团队，自发、零散式参与文化事业较多，文化类基金会、第三方机构参与文化事业很少。

2.政策法律。近年来，我国相继出台了一些鼓励社会力量参与文化建设的政策。2006年，《中共中央关于构建社会主义和谐社会若干重大问题的决定》指出，“加强公益性文化设施建设，鼓励社会力量捐助和兴办公益性文化事业，加快建立覆盖全社会的公共文化服务体系”。2013年，十八届三中全会进一步提出，构建现代公共文化服务体系，要引入竞争机制，推动公共文化服务社会化发展。鼓励社会力量、社会资本参与公共文化服务体系建设，培育文化非营利组织。党和国家对社会力量参与公共文化建设的政策引导从简单到复杂，从单一到全面，体现了对社会力量参与公共文化建设的日益重视。

3.市场供求。公共文化涉及广大人民群众基本权益。随着物质生活水平的提高，人们的精神文化需求迅速增长，文化需求越来越呈现多层次、多样化、多方面的特点。但与此同时，公共文化供给制约因素明显。一是文化服务供给形式单一。我国公共文化服务主要由国家提供，提供主体和方式、内容单一，难以满足人民群众日益增长的文化需求。二是文化建设缺乏长效机制。城乡公共文化发展不平衡，公共文化基础设施落后，公共文化资源总量偏少、质量不高等问题日益显现，公共文化建设长效机制尚未形成。三是文化管理亟待转变职能。由于各级政府的资源与能力有限，公益性文化机构的服务能力又无法进一步拓展，这就要求政府切实转变职能，实现由“办”文化向“管”文化转变，积极引进社会力量参与公共文化建设，通过政府与社会“两条腿”走路的方式，切实解决公共文化产品供需矛盾。

三、存在问题

（一）教育方面

国家对民办教育的方针政策是“积极鼓励、大力支持、正确引导、依法管理”，而各地对社会力量参与兴办教育事业的地位和积极作用认识不足，以及民办教育自身发展和管理存在局限，导致社会力量参与兴办教育事业发展受限，究其主要原因主要表现以下几个方面：

1.民办教育与公办教育扶持力度不均等。

（1）对民办教育认识偏差导致政策引导缺失。《民办教育促进法》及其《实施条例》，对民办教育相关扶持政策作了规定，但各地对民办教育缺乏正确的引导扶持政策，在招生、教师社会保险、教师职称评定等方面不能与公办学校享受平等待遇，一方面制约了民办教育的发展，另一方面也挫伤了社会力量参与兴办教育事业的积极性。

（2）融资困难成为民办教育发展“瓶颈”。《民办教育促进法》规定“国家鼓励金融机构运用信贷手段，支持民办教育事业的发展”，但各地具体执行中仍有偏差，大多民办学校无法以其资产作为抵押获得贷款，不能与公办教育享受同等融资政策，融资难成为社会力量支持教育事业发展的“瓶颈”，资金严重不足成为目前部分民办教育学校面临的主要困难。

（3）民办教育政府扶持力度不足。各地政府对民办教育的支持有限，在征地、税收优惠等政策贯彻落实不到位，地方政府财政困难，资金支持有限。目前,国内及我省民办学校收入来源主要是学生缴费收入,学校为减少成本,增加收入,由此造成大班额、争生源现象。民办教育收入来源的单一性,一方面紊乱了民办教育市场,另一方面制约了民办教育有序发展。

2.民办教育自身发展及其管理存在缺陷。

(1)民办学校缺乏内部制度管理。《民办教育促进法》明确要求民办学校建立董事会或理事会等学校决策机构,实行董事会或理事会领导下的校长负责制。而大多数民办学校没有建立校董事会,常常是家庭式管理,缺乏监督制约机制,缺乏现代教育管理知识,管理机制不够完善。且管理者从经济利益角度考虑较多,不重视学校管理及学校建设。

(2)非学历教育的民办机构混乱。目前,劳动人社部门、教育部门、民政部门、工商部门都有民办学校审批权,多头审批和审批不规范、缺乏统一管理,造成了非学历教育的民办机构鱼龙混杂、良莠不齐。部分民办学校存在着办学条件不完善、办学经费不足,基础设施建设经费缺口较大,超办学条件,盲目扩张,大班额等问题。

(3)民办教育结构、布局不合理。一方面,从民办教育结构上来看,社会力量参与兴办教育事业的民办机构主要体现在学前教育、职业教育居多,而义务教育和高等教育领域较少;另一方面,从民办教育布局来看,民办教育机构特别是学前教育幼儿园多数分布在城镇,职业教育较多分布于经济发展水平、产业集群效应相对较好地区,同时大多民办机构规模较小,发展潜力不足。

3.民办教育市场机制有待进一步健全。

(1)民办学校在办学上缺乏自主权。政府对民办学校收费实行审批制,对行政区划和招生计划有约束性,使部分民办学校的有效承载教育能力不能得到满足,形成了资产闲置、教育资源浪费,淡化了市场的调节作用,学校缺乏自主权,随着生源锐减和收费偏低,也使社会力量参与兴办教育事业的收益不能得到有效保障。

(2)民办学校师资队伍结构不合理。民办学校教师主要为一些离退休教师、兼职教师,中青年专职教师较少,教师队伍老年化现象严重,由于人们对民办教育认知的差别,难以吸引优秀青年教师到校任教,直接影响民办学校可持续发展。

(3)民办学校教师流动性过大。民办学校的教师在缴纳社会保险、专职教师的资格认定、教师职称评定、教师培训等问题上无法享受与公办教师同样的待遇,得不到保障。且在校年青教师工资偏低,学校归属感不强,同时民办学校教师多为退休教师与兼职教师,教师流动性大,教师队伍不稳定,影响正常教学质量。

(二)科技方面

1.政府缺位与越位并存。

(1)创新环境有待进一步优化。有些专家指出,目前我国政府对扶持战略性新兴产业、支持科技创新采用的是计划管理方式。由政府代替企业进行研发投入、选择研发方向,企业实际上不是创新的主体。且欠缺企业所需要的创新和发展的生态环境,对社会力量投入科技领域带来不利影响。

(2)项目监管有待进一步强化。从企业到项目管理部门,普遍存在重申报、轻绩效、轻管理的问题。对于管理部门来说,项目验收不严谨,评价不合理;问责机制不健全,处罚措施落实不到位,违规违法成本较低。对于企业来说,部分企业获得项目支持后,不能得到有效的指导和监管。

2.财政资金对R&D经费投入的带动力不足。

(1)财政资金杠杆效应有待进一步放大。2012年,我省R&D经费投入强度1.64%,低于全国平均水平0.34个百分点。且财政科技投入对我省R&D经费投入的带动力有限。2012年,我省财政科技支出已位居全国第8位,较2008年提升了5个位次;但R&D经费投入位居全国第14位,较2008年仅提升了2个位次,R&D经费投入强度位居全国第10位,较2008年提升了3个位次,上述数据说明,相对于政府投入来说,企业对科技投入仍存在一定的滞后性。

(2)R&D经费的支出结构有待进一步优化。基础和应用研究作为科技创新的首要阶段,是为达到既定的研发目标而探索应采取的新途径的必经阶段,是科技创新能力实现长远发展的重要保证。我省目前轻基础重试验发展研究,难以摆脱对外来基础性研究成果的依赖,易造成财政科技投入短期效应高于长期效应的局面。

3.财政资金支持方式有待进一步完善。

目前,全省科技资金分配主要以无偿补助的方式安排,不利于发挥财政资金杠杆效应,吸引更多金融机构、社会资金投入到科技事业。且这种无偿补助为主的资助方式，容易造成地方政府和企业为了资金而去申报项目，而不完全考虑企业和地方经济发展需要。

4.科技中介机构发展有待进一步引导。

科技中介机构的功能广泛，可以直接为创新主体的创新活动提供服务，提高创新能力与促进创新成果转化；又可以通过信息平台搜寻、评估和传播等方法促进科技技术在技术需求者与持有者之间的流动，促进创新体系内各参与主体间的供需互动。另一方面，有助于降低参与主体间技术转让流动中的信息、管理和融资的壁垒及交易成本。而目前，我省科技中介机构发展相对滞后，所能提供的服务涉及领域有限，不能满足广大科技型企业对科技服务专业化、多样化的需求；科技中介机构多是政府出资设立，竞争意识薄弱、市场化程度低。

（三）文化方面

1.传统政府管理模式的制约。

（1）管理理念落后。传统的管理理念中，政府组织依据强制力成为统治主体，国家的公共文化建设全然由政府负责，政府对于非政府组织等社会力量办文化不够信任。如今，仍然有相当多的政府部门存在传统的行政管理理念，实际工作中仅习惯依靠直属的“文化事业单位”来实施公共文化服务。这种倾向体制内的公共文化服务，难以营造公平的竞争环境，不利于建立市场运作的机制，也极大地挫伤了社会力量参与公共文化建设的信心和积极性。

（2）法规政策不健全。目前国家对社会力量办公益文化，已经出台了各类税收和进出口优惠政策，但是具体到基层执行，相关的政策环境还不成熟。可操作性的细则与程序，可量化的评估机制以及安全性的监管机制均尚未完全建立。这使得目前充分发挥社会力量办文化的政策与举措，不具备普适性。如从我省民营院团发展实际看，民营院团的地位没有得到普遍认可和应有重视，在市场准入、财税支持、资格认同、演出审批、文化交流、职称评定等方面难以享受公正待遇。宿州市埇桥区原有近200家的民营马戏团，因无法办理动物运输证等原因，流往外省，目前只剩下70多家团体。

2.社会力量自身发展的局限。

（1）资源不足。资源不足可谓社会力量面临的相当普遍和相当严峻的问题，它已经成为制约社会力量发展的瓶颈。在调查中发现，相当一部分非营利组织处在资金资源不足的状况下，无法开展正常的活动，也有些组织盲目扩大规模，不注重发展质量。例如，我省大部分民办博物馆主要由个人投资，部分经营者倾其所有资产搜集藏品，博物馆运营后，任何环节都缺不了资金，生存艰难。同时，大多数民办文化机构没有固定的人才渠道，经营者多重视文化藏品的搜集，容易忽视专业技术人员的问题，现有人才接受正规培训的机会也较少。

（2）自我管理能力差。目前，参与公共文化建设的各类社会力量发展规模有限，其多样化、专业化程度不够，各类组织自身管理也较不成熟，形成规范化、制度化操作的社会力量更是甚少。调研中发现，我省大部分民办博物馆对自身定位、发展思路不清晰，特别是在藏品的搜集上存在片面追求珍品、孤品，没有找到真正适合自身发展的生存空间。企业参与公共文化建设存在明显的不稳定性，也没有专门的文化活动策划部门，社会组织自身建设又比较薄弱，社会个人参与更是随意性，这些因素都直接影响着社会力量服务公共文化建设的质量。社会力量的发展，除了需要政府行政管理、社会监督外，还需要组织的自我管理、自我成长，尤其是组织能力的提高。

3.参与领域、程度、渠道的限制。

（1）领域和程度亟待拓宽。虽然目前在部分文化活动的运作，以及部分设施的建设方面，有社会力量和民间资本参与，但总体来看，社会力量参与文化建设仍然处于探索阶段，领域窄、范围小、数量少和程度不深，市场化的运作机制还不健全，多元化的投融资体系尚未建立，多样化的文化产品生产体系尚未形成。

（2）引导参与渠道有待加强。近年来，各级政府搭建了文化资源和文化需求之间的桥梁，如举办文博会、艺术博览会等，但由于交易活动的“非常态”、空间不连续、时间有限度，不利于文化产品和文化服务通过充分竞争的市场方式找到合理的买主。部分地方建立了文化产权交易所，但交易的范围窄，交易项目少，且主要集中于文化艺术作品的产权交易，对于文化设施的运营、文化项目的运作、公益性文化服务的政府购买等很少涉及。与此同时,大量的社会资金和力量苦于信息不对称,欲进无门,或者与现行的运作体制和机制无法对接,徘徊于文化建设的大门外。

四、政策建议

(一)教育方面

十八届三中全会明确指出,鼓励社会力量兴办教育。《中华人民共和国社会力量办教育促进法》及其《实施条例》颁布实施,为社会力量兴办教育健康发展提供了政策保障。

1. 赋予社会力量办教育与公办教育同等的社会地位。一是在立法层面上,给予社会力量办教育与公办教育同等的社会地位,将其作为教育的重要组成部分,而不是补充,给其相对公平的发展环境。二是教育相关政策制定以及舆论引导,要淡化“公办与社会力量办”的概念,要强化“公益与质量”的概念。无论是公办、社会力量办,只要提供了普惠性的、优质的教育服务,均应给予肯定与扶持。三是各地可结合当地社会力量办教育发展中的主要矛盾和问题,有针对性地出台政策,对提供普惠性优质社会力量办教育服务的,给予奖励扶持。四是落实社会力量办教育应享受的公共教育政策,如义务教育公用经费等,将提供了普惠性服务的社会力量办学校应纳入政策实施范围。五是对于符合土地利用总体规划的新建、改扩建社会力量办学校用地,各级政府应按公益性事业用地及建设的有关规定给予优惠,可享受与公办学校同等的税收及其他优惠政策,可按照政府贴息贷款相关办法按照程序申请贷款贴息。

2. 落实和完善促进社会力量办教育发展的政策。一是确保在接受政府委托,承担义务教育任务的民办学校就读的学生,同等享受义务教育经费保障机制改革政策。对符合有关要求和条件的中职学校基础能力建设、实习实训基地建设和中职学生资助等项目,社会力量办学校享有与公办学校同等的待遇。二是社会力量办学校用地享受公办学校同等待遇。对新建、改扩建民办学校用地,且符合划拨用地目录,按照行政划拨方式提供土地。三是社会力量办学校按国家规定享受税收优惠政策。四是合理减免相关费用,对社会力量办学校教育、教学涉及的城市建设规费等行政性收费和服务性收费,与公办学校享受同等政策待遇。五是拓宽投融资渠道。通过非教育设施抵押、收费权质押、担保公司担保等方式面向社会力量办学校贷款,支持民办学校改善办学条件。

3. 建立健全社会力量办教育教师保障制度。一是健全教师保障机制。切实保障社会力量办学教师的合法权益。督促民办学校依法保障教职工的工资、福利待遇等,依法签订劳动合同,并按照国家有关法律法规和政策规定为教职工缴纳社会保险费等,确保他们享有与公办学校教师同等的社会待遇。二是促进教师专业发展。把社会力量办学教师的进修统一纳入各级师资培训计划,在教师资格认定、职称评定、业务进修、表彰奖励等方面与公办学校教师同等对待、统一管理。鼓励社会力量办学开展教师教研和经验交流等活动,不断提升社会力量办学校办学水平和教育教学质量。三是推行持证上岗制度。加强教师准入管理,社会力量办学校要按照公办学校标准把好教师准入关,凡新进教师队伍的,必须具有相应的学历条件和教师资格,以保证办学水平和质量。四是建立教师合理流动机制。鼓励大中专毕业生和具有相应教师资格的其他专业技术人员到社会力量办学校任教。支持公办教师在公办学校和社会力量办学校之间合理、有序流动。

4. 引导社会资本重点发展非义务教育。鼓励社会资金以独资、合资、合作、项目融资等方式参与教育项目建设。学历教育以发展非义务教育为重点,非学历教育以市场化、社会化为导向,鼓励和引导企业、民间举办,满足更多人群对多样化学习培训的需求。如给予社会力量办学校财政补贴,建立政府社会力量办教育基金,减免或免征社会力量办学校相关的费用,社会力量办学校优惠使用土地,国家银行给社会力量办学校低息贷款等等。

5. 扩大社会力量办教育办学自主权。政府对社会力量办教育的管理在于提供政策支持和建立监管体系,应强调依法自主管理和社会参与的监督。政府教育部门对社会力量办学校的管理职责应划清权责,合理作为,如对学校设置标准的制定、办学资格的认定、学校权益的保障,提供必要的服务和咨询信息等,政府其他相关部门也应依据职责,各司其职,依法行政,为社会力量办教育的成长提供有效和必要的法制环境。

(二)科技方面

国家财政对科技创新的拨款不可能无限扩张,

这也就决定了财政支出无法满足不断扩大的研发需求这一事实,因此政府必须从政策引导、投入方式、科学管理等方面不断创新、完善,释放市场科技创新活力,充分发挥企业在科技创新中的主导作用。

1.营造公平公正透明市场环境。正确处理好政府与市场的关系,合理划分二者的界限。政府要着力解决那些因“外部性”引起公共领域中的“市场失灵”。要切实转变政府职能,把有限的钱花在建机制增效益上,维护市场公平竞争、培育有效率的市场,改善创新生态环境,鼓励和保护创新活动。一要完善科技创新政策。政府要进一步加强战略规划、政策法规、标准规范和监督指导;加强知识产权保护,完善知识产权权属和收益分配制度;营造允许失败、自由探索的科技创新氛围。通过不断完善科技发展规划,强化财税扶持政策,营造鼓励创新环境,发挥政府正向激励作用,引导企业积极投入到创新活动中。二要优化政府与市场支持方向。政府要进一步梳理扶持重点,着重支持市场机制不能有效配置资源的基础研究、前沿技术研究、社会公益研究、重大共性关键技术研究等公共科技活动;并通过扶持创新服务平台,促进企业与院所、金融机构等对接。而科技成果转化、产业化工作更要多交由市场,任其自由发展、优胜劣汰。三要建立公开统一的科技管理平台。设立战略咨询和综合评审委员会。统一对科技发展战略规划和科技项目提供决策咨询,依托专项机构管理项目,政府职能部门重点抓战略、抓规划、抓监督,具体管理工作交由专业机构负责。建立健全科技管理信息系统,推进科技项目信息公开。通过平台建设,进一步促进科技资金投入的准确性和科技项目管理透明性,确保财政资金和社会力量资金真正投入到科技创新中。

2.统筹优化配置各类科技资源。充分发挥各职能部门优势,准确分工,形成合力,打造财政、产业、金融、科技、人才、教育等一系列政策集成创新政策体系。梳理和整合分散在各部门的科技项目,面向世界科技前沿、面向重大需求、面向经济发展主战线,提出新的科技计划体系。围绕重大关键共性技术问题,实行全链条的扶持。通过创新政策体系建立,引导社会力量投向政府关注聚焦的科技创新领域,实现政府与企业共建共赢的科技创新氛围。

3.实行灵活多样资金扶持方式。转变以无偿资助为主的科技资金扶持方式,从对研发活动的直接补助为主,向后补助、引导天使投资、股权投资等间接支持方式转变。要根据科研项目所处阶段,采取差异化扶持方式。对处于创新前中期以及影响国家竞争力的项目,采用无偿补助方式,发挥政府的主导作用;对处于创新中后期以及市场前景明朗的项目,采用股权、债权、风投、担保等方式,不断放大财政资金杠杆效应,引导社会力量投入,发挥企业的主导地位。

4.兴办科技中介服务机构。运用借助科技中介机构实现企业、高校和科研机构之间的良性互动。并建立合适的技术转移供需关系,突出科技中介机构的重要性和紧迫性。同时,通过立法理顺政府与社会力量举办科技中介机构之间的关系,形成定位明确、政策扶持到位、监督管理完善的发展环境。并且将政府扶持着重放在满足经济发展的战略需要和弥补市场失灵、消除创新系统障碍上,并注重尺度把握,为民间科技中介机构的发展提供健康可持续的发展环境。

5.优化财政科技资金投入结构。政府作为宏观调控的主体,需要充分发挥引导作用,合理利用对自主研发的财政补贴,调整财政科技支出结构。尤其对于科教资源丰富的城市,应将财政科技资金的使用阶段提前,加大对基础研究及应用研究阶段的扶持,将补贴定位于R&D 活动的前期,着眼在某些优势领域实现优化自主研发结构、提高根本创造力的目标。同时,财政要稳定持续扶持企业科技创新工作,优化完善以项目为主的扶持方式,引导企业培育引进高科技人才、更新充实科研设备、营造鼓励创新的良好氛围。

(三)文化方面

党的十八届三中全会指出,鼓励社会力量、社会资本参与公共文化服务体系,培育文化非营利组织。这为构建政府、市场、社会共同参与的现代公共文化服务体系发展格局,指明了方向和着力点。

1.明晰投入领域。进一步推动政府职能由“办文化”向“管文化”转变,文化行政管理部门要从具体操办文化事务中解脱,着力建立文化管理体制,理顺供求关系,引入公平竞争机制,留出社会力量进入公共文化领域的空间。根据经济社会发展状况及社会文化诉求,合理制定社会力量参与公益性文化发展的规划,以目录方式明确公共文化准入领域,引导其发展。

2.完善激励机制。进一步完善扶持政策,充分整合各类文化平台、文化载体和文化项目等资源,通过招商推介、委托承办、委托运营、政府采购、合作开发等有效途径,调动社会各界参与文化建设的积极性。鼓励社会力量捐助建设公共文化设施,或自建面向公众开放、非营利的文化设施。同时,为社会力量兴办文化项目提供相应的运行保障,出台土地、水电等优惠政策,降低运维成本;建立健全基于服务数量和质量情况的考核体系,根据考核结果给予运行补助。如针对民办博物馆数量多、种类杂、办馆目的不同、品质不一等问题,从设立准入条件,严格审核登记;执行年检制度,细化奖励与惩处;规范藏品退出馆藏系列的条件和批准程序等入手,规范民办博物馆管理。

3.搭建对接平台。统筹建立文化资源数据库,既包括社会力量可以参与的文化项目,如文化设施的建设运行、大型文化活动和群众性文化活动运作、文化遗产保护介入、惠民文化项目提供等,也包括能够提供文化产品和文化服务的社会力量的信息,如企业、专业文艺团队、群众文化社团、文化志愿者等信息,摸清文化需求和文化资源基本情况,促进供需对接。在省级民生工程文化项目中,政府采购的送戏下乡项目,更多地向民营院团倾斜;政府主办的各类重大文化活动,建立公办与民营公平竞争的环境。

4.拓展参与渠道。搭建政府购买文化服务平台。通过网络平台加大公共文化产品和服务的政府采购力度,把公共文化服务供给从文化系统"内循环"转变为社会"大循环"。制定年度文化产品和文化服务的政府采购目录,以及政府购买文化产品和文化服务的标准,规范文化服务方式和服务对象。搭建文化产权交易平台。拓宽文化产权交易所功能,引导更多的产品、项目和服务进所交易。完善文化项目评估、招标机制,规范交易行为。促进风险投资机构、银行资本与文化企业对接,帮助文化企业缓解融资难问题。搭建文化志愿服务平台。建立分级文化志愿者服务综合管理系统,实现文化服务需求与文化志愿团体、志愿者服务对接。

课题组组长:吴天宏
课题组成员:方习利 孙荣春 吴祎明 夏全胜 洪 军 邓英旭 项立安 侯正华 牛 阵 芮 雪

支持发展混合所有制经济研究

十八届三中全会《关于全面深化改革若干重大问题的决定》提出:"积极发展混合所有制经济。国有资本、集体资本、非公有资本等交叉持股、相互融合的混合所有制经济,是基本经济制度的重要实现形式。允许更多国有经济和其他所有制经济发展成为混合所有制经济。"如何积极发展混合所有制经济,是深化国有企业改革的基本方向和重要内容,是一个现实而重要的课题。

一、混合所有制经济的内涵

(一)混合所有制经济的定义

混合所有制经济是指财产权分属于不同性质所有者的经济形式。从宏观层面来讲,混合所有制经济是指一个国家或地区所有制结构的非单一性,即在所有制结构中,既有国有、集体等公有制经济,也有个体、私营、外资等非公有制经济,还包括拥有国有和集体成分的合资、合作经济;而作为微观层面的混合所有制经济,是指不同所有制性质的投资主体共同出资组建的企业。混合所有制的特点就是以市场经济为主,通过价格机制来调节社会的生产、交换、分配和消费;同时,政府必须根据市场情况,通过财政政策和货币政策来调节和干预经济生活,熨平经济波动,保证经济的均衡增长。

我国的混合所有制主要有三大类型,一是公有制和私有制联合组成的混合所有制企业,包括国有经济或集体经济与外资联合而成的企业,如中外合作经营企业、中外合资经营企业等,以及国有经济或集体经济同国内私营经济联合组成的企业;二是公有制与个人所有制联合组成的混合所有制企业,包括国有企业股份制改造中吸收本企业职工持有部分股权的企业,以及集体经济实行股份合作制的企业中集体所有与个人所有相结合的混合所有制企业;三是公有制内部国有企业与集体企业联合组成的混合所有制企业。

(二)混合所有制经济的作用

混合所有制经济不仅在宏观经济活动中起着积极作用，而且在微观经济活动中也有重要的作用。

首先,混合所有制为盘活国有资产存量、促进国民经济快速增长,找到了有效的途径。从管理学的角度看,资产要做到保值增值,必须同时抓好生产管理、经营管理和资本管理三个环节,其中,以资本运营为核心的资本管理，是最高级最有效率的环节。资本运营的过程事实上就是通过资本有目的运动和资本形态规则变化，实现资本增值的过程。大致说来，资本管理包括如下几方面的内容:一是优化存量资本在货币资本、生产资本、商品资本的合理比例和结构。二是不断追加新的资本,扩大资本规模。三是通过多种形式聚集其他资本,迅速增大资本总量。四是把总资本分割成规模较小的资本,实行分立经营。五是改变要素在生产过程中或生产过程外的形态，使资本在运动中增殖。以上五个方面归结到一点,必须使资产从停滞状态转化为运动状态，以便随时根据市场变化实现最优配置,因此,资产就必须顺利流通,必须市场化。

其次，混合所有制为实现政企分开创造了产权条件。我国经济体制改革从一开始就把政企分开作为企业改革的主要任务。然而时至今日,收效并不显著。究其原因,是在原经济体制下,国有企业运行的产权基础是单一的国有制，政府是国有企业唯一的投资主体和利益主体，政府作为企业的老板,不可能不关心自己所投资本的回报,在不存在其他利益主体与之制衡的情况下，政府要插手和干预企业的生产和经营决策,也就理所当然;另一方面,企业靠在政府身上也有诸多便利,如企业自己无法解决的事情,政府出面,就能顺顺当当地得到妥善处理，企业亏损，也不用自己承担责任,反正有政府帮助筹集贷款和救济职工,在这种情况下,企业也乐于躺在政府的怀抱里吃安逸饭。因此,无论是从政府角度还是从企业角度,都未必真心实意愿意政企分开。如要真正做到政企分开,只有一条出路，即必须构建能够实现政企分离的产权基础,在国有经济内部,引入其他形式的所有权,使原国有企业的投资主体多元化,造就不同利益主体相互制约的混合所有制。混合所有制将打破国有所有权铁板一块的格局，企业不再是单一国有经济的利益载体，而是各种不同经济利益的代表,不同经济利益主体之间相互制衡,在企业的发展问题上相互协商,政府作为股权持有人之一,已不可能任意支配和左右企业的投资、生产、经营和分配决策，这样，企业一方面不再受政府的操纵,另一方面也不能再依赖于政府,政企分开在混合所有制基础上变成现实。

再次，混合所有制为资金大规模聚合运作以及生产要素最优配置,拓展了广阔的空间。在当今社会化大生产条件下，各国企业对全球市场的争夺愈益激烈，而这种竞争实际上是规模和实力的较量，依靠资本的联合和集中来提高市场竞争能力已成为世界潮流。面对跨国公司瓜分中国市场的巨大压力,下决心铸造我国企业的“航空母舰”,以与外国工业巨头相抗衡,已成为当务之急。要做到这一点,就必须打破地区、行业、部门乃至所有制的限制，把全社会分散的资金按市场效率的原则聚合运作,并实现所有生产要素的最优配置。全社会生产要素的可动员规模，关键的决定因素是所有制形式,即所有权的聚合机制和配置机制。不同的聚合和配置机制有不同的生产要素组织形式,而生产要素利用的范围和深度不同,其利用效率也不相同。单一的所有制形式由于不能使不同性质的所有权相互兼容，因此其吸收和调动社会经济资源的能力便受到种种限制。只有混合所有制,才能做到使不同种类、不同性质的经济要素自由组合、任意配置,并在不断运动的过程中达到最优。在迅速把社会闲散资金吸聚为大规模资本的能力方面，混合所有制具有其他单一所有制不可比拟的优势。与此同时,混合所有制还造就了资产所有权的流动机制，使资产的存量结构和增量结构遵循市场效率原则,在动态中不断得以优化,以促进国民经济的持续和稳步发展。

最后，混合所有制为国有企业顺利转制提供了有利的契机。我国国有企业长期缺乏活力的最根本原因,是企业既无外在市场约束,又对内不负盈亏责任,产权不清,权责不明。要使国有企业走出困境,只有改变现有的经营机制,按现代企业制度的要求,将其改造成为自主经营、自负盈亏、自我约束、自我发展的市场竞争主体。在单一的国有制下,企业的资本所有权归国家,资本的各种权利和职能都由国家一个主体承担和执行，企业只是行政的附属物,产供销由主管部门决定。这种国家直接占有、经营的国有企业,实际上是一种特殊的"自然人"企业,因此,该所有制形式不仅难以使企业成为真正的独立法人，而且国家也不得不对企业承担无限责任，企业既不存在有效的外在硬预算约束,也缺乏竞争生成的内在激励机制。

二、发展混合所有制经济是深化国企改革的基本方向

混合所有制经济是我国基本经济制度的重要实现形式,发展混合所有制,实质上就是企业产权多元化,是当前深化国企改革的基本方向。

(一)发展混合所有制经济可以实现公有制为主体、多种所有制经济共同发展

现代市场经济发展的方向既是生产的社会化、国际化、全球化,也是产权(资本)的社会化、国际化、全球化。当今世界,经济的社会化、国际化、全球化潮流不可阻挡。

现代市场经济,是跨越国界的市场经济,更是大鱼吃小鱼的经济。国家的竞争力,很大程度上体现在大企业的竞争力上。现阶段,把国有企业全部私有化,对我们国家、民族、广大人民来说,无疑会是一场前所未有的大灾难;当然对发达国家、跨国公司、少数土豪来说,却是市场的盛宴,是财富的大源泉。中国特色社会主义建设实践证明,坚持公有制为主体、多种所有制经济共同发展的基本经济制度非常正确。公有制可以有多种实现形式。传统的公有制经济主要有国有经济和集体经济两种形式。随着生产力社会化和市场经济的发展,混合所有制中的国有控股经济将成为公有制的重要实现形式,即通过积极发展混合所有制经济,使我国基本经济制度在社会主义市场经济体制新的历史条件下找到新的有效实现途径。

(二)发展混合所有制经济可以克服国有独资企业的弊端

国企弊端主要有:政企不分、机制不活、效率不高、易发腐败。这些弊端对于传统的国有独资企业来说的确较普遍。经过30多年的改革,传统国企逐步改造成了新国企,这些弊端正在逐步消除,有些还需要通过全面深化改革来进一步解决。

治病先探根，对症下药方能治本。从深层次看，产生国企弊端的根源主要有两个方面：一方面,来自企业外部的干扰,主要是有关部门对国有企业日常经营管理自主权的干预,如投资审批权、人事管理权、收入分配权等,其中有些是必要的、合理的,有些是不必要的、不合理的。比如,当企业内部本身的激励机制与约束机制没有真正建立起来之前,没有相关部门的必要的、合理的干预,将会出现严重不良后果，不仅会出现大量国有资产流失,而且国有企业也会被搞垮。另一方面,从企业内部看,产生国企弊端的最终根源是:找不到准确的第一委托人,都是代理人委托代理人,出现所谓的"所有者缺位",缺乏高效的动力机制与约束机制,而且委托代理链条长,客观上很难进行有效监管。

外部因素是条件性的，内部因素却是决定性的。外部改革主要是通过深化政府机构改革,进一步实现政企分开、政资分开、资产所有权与企业经营权分开,以减少并最终消除对企业不必要、不合理的干预。而企业内部的改革至关重要,通过企业内部的改革,会使外部目前必要的、合理的干预逐步变成不必要、不合理的干预,从而最终使企业成为真正的独立市场主体。因此,企业内部改革至关重要。企业最深层次的改革是产权层面的改革,这也是最根本的改革。经过30多年的改革,我国国有企业改革已经到了产权之核心层面。如前所述,我国的基本经济制度是公有制为主体、国有经济为主导，所以我国产权改革的基本方向不可能是产权私有化,而应该是产权多元化,混合所有制经济的本质特征就是产权多元化,因此,积极发展混合所有制经济是当前我国国有企业深化改革的基本方向。

(三)混合所有制可以发挥国有经济的主导作用

现代市场经济的健康发展，面临二律背反的矛盾：一方面客观上要求国家对经济运行进行必要的宏观调控；另一方面市场经济又要求尽量减少国家对经济运行的直接干预。这个矛盾在西方发达的市场经济国家中事实上也并没有得到很好解决，世界范围内的国际金融危机就是一个有力证明。

为了有效解决这个矛盾，通过发挥国有经济在国民经济中的主导作用来实现国家宏观调控的目标，这样既可以充分发挥企业作为市场主体的作用,又可以减少政府对经济运行的直接干预,应

该说是一个有效的路子。中国成功应对国际金融危机有不少有效经验，其中发挥国有经济的主导作用就是很重要的一条。国有企业通过发展混合所有制经济，可以放大国有资本功能，从而可以放大国有经济主导作用。

(四)积极发展混合所有制经济可以实现国民共进

从我国习惯称谓看，国家所有的经济叫国有经济，私人所有的经济叫民营经济。但是，从其本源来看，国有经济本质上就是全体人民的经济，受益的应该是全体人民，即人民所有经济，故可简称民有经济。民营经济，本质上是局部或少数个人私有的经济，受益的是私人，即私人所有经济，故可简称私有经济。当然，私有经济同样是国民经济的重要组成部分，是社会主义经济的重要组成部分，是构成基本经济制度的重要基石，因此必须毫不动摇地支持和引导发展。所以，按习惯称谓，国有经济和民营经济应该共同发展。国有经济与民营经济相互依存、共同发展，主要通过三种途径：一是深层次参股融合，即通过产权的相互渗透而结成新的共同体；二是产业链互补衔接，即通过上下游产业链条的配套合作直接提供市场供需；三是广泛性市场拓展，即通过增加民众收入、改善消费条件或提供新的消费产品来间接提供市场需求。

上面三种途径中，第一种是实现国民共进最直接的途径。发展混合所有制经济就是第一种。在混合所有制经济中，通过企业运作，国有资本与民有资本已经形成了一个有机整体，两者的利益及发展是完全联系在一起的，同生死、同兴衰、同进退，以实现国有经济与民营经济共同发展。

(五)发展混合所有制经济可以实现优势互补

世界上所有的事物都有其两面性，都有其优势和劣势，国有企业和民营企业同样如此。国有企业的劣势和弊端在前面已分析过，其主要优势是：企业规模较大，设备技术较先进，人才队伍力量较强，内部管理较规范，品牌信誉较好。国有企业的上述优势通常也就是民营企业的劣势。但是，民营企业通常也有自己的优势：经营机制更加市场化、更加灵活，特别是经营业绩与经营者利益直接挂钩，激励机制与约束机制更加到位；相对而言，有较高效的决策、较有力的管理和较到位的监督。民营企业的这些优势同样也就是国有企业的劣势。

发展混合所有制经济，将国有经济与民营经济有机融合为一体，能够把国有企业和民营企业的优势很好地结合起来。远亲结合，一般可以形成杂交优势，可以实现取长补短、扬长避短、优势互补。

三、发展混合所有制经济的政策建议

当前，应把进一步解放思想放到更加重要的位置，积极加快产权制度改革与创新，推动产权多元化和合理化，借此优化国有企业、集体企业和非公有制企业的产权结构，推动企业建立适应市场经济发展的现代企业制度，既化解国有企业缺乏活力和创新力的问题，也化解民营企业缺乏实力和创新力的问题。

(一)完善政策法规，切实保障市场主体的合法权益

产权是现代企业制度的核心，要以完善产权、公平保护产权为前提，清理现行有关产权的法律与法规。按照十八届三中全会“公有制经济财产权不可侵犯，非公有制经济财产权同样不可侵犯”的精神，对不能保护各类市场主体合法权益的规定，要及时修改或者废止，取消对非国有产权的歧视和限制，做到各类所有制市场主体一视同仁。加强对各类市场主体的保护，切实同等保护法人和自然人的资产、收益等财产权以及其他合法权益，严格依法行政，打击非法占有或损害市场主体合法权益的行为。

(二)改善发展环境，调整定位市场主体的产业领域

尽快制定和出台深化国有企业改革的规定或决定，战略性布局国有经济的产业领域和范围。切实落实非公经济“新36条”，实施负面清单管理，建立和完善各种所有制经济“权益平等、机会平等、规则平等”的发展环境，进一步推动国有资本从一般竞争性领域和不具有竞争优势的产业中退出，破除“玻璃门”、“弹簧门”和“旋转门”。强化国有资本向维护国家安全和国计民生的产业集中，向形成产业控制力、影响力和带动力的高端产业、战略新兴产业和产业高端集中，向大企业大集团集中。尽早向社会公布国有企业需要采取全资、绝对控股和相对控股等运营方式的产业或行业。

(三)不断深化改革，推进国资控股的混合所有制

要推进国有企业的管理体制和运行机制的实

质性改善,国企要通过国有股减持、增资扩股、发行可转债、管理层和员工持股等方式,吸收社会资本、非公资本,允许国有资本与非公资本通过合资合作建设新项目、组建新公司,从而建立国有资本控股的混合所有制企业。坚持市场导向和效益优先原则,使资本的联合或融合在法制框架内自主完成,做好国有资本的去行政化,不搞行政主导的"拉郎配"。充分尊重企业的经营自主权,不得随便干预不同性质企业间正当经营与重组行为,实现"政企分开"和"政资分开"。

(四)完善产权交易市场,发展非公经济控股的混合所有制

加快建立和完善公平公正公开、规范有序的产权交易市场,将有形资产、无形资产等各类资产的交易纳入产权市场,并实现全国产权交易市场联网,鼓励国有等资本通过产权交易市场进行交易,使产权市场成为各类市场主体有序竞争、资本流动、资产重组、扩张发展的平台。积极探索特许经营权、预期收益权、知识产权、债权等权益通过产权市场进行交易,催生更多民营企业控股的混合所有制企业,促进社会上分散、沉淀的资金资本化、资本市场化和资产证券化。

(五)规范企业管理,引导发展混合所有制的大企业

推动不同所有制企业完善现代企业制度,通过吸收投资、转让股(产)权、债权转股权、经营者和职工持股等方式,实现产权多元化,建立健全适应现代产权制度的新型劳动关系和股权激励机制。鼓励、支持并引导混合所有制经济跨所有制、跨地域、跨行业实现强强联合、资本扩张和资产重组,组建更多的"航空母舰"型混合所有制大企业,引导混合所有制经济围绕优势产业、战略新兴产业、现代服务业等产业和产业高端发展,以创新驱动增强企业核心竞争力。将建立混合所有制与企业转型升级结合起来,与淘汰落后产能、消化过剩产能结合起来,与通过参股政府平台公司进入城市基础设施建设从而减少政府债务结合起来。

(六)完善资产监管,促进混合所有制经济健康发展

由于混合所有制经济具有"既公既私"的双重性质,必须按市场经济的要求规范监管程序和内容。国有资本监管机构要适应"混合产权"带来的新变化,通过监管好资本和所派出的董事等管理国有资产,规范混合所有制经济活动中以产权为纽带的资本合作、企业合作和产业合作行为。建立产权交易的自查、抽查、复查制度,每年应对国有、集体产权进场交易的情况进行专项检查,建立产权交易违规违纪举报制度,制定责任追究办法,防止混合所有制企业的资产流失,同等保护国有资本和非公有资本的合法权益。

四、发展混合所有制经济要防止国有资产流失

改革是一场深刻变革,或者说是一场革命。发展混合所有制是产权层面即深层次的改革,更是一场直接关系到诸多方面经济利益的深刻革命,它是经济利益格局的重新大调整。事实上,对于发展混合所有制经济以及混合所有制经济中的员工持股,有些人正期待个人千载难逢、迅速积累财富的大机遇,目前国有企业高管层绝大多数对发展混合所有制经济抱有极大热情、国有企业员工绝大多数对员工持股抱有特别的积极性。过去30年来的中国,在地方国企改革、股市、房地产、矿产、PE等方面出现了成千上万一夜而成的亿万富翁,一些人预测多少亿万富翁将在这次变革中产生,有些甚至会是万丈高楼平地起。因此,防止出现不公平的利益分配,加剧两极分化,是广大民众最关注的、社会上最担心的问题。

员工持股是一个非常复杂的问题。过去曾经搞过,但在一些方面出现了偏差,在企业里、在社会上造成过负面影响,特别是在公平方面、在国有资产流失方面出现过一些反映比较强烈的问题。为防止国有资产流失,维护社会公平,国务院曾专门发文规范国有企业改制,实际上叫停员工持股,对一些已经搞的采取清退等措施。过去有些企业因为要上市,上市前对员工持股也进行了清退。可见,在这个利益格局大调整、大变革的过程中,如果利益分配不好、各种利益关系处理不好,容易出现诸多方面、诸多阶层不满意的局面,甚至危及社会安定团结、和谐稳定的政治大局,这就是当前深化国有企业改革面临和必须避免的最大风险。

因此,在积极发展混合所有制经济中,既要坚定不移地推进国有企业深化改革,又要采取切实有效的措施坚决防止国有资产流失和由此带来的社会分配不公及两极分化。

(一)发展混合所有制过程中国有资产流失的

管道

要防止发展混合所有制过程中国有资产流失，首先必须搞清国有资产可能会在哪些方面产生流失。发展混合所有制经济，根据资本来源可分为三种形式：一是外部投资股东。外部投资股东既可以是企业法人，也可以是自然人；既可以是内资，也可以是外资。二是内部员工持股。既可以是企业高管层，也可以是中层业务骨干，还可以是全体员工。三是形外实内资本。有些内部员工持股，个人的或多人的，公开的或私密的，可能会以外部资本名义出现，从而使混合所有制经济更加复杂化。

混合所有制经济特别是员工持股企业中，其风险点即国有资产流失最可能发生的地方在“三优”：优良企业、优良资产、优良业务线。“三优”中混合所有制特别是员工持股中，国有资产流失主要有四个渠道：一是潜在利益。国有企业的垄断利益、品牌利益、资源利益、企业创造价值能力等往往很难准确评估作价，甚至根本不评估不作价，使这些利益白白流失到参股人手里。二是资产评估。目前中国社会中介机构包括资产评估机构总体信誉度不高，对国有资产评估是否客观公正社会公信力不够。低估贱卖国有资产，是过去有些地方国有企业改革中国有资产流失的最大渠道。三是同业竞争。中央企业通常规模较大，对于有员工个人持股的混合所有制企业一般可能是其下面的子公司甚至是孙公司。这些有员工个人股份的子孙公司，与集团内部其他没有员工个人股份的公司可能产生同业竞争，而且在同业竞争中可能损害其他子孙公司或集团公司的利益。四是关联交易。这些有员工个人股份的子孙公司，可能通过关联交易进行利益输送，从而损害其他子孙公司或集团公司的利益。

(二)防止国有资产流失的措施

发展混合所有制经济中，防止国有资产流失应采取以下措施：一是统一整体规划，分步推进。从国有经济总体布局角度出发，按照增强国有经济“三力”原则(活力、控制力、影响力)整体规划设计出国有企业深化改革蓝图，特别是哪些企业拟进行混合所有制改造，哪些企业将实行员工持股等，要规划总体思路和改革框架。同时，分步骤实施，逐步推进。二是统一政策标准，分企审批。发展混合所有制及其员工持股，要吸取过去一阵风和随意性的教训，必须制定统一政策标准，使一些改革重要事项有政策标准可作为依据。每个企业的具体改革方案，必须上报国资监管部门认真审批。三是统一操作程序，规范操作。发展混合所有制及其员工持股，在操作程序上必须有统一的规定。企业在改革中，必须严格执行，规范操作。四是统一红线清单，设立禁区。要从国家战略出发，以维护国家基本经济制度为依据，以增强国有经济“三力”为出发点，明确划定少数不宜开展混合所有制行业和企业的红线清单。要从维护国家利益、维护社会分配公平正义出发，明确划定哪些实行混合所有制的行业和企业不宜搞员工持股的禁区清单。五是统一产权管理，强化监管。产权管理必须统一到国有资产监管机构。在产权管理上，要采取得力有效措施，强化国有资产监管。

(三)防止国有资产流失，要重点关注员工持股问题

十八届三中全会明确提出，允许混合所有制经济实行企业员工持股，形成资本所有者和劳动者利益共同体。这是国有企业改革的一项重要措施，为国有“资产池”注入“活水”，有利于激发企业活力和员工积极性，提高企业管理效率。

实行员工持股，重点关注和解决下面三个方面的问题：一是流失问题。国有资产属于全体人民，国有企业的品牌、政策垄断或市场垄断地位、技术与产品及营销渠道等巨大的创造财富的能力，不能内部人局部利益化，绝对不能流失到局部的内部人口袋里面，造成新的土豪和两极分化，不能产生新的造富运动。防止国有资产流失，主要是改制前公平评估、改制中阳光操作、改制后规范运作。二是公平问题。企业外部方面主要是处理好国家利益、人民利益与个人利益关系，要处理好不同企业之间、不同行业之间的关系；企业内部方面，主要是处理好管理层、技术骨干及普通员工之间的个人利益关系。三是效率问题。主要是处理好新老员工之间持股问题，重点是岗位持股与人头持股的关系。

实行员工持股，要从以下几个方面把握，要研究确定：

1. 员工持股范围：哪些行业和企业亮红灯不能搞，哪些亮黄灯暂缓搞，哪些亮绿灯鼓励尽快开

展。政策性业务为主、国家定价为主的企业,企业效益与员工积极性并不直接挂钩,这些企业实行员工持股正面作用不明显,相反国有资产流失的负面可能会显现。而市场竞争的经营性业务为主的企业,实行员工持股正面作用就较大。

2.员工持股对象:作为激励的,可以是管理层持股、管理层与技术骨干和营销骨干持股;作为一般投资的,可以考虑全员持股,或有意向的员工持股。

3.员工持股数量:作为激励的,数量比例要严格控制;作为一般投资的,应该与外部投资同等看待,要根据行业性质来决定国有经济是否绝对控股、相对控股还是参股。

4.员工持股方式:员工持股方式多种多样,比如业绩股票、股票期权、虚拟股票、股票增值权、限制性股票、延期支付、账面价值增值权、管理层或员工收购等,需要根据企业的具体情况和员工持股功能来确定。

5.员工持股程序:员工持股必须经过严格、规范的程序。首先要经过反复调研、民主讨论形成较为合理的预案。然后,经公司董事会讨论形成初步方案,还要经职工大会或职工代表大会讨论通过。最后,上报国资监管机构审议批准。只有经审批同意的员工持股方案,才能开始正式操作。

总之,发展混合所有制经济,反映了市场机制发展的客观要求,体现了所有制形式未来发展和完善的方向。混合所有制经济地位的进一步明确将强化和落实市场在资源配置中起决定性作用的经济机制,大大推进国有企业改革在新时期的全面深化。大力鼓励、支持、引导混合所有制经济发展,将进一步完善我国以公有制为主体、多种所有制经济共同发展的基本经济制度,促进国民经济健康与可持续发展。

课题组组长:吴天宏
课题组成员:于华伟　杨前炉　刘志毅
李志斌
课题执笔:李志斌

完善国有资本经营预算制度研究

国有资本经营预算,是国家以所有者身份依法从国家出资企业取得国有资本收益,并对所得收益进行分配而发生的各项收支预算,是政府预算体系的重要组成部分。1993年,党的十四届三中全会通过的《关于建立社会主义市场经济体制若干问题的决定》,首次提出建立政府公共预算和国有资产经营预算的概念。2003年,党的十六届三中全会正式提出“研究建立国有资本金预算制度”。2007年9月,国务院发布《关于试行国有资本经营预算的意见》(国发〔2007〕26号),标志着我国开始正式建立国有资本经营预算制度,从而结束了国有企业自1994年以来不向政府上缴红利的历史。

2013年,党的十八届三中全会通过的《中共中央关于全面深化改革若干重大问题的决定》,再次对完善国有资本经营预算制度提出了明确的目标和要求。总结国有资本经营预算实施以来的经验,分析存在的问题,有利于深入贯彻落实十八届三中全会精神,更好地推动国有资本经营预算改革,促进国有企业改革与发展。

一、实施国有资本经营预算制度的重要意义

(一)有利于规范国家与企业的分配关系

国有企业、国有股权是国家投资形成的,国家作为出资人,享有资本收益权、重大决策权和选择经营者等权利,理应收取投资收益。回顾过去,早在计划经济年代的国有企业,国家统分统销,国有企业创造的利润全额上缴,由全民共享。随着经济体制改革的不断深入,国家在企业收益分配方面先后出台并实施了诸如利润留成、盈亏包干、利税分流等一系列重大的改革措施,尤其是1994年实行分税制改革后,国家暂停向企业收缴利润,把利润留给企业,支持企业发展。时过境迁,随着国民经济的发展,企业改革不断深化,国有企业的资产规模不断壮大,资产质量明显提高,盈利能力显著增强,企业的历史包袱也逐步得到妥善解决。

从我省国有企业现状看,近年来普遍发展较好。根据省国资委国有企业资产统计数据,2013年末,全省地方国有企业资产总额22840亿元,净资产达到9705亿元,当年实现利润587亿元。其中

省属企业资产总额达到10320.1亿元、所有者权益总额达到3433.5亿元，当年实现利润总额276.9亿元。与其他省份省属企业相比，我省省属企业利润总额居第3位(低于上海、北京)，收入位居第7位，资产总额位居第8位。国有企业经济效益的好转，不仅对壮大国有企业的实力，提高其竞争力，发挥了积极的作用，也为建立健全国有资本经营预算制度，统筹国有资本收益创造了有利的条件。通过建立国有资本经营预算制度，合理地集中国有资本收益，可以进一步突出国家作为出资人的地位，政府作为出资人的收益权得以实现，有利于强化国有企业分红和投资者追求回报的意识，增强国有企业对国家的责任感和使命感。同时，针对不同行业企业实行不同的收益收取比例，有利于进一步深化国有企业收入分配制度改革，消除受资源、历史包袱等因素影响，造成的国有企业利润水平和职工收入水平在不同行业、企业之间存在的“苦乐不均”现象，有利于社会公平与和谐社会建设。

(二)有利于完善社会主义市场经济体制

建立和完善社会主义市场经济体制是我国经济体制改革的重要目标。习近平同志在关于《中共中央关于全面深化改革若干重大问题的决定》说明中指出，“市场决定资源配置是市场经济的一般规律，市场经济本质上就是市场决定资源配置的经济”。实现市场对社会资源优化配置的重要前提就是公平竞争的环境。但近些年来，原本在资源占用、政策扶持、资金借贷等方面占据优势的国有企业，利用留存收益，参与一般性竞争领域，挤压了民营经济的发展空间，社会上对国有企业特别是资源垄断行业的国有企业一方面不上缴利润或上缴利润过少，另一方面又享受各种财政补助或补贴政策，享受“超国民待遇”，而民营企业不能享受同等待遇，性质不同，地位也不同，无法展开充分竞争等诸多现象，颇有微词。从长远看，不利于发挥市场配置资源的基础性作用，不利于国有企业与民营企业公平竞争，不利于多种所有制经济共存的国民经济协调发展。

通过实施国有资本经营预算制度，国家参与国有企业分红及使用收益资金，将对国有企业资本收益的分配和产权管理等经营活动进行系统规范，使国有资本的收支管理更为清晰、合理，既有利于国家加强对国有资本经营者的约束与控制，在一定程度上遏制国有企业乱花钱、乱投资行为，又能在支出范围上与公共预算支出分开，尽量减少交叉和重复，从而为国有资本与民营资本的公平竞争创造宽松的外部环境，有利于社会主义市场经济体制的完善。

(三)有利于推进国有经济布局和结构的战略性调整

党的十五大以来，党中央、国务院多次强调要加快国有经济布局和结构的调整。党的十八大报告明确指出，要“着力解决制约经济持续健康发展的重大结构性问题”。近年来，通过实施兼并重组、关闭破产等多项改革措施，国有经济布局和结构调整取得了初步成效，国有企业的整体实力也不断增强，税后利润大幅增加，但与此同时，一些深层次的问题也暴露出来，如部分企业盲目投资、重复建设引起的投资过烂、失误较多等问题亟待解决，国有经济布局和结构调整的任务仍然十分艰巨。

实施国有资本经营预算，实质上就是国家将企业的部分利润或股利股息集中起来，通过发挥其“二次再分配”的调节和引导功能，以增量带动存量，调整国有经济布局，优化产业结构。通过国有资本经营预算，将取得的国有资本收益主要用于公益项民生项目支出和弥补国有企业改革成本，一方面可以有效控制和引导国有资本存量变现和增量的分配与使用，引导国有资本从一般性竞争领域有序退出，推动国有资本更多投向关系国家安全、国民经济命脉的重要行业和关键领域，更好地发挥其宏观调控作用。另一方面可增加对支柱产业和高新技术产业中的重要骨干企业的投入，提升企业自主创新能力和核心竞争力，提高国有资本的营运效率，进一步增强国有经济的活力、控制力、影响力。此外，通过弥补企业社保欠账等方式，支持企业解决历史遗留问题，推动困难企业的改制重组，稳妥有序地退出国有序列，有利于促进国有企业改革的继续深化，支持和培育混合所有制经济的发展。

(四)有利于完善政府复式预算体系

建立国有资本经营预算制度是我国公共财政制度的一项重大改革。《预算法》等法律、法规都对复式预算的框架作了具体规定，明确国有资本经营预算是政府预算体系的重要组成部分。按照政企分开、政资分开的原则,公共财政预算的编制和实施,体现着政府行使社会管理职能的需要,而国有资本经营预算体现着政府行使国有资产所有者职能的需要。长期以来,我国一直没有对国有资本经营收支单独编制预算,而是与公共财政预算收支一起,这种做法无法体现政府作为"社会管理者"与"国有资产所有者"两种职能及其分类收支活动的运行特征。随着市场经济体制的建立和不断完善,客观上要求我们逐步建立由公共财政预算、政府性基金预算、国有资本经营预算和社会保障预算组成的有机衔接的政府预算体系,全面反映政府收支总量、结构和管理活动。按照各自功能和定位,科学设置政府预算。通过实施国有资本经营预算,不仅可以补充复式预算的内容,完善预算框架体系,保持政府预算的完整性,而且能够真正体现国家作为国有资产出资人的身份和财政部门作为国有资本经营预算主管部门的地位,有利于政府更好管理国有资产,落实国有资产保值增值责任。

二、国有资本经营预算的内涵及目标定位

(一)国有资本经营预算的相对独立性

国务院《关于试行国有资本经营预算的意见》明确要求以"相对独立,相互衔接"为原则试行国有资本经营预算。正确认识国有资本经营预算的相对独立性,关键是要把握国有资本经营预算与公共预算的区别和联系。一是相对独立的资金性质。公共预算是国家凭借公共权力取得预算收入,并在此基础上依据国家法定程序进行再分配。国有资本经营预算是国家以所有者身份依法取得国有资本收益,并对所得收益进行分配,收入的来源包括国有企业的上缴利润、股利股息、产权转让收入、清算收入等,均为国有产权经营产生的国有资本收益,在形式和性质上都区别于国家税收、政府收费等公共预算的主体收入。二是相对独立的支出目的。公共预算主要是向全社会提供公共产品和服务,满足社会公共需要,强调"公共"和"社会"属性,注重社会利益的最大化。国有资本经营预算主要是用于经营性国有资产的投资以及解决国有企业的历史遗留问题,注重国有资本的保值增值,强调"资本"和"经营"的属性。三是相对独立的预算编制方式。公共预算的规模根据社会事业发展任务和经济宏观调控需要等因素确定,一般遵循收支平衡的原则,必要时也可以推行赤字财政刺激经济。其支出下达后,在使用上一般要求按照政府采购和国库集中支付有关规定管理使用财政资金。国有资本经营预算支出是按照当年取得的国有资本收益确定支出规模,量入为出,不列赤字,体现国有资本依靠自身滚动循环增值。其资金注入企业后,由财政资金转化为企业法人资产,出资人一般都不再直接干预资金的使用。国有资本经营预算与公共预算也需要密切衔接,适度互通。在明晰国有资本经营预算与公共预算的支出责任和范围后,在两者预算收支科目内,分别设置专门衔接科目,通过实行转移支付,相互支持,互为补充。

(二)国有资本经营预算政策的目标定位

国有企业对我国的国民经济发展起着举足轻重的作用,作为国有企业运行根本的国有资本则具有二重性,即增值性和公益性。实施国有资本经营预算,既要发挥国有资本的营利功能,又体现其"公共性"的一面,发挥特殊的社会功能。一要促进国有资产的保值增值。随着国有企业改革的不断深入和政府职能的转变,尤其混合所有制经济的发展和推进,政府与国有企业经营者之间的"委托-代理"关系日益复杂,由于信息的不对称,企业经营者的道德风险不断加大,国有资产所有者的权益有可能受到侵蚀。通过将国有资产的经营收益、投入支出等纳入预算管理体系,从而加强监管,维护国有资产的安全。同时,通过建立国有资本经营预算编制、审批、执行等相关程序,将预算运行全过程置于公众面前,接受财政、审计及人大等机关的监督,提高资金使用效益。二要帮助实现政府宏观调控职能。通过明确国有资本经营预算资金的投向,来引导全社会资本做出跟进或退出的选择,发挥财政资金引导和带动作用,达到"四两拨千斤"的调控功效。一方面将资本用于需要扶持的关系国民经济命脉和国家安全的大型国有企业,实现规模化经营,保持政府对重要经济资源的把控,另一方面推进国有经济战略布局和结构调整,实现国家的产业政策、经济结构调整及区域协调发展政策。三要推进社会保障制度的完善。一方面,由于受资金来源的限制,社会保障体系目前的保障水平还不高,资金支付标准很低。逐步提高社会保障水平,必然对社保资金需求提出更高要求。另

一方面,从国有资本的性质来看,国家所有是其形式,全民所有才是其内容,在全民社会福利因资金匮乏而无法实现时,用国有资本收益来实现全部最基本的社会福利,于理于法皆为必然。因此,在解决社保预算资金不足的问题上,国有资本预算应该发挥作用,分担构建新型社保体系的责任,国有资本收益可以部分用来弥补社保支出的缺口。

(三)国有资本经营预算的支出方向

国有资本经营预算作为重要的财政工具,预算支出应充分体现财政部门职能作用,根据国企改革和发展的需要,明确支出方向和支持重点,充分发挥其引导国有经济和国有企业的"指挥棒"作用。一是明确支出方式。按支出性质来分,目前国有资本经营预算支出主要分为资本性支出、费用性支出和其他支出。资本性支出是根据产业发展规划、国有经济布局和结构调整、国有企业发展要求以及国家战略、安全等需要安排的支出,主要包括向新设企业注入国有资本金、向现有企业增加资本性投入以及向公司制企业认购股权、股份等方式。费用性支出是用于支持国有企业改革、弥补企业改革成本、解决历史遗留问题等方面的费用性支出。其他支出是依据国家宏观经济政策以及不同时期国有企业改革和发展的目标任务,统筹安排确定资金。二是把握支出重点。党的十八届三中全会明确要求国有资本更多投向前瞻性战略性产业、公共服务、生态环保、科技进步等领域,加大国有资本对提供公益性产品或服务的国有企业的投入,支持其在提供公共服务方面做出更大贡献,国有资本收益更多用于保障和改善民生的政策导向非常明显。相应的,国有资本经营预算支出模式也将从试行初期的"取之于国企,用之于国企"向"取之于国企,用之于民生支出、用之于国民经济、用之于经济社会全面协调发展"的转变,从而真正实现国有资本收益"全民所有、为民所用"。

三、安徽省国有资本经营预算的实施现状

按照国务院和财政部的统一部署和要求,安徽省从2007年开始试行国有资本经营预算,组织编制国有资本经营收支计划和收取省属企业国有资本收益,并于2010年起正式编制省级国有资本经营预算,提交省人代会审议。目前,我省的国有资本经营预算管理制度体系基本建立,收支管理日趋规范,预算规模不断扩大,在深化国有企业改革、推进国有经济结构调整和布局调整等方面发挥了积极的作用。

(一)取得的主要成效

1.制度体系框架初步确立。坚持把建立健全国有资本经营预算制度体系作为首要任务,相继出台了一系列管理制度和办法。2007年12月,省政府印发《关于试行国有资本经营预算的意见》(皖政〔2007〕126号),明确了试行国有资本经营预算的指导思想、原则以及预算编制内容、要求等,标志着我省国有资本经营预算制度正式实施。结合省属企业实际,省财政厅会同省国资委等有关部门,相继研究制定了《安徽省省属企业国有资本收益收取管理暂行办法》(财资〔2008〕892号)、《安徽省省级国有资本经营预算编报试行办法》(财资〔2008〕957号)、《安徽省省级国有资本经营预算支出项目资金管理暂行办法》(财资〔2010〕1257号)、《安徽省省级国有资本经营预算支出项目评审管理暂行办法》(财资预〔2014〕939号)等配套制度,对省属企业国有资本收益收取、国有资本经营预算编制等工作进行了规范,初步建立了国有资本经营预算制度的基本框架。

2.工作运行机制基本建立。国有资本经营预算既涉及财政部门与国有资产监管机构之间的职责划分,又关系到国家和企业之间的利益格局调整,需要相关部门的积极配合和企业的理解支持。为推动省级国有资本经营预算的顺利实施,明确省财政厅是国有资本经营预算的主管部门,省国资委及其他省属国有企业监管职责的省直部门和机构均作为国有资本经营预算单位,细化各自工作职责,逐步构建了由省财政厅、预算单位以及国有企业三个层次构成的权责分明、分工协作的工作机制。省财政厅主要负责制订各项管理制度,审核和汇总编制国有资本经营预、决算草案,下达批复并拨付资金;预算单位负责审核所监管企业的收益和项目支出计划,编制国有资本经营预、决算建议草案,组织和监督本单位国有资本经营预算的执行;省属企业负责按规定申报、上缴国有资本收益,提出支出项目计划,根据预算批复规范使用项目资金。

为充分发挥各自的职能优势、调动各方的积极性,在制定相关管理制度办法、编制国有资本经营预算草案过程中,省财政厅与预算单位相互支

持、密切配合、共同研究,抓好预算收支的执行和监管。在国有资本收益核定、预算安排和执行等方面,及时与省属企业沟通协调,最大限度上争取企业的理解和支持,保障了年度预算收支任务的圆满完成。

3.收益收取政策逐步完善。根据省政府《关于试行国有资本经营预算的意见》,纳入省级国有资本预算实施范围的企业为省政府及其部门、机构履行出资人职责的企业。试行初期,纳入国有资本经营预算实施范围的企业主要是省国资委监管的省属国有企业。本着"适度、从低"的原则,同时兼顾到不同行业受不同条件因素的影响,利润水平差异较大,从既利于支持国有企业改革和发展,又有利于规范企业收入分配秩序的目的出发,区别不同行业,对省属企业国有资本收益按企业税后利润的一定比例、分类收取,如对资源类企业收益收取比例为10%,其他类企业收益收取比例为5%。据统计,2007—2013年,累计收缴省属企业国有资本收益30.35亿元,较好地落实了国有资本收益权,增强了政府的宏观调控能力。

为贯彻落实十八大和十八届三中全会精神,推进国有资本经营预算"扩面提标",从2014年开始,首次将省信用担保集团纳入国有资本经营预算实施范围,并将国有独资企业收益收取比例在原有基础上分别提高5个百分点,即提高到10%和15%。截至目前,纳入国有资本经营预算实施范围的省属一级企业已达33户。实施范围的不断扩大以及收取比例的逐步提高,为进一步规范国有企业税后利润分配,壮大国有资本经营预算收支规模奠定了基础。

4.预算支出管理更加规范。按照统筹兼顾、以收定支、突出重点、注重绩效的原则,不断完善国有资本经营预算支出政策,着力优化支出结构,充分发挥国有资本经营预算在省属企业改革发展中的引导和带动作用。明确国有资本经营预算支持方向和范围,重点支持省政府确定的重大基础设施建设项目,支持省属企业开展自主创新、技术改造、节能减排,培育发展新兴产业,支持省属企业改制重组和资源整合,引导企业转变发展方式,帮助企业妥善解决历史遗留问题,促进企业深化改革。2007—2013年,累计安排国有资本经营预算支出26.8亿元,其中用于铁路基础设施建设支出10.7亿元,约占历年国有资本经营预算总支出的四成,为我省铁路公路等重大基础设施建设提供了资金保障。注重提升国有资本经营预算支出绩效,组织开展了2010—2012年国有资本经营预算支出项目绩效评价工作,强化预算支出绩效理念,将评价结果与以后年度国有资本经营预算资金安排挂钩,不断完善国有资本经营预算支出绩效评价体系,提高财政资金使用效益。

5.地市国资预算稳步推进。为推动全省国有资本经营预算工作,在摸底调查的基础上,先后研究印发了《关于推进市级国有资本经营预算试行工作的意见》(财资〔2011〕178号)、《关于做好全省国有资本经营预算季报统计工作的通知》(财资〔2012〕310号)和《关于规范全省国有资本经营预算执行工作的通知》(财资〔2013〕697号)等,建立了全省国有资本经营预决算、季报统计报送制度,并从2013年开始汇总试编全省国有资本经营预、决算,督促和指导市级国有资本经营预算的规范编制。各市积极响应并参照省级国有资本经营预算政策,及时建立本地区的国有资本经营预算制度。截至目前,全省已有合肥、淮北、六安、黄山等15个市以政府或政府办的名义出台了国有资本经营预算试行意见、实施方案或收益收取管理办法,明确了资本收益收取比例,开展了收益收缴工作,其中14个市按规定单独编制了市本级国有资本经营预算。

(二)存在的问题及原因分析

相较于公共财政预算和政府性基金预算,国有资本经营预算起步较晚,且无成熟经验可借鉴。虽然经过几年的探索和实践,取得了一定成效,积累了一些经验,但还存在着制度不够完善、管理不够精细等问题,与改革和发展的要求还有一定差距。

1.思想观念存在偏差。对国有资本经营预算本质认识不清,认为国有企业是国家所有的,征收国有资本收益属"左口袋"到"右口袋",实际意义不大。少数地方尚未完全理顺国有资本经营预算收入与公共财政预算的关系,将国有资本经营预算收入混入公共财政预算统一支出。在实际收缴国有资本收益过程中,有的企业强调困难拖着不交,有的企业则以要求返还收益为由提出缓交或免交的报告,抵触情绪较大,主动性不强,加之缺乏像税收那样有力有效的约束手段和完善的征管措施,影响了国有资本经营预算收支执行进度。此外,少数企业国有资本经营绩效观念较欠缺,不注重实现国有资本保值增值目标,国有资本经营预算资金使用效益不高。

2. 制度体系不够完善。目前,我省开展国有资本经营预算工作的主要政策依据是《国务院关于试行国有资本经营预算的意见》(国发〔2007〕26号)和《安徽省人民政府关于试行国有资本经营预算的意见》(皖政〔2007〕126号),这基本上都属于政府性文件,法律层次低,权威性不够,约束性不强。虽然2008年出台的《中华人民共和国企业国有资产法》,正式将其写进法律,有专门章节规范国有资本经营预算,但相关的规定仍然比较原则,操作性不强。同时,尽管近年财政、国资等部门针对预算编制、收益收取等具体操作环节相继出台了一些规章制度,但仍然缺乏系统性和完整性,如关于国有资本经营预算支出管理、绩效评价管理等环节制度尚未制定和出台,配套制度不健全一定程度上制约了国有资本经营预算工作的推进。

3. 预算收入规模偏小。从历年财政收入的情况看,省以下国有资本经营预算收入规模普遍偏小。如2013年安徽省省级国有资本经营预算收入为5.3亿元,仅为当年省级公共预算收入的2.5%,政府性基金预算的9%,社保基金预算的5%。与同期中央国有资本经营收入1058.3亿元相比,仅占0.5%。究其原因,主要是省以下国有企业不像中央企业那样占有较多资源、享有垄断利润,基本都处在竞争性行业,市场竞争比较激烈,受经济环境的影响比较大,盈利能力相对较弱。尤其是市级以下国有企业数量较少,且多是中小型企业,这其中资产总量较大的基本是政府投融资类企业和公益性企业。此外,国有资本经营预算实施范围尚不完整,目前纳入实施范围的主要是国资委履行出资人职能、监管职责的国有企业,其他政府部门、机构监管的国有企业因种种原因一直没有纳入实施范围,从而直接影响了国有资本收益规模的壮大。

4. 预算支出功能模糊。目前,国有资本经营预算支出主要包括资本性支出和费用性支出,这些支出在公共财政预算中都有所涉及,两者支出安排经常出现交叉重复的现象,在支持国有企业方面分工两者难以明确界定,国有资本经营预算支出功能作用不够明显,定位模糊。同时,由于受国有资本收益规模限制,目前国有资本经营预算的支出基本上仍用于国有企业自身的改革发展,支持的重点不够突出,也不利于全民共享收益,国家意志和全民利益便难以实现和保障。此外,部分国有资本经营预算支出安排不尽科学、合理,缺乏有效的激励和约束机制,如在支持国有企业解决历史遗留问题上,未真正与国有企业改革改制有效结合起来,导致国有企业缺乏改革的内生动力和外部压力,而是一旦遇到困难便要求使用国有资本经营预算资金用于各项成本开支,削弱了国有资本经营预算的引导带动作用。

四、深化国有资本经营预算管理改革的政策建议

(一)完善国有资本经营预算制度体系

国有资本经营预算涉及财政部门、国资监管机构、国有企业与社会民生,范围广,影响大,不仅需要完备的法律手段作为支撑,更需要一套完整的配套制度来确保实施,这样才能有效保障国有经济深化改革的顺利推进,实现国有资本收益真正为全体国民共享。

1. 加快推进国有资本经营预算法制化建设。在全面总结国有资本经营预算制度试行以来的基础上,结合省委省政府全面深化改革的要求,研究起草《国有资本经营预算管理办法》,对国有资本经营预算的编制目标、职责分工、预算收支范围以及预算审批、执行、调整、决算、监督等进行全面系统的规定。同时,争取在"十三五"期间将其列入省人大立法规划,以条例形式颁布实施,从法律上确定国有资本经营预算编制的主体、层次、程序和相关法律责任,尤其是进一步明确财政部门、预算单位和国有企业的职责定位和权限边界,确保国有资本经营预算在实施过程中有法可依,有法必依,违法必究。

2. 建立规范的国有资本收益收取管理制度。研究制订省级国有资本收益收取比例提高方案,适时提高收益收取比例,确保2020年实现两个30%的工作目标(即企业国有资本收益收取比例达到30%,国有资本收益上缴公共财政预算的比例达到30%)。在此基础上,修订完善现有的《省属企业国有资本收益收取管理办法》,进一步明确国有资本收益征收范围、内容,细化收益的申报、审核以及上缴程序,强化

考核激励和责任追究，把国有资本收益缴纳完成情况，纳入企业负责人经营业绩考核体系，兑现奖惩。同时，加强对企业国有股分红的管理和政策指导，完善国有资本收益分配决策机制。根据企业所处行业、国有股所占比例、企业盈利状况以及战略发展所需资金情况等，分类制定国有股分红收益的征收标准，出台《省属国有控股企业利润分配管理办法》，规范国有控股企业利润分配原则、比例及程序等，探索建立常态化分红机制，确保国有资本收益收取制度在股份制企业中得到具体、有效落实。

3. 制定国有资本经营预算支出管理办法。加强国有资本经营预算资金的使用和管理，结合国有资本经营预算支持的方向和重点，研究出台《省级国有资本经营预算支出管理办法》，明确预算资金的支持范围、内容、方式以及支出项目的申报审核、资金拨付等，确保资金使用规范、安全和高效，充分发挥国有资本投向的引导和带动作用。同时，厘清国有资本经营预算与公共预算的关系，合理界定国有资本经营预算功能定位和支出边界，研究提出国有资本经营预算调入公共财政预算的制度要求，关键要结合我省企业结构调整、改革改制任务进展情况，合理确定省级国有资本经营预算调入公共财政预算的比例和时间进度，实现2020年提到30%的目标。

(二)拓宽国有资本经营预算收入来源

国有资本经营预算收入的多少是国有资本经营预算发挥作用的首要前提。随着国有经济总量、国有企业利润总额的不断增长，要凸显国有资本经营预算的政策效应，必然要求实现其收入规模的同步快速增长，以进一步扩大国有资本经营预算调控能力，更好地推进国有经济布局和结构战略性调整，集中解决国有企业发展中的体制性、机制性问题。

1. 扩大国有资本经营预算实施范围。一方面，本着对国有企业一视同仁的原则，将符合国有资本经营预算实施条件的国有企业全部纳入收益征收范围。具体来说，将国资委监管以外的国有企业，如宣传部监管的文化企业、事业单位出资兴办的国有企业、社会群团管理的国有企业分类分批纳入国有资本经营预算实施范围，真正实现国有资本经营预算全覆盖，体现所有国有企业平等履行义务的要求。另一方面，完善国有资本收益收取方式，逐步由目前向监管的一级企业收取收益扩大到向其所属独立核算的二级企业收取收益。如可将部分资产规模较大、盈利能力较强的二级企业作为重点监管企业，直接列为收益收取对象，可有效减少因年终合并财务报表对母公司整体利润水平的影响，在一定程度上增加国有资本收益。

2. 适当提高国有资本收益收取比例。国有资本收益的收取比例是国有资本经营预算的核心问题，反映了国有资本所有者与经营者之间的收益分配关系。从国外的情况看，按照通行的国际惯例，上市公司股东分红比例为税后可分配利润30%到40%之间，国有资本向国家上缴盈利普遍高于这个水平，英国盈利较好的企业上缴盈利相当于其税后利润的70%至80%。目前，中央企业的国有资本收益上交比例最高到25%，我省的省属企业上交比例最高仅为15%，相比于国有企业不断扩大的利润规模以及国内外上市公司较高的分红水平，还处于偏低的水平，很难发挥国有资本经营预算的宏观调控功能，也不利于遏止国企盲目投资的冲动以及国有资本保值增值目标的实现。因此，有必要根据国有资本布局调整需要以及企业的类型、市场竞争环境、经济效益和承受能力，分类、分阶段提高国有资本收益收取比例，这样既保证收益的增长，也不会影响企业的发展壮大。对于国有独资企业，收益收取比例分年逐步提高到30%或以上，同时，鼓励国有控股、参股企业依法分配股息、股利，对于国有控股企业，国有资本收益收取比例可以同行业上市公司的现金分红比例为参照，提高到国内上市公司分红的平均水平，并明确现金分红比例不低于国有独资企业的收益上交比例。对于国有参股企业，可与普通公司等量齐观，按照“同股同权、同股同利”的原则，向参股企业征收与投入国有资本数额相应的红利。

3. 盘活存量国有资产增加变现收入。扩大国有资本经营预算实施范围，提高国有收益收取比例，虽然可以增加国有资本经营预算收入，但由于实施范围毕竟有限，收益收取比例也不可能大幅度的提高，那么通过盘活巨额的国有资产存量，将成为保证国有资本经营预算收入稳定增长的最直接、最有效的方法。一方面，积极推进国有控股公司的国有股减持。对于一般性竞争领域的国有企业，尤其是国有股控股比例较高的企业，通过编制国有资本经营中长期预算推动国有资本变现，有计划的在证券市场上出售部分国有股权，实现部分国有资本的有序退出。同时，注意把握好国有股减持的时机，尽量选择在股票市场较好时开展，防止国有资产的流失。另一方面，在资产清查的基础上，对部分闲置、运行效率低下或者待处置的存量资产通过产权市场公开出售。大力推进国有企业改制重组，尤其是对那些既不赢利也无社会效益的企业，加快退出的步伐，通过整体转让、民营化等方式变现，资产处置收入用于充实国有资本经营预算收入。

（三）加强国有资本经营预算支出管理

国有资本经营预算支出是一项政策性很强的资源配置活动，涉及国民经济发展的整体战略布局和企业经济发展的长远利益与短期利益的统筹协调。预算支出必须遵循局部利益服从于整体利益，短期利益服从于长远利益的原则，坚持“有进有退、有所为有所不为，充分发挥国有资本经营预算资金“四两拨千斤”的政策引导和杠杆作用。

1.明确国有资本经营预算支持重点。国务院26号文件明确规定，国有资本经营预算的支出重点应主要用于推进国有经济布局和结构的战略性调整，集中解决国有企业发展中的体制性、机制性问题。党的十八届三中全会更明确提出国有资本收益更多用于保障和改善民生，标志着国有资本经营预算向民生支出的倾斜。按照上述总体要求，结合我省各时期、各阶段发展的重点需要，应进一步明晰国有资本经营预算支出的重点，明确投入方向，集中使用财力，提高预算支出资金使用效果，促使有限财力在促进经济发展，维护社会稳定，体现社会公平、公正方面，发挥最大作用。当前，我省国有资本经营预算支出除用于省委、省政府确定的重大项目建设外，应按轻重缓急排序，重点支持以下四个方面：一是更多把支出重点放在加快深化国企改革上，支持企业兼并重组，实现产权多元化，引入市场化机制，支持国有资本逐步退出一般竞争性领域；二是推进国有经济结构和布局战略性调整，促进国有经济资源进一步向重点行业、关键领域和优势企业集中，增强国有经济市场活力、控制力和影响力。三是支持和引导创新要素向企业集聚，支持省属企业自主创新能力建设、涉及国民经济命脉的重要行业和关键领域重大技术创新和技术进步，促进企业转变发展方式，提高企业整体素质和竞争能力；四是帮助省属国有企业解决历史包袱和社会负担，解决涉及省属国有企业职工切身利益的民生问题，为其可持续发展创造良好的体制环境。

2.创新国有资本经营预算支持方式。十八届三中全会提出，完善国有资产管理体制，创新国有资本支持方式，改革国有资本授权经营体制，允许更多国有经济发展为混合所有制经济，充分发挥国有资本投向的引导和带动作用。一方面，要将国有资本经营预算资金支出与深化国企股权多元化改革紧密结合起来，通过直接列支兼并重组、改革补助等方面的支出，激发企业加快股权多元化改革的积极性，支持和培育混合所有制经济发展，引导民营资本积极参与国企改革，提高国有资本放大功能。另一方面，实行直接支出和间接支出相结合的支出方式，探索建立国家引导的股权投资基金支出方式，如通过国有资本自身特有的优势吸引各类社会资本共同参与设立产业发展基金、重大技术创新基金等，依托国有资本投资运营经验丰富的企业，以高度市场化的方式支持具有战略意义的项目，提升产业发展质量，加快推动转型发展，从而更好地发挥国有资本经营预算的宏观调控功能和“四两拨千斤”的作用。

3. 研究编制国有资本经营中长期支出预算。编制项目支出预算是目前国有资本经营预算管理的主要方式。现行按年度编制国有资本经营预算支出项目计划的方式，很容易导致项目预算编报缺乏统筹规划、短视现象突出、项目支持力度有限等问题。通过编制国有资本经营中长期支出预算，实行项目逐年滚动管理，有助于克服国有资本经营预算支出的盲目性，提高预算编制的准确性和科学性。通过建立滚动项目库的方式，将符合国有资本经营预算支持方向的重点项目、中长期项目统一纳入滚动项目库，并依据国家宏观政策、经济形势、国企发展现状等内容，定期对项目库中项目进行评估并加以完善，资金根据中期评估情况分期到位。对到期项目予以取消，对延续项目按照中长期规划和预算编制要求，滚动转入以后年度国有资本经营预算，与下年新增项目一并申请项目支出预算。每年项目支出预算批复后，省财政厅和预算单位及时对项目库进行清理、更新。

(四)强化国有资本经营预算监督管理

1.完善国资预算支出项目的管理。建立国有资本经营预算支出项目公开评审制度，提高项目选择的科学性和透明度。项目立项前，在企业提供完备的立项资料、项目计划书等资料基础上，按照公开、公平、公正原则，组织包括投资、技术、管理等方面的专家进行公开评审，集体决策，评审结果作为安排国有资本经营预算资金的重要依据。加强国有资本经营预算支出的执行和控制力度，项目实施过程中，根据项目实施情况，及时拨付资金，并建立国有企业与财政部门之间通畅有序的沟通反馈机制，及时发现项目实施过程中存在的财务问题，适时调整预算资金拨付管理手段。项目实施后，建立及时的竣工验收报备制度，并对重大支出项目组织专门力量进行抽查评估，提高财政资金的使用效益。

2.建立健全国资预算绩效评价机制。建立国有资本经营预算绩效评价制度，不仅有助于加强财政资金管理，有效解决"重分配、轻管理"问题，更重要的在于进一步明确支出方向和重点，完善现行国有资本经营预算制度。研究制定《国有资本经营预算绩效评价管理办法》和支出绩效评价标准，强化预算资金的使用管理，建立健全科学、合理的国有资本经营预算支出绩效评价体系。研究制定统一的评价指引、绩效评价报告格式文本等，定期或不定期组织对国有资本经营预算的支出情况进行绩效评价，推行第三方评价，建立绩效评价数据库，实现绩效评价工作布置、具体实施、结果报送和反馈全程的规范化和信息化，不断提高评价结果的客观性和科学性，逐步实现绩效评价结果同企业预算资金安排挂钩。

3.强化国资预算资金的监督检查。完善国有资本经营预算资金使用管理制度、监督检查制度，细化制定国有资本经营预算监管办法和细则，务求预算资金管理各个环节的工作有章可循。建立预算单位的激励和约束机制，调动预算单位组织收入、监督所监管企业预算执行的积极性，引导预算单位有效贯彻实施国有资本经营预算的有关政策和制度要求。完善重点支出事前、事中、事后项目评审和监督机制，把国有资本收益缴纳完成情况、预算资金使用效益等作为重要指标，与企业责任人业绩、薪酬待遇以及离任审计挂钩的，实现分类考核，严格奖惩，增强责任感，激发积极性。定期组织开展专项检查，督促企业管好用好预算资金，规范账务处理，切实维护和保障国有股东权益，保证财政资金使用的安全性。同时，进一步完善国有资本经营预算信息公开制度，广泛接受各方面监督。

课题组组长:吴天宏
课题组成员:焦玲仪　谢　勇

政府采购监督管理体制改革研究

为完善政府采购制度，近年来，全国各地在政府采购监督管理体制改革等方面做出了积极的探索和尝试。我省合肥市政府采购体制改革行动较早、力度较大，业界不少人称之为"合肥模式"，全国许多地方纷纷前往调研、取经，曾获得不少赞许，但也产生很多不同看法。本课题主要采取文献研究、实地调研和问卷调查等研究方法，在对相关政府采购制度进行研究的基础上，以合肥为样本，通过对"合肥模式"进行调研分析，找出存在问题，继而针对问题进行分析，提出进一步深化政府采购监督管理体制改革的政策建议。

一、政府采购的概念和职能

(一)政府采购的概念

政府采购，是指各级国家机关、事业单位和团体组织，使用财政性资金采购依法制定的集中采购目录以内的或者采购限额标准以上的货物、工程和服务的行为。政府采购不仅是指具体的采购过程，而且是采购政策、采购程序、采购过程及采购管理的总称，是一种对公共采购管理的制度，是一种政府行为。

1.采购人:是指使用财政性资金采购物资或者服务的国家机关、事业单位或其他社会组织。

2.政府采购机构:是指政府设立的负责本级财政性资金的集中采购和招标组织工作的专门机构。

3.采购代理机构:是指依法取得招标代理资格，从事招标代理业务的社会中介组织。

4.供应商:是指与采购人可能或者已经签订采购合同的供应商或者承包商。

(二)政府采购的职能

政府采购改革作为财政支出改革的重要内容

之一，政府采购具有节约财政资金、提高财政性资金使用效率及源头防治腐败等职能，同时，政府采购还具有支持中小企业发展、节能环保等政策功能。

二、安徽省政府采购监管模式基本情况

（一）省级监管模式

1998年成立的安徽省政府采购中心，是省政府依法设立的非营利性事业法人，承担省级政府集中采购职能。2000年，省财政厅成立政府采购处，主要职责是拟订政府采购有关政策办法并监督执行，拟订并调整省级集中采购目录和采购限额标准，审核监督省级部门政府采购预算，监督省级政府采购活动，指导市县政府采购工作。

此种监管模式，更强调各自行业领域的监管。优点在于，财政部门对政府采购的监管可控性强。不足之处在于，政府采购与工程及其他领域招投标监管分割，不利于建立统一的招投标市场或公共资源交易市场。

（二）市、县监管模式

我省市县政府采购监管模式，主要有以下4种：

1.公共资源交易市场为实体平台，政府采购业务进场交易，设立招标投标专门管理部门作为公共资源交易市场的监管部门。我省采取此种模式的有合肥、蚌埠、淮南、黄山等12个市，肥东、肥西等43个县（区）。其优点是，全市招投标市场统一监管，有利于市场的规范、统一。不足之处是，财政部门逐渐丧失了政府采购交易过程中监管职能。此种模式由于其行动较早，改革力度较大曾获得不少赞许，但也产生很多不同看法。本文将重点介绍该种模式，并以此为样本，通过调研分析，找出存在问题，继而针对问题进行分析，提出进一步深化政府采购监督管理体制改革的政策建议。

2.公共资源交易市场为实体平台，政府采购业务进场交易，各进场交易项目的行政部门依法履行各自的监管职责。该模式组织架构有多种形式：一种是“一委一中心”组织架构，即当地政府成立招标投标管理委员会，同时整合建筑工程招投标、政府集中采购等业务部门，组建统一的招标投标交易中心，由招标投标管理委员会对交易活动实施集中统一监管，各进场交易项目的行政部门依法履行各自的监管职责；一种是三方制衡的组织架构，即当地政府成立政务服务中心，下设招标投标交易中心，开展各项公共资源交易业务，再在当地政府下单独设立招投标监督管理局对交易活动实施集中统一监管，各进场交易项目的行政部门依法履行各自的监管职责。全省采取此做法的有宣城、芜湖、六安等3个市，南陵县、芜湖县等7个县（区）。其中，“六安模式”是三方制衡组织架构的典型代表。优点是，兼顾了政府采购监管和统一的招投标市场。缺点是，各监管部门相对独立，监管制度不同，协调成本较高，遇到问题容易推诿扯皮，需要建立统一规范的制度，并严格执行，确保各部门不缺位、不越位。

3.公共资源交易市场为非实体平台，政府采购进场交易，各项进场交易项目的监管主体不变。其组织架构大多为：设立行政（政务）服务中心，服务中心是实施行政审批的主要场所，也是开展公共资源集中交易的有形市场。当地所有政府采购项目进场交易；当地政府集中采购机构在行政（政务）服务中心设立对外办事窗口；当地财政部门依据《政府采购法》开展政府采购监管工作。采取此做法的主要有岳西、泾县等8个县（区）。此种模式并非严格意义上的，统一的投标市场，只适合招投标规模较小的县区。

4.设立招标投标管理局作为公共资源交易市场的监管部门，政府采购业务未进场交易。采取此做法的主要有安庆市及琅琊、太和、金寨等21个县（区）。

三、合肥市政府采购监督管理改革情况

（一）管理体制状况调查

2006年，按照“决策、监管、执行”相分离的总体要求，合肥市建立了集建设工程、政府采购、产权交易、土地出让等多方面交易功能于一体的统一招投标平台，大力推进社会公共资源配置市场化运作。市政府出台《合肥市招标投标监督管理办法》，明确规定财政部门负责拟定全市政府采购相关政策和具体管理办法、组织编制年度市级集中采购预算并监督执行、负责制定市级政府集中采购目录、采购限额标准、公开招标限额标准等。

目前，合肥市形成了由市财政局负责政府采购政策制定、采购预算编制执行，市公管局负责招投标市场监管，市公共资源交易中心具体实施采购行为的分工协作运作机制，提高了政府采购工作

效率和采购透明度。政府采购工作基本形成了政策制定、采购监管、采购执行三分开的新模式。

(二)制度建设情况调查

在2006年合肥市政府采购改革成果的基础上,按照新的管理体制分工,合肥市在政策制定、预算管理等方面出现了一些新的变化和进展。

1.制度体系初步形成。依据《政府采购法》和财政部、省财政厅制定的一系列管理办法、措施和意见,合肥市政府、财政部门及招投标管理部门在业务规范、招标规范、开标、评标、定标规范、合同管理规范、专家管理规范和监督执法等方面先后出台了《合肥市招标投标监督管理办法》(市政府令第126号)、《合肥市招标投标监督管理办法实施细则》(合政〔2012〕47号)等,共计约40个文件。2013年3月省人大常委会审议通过了《合肥市公共资源交易管理条例》,规范了市直单位采购行为,建立了比较完善的政府采购体系。

2.预算管理得到加强。2012年,合肥市政府采购预算开始随部门预算一起报市人大审核,市本级基本实现政府采购预算统一管理和执行。采购预算具有较强的约束力,在执行过程中原则上不进行变更,且采购结余资金上缴财政。采购预算项目细化到具体的每一台设备。通过财政部门资金管理的业务处室把关、资产管理部门审核的方式,对采购项目和设备进行逐一认定,采购预算编制具有较强的科学性和细致性。

3.采购规模不断扩大。在实施市直单位公务用车定点加油、定点维修、定点保险基础上,对采购日常办公用品、印刷、宣传等方面实施定点采购。将零星分散的服务类项目汇集,采用定点采购的方式,扩展了采购范围。同时将医疗采购资金纳入政府采购管理,制定了《合肥市医疗机构医用耗材集中采购配送实施方案(试行)》。对一次性使用的无菌医疗器械、护理材料和敷料等医用耗材实施集中采购。全市政府采购规模从2006年的35.91亿元增加到2012年的422.63亿元。五年来,全市政府采购累计签订合同1107.58亿元,节约各类资金484.36亿元,资金节约率为30.43%。

4.政策功能得到发挥。支持引导新能源产业发展,将环保新能源产品列为市直单位优先考虑购置对象,研究完善合肥市支持中小企业政府采购政策,转发了《政府采购促进中小企业发展暂行办法》(合财购〔2012〕345号)。通过政策扶持,支持相关产业的发展,充分发挥财政性资金的引导作用。

5.采购行为逐步规范。一是会员信息库建设。会员信息库推行电子化招投标工作,截至2012年底合肥市会员库已拥有正式会员10618家,其中工程类企业2948家,货物类企业5322家,服务类企业2348家。共有12081个项目、110036家(次)企业通过会员库系统进行网上报名,极大地节省了投标人的报名时间,特别是为外地投标人异地报名提供了快速便捷的渠道,有效节约了投标成本。二是网上招投标模式。政府采购网上招投标系统建设、运行。2012年共203个项目完成网上招投标。三是保证金管理平台。成功开发了保证金信息化管理平台,在全国率先实现了保证金系统自动计息、自动退还等功能,提高了招投标工作的“安全性、保密性、高效性、便捷性”。四是市场监管体系。积极推进体内、体外和社会三元化监管体系建设。体内,实行业务分段操作和工作流程防控,实施项目事前评审、标前备案审查、中标单位业绩公示、与市纪检监察部门对中标单位廉政约谈,实行施工合同、廉政合同“双签制”。招投标市场与建设施工现场联动、招投标专项执法检查等方式,进一步强化标前、标中和标后的全流程规范化管理。体外,由市监察局牵头,会同市财政局、市招管局等9部门的联合监督机制,对招标投标违法案件进行查处,并通过报纸、网络等媒体公开予以曝光。在社会,综合发挥纪检监察、新闻媒体和群众监督作用。设立市纪委(监察局)派驻监察室、市检察院派驻检察室,进行常态化监督。从人大代表、政协委员和社会民众公开聘请“大众监督员”作为招投标现场监督员,对招投标交易进行实时监督。2012年合肥市共受理各类事项482起,其中信访投诉事项375起,协调处理招投标市场各方主体的要求和建议等107起,共查处招投标过程中弄虚作假、放弃中标资格等违法违规案件50余起,记录不良行为70条,对20家存在不良行为的企业和个人作出限制6个月以上进入招投标中心交易资格的处理,清理没收上缴投标保证金1000多万元。三元化监管体系的建设,有力地净化了招投标市场环境,维护了公共资源交易平台的公信力,推动招投标市场健康有序发展。五是标准化流程体系。改进各类文件范本。结合《招标投标法实施条例》,持续改进完善招标文件、谈判文件、询价文件等通用招标采购文件范本,并在此基础上同步修订智能化、电梯、空调、家具、设计、监理等20多个专业类别采购文件范本,有效提高了招标文件编制水平。规范专家库管理,修订完善了《评标专家日常评价意见书》,全面落实项目评审专家逐一评价制度,加强对专家的日常考核,利用信息化手段,规范评标专家的使用,成功研发并运用了评标专家名单自动推送系统,实现了县(市)区的联动专家抽取,2012年,合肥市专家库总人数已增至6010人。六是严格招标方式和评审方式。以有效最低价为基本评审办法,按照规定严格公开招标、竞争性谈判、询价和单一来源方式适用标准。

四、合肥市政府采购现状分析

(一)问卷调查分析

1.调查对象及研究目的

本次调查以从事政府采购相关工作人员为调查对象。包括政府采购监督管理机构(合肥市财政部门和合肥市招投标监督管理局)从业人员、政府采购采购人、政府集中采购代理机构工作人员和政府采购供应商。通过问卷调查,了解合肥市政府采购制度建设情况,及应对GPA相关情况,通过调查发现合肥市在面向加入GPA的制度建设方面存在的问题。

2. 问卷设计

本次问卷内容分为两部分:

第一部分:调查者的个人信息,包括性别、年龄、参加工作年限、工作性质。

第二部分:共11题,包括10个选择题:含对合肥市政府采购制度整体评价,对合肥市政府采购监督管理评价,对合肥市政府采购操作程序评价,GPA和合肥市政府采购制度认知度。1个开放性问题。由于问卷设计的局限性,仅仅通过对选项的选择不能全面反映被调查者愿望,通过开放性问题,进一步了解被调查者对合肥市政府采购工作的意见和建议。

3.问卷发放及回收

本次问卷调查共发放问卷100份,回收有效问卷45份。在有效问卷的基础上进行数据整理归纳。

4.数据统计及结果分析

调查发现,对合肥市政府采购体制即“合肥模式”争议较多,态度不一致,认为合理与不合理的各占49%和51%。“合肥模式”与《政府采购法》规定的本级财政部门作为政府采购监督管理部门不一致的现象,和新的“管采不分”的问题也引起了政府采购相关人员的关注。

调查发现,合肥市政府采购相关人员对政府采购协议(GPA)认知度很低,只有财政监督管理机构管理人员和部分大型企业了解,绝大多数集中采购代理机构项目操作人员和投标供应商并不了解什么是GPA,更无应对准备。非常了解、了解、了解一点和不了解分别为4人、12人、36人、48人。

调查发现,合肥市政府集中采购目录和限额标准评价收到大部分认可,占72%。也有少数被调查者认为目录范围小。

调查发现,合肥市政府采购信息发布质量评价一般,部分中标供应商认为信息发布质量差。认为信息发布质量好的主要是政府集中采购代理机构工作人员。质量很好、质量较好、质量一般和质量较差分别为7人、20人、56人和17人。

调查发现,合肥市政府采购招标文件中,采购技术规格设定评价较高,56%的被调查人认为设定合理,也有部分投标供应商认为技术规格设定具有指向性,限制了品牌型号。极少数人认为招标文件技术规格设定缺少国际标准是影响招标文件质量的原因之一。

调查发现,合肥市政府采购投诉和权利救济水平评价一般,供应商普遍反映质疑和投诉处理程序繁琐。很好、一般、较差和很差,分别为25人、67人、6人和2人。

(二)政府采购监管体制存在问题及原因分析

作为政府基本职能的一种,政府采购的专业性、统一性要求决定了必须有专门、专业的机构负责此项工作,从发达国家的经验来看,无不印证了这一点,如美国的采购办、菲律宾的供调局、加拿大的采购中心、韩国的国供局、法国的公购委等等。同时,基于法制的审计、裁决、监管、中介等职能也分别依托相应专门专业的政府和非政府机构实现。根据我国《政府采购法》设区的市、自治州以上人民政府设立集中采购机构。合肥市政府在市财政局内部设立政府采购处负责政府采购预算执行和政策制定,同时单独设立了市公管局进行监督管理,在市公管局下设有合肥公共资源交易中心,合肥公共资源交易中心是合肥市政府集中采购的代理机构，根据市财政局政府采购处的委托办理采购事宜。政府采购监管体制存在的主要问题有：

1. 基于《政府采购法》的一系列政策法规，虽然对政府采购工作的开展起到了很好的指导作用，但从实际情况看，现有法律法规还有很多不能满足实际需要，尤其是与GPA协议的很多要求不符。我国政府采购最主要的法律是《政府采购法》，该法于2003年1月1日开始实施。它的颁布实施极大地填补了我国政府采购领域立法的空白，但仍存在不足之处，而且其本身和GPA有很不统一的地方。《政府采购法》与GPA 相比，存在着很大的差异。在宗旨、原则和实用主体方面需要做出更改，与GPA相关内容保持一致。在采购方式和程序方面，我国《政府采购法》与GPA 分歧更加明显，我国的《政府采购法》由于出台得较匆忙，而且是在缺乏实践基础的情况下出台的，内容太简单，只是纲领性的意见。而具体的操作流程、实施细则，多年来一直未出台。因此对实际的操作没有发挥应有的指导作用，规范和监督作用也不能充分发挥。各地只能自己制定规范和操作手册、程序，这也是全国各地市体制机制各不相同的原因之一，不仅不便于国家层面的管理，也不利于政府采购的发展。

2. 我国由于地区差异巨大，行政组织管理模式也各不相同，更没有统一的政采机构体系。以合肥为例，三位一体的采购方式不仅和中央不同，跟安徽省也不相同，属于地方独创。较为常见的情况是，地方政府将采购管理权同时下派给财政部门和采购中心，以在形式上分离监督和执行，而往往因为管理权限交叉不清导致相互扯皮并最终使核心的监督职能落空。

3. 同时并存着不同性质的政府采购代理机构。国家和省级在采购预算的管理方面主要是由财政部门组建采购中心进行日常操作，采购中心是具有财政性质的。合肥市公管局组织合肥公共资源交易中心进行集中采购。与此同时，中央和安徽省财政部门又认定了一大批企业性质的代理机构，这些机构的资格评定随意性较大。

4. 行政监督缺位、越位与错位的现象同时存在，当事人投诉渠道不够畅通，投诉机制不健全。目前，法律仅界定了采购当事人有向财政部门投诉的权利，但没有操作细则。就合肥而言，受诉职能又从财政剥离分派给了招标投标管理局，与《政府采购法》不能完全一致，而公管局与公共资源交易中心人权、财权上的隶属关系，导致管采不能完全分离，监管自然不能完全独立、公正。

五、深化政府采购制度改革的政策建议

从国家发改委联合其他部委草拟的《关于整合建立统一规范的公共资源交易平台的方案》征求意见稿中可以看出，整合建立统一规范的公共资源交易平台将是大势所趋。安徽省明年也将启动省市共建公共资源交易平台建设，根据发改委发布的最新改革方案，省市公共资源交易都将进入合肥公共资源交易平台交易，合肥市公共资源交易监督管理局负责业务指导，安徽省公共资源交易监督管理局进行交易的监管。省市政府采购作为公共资源交易的重要内容，也将融入这次的改革中。那么安徽省的政府采购监督管理体制改革工作，如何既能很好融入公共资源交易的改革中，同时又能充分发挥监督管理作用呢？

(一)深化机构改革，完善组织体系

1. 进一步落实“管采分离”。虽然政府采购法及国务院和财政部相关文件明确要求“管采分离”，但从实际情况看，这种分离并没有到位。从省本级模式看，政府采购中心和政府采购处在人事、财务管理上，都隶属于省财政厅。从市级相对典型的“合肥模式”看，一方面尽管合肥在全国已率先成立了独立的监管机构——合肥市公共资源交易监督管理局，但是国家和安徽省依据《政府采购法》所确认的政府采购监管机构，仍是财政部门内部职能部门，不能称作独立的监管机构。由于上下级监督管理部门不对口，因此合肥市监督管理工作面临较大问题；另一方面合肥公共资源交易中心在财务、人事任免上与市公管局还有着直接领导关系，政府采购中心需要与市公管局脱离隶属关系，它独立的事业法人的权利和义务才能充分体现。按照“机构分设、政事分开、独立运行、相互制约”的要求建立政府采购工作机制，是当前一项重要任务。

2. 加大政府采购执行机构建设力度。(1)加强政府采购信息化平台建设，提高采购机构专业化管理水平，使其更为有效地承担起集中采购执行职能。(2)加强社会中介机构代理采购业务的资格认定工作，增加符合标准的采购代理机构数量，并允

许采购单位在分散采购中择优选择代理机构，形成采购业务代理的良性竞争。(3)建立健全政府采购代理机构检查评估机制和内部管理机制，提高采购执行机构服务水平和工作效率。

3.进一步加强专家库建设。作为政府采购组织的重要组成部分，专家库要适应采购国际化要求，在数量和质量上有更大的改善，不仅要增加各类专家的数量，扩大专家库的规模，而且要优化结构，提高专业化水准，为此，各地要打破地域界限，遴选一批熟悉国际采购的专业人才入库。在专家库管理上要实行分类管理制度，以便随时能够根据采购项目特点和要求，组合专业团队，开展咨询和评审工作。

(二)加大监管力度，实现阳光运作

1.建立健全政府采购监督体系。强化财政部门、审计部门、纪检监察部门的政府采购监管职能，同时将公众代表和新闻媒体吸收进来，以最大化地改善现行政府采购监督制度，使政府采购部门和相关人员的行为透明。

2.着力完善政府采购各环节监管制度。作为履行主要监督职能的财政部门和其他监督管理部门，要制定更加细化的监督规则，认真查找目前政府采购管理制度的薄弱环节和漏洞，建立健全相应的管理制度，在审计监督方面，要建立全面审计与局部审计相结合、事后审计与事中审计相结合、采购审计与日常收支审计相结合的审计制度。纪检监察机关应进一步完善监察制度，包括成立专门的工作班子，制定有针对性的监察规则，强化对政府采购机关和采购人员的行为监督。

3.健全救济制度，保障供应商合法权益。我国《政府采购法》建立了一系列供应商权利救济制度，主要包括质疑、投诉、行政复议、行政诉讼等，对保障政府采购供应商合法权益起到积极作用，但从多年来实践情况看，该等救济制度还需要不断完善。应当拓展政府采购活动的司法审查范围，目前的制度规定，政府采购供应商只有在经过质疑、投诉程序之后方可提起行政诉讼，这对供应商权利救济是极为不利的，应当借鉴国际上有关较为成熟的做法，允许供应商根据政府采购活动实际情况，对有关政府采购当事人直接提起行政诉讼。

(三)完善政府采购程序，规范采购操作管理

一个完整的政府采购过程包括采购预编制算、采购方式确定、信息发布、评审、签订合同、支付资金等一整套流程。要全面实现作业标准化包括：

1.采购预算。要强化计划管理的力度，以增强其刚性，硬化其约束，减少政府采购随意性带来的纠纷。具体要求是：编制预算科学精细，审批预算严格认真，执行预算规范有序。对不遵守预算制度的采购人，要有处罚性措施。

2.信息发布。改变目前信息发布依据规定多的情况，建立统一的信息发布制度，具体说就是，发布媒体要统一到财政部门指定的媒体上来，发布的内容明确、详细、公开、透明。

3.采购方式的选择。按照国家统一的标准，修订各种采购方式的适用条件和程序规定。特别是对于选择单一来源供应商的采购方式，要制定出更为具体、更为严格适用条件和审查标准。

4.采购合同格式。要符合国际规范，特别是在技术规格方面，做出进一步补充和修订，分类制定统一的政府采购合同标准格式。

5.采购项目评审。做到评审程序公正、评审标准透明，评审过程规范。在评审操作环节，要以定量分析为主、定性分析为辅，对一些习惯上进行定性分析的指标，可分解为诸多可测度指标，如企业信誉可分解为银行资信、企业业绩、遵纪守法、社会评价等指标，尽量增强可操作性，减少模糊度，降低专家评审时自由裁量权的使用。

6.采购项目验收。既包括中标供应商合同履约情况验收，也包括政府采购执行机构组织、管理和采购程序的合法、合理性验收。

政府采购监督管理体制改革是一项长期而艰巨的任务，随着GPA谈判进程的推进和内外部环境的变化，需要不断深入研究。作为地方层面，还需要在财政部的统一框架下进行，结合各地实际，建立符合国家统一要求、切实可行的政府采购监督管理制度体系。

课题组组长：刘　浩
课题组成员：杨延彬　余志洋　方诗庆
　　　　　　张　乾

构建机关党建服务基层长效机制的实践与思考

党的十八大报告指出要建设学习型、服务型、创新型的马克思主义政党，将建设服务型政党作为重大战略部署写了进去，强调要以服务群众、做群众工作为主要任务，加强基层服务型党组织建设。今年，中共中央办公厅印发《关于加强基层服务型党组织建设的意见》，进一步明确了基层服务型党组织建设的重要意义、总体要求、主要任务和方法措施，为基层党组织更好地服务经济发展、服务党员群众指明了方向，同时也为构建机关党建服务基层长效机制提供依据。

一、理论探讨

建立一套行之有效、持之以恒长效机制是机关党建服务基层的重要内容，是服务型党组织建设工作正常运行和发挥预期作用的重要保障，从理论上讲，机关党建服务基层机制应该包含以下几个方面长效机制。

1.思想教育的长效机制。建立服务型基层党组织的思想基础并不是天然形成的，从一定意义上讲是党教育的结果，教育是提高党性修养，保持共产党先进性和强化服务意识的重要途径之一。其核心是要教育广大党员树立正确的世界观、人生观、价值观和政绩观等，增强宗旨意识，铭记只有植根人民、依靠人民，服务人民，党才能始终立于不败之地，事业才能蓬勃生机。

2.素质能力提高的长效机制。根据当前工作任务，整合可利用的培训资源，通过三会一课、专题培训、主题教育等形式，不断提高党员的能力素质和服务水平，培养一支业务素质高、办事能力强的党员骨干组成的服务队伍，确保基层党组织里的每位党员都能长期有效发挥作用和保证服务工作正常有序运行。

3.密切联系群众的长效机制。建立长效的党员密切联系群众机制，一是要疏通和拓宽民意反映渠道，建立健全民意畅达机制。二是建立周期性党组织调查研究工作，结合辩证唯物主义认识论的基本要求，广泛开展对服务对象的调研，听取各方意见，深入了解服务群体的意见，为科学决策打下良好基础。三是完善结对服务制度，基层党组织建立健全党员干部的服务对口制度，通过采取有效措施和强有力的管理办法，建立起党员干部与结对对象之间一种相对稳定的联系，从而推动广大党员切实为人民群众解决实际问题。

4.监督约束的长效机制。严格的监督约束机制是搞好服务型基层党组织的重要环节，一是建立党组织直接对党员监督、党员定期向党组织汇报思想和服务工作、党组织对党员考评等全方位的、立体的监督网络。二是健全民主生活会制度，强化批评与自我批评环节，突出党员在服务工作中的内容，发挥党员相互间的监督作用。三是建立和健全群众对党员的监督机制，依据党员对口的服务工作，主动接受服务群众的监督，保证党组织服务工作的效果。

5.评价党员的长效机制。建立客观科学评价党员的长效机制，目的就是要把党员在群众服务工作中的考核评估纳入制度化建设的轨道，使其具有长期性、稳定性，同时使党员评估建立在定性定量、分类设置和服务对口评价的客观科学评估体系的基础上。以客观科学评估代替主观印象评价，真实反映党员的实际情况，真正达到激励党员、有效引导党员融入服务型基层党组织建设的目的。一是规范民主评议程序，建立党内和党外双重的民主评议制度。二是要建立适合服务型党组织的考评体系。三是要科学设置各类考核指标，形成科学合理的指标体系。

6.奖惩激励的长效机制。建立客观科学评价党员长效机制的同时，需要建立配套的奖惩激励机制。一是坚持考评与奖惩的挂钩。在建立客观科学评价党员的长效机制基础上，还要把群众服务效果评议为主的客观科学考评结果作为奖惩依据，充分调动党员干部的积极性。二是要形成奖励、鞭策和惩罚三位一体的奖惩长效机制。建立长效的奖惩激励机制，既要体现对在群众服务工作中表现突出、成效显著的事迹进行褒奖、倡导，又要体现对其他党员的批评、督促，形成对党员的鞭策机制，还要体现在服务工作中对不合格党员的惩处，健全对不合格党员的处理机制。

二、实践探索

近几年，特别是党的群众路线教育实践活动开展以来，省财政厅针对财政业务工作特点，紧密围绕中心工作，加强机关党建工作，在建立机关党建服务基层长效机制上进行了有益探索。

1.构建服务学习教育机制，增强综合素质。围绕党的最新理论成果，结合党的群众路线教育实践活动，深入学习党的十八大、十八届三中全会和习近平总书记一系列重要讲话精神，进一步提升为民服务为民理财的综合素质。一是改进完善中心组理论学习。将厅党组中心组有关专题学习延伸到全厅干部职工，每月至少安排1期党组中心组集体学习，每次安排一名领导班子成员作中心发言，引导大家的思路，多名处室单位负责同志作重点交流发言，形成了"分题到人、事先准备、一人主讲、大家补充"的学习研讨方法，做到减少层次，广泛覆盖，注重学习的效率和质量。厅主要负责同志向厅干部职工推荐《人民日报》《中国纪检监察报》等报纸杂志刊登的好文章几十篇。二是扎实抓好支部和个人学习。将集体学习和个人自学相结合，个人根据确定的学习内容，搜集查阅学习资料，结合财政工作对所学的专题进行深入思考，作好支部学习发言交流的准备。召开支部学习会，领学相关文件和讲话精神，围绕学习主题开展学习交流研讨，各抒己见，相互学习，相互启迪。三是创新组织专题研讨。围绕学习贯彻党的十八大和十八届三中全会精神，紧密联系干部思想实际和财政工作实际，采取党组中心组理论学习扩大会议形式，组织开展专题研讨活动。2013年组织"党章与财政作风""宗旨与财政民生""改革与公共财政"等6个专题研讨。2014年组织"改革与财经纪律""改革与财政作风""改革与财政民生" 等8个专题研讨。四是广泛开展主题教育活动。厅党组书记相继主持召开学雷锋活动、党建工作、青年工作、妇女工作、军转干部、优秀党员等主题座谈会，召开厅领导班子民主生活会，各处室单位党支部召开组织生活会；广泛开展谈心活动，统一思想，凝聚共识。组织参观渡江战役纪念馆，观看爱国主义教育影片资料，举办"倾听基层声音"报告会，在全省财政系统组织开展"财政干部幸福观"主题征文和专题研讨活动，组织开展"弘扬焦裕禄和沈浩精神、践行三严三实要求"主题教育和征文活动，厅党组书记每年"七一"讲党课，并利用会议、调研和个别谈心，经常教育财政干部严守法纪和道德防线，增强财政干部为民服务情怀。

2.构建服务党员群众机制，激发内生活力。党员队伍建设是党的建设的基础工程，必须认真做好党员发展、管理工作，增强党员队伍的生机活力。本着管理、关怀和服务并重的原则，切实加强党内服务能力建设，完善基层党组织建设，严格党员队伍管理，积极推进党内民主政治建设，有效提升服务党员工作水平。一是建立健全厅领导联系处室单位制度。厅领导每月安排1—2次联系走访分管处室单位，现场督查财政改革、职能任务、效能建设、作风建设和廉政建设等工作的开展情况，了解工作进度、工作质量和机关风貌。与干部职工进行多种形式谈心交流，点评工作，交流成绩，帮助干部职工成长进步。全面听取处室单位主要负责人的意见，注重听取一般干部的意见，促进形成民主和谐的工作氛围。二是建立机关党委走访党支部制度。厅机关党委定期走访厅机关厅属各单位党支部，深入到党员群众当中，积极参与支部活动和列席组织生活会等支部活动，查看党支部政治理论学习、精神文明建设、党风廉政建设与反腐败工作开展情况，征求对厅党组抓党建工作的意见和建议，总结和推广党支部特色工作和经验做法，促进机关党建与业务工作融合发展。三是建立人教处走访处室单位制度。人事教育处深入各处室单位，指定、帮助处室单位推动干部管理工作，了解各处室单位学习贯彻《干部任用条例》情况，践行新时期"好干部"标准和"五个褒奖重用，五个警醒惩戒"情况，征求对厅党组干部人事管理工作的意见建议，将干部管理教育工作融入财政工作全过程，增强工作的针对性和实效性，不断提高财政干部综合素质和能力水平，保证财政工作任务圆满完成。四是建立纪检监察室行风巡视制度。制定《安徽省财政厅行风巡查工作暂行办法》，成立行风巡查工作领导小组，厅主要负责同志任组长，分管厅领导任副组长，相关处室单位主要负责人为成员，厅纪检监察室负责协调、推进和落实。每月走访座谈2～3个处室单位，了解财政廉政风险防控、行风建设、政务公开等工作情况，将政风行风建设与财政工作有机结合，一体化开展，常态化推进，做到同谋划、同布置、同落实，保证财政政策、资金、项目和干部的安全。

3.构建服务系统部门机制，改进理财方式。做到财政部门同步，财政财务同行，服务财政系统工作重心下移,服务部门关口靠前,主动下基层服务和上门服务。一是建立财政系统工作帮联制度。注重"抓机关、带系统",在全省财政系统推行工作帮联制度,印发《关于建立财政预算部门会商和乡镇财政资金监管工作帮联制度的通知》,形成组织领导机制,分管农业厅领导牵头负责,分管厅领导协调配合,省帮联市,市帮联县区,县区帮联到乡镇,一级抓一级,层层抓落实。采取厅领导及相关处室督促、帮助、指导等办法,分片包干,帮助市县(区)财政局开展好财政预算部门会商工作,厅18个业务处室单位点对点帮联全省16个市财政局和两个直辖县财政局,做到市级财政全覆盖。根据财政重点工作任务,补充完善帮联内容,2014年5月份,将帮联内容扩充到11个方面。结合财政工作实际,集中组织对专项工作进行帮联,进一步促进全省财政系统会商工作制度化、规范化和常态化,推进全省财政一体化,提高财政工作绩效,更好地服务基层单位。二是建立预算部门工作会商制度。建立健全工作会商机制,相继制定印发了《安徽省财政厅会商工作暂行办法》《关于建立财政财务会商机制的通知》《关于完善会商定期通报制度的通知》,与省直预算单位建立会商机制,带着政策、带着建议、带着要求,换位思考,主动服务,把财政的政策制度、财政的管理监督、财政的支持服务送到部门。会商以政策法规为依据,围绕贯彻落实国家和省委、省政府决策部署,支持经济社会发展重点项目,财政政策措施制定,财政预算编制执行,保障改善民生,财政绩效管理,贯彻落实厉行节约等事项全面开展部门会商。对于一些重大事项和难点事项,厅领导主动靠前,亲自带领相关处室单位负责同志到预算单位座谈协商。

4. 构建服务基层群众机制,提升为民实效。财政工作与人们群众生活息息相关,和老百姓打交道的地方很多,为民服务水平的高低不仅影响财政工作成效,还直接影响政府的形象,因此必须持之以恒地做好服务基层群众各项工作。一是拉升财政政务窗口服务标杆。加强对政务窗口的组织领导,设立行政审批办公室,安排专人负责、明确工作职责。优化审批程序,减少审批事项,推进流程再造。拓展窗口服务内容,将省级财政票据、省直会计人员调转等有关业务划转到窗口办理,增设前台席位和专用库房,增强财政窗口人员力量。坚持和完善厅领导到窗口坐班制度,每名厅领导每年均到窗口坐班指导和现场办公,有关处室单位负责同志进窗口体验政务窗口服务工作,提升财政窗口的影响力和吸引力。二是定期接待群众来访。强化信访工作组织保障,明确各级责任主体和责任。定期召开信访工作会,分析形势,研究问题,布置工作。坚持厅领导阅批来信制度,及时批办省委省政府信访局、财政部等部门转来信函和人民来信。三是推进网络问政。规范网络问政信息收集、批示交办、办理落实、检查督办、回复反馈、汇总建档等全过程的工作流程。优化财政门户网站栏目设置,全面升级改造财政政务公开平台,及时准确发布财政工作动态,实现财政门户网站一个口子对外发布信息,有效提升财政政务公开水平。厅主要负责同志多次接受人民网、中安在线、安徽群众网等多家媒体的访谈和专访,举办《政风行风热线》财政专题,与安徽广播电视台合作开播《民生财政》专栏,面向市县政府、特邀监督员等8类单位或群体公开征求民生工程项目意见,谋划实施民生工程项目网上公开征集活动。四是深化结对共建工作。结对共建工作向处室单位延伸,采取"1+1"或"1+2"模式,即每个处室单位与一或两个村党组织进行结对共建,全厅38个处室单位结对共建44个国家和省级扶贫县所辖的美好乡村中心村,采取"结对到中心村、帮扶到困难户、联系到财政所",走村带乡挂县,推进省、县、乡三级财政工作系统联动、整体推动,广泛开展各种共建活动,着力提升结对共建工作成效。五是扎实做好定点帮扶及"双包"工作。按照省扶贫工作的总体部署要求,会同7家省直单位共同帮扶颍东区,做好服务保障工作,推动各项帮扶工作落实。按照全省"单位包村、干部包户"定点帮扶工作部署,定点帮扶颍东区吴寨村,帮助吴寨村发展特色产业,培育村级集体经济,加强基础设施建设,解决贫困户实际困难,增强内生动力和发展活力,提高自我发展能力,改善贫困村和贫困户生产生活条件,增加人均纯收入,减少贫困人口,促进整体脱贫,加快脱贫致富步伐。

三、有益启示

财政厅通过建立健全落实各项机关党建服务基层机制,使机关党建服务财政更加有力,服务党员更加周到,服务群众更加紧密,促进机关党建和业务工作融合发展,取得党建和财政工作双丰收。

同时，在构建机关党建服务基层机制过程中进行了思考并受到启发。

1. 从严落实构建责任。机关党建服务基层体系由很多机制组成，各机制互相联系、互相制约、互相促进，必须调动各方力量，压实各方责任，形成层层传递压力，层层压实责任，层层抓落实的工作格局。一是压实党组(党委)责任。党组(党委)是一个部门的最高领导集体，也是构建机关党建服务基层机制发动者和组织者，要全盘考虑，精心谋划，要以严的标准，实的举措，担当构建服务机制的第一责任，真正推动服务机制建立。二是压实支部责任。支部要根据党组(党委)的决策部署和任务分解，结合业务工作实际，制定切实可行的服务机制。比如管人事的部门要考虑什么样的服务机制能更好地做好干部职工教育管理工作，更好地激励干部职工干事创业的积极性和创造性。三是压实党员责任。党员是党肌体的细胞，不仅是机制的服务对象，也是构建机制的依靠力量，压实了党员的责任，就奠定了机制的基础。要压实党员的创新责任，鼓励建言献策，出谋划策，为科学制定机制提供智力支持。要压实党员的担当意识，凝聚强大力量来贯彻落实服务机制，更好地服务基层群众，同时在服务群众中进一步提升能力，改进作风。

2. 紧密结合工作实际。机关党建服务基层的成功经验是在机关实践中逐步总结提炼的，因此构建服务机制不能脱离党员干部思想实际，不能脱离机关业务实际，更不能脱离党建工作实际，必须在实践中不断健全完善各项制度。一是要与党的群众路线教育实践活动相结合。中央在全党开展以为民务实清廉为主要内容的党的群众教育实践活动，各级党组织高度重视，活动扎实有序，取得显著成效，构建机关党建服务基层机制必须巩固教育实践成果，进一步创新服务形式，丰富服务载体，将好的做法和经验以制度的形式巩固下来，形成一套行之有效的服务体系。二是要与新时期党建工作目标要求相结合。新时期党建工作的基本目标之一是服务型党组织建设，要求是从严治党管党。构建机关党建服务基层机制必须体现落实新时期党建工作的目标和要求，必须把党的宗旨意识和群众观念体现在构建机制的全过程，将群众路线贯彻在构建机制的方方面面，将从严治党管党的要求落实在构建机制定执行当中，只有这样机制才不偏离主题，不事倍功半，相反，构建出来的机制才有活力，运用起来才有效果。三是要与业务工作相结合。党和国家机关的职能和作用决定机关党建工作要围绕中心，服务大局，服务基层，服务党员，服务群众。每个单位的情况不同，面对的服务对象也不同，这就需要结合业务实际，发挥业务优势，整合业务资源，根据部门和行业特点，构建既具有特色亮点又具有可复制可推广的服务机制。

3. 把握机制自身规律。在构建机关党建服务基层机制过程中，既要注重服务型党组织建设，也要把握机制本身的规律，形成一套科学高效的管理机制，特色鲜明的运行机制，取得实效的落实机制。一是注重分类全面。机关党组织类型不同，发挥作用的形式和路径也不同，在构建上既要分类也要全面。要遵照上级的部署要求，跟上步调，也要注重分类区别，贴近本部门党组织的类型和特色。构建的体系要涵盖服务理念、服务内容、服务行为、服务保障等机制。这样才能构建出群众可操作、可感知、好评价的服务机制。二是注重继承创新。实践永无止境，创新永无止境，构建服务机制要继承和发扬以前好的传统和好的做法，坚持和完善现有行之有效的机制制度，同时要立足当前，根据新形势、新任务的需要，在总结以前经验，归纳以往成果的基础上，结合工作实践进行创新，让经验系统化，理论认识实践化，成功做法制度化，形成各项机制之间前后衔接、配套紧密、协调推进的有机整体。三是注重常态长效。和作风建设一样，机关党建服务基层只有进行时没有完成时，永远在路上，服务机制必须要常态长效。首先要处理好机制短期目标和长期提升之间的辩证关系，做到立足当前，着眼长远，远谋近施，确保机制不断健全完善，适应形势发展，应对解决新情况和新问题。其次要处理好激励和约束的关系，机制既要激发党员干部的热情和动力，形成浓厚的服务氛围，也要加强督促检查，建立奖惩制度，保障机制常态化。

课题组组长:刘　浩

课题组成员:鲍习生　花传泉　刘　恒

支持安徽省社会养老服务体系建设的财政政策研究

社会养老服务体系是政府、社会以满足老年人基本服务需求、提升老年人生活质量为目标，面向所有老年群体，提供基本生活照料、护理康复等养老服务有支持意义的各种形式、制度、政策、机构等方面所构成的系统，是在家庭养老服务功能日趋弱化的背景下产生并发展，主要方式有社区养老、机构养老和居家养老等。近年来，在省委、省政府的大力推进下，我省社会养老服务体系建设取得积极进展，但随着经济社会发展，受社会保障水平提高、人口老龄化及人口流动进程加快等多种因素影响，养老服务需求迅速增加，“银发浪潮”给家庭和社会的养老功能带来挑战，传统家庭养老功能日渐式微，养老机构的期望值急剧攀升，迫切需要加快建立政府、社会和家庭“共担、互补、协调”的社会养老服务机制。本课题旨在梳理我省社会养老服务体系建设的发展现状及存在问题，厘清财政支持的原则和思路，探寻相关财政政策选择。

一、我省社会养老服务体系建设发展现状

近年来，我省积极探索社会养老服务方式，出台了一系列加快推进社会养老服务体系建设的政策措施，取得了较好的社会效果。

一是注重制度先行，逐步构建养老服务政策体系。我省养老服务政策体系经历了从无到有，在探索中逐步建立、在创新中不断完善的过程。养老服务20世纪80年代前基本处于空白状态，随着1996年《老年人权益保障法》的颁布，养老服务等政策纳入法制化、制度化的轨道，我省先后出台了《关于加强老龄工作的实施意见》《老龄事业“十五”纲要》等。2010年，我省出台了《关于加快推进养老服务体系建设的决定》，相继制定社会养老服务体系建设规划，并纳入民生工程实施，同时建立了养老机构综合责任险制度等，逐步形成了涵盖多个层面的养老政策体系。2014年，省政府又出台了《关于加快发展养老服务业的实施意见》，按照责任明晰化、投资多元化、对象公众化、服务多样化的原则，明确政府、机构、社会等在养老服务中的责任定位，逐步建立健全养老服务体系。

二是注重多措并举，推进社会保障体系建设。以实现城乡统筹发展为目标，不断加大资金投入力度，努力构建人群全覆盖、制度广覆盖的多层次社会保障体系建设。从完善城乡居民养老保险、医疗保险、最低生活保障等制度，保障了城乡五保、低保老人等特殊群体老人的生活待遇，连续10年，按人均不低于10%的标准提高企业退休人员养老金。同时通过探索建立高龄补贴、居家养老服务补贴及推进老年人基本公共卫生制度，为多层次社会养老服务体系建设奠定了扎实的基础。

三是注重构建平台，促进养老服务多元化。2009年以来，全省先后将农村五保供养、社会办养老机构建设纳入民生工程统一实施。各级财政投入约24.3亿元，新建、改扩建农村敬老院1935个，新建床位约16.5万张，全省农村五保供养床位达23.7万张，集中供养能力近55%；投入社会福利中心建设资金3.2亿元，新建、改扩建县级社会福利中心61个，建设床位5400张；全省共投入社会养老服务机构补贴资金约1.5亿元，撬动社会力量投入22.8亿元，兴办社会养老机构330所，床位4.39万张，入住2.99万老人。

四是注重网格管理，推动社区养老服务健康发展。支持社会养老服务设施建设，开展养老服务社会化示范活动，通过社区无偿提供用房、财政提供运营补贴等方式，积极鼓励企业和机构兴办、运营社区养老服务项目。选择合肥市瑶海区等8个省级养老服务社会化示范城区，促进社区居家养老服务从护理、保洁到精神慰藉等多样发展。同时，全省共建成城市社区养老服务设施1030个，向居家老人提供生活照料、医疗保健等服务。

二、我省社会养老服务体系建设形势分析

当前，我省社会养老服务体系建设发展势头良好，按全省每位老年人年均消费1万元计算，老年市场需求就达1000亿元，养老服务业孕育巨大商机，但总体上处于初始探索阶段，面临着加速崛起和转型升级的双重任务、做大总量和提升质量的双重压力，其发展过程中不协调、不平衡、不可持续问题依然突出。

1.从人口结构上来看：一是人口老龄化形势紧迫。截至2013年底，全省60岁及以上常住人口

984.7万人，占全省人口的16.4%，人口老龄化水平居全国第7位。二是高龄失能老人占比增加。截至2013年我省80岁以上高龄老人近90万人，占老年人口的9.1%；全省60岁以上老人中，失能、半失能老人达233.9万人，占老年人口的23.7%。三是空巢老人增多。我省城镇化率由2005年的35.5%提高到2013年的47.9%，年均提高1.55个百分点，大部分老年人因子女异地就业而静守空巢，农村老人与子女分居比例高达50%以上。四是家庭小型化成为主流。计划生育政策产生了中国特色的“四二一”式家庭结构，调整的政策效果将在短期内难以显现。伴随着人口老龄化、高龄化以及人口结构调整的影响，造成社会养老服务急剧增长和供需矛盾激化。

2.从服务方式上来看：一是养老服务需求由生活照料向高层次保障提升。越来越多的老年人具备了追求更高层次的“以身心健康为主”养老服务的条件，主要表现在对休闲旅游和健康保健等需求增加、对文化活动设施和场所的需求增加、对生活照料和精神慰藉等社会服务的需求增加等方面。二是养老服务发展投资环境由单一向多元演进。居家为基础、社区为依托、机构为支撑的多元养老服务体系是养老服务发展的目标，金融产业政策的发展改变了原社会养老服务投资主体和经营主体单一化的格局，使社会资本作为直接投资者，进一步丰富了社会养老服务的投资主体，促进了养老服务多元化发展。三是政府职能转变为养老事业发展注入新的动力，构建保基本、市场化、多元化的养老服务体系成为改革方向。政府购买服务方式的推进，奠定了引导社会力量参与养老服务的基础，政府可将原生产养老服务交由社会力量举办或采取公办民营等方式，逐步从生产养老服务领域退出，吸引社会力量参与社会养老服务。同时，社会组织体系的培育壮大，为养老服务项目的承载扩宽了载体，也增强了服务竞争力。

3.从体制机制上来看：一是政府责任不清晰。目前，养老服务的改革与创新是以“效率优先，兼顾公平”为指导，社会的公平与正义相对让位于或偏移于效率优先。由于缺乏制度顶层设计，政府在养老服务层面的责任界定较为模糊，如在养老床位建设方面，既有政府办也有社会办，兼伴公建民营、民办公助等多种方式，政府与机构对老人集中供养、提供养老服务等方面缺位与越位现象并存，与我省老年人养老需求存在一定的反差。二是管理体制不完善。一方面，政府对养老机构管理较为松散，养老机构经营权与经营责任、经营利益不相适应，存在体制机制不灵活、绩效低下等现象。另一方面，社会组织培育不足，没有统一的养老服务行业评估规范，缺少必要的评估、追踪和反馈机制。三是养老服务人才培育不健全。养老服务人才培养层次较为单一，专业的高职院校几乎没有，无法满足养老护理员的潜在需求。目前，我省各类养老机构护理人员共有15714人，其中一线护理人员12116人，获得各类资质证书的仅有1371人。科学的人才培养格局尚未形成，全省仅个别中、高等职业院校设有老年服务相关专业外，高层次的养老服务人才培养基本没有，严重制约了高层次养老服务人才的培养和师资队伍的建设，难以有效满足日益增长的养老服务人才需求。同时，从业人员规范化、制度化建设滞后，缺乏系统的培训、竞争和管理机制，不能满足养老服务从业要求。

4.从保障供给上来看：一是供给需求不平衡。养老服务供给方面，城市中48.5%的老年人有各类养老服务需求，其中需家政、护理、聊天、法援服务的分别占25.2%、18%、13.8%、2.3%，但城市居家养老服务供给率仅有15.9%，供需矛盾仍然突出。二是城乡布局失衡。社会养老服务体系统筹规划不够科学，存在城乡供求差距大的现象。截至2013年底，全省拥有机构养老床位近30万张。在农村，五保供养机构近2000家，床位23.7万张，占五保老人总数的55%，占机构床位总数的70%以上，入住率仅70%左右，五保供养机构闲置率较高；在城市，机构养老床位严重紧缺，一床难求；而社会养老机构的床位呈空置现象，养老机构入住冷热不均，规划失衡造成资源闲置问题较为突出。三是资金保障不持续。对于公办养老机构，财政除承担大量的建设成本外，后期还得持续投入建后管养、人员管理等经费，投入负担较重，管理活力不强；对于社会办养老机构，由于受用地政策等限制，机构融资贷款难，资金回报周期过长，加之市场定位缺省，营利空间有限，社会资本举步不前，导致市场有效投入严重不足。再加上受传统观念和工资水平的影响，老年人意向选择机构养老住养率并不高，机构的盲目建设与老年人不愿入住养老机构形成一定的反差。

三、国内外社会养老服务模式经验借鉴

国内外积极探索创新社会养老服务方式,逐步形成各具特色的多元养老服务模式，主要有以下四种模式:

1.分级养老模式。以加拿大为例,政府设置“梯级养老计划”,由老年人根据自身情况自主选择养老方式。特点:一是“护理安老院”,入住者为完全丧失独立生活能力的老人,既有公立的,也有教会等机构办的,但均享有政府补贴,护理人员收入丰厚且有保证，并有大量义工协助。二是“护士中心”,老人需护工全天候照顾,一般生活为能基本自理的老人或在“安老院”照顾一段时间情况好转的老人。收取一定费用,但老人养老金足以支付。三是“退休人士之家”,基本就是老人集体公寓,每天接受1小时医疗检查和护理，社区医生定期巡访,费用不高,若老人身体状况恶化,会安排去上两级老人院。四是“老人公寓”,55岁以上即可申请入住,房租很低廉,公寓可提供食堂就餐。一般有政府或非营利机构的补贴。由于老龄化现象严重,排队现象同样严重，所以加拿大政府允许老人自己找房屋,政府给予高额补贴。优点:政府根据老年人个性化需求设置相应的养老护理机构，老年人各取所需,结合自身实际申请相应的助养模式,且其养老补贴基本可以入住。缺点:政府投入成本较高，且不能完全满足人口老龄化老年人口养老需求的申请。

2.虚拟养老模式。虚拟养老院是政府建立一个信息服务平台，老年人通过信息服务平台提出服务诉求,享有养老服务。以江苏省太仓市为例,在全国率先建立了覆盖城乡的居家养老服务体系,建成“10分钟城乡居家养老服务圈”。特点:一是全社会共同参与。按照“政府主导、社会参与、全民关怀”的原则,在政府支持下建立了没有围墙的虚拟智慧养老院,满足老人基本日常生活需求,政府主要发挥指导、宣传、监督等职责。二是第三方组织运营。通过政府购买服务,引进专业社会组织推进居家养老工作,聘用居家养老服务员,印制“太仓市养老服务综合卡”,为老人提供服务,包括清扫、理发、护理等。三是资金分类按需保障。共安排居家养老服务专项经费4360万元，按生活困难程度划分七类老年保障对象,每人最高可享受960元的居家养老政府援助服务,高龄老年人另增加居家养老政府补助服务。四是城乡统筹推进。太仓居家养老服务工作城乡统一部署、统一标准、统一推进,编织了重心向下、覆盖城乡的居家养老服务网络。优点:减轻政府养老机构建设成本投入的压力,分类供给、竞争机制健全,可以有效解决不同类型居家养老服务需求。缺点:失能失智无法自主表达养老服务需求的老年人养老问题不能有效解决。

3.以院养院模式。通过养老产业化连锁经营,形成产业促服务的良性互动,有效减轻养老机构资金压力,提升机构服务能力。以我省怀远县涡阳北新城区敬老院为例,该敬老院建设使用时,采取以院养院方式,有效提升敬老院供养人员生活保障水平。特点:一是充分整合土地资源。敬老院建设时注重整体规划,村集体在敬老院附近划地设立农产品生产基地,由敬老院创办并管理,开办了养殖、种植场。二是充分发挥供养人员作用。鼓励有能力有意愿的供养人员通过劳动获取收入,同时达到锻炼身体的目的。三是充分实现经营收入共享。一部分农作物提交院民食堂改善伙食,一部分农产品经营收入弥补敬老院供养成本,大幅提高院民生活质量。该院五保集中供养水平月均达500元以上。优点:有效解决农村集中住养投入资金问题,整合土地资源,发挥老年劳动资源,提高院民生活质量;缺点:城市内土地有限,集中规划困难,无法在城市有效推进。

4.公建民营模式。该模式在我国东部发达地区和沿海的一些大中城市多有运用,如北京市部分政府办养老服务机构打破政府统管统包模式,采取租赁、承包等方式,将政府建设的养老机构交给民间组织使用和管理,提供社会养老服务。优点:符合服务型政府建设的要求和发展方向,更好地发挥和体现了政府的宏观管理和调控职能;降低了运作成本,运营高效;有利于服务与需求的对接。缺点:一些民间组织发育不良,难以担当起政府委托的养老服务重任;政府行政管理和监督力度跟不上,民间组织产生逐利倾向。

四、支持我省社会养老服务体系建设基本思路

根据我省经济社会、人口老龄化等发展情况,结合国内外的养老服务模式,财政部门应积极支持虚拟养老模式建设,强化分级养老服务,促进家庭养老、社区养老与机构养老的有机结合,推进养老

服务多元化发展。

1. 明确总体思路。以老年人基本养老服务需求为重点，围绕老年人生活照料、康复护理等内容，以居家养老为基础、社区养老为依托、机构养老为补充，根据城乡特点构建多元化、多层次、多形式的养老服务体系。

2. 坚定目标任务。到 2020 年，支持全面建成功能完善、规模适度、覆盖城乡、具有安徽特色的养老服务体系，全省千名老年人拥有养老床位不少于 45 张。符合标准的社区养老服务设施覆盖所有城市社区，90%以上的乡镇和 80%以上的农村社区建立包括养老服务在内的社区综合服务设施和站点。

3. 突出推进重点。一是发挥好政府的主导作用和社会力量的主体作用，用改革的思路、改革的办法推进养老服务业发展。二是履行政府职责，强化公办养老机构的托底保障功能，完善社区养老公共服务设施，加强基本养老公共服务。三是创新养老服务供给方式，大力推进政府购买养老服务，加快培育市场主体，发展混合所有制养老机构，推动医养融合发展。四是充分发挥典型示范带动作用，着力培育和打造一批养老基地和骨干企业，促进养老服务产业加快发展。五是强化政策保障，完善财政、金融、土地、税费、人才和就业等政策措施，支持养老机构健康发展，加快建设功能完善、规模适度、覆盖城乡、具有安徽特色的养老服务体系。

4. 把握关键环节。一是从重点救助向普惠制转变。养老服务应从重点为优抚、“三无”等特定对象服务转向为全体老年人服务，让人人享有基本养老服务。政府根据老年人的需求和老年人自身的特点，引导社会向老年人提供特殊的、照顾性的物质帮助和社会服务内容，实现社会养老从重点救助型向对全体老人的普惠型服务转变。逐步推进养老基本公共服务均等化，使不同区域、不同层次、不同身份的人群享有均等化服务已成为当期养老服务发展的趋势。二是由单一向多样化服务转变。随着城乡社会保障制度的完善，生活水平的提高，经济供养需求将不再是社会化养老的主要矛盾，以满足多层次、多样性市场需求已经为养老服务的目标，养老服务由“保障型养老”逐步向“新型社会化养老”方向转型。要结合经济实力加快养老服务设施及服务业发展，不断拓展老年优待政策，逐步构建集生活服务、健康服务和精神服务等多方面保障于一体的全方位服务体系，为保障老年人享有体面的晚年生活提供丰富多彩的养老服务保障。三是从居家型向社会型转变。目前“四二一”式家庭结构成为现代家庭主流，即四个老人、一对夫妇和一个孩子。由于人口流动加速，以子女为核心的家庭传统养老方式正面临着冲击和弱化。当前，养老服务对象范围逐步扩大，服务内容逐步拓展，今后服务方式需进一步延伸，逐步走向社会化福利，实现养老服务由单纯的“家庭型居家养老”逐步向“社会化居家养老”平稳过渡。四是从投入保障型向市场撬动型转变。随着养老服务政策体系的完善，更加需要开放地运用和吸纳社会力量，在投资运营、运行机制、服务内容、服务方式等方面，尊重市场规律，引入市场机制，运用金融保险工具，实现政府由承办主体转化为提供政策支持、吸引社会力量发展为主，为养老服务制度持续健康发展输入新鲜动力，弥补单一主体运作的不足。

五、有关政策建议

按照省委、省政府关于加快养老服务发展的总体要求，坚持保基本、市场化、统筹发展、多方筹资、绩效优先的原则，发挥财政职能作用，完善财政扶持方式，创新养老服务理念，拓展养老服务内涵，推进养老服务体系健康发展。

（一）厘清责任，推进养老服务统筹发展

1. 明确政府市场责任。发展养老服务首先要处理好政府和市场的关系，转变政府大包大揽的传统思维，明确政府在发展养老服务业中的基本职能定位。一是强化养老服务制度顶层设计，优化和完善政府投入政策，提供保基本的公共服务，加强保基本的财力保障。二是合理界定政府保基本的需求，明确保基本的对象、范围和标准，推进保基本养老机构能力建设，提升保障型养老机构托底保障功能。三是将社会需求的中高端服务让渡市场，根据市场自然规律调节，实行充分竞争，让市场在制度下实现发展养老服务的各类资源的有效配置，满足不同群体的养老需求。

2. 清晰界定财政事权。合理界定各级财政的养老服务责任，明确各级财政在发展养老服务中的事权、财权、支出责任及财力保障的四个基本要素。在明确省与市县级财政之间的职能前提下，确定地方各级财政在保障养老基本公共服务的支出责任；

同时对省、市、县财政的基本养老责任，要有相应的财力保障，在财力上不留硬缺口，使一级财政有财力履行责任，有财力来承担财政的义务，履行财政的责任。

3.统筹规划促进发展。综合考虑国情民情世情，兼顾发展可行性和可持续性。一是统筹发展模式，推进居家养老、机构养老和其他多种形式的养老，实行普遍性服务和个性化服务相结合。二是统筹养老资源，利用社会各类资源，促进养老服务与医疗、家政、保险、教育、健身、旅游等相关领域互动发展，满足不同群体多样化养老服务需求。三是统筹城乡发展，不断缩小城乡间养老服务差距，解决城乡养老服务结构失衡，群体失衡问题，促进基本养老服务均衡发展。

(二)保障基本，统筹规划公办养老机构

1.科学规划机构建设。充分调研摸底，做好抽样调查，科学测算政府供养老人的集中养老服务需求，按建设与需求、规划与目标紧密结合的原则，充分发挥财政资源配置职能作用，统筹设置社会福利院、农村敬老院、光荣院等托底保障性养老机构及床位建设目标，结合辖区老龄人口、人口流动率、困难老人占比等因素，科学规划建设任务，既保障有效床位建设，又避免盲目兴建，不断提高公办养老机构建设的科学性、系统性，增强机构使用的有效性。

2.着力保障基本需求。发挥政府兜底保障作用，做好各类人群养老服务。一是体现救急，以保障困难人群养老服务需求为主，做好五保、三无人员的集中供养，根据当地经济发展水平、人均可用财力、恩格尔系数等指标科学测算保障水平，据实保障；二是体现救难，做好困难家庭失能失智、高龄等养老服务，积极推进有条件的公办养老机构设置专护区，探索建立需方补助制度，加强政府供养对象中的失能失智老年人和老年残疾人集中养护管理，优先保障；三是体现普惠，大力发展社区经济及社会养老服务机构，发挥社区组织在居家养老服务中的重要作用，对低收入和失独老年人提供低偿的养护服务，按需保障。

3.改革机构经营方式。在发挥公办养老机构托底保障作用的基础上，制定社会资本运营公有产权养老服务设施管理办法，公办养老机构按照政事分开、管办分离原则，通过公建民营、合作经营、民办公助等方式，实现社会化运营，混合所有制发展。一方面，由政府投资建设的新建养老机构，政府将不需再通过编制来组建团队负责养老机构的运营，而是通过竞争性招标交给社会上优秀的专业人士和团队来负责运营；另一方面，逐步将面向社会提供经营性服务的原公办养老机构转制为企业，交由社会力量运营，充分利用、优化相关资源，也可使得机构更符合市场化需求，在降低养护成本的同时降低收费标准，实现良性循环。

(三)因势利导，提升社会养老服务功能

1.鼓励支持社会力量参与。引导和扶持社会力量举办养老机构，一是在各级预算内补助上与公办养老机构一视同仁，省级财政给予一次性建设补助、日常运营补贴、贷款贴息补助和政府购买服务补助；二是对于承接政府购买养老服务的养老机构和企业、社会组织，各级按其承接的服务内容、服务对象和服务标准，根据服务绩效给予相应的购买养老服务补助；三是为失能失智老年人服务的，适度增加失能失智运营补贴和政府购买服务补助标准，进一步压实民办公助相关部门的主体责任。

2.合理布局社会养老服务体系。在城市，按社区辖区老龄人口及服务需求规划居家养老服务用房，新建小区由政府统一调配；老城区等不满足养老服务需求的，政府通过购置、置换、租赁等方式开辟养老服务用房。在农村，结合美好乡村和新型城镇化建设，在人口聚集地、中心村统筹规划建设养老服务设施；通过整合利用农村社区服务中心、党建活动室、医疗卫生机构、文化教育单位等公共资源，增加为老服务功能。

3.逐步完善社区养老服务功能。“养老社区”的建立将是“社会化居家养老”中的重要角色。一是围绕老年人生活需求，根据老年人的特点和养老需求，对户型、功能、小区环境等进行量身定做，并配备家政服务、医疗保健等养老服务项目，对老年人实行专业的“一条龙服务”；二是统筹利用各类社会养老资源，广泛建立20分钟社区居家养老服务圈，形成以企业和机构为主体、社区为纽带、满足老年人各种服务需求的居家养老服务网络；三是围绕老年人高层次养老需求，结合中国老年人的精神文化、生活习惯等，引导成立一批连锁化、品牌化、大型化的养老产业集团，提供标准化、综合性、高水平的养老服务，创新发展出丰富多样的养老服务产品。

（四）拓宽筹资渠道，创新养老服务方式

1. 拓宽资金投入渠道。充分发挥财政投入政策引导作用，通过明确福彩公益金扶持比例、财政贴息、税费优惠、享受同等优惠政策、拓展投资者收益等方式，拓宽筹资渠道，积极引导社会资本参与养老服务，构建多元筹资机制，形成市场合力，激活政府、社会和市场的三方活力。

2. 加快推进政府购买养老服务。凡社会能够提供的养老服务，尽可能通过购买服务方式交由社会力量承担。引入社会组织和家政、物业等企业，利用互联网、物联网等技术手段创新居家养老服务模式；鼓励社会资本利用居民住宅举办社区托老所和开展农村地区养老服务。

3. 创新引导扶持方式。充分利用财税和金融政策，推广运用PPP模式，明确政府与市场共担风险、共享收益，在公共项目服务的提供过程中发挥各自的优势。通过公私合作的方式参与养老服务建设。政府负责项目的总体设计和规划、合同的管理、效率的监督等，社会力量参与机构负责管理、运营和养老服务的直接提供，实现政府部门职能转变，鼓励私人机构投入到养老机构的建设中加快养老机构和银发产业的发展。

（五）整合资金资源，发挥政策综合效应

1. 整合服务设施。充分发挥财政资源配置职能，优化学校、医院等各种活动设施等公共资源布局，营造为老服务环境。通过政府补贴等措施，引导相关部门把卫生、体育、文化等公共设施免费向老年人开放，形成覆盖广泛、分布合理、功能完备的养老服务网络。

2. 整合资金资产。以农村敬老院为例，其供养对象以五保对象、优抚对象为主，资金保障基本由政府承担，要充分整合资金资源。首先，建设时充分考虑用地计划，按预计入住五保户人数及其拥有土地数统筹确定用地指标，入住时将其原有土地与敬老院土地置换，安排部分田亩种植农作物，在让有劳动能力的供养对象通过劳动锻炼身体、收获农作物的同时，有效减轻敬老院生活成本。其次，充分整合集中人员的五保供养经费、居民养老保险、低保补助、优抚对象补助资金等，在提高其基本生活费的基础上，有效保障医疗费用等支出。

3. 整合服务资源。有效整合服务资源，改进政府提供公共服务方式，加强基层社会管理和服务体系建设，增强城乡社区养老服务功能，强化企事业单位、人民团体在社会管理和服务中的职责，引导社会组织健康有序发展，充分发挥群众参与养老服务的基础作用，完善和创新流动人口和老龄群体的养老服务管理。妥善解决老年人享受养老服务集中住养进不去、不愿进、住不起的现实矛盾。

4. 整合人才培训资源。充分利用教育、就业培训资源，建立以职业教育为主体，应用型本科和研究生教育层次相互衔接，学历教育和职业培训并重的养老服务人才培养培训体系。一是优化专业结构与布局，鼓励省内高等院校、中等职业技术学校增设养老服务相关专业店，培养和输送层次齐全的专业人才。二是充分利用就业培训资源，通过就业资金以购买培训服务方式，建立养老机构从业人员岗前培训和在职技能培训制度，鼓励社区开发养老服务公益性岗位和社工岗位，健全养老服务职业订单式培训介绍制度，支持和引导社会力量和专业机构参与培训。三是强化人员专业技术资格管理。完善养老机构就业人员专业技术资格认证制度，推进养老服务相关专业“双证书”制度，不断提升养老服务从业人员的受教育水平和职业能力。

（六）强化绩效管理，提高资金使用效益

1. 完善资金监管机制。建立健全社会养老服务资金投入、使用和监管机制，注重科学确定政府补助资金投向，建立竞争性分配和因素分配相结合机制，本着扶优扶强的原则，确定扶持重点，公开公示评审项目，主动接受社会监督，确保资金分配、使用的公正性、科学性，促进区域之间社会养老服务的均衡发展。

2. 完善绩效评价机制。制定科学完善的绩效评估方案，从实施内容绩效、功能效益绩效、项目管理绩效、资金管理绩效和公共效益绩效等方面进行科学评估。实际操作时要委托有资质的评估机构或者组织，科学客观评价社会养老服务资金使用效果，对服务机构、服务内容、服务人员和服务质量等定期进行评估。

3. 强化评价结果运用。将绩效评价结果转换为对考评对象的补助系数，并与以后年度预算编制、执行管理、资金分配直接挂钩，进一步调动各地强化资金管理，提高资金使用效益的积极性。将绩效评估结果与社会养老服务招投标制度挂钩，构建养老服务质量监控体系，健全养老服务评估制度，完善养老服务准入、退出机制，促进政府购买服务的资金向优质服务资源流动。

课题组组长：陈　军
课题组成员：徐光耀　韩剑辉　孙玫玫

关于民生工程政府购买服务的研究

保障和改善民生是我们一切工作的出发点和落脚点。购买服务是政府履行公共职能的重要方式，是符合社会主义市场经济和公共财政发展要求的一种改革和创新。加强民生工程政府购买服务，创新公共服务供给方式，是保障改善民生、惠及人民群众的重大措施，是深化社会领域改革、推动政府职能转变的有效方式，对激发经济社会活力、增加公共服务供给、提高公共服务水平具有重要意义。

一、民生工程与政府购买服务

（一）民生工程。民生工程是政府坚持以人为本，贯彻落实科学发展观，切实保障公民基本权利，提高生活水平，重点关心弱势群体，采取的一系列积极政策举措。2007年，省委、省政府坚持以人为本、科学发展，围绕"五有"目标，在全国率先实施民生工程。民生工程实施8年来，资金投入达到3200亿元，惠及全省6000多万群众，人均受益5000多元。民生工程已成为我省保障改善民生最有效的制度安排、最具特色的工作品牌，探索了一条用项目化手段、工程化措施解决民生问题的新路。

（二）政府购买服务。政府购买服务是政府为实现或加强政府公共服务职能的需要，与营利、非营利组织（居民）或其他社会组织签订契约、由政府界定服务的种类和品质，向受托者支付费用以购买全部或部分公共服务进而实现政府财政效力最大化的行为。换言之，政府购买公共服务就是将原来由政府直接举办的，为社会发展和人民生活提供服务的事项交给有资质的社会组织或居民来完成，并根据社会组织提供服务的数量和质量，按照一定的标准进行评估后支付服务费用，是一种新型支付提供公共服务方式。

推进民生工程政府购买公共服务，在政府职能转变、保障改善民生、提高服务质量和财政资金使用效率等方面带来新的变化。一是有利于推动政府职能转变。民生工程购买服务是购买基本公共服务的重要内容，实行民生工程政府购买服务，有利于改变政府大包大揽的传统做法，推进由"养人办事"到"办事养人"的职能转变，促进政府自身运转方式改革。二是有利于改善民生工程服务质量。通过民生工程购买服务，让更多的社会组织直接参与民生工程的生产与提供，有利于提高涉及民生工程方面公共产品和服务的质量，推动公共服务效率的提高，实现公共服务质量效益最大化。三是有利于提高资金使用效率。社会组织比政府部门具有更强的成本意识、参与意识和竞争意识，政府购买基本公共服务是在确保服务数量和质量的前提下，选择购买费用较低的社会组织生产公共服务，可以有效提高财政民生资金使用效率。四是有利于推进社会管理创新。积极推进民生工程政府购买公共服务，不断提高政府保障改善民生、提供基本公共服务水平，是加强社会管理改革、促进社会和谐的必然要求，也是扩大内需、拉动经济增长的重要动力。

二、服务类型和购买形式

（一）民生工程政府购买服务类型。2007年至2014年，民生工程项目数量从12项逐步增加到33项（累计实施50项），为便于分类，现分为九个方面研究：

（1）劳动就业类服务，如提供公益性岗位、基层社会管理和公共服务特定岗位、大学生见习岗位等。

（2）基础教育类服务，如乡镇公办幼儿园建设开展学前教育服务以及业务用房、教学设备等后期养护。

（3）社会服务类服务，如养老、社会救助等购买公共服务，农村敬老院、社会儿童福利中心、光荣院等服务对象医疗康复、膳食服务、安全管理、环境及设施维护。

（4）医疗卫生类服务，如医疗购买公共服务，社区卫生服务中心（站）、乡镇卫生院、村卫生室开展公共卫生服务以及业务用房、器械设备等后期养护。

(5)住房保障类服务，如公租房、廉租房等保障性安居工程物业管理和服务。

(6)交通路桥类服务，如农村公路村村通、公路危桥加固改造工程桥梁、桥面等后期养护。

(7)环境保护类服务，如沼气工程池体、输气系统等建设，农村清洁工程项目收集、转运和处理等后期养护。

(8)基础设施类服务，如安全饮水、农田水利设施、村内户外公益事业建设和管养等服务。

(9)文化演艺类服务，文艺演出、广播电视、农村文化、电影下乡等公共服务提供。

(二)民生工程政府购买服务的主要形式。主要包括以下情形：

(1)政府直接购买，直接购买企业产品或服务，满足民生工程各个层次、各个方面需求。

(2)服务外包，将涉及民生工程的有关公共服务通过与企业签订合同的方式外包出去。

(3)公办民营，将民生工程经营服务权转让给社会经营者，政府根据协议收取一定的承包费，监督相关服务与运营。

(4)民办公助，政府给予一定资金支持，由社会和群众参与公共服务供给的模式。

(5)特许经营，对于可以收费的公共服务，如饮水、垃圾处理等，通过特许经营方式允许企业经营承担。

民生工程政府购买服务，原则上纳入政府采购，通过公开招标、邀请招标、竞争性谈判、单一来源、询价等方式实施。对不适宜或暂时不能实行政府采购的，可以通过委托、特许经营、政府补助、服务外包等其他方式进行购买。

二、工作进展与主要特点

2014年以来，全省各级各部门高度重视民生工程政府购买服务工作，省财政厅充分发挥牵头职能作用，建立工作机制，完善相关制度，认真开展试点，积极稳妥推进全省民生工程政府购买服务工作。

一是探索建立民生工程政府购买服务工作机制。各地将民生工程政府购买服务作为重点，坚持政府统一领导，财政部门牵头，职能部门按职责组织实施和监管考核的工作机制，形成各负其责、齐抓共管的格局。合肥市、铜陵市召开民生工程协调会，通报民生工程政府购买服务工作落实情况，交流试点经验，研究解决问题。安庆市广泛征集各方面意见建议，制定民生工程领域的政府购买服务目录。黄山市建立民生工程政府购买服务项目申报和预算管理机制，严格机构选择、合同签订、组织实施、评估兑现等工作。

二是完善民生工程政府购买服务政策体系。政府购买服务是一项全新工作，我省坚持制度先行，夯实政府购买服务的坚实基础，初步搭建了以政府购买服务实施意见为统领，指导目录、流程规范为基础，预算管理、政府采购衔接办法为配套，有关专项购买服务办法为支撑的政策体系。树立民生工程改革导向，出台《民生工程建后管养政府购买服务办法》(财民生〔2014〕816号)，制定民生工程资金管理办法和绩效评价办法，积极探索政府购买服务新模式，确保民生工程持续发挥效益。合肥、淮北等12个市也比照省级办法，出台了具体办法或实施细则。

三是加大民生工程政府购买服务资金投入。为确保民生工程政府购买服务资金保障到位，各级财政结合年初预算编制，积极安排购买服务配套资金。经统计，2014年各地累计安排民生工程政府购买服务资金27.8亿元，截至9月底累计拨付18.8亿元。合肥市按照“政府主导、群众自主、市场调节”的原则，综合运用政府补助、单位自筹、项目资金整合、市场化运营等多种途径，筹措民生工程政府购买服务资金。芜湖市在民生工程切块资金中预留6100万元专项用于民生工程政府购买服务奖补。

四是规范民生工程政府购买服务操作程序。各地按照“权责明确、竞争择优、注重绩效、积极稳妥、改革创新、多元投入”原则，执行民生工程政府购买服务项目预算编审、实施购买、签订合同、绩效评审、监督检查等程序，规范购买流程，有序开展工作。充分利用广播、电视、报刊、网络等媒体，加大政策宣传力度，全面推进民生工程政府购买服务工作，营造良好的工作氛围。加强事前、事中、事后信息公开，接受社会各界和基层群众监督。

五是加强民生工程政府购买服务绩效监督。各主管部门根据职能分工，加强对民生工程政府购买服务承接主体的资格审查，招标采购部门严格过程监管，确保购买过程公平、公开、公正。淮北市制定考评办法和激励机制，加强定期不定期督查,保证服务数量和质量的落实,并根据考核结果兑现服务费用。铜陵市将购买基本公共服务、居家养老、就业技能培训等民生工程服务,开展重点绩效评价。池州市探索建立民生工程政府购买服务诚信管理和退出约束机制,绩效管理结果较差的承接主体3年内不得参与其他政府购买服务。

民生工程政府购买服务实施工作主要呈现以下特点:一是有力推动了政府购买服务工作。2014年全省细化梳理购买服务项目689个,预算88亿元,其中民生工程政府购买服务项目超过50个,各地安排资金达到27.8亿元,已经成为政府购买公共服务的重要支撑力量,有力促进和推动了全省政府购买服务整体工作开展。二是有效调动了社会力量。通过民生工程政府购买服务,充分利用整合了社会资源,提高了社会资源的配置效率,增强了社会各界和基层群众的参与意识,同时也有效推动了政府职能转变。三是极大促进了民生工程效益发挥。民生工程建后管养是关键,各地探索公办民营、民办公助、外包经营、购买服务等市场化方式,树立绩效意识,发挥市场作用,推动了民生工程项目健康长效运行。四是节约了财政成本,提高了服务质量。通过购买服务放权,有效推动社会力量建立公共服务供给体系,增强市场竞争机制,降低民生工程、公共服务产品价格,有效节约了财政成本,同时提高了服务质量。

四、主要做法与经验

2014年以来,各地加强民生工程政府购买服务工作推进,探索了一些民生工程政府购买服务的做法和经验。

(一)劳动就业类服务。建立就业促进工程公益性岗位开发长效机制,重点通过购买服务方式,向基层、企业、劳务派遣公司购买公益性岗位吸纳困难人员就业。滁州市制定《购买就业公共服务实施办法》,积极推进政府购买职业技能培训工作,支出财政资金219万元,1.8万人获得了免费培训,技能得到了普遍提高。天长市通过购买服务方式,向当地重点企业购买高校毕业生见习岗位60个,安排毕业两年内离校未就业高校毕业生,见习人员基本生活补助标准不低于1000元/月。

(二)基础教育类服务。铜陵市改扩建的9所乡镇幼儿园中有8所采取“公建民营”方式,委托有办园资质的社会团体、社会机构或个人经营管理,吸收社会资金60万元投入办学。石台县、涡阳县、六安市金安区、黄山市徽州区等地乡镇幼儿园招聘工作面向社会公开进行,确保购买双方权责一致,由中心校与新招聘教师签订了用人合同,规范了双方的权力与义务,通过公开、公平、公正的购买服务方式,确保了幼儿园正常运转。

(三)社会服务类服务。山区库区农房保险采取购买服务方式,在全省集中招标采购,户均保费由20元降到16元,节约财政资金1200万元,节约率20%,理赔金额上限由8万元提高到16万元,增长一倍。合肥市支持社会力量兴办养老机构,鼓励社会养老机构利用优质资源开展居家养老服务,目前城市80%以上养老床位由社会力量兴建。肥西县官亭敬老院设立五保对象特护区,向专业医疗机构购买医疗服务,由医疗护理人员负责特护区老人生活、护理、洗衣、日常照料。马鞍山市选择西湖社区、博望社区等5个日间照料中心,签订服务合同,明确服务的范围、要求和质量。淮北市相山区采用竞争性谈判方式,通过与家政公司签订合同,委托有资质的家政公司,为623名80岁以上的低保、空巢老人提供居家养老服务。

(四)医疗卫生类服务。基本公共卫生项目包括0~6岁儿童管理、预防接种、孕产妇管理、65岁以上老年免费体检等,各地根据项目的性质分别由乡镇卫生院、社区卫生服务中心、村卫生室、卫生监督管理所等提供相应的卫生服务。合肥市将“儿童健康”和“孕产妇保健”通过发放服务券方式,实行政府购买服务。芜湖市无为县、镜湖区采取“公建民营”服务模式,政府提供社区卫生服务场所,通过竞聘上岗、择优录取的方式,交给有资质的私营者经营管理,委托运营者利用社区卫生服务平台,实施基本公共卫生服务项目。

(五)住房保障类服务。淮南市住房保障部门通过招标,选聘物业企业进行保障房小区的物业管理,让低收入家庭享受精细化物业服务。芜湖市通过协议或者招投标方式公开选聘社会化、专业化的物业服务企业实施管理,通过财政补贴和盘活资产两种方式保障物业管理费用,财政对保障对象的物业费进行分类补贴,并通过最大限度盘活保障性住房小区内的公用设施利用价值,如将闲置保障性住房的车库、架空层(产权为县建投公司)等出租,所得收入用以弥补物业管理费用的不足。

(六)交通路桥类服务。芜湖市实行"专业养护公司+农户"的市场化模式管护农村公路,对全市部分村道实行了公开招标养护,通过招标办统一招标,由中标的专业化养护公司养护,实行合同管理、计量支付,对部分村道通过各县区进行公开招聘,组建农民管护工队伍进行承包养护,签订养护承包合同,并全部实行插牌公示,严格考核、奖优罚劣、跟踪监管。合肥市出台《危桥加固改造民生工程建后管养实施方案》,明确责任主体是县级政府,按"市级补助、县级为主、乡镇配套"方式筹资并通过政府购买服务实施。

(七)环境保护类服务。池州市采取"与民共舞"的方式,通过竞争性承包和购买农村保洁岗位等购买服务方式,引导群众参与农村清洁工程建后管养。贵池区预算安排农村清洁工程后续管养购买服务经费2800万元,整合水管员、护林员、公路养护员等零散资金,通过竞争性招标,全区约70%的乡镇农村保洁实行劳务外包,30%乡镇采取购买服务岗位。全椒县在全县范围内开展农村清洁工程购买服务,预算安排500万元,中标价格413万元,节省财政资金近20%。淮北市杜集区引入竞争机制,面向社会公开招标购买保洁服务,全区各镇保洁费用平均下降了15%,保洁员减少了10%。

(八)基础设施类服务。铜陵市农村饮水安全工程推行建管用一体化运作模式,由政府出资负责项目的建设与安装,项目建成验收后,交付给企业运行和管护,所需管养资金通过购买部门核实的收费标准来解决,不足部分由企业自行解决。凤台县顾桥镇把采煤沉陷搬迁安置区内敬老院、饮水工程、清洁工程(垃圾中转站)、文化站、卫生室和污水处理站等民生工程项目管护通过招标由长城物业公司统一管理,并整合利用管护资金,确保各项民生工程充分发挥效益。濉溪县采取购买服务方式对一事一议项目进行竣工验收,中标价格比标的价格降低节约近30%,节省了财政成本。

(九)文化演艺类服务。为进一步丰富我省农村文化活动中"送戏下乡"内容,2014年每村每年增加投入2000元,提标至每村每年4400元,由市县统筹,通过政府采购方式,购买专业院团、民营院团的专业化演出,每年每个行政村送正规演出不少于1场,丰富农村群众文化生活。宣城市将农村公益电影放映工作纳入2014年全市首批政府购买服务项目,出台关于购买农村公益电影放映服务实施办法和政府购买农村公益电影放映服务绩效评价办法,规范政府购买农村公益电影放映服务行为,提升农村公益电影放映服务的质量。

五、存在问题和不足

总体上,我省民生工程政府购买服务是一项全新的工作,仍处于初期探索阶段,在社会基础、政府经验、制度准备等方面相对不足,各地进展程度不一,做法也不尽相同,全省范围推动民生工程政府购买服务遇到了不少困难和问题,主要表现在:

一是政府购买服务意识不强、重视程度不够。少数部门、县区对民生工程的组织实施和建后管养方面"买什么""怎么买""谁来买""向谁买"等问题认识还较模糊,"权、责、利"梳理不清,对民生工程政府购买服务思想认识不到位,工作推进不平衡。

二是民生工程政府购买服务的制度体系尚未建立。中央缺乏顶层设计,政府购买服务政策体系框架没有完全建立。我省在购买机制、操作程序、考核评价、监督管理等方面,尚没有建立统一规范办法,一些市县还没有出台相应的政策规定。

三是合力推进机制有待加强。各相关责任部门的工作职责仍待进一步界定,购买服务的资金来源、范围和目录,购买服务标准和方式,项目实施的考核和监管还要进一步健全完善。一些部门改革意识不强,仍习惯于政府大包大揽,提供公共服务不是优先考虑向市场购买。

四是社会组织承接服务能力还不够强。当前可供选择能够承接政府职能转移,提供基本公共服务的购买主体不多,许多购买服务项目不能通过招投标等市场竞争的方式选择承接方,一般都是通过单一来源采购方式与承接方签订购买合同。大多数社会组织发展还处于初始阶段,缺乏现代服务理念和专业经验,专业化水平较低。

五是评价科学化水平有待提高。民生工程购买服务项目千差万别,即使通过第三方实施绩效评估,也很难制定出科学、合理的项目绩效评价指标,如何科学建立评估指标体系需结合实践进一步探索完善。

六、有关工作思路与建议

为满足日益多样化的社会需求,构建廉洁、高效、服务型政府,必须改变原有的公共服务供给模式,更多地激发市场动力和活力。实施民生工程政府购买服务,是从民生工程“政府主导服务模式”转变为“市场契约服务模式”,政府的角色由传统的“提供者”转变为“购买者”和“监管者”,这既是创新社会管理、转变政府职能的重要抓手,也是改善公共服务、推进民生工程转型升级的有效举措,需要各级各部门、全社会共同配合、协调推进,切实发挥市场主体作用和改革综合效用,不断提供方便、快捷、优质、高效的公共服务。

一是加强民生工程购买服务组织领导和职责定位。进一步厘清政府职责,切实推进政府职能转变,厘清政府与市场、与社会的边界,将政府部门的工作重心转移到制定发展规划、确定服务标准、加强监督管理、了解群众需求上。省财政充分发挥牵头作用,加强民生工程政府购买服务资金保障,积极指导和督促各市开展购买服务工作。各级财政部门在加大财政民生资金投入的同时,转变投入方式发挥财政资金的使用效益,进一步推进民生工程建设和管养机制的转变。完善省级与地方政府、政府不同部门间服务购买政策协调机制,促进不同层级政府间的纵向合作,以及政府不同部门间横向合作机制。市县重点选择基本就业、卫生、医疗、养老等民生工程项目以及民生工程后期管养服务,研究制定具体实施目录和试点实施方案,有计划有步骤层层推进落实。

二是进一步完善民生工程政府购买服务政策体系。政府购买服务是一项全新工作,建议中央加强顶层设计,研究建立健全政府购买服务政策体系框架,主要包括政府购买服务管理办法、中央本级购买服务实施方案及指导目录,以及有关政府采购、预算管理、税收、监督检查、绩效评估和社会组织培育等政策措施。省级民生工程政府购买服务实行分类管理,根据不同类型和特点,研究细化和完善有关办法。督促市县根据自身实际,明确民生工程政府购买服务实施范围、操作办法和重点任务,夯实政策体系和制度框架。

三是科学编制民生工程政府购买服务预算。健全政府预算编制体系,科学编制民生工程政府购买服务预算。民生工程政府购买服务所需资金从单位部门预算经费或财政专项资金等既有预算中统筹安排。对适合政府购买服务的民生工程项目,按要求编入政府采购预算。各级财政部门在编制年度部门预算时,同步审核、批复民生工程政府购买服务预算,做到民生工程政府购买服务预算与年度部门预算、政府采购预算有机衔接。财政资金更多投向通过招投标等市场竞争方式确定的承接主体,最大限度发挥财政资金绩效。随着民生工程建成和管养项目越来越多,建议各责任主体每年安排专项资金,对基层民生工程政府购买服务进行以奖代补。

四是加大民生工程购买服务社会组织培育力度。加强引导、更新观念,切实转变政府职能,为社会组织创造良好的发展空间。一方面,政府要从思想上重视、信任、接受社会组织,充分认识到社会组织在利益协调、参与社会管理、提供公共服务等方面的重要作用;另一方面,政府要从实际出发,围绕服务型政府建设和要求,制定相应的培育社会组织的政策,加强改造和优化,优先重点发展一批与市场经济发展、民生工程、群众需求较为密切的社会组织。同时,在资金、税收、项目等方面向社会组织加以倾斜。

五是加快建立和完善服务绩效评估机制。面对复杂的社会组织及其提供的服务,绩效评估是测定服务能力、评价服务效果的有效手段。构建科学化、公共化的民生工程购买服务效果评估机制,建议一是制定可操作化的评估标准,评估标准应当分级,同时要根据公共服务类别来设定不同的评估标准。二是引入社会中介机构,采取第三方评价方式,对承接服务的社会组织进行评估,协助政府对社会组织进行监管,提高监督管理效率,增强社会组织的社会公信度。三是建立群众参与监督机制,将群众满意度作为考核重要因素。四是建立奖惩挂钩机制,根据绩效评价结果,对民生工程购买服务项目进行动态调整,对承接主体实行优胜劣汰,使群众享受到丰富优质高效的公共服务。

六是加大经验做法和实施效果宣传。对民生工程政府购买服务实施好的经验和做法,及时进行总结,并宣传推广,提高社会公众知晓、关注率,促进有效参与和监督,形成社会整体合力,提高民生工程政府购买服务工作的整体水平。结合民生工程信息网上公开公示工作,加强政务公开,公开民生工程政府购买服务购买目录、购买机制、承接主体资格、合同签订及执行、绩效评估方案及结果等，提高民生工程购买服务工作的透明度，接受社会和群众监督，扩大民生工程政府购买服务社会影响。

附件1：民生工程建后管养政府购买服务指导目录

2：民生工程政府购买服务资金投入情况统计表

课题组组长：陈　军
课题组成员：姜　毅　潘　琦　宋先贵
　　　　　　吴　巍

附件1：

民生工程建后管养政府购买服务指导目录

序号	项目名称	管养内容	责任单位	配合处室
1	乡镇公办幼儿园	乡镇公办幼儿园开展学前教育服务以及业务用房、教学设备等后期养护。	省教育厅	教科文处
2	乡镇综合文化站	乡镇综合文化站开展公共文化服务以及业务用房、器械设备等后期养护。	省文化厅	教科文处
3	广播电视村村通	广播电视“村村通”工程资产、设备器材维护管理。	省广电局	教科文处
4	保障性安居工程	保障性安居工程物业管理和服务。	省住建厅	经建处
5	农村饮水安全工程	农村饮水安全工程水源保护、水质监测、管网设施日常维护。	省水利厅	经建处
6	农村清洁工程	农村清洁工程项目收集、转运和处理等后期养护。	省住建厅	经建处
7	农村公路村村通	农村公路村村通路基、路面、路肩等后期养护。	省交通厅	经建处
8	农村公路危桥加固改造	农村公路危桥加固改造工程桥梁、桥面等后期养护。	省交通厅	经建处
9	农村沼气工程	沼气工程池体、输气系统等后期养护。	省农委	经建处
10	小型农田水利设施改造提升工程	小水库、小泵站、小水闸、中小灌区、塘坝、河沟、机电井、末级渠系后期养护。	省水利厅	农业处
11	五保供养及敬老院建设	农村敬老院五保对象日常护理、医疗护理、膳食管理、安全管理、环境及设施维护。	省民政厅	社保处
12	光荣院建设	光荣院供养对象日常护理、医疗护理、膳食管理、安全管理、环境及设施维护。	省民政厅	社保处
13	社会儿童福利中心	社会儿童福利中心服务对象医疗康复、膳食服务、安全管理、环境及设施维护。	省民政厅	社保处
14	城乡卫生服务体系建设	社区卫生服务中心(站)、乡镇卫生院、村卫生室开展公共卫生服务以及业务用房、器械设备等后期养护。	省卫生厅	社保处
15	一事一议财政奖补	通过财政奖补方式建成的“村内户外”的公益设施后期养护。	省财政厅	综改处

附件2:

民生工程政府购买服务资金投入情况统计表

单位:亿元

地区	安排资金	拨付资金(截至9月底)
合肥市	7.43	3.46
淮北市	1.32	0.81
亳州市	0.49	0.36
宿州市	1.2	0.74
蚌埠市	2.36	1.82
阜阳市	0.54	0.36
淮南市	0.28	0.26
滁州市	1.8	1.3
六安市	1.6	0.96
马鞍山市	0.49	0.19
芜湖市	0.61	0.45
宣城市	2.62	2.45
铜陵市	0.92	0.9
池州市	1.12	0.82
安庆市	1.84	1.2
黄山市	2.45	2.17
广德县	0.42	0.31
宿松县	0.29	0.26
合计	27.78	18.82

财政节约型机关建设实践与探索

当前,财政收支矛盾日益突出,依法理财环境日臻完善,财政经济工作进入新常态。加强节约型机关建设,是适应财政经济工作新常态的要求,是进一步严格财政财务管理的要求,也是财政部门深化作风建设的要求。近年来,安徽省财政厅着力推动节约型机关建设工作,严格落实中央和省里各项规章制度,同时结合自身实际,制定一系列办法规定,取得一定成效。课题组通过对省财政厅节约型机关建设实践的研究,总结经验做法,查找存在问题,逐项分析研究,提出推进财政节约型机关建设的若干措施。

一、财政节约型机关内涵

(一)节约型机关历史沿革

节俭理念古已有之,我国古代就提倡“衣贵洁、不贵华、对饮食、无拣择”,规劝帝王和官员注重节俭,属于道德教育范畴,缺乏制度约束。现代的“节约”不同于古代的“节俭”,“节”就是节制、限制,切实保护和合理利用资源,与浪费对立,让物得所用;“约”就是约束、集约,提高资源使用效率,与粗放对立,让物尽其值。“节约”是“节”和“约”的有机统一和相互依存。

勤俭节约既是中华民族的传统美德,也是我们党的优良作风。在各个时期,加强人民军队和党政机关厉行节约工作,始终是我们党凝聚党心民心的一面旗帜,是我们党始终保持与人民群众血肉联系的重要纽带。1927年,在土地革命战争初期,中共中央就发出关于节省经费的21号通告。

1949年，毛泽东在中共第七届委员会第二次全体会议上中指出："我们在消耗方面不能开支太多，需要提倡艰苦奋斗、勤俭朴素的传统作风。"新中国建立初期，逐步形成勤俭建国、建设节约型国家的指导思想，1951年，发动"增产节约运动"，领导全国人员开展爱国增产和勤俭节约运动。改革开放后，生产生活水平得到极大提高，但勤俭节约这根弦一直没有放松。邓小平同志指出："要勤俭办一切事情，才能实现我们的目标。"江泽民同志指出："我们各级领导机关、领导同志和广大干部，更应自觉地发扬艰苦奋斗、勤俭节约的精神。"2004年，胡锦涛同志在党的十六届五中全会上进一步提出建设节约型社会，要求"广大党政机关及全体党员干部都要厉行节约、反对浪费，在建设资源节约型社会中发挥带头作用"，掀起了新一轮节约型机关建设的热潮。2012年以来，新一届党中央以作风建设开局，中央领导率先垂范，出台"八项规定"，从出行做起、从餐桌做起、从会风做起、从身边做起，厉行勤俭节约，为党政机关和社会各界作出了榜样。2013年，习近平同志在中纪委第二次会议上强调："要坚持勤俭办一切事业，坚决反对讲排场比阔气，坚决抵制享乐主义和奢靡之风。"先后分两批开展的党的群众路线教育实践活动，坚决反对"四风"，以作风建设的新成效推动节约型机关建设。其后，中央出台一系列加强厉行节约、改进工作作风的规章制度，对党政机关、党员干部厉行节约进行约束。2013年11月19日，中共中央、国务院印发《党政机关厉行节约反对浪费条例》，对党政机关经费管理、国内差旅、因公临时出国(境)、公务接待、公务用车、会议活动、办公用房、资源节约等进一步作出全面规范，确定了节约型机关建设的内容和方向。

(二)财政节约型机关内容

财政机关作为优化资源和供给资金的职能部门，与公共资金、资产和资源直接相关，财政节约型机关建设正是财政部门率先垂范，通过规范自身经济活动、加强财务管理、提升资金绩效，为深化作风建设、优化理财环境提供内部保障和外部导向。"财政节约型机关"是财政机关体现"节"和"约"的有机统一，它并非单纯强调费用的节省，而是综合考虑支出的效益。其内在含义就是，在财政机关的组织、建设、运转、发展等各个领域，在财政机关的人力、财力、物力等各个方面，切实保护和合理利用各种资源，提高资源利用效率，以尽可能少的资源消耗获得最大的公共管理和服务保障效益。财政节约型机关建设内容主要包括：坚持从严从简，勤俭办一切事业，降低公务活动成本；坚持依法依规，遵守国家法律法规和党内法规制度的相关规定，严格按程序办事；坚持总量控制，科学设定相关标准，严格控制经费支出总额，加强厉行节约绩效考评；坚持实事求是，从实际出发安排公务活动，取消不必要的公务活动，保证正常公务活动；坚持公开透明，除涉及国家秘密事项外，公务活动中的资金、资产、资源使用等情况应予公开，接受各方面监督；坚持深化改革，通过改革创新破解体制机制障碍，建立健全厉行节约反对浪费工作长效机制。

二、财政厅节约型机关建设实践

(一)落实组织保障

省财政厅领导班子高度重视节约型机关建设工作，召开专题办公会议，听取节约型机关建设有关情况汇报，就费用支出、资产管理、内部控制、监督检查等提出具体要求，部署省财政厅节约型机关建设工作。为加快建设财政节约型机关，省财政厅成立了阳光理财小组，组长由厅长担任，副组长由厅纪检组长和副厅长担任，阳光理财小组下设办公室，厅监察室主任兼任办公室主任，办公室工作由厅监察室牵头，具体处理日常事务。厅办公室负责制定相关管理制度，推进财务信息公开，指导厅属单位财务工作。

(二)加强制度建设

为切实落实节约型机关相关要求，近两年来，根据新出台的会议、接待、差旅、出国等管理办法，厅机关进一步加以明确细化，配套出台了《安徽省财政厅公务考察及其接待经费管理暂行办法》《安徽省财政厅因公临时出国费用报销审批暂行办法》《安徽省财政厅出差审批管理暂行办法》等制度办法，严格控制现金支出，制定资产配置标准，进一步明确报销事项审批程序和权限。厅领导率先垂范，严格执行差旅、公务接待、资产配备等各项规定，调研检查一律轻车简从，严禁迎来送往，按规定吃工作餐，带头交伙食费，起到了良好的示范作用。

(三)注重多措并举

为建立厉行节约反对浪费长效机制，省财政厅出台了《关于落实节约型机关建设的若干规定》，从五个具体方面落实节约型机关管理要求。一是进一步严格财务审批。进一步加强出差、会议、培训等支出审批，全省性会议尽量采用视频会形式，严格落实《安徽省省直机关培训经费管理办法》，进行培训经费审定核报。二是进一步规范资产管理。建立固定资产购置条形码登记制度，完善资产移交制度，健全资产报废管理，对“以旧换新”的固定资产，在购置新资产的同时，将旧资产交厅办公室；对超过使用年限不能使用的资产，交厅办公室统一按规定处置。三是进一步加强车辆管理。长途出差用车的，车辆在外地停留时间原则上不超过 2 天；超过 2 天的，出差人员按规定标准乘坐公共交通工具返回，不得要求市县和服务对象安排车辆。四是进一步做好节能降耗。下班后办公楼关灯时间提前到晚上 8 点，各处室(局)工作人员节约用电，做到人走“三关”(关灯、关空调、关电源)。倡导绿色出行，厅办公室统一购买 10 辆自行车，供市内公务使用。五是进一步完善公示制度。厅办公室按月对各处室(局)的出差情况、电话费支出、车辆使用情况进行统计，按季度在各处室(局)内部进行公示，同时抄送厅监察室。厅监察室根据统计结果，进行数据分析，开展定期巡查。

(四)开展宣传引导

省财政厅围绕建设节约型机关，组织开展了形式多样的活动，引导干部职工增强节约意识。在厅党组的坚强领导下，厅机关广大干部职工严格执行《条例》各项规定，厉行节约，反对浪费，自《条例》实施以来，严格执行国内差旅和因公临时出国(境)审批制，严格执行会议培训计划制，严格执行货物采购招标制，严格落实公务接待、公务用车、办公用房等政策。

(五)实施监督检查

在厅机关厉行节约的同时，要求厅属单位比照厅机关执行相关规定，做到“全厅一盘棋”。在厅阳光理财小组的领导下，定期监督检查厅属单位财务管理情况。厅监察室、监督检查局负责节约型机关相关措施的监督落实；厅办公室运用厅属单位财务人员互查的方式，开展财务工作内部督查，节约财务管理工作的时间成本、人力成本和财务成本。

三、财政节约型机关建设存在的问题

(一)总体控制主线不明确

财政节约型机关“建设”的过程，实质上是“控制”的过程。当前，对机关各项经费的控制定性的多，定量的少；分散的多，系统的少；往往是上面发了一个文件，来了一个规定，就多了一项控制，但是控制需要达到什么目标，到底应该如何控制，缺乏明确的主线。

(二)相关标准待完善

节约不是钱花的越少越好，更不是最好不花，财政部门要完成自身职能，必须有必要的支出，所有支出都要制定合理标准，超出标准就是浪费。当前，按照节约型机关建设要求，财政机关制定了部分支出的开支范围，对原有各项规定给予解释和补充，但除差旅费、出国经费、会议培训费等有规定的标准，其他经费仍然缺乏统一完整的标准，经费的标准体系尚未建立。

(三)会计管理需改革

当前，政府部门会计制度主要有两方面问题，一是仍沿用收付实现制，既难以准确反映政府某一时点所实际控制的资产，更难以反映政府实际的年度收支状况。二是当前的政府会计属于仅是反映政府预算情况的预算会计，而不是反映政府实际情况的财务会计，财务会计核算缺失，管理会计更是无从谈起，这种会计体系下，一个单位到底是节约还是浪费，就会缺少规范的记录，从而也难以找到节约型机关建设的薄弱点和突破口。

(四)内部控制未形成体系

近年来，随着各项管理制度的规范完善，财政机关开展了各个层面的内部控制，但是这些管理制度仍不够健全，特别是制度之间衔接不够，没有形成完整的制度体系。另外，在风险防控方面，虽然建立了廉政风险防控体系，但该体系着重于对权力运行的监控，而对于钱、物、工程、招投标等经济活动的程序化、制度化管控仍然没有制定针对性的风险防控措施，缺乏及时发现和有效处置风险的能力。

(五)绩效评价缺乏标准

运行绩效反映政府部门职责使命的履行情况和结果，由于政府部门不以营利为目的，而是追求政治稳定、人民幸福、秩序良好、生态怡人等社会效益，这些成果很难用财务的、经济的量化指标来衡量，而必须主要从非经济的定性指标来评价、衡量。怎样的机关可以称之为财政节约型机关，怎样的财政节约型机关能够最大程度地提高绩效，仍然缺少统一的衡量标准。

四、推进财政节约型机关建设的措施

财政节约型机关建设是一项长期任务，面临着很多共性的挑战，有些是深层次的和系统的。要将这项工程稳步推进，应从长远着眼、当下着手，以依法行政推动机制建设，抓好各项配套措施，深入推进节约型机关建设不断前行。

（一）建设全预算控制型机关，凸显财政示范效应

财政部门是预算管理的职能部门，要从自身做起，严格机关经费预算管理，建立资金收支预算、资产预算等全口径预算。在资金预算方面，按照科学化、精细化预算管理制度，针对不同处室单位业务特点，分类细化定额，根据项目规模和历史数据，细化项目内经济分类，科学编制项目预算。在资产预算方面，进一步明确资产管理职责，实物资产管理要为资产预算管理提供依据，资产预算管理要对实物资产进行约束，按照资产需求，合理编制政府采购预算，规范资产处置行为，建立资产调剂仓库，盘活存量资产，硬化预算约束，严格预算调整，防止超预算支出，在日常支出活动中，实现决算与预算的统一性。

（二）建设经费标准型机关，凸显财政科学化水平

节约与浪费之间，关键在于标准。这个标准不仅包括数量标准，还包括质量标准，比如按照资产配置数量标准，1 人使用 1 台办公电脑，同时对办公电脑的质量标准即价格也需要作出明确界定。标准还需因事而异，分类对待，比如每人每月电话费定额标准是 100 元，但是对外联络较多的岗位和人员就要适当提高标准。正是因为标准的复杂性和多样性，决定了财政节约型机关建设标准的建立过程不是一蹴而就，应精心测算各项费用标准，建立经费节约激励机制，推动标准得以执行。同时，坚持与时俱进、改革创新，建立经费标准动态调整机制，使之更具有合理性和可操作性。

（三）建设会计制度规范型机关，凸显财政财务一体化

财政部门是会计主管部门，加强会计核算是财政机关的本职要求，对会计制度的遵循，不仅是对字面规定的遵守，更是对制度制定初衷的领悟。2013 年，新的《行政单位会计制度》发布，不仅对原有的会计制度进行了完善，更是将权责发生制思想逐步引入机关会计核算，同时也将管理会计思想引入机关会计核算。管理会计主要用于企业成本管理，用管理学的计划、控制、应用、反馈理论，通过数学模型的建立，节约企业成本。在财政节约型机关建设过程中，要重视管理会计在机关财务中的应用，通过建设会计制度规范性机关，引入管理会计的成本核算，对各处室的运行成本加以核算，对各职能处室的履职成本加以度量，做到精准、细致。

（四）建设内部控制型机关，凸显内控实施效果

2012 年，财政部印发《行政事业单位内部控制规范（试行）》，标志着我国行政事业单位内部控制建设进入实质性操作阶段。内部控制，是行政事业单位为履行职能、实现总体目标而建立的保障系统，也是行政事业单位为履行职能、实现总体目标而应对风险的自我约束和规范的过程。其首要目标是经济活动的合法合规，其次是资产安全和使用有效。内部控制强调过程，节约型机关建设强调结果，两者殊途同归。要进一步建立财政内部控制规范，从机关运行机制上保证厉行节约，有效防范浪费行为的发生。

（五）建设绩效型机关，凸显财政资金使用效益

绩效型机关，旨在“健全机制、提高效益”，要以提升收支绩效、管理绩效、行政绩效为重点，以加强制度建设、信息化建设为保障，逐步优化绩效过程控制，落实绩效结果导向机制，确保收入质量不断提高，确保支出效益明显提升，确保办事效率明显提升。通过绩效型机关建设，整合行政资源，提高行政资源综合利用率。改进绩效评价方式，由单纯业绩考核向业绩与成本考核并重转变，推进财政节约型机关建设落到实处。

课题组组长：朱长才
课题组成员：左自智　姚先飞　徐　韬
聂孝林

质监检验检测机构分类改革和财政政策研究

质监部门检验检测机构是从事计量检定和校准、产品质量监督检验、纤维监督检验、特种设备检验检测等业务的专业技术机构。长期以来,安徽省质监检验检测机构按照行政事业单位性质管理,其经费来源主要依靠财政,包括预算内经费安排和非税收入安排,限制了质监检验检测机构的发展。本文通过对我省质监部门检验检测机构现状、存在的主要问题进行分析,探索质监检验检测机构分类改革和相关财政政策。

一、安徽质监检验检测基本情况及主要问题

(一)机构构成情况

安徽省质量技术监督部门检验检测技术机构主要有三大类,即计量检定机构、产品质量监督检验机构和特种设备检验检测机构。计量检定机构主要职责是开展计量科学研究和检定规程制定、计量量值传递和溯源、计量器具检定和校准。产品质量监督检验机构主要职责是开展产品质量监督检验技术和方法研究,对授权或委托产品进行监督检验。特种设备检验检测机构主要职责是开展特种设备检验检测技术和方法研究,进行特种设备检验检测。

目前,全省质监系统共有上述三类检验检测技术机构138个,其中产品质量监督检验机构28个、特种设备检验检测机构16个、计量检定机构27个、计量检定和产品质量检验综合性技术机构67个;按照行政隶属关系分,省级机构5个、市级机构66个、县级机构67个。按照财政供给方式划分,参照公务员管理事业单位7家,全额拨款事业单位73家,差额补助事业单位40家,自收自支事业单位18家。同时,为支持地方经济的发展,依托上述技术机构建设国家级中心23家、省级中心62家。

(二)财政供给情况

1.财政供给体制。1999年9月,省政府印发《安徽省质量技术监督管理体制改革实施方案》,明确质监部门实行省以下垂直管理,并要求在1999年10底前完成体制调整;2013年12月,省委办公厅、省政府办公厅印发《关于调整省级以下工商、质监行政管理体制和改革完善市县食品药品监督管理体制的实施意见》,明确质监部门不再实行省以下垂直管理,并要求在2014年1月底前完成体制调整。据此,我省质监部门检验检测机构财政供给体制也相应经历了三个阶段。第一阶段为1999年12月底以前,其经费按行政隶属关系由各级财政供给;第二阶段为2000年1月起到2013年12月底,其经费由省级财政供给;第三阶段从2014年1月份起,其经费按行政隶属关系划归属地财政供给。

2.财政供给方式。与财政供给体制相适应,新一轮体制调整前,质监部门实行省以下垂直管理,检验检测机构基本支出经费供给主要按三种模式。一是省市两级纤维检验机构为参照公务员管理事业单位,其他经费按财政政策正常供给。二是省级计量检定和产品质量监督检验机构为全额拨款事业单位,其经费按财政政策正常供给,市县两级相关机构全部按原地方上划财政资金加上中央历次政策性增资转移支付资金安排,不足部分通过非税收入安排。三是省市两级特检设备检验检测机构全部为自收自支事业单位,其经费全部通过非税收入安排。检验检测能力提升项目经费主要来源于省级财政拨款和非税收入安排两个渠道。新一轮体制调整后,从2014年1月1日起,检验检测机构按行政隶属关系由同级财政安排经费,其中:省级检验检测机构财政供给政策不变;市县检验检测机构经费,以2014年部门预算安排的经费为基数,按照钱随人走的原则划转属地财政。项目经费按照事权与财权相匹配的原则,市、县(市、区)质监部门产品质量监督抽查、行政执法、技术装备、基本建设等项目经费,按照分级承担原则,由同级财政予以保证。

3.省级财政投入情况。安徽质监部门实行省以下垂直管理15年来,省级财政在财力有限的情况下,不断加大对质监部门检验检测机构的经费投入。一是基本支出经费得到保障。1999年上划之初,从地方财政划入省级财政的技术机构经费人均不到5000元,2014年初下划时,技术机构人均下划基本支出经费27600元。二是项目经费投入大幅增加。按照省、市、县三级质检机构的职能定

位，加大对检验检测能力提升的经费投入，累计投入检验检测能力提升经费4.50亿元，其中投入国家和省级质检中心的项目经费2.28亿元，基本解决了质监部门监管工作中存在的“检不了、检不出、检不准、检得慢”等突出问题。至2013年底，全省检验检测机构资产总值18.79亿元(其中：设备价值6.97亿元)，人均资产达61.33万元，是上划之初人均资产5万元的12倍多。

(三)存在的主要问题

检验检测机构做大做强，对推动安徽经济发展将起到重要作用，但从当前经济发展和检验检测日趋市场化的新趋势来看，我省检验检测机构能力与经济社会快速发展的形势和需求不相适应。

一是机构规模编小，布局不合理。截至2013年年底，全省质监系统检验检测人员有3064人，138家检验检测机构，每个机构平均在职人员只有22人。检验检测机构按行政区域设置，隶属于不同层级，每个市、县均设有检验检测机构，全省138家质监检验检测机构5家属于省级，其他全部分散在市县两级，小而全，小而散，检验检测项目低水平交叉重复，致使任务不足、设备使用率不高，一方面造成检测资源浪费，另一方面很多检验检测工作又无力开展。

二是机构人员管理体制僵化。检验检测机构隶属于各级质量技术监督部门，皆为事业单位性质，人员为事业编制身份，按照事业单位进行管理，存在政事不分、定位不清问题，既监管又开展业务工作，集“裁判员”与“运动员”身份于一身。各级检验检测机构发展没有相应的激励机制，吃大锅饭，搞平均主义，业务主要来源于垄断，检验检测机构过多依附于政府部门，市场化意识不强。

三是预算财务管理方式单一。与检验检测机构事业单位性质相适应，检验检测机构预算财务按照事业单位管理，收支全部纳入预算。按照行政事业单位部门预算管理的有关规定，支出预算全部通过国库集中支付，申报时要明确到经济科目，且支出预算当年必须执行完毕，对单位年度内财政预算结转结余资金原则上全部收回。而检验检测机构是以依托市场，通过开展检验检测服务取得的收入具有不确定性，并需根据市场变化情况随时调整支出，事业单位预算管理的严肃性与检验检测业务的灵活性往往产生矛盾，单一的事业单位预算管理方式与检验检测业务市场化发展趋势不协调，制约了检验检测机构的发展。

四是专业技术检测能力薄弱。高水平的检验检测专业人才和技术带头人匮乏，质监检验检测机构人员本科以上学历有1188人，仅占38.8%，具有硕士研究生以上学历只有58只(其中博士研究生4人)。专业人才不足制约了技术机构检验检测能力的提升，是技术机构健康快速发展的瓶颈。同时，检验检测设备比较落后，市级检验检测机构只配备了一般项目的常规检测仪器设备，县级检验检测机构设备数量少、档次不高，仪器设备总值仅达到标准配置的48%，尤其是2014年质监管理体制调整后，市县检验检测机构交给地方政府后，投入不足的问题尤为突出。

五是财政资金杠杆作用不明显。我省质监检验检测机构支出总额中人员支出比例偏高，用于技术改造等方面资金少，使用社会资本基本为零，财政资金引导作用难以发挥；单位收支纳入预算，经费财政保障，个人收入平均主义，缺乏激励机制，职工积极性难以调动，财政资金的杠杆作用不明显。2013年，全省质监系统检验检测机构非税收入仅7.52亿元，只相当于江苏无锡市检验检测机构取得的收入，自我积累能力弱，缺乏发展后劲。

二、国内外质监检验检测机构运行发展情况

(一)国外检验检测机构的运行情况

国际上检验检测机构一般都是独立的第三方公证机构，完全是市场化运作。如：SGS集团创建于1878年，总部位于瑞士，是一家综合性的检验机构，是全球检验、鉴定、测试及认证服务的领导者和创新者，也是公认的品质与诚信的全球基准。SGS集团在全球有1350多个分支机构和专业实验室，有8万多名员工，服务网络遍及全球。2013年全年营业收入58.3亿瑞士法郎，折合人民币387.8亿元。法国国际检验局成立于1828年，总部位于巴黎，是一家国际知名的检验、认证、咨询及工程质量控制机构，在全世界设有13000多个办公室和实验室，有5万多名员工；2013年全年营业收入39.3亿欧元，折合人民币为330.9亿元。

(二)国内民营检验检测机构的发展

近年来，国内民营或混合所有制的检验检测机构快速发展，在全国的市场占有率不断加大，代

表性的有金域检验、华测检测、苏州电科等企业。上述公司中，最有代表性的是华测检测技术股份有限公司，该公司成立于2003年，总部位于深圳，2013年度实现营业收入7.78亿元，比2012年增长26.05%，是一家集检测、校准、检验、认证及技术服务为一体的综合性第三方机构，是中国第三方检测与验证服务的开拓者和领先者，能够在全球范围内为企业提供一站式检测服务。2009年10月30日，华测检测成功在深交所挂牌上市，成为深圳市首家在创业板上市的公司，也是国内检测行业首家上市公司。

(三)外省检验检测机构改革探索

深圳市检验检测机构的市场化情况。1998年，深圳市质量技术监督局就将所属计量、质检两所合并，整合成深圳市计量质量检测研究院，单位性质为差额补助事业单位，人员编制169名。该院现有在职职工1360人，其中编制内在职正式人员160人，其他全部为聘用人员；职工收入实行同工同酬，绩效工资与部门业绩挂钩。预算编制执行差额补助事业单位财政供给政策，2013年该院财政补助资金3750万元，主要用于人员开支及设备购置，其事业发展经费主要依靠收费和业务经营收入。该院2013年收入总额3.45亿元，主要从三个方面取得：一是计量强制检定收费收入1000万元，纳入非税收入管理，全额上缴市财政，市财政在预算中按70%安排经费；二是监督抽查业务收入9500万元，纳入财政专户管理，通过国库支付直接拨到该院基本存款账户；三是其他全部为委托检验业务取得的收入，收取时直接进单位基本存款账户。深圳市检验检测机构的整合，成功探索了同城质监技术机构的改革之路，加速了检验检测业务市场化进程（2013年该院90%的收入来自于市场），促进了检验检测机构做大做强。

目前，深圳市计量质量检测研究院拥有仪器设备总量2.4余万台套，价值5.38亿元；建有三大实验基地，实验室面积6万余平方米；先后获得20个国家和地区40多个国际权威机构认证资质，拥有国内外实验室认可、资质认定5400多项，是华南地区影响最大的国有检测机构之一。改革为深圳市计量质量检测研究院注入了活力，市场化运行机制增强了该院处我积累自我发展能力。

福建省特种设备检验检测机构的整合发展。福建省2007将全省所有特种设备检验检测机构进行整合，成立福建省特种设备检测研究院。该院为自收自支事业单位，现有员工1050名，其中在职正式人员320名，其他全部为聘用人员，实行同工同酬，绩效工资部分与部门业绩挂钩，人均年收入在20万元左右；检验检测业务收入纳入预算管理，全额解缴省财政厅非税收入过渡户；年度预算所需经费全部通过单位组织的非税收入安排，支出通过国库集中支付申报使用。福建省特种设备检验检测机构的整合，实现了福建省特种设备检验检测资源的最优化配置，促进了福建省特种设备检验检测机构的规模化发展。一是业务上统一调配，消除了内耗，减少了恶性竞争，实现了业务收入快速稳定增长。整合后业务收入年均递增10%～15%，2013年累计实现检验检测收入3.7亿元。二是优化了资源配置，减少了低层次重复建设，能够集中财力办大事。三是科研项目级别、数量、影响都大幅提高，成立了高新技术科研所，人社部2010年批准在该院设立博士后流动站，积聚了发展潜力。

三、检验检测机构分类改革及财政政策建议

党的十八届三中全会吹响了进一步深化改革的号角，《国务院办公厅转发中央编办质检总局关于整合检验检测认证机构实施意见的通知》，明确要求“到2015年，基本完成事业单位性质的机构整合，转企改制工作基本到位，市场竞争格局初步形成，相关政策法规比较完善，进一步做大做强检验检测认证机构”。中央对检验检测机构改革思路清晰，要求明确。整合资源，走向市场是检验检测机构自身生存和发展的必然选择。同时，我省发展外向型经济和产品升级换代也为检验检测机构改革创造了外部条件。为促进检验检测机构做大做强，更好地服务我省经济社会发展，针对我省检验检测机构现状，结合财政供给政策，提出如下建议。

一是优化整合全省检验检测资源。打破行政区域界限，以省级计量检定、产品质量监督检验和特种设备检验检测机构为龙头，对省内(省市两级先行)同类检验检测机构进行优化整合，组建检验检测集团；重新界定不同检验检测机构职能，打破特种检测、计量检定、质量监督检验等三种不同检测机构之间检测界限，拓展检验检测集团业务范

围，提高检验检测机构抗风险能力，促进检验检测机构做大做强。

二是严格区分公益类与市场类检验检测机构。依据事业单位分类改革精神，按照职能定位，将检验检测机构划分为公益类检验检测机构和经营类检验检测机构。对从事公益服务的检验检测机构，继续将其保留在事业单位序列，强化其公益属性。公益类检验检测机构主要是为政府制定政策法规和风险管理提供技术支撑，为检验检测机构监管提供技术支持，为重大国计民生项目提供技术服务，以及提供其他不宜由市场机制提供的检验检测服务，该机构不得从事营利性的检测检验业务。对从事生产经营活动的检验检测机构，逐步将其转企改制。经营类检验检测机构主要提供社会化检验检测服务（包括政府购买检验检测服务），由市场配置资源，以独立企业法人形式存在，自主经营、自负盈亏。

三是合理界定财政经费供给保障范围。强化公益类检验检测机构经费保障，将日常运转经费和项目经费纳入年度预算安排，加大对公益类检验检测实验室基础设施建设和科研项目经费投入，不断提升公益类实验室的检验检测能力和科研水平；落实经营类检验检测机构转企改制配套政策，保障检验检测机构改制过程财政政策的连续性，实现检验检测机构从财政预算管理向自主财务管理平稳过渡；严格落实事业单位转企改制过程中的财税、人事、收入分配、社会保险等方面政策。

四是多渠道筹措检验检测发展资金。充分利用创业投资引导基金、科技型中小企业创新基金等资金，多渠道增加对检验检测机构的投入。积极鼓励检验检测机构参加高新技术企业资格认定，享受高新技术企业优惠政策。积极支持经营性检验检测机构社会融资，对融资风险适当补偿，引导社会资金投入检验检测行业，鼓励民营或国有混合所有制检验检测机构的发展。

五是转变检验检测收费收入管理模式。经营类检验检测机构实行企业化管理后，其收取的经营性检验检测收入，不再纳入政府非税收入管理，增加检验检测机构业务收入自主支配权。公益类检验检测机构，其收取的检验检测业务收入全部纳入政府非税收入管理，全额上缴财政，执行非税收入管理办法相关规定。现阶段，在事业单位分类改革未到位之前，对质监检验检测业务收入可以参照深圳模式实行差别化管理，一是强制性检验检测业务收入全部纳入政府非税收入管理，全额上缴财政，区别不同单位性质预算政策在年度预算中通过非税收入安排相应经费，以弥补其检验检测成本性支出；二是对委托性检验检测业务收入不再纳入非税收入管理，收入直接缴入单位基本存款账户，由单位根据事业发展需要自主支配。这种管理模式更切合质监检验检测机构的实际，能较好地解决事业单位预算管理的严肃性与检验检测业务的灵活性之间的矛盾，符合检验检测机构市场化趋势，也为下一步实施检验检测机构分类改革创造条件。

六是创新财政资金使用方式。改变财政资金使用方式，针对检验检测机构的不同性质和支持项目的类别，充分利用贷款贴息、后补助、债权等方式，落实资金使用主体的责任，提高财政资金使用绩效；加大政府购买服务力度，将产品质量监督抽查、计量校准、纺织品服装产品检验、特种设备检验检测等业务，委托经营性检验检测机构进行，充分发挥社会力量，转变公共产品、准公共产品提供方式，优化检验检测机构支出结构，减少检验检测支出人员开支，提高财政资金使用绩效。

课题组组长：朱长才

课题组成员：张　力　宋葛民　宋　频

关于政法机关购买服务问题研究

政府购买服务是符合社会主义市场经济和公共财政发展要求的一种改革和创新。当前，探索如何推进政府购买服务已经成为摆在各级政府面前迫切需要研究的重大课题。政法机关作为国家机器的重要组成部分，研究推进政法机关购买服务，对于改进公共服务管理、提高财政资金效益具有积极的现实意义。

一、政府购买服务的概念及其本质特征

（一）政府购买服务的概念

从国内外政府购买服务的发展实践看，所谓

政府购买服务，就是政府将原来由政府直接举办的、为社会发展和人民日常生活提供服务的事项，通过运用市场机制交给有资质的社会组织来完成,并根据社会组织提供服务的数量和质量,按照一定的标准进行评估后支付费用,是一种“政府承担、定向委托、合同管理、评估兑现”的新型的公共服务提供方式。目前,我国政府购买服务可以分为两大类:一是为社会提供产品或劳务的服务,主要包括教育、就业、社会事业、社会保障、医疗卫生、住房保障、文化体育及残疾人服务等基本公共服务;二是本身需要或维护其自身运转需要的服务,主要包括后勤保障、中介服务等方面,如:车辆维护与加油、物业管理、安全保卫、信息化系统维护、政府投资项目评审、社会审计、资产评估等。

(二)政府购买服务的本质特征

政府购买服务基本要素包括购买主体、承接客体和购买内容三个方面。购买主体主要是指各级行政机关和参照公务员法管理、具有行政管理职能的事业单位。同时,纳入行政编制管理且经费由财政负担的群团组织,也可以是购买主体。承接客体包括依法在民政部门登记成立或经国务院批准免予登记的社会组织，依法工商行政管理或行业主管部门登记成立的企业、机构等社会力量。购买内容主要是适合采取市场化方式提供、社会力量能够承担的公共服务，当前重点是基本公共服务领域。政府购买服务的本质特征,就是政府将原由其（购买主体）直接承担的一些公共服务事项(购买内容)转交给社会组织和企事业单位(承接客体)履行,实现政府服务“生产者”与“提供者”的角色分离。

二、政法机关购买服务现状及问题

(一)政法机关及其特性

1.政法机关概念范围。我国实行人民代表大会下“一府两院”的政体。“一府”是指人民政府,即国家行政机关;“两院” 是指人民法院和人民检察院,分别是国家审判机关和检察机关。政法机关是中国特色的专政机关,主要包括人民法院、人民检察院、公安机关、司法行政(含监狱戒毒)、国家安全部门、反邪教部门、武警部队等7个部门,平常也指公安机关、司法行政及法院、检察院等4个部门。公安机关既是国家的行政机关,又是国家的司法机关之一；司法行政机关是我国国家政权的重要组成部分，在司法体系和法制建设中占有重要地位。本文述及政法机关一般指公安、司法行政、法院、检察院。

2.政法机关特性。政法机关是国家机器的重要组成部分,是党和人民群众掌握的“刀把子”,是人民民主专政的重要工具，担负着维护社会大局稳定、促进社会公平正义、保障人民安居乐业的重大使命和职责。政法机关工作与国家一般行政机关不同,具有以下几个方面的特性。一是履职资格法定性。政法机关工作人员履行职责的资格都有相应的法律规定,法官、检察官的履职资格,根据《法官法》《检察官法》规定,需要由各级人民代表大会或常务委员会任命；公安机关的人民警察履职资格由《警察法》规定;国家安全机关、监狱机关的人民警察和法院、检察院的司法警察分别依照《国家安全法》《监狱法》等有关法律、行政法规的规定履行职权。二是履职行为国家性。政法机关无论是法官的审判、检察官的公诉及法律监督,还是人民警察的职权行使都代表着国家权力，其履职行为及结果都体现着国家意志。政法机关工作人员履职行为具有法律性和强制力，不是一般行政机关工作人员都可以行使的，一般行政机关工作人员履职行为更多体现的是服务性。三是履职过程保密性。政法机关无论是法官审理案件、检察官公诉案件的取证、调查,还是人民警察的案件侦查都具有严格的保密性要求，其履职过程是个秘密的过程,不同一般行政机关履职过程要求的公开、透明。

(二)政法机关购买服务特点及其内容

1.政法机关购买服务特点。从政府购买服务的概念和内涵来说，政法机关购买服务本质上也是政府购买服务，但由于政法机关与行政机关具有不同的特性,其购买服务也有不同的特点,主要有两点:一是购买内容有限。根据《国务院办公厅关于政府向社会力量购买服务的指导意见》(国办发〔2013〕96号)精神,当前我国政府购买服务内容重点是包括教育、就业、社保、医疗卫生、住房保障、文化体育及残疾人服务等基本公共服务领域,尚未将政法机关列入政府购买服务的重点领域。同时,明确指出对应当由政府直接提供、不适合社会力量承担的公共服务，政府不得向社会力量购买。政法机关承担的审判、公诉及法律监督、各类案件侦查办理、刑法执行等公共安全保障服务，是典型的国家主体权力，不适合转由社会力量承担。我省确定的政府购买服务指导目录，涉及政法机关的仅限于法律援助、人民调解、社区矫正、安置帮教、法律服务等相关项目，购买服务内容也很有限。最近公安部《公安机关警务辅助人员管理办法》(征求意见稿)，提出公安机关涉及绝密级事项和难以有效防止警务辅助人员直接参与执法的，不得使用警务辅助人员，并对涉密或执法岗位进行了明确，规定只在非执法、非涉密的综合性岗位，经批准后可使用警务辅助人员。二是购买资金约束。根据中央政法经费保障体制改革精神，政法机关经费划分为人员经费、公用经费、业务装备经费和基础设施建设经费四大类，其中：公用经费分为日常运行经费和办案(业务)经费。从经费使用方面来看，与政府购买服务有关的经费，主要是日常运行经费和办案(业务)经费。日常运行经费一般可用于政府购买服务开支。办案(业务)经费，公、检、法机关为办案经费，司法行政机关为业务经费。办案经费主要是公、检、法机关用于办理案件开支的各项费用，办理案件具有保密性，通常情况下办案经费不宜用于政府购买服务；司法行政机关业务(办案)经费，主要用于普法宣传、社区矫正、人民调解、法律援助、帮教安置、法律服务等各项业务开支，一般可用于政府购买服务支出。

2. 政法机关购买服务内容。从政法机关特性以及政法机关政府购买服务的特点看，政法机关购买服务总体上也分为两类：一类是购买满足自身运转所需的服务，这与一般行政机关是相同的，主要包括机关物业管理、公务用车、食堂服务、安全保卫、信息系统维护、专家咨询及中介服务等；另一类是购买为社会提供产品或劳务的服务，这类应与政法机关特殊职责相适应，主要包括法律服务、法律援助、社区矫正、人民调解、安置帮教、交通事故检验鉴定、违规车辆拖吊、公安辅警、法院辅助审判力量等公共服务。

(三)我省政法机关购买服务实践状况

我省政法机关购买服务是与我国政府购买服务发展历程相一致，也经历了实践探索过程，并在一些领域进行了尝试。主要有：

1. 公安机关探索购买辅警服务。我省各级公安机关购买辅助警务人员(以下简称辅警)服务实践比较早，主要集中在服务与管理联系紧密的一些领域，如交通管理、治安巡防、人口管理等。2010年8月，省委办公厅转发《省综治办、省公安厅关于进一步加强社会治安防控体系建设的意见》(皖办发〔2010〕21号，以下简称“21号文件”)，要求采取以市、县(市、区)两级政府出资向保安公司购买服务的方式，增加专职辅警，由基层公安机关管理使用。据统计，目前全省各级公安机关通过多种方式聘用辅警约10万人，其中：公安机关直接使用管理的约有2.6万人。2013年10月，省财政安排专项经费，支持省公安厅新桥机场公安局集中统一向保安公司购买30名辅警服务，由保安公司与辅警签订劳务关系并以劳务派遣方式提供服务。合肥市将专业性较强的交通事故检验鉴定，通过公开招标交由确定的鉴定单位进行检验鉴定；将原来聘用工作人员筛选各类电子警察设备抓拍图片，改为采用购买服务方式，通过公开招标交由中标外包企业负责筛选。

2. 法院系统尝试购买审判辅助服务。法院系统购买服务主要集中在机关物业管理、安全保卫等后勤岗位。2013年12月，省财政厅会同省高院、省编办印发政府向社会购买审判辅助服务指导意见，要求各地通过发挥市场机制作用，鼓励有条件的地方把法院的一部分技术与后勤保障服务和执法办案辅助服务，按照以事定费、公开择优的原则，采取政府采购的方式选择承接主体，签订政府购买服务合同，并按合同约定由承接主体提供服务。目前，全省法院系统正在积极稳妥地推进。

3. 司法行政机关购买法律援助服务。我省司法行政机关购买服务基本上与法院系统相似。2013年12月，省政府办公厅《关于政府向社会力量购买服务的实施意见》(皖政办〔2013〕46号)，明确了全省政府购买服务指导性目录，包括司法行政机关法律援助、人民调解、社区矫正、安置帮教、法律服务等。2014年7月，省财政厅会同省司法厅印发了《关于政府购买法律援助服务指导意见》，要求各地通过公开、公平、公正的市场竞争机制，坚持费随事转的原则，将法律援助案件办理、法律援助咨询服务、法律援助公共宣传和法律援助规划与政策研究、对象信息收集、人才培训及有关项目管理与实施服务等，列入政府购买法律援助服务内容，并将我省承接政府购买法律援助服务主体扩大为包括社会组织、公益类事业单位和其他机构。

(四)我省政法机关购买服务存在的问题

我省在政法机关购买服务方面已经进行了有益探索和尝试，但在推进过程中也还存在一些困难和问题。

1.推进难度大。一是思想认识上存在误区，一方面，政府购买服务是置身于改革背景下的利益重新分配，在这个过程中难免会触及部门自身利益，也会对部门的权力边界产生约束。有的部门习惯于直接提供服务的传统思维，形成了推行政府购买服务的阻力；另一方面，一些部门(单位)往往把政府购买服务作为增加人员、争取财政资金的手段，而不是立足于转变自身职能。如果财政、人社、编办等部门与部门(单位)认识不一致，未能满足其增人或增经费要求，部门就没有购买服务的积极性。比如：法院系统购买审判辅助力量、司法部门购买法律援助服务等，目前都停留在推进过程，尚未取得实质性进展。二是购买服务项目不明确。目前，中央及地方对政法机关购买服务还没有明确、系统的指导性文件，来界定政法机关政府购买服务的范围。我省政法机关购买服务仍处于探索阶段，缺乏明确的定位和相应的制度保障，“什么能买、什么不能买”尚不清晰，各部门都处于等待观望状态，也影响了购买服务工作的推进。特别是政法机关工作具有特殊性，“买与不买”“买什么”通常都由部门确定。

2.操作规范差。主要表现在三个方面：一是购买行为不够规范。目前，一些部门(单位)在物业管理、安全保卫、信息系统维护以及食堂服务等方面，普遍不喜欢通过政府采购，往往直接委托下属的事业单位或者企业，有的甚至是自己成立社会组织来实施，缺乏公开、公平、公正的竞争。二是购买方式不够规范。主要体现在购买辅助人员服务方面。目前，部门(单位)购买服务方式多种多样，既有用人单位自主聘用，也有购买劳务派遣，还有其他方式录用的，聘用手续也不完备，有的甚至未办聘用手续。这种不规范的购买方式，导致购买“岗位”变成了“养人”。据调研情况，我省公安机关辅警自主聘用的多、劳务派遣的少。截至2012年底，池州市共有辅警2456人，其中向保安公司购买服务794人，自行招聘1389人，其他方式聘用273人；合肥市共有辅警13262人，其中向保安公司购买服务1626人，自行招聘3552人，其他方式聘用8084人。三是购买合同不够规范。一些部门购买服务合同不符合规范化要求，合同的有效要件不全、内容较为简单、履约期限过长，有的部门合同一签就是10年、20年，容易淡化服务主体的竞争意识、危机意识和服务意识，影响服务效率和质量。有些甚至没有合同，购买主体与服务主体之间的责权利不清。

3.管理制度缺。目前，从我省政法机关购买服务的现状来看，包括公安辅警、法院辅助审判力量以及司法部门的法律援助者，在组织纪律要求、履约服务职责以及考核奖惩等方面，普遍没有建立相应的管理制度，违规违纪问题时有发生，履职“越位”与“缺位”并存，临时工、公安辅警等聘用人员已成为单位违规违纪群体的“代名词”。特别是公安辅警来源方式多元、人员队伍庞大、综合素质较低、履职岗位特殊，由于缺乏相应的管理制度，有些辅警组织纪律、法律观念淡薄，作风散漫、言谈粗俗、举止随意、态度生硬，时常在工作中与群众发生矛盾，甚至有少数辅警借用公安机关影响、利用辅警身份违法乱纪，影响公安机关整体形象。

4.编内干事少。现在一些政法机关普遍热衷于购买服务，因人设岗，购买“岗位”异化为“养人”，把本来由政法机关自己做的事情，通过购买服务交由编外人员来承担，导致部门职能未转变、编内人员没减少，部门事情没多做、辅助人员增加多，在编在岗干事少、财政资金还多花，违背了政府购买服务的初衷。目前，在很多地方，公众面对的不是为民服务的公务员，而是成群结队的雇佣协管员。如公安机关交通管理、治安防控、户籍服务等，路面管控或窗口服务普遍都是辅警，很难看到或寻得正式干警。据统计，2012年底，全省公安机关干警总数约5.2万人，聘用辅警达2.6万人，为干警总数的一半。

5.组织发展慢。长期以来，受经济社会发展水平、思想观念及社会环境等因素影响，我省社会组织发展较为迟缓，社会组织数量偏少、规模偏小，功能不齐全，运营能力和管理服务水平较低，在政府购买服务中难以发挥应有的主体作用。截至2013年上半年，我省拥有登记注册的社会组织共1.94万家，平均每万人拥有社会组织数3.24个，还达不到全国2012年的平均值3.63个，远低于国内的上海(7个)、青岛(6.5个)、深圳(4.2个)等城市，与世界发达国家每万人拥有社会组织几十甚至上百个相比,差距更大。特别是满足政法机关特殊性要求的服务类社会组织发展更加缓慢、更加匮乏,承接购买服务的能力严重不足。

三、推进我省政法机关购买服务的相关建议

根据政法机关的特性，结合我省政法机关购买服务方面存在的问题，现就进一步推进我省政法机关购买服务提出如下建议：

(一)加强顶层设计,明确购买服务范围

政法机关不同于一般行政机关。政法机关是维护公平正义的“守护神”,是社会公平正义的最后一道防线。法槌和警服,代表着法律的公正和尊严。如果守护正义的最后一道防线被击穿,社会公平正义的天平就会倾斜,法槌就会变成“家法”,执法就会成为“犯法”。同时,从国际惯例看,我国政法机关的司法权、执法权属于中央事权。政法机关购买服务，既要防止泄密和无资格主体直接参与司法、执法,又要保持全国司法、执法政策统一。因此,政法机关购买服务,必须要加强顶层设计,需要中央明确购买范围和项目。

当前，根据国务院有关政府购买服务指导意见,结合政法机关业务工作实际,我省政法机关购买服务范围重点在以下两个方面：一是政法机关满足自身运转所需的服务，主要包括机关物业管理、安全保卫、公务用车、会议代办,以及非涉密岗位辅助人员;二是政法机关业务工作所需的服务,主要包括省政府向社会力量购买服务指导目录确定的法律援助类、人民调解类、社区矫正类、安置帮教类,省委、省政府办公厅有关加强社会治安防控体系建设提出的购买专职辅助警务人员，以及法院系统购买辅助审判力量等。

(二)健全管理制度,规范购买服务行为

没有规矩,就不成方圆;没有制度,就没有规范。政法机关购买服务必须要建立健全各项管理制度,规范购买服务行为。当前,着重研究建立以下几个方面制度:一是招投标制度。政法机关建立购买服务招投标制度，有利于增强购买主体的公正性、购买过程的公开性、项目实施的透明性、服务主体的竞争性。根据我省政法机关购买服务范围，同时考虑到政法机关购买服务涉及财政资金使用，政法机关购买服务原则上应当通过公开招投标方式进行。特殊情况,经财政部门批准可采用邀请招标、竞争性谈判或单一来源方式进行采购。如:有限范围的服务主体,或因技术复杂、性质特殊而不确定具体服务要求、不能事先计算出价格总额的社会服务项目等。二是绩效评价制度。绩效评价是衡量购买服务项目成效的重要方式，是连接项目投入和项目产出的关键环节。政法机关建立购买服务绩效评价制度，重点是探索建立多元化、全方位的评价指标体系,采取单位自评、委托第三方评价以及财政重点评价等方式，注重绩效评价结果运用,实行责任追究制。三是监督管理制度。政法机关购买服务项目的实施是服务“生产”和“消费”的过程。政法机关向社会组织购买服务,由社会组织实施服务活动，这就在政法机关与社会组织之间形成了“委托-代理”关系和风险。因此,必须要建立服务实施过程的监督管理制度。主要包括:合同管理,要明确购买服务范围、数量、质量以及服务期限、资金支付方式、违约责任等;过程指导,要按规定拨付资金,指导、督促服务承接单位履行合同义务,按时完成服务项目任务,保证服务数量、质量和效果;过程监管,要按照购买服务合同要求,定期组织对服务过程、任务完成和资金使用情况等进行督促检查等。同时,要建立购买服务信息公开制度,提高公众知晓率,主动接受社会监督。

(三)改进预算管理,保障购买服务资金

政府购买服务是转变政府职能、改革和创新政府服务提供方式的一种举措。政府购买服务经费是财政预算的重要组成部分。因此,推进政法机关购买服务,必须要改进财政预算管理。一是建立购买服务预算制度。政法机关编制年度预算时,应根据部门年度购买服务事项，测算编制购买服务预算,并在部门年度预算中单独列示。二是改进预算管理。政法机关购买服务是政法机关自身职能的转变,所需经费应当按照“费随事转”的原则,从部门既有预算中统筹安排。根据目前政法机关购买服务范围，其购买服务经费主要涉及日常公用经费和办案(业务)经费,应将其从日常公用经费和办案(业务)经费中剥离出来,调减日常公用经费和办案(业务)经费,相应增加列示“购买服务经费”。三是创新经费使用方式。一方面,探索发挥集

中财力规模效应。对政法机关购买具有共性的、维护自身运转的诸如食堂管理、安全保卫、信息系统维保等服务,可通过整合资金,采取集中购买、分别付费的方式,发挥资金规模效益,统一服务标准,提升服务水平;另一方面,尝试PPP模式。在政策允许和不影响国家安全、社会稳定的前提下,对政法机关购买的一些公共服务类项目,如公安部门交通事故检验鉴定、违规车辆拖吊、公共视频图像采集等,可发挥社会资金作用,鼓励社会资本投入,变政府"养人、养机构办事"为"办事养人、养机构",提高资金使用效率。

(四)培育社会组织,增强承接主体能力

社会组织是政府购买服务的承接主体,没有社会组织、没有承接主体,就难以推进政府购买服务。目前,我国社会组织发育存在不足,承接能力有待提高,迫切需要大力培育社会组织,增强承接主体的服务能力。一是"放开",保证"有社会组织做事"。消除社会组织发展的制度性障碍,逐步取消行政业务主管部门,打破双重管理体制,放宽准入条件,降低社会组织发展门槛,按照"非禁即入、非禁即准"的原则,鼓励企事业单位和个人直接登记社会组织。二是"转移",保证"社会组织有事做"。转移政法机关部分职能,向社会组织开放更多的公共资源和领域,对社会组织承接政法机关职能作出制度性安排,为社会组织发展壮大和参与社会管理让渡空间,使社会组织更深入地参与社会管理和公共服务。三是"培育",保证"社会组织能做事"。建立社会组织财政资助奖励制度,落实社会组织税收优惠政策,引导社会资金加大投入,不断发展和壮大社会组织规模。加强社会组织人才队伍建设,探索依托政法类大专院校,推进专业人才定向、定岗委托培养制度,使社会组织的专业人才数量、结构、素质满足政法机关购买服务的需求。四是"管理",保证"社会组织做好事"。规范社会组织内部管理,形成自我约束的内在机制。实行信息公开制度,接受社会监督。加强诚信体系建设,提升社会组织的社会公信力。开展社会组织综合评估,并与政法机关职能转变和购买服务的资质挂钩。

课题组组长:朱长才

课题组成员:汪代启　徐玉明　陈　晋

探索推进我省政府和社会资本合作(PPP)融资模式研究

党的十八届三中全会对加快转变政府职能、完善城镇化健康发展体制机制、推进城市建设管理创新,提出了明确具体要求,并指出要大幅度减少政府对资源的直接配置,建立透明规范的城市建设投融资机制,允许社会资本通过特许经营权等方式参与城市基础设施投资和运营。为此,财政部在2013年底召开的全国财政工作会上,套开了政府和社会资本合作专题会议,从体制机制创新的角度,对发展政府和社会资本合作(Public Private Partnership,以下简称PPP)融资模式进行全面、系统的工作部署。2014年以来,全国各地积极推广运用PPP模式,我省也加强调研,探索试点,稳步推进。本文旨在结合我省实际,深入分析PPP模式的理论背景、推广意义、工作实践和存在问题,探索我省下一步运用PPP模式的路径与方向。

一、PPP模式的理论背景

20世纪70、80年代,为缓解财政支出压力,发达国家开始运用BOT(Build-Operate-Transfer 建设-经营-转让)模式,在特许期内通过"使用者付费"方式,引导私人部门参与基础设施建设。20世纪90年代,英国政府率先提出了PFI(Private Finance Initiative 民间主动融资)模式,在特许期内通过"政府付费"的方式,支持私人部门投资公共产品。近年来,英国等发达国家为弥补BOT、PFI等模式的不足,又探索实施了一种新模式,即PPP模式。

(一)PPP的内涵

世界银行认为,PPP是私营部门和政府机构间就提供公共资产和公共服务签订的长期合同,而私营部门须承担重大风险和管理责任。亚洲开发银行认为,PPP是指为开展基础设施建设和提供公共服务,在公共部门和私营部门之间可能建立的一系列合作伙伴关系。财政部认为,PPP有广义和狭义两个范畴。广义PPP是指政府与私人部门为提供公共产品或服务而建立的合作关系,以授予特许经营权为特征，主要包括 BOT、BOO(Building-Owning-Operation 建设－拥有－运营)、PFI 等模式。狭义 PPP 与 BOT 的原理相似，都由“使用者付费”，但它比 BOT 更加强调公共部门的全过程合作。财政部对 PPP 内涵的定义持开放态度，在实践中倾向于推广狭义 PPP，因此也将 PPP 翻译为“政府和社会资本合作”。

（二）推广 PPP 模式的重要意义

PPP 是政府和企业为提供某项公共产品或服务建立的利益共享、风险分担的合作机制，通过项目未来运营收入和适当政府补贴，动员社会资本参与项目“全生命周期”运作，整合政府与市场主体各自的优势，是一种政府、企业、社会多方共赢的公共产品提供方式。

1. 推广 PPP 模式符合“国家治理现代化”要求。运用 PPP 模式，就是要求政府和企业“按照合同办事”、平等参与、公开透明，这与现代国家治理契约精神、市场观念，公平参与、平等协商、绩效评估和结果导向等关注重点相一致。

2. 推广 PPP 模式符合“市场起决定性作用”要求。运用 PPP 模式，是政府通过授予特许经营权等方式引入私人资本，不但可以发挥优胜劣汰的市场竞争作用，激发非公有制经济的活力，而且有助于破除各种行政垄断，消除各种隐性壁垒，推进公共产品和服务的市场化配置，与“市场起决定性作用”要求相吻合。

3. 推广 PPP 模式适应“加快转变政府职能”要求。通过 PPP 模式，政府将真正实现“职能转变”，由“管理者”转变为“监督者、合作者”，能够把更多的精力放到制定发展战略上，把更多的注意力放到加强监管上，既可以降低行政管理成本，又可以减少权力寻租空间。

4. 推广 PPP 模式适应“建立现代财政制度”要求。PPP 模式强调将一部分政府性债务剥离出去，并提高效率，有助于减轻政府债务压力，创新财政管理理念，从以往单一年度的“预算收支管理”，逐步转向强化中长期财政规划和“资产负债管理”。通过中长期规划，公开收费或补贴的调整机制，并同年度预算安排相结合，切实做好 PPP 项目“全生命周期”的“预算管理”。

5. 推广 PPP 模式适应“推动城镇化健康发展”要求。PPP 模式是基于特许经营权的投融资机制，其运作机理就是盘活社会存量资本，激发民间投资潜力，创新基础设施投融资模式，为新型城镇化建设提供了重要的融资支撑。

（三）PPP 模式的基本运作方式

从运作方式看，PPP 模式的典型做法是政府与私人部门共同组成 SPV(Special Purpose Vehicle 特殊目的公司)，针对特定项目或资产，与政府签订特许经营合同，并由 SPV 负责项目设计、融资、建设、运营，待特许经营期满后，SPV 终结并将项目移交给政府。具体来说，政府部门或地方政府通过政府采购形式与中标单位组成的 SPV 签订特许合同(SPV 一般由中标的建筑公司、服务经营公司或对项目进行投资的第三方组成的股份有限公司)，由 SPV 负责筹资、建设及经营。政府通常与提供贷款的金融机构达成直接协议，该协议不是对项目进行担保的协议，而是向借贷机构承诺将按与 SPV 签订的合同支付有关费用的协议，使得 SPV 能够比较顺利地获得金融机构的贷款。采用这种融资形式实质是政府给予经营公司长期的特许经营权。

与公共服务相比，PPP 模式更加注重“物有所值”(Value For Money，VFM)，它是政府、营利性企业和非营利性企业基于某个项目而形成以“双赢”或“多赢”为理念的相互合作形式，参与各方可以达到与预期单独行动相比更为有利的结果。在 PPP 合同中，要明确私营部门应达到的服务标准，私营部门有责任按照合同约定的服务标准提供服务，参与各方虽然没有达到自身理想的最大利益，但大大节约了成本，总收益达到最大，实现帕雷托最优，即社会效益最大化，这显然更符合公共基础设施建设的宗旨。

（四）适宜推广 PPP 模式融资的项目范围

一般而言，只有规模比较大、收益比较稳定、长期合同关系比较清楚的项目，如供水、供电、通信、交通等，才适合采用 PPP。按终端消费者是否付费可将 PPP 模式划分为使用者付费和政府付费两类。使用者付费是指谁使用基础设施就由谁来付费，根据使用量多少决定付费金额，如高速公路、轨道交通、自来水项目建设等通常采用这种类型，亦称特许经营的 PPP 模式。政府付费是指没有确定的使用者或本身就是政府应当法定提供的基本公共服务，如学校、医院，亦称私人主动融资(PFI)

的PPP模式。按照英国的经验,适于PPP模式的工程包括:交通(公路、铁路、机场、港口)、卫生(医院)、公共安全(监狱)、国防、教育(学校)、公共不动产管理。

在中国推广PPP模式,要在借鉴国际经验的基础上,结合行业发展状况和监督管理体制,开展一些项目试点,积累经验,尽快提炼和形成相对统一的范例。结合我国实际,适合运用PPP模式的项目应符合以下条件:"谁使用、谁付费"的公共产品项目,有稳定现金流,行业变化速度较慢的项目。比如:电信、电力、管线;交通基础设施(高速公路、铁路、港口、机场);市政基础设施(保障房、供水、供电、污水处理);社会公用事业(医院、学校、养老院、监狱)。

(五)财政部门在推广PPP模式中的角色

成功的PPP项目不仅能够动员私营部门资源,减轻公共部门预算压力,并带来其他方面的财政效益,还有利于提高公共财政的可持续性,以财政上可行的方式实现公共服务供给的扩大,帮助地方政府避免未来债务的迅速攀升。因此,在推广PPP模式中,财政部门必须扮演"火车头"角色。从各国PPP的发展经验来看,财政部通常是中央政府层面推动PPP发展的主要职能机构,在国家层面进一步明确PPP发展的战略方向,制定推动PPP的工作框架和优先领域,为推动PPP发展采取务实行动。地方各级财政部门一方面要支持并引导提升PPP项目质量,鼓励项目创新,提供关于推动PPP项目的相关指导,合理选择PPP项目并实施,保证PPP项目的合理性、多样性、有效性和财务可行性;另一方面应积极防范PPP财政风险,因为采用可用性偿付的PPP项目意味着政府需做出长期的财务承诺,以使PPP项目的收费始终处于用户可承受的水平,这可能会给政府带来难以预知的或有负债,使政府面临一定的财政风险,对由此导致的财政风险,地方财政部门要做好各项应对准备。

二、PPP模式较传统政府投融资模式的优点

财政部楼继伟部长指出,在当前着力化解地方融资平台债务风险、积极推动过剩产能"走出去"的背景下,推广使用PPP模式,不仅是一次微观层面的"操作方式升级",更是一次宏观层面的"体制机制变革"。过去是政府和私人部门独自做事,而PPP模式突破了这种限定,让政府和私人部门得以"共舞",实现"多方共赢"。

一是缓解了财政支出压力。近年来,随着工业化、城镇化进程的加快,地方建设性融资需求快速增长,光靠有限的财力无法支撑经济社会快速发展,加上土地财政难以为继,地方政府性债务问题日益突出,支持经济社会发展迫切需要融资方式不断创新。政府通过PPP项目未来运营收入和适当补贴,"撬动"私人资本参与项目"全生命周期",不仅可以减轻当期财政支出压力,而且可以平滑年度间财政支出波动,能够释放有限的财政资金活力。

二是减少了政府直接负债。长期以来,政府主要通过事业单位或成立专门的融资平台等方式进行市政建设,导致了个别地区融资平台债务畸高,潜藏了较大的政府或有负债风险。PPP模式转变了这种依靠"政府背书"的投融资体制,将政府的一部分支出责任通过"特许经营权"方式转移给社会企业,利用社会企业负债"腾挪"政府融资平台债务,实现把政府或有负债转化为社会企业负债的目的。

三是明确了政府和私人部门的分工。PPP模式能够将政府的战略规划、市场监管、公共服务与社会资本的管理效率、技术创新有机结合在一起,有助于厘清政府与市场边界。一方面,政府专注于提升法制意识、契约意识和市场意识,更好地履行公共职能,全面提升公共服务水平;另一方面,企业专注于"追求利润"和"规避风险",对项目进行充分的前期论证,充分了解市场环境和实际需求,"筛掉"重复建设项目,提高项目投资收益。

四是提高了公共产品供给效率。PPP模式突破了传统的政府与私人部门的分工边界,通过构建公共产品新产权关系,整合了公私部门的各自优势,能"让专业的人做专业的事",把政府的政策意图、社会目标和私人部门的运营效率、竞争压力结合起来,大大提高公共产品的供给效率。

五是拓宽了民间资本投融资领域。PPP建立了政府与企业的"利益共享"机制,通过长期持有和经营,可有效平衡短期和长期收益,让企业"有钱可赚、有利可图",且盈利相对稳定,一定程度上解决基础设施短期回报差的问题,从而使民间资本进入成为可能。同时,PPP模式通过授予特许经营权,使私人部门不再局限于批发零售、贸易餐饮、建筑制造等传统行业,还可以进入电力电信、供水道路、医院学校等基础设施领域,大幅拓宽了私人部门的发展空间。

三、PPP 模式的工作实践

(一)国外实施 PPP 模式的案例分析

1. 法国高铁项目。Sud-Europe Atlantique High-Speed Railway Line (以下简称 SEA 项目)是法国图尔(Tours)至波尔多(Bordeaux)的新建高速铁路线,总投资 78 亿欧元,建设期 6 年,特许经营权期限 50 年。

为有效吸引私人资本投资,法国政府通过如下几种方式参与 PPP 承担相应风险,从而为私人资本的投资提供合理的风险调节后回报:(1)在建设阶段提供无偿政府拨款,减少私人资本投入;(2)在建设阶段提供贴息贷款或贷款担保,降低项目债务融资成本;(3)在运营阶段提供最低流量保证,即政府承担部分或全部流量风险。

SEA 项目成功实现了风险全部或部分转移。(1)建设风险:项目主承包商作为 SEA 项目的股权投资者入股 33%,有效地实现了工程承包商和投资方的利益一致性。股权投资方通过高质量的合同签订,将建设有关的风险转移给信用和资质水平较高的建筑承包商。(2)流量风险:作为有历史流量的绿地项目,法国政府没有为本项目设计 availability-based 模式,承担全部流量风险,而是提供保底用量,其余用量风险则转嫁到私人投资方。(3)技术运营和维护风险:通过固定价格的运营维护合同将与技术运营和维护相关的风险转移给信用和资质水平较高的运营商。(4)通胀风险:特许经营合同中订立接入费与通胀挂钩的价格调节机制,对冲通胀风险。(5)融资风险:SEA 项目债务融资中大部分是由政府直接提供的贴息贷款和由政府提供担保的商业贷款。

综上,从投资人的角度,通过签署合同的方式将绿地风险有效的转移给各参与方,只间接承担了部分流量风险和建成后再融资风险;从政府的角度,通过公私合营的招标方式,从而有效的引入了私人资本参与新建项目,降低了财政投入,同时把本应由政府负担的建设风险和运营风险转移给了私人投资者,提升了运营效率,形成双赢。

2. 英国希斯罗机场项目。希斯罗机场主要受独立于政府之外的专设英国机场监管机构——航空管理委员会(CAA)监管。在平衡机场和航空公司等各方利益的基础上,CAA 每五年根据机场公司的受监管资本价值、固定的受监管回报收益率(WACC)及资本维护成本、运营成本、税收、受监管资产非航空收入、客流量预测等重新制定每个公司的受监管收入,根据以上参数,计算出规定的每年乘客名义航空收费调整指数 PRI+X 中的 X 值(PRI 是零售消费价格指数)。2013 年,CAA 开始与希斯罗机场、租用机场的航空公司等各相关方商谈,决定下一个价格监管期(第六个监管期 Q6,2014—2019 年)的希斯罗机场航空收费最高限额。目前,各方正在抉择 Q6 最终价格监管政策。

正是由于 CAA 严格执行价格上限定价方法(Price Cap),并科学测算航空收费调整指数,既保证了机场建设投资者获得长期稳定收益,又有效防止了机场征收垄断性高价,维护了消费者利益。

3. 墨西哥收费公路工程项目。为弥补政府交通投资的不足,墨西哥政府在 1989—1994 年间实行"收费公路工程",共计授予私营部门 55 条收费路的特许经营权,但由于项目特许经营方案设计不合理、建设成本增加、交通流量估算失实以及 1994 年 12 月爆发的墨西哥"龙舌兰危机"引发的比索大幅贬值,导致私营项目公司运营困难,纷纷倒闭。

私营项目公司在墨西哥收费公路工程中的失败与项目设计方案和招投标制度的不合理有很大关系。一是项目"最短特许经营期方案获胜"的中标标准直接导致特许经营期限过短(最初中标项目的最长期限仅为 15 年),收费过高。二是过于宽松的竞标人资格初选条件使得许多中标人对前期工程设计投入不够,导致项目建设开始后投资远超预算,造成项目完工滞后。三是项目收费标准调整不够灵活以及对交通流量预测过于乐观,加重了项目公司的财务困难,导致项目最终失败。

这是一个由于政府机构能力不足、项目风险分担和招投标制度设计不合理而导致 PPP 项目失败的典型案例。

4. 菲律宾推广 PPP 模式的做法。菲律宾开展 PPP 项目的历史较久,其 PPP 基本管理框架为:政府采购部门负责筛选项目、制定 PPP 实施计划并开展评估，获批准的PPP项目将纳入国家经济与发展局制定的相关发展计划，项目评估和最终批准由国家经济与发展局投资协调委员会负责。

相对完善的法律框架是菲律宾PPP项目成功实施的保障。菲律宾法令第6957号(BOT法)是指导菲律宾PPP发展的重要法律之一，该法规定了基础设施类PPP项目的指导原则，并将其扩展至其他领域。1994年该法修订促使菲律宾国内涌现出各种PPP模式，完善的法律制度和良好的政策环境极大地推动了PPP模式在该国的应用。

(二)我国开展PPP模式的实践探索

为了减轻政府的财政压力、优化资源配置、提高生产率,从20世纪90年代中期开始,我国一些地方政府尝试在城市供水、节水、供气、公共交通、排水、污水处理、道路、桥梁、市政设施、市容环境卫生、垃圾处理和城市绿化等公用事业中引入非政府投资,2003年前后在全国掀起了公私合作的热潮,2007年国内PPP项目数量达到峰值，随着2008年国际金融危机蔓延，中央出台四万亿投资计划，压缩了私营部门的投资空间,PPP模式推广一度陷入低谷。总体来看,PPP模式已逐渐被接受,国内对PPP的认识也正在逐步提高，并且愿意尝试这一模式，但是由于PPP模式引入的时间并不长,在应用中还存在着诸多的问题,尚需要完善和改进。

1.北京地铁四号线。初步设计概算,北京地铁4号线项目总投资153亿元,建设内容分为A、B两部分:A部分主要为土建工程部分，投资额约为107亿元,由已成立的四号线公司(北京基础设施投资有限公司全资子公司)负责投资建设;B部分主要包括车辆、信号、自动售检票系统等机电设备,投资额约为46亿元,由社会投资者组建的项目特许经营公司(以下简称“特许公司”)负责投资建设。

4号线项目特许经营期为30年。在特许经营期内,市政府按照协议规定,在建设期内监督四号线公司确保土建部分按时按质完工，监督特许公司进行机电设备部分的建设。4号线运营票价实行政府定价管理,采用计程票制,在特许期内,市政府根据相关法律法规、本着同网同价的原则,制定并颁布4号线运营票价政策，并根据社会经济发展状况适时调整票价。特许公司负责地铁4号线的运营管理、全部设施(包括A和B两部分)的维护和除洞体外的资产更新,以及站内的商业经营,通过地铁票款收入及站内商业经营收入回收投资。特许经营期结束后,特许公司将A部分项目设施归还给四号线公司,将B部分项目设施完好、无偿地移交给市政府指定部门。

2.泉州刺桐大桥。20世纪90年代初期,福建省泉州市只有一座跨越晋江的大桥—泉州大桥,其原设计每昼夜通车5000辆,实际每昼夜通车已上升为24000辆,严重超负荷运行,成为国道324线及泉州市南北交通的“瓶颈”地段。为缓解交通压力,泉州市采用BOT模式建设刺桐大桥,经营期限为30年。建成后,迅速成为连接泉州晋江、石狮和鲤城三大经济中心干线公路网的枢纽。由于泉州市政府缺乏BOT项目的操作经验，导致项目特许经营协议签订并不完善，特别是对项目投资回报率、收费机制、争端解决等条款缺乏合理的约定。因此在刺桐大桥的盈利能力大大超出预期的情况下，政府很难再继续给予刺桐大桥实际的支持。2003年福建省政府开始对全省公路和城市道路收费站点进行清理,市政府建设的泉州大桥、顺济新桥、笋江大桥正式停止收费,大量汽车从这三座桥梁通行,直接导致刺桐大桥车流量下降,没有政府支持的刺桐大桥运营难以为继。

(三)我省开展PPP模式的工作现状

省委、省政府高度重视PPP模式的推进工作,在投融资方面我省也有广泛的经验，如合肥市王小郢污水处理厂TOT项目、环巢湖生态环境治理项目、铜陵市餐余废弃物资源化利用和无害化处理项目的实施。目前,已选择合肥、芜湖、滁州、蚌埠、池州、铜陵、安庆等市作为PPP模式试点,池州市主城区污水处理及市政排水购买服务项目也正按PPP模式进行操作。

1.合肥市王小郢污水处理厂。2004年,经过国际化公开招标，由德国柏林水务国际股份有限公司和东华工程科技股份有限公司组成的投标联合体以4.8亿元的最高报价在合肥市王小郢污水处理厂项目上中标，取得该厂23年的特许经营权。由于国际性水务公司有丰富的运营经验和专业知识,在性能测试阶段通过优化工艺、对设施进行必要的更新改造,为降低运营成本打下了基础。王小郢项目的性能测试使政府初步看到了先进的管理经验和技术水平为合肥市带来除资金以外更大的附加值，因为投资人将建立起完全商业化的企业制度，制定完善的运营维护体系，包括全套的运营维护制度、完备的维护方案以及切实的考核办法，采用一系列严格的成本控制方法，为合肥市公用事业民营化提供宝贵的经验。同时，王小郢项目中投资人还将聘用污水处理厂现有的全部员工，通过特许期内对污水处理厂的运营，投资人将为合肥市培养出一批熟悉先进的国际经验、训练有素、理论水平高、实践经验丰富的优秀人员。此外，该项目最终形成了一个规范的合同体系，将特许经营权、污水处理服务协议、资产转让协议作为三个独立的主体签署，形成一套完整的特许经营权体系。这个合同架构，将传统政府统一行使职能从合同上分离出行政职能、行业监管职能和出资人职能，并建立与其职能相对应的运行机制。该项目合同体系的构建，体现了各方利益主体的权利、义务、责任的均衡，是博弈的结果，也体现了知识和经验的价值。

2. 我省发布首批城市基础设施 PPP 项目名单。2014 年 9 月 29 日，省住房城乡建设厅、省财政厅举行了安徽省城市基础设施领域 PPP 项目及操作指南新闻发布会，共向社会发布安徽省第一批城市基础设施领域 PPP 项目 42 项，涉及城镇污水处理、城镇生活垃圾处理、城镇供水、城市交通、生态园林等，总投资 709.53 亿元。城市交通设施是主要投资领域，共有 12 个项目，投资达 540.1 亿元。环境治理领域总投资 169.43 亿元，其中城镇生活污水处理设施 17 个项目，投资 68.54 亿元；城镇生活垃圾处理设施涵盖 3 个项目，投资 8.19 亿元；城镇供水设施包括 4 个项目，投资 10.6 亿元；生态环境治理 6 个项目，投资 82.1 亿元。本次发布的项目特点突出。一是涉及面广、投资规模大。项目范围涉及 10 个城市、8 个县(市)，关系到民生工程建设、生态文明建设、环境综合治理等方面，表明了我省全面放开城市基础设施建设运营市场的决心。二是门类齐全、具有示范引导作用。项目涉及城镇生活污水处理设施、城镇生活垃圾处理设施、城镇供水设施、城市交通设施、生态环境项目等方面，有经营性即由使用者付费项目，也有准经营性和公益性项目；既有新建的，又有已建成、现由政府运营管理需按市场化要求转换为企业运作的项目。三是符合规划要求，操作性强。按照总体规划及专项规划要求筛选项目，充分论证，具有可行性，且是近三年需要实施的项目。

四、当前推广运用 PPP 的瓶颈障碍

一是缺乏专门的法律法规制度。PPP 项目实际是在一系列政策法规文件和合约的约束下运行的。我国相关的法律法规出台较早，且多为部委规章或地方性管理条例，这种开放式的构架不利于国家对 PPP 项目的统一管理，而过多的管理办法也可能出现相互矛盾。同时，对于 PPP 项目运作过程中的诸多具体问题等均未涉足，造成国际上 PPP 项目融资的一些惯例和做法与中国现行的法律、法规相冲突。从现实情况看，现有的政府和社会资本合作制度还处于缺乏法律保护的状态，缺乏统一的操作指南和合作手册，没有规范的合同文本，客观上造成了“中央很积极、地方不清楚、民企在观望”的局面。法律法规制度不健全、不完善仍是目前制约 PPP 模式发展的主要障碍。

二是政府的角色定位亟待转变。基础设施建设一直以来都是由政府财政支持投资建设，但其越来越不能满足社会经济发展需要，且政府在基础设施建设中，往往身兼直接投资者、直接经营者和直接监管者三项职能，既是运动员又是裁判员，存在效率低下、成本不可控、政府债务率高等诸多弊病。因而政府在基础设施提供中的角色迫切需要转变，从过去的主导角色转变为与民营企业合作提供公共服务中的监督、指导以及合作者的角色。

三是缺乏专门的管理机构。从中央层面看，目前国家发改委、财政部、住建部等部委都在积极推进 PPP 工作，财政部还在下属机构中国清洁发展机制基金管理中心加挂中国 PPP 中心的牌子。2013 年 11 月，财政部选定哈尔滨与洛阳市为亚洲开发银行 PPP 全国首批试点城市，亚洲开发银行将通过技术援助和优惠贷款支持试点城市。但据媒体最新报道，由于国家发改委不同意给予上述试点城市项目主权担保，其与亚开行的试点合作暂时陷于“停摆”状态。从地方实践来看，目前还没有明确具体部门对 PPP 项目实施统一管理，这些项目分散在各个部门自己管理，由于 PPP 项目更多涉及财政资金的未来支出，有必要明确一个部门来单独管理 PPP 项目的实施，以防未来财政风险的无限扩大。

四是风险利益分配机制欠缺。PPP 模式中的各参与主体要实现各自的利益目标，就必须要承担起相应的风险。因而，要实现 PPP 模式的有效运作，不仅需要明确和尊重 PPP 项目主体的不同利益目标追求，还需要在公私部门间建立起合理的风险利益分配机制。而在 PPP 项目的运行实践中，政府部门没有完全明确自身的利益追求，也没有建立起比较完善的风险与利益分配、协调机制。如果公私部门双方的风险、收益分配结构不当，就容易挫伤双方的积极性，导致项目合作破裂。

五是公共服务的价格形成机制不完善。长期以来，我国的公共服务部门一直被视为公益性事业，采取低价格、高补贴的财政政策，其价格基本不受供求关系和成本变动的影响，很多服务未能充分体现出商品特性。公共服务部门的价格改革滞后，缺乏科学合理的价格制定、调整机制和财政补贴机制。在实行 PPP 融资模式之后，项目投资者为确保合理的利润水平，必须准确核算其成本和利润，从而导致实际价格水平与用户的可接受性存在差距，使项目成功存在困难。

五、在我省推广 PPP 模式的工作建议

一是构建制度环境。国家发改委受国务院法制办委托，正在从事 PPP 立法工作，其制订的《基础设施和公用事业特许经营法》已征求部委及省市意见，目前正在修订完善。财政部也在制订 PPP 指导意见，委托相关专家制订 PPP 操作指引、合同文本和“物有所值”(VFM)评价方法。我省要紧密结合实际，在中央相关法律法规的基础上，积极推动构建有利于鼓励和引导社会资本参与 PPP 项目建设的制度环境，先从管用的、急用的制度建设入手，充分调动各类社会资本、政府各相关部门的积极性，形成“法律 + 政策 + 指引 + 标准合同”的框架体系，构建有利于 PPP 发展的制度环境。

二是成立协调机构。为加强 PPP 模式的推广运用，财政部专门成立了政府和社会资本合作(PPP)工作领导小组。财政部要求有条件的省级财政部门结合内部职能调整，积极研究整合设立 PPP 管理机构，加强对 PPP 推广运用工作的业务指导。按照要求，省财政厅已成立 PPP 工作领导小组。下一步，要根据各处室的业务职能，明确职责分工，确保政策落地有声、见事有人。

三是科学决策项目。在 PPP 项目的选择上，进行充分的项目评估，比较 PPP 模式和传统政府建设管理模式的优劣，提高项目决策的科学性和合理性。采用“物有所值”(VFM)评价方法，在项目选择时进行全面评估，对不同采购方式所对应的资本结构、运行成本及可获得的利润进行综合分析，重点关注财政承诺、定价机制、风险分担、项目效率、运营成本等要素。同时，对质量和公众满意度提升等有形投入价值，以及利益相关方参与度提高、组织能力增强、发展目标拓展等无形投入价值进行综合分析，最终判定项目采用 PPP 模式的可行性。

四是完善风险利益分配机制。一方面，要在宏观整体和微观 PPP 具体项目两个层面完善 PPP 模式的风险分摊机制，原则上，风险应由最能控制风险发生的一方承担，项目公司一般承担设计、施工、融资、运营、财务等风险，政府部门一般承担政策、法律、需求等风险，而双方共同承担不可抗力风险。另一方面，要完善公私部门间的利益分配机制，使政府部门能够正确定位自身的利益需求，也能认识到满足私人部门合理利益目标的重要性，从而保证政府部门将追求公共产品、服务质量的提升作为首要目标，并注重向私人部门分配相应利益，以激发私人部门参与 PPP 项目的积极性，进而提升公私部门间合作水平。

五是强化契约精神。根据转变政府职能的要求，进一步转变理财观念，树立符合市场经济要求的“契约精神”，处理好政府与市场的关系，按照“利益共享、风险共担”的原则，明确政府和民营企业各自的权利、责任和义务，该由企业做的要放手交给企业，该由政府管的要切实管住管好，通过“合同条款”，而不是“行政权力”，来约束政企双方的行为。要加强合同规范化管理，对合同的持续时间、项目开始时间、防止服务开始时间延迟、意外事件防护、担保、服务定价方案、服务标准、服务监督、设施维修、服务变更的处理、法律变更的处理、通货膨胀时的价格处理、所有权变更的处理、交接时资产估价、提早结束服务的处理、知识产权的处理、争端解决方式以及政府合法介入等均应详尽的规定，督促合作双方严格履行合同责任，严格按照合同办事，推动项目成功实施。

六是建立激励约束机制。以激励约束机制为核心，以收益分配制度和绩效考核制度为手段，充分调动社会资本参与PPP项目的积极性。在项目规划、项目选择的时候就要进行绩效考核,将绩效考核渗透到预算编制、预算执行、预算决算以及项目后期的运行维护管理的全过程, 渗透到PPP的各个方面、各个责任主体、各个环节、各个时间节点。要建立严格的绩效评价机制,对项目运作、公共服务质量和资金使用效率等进行综合考核评价,对于资金使用以及项目质量效益高的,要有激励机制, 通过建立动态调整的收费定价或政府补贴机制,对社会资本产生足够的吸引力,形成长期稳定的投资回报预期,同时要有约束机制,将风险熨平。

七是积极开展试点。财政部将对地方拟采用PPP模式的项目进行筛选,选取第一批示范项目,2015年上半年前完成前期论证、采购、合同起草等前期准备工作, 确定项目合作伙伴。我省要将PPP作为地方公共基础设施建设的一种重要形式,按照“先易后难、循序渐进、逐步推开”的原则,有针对性地抓一些点上的项目,然后总结经验、形成示范。在项目筛选上,要按照价格调整机制相对灵活、市场化程度相对较高、规模相对较大、项目长期合同关系相对清楚、具有长期稳定需求的原则,在市政供水、市政供暖、市政供气、医疗服务设施、养老服务设施、地下综合管廊、污水处理、环境保护、保障房、轨道交通等领域选择。

八是加强宣传培训。在项目推进过程中,持续开展深入细致、扎实有效的专题培训,并借助咨询机构、评审机构、会计师事务所、律师事务所、设计院等专业机构的力量,提高专业水准,尽快在财政系统培养和造就一批精通PPP业务的专家型干部;加强社会舆论引导,充分利用各类媒体开展广泛宣传,增进政府、社会与市场主体共识,提高公众对PPP模式的认可度;不断学习总结国际、国内开展PPP的经验教训,取长补短,对PPP推广运用工作给予支撑和借鉴。

课题组组长:孟照红
课题组成员:尹祥领　黎学东　王　坤
　　　　　　吴长明　韩晓峰　吴　军

全面深化安徽非税收入管理改革研究

非税收入是政府依据管理职能参与国民收入分配的重要形式和手段, 是财政收入的重要组成部分。我省2005年通过实施非税收入管理改革,实现了从预算外资金管理体制向非税收入管理体制的转变。当前新形势下,如何进一步深化非税收入管理改革,是摆在我们面前的一个重要课题。

本报告从简要分析我省现行非税收入管理运行中存在的主要问题入手, 根据中央和省关于财政改革政策走向,结合我省实际,研究提出全面深化我省非税收入管理改革、构建公共财政体制框架下非税收入管理新机制的措施建议。

一、客观看待当前非税收入管理运行中的问题

近年来, 各级财政部门积极推进非税收入管理改革, 促进非税收入逐步走上了良性发展的轨道。但是,由于多方面原因,目前非税收入管理运行中还存在着法律依据缺失、管理不够规范、运行效率偏低等问题, 严重制约了非税收入管理效率与运行质量的提高。主要表现在:

(一)非税收入法规制度不完备。目前我省非税收入管理的主要依据是财政部和中国人民银行联合下发的《预算外资金收入收缴管理制度改革方案》《财政部关于加强非税收入管理的通知》两个规范性文件和省政府184号令《安徽省政府非税收入管理暂行办法》,新《预算法》也未提及非税收入。同时,我省现行非税收入管理制度大多是在2005年改革之初制定的。因此,相较于税收来说,非税收入的立法层次不高,执行力不强,时效性滞后。随着改革的深化和国家非税收入政策的调整,现行相关制度、办法也亟须修订完善。

(二)非税收入预算管理不严格。由于受传统观念以及非税收入征管方式的影响, 一些执收单位、代理银行、征管机构在执收过程中,没有严格区分非税收入资金性质, 应纳入预算管理和财政专户管理的没纳入预算管理和财政专户管理,应纳入政府性基金预算和国有资本经营预算管理的

纳入公共财政预算管理，或将按制度规定应纳入财政专户管理的收入缴入国库；还有些地方不在规定期限内将收入及时足额划解入库，破坏了非税收入的真实性和完整性，影响了财政收入质量。

(三)非税收入管理职责不明晰。非税收入管理主体多元化，在非税收入政策制定、预算编制、资金使用等方面，存在部门职责交叉不清，特别是财政部门的管理主体责任不突出，没有形成一套科学的征收管理机制、合理的资金调控机制和有效的监督约束机制。非税收入执收行为不规范，执收部门自由裁量权过大，有的违规减免缓征非税收入，有的拖延、隐瞒应缴非税收入，还有的考虑部门自身利益多征或提前征收非税收入，导致财政收入流失和非税收入数据失真。

(四)非税收入征管手段不先进。一是非税收入主要是靠银行代收，手工操作多，智能终端、网上缴款等自助型、电子化方式应用不广泛；二是非税收入信息化管理虽然做到了省市县全覆盖，但没有实现全省上下互联互通，收入情况信息获取慢，会计核算效率低；三是财政票据电子化管理改革进展缓慢，尚未实现对票据管理使用情况做到源头控制、实时监控。

(五)非税收入监督机制不健全。一方面，尽管现行制度明确了财政、审计等相关部门的非税收入监督地位，但监督权限不具体，实际工作中主要靠财政和审计监督，其他部门的监督更多流于形式，人大监督、舆论监督、社会监督基本缺失。同时，由于非税收入先由执收单位征收后缴入财政专户，再由财政缴入国库，在这种征管模式下，财政、审计也只能是事后监督，而无法对非税收入的预算编制、征收、缴库、支出等实行事前、事中、事后全过程的有效监督。

在我省非税收入管理改革已推进将近10周年的今天，所存在的这些问题，要么是改革进程中遗留下来的“硬骨头”，要么是因形势发展变化而产生的新矛盾。对此，必须要用创新的思维、改革的办法和有效的措施加以解决。

二、清醒认识非税收入管理改革面临的形势

在当前政府职能转变、经济发展转型和财政体制变革的新形势下，进一步深化非税收入管理改革，构建适应现代财政制度的非税收入管理运行新机制，对于理顺政府分配关系，健全公共财政体制，增强政府调控能力，从源头上防治腐败，都具有十分积极而重要的意义。

(一)深化非税收入管理改革，是推进财税体制改革、建立现代财政制度的需要。党的十八届三中全会提出，“深化财税体制改革，到2020年建立起现代财政制度”；国务院《关于深化预算管理制度改革的决定》(国发〔2014〕45号)明确，“加强非税收入管理，完善非税收入征缴制度和监督体系”。非税收入作为财政收入的重要组成部分，非税收入管理体制作为财税管理体制的重要环节，必须要按照中央的统一决策和部署，进一步深化改革举措，加快改革步伐，为全面完成深化财税体制改革任务、建立现代财政制度做出应有的努力。

(二)深化非税收入管理改革，是落实依法理财原则、规范财政管理的需要。依法理财是各项财政管理与改革长期坚持的基本原则。特别是前不久召开的党的十八届四中全会，做出了全面推进依法治国的重大决定，提出“制定和完善财政税收法律法规，重点规范行政征收、行政收费、行政检查等执法行为，重点推进财政预算等领域的政府信息公开”的要求。同时，新《预算法》于2015年正式施行；《安徽省非税收入管理条例》预计也将很快颁布实施。这些决定、法律和法规，为我们进一步深化非税收入管理改革，规范非税收入管理行为提供了强力的法律支持，但同时也制定了更严的行为规范，提出了更高的质量要求。因此，我们必须更加严格履行依法理财原则，把非税收入管理和改革工作全面纳入法制化轨道。

(三)深化非税收入管理改革，是保障财政收入增长、增强政府宏观调控能力的需要。当前，我国经济已经进入发展速度阶段性回落的“新常态”，调结构、抓转型、促升级、保增长将成为经济工作的主旋律。与经济发展态势基本相符合，当前我省财政收入和非税收入也步入低速增长期，今年以来公共财政非税收入甚至一直处于下降通道。面对这一形势，非税收入也要改革管理方式。一方面，要踏准中央经济工作主旋律的节奏，认真贯彻落实国家和关于支持实体经济发展的各项非税政策，全面清理涉企基金、收费，调整征管思路，公平企业和社会非税负担，涵养非税收入来源；另一方面，调整征管方向，向国有资源资产管理体制等各项改革成果要“红利”，积极挖掘非税收入新

的增收潜力，从而实现我省非税收入由过去的管理粗放型、规模总量型的快速增长，向经济效益型、财力可用型的持续增长转变。

（四）深化非税收入管理改革，是规范社会分配秩序、建立廉洁高效服务型政府的需要。长期以来，“三乱”现象和执收中的“暗箱操作”，始终是社会资源和部门利益分配不公的主要推手，也是导致一些单位和个人腐败现象频频发生的源头所在。尤其是近些年，随着非税收入的快速增长，地方政府掌控的资金急剧膨胀，在使用上有的脱离了财政的严格监督，支撑了一些地方政府、部门和党政领导干部的“面子工程”“政绩工程”。因此，进一步深化非税收入管理改革，从体制、机制和制度等方面严格规范非税收入管理，有效地切断部门利益、个人利益与部门权力、资源占有之间的联系，有利于促进依法理财、依法行政，从源头上治理和预防“四风”等腐败现象的发生，规范社会分配秩序，从而推进政府职能转变，营造良好的发展环境，促进我省经济社会全面协调可持续发展。

三、全面深化改革，着力构建公共财政体制下非税收入管理运行新机制

深化非税收入管理改革，构建我省非税收入管理运行新机制，是一项涉及面广、政策性强、操作难度大的复杂的系统工程。在实际工作中，应当坚持以下四项基本原则：一是依法依规的原则，各项改革举措要符合相关法律规定和中央及省委省政府的具体政策要求；二是实事求是的原则，在有效解决当前存在主要问题的前提下，着眼于建立运行管控的长效机制；三是积极稳妥的原则，既要在巩固过去改革成果的基础上大胆创新，实现新的突破，又要加强宣传协调，保证平稳推进；四是整体推进的原则，要在非税收入预算管理、征收管理、收缴管理、票据管理、监督检查等各个环节整体推进，实现各部门、各地方全省上下全面联动。只有这样，才能确保深化非税收入管理改革取得实际效果，达到预期目的。

遵循以上原则，下一步我省非税收入管理改革应重点做好以下五个方面工作：

（一）健全非税收入法规体系，严格坚持依法管理。一是加快非税收入管理地方立法。积极配合省人大、省政府法制办加快《安徽省政府非税收入管理条例》的立法进程，以法律形式确立非税收入的基本内涵、资金构成、征收管理、收缴管理、预算管理、票据管理及监督检查和法律责任等，将非税收入全面纳入法制化轨道，增强非税收入管理的法律刚性。二是完善非税收入管理制度体系。按照非税收入管理要求，完善各项管理制度，使制度覆盖非税收入所有类别各个项目，覆盖管理工作全过程各环节。三是强化非税收入征管执法监督。严格坚持依法行政、依法理财、依法管理非税收入，加强非税收入征管行为的监督检查，加大对违法违规行为的处罚处理力度，确保非税收入管理各项制度落到实处。

（二）深化非税收入征管改革，着力规范执收行为。一是强化依法依规征收。继续清理规范行政事业性收费和政府性基金，坚决取消不合法、不合理的收费基金项目；严格执行国家关于非税收入减免缓的各项规定，不得违反法律法规的规定和超越权限多征、提前征收或者减征、免征、缓征非税收入，做到依法征收、应收尽收。二是调整征收重点方向。尽快建立健全全省统一、规范的非税收入项目库，从源头摸排和监控非税收入增收潜力项目。今后应重点加快建立健全国有资源、国有资产有偿使用制度和收益共享机制，加强国有资本收益管理，完善国家以所有者身份参与国有企业利润分配制度，落实国有资本收益权。三是改进完善征收机制。强化财政部门管理非税收入的主体职责，对于收入来源单一、发生次数较少的非税收入项目，实行财政直征或行政服务大厅集中征收、财政代开票方式管理。同时，研究建立非税收入执收单位激励约束机制，探索实行非税收入代理银行代理资格淘汰机制，提高执收单位执收和代理银行代收的积极性。

（三）深化非税收入收缴改革，不断强化预算管理。一是创新非税收入收缴方式。积极推广POS刷卡、银行自助设备、网上银行等非税收入新型收缴方式，优化收缴流程。强化直接缴款，逐步减少非税收入集中汇缴。完善全省公安交警罚款收入收缴管理改革，完善推广“一表制”、教育收费发卡代扣等经验做法。二是完善非税收入收缴制度。健全非税收入资金管理内控制度，改进会计核算和资金划解规程，减少集中汇缴，扩大直接缴款。建立非税收入待查资金确认机制，加大清理力度，缩短确认时限，确保非税收入及时、足额入库。扩大非税收入汇缴结算户分成项目范围，强化资金分成、划解和退还等功能，加快实施非税收入电子化缴库，实现所有非税收入通过非税收入汇缴结算户(国库、专户)即时分成、就地解缴和统一核算，提高收缴效率。在此基础上，积极推动构建“单位开票、银行代收、实时入库”的非税收入直缴入库模式。三是加强非税收入预算管理。按照全口径预算管理的要求，逐步将非税收入全部纳入预算管理，并建立财政内部预算管理、征收管理和支出管理相统一的非税收入预算编制与执行协调机制，统筹安排使用非税收入。完善非税收入收缴执行分析报告制度，建立非税收入运行预警与调适机制，及时监控非税收入结构变化和运行态势，防止通过违规调库、乱收乱罚等手段虚增或擅自减免缓、滞压资金等手段隐瞒非税收入，努力提高非税收入运行质量。

(四)推进非税收入信息化建设，有效提升征管效率。一是统一信息系统建设管理。对全省各级非税收入信息系统软硬件建设和网络架构实行统一规划、统一要求，整合现有资源，推进非税收入管理信息系统由现行的“统一软件、分层实施、分级管理”模式向“全省数据大集中”模式转变。二是提升信息系统整体功能。升级完善非税收入管理信息系统功能，建立全省统一的信息系统非税收入项目库，实现全省各级非税收入项目增减、标准调整等由省级操作设定。提升信息系统统计功能，实现全省各级非税收入报表通过非税收入管理信息系统自动生成。开发信息系统查询功能，实现全省各级非税收入任何单位、任何项目、任何一张票据、任何一笔收入的实时无障碍查询。三是加快信息系统贯通应用。充分依托财政一体化管理平台，力争在2015年底前，完成非税收入管理信息系统上下贯通和向市辖区及乡镇延伸，实现“纵向到底、横向到边”全覆盖。加强非税收入管理信息系统操作培训，强化信息系统的应用，最大限度地发挥信息系统的功能。四是实施财政票据电子化管理。根据财政部的统一部署，抓紧实施财政电子化票据管理系统的推广和应用工作，实现财政票据从印制、发放、领购、核销直至销毁的全过程电子化管理和实时监控。积极探索非税收入电子票据，为推进网上收缴等非税收入电子收缴方式提供支撑。

(五)优化非税收入改革环境，确保改革顺利推进。非税收入来源于社会，用之于社会，是方方面面长期关注的焦点之一。深化非税收入管理改革，必须积极营造良好的社会环境。一是加大改革宣传力度。要通过各种形式，进一步加强非税收入征管法规政策和改革措施的宣传，统一各方对推进非税收入管理改革、促进法制化规范化建设思想认识，澄清各种错误观念和思想误区，弘扬正能量，努力营造正确的舆论环境和良好的征管秩序。二是加大政务公开力度。按照主动接受监督，提高征管绩效的原则，积极推行非税收入管理政务公开和办事公开，向社会公开非税收入征管法律法规、行政规章、规范性文件和操作流程，公开办事便民服务指南，构建全方位公开体系，努力打造“阳光”非税。三是加大社会监督力度。充分发挥人大法律监督、政协民主监督、社会舆论监督作用，增强依法加强非税收入征管执行力和约束力。强化财政、监察、审计、物价等部门沟通和协作，形成合力，努力促进非税收入管理改革工作有序推进、健康发展。

课题组组长：李友兰
课题组成员：张　黎　刘明刚　王　冶
胡晓宁　程晓岚　王曙光
周先红　汪振明　张小龙

财政投资评审工作转型后的工作方式创新探讨

新修订的《预算法》第五十七条第三款指出，各级政府、各部门、各单位应当对预算支出情况开展绩效评价。作为本次《预算法》修订新增加的内容，说明对预算支出情况开展绩效评价已上升到国家法律层面。依法开展绩效评价工作是深化财政预算管理制度改革的一项重要内容。为了加强我省财政预算绩效目标管理，安徽省财政厅党组研究决定省财政投资评审中心(以下简称“评审中心”)立即进行工作转型，转型后的评审中心将以财政预算绩效管理为中心，服务财政改革大局，工作特色更加突出，职能定位更加明确，同时逐步构建适应财政改革发展新要求的评审工作新机制，为提升我省预算绩效管理的质量和水平做贡献。

结合当前财政评审工作新形势，本文着重讨论我省财政投资评审工作转型后，如何进一步创新评审工作方式。

一、当前评审工作的开展情况

（一）全国机构建设及工作情况

近年来全国各级财政评审工作得到了飞速发展，预算评审、绩效评价、决(结)算评审、专项核查等业务总量有了长足的进步，2011 年评审资金 27597 亿元，2012 年评审资金 41987 亿元，2013 年评审资金 35752 亿元。截至 2013 年底全国市、县两级设立评审机构 2056 个、从业人员 12484 人，其中市级评审机构 345 个，覆盖率 96%，县级评审机构 1711 个，覆盖率 62%。

（二）主要工作职能

总体来说，主要评审工作有四大类：预算评审、绩效评价、决算评审、专项核查。其中预算评审是财政投资的“节流阀”，为决策服务；决算评审是财政投资的“控制器”，帮项目画好“句号”；绩效评价和专项核查主要是调研分析，做财政管理的“手”和“眼”。资源配置是财政主要职能之一，对部门预算编制的指导、监督、管理是财政部门的日常主要管理工作。从全国评审机构业务工作开展情况看，预算评审的节支增效作用正在突显，通过开展预算评审，审核项目绩效目标，促进绩效目标指向明确、细化量化、合理可行，激励部门进一步编细、编实、编准预算，提高财政预算管理的精细化、科学化水平。绩效评价则是对项目决策、项目实施、项目管理、项目效益的全面评价分析，是财政预算绩效管理的重要手段，通过绩效评价，分析财政支出的科学性、合规性、效益性，提高财政资金使用绩效，促进预算管理从精细向精准科学发展。作为财政评审手段，专项核查是以财政支出的安全性、合规性为主线的评审方式，是财政对专项资金监督管理的重要方式；决算评审的重点是核实项目产出成本，决算评审结论是财政部门批复竣工决算，项目单位办理固定资产移交的重要依据。

二、财政评审工作的作用

（一）有效提高预算绩效目标管理水平

财政评审工作作为财政预算管理重要环节，是提高财政决策水平的重要抓手，是提高财政支出效益的关键一环。预算管理精细化到哪，财政评审就要延伸到哪。按照精益求精的原则，通过预算评审大量深入细致的工作、丰富翔实的数据，在项目评审中做到“细、准、实”，直接发挥财政评审的节支增效作用。

一是通过预算评审，有效节约财政资金。预算评审可以发现超支出范围、超标准、超规模的不合规支出，以及虚报价格、虚报工作量的不合理支出，从而有效减少财政资金的浪费和损失。二是通过预算评审，提高项目支出预算的精细化水平。预算评审可以发现诸如项目预算编制缺少具体内容、只有框架缺少明细等编制粗糙问题，“倒逼”部门在预算编制环节整改，细化预算编制，增强项目支出预算编制的精细化水平。三是通过预算评审，促进预算的合理性、科学性和绩效性。预算评审可以发现项目预算中有无绩效目标，以及项目必要性和可行性的论证标准和依据不适用等问题，评审可以分析问题的原因，从财政管理的角度及时提出建议，满足财政支出与绩效目标相匹配的要求，提高预算编制的科学化水平，增强财政资金使用的效益。

根据财政部评审中心统计数据，2013 年全国预算评审的审减资金达到 3069 亿元，审减率为 13.27%。2011 至 2013 年，安徽评审中心完成了 51 个项目的预算评审，申报投资 15.26 亿元，审定投资 11.2 亿元，审减 4.06 亿元，审减率 26.6%。同时，还创新评审方式，组织了小型病险水库、农村沼气、人畜饮水等民生工程的投资测算。如小型病险水库，全省计划 2000 座，部门申报预算每座平均投资 132 万元，经过财政评审测算投资 110 万元，科学、合理地审减资金约 4.4 亿元。通过预算评审，服务财政预算管理，有效节约财政资金，进一步提高了项目预算的精细化、科学化、绩效化水平。

（二）提供科学、合理的决策依据，减少盲目投资和决策失误

目前财政评审工作呈现业务来源多渠道、专业性强、技术复杂、评审难度大等特点，需要项目管理、工程经济、财务管理等各类专家运用专业手段与财务手段进行计算、审核、评审。财政投资评审机构对项目相关单位的行为进行的专业评审，为财政支出提供科学、真实、合理的数据。特别是在项目前期，将评审关口前移，通过对项目的前期论证和预算绩效目标的审核，大大减少了盲目投

资和决策失误。如安徽某企业申请外国政府贷款1200万欧元建设5000吨气调保鲜库项目。通过市场调研、现场查看、了解企业财务状况,发现存在申报企业资产负债情况不良;项目外部建设条件尚未落实;高估冒算进口设备价值;申报书市场预测分析过于乐观;气调保鲜设备国内生产技术和装备已成熟,价格在国际市场已经具有极大竞争力等问题。最终根据评审报告建议,避免了一次盲目投资和引进。

(三)专业的评审结论促进了资金效益和财政管理工作效率的提高

财政评审工作是一种专业技术型管理,通过细化专业性评价和基础性审核,为科学分析项目必要性、可行性、绩效性服务,通过强化技术性审核,为合理确定财政预算资金安排服务。财政部门各业务处室主要侧重于制度和政策管理手段的应用,财政评审机构可以为业务处室的各项业务决策和规划提供预测、论证和审核。由财政评审的专业技术人员干专业的事,一方可以科学合理的确定项目,以及财政预算资金安排意见,另一方面也可以提高工作效率,减少同类项目的重复投资,提高决策的时效性、科学性。

(四)和政府审计、中介机构审计相比,财政评审工作具有不可替代的作用

财政评审工作作为财政预算管理的一个环节、一种手段,侧重于对财政支出项目预算和绩效的量化分析和量化管理,是为预算编制和执行提供决策依据,从职能定位和发挥作用来看,这与政府审计、中介机构审计既不交叉也不重复。评审机构通过评审,确保了项目支出预算编制、执行的真实性和准确性,从源头上有效地控制预算支出、节约财政资金,其有效节约财政资金的作用是其他监管手段所代替不了的。

财政部门和审计部门分别以《预算法》和《审计法》为依据开展工作。财政评审是财政预算管理的环节,是对预算编制、调整、执行的全过程跟踪问效,是实现预算绩效目标管理、提高预算的精准性、科学性的必要手段。而审计部门行使的审计监督职能,侧重点是对政府资金使用违规、违纪的监督,而财政评审注重政府资金使用的绩效、政策的合理性以及预算定额测算和修正。因此,两者既不能等同也不可替代。

财政评审与社会中介与有着本质的区别。社会中介机构是独立法人,依法行使社会公证和提供审计和审核服务,同时有着追求自身收益或利润的最大化的主要执业目标。在预算评审和绩效评价等财政评审业务中财政部门可以组织购买他们的专业服务,但仍然无法替代财政部门对评审工作的组织、制定政策、标准、建立指标体系,组织评审结果运用等职能。

财政评审与政府审计、中介机构审计相比较,是不同的概念、范畴,有时可能或必须同时对同一项目开展工作,但之间不存在替代、对立或否定关系。是财政部门所属的专门机构,组织专业技术力量,根据相关法律、法规、规章,对财政预算项目的科学性、可行性、合规性、绩效性等,进行统一评价、评估、评定、审核、审查、审定的一项财政业务管理工作。

三、我省评审工作分析

(一)当前工作情况

安徽省评审中心成立于2000年,在厅党组领导下,十几年来评审工作取得了长足发展。近三年评审资金,2011年197.99亿元,2012年78.42亿元,2013年239.87亿元。从近几年的评审工作的情况看,预算与绩效评价的业务增长速度极快,以2012、2013年评审开展情况为例:2012年共完成32项,其中预算9项、决算9项、绩效评价8项、专项核查6项。2013年度内完成项目49项,其中预算19项、决(结)算9项、绩效评价15项、专项核查6项。较2012年,2013年不仅项目评审总数量急剧增长,增长率37.5%,预算和绩效评价,增长率分别达到了111%和87.5%,这反应了当前评审工作的重点和发展趋势。

2014年,根据厅党组要求,转型后的安徽评审中心围绕财政预算绩效管理目标,调整工作重点,主要开展绩效评价、项目预算评审、专项资金核查三方面具体工作:一是绩效评价,主要负责开展省本级财政重点项目绩效评价,部门整体支出评价,以及部门绩效自评的抽查(再评价),以及厅党组确定的其他评价项目。同时,结合绩效评价工作的开展,将强化绩效目标审核管理,研究制定相关评价项目的绩效评价指标体系。二是项目预算评审,主要是参与省本级安排的重点项目预算评审;具体承担预算执行中追加项目预算评审;负责委托

项目决算评审。三是专项资金核查，主要是针对省本级安排的专项资金，负责组织对专项资金使用的科学性、安全性、效益性的核查问效。

（二）存在问题

1. 财政预算绩效评价和评审工作尚未作为预算项目安排和资金支出的必要环节。

财政预算绩效评价和评审是财政职能的组成部分，是对财政支出项目预算管理的全过程跟踪问效，是各级政府和部门法定的责任。从全国看，目前江西、北京、山东、云南、浙江、河北、河南、湖北、湖南等省市坚持从建立完善预算评审制度机制上入手，把财政预算评审作为财政项目支出管理链条上的必要一环。我省根据已对转型后的评审中心在项目来源、评审过程、评审结论使用等方面，职能作用定位的比较明确。但尚未明确的是，财政评审尚未被纳入财政预算管理的必要环节，也没有专门文件明确什么类型项目、财政支出超出多少万元的项目必须经过评审。处室根据管理需要，大部分均为临时安排的项目，项目安排具有一定的随意性和部门不平衡。从今年我们复审各部门编制的预算绩效目标看，有的部门有几十个项目，有的部门只有一两个。

2. 市县机构建设在全国处于落后水平。

目前，我省仅有安庆、亳州、池州 3 市建立了评审机构，覆盖率 18%，宿松、霍山、枞阳、利辛、岳西、怀宁等 6 县建立了评审机构，覆盖率 6%，和全国评审机构覆盖率市级 96%、县级 62%的水平相比，我省的市、县评审机构建设大大落后于全国大部分省的水平。目前绩效评价、专项核查项目，省里安排的项目资金多数是分散在全省各市、县，在一些重大项目绩效评价过程中，需要市、县财政部门的评审人员配合进行现场评审工作。市、县一些重要的预算项目也需要进行绩效评价和预算评审。因此，亟待构建全省的评审网络，加强市、县财政评审机构建设，形成全省财政评审工作的合力。

四、创新评审工作方式的思考

（一）完善评审法制体系建设

《国务院关于深化预算管理制度改革的决定》指出，健全预算绩效管理机制。全面推进预算绩效管理工作，强化支出责任和效率意识，逐步将绩效管理范围覆盖各级预算单位和所有财政资金，将绩效评价重点由项目支出拓展到部门整体支出和政策、制度、管理等方面，加强绩效评价结果应用，将评价结果作为调整支出结构、完善财政政策和科学安排预算的重要依据。新修订《预算法》也明确要求各级政府、各部门、各单位应当对预算支出情况开展绩效评价。但目前还没有一个全国统一的操作性的规章，对绩效评价和预算评审职责、范围、权限、程序和结果运用等作出权威的规定，各地操作方法差异很大，发展水平参差不齐。因此，要从建立和完善绩效评价和预算评审工作法律、法规和制度体系入手，全面实现对财政预算立项、审核、执行到完成效果全过程跟踪问效作出规定，从制度上把绩效评价和预算评审作为预算管理的必要环节，从而推动预算管理从精细化向精准化发展。

（二）建立科学的指标体系

为适应现代财政制度建设，全面提高绩效评价工作水平，我们必须从建立绩效评价指标体系入手，按照全新的理念设置绩效评价指标，这些指标不仅是监测分析财政支出项目的投入产出效果，而且是要对财政支出项目的政策、制度、管理水平进行监测分析。首先，要引进国际通行的项目评价指标，如把项目引起的移民情况、环境影响及妇女在项目中的作用等因素作为重要的监测分析指标。特别是对那些造成人民群众严重不满的，对生态环境危害大的项目，要设置一票否决指标，评为不合格项目。其次，要按照各指标的重要性设置评分权重和参数。同时，对影响整个项目全局的因素指标，要按照逻辑关系建立与其他指标的钩稽关系，并通过实践测算，逐步建立对财政支出项目全过程跟踪问效的数据分析模型，以客观、科学、全面地描述财政支出项目实施效果，为改进和提高预算编制、决策水平提供依据。

（三）推动市县机构设置

目前我省市、县两级评审机构体系建设不健全，绝大多数市、县尚未建立评审机构，远低于全国平均水平，严重制约了我省预算绩效评价和评审工作的开展。因此，要大力宣传预算绩效评价和项目评审是深化预算管理改革的一大突破，是提高预算绩效目标管理的重要手段，要使各级政府、部门和单位充分认识到实施预算支出项目绩效目标管理，是实现依法理财的重要措施，把建立预算绩效评价和评审机构，有效开展绩效评价和评审工作摆上议事日程。同时,省财政厅可以通过加强本级预算绩效目标管理,并按照预算支出项目对市县的延伸情况,与市县财政部门共同开展支出项目绩效评价和评审,从而带动市县预算绩效评价和评审工作的开展。此外,还应加强对市县财政部门预算绩效评价和评审业务的培训和指导,促进评审工作整体水平的提升。

(四)明确工作重心

目前从全国范围看,主要财政评审工作有四大类:预算评审、决算评审、绩效评价、专项核查。并有向预算支出项目全过程跟踪评审的趋势。近日,财政部投资评审中心已改名为"财政部预算评审中心",主要从事评审工作为:项目预算评审、绩效评价、支出定额研究。目前厅党组明确要求,转型后的省评审中心工作重点是以绩效评价和预算评审为主,以专项核查、决算评审为辅。因此,建议将省财政投资评审中心改为省财政预算评审中心,确定以围绕预算绩效目标管理为重心,开展评审工作。从而使得定位更准确、工作重点更突出。避免评审战线拉得过长,人员力量分散,并区分于监督和审计机构。

(五)通过购买服务强化评审力量

评审中心转型后,将有大量的绩效评价工作由评审中心完成。同时,财政部门面临的项目行业千差万别,出具保质保量的权威报告,需要集中更加专业的评审力量。在评审中心全面提高评审业务水平和评审效能基础上,通过购买服务的方式,是增强评审力量的有效方式。购买服务可以采用两种方式,一方面,公开招标采购中介机构作为财政投资评审的协助单位,另一方面,进一步完善评审专家库建设。2014年6月,经厅领导批准,评审中心已通过公开招标确定了30家社会中介机构作为评审协作单位,下一步就是要管好、用好协作单位,充分发挥中介机构的专业人员力量。评审中心已经过层层推荐考核,组建了高级评审专家库和高级稽核专家库,专家库成员由省内行业权威,评审特殊专业人才组成,下一步要根据工作需求,充实专家库人员,也要对专家库进行严格管理、年度考核、优胜劣汰、滚动发展。

课题组组长:陈传文

课题组成员:方旭华　袁　园　王　进

建立事权和支出责任相适应制度操作层面研究

十八届三中全会《决定》明确提出"建立事权和支出责任相适应的制度",2014年中央政治局审议通过的《深化财税体制改革总体方案》中,更是将其作为财税改革重点推进的三个方面之一。因此,当前深入研究建立事权与支出责任相适应的制度,具有重大而深远的现实意义。本课题从事权与支出责任相适应的概念入手,分析当前事权与支出责任划分的突出问题,借鉴国外经验,研究事权与支出责任划分的原则,提出政府间事权和支出责任划分的初步设想及建议,为推进我国财税体制改革提供参考。

一、事权与支出责任的概念及现实意义

(一)相关概念

十八届三中全会首次提出"建立事权和支出责任相适应的制度",为此,首先要明确"事权"、"支出责任"、"财权"、"财力"等概念的内涵及相互关系。

"事权",是指政府按照法律法规进行行政事务管理的权力,体现政府活动的范围,简单说就是一级政府"该干什么事"。"支出责任",是指政府承担履行事权的支出责任和义务,就单说就是"办事谁掏钱"。"财力",是指政府在一定时期内拥有的货币资源,包括本级税收、非税收入、上级转移支付以及各种债务收入等,简单说就是"拥有多少钱"。"财权",是指政府筹集和获得收入的权力,包括税收权、收费权、发债权等,简单说就是"收钱的权力"。

事权与支出责任,两者不能混为一谈。事权是行政范畴,支出责任是财政范畴。事权强调权力的归属和执行的主体,而支出责任强调谁来承担履行事权的成本和花费。同时,事权与支出责任,又是密不可分和相互依赖的。事权是前提,支出责任跟着事权走,你拥有怎样的事权,就需要承担怎样的支出责任。因此,只有清晰划分事权,才能明晰各级政府的支出责任。而支出责任又是事权落实的保障,只有支出责任明确了,才能使政府的事权顺畅履行。但是,仅明确了支出责任是远远不够

的，还必需要给予与支出责任相适应的财力，否则明确的支出责任就是一句空话。为了给予财力保障，在分税制财政管理体制下，就需要给予政府获得与支出责任相适应的财力的财权。因此，事权、支出责任、财力、财权，就是政府分权与分税制财政体制下的政府之间的权、责、利的对等统一的关系，有怎样的事权与支出责任，就应该赋予怎样的财力与财权，以确保各级政府积极履行自己的职责。

（二）现实意义

深化财税体制改革，在各级政府间建立事权和支出责任相适应的制度，对我国的现代化建设具有重大而深远的现实意义。

1. 建立政府间事权和支出责任相适应的制度，是推进国家治理体系和治理能力现代化的条件。我国幅员辽阔，地理环境复杂，人口众多，各地社会经济文化差异较大，因此，在国家治理方面，必须要建立调动各级政府履行职责、服务社会积极性的机制，以提高政府行政效率，降低政府管理成本。只有这样，才能在市场发挥决定性作用的同时，更好地发挥政府的作用。否则，政府的行政能力将落后于市场的发展与需要，形成政府与市场两条腿"一瘸一拐"的局面，最终制约社会的进步与发展。十八届三中全会提出要推进国家治理体系和治理能力的现代化，就迫切需要在明确政府与市场边界的前提下，合理划分各级政府的事权范围。各级政府的事权清晰了，各级政府才能公开权力清单，公开政务活动，公开财政收支，从而接受社会监督，并承担相应责任。只有各级政府的事权清晰了，并建立事权与支出责任相适应，财力、财权与支出责任相匹配的分税制财税体制，才能调动各级政府履职的积极性，为推进国家治理体系和治理能力现代化提供财税体制保障。

2. 建立政府间事权和支出责任相适应的制度，是完善分税制财政体制的基础。1994 年实行的分税制财政体制改革，虽然涉及政府间事权与财权的划分问题，但在执行过程中，仅停留在"分税"上，并且税种的归属划分也仅限于中央和地方两级政府，事权基本没有给予明确清晰的界定。尤其是省以下财政体制更是比较混乱，少数地方实行了粗线条的分税制，但很多地方没有推进分税制改革，仍然实行旧的包干或者大一统体制。近年来，随着经济发展和政府职能变化，政府间的事权更加模糊不清，出现许多事情是多级政府管、但都不负责的局面，严重影响了政府的行政效率和政府的威望及诚信。基层政府财力与事权不匹配，降低了基层政府履行职责的能力和积极性。因此，完善现行的分税制财政体制，必需下定决心科学划分政府间的事权范围，通过划分政府间事权，明确各级政府支出责任，才能做到科学合理的划分财力，再按照各级政府财力需求情况，进行税种的划分，或者建立与支出责任相匹配的各级政府的财权制度。因此，在政府间划分事权，是建立分税制财政体制的基础，是完善现行分税制财政体制的前提。

3. 建立政府间事权和支出责任相适应的制度，是深化财税体制改革、建立现代财政制度的重点。事权与支出责任的界定和划分，涉及中央和地方政府间关系，涉及政府各部门间权利责任调整，也涉及政府、企业、社会关系边界的确定，因此，建立政府间事权和支出责任相适应制度，既是国家治理体系和治理能力现代化层面改革发展的需要，也是财税体制改革中最难啃的"硬骨头"。从财税体制改革三大任务看，建立事权与支出责任相适应的制度，是预算管理制度改革和税制改革的基础。只有清晰界定政府间和政府各部门间的事权和支出责任，预算管理才可能具有约束力，才能建立规范的现代预算管理制度。另外，完善税收制度，合理划分税种，也必需辅之以政府间事权和支出责任的明确划分，才能使财政体制符合"事责对等、事财统一"的原则。

二、当前事权与支出责任划分的现状及问题

（一）事权与支出责任划分现状

（1）"统收统支"阶段：建国以来至 1979 年。这一时期，没有实际意义上的各级政府间事权的划分，事权集中于中央政府，与高度集权的行政管理方式相一致。

（2）"财政包干"阶段：1980 年至 1993 年。这一时期，在财政分权逐步进行的同时，传统高度集中的事权管理模式逐渐被打破，地方政府在取得一定财政自主权的同时，也"承包"了一定的事权，主要是围绕企业管理权展开的。

（3）"分税制" 以来：1994 年实施的分税制改革，是我国在规范中央与地方财政关系的探索中

迈出的里程碑式的一步，首次以法规的形式明确中央与地方收入划分、中央与地方事权的划分，初步确立了分税制体制的基本框架。分税制改革以后，国家针对财政体制运行中存在的矛盾和问题，不断调整和完善政府事权范围和划分，初步形成了当前政府间事权和支出责任划分体系。

(二)存在的突出问题

1994年实行的分税制财政体制改革，使我国在分权治理国家的道路上进行了有益的探索，有力促进了我国社会经济的长期稳定发展，但由于后来的改革完善滞后于社会经济发展变化，导致当前的事权和支出责任划分呈现诸多问题。

1.法律法规约束缺失。到目前，我国仍没有一部专门法律法规，对政府的事权范围及政府间事权做出明确规定。现仅有的具体划分，如教育、科技、体育、文化等，是通过“一事一议”的方式出现在某些部门主导的专门性法规中，且多数是对经费保障方面的要求。事权划分没有法律依据，意味着事权划分的非正式性，即上级政府有决定下级政府事权的权力，使下级政府的事权范围存在偶然性和随意性。

2.政府与市场边界模糊。政府与市场边界不清晰，影响政府事权的界定和划分。目前，政府事权范围存在“越位”、“缺位”和“错位” 并存问题，政府做了许多不该做的事，该做的事又没有做好，如义务教育、社会保障、环境保护、农业基础设施等。尤其在支持经济发展方面，存在较为严重的“错位”问题，直接投资参与微观经济活动。2013年我国财政支出中的经济事务支出高达31%，世界平均水平仅为12.6%，而公共服务、医疗、社会保障等支出占比明显偏低。

3.政府间事权划分不清。各级政府间以及同级政府各部门间事权及支出责任交叉重复。一是政府职责同构。各级政府间呈现出“上下对口，职责同构”现象，上级有下级也有，地方政府的职责几乎是中央政府事权的翻版。委托代理的“责任共担”过多，同一事务各级政府“齐抓共管”，造成职责不清、互相挤占或互留缺口、无从问责的现象，导致行政运行效率偏低、政策目标难以实现的问题。以安徽省2013年财政决算数据为例，20个支出科目中16个有中央追加下达的专项补助资金，总规模占比达28%。政府各部门间事权交叉重复，同一事权多头管理，出现谁都管、谁都不管的现象，以农民工培训事权为例，涉及农业、畜牧、林业、农机、教育、人社、妇联、共青等诸多部门。二是政府事权不稳定。经常出现“上级只点菜不买单”、“上级点菜部分买单”等情况，如预备役部队及民兵训练基地及人防通信站、军供站等国防支出；武警和公安消防等公共安全支出；劳教所、地震、气象等部门的经费开支；义务教育、公共卫生等全国范围的公共支出项目，许多仍由地方买单或者部分买单。事权调整随意性大，如国税、地税、技术监督、工商、食品药品、安全等部门实行垂直管理，事权上收省级，但近年又陆续下划交给市县。

4.支出责任与事权不适应。一方面，属于中央的事权，却由地方承担较多支出责任，越是基层政府，承担政策兜底的事权越多，“下级出钱干上级的事”，尽管中央通过补助形式解决地方财力不足，但这支出责任主体错位问题没有根本解决。另一方面，属于地方的事权，却由上级承担较多支出责任。许多专项补助项目外部性在辖区，大到区域性基础设施建设，小到农村厕所改造项目，事权和支出责任应大部分或全部在市县。但由于中央集中了较多财权，形成支出责任上移，“上级出钱干下级的事”，容易造成地区间资金分配不公平，诱发权力寻租。

5.财权财力与事权不匹配。近年来，财权逐渐向上集中，事权却在下移，中央承担的事权和直接支出责任不足，而市县政府承担了过多的事权，支出责任压力大，政府财力与事权不匹配。2013年，中央政府在财政收入分配中占50%左右，而承担的支出仅占15%，如果再加上基金预算，中央本级支出占比更低，同期英国、美国、日本分别为73%、54%、42%，OECD国家平均为46%；同时，地方财政支出来自中央补助的份额高达40%。显然，地方政府财权财力与事权、支出责任不匹配。在事权不清和财力不匹配情况下，出现了大量下级政府出钱干上级政府的事、上级政府伸手过长干下级政府事的情况，不仅影响中央政府的施政效率，也使基层出现较大支出压力和财力缺口，诱发地方“土地财政”和地方债务等问题。

6.转移支付不完善。转移支付是解决事权与财权财力不匹配的主要手段，但现行我国转移支付制度仍存在诸多问题。一是分配不规范。一般性转移支付规模小，难以充分发挥平衡地方财力的作用，而专项转移支付比重达43%，项目设置名目繁多、政出多门、条块分割、资金分散，几乎覆盖所有支出类别，出现财政资金分配部门化倾向，项目审批和资金数额确定容易脱离实际，存在在途时间长、难以规范纳入下级财政预算、使用效率偏低等普遍性问题。二是基层政府配套压力大。很多专项资金项目要求地方配套，另外很多项目的后期营运和管护资金投入较大，形成地方政府的支出压力。三是利益补偿机制不健全。对具有跨区域外部性的事权承担地区，缺乏带有利益补偿机制的转移支付。如一些全国性的生态功能区、粮食主产区、环境保护区等，外溢效应大，国家没有建立能够补偿和平衡利益的转移支付制度。

三、国外经验及启示

综合考虑单一制、联邦制两种政体类型、事权与支出责任划分成熟度、社会传统文化等因素，选取美国(联邦制)、法国(中央集权型)、日本(地方自治型)供参考借鉴。

(一)美国

美国联邦制政府最基本的原则是分权与制衡，分为联邦、州、地方政府三级，联邦和州是一种合作关系，在各自权限内都享有独立事权，州政府享有宪法未规定的“余”权，并对地方政府以及权力如何在州内政府间分配具有决定权。

从收支规模来看，美国联邦政府与州和地方的收入和支出规模总体相当，2008年经济危机以来，伴随着大规模救济和保险支出的提高，联邦级支出比重有所上升，2010年达到54%，而经济低迷导致归属联邦政府的所得税收入剧减，使得联邦收入比重有所下降，但仍保持在50%以上。

从税种划分来看，联邦政府主要征收所得税、社会保险税，其中个人所得税占80%以上；州政府税收结构更为平衡，包括部分个人所得税、从价税(销售税、房产税)等，财产税全部归为地方政府，占其全部税收收入的3/4。

从转移支付来看，联邦政府通常制定一些由联邦提供经费、州政府实施的项目，并通过有条件的转移支付施加影响，这些转移支付全部为专项或分类转移支付，主要用于个人平等而非下级政府平等，没有均等化的一般性转移支付。2010年，美国联邦转移支付总额6083亿美元，占州和地方政府自有收入的37.5%，占GDP比重为2.7%，呈逐年上升趋势。

(二)法国

历史上，法国是典型的单一集权制国家，1982年分权改革后，事权逐步下放，形成了地方分权式的单一制体制，政府分为中央、大区、省和市镇四级，各级事权划分比较明确，支出责任相对清晰，预算各自独立，政府间不存在隶属关系，中央仅对地方三级政府进行事后的法律监督。

从收支管理看，法国实行的是财力与财权“双集中”彻底的分税制，税收管理和立法权限高度集中于中央，中央税收占全国的75%左右，包括增值税、所得税、消费税、关税等，仅把次要的税源划给地方，包括房地产税、营业税、娱乐税等，地方税收收入仅占其总收入的50%，没有共享税。法国中央财政支出所占比例为80%左右，其中教育、国家经济干预、农文卫体、国防支出占比居于前四位，地方财政支出中，社会公共服务支出居首位。

从转移支付来看，法国地方财政收入的1/3来自中央的转移支付，主要包括一般性转移支付、专项转移支付、税收返还及下划事权补助，一般和专项转移支付分别占到地方财政支出的30%和15%。

(三)日本

日本是一个单一制国家，政府组织由中央、都道府县和市町村三级政府组成，地方政府被认为是中央政府的行政分支组织。1949年著名的“夏普劝告”和20世纪八十年代以来的财政分权改革，使地方财政的自主性增强，地方政府根据法律一律被授予了各自职能范围内的全面权限。

从收支规模来看，日本政府一般会计收入主要是税收，包括国税和地方税，占GDP比重稳定在24%左右，在发达国家中税负较轻，但诸如社会保障缴费、债务收入等特别会计收入没有统计进来，而国税收入占总税收的60%以上。日本财政支出占GDP比重以及中央政府支出比例均呈上升趋势，分别从1985年的27%、35%提高到2009年达到39%、43%。

从税种划分来看，税种管理权限集中在中央政府，负责征收国税，包括所得税、法人税、消费税、继承税等，都道府县税包括事业税、不动产取得税、地方消费税等，市町村税包括固定资产税、规划税、地皮开发税、矿产税等。

从转移支付来看，由于中央与地方政府收入支出分别呈现“六四开”和“四六开”，地方政府支出财力缺口主要通过不限定用途的一般性转移支付和限定用途的国库支出金来弥补，两者规模相当，总体占到地方总财政收入的30%。

(四)启示

我国在规范事权和支出责任划分以及财力匹配、转移支付等方面，可以借鉴以下经验：

1.以法律的形式确定政府事权和支出范围。各国普遍用宪法或法律明确划分各级政府间的职能，对各级政府的财政权限、权利和义务作出明确而详细的规定，为支出划分、税收安排和转移支付提供依据。具体来看，单一制国家通过中央立法，而联邦制通常由宪法来确定，且都体现了全国统一和中央财政主导地位的特点。

2.实行分权财政体制，集权与分权相结合。无论是单一制还是联邦制国家，都普遍实行分权财政体制，即以分权基础上的制衡为指导原则，按照“从低”和“制衡”的要求，确定集权和分权的范围及调整。“从低”，是指能由下一级政府完成的事权，应由下一级政府完成。“制衡”，是指上对下必须能够实现有效“制衡”。在财政上，通过税收立法权、支出决定权或转移支付调控权等来达到“制衡”目的。

3.中央政府直接支出比例大。各国中央政府主要负责宏观经济稳定、收入再分配、全国性公共产品等，即存在大范围规模经济和外溢空间大、信息复杂程度低的事权，而地方负责辖区基础设施项目和地方性公共产品及其协调。同时，中央政府支出比例普遍较高，直接支出比例都在50%左右，OECD国家平均达46%。

四、事权与支出责任相适应制度的构建

按照公共产品理论和财政分权体制的基本要求，结合当前事权与支出责任划分存在的突出问题，“建立事权与支出责任相适应的制度”的总体思路是：按照市场优先、社会有效、政府有限的原则，界定政府与市场、政府与社会的边界，加快政府职能转变，充分考虑事权内在属性、外部性、信息处理复杂性等因素，以政府收支分类科目为参照，采取清单列举的方式，确定各级政府的事权范围，再结合税制改革，合理划分税收，并通过转移支付、委托代理、购买服务等方式，实现事权与支出责任、事权与财权财力相统一格局。

(一)事权与支出责任划分的层级

我国现在有五级政府，也就是从理论上说会有五级财政。如果在五级政府之间划分事权与支出责任，显然过于复杂，财权财力也无法匹配，不符合现代国家治理体系的要求。世界上很少有国家按照五个层级设置政府，并在五个层级推进分权化治理。目前，省直管县的推进，使得市县政府的职能趋于雷同，市县财政可以看做是一个层级的财政。乡镇政府的职能在转变，尤其是农村税费改革后，占财政支出70%左右的小学教师工资由县级财政管理，财政、税收、工商等基层主要部门已成为县级的派出机构，特别是许多地方实行了乡财县管，乡镇财政仅是县级财政的一个预算单位，乡镇政府如同县市政府的派出机构。无论从理论上，还是从现实发展趋势上看，今后的财政分权体制，应该在中央、省级和市县三个层级之间建立分权与制衡相统一的财政体制。

(二)事权与支出责任划分的原则

在政府间划分事权与支出责任，然后建立分权与制衡相统一的行政体制，其目的是实现行政效率的最大化。因此，划分事权与支出责任，要体现以下三个方面的基本原则：一是外部性原则，也叫受益范围原则，假如一项事权的外部性只是一个地方得益，或者一个地方受损，这个事情就交给这个地方来管理，如果其外部性是跨区域的，应该在更高的区域级别上管理。二是信息处理复杂性原则，信息处理越复杂，越可能造成信息不对称的事项，越应让低一级政府管理，因为其更熟悉基层事务，更容易识别信息不对称。三是激励相容原则，事权的划分，让参与人即使按照自己的利益去运作，也能导致整体利益最大化，这种体制就是激励相容的。

外部性是判断事权归属的根本原则，外部性越大，越应该交给高一级政府承担事权；信息处理复杂性，是支出责任界定的重要标准，信息处理程度越高，越应该让低一级政府管理。如果某一事权的外部性和信息处理复杂性为同高，或为同低，这就要引入激励相容原则，即外部性和信息处理复杂性同为高时，事权仍归为中央，但支出责任宜放在地方，中央出钱、地方办事，中央通过转移支付、定向购买、事后补助等多种方式委托地方承担相应的支出责任，发挥两个积极性，才能符合激励相

容原则,而外部性和信息处理复杂性。同为低时,事权和支出责任都应放在地方。

(三)事权的划分和支出责任的界定

对照最新的政府收支分类科目(类、款科目),按照市场优先、社会有效、政府有限的原则,先将部分支出科目从政府事权范围里剔除,再按照外部性、信息处理复杂性、激励相容三原则进行事权划分和支出责任的界定。

1.一般公共服务。

中央政府:一般同级党政机关事务。质检、统计、税收、审计、知识产权、海关、民族、宗教、港澳台、民主党派及工商联等事务,是大政方针和国家意志的体现,外部性在全国,信息复杂程度较低,为保持独立无偏性,事权应在中央,采取中央垂直管理方式,支出责任也在中央。

省级政府:一般同级党政机关事务。

市县政府:一般同级党政机关事务。

中央委托地方:人口与计划生育事务,外部性在全国,但信息复杂程度很高,虽属于中央事权但不宜放在中央支出,应通过专项转移支付提供资金,委托市县承担。

2.外交、国防。

中央政府:外交、国防,是全国性公共产品,涉及国家主权利益,外部性在全国,信息复杂程度低,应由中央政府承担事权和支出责任。建议将人民防空、武器弹药仓库建设等国防事务划为中央事权,并形成中央的支出责任。

中央委托地方:民兵训练。

3.公共安全。

中央政府:武装警察、国内安全保卫、出入境管理、反恐、对党和国家领导人以及重要外宾的安全警卫、国际警务合作等,确定为中央事权,由中央承担支出责任。

省级政府:司法、检察、法院等事务,外部性强,信息复杂程度较低,应作为省级政府事权,由省级政府承担支出责任。

市县政府:社会稳定、人身财产安全、安居乐业、经济社会发展等事务,如打击刑事犯罪、维护社会治安、安全防范、治安行政管理等,确定为市县事权,由市县承担支出责任。

4.教育。

中央政府:义务教育和少量高等教育,具有全国范围的外部性,应属于中央事权,中央承担支出责任。但由于信息管理极度复杂,应由市县政府组织实施,中央政府制定统一的义务教育支出标准,并建立义务教育专项转移支付制度,解决市县支出资金需要。

省级政府:高等教育、中等教育包括普通高中和中等专业学校等,事权和支出责任由省级政府承担。下一步,可适时将中等教育中的高中教育纳入义务教育范围,中等专业学校通过撤并、合并、提档等方式,逐步纳入高等教育或职业教育范围。

市县政府:少量高等教育、学前教育、职业教育等其他教育,按照市场优先原则,注重与市场和企业需求对接,逐步交给市场供给,市县政府负责行业规则制定和监管,承担资助支出的责任。

5.科学技术。

中央政府:基础研究、应用研究、社会科学、科技交流与合作等事务,外部性范围很大,事关创新性国家建设,应由中央承担事权和支出责任。

省级政府:技术研究与开发、科技条件与服务、科学技术普及等事务,信息复杂程度较高,外部性范围较广,为体现激励相容原则,应该将事权和支出责任划归省级政府。

6.文化体育与传媒。

文化体育事务,多是市场属性的事务,如文艺表演场所、文艺表演团体、群众文化、文化活动、文化交流、电视、广播、出版、体育场馆、体育设施等,政府应逐步交给市场和社会,减少直接支出,多采取购买服务等方式间接支持。

中央政府:国家级文物保护、国家级图书馆、博物馆、纪念馆、特殊文化保护等事务,因由国家承担事权和支出责任。

省级政府:少量的省域范围的文化传承等事务,省级政府承担事权和支出责任。

市县政府:对一般的文化体育与传媒中属于公共产品的事务,如图书馆、纪念馆、博物馆、体育馆、文物保护、特殊文化保护等,由于存在较大外部性,信息复杂程度较高,应按照隶属关系,由市县政府承担事权和支出责任。

7.社会保障与就业。

中央政府:基础养老保障补助、基本医疗保险补助(城镇职工医疗保险、新农合)、退役安置、抚恤等,由于收益范围广,外部性强,事权和支出责任应划归中央,中央委托地方办理,通过专项转移支付解决所需财力问题。

省级政府:失业救济、工伤等其他保险补助、残疾人事业等,因外部性强,信息复杂程度中等,应作为省级政府的事权,由省级政府承担支出责任,委托市县政府办理。

市县政府:城市居民最低生活保障、农村最低生活保障、社会救助、社会福利等,收益范围小,信息复杂程度强,应作为市县政府事权,承担支出责任。

8.医疗卫生。

中央政府:食品和药品监督管理,外部性强,信息复杂程度高,属于中央政府事权,中央负责支出责任,委托市县政府办理。

省级政府:传染性疾病预防、重大公共卫生、突发性公共卫生应急处理等,外部性和信息复杂程度中等,应属于省级政府事权,省级政府负责支出责任。

市县政府:医院补助、妇幼保健和其他健康性事务等、外部性范围小,信息复杂程度高,事权和支出责任应划归市县政府承担。

9.节能环保。

中央政府委托市县政府:节能环保,外部性强,信息复杂程度高,应作为中央的事权,中央承担支出责任。考虑到信息的复杂性,委托市县办理,中央出钱并监督,地方花钱接受监督,构建激励相容机制。

10.城乡社区。

市县政府:城乡社区事务,外部性限于辖区,信息复杂程度高,应作为市县政府的事权,市县政府承担支出责任。

11.农林水。

中央政府:国家粮食安全、跨省森林保护以及水利建设等事务,属于全国的公共事务,应由中央政府承担事权和支出责任。

省级政府:省域跨市县的森林保护、水利建设、扶贫开发等事务,应由省级政府承担事权和支出责任。

市县政府:小型农业农村基础设施建设、农业社会化服务体系建设、技术推广、病虫害防治、农业灾害救灾、水土流失防治、防汛抗旱等存在一定外部性,信息复杂程度较高,应由市县政府承担事权和支出责任省级政府统筹。

中央政府委托市县政府:农产品质量安全、扶贫开发、大型农业农村基础设施建设、特大农业灾害救助等事务,外部性强,信息复杂程度高,事权和支出责任应由中央政府承担,中央委托市县政府实施,中央通过专项转移支付解决市县支出资金的需要。

12.交通运输。

中央政府:应当主要承担国家级跨省高速公路、国道、水路、铁路、民用航空运输、区域性机场建设、大型港口设施、石油价格改革对交通运输的补贴、邮政等事权和支出责任。

省级政府:负责省内城际快速公路、省级道路、省内水运、港口建设等事务,承担支出责任。

市县政府:负责农村公路的建设和维护、城乡公路、城区公共交通以及其他交通运输业等事权和支出责任。

13.资源勘探电力信息。

中央政府:资源勘探开发、电力监管、中央国有资产监管等,事关国计民生和人民生命财产安全,外部性范围大,信息复杂程度不高,事权和支出责任应全部归为中央政府。

省级政府:省属国有资产监管。

市县政府:所属国有资产监管等事务,外部性在辖区,应科学合理地确定支出范围和方式,减少政府对市场的干预,避免介入竞争性领域干预公平竞争,事权和支出责任应归市县政府。

中央政府委托市县政府:安全生产监管,外部性强,信息程度复杂,事权和支出责任应由中央政府承担,中央政府委托市县政府实施监管,中央通过转移支付解决市县支出资金的需要。

14.商业服务业。

市县政府:这部分事务,受益范围在辖区,事权和支出责任应归县市政府。同时,这类事务大多属于一般市场属性的事务,如对供销社、商业流通业、旅游业的直接补助等,这些支出要逐步减少,由市场自发调节,政府主要负责市场监管。

15.金融。

中央政府:金融事务,包括行政支出、监管支出、发展支出、调控支出、其他金融支出等,外部性范围很广,信息复杂程度相对单一,由中央统一承担事权和支出责任,采取垂直管理,能够保持经济金融稳定、有效实施宏观调控。

市县政府:金融支持地方社会经济发展方面,受益范围较小,信息程度复杂,由市县承担事权和支出责任,有利于发挥地方的积极性。

16.援助其他地区、国土海洋气象等。

中央政府:援助其他地区事务应完全交由中央政府承担事权及支出责任。国土海洋气象等事务交给中央政府,有利于发挥国土海洋资源保护的整体效应,实现气象服务全国范围内的统一协调。

17.住房保障。

中央政府委托市县政府:住房保障,一般是私人的市场行为,政府一般不要介入,以维护市场的公平竞争。住房保障事务,虽然外部性在辖区,且信息复杂程度较高,为维护全国的公平与统一,事权和支出责任,应由中央政府承担,中央政府委托市县政府实施,中央政府通过专项转移支付解决市县的支出需要。

18.粮油物资储备。

中央政府:粮油物资储备,是国家经济安全的需要,应由中央政府承担事权和支出责任。

(五)重新划分后的支出规模测算

1.中央与地方支出规模测算。

按照上一节事权及支出责任划分模式,结合2012年中央和地方财政支出决算数据,将原属于地方的外交、国防、公共安全、教育、科技、医疗卫生等部分支出款项调整至中央列支,并将原属于中央的部分教育、城乡事务支出调整至地方列支,可以初步测算出调整后的中央、地方支出规模。

通过占比情况可以看出,中央与地方支出比例原先为15%∶85%,经事权上划下划后,调整为32%∶68%,中央支出比例上升了17个百分点,基本与发达国家中央支出30%~40%的标准靠拢。但是,具体到操作层面,本课题的事权调整仅到政府收支分类的款级科目,项级以及更为细分到各个专项没有细化,且社会保障、公共卫生、义务教育等复杂事权的划分远不是从政府收支分类科目就能解决的,并且社会保障、医疗卫生等部分支出项目虽然上划到中央,但可能通过转移支付形成了地方的支出规模,导致中央支出比例会降低。因此,所谓比例只是一个方向性的指引,不能为了达到一定比例去调整,而应该根据事权本身的属性,并结合我国中央与地方的特殊情况来综合划定。

2.省以下支出规模测算。

至于地方政府之间的支出规模,由于各个省份之间的经济发展基础、财政实力以及对下财政体制的不同,无法进行规范而统一的测算。本课题仅以安徽省为例,利用2013年安徽省全省和省本级财政支出决算数据,先将全省支出扣除上划中央,得到调整后的全省支出,再将省本级支出扣除上划中央的和下划市县的,加市县上划的,得到调整后的省本级支出,两者相减,得到调整后的市县支出。与调整前的比重比较,省本级比重由13.7%下级到10.4%,市县支出比重由86.3%相应上升到89.6%,总体趋势是,市县支出比重略有上升。改革后,省及市县财政支出的比例变化将不会是一种模式,具体将与中央事权划分模式、特定省以下财政体制和支出结构、改革的分权化考虑等因素有关,但有一点可以肯定的是,省级将更多地承担起区域内支出调配、均衡财力差距的责任。

五、操作层面政策建议

建立事权与支出责任相适应的财政制度,需要借鉴国外经验,从我国实际出发,坚持顶层设计与逐步推进相结合,抓住重点,成熟一项、推进一项,分步实施,逐步完善。

(一)科学制定“三个清单”

(1)制定政府职能清单。按照“法无授权不可为”原则,界定政府与市场、政府与社会的边界,明晰政府职能范围,即确定政府只能做这些事,职能清单以外的事不可以做。

(2)制定政府配置公共资源清单。明确政府可配置的公共资源目录、配置方式及行政主管部门,包括自然性资源、资产性资源等。清单以外资源,政府不可以参与分配和使用。

(3)制定政府间事权与支出责任清单。按照事权与支出责任划分的原则,制定各级政府的事权和支出责任清单,政府不可以做事权清单以外的事情,不可以安排支出责任清单以外的支出,除非经过一定的程序审批通过,否则政府的行为属于违法行为。

(二)推进政府事权与支出责任法制化

通过法律方式,明确规定各级政府的事权和支出责任,推进政府间事权和支出责任关系的法制化、保持政府间事权和支出责任关系相对稳定,调整需要经过法定的程序方可进行，克服政府间事权和支出责任关系的随意性。

(1)修改宪法。在宪法中明确政府的职能范围，以及政府间分权关系确定的原则、程序和方式，使政府的职能确立和政府间分权关系的确定，上升到宪法的高度，确保政府行为的科学与合理。

(2)制定政府间分权关系法律。按照宪法要求，制定具体、明确的事权和支出责任在政府间划分的法律，对中央和地方各自专有事权、共有事权、委托事权等做出规定，依法明确各级政府承担的具体事权和支出责任，以及政府间委托代理关系的具体安排。

(3)制定财政管理体制关系法律。以宪法和政府间分权关系法律为基础，制定财政分级管理体制法律，明确政府间的财政关系，确定税种划分和转移支付制度的相关规定，确保政府间事权与支出责任的实现。

(4)修改其他法律。修改包括预算法在内的其他法律，以符合宪法、政府间分权关系法律和政府间财政体制关系法律的要求，消除法律法规之间的冲突。

(三)渐进调整政府间事权和支出责任

(1)首先调整中央和地方事权划分。在目前中央财政收入占比较大的情况下，可按照政府间事权和支出责任划分清单，先将上划中央的事权和支出责任上划给中央政府，如义务教育、基本养老保险、基本医疗保险等政府补助、食品药品安全、安全生产、部分国防事务、环境保护等，通过事权上划和减少中央对下转移支付方式，逐步理清中央的事权和支出责任。

(2)完善省以下政府间事权和支出责任划分。在中央与地方政府事权界定清楚的基础上，科学划分省以下各级事权和支出责任。将关系全省统一市场建设、促进区域协调发展等事务等集中到省级，减少省级政府对市县政府的委托事务，加强全省的统一管理。将直接面向基层、地域信息强、由基层管理更加方便有效的经济社会事项，下放给市县政府管理，发挥市县政府的积极性，更好地满足基层公共服务的需要。

(3)渐进明确市县的事权和支出责任。以目前的转移支付清理为契机，将过去的专项转移支付进行清理和归类，凡是不在中央政府委托市县政府事权范围的专项转移支付涵盖的事务，逐渐明确为市县的事权和支出责任。另外，紧跟税制改革，在完善分税制的进程中，逐步明确市县的事权和支出责任，也就是随着市县自由财力的增长，不断明确市县的事权和支出责任。

(4)强化相应支出责任。对于事权与支出责任对等的情况，本级政府承担完全的支出责任，体现权责统一的分权治理理念；而事权与支出责任不对等的情况，要综合考虑事权的特点，设计具有征对性的委托代理方式。一些信息复杂、成效难以短时间衡量，可采用“先干后补”、“试点奖励”等方式，完善委托代理关系。同时，采取减少转移支付、项目禁入、资金收回等方式约束代理行为，完善下级政府违约成本承担机制。

(四)完善政府间财力与事权相匹配制度

在政府间调整事权和支出责任，需要完善税收制度、调整税收划分以及完善转移支付等一系列措施。

(1)完善税收制度。目前，我国税制结构存在流转税比重过高，税制交叉重复、税收调节功能弱、税收法治程度较低等问题，今后需要重点推进“六税一清”改革，即增值税、消费税、资源税、环境保护税、房地产税、个人所得税、清理税收优惠”。通过税制改革，建立起以直接税为主、能够有效调节收入分配、促进资源节约和环境保护、体现公平与效率的现代税收制度。

(2)理顺中央与地方收入划分。在保持现有中央和地方财力格局总体稳定的前提下，在推进税制改革的进程中，逐步增加市县政府的可用财力，即将与区域特征关系密切、与产业发展关联度高、税基无流动性或流动性弱，以及税基信息复杂程度高、不易引起地区间过度税收竞争和需要“因地制宜”的税种划归地方。今后，建议增加省级政府的税收管理权，扩大共享税的市县分享比例，增加市县的税种数量，比如将消费税的部分税目、房地产税、城市维护建设税等作为市县的主体税种。

(3)完善转移支付制度。为保障政府间事权和支出责任的实现，在划分税种的基础上，需要建立完善的转移支付制度。一是完善一般性转移支付制度。根据事权与支出责任、税种划分等的财力和支出需求的变化情况，围绕基本公共服务均等化长、中、短期目标，充分考虑主体功能区、革命老区、边疆地区和贫困地区等因素，建立一般转移支付制度，合理确定一般转移支付规模，并采用因素法和公式化分配，减少资金分配的随意性。二是清理、整合专项转移支付。全面清理现行的专项转移支付项目，对弥补下级政府财力的专项转移支付改为一般转移支付；对上级政府委托下级政府实施的事权及专项转移支付，要合并同类项，并对市县的资金支出需要实行全额专项转移支付，取消市县政府的配套，做到事权与支出责任完全对等。三是建立规范的专项转移支付项目设立制度。通过法律的形式，明确规定专项转移支付设立的条件、程序和监督管理责任主体，建立专项转移支付设立或者取消的责任追究制度，使专项转移支付走上规范化和法制化。

（五）推进行政管理体制改革

为适应政府职能转变需要，按照“小政府、大社会”的目标方向，推进行政管理体制改革，为事权与支出责任在政府间以及政府各部门间合理划分提供体制方面的保障。

（1）继续推进“大部制”改革。为避免政府部门之间权责不清形成事权交叉，可按照“大职能、宽领域、少机构”的总体要求，以职能转变为核心，优化机构和职能配置，该整合的整合，该加强的加强，可以自上而下地考虑组建大农业、大文化、大社保、大金融等部门，政府各部门间事权划分过程中，必须尽可能地避免部门利益的干扰，力求站在事权属性和部门职责的高度进行设计，完善有权必有责、权责要统一考评机制，构建财政与部门间的激励相容机制。

（2）优化政府垂直管理。从事权清单可以看出，大量政府事务外部性覆盖全国，而由于信息复杂地方执行效率更高，这就需要更多地发挥垂直管理的优势，将上下级财政关系转化为上下级财务关系，下级部门的财务权和人事权都掌握在上级手中，实现“花自己的钱干自己的事”，减少地方干预，更好地贯彻上级政府意图，提高行政效能。垂直管理应重点针对中央事权较为集中、事权履行需要保证独立无偏的领域，但也要注意减少管理层级，一般直管到县级，防止过多层级执行中带来效率损耗，垂管部门的支出应由中央足额保障，其财务接受中央监管，确保独立行使职权。

课题组长：朱长才
课题成员：叶翠青　钱海燕　朱克俊
侯永贵　吴振东　朱　华
熊东田　程丹润　汪文志
课题执笔：程丹润

推进财政预决算公开研究

财政预决算公开是政府信息公开的重要内容和公共财政的本质要求，也是社会舆论始终关注的热点和焦点。近年来，按照党中央国务院的决策部署，财政预决算公开工作有力有序推进，不断取得新的进展。党的十八大和十八届三中全会进一步明确提出要深化财税体制改革，实施全面规范、公开透明的现代预算制度。新修订的《预算法》更是首次对预算公开的内容、时间、解释说明以及法律责任等作出具体规定，将预算公开上升到了法律层次。在此背景下，深入研究如何推进财政预决算公开成为当前十分重大而又紧迫的课题。本课题立足我省实际，对财政预决算公开情况进行全面分析，并提出进一步推进财政预决算公开的相关对策建议。

一、我省财政预决算公开现状

近年来，我省紧紧围绕中央要求和省委省政府部署，按照扩大公开范围、细化公开内容、统一公开时限、明确公开格式的要求，结合本省实际，积极推进财政预决算公开，实现了预决算公开从无到有的突破，取得了积极成效。

（一）预决算公开的制度体系初步建立。相继制定《关于全面推进2014年预算信息公开工作的通知》《关于进一步做好省级部门预决算及“三公”经费信息公开工作的通知》《关于进一步推进市县预决算公开工作的通知》及《预决算公开内部工作规程》等办法措施，明确了预决算公开工作的目标、原则、公开范围、内容、时限等，并出台《预算信息公开改革施工方案》，将推进预决算公开作为2014年全省经济与行政体制改革的一项重要任务加以推进，初步建立起财政预决算公开的制度框架。

（二）预决算公开的范围层级不断扩大。规定除涉密部门外，所有使用财政拨款的部门、单位公开部门预决算，所有使用财政拨款安排“三公”经费支出的部门、单位公开财政拨款“三公”经费预决算,部门预决算和“三公”经费预决算公开级次为部门、单位机关本级及其所属行政事业单位、人民团体等。公开范围从政府扩大到党委、人大、政协和人民团体,公开层级从省级到市、县(区)。2013年,省级42家部门公开了部门预决算和“三公”经费预算,全省12个市和54个县(区)公开了部门预算,7个市和28个县(区)公开了“三公”经费预算。2014年4月,省级115家部门、全省16个市和105个县(区)全面公开了2014年部门预算和“三公”经费预算。2014年8月,省直115家一级预算单位2013年部门决算和“三公”经费决算全面公开,9月,市县部门决算、“三公”经费决算公开工作全面完成。至此,我省比财政部规定时间提前一年实现部门预决算和“三公”经费预决算全面公开。

(三)预决算公开的内容渐趋细化。明确要求政府预决算公开细化到支出功能分类项级科目;部门预决算公开分基本支出和项目支出,细化到支出功能分类项级科目;“三公”经费预决算分总额和分项数额,公开到支出经济分类款级科目。在公开预算数据信息的同时,还要求发布相关文字说明,方便公众解读。为进一步细化公开内容,对公开内容和格式进行了统一规范,其中政府预决算主要公开:经同级人大批准的预决算报告、报表及相关说明材料,包括公共财政预算收支预决算表、政府性基金预算收支预决算表、国有资本经营收支预决算表等。部门预决算主要公开:部门预决算编制说明,公共财政预算收支预决算总表,公共财政预算收入、支出预决算表,公共财政预算财政拨款支出预决算表,政府性基金预算收支决算表等。“三公”经费预决算主要公开:“三公”经费预决算编制说明、“三公”经费预决算表。

(四)预决算公开的联动机制逐步构建。按照“统一部署、分级负责、分级实施”的原则,省级财政部门不断加大对市县预决算公开工作指导力度,保障全省公开整体推进、协同落实。要求所有市县比照省级公开内容、范围和细化程度,将公开范围扩大到涉密部门外的所有使用财政拨款部门、单位,联动公开预决算。在总结省级预算信息公开工作做法的基础上,制定市县两级预决算信息公开内部工作规程,进一步明确职责分工,规范基础数据口径,加强舆论引导,完善公开保障机制,从事前、事中、事后全方位指导市县规范、高效推进预决算公开工作。充分发挥财政帮联会商工作机制作用,省财政厅各处室对口全省16个市和2个直管县,指导各级各部门在预决算批准(批复)20个工作日内全面公开信息,确保全省公开工作平稳有序。

(五)预决算公开的良好氛围有效形成。加强与社会各界的沟通交流,积极营造有利于预决算公开的良好环境氛围。一是获得人大代表、政协委员好评。2014年安徽省“两会”期间,省级124家部门的预算向全体人大代表、政协委员公开,设置电子预算信息查询台,专人现场解答代表、委员询问,主动接受人大监督,得到广大代表和委员的一致好评。二是媒体正面报道。安徽省政府预算、部门预算和“三公”经费预算公开后,人民网、新华社安徽频道、安徽电视台、中安在线等中央驻皖和省内主流媒体,纷纷从正面报道有关预算公开情况,积极肯定安徽省预算信息公开全覆盖,公开内容细化,公开信息具有可读性、公开时间集中统一,做到市县联动和步调一致等做法。三是社会舆情平稳。预算信息公开后,公众解读比较客观,社会评论正面积极,舆情反映总体平稳。

(六)预决算公开的积极效应迅速显现。财政预决算公开有力地促进了我省财政管理水平持续提升,也为其他预算管理制度改革提供了动力。一是推动了财政管理。预决算公开倒逼财政部门主动作为,不断提高财政管理透明度。2013年,省级首次对15个部门的16个重点支出项目共22.8亿元进行公开评审。2014年,评审范围进一步扩大,预算资金分配更加公平合理。二是提升了资金绩效。预决算公开工作促使预算编制更加规范,预算执行更加严格,提高了财政资金使用绩效。“三公”经费的公开,构筑了行政支出的监督网,严肃了财经纪律,奢侈浪费风气得到有效控制。2014年1—6月,全省“三公”支出16.5亿元,比上年同期下降28.8%。三是促进了财政改革。预决算公开作为预算管理制度改革的龙头和抓手,发挥了广泛的监督作用和示范带动效应,倒逼其他财政改革全力推进,促进了清理整合规范专项转移支付、盘活财政存量资金、“三公”经费及财政供养人员管理、政府购买服务等重点改革顺利实施。

二、当前财政预决算公开存在的问题

从当前财政预决算公开的工作实际来看，尽管目前进展顺利，取得了不少成绩，但与公共财政的要求和社会各界的诉求相比，仍然存在一些不足。

(一)主动公开的意识有待增强。尽管从中央到地方都出台了一系列要求推进预决算公开的文件，但在实际操作过程当中，一些预决算公开主体对推进预决算公开工作不积极，存在畏难情绪，主动推进的少，被动应付的多；坚决贯彻执行的少，犹豫观望的多。特别是一些部门和预算单位持消极态度，把公开本身当作最终目的，于是"一挂了之"，将一项严谨的工作变成了"一锤子买卖"。

(二)公开的运作欠缺规范。由于中央对地方预决算公开没有明确规范的公开格式，加之各地预算管理水平参差不齐，预决算公开表格样式、公开内容等差别很大，容易引起舆论炒作及公众误读。同时，目前尚未建立科学统一的经费支出标准，不同地区相同部门公开的预决算差距很大，不利于公开主体准确掌握公开口径，很难做到公开数据的规范可比。

(三)公开的内容不够完整、细化。目前公开的预决算信息多为粗线条的，笼统的原则性的内容偏多，缺少具体支出内容，如社会关注的三公经费等支出信息，公开的细化程度仍然不够，还没有触及到深层次的信息。另外，预决算公开多是按照功能分类来划分支出，尚缺少按照经济分类来划分的预决算信息，无法全面反映支出的经济性质和具体用途。

(四)公开的通俗性、易懂性不够。预算由于本身具有的专业性，涉及复杂繁琐的账目，因此，各地在编制预决算报告的时候往往存在专业术语运用较多、大量罗列数据等现象，加上对每一笔支出的具体内容缺少必要的解释说明，不仅普通百姓看不懂，即使是一些专业的人士往往也难以理解，"外行人看不懂、内行人说不清"的现象较为普遍。

(五)缺乏与社会公众的互动。政府和部门预决算公开，应是一个互动连续的过程。但目前各部门各自在门户网站上或政府信息公开栏上公开等方式，公开情况较为零散，不便于公众查询和实时监督，更缺乏一个交流互动的平台。公众参与预决算公开的积极性不高，参与的渠道不畅，难以表达自己的观点和意见。而政府部门和单位面对社会公众的关注、质疑甚至批评，回应不够及时，解释不够细致。

三、财政预决算公开存在问题的根源分析

政府和部门预决算公开中出现的困难和问题，究其根本，既有思想认识的主观因素，也有法律、体制、技术等层面的客观因素。

(一)思想认识不到位，导致"不愿公开"。由于长期受计划经济体制影响，不少预算部门和单位习惯谨言慎行、"秘而不宣"的工作模式，开放程度比较低，公开意识较为缺乏。特别是部分预算部门单位认为公开就是亮底，担心预决算公开后会冲击自身利益，或是害怕社会舆论发现问题而因此担责，对预决算公开有较强的抵触心理，于是在推进过程中能拖就拖，或是避实就虚、避重就轻。

(二)法律制度不完善，导致"不宜公开"。我国目前专门规定财政预决算公开事项的制度较为匮乏，现行《预算法》等相关法律对于预算公开缺乏细致规定。虽然国务院颁布的《政府信息公开条例》明确了预决算公开的有关内容，但属于行政法规范畴，法律位阶较低，约束力有限。此外，《保守国家秘密法》《会计法》《档案法》等法律在涉及预决算公开的相关内容上，由于立法层次和目标与《预算法》《政府信息公开条例》等不尽相同，出现了法律之间相互抵消和"碎片化"现象，使得不少单位往往以国家秘密为由拒绝公开预决算。

(三)管理体制不健全，导致"不便公开"。由于现行预算管理体制存在着一定缺陷，而预算编制、预算执行等环节又有着一些漏洞和问题，导致预算的完整性、真实性、科学性、合理性和统一性受到影响。如预算编制范围不完整，部分资金和上级转移支付未及时纳入地方预算编制，预算和决算相差很大；预算编制年度不合理，编制时间较短，编制内容较为粗放，缺乏科学性、合理性和前瞻性；预算执行的约束力不够，预算追加较多，特别是由于目前各级政府的事权和支出责任不够明确，存在较多的"上级政府点菜、下级政府买单"情况，出现很多零时需要安排资金支出的现象，缺乏硬的预算约束力，等等。此外，预算经费保障不足、行政支出偏大、转移支付不科学、不同程度存在隐性债务、单位财务管理不规范等，都让预决算公开处于"遮遮掩掩"的状态，部分支出被

归类为“其他支出”。

(四)监督问责不坚决,导致“不利公开”。目前,各级人大预算监督偏重于宏观监督,缺乏对部门预算编制的微观监督。人大预算监督与财政部门监督、审计部门监督等,还没有完全形成合力。同时,人大、审计等监督发现的问题尚缺乏明确的问责机制,致使一些问题屡查屡犯。另外,社会公众的公民意识较为淡薄,对预决算监督的积极性没有充分调动起来,多数人认为政府怎么花钱不关自己的事,对预决算公开关注程度不高。

(五)工作机制不通畅,导致“不易公开”。根据“谁主体、谁公开、谁负责”的原则,部门、单位应当作为本部门、本单位预决算公开的责任主体,财政部门主要负责牵头协调并进行业务指导。但从现实情况看,由于缺乏必要的工作推进机制,部门、单位往往乐意充当“甩手掌柜”,将“包袱”甩给财政部门,而财政部门推进手段单一,力度明显不够,推进过程中遇到较多阻力。

四、推进财政预决算公开的政策建议

推进财政预决算公开,是全面深化财税体制改革的重要一环,随着新《预算法》首次对“预算公开”做出全面规定,目前已成为大势所趋,不可逆转。然而,在推进财政预决算公开的进程当中,必然会受到多方利益的羁绊,将是一项长期而又艰巨的改革。必须要从全局和长远考虑,设计好路线图和时间表,从多个方面入手,积极稳妥推进财政预决算公开工作。

(一)完善预决算公开的法律基础。顺应民主政治发展的需求,加强完善立法,提升财政预算公开的法律层次,使预决算公开工作有法可依。一是尽快制定新《预算法》相关配套制度。进一步细化新《预算法》中对预决算公开的内容、时间、主体、法律责任等规定,切实增强可操作性,确保预决算公开成为具有法律约束性的“规定动作”。二是研究出台《政府信息公开法》。在现有《政府信息公开条例》基础上,制定《政府信息公开法》,进一步明确“主动公开”、“申请公开”与“不予公开”的界限,并确立公众对政府信息的知情权和监督权。三是加强法规制度之间关于预决算公开的内容衔接。针对现有法律法规关于预决算公开内容规定不一致的地方,修订完善包括《保密法》等在内的相关法律法规,对需要保密、不宜公开的内容进行明确限定,避免预决算公开的法律条文之间互相抵消效力。

(二)健全预决算公开的制度保障。要按照中央推进财税体制改革的总体部署,健全公共财政体系,积极构建有利于预决算公开的体制机制,为推进预决算公开工作提供强有力的制度保障,做到“不怕公开”、“不难公开”。一是理顺政府与市场之间的关系。划清政府与市场的边界,推动政府职能转变,将本应由市场办的事交还市场,同时加大公共领域支出,降低专项资金的比例,提高财政资金分配的公平度。二是明晰政府间事权及支出责任划分。合理划分政府间事权与支出责任,优化完善转移支付制度,提高一般性转移支付比重,严格控制专项转移支付,使专项转移支付与专项工作、各级政府职责紧密挂钩。同时,上级财政尽早下达转移支付,便于下级政府准确编制预算。三是完善预算管理制度。加快推进预算编制改革,将政府性资金统一纳入预算,严格政府管理,形成与市场经济相适应的政府举债、控制和管理新机制,建立完整的预算体系;完善新的政府支出功能分类体系,对现有分类进行梳理、整合和细化。延长预算编制时间,建立与经济周期相适应、与中长期规划衔接的中长期预算框架。严格预算执行,控制预算追加,确保预算“刚性”。探索措施,衔接好各级人大对预算批复的时间差问题,切实解决预算与决算的规模差距过大问题。建立健全贯穿预算编制、执行、监督全过程的预算绩效管理制度,提高资金使用效益。四是提高预算单位的财务管理水平。加强部门、单位预算编制工作,建立健全内部控制制度,规范预算单位会计核算工作,加强日常财务管理,加强资金收支情况的监督,确保资金科学有效使用。

(三)提升预决算公开的技术手段。要充分利用现代科技条件和先进管理手段,丰富公开的途径、方式、形式,为推进预决算公开工作创造良好条件。一是加强财政信息化建设。建设、完善预算管理相关部门的信息系统,实现部门间业务联网和信息共享,建立完备的预算编制系统、国库运作和信息处理系统、预算执行分析报告系统以及宏观经济政策分析系统等,建立科学合理的预算编制、审议、执行、评价和监督的完整信息系统。二是统一预决算公开的形式和口径。将各级政府和部门的预决算依法规范向社会公开,并统一公开口径，对数据内容、依据标准、解释说明等予以规范，便于公众获取信息和进行横纵向比较。三是开发实用性的电子政务公开系统与平台。充分利用网络、电视媒体、大型数据库等现代信息和通讯技术，建立电子政务“一站式”的服务平台，实现“傻瓜化”查询、阅读和下载，降低公众获取预决算信息的成本，加快预决算信息更新频率。

（四）构建预决算公开的监督体系。加快构建预决算公开的监督体系，提高预算分配的公平性和合理性，提高财政资金使用绩效，促进政府行为的廉洁高效。一是建立预决算公开的问责制。充分发挥财政、审计、人大的监督作用，按照“公开为原则，不公开为例外”的要求，加强对政府和部门预决算公开的跟踪问效，对不公开或者公开不规范的单位进行问责。二是引进第三方评价。成立政府预决算公开监督机构或中介机构，对政府预决算公开进行检查监督和评估，对不符合预算公开要求的单位进行通报，督促其纠正。全面公开财政资金使用的绩效评价结果，提高社会对财政资金使用绩效的监督。三是主动接受社会监督。扩大宣传，提高社会对预决算公开的参与度。逐步扩大“参与式预算”的范围，增加公众参与渠道，扩大公众参与范围。建立预决算公开信息的互动回应机制，通过咨询回复、在线访谈、新闻发布会、预决算公开论坛、预决算公开主题日等多种形式，畅通政府和公众之间的信息沟通渠道，增强公众参与预决算公开的深度和广度，提高政府的回应能力。

（五）营造预决算公开的良好环境。必须将预决算公开工作，放置于整个政治、经济和社会改革的大环境中统筹考虑，做到趋利避害，为顺利推进预决算公开工作创造良好环境。一是推动政府部门转变观念。让各级政府部门充分认识到推进预决算公开的重大意义，变“负担”为“责任”，增强预决算公开工作的主动性和自觉性。二是加强公民权利宣传教育。政府部门要加大宣传力度，让民众认识到获悉政府信息是公民应享有的基本权利，鼓励民众积极参与预决算公开中来。同时，要加强舆论的正面引导，让民众合法合理行使知情权和监督权，防止预决算公开被别有用心的人利用，成为故意制造矛盾的工具。三是建立协调合作的工作机制。进一步明确政府和部门在预决算公开中的主体责任，完善预决算公开的工作机制，加强各主体之间的协调配合，减轻财政部门压力，避免出现预决算公开是财政部门“独自吆喝”的情况。

课题组长：叶翠青
课题成员：鲍文前　万　勇　刘　兴
课题执笔：万　勇

严肃财经纪律相关问题研究

财经纪律作为党和国家的方针政策在财经工作中的具体体现，是党的纪律中不可缺少的重要构件之一。财经纪律执行的效果，不仅直接影响国民经济各主体的经济活动和经济社会的发展，也关系国家政治生态建设。党的十八大以来，随着中央八项规定和省委省政府改进作风的有关规定出台后，财经纪律松弛的现象有了很大改观，但造成财经纪律松弛的深层次问题尚没有从根本上解决。财政部门作为财经纪律的制定者、执行者和监督者之一，在严肃财经纪律方面发挥着重要的作用。本课题结合财政实际，就严肃财经纪律相关问题进行分析，并提出对策建议。

一、严肃财经纪律的重大意义

严肃财经纪律，是保证党和国家财经方针政策和财经法律法规贯彻执行的重要措施，对于抵制各种不正之风，推进社会主义现代化事业，进而实现中国梦，具有十分重要的意义。

（一）严肃财经纪律是维护党风党纪的重要内容

财经纪律是党的四大纪律之一，是党的组织和全体党员必须共同遵守的党内行为规范。党的财经纪律规定着党组织和党员在经济生活中“不许怎样做”、“必须怎样做”，对党组织、党员的活动和行为具有一定的强制作用，从而为优良作风的形成和发展奠定了基础，对党风具有保证作用。随着改革的深化、开放的扩大和社会主义市场经济的发展，严肃党的经济纪律，对于在改革开放过程中从严治党，端正党风，有着特殊的重要意义。

（二）严肃财经纪律是规范社会经济行为的重要准则

财经纪律是党和国家制定的经济法规和相关政策，是规范各相关主体参与经济活动的行为准则，许多财经纪律都已上升到国家法律层面，成为国家法律的重要内容,财经纪律执行的好坏,直接影响到国民经济各主体开展经济活动,关系到社会发展环境,关系到党和群众的根本利益。严肃财经纪律,将会有利于正确处理各种经济关系,维护正常经济秩序,保障多元的市场主体、经济实体、经济单位的规范运行。

(三)严肃财经纪律是从源头上预防和治理腐败的重要措施

严肃财经纪律不仅有利于加强和规范财政收支行为,提高,提升财政科学化精细化管理水平,也有利于从源头上防范和遏制违规问题的发生。剖析诸多腐败现象,从中得出的结论是,松懈的财经纪律,是滋生腐败的土壤,违反财经纪律,则是腐败问题的前站。通过严肃财经纪律这一有力武器来整饬财经秩序,将会有助于财税法律法规和规章制度的严格执行,从而不断铲除产生腐败的温床。

(四)严肃财经纪律是推进现代财政制度建设的重要基础

严明的财经纪律是做好财政工作的内在要求,是现代财政的需要,无论是预算编制、预算执行、预算监督,还是财政政策的制定,无一不涉及财经纪律,财经纪律覆盖财政管理的方方面面,为理财行为划出了不容逾越的“红线”。当前财政工作一直处于不断改革的过程中,各项财政改革本身也在不断完善,财政管理工作要求越来越严谨细致,财政工作流程要求越来越务实高效,财政制度体系要求越来越规范严密,都迫切需要强化财政纪律约束,以严明的财经纪律指导财政工作、规范财政业务,为全面深化财政改革,推进现代财政制度建设夯实基础。

二、当前财经纪律松弛的主要表现

财经纪律涉及国计民生的方方面面,也覆盖到社会生活的各个领域。当前,随着财政改革的不断深入,财政财务管理规范化水平不断提升,但不可否认的是,财经纪律松弛、甚至违反财经纪律的种种行为难以杜绝,财经纪律在执行、落实、监督等方面面临的形势依然十分严峻。从财政角度来看,主要表现在以下几个方面:

(一)预算约束不严格

强化预算约束是执守财经纪律的基础,目前在部门预算的编制和执行过程中,仍然存在一些问题。一是预算编制质量有待提高。虽然零基预算已被广泛认可并执行多年,但在实际工作中却始终没有得到很好实现,仍然是实行传统的“基数+增长预算”,客观上造成一些单位在申报预算时扩大基数规模,造成预算编报不真实,水分大。部门和单位预算意识不强,预算与单位事务脱节,编制预算收入、预算支出缺乏科学性。政府采购预算编制尚不够准确、完整,超预算、超范围采购等问题仍有发生。二是预算执行缺乏刚性。在预算执行当中,资金支出没有严格遵循先有预算、后有支出的原则,惯性思维和做法仍存在,单位预算追加频繁,预算支出科目调整程序不够到位。相当一部分预算执行单位存在预算约束不严、支出不规范等问题,诸如挤占专项资金、公用经费超预算支出、不规范票据注账、超预算范围列支、无预算安排事业支出、项目支出,执行政府采购预算和资产配置标准不严格等问题,影响了财政资金的使用效益。

(二)资产管理不规范

随着社会事业的发展,行政事业单位的国有资产日趋增加,但资产核算管理工作没有及时跟上,存在着一些不规范的现象,影响着国有资产的安全和完整,成为国有资产流失的一大隐患。一是基础管理工作薄弱。少数单位资产管理制度不健全,资产管理方式滞后乏力,资产管理与财务管理、部门预算脱节,资产使用和监管粗放,导致资产使用效率不高。二是资产账务处理存在漏洞。一些单位资产管理部门的账务处理不及时、不完整、不规范、账表不符、账实不符的现象较为普遍,造成家底不清,甚至出现资产未纳入账内管理,形成账外资产。三是资产处置欠规范。包括未经国有资产管理部门批准,擅自处理国有资产,对国有资产的经营收益不按规定纳入财政管理等等,资产处置随意性大。

(三)财务会计管理不完善

一是会计核算规范性有待提升。有些部门会计基础工作薄弱,未按照国家有关规定进行会计核算,会计报表、会计账簿、会计编制不规范,会计资料不能真实反映单位的财政、财务收支状况,会计资料提供的会计信息不准确、不完整。二是财务内控制度有待健全。一些部门和单位的财务工作没有实施相应的岗位分离、相互制约、相互监督的工作机制,导致权力得不到制约。三是财务制度执行不够严格。一些单位负责人执行“财经纪律”意识较为淡薄，规避制度约束，造成有章不循，管理混乱，此外，还存在单位会计主管未能履行相应会计岗位职责，或缺乏专业财务人员，财务处理能力较弱等问题。

（四）账户、现金管理不到位

少数部门和单位账户、现金管理制度缺乏约束力，造成资金管理制度虚设，出现管理漏洞，如出现银行存款、现金日记账不清，银行存款、库存现金不进行日清、月结；出租、出借银行账户等行为；违反现金管理规定使用现金；账面现金余额较大等问题。此外，如票据管理不合规，违规使用专项资金、“三公经费”超标，不严格执行“收支”两条线等一些财经纪律松弛的现象也都在财经活动中不同程度的存在。

三、出现财经纪律松弛现象的主要原因

财政纪律松弛现象有其一定的普遍性和顽固性，究其原因，既有体制机制方面的缺陷，也有制度建设滞后的因素；既有领导思想性的，也有干部素质上的；既有监管不到位的漏洞，也有查处力度不够的原因。

（一）法纪意识淡薄

一些单位特别是单位主要领导对依法管理财务工作重视不够，缺乏依法理财的自觉性，甚至认为违纪资金只要没有揣进个人腰包，即使查出来也没有问题，“有章不循”、心存侥幸的现象较为普遍。此外，在经济活动开展的同时，面临一些新事物新问题由于所掌握的法律法规知识不够，难以对其所进行的经济活动给予一个准确的判断，又为了力求办事的简捷与快速，容易导致财经纪律松弛。

（二）内控机制缺失

由于未建立起完善的财务管理内部控制和制约机制，财务不公开，经济业务事项失去有效监督，造成财务管理混乱。一些单财会人员工作原则性不强，支出不审查、不把关，无法起到应有的内控监督作用。少数财务人员不具备财务管理人员的基本条件和素质，业务知识欠缺，无证上岗，违规操作，不会记账，甚至乱记账；还有一些财务人员工作责任心不强，账务记载不及时，科目设置不规范，没有履行好自己应尽的职责。

（三）监督管理乏力

一是财务监管制度不健、不配套，制约机制不完善，使违纪者有空子可钻。二是监督管理多为事后监督，很少对疑点问题进行延伸和跟踪监督检查，待问题显现，已既成事实；三是对单位和部门一把手的权力缺少有效的监督制约机制，导致其有恃无恐，无所顾忌。

（四）纠处力度偏软

一是查处不严。对违规违纪问题打击不力，特别是处理事和处理人相脱节，侧重检查处理单位，很少追究个人责任，未能引起直接责任人的高度重视，使一些问题得不到有效解决，各项监督检查没有起到应有的鞭策和警示作用；二是避重就轻。以一般违纪问题掩盖主要违纪问题，只处理一般责任人，不追究领导的责任，即使处理也是轻描淡写，对出现的违纪问题，大都做调账处理，或只对单位进行经济处罚，即使处罚也是象征性的轻处罚。三是以缴代处。重收缴违纪款，轻纪律责任追究，严重的责任人也不移交有关部门查处，多以息事宁人，敷衍了事，使违纪者不能依法受到制裁，削弱了处罚的威慑力，在一定程度上助长了违纪者的气焰，导致财经纪律松懈。

四、进一步严肃财经纪律的建议

新形势下，严肃财经纪律已经成为加强党的建设的重要内容，财政作为国家治理的基础和重要支柱，在严肃财经纪律上的作用也被提升到了一个新高度。必须要进一步规范财政业务、维护财经秩序，用铁的纪律确保党的路线方针政策在财政工作中得到贯彻落实，确保深化财税体制改革目标的实现。

（一）建立健全财政法律法规和制度体系

建立健全有效管用的财政法律法规和制度体系，提升制度的科学性、可行性和系统性，是实现用制度约束人、管理人的基础，也是执行财经纪律的可靠保障。一是做好新预算法实施的立法配套工作。要按照新出台的《预算法》有关规定，加快推进《预算法实施条例》修订工作，研究制定财政转移支付、财政资金支付、政府债务管理、政府综合财务报告等方面的规章制度，研究出台有关预算审查监督的决定或者地方性法规，将落实财经纪律的要求细化到具体、微观的层面。二是健全国有资产管理制度。加强行政事业单位资产管理，提升立法级次，推动制定行政事业单位国有资产管理条例。研究建立健全金融企业国有资产监督管理体系,推动制定金融企业国有资产监督管理条例。加强企业国有资产管理,推动制定企业国有资产管理相关制度。三是完善会计管理制度体系。适时修订《会计法》,规范总会计师管理,研究修订总会计师条例。逐步完善适应经济社会发展需要和与国际惯例协调的会计准则和会计制度体系、内部控制规范体系以及会计信息化标准体系,研究修订会计人员从业资格管理办法。四是完善财政监督管理制度。积极推动《财政监督条例》立法,逐步提升财政监督法律级次。积极推进财政绩效监督,进一步完善财政绩效监督管理制度。

(二)规范和完善收支预算管理

规范和完善收支预算管理、强化预算约束是加强财经纪律执守的关键,要进一步加强预算编制、执行、决算、绩效和监督的“五位一体”有机结合,从预算的科学规范、有效性上着力,抓住编制、执行要点,推动预算刚性约束。一是提升预算编制水平。加强全口径预算管理,完善预算编制内容,提高预算的完整性,细化预算编制;科学制定预算综合定额,逐步实现预算与事权的基本匹配;扩大国有资本经营预算实施范围,提升社会保险基金预算编制水平,健全政府预算体系。二是增强预算执行刚性。建立预算绩效管理制度,完善预算支出责任机制,创新预算执行激励约束手段,对所有收入和支出,必须按照编制好的预算项目进行,严禁随意调整和变更预算,对发现的财政资金使用中存在的随意性和盲目性行为,及时处理,切实提高预算的严肃性。三是积极稳妥推进预决算公开。要树立“以公开为原则,以不公开为特例”的原则,进一步扩大部门预算公开范围,丰富和细化预算公开内容,除涉密信息外,政府预算收支各种各类的各级次信息,应逐步实现类、款、项、目的全公开。

(三)规范财政内部运转机制

财政机关的运转无时无刻不与财经纪律相联系,上至党纪国法,下至工作规则。要不断完善内部控制的财经纪律,需要优化工作流程,加强风险防控,压缩自由裁量权,提高工作透明度,将集体决策精神嵌入内控流程,加强财政权力制约。一是建立重要经济事项集体决策制度。凡重大项目安排、大额资金使用、建设项目发生较大或重大变更等,均要在充分调查研究、论证的基础上,由单位领导班子集体作出决策。二是严格执行各项内部审批制度。在规范财务“一支笔”审批的基础上,逐步引入审查制度、会签制度等,建立健全并严格执行包括国内差旅、公务接待、会议管理等内部审批制度,不断强化内部管理,营造执守财经纪律约束的良好环境。三是发挥现代信息技术的管理作用。积极依托现代信息技术手段,进一步完善涉企信息系统,可将权力节点设置成技术参数,内置于预算管理实时同步监督系统,通过流程控制、风险预警,实现对财政资金从预算源头到决算结果全过程的跟踪追溯和动态监控。

(四)加强财政监督检查管理

加强对重点领域、重要单位、关键环节和热点问题的执法监察和效能监察,发现违纪线索及时查处,并针对存在的问题,搞好建章立制,是严肃财经纪律的有效手段。一是建立有效的监督网络。加强财政监督与审计监督、行政监察与人大监督的协调配合,建立财政监管信息交流与成果共享机制,形成联防联治的高压态势。二是建立财政监督结果公告制度。引入政策执行情况第三方评估,主动接受社会监督,将严肃财经纪律融入到社会治理体系。三是加强对企事业单位和社会经济组织的财务监管。探索在财务支出规模较大的高校、医院和国有大中型企业配备财务总监,加强对财务监管工作的领导,将严肃财经纪律的要求从政府部门延伸到国有企事业单位以及其他社会经济组织,逐步挤压和堵塞权钱交易的“官商通道”,使严肃财经纪律的社会效应得到彰显,取得实效。四是加大对违反财经纪律的惩处力度。建立财政监督成果与安排预算资金、完善财政政策制度、优化管理流程紧密衔接的工作机制,使检查成果顺畅转化为完善制度、改进管理、调整预算的对策措施。对屡查屡犯、整改不力的单位,采取约谈、通报、停拨资金等措施;对涉嫌违法犯罪的,移交司法机关处理,坚决维护财经纪律的权威性和严肃性。

(五)加大宣传教育力度

加强有关财经法规、党纪条规的学习和教育,使党员干部进一步增强遵纪守法意识。一是加强廉政教育和法纪培训。加强领导干部特别是“一把手”的廉政教育和法纪培训,增强法律意识和法制观念,提高依法办事的水平和能力,牢固筑起思想的堤防。二是增强党风廉政责任制意识。增强各级领导干部要“一岗双责”的意识,在做好分管业务工作的同时，要切实做好职责范围内的党风廉政建设和反腐败工作,切实管好自己的人,看好自己的门。三是严格干部队伍管理。各级领导干部特别是党员领导干部要严格管理队伍,一级抓一级,带好队伍,确保干部会干事、干成事、不出事。四是加强思想教育。从正反两方面加强党纪政纪和反腐倡廉的教育,加大典型案件的曝光力度,警示党员干部,增强依法办事的自觉性。

课题组长:叶翠青
课题成员:鲍文前　万　勇　刘　兴
课题执笔:刘　兴

关于构建多层次社会保障体系研究

党的十八大把社会保障全民覆盖作为全面建成小康社会的重要目标，要求坚持全覆盖、保基本、多层次、可持续方针,以增强公平性、适应流动性、保证可持续性为重点,全面建成覆盖城乡居民的社会保障体系。党的十八届三中全会进一步提出建立更加公平可持续的社会保障制度的改革目标，标志着我国社会保障制度改革进入一个新的重要时期。因此,要加快推进社会保障领域的制度改革和创新,准确把握新形势新要求,明确改革的基本原则和主要任务，建立和完善多层次的社会保障体系,进一步提高国民风险抵御能力,推进基本公共服务均等化。

一、构建多层次社会保障体系的主要内容

(一)多层次社会保障体系的内涵

社会主义市场经济体制要求社会保障与之相适应,即要构建一个法制健全、各项制度完整、组织管理统一、基金运作规范、社会服务有序的纵横向之间相互协调,体现社会保障制度多层次,避免社会保障财务危机,保障人民基本生活需要,满足社会经济发展,适合国情、国力、可持续发展的具有中国特色的社会保障体系。从构建保障渠道上看,多层次社会保障体系主要由国家、集体、社会和个人保障四大板块组成，各保障项目分别按四大板块来设置“四张安全网”。从层次上看，主要分三个层次。一是“托底层”。主要是通过最低生活保障、医疗救助、农村“五保”等制度对城乡的贫困家庭和居民给予社会救助，通过社会福利制度对鳏寡孤独等特定群体给予照顾。所需资金全部由政府支出。二是“主干层”。主要是通过实施权利与义务相联系的社会保险制度,为参保人员提供养老、医疗、失业、工伤、生育等基本保障。政府强制或引导社会保险制度实施,并承担必要的财政责任。三是“补充层”。国家鼓励和引导用人单位根据条件,建立企业年金、职业年金和补充医疗保险制度,发展商业保险,以满足不同社会成员的保障需求。

(二)多层次社会保障体系的主要内容

随着我国社会经济的发展，国民经济水平的不断提高，我国社会保障体系得到了不断地发展与完善。我国现行的社会保障项目有养老保险、医疗保险、失业保险、城市基本生活保障、农村养老保险、农村新型合作医疗、工伤保险、生育保险、遗嘱保险、优抚安置、社会福利、社区服务以及商业保险等总共十三项。按资金筹集方式、保障目标分类，可以将我国目前的十三个社会保障项目划分成四大类。

1. 社会保险。社会保险在社会保障体系中居于核心地位,它是社会保障体系的重要组成部分,是实现社会保障的基本纲领。社会保险目的是保障被给付者的基本生活需要，属于基本性的社会保障;保险对象是法定范围内的社会劳动者;基本特征是补偿劳动者的收入损失；资金来源主要是用人单位(雇主)、劳动者(雇员)依法缴费及国家资助和社会募集。

2. 社会福利。社会福利是社会保障的最高层次,是实现社会保障的最高纲领和目标。它的目的是增进群众福利,改善国民的物质文化生活,它把社会保障推上最高阶段；社会福利基金的重要来源是国家和社会群体。

3. 社会救助。社会救助属于社会保障体系的最低层次,是实现社会保障的最低纲领和目标。社会救助的目的是保障被救助者的最低生活需要；救助的对象主要是失业者、遭到不幸者,基本特征是扶贫，社会救助的基金来源主要是国家及社会群体。

4. 社会优抚。社会优抚安置是社会保障的特殊构成部分,属于特殊阶层的社会保障,是实现社会保障的特殊纲领。社会优抚安置目的是优待和抚恤。

二、多层次社会保障体系的现状和存在的不足

(一)多层次社会保障体系的现状

近年来,我国社会保障体系建设步伐加快,普惠性特征日益体现。从覆盖城乡的最低生活保障制度的构建到全民医疗保险、全民养老保险制度体系的形成与快速覆盖,再到保障性住房及其他福利供给的大幅增长,我国多层次社会保障体系建设不断加快,惠及绝大多数城乡居民。

1.社会保险多层次结构逐步建立。在养老保险方面。近年来,我国大力推进多层次养老保险体系建设,在按规定参加基本养老保险的基础上,有条件的企业可为职工建立企业年金,企业年金费用由企业和职工个人共同缴纳,实行基金完全积累,采用个人账户方式进行管理。通过多种渠道筹集基本养老保险基金。实行企业和职工共同缴费,企业缴费一般不超过企业工资总额的20%,具体比例由省、自治区、直辖市人民政府确定;职工个人按本人工资的8%缴费。城镇个体工商户和灵活就业人员参加基本养老保险,由个人按当地社会平均工资的18%左右缴费。增加财政对基本养老保险基金的补助。建立全国社会保障基金。从2000年开始我国决定建立全国社会保障基金。全国社会保障基金的来源包括:国有股减持划入资金及股权资产、中央财政拨入资金、经国务院批准以其他方式筹集的资金及投资收益。全国社会保障基金是养老保险等各项社会保障得以实施的重要财力储备,截至2013年社保基金会管理的基金资产总额12415.64亿元。此外,国家还鼓励开展个人储蓄性养老保险。在医疗保险方面。完善多层次医疗保障体系,在建立基本医疗保险制度的同时,为满足不同参保人员的医疗需求,逐步建立和完善多层次医疗保障体系,减轻参保人员的个人负担。各地区根据实际情况,普遍建立了大额医疗费用补助制度,其资金来源主要由个人或企业缴费,以解决超过基本医疗保险最高支付限额以上的医疗费用。国家鼓励企业为职工建立补充医疗保险,主要用于解决企业职工基本医疗保险待遇以外的医疗费用负担。企业补充医疗保险费在工资总额4%以内的部分,从成本中列支。国家逐步建立主要由政府投入支持的社会医疗救助制度,为特殊困难群体提供基本医疗保障。另外在失业保险、工伤保险和生育保险等方面也采取了多层次社会保障模式,进一步保障了人民群众的权益。

表一:全国社会保障基金增长情况

单位:亿元

年份	2008年	2009年	2010年	2011年	2012年	2013年
基金资产	5130.89	7766.22	8566.9	8688.2	11060.37	12415.64

表二:财政拨入全国社会保障基金资金情况

单位:亿元

年份	2008年	2009年	2010年	2011年	2012年	2013年
财政净收入	326.95	825.9	634.4	482.82	526.1	554

2.社会福利多层次结构不断健全。积极推进社会福利事业的发展,通过多种渠道筹集资金,为老年人、孤儿和残疾人等群体提供社会福利。在老年人社会福利方面。《中华人民共和国老年人权益保障法》规定,国家和社会采取措施,改善老年人生活、健康以及参与社会发展的条件。各级政府将老年事业纳入国民经济和社会发展计划,逐步增加对老年事业的投入,并鼓励社会各方面投入,使老年事业与经济、社会协调发展。近年来,通过推进社会福利社会化,逐步形成以国家、集体举办的老年社会福利机构为骨干,以社会力量举办的老年社会福利机构为新的增长点,以社区老年人福利服务为依托,以居家养老为基础的老年人社会服务体系。截至2013年底,全国各类养老服务机构42475个,拥有床位493.7万张,比上年增长18.9%(每千名老年人拥有养老床位24.4张,比上年增长13.9%)。在儿童社会福利方面。为儿童提供教育、计划免疫等社会福利,特别是为残疾儿童、孤儿和弃婴等处在特殊困境下的儿童提供福利项目、设施和服务,保障其生活、康复和教育。截至2013年底,全国共有儿童收养救助服务机构803个,拥有床位9.8万张,年末收养各类人员5.6万人。其中儿童福利机构529个,床位8.7万张。在残疾人社会福利方面。通过兴办福利企业、实施按比例就业和扶持残疾人个体从业等形式,帮助残疾人实现就业;采取临时救济和集中供养以及兴办残疾人福利安养机构等福利措施,对残疾人提供特别照顾。截至2013年底,全国共有为残疾人提供服务的机构18227个;增加值为701.5亿元,占第三产业的比重0.27%;吸纳残疾职工53.9万人就业;实现利润106.9亿元;年末固定资产

1760.1亿元。

表三：社会服务机构床位

单位：万人、亿元、%

指标	2007年	2008年	2009年	2010年	2011年	2012年	2013年
床位数	269.6	300.3	326.5	349.6	396.4	449.3	526.7
每千口人床位数	2.04	2.26	5.45	2.61	2.94	3.32	3.87

3.社会救助多层次结构不断优化。从实际出发最大限度地对生活困难的城乡居民实行最低生活保障，对受灾群众进行救济，对城市流浪乞讨人员予以救助，提倡并鼓励开展各种社会互助活动。鼓励并支持社会成员自愿组织和参与扶弱济困活动，推动社会捐赠制度建设，建立健全经常性的捐助工作机构、工作网点和仓储设施，随时接受各种社会捐赠。截至2013年底，全国共建立经常性社会捐助工作站、点和慈善超市3.1万个(其中：慈善超市9492个)。全年各地共接收社会捐赠款物566.4亿元。全年各地接收捐赠衣被10405万件，捐赠物资价值折合人民币8.7亿元。全年有1368.8万人次在社会服务领域提供了3579.7万小时的志愿服务。

表四：社会救助情况

单位：万人

指标	2007年	2008年	2009年	2010年	2011年	2012年	2013年
城市居民最低生活保障人数	2272.1	2334.8	2345.6	2310.5	2276.8	2143.5	2064.2
农村最低生活保障人数	3566.3	4305.5	4760.0	5214.0	5305.7	5344.5	5388.0
农村五保供养人数	531.3	548.6	553.4	556.3	551	545.6	537.2

4.社会优抚多层次结构不断完善。优抚安置制度是中国政府对以军人及其家属为主体的优抚安置对象进行物质照顾和精神抚慰的一种制度。截至2013年底，国家抚恤、补助各类重点优抚对象950.5万人，比上年增长0.6%。为保障优抚对象的权益，我国陆续颁布了《革命烈士褒扬条例》《军人抚恤优待条例》等法规。国家根据优抚对象的不同及其贡献大小，参照经济、社会发展水平，确立不同的优抚层次和标准。对于烈士遗属、牺牲和病故军人遗属、伤残军人等对象实行国家抚恤，对老复员军人等重点优抚对象实行定期定量生活补助；对义务兵家属普遍发放优待金；残疾军人等重点优抚对象享受医疗、住房、交通、教育、就业等方面的社会优待。我国动员社会各方面力量，从保障优抚对象和退役军人的切实利益出发，不断完善各项优抚安置制度，提高优抚对象的保障水平，推进退役军人安置管理的法制化、制度化建设，维护优抚安置对象的合法权益。

表五：国家抚恤、补助优抚对象

单位：万人、亿元、%

指标	2007年	2008年	2009年	2010年	2011年	2012年	2013年
国家抚恤、补助优抚对象	622.4	633.2	630.7	625	852.5	944.4	950.5
抚恤事业费	210.8	253.6	310.3	362.7	428.3	517	618.4
抚恤事业费年增长率	17.9	20.3	22.4	16.9	18.1	20.7	19.6

(二)多层次社会保障体系存在的不足

从《社会保障“十二五”规划纲要》到十八大报告，在“全覆盖、保基本、多层次、可持续”方针中，“多层次”始终是完善我国社会保障体系不断追求的目标之一，但在实际运行过程中，我国多层次社会保障制度遇到众多瓶颈。

一是社会保障分担不合理。从国外经验看，任何一个国家的社会保障都是由国家、企业和个人共同承担，但从我国的现状看，社会保障基金来源是企业支付，少量部分由国家补充，个人很少缴纳，不能很好体现国家，集体和个人共同负责原则。据统计资料显示，全国各地的养老保险基金和失业保险基金向企业统筹的比例为职工工资总额的20%～30%，如果再加上医疗保险、工伤保险和生育保险和住房公积金等各项社会保险的筹资比例之合，平均水平已超过工资总额的40%，而向个人筹集的比例仅为工资总额的3%～5%。而在供给上，政府职员和国有企业单位职员享有收益基准制的保障。集体所有制和个体所有制职工更多的依靠自身公款的积累，农民家庭则主要依靠自己家庭积累来保障养老及医疗。

二是社会保障权责关系不明确。在历史责任中，转制成本太高，而且中央与地方各级政府责权脱节，造成了真空的漏洞地带。据世界银行推测，我国城镇国有单位的职工养老隐形债务约3万亿元;据国务院有关部门的推算,城镇职工的养老金隐形债务规模达到了10万亿元。地方政府把欠缴随意支配动用所产生的社保基金收支缺口,作为争取中央财政补贴的依据;政府对地方的社会保障的收支和缺口的真实性缺乏有效的审计和监督。目前,社会保险基金基本上处于地方政府的分散管理之中,而且目前的分散管理因为缺乏责、权与风险分担和约束机制,地方政府或主管部门随意动用和支配社保基金,使得社会保险基金的管理处于混乱状态。

三是社会保障体系运行效率不高。由于我国的社会保障管理体制是从传统的计划经济转型而来,而现行的社会保障管理体制是按社会保障项目分类的,实施分级管理、分散管理,条块分割严重。从而造成政出多门、机构重叠,不仅在纵向上缺乏监督管理,而且在内部缺乏完整的协调机制,造成部门间、地区间相互扯皮的现象,从而容易导致混乱状态的多层次社会保障体系。这种分散的管理体制导致在制定社会保障规划方面难以协调各部门利益,各部门制定各部门规划,制定的相关政策往往不一致,在资金筹措过程中的矛盾重重,运行效率较为低下,条块化的分割更难以有效地调动起社会力量的参与,导致市场化程度低下。

三、国外经验及对我国的启示

(一)西方国家建设多层次社会保障体系方面进行的探索与实践

由于每个国家的经济和社会发展阶段不同,并且他们都有自己独特的历史文化传统和人口结构特点,导致了世界各国在构建多层次社会保障制度方面形式的多样化。

1.福利型社会保障模式。这种社会保障模式最先发源于英国,后来被瑞典等国家采用。这是一种从“出生到死亡”全过程的社会保障模式,社会保障所使用的资金以国家税收为主。其基本内容主要是社会保障资金的主要筹集方式,社会保障资金的统一管理和收支平衡等。它的特点是:国家在一定的经济发展时期根据经济发展程度制定统一的缴费标准,并且所有保障待遇通过特定时期的法律制度固定下来。福利性社会保障模式为全体国民提供了宽范围、高水平的生活保障。其优点是体现了社会的公平,使每一个公民都能享受到经济发展所带来的社会成果,从而让每一个公民都能享受到很好的社会保障福利,提高了国民的幸福指数。但是高福利的保障模式导致政府负担较重,带来了严重的经济和社会问题:一是社会保障支出与社会经济发展的速度不协调,社会保障支出增长过快而经济发展速度却不能与之相协调,致使财政赤字逐年扩大。二是即使劳动者不劳动也能获得较好的社会生活,致使大锅饭情绪滋生,容易导致劳动者产生懒惰情绪不积极投入到社会生产过程中,不利于充分发挥和调动社会成员的工作积极性。三是企业税负过重增加了企业发展资金压力,不利于企业扩大生产,发挥资金优势。

2.强制储蓄型社会保障模式。这种模式主要是以新加坡、智利等国为代表。国家在制定保障制度的时候结合当时的经济发展水平以及居民所能承受的经济程度,以强制储蓄为核心的一种社会保障模式。政府在推行强制储蓄型社会保障模式的过程中实际上是在制定一套国家自我保障制度,在此大框架下涵盖全体国民。在社会保障执行过程中,国家设立了一个统一的公共基金缴纳中心,并通过国家法律的形式制定相关规定,强制要求所有的企业、员工按照规定从工资收入中按比例缴纳公积金。当职工退休遇到重大困难时,连本带息返还给职工。在此期间,国家负有责任管理好公积金,并通过对公积余的运营获得收益,把收益用于公积金的管理。在此过程中国家承担全部管理风险。这种模式的优点是能有效地避免福利型社会保障模式的某些缺陷,多缴多得、不缴不得,具有很强的社会激励作用。

3.投保资助型保障模式。该模式又称为保险型模式,即把社会保险放在了整个社会保障体系的核心位置,充分发挥市场经济的作用。这种保险模式强调社会保障是个人的事情,个人就应当承担相应的义务。以自保为主,国家予以资助。这种保险模式最早起源于德国,随着经济的发展该理论在美国、日本等国得到了进一步的丰富完善,保险型社会保障模式的保障内容广泛,涵盖生活中的各个方面,具有广泛的代表性和普遍性。在社会保险开展办理过程中,个人、企业、国家根据薪金缴纳比例分担相关费用,保险比例按照国家法律规定的比例缴纳。其特点是充分体现公平性和社会性。这种保险模式在经济发展过程中也存在着缺陷，因为税率问题关系着雇主企业的发展，关系着雇员的社会生活的幸福指数。因此个人及企业缴纳的比例以及国家所承担的费用，在每个经济发展时期都成为社会关注的焦点，成为历届政府所要处理的一个敏感问题。

（二）对我国构建多层次社会保障体系的启示

形式多样的社会保障制度之间没有绝对的“好坏”或“高下”之分，从本国基本国情出发，建立具有本国特色的多层次社会保障体系。目前，世界各国社会保障制度丰富的历史实践，给我们提供了很多可资借鉴的经验教训。

1. 统筹兼顾、量力而行。一些由于“福利刚性”（即福利待遇只升不降）而导致劳动力成本过高的国家则纷纷设法改革，调整或削减社会保障项目，设计各种“反福利欺诈”措施，防范“福利陷阱”（即谁削减福利谁下台），以适应国际竞争的需要。由于不少国家的社会保障制度被政党政治所绑架，所以，每次合理的改革措施都可能因为在野党的反对而止步不前，改革社会保障体系成为西方国家的头号内政难题。所以我国在建立多层次社会保障体系时要充分考虑到经济发展水平、社会需求和劳动力结构等因素，避免超前保障给经济带来负面影响。

2. 缜密设计、灵活应对。要认真借鉴发达国家灵活应对的策略，因为这些国家在进行社会保障制度改革的时候，考虑到各方面的利益关系，有时采取赎买政策，保障项目有增有减；有时采取分项实施的削减措施，循序渐进，避免牵涉过多的既得利益，防止因改革社会保障制度而成为政党政治的牺牲品。为了绕过福利利益集团的反对，化解社会保障制度改革难题，不少国家在保持社会福利总水平不降低的情况下，调整政策取向，把原来消极的保障转变为积极的保障方式。例如，控制失业救济金水平，把更多资金投向职业培训和就业服务等。

3. 分步实施，逐步到位。大多数发达国家都是首先建立经济发展和社会稳定急需的雇员和公务员社会保险，再将范围慢慢扩大到独立劳动者和农民。由于独立劳动者和农民的收入来源多样化，在达到退休年龄后一般仍可继续从事劳动，获得收入，因此，其个人缴费和待遇也可以规定得低些。如德国在 1889 年就建立了工人保险，直到 1957 年才扩大到农民；美国在 1935 年举办工人养老保险，直到 1981 年仍有 25%的农民和农业工人没有得到政府的养老保险。根据经济、社会发展的需要发展相应的保险形式，再扩展到相应的保障对象，已成为国外建立和完善社会保险制度过程中普遍的趋势。我国在建设社会保障体系时，一定要充分考虑区域经济发展的不平衡，按照分阶段、分区域、分层次、分群体的保障原则，先东南沿海，后中西北地区；先中心城市，后地县级市；先城镇，后农村；先养老、失业、医疗保险、城镇居民生活救助，后其他保险、福利。

4. 多措并举、功能互补。保障功能和促进就业相结合，不少国家在保证失业救济金发放的同时，积极制定和实施促进就业的政策。主要是：企业吸收失业人员或不裁减工人，政府就适当给予补贴。政府组织培训、购买岗位、创造公益性劳动组织等。政府鼓励、资助发展小企业，由财政和失业保险基金培养小企业主，组织小企业的担保基金。这样做，是变消极的发放失业救济金为积极的促进就业，这不仅支持了企业的发展，稳定了社会，而且使这些人的收入大大提高，还可拉动消费，推动经济增长。

四、构建多层次社会保障体系的政策建议

1. 完善相关立法，实现社会保障法制化。要加快社会保障立法进程，完善相关法律，实现依法行政、依法推进社会保障制度建设，依法维护城乡居民的社会保障权益。在《社会保险法》基础上，今后再逐步制定《社会救济法》《社会福利法》《社会优抚法》等单行法以及相关的配套法如《社保基金法》等，最终形成以社会保障基本法为主干，以社会保障法单行法为具体体现的完整、统一的多层次社会保障法体系。在加快社会保障法制建设的同时，要加强法制宣传工作，提高各级政府依法行政的水平，提高用人单位依法参保缴费的自觉性，提高劳动者依法维权的意识；要依法规范和管理社会保障工作，依法完善社会保障基金的监督和管理机制。

2. 增加财政投入，提供更好的资金保障。构建科学合理的多层次社会保障结构，财政投入是重中之重。多层次社会保障制度的建立和完善需要财政的支持。从世界各国的情况来看，虽然社会保障的资金来源多元化，但财政预算是其资金来源

的主渠道。在西欧、北欧的高福利国家,财政支出的 45%以上是用在社会保障上的,美国也有 1/3 以上的财政支出用在社会保障方面，而我国社保基金占财政支出的比例仅有 15%左右,加大财政投入有很大的空间。要优化财政支出结构,建立与经济发展水平和财政收入水平相适应的社会保障资金投入机制。让公共财政在社会保障制度中唱“主角”,既是构建多层次社会保障体系的需要,也是贯彻“以人为本”方针、构建和谐社会的现实要求。各级财政对社会保障领域的投入在今后一段时期应当超过规定的标准，并严格规范和界定各级财政的责任和义务，确保财政对社会保障的必要投入。同时,要把社会保障的收支全部纳入社会保障预算,统一核算,统一管理,以更好地保证社会保障收支的安全和有效使用。

3. 注重顶层设计,推进公共服务均等化。在多层次社会保障制度构建过程中，应确立社会保障制度公平的价值取向和协调、可持续的发展理念。在划清社会保障的历史责任与现实责任、政府责任与民间责任、中央责任与地方责任的基础上,建立合理的责任分担机制，并尽快建立高效的决策机制和社会化管理机制。尤其要完善利益协调机制,统筹考虑城乡社会保障协调发展,经济保障与服务保障全面进行,确保政府、企业、社团、家庭和市场的作用都能够得到有效发挥。要大力发展社会救助制度和社会捐助制度，切实帮助城乡困难群体解决生活难题,协调好“先富”群体与“后富”群体的利益关系；要尽快制定社会保障关系跨地区转移接续办法，建立全国统一的社会保障管理体制,以避免责任不清、相互扯皮的现象;要在扩大社会保障覆盖面的同时，更加注重完善制度体系,实现社会保障业务流程、技术规范的统一;要在全面维护劳动者合法权益的同时，更加注重各类社会群体利益关系的协调平衡；要统筹考虑城乡各类劳动者需求,协调推进就业、社会保障和劳动关系调整等各项事业的发展。

4. 创新体制机制,促进可持续发展。加快建立健全多层次社会保障可持续发展的体制机制。要建立健全合理兼顾各类人员的社会保障待遇确定和正常调整机制。以职工和居民收入为基础合理确定社会保障水平,建立综合考虑收入增长、物价变动等主要因素的正常调整机制，实现多层次社会保障待遇与经济社会发展相联系的持续、有序、合理增长。要健全多层次社会保障管理体制和经办服务体系，根据社会保障制度新的改革发展变化,及时调整社会保障行政管理体制,着力整合行政管理职能,提高行政管理效率。要加强多层次社会保障经办管理服务规范化、标准化、信息化建设,优化经办服务流程,建立标准统一、全国联网的社会保障管理信息系统，实现精确管理和便捷服务。

5. 加强资金管理,提升管理水平。构建多层次社会保障体系建设,必须统筹管理好政府、集体、个人和社会共同组成的“资金池”。要完善社会保险基金预算制度。财政部门要按照政府预算管理的要求,进一步完善社会保险基金预算制度。认真总结试编经验,与相关部门密切配合,规范编制流程,完善编制方法。要进一步加强多层次社会保障财务制度建设。适应社会保险制度改革与发展需要,研究修订社会保险基金财务制度,研究解决社会保险基金账户开户银行、社会保险基金计息办法等问题，进一步强化社会保险基金财政专户管理。要建立和完善就业、城乡低保、农村危房改造、流浪乞讨人员救助等补助资金的绩效评价机制,探索科学、合理的绩效评价办法,将考评结果作为下一年度补助资金分配的重要因素。要加快社会保障资金执行进度。在当前经济增速缓中趋稳的形势下,更需要加强预算支出执行管理。加快预算执行进度,加强结转结余资金管理,突出保障重点支出需要。严格落实中央关于厉行节约的八项要求,坚持勤俭办一切事业;严格控制一般性支出,把有限的财力更多用到促进经济社会发展的关键领域,切实保障各种重点支出需要。

课题组长:叶翠青
课题副组长:朱克俊
课题成员:王思丰　汪国华　陈中楼
蒋露霞　程丹润　汪文志
课题执笔:汪文志

关于清理和规范专项转移支付研究

专项转移支付是我国转移支付体系的重要组成部分,在国民经济发展中发挥着特殊的作用。但由于近年来专项转移支付存在的项目杂、碎片化、效率低等问题,引起了社会和学术界的普遍关注。党的十八届三中全会关于全面深化改革若干重大问题的决定提出,完善一般性转移支付增长机制,清理、整合、规范专项转移支付项目,把清理和规范专项转移支付的改革任务推向了前台。本课题以安徽为例,从全国的角度对专项转移支付问题进行分析思考,并提出改进意见建议。

一、现行中央对地方财政转移支付概况

一个国家各级政府间由于收入安排和支出责任划分制度不同,往往会导致纵向和横向的财政失衡。为了解决财政不平衡问题,以保证各级政府能在统一政策框架内有效履职,国家采取相应的弥补措施,财政转移支付就是其中重要的措施之一。

(一)我国中央对地方转移支付概况

1994 年分税制改革后,为了促进经济社会事业的协调发展,推动基本公共服务均等化,中央财政建立并逐步完善了对地方转移支付制度,形成了一般性转移支付与专项转移支付相互协调的转移支付体系:一是一般性转移支付,是指中央政府对有财力缺口的地方政府(主要是中西部地区)的补助,地方政府可以按照相关规定统筹安排和使用,主要解决基本公共服务均等化问题。资金补助包括均衡性转移支付、革命老区、民族和边境地区转移支付、农村税费改革转移支付、调整工资转移支付以及义务教育转移支付等。二是专项转移支付,是指中央政府对承担委托事务、共同事务的地方政府,给予的具有指定用途的资金补助,以及对应由下级政府承担的事务,给予的具有指定用途的奖励或补助。主要解决外部性、中央地方共同支出责任以及实现中央特定目标问题。主要用于教育、科技文化、社会保障、农业等方面。

分税制改革后,中央对地方财政转移支付的发展路径总体上是,保持专项转移支付比重只减不增的前提下,不断加大一般性转移支付的数量和规模,财政转移支付的总量不断提升。2013 年,中央对地方转移支付达到 42981 亿元,是 1994 年 590 亿元的 73 倍,年均增长 25.3%。其中,中央对地方一般性转移支付 24534 亿元,占转移支付总额的 57%,比 1994 年的 27%提高了 30 个百分点;中央对地方专项转移支付 18446.94 亿元,占转移支付总额的 43%,比重低于 1994 年的 73%,但总额在 2012 年之前一直保持增长态势,2013 年才略有控制和压减,比 2012 年减少 344.58 亿元。

根据党的十八届三中全会的要求,财政转移支付改革将按照增加一般性转移支付规模和比例,减少、合并一批财政专项转移支付项目,规范专项转移支付配套政策,继续推进区域协调发展和基本公共服务均等化的思路予以推进,一般性转移支付将逐步成为财政转移支付的主导,清理和规范专项转移支付改革工作正在有序推进。

(二)现行专项转移支付呈现的特点

一是比重偏高。一般而言,在转移支付中,一般性转移支付具有补充基层政府基础财力的功能,处于基础地位,其比重通常应占较大部分。而我国自 1994 年分税制改革以来,虽然一般性转移支付与专项转移支付的相对比例在不断调适,但专项转移支付比重依然偏高。1995 年专项转移支付占转移支付总额的 56%,最高峰的 1998 年这一比重达到 74%,后虽有下降但还维持在 50%左右。而具有均等化效应的一般性转移支付,其基础性地位未能充分体现。

二是类型复杂。我国专项转移支付涉及的面很广,规模非常庞大,而现有的法律、法规和相关规范性文件都没有对专项转移支付的种类予以具体划分及规范,导致我国专项转移支付项目设立有着较大的主观性,项目名称也是各有不同。可以这么说,我国大量专项转移支付,具体怎么分类、到底有哪些交叉重复、涉及具体哪些领域的哪些项目,可能没有多少人搞得清楚透彻。

三是法制欠缺。我国目前财政转移支付的立法层次低,法律权威小,而且因为欠缺专门立法而存在很多空白和漏洞。例如对违法行为的规定,违法行为的认定和处罚不清,导致现实中违法行为责任落空。特别是专项转移支付立法滞后,各级政府财力分配

很大程度上取决于接受方政府与支付方政府间的讨价还价,专项转移支付更是如此。各级政府"跑部钱进"的能力决定拨款额度,支付的随意性较大,平衡财力、公平分配的作用未能真正体现。

二、我省专项转移支付管理使用情况

我省专项转移支付的使用、管理、特点、问题等与中央以及各省大体相同。具体情况有以下几个方面。

(一)我省专项转移支付总体情况

长期以来,由于我省采取"基数加增长"的模式安排预算,部门竞相设专项、争资金、扩盘子,导致项目越来越多,规模越来越大,新增财力大部分固化为部门利益,财政职能被肢解。从2013年预算安排情况看,省级共安排专项资金项目5124项,其中专项转移支付290项,项目大的达到十几亿元,小的仅有几万元。从决算报告数据来看,我省对市县转移支付资金始终保持增长态势。2010年,省级对市县转移支付1022.3亿元,增长14.6%,2011年增长37.7%,2012年增长22%,2013年受经济形势影响增幅回落,增长2.4%。其中,省对市县一般性转移支付始终保持增长,专项转移支付2012年之前保持增长态势,2013年随着改革的逐步推开,我省专项转移支付资金得到有效控制,呈现回落态势。

(二)我省专项转移支付改革推进情况

为改变我省专项转移支付存在的突出问题,按照党的十八届三中全会提出的改革精神和省政府要求,省财政厅主动作为,采取积极有效措施,推进专项转移支付改革。

清理整合方面,省财政厅2013年在重点清理省级专项资金的基础上,研究制定了省对市县专项转移支付清理办法,采取取消项目、压减规模、改列一般性转移支付和整合项目等四种方式对专项转移支付进行全面清理。清理后,2014年省级预算安排专项转移支付265项,金额117亿元,比2013年预算安排减少项目25个,减少资金10亿元。

2014年以来,省财政厅进一步贯彻落实省部领导加强专项资金管理的指示精神,按照"控制压减项目数量、控制压缩资金规模、控制压实主体责任"的思路,采取取消一批、整合一批、改列一批的方式,将专项转移支付清理与2015年预算编制工作结合,研究制定清理整合规范专项转移支付文件,确保省对市县专项转移支付在2014年基础上,项目和资金双双压缩1/3以上。2015年,省级预算初步安排专项转移支付项目175个左右,金额约75亿元,项目数和资金数都比上一年大幅降低。

规范管理方面,省财政厅明确省级专项资金原则上不分配到企业和具体项目,将项目和资金审批权下放到市县,压实市县政府监管责任;构建财政涉企项目资金管理信息系统,覆盖所有市县和涉企项目主管部门,避免企业多头申报、重复申报、无效申报、虚假申报;创新专项转移支付分配,运用担保、贴息、后补助、股权投资等方式,充分发挥财政资金杠杆和撬动作用;研究制定财政一般性转移支付资金管理和省级专项资金管理两个办法,以省政府名义下发,规范财政资金管理。

三、专项转移支付比重偏高的成因分析及存在问题

(一)成因分析

我国从中央到地方,为什么越来越多的资金纳入专项转移支付而非一般性转移支付,分析主要有以下两个方面原因。

1.地方政府和上级政府支出偏好差异。一方面,由于短任期的制度安排以及地方政府的GDP偏好,在地方财力非常紧张的情况下,地方政府在预算安排上尽可能地将资金投入到可以带来GDP快速增长的领域,而一些与民生密切相关的支出,如教育、农业等,不能为地方政府带来直接的GDP和财税增长,地方政府一般不会将其列为支出的重点;另一方面,上级政府以宏观全局为考虑,加大对教育、医疗、社会保障等民生投入,力图使广大群众能直接分享到经济发展的成果,除加大民生方面的支出,上级政府还加大其偏好领域的支出,如环境保护、节能减排、农村基础设施建设等,这些支出的特点是其效果需要较长时间才能显现,往往不是地方财政偏好的领域。在上级和地方支出偏好差异非常巨大的情况下,上级政府理性选择专项转移支付方式实现自己的政策目标,以至于专项转移支付比例常年居高不下。

2.地方政府层面的吃饭财政。随着经济的发展导致政府事务的增多,在一定程度上造成机构人员规模不断增加,对于很多财力有限的地方政府来说,吃饭财政不可避免。在地方财权和事权不对称的情况下,财力有限,支出责任重大,地方政府要谋发展，一方面，就要通过土地财政、政府性债务资金等筹措资金，但也造成对土地财政过度依赖，政府性债务风险隐现等问题；另一方面，要通过向上级政府争取更多的转移支付资金。在现行制度框架下，专项转移支付资金就成为地方政府主要争取的资金来源，导致“跑部钱进”愈演愈烈、部门利益根深蒂固，专项转移支付难以压减。

（二）存在问题

转移支付的终极目标是实现社会公平，其基本目标是实现经济社会相对均衡发展，逐步缩小地区之间的差距。目前，专项转移支付这种在我国本应作为一般性转移支付辅助的财政资金，比重过大，项目繁杂，存在事权重叠化、项目碎片化、资金分散化等问题，管理上面临“重争取、轻管理；重分配、轻绩效，重支出、轻责任”的窘境，影响了预算管理，降低了资金效益。这些情况的长期存在，不仅背离了财政体制应遵循的分级管理原则，而且在一定程度上弱化了基本公共服务均等化的公共财政功能，其运行中的弊端也愈发明显。

1.部门博弈财力分散。2000年8月出台的《中央对地方专项拨款管理办法》规定，财政部与中央主管部门共同管理分配的专项拨款，这在程序上明确赋予了国家部委等主管部门参与分配专项资金的权力。这一办法的规定造成的一个负面的后果就是专项转移支付资金是随着“部门”走，而缺乏一个按照专项转移支付项目本身职能进行资金整合的程序和过程。在此情况下，地方政府“跑部钱进”、“多跑多得”，又进一步固化了部门利益，引致部门之间、部门与地方政府之间在专项资金的分配管理上相互博弈，寻求自身利益的最大化，不仅分散了财政资金，也留下了权力寻租的空间。

2.项目交叉申报多头。一方面，由于很多专项转移支付资金涉及众多部门，资金分配本身存在重复和交叉；另一方面，上级政府大笔专项资金层层下达，监管起来鞭长莫及，再加上部门多头管理，也诱使很多项目多部门申报，同一个项目改头换面在不同部门同时获得资金的案例屡见不鲜。调研中我们发现存在部分市县先后多次为法人代表相同、资产共用、建设内容基本相同的企业向多个部门申报并获得专项资金的情况。如市区的某个食品公司，近年先后申报环保部门的脱硫除尘改造项目、经信委的节能技改项目、粮食部门的粮食产业化龙头企业项目、商务局的外贸出口奖励项目。这种问题的出现，根源在于专项转移支付项目设置不清晰，内容交叉重复，作为企业逐利的本性，面对诸多可能，积极申报、多头申报是其必然的行为选择。

3.项目设置随意性较大。随着近年来财力的增强，各地各部门对财力的需求加大，专项转移支付的规模增长较快，其项目越来越庞杂，涉及几乎所有财政支出的领域。其中，有的专项转移支付项目随事而立，缺乏立项论证，甚至有的是临时动议；有的专项转移支付项目意义不大，效果难以保证。此外，由于专项转移支付的项目设置不够清晰规范，项目名称千差万别，200多个专项转移支付项目，就能有200多种项目名称，没有统一的标准和格式予以分类管理，这也为专项转移支付的统筹带来一定的困扰和不便。

4.资金使用绩效不高。一方面，专项转移支付主要是为了实现上级政府的政策意图，地方政府在对专项转移支付的管理也就不像自有财力那样严格，其追求专项资金效率的动力不是很高，因而专项项目的效率不是很高。虽然地方在获得专项资金的积极性是有的，但专项资金到位后，在一些具有操作空间的项目中，假配套、截留挪用资金、以同一工程重复申请不同部门的专项资金的现象时有发生。另一方面，上级政府政策往往具有全局性，对于地方的实际情况往往不甚了解，一些明显不适合地方实际需求的专项政策也大量出台，导致钱等项目的问题出现。

5.资金运转欠透明规范。主要表现在专项转移支付资金审批、分配、使用过程中“不透明”或“低透明”，上级给地方多少钱，为什么要给，按照什么比例，考虑哪些因素，外人一概不知，因此人为因素和主观因素的影响就比较大。再加上对于专项转移支付资金没有一个统一的分配标准，下一级政府就会以各种借口和原因，尽量多获取上级专项转移支付资金，其非公开透明性引致的“跑部钱进”“会哭的孩子有奶喝”的现象更加突出。

6.监督管理不到位。一方面，由于专项转移支付的审批和分配过程的透明度不高，对专项转移支付需求性的实际情况了解不够，导致对资金整个核拨过程难以完全掌控，这就使得资金拨付之后的流程、去向及运用效益相对缺少较为科学的跟踪机制来监督。另一方面,对于专项转移支付的拨付权,不仅财政部门有,其他预算部门也有,这就缺乏一个法定的、统一的、专门的机构对专项转移支付进行系统规范的管理,这种分散的管理状态也造成监督上形成不了合力。

四、财政转移支付国际经验及对我们的启示

政府间财政转移支付制度是当今世界分税制国家普遍采用的一项财政平衡手段。在推进我国财政转移支付改革的进程中,学习和了解国外发达国家的成功经验,对于我国具有重要借鉴意义。

(一)美国、加拿大、日本财政转移支付经验

1.美国。美国是目前国际上为数不多的以专项转移支付为主的国家。美国的专项转移支付分为两种基本形式:一是项目专项补助,联邦政府可根据自己意愿确定补助标准;二是公式专项补助,联邦政府依据有关法律规定的公式确定补助对象和补助标准。其中,公式专项补助占1/3,项目专项补助占2/3。在转移数额上,专项补助占有较大比重;在使用上,一般联邦对州一级的补助主要用于失业救济和其他福利转移支出,州对地方一级的补助则主要用于教育。

2.加拿大。加拿大的转移支付包括:一是财政均等化计划,二是固定项目补助,三是援助拨款计划。加拿大的固定项目补助是联邦政府对省级政府负责的两项主要公共服务健康和高等教育进行专项补助的一种形式,其目的在于使各省负责的两项主要的公共服务教育和卫生能够达到国内平均水平。加拿大援助计划是联邦政府对省在社会福利领域提供资助的一种形式,包括盲人补贴、老年人补贴、残疾人补贴和失业救济,其目的在于消除和制止贫困,提供基本的社会保障,并带有联邦与省双边协议的某种性质。对一般省份,联邦政府负担支出的一半;对较富裕的省份,联邦政府则负担支出的一半以下。

3.日本。在日本的转移支付制度中,并不仅仅使用某一种补助方法,而是综合运用规定用途与不规定用途、附加条件与无附加条件的补助方式。一般地,中央政府为了平衡各地区财政收入水平差异,则采取不规定用途的无条件补助方式,这样能够直接增强低收入地区的财政能力;而为了增强地方提供某一种或几种公共产品的能力,则较多地采用附加条件的专项补助方式。通常,一般性补助是促进公平、实施地区间财政收入协调政策时所采取的主要方式,而专项补助则有利于达到效率目标,提高公共产品的供给水平。因此,这种交叉运用有主次之分。

(二)国际经验的有益启示

1.以法律作为财政转移支付的唯一依据。虽然因为各国政体的不同,财政转移支付制度可以分为联邦制和单一制的财政转移支付制度,但政体不同的各个国家财政转移支付制度的共性就是都有明确的法律依据,有的甚至首先通过宪法或法律对各级政府的事权和支出责任进行划分,确立财政转移支付的目标和基本原则,同时又以具体立法的形式明确规定其实施,如财政转移支付的规模、标准以及具体的技术操作程序和方法等。如加拿大的财政转移支付都源于宪法,在加拿大,联邦政府对地方的转移支付,部分是根据宪法修正案来加以实施的,另一部分则是按照联邦与省之间的协议来实施的。日本每种转移支付都有相应的立法进行规范。

2.合理的财政转移支付形式。各国法律确定的财政转移支付形式,都不是单一的,而是各种方法的综合运用。比如加拿大的转移支付具体分为四大类:财政均等化补助,其目的在于实现财政收入的均等化;固定项目补助,即对健康和教育的专项补助;联邦援助计划,即联邦政府对省政府在社会福利领域提供资助的一种形式;其它联邦转移支付。各个国家在转移支付的形式结构和规模方面也不是一成不变的,而是依具体情况的变化进行相应的调整,以剔除补助方式的不适宜成分。事实上,适时调整转移支付制度,不仅会使补助更加贴近需要,而且也会有助于增加中央财政调控的弹性和力度。

3.科学的转移支付额度判定标准。在中央对不同地区的一般性补助方面,美、日等国均采用“因素法”对地方政府的财政能力、财政需求和调整系数进行测定。这样,上级政府可以依据某地客观存在的因素测算出对它应予的财政转移支付数额,下级政府同样也能权衡影响转移支付数额。采用“因素法”来测定收支,确定转移支付方法,公平透明,科学合理,既减少了各级政府间人为因素引起的盲目攀比,又便于实施执行。而对专项转移支付特别是特殊项目的转移支付,国外一般不用“因

素法”事先计算其规模,而是在实践中不断加以调整。

4. 设置专门机构管理监督财政转移支付。大多数国家在机构设置及权责配置方面建立了一种有效的操作机制。对于专项转移支付,几乎所有国家都是由专门的部门负责,如教育部负责教育拨款、交通部负责交通拨款等。对于一般性转移支付,有的由中央财政部所属的一个机构或相对独立的拨款委员会来负责,也有国家由政府间委员会和民间委员会共同负责。这种机构设置权责分明,高度集中和统一,有利于监督制约,值得学习和借鉴。

五、对策建议

专项转移支付改革的方向应该是在继续增大一般性转移支付的同时,大幅度压缩专项转移支付的种类和规模,同时在法治的基础上规范财政转移支付,保障地方对财政转移支付的参与权。

(一)完善转移支付资金的分配体制。转移支付制度是一项涉及面广、政策性强、影响因素复杂的系统工程,顶层设计上需以法律形式加以规范。在此基础上,完善一般性转移支付增长机制,逐步扩大一般性转移支付比重,减少专项转移支付的比重,减少专项资金项目的存量,限制专项资金项目的增量。对确实需要新增的专项资金项目,需报经过人大审批,构建“设置科学、内容合理、目标明确、支出有序”专项资金分配机制。对保留的属地方事务的专项划入一般性转移支付。探索将专项资金“切块”下放至地方政府,由地方政府根据当地经济社会发展实际再进行合理分配,切实提高专项资金的使用效率。

(二)创新资金项目审批程序。按照专项转移支付资金的政策目标及总体要求,进一步理顺项目审批程序,特别是建设项目审批程序,改变项目未实施先申批,或拨付资金的传统做法,探索“先建设、后验收、再审批”的审批程序,项目的审批要严格遵循“项目建成、投入运营、绩效达标”的原则,从而避免项目重复申报、虚假申报、挤占、挪用等违法违纪问题,不断提高财政政策的绩效与资金安全,推动政府绩效管理水平的进一步提升。

(三)规范专项转移支付设置。严格规范专项转移支付的项目设置和管理,将专项转移支付项目按照统一的标准严格分类,并将此种分类固化下来,形成一套统一的标准体系,在资金拨付、指标管理等方面严格按照统一的分类模式予以执行。此外,对于新增项目须报政府批准并按统一标准分类管理;对到期的专项转移支付项目要及时清理,逐步整合现有专项转移支付项目并规范管理;逐步取消现有专项转移支付中名不符实的项目。

(四)分类梳理区别对待。清理和规范专项转移支付不能一刀切,该保留的还是要保留,比如关于贫困地区的特殊扶贫资金,以及自然灾害的专项救助资金,等等。对用途相似、性质相同的专项转移支付进行整合,减少专项转移支付的项目,统筹资金使用。对具有一般性转移支付性质,属于地方事权的专项转移支付调整为一般性转移支付,按一般性转移支付方式管理。对已经不适应地方经济社会发展需要的,予以坚决清理和取消。

(五)增加透明度规范程序。应逐步公开对下一级政府的专项转移支付项目,公布转移支付的计算公式、计算程序和方法等方面的情况,为社会监督提供条件。同时,进一步完善专项资金的预算管理,使其与财力性预算衔接起来,编制专门的专项转移支付预算,把所有专项转移支付项目都纳入进去,能细化的尽量细化,体现规范性和透明性。

(六)加强信息化技术应用。加强财政信息化系统建设,利用信息化手段,通过建立互联互通、开放兼容、功能完备、共享共用的信息化监管工作平台,实现全省财政专项资金跨地区、跨部门、跨行业的实时监管,切实解决项目虚假申报、多头申报、重复享受和无效支持等突出问题。我省财政涉企项目资金管理信息系统建设就是一次点上的突破和管理水平质的提升。

(七)强化全过程监督管理。从三个层面建立专项转移支付资金监督体系。一是上级财政部门的纵向监督。加强上级财政部门对专项转移支付资金的政策性和时效性的把关,通过定期或抽样的方式检查和监督指标下达情况,从源头上对专项转移支付进行监督,同时建议成立行使统一拨款权的职能部门,确保执行上的统一和监督上的精准。二是人大与审计的横向监督。各级行政机关在向人大作预决算报告时,应当将转移支付,特别是专项转移支付情况详细汇报,强化人大监督作用;审计部门则应加大专项资金审计力度,可以采用日常监督与不定期抽检相结合方法，及时监督纠正专项转移支付管理和使用中存在的问题。三是群众外部监督。专项转移支付的每一个环节都应当通过各种形式及时、准确向社会各界公开，赋予公众知情权，在此基础上保障公众对专项转移支付违法违规行为的监督权和举报权。

课题组长：叶翠青
课题副组长：朱克俊
课题成员：林国立　舒晓斌　余卫民
　　　　　张深友
课题执笔：余卫民

财政转移支付与农民市民化挂钩机制研究

按照党的十八大精神和国家的战略决策，目前我省正在部署开展国家新型城镇化试点省建设，拉开了我省推进新型城镇化建设道路的序幕。新型城镇化的核心是人的城镇化，具体就是农民市民化。农民市民化，要求财政提供的主要针对城镇居民的基本公共服务保障扩大到市民化农民。在现有的财政体制框架内，地方提供公共服务的财力大多来自于上级财政转移支付。为此，《中共中央关于全面深化改革若干重大问题的决定》和2013年中央城镇化工作会议都明确提出要“建立财政转移支付同农业转移人口市民化挂钩机制”。基于这种背景，研究建立一个有效的财政转移支付与农民市民化挂钩机制，对促进农民市民化有着至关重要的作用，对贯彻落实城镇化道路的决策部署有着重大的现实意义。

一、农民市民化的基本内涵

长期以来，我国在城市与农村之间，人为划出了一道鸿沟，形成了“农民”与“市民”两个完全不同的利益群体。随着经济社会和现代文明的发展，这种人为城乡分割状态必须打破。而解决这一问题的唯一路径，就是要推进农民市民化，逐渐消除城乡二元结构差异，最终实现城乡一体发展。

(一)农民市民化的概念

所谓农民市民化，就是农民向城市或城镇转移并逐渐转变为市民的一种过程和状态。农民市民化可以从狭义和广义两个角度来理解。从狭义角度来看，它主要是指农民获得与城镇居民同等的权利和待遇，如同等享受基本公共服务等，从而实现身份上的市民化。从广义的角度来看，它还应包括市民化农民素质和意识的提升，即在社会文化层面上融入城市，最终实现在身份、地位、价值观、社会权利以及生产生活方式等各方面全面转化。

农民市民化主要有三种情况：一是异地市民化，指长期居住在城市，已从事非农职业但户籍上仍是“农业人口”的农民，在居住城市转变为市民；二是就地市民化，指由于城市扩张、区域调整、城镇扩容等，农民原住地被纳入城镇建设，农民相应转化为市民；三是村民市民化，指长年居住在农村，主要从事农业生产的广大农民，享受与城镇市民同等的权利和待遇。这三种情况也代表了农民市民化长期渐进的一个过程，其中农民异地市民化和就地市民化是当前推进城镇化发展背景下的主流任务。而农民市民化的最终目标还是要实现全民市民化，无论居住在城镇还是农村的居民，都能享有同等的社会福利待遇和现代城市文明生活。

(二)农民市民化的重要意义

农民市民化是大势所趋，它对经济社会发展将产生不可估量的深远影响，起着诸多极为重要的作用。第一，它是加快现代化进程的必然要求。当前城镇化推进明显滞后于工业化、信息化、农业现代化的发展，尤其是农民向市民的转化明显滞后于现代化进程，要实现现代化发展，就必然要推进农民市民化。第二，它是加快转变经济发展方式的现实路径。扩大内需是加快转变经济发展方式的基本要求和首要任务，而扩大内需的最大潜力在于城镇化。可以说，要激活内需潜力的原动力和主引擎，加快推进农民市民化是重中之重。第三，它是全面建设小康社会目标的要求。农民与城镇居民在就业收入、身份地位、社会保障、公共服务等方面存在显著差异，要促进经济社会与人的全面发展，让发展的成果惠及全体人民，就必须要推进农民市民化。第四，它是破解“三农”问题的必然选择。只有加快农民市民化进程，从根本上减少农民、改善城乡资源配置，才能切实改善农村生产生活条件，提高农业生产效率和综合生产能力，实现农业增效、农民增收和农村发展。

(三)农民市民化所要解决的问题

农民市民化是一个长期复杂的过程，当前推进农民市民化应主要从易处着手，重点推进农民异地市民化和就地市民化，实现狭义上的农民向市民转变。从这个意义上来说，农民市民化所要解决的问题不外乎有二，一是农民在城镇如何“落下来”，二是农民从农村如何“转出来”。

无论是异地市民化还是就地市民化，进城农民需要在城镇长期安居乐业。这一方面要看城镇是否有足够的就业岗位来支撑。应通过刺激产业发展来提供更多的就业岗位，并加强提升农民就业能力，在此基础上，建立公共就业服务机制。另一方面，要看基本公共服务和社会保障体系是否覆盖到所有常住人口。进城农民及其随迁家属与原有城镇居民享有无差别的教育、医疗、养老等公共服务，才能实现真正的市民化。这两方面问题解决了，进城农民才能在城镇“落下来”，从而踏实为城市发展做贡献。

对于城镇生活的农民来说，在农村拥有的土地也在一定程度上牵制着其市民化意愿。如果一方面在城市务工，另一方面还要在农村种地，就很难放心在城市举家落户。通过培育新型农业经营主体，促进农村土地有效流转，会使得农民家庭即使不再兼农业生产也能获得一定水平的土地流转收益，从而解除后顾之忧，全面从农村“转出来”。在此基础上，如果相关政策机制设计跟得上，促使转移农民放弃宅基地，一方面可以新增耕地，另一方面可以使他们获得合理补偿，提高在城市购房或租房的能力，从而放心转移到城市，实现市民化。

二、农民市民化的成本分担

尽管农民市民化有着重大的政治、经济意义，但其产生的前提，无论短期还是长期，必须有巨大的成本投入为保障。这也成为推进农民市民化最大的阻力和障碍。

（一）农民市民化成本的范畴

农民市民化成本是指农民从农村到融入城镇生活所带来的相关费用总和。按照时间安排来看，农民市民化成本包括一次性成本和经常性成本。一次性成本主要指农民进城时新增的公共基础设施建设等成本，经常性成本主要包括农民进城以后所每年所需的基本公共服务投入和就业生活开支。按照内容构成来看，农民市民化成本大体可以分五个方面。一是就业成本。包括农民为提升就业能力而参加各类技能培训的支出，以及公共就业保障方面的成本。二是教育成本。农民子女能享受城市中较好的教育资源及良好的社会福利保障，其在幼儿园及义务教育阶段的费用是农民市民化的一项较大成本。三是社保成本。包括养老、医疗、工伤和生育以及低保等。能享受与市民同等的福利待遇和社会保障是农民成为市民的关键标志。四是住房成本。包括农民自购住房成本，以及城镇经济适用房和廉租房等保障住房建设的成本。五是其他成本。比如支持经济发展成本、公共设施建设成本、社会管理服务成本、农村土地流转服务成本等。随着城镇化的推进和农民市民化的深入，这些成本支出必须要加以统筹考虑。

（二）农民市民化成本的分担主体

长期城乡二元结构造成城乡居民在社会福利、公共服务、基础设施等方面形成了巨大差距，要消除这种差距，实现农民市民化，必然要产生相当大的成本，需要在政府、企业、个人以及社会组织等方面进行分担。第一，政府。政府是农民市民化成本的主要分担者，承担着基础设施建设和基本公共服务提供等职责。政府在提供基本公共服务等方面的支出主要包括就业保障支出、幼儿园和义务教育教育保障支出、基本社会保障支出、住房保障支出，以及社会管理等其他相关公共服务支出。第二，企业。农民所在企业在获得农民工劳动价值和经济利益的同时，有责任有义务参与成本分摊，主要是为农民工缴纳养老、医疗、工伤等企业分担的相应社会保障费用，以及劳动技能培训等人力资本投资。第三，个人。农民个人作为市民化的受益者，应该承担在城市的衣食住行等基本生活成本，以及在养老、医疗、失业等社会保障成本中的个人支出部分。第四，社会组织。社会慈善和福利机构等社会组织在推进农民工市民化进程中也发挥着积极作用，重点在法律维权、社会救助等方面提供人财物支持，参与成本分担。

（三）农民市民化过程中各级政府的支出原则

推进农民市民化，既要建立政府、企业、个人成本分担机制，还需要进一步明确各级政府在成本支出上的责任分担。政府承担的成本不外乎是为市民化农民提供所需要的公共服务（或公共产品），哪一级政府提供什么样的公共服务，要按照一定的原则来划分。一是溢出效应原则。一些公共服务在区域之间有溢出效应，对这些公共服务，应根据溢出效应大小由上级政府来承担，或上下级政府共同承担。也就是说省际有溢出效应的公共服务应主要有中央政府承担；省辖市县之间有溢出效应的应主要由省级政府来承担。对那些全体民众受益的公共服务,应统一由中央政府负责,而那些以特定区域民众为服务对象的公共服务则有省级或市县政府负责。对于夸区域的公共服务,则应由上下级政府共同负责。二是激励相容原则。农民市民化支出责任的划分，应该发挥上下级政府的两个积极性，既使下级政府按照自身的目标和利益动机去运作,同时又实现整体利益最大化。对难以通过合适机制实现“激励相容”的事项,由上级政府直接承担,更有利于促进效率和公平。三是辖区责任原则。由于市县政府更加了解本区域内民众对于公共服务的需求和偏好,对于省级来说,应将信息难掌握、处理复杂的事项赋予所辖市县政府来管理，对于通过强化辖区责任能够较好履行的事项,尽可能由市县政府来承担。

三、财政转移支付支持农民市民化存在的问题

财政转移支付,是地方特别是市县一级经济社会发展的重要资金保障，它为各地城镇化发展和农民市民化推进提供了有力的支撑。虽然近年来中央和省都不断加大对下财政转移支付力度,但毕竟农民市民化所需的成本投入是巨额的。在此背景下，目前农民市民化推进还存在一些亟待解决的问题。

(一)地方政府推进农民市民化意愿不强

农民市民化给地方政府带来较大的财政压力,造成很多地方政府推进农民市民化的意愿不强。根据福建省社会科学院的相关测算，福建省农民市民化政府、企业和个人三者的成本分担比例为65:16:19,政府需要分担65%的成本。相比之下,作为中部农业大省的安徽在农民市民化过程中政府承担的成本比例可能会更高。同时,农民市民化是一个复杂的工程，其所需要的财政资金支持是巨额的。国务院发展研究中心初步测算一个农民市民化的成本为8万元，合肥市测算本地市民化成本约15.49万元。按照人均市民化成本10万元计算，如果实现2020年城镇化率接近60%的目标，2015—2020年间全省超过600万元农民实现市民化所需要的资金达6000亿元。如此大的资金需求,非一朝一夕、一己之力能够解决。

(二)农民市民化财政投入相对不足

随着财政实力的不断增强,政府对涉及农民市民化的公共服务投入也在不断加大。2011年,全省地市对于教育、社会保障和就业、医疗卫生、住房保障方面的投入分别为493.3亿元、281.3亿元、258.3亿元、153.7亿元,2013年已经分别达到633.8亿元、392.1亿元、349.1亿元、213亿元。尽管财政基本公共投入每年都在增加,但投入总额相对不足,不能完全满足城镇化发展特别是农民市民化的需求。2013年我省基本公共服务投入最大的教育投入占GDP的比重为3.8%,而2005年美国已经达到了4.8%,英国达到了5%。2009—2013年全省医疗卫生支出占同期全省财政支出的8.05%,而美国在2000年时已经达到了20.5%。我省公共财政支出与国外发达国家相比还有很大差距。

(三)农民市民化推进过重依赖于财政转移支付

农民市民化的主战场还是在市县一级城市,而当前市县一级财政对涉及农民市民化所需求的基本公共服务投入非常少,主要还是依赖于省及省以上的财政转移支付。2013年,我省各地市财政收入为3960亿元,而其中地方自身实现收入仅为1860亿元,也就是说市县财力有一半来自于省级以上的财政转移支付。县级政府对财政转移支付的依赖性更强，宿松县2013年的财政支出中有70%来自转移支付,阜南县已经达到了83%。具体到公共服务的提供上，2012年我省城乡居民医疗保险基金财政补贴144.17亿元，其中省及省以上财政补贴126.25亿元,占87.5%;全省公共就业服务资金省级以上投入占77%,其他基本公共服务提供情况也大致如此。由此可以看出,农民市民化紧密依赖并受制于财政转移支付,要推进农民市民化,就必须建立一个与财政转移支付相挂钩的有效机制。

(四)均衡性转移支付与农民市民化挂钩不密切

2012年之前，中央和省级均衡性财政转移支付的分配是以户籍人口为依据。由于农民工流入地承担了流入人口的部分基本公共服务,但却没有得到相应的财力补偿,造成区域间财力分配不公,不利于流入农民市民化。2012年,中央和省级均衡性转移支付办法将人口因素界定为“户籍人口+外来人口”，其中“外来人口=常住人口-户籍人

口”。这虽然在一定程度上考虑了净流入地的外来人口，但对于人口净流出地来说还是以户籍为依据。如果全面实现农民市民化，流出地没有承担流出人口的市民化成本，但却得到相应人口数的财力补偿，同样也有失公平。

（五）专项转移支付支持农民市民化效率不高

2013年，我省一般性转移支付收入为1222亿元，而专项转移支付收入也已经达到了761亿元。专项转移支付名目较多，我省近年仅教育这一块的专项转移支付名目就接近30个。同种类财政资金被分割为不同的专项，并且受不同的部门管理，使用效率低下。而且，很多专项资金在下达到基层以后，被转作他项使用，从而不能在基本公共服务提供过程中发挥出应有的效益。

四、建立财政转移支付与农民市民化挂钩机制的对策建议

财政转移支付挂钩于农民市民化，是全面深化改革和推进城镇化发展的一项重要措施。如何建立起这一有效机制，需要多方面加以统筹考虑。

（一）健全上下级政府支出责任划分机制

政府间支出责任划分清晰，财政转移支付资金的分配和流动便是有效的。在农民市民化过程中，对各级政府的定位应有总体考虑，制度化、规范化、机制化。在农民市民化支出责任划分上，总的来说，中央政府主要承担基本公共服务提供，增加对接受跨省转移农民较多省份的支出补助。省级政府主要承担高于中央标准的基本公共服务，重点支持夸地市农民流向较多的市县。市县政府主要承担市民增加所需要的公共设施、基础设施、社会设施建设，同时配套做好基本公共服务支出。细化到具体农民市民化成本内容上，养老保险、失业保险与城乡低保等社会安全网应以中央政府为主承担；教育、卫生由中央和地方共同负担，中央制定最低标准并承担相应成本，超出标准部分由地方负责；农民工就业提升方面的支出应主要有地方承担；中央对地方在住房保障方面的支出给予引导性补助。省级与市县的责任划分可参考中央与地方的划分机制来进行。

（二）建立农民市民化财力保障机制

各级政府应从短期和长期角度测算好本地农民市民化成本，科学谋划，在现有财力的基础上，通过合理配置、优化结构等方式给予农民市民化财政保障。一是确定收入划分机制。对与生产有关的税收，如增值税，主要划分为中央财政收入；对与消费有关的税收以及对地方资源配置影响较大、税基相对稳定的税种，主要划分为地方财政收入，以调动地方政府促进人口集聚、提高公共服务水平的积极性。如消费税、资源税应主要属于省级财政收入，房地产等财产税、环境保护税应主要属于市县政府收入。二是优化财政支出结构。各级财政在安排支出时，要适应农村人口的转移情况，调整本地区的财政支出结构，基本方向是从农村向城镇调整，如调整财政教育支出中农村与城市的支出比例、城市与农村的社保补助结构等。同时，还应将财力支出向基本公共服务倾斜。三是市民化成本长期分担。在当前财政承受能力相对不足的情况下，应在较长的时间框架中来处理农民市民化问题，坚持整体谋划和统筹协调相结合，坚持重点领域突破与渐进式改革相结合，通过精心设计财政转移支付方案，有梯度推进。短期内重点解决城市农民工市民化，长期谋划解决农村居民市民化；短期支出重点放在就业、义务教育、保障性住房等方面，长期着重考虑养老保险支出。如此分类型、分步骤进行，将财政资金压力摊薄到一定时间范围内来逐步消化。

（三）完善政府间财力分配均衡机制

上级财政主持调剂财力分配，按照农民市民化要求，通过整合资金、调整转移支付比例、修订转移支付系数等方式，来调节地区间、城市间的实际负担水平。一是完善一般性转移支付制度。扩大一般性转移支付规模，同时把均衡性转移支付作为一般性转移支付的主体，制定省、市区域人均财力最低标准，并通过上级财政转移支付进行保障，使地方有更大财力促进农业人口转移和基本公共服务均等化。二是均衡性转移支付与常住人口挂钩。改变之前均衡性财政转移支付分配规模以户籍人口认定方式，更多考虑常住人口因素，根据常住人口规模进行认定，以做到根据地方实际行动来真正合理分配公共资源，真正加强城市政府为进城农民工提供公共服务的财力保障，形成激励吸纳外来人口的长效机制。均衡性财政转移支付与常住人口挂钩后，流出人口较多的地区所获得的转移支付财力将会一定程度上减少，但其同时也不必承担流出人口的基本公共服务支出。三是整合设立农民市民化专项转移支付。整合美好乡村建设、教育、医疗、社保等领域的专项资金，将其中一部分财力纳入均衡性转移支付，加强农民市民化普惠性投入；另一部分财力形成单一的专项转移支付，有针对性地对农民市民化难度较大的地区进行支持。这部分专项转移支付资金集中于一个部门主管，优先考虑接受流动人口较多的地区。在规模分配上，主要以当地新增流入人口数为依据，保障新增人口能及时享受基本公共服务。

（四）建立财政转移支付资金使用考核机制

将财政转移支付资金的使用与农民市民化工作挂钩，建立转移支付绩效评价和考核监督体系，增强资金分配的透明度。一是加强对农民市民化工作成果的考核。根据常住人口数或新增人口数，制定当地基本公共服务满足农民市民化需求的一般标准。通过设立新增就业人数、新增幼儿园、义务教育学校建设数量、新增医疗机构及床位数等指标进行考核，对没有达到标准的地区，上级财政暂缓或相应扣减下一次转移支付资金，督促当地政府加强对农民市民化的支持力度。二是加强对专项转移支付的使用监督。结合农民市民化专项转移支付资金的性质和特点，设计一套科学合理、操作性强的监督考核指标体系。考核指标体系侧重加强资金的管理，对由于资金管理部到位出现挤占、挪用、不按规定使用资金的情况，暂停使用或扣减专项资金。三是实行财政转移支付资金分配信息公开制度。建立多层次的监督网络体系，增强转移支付的公开性，提高资金分配的透明度，确保有限的资金用在最需要的地方。

（五）健全财政支持农民市民化配套机制

在强化财政支持的同时，深化相关配套改革，创新举措，建立起农民市民化的协同推进机制。一是创新人口管理，突破户籍制度限制。按照全面放开建制镇和小城市落户限制、有序放开中等城市落户限制、合理确定大城市落户条件的要求，加快形成以合法稳定住所或稳定职业为户口迁移基本条件、以经常居住地为户口登记基本形式的城乡统一的户籍管理制度，逐步让已长期在城镇就业和生活的农业人口在城镇落户，在户籍身份上成为完全的城镇居民。二是创新农村土地管理，解决农民后顾之忧。做好农村土地承包经营权确权登记，保障农民对承包地的占有、使用、收益、流转及承包经营权抵押担保权能。完善农村土地承包经营权流转机制，支持农户依法采取转包、出租、股份合作等形式流转土地，让农民带着资本进城。按照依法、自愿、有偿的原则，建立农村宅基地退出激励机制，对宅基地使用权人自愿退出宅基地的给予适当补偿或奖励。三是创新融资手段，缓解财政资金压力。加大地方政府债券支持城镇化建设的力度，依法赋予地方政府适度举债权限，探索一般债券与专项债券相结合的融资办法，筹集城镇化建设资金。推广政府与社会资本合作的模式（PPP 模式），打开企业、民间资金进入通道，放款准入，完善监管，通过特许经营权、合理定价、财政补贴等公开透明方式，事先明确收益成本机制，吸引社会资本参与城镇基础设施建设，满足农民市民化过程中对于公共基础设施的硬性需求。四是创新社会治理，提高居民生活质量。健全常住人口社区管理服务体制，切实增强社区自治功能，大力培育社会组织，提高社会工作专业服务水平，使居民享受到全方位的生活服务，增进在城镇生活的幸福感。

课题组长：叶翠青
课题组成员：鲍文前　张深友　余卫民
课题执笔：张深友

财经统计篇

全省财经统计资料

安徽省2014年国民经济和社会发展统计公报

2014年，面对复杂严峻的宏观环境和艰巨繁重的改革发展任务，全省上下在省委、省政府坚强领导下，深入贯彻落实党的十八大和十八届三中、四中全会和习近平总书记系列重要讲话精神，坚持稳中求进工作总基调，统筹做好稳增长、促改革、调结构、惠民生、防风险各项工作，主动作为，精准发力，保持了经济社会平稳健康发展。

一、综合

年末全省常住人口6082.9万人，比上年增加53.1万人。城镇化率49.2%，比上年提高1.3个百分点。全年人口出生率12.86‰，比上年下降0.02个千分点；死亡率5.89‰，下降0.17个千分点；自然增长率6.97‰，上升0.15个千分点。

初步核算，全年生产总值(GDP)20848.8亿元，按可比价格计算，比上年增长9.2%。分产业看，第一产业增加值2392.4亿元，增长4.6%；第二产业增加值11204亿元，增长10.3%；第三产业增加值7252.4亿元，增长8.8%。三次产业结构为11.5:53.7:34.8，其中工业增加值占GDP比重为46%。全社会劳动生产率48559元/人，比上年增加3221元/人。人均GDP为34427元(折合5604美元)，比上年增加2426元。全年民营经济增加值11946.3亿元，比上年增长9.2%，占GDP比重由上年的57%提高到57.3%。

年末全省从业人员4311万人，比上年增加35.1万人。其中，第一产业1415.3万人，减少54.4万人；第二产业1211.1万人，增加41.9万人；第三产业1684.6万人，增加47.6万人；城乡私营企业从业人员和个体劳动者816.4万人，增加111.3万人。全年城镇实名制新增就业67.1万人，下岗失业人员再就业25.6万人。年末城镇登记失业率3.2%，比上年下降0.2个百分点。全省农民工总量1850.2万人，其中外出农民工1320.3万人。

全年居民消费价格比上年上涨1.6%，其中食品价格上涨2.5%。商品零售价格上涨0.4%。工业生产者出厂价格下降2.6%，工业生产者购进价格下降2.8%。固定资产投资价格上涨0.3%，农业生产资料价格下降0.4%。

二、农业

全年粮食作物种植面积6628.9千公顷，比上年扩大3.6千公顷，其中优质专用小麦面积2142千公顷，扩大35.2千公顷。油料种植面积788.4千公顷，减少13.6千公顷。棉花种植面积265.2千公顷，减少19.9千公顷。蔬菜种植面积862.1千公顷，扩大26.1千公顷。

全年粮食产量3415.8万吨，比上年增产136.2万吨，增长4.2%。其中，夏粮1400万吨，增产61.5万吨，增长4.6%；秋粮1887.5万吨，增产77.2万吨，增长4.3%。油料产量228.8万吨，增长1.5%。棉花产量26.3万吨，增长4.8%。

年末全省生猪存栏1585.3万头，比上年下降1.7%；全年生猪出栏3089.2万头，增长4%。肉类总产量414万吨，增长2.5%，其中猪牛羊肉产量298.2万吨，增长4.1%。禽蛋产量122.5万吨，下降1.6%。牛奶产量27.9万吨，增长10%。水产品产量223.7万吨，增长3.8%。

年末全省农业机械总动力6365.8万千瓦，比上年增长3.7%。农用拖拉机238.8万台，减少1.7%；农用运输车 66.5 万辆,减少 1.4%。全年化肥施用量(折纯)341.4 万吨,增长 0.9%。农村用电量 147.5 亿千瓦时,增长 6.6%。有效灌溉面积 4342.3 千公顷,新增 36.7 千公顷;新增节水灌溉面积 41.3 千公顷。

三、工业和建筑业

年末全省规模以上工业企业 16372 户,比上年净增 1258 户。全年规模以上工业增加值比上年增长 11.2%,其中国有及国有控股企业增长 5.6%,股份制企业增长 10.9%,外商及港澳台商投资企业增长 15.8%。

规模以上工业中,40 个工业行业有 39 个增加值保持增长,其中计算机、通信和其他电子设备制造业增长 43.8%,石油加工业增长 31.2%,有色金属冶炼和压延加工业增长 17%,黑色金属冶炼和压延加工业增长 14.7%,非金属矿物制品业增长 12.8%,医药制造业增长 10.9%,通用设备制造业增长 10.8%,化学原料和化学制品制造业增长 10.1%,农副食品加工业增长 8.7%,电气机械和器材制造业增长 7.1%,汽车制造业增长 7%,电力、热力生产和供应业增长 3.9%,煤炭开采和洗选业下降 2.6%。六大工业主导产业增加值增长 11%,装备制造业增长 12.3%,高新技术产业增长 13.6%;战略性新兴产业产值增长 22.5%。

规模以上工业统计的主要产品产量中,原煤下降 7.7%,发电量增长 1.5%,粗钢、钢材分别增长 3.9% 和 3.6%,水泥增长 1.6%,彩色电视机增长 7.4%,家用洗衣机、家用电冰箱、房间空调器分别下降 12.5%、7.1%和 0.2%,汽车下降 7.1%。

全年规模以上工业企业实现利润 1775.2 亿元,增长 0.1%,其中国有企业增长 4%,股份制企业下降 0.8%,外商及港澳台企业增长 6.1%,中小企业增长 5.8%,民营企业增长 4.6%。电气机械和器材制造业、非金属矿物制品业、电力热力生产和供应业、农副食品加工业、通用设备制造业、化学原料和化学制品制造业、计算机通信和其他电子设备制造业、汽车制造业、橡胶和塑料制品业、黑色金属冶炼和压延加工业、专用设备制造业、金属制品业以及酒、饮料和精制茶制造业等 13 个利润超 50 亿元的行业,合计实现利润 1463 亿元,增长 6.4%,占全部规模以上工业的 82.4%。

全年资质内建筑企业实现利税总额 390.8 亿元,增长 14.7%。房屋建筑施工面积 39488.4 万平方米,比上年增加 3214.4 万平方米;房屋竣工面积 15339.4 万平方米,增加 488.3 万平方米。

四、固定资产投资

全年固定资产投资 21256.3 亿元,比上年增长 16.5%。其中,工业及信息化产业技术改造投资 5031 亿元,增长 16.5%;民间投资 14681 亿元,增长 20.9%。分区域看,皖江示范区投资 14700.2 亿元,增长 17%;皖北六市投资 5242.1 亿元,增长 15.9%。分产业看,第一产业投资增长 39.2%,第二产业增长 13.9%,第三产业增长 17.7%。分行业看,工业投资增长 13.2%,其中制造业增长 14.6%,制造业中装备制造业增长 17%。六大高耗能行业投资增长 6.5%。

全年房地产开发投资 4339 亿元,比上年增长 10%。商品房销售面积 6202.2 万平方米,下降 1%;商品房销售额 3345.2 亿元,增长 5.1%。全年开工建设城镇保障性安居工程住房 46.64 万套,基本建成 27.49 万套。

全年共安排“861”行动计划项目 4180 个,当年完成投资 9798.2 亿元。开工建设中国(合肥)国际智能语音产业园、合肥三利谱 TFT 偏光片、芜湖科沃斯年产 500 万台智能机器人等 1863 个项目;建成投产合肥鑫晟触摸屏生产线、蚌埠方兴科技电容式触摸屏、芜湖三山格力空调、铜陵有色高导铜材、马鞍山山鹰高档纸生产线等 922 个项目。

全年建成或基本建成 2 对矿井,新增煤炭产能 740 万吨、电力装机容量 393 万千瓦。

五、国内贸易

全年社会消费品零售总额 7320.8 亿元,比上年增长 13%,扣除价格因素,实际增长 12.5%。按经营地统计,城镇消费品零售额 6002.9 亿元,增长 12.9%;乡村消费品零售额 1317.9 亿元,增长 13.1%。按消费形态统计,商品零售额 6551 亿元,增长 12.9%;餐饮收入 769.8 亿元,增长 13.2%。全省纳入统计的 83 家开展网络零售业务的限额以上企业,实现网上零售额 70 亿元,增长 84.7%。

限额以上企业商品零售额中,吃、穿、用类商品零售额分别比上年增长 15.1%、10.3%和 10.6%,粮油类增长 10.4%,肉禽蛋类增长 15.5%,服装类增长 11%,化妆品类增长 13.9%,日用品类增长 8.4%,中西药品类增长 10.7%,家用电器和音像器材类增长 10.5%,家具类增长 25.1%,通讯器材类增长 23.1%,石油及制品类增长 6.5%,建筑及装潢材料类增长 19.6%,汽车类增长 11%。

六、对外经济

全年进出口总额 492.7 亿美元，比上年增长 8.2%。其中，出口 314.9 亿美元，增长 11.5%；进口 177.8 亿美元，增长 3%。从出口经营主体看，生产型企业出口增长 11.7%，贸易型企业出口增长 9.4%。从出口商品看，机电产品、高新技术产品出口分别增长 25%和 1.2 倍。

全省亿元以上在建省外投资项目 5564 个，当年实际到位资金 7942.4 亿元，比上年增长 16.9%。全年新批外商投资项目 256 个，增长 4.1%；合同利用外资 31.1 亿美元，增长 15.7%；实际利用外商直接投资 123.4 亿美元，增长 15.5%。到 2014 年底，来皖投资的境外世界 500 强企业增加到 71 家，其中当年新引进 5 家。

全年对外承包工程新签合同金额 26.7 亿美元，比上年下降 3%；完成营业额 32.3 亿美元，增长 10.7%；当年外派劳务人员 14139 人，增长 11.8%。全年新批境外企业(机构)100 个，实际对外投资 4.7 亿美元，下降 32%。

七、交通、邮电和旅游

全年旅客运输量 14 亿人，货物运输量 43.4 亿吨，比上年分别增长 10.1%和 9.6%；旅客运输周转量 1416.7 亿人公里，货物运输周转量 13486.1 亿吨公里，分别增长 10.1%和 9.4%。全年港口货物吞吐量 4.4 亿吨，增长 10.8%，其中外贸货物吞吐量 419.6 万吨，增长 26.6%。全省民航机场旅客吞吐量 723.5 万人次，增长 7.8%，其中合肥新桥机场旅客吞吐量 597.5 万人次，增长 6.2%。

年末全省民用汽车拥有量 437.3 万辆，比上年增长 16.3%，其中私人汽车 348.2 万辆，增长 20.3%。民用轿车拥有量 226.1 万辆，增长 21.2%，其中私人轿车 205.1 万辆，增长 24.8%。

全年新增高速公路 231 公里、一级公路 343 公里、铁路营业里程 35.2 公里。到 2014 年末，全省高速公路达 3752 公里、一级公路达 2623 公里、铁路营业里程达 3478.2 公里。

全年邮电业务总量 630.1 亿元，比上年增长 18%。其中，电信业务总量 549.3 亿元，增长 15.2%；邮政业务总量 80.8 亿元，增长 40.5%。年末本地固定电话交换机总容量 723.1 万门，比上年减少 121.3 万门。本地固定电话用户 839.8 万户，比上年减少 136.9 万户；移动电话用户 4215.9 万户，增加 257.1 万户。每百人拥有电话(含移动)83.8 部，增加 1.4 部。年末基础电信运营企业计算机互联网宽带接入用户 725.4 万户，增加 82.8 万户。

全年入境旅游人数 405.1 万人次，比上年增长 13%，其中外国人 232.9 万人次、增长 16.1%，港澳台 172.2 万人次、增长 9%。国内游客 3.8 亿人次，增长 12.8%。旅游总收入 3430.1 亿元，增长 13.9%。其中，旅游外汇收入 19.6 亿美元，增长 13.2%；国内旅游收入 3309.7 亿元，增长 14%。年末全省有 A 级及以上旅游景点(区)499 处。

八、财政和金融

全年财政收入 3663 亿元，比上年增长 8.9%，其中地方财政收入 2218.4 亿元，增长 6.9%。全部财政收入中，增值税增长 7.6%，营业税增长 7.5%，企业所得税增长 15%。财政支出 4663.6 亿元，增长 7.2%，其中民生支出 3833 亿元，增长 7.9%。从重点支出项目看，社会保障与就业支出增长 7.8%，医疗卫生支出增长 3.5%，城乡社区事务支出增长 19%，科学技术支出增长 17.6%，教育支出增长 0.6%。全年 33 项民生工程累计投入 686.3 亿元，惠及 6000 多万城乡居民。

全年社会融资规模 4262.2 亿元，比上年减少 706.8 亿元。年末全省金融机构人民币各项存款余额 29817.7 亿元，比上年增加 3078.4 亿元，增长 11.5%。其中，单位存款余额 13643.2 亿元，增长 10.3%；居民储蓄存款余额 14599.4 亿元，增长 13%。金融机构人民币各项贷款余额 22088.3 亿元，比上年增加 2999.5 亿元，增长 15.7%。其中，短期贷款余额 7698.1 亿元，增长 4.8%；中长期贷款余额 13164.3 亿元，增长 20.2%，中长期贷款中个人贷款余额 5246.8 亿元，增长 24.9%。

全年上市公司通过境内市场累计筹资 190.1 亿元，其中 A 股再筹资(包括配股、公开增发、非公开增发、认股权证)173.9 亿元；上市公司通过发行可转债、可分离债、公司债筹资 5 亿元。到 2014 年末，全省有上市公司 80 家，上市公司市价总值 7041.6 亿元，比上年增长 48.8%。

全年发行中小企业私募债 10.5 亿元。企业发行短期融资券 479 亿元。

全年我省境内证券经营机构证券交易量 26532.9 亿元，期货经营机构代理交易量 150375.6 亿元。

全年保险业保费收入 572.3 亿元，比上年增长

18.5%。其中,财产险业务保费收入241.4亿元,增长18.5%;人身险业务保费收入330.8亿元,增长18.5%。赔款和给付234.4亿元,增长5.1%。其中,财产险业务赔款支出127.4亿元,增长10.5%;人身险业务赔款和给付支出107亿元,下降0.7%。

九、人民生活和社会保障

全年城镇常住居民人均可支配收入24839元,比上年增长9%,扣除价格因素,实际增长7.2%。人均消费性支出16107元,增长10.4%。其中,食品支出增长9.5%,衣着增长6%,居住增长6%,家庭设备用品及服务增长26.9%,医疗保健增长23.7%,交通通信增长8.8%,教育文化娱乐服务增长11.8%。城镇常住居民恩格尔系数为33.3%,比上年下降0.2个百分点。年末城镇常住居民人均住房建筑面积35.1平方米,比上年增加1.3平方米。

全年农村常住居民人均可支配收入9916元,比上年增长12%,扣除价格因素,实际增长10.3%。人均生活消费支出7981元,增长10.8%。其中,食品支出增长7.6%,衣着增长9.5%,居住增长9.6%,家庭设备用品及服务增长2.9%,医疗保健增长24.6%,交通通讯增长14%,教育文化娱乐用品及服务增长14.8%。农村常住居民恩格尔系数为35.6%,比上年下降1.1个百分点。年末农村常住居民人均住房建筑面积44.7平方米,比上年增加2.9平方米。

年末全省参加城镇基本养老、医疗保险人数分别为829.1万人和1756万人。参加失业保险人数为422万人,全年为12.2万名失业人员发放了不同期限的失业保险金。全省参加工伤、生育保险人数分别为508.5万人和482.7万人。城乡居民养老保险参保人数3337.2万人。参加新型农村合作医疗的农业人口5190.4万人,参合率为101%。

年末72.4万人享受城市居民最低生活保障,208.9万人享受农村居民最低生活保障,农村五保供养43.1万人。全年医疗救助366.7万人次,抚恤补助各类优抚对象47.7万人。

十、教育、科学技术和文化

年末全省有研究生培养单位21个,在学研究生46590人。普通高校107所,普通本专科在校生108.1万人。各类中等职业教育(不含技工学校)431所,在校生91.5万人。普通高中694所,在校生120.1万人,高中阶段毛入学率91.9%,比上年上升1.9个百分点。初中2905所,在校生192.4万人,初中阶段适龄人口入学率99.8%。小学10547所,在校生415.1万人,小学学龄儿童入学率99.98%。各级各类成人学校毕业生98.4万人。

年末全省有各类专业技术人员215万人,比上年增长10.8%。科研机构3484个,其中大中型工业企业办机构967个。从事研发活动人员18.1万人。全年用于研究与试验发展(R&D)经费支出408.7亿元,增长16.1%;相当于全省生产总值的1.96%,比上年提高0.13个百分点。全省有国家大科学工程5个;有国家实验室2个,国家重点(工程)实验室19个,省级(含重点)实验室111个,部属(含院属)实验室51个;有省级以上工程(技术)研究中心554家,其中国家级24家。有高新技术产业开发区16个,其中国家级4个。有高新技术企业2361家,其中当年新认定671家。

全年取得省部级以上科技成果740项。主要科技成果有航空遥感系统环境大气成分探测系统、紫金山金铜矿复杂岩土灾变控制及预测关键技术研究等。受理申请专利99160件,比上年增长6.2%;授权专利48380件,下降1%。共签订各类技术合同7093项,成交金额169.8亿元,比上年增长29.8%。

年末全省有县以上产品质量检验机构830个,其中系统内109个,国家质量监督检验中心23个;有产品质量、体系认证机构1个,累计完成强制性产品认证的企业2148个;法定计量技术机构81个,全年强制检定计量器具82.8万台(件)。累计制定、修订地方标准2387项。有国家地理标志产品52个、安徽名牌产品1377个。

全年省测绘档案资料馆为社会各界提供各种比例尺地形图24700幅,测绘基准成果5301点(次),航空航天遥感数据71.3万平方千米,数据量14921GB;完成国家基本比例尺地形图生产与更新44756幅、地理国情动态监测4100平方千米、"天地图·安徽"地图网站数据更新5.6GB。

年末全省有文化馆120个,公共图书馆109个,博物馆162个(含民营博物馆),乡镇街道综合文化站1437个。全国重点文物保护单位130处、合并国保项目2处,省级重点文物保护单位708处。国家级非物质文化遗产名录72项,省级名录343项。广播电台14座,中波发射台和转播台23座,广播节目综合人口覆盖率98.6%。电视台14座,有线电视用户768.1万户,电视节目综合人口覆盖率98.7%。全年出版报纸 98 种,总印数 11.7 亿份;期刊(杂志)180 种,总印数 0.6 亿册;图书 10142 种,总印数 2.7 亿册。有各级国家档案馆 137 个,馆藏档案资料 2217.4 万卷(件、册),库馆总建筑面积 26.5 万平方米。

十一、卫生、体育和社会服务

年末全省有医疗卫生机构 24838 个,其中医院 969 个、基层医疗卫生机构 22026 个、专业公共卫生机构 1757 个,其他卫生机构 86 个。基层医疗卫生机构中,卫生院 1394 个,社区卫生服务中心(站)1947 个,村卫生室 15297 个;专业公共卫生机构中,疾病预防控制中心 121 个,专科疾病防治院(所、站)48 个,妇幼保健院(所、站)121 个,卫生监督所(中心)113 个。全省卫生技术人员 26.4 万人,其中执业(助理)医师 10.3 万人,注册护士 10.9 万人。乡村医生和卫生员 4.8 万人。医疗卫生机构床位 24.9 万张,其中医院、卫生院床位 22.7 万张。全年医疗卫生机构共诊疗 2.67 亿人次。

全年在国际国内重大比赛中,我省运动健儿共获得 30 枚金牌、41 枚银牌、34 枚铜牌。其中,在第十七届仁川亚运会上,获得 7 枚金牌、3 枚银牌、2 枚铜牌,创造了我省境外亚运会的最好成绩。“全民健身、健康安徽”系列主题活动蓬勃开展,全年共举办百人以上的群众体育健身活动 2318 次,参加活动总人数 270 万人次。

年末全省有各类提供住宿的社会服务机构 997 个,床位 11.9 万张,收养各类人员 7.2 万人。不提供住宿的社会服务机构 8252 个,其中社区服务中心 1360 个,社区服务站 2850 个,社区日间照料床位 19713 张。全年销售社会福利彩票 69.3 亿元,筹集社会福利资金 19.4 亿元。

十二、资源、环境和安全生产

全省已发现的矿种为 159 种(含亚矿种)。查明资源储量的矿种 123 种(含亚矿种),其中能源矿种 6 种,金属矿种 21 种,非金属矿种 94 种,水气矿种 2 种。全年地质勘查部门新立项各类地质(科研)项目(省级)36 项。新增查明资源储量的大中型矿产地 12 处,新增探明储量矿种 1 种。

年末全省有省、市、县级环境监测站 87 个。全省 16 个省辖市空气质量平均优良天数比例为 88.1%,比上年上升 1.5 个百分点;有 9 个市空气质量达到二级标准。全省 PM10 年均浓度为 95 微克/立方米,比上年下降 4%。已建成自然保护区 39 个,其中国家级 7 个、省级 30 个、市级 2 个。当年人工造林面积 150.9 千公顷。年末森林面积 4488 千公顷,活立木总蓄积量 25200.9 万立方米,森林蓄积量 22619.6 万立方米。

全年能源消费量 1.24 亿吨标准煤,比上年增长 2.7%。电力消费量增长 3.7%。单位 GDP 能耗下降 5.97%。

淮河干流安徽段水质以Ⅲ类为主,总体水质优。长江干流安徽段以Ⅱ类水质为主,总体水质优;主要支流总体水质良好。巢湖湖区整体水质轻度污染,9 条主要环湖支流整体水质中度污染。新安江干、支流水质优。全省城市集中式饮用水水源地水质达标率为 96.5%。

全年亿元 GDP 生产安全事故死亡人数为 0.145 人,比上年下降 11.5%;工矿商贸从业人员十万人生产安全事故死亡人数为 0.984 人,下降 8%;道路交通万车事故死亡人数为 2.162 人,下降 1.1%;煤矿百万吨死亡人数为 0.385 人,上升 143.7%。全年发生道路交通事故 16491 起,发生火灾事故 12274 起。

注:

[1]本公报数据为初步统计数。

[2]生产总值及各产业增加值绝对数按现价计算,增长速度按可比价格计算。

[3]民营经济统计的范围为集体经济(不包括第一产业中的集体经济)、私营经济、港澳台经济和个体经济。

[4] 国家统计局对三次产业和行业实行相对分离的划分标准,第一产业指农林牧渔业(不含农林牧渔服务业),第二产业指工业(不含开采辅助活动,金属制品、机械和设备修理业)和建筑业,第三产业指除第一产业、第二产业以外的其他行业。

[5]2011 年国家统计制度改革,规模以上工业统计范围为年主营业务收入 2000 万元及以上的企业,固定资产投资统计范围为计划总投资 500 万元及以上项目和房地产。

[6]交通运输部根据交通运输行业专项调查,对我省 2013 年公路与水路的客、货运量数据进行了调整。

[7]恩格尔系数是指居民食品消费支出占全部消费性支出的比重。

[8]天地图数据 2014 年更新的是文字附注数据,2013 年为影像数据,记录格式不同,数据量与上年相差较大。

[9]2014 年社会服务机构仅指有组织机构代码证的机构。

全省财政收支统计表

（1995—2014 年）

单位:亿元、%

年度	财政收入		财政支出	
	数值	较上年增长	数值	较上年增长
1995	147.52	35.4	135.88	45.7
1996	193.14	30.9	178.71	31.5
1997	235.04	21.7	207.24	16.0
1998	262.07	11.5	242.07	16.8
1999	280.85	7.2	288.60	19.2
2000	290.42	3.4	323.47	12.1
2001	309.55	6.6	403.80	24.8
2002	346.65	12.0	456.86	13.1
2003	412.29	18.9	507.44	11.1
2004	520.71	26.3	601.53	18.5
2005	656.55	26.1	713.06	18.5
2006	816.51	24.4	940.23	31.9
2007	1034.73	26.7	1243.83	32.3
2008	1326.05	28.2	1647.13	32.4
2009	1551.23	17.0	2141.92	30.0
2010	2063.82	33.0	2587.61	20.8
2011	2633.02	27.6	3302.99	27.6
2012	3025.99	14.9	3961.01	19.9
2013	3365.08	11.2	4349.69	9.9
2014	3663	8.9	4664.09	7.2

2014年度安徽省公共财政收支总表

单位:万元

预算科目	决算数	预算科目	决算数
一、税收收入	16925236	一、一般公共服务支出	4081513
增值税	2605482	二、外交支出	
其中:改征增值税	913516	三、国防支出	56964
营业税	5399682	四、公共安全支出	1796020
企业所得税	2183194	五、教育支出	7430675
企业所得税退税		六、科学技术支出	1295878
个人所得税	521420	七、文化体育与传媒支出	822536
资源税	208198	八、社会保障和就业支出	5758225
城市维护建设税	980024	九、医疗卫生与计划生育支出	4250037
房产税	386356	十、节能环保支出	1047646
印花税	208697	十一、城乡社区支出	5585476
城镇土地使用税	1003779	十二、农林水支出	5026868
土地增值税	966661	十三、交通运输支出	3383838
车船税	128294	十四、资源勘探信息等支出	1509315
耕地占用税	357629	十五、商业服务业等支出	620888
契税	1956631	十六、金融支出	50178
烟叶税	19189	十七、援助其他地区支出	37020
其他税收收入		十八、国土海洋气象等支出	537978
二、非税收入	5259182	十九、住房保障支出	2327601
专项收入	1294461	二十、粮油物资储备支出	398543
行政事业性收费收入	1484337	二十一、预备费	
罚没收入	491567	二十二、国债还本付息支出	221644
国有资本经营收入	281068	二十三、其他支出	402130
国有资源(资产)有偿使用收入	1412931		
其他收入	294818		
本年合计	22184418	本年支出合计	46640973

各市县(区)财经统计资料

2014年度合肥市公共财政收支总表

单位:万元

预算科目	决算数	预算科目	决算数
一、税收收入	4257817	一、一般公共服务支出	700469
增值税	591345	二、外交	
其中:改征增值税	206433	三、国防	8213
营业税	1727914	四、公共安全	253896
企业所得税	407481	五、教育	1087882
企业所得税退税		六、科学技术	290529
个人所得税	140057	七、文化体育与传媒	95372
资源税	12226	八、社会保障和就业	564287
城市维护建设税	263964	九、医疗卫生	444502
房产税	127765	十、节能环保	186499
印花税	69380	十一、城乡社区事务	1804764
城镇土地使用税	73129	十二、农林水事务	485042
土地增值税	287646	十三、交通运输	243429
车船税	30729	十四、资源勘探电力信息等事务	395013
耕地占用税	30130	十五、商业服务业等事务	72288
契税	496051	十六、金融监管等事务支出	3106
烟叶税		十七、地震灾后恢复重建支出	
其他税收收入		十八、国土海洋气象等事务	47112
二、非税收入	745603	十九、住房保障支出	167305
专项收入	137597	二十、粮油物资储备事务	32973
行政事业性收费收入	222796	二十一、储备事务支出	
罚没收入	54078	二十二、国债还本付息支出	8503
国有资本经营收入	44478	二十三、其他支出	96706
国有资源(资产)有偿使用收入	160925		
其他收入	125729		
本年合计	5003420	本年支出合计	6987890

2014年度淮北市公共财政收支总表

单位:万元

预算科目	决算数	预算科目	决算数
一、税收收入	450545	一、一般公共服务支出	103803
增值税	95165	二、外交	
其中:改征增值税	20983	三、国防	1779
营业税	133346	四、公共安全	48320
企业所得税	28067	五、教育	175319
企业所得税退税		六、科学技术	16653
个人所得税	6520	七、文化体育与传媒	13127
资源税	11246	八、社会保障和就业	136820
城市维护建设税	30158	九、医疗卫生	108071
房产税	11823	十、节能环保	16849
印花税	6797	十一、城乡社区事务	253796
城镇土地使用税	37543	十二、农林水事务	110635
土地增值税	22272	十三、交通运输	62961
车船税	4849	十四、资源勘探电力信息等事务	23223
耕地占用税	17588	十五、商业服务业等事务	4817
契税	45171	十六、金融监管等事务支出	199
烟叶税		十七、地震灾后恢复重建支出	
其他税收收入		十八、国土海洋气象等事务	6827
二、非税收入	77589	十九、住房保障支出	65299
专项收入	21441	二十、粮油物资储备事务	5574
行政事业性收费收入	33919	二十一、储备事务支出	
罚没收入	18869	二十二、国债还本付息支出	3990
国有资本经营收入	-2204	二十三、其他支出	2015
国有资源(资产)有偿使用收入	4196		
其他收入	1368		
本年合计	528134	本年支出合计	1160077

2014年度亳州市公共财政收支总表

单位:万元

预算科目	决算数	预算科目	决算数
一、税收收入	558268	一、一般公共服务支出	208016
增值税	117482	二、外交	
其中:改征增值税	62086	三、国防	1116
营业税	192687	四、公共安全	80062
企业所得税	37134	五、教育	368394
企业所得税退税		六、科学技术	14418
个人所得税	6210	七、文化体育与传媒	13938
资源税	2049	八、社会保障和就业	307513
城市维护建设税	31939	九、医疗卫生	328976
房产税	6266	十、节能环保	33779
印花税	6396	十一、城乡社区事务	160297
城镇土地使用税	18703	十二、农林水事务	300797
土地增值税	24452	十三、交通运输	138694
车船税	7711	十四、资源勘探电力信息等事务	57284
耕地占用税	8256	十五、商业服务业等事务	18664
契税	97922	十六、金融监管等事务支出	409
烟叶税	1061	十七、地震灾后恢复重建支出	
其他税收收入		十八、国土海洋气象等事务	14958
二、非税收入	168695	十九、住房保障支出	218330
专项收入	17786	二十、粮油物资储备事务	22807
行政事业性收费收入	85634	二十一、储备事务支出	
罚没收入	28600	二十二、国债还本付息支出	3129
国有资本经营收入	9703	二十三、其他支出	590
国有资源(资产)有偿使用收入	25255		
其他收入	1717		
本年合计	726963	本年支出合计	2292171

2014年度宿州市公共财政收支总表

单位:万元

预算科目	决算数	预算科目	决算数
一、税收收入	543338	一、一般公共服务支出	233325
增值税	67153	二、外交	
其中:改征增值税	10603	三、国防	2903
营业税	195092	四、公共安全	105394
企业所得税	43869	五、教育	450628
企业所得税退税		六、科学技术	22436
个人所得税	8306	七、文化体育与传媒	28917
资源税	12163	八、社会保障和就业	227814
城市维护建设税	26932	九、医疗卫生	329669
房产税	8171	十、节能环保	58790
印花税	5600	十一、城乡社区事务	206568
城镇土地使用税	49347	十二、农林水事务	366809
土地增值税	39331	十三、交通运输	161693
车船税	6463	十四、资源勘探电力信息等事务	52188
耕地占用税	10884	十五、商业服务业等事务	8092
契税	70027	十六、金融监管等事务支出	3038
烟叶税		十七、地震灾后恢复重建支出	
其他税收收入		十八、国土海洋气象等事务	22790
二、非税收入	226106	十九、住房保障支出	155957
专项收入	24812	二十、粮油物资储备事务	26937
行政事业性收费收入	91723	二十一、储备事务支出	
罚没收入	52482	二十二、国债还本付息支出	2752
国有资本经营收入	1511	二十三、其他支出	6135
国有资源(资产)有偿使用收入	27462		
其他收入	28116		
本年合计	769444	本年支出合计	2472835

2014年度蚌埠市公共财政收支总表

单位:万元

预算科目	决算数	预算科目	决算数
一、税收收入	792710	一、一般公共服务支出	163019
增值税	167350	二、外交	
其中:改征增值税	87713	三、国防	2160
营业税	258780	四、公共安全	83035
企业所得税	52758	五、教育	354791
企业所得税退税		六、科学技术	76245
个人所得税	8820	七、文化体育与传媒	21143
资源税	735	八、社会保障和就业	222758
城市维护建设税	76731	九、医疗卫生	210816
房产税	17485	十、节能环保	40537
印花税	10859	十一、城乡社区事务	302334
城镇土地使用税	48085	十二、农林水事务	234700
土地增值税	41310	十三、交通运输	142828
车船税	7240	十四、资源勘探电力信息等事务	5944
耕地占用税	9808	十五、商业服务业等事务	42510
契税	92749	十六、金融监管等事务支出	845
烟叶税		十七、地震灾后恢复重建支出	
其他税收收入		十八、国土海洋气象等事务	29470
二、非税收入	260705	十九、住房保障支出	137663
专项收入	51644	二十、粮油物资储备事务	11998
行政事业性收费收入	69271	二十一、储备事务支出	
罚没收入	29345	二十二、国债还本付息支出	603
国有资本经营收入	26330	二十三、其他支出	2175
国有资源(资产)有偿使用收入	76928		
其他收入	7187		
本年合计	1053415	本年支出合计	2085574

2014年度阜阳市公共财政收支总表

单位:万元

预算科目	决算数	预算科目	决算数
一、税收收入	804039	一、一般公共服务支出	260778
增值税	135829	二、外交	
其中:改征增值税	30191	三、国防	4405
营业税	262144	四、公共安全	120034
企业所得税	47482	五、教育	650115
企业所得税退税		六、科学技术	16927
个人所得税	8940	七、文化体育与传媒	24029
资源税	4828	八、社会保障和就业	525850
城市维护建设税	55959	九、医疗卫生	475000
房产税	9772	十、节能环保	55957
印花税	8494	十一、城乡社区事务	197425
城镇土地使用税	33754	十二、农林水事务	455263
土地增值税	52882	十三、交通运输	241730
车船税	12773	十四、资源勘探电力信息等事务	83211
耕地占用税	23556	十五、商业服务业等事务	12138
契税	147353	十六、金融监管等事务支出	14391
烟叶税	273	十七、地震灾后恢复重建支出	
其他税收收入		十八、国土海洋气象等事务	26250
二、非税收入	231055	十九、住房保障支出	299533
专项收入	46046	二十、粮油物资储备事务	20138
行政事业性收费收入	99157	二十一、储备事务支出	
罚没收入	32331	二十二、国债还本付息支出	28393
国有资本经营收入	5100	二十三、其他支出	21884
国有资源(资产)有偿使用收入	43382		
其他收入	5039		
本年合计	1035094	本年支出合计	3533451

2014年度淮南市公共财政收支总表

单位:万元

预算科目	决算数	预算科目	决算数
一、税收收入	586913	一、一般公共服务支出	146072
增值税	122993	二、外交	
其中:改征增值税	16999	三、国防	1716
营业税	174559	四、公共安全	82174
企业所得税	39787	五、教育	198921
企业所得税退税		六、科学技术	23349
个人所得税	13720	七、文化体育与传媒	19885
资源税	12282	八、社会保障和就业	190443
城市维护建设税	40645	九、医疗卫生	122647
房产税	16614	十、节能环保	30382
印花税	7172	十一、城乡社区事务	164859
城镇土地使用税	47288	十二、农林水事务	134687
土地增值税	48399	十三、交通运输	64564
车船税	5073	十四、资源勘探电力信息等事务	32004
耕地占用税	6005	十五、商业服务业等事务	19489
契税	52376	十六、金融监管等事务支出	96
烟叶税		十七、地震灾后恢复重建支出	
其他税收收入		十八、国土海洋气象等事务	36713
二、非税收入	166710	十九、住房保障支出	168952
专项收入	66099	二十、粮油物资储备事务	8166
行政事业性收费收入	48201	二十一、储备事务支出	
罚没收入	18480	二十二、国债还本付息支出	11130
国有资本经营收入	-84	二十三、其他支出	3534
国有资源(资产)有偿使用收入	32193		
其他收入	1821		
本年合计	753623	本年支出合计	1459783

2014年度滁州市公共财政收支总表

单位:万元

预算科目	决算数	预算科目	决算数
一、税收收入	888830	一、一般公共服务支出	196650
增值税	122149	二、外交	
其中:改征增值税	21273	三、国防	4455
营业税	331974	四、公共安全	110307
企业所得税	70789	五、教育	423699
企业所得税退税		六、科学技术	46685
个人所得税	14095	七、文化体育与传媒	31203
资源税	14539	八、社会保障和就业	302418
城市维护建设税	57805	九、医疗卫生	321142
房产税	19507	十、节能环保	52876
印花税	10674	十一、城乡社区事务	277064
城镇土地使用税	68106	十二、农林水事务	493877
土地增值税	72600	十三、交通运输	160068
车船税	6660	十四、资源勘探电力信息等事务	35553
耕地占用税	11111	十五、商业服务业等事务	13925
契税	88821	十六、金融监管等事务支出	784
烟叶税		十七、地震灾后恢复重建支出	
其他税收收入		十八、国土海洋气象等事务	24089
二、非税收入	347465	十九、住房保障支出	142440
专项收入	46024	二十、粮油物资储备事务	29964
行政事业性收费收入	89661	二十一、储备事务支出	
罚没收入	47174	二十二、国债还本付息支出	17405
国有资本经营收入	1298	二十三、其他支出	3858
国有资源(资产)有偿使用收入	154205		
其他收入	9103		
本年合计	1236295	本年支出合计	2688462

2014年度六安市公共财政收支总表

单位:万元

预算科目	决算数	预算科目	决算数
一、税收收入	710966	一、一般公共服务支出	273691
增值税	77602	二、外交	
其中:改征增值税	19596	三、国防	2276
营业税	273901	四、公共安全	118230
企业所得税	51457	五、教育	622111
企业所得税退税		六、科学技术	31524
个人所得税	11254	七、文化体育与传媒	39093
资源税	18251	八、社会保障和就业	286747
城市维护建设税	32475	九、医疗卫生	416576
房产税	15801	十、节能环保	97768
印花税	7351	十一、城乡社区事务	176184
城镇土地使用税	43023	十二、农林水事务	508635
土地增值税	44797	十三、交通运输	296315
车船税	7959	十四、资源勘探电力信息等事务	44080
耕地占用税	13484	十五、商业服务业等事务	15450
契税	113611	十六、金融监管等事务支出	5609
烟叶税		十七、地震灾后恢复重建支出	
其他税收收入		十八、国土海洋气象等事务	44284
二、非税收入	237658	十九、住房保障支出	162470
专项收入	50430	二十、粮油物资储备事务	22697
行政事业性收费收入	120739	二十一、储备事务支出	
罚没收入	28832	二十二、国债还本付息支出	5340
国有资本经营收入		二十三、其他支出	46969
国有资源(资产)有偿使用收入	31562		
其他收入	6095		
本年合计	948624	本年支出合计	3216049

2014年度马鞍山市公共财政收支总表

单位:万元

预算科目	决算数	预算科目	决算数
一、税收收入	931618	一、一般公共服务支出	194547
增值税	175868	二、外交	
其中:改征增值税	36983	三、国防	596
营业税	267377	四、公共安全	89003
企业所得税	65673	五、教育	266454
企业所得税退税		六、科学技术	57483
个人所得税	16731	七、文化体育与传媒	36848
资源税	25789	八、社会保障和就业	178014
城市维护建设税	55333	九、医疗卫生	166082
房产税	35039	十、节能环保	34934
印花税	14827	十一、城乡社区事务	263441
城镇土地使用税	79214	十二、农林水事务	179328
土地增值税	47236	十三、交通运输	90481
车船税	6204	十四、资源勘探电力信息等事务	24343
耕地占用税	8286	十五、商业服务业等事务	63431
契税	134041	十六、金融监管等事务支出	1922
烟叶税		十七、地震灾后恢复重建支出	
其他税收收入		十八、国土海洋气象等事务	27702
二、非税收入	278898	十九、住房保障支出	127567
专项收入	41065	二十、粮油物资储备事务	8827
行政事业性收费收入	55294	二十一、储备事务支出	
罚没收入	21607	二十二、国债还本付息支出	6473
国有资本经营收入	45361	二十三、其他支出	7085
国有资源(资产)有偿使用收入	114417		
其他收入	1154		
本年合计	1210516	本年支出合计	1824561

2014年度芜湖市公共财政收支总表

单位:万元

预算科目	决算数	预算科目	决算数
一、税收收入	1845641	一、一般公共服务支出	202634
增值税	413747	二、外交	
其中:改征增值税	174226	三、国防	4388
营业税	466419	四、公共安全	106363
企业所得税	178694	五、教育	508965
企业所得税退税		六、科学技术	342871
个人所得税	36561	七、文化体育与传媒	38081
资源税	29848	八、社会保障和就业	331794
城市维护建设税	142542	九、医疗卫生	285908
房产税	51574	十、节能环保	47120
印花税	24183	十一、城乡社区事务	683702
城镇土地使用税	206317	十二、农林水事务	257858
土地增值税	67581	十三、交通运输	226638
车船税	9538	十四、资源勘探电力信息等事务	121914
耕地占用税	39317	十五、商业服务业等事务	81046
契税	176538	十六、金融监管等事务支出	6817
烟叶税	2782	十七、地震灾后恢复重建支出	
其他税收收入		十八、国土海洋气象等事务	13876
二、非税收入	489716	十九、住房保障支出	153735
专项收入	113157	二十、粮油物资储备事务	8781
行政事业性收费收入	96487	二十一、储备事务支出	
罚没收入	27586	二十二、国债还本付息支出	37442
国有资本经营收入	86799	二十三、其他支出	6565
国有资源(资产)有偿使用收入	137995		
其他收入	27692		
本年合计	2335357	本年支出合计	3466498

2014年度宣城市公共财政收支总表

单位:万元

预算科目	决算数	预算科目	决算数
一、税收收入	870423	一、一般公共服务支出	275456
增值税	155298	二、外交	
其中:改征增值税	56317	三、国防	1834
营业税	253944	四、公共安全	67564
企业所得税	54243	五、教育	332521
企业所得税退税		六、科学技术	76879
个人所得税	13254	七、文化体育与传媒	30510
资源税	22381	八、社会保障和就业	214069
城市维护建设税	42389	九、医疗卫生	217334
房产税	16096	十、节能环保	50309
印花税	9269	十一、城乡社区事务	329640
城镇土地使用税	95857	十二、农林水事务	267612
土地增值税	58740	十三、交通运输	173834
车船税	5958	十四、资源勘探电力信息等事务	16602
耕地占用税	9758	十五、商业服务业等事务	35840
契税	120381	十六、金融监管等事务支出	1653
烟叶税	12855	十七、地震灾后恢复重建支出	
其他税收收入		十八、国土海洋气象等事务	12018
二、非税收入	331798	十九、住房保障支出	102865
专项收入	52041	二十、粮油物资储备事务	9015
行政事业性收费收入	53196	二十一、储备事务支出	
罚没收入	39919	二十二、国债还本付息支出	7188
国有资本经营收入	20344	二十三、其他支出	2249
国有资源(资产)有偿使用收入	162074		
其他收入	4224		
本年合计	1202221	本年支出合计	2224992

2014年度铜陵市公共财政收支总表

单位:万元

预算科目	决算数	预算科目	决算数
一、税收收入	483098	一、一般公共服务支出	79457
增值税	82803	二、外交	
其中:改征增值税	28816	三、国防	319
营业税	135088	四、公共安全	46020
企业所得税	42876	五、教育	147545
企业所得税退税		六、科学技术	73924
个人所得税	7699	七、文化体育与传媒	13352
资源税	15609	八、社会保障和就业	91944
城市维护建设税	26095	九、医疗卫生	54655
房产税	12796	十、节能环保	55055
印花税	7245	十一、城乡社区事务	174406
城镇土地使用税	72000	十二、农林水事务	54644
土地增值税	20407	十三、交通运输	59324
车船税	2709	十四、资源勘探电力信息等事务	49083
耕地占用税	1707	十五、商业服务业等事务	78944
契税	56064	十六、金融监管等事务支出	2081
烟叶税		十七、地震灾后恢复重建支出	
其他税收收入		十八、国土海洋气象等事务	14178
二、非税收入	179630	十九、住房保障支出	45980
专项收入	18379	二十、粮油物资储备事务	3704
行政事业性收费收入	54799	二十一、储备事务支出	
罚没收入	10115	二十二、国债还本付息支出	2050
国有资本经营收入	6616	二十三、其他支出	6258
国有资源(资产)有偿使用收入	74360		
其他收入	15361		
本年合计	662728	本年支出合计	1052923

2014年度池州市公共财政收支总表

单位:万元

预算科目	决算数	预算科目	决算数
一、税收收入	471182	一、一般公共服务支出	173060
增值税	74615	二、外交	
其中:改征增值税	48097	三、国防	3206
营业税	134051	四、公共安全	43897
企业所得税	22752	五、教育	179691
企业所得税退税		六、科学技术	17075
个人所得税	4687	七、文化体育与传媒	17424
资源税	11769	八、社会保障和就业	132858
城市维护建设税	18021	九、医疗卫生	126122
房产税	8047	十、节能环保	28262
印花税	4851	十一、城乡社区事务	209440
城镇土地使用税	61899	十二、农林水事务	137129
土地增值税	29924	十三、交通运输	101554
车船税	2456	十四、资源勘探电力信息等事务	45693
耕地占用税	9092	十五、商业服务业等事务	17758
契税	87182	十六、金融监管等事务支出	120
烟叶税	1836	十七、地震灾后恢复重建支出	
其他税收收入		十八、国土海洋气象等事务	9144
二、非税收入	213178	十九、住房保障支出	114031
专项收入	21749	二十、粮油物资储备事务	5645
行政事业性收费收入	112002	二十一、储备事务支出	
罚没收入	10173	二十二、国债还本付息支出	11791
国有资本经营收入	8500	二十三、其他支出	11050
国有资源(资产)有偿使用收入	60685		
其他收入	69		
本年合计	684360	本年支出合计	1384950

2014年度安庆市公共财政收支总表

单位:万元

预算科目	决算数	预算科目	决算数
一、税收收入	799885	一、一般公共服务支出	333389
增值税	106760	二、外交	
其中:改征增值税	24439	三、国防	2387
营业税	292169	四、公共安全	124960
企业所得税	62289	五、教育	580668
企业所得税退税		六、科学技术	61902
个人所得税	17692	七、文化体育与传媒	55206
资源税	12814	八、社会保障和就业	352018
城市维护建设税	46110	九、医疗卫生	372049
房产税	16345	十、节能环保	60992
印花税	9326	十一、城乡社区事务	189144
城镇土地使用税	37285	十二、农林水事务	404210
土地增值税	62579	十三、交通运输	228644
车船税	8131	十四、资源勘探电力信息等事务	22559
耕地占用税	21948	十五、商业服务业等事务	20636
契税	106437	十六、金融监管等事务支出	6553
烟叶税		十七、地震灾后恢复重建支出	
其他税收收入		十八、国土海洋气象等事务	18376
二、非税收入	256652	十九、住房保障支出	131401
专项收入	46118	二十、粮油物资储备事务	17661
行政事业性收费收入	80406	二十一、储备事务支出	
罚没收入	27557	二十二、国债还本付息支出	6813
国有资本经营收入		二十三、其他支出	5029
国有资源(资产)有偿使用收入	86867		
其他收入	15704		
本年合计	1056537	本年支出合计	2994597

2014年度黄山市公共财政收支总表

单位:万元

预算科目	决算数	预算科目	决算数
一、税收收入	429817	一、一般公共服务支出	184078
增值税	57721	二、外交	
其中:改征增值税	27159	三、国防	2055
营业税	148760	四、公共安全	66558
企业所得税	23961	五、教育	140731
企业所得税退税		六、科学技术	35777
个人所得税	7090	七、文化体育与传媒	40760
资源税	1669	八、社会保障和就业	159189
城市维护建设税	16119	九、医疗卫生	119565
房产税	11221	十、节能环保	110449
印花税	5457	十一、城乡社区事务	186613
城镇土地使用税	28987	十二、农林水事务	185585
土地增值税	46505	十三、交通运输	83944
车船税	3841	十四、资源勘探电力信息等事务	36259
耕地占用税	6197	十五、商业服务业等事务	43714
契税	71907	十六、金融监管等事务支出	258
烟叶税	382	十七、地震灾后恢复重建支出	
其他税收收入		十八、国土海洋气象等事务	6942
二、非税收入	250086	十九、住房保障支出	64147
专项收入	11793	二十、粮油物资储备事务	4046
行政事业性收费收入	31623	二十一、储备事务支出	
罚没收入	15682	二十二、国债还本付息支出	9823
国有资本经营收入	27316	二十三、其他支出	13679
国有资源(资产)有偿使用收入	136540		
其他收入	27132		
本年合计	679903	本年支出合计	1494172

2014年度各市县(区)公共财政收支表

单位:万元

地区	收入合计	收入											非税收入						
		小计	增值税	营业税	企业所得税	个人所得税	资源税	城市维护建设税	耕地占用税	契税	烟叶税	其他各项税收收入	小计	专项收入	行政事业性收费收入	罚没收入	国有资本经营收入	国有资产(资源)有偿使用收入	其他收入
安徽省地市合计	19886634	15425090	2563880	5248205	1229312	321636	208198	963217	227127	1956631		355364	4461544	766181	1344908	462830	281068	1329046	277511
宣城市	1202221	870423	155298	253944	54243	13254	22381	42389	9758	120381		28082	331798	52041	53196	39919	20344	162074	4224
宣城市本级	205296	149644	9910	66572	6759	2515	2520	8861	2784	12681		1735	55652	5324	17793	6574	9718	16243	0
宣城市区县合计	996925	720779	145388	187372	47484	10739	19861	33528	6974	107700		26347	276146	46717	35403	33345	10626	145831	4224
宣州区	218738	158248	25310	32851	8323	1648	5329	7408	2890	34229		13706	60490	13063	3338	1692	2026	38831	1540
郎溪县	155765	106332	19671	33219	3180	1379	1354	3809	671	17337		2674	49433	6484	4072	3165	0	35712	0
广德县	187637	146120	31928	40783	10757	2121	8125	6395	620	18337		3439	41517	17619	6299	9353	0	8246	0
宁国市	18929	169370	33657	40082	18258	3672	2639	9995	1037	20585		2681	49559	5180	11527	5115	0	27737	0
泾县	103097	73648	19131	19315	3784	980	1678	3092	839	10619		1618	29449	2076	7226	9724	8600	1823	0
旌德县	46364	31975	8844	8584	1404	426	391	1160	429	4533		1170	14389	1240	1076	2072	0	8901	1100
绩溪县	66395	35086	6847	12538	1778	513	345	1669	488	2060		1059	31309	1055	1865	2224	0	24581	1584
宿州市	769444	543338	67153	195092	43869	8306	12163	26932	10884	70027		12063	226106	24812	91723	52482	1511	27462	28116
宿州市本级	317975	232406	20573	74531	23617	3199	0	11637	7134	46503		3756	85569	13507	30029	22243	1511	14139	4140
宿州市区县合计	451469	310932	46580	120561	20252	5107	12163	15295	3750	23524		8307	140537	11305	61694	30239	0	13323	23976
埇桥区	171353	126294	25934	37121	8785	2874	5248	8689	626	4471		3319	45059	4674	16792	4993	0	574	18026
砀山县	61842	43964	5953	18996	2155	415	34	1539	740	6995		1256	17878	1653	9871	4184	0	1704	466
萧县	95354	57207	7803	21162	4576	854	6273	1850	1485	4996		1569	38147	2050	19227	10048	0	3545	3277
灵璧县	60581	39676	2903	20248	1981	480	550	1361	568	3697		1145	20905	1339	8501	6287	0	2571	2207
泗县	62339	43791	3987	23034	2755	484	58	1856	331	3365		1018	18548	1589	7303	4727	0	4929	0
滁州市	1236295	888830	122149	331974	70789	14095	14539	57805	11111	88821		17334	347465	46024	89661	47174	1298	154205	9103
滁州市本级	298503	235959	33951	79815	24343	3383	197	26345	4378	27503		5604	62544	13766	25371	12112	1000	5750	4545
滁州市区县合计	937792	652871	88198	252159	46446	10712	14342	31460	6733	61318		11730	284921	32258	64290	35062	298	148455	4558
琅琊区	67110	46587	12111	17678	2205	966	12	2922	272	1965		497	20523	1251	907	1359	0	16897	109
南谯区	104442	68759	8407	28389	5029	955	394	2799	1337	6306		666	35683	1445	2852	954	0	29465	967
天长市	204793	143881	25631	47763	9610	2158	1666	9007	506	16551		3492	60912	6669	23890	9381	298	20481	193
来安县	110695	74838	10126	32087	6275	1309	591	3460	861	5747		1514	35857	7262	4749	7240	0	15952	654
全椒县	125471	91865	8714	36023	6708	1430	2367	3836	410	9607		1704	33606	2458	4442	2940	0	23595	171
定远县	105983	81788	5197	41121	6361	1157	3592	2873	1255	6144		1383	24195	2738	11424	5795	0	4238	0
凤阳县	136533	84017	12483	22689	6974	1495	5224	3415	1156	6980		1369	52516	8644	8884	3667	0	29473	1848
明光市	82765	61136	5529	26409	3284	1242	496	3148	936	8018		1105	21629	1791	7142	3726	0	8354	616
池州市	684360	471182	74615	134051	22752	4687	11769	18021	9092	87182		9143	213178	21749	112002	10173	8500	60685	69
池州市本级	294288	185605	10404	53136	10530	1601	4765	8638	4645	58547		1842	108683	7727	82861	4504	8500	5090	1
池州市区县合计	390072	285577	64211	80915	12222	3086	7004	9383	4447	28635		7301	104495	14022	29141	5669	0	55595	68
贵池区	169472	126108	27393	40998	5788	1008	2565	4571	1329	5142		2275	43364	4782	20824	443	0	17315	0
石台县	15237	10678	1548	3434	576	282	801	310	628	964		198	4559	1277	598	403	0	2213	68
青阳县	110580	76871	18778	15830	3186	858	2214	2214	1131	13152		1783	33709	6283	4636	1590	0	21200	0
东至县	94783	71920	16492	20653	2672	938	1424	2288	1359	9377		3045	22863	1680	3083	3233	0	14867	0
阜阳市	1035094	804039	135829	262144	47482	8940	4828	55959	23556	147353		21540	231055	46046	99157	32331	5100	43382	5039
阜阳市本级	278104	204030	29707	52786	10037	3227	473	22203	9694	50941		7627	74074	13429	35808	10457	5100	9078	202
阜阳市区县合计	756990	600009	106122	209358	37445	5713	4355	33756	13862	96412		13913	156981	32617	63349	21874	0	34304	4837
颍州区	135477	128621	12085	58158	8092	925	23	5712	0	23750		1448	6856	2513	2871	1195	0	277	0
颍泉区	82568	69730	6041	30031	10255	674	0	3240	204	7920		1306	12838	1381	2609	846	0	8002	0
颍东区	51207	43977	6266	16868	3014	376	317	2311	935	6980		2680	7230	1121	2782	2096	0	1004	227
临泉县	66753	48741	5747	18050	2825	761	165	1910	1877	10423		1251	18012	1600	9577	3213	0	3622	0
太和县	117638	85885	14775	28904	2882	774	8	3840	102	1822		2826	3175	3053	20018	5865	0	2796	21

2014年度各市县(区)公共财政收支表

单位:万元

支出																				
支出合计	一般公共服务	国防	公共安全	教育	科学技术	文化体育与传媒	社会保障和就业	医疗卫生	节能环保	城乡社区事务	农林水事务	交通运输	资源勘探电力信息等事务	商业服务业等事务	金融监管等事务支出	国土资源气象等事务	住房保障支出	粮油物资储备事务	国债还本付息支出	其他支出
40338985	3728444	43808	1545817	6488435	1204677	518888	4224536	4099114	960558	5579677	4576811	2476701	1044953	548742	47881	354729	2257675	238933	162825	235781
2224992	275456	1834	67564	332521	76879	30510	214069	217334	50309	329640	267612	173834	16602	35840	1653	12018	102865	9015	7188	2249
431047	39921	559	26662	47502	17016	4909	27344	12887	12088	111438	16504	77710	1532	6735	238	4088	17618	835	5193	268
1793945	235535	1275	40902	285019	59863	25601	186725	204447	38221	218202	251108	96124	15070	29105	1415	7930	85247	8180	1995	1981
385913	39496	186	4284	55383	8211	1905	52534	45537	3217	61865	76122	11277	2393	2072	0	2269	17132	1854	0	176
256849	28694	5	2296	43505	16763	2674	14822	23800	1991	43208	35579	15095	531	13639	23	1902	10804	1113	187	218
358430	56795	76	10134	59747	13676	4443	27035	47088	13486	27774	46382	24796	1902	6655	20	1470	11761	3073	940	1177
322618	44575	823	12089	56320	10167	2715	34319	39088	6244	39463	33652	17676	5999	1226	0	984	1608	576	267	347
222118	33622	185	3352	36313	5500	6502	31622	20110	4775	17642	22680	18835	0	740	211	269	18752	542	466	0
109273	12493	0	5167	11571	2181	1515	15548	10503	1319	16520	17108	5606	2348	336	1141	546	4805	503	0	63
138744	19860	0	3580	22180	3365	5847	10845	18321	7189	11730	19585	2839	1897	4437	20	490	5905	519	135	0
2472835	233325	2903	105394	450628	22436	28917	227814	329669	58790	206568	366809	161693	52188	8092	3038	22790	155957	26937	2752	6135
644398	53450	2367	40026	26790	12222	14830	25263	24625	35817	136203	54955	108889	34167	2905	1276	8374	59785	1837	617	0
1828437	179875	536	65368	423838	10214	14087	202551	305044	22973	70365	311854	52804	18021	5187	1762	14416	96172	25100	2135	6135
494290	60279	194	10894	129713	4142	2456	53032	78904	5930	14832	86176	10963	2086	960	0	3580	20972	8334	418	425
286238	23653	213	13070	66974	1357	2683	31594	52439	6035	3379	45453	11819	3630	611	0	1082	16184	2303	214	3545
384822	37498	21	15219	93999	1971	3155	47153	65516	4232	19924	52231	11363	4779	1323	1675	3825	16070	2508	360	2000
355627	31130	2	11994	74045	994	3139	39020	60296	4315	8500	65802	12670	3107	1233	87	4864	25659	8171	599	0
307460	27315	106	14191	59107	1750	2654	31752	47889	2461	23730	62192	5989	4419	1060	0	1065	17287	3784	544	165
2688462	196650	4455	110307	423699	46685	31203	302418	321142	52876	277064	493877	160068	35553	13925	784	24089	142440	29964	17405	3858
554921	42582	2790	37380	31392	13888	7697	40470	25287	11525	105912	65470	104431	26555	3879	418	1342	17923	1415	12968	1597
2133541	154068	1665	72927	392307	32797	23506	261948	295855	41351	171152	428407	55637	8998	10046	366	22747	124517	28549	4437	2261
106536	10494	0	4437	34690	1663	533	15880	9208	603	19115	5629	199	529	676	56	2	2279	438	90	15
174899	14638	0	3465	35865	4774	968	18526	16469	1863	17058	43480	3442	374	1082	99	1283	8590	2574	106	243
369846	17185	200	12258	65581	8770	7125	35717	66873	8474	27855	73581	12763	2336	1802	0	1004	22470	5178	674	0
246454	14866	98	9715	36992	2793	2635	33559	29975	7441	30552	47988	7619	1356	2239	20	3945	10904	3488	269	0
249992	15503	412	9047	39698	4953	2357	29498	30952	5097	26922	47343	10355	1403	505	23	1270	20335	3948	283	88
383099	25038	111	10420	78662	4207	2256	49206	53987	6148	22402	91409	8143	336	1835	60	2197	18582	5295	2537	268
327373	39235	560	12611	68212	2324	5777	37921	46404	5892	8149	63988	4909	566	1173	90	8299	17199	3620	290	154
275342	17109	284	10974	32607	3313	1855	41641	41987	5833	19099	54989	8207	2098	734	18	4747	24158	4008	188	1493
1384950	173060	3206	43897	179691	17075	17424	132858	126122	28262	209440	137129	101554	45693	17758	120	9144	114031	5645	11791	11050
497968	44199	2969	20598	22948	8100	8416	23801	16034	14163	145630	30793	60775	31935	8151	120	4172	44248	790	9626	500
886982	128861	237	23299	156743	8975	9008	109057	110088	14099	63810	106336	40779	13758	9607	0	4972	69783	4855	2165	10550
330476	49397	116	5046	59334	3744	3436	38462	49799	4171	8245	35905	26115	4204	1965	0	741	27315	1625	420	10436
93039	11555	0	3726	11876	944	1400	12118	9328	3088	3450	15100	4150	2433	6043	0	1606	5327	360	535	0
205039	26246	121	6512	24898	1705	2347	24252	20379	1573	46126	23417	3930	5686	647	0	1297	13899	1327	563	114
258428	41663	0	8015	60635	2582	1825	34225	30582	5267	5989	31914	6584	1435	952	0	1328	23242	1543	647	0
3533451	260778	4405	120034	650115	16927	24029	525850	475000	55957	197425	455263	241730	83211	12138	14391	26250	299533	20138	28393	21884
635422	65570	1816	40670	51280	4905	7801	38988	29360	33019	81756	36343	159920	14784	3833	737	4570	44288	1114	2049	12619
2898029	195208	2589	79364	598835	12022	16228	486862	445640	22938	115669	418920	81810	68427	8305	13654	21680	255245	19024	26344	9265
261381	25081	138	5864	61765	1269	1139	48440	34401	1729	11631	28529	4061	2845	214	12	5536	26333	1748	193	453
226729	14517	199	3579	44425	2536	765	40133	30908	686	7822	40018	1927	3976	297	3797	31	28968	1780	238	127
234185	14703	142	4686	60602	1084	1549	37646	31522	1456	3249	30862	1914	4830	258	2801	239	35459	1183	0	0
472636	34394	190	15983	102965	395	2499	91855	89076	3442	8684	73430	20928	442	1065	0	894	19139	3605	3452	198
525663	27819	839	1352	128604	1192	3135	75993	78148	7260	32727	68027	15808	9804	1442	5116	1683	51173	2920	348	98

2014年度各市县(区)公共财政收支表

单位:万元

地区	收入合计	收入											非税收入						
		小计	增值税	营业税	企业所得税	个人所得税	资源税	城市维护建设税	耕地占用税	契税	烟叶税	其他各项税收收入	小计	专项收入	行政事业性收费收入	罚没收入	国有资本经营收入	国有资产(资源)有偿使用收入	其他收入
颍上县	141678	109081	28977	27173	4899	1157	3671	6008	6946	10747		1698	32597	15618	5260	4836	0	6883	0
阜南县	61437	40973	6803	16515	2447	454	171	1604	1749	5863		1242	20464	1373	9544	1790	0	7730	27
界首市	100232	73001	25428	13659	3031	592	0	9131	1127	12504		1462	27231	5958	10688	2033	0	3990	4562
六安市	948624	710966	77602	273901	51457	11254	18251	32475	13484	113611		15310	237658	50430	120739	28832	0	31562	6095
六安市本级	311740	235525	18191	92401	10776	3056	6	12275	3980	54897		3190	76215	9384	41379	11173	0	11511	2768
六安市区县合计	636884	475441	59411	181500	40681	8198	18245	20200	9504	58714		12120	161443	41046	79360	17659	0	20051	3327
金安区	84835	66843	7509	24692	6316	860	365	2298	1106	11921		4570	17992	1388	8345	2462	0	5794	3
裕安区	94086	71724	6543	34234	7805	1226	657	2680	323	5225		920	22362	1793	13903	2518	0	2950	1198
寿县	68309	55073	6085	26521	3386	1037	58	1995	2070	5709		1154	13236	1436	6581	4080	0	1139	0
霍邱县	143372	98390	15405	30998	6091	2532	16697	3865	2496	8055		1753	44982	28407	8869	2222	0	5484	0
舒城县	90045	71076	7420	28105	6252	1015	83	2598	1218	10615		1501	18969	3571	9241	2229	0	1913	2015
金寨县	54570	44128	3442	19109	4472	576	174	1508	1834	8164		935	10442	1396	5241	1899	0	1795	111
霍山县	101667	68207	13007	17841	6359	952	211	5256	457	9025		1287	33460	3055	27180	2249	0	976	0
合肥市	5003420	4257817	591345	1727914	407481	140057	12226	263964	30130	496051		100109	745603	137597	222796	54078	44478	160925	125729
合肥市本级	3127790	2659446	365569	1139470	271533	101906	791	188400	21776	384931		47079	468344	99472	103698	28954	44478	101835	89907
合肥市区县合计	1875630	1598371	225776	588444	135948	38151	11435	75564	8354	111120		53030	277259	38125	119098	25124	0	59090	35822
瑶海区	118558	98807	9126	33595	7342	1766	1	4098	0	0		4264	19751	0	2113	1571	0	7521	8546
庐阳区	167646	153513	17187	42371	26241	7221	0	6607	0	0		11578	14133	0	2983	823	0	7034	3293
蜀山区	196088	185504	19806	61173	15643	4929	0	8241	0	0		6744	10584	0	4135	3707	0	717	2025
包河区	252949	229269	26846	77115	13214	7629	1	11808	0	0		11696	23680	32	5795	1805	0	5219	10829
肥东县	232677	175047	38892	72400	10765	2331	46	6949	1775	16786		3208	57630	5694	22953	5411	0	18470	5102
长丰县	246801	223170	30979	97399	16088	3361	9	9164	806	33012		3121	23631	5924	10309	1414	0	1804	4180
肥西县	331460	292057	45633	109155	23875	5194	0	15419	2614	39361		6814	39403	9657	22628	3625	0	2990	503
庐江县	162216	110283	16076	45974	9445	2821	4132	5054	2309	11326		2127	51933	7270	31307	4259	0	8013	1084
巢湖市	167235	130721	21231	49262	13335	2899	7246	8224	850	10635		3478	36514	9548	16875	2509	0	7322	260
蚌埠市	1053415	792710	167350	258780	52758	8820	735	76731	9808	92749		18099	260705	51644	69271	29345	26330	76928	7187
蚌埠市本级	454218	325019	52233	87811	23721	4532	0	52028	3815	65343		3134	129199	29326	21936	6476	24390	43729	3342
蚌埠市区县合计	599197	467691	115117	170969	29037	4288	735	24703	5993	27406		14965	131506	22318	47335	22869	1940	33199	3845
龙子湖区	58440	47854	8242	18599	3420	1091	0	2903	503	0		4354	10586	1242	1530	3627	0	4187	0
蚌山区	62766	59437	4847	32054	4600	561	0	3237	680	0		2069	3329	1386	436	1273	30	204	0
禹会区	74821	59824	17547	17358	5308	824	372	5354	541	0		1138	14997	2285	1819	10884	0	9	0
淮上区	73554	64795	15871	24961	4500	175	0	3509	1232	0		824	8759	1506	7244	3	0	6	0
怀远县	151223	104092	33928	33125	4578	669	332	4438	732	9951		2784	47131	11518	23402	2639	0	6911	2661
固镇县	84093	62526	18281	18585	3531	257	7	2416	2035	8028		1748	21567	2464	7664	2203	1	9045	190
五河县	94300	69163	16401	26287	3100	711	24	2846	270	9427		2048	25137	1917	5240	2240	1909	12837	994
淮南市	753623	586913	122993	174559	39787	13720	12282	40645	6005	52376		12245	166710	66099	48201	18480	-84	32193	1821
淮南市本级	363636	259302	26204	61948	24327	7398	7889	13309	3434	38557		5734	104334	42246	31243	11378	-130	19469	128
淮南市区县合计	389987	327611	96789	112611	15460	6322	4393	27336	2571	13819		6511	62376	23853	16958	7102	46	12724	1693
田家庵区	84726	80270	8394	42818	8184	2383	0	4599	0	0		2716	4456	0	631	2385	0	1440	0
大通区	27062	23932	13941	4139	727	144	46	2279	0	0		586	3130	0	708	323	0	1487	612
谢家集区	49883	47762	5755	24718	2285	398	124	2455	0	3994		452	2121	0	1041	719	28	111	222
八公山区	11632	10173	2978	3852	756	123	85	760	0	0		142	1459	64	771	385	0	239	0
潘集区	38704	32132	10272	7620	1325	598	413	5306	1287	0		552	6572	1748	3008	1449	0	256	111
凤台县	177980	133342	55449	29464	2183	2676	3725	11937	1284	9825		2063	44638	22041	10799	1841	18	9191	748
铜陵市	662728	483098	82803	135088	42876	7699	15609	26095	1707	56064		9954	179630	18379	54799	10115	6616	74360	15361

2014年度各市县(区)公共财政收支表

单位:万元

支出																				
支出合计	一般公共服务	国防	公共安全	教育	科学技术	文化体育与传媒	社会保障和就业	医疗卫生	节能环保	城乡社区事务	农林水事务	交通运输	资源勘探电力信息等事务	商业服务业等事务	金融监管等事务支出	国土资源气象等事务	住房保障支出	粮油物资储备事务	国债还本付息支出	其他支出
455601	43401	717	11371	74976	2118	2538	65062	74355	2045	23169	74590	14985	11985	3621	960	2905	20475	2562	15460	8306
452979	17840	313	11585	82240	756	3003	77498	68886	3948	18103	69449	12449	9143	1230	73	9653	57806	2594	6410	0
268855	17453	51	12769	43258	2672	1600	50235	38344	2372	10284	34015	9738	25402	178	895	739	15892	2632	243	83
3216049	273691	2276	118230	622111	31524	39093	286747	416576	97768	176184	508635	296315	44080	15450	5609	44284	162470	22697	5340	46969
770092	49897	387	47788	57226	12503	11908	30022	60650	40686	73421	52813	214033	15248	3592	80	7510	44746	1838	2699	43045
2445957	223794	1889	70442	564885	19021	27185	256725	355926	57082	102763	455822	82282	28832	11858	5529	36774	117724	20859	2641	3924
281309	35027	230	5007	75999	2295	2620	32835	44308	10222	2699	49959	6547	2436	854	0	1013	6083	2858	290	27
317016	31262	387	5479	89320	4198	2194	41525	50732	7823	9010	44482	15993	1944	1533	0	1163	7274	2231	274	192
436368	31109	282	14219	99150	428	4790	44166	63085	8517	38017	86275	13640	10699	583	294	1498	13514	5696	406	0
506475	45769	446	14944	109310	3541	4137	47920	74847	17332	16257	110094	13553	4703	1697	278	27390	8798	4480	825	154
326331	28387	205	12273	69989	3073	4203	38191	50878	3467	11725	60250	15925	4401	841	121	2419	17455	2216	312	0
345572	29166	100	10230	68897	2576	5388	29306	42255	4115	10937	63588	9811	1521	2226	4719	1732	53268	1837	349	3551
232886	23074	239	8290	52220	2910	3853	22782	29821	5606	14118	41174	6813	3128	4124	117	1559	11332	1541	185	0
6987890	700469	8213	253896	1087882	290529	95372	564287	444502	186499	1804764	485042	243429	395013	72288	3106	47112	167305	32973	8503	96706
3861581	291710	5735	147838	450730	231154	64182	232330	136958	123434	1477243	87227	187654	261373	53457	1412	10897	65243	7340	6501	19163
3126309	408759	2478	106058	637152	59375	31190	331957	307544	63065	327521	397815	55775	133640	18831	1694	36215	102062	25633	2002	77543
172322	22252	0	4193	54057	446	2174	15184	10509	1104	43610	3621	137	6462	500	41	3	8028	1	0	0
195214	36212	0	4086	55256	1691	808	11573	9870	5307	39571	12727	999	598	519	120	0	15126	1	0	750
227812	45508	0	8127	46955	2635	2070	24191	8700	1276	66188	12907	147	5451	0	450	0	2684	5	0	518
354213	46555	0	8026	68505	3276	7118	16413	14077	5743	39475	19572	1544	55160	6040	150	0	13091	1	0	49467
441615	48422	386	16064	86523	23097	5310	48236	56024	9333	33147	72920	9704	12755	2274	469	2071	6954	3689	0	4237
420545	47283	343	17002	71411	3478	3809	41939	44277	10342	38837	65685	6429	25121	1114	75	16231	7557	5270	428	13914
484241	81253	286	18568	95949	20229	4451	42316	56896	11265	44988	68401	9740	4618	1253	244	1961	8136	7437	0	6250
444453	39994	741	12627	91178	3180	2789	66341	64741	4759	10758	88961	12957	12034	2597	145	7837	13714	5857	971	2272
385894	41280	722	17365	67318	1343	2661	65764	42450	13936	10947	53021	14118	11441	4534	0	8112	26772	3372	603	135
2085574	163019	2160	83035	354791	76245	21143	222758	210816	40537	302334	234700	142828	5944	42510	845	29470	137663	11998	603	2175
834843	45170	876	44058	74435	48310	12945	85686	56961	25077	189760	39051	106527	1363	26497	497	4048	71874	1188	0	520
1250731	117849	1284	38977	280356	27935	8198	137072	153855	15460	112574	195649	36301	4581	16013	348	25422	65789	10810	603	1655
49642	5161	178	1624	10447	1426	324	5633	2268	1263	12151	974	1207	83	2669	0	2	4217	0	0	15
56703	6287	112	1946	13576	973	854	5505	5102	93	14264	2824	175	77	4448	9	5	437	0	0	16
76375	5331	152	2739	16014	5432	738	10304	4136	5867	11992	7526	3016	1373	1057	0	0	667	0	0	31
77172	6975	0	1359	15647	780	157	7614	4917	320	20454	14389	1170	518	2309	40	0	395	45	0	83
453549	36892	318	10636	129150	13987	2018	45814	64087	3053	10297	74994	9545	2273	3284	70	22640	18242	5140	0	1109
258794	27045	246	10129	49825	473	1600	30315	35105	2336	30556	38227	5203	172	705	110	2281	21047	2939	222	258
278496	30158	278	10544	45697	4864	2507	31887	38240	2528	12860	56715	15985	85	1541	119	494	20784	2686	381	143
1459783	146072	1716	82174	198921	23349	19885	190443	122647	30382	164859	134687	64564	32004	19489	96	36713	168952	8166	11130	3534
681144	75725	1234	55748	56437	14137	14863	101859	49662	14493	69165	21331	47864	17442	17760	71	24569	84424	3520	10840	0
778639	70347	482	26426	142484	9212	5022	88584	72985	15889	95694	113356	16700	14562	1729	25	12144	84528	4646	290	3534
92169	13383	170	4688	33022	1009	407	10963	4329	569	7863	5726	95	1965	51	0	0	7895	34	0	0
47786	5031	0	2307	5572	522	300	6186	3383	1730	2753	5349	3571	2033	0	0	0	8957	0	0	92
89036	8860	0	2194	18562	463	179	8201	4001	644	26296	7153	23	1266	5	0	4322	6867	0	0	0
33850	4436	96	1445	6386	321	347	7753	3152	497	1893	2383	22	3017	57	0	70	1958	17	0	0
110944	9381	107	2915	23983	519	581	13462	19771	1991	2188	20500	452	237	0	0	1419	12917	521	0	0
404854	29256	109	12877	54959	6378	3208	42019	38349	10458	54701	72245	12537	6044	1616	25	6333	45934	4074	290	3442
1052923	79457	319	46020	147545	73924	13352	91944	54655	55055	174406	54644	59324	49083	78944	2081	14178	45980	3704	2050	6258

2014年度各市县(区)公共财政收支表

单位:万元

地区	收入合计	收入											非税收入						
		小计	增值税	营业税	企业所得税	个人所得税	资源税	城市维护建设税	耕地占用税	契税	烟叶税	其他各项税收收入	小计	专项收入	行政事业性收费收入	罚没收入	国有资本经营收入	国有资产(资源)有偿使用收入	其他收入
铜陵市本级	365596	254826	27445	48228	23797	2785	9642	12405	295	46280		4326	110770	15136	32618	6965	6406	34772	14873
铜陵市区县合计	297132	228272	55358	86860	19079	4914	5967	13690	1412	9784		5628	68860	3243	22181	3150	210	39588	488
铜官山区	66778	59816	14507	29439	5062	2386	0	4009	0	0		1912	6962	0	970	267	210	5207	308
狮子山区	38918	34404	7587	17792	4126	846	0	2345	0	0		865	4514	0	174	804	0	3533	3
郊区	57715	34811	15528	10414	1893	634	0	3760	0	0		1272	22904	0	59	320	0	22348	177
铜陵县	133721	99241	17736	29215	7998	1048	5967	3576	1412	9784		1579	34480	3243	20978	1759	0	8500	0
马鞍山市	1210516	931618	175868	267377	65673	16731	25789	55333	8286	134041		21031	278898	41065	55294	21607	45361	114417	1154
马鞍山市本级	466268	359154	88113	68774	24840	8547	10002	28077	4191	55545		12645	107114	18617	24684	4193	45215	14205	200
马鞍山市区县合计	744248	572464	87755	198603	40833	8184	15787	27256	4095	78496		8386	171784	22448	30610	17414	146	100212	954
花山区	126094	103604	13353	50766	10504	2144	193	6084	0	0		1199	22490	2595	4140	463	0	14688	604
雨山区	89898	70897	12772	31925	5339	1206	1632	5253	0	0		1478	19001	2250	597	961	0	14955	238
当涂县	267455	182317	30038	56444	10991	2256	3072	7354	2234	18289		3057	85138	6656	12556	3863	146	61916	1
含山县	96205	77711	13798	22454	4451	713	3819	3067	374	20002		911	18494	6080	6890	4065	0	1348	111
和县	126351	108114	9579	29100	7744	1582	6004	2946	553	38551		1390	18237	2351	5637	3037	0	7212	0
博望区	38245	29821	8215	7914	1804	283	1067	2552	934	1654		351	8424	2516	790	5025	0	93	0
淮北市	528134	450545	95165	133346	28067	6520	11246	30158	17588	45171		11646	77589	21441	33919	18869	(2204)	4196	1368
淮北市本级	267840	210062	51257	56109	13767	4028	5311	19165	10666	29052		3941	57778	11790	31693	11965	(2204)	3243	1291
淮北市区县合计	260294	240483	43908	77237	14300	2492	5935	10993	6922	16119		7705	19811	9651	2226	6904	0	953	77
相山区	56134	53375	6118	20772	1931	572	98	1596	0	0		3799	2759	885	305	1334	0	235	0
杜集区	31489	23897	3963	8320	583	304	1958	955	0	0		924	7592	572	1389	5410	0	171	50
烈山区	30440	29290	10734	8544	2185	197	891	624	1322	0		765	1150	427	179	126	0	416	2
濉溪县	142231	133921	23093	39601	9601	1419	2988	7818	5600	16119		2217	8310	7767	353	34	0	131	25
芜湖市	2335357	1845641	413747	466419	178694	36561	29848	142542	39317	176538		36503	489716	113157	96487	27586	86799	137995	27692
芜湖市本级	811319	612107	140374	137752	77792	12788	2	88720	5517	42163		13740	199212	62600	57334	12673	48717	6088	11800
芜湖市区县合计	1524038	1233534	273373	328667	100902	23773	29846	53822	33800	134375		22763	290504	50557	39153	14913	38082	131907	15892
镜湖区	246086	214780	28551	77942	20972	12088	0	9809	206	25556		6245	31306	4209	3505	878	0	22714	0
弋江区	150854	118479	14196	38263	9216	2305	13	5767	1830	20902		1469	32375	2488	1807	517	17800	9463	300
鸠江区	202996	188097	24237	60316	11825	2318	97	9317	5807	24843		2413	14899	3995	4661	818	3000	925	1500
三山区	72521	69821	9657	23562	8445	802	0	3603	2960	6483		1212	2700	1542	708	227	0	149	74
繁昌县	262618	199485	61451	22103	18203	1266	25894	7894	7980	10020		2122	63133	11227	5344	2061	16562	27327	612
南陵县	162026	118318	30948	35049	7030	922	384	3782	12470	9466		2869	43708	17933	7087	1945	720	10762	5261
芜湖县	240382	178254	72916	27403	12164	1222	1232	6727	722	19168		3931	62128	4048	5302	2006	0	50329	443
无为县	186555	146300	31417	44029	13047	2850	2226	6923	1825	17937		2502	40255	5115	10739	6461	0	10238	7702
安庆市	1056537	799885	106760	292169	62289	17692	12814	46110	21948	106437		17457	256652	46118	80406	27557	0	86867	15704
安庆市本级	239111	199266	28706	48217	12693	4587	185	20498	7156	56563		5373	39845	14977	18163	2948	0	3293	464
安庆市区县合计	817426	600619	78054	243952	49596	13105	12629	25612	14792	49874		12084	216807	31141	62243	24609	0	83574	15240
迎江区	83370	80820	5245	45181	7169	1339	0	3847	0	0		774	2550	1683	555	26	0	238	48
大观区	42791	41590	8180	20720	2873	1297	108	2747	0	0		674	1201	1177	0	2	0	22	0
宜秀区	53554	50537	5721	20491	5843	634	67	2638	0	0		705	3017	1136	1133	440	0	293	15
怀宁县	132664	87293	16373	26425	7981	1532	5038	3233	6610	5167		1457	45371	6320	14827	3074	0	21150	0
枞阳县	95504	60056	9401	17507	6069	488	5445	1706	598	10133		1094	35448	12773	8548	3765	0	9221	1141
桐城市	151269	103206	11348	34662	7902	4398	684	4945	4299	10727		2768	48063	2646	6497	5440	0	30063	3417
潜山县	66336	46603	6408	18698	3050	611	250	1794	256	6815		1143	19733	1177	3757	3817	0	9527	1455
太湖县	40158	29513	2852	13662	2649	905	355	1114	613	3141		903	10645	957	2638	1629	0	3786	1635
宿松县	66427	40421	4871	17737	2219	996	55	1280	475	8972		1018	26006	1005	13896	3187	0	3535	4383

2014年度各市县(区)公共财政收支表

单位:万元

支出																				
支出合计	一般公共服务	国防	公共安全	教育	科学技术	文化体育与传媒	社会保障和就业	医疗卫生	节能环保	城乡社区事务	农林水事务	交通运输	资源勘探电力信息等事务	商业服务业等事务	金融监管等事务支出	国土资源气象等事务	住房保障支出	粮油物资储备事务	国债还本付息支出	其他支出
617710	37907	0	29900	81307	64802	8703	56452	26659	49830	132724	13405	47840	36802	3316	889	1875	16473	2808	1857	4161
435213	41550	319	16120	66238	9122	4649	35492	27996	5225	41682	41239	11484	12281	75628	1192	12303	29507	896	193	2097
79313	8476	0	2851	12772	624	124	8161	4074	243	9215	0	6185	202	5521	0	0	19950	0	0	915
41669	4898	0	2741	6332	490	195	4008	1810	271	4461	1169	6	97	9964	0	446	4620	0	0	161
68762	5381	0	1815	7764	483	372	3943	2505	1286	14328	3624	130	365	22944	0	1693	1872	0	0	257
245469	22795	319	8713	39370	7525	3958	19380	19607	3425	13678	36446	5163	11617	37199	1192	10164	3065	896	193	764
1824561	194547	596	89003	266454	57483	36848	178014	166082	34934	263441	179328	90481	24343	63431	1922	27702	127567	8827	6473	7085
638548	62427	220	35479	61593	29962	19142	58052	41415	12348	124164	36246	55740	12405	26440	497	7983	42013	1732	5659	5031
1186013	132120	376	53524	204861	27521	17706	119962	124667	22586	139277	143082	34741	11938	36991	1425	19719	85554	7095	814	2054
114790	12890	2	9273	19867	1809	215	11166	8030	1704	8496	1806	572	831	11187	0	886	25837	0	0	219
90879	7776	0	6453	13381	1616	442	13028	6209	6639	16865	2749	675	832	6351	0	3133	4536	0	0	194
407501	53525	0	13623	66575	10926	5686	40378	44118	5387	67983	42341	11741	6316	4565	103	3614	27208	2350	0	1062
220863	19739	293	10053	51299	6759	7202	21418	25206	4145	9850	39326	8270	1515	1337	1322	1975	9112	1587	264	191
289121	30024	81	10372	41620	5250	3917	26770	35926	3913	32897	48391	12081	1752	6430	0	9616	16264	3158	550	109
62859	8166	0	3750	12119	1161	244	7202	5178	798	3186	8469	1402	692	7121	0	495	2597	0	0	279
1160077	103803	1779	48320	175319	16653	13127	136820	108071	16849	253796	110635	62961	23223	4817	199	6827	65299	5574	3990	2015
488362	52017	1779	29539	54807	6580	6340	40845	35671	12669	137940	22155	44317	5967	1925	128	5001	26394	1542	2141	605
671715	51786	0	18781	120512	10073	6787	95975	72400	4180	115856	88480	18644	17256	2892	71	1826	38905	4032	1849	1410
89209	13363	0	2275	14282	1523	334	18612	6177	389	11796	3592	1499	4354	581	0	0	8514	0	1337	581
77824	7721	0	2641	17453	4004	275	18415	6787	346	4656	7128	1016	1693	243	0	445	4713	0	88	200
87714	6704	0	2265	17217	524	295	15925	5391	661	7684	10052	7824	6413	745	0	0	5719	30	88	177
416968	23998	0	11600	71560	4022	5883	43023	54045	2784	91720	67708	8305	4796	1323	71	1381	19959	4002	336	452
3466498	202634	4388	106363	508965	342871	38081	331794	285908	47120	683702	257858	226638	121914	81046	6817	13876	153735	8781	37442	6565
1443129	52890	2652	51683	116273	291666	21439	93421	87343	20634	286876	51560	180021	64482	37375	5377	3094	49204	2927	20244	3968
2023369	149744	1736	54680	392692	51205	16642	238373	198565	26486	396826	206298	46617	57432	43671	1440	10782	104531	5854	17198	2597
182689	10773	363	3692	42999	2053	1298	15992	8980	184	35217	4254	702	6234	22851	0	20	25775	0	366	936
137984	13447	125	3670	35001	21049	377	11834	7224	376	29970	3394	1063	220	5	0	294	8402	0	244	1289
202636	12433	194	3897	42848	5292	2492	17782	8274	2682	48165	13262	2806	6937	14744	0	0	6706	0	14122	0
80176	10105	110	2049	14850	2741	237	6771	6962	1308	11932	6519	3634	3668	391	0	288	8383	0	228	0
342126	35269	207	8244	41780	5819	4996	30020	36610	9602	108453	27454	3871	1527	747	1067	6856	18171	636	591	206
293930	23562	219	12306	68613	5492	1925	36493	32851	1295	32092	44943	20035	2116	774	126	815	7962	1297	884	130
328900	15431	257	8841	39425	3677	2026	32818	25394	3066	107918	39998	6248	29275	3487	10	153	9917	923	0	36
454928	28724	261	11981	107176	5082	3291	86663	72270	7973	23079	66474	8258	7455	672	237	2356	19215	2998	763	0
2994597	333389	2387	124960	580668	61902	55206	352018	372049	60992	189144	404210	228644	22559	20636	6553	18376	131401	17661	6813	5029
607546	42404	1107	41620	56209	10377	21678	68725	46291	15048	81381	36755	116040	3559	6921	5370	2649	47222	1764	2343	83
2387051	290985	1280	83340	524459	51525	33528	283293	325758	45944	107763	367455	112604	19000	13715	1183	15727	84179	15897	4470	4946
55745	10938	0	2561	13017	1282	1032	4661	5163	886	6734	6588	443	405	1221	0	0	756	45	13	0
44132	6571	0	2043	14156	148	673	2288	5605	294	2681	7195	535	0	0	0	0	1687	243	13	0
59973	9030	0	3160	14203	850	1192	3167	8491	955	1773	12452	1032	132	355	0	183	1093	207	13	1685
287019	36588	419	11350	76128	5666	6554	29546	32512	6696	10092	38378	10160	1609	2338	158	4006	10842	3046	866	65
303052	39653	256	9197	65421	5938	2677	53153	54052	2823	3125	38071	7188	1622	365	90	1656	15826	1644	295	0
335722	31657	0	11624	67388	14619	4235	30903	41860	7167	47023	42218	8306	6483	1506	30	2206	13131	2477	728	2161
266386	35269	55	9847	49752	5414	3144	36294	36618	6550	13659	39458	14077	2238	2038	95	1911	7663	1893	273	138
250141	27051	0	7738	53096	3021	3482	31362	33667	4422	2239	48081	24042	2651	977	18	1183	4723	1708	680	0
336000	46510	545	10007	82220	5435	3475	30210	46616	7770	13033	48255	22894	1084	1186	690	2456	10329	1645	870	770

2014年度各市县(区)公共财政收支表

单位:万元

地区	收入合计	收入											非税收入						
		小计	增值税	营业税	企业所得税	个人所得税	资源税	城市维护建设税	耕地占用税	契税	烟叶税	其他各项税收收入	小计	专项收入	行政事业性收费收入	罚没收入	国有资本经营收入	国有资产(资源)有偿使用收入	其他收入
望江县	45857	31449	3402	14697	1882	467	266	1217	1039	2927		888	14408	1212	6463	1556	0	4619	558
岳西县	39496	29131	4253	14172	1959	438	361	1091	902	1992		660	10365	1055	3929	1673	0	1120	2588
黄山市	679903	429817	57721	148760	23961	7090	1669	16119	6197	71907		9680	250086	11793	31623	15682	27316	136540	27132
黄山市本级	180624	103633	7739	35618	6113	2282	0	3808	647	24061		3427	76991	2975	15452	4118	0	50211	4235
黄山市区县合计	499279	326184	49982	113142	17848	4808	1669	12311	5550	47846		6253	173095	8818	16171	11564	27316	86329	22897
屯溪区	90434	56476	5158	22803	1973	823	15	2440	0	6149		648	33958	1001	2711	493	0	27871	1882
黄山区	82333	51487	5969	20973	3046	858	719	1722	705	4504		1259	30846	1517	2764	1401	5531	17576	2057
徽州区	71353	45614	9317	10760	2144	708	1	1931	1059	7078		779	25739	1298	1394	770	904	17210	4163
祁门县	48966	33059	4497	10738	1522	371	294	1200	1026	6856		592	15907	863	1353	1380	4508	3835	3968
黟县	29176	18939	3441	7530	991	348	11	789	111	1728		274	10237	669	2182	468	0	1535	5383
休宁县	75506	52828	9632	13990	3335	893	552	1743	2245	11725		1001	22678	1260	2053	1518	16373	1099	375
歙县	101511	67781	11968	26348	4837	807	77	2486	404	9806		1700	33730	2210	3714	5534	0	17203	5069
亳州市	726963	558268	117482	192687	37134	6210	2049	31939	8256	97922		15168	168695	17786	85634	28600	9703	25255	1717
亳州市本级	209739	170963	21617	58704	12668	3067	97	13097	3236	39996		5224	38776	6255	21844	10259	0	392	26
亳州市区县合计	517224	387305	95865	133983	24466	3143	1952	18842	5020	57926		9944	129919	11531	63790	18341	9703	24863	1691
谯城区	150626	117812	26379	43331	10617	846	52	7298	1593	13516		2802	32814	3531	9967	3300	0	16016	0
涡阳县	112527	72780	14494	25257	4072	1107	1164	3302	640	11493		1949	39747	2716	19222	5639	9303	1780	1087
蒙城县	144183	110720	29104	36397	5304	699	733	4727	2123	19061		2844	33463	3081	19805	5399	0	4574	604
利辛县	109888	85993	25888	28998	4473	491	3	3515	664	13856		2349	23895	2203	14796	4003	400	2493	0

2014 年度各市县(区)公共财政收支表

单位:万元

支出																					
支出合计	一般公共服务	国防	公共安全	教育	科学技术	文化体育与传媒	社会保障和就业	医疗卫生	节能环保	城乡社区事务	农林水事务	交通运输	资源勘探电力信息等事务	商业服务业等事务	金融监管等事务支出	国土资源气象等事务	住房保障支出	粮油物资储备事务	国债还本付息支出	其他支出
226069	26246	5	8704	42556	5092	3027	32597	34045	3680	2607	42899	11560	800	838	102	910	7986	2021	267	127
222812	21472	0	7109	46522	4060	4037	29112	27129	4701	4797	43860	12367	1976	2891	0	1216	10143	968	452	0
1494172	184078	2055	66558	140731	35777	40760	159189	119565	110449	186613	185585	83944	36259	43714	258	6942	64147	4046	9823	13679
358624	36241	1639	21911	17826	8062	7848	26336	13064	45560	54183	11197	58870	4804	30939	25	1375	6901	630	7220	3993
1135548	147837	416	44647	122905	27715	32912	132853	106501	64889	132430	174388	25074	31455	12775	233	5567	57246	3416	2603	9686
137572	27101	0	4213	5256	2477	1425	15664	9521	911	46808	10708	1328	1839	421	0	185	8959	175	349	232
185225	32989	284	6486	18959	3095	2751	16822	14324	34179	7449	28620	4303	2682	2298	0	1377	6721	813	153	920
123166	16338	0	4360	10545	2109	5725	9559	7241	6238	17649	19726	1259	4843	4273	108	686	11839	320	118	230
136885	14808	66	5423	15570	3708	2721	18297	15053	4784	13660	24696	4702	3085	316	0	553	7084	601	167	1591
94799	11743	64	4072	8772	1844	7338	11503	7750	4023	6612	16246	2203	1396	3089	0	663	6306	471	150	554
183036	24865	2	6519	22916	4077	3287	22201	19381	5343	24454	29260	3198	4572	1283	66	1245	5033	512	144	4678
274865	19993	0	13574	40887	10405	9665	38807	33231	9411	15798	45132	8081	13038	1095	59	858	11304	524	1522	1481
2292171	208016	1116	80062	368394	14418	13938	307513	328976	33779	160297	300797	138694	57284	18664	409	14958	218330	22807	3129	590
420922	32214	800	38415	30662	907	3050	14270	16296	17492	102525	26984	79855	3854	1724	117	3668	45901	354	1464	370
1871249	175802	316	41647	337732	13511	10888	293243	312680	16287	57772	273813	58839	53430	16940	292	11290	172429	22453	1665	220
495375	34709	0	5188	77011	4220	1518	73271	77181	5635	19207	74939	20463	7737	13730	0	536	76323	3251	418	38
456376	36327	99	10727	87072	1683	2396	75366	83771	5123	23828	69773	8744	14101	376	73	1491	30314	4098	832	182
454057	47576	0	11754	90275	5360	4458	64558	75159	1864	7571	59094	17550	8218	1686	50	7645	45893	5346	0	0
465441	57190	217	13978	83374	2248	2516	80048	76569	3665	7166	70007	12082	23374	1148	169	1618	19899	9758	415	0

财政机构人员篇

省财政厅机构人员

省财政厅机关及厅属单位处级以上干部名单

（2014年12月31日）

财政厅机关

厅领导

党组书记、厅长:罗建国
党组成员、副厅长:左　俊　吴天宏
党组成员、纪检组长:刘　浩
党组成员、副厅长:陈　军　朱长才　孟照红
副巡视员:李友兰　陈传文

办公室

主　任:左自智
副主任:姚先飞　王知国

综合处

处　长:王　玲
副处长:袁　圆　金嘉岳
副调研员:李　燕

税政条法处

处　长:周名桨
副处长:陈　欢
调研员:杨玉林
副调研员:高　峰

预算处(省直预算编制办公室)

处　长:朱艾勇
副处长:段焕松　方山恩　汪公发　万卫国
调研员:邵　军
副调研员:谢文革　张白平

国库处

处　长:解立卫
副处长:张　玲　达小敏
调研员:王永力
副调研员:田　丰

政府债务管理办公室

主　任:孟照红(兼)
常务副主任:尹祥领(正处级)
副主任:王　坤
副调研员:杜志明

行政处

处　长:张　力
副处长:李　霞　宋葛民
副调研员:陈　蕙

政法处

处　长:汪代启
副处长:徐玉明
调研员:刘建平
副调研员:姚　伟

教科文处

处　长:方习利
副处长:孙春荣　吴祎明
副调研员:洪　军

经济建设处

处　长:王召远
副处长:张恒景　朱玉琴　陈维光
调研员:侯宇翔
副调研员:吴建辉　汪小俊　程荣明

农业处

处　长:孔少林
副处长:左磊明　王定友
调研员:储　敏
副调研员:魏祥瑾　姚　瑶

社会保障处

处　长:徐光耀
副处长:解亚平　韩剑辉

企业处

处　长:于华伟
副处长:杨前炉　刘志毅
调研员:周晓丽　宋　频　何　义
副调研员:汪跃建

金融处

处　长:黎学东
副处长:张先虹
副调研员:张克敬

国际债务管理处

处　长:刘　华
副处长:余　禹
副调研员:刘　翔

农村财政管理局

局　长:季必英

副局长:连发玉　徐向前

副调研员:杨　刚　周腾云　耿　鹏

会计处

处　长:杨　春

副处长:郭安明

副调研员:童　兵

行政事业单位资产管理处

处　长:江永泓

副处长:周　远

国有资本经营预算处

处　长:焦仪玲

调研员:殷路滨

监督检查局

局　长:汪学越(副厅级)

副局长:丁　俊(正处级)　张　进　陈文权　张克和

处　长:高维国(副处级)　徐　明(副处级)　胡继龙(副处级)

调研员:徐中洋

政府采购处

处　长:杨延彬

副处长:孙友三

调研员:何沁沅

副调研员:陈东川

农村综合改革处

处　长:胡德林

副处长:李孝运　李　斌

副调研员:胥慰庆　汪　辉

民生工程工作办公室

主　任:姜　毅

副主任:潘　琦　宋先贵

人事教育处

处　长:朱士昂

副处长:张忠文

机关党委

书　记:朱长才(兼)

专职副书记:鲍习生(正处级)

副调研员:李　云

纪检监察室

副厅级纪检员、监察专员、主任:李朝友

正处级纪检监察员:苏照存

副调研员:黄建和

离退休处

处　长:缪　青

厅属单位

省信用担保集团

总经理、党委副书记:钱　力(正厅级)

党委书记、副总经理:迟本能(正厅级)

副总经理、党委委员:邓寿安　范　强　叶　斌

纪委书记、党委委员:董建平

总经济师:王忠道

风险控制总监:刘建国

工会主席:丁守模

集团总助:刘小兵　李家川

省社会保障资金管理中心

主　任:林晓明

省农业综合开发局

局　长:王建培(副厅级)

副局长:王茂胜(正处级)　陈　军

处　长:关文健(副处级)　程巍东(副处级)　傅应军(副处级)

副调研员:王　丽　潘安明

省非税收入征收管理局

局　长:李友兰(兼)

副局长:张　黎(正处级)　刘明刚　王　冶

副调研员:胡晓宁

省财政厅国库支付中心

主　任:许先才

副主任:朱正余　谷　媛

副调研员:金　琦

省财政信息中心

主　任:李森林

副主任:傅　依　曾志娟

省财政投资评审中心

主　任:方旭华

副主任:邓建成　徐延俊　吴小林

副调研员:钱志群

省政府采购中心(暂时保留机构)

主　任:廖晓红

副主任:马再兴　方虹慧

副调研员:宋　杰　周启安

省财政科学研究所

所　长:叶翠青

副所长:鲍文前　朱克俊

省注册会计师管理处(省注册会计师协会)

处　长(秘书长):彭高俊

党委专职副书记:叶德刚(正处级)

副处长:张行宇　张顺建　胡正中

省财政干部教育中心

主　任:董照军

副主任:张文超　李　军

省行政事业单位资产管理中心

主　任:管立新

副主任:韩宪平　周　涛　董永权

招待所

(无)

(厅人事教育处供稿　孟平)

各市财政系统机构人员

（2014年12月31日）

合肥市财政系统领导名单

合肥市财政局

党组书记、局长：吴利林
党组成员、副局长：陈　刚　陈　伟　黄永强
党组成员、纪检组长：王　军
总会计师：王成双

庐阳区财政局

党组书记、局长、投融资管理中心主任：沈项林
党组成员、副局长：周　莹　张士明
国资办副主任：邢志刚

蜀山区财政局

党组书记：陈　丽
党组副书记、局长：董士权
国资办主任：梁　波
副局长：王祖胜　葛本开　吕贤武　郭　彬
国资办副主任：赵浙兰

包河区财政局

局长、党组书记、国资办主任：岳　华
副局长：陈爱群　汪　云　霍锦秀
党组副书记、国资办副主任：龚　林
纪检组长：吴卫国
采购中心主任：罗艳丽
会计核算中心主任：蔡善俊

瑶海区财政局

局长：程　曾
副局长：王　峰　赵　宁　许　辉　高　捷

经济技术开发区财政局

局长、国资办主任：刘　岸
副局长：石　华
国资办副主任：郭华荣
副局长：费红英
财务中心副主任：黄全进

高新技术开发区财政局

局长：李命山
副局长：许　永　邵代志
财务管理中心（国库支付中心）主任：王安东
公共资源交易中心主任：程连环

新站综合开发试验区财政局

局长：杨培红
副局长：唐风玲

巢湖市财政局

党组书记、局长：陈永铸
党组副书记：程庭浪
党组成员、副局长：倪　青　朱立平　毕早来
党组成员：周正山　汪美仕　胡文生　胡强干

肥东县财政局

局长、党组副书记：何长卫
党组书记：王志东
副局长、党组副书记：张东兵
副局长、党组成员：王　磊
主任科员、党组成员：王　远
副局长、党组成员：吴晓东　孙维荣
国资办、金融办副主任、党组成员：曹邵华
总会计师、党组成员：许先翠

肥西县财政局

局长：徐治国
党组书记、副局长：余宏山
金融办主任：徐建生
国资办主任、副书记：颜德树
副局长：夏智新　吴善彬
纪检组长：袁家民
总会计师：何友才
财政监督局局长：陈先锋

长丰县财政局

党组书记、局长：童有柱
党组副书记、副局长：叶良传
党组成员、副局长、县金融办主任：荣　之
党组成员、副局长：杨华峰　李咏梅
党组成员、国库支付中心主任：许忠农

庐江县财政局

局长：陈永久
党组成员：朱维生

总会计师:王丙生
副局长:袁建民　陶学顺　钱　俊　王文宏
党组副书记:殷礼生

巢湖经济开发区财政局

局长:郝晓东
副局长:黄丽虹　李宏建　孙业兵

庐阳区

三十岗乡财政所　所　长:李春林
大杨镇财政所　所　长:钱志军

蜀山区

小庙镇财政所　所　长:杨伟明
井岗镇财政所　所　长:邓晓华
南岗镇财政所　所　长:陶应忠

包河区

常青街道财政所　所　长:彭大金
望湖街道财政所　所　长:沈业泉
大圩镇财政所　所　长:陆在林
义城街道财政所　所　长:吴志力
包公街道财政所　所　长:陈　阵
芜湖路街道财政所　所　长:孙家财
烟墩街道财政所　所　长:许爱武
淝河镇财政所　所　长:郑善祥
包河工业区财政所　所　长:黄建树

瑶海区

龙岗开发区财政分局　局　长:刘　兵
大兴镇财政所　所　长:费文杰

巢湖市

柘皋镇财政分局　局　长:魏守稳
槐林镇财政分局　局　长:钱泽民
烔炀镇财政分局　局　长:朱永胜
黄麓镇财政分局　局　长:花业金
苏湾镇财政所　所　长:王诗松
栏杆集镇财政所　所　长:许瑞宏
庙岗乡财政所　所　长:方泽芒
夏阁镇财政所　所　长:孙荣海
中庙街道财政所　所　长:张更生
中垾镇财政所　所　长:周光斌
坝镇财政所　所　长:孙时中
散兵镇财政所　所　长:高树宏
银屏镇财政所　所　长:方先春
亚父街道财政所　所　长:刁杰富
天河街道财政所　所　长:张正亚
凤凰山街道财政所　所　长:李异年
卧牛山街道财政所　所　长:周仲香
经开区财政分局　局　长:陈　稳

巢湖经济开发区

半汤街道财政所　所　长:童新生

肥东县

肥东经济开发区财政分局　局　长:薛荣国
合肥循环经济示范园财政分局局长:刘振华
新市镇财政办事处　主　任:梁英江
店埠镇财政分局　局　长:黄　磊
撮镇镇财政分局　局　长:姚卫东
陈集镇财政所　所　长:杨　奎
古城镇财政分局　局　长:万兴平
马湖乡财政所　所　长:陈正邦
响导乡财政所　所　长:陈兆金
八斗镇财政分局　局　长:胡长明
杨店乡财政所　所　长:席玉龙
白龙镇财政分局　局　长:陈长胜
元疃镇财政所　所　长:宋海涛
张集乡财政所　所　长:王　川
梁园镇财政分局　局　长:韩永立
包公镇财政所　所　长:周康应
石塘镇财政分局　局　长:丁腾渊
众兴乡财政所　所　长:何长亚
桥头集镇财政分局　局　长:杨盛林
牌坊乡财政所　所　长:张贤文
长临河镇财政分局　局　长:胡玉萍

肥西县

桃花工业园财政分局　局　长:王恒传
紫蓬山管委会财政分局　局　长:张永安
上派镇财政分局　局　长:李　祥
三河镇财政分局　局　长:余　刚
桃花镇财政所　所　长:王　超
紫蓬镇财政所　所　长:汤　杰
丰乐镇财政所　所　长:蔡丹元
严店乡财政所　所　长:张　波
花岗镇财政所　所　长:魏宏文
山南镇财政所　副所长:董光武
柿树岗乡财政所　所　长:郭少奇
官亭镇财政所　所　长:潘学军
铭传乡财政所　所　长:邵正年
高店乡财政所　所　长:吴　兵

长丰县

水湖镇财政分局　局　长:刘　胡
罗塘乡财政所　所　长:孟凡富
朱巷镇财政所　所　长:高恒霞
左店乡财政所　所　长:孔凡国
造甲乡财政所　所　长:杨良基
杜集乡财政所　所　长:许金忠
下塘镇财政分局　局　长:张恩奎
陶楼乡财政所　所　长:韩　毕
双墩镇财政分局　副局长:王华桥
岗集镇财政分局　局　长:杨德丰
杨庙镇财政所　所　长:董　梅
吴山镇财政分局　局　长:祝泽选
义井乡财政所　所　长:刘　刚
庄墓镇财政所　所　长:闫媛媛
双凤开发区财政分局　局　长:陈　斌

庐江县

开发区财政局　局　长:庞正荣

庐城镇财政所　所　长:卢华东
冶父山镇财政所　所　长:龙力保
汤池镇财政所　所　长:苏建醒
万山镇财政所　所　长:钱明华
金牛镇财政所　所　长:韩　松
郭河镇财政所　所　长:束晓明
石头镇财政所　所　长:王言胜
同大镇财政所　所　长:张立华
白山镇财政所　所　长:张安稳
盛桥镇财政所　所　长:伍明能
白湖镇财政所　所　长:钱金龙
龙桥镇财政所　所　长:刘胜利
矾山镇财政所　所　长:刘保才
泥河镇财政所　所　长:张和平
罗河镇财政所　所　长:万玉柱
乐桥镇财政所　所　长:王宏国
柯坦镇财政所　所　长:吴启超

淮北市财政系统领导名单

淮北市财政局

党组书记、局长:姜　颖
党组成员、纪检组长:龙保民
党组成员、副局长:任士新　仲　杰　项　珺
党组成员、总会计师:焦福生
副调研员:叶卫平

濉溪县财政局

党组书记、局长:关春燕
党组成员、副局长:蔡晓春　营劲松
党组成员、纪检组长:张　坤
总会计师:汪炳臣

相山区财政局

局长:林晓海
副局长:张　玲

杜集区财政局

局长:杨登俊
副局长:张俊影　王海洋

烈山区财政局

局长:张应中
副局长:潘秀柱　朱　梅

开发区财政局

负责人:劭亚飞

濉溪县

濉芜现代产业园财政局　局　长:周海峰
濉溪开发区财政局　局　长:尤　毅
濉溪镇财政所　所　长:蔡　奇
刘桥镇财政所　所　长:张少华
百善镇财政所　所　长:李怀红
韩村镇财政所　所　长:杨学森
铁佛镇财政所　所　长:刘广夫
临涣镇财政所　所　长:谢士忠
南坪镇财政所　所　长:刘洪斌
五沟镇财政所　所　长:郭清海
孙疃镇财政所　所　长:毕耀华
四铺镇财政所　所　长:马洪元
双堆集镇财政所　所　长:李从详

杜集区

高岳街道办事处财政所　所　长:许　生
矿山集街道办事处财政所　所　长:丁　敏
朔里镇财政所　所　长:徐敬卓
石台镇财政所　所　长:徐　杰
段园镇财政所　所　长:冯　岩

相山区

渠沟镇财政所　所　长:丁　杰
任圩街道办事处财政所　所　长:张　丽
凤凰山经济开发区财政局分局局长:刘　伟

烈山区

烈山镇财政所　所　长:刘　庆
古饶镇财政所　所　长:费佳音
宋疃镇财政所　所　长:张士民
杨庄街道办事处财政所　所　长:高　峰
园区管委会财税办　主　任:张　伟

亳州市财政系统领导名单

亳州市财政局(国资委)

局长(主任)、党组书记:蔡怀乾
副局长(副主任)、党组成员:张传宾　王　锴
副局长(副主任):陈昭敏
总会计师、党组成员:周金钟
副局长、党组成员:马再兴(挂职)

谯城区财政局

党组书记、局长:方平红
党组成员、副局长:李　建　陈胜志

涡阳县财政局

党组书记、局长:王　锐
党组成员、副局长:李书颂　侯言武
党组成员:孟　杰　江　云
党组成员、国资办主任:胡德斌
总会计师:刘　建
党组成员、主任科员:张　伟

蒙城县财政局

局长:王旭东
副局长:熊景夏
副局长、综改办主任:陈保英
副局长、农发办主任:席汉斌
副局长:杨晓保　王继生
党组成员、财监局局长:吕桂芹

利辛县财政局

党组书记、局长:张贺武
党组成员、副局长:刘富修　都未来　张晓风
党组成员、财监局局长:刘寒松
党组成员、副局长、农发办主任:张国启
党组成员、工会主席:王玉杰

谯城区

十八里镇财政所　所　长:支效林
十河镇财政所　所　长:韩朝民
赵桥乡财政所　所　长:李　鹤
双沟镇财政所　所　长:李先林
淝河镇财政所　所　长:南子富
古城镇财政所　所　长:刘　芳
立德乡财政所　所　长:王如玲
龙扬镇财政所　所　长:李　刚
大杨镇财政所　所　长:张　冲
古井镇财政所　所　长:冯　莉
谯东镇财政所　所　长:孙　奇
花戏楼街道财政所　所　长:周　丽
汤陵街道财政所　所　长:慕朝新
薛阁街道财政所　所　长:杜丽娟
观堂镇财政所　所　长:张玉兰
沙土镇财政所　所　长:马德龙
五马镇财政所　所　长:张玉琦
张店乡财政所　所　长:张　峰
颜集镇财政所　所　长:车振涛
芦庙镇财政所　所　长:刘景林
华佗镇财政所　所　长:黄　涛
魏岗镇财政所　所　长:怀济田
城父镇财政所　所　长:刘继周
十九里镇财政所　所　长:陈广志
牛集镇财政所　所　长:王自强

涡阳县

城关街道财政所　所　长:马　坤
城西街道财政所　所　长:罗　涛
涡北街道财政所　所　长:袁　辉
城东街道财政所　所　长:李继芳
西阳镇财政所　所　长:郭维勤
涡南镇财政所　所　长:郑　超
楚店镇财政所　所　长:刘　彬
高公镇财政所　所　长:吕文坤
义门镇财政所　所　长:赵良德
新兴镇财政所　所　长:李景田
龙山镇财政所　所　长:穆成坤
青疃镇财政所　所　长:陆　良
石弓镇财政所　所　长:张本云
曹市镇财政所　所　长:徐　超
高炉镇财政所　所　长:葛显平
公吉寺镇财政所　所　长:王全成
店集镇财政所　所　长:王贵云
临湖镇财政所　所　长:宋兴明
标里镇财政所　所　长:张　涛
花沟镇财政所　所　长:葛友峰
陈大镇财政所　所　长:张　伟
牌坊镇财政所　所　长:李铭华
马店集镇财政所　所　长:周廷知
丹城镇财政所　所　长:董　超
单集林场财政所　所　长:柴继云

利辛县

城关镇财政所　所　长:李　涛
望疃镇财政所　所　长:戴　利
中疃镇财政所　所　长:李　鹏
江集镇财政所　所　长:江雪峰
旧城镇财政所　所　长:聂　奎
西潘楼镇财政所　所　长:苏永先
刘家集乡财政所　所　长:关　军
孙集镇财政所　所　长:关　键
纪王场乡财政所　所　长:孙东风
张村镇财政所　所　长:何鹏飞
汝集镇财政所　所　长:高　翔
王人镇财政所　所　长:韩　敏
巩店镇财政所　所　长:王继中
孙庙乡财政所　所　长:秦　伟
马店孜镇财政所　所　长:李继强
永兴镇财政所　所　长:宫　琦
胡集镇财政所　所　长:解　茜
大李集镇财政所　所　长:姜之安
展沟镇财政所　所　长:张　林
新张集乡财政所　所　长:王　建
阚疃镇财政所　所　长:姜　勇
程家集乡财政所　所　长:王　辉
王市镇财政所　所　长:邵拥军

蒙城县

城关镇财政所　所　长:郑　武
庄周办事处财政所　所　长:丁佩跃
漆园办事处财政所　所　长:徐恒华
小辛集乡财政所　所　长:李　凯
乐土镇财政所　所　长:刘　芳
三义镇财政所　所　长:杨海涛
楚村镇财政所　所　长:耿云灵
篱笆镇财政所　所　长:王丙良
王集乡财政所　所　长:郭　莉
白杨林场财政所　所　长:方兴旺
板桥集镇财政所　所　长:丁新社
范集工业园区财政所　所　长:李宝金
立仓镇财政所　所　长:陈　铮
马集镇财政所　所　长:吕保真
双涧镇财政所　所　长:刘西连
坛城镇财政所　所　长:唐殿军
小涧镇财政所　所　长:戴冠风
许疃镇财政所　所　长:葛铁军
岳坊镇财政所　所　长:杨振良

宿州市财政系统领导名单

宿州市财政局

党组书记、局长:韩维礼
调研员:刘文英　张建新
党组成员、副局长:欧亚东　张　民　潘相明
党组成员、纪检组长:陈　玮
副局长:谢　安
总会计师:陈尚业

埇桥区财政局

党组书记、局长:武良坤
党组成员、副局长:苏　航　何传莉　李景民
党组成员、总会计师:王　军
党组成员、纪检组长:周　俊
党组成员、政府采购中心主任:李东坡
党组成员、财监局局长:张亚东

灵璧县财政局

党组书记、局长:王　咏
党组成员、副局长、农发局局长:王兆春
党组成员、副局长:姜岭泉　陶双洁
党组成员、纪检组长:程跃武
党组成员、工会主席:冷亚飞
党组成员、总会计师:张　梅
党组成员:赵　卡

泗县财政局

党组副书记、副局长:刘立春
党组成员、副局长:王颖扬　蔡晨光　赵大廷
党组成员:余红良
总会计师:赵明科

萧县财政局

党组成员、主任科员、副局长:李天真(主持工作)
党组成员、副局长:李　冰
党组成员、主任科员:徐卫东
党组成员、纪检组长:杭　磊

砀山县财政局

党组书记、局长:杨文祥
党组副书记、副局长:周咸东
副局长:黄乔平
党组成员、副局长:王行干
党组成员、主任科员:崔吉芳
党组成员、纪检组长:马　强
党组成员、财监局长:王　莉
党组成员(挂)、农发局长:崔玉平

宿州马鞍山现代产业园区财政局

局长:杨祖葆
副局长:高　巍　刘　杰

埇桥区

时村镇财政分局　局　长:周步敬
符离镇财政分局　局　长:付向阳
朱仙庄镇财政分局　局　长:丁家龙
芦岭镇财政分局　局　长:陈　超
北杨寨乡财政分局　局　长:王建军
蕲县镇财政分局　局　长:纵少鹏
夹沟镇财政所　所　长:蒋守志
大店镇财政所　所　长:张　建
城东街道财政所　所　长:耿　勇
三八街道财政所　所　长:任启峰
西二铺乡财政所　所　长:金正宇
三里湾街道财政所　所　长:魏　强
北关街道财政所　所　长:刘　勇
道东街道财政所　所　长:王成宏
东关街道财政所　所　长:马跃武
南关街道财政所　所　长:丁效亭
西关街道财政所　所　长:靳怀启
埇桥街道财政所　所　长:王申球
沱河街道财政所　所　长:郭晓龙
汴河街道财政所　所　长:腾团结
褚兰镇财政所　所　长:刘广森
杨庄乡财政所　所　长:郭　锐
曹村镇财政所　所　长:马　亮
支河乡财政所　所　长:潘启超
栏杆镇财政所　所　长:潘　超
解集乡财政所　所　长:梁太旺
桃沟乡财政所　所　长:李　林
永安镇财政所　所　长:万　彬
灰古镇财政所　所　长:孙理会
顺河乡财政所　所　长:李　勇
蒿沟乡财政所　所　长:尹　松
苗庵乡财政所　所　长:尹传杰
西寺坡镇财政所　所　长:李　侠
桃园镇财政所　所　长:孙　勇
大营镇财政所　所　长:陈　亮
永镇乡财政所　所　长:程　效
金海街道财政所　所　长:刘开成
东城财政办公室　主　任:李如山

灵璧县

韦集镇财政所　所　长:许　岩
向阳乡财政所　所　长:李　冰
黄湾镇财政所　所　长:侯　君
娄庄镇财政所　所　长:赵运输
杨疃镇财政所　所　长:闫兴跃
尹集镇财政所　所　长:付振明
浍沟镇财政所　所　长:王现理
朱集乡财政所　所　长:付廷宽
尤集镇财政所　所　长:王从山
下楼镇财政所　所　长:王会礼
朝阳镇财政所　所　长:陈益尚
渔沟镇财政所　所　长:程仲超

大路乡财政所 所 长:赵 跃
高楼镇财政所 所 长:李玉白
大庙乡财政所 所 长:朱 杰
冯庙镇财政所 所 长:张 超
禅堂乡财政所 所 长:高存玖
虞姬乡财政所 所 长:陈 浮
灵城镇财政所 所 长:张 曦
开发区财政所 所 长:王宗迎

泗 县

泗城镇财政分局 局 长:余红良(兼)
大路口乡财政所 所 长:张万里
墩集镇财政所 所 长:高 磊
草庙镇财政所 所 长:于庆标
瓦坊乡财政所 所 长:许正华
黑塔镇财政所 所 长:沈广忠
刘圩镇财政所 所 长:李晓军
山头镇财政所 所 长:计 兵
黄圩镇财政所 所 长:李庆春
大庄镇财政所 所 长:刘道胜
屏山镇财政所 所 长:周长波
大杨乡财政所 所 长:韩昌清
长沟镇财政所 所 长:陈 捷
草沟镇财政所 所 长:张 建
丁湖镇财政所 所 长:郝 猛
开发区财政所 所 长:龙墩跃

萧 县

龙城镇财政所 所 长:吴信瑞
黄口镇财政所 所 长:高全军
杨楼镇财政所 所 长:王信权
新庄镇财政所 所 长:何 静
赵庄镇财政所 所 长:杨兴民
张庄寨镇财政所 所 长:马 健
大屯镇财政所 所 长:梁 杰
青龙镇财政所 所 长:蒋 杰
石林乡财政所 所 长:纵兆学
孙圩孜乡财政所 所 长:朱孝民
王寨镇财政所 副所长:吴志强
祖楼镇财政所 所 长:邵长彬
酒店乡财政所 所 长:郝振超
丁里镇财政所 所 长:许 磊
马井镇财政所 所 长:郝允峰
闫集镇财政所 所 长:萧春雷
圣泉乡财政所 所 长:张颂荣
刘套镇财政所 所 长:扈祥绪
白土镇财政所 所 长:安孝民
庄里乡财政所 所 长:袁龙连
官桥镇财政所 所 长:王永干
永固镇财政所 所 长:韩 华
杜楼镇财政所 所 长:黄继明
开发区财政所 所 长:盛 凯

砀山县

砀城镇财政所 所 长:刘 瑾
玄庙镇财政所 所 长:薛继秋
唐寨镇财政所 所 长:刘火箭
周寨镇财政所 所 长:唐怀堂
赵屯镇财政所 所 长:付 浩
葛集镇财政所 所 长:张春立
朱楼镇财政所 所 长:卞 卡
官庄镇财政所 所 长:张玉阁
良梨镇财政所 所 长:周衍波
曹庄镇财政所 所 长:陈晓宇
程庄镇财政所 所 长:邵延强
李庄镇财政所 所 长:郭进良
经济开发区财政所 所 长:王安鲁
关帝庙镇财政所 所 长:戚冠学
薛楼板材加工园区财政所所长:邵 丽
高铁新区财政所 所 长:汪 鹏

蚌埠市财政系统领导名单

蚌埠市财政局

党组书记、局长(国资委主任):王莉敏
党组副书记、副局长、调研员:叶 斌
纪检组长:翁美君
副局长:林国立
副局长、国资委副主任:马 飙
副局长:唐忠利 周 波 胡 云

龙子湖区财政局

局长:翁 畅
副局长:李忠东 张利军
支付中心主任:黄金凤

蚌山区财政局

局长:卢佩彬
党组书记、副局长:孙 平
副局长:冯双全 丁忠胜

禹会区财政局

局长:周传奇
副局长:谢红雨 沈如强 沈明德

淮上区财政局

局长:徐 杰
副局长:刘闽莉
监察室主任:邱 峰

经济开发区财政局

局长:朱大光
副局长:陈 迅

高新区财政局

局长:张广际
副局长:刘富国

怀远县财政局

党组书记、局长:王守本
党组成员、副局长:石富勤　张　明
党组成员、纪检组长:孙林安
副局长:史桂芳

五河县财政局

党组书记、局长:杨晓武
党组成员、副局长:张耀武　郭泽慧　陈尚标
党组成员、监督局局长:凌德宏
党组成员、纪检组长:梁　杉
党组成员、总会计师:王尊昌
农村财政管理局局长:乔　恒
政府非税收入征收管理局局长:王森功
国有资产监督管理局局长:张　威
民生工程协调小组办公室主任:林衍芝
农业综合开发办公室主任:刘心祥

固镇县财政局

党组书记、局长(国资委主任):周继星
党组成员、副局长:崔怀贵　郁　青　党献文
党组成员、纪检组长:刘金霖
党组成员、开发区财政分局局长:徐其军
党组成员、农村财政管理局局长:仲　谋
党组成员、城关财政分局局长:陈福柱
党组成员、国资委副主任:陶廷春
党组成员、农发办主任:陈　敏
总会计师:张店全
国库集中支付中心副主任:高景园
民生办副主任:李　军
非税局局长:崔华北

龙子湖区

李楼乡财政所　所　长:王志全

蚌山区

雪华乡(宏业村街道)财政所　所　长:高　婷
燕山乡财政所　所　长:方同英
天桥街道财税服务所　所　长:路冬梅
青年街道财税服务所　所　长:韩道荣
纬二街道财税服务所　所　长:牛丽娟
黄庄街道财税服务所　所　长:赵　莉

禹会区

长青乡财政所　所　长:朱翠华
马城镇财政分局　局　长:李同新
涂山风景区财政所　所　长:胡守陆

淮上区

小蚌埠镇财政所　所　长:邱　峰(兼)
吴小街镇财政所　所　长:高乃全
曹老集镇财政所　所　长:王明珠
梅桥镇财政所　所　长:康　琴

高新区

秦集镇财政所　所　长:顾正修

怀远县

城关镇财政分局　副局长:宋士乐
包集镇财政所　所　长:崔云峰
龙亢镇财政所　所　长:韩利清
河溜镇财政所　所　长:姚荣平
常坟镇财政所　所　长:魏守杭
双桥集镇财政所　所　长:张根祥
魏庄镇财政所　所　长:张立柱
万福镇财政所　所　长:邹德国
唐集镇财政所　所　长:张　毅
淝河乡财政所　所　长:赵　勇
褚集乡财政所　所　长:荣克轩
陈集乡财政所　所　长:张绍兴
古城乡财政所　所　长:赵　彬
徐圩乡财政所　所　长:姚玉春
淝南乡财政所　所　长:葛红斌
兰桥乡财政所　所　长:姚　昊
荆芡乡财政所　所　长:年福启
找郢乡财政所　所　长:常　飞
新城区财政分局　副局长:孙敦忠
开发区财政分局　副局长:陆　恒

五河县

城关镇财政分局　局　长:陈全意
城南工业区财政分局　局　长:王　超
朱顶镇财政所　所　长:朱全松
小溪镇财政所　所　长:张　军
头铺镇财政所　所　长:吴明海
新集镇财政所　所　长:黄保举
大新镇财政所　所　长:朱怀杰
临北回族乡财政所　所　长:邓　超
浍南镇财政所　所　长:彭思洋
东刘集镇财政所　所　长:蒋光胜
申集镇财政所　所　长:孙立群
小圩镇财政所　所　长:张贤明
沱湖乡财政所　所　长:陈先桥
武桥镇财政所　所　长:庄思跃
双忠庙镇财政所　所　长:蒋友虎

固镇县

仲兴乡财政所　所　长:徐　亮
任桥镇财政所　所　长:王道永
湖沟镇财政所　所　长:谢　进
杨庙乡财政所　所　长:李晓清
连城镇财政所　所　长:欧阳瑞
新马桥镇财政所　所　长:崔怀军
王庄镇财政所　所　长:孙玉胜
石湖乡财政所　所　长:王跃飞
濠城镇财政所　所　长:孔祥云
刘集镇财政所　所　长:王业鹏
县全民创业园财政分局　副局长:任广廷

阜阳市财政系统领导名单

阜阳市财政局

党组书记、局长:虞建斌
党组成员、副局长:杨海涛 侯永贵
党组成员、纪检组长:刘 玉
党组成员、总会计师:夏全胜
副局长:宋葛民
调研员:史万美
副调研员:夏 河

颍东区财政局

党组书记、局长:任俊喜
副局长:邵爱华 仇 伟
党组成员、纪检组长:王继刚
党组成员、主任科员:蒋祥翠

颍泉区财政局

副局长、民生办主任:刘金明
副局长:张 炜
纪检组长:孙 全

颍州区财政局

党组书记、局长:刘建斌
党组成员、农发局局长:许 勇
副局长、财政监督局局长:王献斌
副局长、区扶贫办主任:刘小东
党组成员、副局长:应 坤

界首市财政局

党组书记、局长:申慧亮
党组副书记、农发局局长:田学军
党组成员、财监局局长:李艳梅
党组成员、副局长:卢 萍 田 飞
党组成员、总会计师:于华兰
党组成员、农村局局长:武建强

阜南县财政局

党组书记、局长:刘贺体
党组成员、副局长:冷大海 倪洪林 熊东田
党组成员、纪检组长:崔 林
党组成员、主任科员:张开雷
党组成员、国库支付中心主任:孙存龙
党组成员、预算股股长、财政监督检查局局长:于 伟

太和县财政局

党组书记:尚卫东
局长:刘翔飞
党组副书记、副局长、主任科员:王 进
副局长:于 海 邢 峻
纪检组长:张 科
党组成员:于 翔 李 岩 于 冰

颍上县财政局

局长:陈德刚
副局长:王 跃 邓 颖 唐瑞坤
党组成员:张振亚
纪检组长:江禄保

临泉县财政局

党组书记、局 长:尚虎林
党组成员、副局长:高 飞 孟 俊

开发区财政局

局长:肖吟峰
副局长:张文学

颍东区

向阳街道办事处财政所 所 长:闫俊启
河东街道办事处财政所 所 长:董强龙
新华街道办事处财政所 所 长:王全杰
老庙镇财政所 所 长:张 涛
冉庙乡财政所 所 长:徐月林
插花镇财政所 所 长:高 伟
枣庄镇财政所 所 长:陈庆文
正午镇财政所 所 长:高兰义
口孜镇财政所 所 长:闫 磊
袁寨镇财政所 所 长:武学成
新乌江镇财政所 所 长:白怀玉
杨楼孜镇财政所 所 长:宋振东

颍泉区

中市街道办事处财政所 所 长:汪 涛
周棚街道办事处财政所 所 长:白 勇
宁老庄镇财政所 所 长:齐 伟
行流镇财政所 所 长:曹 军
闻集镇财政所 所 长:谭 震
伍明镇财政所 所 长:唐 伟
统筹试验区管委会财政所负责人:胡九云
循环经济园区管委会财政负责人:宁光启

颍州区

文峰街道办事处财政所 所 长:胡向明
鼓楼街道办事处财政所 所 长:何 涛
清河街道办事处财政所 所 长:付 涛
颍西街道办事处财政所 所 长:郭艳芳
王店镇财政所 所 长:郝秀彬
西湖镇财政所 所 长:刘庆宇
程集镇财政所 所 长:卢 峰
九龙镇财政所 所 长:龚九鹏
马寨乡财政所 所 长:刘 伟
袁集镇财政所 所 长:刘海彬
三合镇财政所 所 长:刘立国
西湖景区办财政所 所 长:张志民
三十里铺镇财政所 所 长:方 亮
三塔集镇财政所 所 长:孙玉昌

界首市

西城街道财政所 负责人:张克勤
东城街道财政所 副所长:马新社
颍南街道财政所 所 长:胡光宇

光武镇财政所　所　长:夏永丽
靳寨乡财政所　所　长:岳　雷
芦村镇财政所　所　长:程　伟
郦集乡财政所　所　长:李　斌
大黄镇财政所　负责人:张　强
新马集镇财政所　负责人:徐　翔
田营镇财政所　所　长:彭新华
陶庙镇财政所　所　长:朱爱敏
王集镇财政所　所　长:彭庆华
泉阳镇财政所　所　长:齐　影
代桥镇财政所　所　长:王传士
砖集镇财政所　所　长:陈志华
舒庄镇财政所　所　长:任　磊
顾集镇财政所　所　长:程德启
任寨乡财政所　所　长:陈俊荣

阜南县

开发区财政分局　局　长:代洪德
鹿城镇财政所　所　长:翟　韧
田集镇财政所　所　长:李淑君
公桥乡财政所　所　长:耿朝程
方集镇财政所　所　长:乔恩成
段郢乡财政所　所　长:刘祥彬
王堰镇财政所　所　长:赵建涛
洪河桥镇财政所　所　长:李　芸
地城镇财政所　所　长:王玉林
于集乡财政所　所　长:乔印腾
龙王乡财政所　所　长:王同金
王化镇财政所　所　长:卢　峰
王家坝镇财政所　所　长:郎士元
老观乡财政所　所　长:徐　刚
曹集镇财政所　所　长:杨大国
郜台乡财政所　所　长:刘维建
中岗镇财政所　所　长:张子芳
苗集镇财政所　所　长:赵复林
柳沟乡财政所　所　长:王灼庆
黄岗镇财政所　所　长:马永群
张寨镇财政所　所　长:朱桂明
焦坡镇财政所　所　长:李华焰
朱寨镇财政所　所　长:王丽敏
许堂乡财政所　所　长:韩坤峰
柴集镇财政所　所　长:刘成立
新村镇财政所　所　长:戎泽峰
王店孜乡财政所　所　长:王　辉
赵集镇财政所　所　长:王道侠
会龙镇财政所　所　长:李　刚

太和县

城关镇财政所　所　长:方　黎
旧县镇财政所　所　长:徐之坤
大新镇财政所　所　长:李新聚
肖口镇财政所　所　长:王秀燕
胡总乡财政所　所　长:王丙玺
赵集乡财政所　所　长:余鸿鸣
关集镇财政所　所　长:刘书强
三塔镇财政所　所　长:韩纯东
郭庙乡财政所　所　长:李效宗
原墙镇财政所　所　长:张　鹏
三堂镇财政所　所　长:李　旭
苗集镇财政所　所　长:张　冲
宫集镇财政所　所　长:刘业任
二郎乡财政所　所　长:王素云
阮桥镇财政所　所　长:刘朝锋
坟台镇财政所　所　长:陶克敏
双浮镇财政所　所　长:付金生
马集乡财政所　所　长:桑传法
五星镇财政所　所　长:李俊峰
倪邱镇财政所　所　长:刘维洗
洪山镇财政所　所　长:桑　坤
桑营镇财政所　所　长:刘　磊
赵庙镇财政所　所　长:范兴建
李兴镇财政所　所　长:朱井宇
清浅镇财政所　所　长:孙光明
双庙镇财政所　所　长:王　伟
税镇镇财政所　所　长:吴　标
皮条孙镇财政所　所　长:范兆生
大庙镇财政所　所　长:池　鹏
蔡庙镇财政所　所　长:石凤杰
高庙镇财政所　所　长:张丙如

颍上县

慎城镇财政所　所　长:朱　奎
十八里铺镇财政所　所　长:姜之友
西三十铺镇财政所　所　长:王　峰
新集镇财政所　所　长:吴天贵
建颍乡财政所　所　长:韩　俊
六十铺镇财政所　所　长:李少义
五十铺乡财政所　所　长:刘树俭
红星镇财政所　所　长:杨　明
耿棚镇财政所　所　长:刘　涛
盛堂乡财政所　所　长:强国清
润河镇财政所　所　长:吴均业
南照镇财政所　所　长:高　勇
关屯乡财政所　所　长:许传胜
半岗镇财政所　所　长:兰洪波
八里河镇财政所　所　长:汪喜春
垂岗乡财政所　所　长:杜学成
王岗镇财政所　所　长:李树刚
赛涧乡财政所　所　长:唐　坤
刘集乡财政所　所　长:余　琴
杨湖镇财政所　所　长:刘保方
鲁口镇财政所　所　长:尚立川
黄坝乡财政所　所　长:董凤军
江店镇财政所　所　长:蒋家骥
夏桥镇财政所　所　长:王佩刚

谢桥镇财政所　所　长:侯学成
迪沟镇财政所　所　长:毕兰付
陈桥镇财政所　所　长:官喜良
江口镇财政所　所　长:夏广良
古城镇财政所　所　长:顾广桥
黄桥镇财政所　所　长:刘　习

临泉县

城关镇财政所　副所长:陈　锐
经济开发区财政所　副所长:张　雷
牛庄乡财政所　所　长:陈　玲
杨桥镇财政所　副所长:王　健
谭棚镇财政所　所　长:曹建民
高塘乡财政所　负责人:吴春堂
范兴集乡财政所　所　长:姚　勇
老集镇财政所　所　长:梁有生
滑集镇财政所　所　长:高　峰
土陂乡财政所　所　长:姜永明
吕寨镇财政所　副所长:王世周
谢集乡财政所　所　长:陈宜荣
单桥镇财政所　负责人:曾　健
长官镇财政所　所　长:刘　伟
杨小街镇财政所　所　长:任　亮
宋集镇财政所　副所长:刘成年
张新镇财政所　副所长:闫成章
陈集镇财政所　所　长:陶维红
艾亭镇财政所　所　长:李仰德
陶老乡财政所　所　长:陶守恒
田桥乡财政所　所　长:王建军
韦寨镇财政所　所　长:常登科
迎仙镇财政所　副所长:魏　峰
瓦店镇财政所　所　长:洪庆中
庙岔镇财政所　所　长:范绍栋
姜寨镇财政所　所　长:张大飞
张营乡财政所　所　长:吴广森
黄岭镇财政所　所　长:王俊平
鲖城镇财政所　所　长:周建军
白庙镇财政所　所　长:赵　磊
庞营乡财政所　所　长:谷俊宝
关庙镇财政所　副所长:刘相春

淮南市财政系统领导名单

淮南市财政局

党组书记、局长:陈永多
党组副书记:杨勋敏
党组成员、副局长:管迎新　曹　宏
党组成员、纪检组长:宋建军
党组成员、副局长:张琳娜
副调研员:芮长海　戴　冰

凤台县财政局

党组书记、局长:陈贵刚
党组副书记:王允虎
党组成员、副局长:周淦芳　田　辉　张志凯
党组成员、纪检组长:蒋亚鹏
党组成员、总会计师:陈　永

大通区财政局

局长:王本明
副局长:贾爱云
书记、副局长:蒋振辉

田家庵区财政局

局长:陈灯海
副局长:秦祥全　顾　玮

谢家集区财政局

副局长:赵道平　王本军

八公山区财政局

局长:王桂芝
书　记:吴　青
副局长:张　敢

潘集区财政局

局长:计庆丰
书　记:段德昌
副局长:赵允龙　李传平

毛集实验区财政局

局长:贾时洋
副局长:许士传　陈　鸿
纪检监察员:王立勋

淮南经济经济开发区财政局

副局长:柏　云

山南新区财政局

局长:翟　明

淮南高新区财政局

局长:彭树文

煤化工产业园区财政局

局长:陈宏伟

凤台县

城关镇财政分局　局　长:谢家亮
凤凰镇财政所　所　长:康殿成
丁集镇财政所　所　长:宋道淑
尚塘乡财政所　副所长:蒋克友
杨村镇财政所　所　长:高勤贵
钱庙乡财政所　所　长:王业昶
古店乡财政所　所　长:王俊宣
顾桥镇财政所　所　长:张　琴
桂集镇财政所　所　长:樊春良
刘集乡财政所　所　长:陈佩辉
新集镇财政所　所　长:胡　云
大兴集乡财政所　所　长:吴永谱
朱马店镇财政所　所　长:孟献全
岳张集镇财政所　所　长:吕文林
关店乡财政所　所　长:邱金阔

大通区

九龙岗镇财政所 所 长:马凤琳
洛河镇财政所 所 长:梅 振
上窑镇财政所 所 长:宗升贵
孔店乡财政所 所 长:芮长芬

田家庵区

舜耕镇财政所 所 长:连西坦
安成镇财政所 所 长:刘晓菊

谢家集区

望峰岗镇财政所 所 长:邱文士
唐山镇财政所 所 长:应 娟
李郢孜镇财政所 所 长:周 伟
杨公镇财政所 所 长:王晓梅
孤堆回族乡财政所 所 长:王 霞
孙庙乡财政所 所 长:杨修旭
三和乡财政所 所 长:徐 勇
史院乡财政所 所 长:杨吉生
曹庵镇财政所 所 长:吴庆周

八公山区

八公山镇财政所 所 长:陈 娟
山王镇财政所 所 长:孔德野
经济开发区财政所 所 长:郑克辉
李冲回族乡财政所 所 长:陈 良

潘集区

田集街道财政所 所 长:李炳军
芦集镇财政所 所 长:任印清
贺疃乡财政所 所 长:石秀传
潘集镇财政所 所 长:陈传厚
泥河镇财政所 所 长:刘 斌
古沟回族乡财政所 所 长:许瑞昌
平圩镇财政分局 局 长:胡开国
架河乡财政所 所 长:孔 玲
高皇镇财政所 所 长:赵云四
夹沟乡财政所 所 长:李家俊
祁集乡财政所 所 长:许瑞武

毛集实验区

毛集镇财政分局 局 长:徐家秀
焦岗湖镇财政所 所 长:詹云萍
夏集镇财政所 所 长:刘文艳

滁州市财政系统领导名单

滁州市财政局

局长:张志华
副局长:马有山 钟来斌
党组成员、纪检组长:李正刚
党组成员、非税局局长:李德标

琅琊区财政局

局长:聂 丽
副局长:谢永国 杨文浩
党组成员、预算科长:杨华军

南谯区财政局

局长:赵永宾
副局长:徐友林 孙宝林 陈 芳
党组成员:谢秀生 徐玉彬

来安县财政局

局长:秦 陶
副局长:王本传

全椒县财政局

党组书记、局长:姜志山
党组副书记:赵和平
党组成员、副局长:张 雷 袁长海
党组成员、纪检组长:郭再传

天长市财政局

党组书记、局长:潘中勇
党组副书记、副局长:王晓春
党组副书记:黄 奎
党组成员、副局长:赵建中 欣金石
党组成员:潘桂来 纪福海 赵红旗 王德徐

定远县财政局

党组书记、局长:杨 燕
党组成员、副局长:杜 峰 丁发成

凤阳县财政局

党组书记、局长:王胜勤
副局长:徐传保 李锦柱

明光市财政局

党组书记、局长:李仁标
党组成员、副局长:阚 斌 巴 霖
党组成员:熊正义 孙传芳 戴荣玲 季 敏
副局长:孟兆洋
非税局局长:姚 亮
民生办主任:胡书玲
农发办主任:王解宇

琅琊区

清流街道财政所 所 长:汤立志
扬子街道财政所 副所长:李 壮
琅琊街道财政所 所 长:陈 召
东门街道财政所 所 长:贡 伟
南门街道财政所 副所长:蒋秋文
西门街道财政所 副所长:杨宏林
北门街道财政所 所 长:余 乐
西涧街道财政所 副所长:孙雪梅

南谯区

乌衣镇财政所 所 长:张天梅
沙河镇财政所 所 长:任道军
章广镇财政所 所 长:钟阳阳
龙蟠办财政所 所 长:江厚英
黄泥岗镇财政所 所 长:鄢 毅
珠龙镇财政所 所 长:郑发香
施集镇财政所 所 长:宋 然

大柳镇财政所 副所长:张 伟
腰铺镇财政所 所 长:翟光明

来安县

县经济开发区财政分局局 长:王德武
汉河经济开发区财政分局局长:赵宝林
新安镇财政所 所 长:章宏斌
舜山镇财政所 所 长:朱 贵
三城乡财政所 副所长:朱和武
汉河镇财政所 所 长:许玉伟
独山乡财政所 所 长:湛承兵
施官镇财政所 所 长:时永前
半塔镇财政所 所 长:王金良
张山乡财政所 所 长:衡思勇
雷官镇财政所 所 长:李光武
杨郢乡财政所 副所长:章道勇
水口镇财政所 所 长:罗章勇
大英镇财政所 所 长:罗章铭

全椒县

襄河镇财政所 所 长:杨义明
古河镇财政所 所 长:黄开维
马厂镇财政所 所 长:徐本春
二郎口镇财政所 所 长:刘树来
六镇镇财政所 所 长:李义龙
石沛镇财政所 所 长:许 敏
武岗镇财政所 所 长:蔡兴明
十字镇财政所 所 长:蔡传先
西王镇财政所 所 长:郑华平
大墅镇财政所 所 长:彭守立
开发区财政分局 副局长:李广玉

定远县

藕塘镇财政所 所 长:雍广生
界牌镇财政所 所 长:范铭和
仓镇财政所 所 长:谢从辉
大桥镇财政所 所 长:曹士跃
池河镇财政所 所 长:范祥平
桑涧镇财政所 所 长:赵顶升
拂晓乡财政所 副所长:柏传伍
三和集镇财政所 所 长:杨 刚
定城镇财政所 副所长:倪 刚
西卅店镇财政所 所 长:许茂玉
严桥乡财政所 所 长:潘 超
范岗乡财政所 所 长:桑文如
永康镇财政所 所 长:张本群
炉桥镇财政所 所 长:陆凤海
能仁乡财政所 所 长:陈学六
七里塘乡财政所 所 长:汪玉聪
张桥镇财政所 所 长:李如秀
连江镇财政所 所 长:唐开刚
二龙乡财政所 副所长:高恒龙
吴圩镇财政所 所 长:周恒民
蒋集乡财政所 负责人:王 振

朱湾镇财政所 副所长:杨 诚

凤阳县

武店镇财政所 所 长:代芝兰
官塘镇财政所 所 长:张家胜
西泉镇财政所 所 长:王保勤
殷涧镇财政所 所 长:詹绍军
红心镇财政所 所 长:王新芳
板桥镇财政所 所 长:徐 军
枣巷镇财政所 所 长:吴在建
大溪河镇财政所 所 长:叶 俊
府城镇财政所 所 长:刘 璋
临淮镇财政所 所 长:赵传胜
刘府镇财政所 所 长:王 昆
大庙镇财政所 所 长:孙世礼
总铺镇财政所 所 长:代 伟
黄湾乡财政所 所 长:鲁善飞
小溪河镇财政所 所 长:刘文乐
工业园区财政分局 局 长:朱道哲

明光市

柳巷镇财政所 所 长:丁 隆
明西街办财政所 所 长:申维西
泊岗乡财政所 所 长:张 智
桥头镇财政所 所 长:彭 兵
三界镇财政所 所 长:蒋道勇
明南街办财政所 所 长:吴 超
苏巷镇财政所 所 长:吴兆林
古沛镇财政所 所 长:魏形岭
涧溪镇财政所 所 长:赵光友
女山湖镇财政所 所 长:何善明
管店镇财政所 所 长:周继学
张八岭镇财政所 所 长:李长金
明东街办财政所 所 长:赵祥贤
石坝镇财政所 所 长:阚绪照
明光街办财政所 所 长:田 猛
自来桥镇财政所 所 长:丁良春
潘村镇财政所 所 长:石泽卫

天长市

天长办财政所 所 长:金有武
城东新区财政所 所 长:王学田
永丰镇财政所 所 长:王德华
杨村镇财政所 所 长:姚宪平
冶山镇财政所 所 长:唐传月
郑集镇财政所 所 长:周相杰
铜城镇财政所 所 长:沈学官
大通镇财政所 副所长:王文斌
秦栏镇财政所 所 长:李 晔
仁和镇财政所 所 长:胡明余
万寿镇财政所 所 长:武世勇
金集镇财政所 副所长:林 杨
汊涧镇财政所 所 长:王国林
石梁镇财政所 所 长:张殿卿

新街镇财政所　　所　长:翁延悦
张铺镇财政所　　所　长:余文昌
开发区财政局　　副局长:李华庭

六安市财政系统领导名单

六安市财政局

市政协副主席、局长:孙学龙
党组书记、国资委副主任:黄汇东
党组成员、副局长:汪英来
党组成员、纪检组长:常前松
党组成员、副局长:汪　斌　刘玉飞　费小松
副调研员:杨庆法
工会主席、副调研员:汪为良
副调研员:张　跃
副调研员、市担保公司总经理:胡国弘
副调研员:潘献庆
综改办专职副主任:王万春
国库支付中心主任:柴　强
非税收入征收管理局局长:储惠珍
农发局局长:何　斌

金安区财政局

局长、党组副书记:司家祥
副局长、党组副书记:朱建萍
副局长:丁　剑　余永生　陈　章
纪检组长、监察室主任:刘学军
工会主任:刘春桃

裕安区财政局

局长:王化峰
党组副书记、副局长:刘　俊
党组成员、副局长:余道乔　杜成发(挂职)
　王利超(挂职)
党组成员、工会主任:潘明础

叶集区财政局

党组书记、局长:周本慎
党组成员、副局长:赵先林　刘昌盛　孟凡银
　胡明超
党组成员:吴　奇
主任科员:杨文忠
副主任科员:程桔品　郑学兵

开发区财政局

副局长(主持工作):李　欣
副局长:翁良文　郝宗刚　王秀奇

霍山县财政局

县政府党组成员、局党组书记、局长:翟恩恕
党组成员、副局长:程晓明
国资委主任、局党组成员、副局长:刘朝东
副局长、县砂石管理局局长:魏德明
党组成员、副局长:刘传保
党组成员:高宗敏
党组成员、农村财政管理局局长:谢家富
党组成员、总会计师:蒋　超
党组成员、纪检组长:郑子峰
党组成员:戚如乔
工会主席:魏明友

霍邱县财政局

党委书记、局长:李　春
党委委员、副局长、国资局局长:王树平
党委委员、副局长:陈遵坤
党委委员、工会主席:刘维成
党委委员、副局长:王中明
主任科员:常道友　张家俊　王　惠
　许道连

寿县财政局

党组书记、局长:张国祥
党组副书记、副局长、国资委主任:江　洪
党组成员、副局长:赵成凤　孙　宏
党组成员、副局长、开发办主任:李家坤
党组成员、县新桥国际产业园财政局长:裴久成
党组成员、农村局局长:张世超
党组成员、总会计师:王　磊

金寨县财政局

党组书记、局长:胡　浩
党组成员、纪检组长:廖荣军
党组成员、副局长:漆学坤
党组成员、国资委副主任:唐　宁
党组成员、副局长、县现代产业园财政金融局局长:李　隆
党组成员、副局长:李述庆
党组成员、农村局局长:陈　勇
副局长:吴功安
党组成员、农发局局长:冯　俊
党组成员、市综改办专职副主任:汪德全
小额贷款担保中心主任:许　涛

舒城县财政局

党组书记、局长:刘同坤
党组副书记、财贸口党委书记:黄　萍
党组副书记、副局长:钟玉红
党组成员、副局长:韦　征
国资办主任、党组成员、副局长:张俊杜
党组成员、副局长:王大方
党组成员、总会计师、预算股股长:张　旺
党组成员、副局长、农发办主任:汪守稳
党组成员、副局长:程华平
党组成员、纪检组长:张舒平
正科级督导员:姚燕平　谢远森
主任科员:宜昌林
副主任科员:徐　林　杨德志

金安区

东市街道财政所　　所　长:彭能传
中市街道财政所　　所　长:张涛元

三里桥街道财政所 所 长:梁德圣
清水河街道财政所 所 长:蔡 超
望城街道财政分局 局 长:孙 超
城北乡财政分局 局 长:张修勤
椿树镇财政所 所 长:何宏应
东河口镇财政所 所 长:张成武
东桥镇财政所 所 长:唐兆刚
横塘岗乡财政所 所 长:董德胜
马头镇财政所 所 长:吴昌东
毛坦厂镇财政分局 局 长:潘 忠
木厂镇财政分局 局 长:夏立峻
淠东乡财政所 所 长:周 山
施桥镇财政所 所 长:陈新和
双河镇财政所 所 长:金宗林
孙岗镇财政分局 局 长:钟志满
翁墩乡财政所 所 长:刘金阳
先生店乡财政所 所 长:姚 健
张店镇财政分局 局 长:谢 应
中店乡财政所 所 长:史 彬
三十铺镇财政分局 局 长:杨瑞鹏

裕安区

小华山街道财政所 所 长:李敦品
鼓楼街道财政所 所 长:熊祖虎
西市街道财政所 所 长:程克平
石板冲乡财政所 所 长:朱家中
平桥乡财政分局 所 长:吴 辉
青山乡财政所 所 长:管应发
城南镇财政分局 所 长:邬宗敏
韩摆渡镇财政所 所 长:张之权
丁集镇财政所 所 长:许友收
新安镇财政分局 所 长:赵以见
顺河镇财政所 所 长:田兴胜
单王乡财政所 所 长:张 晖
苏埠镇财政局 局 长:林元华
西河口乡财政所 副所长:黄文业(主持工作)
石婆店镇财政所 所 长:程业明
狮子岗乡财政所 所 长:李茂州
独山镇财政分局 局 长:赵本雨
分路口镇财政分局 所 长:马如邵
江家店镇财政所 所 长:郎道才
徐集镇财政所 所 长:金家吾
罗集乡财政所 所 长:刘家刚
固镇镇财政所 所 长:魏启凤

叶集区

三元镇财政所 所 长:黄成军
孙岗乡财政所 所 长:郑道杰
平岗办事处财政所 所 长:朱 洪
镇区办事处财政所 所 长:沈业菊

霍山县

衡山镇财政分局 局 长:唐家胜
但家庙镇财政所 所 长:张 军
下符桥镇财政所 所 长:彭 钧
与儿街镇财政分局 局 长:叶发玉
黑石渡镇财政所 所 长:罗来成
佛子岭镇财政所 所 长:余大权
落儿岭镇财政分局 局 长:蔡永银
诸佛庵镇财政分局 局 长:沈 云
大化坪镇财政所 所 长:刘祖才
漫水河镇财政所 所 长:汪辉群
上土市镇财政所 所 长:何祥田
太阳乡财政所 所 长:杨义浩
太平畈乡财政所 所 长:方红兵
磨子潭镇财政所 所 长:刘玉石
东西溪乡财政所 所 长:吴中胜
单龙寺乡财政所 所 长:刘作贞
经济开发区财政分局 局 长:杜兴如

霍邱县

城关镇财政分局 负责人:牛金合
姚李镇财政分局 局 长:窦德山
河口镇财政所 所 长:李祖堂
长集镇财政分局 负责人:李炳广
户胡镇财政所 所 长:张玉和
石店镇财政所 所 长:王贤贵
马店镇财政分局 负责人:唐兰英
周集镇财政分局 负责人:李绍明
临水镇财政分局 负责人:张习芝
孟集镇财政分局 负责人:吴永江
新店镇财政分局 负责人:吴成贵
洪集镇财政所 所 长:孙 莹
花园镇财政所 所 长:宗克诚
乌龙镇财政所 所 长:沈明乐
高塘镇财政分局 负责人:曾凡诚
岔路镇财政所 所 长:谢 亮
龙潭镇财政所 所 长:李传炎
曹庙镇财政所 所 长:黄应旭
众兴镇财政所 所 长:冯浩然
夏店镇财政所 所 长:李传斌
白莲乡财政所 所 长:程学云
邵岗乡财政所 所 长:郭凤云
冯井镇财政分局 负责人:李友军
范桥镇财政分局 负责人:付 祥
王截流乡财政所 所 长:李立成
城西湖乡财政分局 负责人:董西保
临淮岗乡财政分局 负责人:田开军
宋店乡财政所 所 长:任 宏
三流乡财政所 所 长:王 宏
潘集镇财政所 所 长:赵本勇
冯瓴乡财政所 所 长:刘本玲
彭塔乡财政所 所 长:雷家杰

寿 县

寿春镇财政分局 局 长:吴承明
八公山乡财政所 所 长:涂 敏

双桥镇财政分局　所　长:祝　斌
丰庄镇财政所　所　长:吴宝山
涧沟镇财政分局　所　长:赵　奎
正阳关镇财政分局　局　长:李福成
迎河镇财政分局　所　长:史秀宝
张李乡财政分局　所　长:孙应时
板桥镇财政分局　所　长:田国洲
安丰镇财政分局　局　长:宋中考
隐贤镇财政分局　副局长:孙　杰
众兴镇财政分局　所　长:许光开
保义镇财政所　所　长:张永祥
茶庵镇财政所　所　长:刘庆友
三觉镇财政所　所　长:李正明
堰口镇财政分局　局　长:王守前
窑口镇财政所　所　长:袁绪江
安丰塘镇财政所　所　长:丁传格
陶店乡财政所　所　长:杨秀根
炎刘镇财政分局　局　长:宋　瑾
刘岗镇财政所　所　长:王运辉
双庙集镇财政所　所　长:时英元
大顺镇财政所　所　长:马道龙
瓦埠镇财政所　所　长:张子好
小甸镇财政分局　所　长:洪　申
新桥国际产业园财政局　局　长:王业树

金寨县

梅山镇财政分局　局　长:吴为中
双河镇财政所　副所长:徐光菊
桃岭乡财政所　所　长:胡少友
铁冲乡财政所　副所长:刘当根
全军乡财政所　所　长:张福海
南溪镇财政分局　副局长:张经喜
汤家汇镇财政分局　副局长:陶兴华
斑竹园镇财政分局　副局长:吴德清
吴家店镇财政所　所　长:田　耿
果子园乡财政所　副所长:徐职明
沙河乡财政所　副所长:闵运平
关庙乡财政所　所　长:田家礼
古碑镇财政分局　局　长:余正良
花石乡财政所　所　长:张经楼
槐树湾乡财政所　所　长:袁文刚
燕子河镇财政所　所　长:姜兴云
天堂寨镇财政分局　副局长:刘丛彬
长岭乡财政所　副所长:兰中义
青山镇财政所　所　长:祝学俊
油坊店乡财政所　所　长:余玉林
张冲乡财政所　所　长:张经奎
白塔畈乡财政分局　局　长:漆仲甫
麻埠镇财政所　所　长:陈勇军

舒城县

城关镇财政分局　局　长:傅世昀
开发区财政所　所　长:华兴圣
桃溪镇财政分局　局　长:肖　健
南港镇财政所　所　长:张功稳
舒茶镇财政所　所　长:黄玉宝
春秋乡财政所　所　长:程从越
千人桥镇财政分局　局　长:毛德琼
杭埠镇财政分局　局　长:胡海平
百神庙镇财政所　所　长:孔令其
干汉河镇财政分局　局　长:许礼荣
柏林乡财政所　所　长:宋　飞
张母桥镇财政所　所　长:谈儒文
棠树乡财政分局　局　长:盛吉富
万佛湖镇财政所　所　长:刘万奇
五显镇财政所　所　长:李新民
阙店乡财政所　所　长:葛贵余
晓天镇财政所　所　长:储德元
山七镇财政所　所　长:胡显月
高峰乡财政所　所　长:汪家春
河棚镇财政所　所　长:谭永红
汤池镇财政所　所　长:常维爱
庐镇乡财政所　所　长:陈少俊

马鞍山市财政系统领导名单

马鞍山市财政局

党组书记、局长:刘宇辉
副局长:张亚莉(挂职)
调研员:曾祥宝
副局长:吴　斌(挂职)
国资委专职副主任:陈陆林
副局长:董清华　胡振华　张道祥
总会计师:吴长明
副调研员:曹明云　张邦彦　丁维利

花山区财政局

局长:钱德俭
副局长:许　珉

雨山区财政局

局长:孟家新
副局长:王美华
国库集中支付中心主任:王秋红
非税收入管理局局长:夏冬梅

博望区财政局

局长:徐业标

经济技术开发区财政局

局长:杨庆新
副主任:牛翊华
社区会计核算中心主任:王秋红

慈湖高新区财政局

局长:汤翠芳
副局长:张倩倩

承接产业转移示范园区财政局

局长:万晓文

副局长:唐晓娣

财政核算中心主任:王婷婷

投融资办副主任:陈　令

郑蒲港新区财政局

局长:秦传明

含山县财政局

局长、党组书记:刁明山

党组成员、投融资办常务副主任:裴小勇

党组成员、副局长:杨永州

党组成员、纪检组长:宫尚峰

党组成员、副局长:乔能彬

党组成员、总会计师:马　伟

党组成员:贾庆竺

和县财政局

县人大副主任、局长:李家洲

党组书记、副局长:李　莉

副局长:屠业进　范长淮

总会计师:王传标

工委主任:童文胜

当涂县财政局

局长、国资办主任:陈　鹏

党组书记:谷明才

党组成员、副局长:江　华　程立浦　苏　琴　车恒梅

党组成员、纪检组长:王华国

党组成员、工会主席:李齐花

国资办副主任:盛　跃

花山区

霍里街道财政所　所　长:王　飞

雨山区

向山镇财政所　所　长:杨　俊

佳山乡财政所　所　长:王金枝

博望区

博望镇财政分局　局　长:张传梅

丹阳镇财政所　所　长:刘明忠

新市镇财政所　所　长:成之华

郑蒲港新区

白桥镇财政所　所　长:陈开义

姥桥镇财政所　所　长:许晓明

含山县

开发区财政分局　局　长:贺　明

褒禅山经济园区财政分局局　长:童如成

环峰镇财政分局　局　长:贾斯文

林头镇财政分局　局　长:郭佩献

运漕镇财政分局　局　长:奚德兰

仙踪镇财政分局　局　长:李　娟

陶厂镇财政所　所　长:李伏森

铜闸镇财政所　所　长:马　胜

昭关镇财政所　所　长:李天清

清溪镇财政所　所　长:黄荣宗

和　县

历阳镇财政分局　负责人:陶昌华

香泉镇财政分局　支部书记:吴祚明

局　长:姜业和

乌江镇财政分局　局　长:沈守彪

石杨镇财政分局　局　长:戴进财

西埠镇财政所　所　长:张孟金

功桥镇财政所　所　长:何龙俊

善厚镇财政所　所　长:黄义龙

当涂县

姑孰镇财政分局　副局长:钟燕华

太白镇财政分局　局　长:吴开义

黄池镇财政分局　局　长:汤小芳

石桥镇财政分局　副局长:朱　翔

护河镇财政所　副所长:徐为红

乌溪镇财政所　所　长:诸金刚

塘南镇财政所　所　长:汤复金

大陇乡财政所　所　长:尹成鑫

江心乡财政所　所　长:江家文

湖阳镇财政所　所　长:魏元刚

芜湖市财政系统领导名单

芜湖市财政局

局长、党组书记、国资委主任:刘　杨

党组成员、调研员:蒋庆贵

党组成员、副局长:周庆华

党组成员、纪检组长:朱　武

党组成员、国资委副主任:邢　晖

党组成员、副局长:韩永强　史跃春

党组成员、总会计师:汤高继

副调研员:朱　毅　凌国栋

镜湖区财政局

局长:沈怀宝

副局长:严兆清　宋兰兰

核算中心主任:倪　勤

鸠江区财政局

局长:焦朝凤

副局长:皱忠贵　孙　正

核算中心主任:孙传槐

弋江区财政局

局长:张　娟

副局长:龚树海　王润蒋(挂职)

国资办副主任:郭玉峰

核算中心主任:吴　操

三山区财政局

局长:俞　翔

副局长:郭炳生　黄蔚文　洪桂滢

经济技术开发区财政局
局长:陈效水
副局长:李翠萍 丁慧群 李 琦
长江大桥开发区财政局
局长:吴祖满
江北产业集中区财金部
部长:黄先龙
总会计师:崔世庆
主任科员:刑 兴
副总监:宗泽润
芜湖县财政局
党组书记、局长:顾玉才
党组成员、副局长:王艳梅 范家仁 宋 文
繁昌县财政局
党组书记、局长:张尚斌
党组成员、纪检组长:程四清
党组成员、副局长:汤 斌 殷曙霞
南陵县财政局
党组书记、局长:朱 华
党组成员、国资办主任、副局长:王卫东
党组成员、副局长:李立新
党组成员、纪检组长:徐 文
党组成员、副局长:张幼平
无为县财政局
党组书记、局长:李作果
党组成员、副局长、农发办主任:陈先荣
党组成员、副局长:丁如涛 杨金玉
党组成员、纪检组长:潘潭渊
副局长:罗前英
鸠江区
沈巷镇财政分局 局 长:王庭玉
二坝镇财政分局 副局长:张礼庆(主持工作)
汤沟镇财政所 副局长:吴严山(主持工作)
官陡街道财政所 所 长:何 华
清水街道财政所 所 长:潘有春
四褐山街道财政所 所 长:石相鹏
湾里街道财政所 所 长:许桂芳
裕溪口街道财政所 所 长:吴菊艳
三山区
峨桥镇财政所 所 长:夏治平
经济技术开发区
龙山街道财政所 所 长:芮 丽
万春街道财政所 所 长:刘 蓉
芜湖县
湾沚镇财政所 所 长:陈其宣
六郎镇财政所 所 长:郭振兰
陶辛镇财政所 所 长:周赟三
红杨镇财政所 所 长:董思标
花桥镇财政所 所 长:王万田
繁昌县
繁阳镇财政分局 局 长:韩承良
荻港镇财政分局 局 长:张建华
孙村镇财政分局 局 长:尚显龙
新港镇财政分局 局 长:万帮斌
开发区财政分局 副局长:水从贵
平铺镇财政所 副所长:龚建国
峨山镇财政所 所 长:陈益胜
南陵县
籍山镇财政所 所 长:许联合
弋江镇财政所 所 长:聂和根
许镇镇财政所 所 长:陈忠兵
三里镇财政所 所 长:马金标
何湾镇财政所 所 长:丁文全
工山镇财政所 所 长:吴海民
家发镇财政所 所 长:王祖文
烟墩镇财政所 所 长:廖必学
无为县
石涧镇财政分局 副局长:周根发(主持工作)
襄安镇财政分局 副局长:汪红兵(主持工作)
高沟镇财政分局 局 长:肖俊生
白茆镇财政分局 局 长:张春耕
无城镇财政分局 局 长:丁 军
陡沟镇财政所 所 长:叶正亮
福渡镇财政所 所 长:夏绿松
红庙镇财政所 所 长:刘先跃
严桥镇财政所 所 长:张良岩
开城镇财政所 所 长:刘启志
赫店镇财政所 所 长:李继松
泉塘镇财政所 所 长:焦 衡
蜀山镇财政所 所 长:何尧舜
鹤毛乡财政所 所 长:徐源明
牛埠镇财政所 所 长:张志生
昆山乡财政所 所 长:杨宣华
洪巷乡财政所 所 长:乐 意
刘渡镇财政所 所 长:夏业俊
十里墩乡财政所 所 长:王荣平
姚沟镇财政所 所 长:倪受平
泥汊镇财政所 所 长:伍纪年

宣城市财政系统领导名单

宣城市财政局
党组书记、局长:王 华
党组副书记、副局长:施怀中
党组成员、副局长:罗少彬
党组成员、纪检组长:江 艳
党组成员、副局长:张 庆
党组成员、市综改办专职副主任:肖 锋
党组成员:胡轶群
党组成员、总会计师:刘先峰

副调研员:张敏生

宣州区财政局

党组书记、局长:沈明清
总会计师:程小清
党组成员、副局长:翟德平 潘红旗 裴发根
党组成员、工会主席:章小红

郎溪县财政局

党委书记、局长:周道平
党委副书记:谢爱民
党委委员、副局长:孙宝昌
副局长:夏玉芳
党委委员、副局长:罗新满
党委委员、纪委书记:陈玉斌
党委委员、总会计师:杨茂喜
党委委员、采管办主任:刘德梅
党委委员、民生办主任:吕攀峰

宁国市财政局

党组书记、局长:余 平
党组副书记、纪检组长:谢洪文
党组成员、副局长:程嘉斌
党组成员、总会计师:彭兴军
党组成员、副局长:洪观全 汪 廷 吕 波
党组成员:徐东晖
党组成员、系统工会主席:周文敏
党组成员、办公室主任:肖汉武

泾县财政局

党组书记、局长:王 勇
党组副书记、副局长:刘 辉
党组成员、副局长:翟永清 王富明
党组成员、纪检组长:张先俊
班子成员、副科级总会计师:丁 珉
党组成员、民生办主任:章 宏

旌德县财政局

党组副书记、局长:倪彩文
党组书记:陈俊龙
党组副书记、副局长:程建华
党组成员、副局长:程建元
党组成员、副局长、金融办主任:周小健
党组成员、总会计师:汪锦生
党组成员、纪检组长:夏为政

绩溪县财政局

党组书记、局长:夏庆玖
党组成员、副局长:洪华春 周振翼 方拥军 姚成云
党组成员、纪检组长:舒志明
党组成员、国投公司总经理:胡德永
总会计师:胡 中

经济开发区财政局

局长:凌 俊

宣州区

水阳镇财政分局 局 长:王兴良
狸桥镇财政分局 局 长:张小松
孙埠镇财政分局 局 长:汪 超
水东镇财政分局 副局长:肖清霞
鳌峰街道财政所 所 长:杨贵清
沈村镇财政所 所 长:李孙林
敬亭山街道财政所 所 长:杨小三
古泉镇财政所 所 长:张胜贵
西林街道财政所 所 长:贡海军
杨柳镇财政所 所 长:赵玉明
双桥街道财政所 所 长:胡青松
新田镇财政所 所 长:李 剑
周王镇财政所 所 长:郑敏毅
溪口镇财政所 所 长:胡怀金
五星乡财政所 所 长:王海平
洪林镇财政所 所 长:方 虎
文昌镇财政所 所 长:江灵龙
寒亭镇财政所 所 长:石小牛
向阳街道财政所 所 长:杨建东
朱桥乡财政所 所 长:唐 勇
养贤乡财政所 所 长:胡先根
黄渡乡财政所 所 长:王乾忠
济川街道财政所 副所长:邢 飞
澄江街道财政所 所 长:任晓辉

郎溪县

梅渚镇财政分局 局 长:张宏书
凌笪乡财政分局 局 长:潘学斌
涛城镇财政分局 局 长:赵 婷
十字镇财政分局 局 长:李官林
姚村乡财政分局 局 长:黄大勇
毕桥镇财政分局 局 长:任玲芝
飞鲤镇财政分局 局 长:岑国庆
新发镇财政分局 局 长:陈 萍
建平镇财政分局 局 长:赵慧兰
经济开发区财政分局 局 长:任志勇
十字镇经济开发区财政分局局长:王海兵

宁国市

港口生态园区财政分局 局 长:汪 辉
中溪镇财政分局 局 长:刘以宁
西津街道办事处财政所 所 长:欧阳美文
南山街道办事处财政所 所 长:何 平
河沥街道办事处财政所 所 长:刘国华
汪溪街道办事处财政所 所 长:程 林
竹峰街道办事处财政所 所 长:周雷震
云梯乡财政所 所 长:胡汉全
仙霞镇财政所 所 长:汪 虹
宁墩镇财政所 所 长:吴建军
南极镇财政所 所 长:周保权
万家乡财政所 所 长:余国斌
梅林镇财政所 所 长:王荣林
霞西镇财政所 所 长:黄兰兰
甲路镇财政所 所 长:冯银海

胡乐镇财政所 所 长:吕 钊
青龙乡财政所 所 长:陈 闽
方塘乡财政所 所 长:鲍金水

泾 县

泾川镇财政所 所 长:卫三荣
榔桥镇财政所 所 长:董先敏
茂林镇财政所 所 长:曹新成
桃花潭镇财政所 所 长:翟宏伟
云岭镇财政分局 局 长:徐志林
黄村镇财政所 所 长:周凌云
丁家桥镇财政所 所 长:汪 晋
昌桥乡财政所 所 长:卫幸梅
琴溪镇财政所 所 长:江荣福
蔡村镇财政所 所 长:汤正虎
汀溪乡财政所 所 长:胡道胜

旌德县

旌阳镇财政分局 局 长:吕有水
版书乡财政所 所 长:方家喜
俞村镇财政分局 局 长:吴国清
蔡家桥镇财政分局 局 长:陶太宏
云乐乡财政所 所 长:董根发
三溪镇财政分局 局 长:冯铜友
兴隆镇财政所 所 长:王家学
孙村镇财政所 所 长:潘 煜
庙首镇财政分局 局 长:赵 福
白地镇财政分局 局 长:陶如宝

绩溪县

华阳镇财政分局 局 长:曹向明
临溪镇财政分局 局 长:陈卫国
瀛洲镇财政所 所 长:程新光
长安镇财政所 所 长:黄梦利
上庄镇财政所 所 长:胡建兵
扬溪镇财政所 所 长:汪满鹏
板桥头乡财政所 所 长:汪国庆
金沙镇财政所 所 长:胡国军
伏岭镇财政所 所 长:叶正光
家朋乡财政所 所 长:张孝辉
荆州乡财政所 所 长:胡 斌

铜陵市财政系统领导名单

铜陵市财政局

党组书记、局长:黄宝林
纪检组长:姚从斌
副局长:刘 宏 金 芬 单 培
机关党委书记、副调研员:李桂珍
副调研员:钟 瑛

铜官山区财政局

局长:王基宏
副局长:何振武 程小爱

狮子山区财政局

局长:沈 斌
副局长:张诚斌 苏华丽

郊区财政局

局长:黄 海
副局长:夏付兵 陈良兵

开发区财金局

局长:程 啸

铜陵县财政局

局长、国资委主任:梅柏林
党组成员:何跃进
副局长:洪步胜 陈志双
国资委副主任:郑宏辉
副局长:刘朝晖
党组成员:姜 建
总会计师:侯东升
副局长:徐振亚

郊 区

桥南办财政所 所 长:郎 君
灰河乡财政所 所 长:查金霍
铜山镇财政所 副所长:李元龙
安铜办财政所 所 长:黄陆润
大通镇财政所 所 长:周固元

狮子山区

西湖镇财经管理所 所 长:朱立贵
东郊办事处财经管理所 所 长:戴凤华

铜陵县

五松镇财政分局 局 长:朱 萍
天门镇财政分局 局 长:戴恒友
顺安镇财政分局 局 长:陈正富
钟鸣镇财政分局 局 长:阮成俊
东联乡财政分局 局 长:曹利斌
西联乡财政分局 负责人:胡春红
胥坝乡财政分局 局 长:曹 强
老洲乡财政分局 局 长:李玉娥

池州市财政系统领导名单

池州市财政局

党组书记、局长:李建华
党组成员、金融办主任:何宏炳
党组成员、副局长、纪检组长:吴庆华
党组成员、副局长:莫助国 杨庆安
党组成员、总会计师兼国库支付中心主任:尹加旺
党组成员、金融办副主任:罗以强
党组成员、副调研员:唐曙明
党组成员、农发办主任:唐海洋

党组成员、民生办主任:程保东
党组成员、国资委副主任:金绪友
副调研员:章丹心　汪民主
非税局局长:汪申成

江南集中区财金部

副部长:刘包进

贵池区财政局

党组书记、局长:刘贵阳
党组书记、副局长:钟茅丰
副局长:刘福来
党组副书记:许孝怀
副局长:何　杰
纪检组长:王新友
副局长:李国强
工会主席:张　雯

东至县财政局

党组书记、局长:周运开
党组副书记、副局长、纪检组长、主任科员:汪正长
副局长:张增玲
党组成员、副局长:王炳华　朱开明
党组成员、总会计师:陈坤芳
党组成员、主任科员:周胜良　汪　洋

石台县财政局

党组书记、局长:邬开政
党组成员、副局长:王诗祥　汪庆五　舒晓斌
党组成员、纪检组长:彭代强
党组成员、国资办主任:吴绿林

青阳县财政局

党组书记、局长:张益平
党组成员、副局长:汪来发　刘来胜　光　明　丁学军
党组成员、纪检组长:陈　镘
党组成员、总会计师:丁军辉

九华山风景区财政局

局长:赵良贵
副局长:鲍玉生　刘卫胜
党组成员:余旭光　张玉平

开发区财政局

局长:盛文台
副局长:吴佩银　王　彬　汪赛琪

站前区财政局

局长:王双应

贵池区

池阳街道财政分局　局　长:钱跃文
秋浦街道财政分局　局　长:汪　利
杏花村街道财政分局　局　长:周桃四
清风街道财政分局　局　长:包启友
清溪街道财政分局　局　长:刘冬青
江口街道财政分局　局　长:胡孔璋
里山街道财政分局　局　长:方　涛
涓桥镇财政分局　局　长:汪曙华
秋江街道财政分局　局　长:喻　松
乌沙镇财政分局　局　长:陈　敏
殷汇镇财政分局　局　长:卢志刚
牛头山镇财政分局　局　长:杨颜国
唐田镇财政分局　局　长:周　盾
牌楼镇财政分局　局　长:王来宝
梅街镇财政分局　局　长:胡秀青
棠溪镇财政分局　局　长:邱　毅
梅村镇财政分局　局　长:何腾飞
马衙街道财政分局　局　长:杨韶红
墩上街道财政分局　局　长:周迎义
梅龙街道财政分局　局　长:方继安

东至县

龙泉镇财政分局　局　长:刘仁贵
昭潭镇财政分局　局　长:左根水
青山乡财政分局　局　长:徐国进
泥溪镇财政分局　局　长:刘仁民
官港镇财政分局　局　长:汪根旺
木塔乡财政分局　局　长:孔双乐
花园乡财政分局　局　长:程建春
尧渡镇财政分局　局　长:王长福
香隅镇财政分局　局　长:方胜昔
经济开发区财政局　局　长:王洪权
东流镇财政分局　局　长:朱国平
葛公镇财政分局　局　长:王亦斌
洋湖镇财政分局　局　长:吴维军
张溪镇财政分局　局　长:刘国清
胜利镇财政分局　局　长:许成顺
大渡口镇财政分局　局　长:夏校生

石台县

仁里镇财政分局　局　长:徐华海
七都镇财政分局　局　长:李贵高
矶滩乡财政分局　局　长:查朝平
横渡镇财政分局　局　长:彭先果
大演乡财政分局　局　长:严纲文
仙寓镇财政分局　局　长:陈发根
小河镇财政分局　局　长:徐华久
丁香镇财政分局　局　长:张圣德

青阳县

蓉城镇财政分局　局　长:张　洁
杨田镇财政分局　局　长:李强富
朱备镇财政分局　局　长:胡满璋
新河镇财政分局　局　长:施国华
木镇镇财政分局　局　长:杨大宏
丁桥镇财政分局　局　长:王　频
乔木乡财政分局　局　长:邓继涛
酉华乡财政分局　局　长:吴玉才
庙前镇财政分局　局　长:何建明
杜村乡财政分局　局　长:洪尚平
陵阳镇财政分局　所　长:熊晔宏

九华山风景区

九华乡财政所　　所　长：孙华峰
九华镇财政所　　所　长：陈　云

安庆市财政系统领导名单

安庆市财政局

局长：何家虎
副局长：王思丰
纪检组长：邵显桥
总会计师：丁卫星
投融资办专职副主任：华鹏飞
总经济师：王韵妮

迎江区财政局

副局长：吴　军　杨晓克

大观区财政局

局长：刘晓丽
纪检组长：杨远明

宜秀区财政局

党组书记、局长：陈启讲
党组副书记、大桥开发区财政局局长：鲁　燕
副局长：谢宏杰　杨宏生
纪检组长：陈　莉

开发区财政局

副局长：程皖生　龙其平　马　加

枞阳县财政局

局长：马满华
副局长：陈旭升　何嗣进
党组成员、纪检组长：胡四新
综改办主任、财监局局长：左敏生

怀宁县财政局

局长：陈业南
副局长：柴绍来　杜可诚　郝金龙
总会计师：余世红
纪检组长：丁士敏
党组成员：程晓明

潜山县财政局

党组副书记、局长：汪为民
副局长：王生海　郑茯苓
财政监督检查局局长：王奇凌
纪检组长：汪　萍
工委主任：洪丽萍

太湖县财政局

党组成员、局长：程林森
党组成员、开发区分局局长：吴立新
党组成员、副局长：朱和平
党组成员、工会主席：詹李生
党组成员、副局长：潘建华
党组成员、纪检组长：吴先桃

望江县财政局

党组副书记、局长：汪华良
党组书记：张松林
党组成员、民生办主任：徐苑生
党组成员、副局长：吴学明
党组成员、纪检组长：徐俊欣
党组成员、副局长、总会计师：蒋五毛

桐城市财政局

局长、国资中心主任：张早林
副局长：王忠生　都宜建　张　伟　吴曙红
纪检组长：余宜庆
总会计师：张仲平
党组成员：严　平

岳西县财政局

局长：李爱群
副局长：王文森　朱读文　储福枝
党组成员：孟宪忠
党组成员、总会计师：吴卫国

迎江区

龙狮桥乡财政所　　所　长：方亚力
长风乡财政所　　所　长：王铁汉
新洲乡财政所　　所　长：鲍成联

大观区

十里铺乡财政分局　　局　长：方真胜
海口镇财政分局　　局　长：丁高云
山口乡财政所　　所　长：谢江娅

宜秀区

大桥开发区财政局　　局　长：鲁　燕(兼)
杨桥镇财政所　　所　长：张　丽
白泽湖乡财政所　　所　长：江代娣
大龙山镇财政分局　　局　长：方轶宏
罗岭镇财政所　　所　长：周琳琳
五横乡财政所　　所　长：王建军

开发区

老峰镇财政所　　所　长：方　亚
菱北办事处财政所　　负责人：朱世平

枞阳县

开发区财政局　　局　长：何嗣进
枞阳镇财政分局　　局　长：唐义长
汤沟镇财政分局　　局　长：王　平
横埠镇财政分局　　局　长：姚信华
项山镇财政分局　　局　长：许德红
老洲镇财政分局　　局　长：刘东苟
陈瑶湖镇财政分局　　局　长：周雄飞
钱桥镇财政分局　　局　长：吴其龙
义津镇财政分局　　局　长：姚大中
周潭镇财政所　　所　长：王　平
其林镇财政所　　所　长：吴福胜
白湖乡财政所　　所　长：周柯云
浮山镇财政所　　所　长：姚佐平
项铺镇财政所　　所　长：吴小发

白梅乡财政所　所　长:慈龙宝
会宫乡财政所　所　长:董松美
雨坛乡财政所　所　长:胡正春
官埠桥镇财政所　所　长:吴亚松
金社乡财政所　所　长:吴福祥
钱铺乡财政所　所　长:周志学
铁铜乡财政所　所　长:周笑天
长沙乡财政所　所　长:方习中
凤仪乡财政所　所　长:王况生

怀宁县

石牌镇财政分局　局　长:何宏亮
黄墩镇财政分局　副局长:丁士彬
高河镇财政分局　副局长:夏明和
马庙镇财政分局　副局长:张红斌
茶岭镇财政分局　副局长:李志阳
月山镇财政分局　局　长:王黄送
石境乡财政分局　局　长:雍红卫
腊树镇财政所　所　长:谢忠律
雷埠乡财政所　所　长:夏效全
黄龙镇财政所　所　长:郭　梅
平山镇财政所　所　长:潘结和
清河乡财政所　所　长:汪明求
小市镇财政所　所　长:崔　奎
三桥镇财政所　所　长:杨爱平
秀山镇财政所　所　长:陈夏节
公岭镇财政所　所　长:洪　志
金拱镇财政所　所　长:何　侃
凉亭乡财政所　所　长:朱　云
江镇镇财政所　所　长:丁长青
洪铺镇财政所　所　长:汪明海

潜山县

王河镇财政所　所　长:余本江
黄泥镇财政所　所　长:徐立林
黄铺镇财政分局　负责人:凌江来
痘姆乡财政所　所　长:肖骈臻
梅城镇财政分局　负责人:林满立
油坝乡财政所　副所长:方希泉
余井镇财政所　所　长:金旺庚
龙潭乡财政所　所　长:涂铁群
塔畈乡财政所　副所长:杨艳根
官庄镇财政所　所　长:张柏生
槎水镇财政所　所　长:郝其林
黄柏镇财政所　所　长:潘晓应
水吼镇财政所　所　长:葛彭旺
五庙乡财政所　所　长:陈　洪
天柱山镇财政所　所　长:黄德清
源潭镇财政分局　局　长:储焰根
开发区财政分局　局　长:贾华旭
旅游度假区财政分局　负责人:彭阳生

太湖县

开发区财政局分局　负责人:张达良
晋熙镇财政分局　局　长:孙珍年
徐桥镇财政分局　局　长:何小平
大石乡财政所　所　长:胡龙江
城西乡财政所　所　长:周三应
江塘乡财政所　所　长:潘礼革
新仓镇财政所　所　长:刘　军
小池镇财政所　所　长:马章德
寺前镇财政所　所　长:吴武林
天华镇财政所　所　长:陈韶华
牛镇镇财政所　所　长:潘继伟
汤泉乡财政所　所　长:汪银堂
刘畈乡财政所　所　长:查德红
弥陀镇财政所　所　长:王治宇
北中镇财政所　所　长:王再华
百里镇财政所　所　长:李树民

望江县

开发区财政分局　局　长:耿成华
华阳镇财政分局　局　长:赵红霞
高士镇财政分局　局　长:龙　彬
鸦滩镇财政分局　局　长:徐先秉
长岭镇财政分局　局　长:王胜中
杨湾镇财政分局　局　长:王学明
漳湖镇财政分局　副局长:胡小兵
太慈镇财政分局　局　长:周龙贵
雷池乡财政分局　局　长:程卫芳
凉泉乡财政分局　局　长:赵家武
赛口镇财政分局　局　长:游　勋

桐城市

新渡镇财政分局　局　长:张国刚
青草镇财政分局　局　长:江元苗
孔城镇财政分局　局　长:胡家旺
文昌街道财政分局　局　长:许建国
龙眠街道财政分局　局　长:倪晋流
大关镇财政分局　局　长:倪胜旺
金神镇财政分局　局　长:张卫东
吕亭镇财政分局　局　长:陈五九
范岗镇财政分局　局　长:钟普查
双港镇财政分局　局　长:吕张根
唐湾镇财政所　所　长:钱　诚
黄甲镇财政所　所　长:李红星
嬉子湖镇财政所　所　长:张小四
鲟鱼镇财政所　所　长:张国才

岳西县

开发区财政分局　局　长:储文胜
天堂镇财政分局　局　长:谢宏岳
温泉镇财政分局　局　长:王　平
响肠镇财政所　所　长:陈增益
莲云乡财政所　所　长:徐建华
来榜镇财政所　所　长:胡发达
青天乡财政所　所　长:黄德国
和平乡财政所　所　长:闻声学

包家乡财政所　所　长:王国庆
白帽镇财政所　所　长:徐声文
河图镇财政所　所　长:徐自安
古坊乡财政所　所　长:刘和炳
店前镇财政所　所　长:刘文高
冶溪镇财政所　所　长:李敬东
五河镇财政所　所　长:徐声林
中关乡财政所　所　长:蒋东贵
菖蒲镇财政所　所　长:朱诗咏
田头乡财政所　所　长:汪时宇
石关乡财政所　所　长:程诗义
头陀镇财政所　所　长:朱为民
主簿镇财政所　所　长:胡瑞阳
黄尾镇财政所　所　长:宛敏春
姚河乡财政所　所　长:余凤云
巍岭乡财政所　所　长:储德先
毛尖山乡财政所　所　长:朱灿东

黄山市财政系统领导名单

黄山市财政局

党组书记、局长:汪德宝
党组成员、副局长:洪绍球　汪健明　冯家成
党组成员、纪检组长:张　英
党组成员、新安江流域生态建设保护局局长:聂伟平
党组成员、总会计师:吴振东
调研员:许善秋
副调研员:汪金渡　汤　飚

屯溪区财政局

党组书记、局长、区民生办主任:高木火
党组成员、副局长:韩玲明
党组成员:程敏行
党组成员、副局长:周　艳

黄山区财政局

党组书记、局长:张志武
党组副书记:张明珠
纪检组长:袁俊杰
副局长:夏拥军　徐　祥　俞四清
党组成员:陈鸿新　刘　鲲

徽州区财政局

局长:周国兵
党组书记:汪明平
副局长:龙秋缨　洪　钟
纪检组长:张秀丽
党组成员:金强军

歙县财政局

局长:胡寅辉
党组书记、副局长:潘世华
副局长:汪义元　王德跃　黄利华
纪检组长:汪　峰
党组成员、办公室主任:方　亮

休宁县财政局

局长:汪　川
党组书记:吴清德
副局长:汪钧宝　余　平
党组成员、农发办主任:孙新万
党组成员、纪检组长:金建强
党组成员、监督局局长:汪顺九

黟县财政局

局长:李旭明
党组书记:汪松九
国资办主任、副局长:余国富
纪检组长:胡　林
副局长:常爱珍　汪建锋
党组成员、农发办主任:田先贵
党组成员、监督监察局局长:汪承成
党组成员、会计中心主任:王曙光

祁门县财政局

党组书记、局长:李超群
党组成员、副局长:郑　忠　胡丽青
纪检组长:汪文济
党组成员:林鹏飞　汪跃武　黄群飞
陈建奎

屯溪区

屯光镇财政分局　局　长:胡建民
黎阳镇财政分局　局　长:胡娟兰
阳湖镇财政分局　副镇长兼局长:江丽红
新潭镇财政分局　副局长:赵莉(主持工作)
奕棋镇财政分局　副镇长兼局长:余海跃

黄山区

甘棠镇财政分局　局　长:黄文德
耿城镇财政分局　局　长:徐　冬
太平湖镇财政分局　局　长:王　斌
汤口镇财政分局　局　长:陈启龙
园区财政分局　副局长:程继安
谭家桥镇财政所　所　长:陈　罡
三口镇财政所　所　长:章震强
仙源镇财政所　所　长:金丽琴
新明乡财政所　所　长:胡　颖
龙门乡财政所　所　长:汪　剑
焦村镇财政所　所　长:王士哲
乌石乡财政所　所　长:严鹤民
新华乡财政所　所　长:方洪苑
新丰乡财政所　所　长:宁三九
永丰乡财政所　所　长:黄君辉

徽州区

岩寺镇财政分局　局　长:汪少娟
西溪南镇财政分局　副局长:王晓宁
潜口镇财政分局　局　长:唐淑英
呈坎镇财政分局　局　长:蒋龙波

富溪乡财政所 所 长:戴四清
杨村乡财政所 所 长:曹海波
洽舍乡财政所 所 长:郑 婕

歙 县

徽城镇财政分局 副局长:范学斌(主持工作)
桂林镇财政所 所 长:叶尚忠
郑村镇财政所 所 长:郑毅华
北岸镇财政分局 局 长:吴正忠
富堨镇财政所 所 长:张伟正
深渡镇财政分局 局 长:凌 晨
杞梓里镇财政所 所 长:方润日
王村镇财政所 所 长:姚兰芬
三阳乡财政所 所 长:洪绍发
霞坑镇财政所 所 长:吴红蓉
溪头镇财政所 副局长:徐有辉(主持工作)
武阳乡财政所 所 长:严建军
岔口镇财政所 所 长:方锡金
许村镇财政所 所 长:梅广良
坑口乡财政所 所 长:方惠来
小川乡财政所 所 长:潘利群
昌溪乡财政所 所 长:郑 春
雄村乡财政所 副所长:程月英(主持工作)
上丰乡财政所 所 长:潘四清
街口镇财政所 所 长:汪鹤年
璜田乡财政所 所 长:江岳年
森村乡财政所 所 长:汪晓军
长陔乡财政所 所 长:毕灶寿
新溪口乡财政所 所 长:张春海
绍濂乡财政所 所 长:毕正利
金川乡财政所 所 长:潘政兆
石门乡财政所 所 长:项厚海
狮石乡财政所 所 长:鲍永忠

休宁县

海阳镇财政所 所 长:詹光辉
万安镇财政所 所 长:宋夏福
齐云山镇财政所 所 长:查显才
五城镇财政所 所 长:洪艳中
东临溪镇财政所 所 长:卢建国
蓝田镇财政所 所 长:胡秋生
溪口镇财政所 所 长:吴新宝
流口镇财政所 所 长:汪爱萍
汪村镇财政所 所 长:方林平
商山镇财政所 所 长:王玉明
岭南乡财政所 所 长:金十斤
龙田乡财政所 所 长:程年生
璜尖乡财政所 所 长:项振声
白际乡财政所 所 长:汪社文
榆村乡财政所 所 长:范欣端
渭桥乡财政所 所 长:陈建军
陈霞乡财政所 所 长:程伟平
板桥乡财政所 所 长:张荣贵
山斗乡财政所 所 长:宁文广
鹤城乡财政所 所 长:方金根
源芳乡财政所 所 长:杨有华

黟 县

碧阳镇财政所 所 长:程春辉
渔亭镇财政所 所 长:柯光明
西递镇财政所 所 长:柯峙峰
宏村镇财政所 所 长:谢中平
洪星乡财政所 所 长:胡小青
美溪乡财政所 所 长:李永胜
宏潭乡财政所 所 长:胡建平
柯村镇财政所 所 长:王立祥

祁门县

祁山镇财政所 所 长:曹和平
金字牌镇财政所 所 长:陈松开
小路口镇财政所 所 长:李祁安
凫峰镇财政所 所 长:胡国胜
平里镇财政所 所 长:胡伯进
历口镇财政所 所 长:汪新锋
闪里镇财政所 所 长:汪敏政
安凌镇财政所 所 长:陈秋富
大坦乡财政所 所 长:张接军
柏溪乡财政所 所 长:詹长贵
溶口乡财政所 所 长:苏智敏
芦溪乡财政所 所 长:汪伟健
祁红乡财政所 所 长:谢飞腾
塔坊镇财政所 所 长:林征红
渚口乡财政所 所 长:倪浩均
古溪乡财政所 所 长:谢民兴
新安乡财政所 所 长:倪国振
箬坑乡财政所 所 长:许跃飞

广德县财政系统领导名单

广德县财政局

党组书记、局长:吴宗萍
党组副书记、副局长:陆广文
党组成员、副局长:李忠宝 田宝奎
党组成员、纪检组长、监察室主任:陈绍国
副局长:周燕燕
党组成员、总会计师:朱 赟

广德县

桃州镇财政分局 局 长:王庆福
邱村镇财政分局 局 长:郑 兴
誓节镇财政分局 局 长:欧阳忠禄
柏垫镇财政分局 局 长:石传宏
新杭镇财政局 局 长:李光义
东亭乡财政所 所 长:蒋 伟
卢村乡财政所 所 长:陈 林

四合乡财政所　　所　长:甘恢立
杨滩乡财政所　　所　长:吴万清

宿松县财政系统领导名单

宿松县财政局

局长:李金星
党组书记:张火南
党组副书记、副局长:李朝阳
党组成员:高福荣
党组成员、副局长:桂松寿
党组成员、纪检组长:严实求
党组成员、副局长:张华国
党组成员、总会计师:何　泽

宿松县

复兴镇财政分局　　局　长:朱来春
孚玉镇财政分局　　局　长:项西会
洲头乡财政所　　所　长:黎承林
汇口镇财政所　　所　长:张晚元
千岭乡财政所　　所　长:齐长贵
九姑乡财政所　　所　长:吴松柏
许岭镇财政所　　所　长:赵金牛
下仓镇财政所　　所　长:石先武
五里乡财政所　　所　长:贺行槐
长铺镇财政所　　所　长:周国政
高岭乡财政所　　所　长:黎德新
程岭乡财政所　　所　长:徐文胜
佐坝乡财政所　　所　长:徐文明
破凉镇财政所　　所　长:胡颂保
凉亭镇财政所　　所　长:梅兴祥
河塌乡财政所　　所　长:段益民
二郎镇财政所　　所　长:邓志海
隘口乡财政所　　所　长:杨庆丰
北浴乡财政所　　所　长:张青松
陈汉乡财政所　　所　长:尹　睿
柳坪乡财政所　　所　长:虞旺国
趾凤乡财政所　　所　长:吴溢波

全省财政系统职工统计

2014年全省财政系统职工统计表

(2014年12月31日)

编制单位:厅人事教育处　　　　单位:人

项目		总计	性别		民族		政治面貌				学历			
			男	女	汉	其他	中共党员	共青团员	民主党派	其他	研究生	大学本科	大学专科	中专及以下
总计	合计	31147	20199	10948	30872	275	22779	1125	186	7057	531	14048	13037	3531
	厅(局)级	238	200	38	230	8	230	0	3	5	30	186	21	1
	地市局(处)级	2812	1900	912	2780	32	2288	12	59	453	146	1751	822	93
	县局(科)级	10870	6434	4436	10781	89	7444	564	55	2807	139	4920	4619	1192
	一般干部	1168	878	290	1148	20	700	8	4	456	56	286	423	403
	工勤人员	16059	10787	5272	15933	126	12117	541	65	3336	160	6905	7152	1842
省(区、市)厅局	合计	629	449	180	622	7	493	0	15	121	174	383	54	18
	厅(局)级及以上	15	13	2	15	0	15	0	0	0	4	9	2	0
	处(局)级	166	121	45	165	1	155	0	4	7	61	88	17	0
	科级	212	154	58	209	3	186	0	8	18	56	146	10	0
	一般干部	212	143	69	209	3	127	0	3	82	52	135	20	5
	工勤人员	24	18	6	24	0	10	0	0	14	1	5	5	13
市(地、州)局	合计	2013	1232	781	1978	35	1374	52	64	523	120	1472	308	113
	局(处)级及以上	223	187	36	215	8	215	0	3	5	26	177	19	1
	科级	1028	640	388	1016	12	789	1	43	195	75	785	151	17
	一般干部	605	288	317	593	12	291	51	18	245	19	478	79	29
	工勤人员	157	117	40	154	3	79	0	0	78	0	32	59	66
县(市、区)局	合计	7049	4457	2592	6982	67	5198	260	57	1534	126	3791	2640	492
	局(科)级及以上	1484	1215	269	1476	8	1379	2	20	83	72	882	495	35
	科级	1618	1139	479	1599	19	1344	11	12	251	10	878	654	76
	一般干部	3538	1788	1750	3505	33	2231	241	24	1042	44	1958	1329	207
	工勤人员	409	315	94	402	7	244	6	1	158	0	73	162	174
乡(镇)所	合计	8986	6312	2674	8927	59	6909	281	8	1788	33	3109	4507	1337
	所(股)级及以上	2081	1805	276	2070	11	1923	7	3	148	9	725	1124	223
	一般干部	6515	4204	2311	6474	41	4736	272	5	1502	20	2338	3201	956
	工勤人员	390	303	87	383	7	250	2	0	138	4	46	182	158